GOETHES WERKE

Hamburger Ausgabe in 14 Bänden
Herausgegeben von Erich Trunz

Goethes Werke · Hamburger Ausgabe

Band 1
Gedichte und Epen I

Band 2
Gedichte und Epen II

Band 3
Dramatische Dichtungen I

Band 4
Dramatische Dichtungen II

Band 5
Dramatische Dichtungen III

Band 6
Romane und Novellen I

Band 7
Romane und Novellen II

Band 8
Romane und Novellen III

Band 9
Autobiographische Schriften I

Band 10
Autobiographische Schriften II

Band 11
Autobiographische Schriften III

Band 12
Kunst und Literatur

Band 13
Naturwissenschaftliche Schriften I

Band 14
Naturwissenschaftliche Schriften II
Materialien · Register

GOETHES WERKE
BAND VII
ROMANE UND NOVELLEN II

Textkritisch durchgesehen
und kommentiert von Erich Trunz

VERLAG C.H.BECK MÜNCHEN

Sonderausgabe
zum 250. Geburtstag Goethes
am 28. 8. 1999

*Die ‚Hamburger Ausgabe' wurde begründet
im Christian Wegner Verlag, Hamburg
Die erste bis siebente Auflage des siebenten Bandes
erschien dort in den Jahren 1950 bis 1968*

*Dieser Band ist identisch mit der
13., durchgesehenen Auflage. 1994*

ISBN für die 14bändige Sonderausgabe: 3 406 44186 6

Sonderausgabe. 1998

Druck: C.H.Beck'sche Buchdruckerei, Nördlingen
Gedruckt auf säurefreiem, alterungsbeständigem Papier
(hergestellt aus chlorfrei gebleichtem Zellstoff)
Rikaprint Permanence
von Schoeller & Hoesch, Gernsbach
Printed in Germany

ROMANE UND NOVELLEN

ZWEITER BAND

WILHELM MEISTERS LEHRJAHRE

ERSTES BUCH

ERSTES KAPITEL

Das Schauspiel dauerte sehr lange. Die alte Barbara trat einigemal ans Fenster und horchte, ob die Kutschen nicht rasseln wollten. Sie erwartete Marianen, ihre schöne Gebieterin, die heute im Nachspiele, als junger Offizier gekleidet, das Publikum entzückte, mit größerer Ungeduld als sonst, wenn sie ihr nur ein mäßiges Abendessen vorzusetzen hatte; diesmal sollte sie mit einem Paket überrascht werden, das Norberg, ein junger reicher Kaufmann, mit der Post geschickt hatte, um zu zeigen, daß er auch in der Entfernung seiner Geliebten gedenke.

Barbara war als alte Dienerin, Vertraute, Ratgeberin, Unterhändlerin und Haushälterin im Besitz des Rechtes, die Siegel zu eröffnen, und auch diesen Abend konnte sie ihrer Neugierde um so weniger widerstehen, als ihr die Gunst des freigebigen Liebhabers mehr als selbst Marianen am Herzen lag. Zu ihrer größten Freude hatte sie in dem Paket ein feines Stück Nesseltuch und die neuesten Bänder für Marianen, für sich aber ein Stück Kattun, Halstücher und ein Röllchen Geld gefunden. Mit welcher Neigung, welcher Dankbarkeit erinnerte sie sich des abwesenden Norbergs! Wie lebhaft nahm sie sich vor, auch bei Marianen seiner im besten zu gedenken, sie zu erinnern, was sie ihm schuldig sei und was er von ihrer Treue hoffen und erwarten müsse.

Das Nesseltuch, durch die Farbe der halb aufgerollten Bänder belebt, lag wie ein Christgeschenk auf dem Tischchen; die Stellung der Lichter erhöhte den Glanz der Gabe, alles war in Ordnung, als die Alte den Tritt Marianens auf der Treppe vernahm und ihr entgegeneilte. Aber wie sehr verwundert trat sie zurück, als das weibliche Offizierchen, ohne auf die Liebkosungen zu achten, sich an ihr vorbeidrängte, mit ungewöhnlicher Hast und Bewegung in das Zimmer trat, Federhut und Degen auf den Tisch warf, unruhig auf und nieder ging und den feierlich angezündeten Lichtern keinen Blick gönnte.

„Was hast du, Liebchen?“ rief die Alte verwundert aus.

„Um ’s Himmels willen, Töchterchen, was gibt’s? Sieh hier diese Geschenke! Von wem können sie sein, als von deinem zärtlichsten Freunde? Norberg schickt dir das Stück Musselin zum Nachtkleide; bald ist er selbst da; er scheint mir eifriger und freigebiger als jemals.“

Die Alte kehrte sich um und wollte die Gaben, womit er auch sie bedacht, vorweisen, als Mariane, sich von den Geschenken wegwendend, mit Leidenschaft ausrief: „Fort! Fort! Heute will ich nichts von allem diesen hören; ich habe dir gehorcht, du hast es gewollt, es sei so! Wenn Norberg zurückkehrt, bin ich wieder sein, bin ich dein, mache mit mir, was du willst, aber bis dahin will ich mein sein, und hättest du tausend Zungen, du solltest mir meinen Vorsatz nicht ausreden. Dieses ganze Mein will ich dem geben, der mich liebt und den ich liebe. Keine Gesichter! Ich will mich dieser Leidenschaft überlassen, als wenn sie ewig dauern sollte.“

Der Alten fehlte es nicht an Gegenvorstellungen und Gründen; doch da sie in fernerem Wortwechsel heftig und bitter ward, sprang Mariane auf sie los und faßte sie bei der Brust. Die Alte lachte überlaut. „Ich werde sorgen müssen“, rief sie aus, „daß sie wieder bald in lange Kleider kommt, wenn ich meines Lebens sicher sein will. Fort, zieht Euch aus! Ich hoffe, das Mädchen wird mir abbitten, was mir der flüchtige Junker Leids zugefügt hat; herunter mit dem Rock und immer so fort alles herunter! es ist eine unbequeme Tracht, und für Euch gefährlich, wie ich merke. Die Achselbänder begeistern Euch.“

Die Alte hatte Hand an sie gelegt, Mariane riß sich los. „Nicht so geschwind!“ rief sie aus, „ich habe noch heute Besuch zu erwarten.“

„Das ist nicht gut“, versetzte die Alte. „Doch nicht den jungen, zärtlichen, unbefiederten Kaufmannssohn?“ — „Eben den“, versetzte Mariane.

„Es scheint, als wenn die Großmut Eure herrschende Leidenschaft werden wollte“, erwiderte die Alte spottend; „Ihr nehmt Euch der Unmündigen, der Unvermögenden mit großem Eifer an. Es muß reizend sein, als uneigennützige Geberin angebetet zu werden.“

„Spotte, wie du willst. Ich lieb’ ihn! ich lieb’ ihn! Mit

welchem Entzücken sprech' ich zum erstenmal diese Worte aus! Das ist diese Leidenschaft, die ich so oft vorgestellt habe, von der ich keinen Begriff hatte. Ja, ich will mich ihm um den Hals werfen! ich will ihn fassen, als wenn ich ihn ewig halten wollte. Ich will ihm meine ganze Liebe zeigen, seine Liebe in ihrem ganzen Umfang genießen!"

„Mäßigt Euch!" sagte die Alte gelassen, „mäßigt Euch! Ich muß Eure Freude durch ein Wort unterbrechen: Norberg kommt! In vierzehn Tagen kommt er! Hier ist sein Brief, der die Geschenke begleitet hat."

„Und wenn mir die Morgensonne meinen Freund rauben sollte, will ich mir's verbergen. Vierzehn Tage! Welche Ewigkeit! In vierzehn Tagen, was kann da nicht vorfallen, was kann sich da nicht verändern!"

Wilhelm trat herein. Mit welcher Lebhaftigkeit flog sie ihm entgegen! mit welchem Entzücken umschlang er die rote Uniform! drückte er das weiße Atlaswestchen an seine Brust! Wer wagte hier zu beschreiben, wem geziemt es, die Seligkeit zweier Liebenden auszusprechen! Die Alte ging murrend beiseite, wir entfernen uns mit ihr und lassen die Glücklichen allein.

ZWEITES KAPITEL

Als Wilhelm seine Mutter des andern Morgens begrüßte, eröffnete sie ihm, daß der Vater sehr verdrießlich sei und ihm den täglichen Besuch des Schauspiels nächstens untersagen werde. „Wenn ich gleich selbst", fuhr sie fort, „manchmal gern ins Theater gehe, so möchte ich es doch oft verwünschen, da meine häusliche Ruhe durch deine unmäßige Leidenschaft zu diesem Vergnügen gestört wird. Der Vater wiederholt immer, wozu es nur nütze sei, wie man seine Zeit nur so verderben könne."

„Ich habe es auch schon von ihm hören müssen", versetzte Wilhelm, „und habe ihm vielleicht zu hastig geantwortet; aber um 's Himmels willen, Mutter! ist denn alles unnütz, was uns nicht unmittelbar Geld in den Beutel bringt, was uns nicht den allernächsten Besitz verschafft? Hatten wir in dem alten Hause nicht Raum genug? und war es nötig, ein neues zu bauen? Verwendet der Vater nicht jährlich einen ansehnlichen Teil seines Handelsgewinnes zur Verschönerung der Zimmer? Diese seidenen Tapeten, diese englischen Mobilien, sind sie nicht auch unnütz? Könnten wir uns nicht mit geringeren begnügen? Wenigstens bekenne ich, daß mir diese gestreiften Wände, diese hundertmal wiederholten Blumen, Schnörkel, Körbchen und Figuren einen durchaus unangenehmen Eindruck machen. Sie kommen mir höchstens vor wie unser Theatervorhang. Aber wie anders ist's, vor diesem zu sitzen! Wenn man noch so lange warten muß, so weiß man doch, er wird in die Höhe gehen, und wir werden die mannigfaltigsten Gegenstände sehen, die uns unterhalten, aufklären und erheben."

„Mach' es nur mäßig", sagte die Mutter, „der Vater will auch abends unterhalten sein; und dann glaubt er, es zerstreue dich, und am Ende trag' ich, wenn er verdrießlich wird, die Schuld. Wie oft mußte ich mir das verwünschte Puppenspiel vorwerfen lassen, das ich euch vor zwölf Jahren zum heiligen Christ gab, und das euch zuerst Geschmack am Schauspiele beibrachte."

„Schelten Sie das Puppenspiel nicht, lassen Sie sich Ihre Liebe und Vorsorge nicht gereuen! Es waren die ersten vergnügten Augenblicke, die ich in dem neuen leeren Hause genoß; ich sehe es diesen Augenblick noch vor mir, ich weiß, wie sonderbar es mir vorkam, als man uns, nach Empfang der gewöhnlichen Christgeschenke, vor einer Türe niedersitzen hieß, die aus einem andern Zimmer hereinging. Sie eröffnete sich; allein nicht wie sonst zum Hin- und Widerlaufen, der Eingang war durch eine unerwartete Festlichkeit ausgefüllt. Es baute sich ein Portal in die Höhe, das von einem mystischen Vorhang verdeckt war. Erst standen wir alle von ferne, und wie unsere Neugierde größer ward, um zu sehen, was wohl Blinkendes und Rasselndes sich hinter der halb durchsichtigen Hülle verbergen möchte, wies man jedem sein Stühlchen an und gebot uns, in Geduld zu warten.

So saß nun alles und war still; eine Pfeife gab das Signal, der Vorhang rollte in die Höhe und zeigte eine hochrot gemalte Aussicht in den Tempel. Der Hohepriester Samuel erschien mit Jonathan, und ihre wechselnden wunderlichen Stimmen kamen mir höchst ehrwürdig vor. Kurz darauf betrat Saul die Szene, in großer Verlegenheit über die Impertinenz des schwerlötigen Kriegers, der ihn und die Seinigen herausgefordert hatte. Wie wohl ward es mir daher, als der zwerggestaltete Sohn Isai mit Schäferstab, Hirtentasche und Schleuder hervorhüpfte und sprach: ‚Großmächtigster König und Herr Herr! es entfalle keinem der Mut um deswillen; wenn Ihro Majestät mir erlauben wollen, so will ich hingehen und mit dem gewaltigen Riesen in den Streit treten.‘ — Der erste Akt war geendet und die Zuschauer höchst begierig, zu sehen, was nun weiter vorgehen sollte; jedes wünschte, die Musik möchte nur bald aufhören. Endlich ging der Vorhang wieder in die Höhe. David weihte das Fleisch des Ungeheuers den Vögeln unter dem Himmel und den Tieren auf dem Felde; der Philister sprach Hohn, stampfte viel mit beiden Füßen, fiel endlich wie ein Klotz und gab der ganzen Sache einen herrlichen Ausschlag. Wie dann nachher die Jungfrauen sangen: ‚Saul hat tausend geschlagen, David aber zehntausend!‘, der Kopf des Riesen vor dem kleinen Überwinder hergetragen wurde, und er die schöne Königstochter zur Gemahlin erhielt, verdroß es mich doch bei aller Freude, daß der Glücksprinz so zwergmäßig gebildet sei. Denn nach der Idee vom großen Goliath und kleinen David hatte man nicht verfehlt, beide recht charakteristisch zu machen. Ich bitte Sie, wo sind die Puppen hingekommen? Ich habe versprochen, sie einem Freunde zu zeigen, dem ich viel Vergnügen machte, indem ich ihn neulich von diesem Kinderspiel unterhielt.“

„Es wundert mich nicht, daß du dich dieser Dinge so lebhaft erinnerst; denn du nahmst gleich den größten Anteil daran. Ich weiß, wie du mir das Büchlein entwendetest und das ganze Stück auswendig lerntest; ich wurde es erst gewahr, als du eines Abends dir einen Goliath und David von Wachs machtest, sie beide gegeneinander perorieren ließest, dem Riesen endlich einen Stoß gabst und sein unförmliches Haupt auf einer großen Stecknadel mit wächsernem Griff dem kleinen David in die Hand klebtest. Ich hatte damals so eine herzliche mütterliche Freude über dein gutes Gedächtnis und deine pathetische Rede, daß ich mir sogleich vornahm, dir die hölzerne Truppe nun selbst zu übergeben. Ich dachte damals nicht, daß es mir so manche verdrießliche Stunde machen sollte."

„Lassen Sie sich's nicht gereuen", versetzte Wilhelm, „denn es haben uns diese Scherze manche vergnügte Stunde gemacht."

Und mit diesem erbat er sich die Schlüssel, eilte, fand die Puppen und war einen Augenblick in jene Zeiten versetzt, wo sie ihm noch belebt schienen, wo er sie durch die Lebhaftigkeit seiner Stimme, durch die Bewegung seiner Hände zu beleben glaubte. Er nahm sie mit auf seine Stube und verwahrte sie sorgfältig.

DRITTES KAPITEL

Wenn die erste Liebe, wie ich allgemein behaupten höre, das Schönste ist, was ein Herz früher oder später empfinden kann, so müssen wir unsern Helden dreifach glücklich preisen, daß ihm gegönnt ward, die Wonne dieser einzigen Augenblicke in ihrem ganzen Umfange zu genießen. Nur wenig Menschen werden so vorzüglich begünstigt, indes die meisten von ihren frühern Empfindungen nur durch eine harte Schule geführt werden, in welcher sie, nach einem kümmerlichen Genuß, gezwungen sind, ihren besten Wünschen entsagen und das, was ihnen als höchste Glückseligkeit vorschwebte, für immer entbehren zu lernen.

Auf den Flügeln der Einbildungskraft hatte sich Wilhelms Begierde zu dem reizenden Mädchen erhoben; nach einem kurzen Umgange hatte er ihre Neigung gewonnen, er fand sich im Besitz einer Person, die er so sehr liebte, ja verehrte; denn sie war ihm zuerst in dem günstigen Lichte theatralischer Vorstellung erschienen, und seine Leidenschaft zur Bühne verband sich mit der ersten Liebe zu einem weiblichen Geschöpfe. Seine Jugend ließ ihn reiche Freuden genießen, die von einer lebhaften Dichtung erhöht und erhalten wurden. Auch der Zustand seiner Geliebten gab ihrem Betragen eine Stimmung, welche seinen Empfindungen sehr zu Hülfe kam; die Furcht, ihr Geliebter möchte ihre übrigen Verhältnisse vor der Zeit entdecken, verbreitete über sie einen liebenswürdigen Anschein von Sorge und Scham, ihre Leidenschaft für ihn war lebhaft, selbst ihre Unruhe schien ihre Zärtlichkeit zu vermehren; sie war das lieblichste Geschöpf in seinen Armen.

Als er aus dem ersten Taumel der Freude erwachte und auf sein Leben und seine Verhältnisse zurückblickte, erschien ihm alles neu, seine Pflichten heiliger, seine Liebhabereien lebhafter, seine Kenntnisse deutlicher, seine Talente kräftiger, seine Vorsätze entschiedener. Es ward ihm daher leicht, eine Einrichtung zu treffen, um den Vorwürfen seines Vaters zu entgehen, seine Mutter zu beruhigen und Marianens Liebe ungestört zu genießen. Er verrichtete des Tags seine Geschäfte pünktlich, entsagte gewöhnlich dem Schauspiel, war abends bei Tische unterhaltend und schlich, wenn alles zu Bette war, in seinen Mantel gehüllt, sachte zu dem Garten hinaus und eilte, alle Lindors und Leanders im Busen, unaufhaltsam zu seiner Geliebten.

„Was bringen Sie?" fragte Mariane, als er eines Abends ein Bündel hervorwies, das die Alte, in Hoffnung angenehmer Geschenke, sehr aufmerksam betrachtete. „Sie werden es nicht erraten", versetzte Wilhelm.

Wie verwunderte sich Mariane, wie entsetzte sich Barbara, als die aufgebundene Serviette einen verworrenen Haufen spannenlanger Puppen sehen ließ. Mariane lachte laut, als Wilhelm die verworrenen Drähte auseinander zu wickeln und jede Figur einzeln vorzuzeigen bemüht war. Die Alte schlich verdrießlich beiseite.

Es bedarf nur einer Kleinigkeit, um zwei Liebende zu unterhalten, und so vergnügten sich unsere Freunde diesen Abend aufs beste. Die kleine Truppe wurde gemustert, jede Figur genau betrachtet und belacht. König Saul im schwarzen Samtrocke mit der goldenen Krone wollte Marianen gar nicht gefallen; er sehe ihr, sagte sie, zu steif und pedantisch aus. Desto besser behagte ihr Jonathan, sein glattes Kinn, sein gelb und rotes Kleid und der Turban. Auch wußte sie ihn gar artig am Drahte hin und her zu drehen, ließ ihn Reverenzen machen und Liebeserklärungen hersagen. Dagegen wollte sie dem Propheten Samuel nicht die mindeste Aufmerksamkeit schenken, wenn ihr gleich Wilhelm das Brustschildchen anpries und erzählte, daß der Schillertaft des Leibrocks von einem alten Kleide der Großmutter genommen sei. David war ihr zu klein und Goliath zu groß; sie hielt sich an ihren Jonathan. Sie wußte ihm so artig zu tun und zuletzt ihre Liebkosungen von der Puppe auf unsern Freund herüberzutragen, daß auch diesmal wieder ein geringes Spiel die Einleitung glücklicher Stunden ward.

Aus der Süßigkeit ihrer zärtlichen Träume wurden sie durch einen Lärm geweckt, welcher auf der Straße entstand. Mariane rief der Alten, die, nach ihrer Gewohnheit noch fleißig, die veränderlichen Materialien der Theatergarderobe zum Gebrauch des nächsten Stückes anzupassen beschäftigt war. Sie gab die Auskunft, daß eben eine Gesellschaft lustiger Gesellen aus dem Italienerkeller nebenan heraustaumle, wo sie bei frischen Austern, die eben angekommen, des Champagners nicht geschont hätten.

„Schade“, sagte Mariane, „daß es uns nicht früher eingefallen ist, wir hätten uns auch was zugute tun sollen.“

„Es ist wohl noch Zeit“, versetzte Wilhelm und reichte der Alten einen Louisdor hin, „verschafft Sie uns, was wir wünschen, so soll Sie's mitgenießen.“

Die Alte war behend und in kurzer Zeit stand ein artig bestellter Tisch mit einer wohlgeordneten Kollation vor den Liebenden. Die Alte mußte sich dazusetzen; man aß, trank und ließ sich's wohl sein.

In solchen Fällen fehlt es nie an Unterhaltung. Mariane nahm ihren Jonathan wieder vor, und die Alte wußte das Gespräch auf Wilhelms Lieblingsmaterie zu wenden. „Sie haben uns schon einmal“, sagte sie, „von der ersten Aufführung eines Puppenspiels am Weihnachtsabend unterhalten; es war lustig zu hören. Sie wurden eben unterbrochen, als das Ballett angehen sollte. Nun kennen wir das herrliche Personal, das jene großen Wirkungen hervorbrachte.“

„Ja“, sagte Mariane, „erzähle uns weiter, wie war dir's zumute?“

„Es ist eine schöne Empfindung, liebe Mariane“, versetzte Wilhelm, „wenn wir uns alter Zeiten und alter unschädlicher Irrtümer erinnern, besonders wenn es in einem Augenblicke geschieht, da wir eine Höhe glücklich erreicht haben, von welcher wir uns umsehen und den zurückgelegten Weg überschauen können. Es ist so angenehm, selbstzufrieden sich mancher Hindernisse zu erinnern, die wir oft mit einem peinlichen Gefühle für unüberwindlich hielten, und dasjenige, was wir jetzt, entwickelt, sind, mit dem zu vergleichen, was wir damals, unentwickelt, waren. Aber unaussprechlich glücklich fühl' ich mich jetzt, da ich in diesem Augenblicke mit dir von dem Vergangnen rede, weil ich zugleich vorwärts in das reizende Land schaue, das wir zusammen Hand in Hand durchwandern können."

„Wie war es mit dem Ballett?" fiel die Alte ihm ein. „Ich fürchte, es ist nicht alles abgelaufen, wie es sollte."

„O ja", versetzte Wilhelm, „sehr gut! Von jenen wunderlichen Sprüngen der Mohren und Mohrinnen, Schäfer und Schäferinnen, Zwerge und Zwerginnen ist mir eine dunkle Erinnerung auf mein ganzes Leben geblieben. Nun fiel der Vorhang, die Türe schloß sich, und die ganze kleine Gesellschaft eilte wie betrunken und taumelnd zu Bette; ich weiß aber wohl, daß ich nicht einschlafen konnte, daß ich noch etwas erzählt haben wollte, daß ich noch viele Fragen tat, und daß ich nur ungern die Wärterin entließ, die uns zur Ruhe gebracht hatte.

Den andern Morgen war leider das magische Gerüste wieder verschwunden, der mystische Schleier weggehoben, man ging durch jene Türe wieder frei aus einer Stube in die andere, und so viel Abenteuer hatten keine Spur zurückgelassen. Meine Geschwister liefen mit ihren Spielsachen auf und ab, ich allein schlich hin und her; es schien mir unmöglich, daß da nur zwo Türpfosten sein sollten, wo gestern so viel Zauberei gewesen war. Ach, wer eine verlorne Liebe sucht, kann nicht unglücklicher sein, als ich mir damals schien."

Ein freudetrunkner Blick, den er auf Marianen warf, überzeugte sie, daß er nicht fürchtete, jemals in diesen Fall kommen zu können.

VIERTES KAPITEL

„Mein einziger Wunsch war nunmehr“, fuhr Wilhelm fort, „eine zweite Aufführung des Stücks zu sehen. Ich lag der Mutter an, und diese suchte zu einer gelegenen Stunde den Vater zu bereden; allein ihre Mühe war vergebens. Er behauptete, nur ein seltenes Vergnügen könne bei den Menschen einen Wert haben; Kinder und Alte wüßten nicht zu schätzen, was ihnen Gutes täglich begegnete.

Wir hätten auch noch lange, vielleicht bis wieder Weihnachten, warten müssen, hätte nicht der Erbauer und heimliche Direktor des Schauspiels selbst Lust gefühlt, die Vorstellung zu wiederholen und dabei in einem Nachspiele einen ganz frisch fertig gewordenen Hanswurst zu produzieren.

Ein junger Mann von der Artillerie, mit vielen Talenten begabt, besonders in mechanischen Arbeiten geschickt, der dem Vater während des Bauens viele wesentliche Dienste geleistet hatte und von ihm reichlich beschenkt worden war, wollte sich am Christfeste der kleinen Familie dankbar erzeigen und machte dem Hause seines Gönners ein Geschenk mit diesem ganz eingerichteten Theater, das er ehemals in müßigen Stunden zusammengebaut, geschnitzt und gemalt hatte. Er war es, der mit Hülfe eines Bedienten selbst die Puppen regierte und mit verstellter Stimme die verschiedenen Rollen hersagte. Ihm ward nicht schwer, den Vater zu bereden, der einem Freunde aus Gefälligkeit zugestand, was er seinen Kindern aus Überzeugung abgeschlagen hatte. Genug, das Theater ward wieder aufgestellt, einige Nachbarskinder gebeten und das Stück wiederholt.

Hatte ich das erste Mal die Freude der Überraschung und des Staunens, so war zum zweiten Male die Wollust des Aufmerkens und Forschens groß. Wie das zugehe, war jetzt mein Anliegen. Daß die Puppen nicht selbst redeten, hatte ich mir schon das erste Mal gesagt; daß sie sich nicht von selbst bewegten, vermutete ich auch; aber warum das alles doch so hübsch war, und es doch so aussah, als wenn sie selbst redeten und sich bewegten, und wo die Lichter und die Leute sein möchten, diese Rätsel beunruhigten mich um desto mehr, je mehr ich wünschte, zugleich unter den Bezauberten und Zauberern zu sein, zugleich meine Hände verdeckt im Spiel zu haben und als Zuschauer die Freude der Illusion zu genießen.

Das Stück war zu Ende, man machte Vorbereitungen zum Nachspiel, die Zuschauer waren aufgestanden und schwatzten durcheinander. Ich drängte mich näher an die Türe und hörte inwendig am Klappern, daß man mit Aufräumen beschäftigt sei. Ich hub den untern Teppich auf und guckte zwischen dem Gestelle durch. Meine Mutter bemerkte es und zog mich zurück; allein ich hatte doch so viel gesehen, daß man Freunde und Feinde, Saul und Goliath und wie sie alle heißen mochten, in einen Schiebkasten packte, und so erhielt meine halbbefriedigte Neugierde frische Nahrung. Dabei hatte ich zu meinem größten Erstaunen den Lieutenant im Heiligtume sehr geschäftig erblickt. Nunmehr konnte mich der Hanswurst, so sehr er mit seinen Absätzen klapperte, nicht unterhalten. Ich verlor mich in tiefes Nachdenken und war nach dieser Entdeckung ruhiger und unruhiger als vorher. Nachdem ich etwas erfahren hatte, kam es mir erst vor, als ob ich gar nichts wisse, und ich hatte recht; denn es fehlte mir der Zusammenhang, und darauf kommt doch eigentlich alles an."

FÜNFTES KAPITEL

„Die Kinder haben", fuhr Wilhelm fort, „in wohleingerichteten und geordneten Häusern eine Empfindung, wie ungefähr Ratten und Mäuse haben mögen: sie sind aufmerksam auf alle Ritzen und Löcher, wo sie zu einem verbotenen Naschwerk gelangen können; sie genießen es mit einer solchen verstohlnen wollüstigen Furcht, die einen großen Teil des kindischen Glücks ausmacht.

Ich war vor allen meinen Geschwistern aufmerksam, wenn irgendein Schlüssel steckenblieb. Je größer die Ehrfurcht war, die ich für die verschlossenen Türen in meinem Herzen herumtrug, an denen ich wochen- und monatelang vorbeigehen mußte, und in die ich nur manchmal, wenn die Mutter das Heiligtum öffnete, um etwas herauszuholen, einen verstohlnen Blick tat, desto schneller war ich, einen Augenblick zu benutzen, den mich die Nachlässigkeit der Wirtschafterinnen manchmal treffen ließ.

Unter allen Türen war, wie man leicht erachten kann, die Türe der Speisekammer diejenige, auf die meine Sinne am schärfsten gerichtet waren. Wenig ahnungsvolle Freuden des Lebens glichen der Empfindung, wenn mich meine Mutter manchmal hineinrief, um ihr etwas heraustragen zu helfen, und ich dann einige gedörrte Pflaumen entweder ihrer Güte oder meiner List zu danken hatte. Die aufgehäuften Schätze übereinander umfingen meine Einbildungskraft mit ihrer Fülle, und selbst der wunderliche Geruch, den so mancherlei Spezereien durcheinander aushauchten, hatte so eine leckere Wirkung auf mich, daß ich niemals versäumte, sooft ich in der Nähe war, mich wenigstens an der eröffneten Atmosphäre zu weiden. Dieser merkwürdige Schlüssel blieb eines Sonntagmorgens, da die Mutter von dem Geläute übereilt ward, und das ganze Haus in einer tiefen Sabbatstille lag, stecken. Kaum hatte ich es bemerkt, als ich etlichemal sachte an der Wand hin und her ging, mich endlich still und fein andrängte, die Türe öffnete und mich mit einem Schritt in der Nähe so vieler langgewünschter Glückseligkeit fühlte. Ich besah Kästen, Säcke, Schachteln, Büchsen, Gläser mit einem schnellen zweifelnden Blicke, was ich wählen und nehmen sollte, griff endlich nach den vielgeliebten gewelkten Pflaumen, versah mich mit einigen getrockneten Äpfeln und nahm genügsam noch eine eingemachte Pomeranzenschale dazu; mit welcher Beute ich meinen Weg wieder rückwärts glitschen wollte, als mir ein paar nebeneinanderstehende Kasten in die Augen fielen, aus deren einem Drähte, oben mit Häkchen versehen, durch den übel verschlossenen Schieber heraushingen. Ahnungsvoll fiel ich darüber her; und mit welcher überirdischen Empfindung entdeckte ich, daß darin meine Helden- und Freudenwelt aufeinandergepackt sei! Ich wollte die obersten aufheben, betrachten, die untersten hervorziehen; allein gar bald verwirrte ich die leichten Drähte, kam darüber in Unruhe und Bangigkeit, besonders da die Köchin in der benachbarten Küche einige Bewegungen machte, daß ich alles, so gut ich konnte, zusammendrückte, den Kasten zuschob, nur ein geschriebenes Büchelchen, worin die Komödie von David und Goliath aufgezeichnet war, das obenauf gelegen hatte, zu mir steckte und mich mit dieser Beute leise die Treppe hinauf in eine Dachkammer rettete.

Von der Zeit an wandte ich alle verstohlenen einsamen Stunden darauf, mein Schauspiel wiederholt zu lesen, es auswendig zu lernen und mir in Gedanken vorzustellen, wie herrlich es sein müßte, wenn ich auch die Gestalten dazu mit meinen Fingern beleben könnte. Ich ward darüber in meinen Gedanken selbst zum David und Goliath. In allen Winkeln des Bodens, der Ställe, des Gartens, unter allerlei Umständen studierte ich das Stück ganz in mich ein, ergriff alle Rollen und lernte sie auswendig, nur daß ich mich meist an den Platz der Haupthelden zu setzen pflegte und die übrigen wie Trabanten nur im Gedächtnisse mitlaufen ließ. So lagen mir die großmütigen Reden Davids, mit denen er den übermütigen Riesen Goliath herausforderte, Tag und Nacht im Sinne; ich murmelte sie oft vor mich hin, niemand gab acht darauf als der Vater, der manchmal einen solchen Ausruf bemerkte und bei sich selbst das gute Gedächtnis seines Knaben pries, der von so wenigem Zuhören so mancherlei habe behalten können.

Hierdurch ward ich immer verwegener und rezitierte eines Abends das Stück zum größten Teile vor meiner Mutter, indem ich mir einige Wachsklümpchen zu Schauspielern bereitete. Sie merkte auf, drang in mich, und ich gestand.

Glücklicherweise fiel diese Entdeckung in die Zeit, da der Lieutenant selbst den Wunsch geäußert hatte, mich in diese Geheimnisse einweihen zu dürfen. Meine Mutter gab ihm sogleich Nachricht von dem unerwarteten Talente ihres Sohnes, und er wußte nun einzuleiten, daß man ihm ein paar Zimmer im obersten Stocke, die gewöhnlich leer standen, überließ, in deren einem wieder die Zuschauer sitzen, in dem andern die Schauspieler sein, und das Proszenium abermals die Öffnung der Türe ausfüllen sollte. Der Vater hatte seinem Freunde das alles zu veranstalten erlaubt, er selbst schien nur durch die Finger zu sehen, nach dem Grundsatze, man müsse den Kindern nicht merken lassen, wie lieb man sie habe, sie griffen immer zu weit um sich; er meinte, man müsse bei ihren Freuden ernst scheinen, und sie ihnen manchmal verderben, damit ihre Zufriedenheit sie nicht übermäßig und übermütig mache."

SECHSTES KAPITEL

„Der Lieutenant schlug nunmehr das Theater auf und besorgte das übrige. Ich merkte wohl, daß er die Woche mehrmals zu ungewöhnlicher Zeit ins Haus kam, und vermutete die Absicht. Meine Begierde wuchs unglaublich, da ich wohl fühlte, daß ich vor Sonnabends keinen Teil an dem, was zubereitet wurde, nehmen durfte. Endlich erschien der gewünschte Tag. Abends um fünf Uhr kam mein Führer und nahm mich mit hinauf. Zitternd vor Freude trat ich hinein und erblickte auf beiden Seiten des Gestelles die herabhängenden Puppen in der Ordnung, wie sie auftreten sollten; ich betrachtete sie sorgfältig, stieg auf den Tritt, der mich über das Theater erhub, so daß ich nun über der kleinen Welt schwebte. Ich sah nicht ohne Ehrfurcht zwischen die Brettchen hinunter, weil die Erinnerung, welche herrliche Wirkung das Ganze von außen tue, und das Gefühl, in welche Geheimnisse ich eingeweiht sei, mich umfaßten. Wir machten einen Versuch, und es ging gut.

Den andern Tag, da eine Gesellschaft Kinder geladen war, hielten wir uns trefflich, außer daß ich in dem Feuer der Aktion meinen Jonathan fallen ließ und genötigt war, mit der Hand hinunterzugreifen und ihn zu holen: ein Zufall, der die Illusion sehr unterbrach, ein großes Gelächter verursachte und mich unsäglich kränkte. Auch schien dieses Versehn dem Vater sehr willkommen zu sein, der das große Vergnügen, sein Söhnchen so fähig zu sehen, wohlbedächtig nicht an den Tag gab, nach geendigtem Stücke sich gleich an die Fehler hing und sagte, es wäre recht artig gewesen, wenn nur dies oder das nicht versagt hätte.

Mich kränkte das innig, ich ward traurig für den Abend, hatte aber am kommenden Morgen allen Verdruß schon wieder verschlafen und war in dem Gedanken selig, daß ich, außer jenem Unglück, trefflich gespielt habe. Dazu kam der Beifall der Zuschauer, welche durchaus behaupteten, obgleich der Lieutenant in Absicht der groben und feinen Stimme sehr viel getan habe, so peroriere er doch meist zu affektiert und steif; dagegen spreche der neue Anfänger seinen David und Jonathan vortrefflich; besonders lobte die Mutter den freimütigen Ausdruck, wie ich den Goliath herausgefordert und dem Könige den bescheidenen Sieger vorgestellt habe.

Nun blieb zu meiner größten Freude das Theater aufgeschlagen, und da der Frühling herbeikam und man ohne Feuer bestehen konnte, lag ich in meinen Frei- und Spielstunden in der Kammer und ließ die Puppen wacker durcheinander spielen. Oft lud ich meine Geschwister und Kameraden hinauf; wenn sie aber auch nicht kommen wollten, war ich allein oben. Meine Einbildungskraft brütete über der kleinen Welt, die gar bald eine andere Gestalt gewann.

Ich hatte kaum das erste Stück, wozu Theater und Schauspieler geschaffen und gestempelt waren, etlichemal aufgeführt, als es mir schon keine Freude mehr machte. Dagegen waren mir unter den Büchern des Großvaters die ‚Deutsche Schaubühne' und verschiedene italienisch-deutsche Opern in die Hände gekommen, in die ich mich sehr vertiefte und jedesmal nur erst vorne die Personen überrechnete, und dann sogleich ohne weiteres zur Aufführung des Stückes schritt. Da mußte nun König Saul in seinem schwarzen Samtkleide den Chaumigrem, Cato und Darius spielen, wobei zu bemerken ist, daß die Stücke niemals ganz, sondern meistenteils nur die fünften Akte, wo es an ein Totstechen ging, aufgeführt wurden.

Auch war es natürlich, daß mich die Oper mit ihren mannigfaltigen Veränderungen und Abenteuern mehr als alles anziehen mußte. Ich fand darin stürmische Meere, Götter, die in Wolken herabkommen, und, was mich vorzüglich glücklich machte, Blitze und Donner. Ich half mir mit Pappe, Farbe und Papier, wußte gar trefflich Nacht zu machen, der Blitz war fürchterlich anzusehen, nur der Donner gelang nicht immer; doch das hatte so viel nicht zu sagen. Auch fand sich in den Opern mehr Gelegenheit, meinen

David und Goliath anzubringen, welches im regelmäßigen Drama gar nicht angehen wollte. Ich fühlte täglich mehr Anhänglichkeit für das enge Plätzchen, wo ich so manche Freude genoß; und ich gestehe, daß der Geruch, den die Puppen aus der Speisekammer an sich gezogen hatten, nicht wenig dazu beitrug.

Die Dekorationen meines Theaters waren nunmehr in ziemlicher Vollkommenheit; denn daß ich von Jugend auf ein Geschick gehabt hatte, mit dem Zirkel umzugehen, Pappe auszuschneiden und Bilder zu illuminieren, kam mir jetzt wohl zustatten. Um desto weher tat es mir, wenn mich gar oft das Personal an Ausführung großer Sachen hinderte.

Meine Schwestern, indem sie ihre Puppen aus- und ankleideten, erregten in mir den Gedanken, meinen Helden auch nach und nach bewegliche Kleider zu verschaffen. Man trennte ihnen die Läppchen vom Leibe, setzte sie, so gut man konnte, zusammen, sparte sich etwas Geld, kaufte neues Band und Flittern, bettelte sich manches Stückchen Taft zusammen und schaffte nach und nach eine Theatergarderobe an, in welcher besonders die Reifröcke für die Damen nicht vergessen waren.

Die Truppe war nun wirklich mit Kleidern für das größte Stück versehen, und man hätte denken sollen, es würde nun erst recht eine Aufführung der andern folgen; aber es ging mir, wie es den Kindern öfter zu gehen pflegt: sie fassen weite Plane, machen große Anstalten, auch wohl einige Versuche, und es bleibt alles zusammen liegen. Dieses Fehlers muß ich mich auch anklagen. Die größte Freude lag bei mir in der Erfindung und in der Beschäftigung der Einbildungskraft. Dies oder jenes Stück interessierte mich um irgendeiner Szene willen, und ich ließ gleich wieder neue Kleider dazu machen. Über solchen Anstalten waren die ursprünglichen Kleidungsstücke meiner Helden in Unordnung geraten und verschleppt worden, daß also nicht einmal das erste große Stück mehr aufgeführt werden konnte. Ich überließ mich meiner Phantasie, probierte und bereitete ewig, baute tausend Luftschlösser und spürte nicht, daß ich den Grund des kleinen Gebäudes zerstört hatte."

Während dieser Erzählung hatte Mariane alle ihre Freundlichkeit gegen Wilhelm aufgeboten, um ihre Schläfrigkeit zu verbergen. So scherzhaft die Begebenheit von einer Seite schien, so war sie ihr doch zu einfach, und die Betrachtungen dabei zu ernsthaft. Sie setzte zärtlich ihren Fuß auf den Fuß des Geliebten und gab ihm scheinbare Zeichen ihrer Aufmerksamkeit und ihres Beifalls. Sie trank aus seinem Glase, und Wilhelm war überzeugt, es sei kein Wort seiner Geschichte auf die Erde gefallen. Nach einer kleinen Pause rief er aus: „Es ist nun an dir, Mariane, mir auch deine ersten jugendlichen Freuden mitzuteilen. Noch waren wir immer zu sehr mit dem Gegenwärtigen beschäftigt, als daß wir uns wechselseitig um unsere vorige Lebensweise hätten bekümmern können. Sage mir: unter welchen Umständen bist du erzogen? Welche sind die ersten lebhaften Eindrücke, deren du dich erinnerst?“

Diese Fragen würden Marianen in große Verlegenheit gesetzt haben, wenn ihr die Alte nicht sogleich zu Hülfe gekommen wäre. „Glauben Sie denn“, sagte das kluge Weib, „daß wir auf das, was uns früh begegnet, so aufmerksam sind, daß wir so artige Begebenheiten zu erzählen haben, und, wenn wir sie zu erzählen hätten, daß wir der Sache auch ein solches Geschick zu geben wüßten?“

„Als wenn es dessen bedürfte!“ rief Wilhelm aus. „Ich liebe dieses zärtliche, gute, liebliche Geschöpf so sehr, daß mich jeder Augenblick meines Lebens verdrießt, den ich ohne sie zugebracht habe. Laß mich wenigstens durch die Einbildungskraft teil an deinem vergangenen Leben nehmen! Erzähle mir alles, ich will dir alles erzählen. Wir wollen uns womöglich täuschen und jene für die Liebe verlornen Zeiten wieder zu gewinnen suchen.“

„Wenn Sie so eifrig darauf bestehen, können wir Sie wohl befriedigen“, sagte die Alte. „Erzählen Sie uns erst, wie Ihre Liebhaberei zum Schauspiele nach und nach gewachsen sei, wie Sie sich geübt, wie Sie so glücklich zugenommen haben, daß Sie nunmehr für einen guten Schauspieler gelten können? Es hat Ihnen dabei gewiß nicht an lustigen Begebenheiten gemangelt. Es ist nicht der Mühe wert, daß wir uns zur Ruhe legen, ich habe noch eine Flasche in Reserve; und wer weiß, ob wir bald wieder so ruhig und zufrieden zusammensitzen?“

Mariane schaute mit einem traurigen Blick nach ihr auf, den Wilhelm nicht bemerkte und in seiner Erzählung fortfuhr.

SIEBENTES KAPITEL

„Die Zerstreuungen der Jugend, da meine Gespannschaft sich zu vermehren anfing, taten dem einsamen, stillen Vergnügen Eintrag. Ich war wechselsweise bald Jäger, bald Soldat, bald Reiter, wie es unsre Spiele mit sich brachten; doch hatte ich immer darin einen kleinen Vorzug vor den andern, daß ich imstande war, ihnen die nötigen Gerätschaften schicklich auszubilden. So waren die Schwerter meistens aus meiner Fabrik; ich verzierte und vergoldete die Schlitten, und ein geheimer Instinkt ließ mich nicht ruhen, bis ich unsre Miliz ins Antike umgeschaffen hatte. Helme wurden verfertiget, mit papiernen Büschen geschmückt, Schilde, sogar Harnische wurden gemacht, Arbeiten, bei denen die Bedienten im Hause, die etwa Schneider waren, und die Näherinnen manche Nadel zerbrachen.

Einen Teil meiner jungen Gesellen sah ich nun wohlgerüstet; die übrigen wurden auch nach und nach, doch geringer, ausstaffiert, und es kam ein stattliches Korps zusammen. Wir marschierten in Höfen und Gärten, schlugen uns brav auf die Schilde und auf die Köpfe; es gab manche Mißhelligkeit, die aber bald beigelegt war.

Dieses Spiel, das die andern sehr unterhielt, war kaum etlichemal getrieben worden, als es mich schon nicht mehr befriedigte. Der Anblick so vieler gerüsteten Gestalten mußte in mir notwendig die Ritterideen aufreizen, die seit einiger Zeit, da ich in das Lesen alter Romane gefallen war, meinen Kopf anfüllten.

‚Das befreite Jerusalem', davon mir Koppens Übersetzung in die Hände fiel, gab meinen herumschweifenden Gedanken endlich eine bestimmte Richtung. Ganz konnte ich zwar das Gedicht nicht lesen; es waren aber Stellen, die ich auswendig wußte, deren Bilder mich umschwebten. Besonders fesselte mich Chlorinde mit ihrem ganzen Tun und Lassen. Die Mannweiblichkeit, die ruhige Fülle ihres Daseins taten mehr

Wirkung auf den Geist, der sich zu entwickeln anfing, als die gemachten Reize Armidens, ob ich gleich ihren Garten nicht verachtete.

Aber hundert und hundertmal, wenn ich abends auf dem Altan, der zwischen den Giebeln des Hauses angebracht ist, spazierte, über die Gegend hinsah und von der hinabgewichenen Sonne ein zitternder Schein am Horizont heraufdämmerte, die Sterne hervortraten, aus allen Winkeln und Tiefen die Nacht hervordrang und der klingende Ton der Grillen durch die feierliche Stille schrillte, sagte ich mir die Geschichte des traurigen Zweikampfs zwischen Tankred und Chlorinden vor.

So sehr ich, wie billig, von der Partei der Christen war, stand ich doch der heidnischen Heldin mit ganzem Herzen bei, als sie unternahm, den großen Turm der Belagerer anzuzünden. Und wie nun Tankred dem vermeinten Krieger in der Nacht begegnet, unter der düstern Hülle der Streit beginnt, und sie gewaltig kämpfen — ich konnte nie die Worte aussprechen:

‚Allein das Lebensmaß Chlorindens ist nun voll,
Und ihre Stunde kommt, in der sie sterben soll!',

daß mir nicht die Tränen in die Augen kamen, die reichlich flossen, wie der unglückliche Liebhaber ihr das Schwert in die Brust stößt, der Sinkenden den Helm löst, sie erkennt und zur Taufe bebend das Wasser holt.

Aber wie ging mir das Herz über, wenn in dem bezauberten Walde Tankredens Schwert den Baum trifft, Blut nach dem Hiebe fließt, und eine Stimme ihm in die Ohren tönt, daß er auch hier Chlorinden verwunde, daß er vom Schicksal bestimmt sei, das, was er liebt, überall unwissend zu verletzen!

Es bemächtigte sich die Geschichte meiner Einbildungskraft so, daß sich mir, was ich von dem Gedichte gelesen hatte, dunkel zu einem Ganzen in der Seele bildete, von dem ich dergestalt eingenommen war, daß ich es auf irgendeine Weise vorzustellen gedachte. Ich wollte Tankreden und Reinalden spielen und fand dazu zwei Rüstungen ganz bereit, die ich schon gefertiget hatte. Die eine, von dunkelgrauem Papier mit Schuppen, sollte den ernsten Tankred, die andere, von

Silber- und Goldpapier, den glänzenden Reinald zieren. In der Lebhaftigkeit meiner Vorstellung erzählte ich alles meinen Gespannen, die davon ganz entzückt wurden und nur nicht wohl begreifen konnten, daß das alles aufgeführt, und zwar von ihnen aufgeführt werden sollte.

Diesen Zweifeln half ich mit vieler Leichtigkeit ab. Ich disponierte gleich über ein paar Zimmer in eines benachbarten Gespielen Haus, ohne zu berechnen, daß die alte Tante sie nimmermehr hergeben würde; ebenso war es mit dem Theater, wovon ich auch keine bestimmte Idee hatte, außer daß man es auf Balken setzen, die Kulissen von geteilten spanischen Wänden hinstellen und zum Grund ein großes Tuch nehmen müsse. Woher aber die Materialien und Gerätschaften kommen sollten, hatte ich nicht bedacht.

Für den Wald fanden wir eine gute Auskunft: wir gaben einem alten Bedienten aus einem der Häuser, der nun Förster geworden war, gute Worte, daß er uns junge Birken und Fichten schaffen möchte, die auch wirklich geschwinder, als wir hoffen konnten, herbeigebracht wurden. Nun aber fand man sich in großer Verlegenheit, wie man das Stück, eh' die Bäume verdorrten, zustande bringen könne. Da war guter Rat teuer, es fehlte an Platz, am Theater, an Vorhängen. Die spanischen Wände waren das einzige, was wir hatten.

In dieser Verlegenheit gingen wir wieder den Lieutenant an, dem wir eine weitläufige Beschreibung von der Herrlichkeit machten, die es geben sollte. So wenig er uns begriff, so behülflich war er, schob in eine kleine Stube, was sich von Tischen im Hause und der Nachbarschaft nur finden wollte, aneinander, stellte die Wände darauf, machte eine hintere Aussicht von grünen Vorhängen; die Bäume wurden auch gleich mit in die Reihe gestellt.

Indessen war es Abend geworden, man hatte die Lichter angezündet, die Mägde und Kinder saßen auf ihren Plätzen, das Stück sollte angehn, die ganze Heldenschar war angezogen; nun spürte aber jeder zum erstenmal, daß er nicht wisse, was er zu sagen habe. In der Hitze der Erfindung, da ich ganz von meinem Gegenstande durchdrungen war, hatte ich vergessen, daß doch jeder wissen müsse, was und wo er es zu sagen habe, und in der Lebhaftigkeit der Ausführung war es den übrigen auch nicht beigefallen; sie glaubten, sie würden sich leicht als Helden darstellen, leicht so handeln und reden können wie die Personen, in deren Welt ich sie versetzt hatte. Sie standen alle erstaunt, fragten sich einander, was zuerst kommen sollte? und ich, der ich mich als Tankred vorne an gedacht hatte, fing, allein auftretend, einige Verse aus dem Heldengedichte herzusagen an. Weil aber die Stelle gar zu bald ins Erzählende überging, und ich in meiner eignen Rede endlich als dritte Person vorkam, auch der Gottfried, von dem die Sprache war, nicht herauskommen wollte, so mußte ich unter großem Gelächter meiner Zuschauer eben wieder abziehen, ein Unfall, der mich tief in der Seele kränkte. Verunglückt war die Expedition; die Zuschauer saßen da und wollten etwas sehen. Gekleidet waren wir; ich raffte mich zusammen und entschloß mich kurz und gut, David und Goliath zu spielen. Einige der Gesellschaft hatten ehemals das Puppenspiel mit mir aufgeführt, alle hatten es oft gesehen; man teilte die Rollen aus, es versprach jeder sein Bestes zu tun, und ein kleiner drolliger Junge malte sich einen schwarzen Bart, um, wenn ja eine Lücke einfallen sollte, sie als Hanswurst mit einer Posse auszufüllen, eine Anstalt, die ich, als dem Ernste des Stückes zuwider, sehr ungern geschehen ließ. Doch schwur ich mir, wenn ich nur einmal aus dieser Verlegenheit gerettet wäre, mich nie, als mit der größten Überlegung, an die Vorstellung eines Stücks zu wagen."

ACHTES KAPITEL

Mariane, vom Schlaf überwältigt, lehnte sich an ihren Geliebten, der sie fest an sich drückte und in seiner Erzählung fortfuhr, indes die Alte den Überrest des Weins mit gutem Bedachte genoß.

„Die Verlegenheit", sagte er, „in der ich mich mit meinen Freunden befunden hatte, indem wir ein Stück, das nicht existierte, zu spielen unternahmen, war bald vergessen. Meiner Leidenschaft, jeden Roman, den ich las, jede Geschichte, die man mich lehrte, in einem Schauspiele darzustellen, konnte selbst der unbiegsamste Stoff nicht widerstehen. Ich war völlig überzeugt, daß alles, was in der Erzählung ergötzte, vorgestellt eine viel größere Wirkung tun müsse; alles sollte vor meinen Augen, alles auf der Bühne vorgehen. Wenn uns in der Schule die Weltgeschichte vorgetragen wurde, zeichnete ich mir sorgfältig aus, wo einer auf eine besondere Weise erstochen oder vergiftet wurde, und meine Einbildungskraft sah über Exposition und Verwicklung hinweg und eilte dem interessanten fünften Akte zu. So fing ich auch wirklich an, einige Stücke von hinten hervor zu schreiben, ohne daß ich auch nur bei einem einzigen bis zum Anfange gekommen wäre.

Zu gleicher Zeit las ich, teils aus eignem Antrieb, teils auf Veranlassung meiner guten Freunde, welche in den Geschmack gekommen waren, Schauspiele aufzuführen, einen ganzen Wust theatralischer Produktionen durch, wie sie der Zufall mir in die Hände führte. Ich war in den glücklichen Jahren, wo uns noch alles gefällt, wo wir in der Menge und Abwechslung unsre Befriedigung finden. Leider aber ward mein Urteil noch auf eine andere Weise bestochen. Die Stücke gefielen mir besonders, in denen ich zu gefallen hoffte, und es waren wenige, die ich nicht in dieser angenehmen Täuschung durchlas; und meine lebhafte Vorstellungskraft, da ich mich in alle Rollen denken konnte, verführte mich, zu glauben, daß ich auch alle darstellen würde; gewöhnlich wählte ich daher bei der Austeilung diejenigen, welche sich gar nicht für mich schickten, und, wenn es nur einigermaßen angehn wollte, wohl gar ein paar Rollen.

Kinder wissen beim Spiele aus allem alles zu machen: ein Stab wird zur Flinte, ein Stückchen Holz zum Degen, jedes Bündelchen zur Puppe und jeder Winkel zur Hütte. In diesem Sinne entwickelte sich unser Privattheater. Bei der völligen Unkenntnis unserer Kräfte unternahmen wir alles, bemerkten kein qui pro quo und waren überzeugt, jeder müsse uns dafür nehmen, wofür wir uns gaben. Leider ging alles einen so gemeinen Gang, daß mir nicht einmal eine merkwürdige Albernheit zu erzählen übrigbleibt. Erst spielten wir die wenigen Stücke durch, in welchen nur Mannspersonen auftreten; dann verkleideten wir einige aus unserm Mittel und zogen zuletzt die Schwestern mit ins Spiel. In einigen Häusern hielt man es für eine nützliche Beschäftigung und lud Gesellschaften darauf. Unser Artillerielieutenant verließ uns auch hier nicht. Er zeigte uns, wie wir kommen und gehen, deklamieren und gestikulieren sollten; allein er erntete für seine Bemühung meistens wenig Dank, indem wir die theatralischen Künste schon besser als er zu verstehen glaubten.

Wir verfielen gar bald auf das Trauerspiel; denn wir hatten oft sagen hören und glaubten selbst, es sei leichter, eine Tragödie zu schreiben und vorzustellen, als im Lustspiele vollkommen zu sein. Auch fühlten wir uns beim ersten tragischen Versuche ganz in unserm Elemente; wir suchten uns der Höhe des Standes, der Vortrefflichkeit der Charaktere durch Steifheit und Affektation zu nähern und dünkten uns durchaus nicht wenig; allein vollkommen glücklich waren wir nur, wenn wir recht rasen, mit den Füßen stampfen und uns wohl gar vor Wut und Verzweiflung auf die Erde werfen durften.

Knaben und Mädchen waren in diesen Spielen nicht lange beisammen, als die Natur sich zu regen und die Gesellschaft sich in verschiedene kleine Liebesgeschichten zu teilen anfing, da denn meistenteils Komödie in der Komödie gespielt wurde. Die glücklichen Paare drückten sich hinter den Theaterwänden die Hände auf das zärtlichste; sie verschwammen in Glückseligkeit, wenn sie einander, so bebändert und aufgeschmückt, recht idealisch vorkamen, indes gegenüber die unglücklichen Nebenbuhler sich vor Neid verzehrten und mit Trotz und Schadenfreude allerlei Unheil anrichteten.

Diese Spiele, obgleich ohne Verstand unternommen und ohne Anleitung durchgeführt, waren doch nicht ohne Nutzen für uns. Wir übten unser Gedächtnis und unsern Körper und erlangten mehr Geschmeidigkeit im Sprechen und Betragen, als man sonst in so frühen Jahren gewinnen kann. Für mich aber war jene Zeit besonders Epoche, mein Geist richtete sich ganz nach dem Theater, und ich fand kein größer Glück, als Schauspiele zu lesen, zu schreiben und zu spielen.

Der Unterricht meiner Lehrer dauerte fort; man hatte mich dem Handelsstand gewidmet und zu unserm Nachbar auf das Comptoir getan; aber eben zu selbiger Zeit entfernte sich mein Geist nur gewaltsamer von allem, was ich für ein niedriges Geschäft halten mußte. Der Bühne wollte ich meine ganze Tätigkeit widmen, auf ihr mein Glück und meine Zufriedenheit finden.

Ich erinnere mich noch eines Gedichtes, das sich unter meinen Papieren finden muß, in welchem die Muse der tragischen Dichtkunst und eine andere Frauengestalt, in der ich das Gewerbe personifiziert hatte, sich um meine werte Person recht wacker zanken. Die Erfindung ist gemein, und ich erinnere mich nicht, ob die Verse etwas taugen; aber ihr sollt es sehen, um der Furcht, des Abscheues, der Liebe und der Leidenschaft willen, die darin herrschen. Wie ängstlich hatte ich die alte Hausmutter geschildert mit dem Rocken im Gürtel, mit Schlüsseln an der Seite, Brillen auf der Nase, immer fleißig, immer in Unruhe, zänkisch und haushältisch, kleinlich und beschwerlich! Wie kümmerlich beschrieb ich den Zustand dessen, der sich unter ihrer Rute bücken und sein knechtisches Tagewerk im Schweiße des Angesichtes verdienen sollte!

Wie anders trat jene dagegen auf! Welche Erscheinung ward sie dem bekümmerten Herzen! Herrlich gebildet, in ihrem Wesen und Betragen als eine Tochter der Freiheit anzusehen. Das Gefühl ihrer selbst gab ihr Würde ohne Stolz; ihre Kleider ziemten ihr, sie umhüllten jedes Glied, ohne es zu zwängen, und die reichlichen Falten des Stoffes wiederholten wie ein tausendfaches Echo die reizenden Bewegungen der Göttlichen. Welch ein Kontrast! Und auf welche Seite sich mein Herz wandte, kannst du leicht denken. Auch war nichts vergessen, um meine Muse kenntlich zu machen. Kronen und Dolche, Ketten und Masken, wie sie mir meine Vorgänger überliefert hatten, waren ihr auch hier zugeteilt. Der Wettstreit war heftig, die Reden beider Personen kontrastierten gehörig, da man im vierzehnten Jahre gewöhnlich das Schwarze und Weiße recht nah aneinander zu malen pflegt. Die Alte redete, wie es einer Person geziemt, die eine Stecknadel aufhebt, und jene wie eine, die Königreiche verschenkt. Die warnenden Drohungen der Alten wurden verschmäht; ich sah die mir versprochenen Reichtümer schon mit dem Rücken an; enterbt und nackt übergab ich mich der Muse, die mir ihren goldnen Schleier zuwarf und meine Blöße bedeckte.

Hätte ich denken können, o meine Geliebte“, rief er aus, indem er Marianen fest an sich drückte, „daß eine ganz andere, eine lieblichere Gottheit kommen, mich in meinem Vorsatz stärken, mich auf meinem Wege begleiten würde, welch eine schönere Wendung würde mein Gedicht genommen haben, wie interessant würde nicht der Schluß desselben geworden sein! Doch es ist kein Gedicht, es ist Wahrheit und Leben, was ich in deinen Armen finde; laß uns das süße Glück mit Bewußtsein genießen!“

Durch den Druck seines Armes, durch die Lebhaftigkeit seiner erhöhten Stimme war Mariane erwacht und verbarg durch Liebkosungen ihre Verlegenheit; denn sie hatte auch nicht ein Wort von dem letzten Teile seiner Erzählung vernommen, und es ist zu wünschen, daß unser Held für seine Lieblingsgeschichten aufmerksamere Zuhörer künftig finden möge.

NEUNTES KAPITEL

So brachte Wilhelm seine Nächte im Genusse vertraulicher Liebe, seine Tage in Erwartung neuer seliger Stunden zu. Schon zu jener Zeit, als ihn Verlangen und Hoffnung zu Marianen hinzog, fühlte er sich wie neu belebt, er fühlte, daß er ein anderer Mensch zu werden beginne; nun war er mit ihr vereinigt, die Befriedigung seiner Wünsche ward eine reizende Gewohnheit. Sein Herz strebte, den Gegenstand seiner Leidenschaft zu veredeln, sein Geist, das geliebte Mädchen mit sich emporzuheben. In der kleinsten Abwesenheit ergriff ihn ihr Andenken. War sie ihm sonst notwendig gewesen, so war sie ihm jetzt unentbehrlich, da er mit allen Banden der Menschheit an sie geknüpft war. Seine reine Seele fühlte, daß sie die Hälfte, mehr als die Hälfte seiner selbst sei. Er war dankbar und hingegeben ohne Grenzen.

Auch Mariane konnte sich eine Zeitlang täuschen; sie teilte die Empfindung seines lebhaften Glücks mit ihm. Ach! wenn nur nicht manchmal die kalte Hand des Vorwurfs ihr über das Herz gefahren wäre! Selbst an dem Busen Wilhelms war sie nicht sicher davor, selbst unter den Flügeln seiner Liebe. Und wenn sie nun gar wieder allein war und aus den Wolken, in denen seine Leidenschaft sie emportrug, in das Bewußtsein ihres Zustandes herabsank, dann war sie zu bedauern. Denn Leichtsinn kam ihr zu Hülfe, solange sie in niedriger Verworrenheit lebte, sich über ihre Verhältnisse betrog oder vielmehr sie nicht kannte; da erschienen ihr die Vorfälle, denen sie ausgesetzt war, nur einzeln: Vergnügen und Verdruß lösten sich ab, Demütigung wurde durch Eitelkeit, und Mangel oft durch augenblicklichen Überfluß vergütet; sie konnte Not und Gewohnheit sich als Gesetz und Rechtfertigung anführen, und so lange ließen sich alle unangenehmen Empfindungen von Stunde zu Stunde, von Tag zu Tage abschütteln. Nun aber hatte das arme Mädchen sich Augenblicke in eine bessere Welt hinübergerückt gefühlt, hatte, wie von oben herab, aus Licht und Freude ins Öde, Verworfene ihres Lebens hinuntergesehen, hatte gefühlt, welche elende Kreatur ein Weib ist, das mit dem Verlangen nicht zugleich Liebe und Ehrfurcht einflößt, und fand sich äußerlich und innerlich um nichts gebessert. Sie hatte nichts, was sie aufrichten konnte. Wenn sie in sich blickte und suchte, war es in ihrem Geiste leer, und ihr Herz hatte keinen Widerhalt. Je trauriger dieser Zustand war, desto heftiger schloß sich ihre Neigung an den Geliebten fest; ja, die Leidenschaft wuchs mit jedem Tage, wie die Gefahr, ihn zu verlieren, mit jedem Tage näher rückte.

Dagegen schwebte Wilhelm glücklich in höheren Regionen, ihm war auch eine neue Welt aufgegangen, aber reich an herrlichen Aussichten. Kaum ließ das Übermaß der ersten Freude nach, so stellte sich das hell vor seine Seele, was ihn bisher dunkel durchwühlt hatte. „Sie ist dein! Sie hat sich dir hingegeben! Sie, das geliebte, gesuchte, angebetete Geschöpf, dir auf Treu und Glauben hingegeben; aber sie hat sich keinem Undankbaren überlassen." Wo er stand und ging, redete er mit sich selbst; sein Herz floß beständig über, und er sagte sich in einer Fülle von prächtigen Worten die erhabensten Gesinnungen vor. Er glaubte den hellen Wink des Schicksals zu verstehen, das ihm durch Marianen die Hand reichte, sich aus dem stockenden, schleppenden bürgerlichen Leben herauszureißen, aus dem er schon so lange sich zu retten gewünscht hatte. Seines Vaters Haus, die Seinigen zu verlassen, schien ihm etwas Leichtes. Er war jung und neu in der Welt, und sein Mut, in ihren Weiten nach Glück und Befriedigung zu rennen, durch die Liebe erhöht. Seine Bestimmung zum Theater war ihm nunmehr klar; das hohe Ziel, das er sich vorgesteckt sah, schien ihm näher, indem er an Marianens Hand hinstrebte, und in selbstgefälliger Bescheidenheit erblickte er in sich den trefflichen Schauspieler, den Schöpfer eines künftigen Nationaltheaters, nach dem er so vielfältig hatte seufzen hören. Alles, was in den innersten Winkeln seiner Seele bisher geschlummert hatte, wurde rege. Er bildete aus den vielerlei Ideen mit Farben der Liebe ein Gemälde auf Nebelgrund, dessen Gestalten freilich sehr ineinander flossen; dafür aber auch das Ganze eine desto reizendere Wirkung tat.

ZEHNTES KAPITEL

Er saß nun zu Hause, kramte unter seinen Papieren und rüstete sich zur Abreise. Was nach seiner bisherigen Bestimmung schmeckte, ward beiseitegelegt; er wollte bei seiner Wanderung in die Welt auch von jeder unangenehmen Erinnerung frei sein. Nur Werke des Geschmacks, Dichter und Kritiker, wurden als bekannte Freunde unter die Erwählten gestellt; und da er bisher die Kunstrichter sehr wenig genutzt hatte, so erneuerte sich seine Begierde nach Belehrung, als er seine Bücher wieder durchsah und fand, daß die theoretischen Schriften noch meist unaufgeschnitten waren. Er hatte sich, in der völligen Überzeugung von der Notwendigkeit solcher Werke, viele davon angeschafft, und mit dem besten Willen in keines auch nur bis in die Hälfte sich hineinlesen können.

Dagegen hatte er sich desto eifriger an Beispiele gehalten,

und in allen Arten, die ihm bekannt worden waren, selbst Versuche gemacht.

Werner trat herein, und als er seinen Freund mit den bekannten Heften beschäftigt sah, rief er aus: „Bist du schon wieder über diesen Papieren? Ich wette, du hast nicht die Absicht, eins oder das andere zu vollenden! Du siehst sie durch und wieder durch und beginnst allenfalls etwas Neues."

„Zu vollenden ist nicht die Sache des Schülers, es ist genug, wenn er sich übt."

„Aber doch fertig macht, so gut er kann."

„Und doch ließe sich wohl die Frage aufwerfen, ob man nicht eben gute Hoffnung von einem jungen Menschen fassen könne, der bald gewahr wird, wenn er etwas Ungeschicktes unternommen hat, in der Arbeit nicht fortfährt und an etwas, das niemals einen Wert haben kann, weder Mühe noch Zeit verschwenden mag."

„Ich weiß wohl, es war nie deine Sache, etwas zustande zu bringen, du warst immer müde, eh' es zur Hälfte kam. Da du noch Direktor unsers Puppenspiels warst, wie oft wurden neue Kleider für die Zwerggesellschaft gemacht, neue Dekorationen ausgeschnitten! Bald sollte dieses, bald jenes Trauerspiel aufgeführt werden, und höchstens gabst du einmal den fünften Akt, wo alles recht bunt durcheinander ging und die Leute sich erstachen."

„Wenn du von jenen Zeiten sprechen willst: wer war denn schuld, daß wir die Kleider, die unsern Puppen angepaßt und auf den Leib festgenäht waren, heruntertrennen ließen und den Aufwand einer weitläufigen und unnützen Garderobe machten? Warst du's nicht, der immer ein neues Stück Band zu verhandeln hatte, der meine Liebhaberei anzufeuern und zu nützen wußte?"

Werner lachte und rief aus: „Ich erinnere mich immer noch mit Freuden, daß ich von euren theatralischen Feldzügen Vorteil zog wie Lieferanten vom Kriege. Als ihr euch zur Befreiung Jerusalems rüstetet, machte ich auch einen schönen Profit, wie ehemals die Venezianer im ähnlichen Falle. Ich finde nichts vernünftiger in der Welt, als von den Torheiten anderer Vorteil zu ziehen."

„Ich weiß nicht, ob es nicht ein edleres Vergnügen wäre, die Menschen von ihren Torheiten zu heilen."

„Wie ich sie kenne, möchte das wohl ein eitles Bestreben sein. Es gehört schon etwas dazu, wenn ein einziger Mensch klug und reich werden soll, und meistens wird er es auf Unkosten der andern."

„Es fällt mir eben recht der ‚Jüngling am Scheidewege' in die Hände", versetzte Wilhelm, indem er ein Heft aus den übrigen Papieren herauszog; „das ist doch fertig geworden, es mag übrigens sein, wie es will."

„Leg' es beiseite, wirf es ins Feuer!" versetzte Werner. „Die Erfindung ist nicht im geringsten lobenswürdig; schon vormals ärgerte mich diese Komposition genug und zog dir den Unwillen des Vaters zu. Es mögen ganz artige Verse sein; aber die Vorstellungsart ist grundfalsch. Ich erinnere mich noch deines personifizierten Gewerbes, deiner zusammengeschrumpften erbärmlichen Sibylle. Du magst das Bild in irgendeinem elenden Kramladen aufgeschnappt haben. Von der Handlung hattest du damals keinen Begriff; ich wüßte nicht, wessen Geist ausgebreiteter wäre, ausgebreiteter sein müßte als der Geist eines echten Handelsmannes. Welchen Überblick verschafft uns nicht die Ordnung, in der wir unsere Geschäfte führen! Sie läßt uns jederzeit das Ganze überschauen, ohne daß wir nötig hätten, uns durch das Einzelne verwirren zu lassen. Welche Vorteile gewährt die doppelte Buchhaltung dem Kaufmanne! Es ist eine der schönsten Erfindungen des menschlichen Geistes, und ein jeder gute Haushalter sollte sie in seiner Wirtschaft einführen."

„Verzeih mir", sagte Wilhelm lächelnd, „du fängst von der Form an, als wenn das die Sache wäre; gewöhnlich vergeßt ihr aber auch über eurem Addieren und Bilanzieren das eigentliche Fazit des Lebens."

„Leider siehst du nicht, mein Freund, wie Form und Sache hier nur eins ist, eins ohne das andere nicht bestehen könnte. Ordnung und Klarheit vermehrt die Lust zu sparen und zu erwerben. Ein Mensch, der übel haushält, befindet sich in der Dunkelheit sehr wohl; er mag die Posten nicht gerne zusammenrechnen, die er schuldig ist. Dagegen kann einem guten Wirte nichts angenehmer sein, als sich alle Tage die

Summe seines wachsenden Glücks zu ziehen. Selbst ein Unfall, wenn er ihn verdrießlich überrascht, erschreckt ihn nicht; denn er weiß sogleich, was für erworbene Vorteile er auf die andere Waagschale zu legen hat. Ich bin überzeugt, mein lieber Freund, wenn du nur einmal einen rechten Geschmack an unsern Geschäften finden könntest, so würdest du dich überzeugen, daß manche Fähigkeiten des Geistes auch dabei ihr freies Spiel haben können."

„Es ist möglich, daß mich die Reise, die ich vorhabe, auf andere Gedanken bringt."

„O gewiß! Glaube mir, es fehlt dir nur der Anblick einer großen Tätigkeit, um dich auf immer zu dem Unsern zu machen; und wenn du zurückkommst, wirst du dich gern zu denen gesellen, die durch alle Arten von Spedition und Spekulation einen Teil des Geldes und Wohlbefindens, das in der Welt seinen notwendigen Kreislauf führt, an sich zu reißen wissen. Wirf einen Blick auf die natürlichen und künstlichen Produkte aller Weltteile, betrachte, wie sie wechselsweise zur Notdurft geworden sind! Welch eine angenehme, geistreiche Sorgfalt ist es, alles, was in dem Augenblicke am meisten gesucht wird und doch bald fehlt, bald schwer zu haben ist, zu kennen, jedem, was er verlangt, leicht und schnell zu verschaffen, sich vorsichtig in Vorrat zu setzen und den Vorteil jedes Augenblickes dieser großen Zirkulation zu genießen! Dies ist, dünkt mich, was jedem, der Kopf hat, eine große Freude machen wird."

Wilhelm schien nicht abgeneigt, und Werner fuhr fort: „Besuche nur erst ein paar große Handelsstädte, ein paar Häfen, und du wirst gewiß mit fortgerissen werden. Wenn du siehst, wie viele Menschen beschäftiget sind; wenn du siehst, wo so manches herkommt, wo es hingeht, so wirst du es gewiß auch mit Vergnügen durch deine Hände gehen sehen. Die geringste Ware siehst du im Zusammenhange mit dem ganzen Handel, und eben darum hältst du nichts für gering, weil alles die Zirkulation vermehrt, von welcher dein Leben seine Nahrung zieht."

Werner, der seinen richtigen Verstand in dem Umgange mit Wilhelm ausbildete, hatte sich gewöhnt, auch an sein Gewerbe, an seine Geschäfte mit Erhebung der Seele zu denken, und glaubte immer, daß er es mit mehrerem Rechte tue als sein sonst verständiger und geschätzter Freund, der, wie es ihm schien, auf das Unreellste von der Welt einen so großen Wert und das Gewicht seiner ganzen Seele legte. Manchmal dachte er, es könne gar nicht fehlen, dieser falsche Enthusiasmus müsse zu überwältigen und ein so guter Mensch auf den rechten Weg zu bringen sein. In dieser Hoffnung fuhr er fort: „Es haben die Großen dieser Welt sich der Erde bemächtiget, sie leben in Herrlichkeit und Überfluß. Der kleinste Raum unsers Weltteils ist schon in Besitz genommen, jeder Besitz befestigt, Ämter und andere bürgerliche Geschäfte tragen wenig ein; wo gibt es nun noch einen rechtmäßigeren Erwerb, eine billigere Eroberung als den Handel? Haben die Fürsten dieser Welt die Flüsse, die Wege, die Häfen in ihrer Gewalt und nehmen von dem, was durch- und vorbeigeht, einen starken Gewinn: sollen wir nicht mit Freuden die Gelegenheit ergreifen und durch unsere Tätigkeit auch Zoll von jenen Artikeln nehmen, die teils das Bedürfnis, teils der Übermut den Menschen unentbehrlich gemacht hat? Und ich kann dir versichern, wenn du nur deine dichterische Einbildungskraft anwenden wolltest, so könntest du meine Göttin als eine unüberwindliche Siegerin der deinigen kühn entgegenstellen. Sie führt freilich lieber den Ölzweig als das Schwert; Dolch und Ketten kennt sie gar nicht; aber Kronen teilet sie auch ihren Lieblingen aus, die, es sei ohne Verachtung jener gesagt, von echtem, aus der Quelle geschöpftem Golde und von Perlen glänzen, die sie aus der Tiefe des Meeres durch ihre immer geschäftigen Diener geholt hat."

Wilhelmen verdroß dieser Ausfall ein wenig, doch verbarg er seine Empfindlichkeit; denn er erinnerte sich, daß Werner auch seine Apostrophen mit Gelassenheit anzuhören pflegte. Übrigens war er billig genug, um gerne zu sehen, wenn jeder von seinem Handwerk aufs beste dachte; nur mußte man ihm das seinige, dem er sich mit Leidenschaft gewidmet hatte, unangefochten lassen.

„Und dir", rief Werner aus, „der du an menschlichen Dingen so herzlichen Anteil nimmst, was wird es dir für ein Schauspiel sein, wenn du das Glück, das mutige Unternehmungen begleitet, vor deinen Augen den Menschen wirst gewährt sehen! Was ist reizender als der Anblick eines Schiffes, das von einer glücklichen Fahrt wieder anlangt, das von einem reichen Fange frühzeitig zurückkehrt! Nicht der Verwandte, der Bekannte, der Teilnehmer allein, ein jeder fremde Zuschauer wird hingerissen, wenn er die Freude sieht, mit welcher der eingesperrte Schiffer ans Land springt, noch ehe sein Fahrzeug es ganz berührt, sich wieder frei fühlt und nunmehr das, was er dem falschen Wasser entzogen, der getreuen Erde anvertrauen kann. Nicht in Zahlen allein, mein Freund, erscheint uns der Gewinn; das Glück ist die Göttin der lebendigen Menschen, und um ihre Gunst wahrhaft zu empfinden, muß man leben und Menschen sehen, die sich recht lebendig bemühen und recht sinnlich genießen."

EILFTES KAPITEL

Es ist nun Zeit, daß wir auch die Väter unsrer beiden Freunde näher kennenlernen: ein paar Männer von sehr verschiedener Denkungsart, deren Gesinnungen aber darin übereinkamen, daß sie den Handel für das edelste Geschäft hielten und beide höchst aufmerksam auf jeden Vorteil waren, den ihnen irgendeine Spekulation bringen konnte. Der alte Meister hatte gleich nach dem Tode seines Vaters eine kostbare Sammlung von Gemälden, Zeichnungen, Kupferstichen und Antiquitäten ins Geld gesetzt, sein Haus nach dem neuesten Geschmacke von Grund aus aufgebaut und möbliert und sein übriges Vermögen auf alle mögliche Weise gelten gemacht. Einen ansehnlichen Teil davon hatte er dem alten Werner in die Handlung gegeben, der als ein tätiger Handelsmann berühmt war, und dessen Spekulationen gewöhnlich durch das Glück begünstigt wurden. Nichts wünschte aber der alte Meister so sehr, als seinem Sohne Eigenschaften zu geben, die ihm selbst fehlten, und seinen Kindern Güter zu hinterlassen, auf deren Besitz er den größten Wert legte. Zwar empfand er eine besondere Neigung zum Prächtigen, zu dem, was in die Augen fällt, das aber auch zugleich einen innern Wert und eine Dauer haben sollte. In seinem Hause mußte alles solid und massiv sein, der Vorrat reichlich, das Silbergeschirr schwer, das Tafelservice kostbar; dagegen waren die Gäste selten, denn eine jede Mahlzeit ward ein Fest, das sowohl wegen der Kosten als wegen der Unbequemlichkeit nicht oft wiederholt werden konnte. Sein Haushalt ging einen gelassenen und einförmigen Schritt, und alles, was sich darin bewegte und erneuerte, war gerade das, was niemanden einigen Genuß gab.

Ein ganz entgegengesetztes Leben führte der alte Werner in einem dunkeln und finstern Hause. Hatte er seine Geschäfte in der engen Schreibstube am uralten Pulte vollendet, so wollte er gut essen und womöglich noch besser trinken; auch konnte er das Gute nicht allein genießen: neben seiner Familie mußte er seine Freunde, alle Fremden, die nur mit seinem Hause in einiger Verbindung standen, immer bei Tische sehen; seine Stühle waren uralt, aber er lud täglich jemanden ein, darauf zu sitzen. Die guten Speisen zogen die Aufmerksamkeit der Gäste auf sich, und niemand bemerkte, daß sie in gemeinem Geschirr aufgetragen wurden. Sein Keller hielt nicht viel Wein, aber der ausgetrunkene ward gewöhnlich durch einen bessern ersetzt.

So lebten die beiden Väter, welche öfter zusammenkamen, sich wegen gemeinschaftlicher Geschäfte beratschlagten und eben heute die Versendung Wilhelms in Handelsangelegenheiten beschlossen.

„Er mag sich in der Welt umsehen“, sagte der alte Meister, „und zugleich unsre Geschäfte an fremden Orten betreiben; man kann einem jungen Menschen keine größere Wohltat erweisen, als wenn man ihn zeitig in die Bestimmung seines Lebens einweiht. Ihr Sohn ist von seiner Expedition so glücklich zurückgekommen, hat seine Geschäfte so gut zu machen gewußt, daß ich recht neugierig bin, wie sich der meinige beträgt; ich fürchte, er wird mehr Lehrgeld geben als der Ihrige.“

Der alte Meister, welcher von seinem Sohne und dessen Fähigkeiten einen großen Begriff hatte, sagte diese Worte in Hoffnung, daß sein Freund ihm widersprechen und die vortrefflichen Gaben des jungen Mannes herausstreichen sollte. Allein hierin betrog er sich; der alte Werner, der in praktischen Dingen niemanden traute als dem, den er geprüft hatte, versetzte gelassen: „Man muß alles versuchen; wir können ihn ebendenselben Weg schicken, wir geben ihm eine Vorschrift, wornach er sich richtet; es sind verschiedene Schulden einzukassieren, alte Bekanntschaften zu erneuern, neue zu machen. Er kann auch die Spekulation, mit der ich Sie neulich unterhielt, befördern helfen; denn ohne genaue Nachrichten an Ort und Stelle zu sammeln, läßt sich dabei wenig tun."

„Er mag sich vorbereiten", versetzte der alte Meister, „und so bald als möglich aufbrechen. Wo nehmen wir ein Pferd für ihn her, das sich zu dieser Expedition schickt?"

„Wir werden nicht weit darnach suchen. Ein Krämer in H..., der uns noch einiges schuldig, aber sonst ein guter Mann ist, hat mir eins an Zahlungs Statt angeboten; mein Sohn kennt es, es soll ein recht brauchbares Tier sein."

„Er mag es selbst holen, mag mit dem Postwagen hinüberfahren, so ist er übermorgen beizeiten wieder da; man macht ihm indessen den Mantelsack und die Briefe zurechte, und so kann er zu Anfang der künftigen Woche aufbrechen."

Wilhelm wurde gerufen, und man machte ihm den Entschluß bekannt. Wer war froher als er, da er die Mittel zu seinem Vorhaben in seinen Händen sah, da ihm die Gelegenheit ohne sein Mitwirken zubereitet worden! So groß war seine Leidenschaft, so rein seine Überzeugung, er handle vollkommen recht, sich dem Drucke seines bisherigen Lebens zu entziehen und einer neuen, edlern Bahn zu folgen, daß sein Gewissen sich nicht im mindesten regte, keine Sorge in ihm entstand, ja daß er vielmehr diesen Betrug für heilig hielt. Er war gewiß, daß ihn Eltern und Verwandte in der Folge für diesen Schritt preisen und segnen sollten, er erkannte den Wink eines leitenden Schicksals an diesen zusammentreffenden Umständen.

Wie lang ward ihm die Zeit bis zur Nacht, bis zur Stunde, in der er seine Geliebte wiedersehen sollte! Er saß auf seinem Zimmer und überdachte seinen Reiseplan, wie ein künstlicher Dieb oder Zauberer in der Gefangenschaft manchmal die Füße aus den festgeschlossenen Ketten herauszieht, um die Überzeugung bei sich zu nähren, daß seine

Rettung möglich, ja noch näher sei, als kurzsichtige Wächter glauben.

Endlich schlug die nächtliche Stunde; er entfernte sich aus seinem Hause, schüttelte allen Druck ab und wandelte durch die stillen Gassen. Auf dem großen Platze hub er seine Hände gen Himmel, fühlte alles hinter und unter sich; er hatte sich von allem losgemacht. Nun dachte er sich in den Armen seiner Geliebten, dann wieder mit ihr auf dem blendenden Theatergerüste; er schwebte in einer Fülle von Hoffnungen, und nur manchmal erinnerte ihn der Ruf des Nachtwächters, daß er noch auf dieser Erde wandle.

Seine Geliebte kam ihm an der Treppe entgegen, und wie schön! wie lieblich! In dem neuen weißen Negligé empfing sie ihn; er glaubte sie noch nie so reizend gesehen zu haben. So weihte sie das Geschenk des abwesenden Liebhabers in den Armen des gegenwärtigen ein, und mit wahrer Leidenschaft verschwendete sie den ganzen Reichtum ihrer Liebkosungen, welche ihr die Natur eingab, welche die Kunst sie gelehrt hatte, an ihren Liebling; und man frage, ob er sich glücklich, ob er sich selig fühlte.

Er entdeckte ihr, was vorgegangen war, und ließ ihr im allgemeinen seinen Plan, seine Wünsche sehen. Er wolle unterzukommen suchen, sie alsdann abholen, er hoffe, sie werde ihm ihre Hand nicht versagen. Das arme Mädchen aber schwieg, verbarg ihre Tränen und drückte den Freund an ihre Brust, der, ob er gleich ihr Verstummen auf das günstigste auslegte, doch eine Antwort gewünscht hätte, besonders da er sie zuletzt auf das bescheidenste, auf das freundlichste fragte, ob er sich denn nicht Vater glauben dürfe. Aber auch darauf antwortete sie nur mit einem Seufzer, einem Kusse.

ZWÖLFTES KAPITEL

Den andern Morgen erwachte Mariane nur zu neuer Betrübnis; sie fand sich sehr allein, mochte den Tag nicht sehen, blieb im Bette und weinte. Die Alte setzte sich zu ihr, suchte ihr einzureden, sie zu trösten; aber es gelang ihr nicht, das verwundete Herz so schnell zu heilen. Nun war der Augenblick nahe, dem das arme Mädchen wie dem letzten ihres Lebens entgegengesehen hatte. Konnte man sich auch in einer ängstlichern Lage fühlen? Ihr Geliebter entfernte sich, ein unbequemer Liebhaber drohte zu kommen, und das größte Unheil stand bevor, wenn beide, wie es leicht möglich war, einmal zusammentreffen sollten.

„Beruhige dich, Liebchen", rief die Alte, „verweine mir deine schönen Augen nicht! Ist es denn ein so großes Unglück, zwei Liebhaber zu besitzen? Und wenn du auch deine Zärtlichkeit nur dem einen schenken kannst, so sei wenigstens dankbar gegen den andern, der nach der Art, wie er für dich sorgt, gewiß dein Freund genannt zu werden verdient."

„Es ahnte meinem Geliebten", versetzte Mariane dagegen mit Tränen, „daß uns eine Trennung bevorstehe; ein Traum hat ihm entdeckt, was wir ihm so sorgfältig zu verbergen suchen. Er schlief so ruhig an meiner Seite. Auf einmal höre ich ihn ängstliche, unvernehmliche Töne stammeln. Mir wird bange, und ich wecke ihn auf. Ach! mit welcher Liebe, mit welcher Zärtlichkeit, mit welchem Feuer umarmt er mich! ‚O Mariane!' rief er aus, ‚welchem schrecklichen Zustande hast du mich entrissen! Wie soll ich dir danken, daß du mich aus dieser Hölle befreit hast? Mir träumte', fuhr er fort, ‚ich befände mich, entfernt von dir, in einer unbekannten Gegend; aber dein Bild schwebte mir vor; ich sah dich auf einem schönen Hügel, die Sonne beschien den ganzen Platz; wie reizend kamst du mir vor! Aber es währte nicht lange, so sah ich dein Bild hinuntergleiten, immer hinuntergleiten; ich streckte meine Arme nach dir aus, sie reichten nicht durch die Ferne. Immer sank dein Bild und näherte sich einem großen See, der am Fuße des Hügels weit ausgebreitet lag, eher ein Sumpf als ein See. Auf einmal gab dir ein Mann die Hand; er schien dich hinaufführen zu wollen, aber leitete dich seitwärts und schien dich nach sich zu ziehen. Ich rief, da ich dich nicht erreichen konnte, ich hoffte dich zu warnen. Wollte ich gehen, so schien der Boden mich festzuhalten; konnt' ich gehen, so hinderte mich das Wasser, und sogar mein Schreien erstickte in der beklemmten Brust.'—So erzählte der Arme, indem er sich von seinem Schrecken an meinem Busen erholte und sich glücklich pries, einen fürchterlichen Traum durch die seligste Wirklichkeit verdrängt zu sehen."

Die Alte suchte so viel möglich durch ihre Prose die Poesie ihrer Freundin ins Gebiet des gemeinen Lebens herunterzulocken, und bediente sich dabei der guten Art, welche Vogelstellern zu gelingen pflegt, indem sie durch ein Pfeifchen die Töne derjenigen nachzuahmen suchen, welche sie bald und häufig in ihrem Garne zu sehen wünschen. Sie lobte Wilhelmen, rühmte seine Gestalt, seine Augen, seine Liebe. Das arme Mädchen hörte ihr gerne zu, stand auf, ließ sich ankleiden und schien ruhiger. „Mein Kind, mein Liebchen", fuhr die Alte schmeichelnd fort, „ich will dich nicht betrüben, nicht beleidigen, ich denke dir nicht dein Glück zu rauben. Darfst du meine Absicht verkennen, und hast du vergessen, daß ich jederzeit mehr für dich als für mich gesorgt habe? Sag' mir nur, was du willst; wir wollen schon sehen, wie wir es ausführen."

„Was kann ich wollen?" versetzte Mariane; „ich bin elend, auf mein ganzes Leben elend; ich liebe ihn, der mich liebt, sehe, daß ich mich von ihm trennen muß, und weiß nicht, wie ich es überleben kann. Norberg kommt, dem wir unsere ganze Existenz schuldig sind, den wir nicht entbehren können. Wilhelm ist sehr eingeschränkt, er kann nichts für mich tun."

„Ja, er ist unglücklicherweise von jenen Liebhabern, die nichts als ihr Herz bringen, und eben diese haben die meisten Prätensionen."

„Spotte nicht! Der Unglückliche denkt sein Haus zu verlassen, auf das Theater zu gehen, mir seine Hand anzubieten."

„Leere Hände haben wir schon viere."

„Ich habe keine Wahl", fuhr Mariane fort, „entscheide du! Stoße mich da oder dort hin, nur wisse noch eins: wahrscheinlich trag' ich ein Pfand im Busen, das uns noch mehr aneinander fesseln sollte; das bedenke und entscheide: wen soll ich lassen? wem soll ich folgen?"

Nach einigem Stillschweigen rief die Alte: „Daß doch die

Jugend immer zwischen den Extremen schwankt! Ich finde nichts natürlicher, als alles zu verbinden, was uns Vergnügen und Vorteil bringt. Liebst du den einen, so mag der andere bezahlen; es kommt nur darauf an, daß wir klug genug sind, sie beide auseinander zu halten."

„Mache, was du willst, ich kann nichts denken; aber folgen will ich."

„Wir haben den Vorteil, daß wir den Eigensinn des Direktors, der auf die Sitten seiner Truppe stolz ist, vorschützen können. Beide Liebhaber sind schon gewohnt, heimlich und vorsichtig zu Werke zu gehen. Für Stunde und Gelegenheit will ich sorgen; nur mußt du hernach die Rolle spielen, die ich dir vorschreibe. Wer weiß, welcher Umstand uns hilft. Käme Norberg nur jetzt, da Wilhelm entfernt ist! Wer wehrt dir, in den Armen des einen an den andern zu denken? Ich wünsche dir zu einem Sohne Glück; er soll einen reichen Vater haben."

Mariane war durch diese Vorstellungen nur für kurze Zeit gebessert. Sie konnte ihren Zustand nicht in Harmonie mit ihrer Empfindung, ihrer Überzeugung bringen; sie wünschte diese schmerzlichen Verhältnisse zu vergessen, und tausend kleine Umstände mußten sie jeden Augenblick daran erinnern.

DREIZEHNTES KAPITEL

Wilhelm hatte indessen die kleine Reise vollendet und überreichte, da er seinen Handelsfreund nicht zu Hause fand, das Empfehlungsschreiben der Gattin des Abwesenden. Aber auch diese gab ihm auf seine Fragen wenig Bescheid; sie war in einer heftigen Gemütsbewegung und das ganze Haus in großer Verwirrung.

Es währte jedoch nicht lange, so vertraute sie ihm (und es war auch nicht zu verheimlichen), daß ihre Stieftochter mit einem Schauspieler davongegangen sei, mit einem Menschen, der sich von einer kleinen Gesellschaft vor kurzem losgemacht, sich im Orte aufgehalten und im Französischen Unterricht gegeben habe. Der Vater, außer sich vor Schmerz und Verdruß, sei ins Amt gelaufen, um die Flüchtigen verfolgen zu lassen. Sie schalt ihre Tochter heftig, schmähte den Liebhaber, so daß an beiden nichts Lobenswürdiges übrigblieb, beklagte mit vielen Worten die Schande, die dadurch auf die Familie gekommen, und setzte Wilhelmen in nicht geringe Verlegenheit, der sich und sein heimliches Vorhaben durch diese Sibylle gleichsam mit prophetischem Geiste voraus getadelt und gestraft fühlte. Noch stärkern und innigern Anteil mußte er aber an den Schmerzen des Vaters nehmen, der aus dem Amte zurückkam, mit stiller Trauer und halben Worten seine Expedition der Frau erzählte und, indem er nach eingesehenem Briefe das Pferd Wilhelmen vorführen ließ, seine Zerstreuung und Verwirrung nicht verbergen konnte.

Wilhelm gedachte sogleich das Pferd zu besteigen und sich aus einem Hause zu entfernen, in welchem ihm unter den gegebenen Umständen unmöglich wohl werden konnte; allein der gute Mann wollte den Sohn eines Hauses, dem er so viel schuldig war, nicht unbewirtet und ohne ihn eine Nacht unter seinem Dache behalten zu haben, entlassen.

Unser Freund hatte ein trauriges Abendessen eingenommen, eine unruhige Nacht ausgestanden und eilte frühmorgens, so bald als möglich sich von Leuten zu entfernen, die, ohne es zu wissen, ihn mit ihren Erzählungen und Äußerungen auf das empfindlichste gequält hatten.

Er ritt langsam und nachdenkend die Straße hin, als er auf einmal eine Anzahl bewaffneter Leute durchs Feld kommen sah, die er an ihren weiten und langen Röcken, großen Aufschlägen, unförmlichen Hüten und plumpen Gewehren, an ihrem treuherzigen Gange und dem bequemen Tragen ihres Körpers sogleich für ein Kommando Landmiliz erkannte. Unter einer alten Eiche hielten sie stille, setzten ihre Flinten nieder und lagerten sich bequem auf dem Rasen, um eine Pfeife zu rauchen. Wilhelm verweilte bei ihnen und ließ sich mit einem jungen Menschen, der zu Pferde herbeikam, in ein Gespräch ein. Er mußte die Geschichte der beiden Entflohenen, die ihm nur zu sehr bekannt war, leider noch einmal, und zwar mit Bemerkungen, die weder dem jungen Paare noch den Eltern sonderlich günstig waren, vernehmen. Zugleich erfuhr er, daß man hierher gekommen sei, die jungen Leute wirklich in Empfang zu nehmen, die in dem benachbarten Städtchen eingeholt und angehalten worden waren. Nach einiger Zeit sah man von ferne einen Wagen herbeikommen, der von einer Bürgerwache mehr lächerlich als fürchterlich umgeben war. Ein unförmlicher Stadtschreiber ritt voraus und komplimentierte mit dem gegenseitigen Aktuarius (denn das war der junge Mann, mit dem Wilhelm gesprochen hatte) an der Grenze mit großer Gewissenhaftigkeit und wunderlichen Gebärden, wie es etwa Geist und Zauberer, der eine inner-, der andere außerhalb des Kreises, bei gefährlichen nächtlichen Operationen tun mögen.

Die Aufmerksamkeit der Zuschauer war indes auf den Bauerwagen gerichtet, und man betrachtete die armen Verirrten nicht ohne Mitleiden, die auf ein paar Bündeln Stroh beieinander saßen, sich zärtlich anblickten und die Umstehenden kaum zu bemerken schienen. Zufälligerweise hatte man sich genötigt gesehen, sie von dem letzten Dorfe auf eine so unschickliche Art fortzubringen, indem die alte Kutsche, in welcher man die Schöne transportierte, zerbrochen war. Sie erbat sich bei dieser Gelegenheit die Gesellschaft ihres Freundes, den man, in der Überzeugung, er sei auf einem kapitalen Verbrechen betroffen, bis dahin mit Ketten beschwert nebenher gehen lassen. Diese Ketten trugen denn freilich nicht wenig bei, den Anblick der zärtlichen Gruppe interessanter zu machen, besonders weil der junge Mann sie mit vielem Anstand bewegte, indem er wiederholt seiner Geliebten die Hände küßte.

„Wir sind sehr unglücklich!“ rief sie den Umstehenden zu; „aber nicht so schuldig, wie wir scheinen. So belohnen grausame Menschen treue Liebe, und Eltern, die das Glück ihrer Kinder gänzlich vernachlässigen, reißen sie mit Ungestüm aus den Armen der Freude, die sich ihrer nach langen, trüben Tagen bemächtigte!“

Indes die Umstehenden auf verschiedene Weise ihre Teilnahme zu erkennen gaben, hatten die Gerichte ihre Zeremonien absolviert; der Wagen ging weiter, und Wilhelm, der an dem Schicksal der Verliebten großen Teil nahm, eilte auf dem Fußpfade voraus, um mit dem Amtmanne, noch ehe der Zug ankäme, Bekanntschaft zu machen. Er erreichte aber kaum das Amthaus, wo alles in Bewegung und zum Empfang der Flüchtlinge bereit war, als ihn der Aktuarius einholte und durch eine umständliche Erzählung, wie alles gegangen, besonders aber durch ein weitläufiges Lob seines Pferdes, das er erst gestern vom Juden getauscht, jedes andere Gespräch verhinderte.

Schon hatte man das unglückliche Paar außen am Garten, der durch eine kleine Pforte mit dem Amthause zusammenhing, abgesetzt und sie in der Stille hineingeführt. Der Aktuarius nahm über diese schonende Behandlung von Wilhelmen ein aufrichtiges Lob an, ob er gleich eigentlich dadurch nur das vor dem Amthause versammelte Volk necken und ihm das angenehme Schauspiel einer gedemütigten Mitbürgerin entziehen wollte.

Der Amtmann, der von solchen außerordentlichen Fällen kein sonderlicher Liebhaber war, weil er meistenteils dabei einen und den andern Fehler machte, und für den besten Willen gewöhnlich von fürstlicher Regierung mit einem derben Verweise belohnt wurde, ging mit schweren Schritten nach der Amtsstube, wohin ihm der Aktuarius, Wilhelm und einige angesehene Bürger folgten.

Zuerst ward die Schöne vorgeführt, die, ohne Frechheit, gelassen und mit Bewußtsein ihrer selbst hereintrat. Die Art, wie sie gekleidet war und sich überhaupt betrug, zeigte, daß sie ein Mädchen sei, die etwas auf sich halte. Sie fing auch, ohne gefragt zu werden, über ihren Zustand nicht unschicklich zu reden an.

Der Aktuarius gebot ihr zu schweigen und hielt seine Feder über dem gebrochenen Blatte. Der Amtmann setzte sich in Fassung, sah ihn an, räusperte sich und fragte das arme Kind, wie ihr Name heiße und wie alt sie sei?

„Ich bitte Sie, mein Herr“, versetzte sie, „es muß mir gar wunderbar vorkommen, daß Sie mich um meinen Namen und mein Alter fragen, da Sie sehr gut wissen, wie ich heiße, und daß ich so alt wie Ihr ältester Sohn bin. Was Sie von mir wissen wollen, und was Sie wissen müssen, will ich gern ohne Umschweife sagen.

Seit meines Vaters zweiter Heirat werde ich zu Hause nicht zum besten gehalten. Ich hätte einige hübsche Partien tun können, wenn nicht meine Stiefmutter aus Furcht vor der Ausstattung sie zu vereiteln gewußt hätte. Nun habe ich den jungen Melina kennen lernen, ich habe ihn lieben müssen, und da wir die Hindernisse voraussahen, die unserer Verbindung im Wege standen, entschlossen wir uns, miteinander in der weiten Welt ein Glück zu suchen, das uns zu Hause nicht gewährt schien. Ich habe nichts mitgenommen, als was mein eigen war; wir sind nicht als Diebe und Räuber entflohen, und mein Geliebter verdient nicht, daß er mit Ketten und Banden belegt herumgeschleppt werde. Der Fürst ist gerecht, er wird diese Härte nicht billigen. Wenn wir strafbar sind, so sind wir es nicht auf diese Weise."

Der alte Amtmann kam hierüber doppelt und dreifach in Verlegenheit. Die gnädigsten Ausputzer summten ihm schon um den Kopf, und die geläufige Rede des Mädchens hatte ihm den Entwurf des Protokolls gänzlich zerrüttet. Das Übel wurde noch größer, als sie bei wiederholten ordentlichen Fragen sich nicht weiter einlassen wollte, sondern sich auf das, was sie eben gesagt, standhaft berief.

„Ich bin keine Verbrecherin", sagte sie. „Man hat mich auf Strohbündeln zur Schande hierher geführt; es ist eine höhere Gerechtigkeit, die uns wieder zu Ehren bringen soll."

Der Aktuarius hatte indessen immer ihre Worte nachgeschrieben und flüsterte dem Amtmanne zu, er solle nur weitergehen; ein förmliches Protokoll würde sich nachher schon verfassen lassen.

Der Alte nahm wieder Mut und fing nun an, nach den süßen Geheimnissen der Liebe mit dürren Worten und in hergebrachten trockenen Formeln sich zu erkundigen.

Wilhelmen stieg die Röte ins Gesicht, und die Wangen der artigen Verbrecherin belebten sich gleichfalls durch die reizende Farbe der Schamhaftigkeit. Sie schwieg und stockte, bis die Verlegenheit selbst zuletzt ihren Mut zu erhöhen schien.

„Sein Sie versichert", rief sie aus, „daß ich stark genug

sein würde, die Wahrheit zu bekennen, wenn ich auch gegen mich selbst sprechen müßte; sollte ich nun zaudern und stocken, da sie mir Ehre macht? Ja, ich habe ihn von dem Augenblick an, da ich seiner Neigung und seiner Treue gewiß war, als meinen Ehemann angesehen; ich habe ihm alles gerne gegönnt, was die Liebe fordert, und was ein überzeugtes Herz nicht versagen kann. Machen Sie nun mit mir, was Sie wollen. Wenn ich einen Augenblick zu gestehen zauderte, so war die Furcht, daß mein Bekenntnis für meinen Geliebten schlimme Folgen haben könnte, allein daran Ursache."

Wilhelm faßte, als er ihr Geständnis hörte, einen hohen Begriff von den Gesinnungen des Mädchens, indes sie die Gerichtspersonen für eine freche Dirne erkannten und die gegenwärtigen Bürger Gott dankten, daß dergleichen Fälle in ihren Familien entweder nicht vorgekommen oder nicht bekannt geworden waren.

Wilhelm versetzte seine Mariane in diesem Augenblicke vor den Richterstuhl, legte ihr noch schönere Worte in den Mund, ließ ihre Aufrichtigkeit noch herzlicher und ihr Bekenntnis noch edler werden. Die heftigste Leidenschaft, beiden Liebenden zu helfen, bemächtigte sich seiner. Er verbarg sie nicht und bat den zaudernden Amtmann heimlich, er möchte doch der Sache ein Ende machen, es sei ja alles so klar als möglich und bedürfe keiner weiteren Untersuchung.

Dieses half so viel, daß man das Mädchen abtreten, dafür aber den jungen Menschen, nachdem man ihm vor der Türe die Fesseln abgenommen hatte, hereinkommen ließ. Dieser schien über sein Schicksal mehr nachdenkend. Seine Antworten waren gesetzter, und wenn er von einer Seite weniger heroische Freimütigkeit zeigte, so empfahl er sich hingegen durch Bestimmtheit und Ordnung seiner Aussage.

Da auch dieses Verhör geendiget war, welches mit dem vorigen in allem übereinstimmte, nur daß er, um das Mädchen zu schonen, hartnäckig leugnete, was sie selbst schon bekannt hatte, ließ man auch sie endlich wieder vortreten, und es entstand zwischen beiden eine Szene, welche ihnen das Herz unsers Freundes gänzlich zu eigen machte.

Was nur in Romanen und Komödien vorzugehen pflegt, sah er hier in einer unangenehmen Gerichtsstube vor seinen Augen: den Streit wechselseitiger Großmut, die Stärke der Liebe im Unglück.

„Ist es denn also wahr", sagte er bei sich selbst, „daß die schüchterne Zärtlichkeit, die vor dem Auge der Sonne und der Menschen sich verbirgt, und nur in abgesonderter Einsamkeit, in tiefem Geheimnisse zu genießen wagt, wenn sie durch einen feindseligen Zufall hervorgeschleppt wird, sich alsdann mutiger, stärker, tapferer zeigt als andere brausende und großtuende Leidenschaften?"

Zu seinem Troste schloß sich die ganze Handlung noch ziemlich bald. Sie wurden beide in leidliche Verwahrung genommen, und wenn es möglich gewesen wäre, so hätte er noch diesen Abend das Frauenzimmer zu ihren Eltern hinübergebracht. Denn er setzte sich fest vor, hier ein Mittelsmann zu werden und die glückliche und anständige Verbindung beider Liebenden zu befördern.

Er erbat sich von dem Amtmanne die Erlaubnis, mit Melina allein zu reden, welche ihm denn auch ohne Schwierigkeit verstattet wurde.

VIERZEHNTES KAPITEL

Das Gespräch der beiden neuen Bekannten wurde gar bald vertraut und lebhaft. Denn als Wilhelm dem niedergeschlagenen Jüngling sein Verhältnis zu den Eltern des Frauenzimmers entdeckte, sich zum Mittler anbot und selbst die besten Hoffnungen zeigte, erheiterte sich das traurige und sorgenvolle Gemüt des Gefangenen, er fühlte sich schon wieder befreit, mit seinen Schwiegereltern versöhnt, und es war nun von künftigem Erwerb und Unterkommen die Rede.

„Darüber werden Sie doch nicht in Verlegenheit sein", versetzte Wilhelm; „denn Sie scheinen mir beiderseits von der Natur bestimmt, in dem Stande, den Sie gewählt haben, Ihr Glück zu machen. Eine angenehme Gestalt, eine wohlklingende Stimme, ein gefühlvolles Herz! Können Schauspieler besser ausgestattet sein? Kann ich Ihnen mit einigen Empfehlungen dienen, so wird es mir viel Freude machen."

„Ich danke Ihnen von Herzen", versetzte der andere; „aber ich werde wohl schwerlich davon Gebrauch machen können, denn ich denke womöglich nicht auf das Theater zurückzukehren."

„Daran tun Sie sehr übel", sagte Wilhelm nach einer Pause, in welcher er sich von seinem Erstaunen erholt hatte, denn er dachte nicht anders, als daß der Schauspieler, sobald er mit seiner jungen Gattin befreit worden, das Theater aufsuchen werde. Es schien ihm ebenso natürlich und notwendig, als daß der Frosch das Wasser sucht. Nicht einen Augenblick hatte er daran gezweifelt, und mußte nun zu seinem Erstaunen das Gegenteil erfahren.

„Ja", versetzte der andere, „ich habe mir vorgenommen, nicht wieder auf das Theater zurückzukehren, vielmehr eine bürgerliche Bedienung, sie sei auch welche sie wolle, anzunehmen, wenn ich nur eine erhalten kann."

„Das ist ein sonderbarer Entschluß, den ich nicht billigen kann; denn ohne besondere Ursache ist es niemals ratsam, die Lebensart, die man ergriffen hat, zu verändern, und überdies wüßte ich keinen Stand, der so viel Annehmlichkeiten, so viel reizende Aussichten darböte, als den eines Schauspielers."

„Man sieht, daß Sie keiner gewesen sind", versetzte jener.

Darauf sagte Wilhelm: „Mein Herr, wie selten ist der Mensch mit dem Zustande zufrieden, in dem er sich befindet! Er wünscht sich immer den seines Nächsten, aus welchem sich dieser gleichfalls heraussehnt."

„Indes bleibt doch ein Unterschied", versetzte Melina, „zwischen dem Schlimmen und dem Schlimmern; Erfahrung, nicht Ungeduld macht mich so handeln. Ist wohl irgendein Stückchen Brot kümmerlicher, unsicherer und mühseliger in der Welt? Beinahe wäre es ebenso gut, vor den Türen zu betteln. Was hat man von dem Neide seiner Mitgenossen und der Parteilichkeit des Direktors, von der veränderlichen Laune des Publikums auszustehen! Wahrhaftig, man muß ein Fell haben wie ein Bär, der in Gesellschaft von Affen und Hunden an der Kette herumgeführt und geprügelt wird, um bei dem Tone eines Dudelsacks vor Kindern und Pöbel zu tanzen."

Wilhelm dachte allerlei bei sich selbst, was er jedoch dem guten Menschen nicht ins Gesicht sagen wollte. Er ging also nur von ferne mit dem Gespräch um ihn herum. Jener ließ sich desto aufrichtiger und weitläufiger heraus. — „Täte es nicht not", sagte er, „daß ein Direktor jedem Stadtrate zu Füßen fiele, um nur die Erlaubnis zu haben, vier Wochen zwischen der Messe ein paar Groschen mehr an einem Orte zirkulieren zu lassen. Ich habe den unsrigen, der soweit ein guter Mann war, oft bedauert, wenn er mir gleich zu anderer Zeit Ursache zu Mißvergnügen gab. Ein guter Akteur steigert ihn, die schlechten kann er nicht loswerden; und wenn er seine Einnahme einigermaßen der Ausgabe gleichsetzen will, so ist es dem Publikum gleich zuviel, das Haus steht leer, und man muß, um nur nicht gar zugrunde zu gehen, mit Schaden und Kummer spielen. Nein, mein Herr! da Sie sich unsrer, wie Sie sagen, annehmen mögen, so bitte ich Sie, sprechen Sie auf das ernstlichste mit den Eltern meiner Geliebten! Man versorge mich hier, man gebe mir einen kleinen Schreiber- oder Einnehmerdienst, und ich will mich glücklich schätzen."

Nachdem sie noch einige Worte gewechselt hatten, schied Wilhelm mit dem Versprechen, morgen ganz früh die Eltern anzugehen und zu sehen, was er ausrichten könne. Kaum war er allein, so mußte er sich in folgenden Ausrufungen Luft machen: „Unglücklicher Melina, nicht in deinem Stande, sondern in dir liegt das Armselige, über das du nicht Herr werden kannst! Welcher Mensch in der Welt, der ohne innern Beruf ein Handwerk, eine Kunst oder irgendeine Lebensart ergriffe, müßte nicht wie du seinen Zustand unerträglich finden? Wer mit einem Talente zu einem Talente geboren ist, findet in demselben sein schönstes Dasein! Nichts ist auf der Erde ohne Beschwerlichkeit! Nur der innere Trieb, die Lust, die Liebe helfen uns Hindernisse überwinden, Wege bahnen und uns aus dem engen Kreise, worin sich andere kümmerlich abängstigen, emporheben. Dir sind die Bretter nichts als Bretter und die Rollen, was einem Schulknaben sein Pensum ist. Die Zuschauer siehst du an, wie sie sich selbst an Werkeltagen vorkommen. Dir könnte es also freilich einerlei sein, hinter einem Pult über liniierten Büchern zu sitzen, Zinsen einzutragen und Reste herauszustochern. Du fühlst nicht das zusammenbrennende, zusammentreffende Ganze, das allein durch den Geist erfunden, begriffen und ausgeführt wird; du fühlst nicht, daß in den Menschen ein besserer Funke lebt, der, wenn er keine Nahrung erhält, wenn er nicht geregt wird, von der Asche täglicher Bedürfnisse und Gleichgültigkeit tiefer bedeckt und doch so spät und fast nie erstickt wird. Du fühlst in deiner Seele keine Kraft, ihn aufzublasen, in deinem eigenen Herzen keinen Reichtum, um dem erweckten Nahrung zu geben. Der Hunger treibt dich, die Unbequemlichkeiten sind dir zuwider, und es ist dir verborgen, daß in jedem Stande diese Feinde lauern, die nur mit Freudigkeit und Gleichmut zu überwinden sind. Du tust wohl, dich in jene Grenzen einer gemeinen Stelle zu sehnen; denn welche würdest du wohl ausfüllen, die Geist und Mut verlangt! Gib einem Soldaten, einem Staatsmanne, einem Geistlichen deine Gesinnungen, und mit ebensoviel Recht wird er sich über das Kümmerliche seines Standes beschweren können. Ja, hat es nicht sogar Menschen gegeben, die von allem Lebensgefühl so ganz verlassen waren, daß sie das ganze Leben und Wesen der Sterblichen für ein Nichts, für ein kummervolles und staubgleiches Dasein erklärt haben? Regten sich lebendig in deiner Seele die Gestalten wirkender Menschen, wärmte deine Brust ein teilnehmendes Feuer, verbreitete sich über deine ganze Gestalt die Stimmung, die aus dem Innersten kommt, wären die Töne deiner Kehle, die Worte deiner Lippen lieblich anzuhören, fühltest du dich genug in dir selbst, so würdest du dir gewiß Ort und Gelegenheit aufsuchen, dich in andern fühlen zu können."

Unter solchen Worten und Gedanken hatte sich unser Freund ausgekleidet und stieg mit einem Gefühle des innigsten Behagens zu Bette. Ein ganzer Roman, was er an der Stelle des Unwürdigen morgenden Tages tun würde, entwickelte sich in seiner Seele, angenehme Phantasien begleiteten ihn in das Reich des Schlafes sanft hinüber und überließen ihn dort ihren Geschwistern, den Träumen, die ihn mit offenen Armen aufnahmen und das ruhende Haupt unsres Freundes mit dem Vorbilde des Himmels umgaben.

Am frühen Morgen war er schon wieder erwacht und dachte seiner vorstehenden Unterhandlung nach. Er kehrte in das Haus der verlassenen Eltern zurück, wo man ihn mit Verwunderung aufnahm. Er trug sein Anbringen bescheiden vor und fand gar bald mehr und weniger Schwierigkeiten, als er vermutet hatte. Geschehen war es einmal, und wenngleich außerordentlich strenge und harte Leute sich gegen das Vergangene und Nichtzuändernde mit Gewalt zu setzen und das Übel dadurch zu vermehren pflegen, so hat dagegen das Geschehene auf die Gemüter der meisten eine unwiderstehliche Gewalt, und was unmöglich schien, nimmt sogleich, als es geschehen ist, neben dem Gemeinen seinen Platz ein. Es war also bald ausgemacht, daß der Herr Melina die Tochter heiraten sollte; dagegen sollte sie wegen ihrer Unart kein Heiratsgut mitnehmen und versprechen, das Vermächtnis einer Tante noch einige Jahre gegen geringe Interessen in des Vaters Händen zu lassen. Der zweite Punkt wegen einer bürgerlichen Versorgung fand schon größere Schwierigkeiten. Man wollte das ungeratene Kind nicht vor Augen sehen, man wollte die Verbindung eines hergelaufenen Menschen mit einer so angesehenen Familie, welche sogar mit einem Superintendenten verwandt war, sich durch die Gegenwart nicht beständig aufrücken lassen; man konnte ebensowenig hoffen, daß die fürstlichen Kollegien ihm eine Stelle anvertrauen würden. Beide Eltern waren gleich stark dagegen, und Wilhelm, der sehr eifrig dafür sprach, weil er dem Menschen, den er geringschätzte, die Rückkehr auf das Theater nicht gönnte und überzeugt war, daß er eines solchen Glückes nicht wert sei, konnte mit allen seinen Argumenten nichts ausrichten. Hätte er die geheimen Triebfedern gekannt, so würde er sich die Mühe gar nicht gegeben haben, die Eltern überreden zu wollen. Denn der Vater, der seine Tochter gerne bei sich behalten hätte, haßte den jungen Menschen, weil seine Frau selbst ein Auge auf ihn geworfen hatte, und diese konnte in ihrer Stieftochter eine glückliche Nebenbuhlerin nicht vor Augen leiden. Und so mußte Melina wider seinen Willen mit seiner jungen Braut, die schon größere Lust bezeigte, die Welt zu sehen und sich der Welt sehen zu lassen, nach einigen Tagen abreisen, um bei irgendeiner Gesellschaft ein Unterkommen zu finden.

FÜNFZEHNTES KAPITEL

Glückliche Jugend! Glückliche Zeiten des ersten Liebesbedürfnisses! Der Mensch ist dann wie ein Kind, das sich am Echo stundenlang ergötzt, die Unkosten des Gespräches allein trägt und mit der Unterhaltung wohl zufrieden ist, wenn der unsichtbare Gegenpart auch nur die letzten Silben der ausgerufenen Worte wiederholt.

So war Wilhelm in den frühern, besonders aber in den spätern Zeiten seiner Leidenschaft für Marianen, als er den ganzen Reichtum seines Gefühls auf sie hinübertrug und sich dabei als einen Bettler ansah, der von ihren Almosen lebte. Und wie uns eine Gegend reizender, ja allein reizend vorkommt, wenn sie von der Sonne beschienen wird, so war auch alles in seinen Augen verschönert und verherrlicht, was sie umgab, was sie berührte.

Wie oft stand er auf dem Theater hinter den Wänden, wozu er sich das Privilegium von dem Direktor erbeten hatte! Dann war freilich die perspektivische Magie verschwunden, aber die viel mächtigere Zauberei der Liebe fing erst an zu wirken. Stundenlang konnte er am schmutzigen Lichtwagen stehen, den Qualm der Unschlittlampen einziehen, nach der Geliebten hinausblicken und, wenn sie wieder hereintrat und ihn freundlich ansah, sich in Wonne verloren dicht an dem Balken- und Lattengerippe in einen paradiesischen Zustand versetzt fühlen. Die ausgestopften Lämmchen, die Wasserfälle von Zindel, die pappenen Rosenstöcke und die einseitigen Strohhütten erregten in ihm liebliche dichterische Bilder uralter Schäferwelt. Sogar die in der Nähe häßlich erscheinenden Tänzerinnen waren ihm nicht immer zuwider, weil sie auf einem Brette mit seiner Vielgeliebten standen. Und so ist es gewiß, daß Liebe, welche Rosenlauben, Myrtenwäldchen und Mondschein erst beleben muß, auch sogar Hobelspänen und Papierschnitzeln einen Anschein belebter Naturen geben kann. Sie ist eine so starke Würze, daß selbst schale und ekle Brühen davon schmackhaft werden.

Solch einer Würze bedurft' es freilich, um jenen Zustand leidlich, ja in der Folge angenehm zu machen, in welchem er gewöhnlich ihre Stube, ja gelegentlich sie selbst antraf.

In einem feinen Bürgerhause erzogen, war Ordnung und Reinlichkeit das Element, worin er atmete, und indem er von seines Vaters Prunkliebe einen Teil geerbt hatte, wußte er in den Knabenjahren sein Zimmer, das er als ein kleines Reich ansah, stattlich auszustaffieren. Seine Bettvorhänge waren in große Falten aufgezogen und mit Quasten befestigt, wie man Thronen vorzustellen pflegt; er hatte sich einen Teppich in die Mitte des Zimmers und einen feinern auf den Tisch anzuschaffen gewußt, seine Bücher und Gerätschaften legte und stellte er fast mechanisch so, daß ein niederländischer Maler gute Gruppen zu seinen Stilleben hätte herausnehmen können. Eine weiße Mütze hatte er wie einen Turban zurechtgebunden und die Ärmel seines Schlafrocks nach orientalischem Kostüme kurz stutzen lassen. Doch gab er hiervon die Ursache an, daß die langen, weiten Ärmel ihn im Schreiben hinderten. Wenn er abends ganz allein war und nicht mehr fürchten durfte gestört zu werden, trug er gewöhnlich eine seidene Schärpe um den Leib, und er soll manchmal einen Dolch, den er sich aus einer alten Rüstkammer zugeeignet, in den Gürtel gesteckt und so die ihm zugeteilten tragischen Rollen memoriert und probiert, ja in eben dem Sinne sein Gebet knieend auf dem Teppich verrichtet haben.

Wie glücklich pries er daher in früheren Zeiten den Schauspieler, den er im Besitz so mancher majestätischen Kleider, Rüstungen und Waffen und in steter Übung eines edlen Betragens sah, dessen Geist einen Spiegel des Herrlichsten und Prächtigsten, was die Welt an Verhältnissen, Gesinnungen und Leidenschaften hervorgebracht, darzustellen schien. Ebenso dachte sich Wilhelm auch das häusliche Leben eines Schauspielers als eine Reihe von würdigen

Handlungen und Beschäftigungen, davon die Erscheinung auf dem Theater die äußerste Spitze sei, etwa wie ein Silber, das vom Läuterfeuer lange herumgetrieben worden, endlich farbigschön vor den Augen des Arbeiters erscheint und ihm zugleich andeutet, daß das Metall nunmehr von allen fremden Zusätzen gereiniget sei.

Wie sehr stutzte er daher anfangs, wenn er sich bei seiner Geliebten befand und durch den glücklichen Nebel, der ihn umgab, nebenaus auf Tisch, Stühle und Boden sah. Die Trümmer eines augenblicklichen, leichten und falschen Putzes lagen, wie das glänzende Kleid eines abgeschuppten Fisches, zerstreut in wilder Unordnung durcheinander. Die Werkzeuge menschlicher Reinlichkeit, als Kämme, Seife, Tücher, waren mit den Spuren ihrer Bestimmung gleichfalls nicht versteckt. Musikrollen und Schuhe, Wäsche und italienische Blumen, Etuis, Haarnadeln, Schminktöpfchen und Bänder, Bücher und Strohhüte, keines verschmähte die Nachbarschaft des andern, alle waren durch ein gemeinschaftliches Element, durch Puder und Staub, vereinigt. Jedoch da Wilhelm in ihrer Gegenwart wenig von allem andern bemerkte, ja vielmehr ihm alles, was ihr gehörte, sie berührt hatte, lieb werden mußte, so fand er zuletzt in dieser verworrenen Wirtschaft einen Reiz, den er in seiner stattlichen Prunkordnung niemals empfunden hatte. Es war ihm — wenn er hier ihre Schnürbrust wegnahm, um zum Klavier zu kommen, dort ihre Röcke aufs Bette legte, um sich setzen zu können, wenn sie selbst mit unbefangener Freimütigkeit manches Natürliche, das man sonst gegen einen andern aus Anstand zu verheimlichen pflegt, vor ihm nicht zu verbergen suchte — es war ihm, sag' ich, als wenn er ihr mit jedem Augenblicke näher würde, als wenn eine Gemeinschaft zwischen ihnen durch unsichtbare Bande befestigt würde.

Nicht ebenso leicht konnte er die Aufführung der übrigen Schauspieler, die er bei seinen ersten Besuchen manchmal bei ihr antraf, mit seinen Begriffen vereinigen. Geschäftig im Müßiggange, schienen sie an ihren Beruf und Zweck am wenigsten zu denken; über den poetischen Wert eines Stückes hörte er sie niemals reden und weder richtig noch unrichtig darüber urteilen; es war immer nur die Frage: „Was wird das Stück machen? Ist es ein Zugstück? Wie lange wird es spielen? Wie oft kann es wohl gegeben werden?“ und was Fragen und Bemerkungen dieser Art mehr waren. Dann ging es gewöhnlich auf den Direktor los, daß er mit der Gage zu karg und besonders gegen den einen und den andern ungerecht sei, dann auf das Publikum, daß es mit seinem Beifall selten den rechten Mann belohne, daß das deutsche Theater sich täglich verbessere, daß der Schauspieler nach seinen Verdiensten immer mehr geehrt werde und nicht genug geehrt werden könne. Dann sprach man viel von Kaffeehäusern und Weingärten, und was daselbst vorgefallen, wieviel irgendein Kamerad Schulden habe und Abzug leiden müsse, von Disproportion der wöchentlichen Gage, von Kabalen einer Gegenpartei, wobei denn doch zuletzt die große und verdiente Aufmerksamkeit des Publikums wieder in Betracht kam und der Einfluß des Theaters auf die Bildung einer Nation und der Welt nicht vergessen wurde.

All diese Dinge, die Wilhelmen sonst schon manche unruhige Stunde gemacht hatten, kamen ihm gegenwärtig wieder ins Gedächtnis, als ihn sein Pferd langsam nach Hause trug und er die verschiedenen Vorfälle, die ihm begegnet waren, überlegte. Die Bewegung, welche durch die Flucht eines Mädchens in eine gute Bürgerfamilie, ja in ein ganzes Städtchen gekommen war, hatte er mit Augen gesehen; die Szenen auf der Landstraße und im Amthause, die Gesinnungen Melinas und was sonst noch vorgegangen war, stellten sich ihm wieder dar und brachten seinen lebhaften, vordringenden Geist in eine Art von sorglicher Unruhe, die er nicht lange ertrug, sondern seinem Pferde die Sporen gab und nach der Stadt zueilte.

Allein auch auf diesem Wege rannte er nur neuen Unannehmlichkeiten entgegen. Werner, sein Freund und vermutlicher Schwager, wartete auf ihn, um ein ernsthaftes, bedeutendes und unerwartetes Gespräch mit ihm anzufangen.

Werner war einer von den geprüften, in ihrem Dasein bestimmten Leuten, die man gewöhnlich kalte Leute zu nennen pflegt, weil sie bei Anlässen weder schnell noch sichtlich auflodern; auch war sein Umgang mit Wilhelmen ein anhaltender Zwist, wodurch sich ihre Liebe aber nur desto fester knüpfte; denn ungeachtet ihrer verschiedenen Denkungsart fand jeder seine Rechnung bei dem andern. Werner tat sich darauf etwas zugute, daß er dem vortrefflichen, obgleich gelegentlich ausschweifenden Geist Wilhelms mitunter Zügel und Gebiß anzulegen schien, und Wilhelm fühlte oft einen herrlichen Triumph, wenn er seinen bedächtlichen Freund in warmer Aufwallung mit sich fortnahm. So übte sich einer an dem andern, sie wurden gewohnt, sich täglich zu sehen, und man hätte sagen sollen, das Verlangen, einander zu finden, sich miteinander zu besprechen, sei durch die Unmöglichkeit, einander verständlich zu werden, vermehrt worden. Im Grunde aber gingen sie doch, weil sie beide gute Menschen waren, nebeneinander, miteinander nach einem Ziel und konnten niemals begreifen, warum denn keiner den andern auf seine Gesinnung reduzieren könne.

Werner bemerkte seit einiger Zeit, daß Wilhelms Besuche seltener wurden, daß er in Lieblingsmaterien kurz und zerstreut abbrach, daß er sich nicht mehr in lebhafte Ausbildung seltsamer Vorstellungen vertiefte, an welcher sich freilich ein freies, in der Gegenwart des Freundes Ruhe und Zufriedenheit findendes Gemüt am sichersten erkennen läßt. Der pünktliche und bedächtige Werner suchte anfangs den Fehler in seinem eigenen Betragen, bis ihn einige Stadtgespräche auf die rechte Spur brachten, und einige Unvorsichtigkeiten Wilhelms ihn der Gewißheit näher führten. Er ließ sich auf eine Untersuchung ein und entdeckte gar bald, daß Wilhelm vor einiger Zeit eine Schauspielerin öffentlich besucht, mit ihr auf dem Theater gesprochen und sie nach Hause gebracht habe; er wäre trostlos gewesen, wenn ihm auch die nächtlichen Zusammenkünfte bekannt geworden wären; denn er hörte, daß Mariane ein verführerisches Mädchen sei, die seinen Freund wahrscheinlich ums Geld bringe und sich noch nebenher von dem unwürdigsten Liebhaber unterhalten lasse.

Sobald er seinen Verdacht soviel möglich zur Gewißheit

erhoben, beschloß er einen Angriff auf Wilhelmen und war mit allen Anstalten völlig in Bereitschaft, als dieser eben verdrießlich und verstimmt von seiner Reise zurückkam.

Werner trug ihm noch denselbigen Abend alles, was er wußte, erst gelassen, dann mit dem dringenden Ernste einer wohldenkenden Freundschaft vor, ließ keinen Zug unbestimmt und gab seinem Freunde alle die Bitterkeiten zu kosten, die ruhige Menschen an Liebende mit tugendhafter Schadenfreude so freigebig auszuspenden pflegen. Aber wie man sich denken kann, richtete er wenig aus. Wilhelm versetzte mit inniger Bewegung, doch mit großer Sicherheit: „Du kennst das Mädchen nicht! Der Schein ist vielleicht nicht zu ihrem Vorteil, aber ich bin ihrer Treue und Tugend so gewiß als meiner Liebe."

Werner beharrte auf seiner Anklage und erbot sich zu Beweisen und Zeugen. Wilhelm verwarf sie und entfernte sich von seinem Freunde verdrießlich und erschüttert, wie einer, dem ein ungeschickter Zahnarzt einen schadhaften festsitzenden Zahn gefaßt und vergebens daran geruckt hat.

Höchst unbehaglich fand sich Wilhelm, das schöne Bild Marianens erst durch die Grillen der Reise, dann durch Werners Unfreundlichkeit in seiner Seele getrübt und beinahe entstellt zu sehen. Er griff zum sichersten Mittel, ihm die völlige Klarheit und Schönheit wiederherzustellen, indem er nachts auf den gewöhnlichen Wegen zu ihr hineilte. Sie empfing ihn mit lebhafter Freude; denn er war bei seiner Ankunft vorbeigeritten, sie hatte ihn diese Nacht erwartet, und es läßt sich denken, daß alle Zweifel bald aus seinem Herzen vertrieben wurden. Ja, ihre Zärtlichkeit schloß sein ganzes Vertrauen wieder auf, und er erzählte ihr, wie sehr sich das Publikum, wie sehr sich sein Freund an ihr versündiget.

Mancherlei lebhafte Gespräche führten sie auf die ersten Zeiten ihrer Bekanntschaft, deren Erinnerung eine der schönsten Unterhaltungen zweier Liebenden bleibt. Die ersten Schritte, die uns in den Irrgarten der Liebe bringen, sind so angenehm, die ersten Aussichten so reizend, daß man sie gar zu gern in sein Gedächtnis zurückruft. Jeder Teil sucht einen Vorzug vor dem andern zu behalten, er habe früher uneigennütziger geliebt, und jedes wünscht in diesem Wettstreit lieber überwunden zu werden als zu überwinden.

Wilhelm wiederholte Marianen, was sie schon so oft gehört hatte, daß sie bald seine Aufmerksamkeit von dem Schauspiel ab und auf sich allein gezogen habe, daß ihre Gestalt, ihr Spiel, ihre Stimme ihn gefesselt; wie er zuletzt nur die Stücke, in denen sie gespielt, besucht habe, wie er endlich aufs Theater geschlichen sei, oft, ohne von ihr bemerkt zu werden, neben ihr gestanden habe; dann sprach er mit Entzücken von dem glücklichen Abende, an dem er eine Gelegenheit gefunden, ihr eine Gefälligkeit zu erzeigen und ein Gespräch einzuleiten.

Mariane dagegen wollte nicht Wort haben, daß sie ihn so lange nicht bemerkt hätte; sie behauptete, ihn schon auf dem Spaziergange gesehen zu haben, und bezeichnete ihm zum Beweis das Kleid, das er am selbigen Tage angehabt; sie behauptete, daß er ihr damals vor allen andern gefallen, und daß sie seine Bekanntschaft gewünscht habe.

Wie gern glaubte Wilhelm das alles! wie gern ließ er sich überreden, daß sie zu ihm, als er sich ihr genähert, durch einen unwiderstehlichen Zug hingeführt worden, daß sie absichtlich zwischen die Kulissen neben ihn getreten sei, um ihn näher zu sehen und Bekanntschaft mit ihm zu machen, und daß sie zuletzt, da seine Zurückhaltung und Blödigkeit nicht zu überwinden gewesen, ihm selbst Gelegenheit gegeben und ihn gleichsam genötigt habe, ein Glas Limonade herbeizuholen.

Unter diesem liebevollen Wettstreit, den sie durch alle kleinen Umstände ihres kurzen Romans verfolgten, vergingen ihnen die Stunden sehr schnell, und Wilhelm verließ völlig beruhigt seine Geliebte, mit dem festen Vorsatze, sein Vorhaben unverzüglich ins Werk zu richten.

SECHZEHNTES KAPITEL

Was zu seiner Abreise nötig war, hatten Vater und Mutter besorgt; nur einige Kleinigkeiten, die an der Equipage fehlten, verzögerten seinen Aufbruch um einige Tage. Wilhelm benutzte diese Zeit, um an Marianen einen Brief zu schreiben, wodurch er die Angelegenheit endlich zur Sprache bringen wollte, über welche sie sich mit ihm zu unterhalten bisher immer vermieden hatte. Folgendermaßen lautete der Brief:

„Unter der lieben Hülle der Nacht, die mich sonst in Deinen Armen bedeckte, sitze ich und denke und schreibe an Dich, und was ich sinne und treibe, ist nur um Deinetwillen. O Mariane! mir, dem glücklichsten unter den Männern, ist wie einem Bräutigam, der ahnungsvoll, welch eine neue Welt sich in ihm und durch ihn entwickeln wird, auf den festlichen Teppichen steht und während der heiligen Zeremonien sich gedankenvoll lüstern vor die geheimnisreichen Vorhänge versetzt, woher ihm die Lieblichkeit der Liebe entgegensäuselt.

Ich habe über mich gewonnen, Dich in einigen Tagen nicht zu sehen; es war leicht in Hoffnung einer solchen Entschädigung, ewig mit Dir zu sein, ganz der Deinige zu bleiben! Soll ich wiederholen, was ich wünsche? Und doch ist es nötig; denn es scheint, als habest Du mich bisher nicht verstanden.

Wie oft habe ich mit leisen Tönen der Treue, die, weil sie alles zu halten wünscht, wenig zu sagen wagt, an Deinem Herzen geforscht nach dem Verlangen einer ewigen Verbindung. Verstanden hast Du mich gewiß, denn in Deinem Herzen muß ebender Wunsch keimen; vernommen hast Du mich in jedem Kusse, in der anschmiegenden Ruhe jener glücklichen Abende. Da lernt' ich Deine Bescheidenheit kennen, und wie vermehrte sich meine Liebe! Wo eine andere sich künstlich betragen hätte, um durch überflüssigen Sonnenschein einen Entschluß in dem Herzen ihres Liebhabers zur Reife zu bringen, eine Erklärung hervorzulocken und ein Versprechen zu befestigen, eben da ziehst Du Dich zurück, schließest die halbgeöffnete Brust

Deines Geliebten wieder zu und suchst durch eine anscheinende Gleichgültigkeit Deine Beistimmung zu verbergen; aber ich verstehe Dich! Welch ein Elender müßte ich sein, wenn ich an diesen Zeichen die reine, uneigennützige, nur für den Freund besorgte Liebe nicht erkennen wollte! Vertraue mir und sei ruhig! Wir gehören einander an, und keins von beiden verläßt oder verliert etwas, wenn wir füreinander leben.

Nimm sie hin, diese Hand! feierlich noch dies überflüssige Zeichen! Alle Freuden der Liebe haben wir empfunden, aber es sind neue Seligkeiten in dem bestätigten Gedanken der Dauer. Frage nicht, wie? Sorge nicht! Das Schicksal sorgt für die Liebe, und um so gewisser, da Liebe genügsam ist.

Mein Herz hat schon lange meiner Eltern Haus verlassen; es ist bei Dir, wie mein Geist auf der Bühne schwebt. O meine Geliebte! Ist wohl einem Menschen so gewährt, seine Wünsche zu verbinden, wie mir? Kein Schlaf kömmt in meine Augen, und wie eine ewige Morgenröte steigt Deine Liebe und Dein Glück vor mir auf und ab.

Kaum daß ich mich halte, nicht auffahre, zu Dir hinrenne und mir Deine Einwilligung erzwinge, und gleich morgen frühe weiter in die Welt nach meinem Ziele hinstrebe. — Nein, ich will mich bezwingen! Ich will nicht unbesonnen törichte, verwegene Schritte tun; mein Plan ist entworfen, und ich will ihn ruhig ausführen.

Ich bin mit Direktor Serlo bekannt, meine Reise geht gerade zu ihm, er hat vor einem Jahre oft seinen Leuten etwas von meiner Lebhaftigkeit und Freude am Theater gewünscht, und ich werde ihm gewiß willkommen sein; denn bei Eurer Truppe möchte ich aus mehr als einer Ursache nicht eintreten; auch spielt Serlo so weit von hier, daß ich anfangs meinen Schritt verbergen kann. Einen leidlichen Unterhalt finde ich da gleich; ich sehe mich in dem Publiko um, lerne die Gesellschaft kennen und hole Dich nach.

Mariane, Du siehst, was ich über mich gewinnen kann, um Dich gewiß zu haben; denn Dich so lange nicht zu sehen, Dich in der weiten Welt zu wissen! recht lebhaft darf ich mir's nicht denken. Wenn ich mir dann aber wieder Deine Liebe vorstelle, die mich vor allem sichert, wenn Du meine Bitte nicht verschmähst, ehe wir scheiden, und Du mir Deine Hand vor dem Priester reichst, so werde ich ruhig gehen. Es ist nur eine Formel unter uns, aber eine so schöne Formel, der Segen des Himmels zu dem Segen der Erde. In der Nachbarschaft, im Ritterschaftlichen, geht es leicht und heimlich an.

Für den Anfang habe ich Geld genug; wir wollen teilen, es wird für uns beide hinreichen; ehe das verzehrt ist, wird der Himmel weiterhelfen.

Ja, Liebste, es ist mir gar nicht bange. Was mit so viel Fröhlichkeit begonnen wird, muß ein glückliches Ende erreichen. Ich habe nie gezweifelt, daß man sein Fortkommen in der Welt finden könne, wenn es einem Ernst ist, und fühle Mut genug für zwei, ja für mehrere einen reichlichen Unterhalt zu gewinnen. ‚Die Welt ist undankbar', sagen viele; ich habe noch nicht gefunden, daß sie undankbar sei, wenn man auf die rechte Art etwas für sie zu tun weiß. Mir glüht die ganze Seele bei dem Gedanken, endlich einmal aufzutreten und den Menschen in das Herz hineinzureden, was sie sich so lange zu hören sehnen. Wie tausendmal ist es freilich mir, der ich von der Herrlichkeit des Theaters so eingenommen bin, bang durch die Seele gegangen, wenn ich die Elendesten gesehen habe sich einbilden, sie könnten uns ein großes, treffliches Wort ans Herz reden! Ein Ton, der durch die Fistel gezwungen wird, klingt viel besser und reiner; es ist unerhört, wie sich diese Bursche in ihrer groben Ungeschicklichkeit versündigen.

Das Theater hat oft einen Streit mit der Kanzel gehabt; sie sollten, dünkt mich, nicht miteinander hadern. Wie sehr wäre zu wünschen, daß an beiden Orten nur durch edle Menschen Gott und Natur verherrlicht würden! Es sind keine Träume, meine Liebste! Wie ich an Deinem Herzen habe fühlen können, daß Du in Liebe bist, so ergreife ich auch den glänzenden Gedanken und sage — ich will's nicht aussagen, aber hoffen will ich, daß wir einst als ein Paar gute Geister den Menschen erscheinen werden, ihre Herzen aufzuschließen, ihre Gemüter zu berühren und ihnen himmlische Genüsse zu bereiten, so gewiß mir an Deinem Busen Freuden gewährt waren, die immer himmlisch genennt werden müssen, weil wir uns in jenen Augenblicken aus uns selbst gerückt, über uns selbst erhaben fühlen.

Ich kann nicht schließen; ich habe schon zu viel gesagt und weiß nicht, ob ich Dir schon alles gesagt habe, alles, was Dich angeht; denn die Bewegung des Rades, das sich in meinem Herzen dreht, sind keine Worte vermögend auszudrücken.

Nimm dieses Blatt indes, meine Liebe! ich habe es wieder durchgelesen und finde, daß ich von vorne anfangen sollte; doch enthält es alles, was Du zu wissen nötig hast, was Dir Vorbereitung ist, wenn ich bald mit Fröhlichkeit der süßen Liebe an Deinen Busen zurückkehre. Ich komme mir vor wie ein Gefangener, der in einem Kerker lauschend seine Fesseln abfeilt. Ich sage gute Nacht meinen sorglos schlafenden Eltern! — Lebe wohl, Geliebte! Lebe wohl! Für diesmal schließ' ich; die Augen sind mir zwei-, dreimal zugefallen; es ist schon tief in der Nacht.“

SIEBZEHNTES KAPITEL

Der Tag wollte nicht endigen, als Wilhelm, seinen Brief schön gefaltet in der Tasche, sich zu Marianen hinsehnte; auch war es kaum düster geworden, als er sich wider seine Gewohnheit nach ihrer Wohnung hinschlich. Sein Plan war, sich auf die Nacht anzumelden, seine Geliebte auf kurze Zeit wieder zu verlassen, ihr, eh' er wegging, den Brief in die Hand zu drücken und bei seiner Rückkehr in tiefer Nacht ihre Antwort, ihre Einwilligung zu erhalten oder durch die Macht seiner Liebkosungen zu erzwingen. Er flog in ihre Arme und konnte sich an ihrem Busen kaum wieder fassen. Die Lebhaftigkeit seiner Empfindungen verbarg ihm anfangs, daß sie nicht wie sonst mit Herzlichkeit antwortete; doch konnte sie einen ängstlichen Zustand nicht lange verbergen; sie schützte eine Krankheit, eine Unpäßlichkeit vor; sie beklagte sich über Kopfweh, sie wollte sich auf den Vorschlag, daß er heute nacht wiederkommen wolle, nicht einlassen. Er ahnte nichts Böses, drang nicht weiter in sie, fühlte aber, daß es nicht die Stunde sei, ihr seinen Brief zu übergeben. Er behielt ihn bei sich, und da verschiedene ihrer Bewegungen und Reden ihn auf eine höfliche Weise wegzugehen nötigten, ergriff er im Taumel seiner ungenügsamen Liebe eines ihrer Halstücher, steckte es in die Tasche und verließ wider Willen ihre Lippen und ihre Türe. Er schlich nach Hause, konnte aber auch da nicht lange bleiben, kleidete sich um und suchte wieder die freie Luft.

Als er einige Straßen auf und ab gegangen war, begegnete ihm ein Unbekannter, der nach einem gewissen Gasthofe fragte. Wilhelm erbot sich, ihm das Haus zu zeigen; der Fremde erkundigte sich nach dem Namen der Straße, nach den Besitzern verschiedener großen Gebäude, vor denen sie vorbeigingen, sodann nach einigen Polizeieinrichtungen der Stadt, und sie waren in einem ganz interessanten Gespräche begriffen, als sie am Tore des Wirtshauses ankamen. Der Fremde nötigte seinen Führer, hineinzutreten und ein Glas Punsch mit ihm zu trinken; zugleich gab er seinen Namen an und seinen Geburtsort, auch die Geschäfte, die ihn hierher gebracht hätten, und ersuchte Wilhelmen um ein gleiches Vertrauen. Dieser verschwieg ebensowenig seinen Namen als seine Wohnung.

„Sind Sie nicht ein Enkel des alten Meisters, der die schöne Kunstsammlung besaß?" fragte der Fremde.

„Ja, ich bin's. Ich war zehn Jahre, als der Großvater starb, und es schmerzte mich lebhaft, diese schönen Sachen verkaufen zu sehen."

„Ihr Vater hat eine große Summe Geldes dafür erhalten."

„Sie wissen also davon?"

„O ja, ich habe diesen Schatz noch in Ihrem Hause gesehen. Ihr Großvater war nicht bloß ein Sammler, er verstand sich auf die Kunst, er war in einer frühern glücklichen Zeit in Italien gewesen und hatte Schätze von dort mit zurückgebracht, welche jetzt um keinen Preis mehr zu haben wären. Er besaß treffliche Gemälde von den besten Meistern; man traute kaum seinen Augen, wenn man seine Handzeichnungen durchsah; unter seinen Marmorn waren einige unschätzbare Fragmente; von Bronzen besaß er eine sehr instruktive Suite; so hatte er auch seine Münzen für Kunst und Geschichte zweckmäßig gesammelt; seine wenigen geschnittenen Steine verdienten alles Lob; auch war das Ganze gut aufgestellt, wenngleich die Zimmer und Säle des alten Hauses nicht symmetrisch gebaut waren."

„Sie können denken, was wir Kinder verloren, als alle die Sachen heruntergenommen und eingepackt wurden. Es waren die ersten traurigen Zeiten meines Lebens. Ich weiß noch, wie leer uns die Zimmer vorkamen, als wir die Gegenstände nach und nach verschwinden sahen, die uns von Jugend auf unterhalten hatten, und die wir ebenso unveränderlich hielten als das Haus und die Stadt selbst."

„Wenn ich nicht irre, so gab Ihr Vater das gelöste Kapital in die Handlung eines Nachbarn, mit dem er eine Art Gesellschaftshandel einging?"

„Ganz richtig! und ihre gesellschaftlichen Spekulationen sind ihnen wohl geglückt; sie haben in diesen zwölf Jahren ihr Vermögen sehr vermehrt und sind beide nur desto heftiger auf den Erwerb gestellt; auch hat der alte Werner einen Sohn, der sich viel besser zu diesem Handwerke schickt als ich."

„Es tut mir leid, daß dieser Ort eine solche Zierde verloren hat, als das Kabinett Ihres Großvaters war. Ich sah es noch kurz vorher, ehe es verkauft wurde, und ich darf wohl sagen, ich war Ursache, daß der Kauf zustande kam. Ein reicher Edelmann, ein großer Liebhaber, der aber bei so einem wichtigen Handel sich nicht allein auf sein eigen Urteil verließ, hatte mich hierher geschickt und verlangte meinen Rat. Sechs Tage besah ich das Kabinett, und am siebenten riet ich meinem Freunde, die ganze geforderte Summe ohne Anstand zu bezahlen. Sie waren als ein munterer Knabe oft um mich herum. Sie erklärten mir die Gegenstände der Gemälde und wußten überhaupt das Kabinett recht gut auszulegen."

„Ich erinnere mich einer solchen Person, aber in Ihnen hätte ich sie nicht wiedererkannt."

„Es ist auch schon eine geraume Zeit, und wir verändern uns doch mehr oder weniger. Sie hatten, wenn ich mich recht erinnere, ein Lieblingsbild darunter, von dem Sie mich gar nicht weglassen wollten."

„Ganz richtig! es stellte die Geschichte vor, wie der kranke Königssohn sich über die Braut seines Vaters in Liebe verzehrt."

„Es war eben nicht das beste Gemälde, nicht gut zusammengesetzt, von keiner sonderlichen Farbe und die Ausführung durchaus manieriert."

„Das verstand ich nicht und versteh' es noch nicht; der Gegenstand ist es, der mich an einem Gemälde reizt, nicht die Kunst."

„Da schien Ihr Großvater anders zu denken; denn der größte Teil seiner Sammlung bestand aus trefflichen Sachen, in denen man immer das Verdienst ihres Meisters bewunderte, sie mochten vorstellen, was sie wollten; auch hing dieses Bild in dem äußersten Vorsaale, zum Zeichen, daß er es wenig schätzte."

„Da war es eben, wo wir Kinder immer spielen durften, und wo dieses Bild einen unauslöschlichen Eindruck auf mich machte, den mir selbst Ihre Kritik, die ich übrigens verehre, nicht auslöschen könnte, wenn wir auch jetzt vor dem Bilde stünden. Wie jammerte mich, wie jammert mich noch ein Jüngling, der die süßen Triebe, das schönste Erbteil, das uns die Natur gab, in sich verschließen und das Feuer, das ihn und andere erwärmen und beleben sollte, in seinem Busen verbergen muß, so daß sein Innerstes unter ungeheuren Schmerzen verzehrt wird! Wie bedaure ich die Unglückliche, die sich einem andern widmen soll, wenn ihr Herz schon den würdigen Gegenstand eines wahren und reinen Verlangens gefunden hat!"

„Diese Gefühle sind freilich sehr weit von jenen Betrachtungen entfernt, unter denen ein Kunstliebhaber die Werke großer Meister anzusehen pflegt; wahrscheinlich würde Ihnen aber, wenn das Kabinett ein Eigentum Ihres Hauses geblieben wäre, nach und nach der Sinn für die Werke selbst aufgegangen sein, so daß Sie nicht immer nur sich selbst und Ihre Neigung in den Kunstwerken gesehen hätten."

„Gewiß tat mir der Verkauf des Kabinetts gleich sehr

leid, und ich habe es auch in reifern Jahren öfters vermißt; wenn ich aber bedenke, daß es gleichsam so sein mußte, um eine Liebhaberei, um ein Talent in mir zu entwickeln, die weit mehr auf mein Leben wirken sollten, als jene leblosen Bilder je getan hätten, so bescheide ich mich dann gern und verehre das Schicksal, das mein Bestes und eines jeden Bestes einzuleiten weiß."

„Leider höre ich schon wieder das Wort Schicksal von einem jungen Manne aussprechen, der sich eben in einem Alter befindet, wo man gewöhnlich seinen lebhaften Neigungen den Willen höherer Wesen unterzuschieben pflegt."

„So glauben Sie kein Schicksal? Keine Macht, die über uns waltet und alles zu unserm Besten lenkt?"

„Es ist hier die Rede nicht von meinem Glauben, noch der Ort, auszulegen, wie ich mir Dinge, die uns allen unbegreiflich sind, einigermaßen denkbar zu machen suche; hier ist nur die Frage, welche Vorstellungsart zu unserm Besten gereicht. Das Gewebe dieser Welt ist aus Notwendigkeit und Zufall gebildet; die Vernunft des Menschen stellt sich zwischen beide und weiß sie zu beherrschen; sie behandelt das Notwendige als den Grund ihres Daseins; das Zufällige weiß sie zu lenken, zu leiten und zu nutzen, und nur, indem sie fest und unerschütterlich steht, verdient der Mensch ein Gott der Erde genannt zu werden. Wehe dem, der sich von Jugend auf gewöhnt, in dem Notwendigen etwas Willkürliches finden zu wollen, der dem Zufälligen eine Art von Vernunft zuschreiben möchte, welcher zu folgen sogar eine Religion sei. Heißt das etwas weiter, als seinem eignen Verstande entsagen und seinen Neigungen unbedingten Raum geben? Wir bilden uns ein, fromm zu sein, indem wir ohne Überlegung hinschlendern, uns durch angenehme Zufälle determinieren lassen und endlich dem Resultate eines solchen schwankenden Lebens den Namen einer göttlichen Führung geben."

„Waren Sie niemals in dem Falle, daß ein kleiner Umstand Sie veranlaßte, einen gewissen Weg einzuschlagen, auf welchem bald eine gefällige Gelegenheit Ihnen entgegenkam und eine Reihe von unerwarteten Vorfällen Sie endlich ans

Ziel brachte, das Sie selbst noch kaum ins Auge gefaßt hatten? Sollte das nicht Ergebenheit in das Schicksal, Zutrauen zu einer solchen Leitung einflößen?"

„Mit diesen Gesinnungen könnte kein Mädchen ihre Tugend, niemand sein Geld im Beutel behalten; denn es gibt Anlässe genug, beides loszuwerden. Ich kann mich nur über den Menschen freuen, der weiß, was ihm und andern nütze ist, und seine Willkür zu beschränken arbeitet. Jeder hat sein eigen Glück unter den Händen, wie der Künstler eine rohe Materie, die er zu einer Gestalt umbilden will. Aber es ist mit dieser Kunst wie mit allen; nur die Fähigkeit dazu wird uns angeboren, sie will gelernt und sorgfältig ausgeübt sein."

Dieses und mehreres wurde noch unter ihnen abgehandelt; endlich trennten sie sich, ohne daß sie einander sonderlich überzeugt zu haben schienen, doch bestimmten sie auf den folgenden Tag einen Ort der Zusammenkunft.

Wilhelm ging noch einige Straßen auf und nieder; er hörte Klarinetten, Waldhörner und Fagotte, es schwoll sein Busen. Durchreisende Spielleute machten eine angenehme Nachtmusik. Er sprach mit ihnen, und um ein Stück Geld folgten sie ihm zu Marianens Wohnung. Hohe Bäume zierten den Platz vor ihrem Hause, darunter stellte er seine Sänger; er selbst ruhte auf einer Bank in einiger Entfernung und überließ sich ganz den schwebenden Tönen, die in der labenden Nacht um ihn säuselten. Unter den holden Sternen hingestreckt war ihm sein Dasein wie ein goldner Traum. — „Sie hört auch diese Flöten", sagte er in seinem Herzen; „sie fühlt, wessen Andenken, wessen Liebe die Nacht wohlklingend macht; auch in der Entfernung sind wir durch diese Melodien zusammengebunden, wie in jeder Entfernung durch die feinste Stimmung der Liebe. Ach! zwei liebende Herzen, sie sind wie zwei Magnetuhren: was in der einen sich regt, muß auch die andere mitbewegen, denn es ist nur eins, was in beiden wirkt, eine Kraft, die sie durchgeht. Kann ich in ihren Armen eine Möglichkeit fühlen, mich von ihr zu trennen? und doch, ich werde fern von ihr sein, werde einen Heilort für unsere Liebe suchen und werde sie immer mit mir haben.

Wie oft ist mir's geschehen, daß ich, abwesend von ihr, in Gedanken an sie verloren, ein Buch, ein Kleid oder sonst etwas berührte und glaubte, ihre Hand zu fühlen, so ganz war ich mit ihrer Gegenwart umkleidet. Und jener Augenblicke mich zu erinnern, die das Licht des Tages wie das Auge des kalten Zuschauers fliehen, die zu genießen Götter den schmerzlosen Zustand der reinen Seligkeit zu verlassen sich entschließen dürften! — Mich zu erinnern? — Als wenn man den Rausch des Taumelkelchs in der Erinnerung erneuern könnte, der unsere Sinne, von himmlischen Banden umstrickt, aus aller ihrer Fassung reißt! — Und ihre Gestalt — —" Er verlor sich im Andenken an sie, seine Ruhe ging in Verlangen über, er umfaßte einen Baum, kühlte seine heiße Wange an der Rinde, und die Winde der Nacht saugten begierig den Hauch auf, der aus dem reinen Busen bewegt hervordrang. Er fühlte nach dem Halstuch, das er von ihr mitgenommen hatte; es war vergessen, es steckte im vorigen Kleide. Seine Lippen lechzten, seine Glieder zitterten vor Verlangen.

Die Musik hörte auf, und es war ihm, als wär' er aus dem Elemente gefallen, in dem seine Empfindungen bisher emporgetragen wurden. Seine Unruhe vermehrte sich, da seine Gefühle nicht mehr von den sanften Tönen genährt und gelindert wurden. Er setzte sich auf ihre Schwelle nieder und war schon mehr beruhigt. Er küßte den messingenen Ring, womit man an ihre Türe pochte, er küßte die Schwelle, über die ihre Füße aus und ein gingen, und erwärmte sie durch das Feuer seiner Brust. Dann saß er wieder eine Weile stille und dachte sie hinter ihren Vorhängen, im weißen Nachtkleide mit dem roten Band um den Kopf in süßer Ruhe und dachte sich selbst so nahe zu ihr hin, daß ihm vorkam, sie müßte nun von ihm träumen. Seine Gedanken waren lieblich wie die Geister der Dämmerung; Ruhe und Verlangen wechselten in ihm; die Liebe lief mit schaudernder Hand tausendfältig über alle Saiten seiner Seele; es war, als wenn der Gesang der Sphären über ihm stille stünde, um die leisen Melodien seines Herzens zu belauschen.

Hätte er den Hauptschlüssel bei sich gehabt, der ihm

sonst Marianens Türe öffnete, er würde sich nicht gehalten haben, würde ins Heiligtum der Liebe eingedrungen sein. Doch er entfernte sich langsam, schwankte halb träumend unter den Bäumen hin, wollte nach Hause und ward immer wieder umgewendet; endlich, als er's über sich vermochte, ging und an der Ecke noch einmal zurücksah, kam es ihm vor, als wenn Marianens Türe sich öffnete und eine dunkle Gestalt sich herausbewegte. Er war zu weit, um deutlich zu sehen, und eh' er sich faßte und recht aufsah, hatte sich die Erscheinung schon in der Nacht verloren; nur ganz weit glaubte er sie wieder an einem weißen Hause vorbeistreifen zu sehen. Er stund und blinzte, und ehe er sich ermannte und nacheilte, war das Phantom verschwunden. Wohin sollt' er ihm folgen? Welche Straße hatte den Menschen aufgenommen, wenn es einer war?

Wie einer, dem der Blitz die Gegend in einem Winkel erhellte, gleich darauf mit geblendeten Augen die vorigen Gestalten, den Zusammenhang der Pfade in der Finsternis vergebens sucht, so war's vor seinen Augen, so war's in seinem Herzen. Und wie ein Gespenst der Mitternacht, das ungeheure Schrecken erzeugt, in folgenden Augenblicken der Fassung für ein Kind des Schreckens gehalten wird, und die fürchterliche Erscheinung Zweifel ohne Ende in der Seele zurückläßt, so war auch Wilhelm in der größten Unruhe, als er, an einen Eckstein gelehnt, die Helle des Morgens und das Geschrei der Hähne nicht achtete, bis die frühen Gewerbe lebendig zu werden anfingen und ihn nach Hause trieben.

Er hatte, wie er zurückkam, das unerwartete Blendwerk mit den triftigsten Gründen beinahe aus der Seele vertrieben; doch die schöne Stimmung der Nacht, an die er jetzt auch nur wie an eine Erscheinung zurückdachte, war auch dahin. Sein Herz zu letzen, ein Siegel seinem wiederkehrenden Glauben aufzudrücken, nahm er das Halstuch aus der vorigen Tasche. Das Rauschen eines Zettels, der herausfiel, zog ihm das Tuch von den Lippen; er hob auf und las:

„So hab' ich Dich lieb, kleiner Narre! was war Dir auch gestern? Heute nacht komm' ich zu Dir. Ich glaube wohl, daß Dir's leid tut, von hier wegzugehen; aber habe Geduld; auf die Messe komm' ich Dir nach. Höre, tu mir nicht wieder die schwarzgrünbraune Jacke an, Du siehst drin aus wie die Hexe von Endor. Hab' ich Dir nicht das weiße Negligé darum geschickt, daß ich ein weißes Schäfchen in meinen Armen haben will? Schick' mir Deine Zettel immer durch die alte Sibylle; die hat der Teufel selbst zur Iris bestellt."

ZWEITES BUCH

ERSTES KAPITEL

Jeder, der mit lebhaften Kräften vor unsern Augen eine Absicht zu erreichen strebt, kann, wir mögen seinen Zweck loben oder tadeln, sich unsre Teilnahme versprechen; sobald aber die Sache entschieden ist, wenden wir unser Auge sogleich von ihm weg; alles, was geendigt, was abgetan daliegt, kann unsre Aufmerksamkeit keineswegs fesseln, besonders wenn wir schon frühe der Unternehmung einen übeln Ausgang prophezeit haben.

Deswegen sollen unsre Leser nicht umständlich mit dem Jammer und der Not unsers verunglückten Freundes, in die er geriet, als er seine Hoffnungen und Wünsche auf eine so unerwartete Weise zerstört sah, unterhalten werden. Wir überspringen vielmehr einige Jahre und suchen ihn erst da wieder auf, wo wir ihn in einer Art von Tätigkeit und Genuß zu finden hoffen, wenn wir vorher nur kürzlich so viel, als zum Zusammenhang der Geschichte nötig ist, vorgetragen haben.

Die Pest oder ein böses Fieber rasen in einem gesunden, vollsaftigen Körper, den sie anfallen, schneller und heftiger, und so ward der arme Wilhelm unvermutet von einem unglücklichen Schicksale überwältigt, daß in einem Augenblicke sein ganzes Wesen zerrüttet war. Wie wenn von ungefähr unter der Zurüstung ein Feuerwerk in Brand gerät, und die künstlich gebohrten und gefüllten Hülsen, die, nach einem gewissen Plane geordnet und abgebrannt, prächtig abwechselnde Feuerbilder in die Luft zeichnen sollten, nunmehr unordentlich und gefährlich durcheinander zischen und sausen, so gingen auch jetzt in seinem Busen Glück und Hoffnung, Wollust und Freuden, Wirkliches und Geträumtes auf einmal scheiternd durcheinander. In solchen wüsten Augenblicken erstarrt der Freund, der zur Rettung hinzueilt, und dem, den es trifft, ist es eine Wohltat, daß ihn die Sinne verlassen.

Tage des lauten, ewig wiederkehrenden und mit Vorsatz erneuerten Schmerzes folgten darauf; doch sind auch diese für eine Gnade der Natur zu achten. In solchen Stunden hatte Wilhelm seine Geliebte noch nicht ganz verloren; seine Schmerzen waren unermüdet erneuerte Versuche, das Glück, das ihm aus der Seele entfloh, noch festzuhalten, die Möglichkeit desselben in der Vorstellung wieder zu erhaschen, seinen auf immer abgeschiedenen Freuden ein kurzes Nachleben zu verschaffen. Wie man einen Körper, solange die Verwesung dauert, nicht ganz tot nennen kann, solange die Kräfte, die vergebens nach ihren alten Bestimmungen zu wirken suchen, an der Zerstörung der Teile, die sie sonst belebten, sich abarbeiten; nur dann, wenn sich alles aneinander aufgerieben hat, wenn wir das Ganze in gleichgültigen Staub zerlegt sehen, dann entsteht das erbärmliche, leere Gefühl des Todes in uns, nur durch den Atem des Ewiglebenden zu erquicken.

In einem so neuen, ganzen, lieblichen Gemüte war viel zu zerreißen, zu zerstören, zu ertöten, und die schnellheilende Kraft der Jugend gab selbst der Gewalt des Schmerzens neue Nahrung und Heftigkeit. Der Streich hatte sein ganzes Dasein an der Wurzel getroffen. Werner, aus Not sein Vertrauter, griff voll Eifer zu Feuer und Schwert, um einer verhaßten Leidenschaft, dem Ungeheuer, ins innerste Leben zu dringen. Die Gelegenheit war so glücklich, das Zeugnis so bei der Hand, und wieviel Geschichten und Erzählungen wußt' er nicht zu nutzen. Er trieb's mit solcher Heftigkeit und Grausamkeit Schritt vor Schritt, ließ dem Freunde nicht das Labsal des mindesten augenblicklichen Betruges, vertrat ihm jeden Schlupfwinkel, in welchen er sich vor der Verzweiflung hätte retten können, daß die Natur, die ihren Liebling nicht wollte zugrunde gehen lassen, ihn mit Krankheit anfiel, um ihm von der andern Seite Luft zu machen.

Ein lebhaftes Fieber mit seinem Gefolge, den Arzneien, der Überspannung und der Mattigkeit, dabei die Bemühungen der Familie, die Liebe der Mitgebornen, die durch Mangel und Bedürfnisse sich erst recht fühlbar macht, waren so viele Zerstreuungen eines veränderten Zustandes und eine kümmerliche Unterhaltung. Erst als er wieder besser wurde, das heißt, als seine Kräfte erschöpft waren, sah Wilhelm mit Entsetzen in den qualvollen Abgrund eines dürren Elendes hinab, wie man in den ausgebrannten hohlen Becher eines Vulkans hinunterblickt.

Nunmehr machte er sich selbst die bittersten Vorwürfe, daß er nach so großem Verlust noch einen schmerzenlosen, ruhigen, gleichgültigen Augenblick haben könne. Er verachtete sein eigen Herz und sehnte sich nach dem Labsal des Jammers und der Tränen.

Um diese wieder in sich zu erwecken, brachte er vor sein Andenken alle Szenen des vergangenen Glücks. Mit der größten Lebhaftigkeit malte er sie sich aus, strebte wieder in sie hinein, und wenn er sich zur möglichsten Höhe hinaufgearbeitet hatte, wenn ihm der Sonnenschein voriger Tage wieder die Glieder zu beleben, den Busen zu heben schien, sah er rückwärts auf den schrecklichen Abgrund, labte sein Auge an der zerschmetternden Tiefe, warf sich hinunter und erzwang von der Natur die bittersten Schmerzen. Mit so wiederholter Grausamkeit zerriß er sich selbst; denn die Jugend, die so reich an eingehüllten Kräften ist, weiß nicht, was sie verschleudert, wenn sie dem Schmerz, den ein Verlust erregt, noch so viele erzwungene Leiden zugesellt, als wollte sie dem Verlornen dadurch noch erst einen rechten Wert geben. Auch war er so überzeugt, daß dieser Verlust der einzige, der erste und letzte sei, den er in seinem Leben empfinden könne, daß er jeden Trost verabscheute, der ihm diese Leiden als endlich vorzustellen unternahm.

ZWEITES KAPITEL

Gewöhnt, auf diese Weise sich selbst zu quälen, griff er nun auch das übrige, was ihm nach der Liebe und mit der Liebe die größten Freuden und Hoffnungen gegeben hatte, sein Talent als Dichter und Schauspieler, mit hämischer Kritik von allen Seiten an. Er sah in seinen Arbeiten nichts als eine geistlose Nachahmung einiger hergebrachten Formen ohne innern Wert; er wollte darin nur steife Schulexerzitien erkennen, denen es an jedem Funken von Naturell, Wahrheit und Begeisterung fehle. In seinen Gedichten fand er nur ein monotones Silbenmaß, in welchem, durch einen armseligen Reim zusammengehalten, ganz gemeine Gedanken und Empfindungen sich hinschleppten; und so benahm er sich auch jede Aussicht, jede Lust, die ihn von dieser Seite noch allenfalls hätte wieder aufrichten können.

Seinem Schauspielertalente ging es nicht besser. Er schalt sich, daß er nicht früher die Eitelkeit entdeckt, die allein dieser Anmaßung zum Grunde gelegen. Seine Figur, sein Gang, seine Bewegung und Deklamation mußten herhalten; er sprach sich jede Art von Vorzug, jedes Verdienst, das ihn über das Gemeine emporgehoben hätte, entscheidend ab und vermehrte seine stumme Verzweiflung dadurch auf den höchsten Grad. Denn wenn es hart ist, der Liebe eines Weibes zu entsagen, so ist die Empfindung nicht weniger schmerzlich, von dem Umgange der Musen sich loszureißen, sich ihrer Gemeinschaft auf immer unwürdig zu erklären und auf den schönsten und nächsten Beifall, der unsrer Person, unserm Betragen, unsrer Stimme öffentlich gegeben wird, Verzicht zu tun.

So hatte sich denn unser Freund völlig resigniert und sich zugleich mit großem Eifer den Handelsgeschäften gewidmet. Zum Erstaunen seines Freundes und zur größten Zufriedenheit seines Vaters war niemand auf dem Comptoir und der Börse, im Laden und Gewölbe tätiger als er; Korrespondenz und Rechnungen und was ihm aufgetragen wurde, besorgte und verrichtete er mit größtem Fleiß und Eifer. Freilich nicht mit dem heitern Fleiße, der zugleich dem Geschäftigen Belohnung ist, wenn wir dasjenige, wozu wir geboren sind, mit Ordnung und Folge verrichten, sondern mit dem stillen Fleiße der Pflicht, der den besten Vorsatz zum Grunde hat, der durch Überzeugung genährt und durch ein inneres Selbstgefühl belohnt wird, der aber doch oft, selbst dann, wenn ihm das schönste Bewußtsein die Krone reicht, einen vordringenden Seufzer kaum zu ersticken vermag.

Auf diese Weise hatte Wilhelm eine Zeitlang sehr emsig fortgelebt und sich überzeugt, daß jene harte Prüfung vom Schicksale zu seinem Besten veranstaltet worden. Er war froh, auf dem Wege des Lebens sich beizeiten, obgleich unfreundlich genug, gewarnt zu sehen, anstatt daß andere später und schwerer die Mißgriffe büßen, wozu sie ein jugendlicher Dünkel verleitet hat. Denn gewöhnlich wehrt sich der Mensch so lange, als er kann, den Toren, den er im Busen hegt, zu verabschieden, einen Hauptirrtum zu bekennen und eine Wahrheit einzugestehen, die ihn zur Verzweiflung bringt.

So entschlossen er war, seinen liebsten Vorstellungen zu entsagen, so war doch einige Zeit nötig, um ihn von seinem Unglücke völlig zu überzeugen. Endlich aber hatte er jede Hoffnung der Liebe, des poetischen Hervorbringens und der persönlichen Darstellung mit triftigen Gründen so ganz in sich vernichtet, daß er Mut faßte, alle Spuren seiner Torheit, alles, was ihn irgend noch daran erinnern könnte, völlig auszulöschen. Er hatte daher an einem kühlen Abende ein Kaminfeuer angezündet und holte ein Reliquienkästchen hervor, in welchem sich hunderterlei Kleinigkeiten fanden, die er in bedeutenden Augenblicken von Marianen erhalten oder derselben geraubt hatte. Jede vertrocknete Blume erinnerte ihn an die Zeit, da sie noch frisch in ihren Haaren blühte; jedes Zettelchen an die glückliche Stunde, wozu sie ihn dadurch einlud; jede Schleife an den lieblichen Ruheplatz seines Hauptes, ihren schönen Busen. Mußte nicht auf diese Weise jede Empfindung, die er schon lange getötet glaubte, sich wieder zu bewegen anfangen? Mußte nicht die Leidenschaft, über die er, abgeschieden von seiner Geliebten, Herr geworden war, in der Gegenwart dieser Kleinigkeiten wieder mächtig werden? Denn wir merken erst, wie traurig und unangenehm ein trüber Tag ist, wenn ein einziger durchdringender Sonnenblick uns den aufmunternden Glanz einer heitern Stunde darstellt.

Nicht ohne Bewegung sah er daher diese so lange bewahrten Heiligtümer nacheinander in Rauch und Flamme vor sich aufgehen. Einigemal hielt er zaudernd inne und hatte noch eine Perlenschnur und ein flornes Halstuch übrig, als er sich entschloß, mit den dichterischen Versuchen seiner Jugend das abnehmende Feuer wieder aufzufrischen.

Bis jetzt hatte er alles sorgfältig aufgehoben, was ihm von der frühsten Entwicklung seines Geistes an aus der

Feder geflossen war. Noch lagen seine Schriften in Bündel gebunden auf dem Boden des Koffers, wohin er sie gepackt hatte, als er sie auf seiner Flucht mitzunehmen hoffte. Wie ganz anders eröffnete er sie jetzt, als er sie damals zusammenband!

Wenn wir einen Brief, den wir unter gewissen Umständen geschrieben und gesiegelt haben, der aber den Freund, an den er gerichtet war, nicht antrifft, sondern wieder zu uns zurückgebracht wird, nach einiger Zeit eröffnen, überfällt uns eine sonderbare Empfindung, indem wir unser eignes Siegel erbrechen und uns mit unserm veränderten Selbst wie mit einer dritten Person unterhalten. Ein ähnliches Gefühl ergriff mit Heftigkeit unsern Freund, als er das erste Paket eröffnete und die zerteilten Hefte ins Feuer warf, die eben gewaltsam aufloderten, als Werner hereintrat, sich über die lebhafte Flamme verwunderte und fragte, was hier vorgehe?

„Ich gebe einen Beweis", sagte Wilhelm, „daß es mir Ernst sei, ein Handwerk aufzugeben, wozu ich nicht geboren ward"; und mit diesen Worten warf er das zweite Paket in das Feuer. Werner wollte ihn abhalten, allein es war geschehen.

„Ich sehe nicht ein, wie du zu diesem Extrem kommst", sagte dieser. „Warum sollen denn nun diese Arbeiten, wenn sie nicht vortrefflich sind, gar vernichtet werden?"

„Weil ein Gedicht entweder vortrefflich sein oder gar nicht existieren soll; weil jeder, der keine Anlage hat, das Beste zu leisten, sich der Kunst enthalten und sich vor jeder Verführung dazu ernstlich in acht nehmen sollte. Denn freilich regt sich in jedem Menschen ein gewisses unbestimmtes Verlangen, dasjenige, was er sieht, nachzuahmen; aber dieses Verlangen beweist gar nicht, daß auch die Kraft in uns wohne, mit dem, was wir unternehmen, zustande zu kommen. Sieh nur die Knaben an, wie sie jedesmal, sooft Seiltänzer in der Stadt gewesen, auf allen Planken und Balken hin und wider gehen und balancieren, bis ein anderer Reiz sie wieder zu einem ähnlichen Spiele hinzieht. Hast du es nicht in dem Zirkel unserer Freunde bemerkt? Sooft sich ein Virtuose hören läßt, finden sich immer einige, die sogleich dasselbe Instrument zu lernen anfangen. Wie viele irren auf diesem Wege herum! Glücklich, wer den Fehlschluß von seinen Wünschen auf seine Kräfte bald gewahr wird!"

Werner widersprach; die Unterredung ward lebhaft, und Wilhelm konnte nicht ohne Bewegung die Argumente, mit denen er sich selbst so oft gequält hatte, gegen seinen Freund wiederholen. Werner behauptete, es sei nicht vernünftig, ein Talent, zu dem man nur einigermaßen Neigung und Geschick habe, deswegen, weil man es niemals in der größten Vollkommenheit ausüben werde, ganz aufzugeben. Es finde sich ja so manche leere Zeit, die man dadurch ausfüllen und nach und nach etwas hervorbringen könne, wodurch wir uns und andern ein Vergnügen bereiten.

Unser Freund, der hierin ganz anderer Meinung war, fiel ihm sogleich ein und sagte mit großer Lebhaftigkeit: „Wie sehr irrst du, lieber Freund, wenn du glaubst, daß ein Werk, dessen erste Vorstellung die ganze Seele füllen muß, in unterbrochenen, zusammengegeizten Stunden könne hervorgebracht werden! Nein, der Dichter muß ganz *sich*, ganz in seinen geliebten Gegenständen leben. Er, der vom Himmel innerlich auf das köstlichste begabt ist, der einen sich immer selbst vermehrenden Schatz im Busen bewahrt, er muß auch von außen ungestört mit seinen Schätzen in der stillen Glückseligkeit leben, die ein Reicher vergebens mit aufgehäuften Gütern um sich hervorzubringen sucht. Sieh die Menschen an, wie sie nach Glück und Vergnügen rennen! Ihre Wünsche, ihre Mühe, ihr Geld jagen rastlos, und wonach? nach dem, was der Dichter von der Natur erhalten hat, nach dem Genuß der Welt, nach dem Mitgefühl seiner selbst in andern, nach einem harmonischen Zusammensein mit vielen oft unvereinbaren Dingen.

Was beunruhiget die Menschen, als daß sie ihre Begriffe nicht mit den Sachen verbinden können, daß der Genuß sich ihnen unter den Händen wegstiehlt, daß das Gewünschte zu spät kommt, und daß alles Erreichte und Erlangte auf ihr Herz nicht die Wirkung tut, welche die Begierde uns in der Ferne ahnen läßt. Gleichsam wie einen Gott hat das Schicksal den Dichter über dieses alles hinübergesetzt. Er sieht das Gewirre der Leidenschaften, Familien und Reiche sich zwecklos bewegen, er sieht die unauflöslichen Rätsel der Mißverständnisse, denen oft nur ein einsilbiges Wort zur Entwicklung fehlt, unsäglich verderbliche Verwirrungen verursachen. Er fühlt das Traurige und das Freudige jedes Menschenschicksals mit. Wenn der Weltmensch in einer abzehrenden Melancholie über großen Verlust seine Tage hinschleicht oder in ausgelassener Freude seinem Schicksale entgegengeht, so schreitet die empfängliche, leichtbewegliche Seele des Dichters wie die wandelnde Sonne von Nacht zu Tag fort, und mit leisen Übergängen stimmt seine Harfe zu Freude und Leid. Eingeboren auf dem Grund seines Herzens wächst die schöne Blume der Weisheit hervor, und wenn die andern wachend träumen und von ungeheuren Vorstellungen aus allen ihren Sinnen geängstiget werden, so lebt er den Traum des Lebens als Wachender, und das Seltenste, was geschieht, ist ihm zugleich Vergangenheit und Zukunft. Und so ist der Dichter zugleich Lehrer, Wahrsager, Freund der Götter und der Menschen. Wie! willst du, daß er zu einem kümmerlichen Gewerbe heruntersteige? Er, der wie ein Vogel gebaut ist, um die Welt zu überschweben, auf hohen Gipfeln zu nisten und seine Nahrung von Knospen und Früchten, einen Zweig mit dem andern leicht verwechselnd, zu nehmen, er sollte zugleich wie der Stier am Pfluge ziehen, wie der Hund sich auf eine Fährte gewöhnen oder vielleicht gar, an die Kette geschlossen, einen Meierhof durch sein Bellen sichern?“

Werner hatte, wie man sich denken kann, mit Verwunderung zugehört. „Wenn nur auch die Menschen“, fiel er ihm ein, „wie die Vögel gemacht wären und, ohne daß sie spinnen und weben, holdselige Tage in beständigem Genuß zubringen könnten! Wenn sie nur auch bei Ankunft des Winters sich so leicht in ferne Gegenden begäben, dem Mangel auszuweichen und sich vor dem Froste zu sichern!“

„So haben die Dichter in Zeiten gelebt, wo das Ehrwürdige mehr erkannt ward“, rief Wilhelm aus, „und so sollten sie immer leben. Genugsam in ihrem Innersten ausgestattet, bedurften sie wenig von außen; die Gabe, schöne Empfindungen, herrliche Bilder den Menschen in süßen, sich an jeden Gegenstand anschmiegenden Worten und

Melodien mitzuteilen, bezauberte von jeher die Welt und war für den Begabten ein reichliches Erbteil. An der Könige Höfen, an den Tischen der Reichen, vor den Türen der Verliebten horchte man auf sie, indem sich das Ohr und die Seele für alles andere verschloß, wie man sich selig preist und entzückt stille steht, wenn aus den Gebüschen, durch die man wandelt, die Stimme der Nachtigall gewaltig rührend hervordringt! Sie fanden eine gastfreie Welt, und ihr niedrig scheinender Stand erhöhte sie nur desto mehr. Der Held lauschte ihren Gesängen, und der Überwinder der Welt huldigte einem Dichter, weil er fühlte, daß ohne diesen sein ungeheures Dasein nur wie ein Sturmwind vorüberfahren würde; der Liebende wünschte sein Verlangen und seinen Genuß so tausendfach und so harmonisch zu fühlen, als ihn die beseelte Lippe zu schildern verstand; und selbst der Reiche konnte seine Besitztümer, seine Abgötter, nicht mit eigenen Augen so kostbar sehen, als sie ihm vom Glanz des allen Wert fühlenden und erhöhenden Geistes beleuchtet erschienen. Ja, wer hat, wenn du willst, Götter gebildet, uns zu ihnen erhoben, sie zu uns herniedergebracht, als der Dichter?“

„Mein Freund“, versetzte Werner nach einigem Nachdenken, „ich habe schon oft bedauert, daß du das, was du so lebhaft fühlst, mit Gewalt aus deiner Seele zu verbannen strebst. Ich müßte mich sehr irren, wenn du nicht besser tätest, dir selbst einigermaßen nachzugeben, als dich durch die Widersprüche eines so harten Entsagens aufzureiben und dir mit der einen unschuldigen Freude den Genuß aller übrigen zu entziehen.“

„Darf ich dir's gestehen, mein Freund“, versetzte der andre, „und wirst du mich nicht lächerlich finden, wenn ich dir bekenne, daß jene Bilder mich noch immer verfolgen, so sehr ich sie fliehe, und daß, wenn ich mein Herz untersuche, alle frühen Wünsche fest, ja noch fester als sonst darin haften? Doch was bleibt mir Unglücklichem gegenwärtig übrig? Ach, wer mir vorausgesagt hätte, daß die Arme meines Geistes so bald zerschmettert werden sollten, mit denen ich ins Unendliche griff, und mit denen ich doch gewiß ein Großes zu umfassen hoffte, wer mir das vorausgesagt hätte, würde mich zur Verzweiflung gebracht haben. Und noch jetzt, da das Gericht über mich ergangen ist, jetzt, da ich die verloren habe, die anstatt einer Gottheit mich zu meinen Wünschen hinüberführen sollte, was bleibt mir übrig, als mich den bittersten Schmerzen zu überlassen? O mein Bruder", fuhr er fort, „ich leugne nicht, sie war mir bei meinen heimlichen Anschlägen der Kloben, an den eine Strickleiter befestigt ist: gefährlich hoffend schwebt der Abenteurer in der Luft, das Eisen bricht, und er liegt zerschmettert am Fuße seiner Wünsche. Es ist auch nun für mich kein Trost, keine Hoffnung mehr! Ich werde", rief er aus, indem er aufsprang, „von diesen unglückseligen Papieren keines übriglassen." Er faßte abermals ein paar Hefte an, riß sie auf und warf sie ins Feuer. Werner wollte ihn abhalten, aber vergebens. „Laß mich!" rief Wilhelm, „was sollen diese elenden Blätter? Für mich sind sie weder Stufe noch Aufmunterung mehr. Sollen sie übrigbleiben, um mich bis ans Ende meines Lebens zu peinigen? Sollen sie vielleicht einmal der Welt zum Gespötte dienen, anstatt Mitleiden und Schauer zu erregen? Weh' über mich und mein Schicksal! Nun verstehe ich erst die Klagen der Dichter, der aus Not weise gewordenen Traurigen. Wie lange hielt ich mich für unzerstörbar, für unverwundlich, und ach! nun seh' ich, daß ein tiefer früher Schade nicht wieder auswachsen, sich nicht wieder herstellen kann; ich fühle, daß ich ihn mit ins Grab nehmen muß. Nein! keinen Tag des Lebens soll der Schmerz von mir weichen, der mich noch zuletzt umbringt, und auch ihr Andenken soll bei mir bleiben, mit mir leben und sterben, das Andenken der Unwürdigen — ach, mein Freund! wenn ich von Herzen reden soll — der gewiß nicht ganz Unwürdigen! Ihr Stand, ihre Schicksale haben sie tausendmal bei mir entschuldigt. Ich bin zu grausam gewesen, du hast mich in deine Kälte, in deine Härte unbarmherzig eingeweiht, meine zerrütteten Sinne gefangengehalten und mich verhindert, das für sie und für mich zu tun, was ich uns beiden schuldig war. Wer weiß, in welchen Zustand ich sie versetzt habe, und erst nach und nach fällt mir's aufs Gewissen, in welcher Verzweiflung, in welcher Hülflosigkeit ich sie verließ! War's nicht möglich, daß sie sich entschuldigen konnte? War's nicht möglich? Wieviel Mißverständnisse können die Welt verwirren, wieviel Umstände können dem größten Fehler Vergebung erflehen! — Wie oft denke ich mir sie, in der Stille für sich sitzend, auf ihren Ellenbogen gestützt. — ‚Das ist', sagt sie, ‚die Treue, die Liebe, die er mir zuschwur! Mit diesem unsanften Schlag das schöne Leben zu endigen, das uns verband!'" — Er brach in einen Strom von Tränen aus, indem er sich mit dem Gesichte auf den Tisch warf und die übriggebliebenen Papiere benetzte.

Werner stand in der größten Verlegenheit dabei. Er hatte sich dieses rasche Auflodern der Leidenschaft nicht vermutet. Etlichemal wollte er seinem Freunde in die Rede fallen, etlichemal das Gespräch woanders hinlenken: vergebens! er widerstand dem Strome nicht. Auch hier übernahm die ausdauernde Freundschaft wieder ihr Amt. Er ließ den heftigsten Anfall des Schmerzens vorüber, indem er durch seine stille Gegenwart eine aufrichtige, reine Teilnehmung am besten sehen ließ, und so blieben sie diesen Abend: Wilhelm ins stille Nachgefühl des Schmerzens versenkt, und der andere erschreckt durch den neuen Ausbruch einer Leidenschaft, die er lange bemeistert und durch guten Rat und eifriges Zureden überwältigt zu haben glaubte.

DRITTES KAPITEL

Nach solchen Rückfällen pflegte Wilhelm meist nur desto eifriger sich den Geschäften und der Tätigkeit zu widmen, und es war der beste Weg, dem Labyrinthe, das ihn wieder anzulocken suchte, zu entfliehen. Seine gute Art, sich gegen Fremde zu betragen, seine Leichtigkeit, fast in allen lebenden Sprachen Korrespondenz zu führen, gaben seinem Vater und dessen Handelsfreunde immer mehr Hoffnung und trösteten sie über die Krankheit, deren Ursache ihnen nicht bekannt geworden war, und über die Pause, die ihren Plan unterbrochen hatte. Man beschloß Wilhelms Abreise zum zweitenmal, und wir finden ihn auf seinem Pferde, den Mantelsack hinter sich, erheitert durch freie Luft und Bewegung, dem Gebirge sich nähern, wo er einige Aufträge ausrichten sollte.

Er durchstrich langsam Täler und Berge mit der Empfindung des größten Vergnügens. Überhangende Felsen, rauschende Wasserbäche, bewachsene Wände, tiefe Gründe sah er hier zum erstenmal, und doch hatten seine frühsten Jugendträume schon in solchen Gegenden geschwebt. Er fühlte sich bei diesem Anblicke wieder verjüngt; alle erduldeten Schmerzen waren aus seiner Seele weggewaschen, und mit völliger Heiterkeit sagte er sich Stellen aus verschiedenen Gedichten, besonders aus dem „Pastor fido", vor, die an diesen einsamen Plätzen scharenweis seinem Gedächtnisse zuflossen. Auch erinnerte er sich mancher Stellen aus seinen eigenen Liedern, die er mit einer besondern Zufriedenheit rezitierte. Er belebte die Welt, die vor ihm lag, mit allen Gestalten der Vergangenheit, und jeder Schritt in die Zukunft war ihm voll Ahnung wichtiger Handlungen und merkwürdiger Begebenheiten.

Mehrere Menschen, die aufeinander folgend hinter ihm herkamen, an ihm mit einem Gruße vorbeigingen und den Weg ins Gebirge durch steile Fußpfade eilig fortsetzten, unterbrachen einigemal seine stille Unterhaltung, ohne daß er jedoch aufmerksam auf sie geworden wäre. Endlich gesellte sich ein gesprächiger Gefährte zu ihm und erzählte die Ursache der starken Pilgerschaft.

„Zu Hochdorf", sagte er, „wird heute abend eine Komödie gegeben, wozu sich die ganze Nachbarschaft versammelt."

„Wie!" rief Wilhelm, „in diesen einsamen Gebirgen, zwischen diesen undurchdringlichen Wäldern hat die Schauspielkunst einen Weg gefunden und sich einen Tempel aufgebaut? und ich muß zu ihrem Feste wallfahrten?"

„Sie werden sich noch mehr wundern", sagte der andere, „wenn Sie hören, durch wen das Stück aufgeführt wird. Es ist eine große Fabrik in dem Orte, die viel Leute ernährt. Der Unternehmer, der sozusagen von aller menschlichen Gesellschaft entfernt lebt, weiß seine Arbeiter im Winter nicht besser zu beschäftigen, als daß er sie veranlaßt hat, Komödie zu spielen. Er leidet keine Karten unter ihnen und wünscht sie auch sonst von rohen Sitten abzuhalten. So bringen sie die langen Abende zu, und heute, da des Alten Geburtstag ist, geben sie ihm zu Ehren eine besondere Festlichkeit."

Wilhelm kam zu Hochdorf an, wo er übernachten sollte, und stieg bei der Fabrik ab, deren Unternehmer auch als Schuldner auf seiner Liste stand.

Als er seinen Namen nannte, rief der Alte verwundert aus: „Ei, mein Herr, sind Sie der Sohn des braven Mannes, dem ich so viel Dank und bis jetzt noch Geld schuldig bin? Ihr Herr Vater hat so viel Geduld mit mir gehabt, daß ich ein Bösewicht sein müßte, wenn ich nicht eilig und fröhlich bezahlte. Sie kommen eben zur rechten Zeit, um zu sehen, daß es mir Ernst ist."

Er rief seine Frau herbei, welche ebenso erfreut war, den jungen Mann zu sehen; sie versicherte, daß er seinem Vater gleiche, und bedauerte, daß sie ihn wegen der vielen Fremden die Nacht nicht beherbergen könne.

Das Geschäft war klar und bald berichtigt; Wilhelm steckte ein Röllchen Gold in die Tasche und wünschte, daß seine übrigen Geschäfte auch so leicht gehen möchten.

Die Stunde des Schauspiels kam heran, man erwartete nur noch den Oberforstmeister, der endlich auch anlangte, mit einigen Jägern eintrat und mit der größten Verehrung empfangen wurde.

Die Gesellschaft wurde nunmehr ins Schauspielhaus geführt, wozu man eine Scheune eingerichtet hatte, die gleich am Garten lag. Haus und Theater waren ohne sonderlichen Geschmack munter und artig angelegt. Einer von den Malern, die auf der Fabrik arbeiteten, hatte bei dem Theater in der Residenz gehandlangt und hatte nun Wald, Straße und Zimmer, freilich etwas roh, hingestellt. Das Stück hatten sie von einer herumziehenden Truppe geborgt und nach ihrer eigenen Weise zurechtgeschnitten. So wie es war, unterhielt es. Die Intrige, daß zwei Liebhaber ein Mädchen ihrem Vormunde und wechselsweise sich selbst entreißen wollen, brachte allerlei interessante Situationen hervor. Es war das erste Stück, das unser Freund nach einer so langen Zeit wieder sah; er machte mancherlei Betrachtungen. Es war voller Handlung, aber ohne Schilderung wahrer Charaktere. Es gefiel und ergötzte. So sind die Anfänge aller Schauspielkunst. Der rohe Mensch ist zufrieden, wenn er nur etwas vorgehen sieht; der gebildete will empfinden, und Nachdenken ist nur dem ganz ausgebildeten angenehm.

Den Schauspielern hätte er hie und da gerne nachgeholfen; denn es fehlte nur wenig, so hätten sie um vieles besser sein können.

In seinen stillen Betrachtungen störte ihn der Tabaksdampf, der immer stärker und stärker wurde. Der Oberforstmeister hatte bald nach Anfang des Stücks seine Pfeife angezündet und nach und nach nahmen sich mehrere diese Freiheit heraus. Auch machten die großen Hunde dieses Herrn schlimme Auftritte. Man hatte sie zwar ausgesperrt; allein sie fanden bald den Weg zur Hintertüre herein, liefen auf das Theater, rannten wider die Akteurs und gesellten sich endlich durch einen Sprung über das Orchester zu ihrem Herrn, der den ersten Platz im Parterre eingenommen hatte.

Zum Nachspiel ward ein Opfer dargebracht. Ein Porträt, das den Alten in seinem Bräutigamskleide vorstellte, stand auf einem Altar, mit Kränzen behangen. Alle Schauspieler huldigten ihm in demutvollen Stellungen. Das jüngste Kind trat, weiß gekleidet, hervor und hielt eine Rede in Versen, wodurch die ganze Familie und sogar der Oberforstmeister, der sich dabei an seine Kinder erinnerte, zu Tränen bewegt wurde. So endigte sich das Stück, und Wilhelm konnte nicht umhin, das Theater zu besteigen, die Aktricen in der Nähe zu besehen, sie wegen ihres Spiels zu loben und ihnen auf die Zukunft einigen Rat zu geben.

Die übrigen Geschäfte unseres Freundes, die er nach und nach in größern und kleinern Gebirgsorten verrichtete, liefen nicht alle so glücklich, noch so vergnügt ab. Manche Schuldner baten um Aufschub, manche waren unhöflich, manche leugneten. Nach seinem Auftrage sollte er einige verklagen; er mußte einen Advokaten aufsuchen, diesen instruieren, sich vor Gericht stellen, und was dergleichen verdrießliche Geschäfte noch mehr waren.

Ebenso schlimm erging es ihm, wenn man ihm eine Ehre erzeigen wollte. Nur wenig Leute fand er, die ihn einigermaßen unterrichten konnten, wenige, mit denen er in ein nützliches Handelsverhältnis zu kommen hoffte. Da nun auch unglücklicherweise Regentage einfielen, und eine Reise zu Pferd in diesen Gegenden mit unerträglichen Beschwerden verknüpft war, so dankte er dem Himmel, als er sich dem flachen Lande wieder näherte und am Fuße des Gebirges in einer schönen und fruchtbaren Ebene, an einem sanften Flusse, im Sonnenscheine ein heiteres Landstädtchen liegen sah, in welchem er zwar keine Geschäfte hatte, aber eben deswegen sich entschloß, ein paar Tage daselbst zu verweilen, um sich und seinem Pferde, das von dem schlimmen Wege sehr gelitten hatte, einige Erholung zu verschaffen.

VIERTES KAPITEL

Als er in einem Wirtshause auf dem Markte abtrat, ging es darin sehr lustig, wenigstens sehr lebhaft zu. Eine große Gesellschaft Seiltänzer, Springer und Gaukler, die einen starken Mann bei sich hatten, waren mit Weib und Kindern eingezogen und machten, indem sie sich auf eine öffentliche Erscheinung bereiteten, einen Unfug über den andern. Bald stritten sie mit dem Wirte, bald unter sich selbst; und wenn ihr Zank unleidlich war, so waren die Äußerungen ihres Vergnügens ganz und gar unerträglich. Unschlüssig, ob er gehen oder bleiben sollte, stand er unter dem Tore und sah den Arbeitern zu, die auf dem Platze ein Gerüst aufzuschlagen anfingen.

Ein Mädchen, das Rosen und andere Blumen herumtrug, bot ihm ihren Korb dar, und er kaufte sich einen schönen Strauß, den er mit Liebhaberei anders band und mit Zufriedenheit betrachtete, als das Fenster eines an der Seite des Platzes stehenden andern Gasthauses sich auftat und ein wohlgebildetes Frauenzimmer sich an demselben zeigte. Er konnte ungeachtet der Entfernung bemerken, daß eine angenehme Heiterkeit ihr Gesicht belebte. Ihre blonden Haare fielen nachlässig aufgelöst um ihren Nacken; sie schien sich nach dem Fremden umzusehen. Einige Zeit darauf trat ein Knabe, der eine Frisierschürze umgegürtet und ein weißes Jäckchen anhatte, aus der Türe jenes Hauses, ging auf Wilhelmen zu, begrüßte ihn und sagte: „Das Frauenzimmer am Fenster läßt Sie fragen, ob Sie ihr nicht einen Teil der schönen Blumen abtreten wollen?" — „Sie stehn ihr alle zu Diensten", versetzte Wilhelm, indem er dem leichten Boten das Bouquet überreichte und zugleich der Schönen ein Kompliment machte, welches sie mit einem freundlichen Gegengruß erwiderte und sich vom Fenster zurückzog.

Nachdenkend über dieses artige Abenteuer ging er nach seinem Zimmer die Treppe hinauf, als ein junges Geschöpf ihm entgegensprang, das seine Aufmerksamkeit auf sich zog. Ein kurzes seidnes Westchen mit geschlitzten spanischen Ärmeln, knappe, lange Beinkleider mit Puffen standen dem Kinde gar artig. Lange schwarze Haare waren in Locken und Zöpfen um den Kopf gekräuselt und gewunden. Er sah die Gestalt mit Verwunderung an und konnte nicht mit sich einig werden, ob er sie für einen Knaben oder für ein Mädchen erklären sollte. Doch entschied er sich bald für das letzte und hielt sie auf, da sie bei ihm vorbeikam, bot ihr einen guten Tag und fragte sie, wem sie angehöre, ob er schon leicht sehen konnte, daß sie ein Glied der springenden und tanzenden Gesellschaft sein müsse. Mit einem scharfen schwarzen Seitenblick sah sie ihn an, indem sie sich von ihm losmachte und in die Küche lief, ohne zu antworten.

Als er die Treppe hinaufkam, fand er auf dem weiten Vorsaale zwei Mannspersonen, die sich im Fechten übten, oder vielmehr ihre Geschicklichkeit aneinander zu versuchen schienen. Der eine war offenbar von der Gesellschaft, die sich im Hause befand, der andere hatte ein weniger wildes Ansehn. Wilhelm sah ihnen zu und hatte Ursache, sie beide zu bewundern, und als nicht lange darauf der schwarzbärtige nervige Streiter den Kampfplatz verließ, bot der andere mit vieler Artigkeit Wilhelmen das Rapier an.

„Wenn Sie einen Schüler“, versetzte dieser, „in die Lehre nehmen wollen, so bin ich wohl zufrieden, mit Ihnen einige Gänge zu wagen.“ Sie fochten zusammen, und obgleich der Fremde dem Ankömmling weit überlegen war, so war er doch höflich genug, zu versichern, daß alles nur auf Übung ankomme; und wirklich hatte Wilhelm auch gezeigt, daß er früher von einem guten und gründlichen deutschen Fechtmeister unterrichtet worden war.

Ihre Unterhaltung ward durch das Getöse unterbrochen, mit welchem die bunte Gesellschaft aus dem Wirtshause auszog, um die Stadt von ihrem Schauspiel zu benachrichtigen und auf ihre Künste begierig zu machen. Einem Tambour folgte der Entrepreneur zu Pferde, hinter ihm eine Tänzerin auf einem ähnlichen Gerippe, die ein Kind vor sich hielt, das mit Bändern und Flintern wohl herausgeputzt war. Darauf kam die übrige Truppe zu Fuß, wovon einige auf ihren Schultern Kinder in abenteuerlichen Stellungen leicht und bequem dahertrugen, unter denen die junge, schwarzköpfige, düstere Gestalt Wilhelms Aufmerksamkeit aufs neue erregte.

Pagliasso lief unter der andringenden Menge drollig hin und her und teilte mit sehr begreiflichen Späßen, indem er bald ein Mädchen küßte, bald einen Knaben pritschte, seine Zettel aus und erweckte unter dem Volke eine unüberwindliche Begierde, ihn näher kennenzulernen.

In den gedruckten Anzeigen waren die mannigfaltigen Künste der Gesellschaft, besonders eines Monsieur Narziß und der Demoiselle Landrinette, herausgestrichen, welche beide als Hauptpersonen die Klugheit gehabt hatten, sich von dem Zuge zu enthalten, sich dadurch ein vornehmeres Ansehn zu geben und größere Neugier zu erwecken.

Während des Zuges hatte sich auch die schöne Nachbarin wieder am Fenster sehen lassen, und Wilhelm hatte nicht verfehlt, sich bei seinem Gesellschafter nach ihr zu erkundigen. Dieser, den wir einstweilen Laertes nennen wollen, erbot sich, Wilhelmen zu ihr hinüber zu begleiten. „Ich und das Frauenzimmer“, sagte er lächelnd, „sind ein paar Trümmer einer Schauspielergesellschaft, die vor kurzem hier scheiterte. Die Anmut des Orts hat uns bewogen, einige Zeit hier zu bleiben und unsre wenige gesammelte Barschaft in Ruhe zu verzehren, indes ein Freund ausgezogen ist, ein Unterkommen für sich und uns zu suchen."

Laertes begleitete sogleich seinen neuen Bekannten zu Philinens Türe, wo er ihn einen Augenblick stehen ließ, um in einem benachbarten Laden Zuckerwerk zu holen. „Sie werden mir es gewiß danken", sagte er, indem er zurückkam, „daß ich Ihnen diese artige Bekanntschaft verschaffe."

Das Frauenzimmer kam ihnen auf einem Paar leichten Pantöffelchen mit hohen Absätzen aus der Stube entgegengetreten. Sie hatte eine schwarze Mantille über ein weißes Negligé geworfen, das, eben weil es nicht ganz reinlich war, ihr ein häusliches und bequemes Ansehen gab; ihr kurzes Röckchen ließ die niedlichsten Füße von der Welt sehen.

„Sein Sie mir willkommen!" rief sie Wilhelmen zu, „und nehmen Sie meinen Dank für die schönen Blumen." Sie führte ihn mit der einen Hand ins Zimmer, indem sie mit der andern den Strauß an die Brust drückte. Als sie sich niedergesetzt hatten und in gleichgültigen Gesprächen begriffen waren, denen sie eine reizende Wendung zu geben wußte, schüttete ihr Laertes gebrannte Mandeln in den Schoß, von denen sie sogleich zu naschen anfing. „Sehn Sie, welch ein Kind dieser junge Mensch ist!" rief sie aus; „er wird Sie überreden wollen, daß ich eine große Freundin von solchen Näschereien sei, und er ist's, der nicht leben kann, ohne irgend etwas Leckeres zu genießen."

„Lassen Sie uns nur gestehn", versetzte Laertes, „daß wir hierin wie in mehrerem einander gern Gesellschaft leisten. Zum Beispiel", sagte er, „es ist heute ein sehr schöner Tag; ich dächte, wir führen spazieren und nähmen unser Mittagsmahl auf der Mühle." — „Recht gern", sagte Philine, „wir müssen unserm neuen Bekannten eine kleine Veränderung machen." Laertes sprang fort, denn er ging niemals, und Wilhelm wollte einen Augenblick nach Hause, um seine Haare, die von der Reise noch verworren aussahen, in Ordnung bringen zu lassen. „Das können Sie hier!" sagte sie, rief ihren kleinen Diener, nötigte Wilhelmen auf die artigste Weise, seinen Rock auszuziehen, ihren Pudermantel anzulegen und sich in ihrer Gegenwart frisieren zu lassen. „Man muß ja keine Zeit versäumen“, sagte sie; „man weiß nicht, wie lange man beisammen bleibt.“

Der Knabe, mehr trotzig und unwillig als ungeschickt, benahm sich nicht zum besten, raufte Wilhelmen und schien so bald nicht fertig werden zu wollen. Philine verwies ihm einigemal seine Unart, stieß ihn endlich ungeduldig hinweg und jagte ihn zur Türe hinaus. Nun übernahm sie selbst die Bemühung und kräuselte die Haare unsres Freundes mit großer Leichtigkeit und Zierlichkeit, ob sie gleich auch nicht zu eilen schien und bald dieses, bald jenes an ihrer Arbeit auszusetzen hatte, indem sie nicht vermeiden konnte, mit ihren Knien die seinigen zu berühren und Strauß und Busen so nahe an seine Lippen zu bringen, daß er mehr als einmal in Versuchung gesetzt ward, einen Kuß darauf zu drücken.

Als Wilhelm mit einem kleinen Pudermesser seine Stirne gereinigt hatte, sagte sie zu ihm: „Stecken Sie es ein, und gedenken Sie meiner dabei.“ Es war ein artiges Messer; der Griff von eingelegtem Stahl zeigte die freundlichen Worte: „Gedenke mein!“ Wilhelm steckte es zu sich, dankte ihr und bat um die Erlaubnis, ihr ein kleines Gegengeschenk machen zu dürfen.

Nun war man fertig geworden. Laertes hatte die Kutsche gebracht, und nun begann eine sehr lustige Fahrt. Philine warf jedem Armen, der sie anbettelte, etwas zum Schlage hinaus, indem sie ihm zugleich ein munteres und freundliches Wort zurief.

Sie waren kaum auf der Mühle angekommen und hatten ein Essen bestellt, als eine Musik vor dem Hause sich hören ließ. Es waren Bergleute, die zu Zither und Triangel mit lebhaften und grellen Stimmen verschiedene artige Lieder vortrugen. Es dauerte nicht lange, so hatte eine herbeiströmende Menge einen Kreis um sie geschlossen, und die Gesellschaft nickte ihnen ihren Beifall aus den Fenstern zu. Als sie diese Aufmerksamkeit gesehen, erweiterten sie ihren Kreis und schienen sich zu ihrem wichtigsten Stückchen vorzubereiten. Nach einer Pause trat ein Bergmann mit einer Hacke hervor und stellte, indes die andern eine ernsthafte Melodie spielten, die Handlung des Schürfens vor.

Es währte nicht lange, so trat ein Bauer aus der Menge und gab jenem pantomimisch drohend zu verstehen, daß er sich von hier hinwegbegeben solle. Die Gesellschaft war darüber verwundert und erkannte erst den in einen Bauer verkleideten Bergmann, als er den Mund auftat und in einer Art von Rezitativ den andern schalt, daß er wage, auf seinem Acker zu hantieren. Jener kam nicht aus der Fassung, sondern fing an, den Landmann zu belehren, daß er recht habe, hier einzuschlagen, und gab ihm dabei die ersten Begriffe vom Bergbau. Der Bauer, der die fremde Terminologie nicht verstand, tat allerlei alberne Fragen, worüber die Zuschauer, die sich klüger fühlten, ein herzliches Gelächter aufschlugen. Der Bergmann suchte ihn zu berichten und bewies ihm den Vorteil, der zuletzt auch auf ihn fließe, wenn die unterirdischen Schätze des Landes herausgewühlt würden. Der Bauer, der jenem zuerst mit Schlägen gedroht hatte, ließ sich nach und nach besänftigen, und sie schieden als gute Freunde voneinander; besonders aber zog sich der Bergmann auf die honorabelste Art aus diesem Streite.

„Wir haben", sagte Wilhelm bei Tische, „an diesem kleinen Dialog das lebhafteste Beispiel, wie nützlich allen Ständen das Theater sein könnte, wie vielen Vorteil der Staat selbst daraus ziehen müßte, wenn man die Handlungen, Gewerbe und Unternehmungen der Menschen von ihrer guten, lobenswürdigen Seite und in dem Gesichtspunkte auf das Theater brächte, aus welchem sie der Staat selbst ehren und schützen muß. Jetzt stellen wir nur die lächerliche Seite der Menschen dar; der Lustspieldichter ist gleichsam nur ein hämischer Kontrolleur, der auf die Fehler seiner Mitbürger überall ein wachsames Auge hat und froh zu sein scheint, wenn er ihnen eins anhängen kann. Sollte es nicht eine angenehme und würdige Arbeit für einen Staatsmann sein, den natürlichen, wechselseitigen Einfluß aller Stände zu überschauen und einen Dichter, der Humor genug hätte, bei seinen Arbeiten zu leiten? Ich bin überzeugt, es könnten auf diesem Wege manche sehr unterhaltende, zugleich nützliche und lustige Stücke ersonnen werden."

„Soviel ich", sagte Laertes, „überall, wo ich herumgeschwärmt bin, habe bemerken können, weiß man nur zu verbieten, zu hindern und abzulehnen, selten aber zu gebieten, zu befördern und zu belohnen. Man läßt alles in der Welt gehn, bis es schädlich wird; dann zürnt man und schlägt drein."

„Laßt mir den Staat und die Staatsleute weg", sagte Philine, „ich kann mir sie nicht anders als in Perücken vorstellen, und eine Perücke, es mag sie aufhaben, wer da will, erregt in meinen Fingern eine krampfhafte Bewegung; ich möchte sie gleich dem ehrwürdigen Herrn herunternehmen, in der Stube herumspringen und den Kahlkopf auslachen."

Mit einigen lebhaften Gesängen, welche sie sehr schön vortrug, schnitt Philine das Gespräch ab und trieb zu einer schnellen Rückfahrt, damit man die Künste der Seiltänzer am Abende zu sehen nicht versäumen möchte. Drollig bis zur Ausgelassenheit, setzte sie ihre Freigebigkeit gegen die Armen auf dem Heimwege fort, indem sie zuletzt, da ihr und ihren Reisegefährten das Geld ausging, einem Mädchen ihren Strohhut und einem alten Weibe ihr Halstuch zum Schlage hinauswarf.

Philine lud beide Begleiter zu sich in ihre Wohnung, weil man, wie sie sagte, aus ihren Fenstern das öffentliche Schauspiel besser als im andern Wirtshause sehen könne.

Als sie ankamen, fanden sie das Gerüst aufgeschlagen und den Hintergrund mit aufgehängten Teppichen geziert. Die Schwungbretter waren schon gelegt, das Schlappseil an die Pfosten befestigt, und das straffe Seil über die Böcke gezogen. Der Platz war ziemlich mit Volk gefüllt und die Fenster mit Zuschauern einiger Art besetzt.

Pagliaß bereitete erst die Versammlung mit einigen Albernheiten, worüber die Zuschauer immer zu lachen pflegen, zur Aufmerksamkeit und guten Laune vor. Einige Kinder, deren Körper die seltsamsten Verrenkungen darstellten, erregten bald Verwunderung, bald Grausen, und Wilhelm konnte sich des tiefen Mitleidens nicht enthalten, als er das Kind, an dem er beim ersten Anblicke teilgenommen, mit einiger Mühe die sonderbaren Stellungen hervorbringen sah. Doch bald erregten die lustigen Springer ein lebhaftes Vergnügen, wenn sie erst einzeln, dann hintereinander und zuletzt alle zusammen sich vorwärts und rückwärts in der Luft überschlugen. Ein lautes Händeklatschen und Jauchzen erscholl aus der ganzen Versammlung.

Nun aber ward die Aufmerksamkeit auf einen ganz andern Gegenstand gewendet. Die Kinder, eins nach dem andern, mußten das Seil betreten, und zwar die Lehrlinge zuerst, damit sie durch ihre Übungen das Schauspiel verlängerten und die Schwierigkeit der Kunst ins Licht setzten. Es zeigten sich auch einige Männer und erwachsene Frauenspersonen mit ziemlicher Geschicklichkeit; allein es war noch nicht Monsieur Narziß, noch nicht Demoiselle Landrinette.

Endlich traten auch diese aus einer Art von Zelt hinter aufgespannten roten Vorhängen hervor und erfüllten durch ihre angenehme Gestalt und zierlichen Putz die bisher glücklich genährte Hoffnung der Zuschauer. Er, ein munteres Bürschchen von mittlerer Größe, schwarzen Augen und einem starken Haarzopf; sie, nicht minder wohl und kräftig gebildet; beide zeigten sich nacheinander auf dem Seile mit leichten Bewegungen, Sprüngen und seltsamen Posituren. Ihre Leichtigkeit, seine Verwegenheit, die Genauigkeit, womit beide ihre Kunststücke ausführten, erhöhten mit jedem Schritt und Sprung das allgemeine Vergnügen. Der Anstand, womit sie sich betrugen, die anscheinenden Bemühungen der andern um sie gaben ihnen das Ansehn, als wenn sie Herr und Meister der ganzen Truppe wären, und jedermann hielt sie des Ranges wert.

Die Begeisterung des Volkes teilte sich den Zuschauern an den Fenstern mit, die Damen sahen unverwandt nach Narzissen, die Herren nach Landrinetten. Das Volk jauchzte, und das feinere Publikum enthielt sich nicht des Klatschens; kaum daß man noch über Pagliassen lachte. Wenige nur schlichen sich weg, als einige von der Truppe, um Geld zu sammeln, sich mit zinnernen Tellern durch die Menge drängten.

„Sie haben ihre Sache, dünkt mich, gut gemacht“, sagte Wilhelm zu Philinen, die bei ihm am Fenster lag, „ich bewundere ihren Verstand, womit sie auch geringe Kunststückchen, nach und nach und zur rechten Zeit angebracht, gelten zu machen wußten, und wie sie aus der Ungeschicklichkeit ihrer Kinder und aus der Virtuosität ihrer Besten ein Ganzes zusammenarbeiteten, das erst unsre Aufmerksamkeit erregte und dann uns auf das angenehmste unterhielt."

Das Volk hatte sich nach und nach verlaufen, und der Platz war leer geworden, indes Philine und Laertes über die Gestalt und die Geschicklichkeit Narzissens und Landrinettens in Streit gerieten und sich wechselsweise neckten. Wilhelm sah das wunderbare Kind auf der Straße bei andern spielenden Kindern stehen, machte Philinen darauf aufmerksam, die sogleich nach ihrer lebhaften Art dem Kinde rief und winkte und, da es nicht kommen wollte, singend die Treppe hinunter klapperte und es heraufführte.

„Hier ist das Rätsel", rief sie, als sie das Kind zur Türe hereinzog. Es blieb am Eingange stehen, eben als wenn es gleich wieder hinausschlüpfen wollte, legte die rechte Hand vor die Brust, die linke vor die Stirn und bückte sich tief. „Fürchte dich nicht, liebe Kleine", sagte Wilhelm, indem er auf sie losging. Sie sah ihn mit unsicherm Blick an und trat einige Schritte näher.

„Wie nennest du dich?" fragte er. — „Sie heißen mich Mignon." — „Wieviel Jahre hast du?" — „Es hat sie niemand gezählt." — „Wer war dein Vater?" — „Der große Teufel ist tot."

„Nun, das ist wunderlich genug!" rief Philine aus. Man fragte sie noch einiges; sie brachte ihre Antworten in einem gebrochenen Deutsch und mit einer sonderbar feierlichen Art vor; dabei legte sie jedesmal die Hände an Brust und Haupt und neigte sich tief.

Wilhelm konnte sie nicht genug ansehen. Seine Augen und sein Herz wurden unwiderstehlich von dem geheimnisvollen Zustande dieses Wesens angezogen. Er schätzte sie zwölf bis dreizehn Jahre; ihr Körper war gut gebaut, nur daß ihre Glieder einen stärkern Wuchs versprachen oder einen zurückgehaltenen ankündigten. Ihre Bildung war nicht regelmäßig, aber auffallend; ihre Stirne geheimnisvoll, ihre Nase außerordentlich schön, und der Mund, ob er schon für ihr Alter zu sehr geschlossen schien, und sie manchmal mit den Lippen nach einer Seite zuckte, noch immer treuherzig und reizend genug. Ihre bräunliche Gesichtsfarbe konnte man durch die Schminke kaum erkennen. Diese Gestalt prägte sich Wilhelmen sehr tief ein; er sah sie noch immer an, schwieg und vergaß der Gegenwärtigen über seinen Betrachtungen. Philine weckte ihn aus seinem Halbtraume, indem sie dem Kinde etwas übriggebliebenes Zuckerwerk reichte und ihm ein Zeichen gab, sich zu entfernen. Es machte seinen Bückling wie oben und fuhr blitzschnell zur Türe hinaus.

Als die Zeit nunmehr herbeikam, daß unsre neuen Bekannten sich für diesen Abend trennen sollten, redeten sie vorher noch eine Spazierfahrt auf den morgenden Tag ab. Sie wollten abermals an einem andern Orte, auf einem benachbarten Jägerhause, ihr Mittagsmahl einnehmen. Wilhelm sprach diesen Abend noch manches zu Philinens Lobe, worauf Laertes nur kurz und leichtsinnig antwortete.

Den andern Morgen, als sie sich abermals eine Stunde im Fechten geübt hatten, gingen sie nach Philinens Gasthofe, vor welchem sie die bestellte Kutsche schon hatten anfahren sehen. Aber wie verwundert war Wilhelm, als die Kutsche verschwunden, und wie noch mehr, als Philine nicht zu Hause anzutreffen war. Sie hatte sich, so erzählte man, mit ein paar Fremden, die diesen Morgen angekommen waren, in den Wagen gesetzt und war mit ihnen davongefahren. Unser Freund, der sich in ihrer Gesellschaft eine angenehme Unterhaltung versprochen hatte, konnte seinen Verdruß nicht verbergen. Dagegen lachte Laertes und rief: „So gefällt sie mir! Das sieht ihr ganz ähnlich! Lassen Sie uns nur gerade nach dem Jagdhause gehen; sie mag sein, wo sie will, wir wollen ihretwegen unsere Promenade nicht versäumen."

Als Wilhelm unterwegs diese Inkonsequenz des Betragens zu tadeln fortfuhr, sagte Laertes: „Ich kann nicht inkonsequent finden, wenn jemand seinem Charakter treu bleibt. Wenn sie sich etwas vornimmt oder jemanden etwas verspricht, so geschieht es nur unter der stillschweigenden Bedingung, daß es ihr auch bequem sein werde, den Vorsatz auszuführen oder ihr Versprechen zu halten. Sie verschenkt gern, aber man muß immer bereit sein, ihr das Geschenkte wiederzugeben."

„Dies ist ein seltsamer Charakter", versetzte Wilhelm.

„Nichts weniger als seltsam, nur daß sie keine Heuchlerin ist. Ich liebe sie deswegen, ja ich bin ihr Freund, weil sie mir das Geschlecht so rein darstellt, das ich zu hassen so viel Ursache habe. Sie ist mir die wahre Eva, die Stammmutter des weiblichen Geschlechts: so sind alle, nur wollen sie es nicht Wort haben."

Unter mancherlei Gesprächen, in welchen Laertes seinen Haß gegen das weibliche Geschlecht sehr lebhaft ausdrückte, ohne jedoch die Ursache davon anzugeben, waren sie in den Wald gekommen, in welchen Wilhelm sehr verstimmt eintrat, weil die Äußerungen des Laertes ihm die Erinnerung an sein Verhältnis zu Marianen wieder lebendig gemacht hatten. Sie fanden nicht weit von einer beschatteten Quelle, unter herrlichen alten Bäumen, Philinen allein an einem steinernen Tische sitzen. Sie sang ihnen ein lustiges Liedchen entgegen, und als Laertes nach ihrer Gesellschaft fragte, rief sie aus: „Ich habe sie schön angeführt; ich habe sie zum besten gehabt, wie sie es verdienten. Schon unterwegs setzte ich ihre Freigebigkeit auf die Probe, und da ich bemerkte, daß sie von den kargen Näschern waren, nahm ich mir gleich vor, sie zu bestrafen. Nach unsrer Ankunft fragten sie den Kellner, was zu haben sei, der mit der gewöhnlichen Geläufigkeit seiner Zunge alles was da war und mehr als da war hererzählte. Ich sah ihre Verlegenheit, sie blickten einander an, stotterten und fragten nach dem Preise. ‚Was bedenken Sie sich lange', rief ich aus, ‚die Tafel ist das Geschäft eines Frauenzimmers, lassen Sie mich dafür sorgen!' Ich fing darauf an, ein unsinniges Mittagmahl zu bestellen, wozu noch manches durch Boten aus der Nachbarschaft geholt werden sollte. Der Kellner, den ich durch ein paar schiefe Mäuler zum Vertrauten gemacht hatte, half mir endlich, und so haben wir sie durch die Vorstellung eines herrlichen Gastmahls dergestalt geängstigt, daß sie sich kurz und gut zu einem Spaziergange in den Wald entschlossen, von dem sie wohl schwerlich zurückkommen werden. Ich habe eine Viertelstunde auf meine eigene Hand gelacht und werde lachen, sooft ich an die Gesichter denke.“ Bei Tische erinnerte sich Laertes an ähnliche Fälle; sie kamen in den Gang, lustige Geschichten, Mißverständnisse und Prellereien zu erzählen.

Ein junger Mann von ihrer Bekanntschaft aus der Stadt kam mit einem Buche durch den Wald geschlichen, setzte sich zu ihnen und rühmte den schönen Platz. Er machte sie auf das Rieseln der Quelle, auf die Bewegung der Zweige, auf die einfallenden Lichter und auf den Gesang der Vögel aufmerksam. Philine sang ein Liedchen vom Kuckuck, welches dem Ankömmling nicht zu behagen schien; er empfahl sich bald.

„Wenn ich nur nichts mehr von Natur und Naturszenen hören sollte“, rief Philine aus, als er weg war; „es ist nichts unerträglicher, als sich das Vergnügen vorrechnen zu lassen, das man genießt. Wenn schön Wetter ist, geht man spazieren, wie man tanzt, wenn aufgespielt wird. Wer mag aber nur einen Augenblick an die Musik, wer ans schöne Wetter denken? Der Tänzer interessiert uns, nicht die Violine, und in ein Paar schöne schwarze Augen zu sehen, tut einem Paar blauen Augen gar zu wohl. Was sollen dagegen Quellen und Brunnen und alte morsche Linden!“ Sie sah, indem sie so sprach, Wilhelmen, der ihr gegenüber saß, mit einem Blick in die Augen, dem er nicht wehren konnte, wenigstens bis an die Türe seines Herzens vorzudringen.

„Sie haben recht“, versetzte er mit einiger Verlegenheit, „der Mensch ist dem Menschen das Interessanteste und sollte ihn vielleicht ganz allein interessieren. Alles andere, was uns umgibt, ist entweder nur Element, in dem wir leben, oder Werkzeug, dessen wir uns bedienen. Je mehr wir uns dabei aufhalten, je mehr wir darauf merken und teil daran nehmen, desto schwächer wird das Gefühl unsers eignen Wertes und das Gefühl der Gesellschaft. Die Menschen, die einen großen Wert auf Gärten, Gebäude, Kleider, Schmuck oder irgendein Besitztum legen, sind weniger gesellig und gefällig; sie verlieren die Menschen aus den Augen, welche zu erfreuen und zu versammeln nur sehr wenigen glückt. Sehn wir es nicht auch auf dem Theater? Ein guter Schauspieler macht uns bald eine elende, unschickliche Dekoration vergessen, dahingegen das schönste Theater den Mangel an guten Schauspielern erst recht fühlbar macht."

Nach Tische setzte Philine sich in das beschattete hohe Gras. Ihre beiden Freunde mußten ihr Blumen in Menge herbeischaffen. Sie wand sich einen vollen Kranz und setzte ihn auf; sie sah unglaublich reizend aus. Die Blumen reichten noch zu einem andern hin; auch den flocht sie, indem sich beide Männer neben sie setzten. Als er unter allerlei Scherz und Anspielungen fertig geworden war, drückte sie ihn Wilhelmen mit der größten Anmut aufs Haupt und rückte ihn mehr als einmal anders, bis er recht zu sitzen schien. „Und ich werde, wie es scheint, leer ausgehen", versetzte Laertes.

„Mit nichten", versetzte Philine. „Ihr sollt Euch keineswegs beklagen." Sie nahm ihren Kranz vom Haupte und setzte ihn Laertes auf.

„Wären wir Nebenbuhler", sagte dieser, „so würden wir sehr heftig streiten können, welchen von beiden du am meisten begünstigst."

„Da wärt ihr rechte Toren", versetzte sie, indem sie sich zu ihm hinüberbog und ihm den Mund zum Kuß reichte, sich aber sogleich umwendete, ihren Arm um Wilhelmen schlang und einen lebhaften Kuß auf seine Lippen drückte. „Welcher schmeckt am besten?" fragte sie neckisch.

„Wunderlich!" rief Laertes. „Es scheint, als wenn so etwas niemals nach Wermut schmecken könne."

„So wenig", sagte Philine, „als irgendeine Gabe, die jemand ohne Neid und Eigensinn genießt. Nun hätte ich", rief sie aus, „noch Lust, eine Stunde zu tanzen, und dann müssen wir wohl wieder nach unsern Springern sehen."

Man ging nach dem Hause und fand Musik daselbst. Philine, die eine gute Tänzerin war, belebte ihre beiden Gesellschafter. Wilhelm war nicht ungeschickt, allein es fehlte ihm an einer künstlichen Übung. Seine beiden Freunde nahmen sich vor, ihn zu unterrichten.

Man verspätete sich. Die Seiltänzer hatten ihre Künste

schon zu produzieren angefangen. Auf dem Platze hatten sich viele Zuschauer eingefunden, doch war unsern Freunden, als sie ausstiegen, ein Getümmel merkwürdig, das eine große Anzahl Menschen nach dem Tore des Gasthofes, in welchem Wilhelm eingekehrt war, hingezogen hatte. Wilhelm sprang hinüber, um zu sehen, was es sei, und mit Entsetzen erblickte er, als er sich durchs Volk drängte, den Herrn der Seiltänzergesellschaft, der das interessante Kind bei den Haaren aus dem Hause zu schleppen bemüht war und mit einem Peitschenstiel unbarmherzig auf den kleinen Körper losschlug.

Wilhelm fuhr wie ein Blitz auf den Mann zu und faßte ihn bei der Brust. „Laß das Kind los!" schrie er wie ein Rasender, „oder einer von uns bleibt hier auf der Stelle!" Er faßte zugleich den Kerl mit einer Gewalt, die nur der Zorn geben kann, bei der Kehle, daß dieser zu ersticken glaubte, das Kind losließ und sich gegen den Angreifenden zu verteidigen suchte. Einige Leute, die mit dem Kinde Mitleiden fühlten, aber Streit anzufangen nicht gewagt hatten, fielen dem Seiltänzer sogleich in die Arme, entwaffneten ihn und drohten ihm mit vielen Schimpfreden. Dieser, der sich jetzt nur auf die Waffen seines Mundes reduziert sah, fing gräßlich zu drohen und zu fluchen an: die faule, unnütze Kreatur wolle ihre Schuldigkeit nicht tun; sie verweigere den Eiertanz zu tanzen, den er dem Publiko versprochen habe; er wolle sie totschlagen, und es solle ihn niemand daran hindern. Er suchte sich loszumachen, um das Kind, das sich unter der Menge verkrochen hatte, aufzusuchen. Wilhelm hielt ihn zurück und rief: „Du sollst nicht eher dieses Geschöpf weder sehen noch berühren, bis du vor Gericht Rechenschaft gibst, wo du es gestohlen hast; ich werde dich aufs Äußerste treiben; du sollst mir nicht entgehen." Diese Rede, welche Wilhelm in der Hitze, ohne Gedanken und Absicht, aus einem dunklen Gefühl oder, wenn man will, aus Inspiration ausgesprochen hatte, brachte den wütenden Menschen auf einmal zur Ruhe. Er rief: „Was hab' ich mit der unnützen Kreatur zu schaffen! Zahlen Sie mir, was mich ihre Kleider kosten, und Sie mögen sie behalten; wir wollen diesen Abend noch einig werden." Er eilte darauf, die unterbrochene Vorstellung fortzusetzen und die Unruhe des Publikums durch einige bedeutende Kunststücke zu befriedigen.

Wilhelm suchte nunmehr, da es stille geworden war, nach dem Kinde, das sich aber nirgends fand. Einige wollten es auf dem Boden, andere auf den Dächern der benachbarten Häuser gesehen haben. Nachdem man es allerorten gesucht hatte, mußte man sich beruhigen und abwarten, ob es nicht von selber wieder herbeikommen wolle.

Indes war Narziß nach Hause gekommen, welchen Wilhelm über die Schicksale und die Herkunft des Kindes befragte. Dieser wußte nichts davon, denn er war nicht lange bei der Gesellschaft, erzählte dagegen mit großer Leichtigkeit und vielem Leichtsinne seine eigenen Schicksale. Als ihm Wilhelm zu dem großen Beifall Glück wünschte, dessen er sich zu erfreuen hatte, äußerte er sich sehr gleichgültig darüber. „Wir sind gewohnt", sagte er, „daß man über uns lacht und unsre Künste bewundert; aber wir werden durch den außerordentlichen Beifall um nichts gebessert. Der Entrepreneur zahlt uns und mag sehen, wie er zurechte kommt." Er beurlaubte sich darauf und wollte sich eilig entfernen.

Auf die Frage, wo er so schnell hinwolle, lächelte der junge Mensch und gestand, daß seine Figur und Talente ihm einen solidern Beifall zugezogen, als der des großen Publikums sei. Er habe von einigen Frauenzimmern Botschaft erhalten, die sehr eifrig verlangten, ihn näher kennen zu lernen, und er fürchte, mit den Besuchen, die er abzulegen habe, vor Mitternacht kaum fertig zu werden. Er fuhr fort, mit der größten Aufrichtigkeit seine Abenteuer zu erzählen, und hätte die Namen, Straßen und Häuser angezeigt, wenn nicht Wilhelm eine solche Indiskretion abgelehnt und ihn höflich entlassen hätte.

Laertes hatte indessen Landrinetten unterhalten und versicherte, sie sei vollkommen würdig, ein Weib zu sein und zu bleiben.

Nun ging die Unterhandlung mit dem Entrepreneur wegen des Kindes an, das unserm Freunde für dreißig Taler überlassen wurde, gegen welche der schwarzbärtige heftige Italiener seine Ansprüche völlig abtrat, von der Herkunft des Kindes aber weiter nichts bekennen wollte, als daß er solches nach dem Tode seines Bruders, den man wegen seiner außerordentlichen Geschicklichkeit den großen Teufel genannt, zu sich genommen habe.

Der andere Morgen ging meist mit Aufsuchen des Kindes hin. Vergebens durchkroch man alle Winkel des Hauses und der Nachbarschaft; es war verschwunden, und man fürchtete, es möchte in ein Wasser gesprungen sein, oder sich sonst ein Leids angetan haben.

Philinens Reize konnten die Unruhe unsers Freundes nicht ableiten. Er brachte einen traurigen, nachdenklichen Tag zu. Auch des Abends, da Springer und Tänzer alle ihre Kräfte aufboten, um sich dem Publiko aufs beste zu empfehlen, konnte sein Gemüt nicht erheitert und zerstreut werden.

Durch den Zulauf aus benachbarten Ortschaften hatte die Anzahl der Menschen außerordentlich zugenommen, und so wälzte sich auch der Schneeball des Beifalls zu einer ungeheuren Größe. Der Sprung über die Degen und durch das Faß mit papiernen Böden machte eine große Sensation. Der starke Mann ließ zum allgemeinen Grausen, Entsetzen und Erstaunen, indem er sich mit dem Kopf und den Füßen auf ein paar auseinander geschobene Stühle legte, auf seinen hohlschwebenden Leib einen Amboß heben und auf demselben von einigen wackern Schmiedegesellen ein Hufeisen fertig schmieden.

Auch war die sogenannte Herkulesstärke, da eine Reihe Männer, auf den Schultern einer ersten Reihe stehend, abermals Frauen und Jünglinge trägt, so daß zuletzt eine lebendige Pyramide entsteht, deren Spitze ein Kind, auf den Kopf gestellt, als Knopf und Wetterfahne ziert, in diesen Gegenden noch nie gesehen worden und endigte würdig das ganze Schauspiel. Narziß und Landrinette ließen sich in Tragsesseln auf den Schultern der übrigen durch die vornehmsten Straßen der Stadt unter lautem Freudengeschrei des Volkes tragen. Man warf ihnen Bänder, Blumensträuße und seidene Tücher zu und drängte sich, sie ins Gesicht zu fassen. Jedermann schien glücklich zu sein, sie anzusehn und von ihnen eines Blickes gewürdigt zu werden.

„Welcher Schauspieler, welcher Schriftsteller, ja welcher Mensch überhaupt würde sich nicht auf dem Gipfel seiner Wünsche sehen, wenn er durch irgend ein edles Wort oder eine gute Tat einen so allgemeinen Eindruck hervorbrächte? Welche köstliche Empfindung müßte es sein, wenn man gute, edle, der Menschheit würdige Gefühle ebenso schnell durch einen elektrischen Schlag ausbreiten, ein solches Entzücken unter dem Volke erregen könnte, als diese Leute durch ihre körperliche Geschicklichkeit getan haben; wenn man der Menge das Mitgefühl alles Menschlichen geben, wenn man sie mit der Vorstellung des Glücks und Unglücks, der Weisheit und Torheit, ja des Unsinns und der Albernheit entzünden, erschüttern und ihr stockendes Innere in freie, lebhafte und reine Bewegung setzen könnte!" So sprach unser Freund, und da weder Philine noch Laertes gestimmt schienen, einen solchen Diskurs fortzusetzen, unterhielt er sich allein mit diesen Lieblingsbetrachtungen, als er bis spät in die Nacht um die Stadt spazierte und seinen alten Wunsch, das Gute, Edle, Große durch das Schauspiel zu versinnlichen, wieder einmal mit aller Lebhaftigkeit und aller Freiheit einer losgebundenen Einbildungskraft verfolgte.

FÜNFTES KAPITEL

Des andern Tages, als die Seiltänzer mit großem Geräusch abgezogen waren, fand sich Mignon sogleich wieder ein und trat hinzu, als Wilhelm und Laertes ihre Fechtübungen auf dem Saale fortsetzten. „Wo hast du gesteckt?" fragte Wilhelm freundlich, „du hast uns viel Sorge gemacht." Das Kind antwortete nichts und sah ihn an. „Du bist nun unser", rief Laertes, „wir haben dich gekauft." — „Was hast du bezahlt?" fragte das Kind ganz trocken. „Hundert Dukaten", versetzte Laertes; „wenn du sie wiedergibst, kannst du frei sein." — „Das ist wohl viel?" fragte das Kind. — „O ja, du magst dich nur gut aufführen." — „Ich will dienen", versetzte sie.

Von dem Augenblicke an merkte sie genau, was der Kellner den beiden Freunden für Dienste zu leisten hatte, und litt schon des andern Tages nicht mehr, daß er ins Zimmer kam. Sie wollte alles selbst tun und machte auch ihre Geschäfte, zwar langsam und mitunter unbehülflich, doch genau und mit großer Sorgfalt.

Sie stellte sich oft an ein Gefäß mit Wasser und wusch ihr Gesicht mit so großer Emsigkeit und Heftigkeit, daß sie sich fast die Backen aufrieb, bis Laertes durch Fragen und Necken erfuhr, daß sie die Schminke von ihren Wangen auf alle Weise loszuwerden suche und über dem Eifer, womit sie es tat, die Röte, die sie durchs Reiben hervorgebracht hatte, für die hartnäckigste Schminke halte. Man bedeutete sie, und sie ließ ab, und nachdem sie wieder zur Ruhe gekommen war, zeigte sich eine schöne braune, obgleich nur von wenigem Rot erhöhte Gesichtsfarbe.

Durch die frevelhaften Reize Philinens, durch die geheimnisvolle Gegenwart des Kindes mehr, als er sich selbst gestehen durfte, unterhalten, brachte Wilhelm verschiedene Tage in dieser sonderbaren Gesellschaft zu und rechtfertigte sich bei sich selbst durch eine fleißige Übung in der Fecht- und Tanzkunst, wozu er so leicht nicht wieder Gelegenheit zu finden glaubte.

Nicht wenig verwundert und gewissermaßen erfreut war er, als er eines Tages Herrn und Frau Melina ankommen sah, welche gleich nach dem ersten frohen Gruße sich nach der Direktrice und den übrigen Schauspielern erkundigten und mit großem Schrecken vernahmen, daß jene sich schon lange entfernt habe, und diese bis auf wenige zerstreut seien.

Das junge Paar hatte sich nach ihrer Verbindung, zu der, wie wir wissen, Wilhelm behülflich gewesen, an einigen Orten nach Engagement umgesehen, keines gefunden und war endlich in dieses Städtchen gewiesen worden, wo einige Personen, die ihnen unterwegs begegneten, ein gutes Theater gesehen haben wollten.

Philinen wollte Madame Melina, und Herr Melina dem lebhaften Laertes, als sie Bekanntschaft machten, keinesweges gefallen. Sie wünschten die neuen Ankömmlinge gleich wieder los zu sein, und Wilhelm konnte ihnen keine günstigen Gesinnungen beibringen, ob er ihnen gleich wiederholt versicherte, daß es recht gute Leute seien.

Eigentlich war auch das bisherige lustige Leben unsrer drei Abenteurer durch die Erweiterung der Gesellschaft auf mehr als eine Weise gestört; denn Melina fing im Wirtshause (er hatte in ebendemselben, in welchem Philine wohnte, Platz gefunden) gleich zu markten und zu quengeln an. Er wollte für weniges Geld besseres Quartier, reichlichere Mahlzeit und promptere Bedienung haben. In kurzer Zeit machten Wirt und Kellner verdrießliche Gesichter, und wenn die andern, um froh zu leben, sich alles gefallen ließen und nur geschwind bezahlten, um nicht länger an das zu denken, was schon verzehrt war, so mußte die Mahlzeit, die Melina regelmäßig sogleich berichtigte, jederzeit von vorn wieder durchgenommen werden, so daß Philine ihn ohne Umstände ein wiederkäuendes Tier nannte.

Noch verhaßter war Madame Melina dem lustigen Mädchen. Diese junge Frau war nicht ohne Bildung, doch fehlte es ihr gänzlich an Geist und Seele. Sie deklamierte nicht übel und wollte immer deklamieren; allein man merkte bald, daß es nur eine Wortdeklamation war, die auf einzelnen Stellen lastete und die Empfindung des Ganzen nicht ausdruckte. Bei diesem allen war sie nicht leicht jemanden, besonders Männern, unangenehm. Vielmehr schrieben ihr diejenigen, die mit ihr umgingen, gewöhnlich einen schönen Verstand zu: denn sie war, was ich mit einem Worte eine Anempfinderin nennen möchte; sie wußte einem Freunde, um dessen Achtung ihr zu tun war, mit einer besondern Aufmerksamkeit zu schmeicheln, in seine Ideen so lange als möglich einzugehen, sobald sie aber ganz über ihren Horizont waren, mit Ekstase eine solche neue Erscheinung aufzunehmen. Sie verstand zu sprechen und zu schweigen und, ob sie gleich kein tückisches Gemüt hatte, mit großer Vorsicht aufzupassen, wo des andern schwache Seite sein möchte.

SECHSTES KAPITEL

Melina hatte sich indessen nach den Trümmern der vorigen Direktion genau erkundigt. Sowohl Dekorationen als Garderobe waren an einige Handelsleute versetzt, und ein Notarius hatte den Auftrag von der Direktrice erhalten, unter gewissen Bedingungen, wenn sich Liebhaber fänden, in den Verkauf aus freier Hand zu willigen. Melina wollte die Sachen besehen und zog Wilhelmen mit sich. Dieser empfand, als man ihnen die Zimmer eröffnete, eine gewisse Neigung dazu, die er sich jedoch selbst nicht gestand. In so einem schlechten Zustande auch die gekleckseten Dekorationen waren, so wenig scheinbar auch türkische und heidnische Kleider, alte Karikaturröcke für Männer und Frauen, Kutten für Zauberer, Juden und Pfaffen sein mochten, so konnt' er sich doch der Empfindung nicht erwehren, daß er die glücklichsten Augenblicke seines Lebens in der Nähe eines ähnlichen Trödelkrams gefunden hatte. Hätte Melina in sein Herz sehen können, so würde er ihm eifriger zugesetzt haben, eine Summe Geldes auf die Befreiung, Aufstellung und neue Belebung dieser zerstreuten Glieder zu einem schönen Ganzen herzugeben. „Welch ein glücklicher Mensch“, rief Melina aus, „könnte ich sein, wenn ich nur zweihundert Taler besäße, um zum Anfange den Besitz dieser ersten theatralischen Bedürfnisse zu erlangen. Wie bald wollt' ich ein kleines Schauspiel beisammen haben, das uns in dieser Stadt, in dieser Gegend gewiß sogleich ernähren sollte.“ Wilhelm schwieg, und beide verließen nachdenklich die wieder eingesperrten Schätze.

Melina hatte von dieser Zeit an keinen andern Diskurs als Projekte und Vorschläge, wie man ein Theater einrichten und dabei seinen Vorteil finden könnte. Er suchte Philinen und Laertes zu interessieren, und man tat Wilhelmen Vorschläge, Geld herzuschießen und Sicherheit dagegen anzunehmen. Diesem fiel aber erst bei dieser Gelegenheit recht auf, daß er hier so lange nicht hätte verweilen sollen; er entschuldigte sich und wollte Anstalten machen, seine Reise fortzusetzen.

Indessen war ihm Mignons Gestalt und Wesen immer

reizender geworden. In alle seinem Tun und Lassen hatte das Kind etwas Sonderbares. Es ging die Treppe weder auf noch ab, sondern sprang; es stieg auf den Geländern der Gänge weg, und eh' man sich's versah, saß es oben auf dem Schranke und blieb eine Weile ruhig. Auch hatte Wilhelm bemerkt, daß es für jeden eine besondere Art von Gruß hatte. Ihn grüßte sie seit einiger Zeit mit über die Brust geschlagenen Armen. Manche Tage war sie ganz stumm, zuzeiten antwortete sie mehr auf verschiedene Fragen, immer sonderbar, doch so, daß man nicht unterscheiden konnte, ob es Witz oder Unkenntnis der Sprache war, indem sie ein gebrochenes, mit Französisch und Italienisch durchflochtenes Deutsch sprach. In seinem Dienste war das Kind unermüdet und früh mit der Sonne auf; es verlor sich dagegen abends zeitig, schlief in einer Kammer auf der nackten Erde und war durch nichts zu bewegen, ein Bette oder einen Strohsack anzunehmen. Er fand sie oft, daß sie sich wusch. Auch ihre Kleider waren reinlich, obgleich alles fast doppelt und dreifach an ihr geflickt war. Man sagte Wilhelmen auch, daß sie alle Morgen ganz früh in die Messe gehe, wohin er ihr einmal folgte und sie in der Ecke der Kirche mit dem Rosenkranze knien und andächtig beten sah. Sie bemerkte ihn nicht; er ging nach Hause, machte sich vielerlei Gedanken über diese Gestalt und konnte sich bei ihr nichts Bestimmtes denken.

Neues Andringen Melinas um eine Summe Geldes zur Auslösung der mehrerwähnten Theatergerätschaften bestimmte Wilhelmen noch mehr, an seine Abreise zu denken. Er wollte den Seinigen, die lange nichts von ihm gehört hatten, noch mit dem heutigen Posttage schreiben; er fing auch wirklich einen Brief an Wernern an und war mit Erzählung seiner Abenteuer, wobei er, ohne es selbst zu bemerken, sich mehrmal von der Wahrheit entfernt hatte, schon ziemlich weit gekommen, als er zu seinem Verdruß auf der hintern Seite des Briefblatts schon einige Verse geschrieben fand, die er für Madame Melina aus seiner Schreibtafel zu kopieren angefangen hatte. Unwillig zerriß er das Blatt und verschob die Wiederholung seines Bekenntnisses auf den nächsten Posttag.

SIEBENTES KAPITEL

Unsre Gesellschaft befand sich abermals beisammen, und Philine, die auf jedes Pferd, das vorbeikam, auf jeden Wagen, der anfuhr, äußerst aufmerksam war, rief mit großer Lebhaftigkeit: „Unser Pedant! Da kommt unser allerliebster Pedant! Wen mag er bei sich haben?" Sie rief und winkte zum Fenster hinaus, und der Wagen hielt stille.

Ein kümmerlich armer Teufel, den man an seinem verschabten, graulich-braunen Rocke und an seinen übelkonditionierten Unterkleidern für einen Magister, wie sie auf Akademien zu vermodern pflegen, hätte halten sollen, stieg aus dem Wagen und entblößte, indem er, Philinen zu grüßen, den Hut abtat, eine übelgepuderte, aber übrigens sehr steife Perücke, und Philine warf ihm hundert Kußhände zu.

So wie sie ihre Glückseligkeit fand, einen Teil der Männer zu lieben und ihre Liebe zu genießen, so war das Vergnügen nicht viel geringer, das sie sich so oft als möglich gab, die übrigen, die sie eben in diesem Augenblicke nicht liebte, auf eine sehr leichtfertige Weise zum besten zu haben.

Über den Lärm, womit sie diesen alten Freund empfing, vergaß man auf die übrigen zu achten, die ihm nachfolgten. Doch glaubte Wilhelm die zwei Frauenzimmer und einen ältlichen Mann, der mit ihnen hereintrat, zu kennen. Auch entdeckte sich's bald, daß er sie alle drei vor einigen Jahren bei der Gesellschaft, die in seiner Vaterstadt spielte, mehrmals gesehen hatte. Die Töchter waren seit der Zeit herangewachsen; der Alte aber hatte sich wenig verändert. Dieser spielte gewöhnlich die gutmütigen polternden Alten, wovon das deutsche Theater nicht leer wird, und die man auch im gemeinen Leben nicht selten antrifft. Denn da es der Charakter unsrer Landsleute ist, das Gute ohne viel Prunk zu tun und zu leisten, so denken sie selten daran, daß es auch eine Art gebe, das Rechte mit Zierlichkeit und Anmut zu tun, und verfallen vielmehr, von einem Geiste des Widerspruchs getrieben, leicht in den Fehler, durch ein mürrisches Wesen ihre liebste Tugend im Kontraste darzustellen.

Solche Rollen spielte unser Schauspieler sehr gut, und er

spielte sie so oft und ausschließlich, daß er darüber eine ähnliche Art sich zu betragen im gemeinen Leben angenommen hatte.

Wilhelm geriet in große Bewegung, sobald er ihn erkannte; denn er erinnerte sich, wie oft er diesen Mann neben seiner geliebten Mariane auf dem Theater gesehen hatte; er hörte ihn noch schelten, er hörte ihre schmeichelnde Stimme, mit der sie seinem rauhen Wesen in manchen Rollen zu begegnen hatte.

Die erste lebhafte Frage an die neuen Ankömmlinge, ob ein Unterkommen auswärts zu finden und zu hoffen sei, ward leider mit Nein beantwortet, und man mußte vernehmen, daß die Gesellschaften, bei denen man sich erkundigt, besetzt und einige davon sogar in Sorgen seien, wegen des bevorstehenden Krieges auseinandergehen zu müssen. Der polternde Alte hatte mit seinen Töchtern, aus Verdruß und Liebe zur Abwechselung, ein vorteilhaftes Engagement aufgegeben, hatte mit dem Pedanten, den er unterwegs antraf, einen Wagen gemietet, um hierher zu kommen, wo denn auch, wie sie fanden, guter Rat teuer war.

Die Zeit, in welcher sich die übrigen über ihre Angelegenheiten sehr lebhaft unterhielten, brachte Wilhelm nachdenklich zu. Er wünschte den Alten allein zu sprechen, wünschte und fürchtete, von Marianen zu hören, und befand sich in der größten Unruhe.

Die Artigkeiten der neuangekommenen Frauenzimmer konnten ihn nicht aus seinem Traume reißen; aber ein Wortwechsel, der sich erhub, machte ihn aufmerksam. Es war Friedrich, der blonde Knabe, der Philinen aufzuwarten pflegte, sich aber diesmal lebhaft widersetzte, als er den Tisch decken und Essen herbeischaffen sollte. „Ich habe mich verpflichtet“, rief er aus, „Ihnen zu dienen, aber nicht allen Menschen aufzuwarten.“ Sie gerieten darüber in einen heftigen Streit. Philine bestand darauf, er habe seine Schuldigkeit zu tun, und als er sich hartnäckig widersetzte, sagte sie ihm ohne Umstände, er könnte gehen, wohin er wolle.

„Glauben Sie etwa, daß ich mich nicht von Ihnen entfernen könne?“ rief er aus, ging trotzig weg, machte seinen Bündel zusammen und eilte sogleich zum Hause hinaus.

„Geh, Mignon“, sagte Philine, „und schaff' uns, was wir brauchen! sag' es dem Kellner und hilf aufwarten!“

Mignon trat vor Wilhelm hin und fragte in ihrer lakonischen Art: „Soll ich? darf ich?“ und Wilhelm versetzte: „Tu, mein Kind, was Mademoiselle dir sagt.“

Das Kind besorgte alles und wartete den ganzen Abend mit großer Sorgfalt den Gästen auf. Nach Tische suchte Wilhelm mit dem Alten einen Spaziergang allein zu machen; es gelang ihm, und nach mancherlei Fragen, wie es ihm bisher gegangen, wendete sich das Gespräch auf die ehemalige Gesellschaft, und Wilhelm wagte zuletzt nach Marianen zu fragen.

„Sagen Sie mir nichts von dem abscheulichen Geschöpf!“ rief der Alte, „ich habe verschworen, nicht mehr an sie zu denken.“ Wilhelm erschrak über diese Äußerung, war aber noch in größerer Verlegenheit, als der Alte fortfuhr, auf ihre Leichtfertigkeit und Liederlichkeit zu schmälen. Wie gern hätte unser Freund das Gespräch abgebrochen! Allein er mußte nun einmal die polternden Ergießungen des wunderlichen Mannes aushalten.

„Ich schäme mich“, fuhr dieser fort, „daß ich ihr so geneigt war. Doch hätten Sie das Mädchen näher gekannt, Sie würden mich gewiß entschuldigen. Sie war so artig, natürlich und gut, so gefällig und in jedem Sinne leidlich. Nie hätt' ich mir vorgestellt, daß Frechheit und Undank die Hauptzüge ihres Charakters sein sollten.“

Schon hatte sich Wilhelm gefaßt gemacht, das Schlimmste von ihr zu hören, als er auf einmal mit Verwunderung bemerkte, daß der Ton des Alten milder wurde, seine Rede endlich stockte und er ein Schnupftuch aus der Tasche nahm, um die Tränen zu trocknen, die zuletzt seine Rede unterbrachen.

„Was ist Ihnen?“ rief Wilhelm aus. „Was gibt Ihren Empfindungen auf einmal eine so entgegengesetzte Richtung? Verbergen Sie mir es nicht; ich nehme an dem Schicksale dieses Mädchens mehr Anteil, als Sie glauben; nur lassen Sie mich alles wissen.“

„Ich habe wenig zu sagen“, versetzte der Alte, indem er wieder in seinen ernstlichen, verdrießlichen Ton überging.

„Ich werde es ihr nie vergeben, was ich um sie geduldet habe. Sie hatte", fuhr er fort, „immer ein gewisses Zutrauen zu mir; ich liebte sie wie meine Tochter und hatte, da meine Frau noch lebte, den Entschluß gefaßt, sie zu mir zu nehmen und sie aus den Händen der Alten zu retten, von deren Anleitung ich mir nicht viel Gutes versprach. Meine Frau starb, das Projekt zerschlug sich.

Gegen das Ende des Aufenthalts in Ihrer Vaterstadt, es sind nicht gar drei Jahre, merkte ich ihr eine sichtbare Traurigkeit an; ich fragte sie, aber sie wich aus. Endlich machten wir uns auf die Reise. Sie fuhr mit mir in einem Wagen, und ich bemerkte, was sie mir auch bald gestand, daß sie guter Hoffnung sei, und in der größten Furcht schwebe, von unserm Direktor verstoßen zu werden. Auch dauerte es nur kurze Zeit, so machte er die Entdeckung, kündigte ihr den Kontrakt, der ohnedies nur auf sechs Wochen stand, sogleich auf, zahlte, was sie zu fordern hatte, und ließ sie, aller Vorstellungen ungeachtet, in einem kleinen Städtchen in einem schlechten Wirtshause zurück.

Der Henker hole alle liederlichen Dirnen!" rief der Alte mit Verdruß, „und besonders diese, die mir so manche Stunde meines Lebens verdorben hat. Was soll ich lange erzählen, wie ich mich ihrer angenommen, was ich für sie getan, was ich an sie gehängt, wie ich auch in der Abwesenheit für sie gesorgt habe. Ich wollte lieber mein Geld in den Teich werfen, und meine Zeit hinbringen, räudige Hunde zu erziehen, als nur jemals wieder auf so ein Geschöpf die mindeste Aufmerksamkeit wenden. Was war's? Im Anfang erhielt ich Danksagungsbriefe, Nachricht von einigen Orten ihres Aufenthalts und zuletzt kein Wort mehr, nicht einmal Dank für das Geld, das ich ihr zu ihren Wochen geschickt hatte. O, die Verstellung und der Leichtsinn der Weiber ist so recht zusammengepaart, um ihnen ein bequemes Leben und einem ehrlichen Kerl manche verdrießliche Stunde zu schaffen!"

ACHTES KAPITEL

Man denke sich Wilhelms Zustand, als er von dieser Unterredung nach Hause kam. Alle seine alten Wunden waren wieder aufgerissen, und das Gefühl, daß sie seiner Liebe nicht ganz unwürdig gewesen, wieder lebhaft geworden; denn in dem Interesse des Alten, in dem Lobe, das er ihr wider Willen geben mußte, war unserm Freunde ihre ganze Liebenswürdigkeit wieder erschienen; ja selbst die heftige Anklage des leidenschaftlichen Mannes enthielt nichts, was sie vor Wilhelms Augen hätte herabsetzen können. Denn dieser bekannte sich selbst als Mitschuldigen ihrer Vergehungen, und ihr Schweigen zuletzt schien ihm nicht tadelhaft; er machte sich vielmehr nur traurige Gedanken darüber, sah sie als Wöchnerin, als Mutter in der Welt ohne Hülfe herumirren, wahrscheinlich mit seinem eigenen Kinde herumirren, Vorstellungen, welche das schmerzlichste Gefühl in ihm erregten.

Mignon hatte auf ihn gewartet und leuchtete ihm die Treppe hinauf. Als sie das Licht niedergesetzt hatte, bat sie ihn, zu erlauben, daß sie ihm heute abend mit einem Kunststücke aufwarten dürfe. Er hätte es lieber verbeten, besonders da er nicht wußte, was es werden sollte. Allein er konnte diesem guten Geschöpfe nichts abschlagen. Nach einer kurzen Zeit trat sie wieder herein. Sie trug einen Teppich unter dem Arme, den sie auf der Erde ausbreitete. Wilhelm ließ sie gewähren. Sie brachte darauf vier Lichter, stellte eins auf jeden Zipfel des Teppichs. Ein Körbchen mit Eiern, das sie darauf holte, machte die Absicht deutlicher. Künstlich abgemessen schritt sie nunmehr auf dem Teppich hin und her, und legte in gewissen Maßen die Eier auseinander; dann rief sie einen Menschen herein, der im Hause aufwartete und die Violine spielte. Er trat mit seinem Instrumente in die Ecke; sie verband sich die Augen, gab das Zeichen und fing zugleich mit der Musik, wie ein aufgezogenes Räderwerk, ihre Bewegungen an, indem sie Takt und Melodie mit dem Schlage der Kastagnetten begleitete.

Behende, leicht, rasch, genau führte sie den Tanz. Sie trat so scharf und so sicher zwischen die Eier hinein, bei den

Eiern nieder, daß man jeden Augenblick dachte, sie müsse eins zertreten oder bei schnellen Wendungen das andre fortschleudern. Mit nichten! Sie berührte keines, ob sie gleich mit allen Arten von Schritten, engen und weiten, ja sogar mit Sprüngen und zuletzt halb knieend sich durch die Reihen durchwand.

Unaufhaltsam wie ein Uhrwerk lief sie ihren Weg, und die sonderbare Musik gab dem immer wieder von vorne anfangenden und losrauschenden Tanze bei jeder Wiederholung einen neuen Stoß. Wilhelm war von dem sonderbaren Schauspiele ganz hingerissen; er vergaß seiner Sorgen, folgte jeder Bewegung der geliebten Kreatur, und war verwundert, wie in diesem Tanze sich ihr Charakter vorzüglich entwickelte.

Streng, scharf, trocken, heftig und in sanften Stellungen mehr feierlich als angenehm zeigte sie sich. Er empfand, was er schon für Mignon gefühlt, in diesem Augenblicke auf einmal. Er sehnte sich, dieses verlassene Wesen an Kindesstatt seinem Herzen einzuverleiben, es in seine Arme zu nehmen und mit der Liebe eines Vaters Freude des Lebens in ihm zu erwecken.

Der Tanz ging zu Ende; sie rollte die Eier mit den Füßen sachte zusammen auf ein Häufchen, ließ keines zurück, beschädigte keines und stellte sich dazu, indem sie die Binde von den Augen nahm und ihr Kunststück mit einem Bücklinge endigte.

Wilhelm dankte ihr, daß sie ihm den Tanz, den er zu sehen gewünscht, so artig und unvermutet vorgetragen habe. Er streichelte sie und bedauerte, daß sie sich's habe so sauer werden lassen. Er versprach ihr ein neues Kleid, worauf sie heftig antwortete: „Deine Farbe!" Auch das versprach er ihr, ob er gleich nicht deutlich wußte, was sie darunter meine. Sie nahm die Eier zusammen, den Teppich unter den Arm, fragte, ob er noch etwas zu befehlen habe, und schwang sich zur Türe hinaus.

Von dem Musikus erfuhr er, daß sie sich seit einiger Zeit viele Mühe gegeben, ihm den Tanz, welches der bekannte Fandango war, so lange vorzusingen, bis er ihn habe spielen können. Auch habe sie ihm für seine Bemühungen etwas Geld angeboten, das er aber nicht nehmen wollen.

NEUNTES KAPITEL

Nach einer unruhigen Nacht, die unser Freund teils wachend, teils von schweren Träumen geängstigt zubrachte, in denen er Marianen bald in aller Schönheit, bald in kümmerlicher Gestalt, jetzt mit einem Kinde auf dem Arm, bald desselben beraubt sah, war der Morgen kaum angebrochen, als Mignon schon mit einem Schneider hereintrat. Sie brachte graues Tuch und blauen Taffet und erklärte nach ihrer Art, daß sie ein neues Westchen und Schifferhosen, wie sie solche an den Knaben in der Stadt gesehen, mit blauen Aufschlägen und Bändern haben wolle.

Wilhelm hatte seit dem Verlust Marianens alle muntern Farben abgelegt. Er hatte sich an das Grau, an die Kleidung der Schatten, gewöhnt, und nur etwa ein himmelblaues Futter oder ein kleiner Kragen von dieser Farbe belebte einigermaßen jene stille Kleidung. Mignon, begierig, seine Farbe zu tragen, trieb den Schneider, der in kurzem die Arbeit zu liefern versprach.

Die Tanz- und Fechtstunden, die unser Freund heute mit Laertes nahm, wollten nicht zum besten glücken. Auch wurden sie bald durch Melinas Ankunft unterbrochen, der umständlich zeigte, wie jetzt eine kleine Gesellschaft beisammen sei, mit welcher man schon Stücke genug aufführen könne. Er erneuerte seinen Antrag, daß Wilhelm einiges Geld zum Etablissement vorstrecken solle, wobei dieser abermals seine Unentschlossenheit zeigte.

Philine und die Mädchen kamen bald hierauf mit Lachen und Lärmen herein. Sie hatten sich abermals eine Spazierfahrt ausgedacht; denn Veränderung des Orts und der Gegenstände war eine Lust, nach der sie sich immer sehnten. Täglich an einem andern Orte zu essen, war ihr höchster Wunsch. Diesmal sollte es eine Wasserfahrt werden.

Das Schiff, womit sie die Krümmungen des angenehmen Flusses hinunterfahren wollten, war schon durch den Pedanten bestellt. Philine trieb, die Gesellschaft zauderte nicht und war bald eingeschifft.

„Was fangen wir nun an?“ fragte Philine, indem sich alle auf die Bänke niedergelassen hatten.

„Das kürzeste wäre“, versetzte Laertes, „wir extemporierten ein Stück. Nehme jeder eine Rolle, die seinem Charakter am angemessensten ist, und wir wollen sehen, wie es uns gelingt.“

„Fürtrefflich!“ sagte Wilhelm, „denn in einer Gesellschaft, in der man sich nicht verstellt, in welcher jedes nur seinem Sinne folgt, kann Anmut und Zufriedenheit nicht lange wohnen, und wo man sich immer verstellt, dahin kommen sie gar nicht. Es ist also nicht übel getan, wir geben uns die Verstellung gleich von Anfang zu und sind nachher unter der Maske so aufrichtig, als wir wollen.“

„Ja“, sagte Laertes, „deswegen geht sich's so angenehm mit Weibern um, die sich niemals in ihrer natürlichen Gestalt sehen lassen.“

„Das macht“, versetzte Madame Melina, „daß sie nicht so eitel sind wie die Männer, welche sich einbilden, sie seien schon immer liebenswürdig genug, wie sie die Natur hervorgebracht hat.“

Indessen war man zwischen angenehmen Büschen und Hügeln, zwischen Gärten und Weinbergen hingefahren, und die jungen Frauenzimmer, besonders aber Madame Melina, drückten ihr Entzücken über die Gegend aus. Letztre fing sogar an, ein artiges Gedicht von der beschreibenden Gattung über eine ähnliche Naturszene feierlich herzusagen; allein Philine unterbrach sie und schlug ein Gesetz vor, daß sich niemand unterfangen solle, von einem unbelebten Gegenstande zu sprechen; sie setzte vielmehr den Vorschlag zur extemporierten Komödie mit Eifer durch. Der polternde Alte sollte einen pensionierten Offizier, Laertes einen vazierenden Fechtmeister, der Pedant einen Juden vorstellen, sie selbst wolle eine Tirolerin machen und überließ den übrigen, sich ihre Rollen zu wählen. Man sollte fingieren, als ob sie eine Gesellschaft weltfremder Menschen seien, die soeben auf einem Marktschiffe zusammenkomme.

Sie fing sogleich mit dem Juden ihre Rolle zu spielen an, und eine allgemeine Heiterkeit verbreitete sich.

Man war nicht lange gefahren, als der Schiffer stille hielt, um mit Erlaubnis der Gesellschaft noch jemand einzunehmen, der am Ufer stand und gewinkt hatte.

„Das ist eben noch, was wir brauchten", rief Philine, „ein blinder Passagier fehlte noch der Reisegesellschaft."

Ein wohlgebildeter Mann stieg in das Schiff, den man an seiner Kleidung und seiner ehrwürdigen Miene wohl für einen Geistlichen hätte nehmen können. Er begrüßte die Gesellschaft, die ihm nach ihrer Weise dankte und ihn bald mit ihrem Scherz bekannt machte. Er nahm darauf die Rolle eines Landgeistlichen an, die er zur Verwunderung aller auf das artigste durchsetzte, indem er bald ermahnte, bald Histörchen erzählte, einige schwache Seiten blicken ließ und sich doch im Respekt zu erhalten wußte.

Indessen hatte jeder, der nur ein einziges Mal aus seinem Charakter herausgegangen war, ein Pfand geben müssen. Philine hatte sie mit großer Sorgfalt gesammelt und besonders den geistlichen Herrn mit vielen Küssen bei der künftigen Einlösung bedroht, ob er gleich selbst nie in Strafe genommen ward. Melina dagegen war völlig ausgeplündert. Hemdenknöpfe und Schnallen und alles, was Bewegliches an seinem Leibe war, hatte Philine zu sich genommen; denn er wollte einen reisenden Engländer vorstellen und konnte auf keine Weise in seine Rolle hineinkommen.

Die Zeit war indes auf das angenehmste vergangen, jedes hatte seine Einbildungskraft und seinen Witz aufs möglichste angestrengt, und jedes seine Rolle mit angenehmen und unterhaltenden Scherzen ausstaffiert. So kam man an dem Ort an, wo man sich den Tag über aufhalten wollte, und Wilhelm geriet mit dem Geistlichen, wie wir ihn seinem Aussehn und seiner Rolle nach nennen wollen, auf dem Spaziergange bald in ein interessantes Gespräch.

„Ich finde diese Übung", sagte der Unbekannte, „unter Schauspielern, ja in Gesellschaft von Freunden und Bekannten sehr nützlich. Es ist die beste Art, die Menschen aus sich heraus- und durch einen Umweg wieder in sich hineinzuführen. Es sollte bei jeder Truppe eingeführt sein, daß sie sich manchmal auf diese Weise üben müßte, und das Publikum würde gewiß dabei gewinnen, wenn alle Monate ein nicht geschriebenes Stück aufgeführt würde, worauf sich freilich die Schauspieler in mehreren Proben müßten vorbereitet haben."

„Man dürfte sich“, versetzte Wilhelm, „ein extemporiertes Stück nicht als ein solches denken, das aus dem Stegreife sogleich komponiert würde, sondern als ein solches, wovon zwar Plan, Handlung und Szeneneinteilung gegeben wären, dessen Ausführung aber dem Schauspieler überlassen bliebe.“

„Ganz richtig“, sagte der Unbekannte, „und eben was diese Ausführung betrifft, würde ein solches Stück, sobald die Schauspieler nur einmal im Gang wären, außerordentlich gewinnen. Nicht die Ausführung durch Worte, denn durch diese muß freilich der überlegende Schriftsteller seine Arbeit zieren, sondern die Ausführung durch Gebärden und Mienen, Ausrufungen und was dazu gehört, kurz das stumme, halblaute Spiel, welches nach und nach bei uns ganz verlorenzugehen scheint. Es sind wohl Schauspieler in Deutschland, deren Körper das zeigt, was sie denken und fühlen, die durch Schweigen, Zaudern, durch Winke, durch zarte, anmutige Bewegungen des Körpers eine Rede vorzubereiten, und die Pausen des Gesprächs durch eine gefällige Pantomime mit dem Ganzen zu verbinden wissen; aber eine Übung, die einem glücklichen Naturell zu Hülfe käme und es lehrte, mit dem Schriftsteller zu wetteifern, ist nicht so im Gange, als es zum Troste derer, die das Theater besuchen, wohl zu wünschen wäre.“

„Sollte aber nicht“, versetzte Wilhelm, „ein glückliches Naturell als das Erste und Letzte einen Schauspieler wie jeden andern Künstler, ja vielleicht wie jeden Menschen, allein zu einem so hochaufgesteckten Ziele bringen?“

„Das Erste und Letzte, Anfang und Ende möchte es wohl sein und bleiben; aber in der Mitte dürfte dem Künstler manches fehlen, wenn nicht Bildung das erst aus ihm macht, was er sein soll, und zwar frühe Bildung; denn vielleicht ist derjenige, dem man Genie zuschreibt, übler daran als der, der nur gewöhnliche Fähigkeiten besitzt; denn jener kann leichter verbildet und viel heftiger auf falsche Wege gestoßen werden als dieser.“

„Aber“, versetzte Wilhelm, „wird das Genie sich nicht selbst retten, die Wunden, die es sich geschlagen, selbst heilen?“

„Mitnichten“, versetzte der andere, „oder wenigstens nur

notdürftig; denn niemand glaube die ersten Eindrücke der Jugend überwinden zu können. Ist er in einer löblichen Freiheit, umgeben von schönen und edlen Gegenständen, in dem Umgange mit guten Menschen aufgewachsen, haben ihn seine Meister das gelehrt, was er zuerst wissen mußte, um das übrige leichter zu begreifen, hat er gelernt, was er nie zu verlernen braucht, wurden seine ersten Handlungen so geleitet, daß er das Gute künftig leichter und bequemer vollbringen kann, ohne sich irgend etwas abgewöhnen zu müssen, so wird dieser Mensch ein reineres, vollkommneres und glücklicheres Leben führen als ein anderer, der seine ersten Jugendkräfte im Widerstand und im Irrtum zugesetzt hat. Es wird so viel von Erziehung gesprochen und geschrieben, und ich sehe nur wenig Menschen, die den einfachen, aber großen Begriff, der alles andere in sich schließt, fassen und in die Ausführung übertragen können."

„Das mag wohl wahr sein", sagte Wilhelm, „denn jeder Mensch ist beschränkt genug, den andern zu seinem Ebenbild erziehen zu wollen. Glücklich sind diejenigen daher, deren sich das Schicksal annimmt, das jeden nach seiner Weise erzieht."

„Das Schicksal", versetzte lächelnd der andere, „ist ein vornehmer, aber teurer Hofmeister. Ich würde mich immer lieber an die Vernunft eines menschlichen Meisters halten. Das Schicksal, für dessen Weisheit ich alle Ehrfurcht trage, mag an dem Zufall, durch den es wirkt, ein sehr ungelenkes Organ haben. Denn selten scheint dieser genau und rein auszuführen, was jenes beschlossen hatte."

„Sie scheinen einen sehr sonderbaren Gedanken auszusprechen", versetzte Wilhelm.

„Mitnichten! Das meiste, was in der Welt begegnet, rechtfertigt meine Meinung. Zeigen viele Begebenheiten im Anfange nicht einen großen Sinn, und gehen die meisten nicht auf etwas Albernes hinaus?"

„Sie wollen scherzen."

„Und ist es nicht", fuhr der andere fort, „mit dem, was einzelnen Menschen begegnet, ebenso? Gesetzt, das Schicksal hätte einen zu einem guten Schauspieler bestimmt (und warum sollt' es uns nicht auch mit guten Schauspielern versorgen?), unglücklicherweise führte der Zufall aber den jungen Mann in ein Puppenspiel, wo er sich früh nicht enthalten könnte, an etwas Abgeschmacktem teilzunehmen, etwas Albernes leidlich, wohl gar interessant zu finden, und so die jugendlichen Eindrücke, welche nie verlöschen, denen wir eine gewisse Anhänglichkeit nie entziehen können, von einer falschen Seite zu empfangen.“

„Wie kommen Sie aufs Puppenspiel?“ fiel ihm Wilhelm mit einiger Bestürzung ein.

„Es war nur ein willkürliches Beispiel; wenn es Ihnen nicht gefällt, so nehmen wir ein andres. Gesetzt, das Schicksal hätte einen zu einem großen Maler bestimmt, und dem Zufall beliebte es, seine Jugend in schmutzige Hütten, Ställe und Scheunen zu verstoßen, glauben Sie, daß ein solcher Mann sich jemals zur Reinlichkeit, zum Adel, zur Freiheit der Seele erheben werde? Mit je lebhafterm Sinn er das Unreine in seiner Jugend angefaßt und nach seiner Art veredelt hat, desto gewaltsamer wird es sich in der Folge seines Lebens an ihm rächen, indem es sich, inzwischen daß er es zu überwinden suchte, mit ihm aufs innigste verbunden hat. Wer früh in schlechter, unbedeutender Gesellschaft gelebt hat, wird sich, wenn er auch später eine bessere haben kann, immer nach jener zurücksehnen, deren Eindruck ihm zugleich mit der Erinnerung jugendlicher, nur selten zu wiederholender Freuden geblieben ist.“

Man kann denken, daß unter diesem Gespräch sich nach und nach die übrige Gesellschaft entfernt hatte. Besonders war Philine gleich vom Anfang auf die Seite getreten. Man kam durch einen Seitenweg zu ihnen zurück. Philine brachte die Pfänder hervor, welche auf allerlei Weise gelöst werden mußten, wobei der Fremde sich durch die artigsten Erfindungen und durch eine ungezwungene Teilnahme der ganzen Gesellschaft und besonders den Frauenzimmern sehr empfahl, und so flossen die Stunden des Tages unter Scherzen, Singen, Küssen und allerlei Neckereien auf das angenehmste vorbei.

ZEHNTES KAPITEL

Als sie sich wieder nach Hause begeben wollten, sahen sie sich nach ihrem Geistlichen um; allein er war verschwunden und an keinem Orte zu finden.

„Es ist nicht artig von dem Manne, der sonst viel Lebensart zu haben scheint", sagte Madame Melina, „eine Gesellschaft, die ihn so freundlich aufgenommen, ohne Abschied zu verlassen."

„Ich habe mich die ganze Zeit her schon besonnen", sagte Laertes, „wo ich diesen sonderbaren Mann schon ehemals möchte gesehen haben. Ich war eben im Begriff, ihn beim Abschiede darüber zu befragen."

„Mir ging es ebenso", versetzte Wilhelm, „und ich hätte ihn gewiß nicht entlassen, bis er uns etwas Näheres von seinen Umständen entdeckt hätte. Ich müßte mich sehr irren, wenn ich ihn nicht schon irgendwo gesprochen hätte."

„Und doch könntet ihr euch", sagte Philine, „darin wirklich irren. Dieser Mann hat eigentlich nur das falsche Ansehen eines Bekannten, weil er aussieht wie ein Mensch und nicht wie Hans oder Kunz."

„Was soll das heißen?" sagte Laertes. „Sehen wir nicht auch aus wie Menschen?"

„Ich weiß, was ich sage", versetzte Philine, „und wenn ihr mich nicht begreift, so laßt's gut sein. Ich werde nicht am Ende noch gar meine Worte auslegen sollen."

Zwei Kutschen fuhren vor. Man lobte die Sorgfalt des Laertes, der sie bestellt hatte. Philine nahm neben Madame Melina, Wilhelmen gegenüber, Platz, und die übrigen richteten sich ein, so gut sie konnten. Laertes selbst ritt auf Wilhelms Pferde, das auch mit herausgekommen war, nach der Stadt zurück.

Philine saß kaum in dem Wagen, als sie artige Lieder zu singen und das Gespräch auf Geschichten zu lenken wußte, von denen sie behauptete, daß sie mit Glück dramatisch behandelt werden könnten. Durch diese kluge Wendung hatte sie gar bald ihren jungen Freund in seine beste Laune gesetzt, und er komponierte aus dem Reichtum seines lebendigen Bildervorrats sogleich ein ganzes Schauspiel mit allen seinen Akten, Szenen, Charakteren und Verwicklungen. Man fand für gut, einige Arien und Gesänge einzuflechten; man dichtete sie, und Philine, die in alles einging, paßte ihnen gleich bekannte Melodien an und sang sie aus dem Stegreife.

Sie hatte eben heute ihren schönen, sehr schönen Tag; sie wußte mit allerlei Neckereien unsern Freund zu beleben; es ward ihm wohl, wie es ihm lange nicht gewesen war.

Seitdem ihn jene grausame Entdeckung von der Seite Marianens gerissen hatte, war er dem Gelübde treu geblieben, sich vor der zusammenschlagenden Falle einer weiblichen Umarmung zu hüten, das treulose Geschlecht zu meiden, seine Schmerzen, seine Neigung, seine süßen Wünsche in seinem Busen zu verschließen. Die Gewissenhaftigkeit, womit er dies Gelübde beobachtete, gab seinem ganzen Wesen eine geheime Nahrung, und da sein Herz nicht ohne Teilnehmung bleiben konnte, so ward eine liebevolle Mitteilung nun zum Bedürfnisse. Er ging wieder wie von dem ersten Jugendnebel begleitet umher, seine Augen faßten jeden reizenden Gegenstand mit Freuden auf, und nie war sein Urteil über eine liebenswürdige Gestalt schonender gewesen. Wie gefährlich ihm in einer solchen Lage das verwegene Mädchen werden mußte, läßt sich leider nur zu gut einsehen.

Zu Hause fanden sie auf Wilhelms Zimmer schon alles zum Empfange bereit, die Stühle zu einer Vorlesung zurechte gestellt und den Tisch in die Mitte gesetzt, auf welchem der Punschnapf seinen Platz nehmen sollte.

Die deutschen Ritterstücke waren damals eben neu und hatten die Aufmerksamkeit und Neigung des Publikums an sich gezogen. Der alte Polterer hatte eines dieser Art mitgebracht, und die Vorlesung war beschlossen worden. Man setzte sich nieder. Wilhelm bemächtigte sich des Exemplars und fing zu lesen an.

Die geharnischten Ritter, die alten Burgen, die Treuherzigkeit, Rechtlichkeit und Redlichkeit, besonders aber die Unabhängigkeit der handelnden Personen wurden mit großem Beifall aufgenommen. Der Vorleser tat sein möglichstes, und die Gesellschaft kam außer sich. Zwischen dem zweiten und dritten Akt kam der Punsch in einem großen Napfe, und da in dem Stücke selbst sehr viel getrunken und angestoßen wurde, so war nichts natürlicher, als daß die Gesellschaft bei jedem solchen Falle sich lebhaft an den Platz der Helden versetzte, gleichfalls anklingte und die Günstlinge unter den handelnden Personen hoch leben ließ.

Jedermann war von dem Feuer des edelsten Nationalgeistes entzündet. Wie sehr gefiel es dieser deutschen Gesellschaft, sich ihrem Charakter gemäß auf eignem Grund und Boden poetisch zu ergötzen! Besonders taten die Gewölbe und Keller, die verfallenen Schlösser, das Moos und die hohlen Bäume, über alles aber die nächtlichen Zigeunerszenen und das heimliche Gericht eine ganz unglaubliche Wirkung. Jeder Schauspieler sah nun, wie er bald in Helm und Harnisch, jede Schauspielerin, wie sie mit einem großen stehenden Kragen ihre Deutschheit vor dem Publiko produzieren werde. Jeder wollte sich sogleich einen Namen aus dem Stücke oder aus der deutschen Geschichte zueignen, und Madame Melina beteuerte, Sohn oder Tochter, wozu sie Hoffnung hatte, nicht anders als Adelbert oder Mechthilde taufen zu lassen.

Gegen den fünften Akt ward der Beifall lärmender und lauter, ja zuletzt, als der Held wirklich seinem Unterdrücker entging und der Tyrann gestraft wurde, war das Entzücken so groß, daß man schwur, man habe nie so glückliche Stunden gehabt. Melina, den der Trank begeistert hatte, war der Lauteste, und da der zweite Punschnapf geleert war und Mitternacht herannahte, schwur Laertes hoch und teuer, es sei kein Mensch würdig, an diese Gläser jemals wieder eine Lippe zu setzen, und warf mit dieser Beteurung sein Glas hinter sich und durch die Scheiben auf die Gasse hinaus. Die übrigen folgten seinem Beispiele, und ungeachtet der Protestationen des herbeieilenden Wirtes wurde der Punschnapf selbst, der nach einem solchen Feste durch unheiliges Getränk nicht wieder entweiht werden sollte, in tausend Stücke geschlagen. Philine, der man ihren Rausch am wenigsten ansah, indes die beiden Mädchen nicht in den anständigsten Stellungen auf dem Kanapee lagen, reizte die andern mit Schadenfreude zum Lärm. Madame Melina rezitierte einige erhabene Gedichte, und ihr Mann, der im Rausche nicht sehr liebenswürdig war, fing an, auf die schlechte Bereitung des Punsches zu schelten, versicherte, daß er ein Fest ganz anders einzurichten verstehe, und ward zuletzt, als Laertes Stillschweigen gebot, immer gröber und lauter, so daß dieser, ohne sich lange zu bedenken, ihm die Scherben des Napfs an den Kopf warf und dadurch den Lärm nicht wenig vermehrte.

Indessen war die Scharwache herbeigekommen und verlangte, ins Haus eingelassen zu werden. Wilhelm, vom Lesen sehr erhitzt, ob er gleich nur wenig getrunken, hatte genug zu tun, um mit Beihülfe des Wirts die Leute durch Geld und gute Worte zu befriedigen und die Glieder der Gesellschaft in ihren mißlichen Umständen nach Hause zu schaffen. Er warf sich, als er zurückkam, vom Schlafe überwältigt, voller Unmut, unausgekleidet aufs Bette, und nichts glich der unangenehmen Empfindung, als er des andern Morgens die Augen aufschlug und mit düsterm Blick auf die Verwüstungen des vergangenen Tages, den Unrat und die bösen Wirkungen hinsah, die ein geistreiches, lebhaftes und wohlgemeintes Dichterwerk hervorgebracht hatte.

EILFTES KAPITEL

Nach einem kurzen Bedenken rief er sogleich den Wirt herbei und ließ sowohl den Schaden als die Zeche auf seine Rechnung schreiben. Zugleich vernahm er nicht ohne Verdruß, daß sein Pferd von Laertes gestern bei dem Hereinreiten dergestalt angegriffen worden, daß es wahrscheinlich, wie man zu sagen pflegt, verschlagen habe, und daß der Schmied wenig Hoffnung zu seinem Aufkommen gebe.

Ein Gruß von Philinen, den sie ihm aus ihrem Fenster zuwinkte, versetzte ihn dagegen wieder in einen heitern Zustand, und er ging sogleich in den nächsten Laden, um ihr ein kleines Geschenk, das er ihr gegen das Pudermesser noch schuldig war, zu kaufen, und wir müssen bekennen, er hielt sich nicht in den Grenzen eines proportionierten Gegengeschenks. Er kaufte ihr nicht allein ein Paar sehr niedliche Ohrringe, sondern nahm dazu noch einen Hut und Halstuch und einige andere Kleinigkeiten, die er sie den ersten Tag hatte verschwenderisch wegwerfen sehen.

Madame Melina, die ihn eben, als er seine Gaben überreichte, zu beobachten kam, suchte noch vor Tische eine Gelegenheit, ihn sehr ernstlich über die Empfindung für dieses Mädchen zur Rede zu setzen, und er war um so erstaunter, als er nichts weniger denn diese Vorwürfe zu verdienen glaubte. Er schwur hoch und teuer, daß es ihm keineswegs eingefallen sei, sich an diese Person, deren ganzen Wandel er wohl kenne, zu wenden; er entschuldigte sich, so gut er konnte, über sein freundliches und artiges Betragen gegen sie, befriedigte aber Madame Melina auf keine Weise; vielmehr ward diese immer verdrießlicher, da sie bemerken mußte, daß die Schmeichelei, wodurch sie sich eine Art von Neigung unsers Freundes erworben hatte, nicht hinreiche, diesen Besitz gegen die Angriffe einer lebhaften, jüngern und von der Natur glücklicher begabten Person zu verteidigen.

Ihren Mann fanden sie gleichfalls, da sie zu Tische kamen, bei sehr üblem Humor, und er fing schon an, ihn über Kleinigkeiten auszulassen, als der Wirt hereintrat und einen Harfenspieler anmeldete. „Sie werden“, sagte er, „gewiß Vergnügen an der Musik und an den Gesängen dieses Mannes finden; es kann sich niemand, der ihn hört, enthalten, ihn zu bewundern und ihm etwas weniges mitzuteilen.“

„Lassen Sie ihn weg“, versetzte Melina, „ich bin nichts weniger als gestimmt, einen Leiermann zu hören, und wir haben allenfalls Sänger unter uns, die gern etwas verdienten.“ Er begleitete diese Worte mit einem tückischen Seitenblicke, den er auf Philinen warf. Sie verstand ihn und war gleich bereit, zu seinem Verdruß, den angemeldeten Sänger zu beschützen. Sie wendete sich zu Wilhelmen und sagte: „Sollen wir den Mann nicht hören, sollen wir nichts tun, um uns aus der erbärmlichen Langenweile zu retten?“

Melina wollte ihr antworten, und der Streit wäre lebhafter geworden, wenn nicht Wilhelm den im Augenblick hereintretenden Mann begrüßt und ihn herbeigewinkt hätte.

Die Gestalt dieses seltsamen Gastes setzte die ganze Gesellschaft in Erstaunen, und er hatte schon von einem Stuhle Besitz genommen, ehe jemand ihn zu fragen oder sonst etwas vorzubringen das Herz hatte. Sein kahler Scheitel war von wenig grauen Haaren umkränzt, große blaue Augen blickten sanft unter langen weißen Augenbrauen hervor. An eine wohlgebildete Nase schloß sich ein langer weißer Bart an, ohne die gefällige Lippe zu bedecken, und ein langes dunkelbraunes Gewand umhüllte den schlanken Körper vom Halse bis zu den Füßen; und so fing er auf der Harfe, die er vor sich genommen hatte, zu präludieren an.

Die angenehmen Töne, die er aus dem Instrumente hervorlockte, erheiterten gar bald die Gesellschaft.

„Ihr pflegt auch zu singen, guter Alter", sagte Philine.

„Gebt uns etwas, das Herz und Geist zugleich mit den Sinnen ergötze", sagte Wilhelm. „Das Instrument sollte nur die Stimme begleiten; denn Melodien, Gänge und Läufe ohne Worte und Sinn scheinen mir Schmetterlingen oder schönen bunten Vögeln ähnlich zu sein, die in der Luft vor unsern Augen herumschweben, die wir allenfalls haschen und uns zueignen möchten; da sich der Gesang dagegen wie ein Genius gen Himmel hebt und das bessere Ich in uns ihn zu begleiten anreizt."

Der Alte sah Wilhelmen an, alsdann in die Höhe, tat einige Griffe auf der Harfe und begann sein Lied. Es enthielt ein Lob auf den Gesang, pries das Glück der Sänger und ermahnte die Menschen, sie zu ehren. Er trug das Lied mit so viel Leben und Wahrheit vor, daß es schien, als hätte er es in diesem Augenblicke und bei diesem Anlasse gedichtet. Wilhelm enthielt sich kaum, ihm um den Hals zu fallen; nur die Furcht, ein lautes Gelächter zu erregen, zog ihn auf seinen Stuhl zurück; denn die übrigen machten schon halblaut einige alberne Anmerkungen und stritten, ob es ein Pfaffe oder ein Jude sei.

Als man nach dem Verfasser des Liedes fragte, gab er keine bestimmte Antwort; nur versicherte er, daß er reich an Gesängen sei, und wünsche nur, daß sie gefallen möchten. Der größte Teil der Gesellschaft war fröhlich und freudig, ja selbst Melina nach seiner Art offen geworden, und indem man untereinander schwatzte und scherzte, fing der

Alte das Lob des geselligen Lebens auf das geistreichste zu singen an. Er pries Einigkeit und Gefälligkeit mit einschmeichelnden Tönen. Auf einmal ward sein Gesang trokken, rauh und verworren, als er gehässige Verschlossenheit, kurzsinnige Feindschaft und gefährlichen Zwiespalt bedauerte, und gern warf jede Seele diese unbequemen Fesseln ab, als er, auf den Fittichen einer vordringenden Melodie getragen, die Friedensstifter pries und das Glück der Seelen, die sich wiederfinden, sang.

Kaum hatte er geendigt, als ihm Wilhelm zurief: „Wer du auch seist, der du als ein hülfreicher Schutzgeist mit einer segnenden und belebenden Stimme zu uns kommst, nimm meine Verehrung und meinen Dank! Fühle, daß wir alle dich bewundern, und vertrau' uns, wenn du etwas bedarfst!"

Der Alte schwieg, ließ erst seine Finger über die Saiten schleichen, dann griff er sie stärker an und sang:

„Was hör' ich draußen vor dem Tor,
Was auf der Brücke schallen?
Laßt den Gesang zu unserm Ohr
Im Saale widerhallen!"
Der König sprach's, der Page lief,
Der Knabe kam, der König rief:
„Bring' ihn herein, den Alten."

„Gegrüßet seid, ihr hohen Herrn,
Gegrüßt ihr, schöne Damen!
Welch reicher Himmel! Stern bei Stern!
Wer kennet ihre Namen?
Im Saal voll Pracht und Herrlichkeit
Schließt, Augen, euch, hier ist nicht Zeit,
Sich staunend zu ergötzen."

Der Sänger drückt' die Augen ein
Und schlug die vollen Töne;
Der Ritter schaute mutig drein,
Und in den Schoß die Schöne.
Der König, dem das Lied gefiel,
Ließ ihm zum Lohne für sein Spiel
Eine goldne Kette holen.

„Die goldne Kette gib mir nicht,
Die Kette gib den Rittern,
Vor deren kühnem Angesicht
Der Feinde Lanzen splittern.
Gib sie dem Kanzler, den du hast,
Und laß ihn noch die goldne Last
Zu andern Lasten tragen.

Ich singe, wie der Vogel singt,
Der in den Zweigen wohnet.
Das Lied, das aus der Kehle dringt,
Ist Lohn, der reichlich lohnet;
Doch darf ich bitten, bitt' ich eins,
Laß einen Trunk des besten Weins
In reinem Glase bringen."

Er setzt' es an, er trank es aus:
„O Trank der süßen Labe!
O! dreimal hochbeglücktes Haus,
Wo das ist kleine Gabe!
Ergeht's euch wohl, so denkt an mich,
Und danket Gott so warm, als ich
Für diesen Trunk euch danke."

Da der Sänger nach geendigtem Liede ein Glas Wein, das für ihn eingeschenkt dastand, ergriff, und es mit freundlicher Miene, sich gegen seine Wohltäter wendend, austrank, entstand eine allgemeine Freude in der Versammlung. Man klatschte und rief ihm zu, es möge dieses Glas zu seiner Gesundheit, zur Stärkung seiner alten Glieder gereichen. Er sang noch einige Romanzen und erregte immer mehr Munterkeit in der Gesellschaft.

„Kannst du die Melodie, Alter", rief Philine, „der Schäfer putzte sich zum Tanz?"

„O ja", versetzte er; „wenn Sie das Lied singen und aufführen wollen, an mir soll es nicht fehlen."

Philine stand auf und hielt sich fertig. Der Alte begann die Melodie, und sie sang ein Lied, das wir unsern Lesern nicht mitteilen können, weil sie es vielleicht abgeschmackt oder wohl gar unanständig finden könnten.

Inzwischen hatte die Gesellschaft, die immer heiterer geworden war, noch manche Flasche Wein ausgetrunken und fing an, sehr laut zu werden. Da aber unserm Freunde die bösen Folgen ihrer Lust noch in frischem Andenken schwebten, suchte er abzubrechen, steckte dem Alten für seine Bemühung eine reichliche Belohnung in die Hand, die andern taten auch etwas, man ließ ihn abtreten und ruhen und versprach sich auf den Abend eine wiederholte Freude von seiner Geschicklichkeit.

Als er hinweg war, sagte Wilhelm zu Philinen: „Ich kann zwar in Ihrem Leibgesange weder ein dichterisches noch sittliches Verdienst finden; doch wenn Sie mit eben der Naivetät, Eigenheit und Zierlichkeit etwas Schickliches auf dem Theater jemals ausführen, so wird Ihnen allgemeiner lebhafter Beifall gewiß zuteil werden."

„Ja", sagte Philine, „es müßte eine recht angenehme Empfindung sein, sich am Eise zu wärmen."

„Überhaupt", sagte Wilhelm, „wie sehr beschämt dieser Mann manchen Schauspieler. Haben Sie bemerkt, wie richtig der dramatische Ausdruck seiner Romanzen war? Gewiß, es lebte mehr Darstellung in seinem Gesang als in unsern steifen Personen auf der Bühne; man sollte die Aufführung mancher Stücke eher für eine Erzählung halten und diesen musikalischen Erzählungen eine sinnliche Gegenwart zuschreiben."

„Sie sind ungerecht!" versetzte Laertes. „Ich gebe mich weder für einen großen Schauspieler noch Sänger; aber das weiß ich, daß, wenn die Musik die Bewegungen des Körpers leitet, ihnen Leben gibt und ihnen zugleich das Maß vorschreibt, wenn Deklamation und Ausdruck schon von dem Kompositeur auf mich übertragen werden, so bin ich ein ganz anderer Mensch, als wenn ich im prosaischen Drama das alles erst erschaffen und Takt und Deklamation mir erst erfinden soll, worin mich noch dazu jeder Mitspielende stören kann."

„So viel weiß ich", sagte Melina, „daß uns dieser Mann in *einem* Punkte gewiß beschämt, und zwar in einem Hauptpunkte. Die Stärke seiner Talente zeigt sich in dem Nutzen, den er davon zieht. Uns, die wir vielleicht bald in Verlegenheit sein werden, wo wir eine Mahlzeit hernehmen, bewegt er, unsre Mahlzeit mit ihm zu teilen. Er weiß uns das Geld, das wir anwenden könnten, um uns in einige Verfassung zu setzen, durch ein Liedchen aus der Tasche zu locken. Es scheint so angenehm zu sein, das Geld zu verschleudern, womit man sich und andern eine Existenz verschaffen könnte."

Das Gespräch bekam durch diese Bemerkung nicht die angenehmste Wendung. Wilhelm, auf den der Vorwurf eigentlich gerichtet war, antwortete mit einiger Leidenschaft, und Melina, der sich eben nicht der größten Feinheit befliß, brachte zuletzt seine Beschwerden mit ziemlich trocknen Worten vor. „Es sind nun schon vierzehn Tage", sagte er, „daß wir das hier verpfändete Theater und die Garderobe besehen haben, und beides konnten wir für eine sehr leidliche Summe haben. Sie machten mir damals Hoffnung, daß Sie mir so viel kreditieren würden, und bis jetzt habe ich noch nicht gesehen, daß Sie die Sache weiter bedacht oder sich einem Entschluß genähert hätten. Griffen Sie damals zu, so wären wir jetzt im Gange. Ihre Absicht, zu verreisen, haben Sie auch noch nicht ausgeführt, und Geld scheinen Sie mir diese Zeit über auch nicht gespart zu haben; wenigstens gibt es Personen, die immer Gelegenheit zu verschaffen wissen, daß es geschwinder weggehe."

Dieser nicht ganz ungerechte Vorwurf traf unsern Freund. Er versetzte einiges darauf mit Lebhaftigkeit, ja mit Heftigkeit, und ergriff, da die Gesellschaft aufstund und sich zerstreute, die Türe, indem er nicht undeutlich zu erkennen gab, daß er sich nicht lange mehr bei so unfreundlichen und undankbaren Menschen aufhalten wolle. Er eilte verdrießlich hinunter, sich auf eine steinerne Bank zu setzen, die vor dem Tore seines Gasthofs stand, und bemerkte nicht, daß er halb aus Lust, halb aus Verdruß mehr als gewöhnlich getrunken hatte.

ZWÖLFTES KAPITEL

Nach einer kurzen Zeit, die er, beunruhigt von mancherlei Gedanken, sitzend und vor sich hinsehend zugebracht hatte, schlenderte Philine singend zur Haustüre heraus, setzte sich zu ihm, ja man dürfte beinahe sagen, auf ihn, so nahe rückte sie an ihn heran, lehnte sich auf seine Schultern, spielte mit seinen Locken, streichelte ihn und gab ihm die besten Worte von der Welt. Sie bat ihn, er möchte ja bleiben und sie nicht in der Gesellschaft allein lassen, in der sie vor langer Weile sterben müßte; sie könne nicht mehr mit Melina unter einem Dache ausdauern und habe sich deswegen herüberquartiert.

Vergebens suchte er sie abzuweisen, ihr begreiflich zu machen, daß er länger weder bleiben könne noch dürfe. Sie ließ mit Bitten nicht ab, ja unvermutet schlang sie ihren Arm um seinen Hals und küßte ihn mit dem lebhaftesten Ausdrucke des Verlangens.

„Sind Sie toll, Philine?" rief Wilhelm aus, indem er sich loszumachen suchte, „die öffentliche Straße zum Zeugen solcher Liebkosungen zu machen, die ich auf keine Weise verdiene! Lassen Sie mich los, ich kann nicht und ich werde nicht bleiben."

„Und ich werde dich festhalten", sagte sie, „und ich werde dich hier auf öffentlicher Gasse so lange küssen, bis du mir versprichst, was ich wünsche. Ich lache mich zu Tode", fuhr sie fort; „nach dieser Vertraulichkeit halten mich die Leute gewiß für deine Frau von vier Wochen, und die Ehemänner, die eine so anmutige Szene sehen, werden mich ihren Weibern als ein Muster einer kindlich unbefangenen Zärtlichkeit anpreisen."

Eben gingen einige Leute vorbei, und sie liebkoste ihn auf das anmutigste, und er, um kein Skandal zu geben, war gezwungen, die Rolle des geduldigen Ehemannes zu spielen. Dann schnitt sie den Leuten Gesichter im Rücken und trieb voll Übermut allerhand Ungezogenheiten, bis er zuletzt versprechen mußte, noch heute und morgen und übermorgen zu bleiben.

„Sie sind ein rechter Stock!" sagte sie darauf, indem sie von ihm abließ, „und ich eine Törin, daß ich so viel Freundlichkeit an Sie verschwende." Sie stand verdrießlich auf und ging einige Schritte; dann kehrte sie lachend zurück und rief: „Ich glaube eben, daß ich darum in dich vernarrt bin, ich will nur gehen und meinen Strickstrumpf holen, daß ich etwas zu tun habe. Bleibe ja, damit ich den steinernen Mann auf der steinernen Bank wiederfinde."

Diesmal tat sie ihm Unrecht; denn so sehr er sich von ihr zu enthalten strebte, so würde er doch in diesem Augenblicke, hätte er sich mit ihr in einer einsamen Laube befunden, ihre Liebkosungen wahrscheinlich nicht unerwidert gelassen haben.

Sie ging, nachdem sie ihm einen leichtfertigen Blick zugeworfen, in das Haus. Er hatte keinen Beruf, ihr zu folgen, vielmehr hatte ihr Betragen einen neuen Widerwillen in ihm erregt; doch hob er sich, ohne selbst recht zu wissen, warum, von der Bank, um ihr nachzugehen.

Er war eben im Begriff, in die Türe zu treten, als Melina herbeikam, ihn bescheiden anredete und ihn wegen einiger im Wortwechsel zu hart ausgesprochenen Ausdrücke um Verzeihung bat. „Sie nehmen mir nicht übel", fuhr er fort, „wenn ich in dem Zustande, in dem ich mich befinde, mich vielleicht zu ängstlich bezeige; aber die Sorge für eine Frau, vielleicht bald für ein Kind, verhindert mich von einem Tag zum andern, ruhig zu leben und meine Zeit mit dem Genuß angenehmer Empfindungen hinzubringen, wie Ihnen noch erlaubt ist. Überdenken Sie, und wenn es Ihnen möglich ist, so setzen Sie mich in den Besitz der theatralischen Gerätschaften, die sich hier vorfinden. Ich werde nicht lange Ihr Schuldner und Ihnen dafür ewig dankbar bleiben."

Wilhelm, der sich ungern auf der Schwelle aufgehalten sah, über die ihn eine unwiderstehliche Neigung in diesem Augenblicke zu Philinen hinüberzog, sagte mit einer überraschten Zerstreuung und eilfertigen Gutmütigkeit: „Wenn ich Sie dadurch glücklich und zufrieden machen kann, so will ich mich nicht länger bedenken. Gehn Sie hin, machen Sie alles richtig. Ich bin bereit, noch diesen Abend oder morgen früh das Geld zu zahlen." Er gab hierauf Melinan die Hand zur Bestätigung seines Versprechens und war sehr zufrieden, als er ihn eilig über die Straße weggehen sah; leider aber wurde er von seinem Eindringen ins Haus zum zweitenmal und auf eine unangenehmere Weise zurückgehalten.

Ein junger Mensch mit einem Bündel auf dem Rücken

kam eilig die Straße her und trat zu Wilhelmen, der ihn gleich für Friedrichen erkannte.

„Da bin ich wieder!" rief er aus, indem er seine großen blauen Augen freudig umher und hinauf an alle Fenster gehen ließ; „wo ist Mamsell? Der Henker mag es länger in der Welt aushalten, ohne sie zu sehen!"

Der Wirt, der eben dazugetreten war, versetzte: „Sie ist oben", und mit wenigen Sprüngen war er die Treppe hinauf, und Wilhelm blieb auf der Schwelle wie eingewurzelt stehen. Er hätte in den ersten Augenblicken den Jungen bei den Haaren rückwärts die Treppe herunterreißen mögen; dann hemmte der heftige Krampf einer gewaltsamen Eifersucht auf einmal den Lauf seiner Lebensgeister und seiner Ideen, und da er sich nach und nach von seiner Erstarrung erholte, überfiel ihn eine Unruhe, ein Unbehagen, dergleichen er in seinem Leben noch nicht empfunden hatte.

Er ging auf seine Stube und fand Mignon mit Schreiben beschäftigt. Das Kind hatte sich eine Zeit her mit großem Fleiße bemüht, alles, was es auswendig wußte, zu schreiben, und hatte seinem Herrn und Freund das Geschriebene zu korrigieren gegeben. Sie war unermüdet und faßte gut; aber die Buchstaben blieben ungleich und die Linien krumm. Auch hier schien ihr Körper dem Geiste zu widersprechen. Wilhelm, dem die Aufmerksamkeit des Kindes, wenn er ruhigen Sinnes war, große Freude machte, achtete diesmal wenig auf das, was sie ihm zeigte; sie fühlte es und betrübte sich darüber nur desto mehr, als sie glaubte, diesmal ihre Sache recht gut gemacht zu haben.

Wilhelms Unruhe trieb ihn auf den Gängen des Hauses auf und ab und bald wieder an die Haustüre. Ein Reiter sprengte vor, der ein gutes Ansehn hatte, und der bei gesetzten Jahren noch viel Munterkeit verriet. Der Wirt eilte ihm entgegen, reichte ihm als einem bekannten Freunde die Hand und rief: „Ei, Herr Stallmeister, sieht man Sie auch einmal wieder!"

„Ich will nur hier füttern", versetzte der Fremde, „ich muß gleich hinüber auf das Gut, um in der Geschwindigkeit allerlei einrichten zu lassen. Der Graf kömmt morgen mit seiner Gemahlin, sie werden sich eine Zeitlang drüben aufhalten, um den Prinzen von *** auf das beste zu bewirten, der in dieser Gegend wahrscheinlich sein Hauptquartier aufschlägt."

„Es ist schade, daß Sie nicht bei uns bleiben können", versetzte der Wirt; „wir haben gute Gesellschaft." Der Reitknecht, der nachsprengte, nahm dem Stallmeister das Pferd ab, der sich unter der Türe mit dem Wirt unterhielt und Wilhelmen von der Seite ansah.

Dieser, da er merkte, daß von ihm die Rede sei, begab sich weg und ging einige Straßen auf und ab.

DREIZEHNTES KAPITEL

In der verdrießlichen Unruhe, in der er sich befand, fiel ihm ein, den Alten aufzusuchen, durch dessen Harfe er die bösen Geister zu verscheuchen hoffte. Man wies ihn, als er nach dem Manne fragte, an ein schlechtes Wirtshaus in einem entfernten Winkel des Städtchens und in demselben die Treppe hinauf bis auf den Boden, wo ihm der süße Harfenklang aus einer Kammer entgegenschallte. Es waren herzrührende, klagende Töne, von einem traurigen, ängstlichen Gesange begleitet. Wilhelm schlich an die Türe, und da der gute Alte eine Art von Phantasie vortrug und wenige Strophen teils singend, teils rezitierend immer wiederholte, konnte der Horcher nach einer kurzen Aufmerksamkeit ungefähr folgendes verstehen:

Wer nie sein Brot mit Tränen aß,
Wer nie die kummervollen Nächte
Auf seinem Bette weinend saß,
Der kennt euch nicht, ihr himmlischen Mächte.

Ihr führt ins Leben uns hinein,
Ihr laßt den Armen schuldig werden,
Dann überlaßt ihr ihn der Pein,
Denn alle Schuld rächt sich auf Erden.

Die wehmütige, herzliche Klage drang tief in die Seele des Hörers. Es schien ihm, als ob der Alte manchmal von

Tränen gehindert würde, fortzufahren; dann klangen die Saiten allein, bis sich wieder die Stimme leise in gebrochenen Lauten darein mischte. Wilhelm stand an dem Pfosten, seine Seele war tief gerührt, die Trauer des Unbekannten schloß sein beklommenes Herz auf; er widerstand nicht dem Mitgefühl und konnte und wollte die Tränen nicht zurückhalten, die des Alten herzliche Klage endlich auch aus seinen Augen hervorlockte. Alle Schmerzen, die seine Seele drückten, lösten sich zu gleicher Zeit auf, er überließ sich ihnen ganz, stieß die Kammertüre auf und stand vor dem Alten, der ein schlechtes Bette, den einzigen Hausrat dieser armseligen Wohnung, zu seinem Sitze zu nehmen genötigt gewesen.

„Was hast du mir für Empfindungen rege gemacht, guter Alter!" rief er aus: „alles, was in meinem Herzen stockte, hast du losgelöst; laß dich nicht stören, sondern fahre fort, indem du deine Leiden linderst, einen Freund glücklich zu machen." Der Alte wollte aufstehen und etwas reden, Wilhelm verhinderte ihn daran; denn er hatte zu Mittage bemerkt, daß der Mann ungern sprach; er setzte sich vielmehr zu ihm auf den Strohsack nieder.

Der Alte trocknete seine Tränen und fragte mit einem freundlichen Lächeln: „Wie kommen Sie hierher? Ich wollte Ihnen diesen Abend wieder aufwarten."

„Wir sind hier ruhiger", versetzte Wilhelm, „singe mir, was du willst, was zu deiner Lage paßt, und tue nur, als ob ich gar nicht hier wäre. Es scheint mir, als ob du heute nicht irren könntest. Ich finde dich sehr glücklich, daß du dich in der Einsamkeit so angenehm beschäftigen und unterhalten kannst und, da du überall ein Fremdling bist, in deinem Herzen die angenehmste Bekanntschaft findest."

Der Alte blickte auf seine Saiten, und nachdem er sanft präludiert hatte, stimmte er an und sang:

Wer sich der Einsamkeit ergibt,
Ach! der ist bald allein;
Ein jeder lebt, ein jeder liebt,
Und läßt ihn seiner Pein.

Ja! laßt mich meiner Qual!
Und kann ich nur einmal
Recht einsam sein,
Dann bin ich nicht allein.

Es schleicht ein Liebender lauschend sacht,
Ob seine Freundin allein?
So überschleicht bei Tag und Nacht
Mich Einsamen die Pein,
Mich Einsamen die Qual.
Ach werd' ich erst einmal
Einsam im Grabe sein,
Da läßt sie mich allein!

Wir würden zu weitläufig werden und doch die Anmut der seltsamen Unterredung nicht ausdrücken können, die unser Freund mit dem abenteuerlichen Fremden hielt. Auf alles, was der Jüngling zu ihm sagte, antwortete der Alte mit der reinsten Übereinstimmung durch Anklänge, die alle verwandten Empfindungen rege machten und der Einbildungskraft ein weites Feld eröffneten.

Wer einer Versammlung frommer Menschen, die sich, abgesondert von der Kirche, reiner, herzlicher und geistreicher zu erbauen glauben, beigewohnt hat, wird sich auch einen Begriff von der gegenwärtigen Szene machen können; er wird sich erinnern, wie der Liturg seinen Worten den Vers eines Gesanges anzupassen weiß, der die Seele dahin erhebt, wohin der Redner wünscht, daß sie ihren Flug nehmen möge, wie bald darauf ein anderer aus der Gemeinde, in einer andern Melodie, den Vers eines andern Liedes hinzufügt, und an diesen wieder ein Dritter einen dritten anknüpft, wodurch die verwandten Ideen der Lieder, aus denen sie entlehnt sind, zwar erregt werden, jede Stelle aber durch die neue Verbindung neu und individuell wird, als wenn sie in dem Augenblicke erfunden worden wäre; wodurch denn aus einem bekannten Kreise von Ideen, aus bekannten Liedern und Sprüchen, für diese besondere Gesellschaft, für diesen Augenblick ein eigenes Ganzes entsteht, durch dessen Genuß sie belebt, gestärkt und erquickt wird. So erbaute der Alte seinen Gast, indem er durch bekannte und unbekannte Lieder und Stellen nahe und ferne Gefühle, wachende und schlummernde, angenehme und schmerzliche Empfindungen in eine Zirkulation brachte, von der in dem gegenwärtigen Zustande unsers Freundes das Beste zu hoffen war.

VIERZEHNTES KAPITEL

Denn wirklich fing er auf dem Rückwege über seine Lage lebhafter, als bisher geschehen, zu denken an und war mit dem Vorsatze, sich aus derselben herauszureißen, nach Hause gelangt, als ihm der Wirt sogleich im Vertrauen eröffnete, daß Mademoiselle Philine an dem Stallmeister des Grafen eine Eroberung gemacht habe, der, nachdem er seinen Auftrag auf dem Gute ausgerichtet, in höchster Eile zurückgekommen sei und ein gutes Abendessen oben auf ihrem Zimmer mit ihr verzehre.

In eben diesem Augenblicke trat Melina mit dem Notarius herein; sie gingen zusammen auf Wilhelms Zimmer, wo dieser, wiewohl mit einigem Zaudern, seinem Versprechen Genüge leistete, dreihundert Taler auf Wechsel an Melina auszahlte, welche dieser sogleich dem Notarius übergab und dagegen das Dokument über den geschlossenen Kauf der ganzen theatralischen Gerätschaft erhielt, welche ihm morgen früh übergeben werden sollte.

Kaum waren sie auseinander gegangen, als Wilhelm ein entsetzliches Geschrei in dem Hause vernahm. Er hörte eine jugendliche Stimme, die, zornig und drohend, durch ein unmäßiges Weinen und Heulen durchbrach. Er hörte diese Wehklage von oben herunter, an seiner Stube vorbei, nach dem Hausplatze eilen.

Als die Neugierde unsern Freund herunterlockte, fand er Friedrichen in einer Art von Raserei. Der Knabe weinte, knirschte, stampfte, drohte mit geballten Fäusten und stellte sich ganz ungebärdig vor Zorn und Verdruß, Mignon stand gegenüber und sah mit Verwunderung zu, und der Wirt erklärte einigermaßen diese Erscheinung.

Der Knabe sei nach seiner Rückkunft, da ihn Philine gut aufgenommen, zufrieden, lustig und munter gewesen, habe gesungen und gesprungen bis zur Zeit, da der Stallmeister mit Philinen Bekanntschaft gemacht. Nun habe das Mittelding zwischen Kind und Jüngling angefangen, seinen Verdruß zu zeigen, die Türen zuzuschlagen und auf und nieder zu rennen. Philine habe ihm befohlen, heute abend bei Tische aufzuwarten, worüber er nur noch mürrischer und trotziger geworden; endlich habe er eine Schüssel mit Ragout, anstatt sie auf den Tisch zu setzen, zwischen Mademoiselle und den Gast, die ziemlich nahe zusammen gesessen, hineingeworfen, worauf ihm der Stallmeister ein paar tüchtige Ohrfeigen gegeben und ihn zur Türe hinausgeschmissen. Er, der Wirt, habe darauf die beiden Personen säubern helfen, deren Kleider sehr übel zugerichtet gewesen.

Als der Knabe die gute Wirkung seiner Rache vernahm, fing er laut zu lachen an, indem ihm noch immer die Tränen an den Backen herunterliefen. Er freute sich einige Zeit herzlich, bis ihm der Schimpf, den ihm der Stärkere angetan, wieder einfiel, da er denn von neuem zu heulen und zu drohen anfing.

Wilhelm stand nachdenklich und beschämt vor dieser Szene. Er sah sein eignes Innerstes, mit starken und übertriebenen Zügen dargestellt; auch er war von einer unüberwindlichen Eifersucht entzündet; auch e r, wenn ihn der Wohlstand nicht zurückgehalten hätte, würde gern seine wilde Laune befriedigt, gern mit tückischer Schadenfreude den geliebten Gegenstand verletzt und seinen Nebenbuhler ausgefordert haben; er hätte die Menschen, die nur zu seinem Verdrusse da zu sein schienen, vertilgen mögen.

Laertes, der auch herbeigekommen war und die Geschichte vernommen hatte, bestärkte schelmisch den aufgebrachten Knaben, als dieser beteuerte und schwur, der Stallmeister müsse ihm Satisfaktion geben, er habe noch keine Beleidigung auf sich sitzen lassen; weigere sich der Stallmeister, so werde er sich zu rächen wissen.

Laertes war hier grade in seinem Fache. Er ging ernsthaft hinauf, den Stallmeister im Namen des Knaben herauszufordern.

„Das ist lustig“, sagte dieser; „einen solchen Spaß hätte ich mir heut abend kaum vorgestellt.“ Sie gingen hinunter, und Philine folgte ihnen. „Mein Sohn“, sagte der Stallmeister zu Friedrichen, „du bist ein braver Junge, und ich weigere mich nicht, mit dir zu fechten; nur da die Ungleichheit unsrer Jahre und Kräfte die Sache ohnehin etwas abenteuerlich macht, so schlage ich statt anderer Waffen ein paar Rapiere vor; wir wollen die Knöpfe mit Kreide bestreichen, und wer dem andern den ersten oder die meisten Stöße auf den Rock zeichnet, soll für den Überwinder gehalten und von dem andern mit dem besten Weine, der in der Stadt zu haben ist, traktiert werden.“

Laertes entschied, daß dieser Vorschlag angenommen werden könnte; Friedrich gehorchte ihm als seinem Lehrmeister. Die Rapiere kamen herbei, Philine setzte sich hin, strickte und sah beiden Kämpfern mit großer Gemütsruhe zu.

Der Stallmeister, der sehr gut focht, war gefällig genug, seinen Gegner zu schonen und sich einige Kreidenflecke auf den Rock bringen zu lassen, worauf sie sich umarmten und Wein herbeigeschafft wurde. Der Stallmeister wollte Friedrichs Herkunft und seine Geschichte wissen, der denn ein Märchen erzählte, das er schon oft wiederholt hatte, und mit dem wir ein andermal unsre Leser bekannt zu machen gedenken.

In Wilhelms Seele vollendete indessen dieser Zweikampf die Darstellung seiner eigenen Gefühle; denn er konnte sich nicht leugnen, daß er das Rapier, ja lieber noch einen Degen selbst gegen den Stallmeister zu führen wünschte, wenn er schon einsah, daß ihm dieser in der Fechtkunst weit überlegen sei. Doch würdigte er Philinen nicht eines Blicks, hütete sich vor jeder Äußerung, die seine Empfindung hätte verraten können, und eilte, nachdem er einigemal auf die Gesundheit der Kämpfer Bescheid getan, auf sein Zimmer, wo sich tausend unangenehme Gedanken auf ihn zudrängten.

Er erinnerte sich der Zeit, in der sein Geist durch ein unbedingtes hoffnungsreiches Streben emporgehoben wurde, wo er in dem lebhaftesten Genusse aller Art wie in einem Elemente schwamm. Es ward ihm deutlich, wie er letzt in ein unbestimmtes Schlendern geraten war, in welchem er nur noch schlürfend kostete, was er sonst mit vollen Zügen eingesogen hatte; aber deutlich konnte er nicht sehen, welches unüberwindliche Bedürfnis ihm die Natur zum Gesetz gemacht hatte, und wie sehr dieses Bedürfnis durch Umstände nur gereizt, halb befriedigt und irregeführt worden war.

Es darf also niemand wundern, wenn er bei Betrachtung seines Zustandes, und indem er sich aus demselben herauszudenken arbeitete, in die größte Verwirrung geriet. Es war nicht genug, daß er durch seine Freundschaft zu Laertes, durch seine Neigung zu Philinen, durch seinen Anteil an Mignon länger als billig an einem Orte und in einer Gesellschaft festgehalten wurde, in welcher er seine Lieblingsneigung hegen, gleichsam verstohlen seine Wünsche befriedigen und, ohne sich einen Zweck vorzusetzen, seinen alten Träumen nachschleichen konnte. Aus diesen Verhältnissen sich loszureißen und gleich zu scheiden, glaubte er Kraft genug zu besitzen. Nun hatte er aber vor wenigen Augenblicken sich mit Melina in ein Geldgeschäft eingelassen, er hatte den rätselhaften Alten kennen lernen, welchen zu entziffern er eine unbeschreibliche Begierde fühlte. Allein auch dadurch sich nicht zurückhalten zu lassen, war er nach lang hin und her geworfenen Gedanken entschlossen, oder glaubte wenigstens entschlossen zu sein. „Ich muß fort", rief er aus, „ich will fort!" Er warf sich in einen Sessel und war sehr bewegt. Mignon trat herein und fragte, ob sie ihn aufwickeln dürfe? Sie kam still; es schmerzte sie tief, daß er sie heute so kurz abgefertigt hatte.

Nichts ist rührender, als wenn eine Liebe, die sich im stillen genährt, eine Treue, die sich im Verborgenen befestigt hat, endlich dem, der ihrer bisher nicht wert gewesen, zur rechten Stunde nahe kommt und ihm offenbar wird. Die lange und streng verschlossene Knospe war reif, und Wilhelms Herz konnte nicht empfänglicher sein.

Sie stand vor ihm und sah seine Unruhe. — „Herr!" rief sie aus, „wenn du unglücklich bist, was soll Mignon werden?" — „Liebes Geschöpf", sagte er, indem er ihre Hände nahm, „du bist auch mit unter meinen Schmerzen. — Ich muß fort." — Sie sah ihm in die Augen, die von verhaltenen Tränen blinkten, und kniete mit Heftigkeit vor ihm nieder. Er behielt ihre Hände, sie legte ihr Haupt auf seine Kniee und war ganz still. Er spielte mit ihren Haaren und war freundlich. Sie blieb lange ruhig. Endlich fühlte er an ihr eine Art Zucken, das ganz sachte anfing und sich, durch alle Glieder wachsend, verbreitete. — „Was ist dir, Mignon?“ rief er aus, „was ist dir?“ — Sie richtete ihr Köpfchen auf und sah ihn an, fuhr auf einmal nach dem Herzen, wie mit einer Gebärde, welche Schmerzen verbeißt. Er hob sie auf, und sie fiel auf seinen Schoß; er drückte sie an sich und küßte sie. Sie antwortete durch keinen Händedruck, durch keine Bewegung. Sie hielt ihr Herz fest, und auf einmal tat sie einen Schrei, der mit krampfigen Bewegungen des Körpers begleitet war. Sie fuhr auf und fiel auch sogleich wie an allen Gelenken gebrochen vor ihm nieder. Es war ein gräßlicher Anblick! — „Mein Kind!“ rief er aus, indem er sie aufhob und fest umarmte, „mein Kind, was ist dir?“ — Die Zuckung dauerte fort, die vom Herzen sich den schlotternden Gliedern mitteilte; sie hing nur in seinen Armen. Er schloß sie an sein Herz und benetzte sie mit seinen Tränen. Auf einmal schien sie wieder angespannt, wie eins, das den höchsten körperlichen Schmerz erträgt; und bald mit einer neuen Heftigkeit wurden alle ihre Glieder wieder lebendig, und sie warf sich ihm, wie ein Ressort, das zuschlägt, um den Hals, indem in ihrem Innersten wie ein gewaltiger Riß geschah, und in dem Augenblicke floß ein Strom von Tränen aus ihren geschlossenen Augen in seinen Busen. Er hielt sie fest. Sie weinte, und keine Zunge spricht die Gewalt dieser Tränen aus. Ihre langen Haare waren aufgegangen und hingen von der Weinenden nieder, und ihr ganzes Wesen schien in einen Bach von Tränen unaufhaltsam dahinzuschmelzen. Ihre starren Glieder wurden gelinde, es ergoß sich ihr Innerstes, und in der Verirrung des Augenblickes fürchtete Wilhelm, sie werde in seinen Armen zerschmelzen, und er nichts von ihr übrigbehalten. Er hielt sie nur fester und fester. — „Mein Kind!“ rief er aus, „mein Kind! Du bist ja mein! Wenn dich das Wort trösten kann. Du bist mein! Ich werde dich behalten, dich nicht verlassen!“ — Ihre Tränen flossen noch immer. — Endlich richtete sie sich auf. Eine weiche Heiterkeit glänzte von ihrem Gesichte. — „Mein Vater!“ rief sie, „du willst mich nicht verlassen! willst mein Vater sein! — Ich bin dein Kind!“

Sanft fing vor der Türe die Harfe an zu klingen; der Alte brachte seine herzlichsten Lieder dem Freunde zum Abendopfer, der, sein Kind immer fester in Armen haltend, des reinsten, unbeschreiblichsten Glückes genoß.

DRITTES BUCH

ERSTES KAPITEL

Kennst du das Land, wo die Zitronen blühn,
Im dunkeln Laub die Goldorangen glühn,
Ein sanfter Wind vom blauen Himmel weht,
Die Myrte still und hoch der Lorbeer steht,
Kennst du es wohl?
Dahin! Dahin
Möcht' ich mit dir, o mein Geliebter, ziehn!

Kennst du das Haus? auf Säulen ruht sein Dach,
Es glänzt der Saal, es schimmert das Gemach,
Und Marmorbilder stehn und sehn mich an:
Was hat man dir, du armes Kind, getan?
Kennst du es wohl?
Dahin! Dahin
Möcht' ich mit dir, o mein Beschützer, ziehn!

Kennst du den Berg und seinen Wolkensteg?
Das Maultier sucht im Nebel seinen Weg,
In Höhlen wohnt der Drachen alte Brut,
Es stürzt der Fels und über ihn die Flut:
Kennst du ihn wohl?
Dahin! Dahin
Geht unser Weg; o Vater, laß uns ziehn!

Als Wilhelm des Morgens sich nach Mignon im Hause umsah, fand er sie nicht, hörte aber, daß sie früh mit Melina ausgegangen sei, welcher sich, um die Garderobe und die übrigen Theatergerätschaften zu übernehmen, beizeiten aufgemacht hatte.

Nach Verlauf einiger Stunden hörte Wilhelm Musik vor seiner Türe. Er glaubte anfänglich, der Harfenspieler sei schon wieder zugegen; allein er unterschied bald die Töne einer Zither, und die Stimme, welche zu singen anfing, war Mignons Stimme. Wilhelm öffnete die Türe, das Kind trat herein und sang das Lied, das wir soeben aufgezeichnet haben.

Melodie und Ausdruck gefielen unserm Freunde besonders, ob er gleich die Worte nicht alle verstehen konnte. Er ließ sich die Strophen wiederholen und erklären, schrieb sie auf und übersetzte sie ins Deutsche. Aber die Originalität der Wendungen konnte er nur von ferne nachahmen. Die kindliche Unschuld des Ausdrucks verschwand, indem die gebrochene Sprache übereinstimmend und das Unzusammenhängende verbunden ward. Auch konnte der Reiz der Melodie mit nichts verglichen werden.

Sie fing jeden Vers feierlich und prächtig an, als ob sie auf etwas Sonderbares aufmerksam machen, als ob sie etwas Wichtiges vortragen wollte. Bei der dritten Zeile ward der Gesang dumpfer und düsterer; das „Kennst du es wohl?" drückte sie geheimnisvoll und bedächtig aus; in dem „Dahin! Dahin!" lag eine unwiderstehliche Sehnsucht, und ihr „Laß uns ziehn!" wußte sie bei jeder Wiederholung dergestalt zu modifizieren, daß es bald bittend und dringend, bald treibend und vielversprechend war.

Nachdem sie das Lied zum zweitenmal geendigt hatte, hielt sie einen Augenblick inne, sah Wilhelmen scharf an und fragte: „Kennst du das Land?" — „Es muß wohl Italien gemeint sein", versetzte Wilhelm; „woher hast du das Liedchen?" — „Italien!" sagte Mignon bedeutend; „gehst du nach Italien, so nimm mich mit, es friert mich hier." — „Bist du schon dort gewesen, liebe Kleine?" fragte Wilhelm. — Das Kind war still und nichts weiter aus ihm zu bringen.

Melina, der hereinkam, besah die Zither und freute sich, daß sie schon so hübsch zurechtgemacht sei. Das Instrument war ein Inventarienstück der alten Garderobe. Mignon hatte sich's diesen Morgen ausgebeten, der Harfenspieler bezog es sogleich, und das Kind entwickelte bei dieser Gelegenheit ein Talent, das man an ihm bisher noch nicht kannte.

Melina hatte schon die Garderobe mit allem Zugehör übernommen; einige Glieder des Stadtrats versprachen ihm gleich die Erlaubnis, einige Zeit im Orte zu spielen. Mit frohem Herzen und erheitertem Gesicht kam er nunmehr wieder zurück. Er schien ein ganz anderer Mensch zu sein; denn er war sanft, höflich gegen jedermann, ja zuvorkommend und einnehmend. Er wünschte sich Glück, daß er nunmehr seine Freunde, die bisher verlegen und müßig gewesen, werde beschäftigen und auf eine Zeitlang engagieren können, wobei er zugleich bedauerte, daß er freilich zum Anfange nicht imstande sei, die vortrefflichen Subjekte, die das Glück ihm zugeführt, nach ihren Fähigkeiten und Talenten zu belohnen, da er seine Schuld einem so großmütigen Freunde, als Wilhelm sich gezeigt habe, vor allen Dingen abtragen müsse.

„Ich kann Ihnen nicht ausdrücken“, sagte Melina zu ihm, „welche Freundschaft Sie mir erzeigen, indem Sie mir zur Direktion eines Theaters verhelfen. Denn als ich Sie antraf, befand ich mich in einer sehr wunderlichen Lage. Sie erinnern sich, wie lebhaft ich Ihnen bei unsrer ersten Bekanntschaft meine Abneigung gegen das Theater sehen ließ, und doch mußte ich mich, sobald ich verheiratet war, aus Liebe zu meiner Frau, welche sich viel Freude und Beifall versprach, nach einem Engagement umsehen. Ich fand keins, wenigstens kein beständiges, dagegen aber glücklicherweise einige Geschäftsmänner, die eben in außerordentlichen Fällen jemanden brauchen konnten, der mit der Feder umzugehen wußte, Französisch verstand und im Rechnen nicht ganz unerfahren war. So ging es mir eine Zeitlang recht gut, ich ward leidlich bezahlt, schaffte mir manches an, und meine Verhältnisse machten mir keine Schande. Allein die außerordentlichen Aufträge meiner Gönner gingen zu Ende, an eine dauerhafte Versorgung war nicht zu denken, und meine Frau verlangte nur desto eifriger nach dem Theater, leider zu einer Zeit, wo ihre Umstände nicht die vorteilhaftesten sind, um sich dem Publikum mit Ehren darzustellen. Nun, hoffe ich, soll die Anstalt, die ich durch Ihre Hülfe einrichten werde, für mich und die Meinigen ein guter Anfang sein, und ich verdanke Ihnen mein künftiges Glück, es werde auch, wie es wolle.“

Wilhelm hörte diese Äußerungen mit Zufriedenheit an, und die sämtlichen Schauspieler waren gleichfalls mit den Erklärungen des neuen Direktors so ziemlich zufrieden, freuten sich heimlich, daß sich so schnell ein Engagement zeige, und waren geneigt, für den Anfang mit einer geringen Gage vorlieb zu nehmen, weil die meisten dasjenige, was ihnen so unvermutet angeboten wurde, als einen Zuschuß ansahen, auf den sie vor kurzem noch nicht Rechnung machen konnten. Melina war im Begriff, diese Disposition zu benutzen, suchte auf eine geschickte Weise jeden besonders zu sprechen und hatte bald den einen auf diese, den andern auf eine andere Weise zu bereden gewußt, daß sie die Kontrakte geschwind abzuschließen geneigt waren, über das neue Verhältnis kaum nachdachten und sich schon gesichert glaubten, mit sechswöchentlicher Aufkündigung wieder loskommen zu können.

Nun sollten die Bedingungen in gehörige Form gebracht werden, und Melina dachte schon an die Stücke, mit denen er zuerst das Publikum anlocken wollte, als ein Kurier dem Stallmeister die Ankunft der Herrschaft verkündigte, und dieser die untergelegten Pferde vorzuführen befahl.

Bald darauf fuhr der hochbepackte Wagen, von dessen Bocke zwei Bedienten heruntersprangen, vor dem Gasthause vor, und Philine war nach ihrer Art am ersten bei der Hand und stellte sich unter die Türe.

„Wer ist Sie?“ fragte die Gräfin im Hereintreten.

„Eine Schauspielerin, Ihro Exzellenz zu dienen“, war die Antwort, indem der Schalk mit einem gar frommen Gesichte und demütigen Gebärden sich neigte und der Dame den Rock küßte.

Der Graf, der noch einige Personen umherstehen sah, die sich gleichfalls für Schauspieler ausgaben, erkundigte sich nach der Stärke der Gesellschaft, nach dem letzten Orte ihres Aufenthalts und ihrem Direktor. „Wenn es Franzosen wären“, sagte er zu seiner Gemahlin, „könnten wir dem Prinzen eine unerwartete Freude machen und ihm bei uns seine Lieblingsunterhaltung verschaffen.“

„Es käme darauf an“, versetzte die Gräfin, „ob wir nicht diese Leute, wenn sie schon unglücklicherweise nur Deutsche sind, auf dem Schloß, solange der Fürst bei uns bleibt, spielen ließen. Sie haben doch wohl einige Geschicklichkeit. Eine große Sozietät läßt sich am besten durch ein Theater unterhalten, und der Baron würde sie schon zustutzen.“

Unter diesen Worten gingen sie die Treppe hinauf, und Melina präsentierte sich oben als Direktor. „Ruf' Er Seine Leute zusammen", sagte der Graf, „und stell' Er sie mir vor, damit ich sehe, was an ihnen ist. Ich will auch zugleich die Liste von den Stücken sehen, die sie allenfalls aufführen könnten."

Melina eilte mit einem tiefen Bücklinge aus dem Zimmer und kam bald mit den Schauspielern zurück. Sie drückten sich vor- und hintereinander, die einen präsentierten sich schlecht, aus großer Begierde zu gefallen, und die andern nicht besser, weil sie sich leichtsinnig darstellten. Philine bezeigte der Gräfin, die außerordentlich gnädig und freundlich war, alle Ehrfurcht; der Graf musterte indes die übrigen. Er fragte einen jeden nach seinem Fache und äußerte gegen Melina, daß man streng auf Fächer halten müsse, welchen Ausspruch dieser in der größten Devotion aufnahm.

Der Graf bemerkte sodann einem jeden, worauf er besonders zu studieren, was er an seiner Figur und Stellung zu bessern habe, zeigte ihnen einleuchtend, woran es den Deutschen immer fehle, und ließ so außerordentliche Kenntnisse sehen, daß alle in der größten Demut vor so einem erleuchteten Kenner und erlauchten Beschützer standen und kaum Atem zu holen sich getrauten.

„Wer ist der Mensch dort in der Ecke?" fragte der Graf, indem er nach einem Subjekte sah, das ihm noch nicht vorgestellt worden war, und eine hagre Figur nahte sich in einem abgetragenen, auf dem Ellbogen mit Fleckchen besetzten Rocke; eine kümmerliche Perücke bedeckte das Haupt des demütigen Klienten.

Dieser Mensch, den wir schon aus dem vorigen Buche als Philinens Liebling kennen, pflegte gewöhnlich Pedanten, Magister und Poeten zu spielen und meistens die Rolle zu übernehmen, wenn jemand Schläge kriegen oder begossen werden sollte. Er hatte sich gewisse kriechende, lächerliche, furchtsame Bücklinge angewöhnt, und seine stockende Sprache, die zu seinen Rollen paßte, machte die Zuschauer lachen, so daß er immer noch als ein brauchbares Glied der Gesellschaft angesehen wurde, besonders da er übrigens sehr dienstfertig und gefällig war. Er nahte sich auf seine Weise dem

Grafen, neigte sich vor demselben und beantwortete jede Frage auf die Art, wie er sich in seinen Rollen auf dem Theater zu gebärden pflegte. Der Graf sah ihn mit gefälliger Aufmerksamkeit und mit Überlegung eine Zeitlang an; alsdann rief er, indem er sich zu der Gräfin wendete: „Mein Kind, betrachte mir diesen Mann genau! ich hafte dafür, das ist ein großer Schauspieler oder kann es werden." Der Mensch machte von ganzem Herzen einen albernen Bückling, so daß der Graf laut über ihn lachen mußte und ausrief: „Er macht seine Sachen exzellent! Ich wette, dieser Mensch kann spielen, was er will, und es ist schade, daß man ihn bisher zu nichts Besserm gebraucht hat."

Ein so außerordentlicher Vorzug war für die übrigen sehr kränkend, nur Melina empfand nichts davon, er gab vielmehr dem Grafen vollkommen recht und versetzte mit ehrfurchtsvoller Miene: „Ach ja, es hat wohl ihm und mehreren von uns nur ein solcher Kenner und eine solche Aufmunterung gefehlt, wie wir sie gegenwärtig an Ew. Exzellenz gefunden haben."

„Ist das die sämtliche Gesellschaft?" fragte der Graf.

„Es sind einige Glieder abwesend", versetzte der kluge Melina, „und überhaupt könnten wir, wenn wir nur Unterstützung fänden, sehr bald aus der Nachbarschaft vollzählig sein."

Indessen sagte Philine zur Gräfin: „Es ist noch ein recht hübscher junger Mann oben, der sich gewiß bald zum ersten Liebhaber qualifizieren würde."

„Warum läßt er sich nicht sehen?" versetzte die Gräfin.

„Ich will ihn holen", rief Philine und eilte zur Türe hinaus.

Sie fand Wilhelmen noch mit Mignon beschäftigt und beredete ihn, mit herunterzugehen. Er folgte ihr mit einigem Unwillen, doch trieb ihn die Neugier; denn da er von vornehmen Personen hörte, war er voll Verlangen, sie näher kennen zu lernen. Er trat ins Zimmer, und seine Augen begegneten sogleich den Augen der Gräfin, die auf ihn gerichtet waren. Philine zog ihn zu der Dame, indes der Graf sich mit den übrigen beschäftigte. Wilhelm neigte sich und gab auf verschiedene Fragen, welche die reizende Dame an ihn tat, nicht ohne Verwirrung Antwort. Ihre Schönheit, Jugend, Anmut, Zierlichkeit und feines Betragen machten den angenehmsten Eindruck auf ihn, um so mehr, da ihre Reden und Gebärden mit einer gewissen Schamhaftigkeit, ja man dürfte sagen Verlegenheit begleitet waren. Auch dem Grafen ward er vorgestellt, der aber wenig acht auf ihn hatte, sondern zu seiner Gemahlin ans Fenster trat und sie um etwas zu fragen schien. Man konnte bemerken, daß ihre Meinung auf das lebhafteste mit der seinigen übereinstimmte, ja daß sie ihn eifrig zu bitten und ihn in seiner Gesinnung zu bestärken schien.

Er kehrte sich bald darauf zu der Gesellschaft und sagte: „Ich kann mich gegenwärtig nicht aufhalten, aber ich will einen Freund zu euch schicken, und wenn ihr billige Bedingungen macht, und euch recht viel Mühe geben wollt, so bin ich nicht abgeneigt, euch auf dem Schlosse spielen zu lassen."

Alle bezeigten ihre große Freude darüber, und besonders küßte Philine mit der größten Lebhaftigkeit der Gräfin die Hände.

„Sieht Sie, Kleine", sagte die Dame, indem sie dem leichtfertigen Mädchen die Backen klopfte, „sieht Sie, mein Kind, da kommt Sie wieder zu mir, ich will schon mein Versprechen halten, Sie muß sich nur besser anziehen." Philine entschuldigte sich, daß sie wenig auf ihre Garderobe zu verwenden habe, und sogleich befahl die Gräfin ihren Kammerfrauen, einen englischen Hut und ein seidnes Halstuch, die leicht auszupacken waren, heraufzugeben. Nun putzte die Gräfin selbst Philinen an, die fortfuhr, sich mit einer scheinheiligen, unschuldigen Miene gar artig zu gebärden und zu betragen.

Der Graf bot seiner Gemahlin die Hand und führte sie hinunter. Sie grüßte die ganze Gesellschaft im Vorbeigehen freundlich und kehrte sich nochmals gegen Wilhelmen um, indem sie mit der huldreichsten Miene zu ihm sagte: „Wir sehen uns bald wieder."

So glückliche Aussichten belebten die ganze Gesellschaft; jeder ließ nunmehr seinen Hoffnungen, Wünschen und Einbildungen freien Lauf, sprach von den Rollen, die er spielen, von dem Beifall, den er erhalten wollte. Melina überlegte, wie er noch geschwind durch einige Vorstellungen den Einwohnern des Städtchens etwas Geld abnehmen und zugleich die Gesellschaft in Atem setzen könne, indes andere in die Küche gingen, um ein besseres Mittagsessen zu bestellen, als man sonst einzunehmen gewohnt war.

ZWEITES KAPITEL

Nach einigen Tagen kam der Baron, und Melina empfing ihn nicht ohne Furcht. Der Graf hatte ihn als einen Kenner angekündigt, und es war zu besorgen, er werde gar bald die schwache Seite des kleinen Haufens entdecken und einsehen, daß er keine formierte Truppe vor sich habe, indem sie kaum ein Stück gehörig besetzen konnten; allein sowohl der Direktor als die sämtlichen Glieder waren bald aus aller Sorge, da sie an dem Baron einen Mann fanden, der mit dem größten Enthusiasmus das vaterländische Theater betrachtete, dem ein jeder Schauspieler und jede Gesellschaft willkommen und erfreulich war. Er begrüßte sie alle mit Feierlichkeit, pries sich glücklich, eine deutsche Bühne so unvermutet anzutreffen, mit ihr in Verbindung zu kommen und die vaterländischen Musen in das Schloß seines Verwandten einzuführen. Er brachte bald darauf ein Heft aus der Tasche, in welchem Melina die Punkte des Kontraktes zu erblicken hoffte; allein es war ganz etwas anderes. Der Baron bat sie, ein Drama, das er selbst verfertigt, und das er von ihnen gespielt zu sehen wünschte, mit Aufmerksamkeit anzuhören. Willig schlossen sie einen Kreis und waren erfreut, mit so geringen Kosten sich in der Gunst eines so notwendigen Mannes befestigen zu können, obgleich ein jeder nach der Dicke des Heftes übermäßig lange Zeit befürchtete. Auch war es wirklich so; das Stück war in fünf Akten geschrieben und von der Art, die gar kein Ende nimmt.

Der Held war ein vornehmer, tugendhafter, großmütiger und dabei verkannter und verfolgter Mann, der aber denn doch zuletzt den Sieg über seine Feinde davontrug, über welche sodann die strengste poetische Gerechtigkeit ausgeübt worden wäre, wenn er ihnen nicht auf der Stelle verziehen hätte.

Indem dieses Stück vorgetragen wurde, hatte jeder Zuhörer Raum genug, an sich selbst zu denken und ganz sachte aus der Demut, zu der er sich noch vor kurzem geneigt fühlte, zu einer glücklichen Selbstgefälligkeit emporzusteigen und von da aus die anmutigsten Aussichten in die Zukunft zu überschauen. Diejenigen, die keine ihnen angemessene Rolle in dem Stück fanden, erklärten es bei sich für schlecht und hielten den Baron für einen unglücklichen Autor, dagegen die andern eine Stelle, bei der sie beklatscht zu werden hofften, mit dem größten Lobe zur möglichsten Zufriedenheit des Verfassers verfolgten.

Mit dem Ökonomischen waren sie geschwind fertig. Melina wußte zu seinem Vorteil mit dem Baron den Kontrakt abzuschließen und ihn vor den übrigen Schauspielern geheimzuhalten.

Über Wilhelmen sprach Melina den Baron im Vorbeigehen und versicherte, daß er sich sehr gut zum Theaterdichter qualifiziere und zum Schauspieler selbst keine üblen Anlagen habe. Der Baron machte sogleich mit ihm als einem Kollegen Bekanntschaft, und Wilhelm produzierte einige kleine Stücke, die nebst wenigen Reliquien an jenem Tage, als er den größten Teil seiner Arbeiten in Feuer aufgehen ließ, durch einen Zufall gerettet wurden. Der Baron lobte sowohl die Stücke als den Vortrag, nahm als bekannt an, daß er mit hinüber auf das Schloß kommen würde, versprach bei seinem Abschiede allen die beste Aufnahme, bequeme Wohnung, gutes Essen, Beifall und Geschenke, und Melina setzte noch die Versicherung eines bestimmten Taschengeldes hinzu.

Man kann denken, in welche gute Stimmung durch diesen Besuch die Gesellschaft gesetzt war, indem sie statt eines ängstlichen und niedrigen Zustandes auf einmal Ehre und Behagen vor sich sah. Sie machten sich schon zum voraus auf jene Rechnung lustig, und jedes hielt für unschicklich, nur noch irgendeinen Groschen Geld in der Tasche zu behalten.

Wilhelm ging indessen mit sich zu Rate, ob er die Gesellschaft auf das Schloß begleiten solle, und fand in mehr als einem Sinne rätlich, dahin zu gehen. Melina hoffte bei diesem vorteilhaften Engagement seine Schuld wenigstens zum Teil abtragen zu können, und unser Freund, der auf Menschenkenntnis ausging, wollte die Gelegenheit nicht versäumen, die große Welt näher kennen zu lernen, in der er viele Aufschlüsse über das Leben, über sich selbst und die Kunst zu erlangen hoffte. Dabei durfte er sich nicht gestehen, wie sehr er wünsche, der schönen Gräfin wieder näher zu kommen. Er suchte sich vielmehr im allgemeinen zu überzeugen, welchen großen Vorteil ihm die nähere Kenntnis der vornehmen und reichen Welt bringen würde. Er machte seine Betrachtungen über den Grafen, die Gräfin, den Baron, über die Sicherheit, Bequemlichkeit und Anmut ihres Betragens, und rief, als er allein war, mit Entzücken aus:

„Dreimal glücklich sind diejenigen zu preisen, die ihre Geburt sogleich über die untern Stufen der Menschheit hinaushebt, die durch jene Verhältnisse, in welchen sich manche gute Menschen die ganze Zeit ihres Lebens abängstigen, nicht durchzugehen, auch nicht einmal darin als Gäste zu verweilen brauchen. Allgemein und richtig muß ihr Blick auf dem höheren Standpunkte werden, leicht ein jeder Schritt ihres Lebens! Sie sind von Geburt an gleichsam in ein Schiff gesetzt, um bei der Überfahrt, die wir alle machen müssen, sich des günstigen Windes zu bedienen und den widrigen abzuwarten, anstatt daß andere, nur für ihre Person schwimmend, sich abarbeiten, vom günstigen Winde wenig Vorteil genießen und im Sturme mit bald erschöpften Kräften untergehen. Welche Bequemlichkeit, welche Leichtigkeit gibt ein angebornes Vermögen! und wie sicher blühet ein Handel, der auf ein gutes Kapital gegründet ist, so daß nicht jeder mißlungene Versuch sogleich in Untätigkeit versetzt! Wer kann den Wert und Unwert irdischer Dinge besser kennen, als der sie zu genießen von Jugend auf im Falle war, und wer kann seinen Geist früher auf das Notwendige, das Nützliche, das Wahre leiten, als der sich von so vielen Irrtümern in einem Alter überzeugen muß, wo es ihm noch an Kräften nicht gebricht, ein neues Leben anzufangen!"

So rief unser Freund allen denenjenigen Glück zu, die sich in den höheren Regionen befinden; aber auch denen, die sich einem solchen Kreise nähern, aus diesen Quellen schöpfen können, und pries seinen Genius, der Anstalt machte, auch ihn diese Stufen hinanzuführen.

Indessen mußte Melina, nachdem er lange sich den Kopf zerbrochen, wie er nach dem Verlangen des Grafen und nach seiner eigenen Überzeugung die Gesellschaft in Fächer einteilen und einem jeden seine bestimmte Mitwirkung übertragen wollte, zuletzt, da es an die Ausführung kam, sehr zufrieden sein, wenn er bei einem so geringen Personal die Schauspieler willig fand, sich nach Möglichkeit in diese oder jene Rollen zu schicken. Doch übernahm gewöhnlich Laertes die Liebhaber, Philine die Kammermädchen, die beiden jungen Frauenzimmer teilten sich in die naiven und zärtlichen Liebhaberinnen, der alte Polterer ward am besten gespielt. Melina selbst glaubte als Chevalier auftreten zu dürfen, Madame Melina mußte zu ihrem größten Verdruß in das Fach der jungen Frauen, ja sogar der zärtlichen Mütter übergehen, und weil in den neuern Stücken nicht leicht mehr ein Pedant oder Poet, wenn er auch vorkommen sollte, lächerlich gemacht wird, so mußte der bekannte Günstling des Grafen nunmehr die Präsidenten und Minister spielen, weil diese gewöhnlich als Bösewichter vorgestellt und im fünften Akte übel behandelt werden. Ebenso steckte Melina mit Vergnügen als Kammerjunker oder Kammerherr die Grobheiten ein, welche ihm von biedern deutschen Männern hergebrachtermaßen in mehreren beliebten Stücken aufgedrungen wurden, weil er sich doch bei dieser Gelegenheit artig herausputzen konnte und das Air eines Hofmannes, das er vollkommen zu besitzen glaubte, anzunehmen die Erlaubnis hatte.

Es dauerte nicht lange, so kamen von verschiedenen Gegenden mehrere Schauspieler herbeigeflossen, welche ohne sonderliche Prüfung angenommen, aber auch ohne sonderliche Bedingungen festgehalten wurden.

Wilhelm, den Melina vergebens einigemal zu einer Liebhaberrolle zu bereden suchte, nahm sich der Sache mit vielem guten Willen an, ohne daß unser neuer Direktor seine Bemühungen im mindesten anerkannte; vielmehr glaubte dieser mit seiner Würde auch alle nötige Einsicht überkommen zu haben; besonders war das Streichen eine seiner angenehmsten Beschäftigungen, wodurch er ein jedes Stück auf das gehörige Zeitmaß herunterzusetzen wußte, ohne irgendeine andere Rücksicht zu nehmen. Er hatte viel Zuspruch, das Publikum war sehr zufrieden, und die geschmackvollsten Einwohner des Städtchens behaupteten, daß das Theater in der Residenz keineswegs so gut als das ihre bestellt sei.

DRITTES KAPITEL

Endlich kam die Zeit herbei, daß man sich zur Überfahrt schicken, die Kutschen und Wagen erwarten sollte, die unsere ganze Truppe nach dem Schlosse des Grafen hinüberzuführen bestellt waren. Schon zum voraus fielen große Streitigkeiten vor, wer mit dem andern fahren, wie man sitzen sollte. Die Ordnung und Einteilung ward endlich nur mit Mühe ausgemacht und festgesetzt, doch leider ohne Wirkung. Zur bestimmten Stunde kamen weniger Wagen, als man erwartet hatte, und man mußte sich einrichten. Der Baron, der zu Pferde nicht lange hinterdrein folgte, gab zur Ursache an, daß im Schlosse alles in großer Bewegung sei, weil nicht allein der Fürst einige Tage früher eintreffen werde, als man geglaubt, sondern weil auch unerwarteter Besuch schon gegenwärtig angelangt sei; der Platz gehe sehr zusammen, sie würden auch deswegen nicht so gut logieren, als man es ihnen vorher bestimmt habe, welches ihm außerordentlich leid tue.

Man teilte sich in die Wagen, so gut es gehen wollte, und da leidlich Wetter und das Schloß nur einige Stunden entfernt war, machten sich die Lustigsten lieber zu Fuße auf den Weg, als daß sie die Rückkehr der Kutschen hätten abwarten sollen. Die Karawane zog mit Freudengeschrei aus, zum erstenmal ohne Sorgen, wie der Wirt zu bezahlen sei. Das Schloß des Grafen stand ihnen wie ein Feengebäude vor der Seele, sie waren die glücklichsten und fröhlichsten Menschen von der Welt, und jeder knüpfte unterwegs an diesen Tag, nach seiner Art zu denken, eine Reihe von Glück, Ehre und Wohlstand.

Ein starker Regen, der unerwartet einfiel, konnte sie nicht aus diesen angenehmen Empfindungen reißen; da er aber immer anhaltender und stärker wurde, spürten viele von ihnen eine ziemliche Unbequemlichkeit. Die Nacht kam herbei, und erwünschter konnte ihnen nichts erscheinen, als der durch alle Stockwerke erleuchtete Palast des Grafen, der ihnen von einem Hügel entgegenglänzte, so daß sie die Fenster zählen konnten.

Als sie näher kamen, fanden sie auch alle Fenster der Seitengebäude erhellet. Ein jeder dachte bei sich, welches wohl sein Zimmer werden möchte, und die meisten begnügten sich bescheiden mit einer Stube in der Mansarde oder den Flügeln.

Nun fuhren sie durch das Dorf und am Wirtshause vorbei. Wilhelm ließ halten, um dort abzusteigen; allein der Wirt versicherte, daß er ihm nicht den geringsten Raum anweisen könne. Der Herr Graf habe, weil unvermutete Gäste angekommen, sogleich das ganze Wirtshaus besprochen, an allen Zimmern stehe schon seit gestern mit Kreide deutlich angeschrieben, wer darin wohnen solle. Wider seinen Willen mußte also unser Freund mit der übrigen Gesellschaft zum Schloßhofe hineinfahren.

Um die Küchenfeuer in einem Seitengebäude sahen sie geschäftige Köche sich hin und her bewegen und waren durch diesen Anblick schon erquickt; eilig kamen Bediente mit Lichtern auf die Treppe des Hauptgebäudes gesprungen, und das Herz der guten Wanderer quoll über diesen Aussichten auf. Wie sehr verwunderten sie sich dagegen, als sich dieser Empfang in ein entsetzliches Fluchen auflöste! Die Bedienten schimpften auf die Fuhrleute, daß sie hier hereingefahren seien; sie sollten umwenden, rief man, und wieder hinaus nach dem alten Schlosse zu, hier sei kein Raum für diese Gäste! Einem so unfreundlichen und unerwarteten Bescheide fügten sie noch allerlei Spöttereien hinzu und lachten sich untereinander aus, daß sie durch diesen Irrtum in den Regen gesprengt worden. Es goß noch immer, keine Sterne standen am Himmel, und nun wurde die Gesellschaft durch einen holperichten Weg zwischen zwei Mauern in das alte hintere Schloß gezogen, welches unbewohnt dastand, seit der Vater des Grafen das vordere gebaut hatte. Teils im Hofe, teils unter einem langen gewölbten Torwege hielten die Wagen still, und die Fuhrleute, Anspanner aus dem Dorfe, spannten aus und ritten ihrer Wege.

Da niemand zum Empfange der Gesellschaft sich zeigte, stiegen sie aus, riefen, suchten; vergebens! Alles blieb finster und stille. Der Wind blies durch das hohle Tor, und grauerlich waren die alten Türme und Höfe, wovon sie kaum die Gestalten in der Finsternis unterschieden. Sie froren und schauerten, die Frauen fürchteten sich, die Kinder fingen an zu weinen, ihre Ungeduld vermehrte sich mit jedem Augenblicke, und ein so schneller Glückswechsel, auf den niemand vorbereitet war, brachte sie alle ganz und gar aus der Fassung.

Da sie jeden Augenblick erwarteten, daß jemand kommen und ihnen aufschließen werde, da bald Regen, bald Sturm sie täuschte und sie mehr als einmal den Tritt des erwünschten Schloßvogts zu hören glaubten, blieben sie eine lange Zeit unmutig und untätig, es fiel keinem ein, in das neue Schloß zu gehen und dort mitleidige Seelen um Hülfe anzurufen. Sie konnten nicht begreifen, wo ihr Freund, der Baron, geblieben sei, und waren in einer höchst beschwerlichen Lage.

Endlich kamen wirklich Menschen an, und man erkannte an ihren Stimmen jene Fußgänger, die auf dem Wege hinter den Fahrenden zurückgeblieben waren. Sie erzählten, daß der Baron mit dem Pferde gestürzt sei, sich am Fuße stark beschädigt habe, und daß man auch sie, da sie im Schlosse nachgefragt, mit Ungestüm hierher gewiesen habe.

Die ganze Gesellschaft war in der größten Verlegenheit; man ratschlagte, was man tun sollte, und konnte keinen Entschluß fassen. Endlich sah man von weitem eine Laterne kommen und holte frischen Atem; allein die Hoffnung einer baldigen Erlösung verschwand auch wieder, indem die Erscheinung näher kam und deutlich ward. Ein Reitknecht leuchtete dem bekannten Stallmeister des Grafen vor, und dieser erkundigte sich, als er näher kam, sehr eifrig nach Mademoiselle Philinen. Sie war kaum aus dem übrigen Haufen hervorgetreten, als er ihr sehr dringend anbot, sie in das neue Schloß zu führen, wo ein Plätzchen für sie bei den Kammerjungfern der Gräfin bereitet sei. Sie besann sich nicht lange, das Anerbieten dankbar zu ergreifen, faßte ihn bei dem Arme und wollte, da sie den andern ihren Koffer empfohlen, mit ihm forteilen; allein man trat ihnen in den Weg, fragte, bat, beschwor den Stallmeister, daß er endlich, um nur mit seiner Schönen loszukommen, alles versprach und versicherte, in kurzem solle das Schloß eröffnet und sie auf das beste einquartiert werden. Bald darauf sahen sie den Schein seiner Laterne verschwinden und hofften lange vergebens auf das neue Licht, das ihnen endlich nach vielem Warten, Schelten und Schmähen erschien und sie mit einigem Troste und Hoffnung belebte.

Ein alter Hausknecht eröffnete die Türe des alten Gebäudes, in das sie mit Gewalt eindrangen. Ein jeder sorgte nun für seine Sachen, sie abzupacken, sie hereinzuschaffen. Das meiste war, wie die Personen selbst, tüchtig durchweicht. Bei dem einen Lichte ging alles sehr langsam. Im Gebäude stieß man sich, stolperte, fiel. Man bat um mehr Lichter, man bat um Feuerung. Der einsilbige Hausknecht ließ mit genauer Not seine Laterne da, ging und kam nicht wieder.

Nun fing man an, das Haus zu durchsuchen; die Türen aller Zimmer waren offen; große Öfen, gewirkte Tapeten, eingelegte Fußböden waren von seiner vorigen Pracht noch übrig, von anderm Hausgeräte aber nichts zu finden, kein Tisch, kein Stuhl, kein Spiegel, kaum einige ungeheure leere Bettstellen, alles Schmuckes und alles Notwendigen beraubt. Die nassen Koffer und Mantelsäcke wurden zu Sitzen gewählt, ein Teil der müden Wandrer bequemte sich auf dem Fußboden. Wilhelm hatte sich auf einige Stufen gesetzt, Mignon lag auf seinen Knien; das Kind war unruhig, und auf seine Frage, was ihm fehlte, antwortete es: „Mich hungert!“ Er fand nichts bei sich, um das Verlangen des Kindes zu stillen, die übrige Gesellschaft hatte jeden Vorrat auch aufgezehrt, und er mußte die arme Kreatur ohne Erquickung lassen. Er blieb bei dem ganzen Vorfalle untätig, still in sich gekehrt; denn er war sehr verdrießlich und grimmig, daß er nicht auf seinem Sinne bestanden und bei dem Wirtshause abgestiegen sei, wenn er auch auf dem obersten Boden hätte sein Lager nehmen sollen.

Die übrigen gebärdeten sich jeder nach seiner Art. Einige hatten einen Haufen altes Gehölz in einen ungeheuren Kamin des Saals geschafft und zündeten mit großem Jauchzen den Scheiterhaufen an. Unglücklicherweise ward auch diese Hoffnung, sich zu trocknen und zu wärmen, auf das schrecklichste getäuscht, denn dieser Kamin stand nur zur Zierde da und war von oben herein vermauert; der Dampf trat schnell zurück und erfüllte auf einmal die Zimmer; das dürre Holz schlug prasselnd in Flammen auf, und auch die Flamme ward herausgetrieben; der Zug, der durch die zerbrochenen Fensterscheiben drang, gab ihr eine unstäte Richtung; man fürchtete, das Schloß anzuzünden, mußte das Feuer auseinander ziehen, austreten, dämpfen; der Rauch vermehrte sich, der Zustand wurde unerträglicher, man kam der Verzweiflung nahe.

Wilhelm war vor dem Rauch in ein entferntes Zimmer gewichen, wohin ihm bald Mignon folgte und einen wohlgekleideten Bedienten, der eine hohe, hellbrennende, doppelt erleuchtete Laterne trug, hereinführte; dieser wendete sich an Wilhelmen, und indem er ihm auf einem schönen porzellanenen Teller Konfekt und Früchte überreichte, sagte er: „Dies schickt Ihnen das junge Frauenzimmer von drüben mit der Bitte, zur Gesellschaft zu kommen. Sie läßt sagen“, setzte der Bediente mit einer leichtfertigen Miene hinzu, „es gehe ihr sehr wohl, und sie wünsche ihre Zufriedenheit mit ihren Freunden zu teilen.“

Wilhelm erwartete nichts weniger als diesen Antrag, denn er hatte Philinen seit dem Abenteuer der steinernen Bank mit entschiedener Verachtung begegnet und war so fest entschlossen, keine Gemeinschaft mehr mit ihr zu machen, daß er im Begriff stand, die süße Gabe wieder zurückzuschicken, als ein bittender Blick Mignons ihn vermochte, sie anzunehmen und im Namen des Kindes dafür zu danken; die Einladung schlug er ganz aus. Er bat den Bedienten, einige Sorge für die angekommene Gesellschaft zu haben, und erkundigte sich nach dem Baron. Dieser lag zu Bette, hatte aber schon, soviel der Bediente zu sagen wußte, einem andern Auftrag gegeben, für die elend Beherbergten zu sorgen.

Der Bediente ging und hinterließ Wilhelmen eins von seinen Lichtern, das dieser in Ermangelung eines Leuchters auf das Fenstergesims kleben mußte, und nun wenigstens bei seinen Betrachtungen die vier Wände des Zimmers erhellt sah. Denn es währte noch lange, ehe die Anstalten rege wurden, die unsere Gäste zur Ruhe bringen sollten. Nach und nach kamen Lichter, jedoch ohne Lichtputzen, dann einige Stühle, eine Stunde darauf Deckbetten, dann Kissen, alles wohl durchnetzt, und es war schon weit über Mitternacht, als endlich Strohsäcke und Matratzen herbeigeschafft wurden, die, wenn man sie zuerst gehabt hätte, höchst willkommen gewesen wären.

In der Zwischenzeit war auch etwas von Essen und Trinken angelangt, das ohne viele Kritik genossen wurde, ob es gleich einem sehr unordentlichen Abhub ähnlich sah und von der Achtung, die man für die Gäste hatte, kein sonderliches Zeugnis ablegte.

VIERTES KAPITEL

Durch die Unart und den Übermut einiger leichtfertigen Gesellen vermehrte sich die Unruhe und das Übel der Nacht, indem sie sich einander neckten, aufweckten und sich wechselsweise allerlei Streiche spielten. Der andere Morgen brach an, unter lauten Klagen über ihren Freund, den Baron, daß er sie so getäuscht und ihnen ein ganz anderes Bild von der Ordnung und Bequemlichkeit, in die sie kommen würden, gemacht habe. Doch zur Verwunderung und Trost erschien in aller Frühe der Graf selbst mit einigen Bedienten und erkundigte sich nach ihren Umständen. Er war sehr entrüstet, als er hörte, wie übel es ihnen ergangen, und der Baron, der geführt herbeihinkte, verklagte den Haushofmeister, wie befehlswidrig er sich bei dieser Gelegenheit gezeigt, und glaubte, ihm ein rechtes Bad angerichtet zu haben.

Der Graf befahl sogleich, daß alles in seiner Gegenwart zur möglichsten Bequemlichkeit der Gäste geordnet werden solle. Darauf kamen einige Offiziere, die von den Aktricen sogleich Kundschaft nahmen, und der Graf ließ sich die ganze Gesellschaft vorstellen, redete einen jeden bei seinem Namen an und mischte einige Scherze in die Unterredung, daß alle über einen so gnädigen Herrn ganz entzückt waren. Endlich mußte Wilhelm auch an die Reihe, an den sich Mignon anhing. Wilhelm entschuldigte sich, so gut er konnte, über seine Freiheit, der Graf hingegen schien seine Gegenwart als bekannt anzunehmen.

Ein Herr, der neben dem Grafen stand, den man für einen Offizier hielt, ob er gleich keine Uniform anhatte, sprach besonders mit unserm Freunde und zeichnete sich vor allen andern aus. Große hellblaue Augen leuchteten unter einer hohen Stirne hervor, nachlässig waren seine blonden Haare aufgeschlagen, und seine mittlere Statur zeigte ein sehr wackres, festes und bestimmtes Wesen. Seine Fragen waren lebhaft, und er schien sich auf alles zu verstehen, wonach er fragte.

Wilhelm erkundigte sich nach diesem Manne bei dem Baron, der aber nicht viel Gutes von ihm zu sagen wußte. Er habe den Charakter als Major, sei eigentlich der Günstling des Prinzen, versehe dessen geheimste Geschäfte und werde für dessen rechten Arm gehalten, ja man habe Ursache zu glauben, er sei sein natürlicher Sohn. In Frankreich, England, Italien sei er mit Gesandtschaften gewesen, er werde überall sehr distinguiert, und das mache ihn einbildisch; er wähne, die deutsche Literatur aus dem Grunde zu kennen, und erlaube sich allerlei schale Spöttereien gegen dieselbe. Er, der Baron, vermeide alle Unterredung mit ihm, und Wilhelm werde wohl tun, sich auch von ihm entfernt zu halten, denn am Ende gebe er jedermann etwas ab. Man nenne ihn Jarno, wisse aber nicht recht, was man aus dem Namen machen solle.

Wilhelm hatte darauf nichts zu sagen, denn er empfand gegen den Fremden, ob er gleich etwas Kaltes und Abstoßendes hatte, eine gewisse Neigung.

Die Gesellschaft wurde in dem Schlosse eingeteilt, und Melina befahl sehr strenge, sie sollten sich nunmehr ordentlich halten, die Frauen sollten besonders wohnen, und jeder nur auf seine Rollen, auf die Kunst sein Augenmerk und seine Neigung richten. Er schlug Vorschriften und Gesetze, die aus vielen Punkten bestanden, an alle Türen. Die Summe der Strafgelder war bestimmt, die ein jeder Übertreter in die gemeine Büchse entrichten sollte.

Diese Verordnungen wurden wenig geachtet. Junge Offiziere gingen aus und ein, spaßten nicht eben auf das feinste mit den Aktricen, hatten die Akteure zum besten und vernichteten die ganze kleine Polizeiordnung, noch ehe sie Wurzel fassen konnte. Man jagte sich durch die Zimmer, verkleidete sich, versteckte sich. Melina, der anfangs einigen Ernst zeigen wollte, ward mit allerlei Mutwillen auf das Äußerste gebracht, und als ihn bald darauf der Graf holen ließ, um den Platz zu sehen, wo das Theater aufgerichtet werden sollte, ward das Übel nur immer ärger. Die jungen Herren ersannen sich allerlei platte Späße, durch Hülfe einiger Akteure wurden sie noch plumper, und es schien, als wenn das ganze alte Schloß vom wütenden Heere besessen sei; auch endigte der Unfug nicht eher, als bis man zur Tafel ging.

Der Graf hatte Melinan in einen großen Saal geführt, der noch zum alten Schlosse gehörte, durch eine Galerie mit dem neuen verbunden war, und worin ein kleines Theater sehr wohl aufgestellt werden konnte. Daselbst zeigte der einsichtsvolle Hausherr, wie er alles wolle eingerichtet haben.

Nun war die Arbeit in großer Eile vorgenommen, das Theatergerüste aufgeschlagen und ausgeziert, was man von Dekorationen in dem Gepäcke hatte und brauchen konnte, angewendet, und das übrige mit Hülfe einiger geschickten Leute des Grafen verfertiget. Wilhelm griff selbst mit an, half die Perspektive bestimmen, die Umrisse abschnüren, und war höchst beschäftigt, daß es nicht unschicklich werden sollte. Der Graf, der öfters dazu kam, war sehr zufrieden damit, zeigte, wie sie das, was sie wirklich taten, eigentlich machen sollten, und ließ dabei ungemeine Kenntnisse jeder Kunst sehen.

Nun fing das Probieren recht ernstlich an, wozu sie auch Raum und Muße genug gehabt hätten, wenn sie nicht von den vielen anwesenden Fremden immer gestört worden wären. Denn es kamen täglich neue Gäste an, und ein jeder wollte die Gesellschaft in Augenschein nehmen.

FÜNFTES KAPITEL

Der Baron hatte Wilhelmen einige Tage mit der Hoffnung hingehalten, daß er der Gräfin noch besonders vorgestellt werden sollte. — „Ich habe“, sagte er, „dieser vortrefflichen Dame so viel von Ihren geistreichen und empfindungsvollen Stücken erzählt, daß sie nicht erwarten kann, Sie zu sprechen und sich eins und das andere vorlesen zu lassen. Halten Sie sich ja gefaßt, auf den ersten Wink hinüberzukommen, denn bei dem nächsten ruhigen Morgen werden Sie gewiß gerufen werden.“ Er bezeichnete ihm darauf das Nachspiel, welches er zuerst vorlesen sollte, wodurch er sich ganz besonders empfehlen würde. Die Dame bedaure gar sehr, daß er zu einer solchen unruhigen Zeit eingetroffen sei und sich mit der übrigen Gesellschaft in dem alten Schlosse schlecht behelfen müsse. —

Mit großer Sorgfalt nahm darauf Wilhelm das Stück vor, womit er seinen Eintritt in die große Welt machen sollte. „Du hast“, sagte er, „bisher im stillen für dich gearbeitet, nur von einzelnen Freunden Beifall erhalten; du hast eine Zeitlang ganz an deinem Talente verzweifelt, und du mußt immer noch in Sorgen sein, ob du denn auch auf dem rechten Wege bist, und ob du so viel Talent als Neigung zum Theater hast. Vor den Ohren solcher geübten Kenner, im Kabinette, wo keine Illusion stattfindet, ist der Versuch weit gefährlicher als anderwärts, und ich möchte doch auch nicht gerne zurückbleiben, diesen Genuß an meine vorigen Freuden knüpfen und die Hoffnung auf die Zukunft erweitern.“

Er nahm darauf einige Stücke durch, las sie mit der größten Aufmerksamkeit, korrigierte hier und da, rezitierte sie sich laut vor, um auch in Sprache und Ausdruck recht gewandt zu sein, und steckte dasjenige, welches er am meisten geübt, womit er die größte Ehre einzulegen glaubte, in die Tasche, als er an einem Morgen hinüber vor die Gräfin gefordert wurde.

Der Baron hatte ihm versichert, sie würde allein mit einer guten Freundin sein. Als er in das Zimmer trat, kam die Baronesse von C... ihm mit vieler Freundlichkeit entgegen, freute sich, seine Bekanntschaft zu machen, und präsentierte ihn der Gräfin, die sich eben frisieren ließ und ihn mit freundlichen Worten und Blicken empfing, neben deren Stuhl er aber leider Philinen knien und allerlei Torheiten machen sah. — „Das schöne Kind“, sagte die Baronesse, „hat uns verschiedenes vorgesungen. Endige Sie doch das angefangene Liedchen, damit wir nichts davon verlieren.“

Wilhelm hörte das Stückchen mit großer Geduld an, indem er die Entfernung des Friseurs wünschte, ehe er seine Vorlesung anfangen wollte. Man bot ihm eine Tasse Schokolade an, wozu ihm die Baronesse selbst den Zwieback reichte. Dessen ungeachtet schmeckte ihm das Frühstück nicht, denn er wünschte zu lebhaft, der schönen Gräfin irgend etwas vorzutragen, was sie interessieren, wodurch er ihr gefallen könnte. Auch Philine war ihm nur zu sehr im Wege, die ihm als Zuhörerin oft schon unbequem gewesen war. Er sah mit Schmerzen dem Friseur auf die Hände und hoffte in jedem Augenblicke mehr auf die Vollendung des Baues.

Indessen war der Graf hereingetreten und erzählte von den heut zu erwartenden Gästen, von der Einteilung des Tages und was sonst etwa Häusliches vorkommen möchte. Da er hinausging, ließen einige Offiziere bei der Gräfin um die Erlaubnis bitten, ihr, weil sie noch vor Tafel wegreiten müßten, aufwarten zu dürfen. Der Kammerdiener war indessen fertig geworden, und sie ließ die Herren hereinkommen.

Die Baronesse gab sich inzwischen Mühe, unsern Freund zu unterhalten und ihm viele Achtung zu bezeigen, die er mit Ehrfurcht, obgleich etwas zerstreut, aufnahm. Er fühlte manchmal nach dem Manuskripte in der Tasche, hoffte auf jeden Augenblick, und fast wollte seine Geduld reißen, als ein Galanteriehändler hereingelassen wurde, der seine Pappen,

Kasten, Schachteln unbarmherzig eine nach der andern eröffnete und jede Sorte seiner Waren mit einer diesem Geschlechte eigenen Zudringlichkeit vorwies.

Die Gesellschaft vermehrte sich. Die Baronesse sah Wilhelmen an und sprach leise mit der Gräfin, er bemerkte es, ohne die Absicht zu verstehen, die ihm endlich zu Hause klar wurde, als er sich nach einer ängstlich und vergebens durchharrten Stunde wegbegab. Er fand ein schönes englisches Portefeuille in der Tasche. Die Baronesse hatte es ihm heimlich beizustecken gewußt, und gleich darauf folgte der Gräfin kleiner Mohr, der ihm eine artig gestickte Weste überbrachte, ohne recht deutlich zu sagen, woher sie komme.

SECHSTES KAPITEL

Das Gemisch der Empfindungen von Verdruß und Dankbarkeit verdarb ihm den ganzen Rest des Tages, bis er gegen Abend wieder Beschäftigung fand, indem Melina ihm eröffnete, der Graf habe von einem Vorspiele gesprochen, das dem Prinzen zu Ehren den Tag seiner Ankunft aufgeführt werden sollte. Er wolle darin die Eigenschaften dieses großen Helden und Menschenfreundes personifizieret haben. Diese Tugenden sollten miteinander auftreten, sein Lob verkündigen und zuletzt seine Büste mit Blumen- und Lorbeerkränzen umwinden, wobei sein verzogener Name mit dem Fürstenhute durchscheinend glänzen sollte. Der Graf habe ihm aufgegeben, für die Versifikation und übrige Einrichtung dieses Stückes zu sorgen, und er hoffe, daß ihm Wilhelm, dem es etwas Leichtes sei, hierin gerne beistehen werde.

„Wie!“ rief dieser verdrießlich aus, „haben wir nichts als Porträte, verzogene Namen und allegorische Figuren, um einen Fürsten zu ehren, der nach meiner Meinung ein ganz anderes Lob verdient? Wie kann es einem vernünftigen Manne schmeicheln, sich in effigie aufgestellt und seinen Namen auf geöltem Papiere schimmern zu sehen! Ich fürchte sehr, die Allegorien würden, besonders bei unserer Garderobe, zu manchen Zweideutigkeiten und Späßen Anlaß geben. Wollen Sie das Stück machen oder machen lassen, so kann ich nichts dawider haben, nur bitte ich, daß ich damit verschont bleibe."

Melina entschuldigte sich, es sei nur die ungefähre Angabe des Herrn Grafen, der ihnen übrigens ganz überlasse, wie sie das Stück arrangieren wollten. „Herzlich gerne", versetzte Wilhelm, „trage ich etwas zum Vergnügen dieser vortrefflichen Herrschaft bei, und meine Muse hat noch kein so angenehmes Geschäfte gehabt, als zum Lob eines Fürsten, der so viel Verehrung verdient, auch nur stammelnd sich hören zu lassen. Ich will der Sache nachdenken; vielleicht gelingt es mir, unsre kleine Truppe so zu stellen, daß wir doch wenigstens einigen Effekt machen."

Von diesem Augenblicke sann Wilhelm eifrig dem Auftrage nach. Ehe er einschlief, hatte er alles schon ziemlich geordnet, und den andern Morgen bei früher Zeit war der Plan fertig, die Szenen entworfen, ja schon einige der vornehmsten Stellen und Gesänge in Verse und zu Papiere gebracht.

Wilhelm eilte morgens gleich den Baron wegen gewisser Umstände zu sprechen und legte ihm seinen Plan vor. Diesem gefiel er sehr wohl, doch bezeigte er einige Verwunderung. Denn er hatte den Grafen gestern abend von einem ganz andern Stücke sprechen hören, welches nach seiner Angabe in Verse gebracht werden sollte.

„Es ist mir nicht wahrscheinlich", versetzte Wilhelm, „daß es die Absicht des Herrn Grafen gewesen sei, gerade das Stück, so wie er es Melinan angegeben, fertigen zu lassen; wenn ich nicht irre, so wollte er uns bloß durch einen Fingerzeig auf den rechten Weg weisen. Der Liebhaber und Kenner zeigt dem Künstler an, was er wünscht, und überläßt ihm alsdann die Sorge, das Werk hervorzubringen."

„Mit nichten", versetzte der Baron; „der Herr Graf verläßt sich darauf, daß das Stück so und nicht anders, wie er es angegeben, aufgeführt werde. Das Ihrige hat freilich eine entfernte Ähnlichkeit mit seiner Idee, und wenn wir es durchsetzen und ihn von seinen ersten Gedanken abbringen wollen, so müssen wir es durch die Damen bewirken. Vorzüglich weiß die Baronesse dergleichen Operationen meisterhaft anzulegen; es wird die Frage sein, ob ihr der Plan so gefällt, daß sie sich der Sache annehmen mag, und dann wird es gewiß gehen."

„Wir brauchen ohnedies die Hülfe der Damen", sagte Wilhelm, „denn es möchte unser Personal und unsere Garderobe zu der Ausführung nicht hinreichen. Ich habe auf einige hübsche Kinder gerechnet, die im Hause hin und wider laufen, und die dem Kammerdiener und dem Haushofmeister zugehören."

Darauf ersuchte er den Baron, die Damen mit seinem Plane bekannt zu machen. Dieser kam bald zurück und brachte die Nachricht, sie wollten ihn selbst sprechen. Heute abend, wenn die Herren sich zum Spiele setzten, das ohnedies wegen der Ankunft eines gewissen Generals ernsthafter werden würde als gewöhnlich, wollten sie sich unter dem Vorwande einer Unpäßlichkeit in ihr Zimmer zurückziehen, er sollte durch die geheime Treppe eingeführt werden und könne alsdann seine Sache auf das beste vortragen. Diese Art von Geheimnis gebe der Angelegenheit nunmehr einen doppelten Reiz, und die Baronesse besonders freue sich wie ein Kind auf dieses Rendezvous, und mehr noch darauf, daß es heimlich und geschickt gegen den Willen des Grafen unternommen werden sollte.

Gegen Abend, um die bestimmte Zeit, ward Wilhelm abgeholt und mit Vorsicht hinaufgeführt. Die Art, mit der ihm die Baronesse in einem kleinen Kabinette entgegenkam, erinnerte ihn einen Augenblick an vorige glückliche Zeiten. Sie brachte ihn in das Zimmer der Gräfin, und nun ging es an ein Fragen, an ein Untersuchen. Er legte seinen Plan mit der möglichsten Wärme und Lebhaftigkeit vor, so daß die Damen dafür ganz eingenommen wurden, und unsere Leser werden erlauben, daß wir sie auch in der Kürze damit bekannt machen.

In einer ländlichen Szene sollten Kinder das Stück mit einem Tanze eröffnen, der jenes Spiel vorstellte, wo eins herumgehen und dem andern einen Platz abgewinnen muß. Darauf sollten sie mit andern Scherzen abwechseln und zuletzt zu einem immer wiederkehrenden Reihentanze ein fröhliches Lied singen. Darauf sollte der Harfner mit Mignon herbeikommen, Neugierde erregen und mehrere Landleute herbeilocken; der Alte sollte verschiedene Lieder zum Lobe des Friedens, der Ruhe, der Freude singen, und Mignon darauf den Eiertanz tanzen.

In dieser unschuldigen Freude werden sie durch eine kriegerische Musik gestört, und die Gesellschaft von einem Trupp Soldaten überfallen. Die Mannspersonen setzen sich zur Wehre und werden überwunden, die Mädchen fliehen und werden eingeholt. Es scheint alles im Getümmel zugrunde zu gehen, als eine Person, über deren Bestimmung der Dichter noch ungewiß war, herbeikommt und durch die Nachricht, daß der Heerführer nicht weit sei, die Ruhe wiederherstellt. Hier wird der Charakter des Helden mit den schönsten Zügen geschildert, mitten unter den Waffen Sicherheit versprochen, dem Übermut und der Gewalttätigkeit Schranken gesetzt. Es wird ein allgemeines Fest zu Ehren des großmütigen Heerführers begangen.

Die Damen waren mit dem Plane sehr zufrieden, nur behaupteten sie, es müsse notwendig etwas Allegorisches in dem Stücke sein, um es dem Herrn Grafen angenehm zu machen. Der Baron tat den Vorschlag, den Anführer der Soldaten als den Genius der Zwietracht und der Gewalttätigkeit zu bezeichnen; zuletzt aber müsse Minerva herbeikommen, ihm Fesseln anzulegen, Nachricht von der Ankunft des Helden zu geben und dessen Lob zu preisen. Die Baronesse übernahm das Geschäft, den Grafen zu überzeugen, daß der von ihm angegebene Plan, nur mit einiger Veränderung, ausgeführt worden sei; dabei verlangte sie ausdrücklich, daß am Ende des Stücks notwendig die Büste, der verzogene Namen und der Fürstenhut erscheinen müßten, weil sonst alle Unterhandlung vergeblich sein würde.

Wilhelm, der sich schon im Geiste vorgestellt hatte, wie fein er seinen Helden aus dem Munde der Minerva preisen wollte, gab nur nach langem Widerstande in diesem Punkte nach, allein er fühlte sich auf eine sehr angenehme Weise gezwungen. Die schönen Augen der Gräfin und ihr liebenswürdiges Betragen hätten ihn gar leicht bewogen, auch auf die schönste und angenehmste Erfindung, auf die so erwünschte Einheit einer Komposition und auf alle schicklichen Details Verzicht zu tun und gegen sein poetisches Gewissen zu handeln. Ebenso stand auch seinem bürgerlichen Gewissen ein harter Kampf bevor, indem bei bestimmterer Austeilung der Rollen die Damen ausdrücklich darauf bestanden, daß er mitspielen müsse.

Laertes hatte zu seinem Teil jenen gewalttätigen Kriegsgott erhalten. Wilhelm sollte den Anführer der Landleute vorstellen, der einige sehr artige und gefühlvolle Verse zu sagen hatte. Nachdem er sich eine Zeitlang gesträubt, mußte er sich endlich doch ergeben; besonders fand er keine Entschuldigung, da die Baronesse ihm vorstellte, die Schaubühne hier auf dem Schlosse sei ohnedem nur als ein Gesellschaftstheater anzusehen, auf dem sie gern, wenn man nur eine schickliche Einleitung machen könnte, mitzuspielen wünschte. Darauf entließen die Damen unsern Freund mit vieler Freundlichkeit. Die Baronesse versicherte ihm, daß er ein unvergleichlicher Mensch sei, und begleitete ihn bis an die kleine Treppe, wo sie ihm mit einem Händedruck gute Nacht gab.

SIEBENTES KAPITEL

Befeuert durch den aufrichtigen Anteil, den die Frauenzimmer an der Sache nahmen, ward der Plan, der ihm durch die Erzählung gegenwärtiger geworden war, ganz lebendig. Er brachte den größten Teil der Nacht und den andern Morgen mit der sorgfältigsten Versifikation des Dialogs und der Lieder zu.

Er war so ziemlich fertig, als er in das neue Schloß gerufen wurde, wo er hörte, daß die Herrschaft, die eben frühstückte, ihn sprechen wollte. Er trat in den Saal, die Baronesse kam ihm wieder zuerst entgegen, und unter dem Vorwande, als wenn sie ihm einen guten Morgen bieten wollte, lispelte sie heimlich zu ihm: „Sagen Sie nichts von Ihrem Stücke, als was Sie gefragt werden."

„Ich höre", rief ihm der Graf zu, „Sie sind recht fleißig und arbeiten an meinem Vorspiele, das ich zu Ehren des Prinzen geben will. Ich billige, daß Sie eine Minerva darin anbringen wollen, und ich denke beizeiten darauf, wie die Göttin zu kleiden ist, damit man nicht gegen das Kostüm verstößt. Ich lasse deswegen aus meiner Bibliothek alle Bücher herbeibringen, worin sich das Bild derselben befindet.“

In eben dem Augenblicke traten einige Bedienten mit großen Körben voll Bücher allerlei Formats in den Saal.

Montfaucon, die Sammlungen antiker Statuen, Gemmen und Münzen, alle Arten mythologischer Schriften wurden aufgeschlagen und die Figuren verglichen. Aber auch daran war es noch nicht genug! Des Grafen vortreffliches Gedächtnis stellte ihm alle Minerven vor, die etwa noch auf Titelkupfern, Vignetten oder sonst vorkommen mochten. Es mußte deshalb ein Buch nach dem andern aus der Bibliothek herbeigeschafft werden, so daß der Graf zuletzt in einem Haufen von Büchern saß. Endlich, da ihm keine Minerva mehr einfiel, rief er mit Lachen aus: „Ich wollte wetten, daß nun keine Minerva mehr in der ganzen Bibliothek sei, und es möchte wohl das erstemal vorkommen, daß eine Büchersammlung so ganz und gar des Bildes ihrer Schutzgöttin entbehren muß.“

Die ganze Gesellschaft freute sich über den Einfall, und besonders Jarno, der den Grafen immer mehr Bücher herbeizuschaffen gereizt hatte, lachte ganz unmäßig.

„Nunmehr“, sagte der Graf, indem er sich zu Wilhelm wendete, „ist es eine Hauptsache, welche Göttin meinen Sie? Minerva oder Pallas? Die Göttin des Krieges oder der Künste?“

„Sollte es nicht am schicklichsten sein, Ew. Exzellenz“, versetzte Wilhelm, „wenn man hierüber sich nicht bestimmt ausdrückte und sie, eben weil sie in der Mythologie eine doppelte Person spielt, auch hier in doppelter Qualität erscheinen ließe. Sie meldet einen Krieger an, aber nur, um das Volk zu beruhigen; sie preist einen Helden, indem sie seine Menschlichkeit erhebt; sie überwindet die Gewalttätigkeit und stellt die Freude und Ruhe unter dem Volke wieder her.“

Die Baronesse, der es bange wurde, Wilhelm möchte sich verraten, schob geschwinde den Leibschneider der Gräfin dazwischen, der seine Meinung abgeben mußte, wie ein solcher antiker Rock auf das beste gefertiget werden könnte. Dieser Mann, in Maskenarbeiten erfahren, wußte die Sache sehr leicht zu machen, und da Madame Melina ungeachtet ihrer hohen Schwangerschaft die Rolle der himmlischen Jungfrau übernommen hatte, so wurde er angewiesen, ihr das Maß zu nehmen, und die Gräfin bezeichnete, wiewohl mit einigem Unwillen ihrer Kammerjungfern, die Kleider aus der Garderobe, welche dazu verschnitten werden sollten.

Auf eine geschickte Weise wußte die Baronesse Wilhelmen wieder beiseitezuschaffen und ließ ihn bald darauf wissen, sie habe die übrigen Sachen auch besorgt. Sie schickte ihm zugleich den Musikus, der des Grafen Hauskapelle dirigierte, damit dieser teils die notwendigen Stücke komponieren, teils schickliche Melodien aus dem Musikvorrate dazu aussuchen sollte. Nunmehr ging alles nach Wunsche, der Graf fragte dem Stücke nicht weiter nach, sondern war hauptsächlich mit der transparenten Dekoration beschäftigt, welche am Ende des Stückes die Zuschauer überraschen sollte. Seine Erfindung und die Geschicklichkeit seines Konditors brachten zusammen wirklich eine recht angenehme Erleuchtung zuwege. Denn auf seinen Reisen hatte er die größten Feierlichkeiten dieser Art gesehen, viele Kupfer und Zeichnungen mitgebracht, und wußte, was dazu gehörte, mit vielem Geschmacke anzugeben.

Unterdessen endigte Wilhelm sein Stück, gab einem jeden seine Rolle, übernahm die seinige, und der Musikus, der sich zugleich sehr gut auf den Tanz verstand, richtete das Ballett ein, und so ging alles zum besten.

Nur ein unerwartetes Hindernis legte sich in den Weg, das ihm eine böse Lücke zu machen drohte. Er hatte sich den größten Effekt von Mignons Eiertanze versprochen, und wie erstaunt war er daher, als das Kind ihm mit seiner gewöhnlichen Trockenheit abschlug, zu tanzen, versicherte, es sei nunmehr sein und werde nicht mehr auf das Theater gehen. Er suchte es durch allerlei Zureden zu bewegen und ließ nicht eher ab, als bis es bitterlich zu weinen anfing, ihm zu Füßen fiel und rief: „Lieber Vater! bleib auch du von den Brettern!" Er merkte nicht auf diesen Wink und sann, wie er durch eine andere Wendung die Szene interessant machen wollte.

Philine, die eins von den Landmädchen machte und in

dem Reihentanz die einzelne Stimme singen und die Verse dem Chore zubringen sollte, freute sich recht ausgelassen darauf. Übrigens ging es ihr vollkommen nach Wunsche, sie hatte ihr besonderes Zimmer, war immer um die Gräfin, die sie mit ihren Affenpossen unterhielt und dafür täglich etwas geschenkt bekam; ein Kleid zu diesem Stücke wurde auch für sie zurechte gemacht; und weil sie von einer leichten nachahmenden Natur war, so hatte sie sich bald aus dem Umgange der Damen so viel gemerkt, als sich für sie schickte, und war in kurzer Zeit voll Lebensart und guten Betragens geworden. Die Sorgfalt des Stallmeisters nahm mehr zu als ab, und da die Offiziere auch stark auf sie eindrangen, und sie sich in einem so reichlichen Elemente befand, fiel es ihr ein, auch einmal die Spröde zu spielen und auf eine geschickte Weise sich in einem gewissen vornehmen Ansehen zu üben. Kalt und fein, wie sie war, kannte sie in acht Tagen die Schwächen des ganzen Hauses, daß, wenn sie absichtlich hätte verfahren können, sie gar leicht ihr Glück würde gemacht haben. Allein auch hier bediente sie sich ihres Vorteils nur, um sich zu belustigen, um sich einen guten Tag zu machen und impertinent zu sein, wo sie merkte, daß es ohne Gefahr geschehen konnte.

Die Rollen waren gelernt, eine Hauptprobe des Stücks ward befohlen, der Graf wollte dabei sein, und seine Gemahlin fing an zu sorgen, wie er es aufnehmen möchte. Die Baronesse berief Wilhelmen heimlich, und man zeigte, je näher die Stunde herbeirückte, immer mehr Verlegenheit, denn es war doch eben ganz und gar nichts von der Idee des Grafen übriggeblieben. Jarno, der eben hereintrat, wurde in das Geheimnis gezogen. Es freute ihn herzlich, und er war geneigt, seine guten Dienste den Damen anzubieten. „Es wäre gar schlimm“, sagte er, „gnädige Frau, wenn Sie sich aus dieser Sache nicht allein heraushelfen wollten; doch auf alle Fälle will ich im Hinterhalte liegen bleiben.“ Die Baronesse erzählte hierauf, wie sie bisher dem Grafen das ganze Stück, aber nur immer stellenweise und ohne Ordnung erzählt habe, daß er also auf jedes Einzelne vorbereitet sei, nur stehe er freilich in Gedanken, das Ganze werde mit seiner Idee zusammentreffen. „Ich will mich“, sagte sie, „heute abend in der Probe zu ihm setzen und ihn zu zerstreuen suchen. Den Konditor habe ich auch schon vorgehabt, daß er ja die Dekorationen am Ende recht schön macht, dabei aber doch etwas Geringes fehlen läßt.“

„Ich wüßte einen Hof“, versetzte Jarno, „wo wir so tätige und kluge Freunde brauchten, als Sie sind. Will es heute abend mit Ihren Künsten nicht mehr fort, so winken Sie mir, und ich will den Grafen heraushoten und ihn nicht eher wieder hineinlassen, bis Minerva auftritt und von der Illumination bald Sukkurs zu hoffen ist. Ich habe ihm schon seit einigen Tagen etwas zu eröffnen, das seinen Vetter betrifft, und das ich noch immer aus Ursachen aufgeschoben habe. Es wird ihm auch das eine Distraktion geben, und zwar nicht die angenehmste.“

Einige Geschäfte hinderten den Grafen, beim Anfange der Probe zu sein, dann unterhielt ihn die Baronesse. Jarnos Hülfe war gar nicht nötig. Denn indem der Graf genug zurechtzuweisen, zu verbessern und anzuordnen hatte, vergaß er sich ganz und gar darüber, und da Frau Melina zuletzt nach seinem Sinne sprach, und die Illumination gut ausfiel, bezeigte er sich vollkommen zufrieden. Erst als alles vorbei war und man zum Spiele ging, schien ihm der Unterschied aufzufallen, und er fing an nachzudenken, ob denn das Stück auch wirklich von seiner Erfindung sei? Auf einen Wink fiel nun Jarno aus seinem Hinterhalte hervor, der Abend verging, die Nachricht, daß der Prinz wirklich komme, bestätigte sich, man ritt einigemal aus, die Avantgarde in der Nachbarschaft kampieren zu sehen, das Haus war voll Lärmen und Unruhe, und unsere Schauspieler, die nicht immer zum besten von den unwilligen Bedienten versorgt wurden, mußten, ohne daß jemand sonderlich sich ihrer erinnerte, in dem alten Schlosse ihre Zeit in Erwartungen und Übungen zubringen.

ACHTES KAPITEL

Endlich war der Prinz angekommen; die Generalität, die Stabsoffiziere und das übrige Gefolge, das zu gleicher Zeit eintraf, die vielen Menschen, die teils zum Besuche, teils geschäftswegen einsprachen, machten das Schloß einem Bienenstocke ähnlich, der eben schwärmen will. Jedermann drängte sich herbei, den vortrefflichen Fürsten zu sehen, und jedermann bewunderte seine Leutseligkeit und Herablassung, jedermann erstaunte, in dem Helden und Heerführer zugleich den gefälligsten Hofmann zu erblicken.

Alle Hausgenossen mußten nach Ordre des Grafen bei der Ankunft des Fürsten auf ihrem Posten sein, kein Schauspieler durfte sich blicken lassen, weil der Prinz mit den vorbereiteten Feierlichkeiten überrascht werden sollte. Und so schien er auch des Abends, als man ihn in den großen wohlerleuchteten und mit gewirkten Tapeten des vorigen Jahrhunderts ausgezierten Saal führte, ganz und gar nicht auf ein Schauspiel, viel weniger auf ein Vorspiel zu seinem Lobe vorbereitet zu sein. Alles lief auf das beste ab, und die Truppe mußte nach vollendeter Vorstellung herbei und sich dem Prinzen zeigen, der jeden auf die freundlichste Weise etwas zu fragen, jedem auf die gefälligste Art etwas zu sagen wußte. Wilhelm als Autor mußte besonders vortreten, und ihm ward gleichfalls sein Teil Beifall zugespendet.

Nach dem Vorspiele fragte niemand sonderlich, in einigen Tagen war es, als wenn nichts dergleichen wäre aufgeführt worden, außer daß Jarno mit Wilhelmen gelegentlich davon sprach und es sehr verständig lobte; nur setzte er hinzu: „Es ist schade, daß Sie mit hohlen Nüssen um hohle Nüsse spielen." — Mehrere Tage lag Wilhelmen dieser Ausdruck im Sinne, er wußte nicht, wie er ihn auslegen, noch was er daraus nehmen sollte.

Unterdessen spielte die Gesellschaft jeden Abend so gut, als sie es nach ihren Kräften vermochte, und tat das mögliche, um die Aufmerksamkeit der Zuschauer auf sich zu ziehen. Ein unverdienter Beifall munterte sie auf, und in ihrem alten Schlosse glaubten sie nun wirklich, eigentlich um ihretwillen dränge sich die große Versammlung herbei, nach ihren Vorstellungen ziehe sich die Menge der Fremden, und sie seien der Mittelpunkt, um den und um deswillen sich alles drehe und bewege.

Wilhelm allein bemerkte zu seinem großen Verdrusse gerade das Gegenteil. Denn obgleich der Prinz die ersten Vorstellungen von Anfange bis zu Ende, auf seinem Sessel sitzend, mit der größten Gewissenhaftigkeit abwartete, so schien er sich doch nach und nach auf eine gute Weise davon zu dispensieren. Gerade diejenigen, welche Wilhelm im Gespräche als die Verständigsten gefunden hatte, Jarno an ihrer Spitze, brachten nur flüchtige Augenblicke im Theatersaale zu, übrigens saßen sie im Vorzimmer, spielten oder schienen sich von Geschäften zu unterhalten.

Wilhelmen verdroß gar sehr, bei seinen anhaltenden Bemühungen des erwünschtesten Beifalls zu entbehren. Bei der Auswahl der Stücke, der Abschrift der Rollen, den häufigen Proben, und was sonst nur immer vorkommen konnte, ging er Melinan eifrig zur Hand, der ihn denn auch, seine eigene Unzulänglichkeit im stillen fühlend, zuletzt gewähren ließ. Die Rollen memorierte Wilhelm mit Fleiß und trug sie mit Wärme und Lebhaftigkeit und mit so viel Anstand vor, als die wenige Bildung erlaubte, die er sich selbst gegeben hatte.

Die fortgesetzte Teilnahme des Barons benahm indes der übrigen Gesellschaft jeden Zweifel, indem er sie versicherte, daß sie die größten Effekte hervorbringe, besonders indem sie eins seiner eigenen Stücke aufführte, nur bedauerte er, daß der Prinz eine ausschließende Neigung für das französische Theater habe, daß ein Teil seiner Leute hingegen, worunter sich Jarno besonders auszeichne, den Ungeheuern der englischen Bühne einen leidenschaftlichen Vorzug gebe.

War nun auf diese Weise die Kunst unsrer Schauspieler nicht auf das beste bemerkt und bewundert, so waren dagegen ihre Personen den Zuschauern und Zuschauerinnen nicht völlig gleichgültig. Wir haben schon oben angezeigt, daß die Schauspielerinnen gleich von Anfang die Aufmerksamkeit junger Offiziere erregten; allein sie waren in der Folge glücklicher und machten wichtigere Eroberungen. Doch wir schweigen davon und bemerken nur, daß Wilhelm der Gräfin von Tag zu Tag interessanter vorkam, so wie auch in ihm eine stille Neigung gegen sie aufzukeimen anfing. Sie konnte, wenn er auf dem Theater war, die Augen nicht von ihm abwenden, und er schien bald nur allein gegen sie gerichtet zu spielen und zu rezitieren. Sich wechselseitig anzusehen, war ihnen ein unaussprechliches Vergnügen, dem sich ihre harmlosen Seelen ganz überließen, ohne lebhaftere Wünsche zu nähren oder für irgendeine Folge besorgt zu sein.

Wie über einen Fluß hinüber, der sie scheidet, zwei feindliche Vorposten sich ruhig und lustig zusammen besprechen, ohne an den Krieg zu denken, in welchem ihre beiderseitigen Parteien begriffen sind, so wechselte die Gräfin mit Wilhelm bedeutende Blicke über die ungeheure Kluft der Geburt und des Standes hinüber, und jedes glaubte an seiner Seite, sicher seinen Empfindungen nachhängen zu dürfen.

Die Baronesse hatte sich indessen den Laertes ausgesucht, der ihr als ein wackerer, munterer Jüngling besonders gefiel, und der, so sehr Weiberfeind er war, doch ein vorbeigehendes Abenteuer nicht verschmähete, und wirklich diesmal wider Willen durch die Leutseligkeit und das einnehmende Wesen der Baronesse gefesselt worden wäre, hätte ihm der Baron zufällig nicht einen guten oder, wenn man will, einen schlimmen Dienst erzeigt, indem er ihn mit den Gesinnungen dieser Dame näher bekannt machte.

Denn als Laertes sie einst laut rühmte und sie allen andern ihres Geschlechts vorzog, versetzte der Baron scherzend: „Ich merke schon, wie die Sachen stehen, unsre liebe Freundin hat wieder einen für ihre Ställe gewonnen." Dieses unglückliche Gleichnis, das nur zu klar auf die gefährlichen Liebkosungen einer Circe deutete, verdroß Laertes über die Maßen, und er konnte dem Baron nicht ohne Ärgernis zuhören, der ohne Barmherzigkeit fortfuhr:

„Jeder Fremde glaubt, daß er der erste sei, dem ein so angenehmes Betragen gelte; aber er irrt gewaltig, denn wir alle sind einmal auf diesem Wege herumgeführt worden; Mann, Jüngling oder Knabe, er sei, wer er sei, muß sich eine Zeitlang ihr ergeben, ihr anhängen und sich mit Sehnsucht um sie bemühen."

Den Glücklichen, der eben, in die Gärten einer Zauberin

hineintretend, von allen Seligkeiten eines künstlichen Frühlings empfangen wird, kann nichts unangenehmer überraschen, als wenn ihm, dessen Ohr ganz auf den Gesang der Nachtigall lauscht, irgendein verwandelter Vorfahr unvermutet entgegengrunzt.

Laertes schämte sich nach dieser Entdeckung recht von Herzen, daß ihn seine Eitelkeit nochmals verleitet habe, von irgendeiner Frau auch nur im mindesten gut zu denken. Er vernachlässigte sie nunmehr völlig, hielt sich zu dem Stallmeister, mit dem er fleißig focht und auf die Jagd ging, bei Proben und Vorstellungen aber sich betrug, als wenn dies bloß eine Nebensache wäre.

Der Graf und die Gräfin ließen manchmal morgens einige von der Gesellschaft rufen, da jeder denn immer Philinens unverdientes Glück zu beneiden Ursache fand. Der Graf hatte seinen Liebling, den Pedanten, oft stundenlang bei seiner Toilette. Dieser Mensch ward nach und nach bekleidet und bis auf Uhr und Dose equipiert und ausgestattet.

Auch wurde die Gesellschaft manchmal samt und sonders nach Tafel vor die hohen Herrschaften gefordert. Sie schätzten sich es zur größten Ehre und bemerkten es nicht, daß man zu ebenderselben Zeit durch Jäger und Bediente eine Anzahl Hunde hereinbringen und Pferde im Schloßhofe vorführen ließ.

Man hatte Wilhelmen gesagt, daß er ja gelegentlich des Prinzen Liebling, Racine, loben und dadurch auch von sich eine gute Meinung erwecken solle. Er fand dazu an einem solchen Nachmittage Gelegenheit, da er auch mit vorgefordert worden war, und der Prinz ihn fragte, ob er auch fleißig die großen französischen Theaterschriftsteller lese, darauf ihm denn Wilhelm mit einem sehr lebhaften Ja antwortete. Er bemerkte nicht, daß der Fürst, ohne seine Antwort abzuwarten, schon im Begriff war, sich weg und zu jemand andern zu wenden, er faßte ihn vielmehr sogleich und trat ihm beinah in den Weg, indem er fortfuhr: er schätze das französische Theater sehr hoch und lese die Werke der großen Meister mit Entzücken; besonders habe er zu wahrer Freude gehört, daß der Fürst den großen Talenten eines Racine völlige Gerechtigkeit widerfahren lasse.

„Ich kann es mir vorstellen“, fuhr er fort, „wie vornehme und erhabene Personen einen Dichter schätzen müssen, der die Zustände ihrer höheren Verhältnisse so vortrefflich und richtig schildert. Corneille hat, wenn ich so sagen darf, große Menschen dargestellt, und Racine vornehme Personen. Ich kann mir, wenn ich seine Stücke lese, immer den Dichter denken, der an einem glänzenden Hofe lebt, einen großen König vor Augen hat, mit den Besten umgeht und in die Geheimnisse der Menschheit dringt, wie sie sich hinter kostbar gewirkten Tapeten verbergen. Wenn ich seinen Britannicus, seine Berenice studiere, so kommt es mir wirklich vor, ich sei am Hofe, sei in das Große und Kleine dieser Wohnungen der irdischen Götter geweiht, und ich sehe durch die Augen eines feinfühlenden Franzosen Könige, die eine ganze Nation anbetet, Hofleute, die von viel Tausenden beneidet werden, in ihrer natürlichen Gestalt mit ihren Fehlern und Schmerzen. Die Anekdote, daß Racine sich zu Tode gegrämt habe, weil Ludwig der Vierzehnte ihn nicht mehr angesehen, ihn seine Unzufriedenheit fühlen lassen, ist mir ein Schlüssel zu allen seinen Werken, und es ist unmöglich, daß ein Dichter von so großen Talenten, dessen Leben und Tod an den Augen eines Königs hängt, nicht auch Stücke schreiben solle, die des Beifalls eines Königs und eines Fürsten wert seien.“

Jarno war herbeigetreten und hörte unserem Freunde mit Verwunderung zu; der Fürst, der nicht geantwortet und nur mit einem gefälligen Blicke seinen Beifall gezeigt hatte, wandte sich seitwärts, obgleich Wilhelm, dem es noch unbekannt war, daß es nicht anständig sei, unter solchen Umständen einen Diskurs fortzusetzen und eine Materie erschöpfen zu wollen, noch gerne mehr gesprochen und dem Fürsten gezeigt hätte, daß er nicht ohne Nutzen und Gefühl seinen Lieblingsdichter gelesen.

„Haben Sie denn niemals“, sagte Jarno, indem er ihn beiseitenahm, „ein Stück von Shakespearen gesehen?“

„Nein“, versetzte Wilhelm; „denn seit der Zeit, daß sie in Deutschland bekannter geworden sind, bin ich mit dem Theater unbekannt worden, und ich weiß nicht, ob ich mich freuen soll, daß sich zufällig eine alte jugendliche Liebhaberei und Beschäftigung gegenwärtig wieder erneuerte. Indessen hat mich alles, was ich von jenen Stücken gehört, nicht neugierig gemacht, solche seltsame Ungeheuer näher kennen zu lernen, die über alle Wahrscheinlichkeit, allen Wohlstand hinauszuschreiten scheinen."

„Ich will Ihnen denn doch raten", versetzte jener, „einen Versuch zu machen; es kann nichts schaden, wenn man auch das Seltsame mit eigenen Augen sieht. Ich will Ihnen ein paar Teile borgen, und Sie können Ihre Zeit nicht besser anwenden, als wenn Sie sich gleich von allem losmachen und in der Einsamkeit Ihrer alten Wohnung in die Zauberlaterne dieser unbekannten Welt sehen. Es ist sündlich, daß Sie Ihre Stunden verderben, diese Affen menschlicher auszuputzen und diese Hunde tanzen zu lehren. Nur eins bedinge ich mir aus, daß Sie sich an die Form nicht stoßen; das übrige kann ich Ihrem richtigen Gefühle überlassen."

Die Pferde standen vor der Tür, und Jarno setzte sich mit einigen Kavalieren auf, um sich mit der Jagd zu erlustigen. Wilhelm sah ihm traurig nach. Er hätte gern mit diesem Manne noch vieles gesprochen, der ihm, wiewohl auf eine unfreundliche Art, neue Ideen gab, Ideen, deren er bedurfte.

Der Mensch kommt manchmal, indem er sich einer Entwicklung seiner Kräfte, Fähigkeiten und Begriffe nähert, in eine Verlegenheit, aus der ihm ein guter Freund leicht helfen könnte. Er gleicht einem Wanderer, der nicht weit von der Herberge ins Wasser fällt; griffe jemand sogleich zu, risse ihn ans Land, so wäre es um einmal naß werden getan, anstatt daß er sich auch wohl selbst, aber am jenseitigen Ufer, heraushilft und einen beschwerlichen weiten Umweg nach seinem bestimmten Ziele zu machen hat.

Wilhelm fing an zu wittern, daß es in der Welt anders zugehe, als er es sich gedacht. Er sah das wichtige und bedeutungsvolle Leben der Vornehmen und Großen in der Nähe und verwunderte sich, wie einen leichten Anstand sie ihm zu geben wußten. Ein Heer auf dem Marsche, ein fürstlicher Held an seiner Spitze, so viele mitwirkende Krieger, so viele zudringende Verehrer erhöhten seine Einbildungskraft. In dieser Stimmung erhielt er die versprochenen Bücher, und in kurzem, wie man es vermuten kann, ergriff ihn der Strom jenes großen Genius und führte ihn einem unübersehlichen Meere zu, worin er sich gar bald völlig vergaß und verlor.

NEUNTES KAPITEL

Das Verhältnis des Barons zu den Schauspielern hatte seit ihrem Aufenthalte im Schlosse verschiedene Veränderungen erlitten. Im Anfange gereichte es zu beiderseitiger Zufriedenheit; denn indem der Baron das erste Mal in seinem Leben eines seiner Stücke, mit denen er ein Gesellschaftstheater schon belebt hatte, in den Händen wirklicher Schauspieler und auf dem Wege zu einer anständigen Vorstellung sah, war er von dem besten Humor, bewies sich freigebig und kaufte bei jedem Galanteriehändler, deren sich manche einstellten, kleine Geschenke für die Schauspielerinnen und wußte den Schauspielern manche Bouteille Champagner extra zu verschaffen; dagegen gaben sie sich auch mit seinen Stücken alle Mühe, und Wilhelm sparte keinen Fleiß, die herrlichen Reden des vortrefflichen Helden, dessen Rolle ihm zugefallen war, auf das genaueste zu memorieren.

Indessen hatten sich doch auch nach und nach einige Mißhelligkeiten eingeschlichen. Die Vorliebe des Barons für gewisse Schauspieler wurde von Tag zu Tag merklicher, und notwendig mußte dies die übrigen verdrießen. Er erhob seine Günstlinge ganz ausschließlich und brachte dadurch Eifersucht und Uneinigkeit unter die Gesellschaft. Melina, der sich bei streitigen Fällen ohnehin nicht zu helfen wußte, befand sich in einem sehr unangenehmen Zustande. Die Gepriesenen nahmen das Lob an, ohne sonderlich dankbar zu sein, und die Zurückgesetzten ließen auf allerlei Weise ihren Verdruß spüren und wußten ihrem erst hochverehrten Gönner den Aufenthalt unter ihnen auf eine oder die andere Weise unangenehm zu machen; ja es war ihrer Schadenfreude keine geringe Nahrung, als ein gewisses Gedicht, dessen Verfasser man nicht kannte, im Schlosse viele Bewegung verursachte. Bisher hatte man sich immer, doch auf eine ziemlich feine Weise, über den Umgang des Barons mit den Komödianten aufgehalten, man hatte allerlei Geschichten auf ihn gebracht, gewisse Vorfälle ausgeputzt und ihnen eine lustige und interessante Gestalt gegeben. Zuletzt fing man an zu erzählen, es entstehe eine Art von Handwerksneid zwischen ihm und einigen Schauspielern, die sich auch einbildeten, Schriftsteller zu sein, und auf diese Sage gründet sich das Gedicht, von welchem wir sprachen, und welches lautete, wie folgt:

Ich armer Teufel, Herr Baron,
Beneide Sie um Ihren Stand,
Um Ihren Platz so nah am Thron,
Und um manch schön Stück Ackerland,
Um Ihres Vaters festes Schloß,
Um seine Wildbahn und Geschoß.

Mich armen Teufel, Herr Baron,
Beneiden Sie, so wie es scheint,
Weil die Natur vom Knaben schon
Mit mir es mütterlich gemeint.
Ich ward mit leichtem Mut und Kopf
Zwar arm, doch nicht ein armer Tropf.

Nun dächt' ich, lieber Herr Baron,
Wir ließen's beide, wie wir sind:
Sie blieben des Herrn Vaters Sohn,
Und ich blieb' meiner Mutter Kind.
Wir leben ohne Neid und Haß,
Begehren nicht des andern Titel,
Sie keinen Platz auf dem Parnaß,
Und keinen ich in dem Kapitel.

Die Stimmen über dieses Gedicht, das in einigen fast unleserlichen Abschriften sich in verschiedenen Händen befand, waren sehr geteilt, auf den Verfasser aber wußte niemand zu mutmaßen, und als man mit einiger Schadenfreude sich darüber zu ergötzen anfing, erklärte sich Wilhelm sehr dagegen.

„Wir Deutschen", rief er aus, „verdienten, daß unsere Musen in der Verachtung blieben, in der sie so lange geschmachtet haben, da wir nicht Männer vom Stande zu schätzen wissen, die sich mit unserer Literatur auf irgendeine Weise abgeben mögen. Geburt, Stand und Vermögen stehen in keinem Widerspruch mit Genie und Geschmack, das haben uns fremde Nationen gelehrt, welche unter ihren besten Köpfen eine große Anzahl Edelleute zählen. War es bisher in Deutschland ein Wunder, wenn ein Mann von Geburt sich den Wissenschaften widmete, wurden bisher nur wenige berühmte Namen durch ihre Neigung zu Kunst und Wissenschaft noch berühmter; stiegen dagegen manche aus der Dunkelheit hervor und traten wie unbekannte Sterne an den Horizont, so wird das nicht immer so sein, und wenn ich mich nicht sehr irre, so ist die erste Klasse der Nation auf dem Wege, sich ihrer Vorteile auch zur Erringung des schönsten Kranzes der Musen in Zukunft zu bedienen. Es ist mir daher nichts unangenehmer, als wenn ich nicht allein den Bürger oft über den Edelmann, der die Musen zu schätzen weiß, spotten, sondern auch Personen von Stande selbst mit unüberlegter Laune und niemals zu billigender Schadenfreude ihresgleichen von einem Wege abschrecken sehe, auf dem einen jeden Ehre und Zufriedenheit erwartet."

Es schien die letzte Äußerung gegen den Grafen gerichtet zu sein, von welchem Wilhelm gehört hatte, daß er das Gedicht wirklich gut finde. Freilich war diesem Herrn, der immer auf seine Art mit dem Baron zu scherzen pflegte, ein solcher Anlaß sehr erwünscht, seinen Verwandten auf alle Weise zu plagen. Jedermann hatte seine eigenen Mutmaßungen, wer der Verfasser des Gedichtes sein könnte, und der Graf, der sich nicht gern im Scharfsinn von jemand übertroffen sah, fiel auf einen Gedanken, den er sogleich zu beschwören bereit war: das Gedicht könnte sich nur von seinem Pedanten herschreiben, der ein sehr feiner Bursche sei, und an dem er schon lange so etwas poetisches Genie gemerkt habe. Um sich ein rechtes Vergnügen zu machen, ließ er deswegen an einem Morgen diesen Schauspieler rufen, der ihm in Gegenwart der Gräfin, der Baronesse und Jarnos das Gedicht nach seiner Art vorlesen mußte und dafür Lob, Beifall und ein Geschenk einerntete und die Frage des Grafen, ob er nicht sonst noch einige Gedichte von früheren Zeiten besitze, mit Klugheit abzulehnen wußte. So kam der Pedant zum Rufe eines Dichters, eines Witzlings und in den Augen derer, die dem Baron günstig waren, eines Pasquillanten und schlechten Menschen. Von der Zeit an applaudierte ihm der Graf nur immer mehr, er mochte seine Rolle spielen, wie er wollte, so daß der arme Mensch zuletzt aufgeblasen, ja beinahe verrückt wurde und darauf sann, gleich Philinen ein Zimmer im Schlosse zu beziehen.

Wäre dieser Plan sogleich zu vollführen gewesen, so möchte er einen großen Unfall vermieden haben. Denn als er eines Abends spät nach dem alten Schlosse ging und in dem dunkeln, engen Wege herumtappte, ward er auf einmal angefallen, von einigen Personen festgehalten, indessen andere auf ihn wacker losschlugen und ihn im Finstern so zerdraschen, daß er beinahe liegenblieb und nur mit Mühe zu seinen Kameraden hinaufkroch, die, so sehr sie sich entrüstet stellten, über diesen Unfall ihre heimliche Freude fühlten und sich kaum des Lachens erwehren konnten, als sie ihn so wohl durchwalkt und seinen neuen braunen Rock über und über weiß, als wenn er mit Müllern Händel gehabt, bestäubt und befleckt sahen.

Der Graf, der sogleich hiervon Nachricht erhielt, brach in einen unbeschreiblichen Zorn aus. Er behandelte diese Tat als das größte Verbrechen, qualifizierte sie zu einem beleidigten Burgfrieden und ließ durch seinen Gerichtshalter die strengste Inquisition vornehmen. Der weißbestäubte Rock sollte eine Hauptanzeige geben. Alles, was nur irgend mit Puder und Mehl im Schlosse zu schaffen haben konnte, wurde mit in die Untersuchung gezogen; jedoch vergebens.

Der Baron versicherte bei seiner Ehre feierlich: jene Art zu scherzen habe ihm freilich sehr mißfallen, und das Betragen des Herrn Grafen sei nicht das freundschaftlichste gewesen, aber er habe sich darüber hinauszusetzen gewußt, und an dem Unfall, der dem Poeten oder Pasquillanten, wie man ihn nennen wolle, begegnet, habe er nicht den mindesten Anteil.

Die übrigen Bewegungen der Fremden und die Unruhe des Hauses brachten bald die ganze Sache in Vergessenheit, und der unglückliche Günstling mußte das Vergnügen, fremde Federn eine kurze Zeit getragen zu haben, teuer bezahlen.

Unsere Truppe, die regelmäßig alle Abende fortspielte und im ganzen sehr wohl gehalten wurde, fing nun an, je besser es ihr ging, desto größere Anforderungen zu machen. In kurzer Zeit war ihnen Essen, Trinken, Aufwartung, Wohnung zu gering, und sie lagen ihrem Beschützer, dem Baron, an, daß er für sie besser sorgen und ihnen zu dem Genusse und der Bequemlichkeit, die er ihnen versprochen, doch endlich verhelfen solle. Ihre Klagen wurden lauter, und die Bemühungen ihres Freundes, ihnen genugzutun, immer fruchtloser.

Wilhelm kam indessen, außer in Proben und Spielstunden, wenig mehr zum Vorscheine. In einem der hintersten Zimmer verschlossen, wozu nur Mignon und dem Harfner der Zutritt gerne verstattet wurde, lebte und webte er in der shakespearischen Welt, so daß er außer sich nichts kannte noch empfand.

Man erzählt von Zauberern, die durch magische Formeln eine ungeheure Menge allerlei geistiger Gestalten in ihre Stube herbeiziehen. Die Beschwörungen sind so kräftig, daß sich bald der Raum des Zimmers ausfüllt, und die Geister, bis an den kleinen gezogenen Kreis hinangedrängt, um denselben und über dem Haupte des Meisters in ewig drehender Verwandlung sich bewegend vermehren. Jeder Winkel ist vollgepfropft und jedes Gesims besetzt. Eier dehnen sich aus, und Riesengestalten ziehen sich in Pilze zusammen. Unglücklicherweise hat der Schwarzkünstler das Wort vergessen, womit er diese Geisterflut wieder zur Ebbe bringen könnte. — So saß Wilhelm, und mit unbekannter Bewegung wurden tausend Empfindungen und Fähigkeiten in ihm rege, von denen er keinen Begriff und keine Ahnung gehabt hatte. Nichts konnte ihn aus diesem Zustande reißen, und er war sehr unzufrieden, wenn irgend jemand zu kommen Gelegenheit nahm, um ihn von dem, was auswärts vorging, zu unterhalten.

So merkte er kaum auf, als man ihm die Nachricht brachte, es sollte in dem Schloßhofe eine Exekution vorgehen und ein Knabe gestäupt werden, der sich eines nächtlichen Einbruchs verdächtig gemacht habe und, da er den Rock eines Perückenmachers trage, wahrscheinlich mit unter den Meuchlern gewesen sei. Der Knabe leugne zwar auf das hartnäckigste, und man könne ihn deswegen nicht förmlich bestrafen, wolle ihm aber als einem Vagabunden einen Denkzettel geben und ihn weiterschicken, weil er einige Tage in der Gegend herumgeschwärmt sei, sich des Nachts in den Mühlen aufgehalten, endlich eine Leiter an eine Gartenmauer angelehnt habe und herübergestiegen sei.

Wilhelm fand an dem ganzen Handel nichts sonderlich merkwürdig, als Mignon hastig hereinkam und ihm versicherte, der Gefangene sei Friedrich, der sich seit den Händeln mit dem Stallmeister von der Gesellschaft und aus unsern Augen verloren hatte.

Wilhelm, den der Knabe interessierte, machte sich eilends auf und fand im Schloßhofe schon Zurüstungen. Denn der Graf liebte die Feierlichkeit auch in dergleichen Fällen. Der Knabe wurde herbeigebracht: Wilhelm trat dazwischen und bat, daß man innehalten möchte, indem er den Knaben kenne und vorher erst verschiedenes seinetwegen anzubringen habe. Er hatte Mühe, mit seinen Vorstellungen durchzudringen, und erhielt endlich die Erlaubnis, mit dem Delinquenten allein zu sprechen. Dieser versicherte, von dem Überfall, bei dem ein Akteur sollte gemißhandelt worden sein, wisse er gar nichts. Er sei nur um das Schloß herumgestreift und des Nachts hereingeschlichen, um Philinen aufzusuchen, deren Schlafzimmer er ausgekundschaftet gehabt und es auch gewiß würde getroffen haben, wenn er nicht unterwegs aufgefangen worden wäre.

Wilhelm, der zur Ehre der Gesellschaft das Verhältnis nicht gerne entdecken wollte, eilte zu dem Stallmeister und bat ihn, nach seiner Kenntnis der Personen und des Hauses diese Angelegenheit zu vermitteln und den Knaben zu befreien.

Dieser launige Mann erdachte unter Wilhelms Beistand eine kleine Geschichte, daß der Knabe zur Truppe gehört habe, von ihr entlaufen sei, doch wieder gewünscht, sich bei ihr einzufinden und aufgenommen zu werden. Er habe deswegen die Absicht gehabt, bei Nachtzeit einige seiner Gönner aufzusuchen und sich ihnen zu empfehlen. Man bezeugte übrigens, daß er sich sonst gut aufgeführt, die Damen mischten sich darein, und er ward entlassen.

Wilhelm nahm ihn auf, und er war nunmehr die dritte Person der wunderbaren Familie, die Wilhelm seit einiger Zeit als seine eigene ansah. Der Alte und Mignon nahmen den Wiederkehrenden freundlich auf, und alle drei verbanden sich nunmehr, ihrem Freunde und Beschützer aufmerksam zu dienen und ihm etwas Angenehmes zu erzeigen.

ZEHNTES KAPITEL

Philine wußte sich nun täglich besser bei den Damen einzuschmeicheln. Wenn sie zusammen allein waren, leitete sie meistenteils das Gespräch auf die Männer, welche kamen und gingen, und Wilhelm war nicht der letzte, mit dem man sich beschäftigte. Dem klugen Mädchen blieb es nicht verborgen, daß er einen tiefen Eindruck auf das Herz der Gräfin gemacht habe; sie erzählte daher von ihm, was sie wußte und nicht wußte; hütete sich aber, irgend etwas vorzubringen, das man zu seinem Nachteil hätte deuten können, und rühmte dagegen seinen Edelmut, seine Freigebigkeit und besonders seine Sittsamkeit im Betragen gegen das weibliche Geschlecht. Alle übrigen Fragen, die an sie geschahen, beantwortete sie mit Klugheit, und als die Baronesse die zunehmende Neigung ihrer schönen Freundin bemerkte, war auch ihr diese Entdeckung sehr willkommen. Denn ihre Verhältnisse zu mehreren Männern, besonders in diesen letzten Tagen zu Jarno, blieben der Gräfin nicht verborgen, deren reine Seele einen solchen Leichtsinn nicht ohne Mißbilligung und ohne sanften Tadel bemerken konnte.

Auf diese Weise hatte die Baronesse sowohl als Philine jede ein besonderes Interesse, unsern Freund der Gräfin näher zu bringen, und Philine hoffte noch überdies bei Gelegenheit wieder für sich zu arbeiten und die verlorne Gunst des jungen Mannes sich womöglich wieder zu erwerben.

Eines Tags, als der Graf mit der übrigen Gesellschaft auf die Jagd geritten war und man die Herren erst den andern Morgen zurückerwartete, ersann sich die Baronesse einen Scherz, der völlig in ihrer Art war; denn sie liebte die Verkleidungen und kam, um die Gesellschaft zu überraschen, bald als Bauernmädchen, bald als Page, bald als Jägerbursche zum Vorschein. Sie gab sich dadurch das Ansehn einer kleinen Fee, die überall, und gerade da, wo man sie am wenigsten vermutet, gegenwärtig ist. Nichts glich ihrer Freude, wenn sie unerkannt eine Zeitlang die Gesellschaft bedient oder sonst unter ihr gewandelt hatte, und sie sich zuletzt auf eine scherzhafte Weise zu entdecken wußte.

Gegen Abend ließ sie Wilhelmen auf ihr Zimmer fordern, und da sie eben noch etwas zu tun hatte, sollte Philine ihn vorbereiten.

Er kam und fand nicht ohne Verwunderung statt der gnädigen Frauen das leichtfertige Mädchen im Zimmer. Sie begegnete ihm mit einer gewissen anständigen Freimütigkeit, in der sie sich bisher geübt hatte, und nötigte ihn dadurch gleichfalls zur Höflichkeit.

Zuerst scherzte sie im allgemeinen über das gute Glück, das ihn verfolge, und ihn auch, wie sie wohl merke, gegenwärtig hierher gebracht habe; sodann warf sie ihm auf eine angenehme Art sein Betragen vor, womit er sie bisher gequält habe, schalt und beschuldigte sich selbst, gestand, daß sie sonst wohl so seine Begegnung verdient, machte eine so aufrichtige Beschreibung ihres Zustandes, den sie den vorigen nannte, und setzte hinzu, daß sie sich selbst verachten müsse, wenn sie nicht fähig wäre, sich zu ändern und sich seiner Freundschaft wert zu machen.

Wilhelm war über diese Rede betroffen. Er hatte zu wenig Kenntnis der Welt, um zu wissen, daß eben ganz leichtsinnige und der Besserung unfähige Menschen sich oft am lebhaftesten anklagen, ihre Fehler mit großer Freimütigkeit bekennen und bereuen, ob sie gleich nicht die mindeste Kraft in sich haben, von dem Wege zurückzutreten, auf den eine übermächtige Natur sie hinreißt. Er konnte daher nicht unfreundlich gegen die zierliche Sünderin bleiben; er ließ sich mit ihr in ein Gespräch ein und vernahm von ihr den Vorschlag zu einer sonderbaren Verkleidung, womit man die schöne Gräfin zu überraschen gedachte.

Er fand dabei einiges Bedenken, das er Philinen nicht verhehlte; allein die Baronesse, welche in dem Augenblick hereintrat, ließ ihm keine Zeit zu Zweifeln übrig, sie zog ihn vielmehr mit sich fort, indem sie versicherte, es sei eben die rechte Stunde.

Es war dunkel geworden, und sie führte ihn in die Garderobe des Grafen, ließ ihn seinen Rock ausziehen und in den seidnen Schlafrock des Grafen hineinschlüpfen, setzte ihm darauf die Mütze mit dem roten Bande auf, führte ihn ins Kabinett und hieß ihn sich in den großen Sessel setzen und ein Buch nehmen, zündete die Argantische Lampe selbst an, die vor ihm stand, und unterrichtete ihn, was er zu tun, und was er für eine Rolle zu spielen habe.

Man werde, sagte sie, der Gräfin die unvermutete Ankunft ihres Gemahls und seine üble Laune ankündigen; sie werde kommen, einigemal im Zimmer auf und ab gehn, sich alsdann auf die Lehne des Sessels setzen, ihren Arm auf seine Schultern legen und einige Worte sprechen. Er solle seine Ehemannsrolle so lange und so gut als möglich spielen; wenn er sich aber endlich entdecken müßte, so solle er hübsch artig und galant sein.

Wilhelm saß nun unruhig genug in dieser wunderlichen Maske; der Vorschlag hatte ihn überrascht, und die Ausführung eilte der Überlegung zuvor. Schon war die Baronesse wieder zum Zimmer hinaus, als er erst bemerkte, wie gefährlich der Posten war, den er eingenommen hatte. Er leugnete sich nicht, daß die Schönheit, die Jugend, die Anmut der Gräfin einigen Eindruck auf ihn gemacht hatten; allein da er seiner Natur nach von aller leeren Galanterie weit entfernt war, und ihm seine Grundsätze einen Gedanken an ernsthaftere Unternehmungen nicht erlaubten, so war er wirklich in diesem Augenblick in nicht geringer Verlegenheit. Die Furcht, der Gräfin zu mißfallen, oder ihr mehr als billig zu gefallen, war gleich groß bei ihm.

Jeder weibliche Reiz, der jemals auf ihn gewirkt hatte,

zeigte sich wieder vor seiner Einbildungskraft. Mariane erschien ihm im weißen Morgenkleide und flehte um sein Andenken. Philinens Liebenswürdigkeit, ihre schönen Haare und ihr einschmeichelndes Betragen waren durch ihre neueste Gegenwart wieder wirksam geworden; doch alles trat wie hinter den Flor der Entfernung zurück, wenn er sich die edle, blühende Gräfin dachte, deren Arm er in wenig Minuten an seinem Halse fühlen sollte, deren unschuldige Liebkosungen er zu erwidern aufgefordert war.

Die sonderbare Art, wie er aus dieser Verlegenheit sollte gezogen werden, ahnete er freilich nicht. Denn wie groß war sein Erstaunen, ja sein Schrecken, als hinter ihm die Türe sich auftat und er bei dem ersten verstohlenen Blick in den Spiegel den Grafen ganz deutlich erblickte, der mit einem Lichte in der Hand hereintrat. Sein Zweifel, was er zu tun habe, ob er sitzenbleiben oder aufstehen, fliehen, bekennen, leugnen oder um Vergebung bitten solle, dauerte nur einige Augenblicke. Der Graf, der unbeweglich in der Türe stehengeblieben war, trat zurück und machte sie sachte zu. In dem Moment sprang die Baronesse zur Seitentüre herein, löschte die Lampe aus, riß Wilhelmen vom Stuhle und zog ihn nach sich in das Kabinett. Geschwind warf er den Schlafrock ab, der sogleich wieder seinen gewöhnlichen Platz erhielt. Die Baronesse nahm Wilhelms Rock über den Arm und eilte mit ihm durch einige Stuben, Gänge und Verschläge in ihr Zimmer, wo Wilhelm, nachdem sie sich erholt hatte, von ihr vernahm, sie sei zu der Gräfin gekommen, um ihr die erdichtete Nachricht von der Ankunft des Grafen zu bringen. „Ich weiß es schon“, sagte die Gräfin, „was mag wohl begegnet sein? Ich habe ihn soeben zum Seitentor hereinreiten sehen.“ Erschrocken sei die Baronesse sogleich auf des Grafen Zimmer gelaufen, um ihn abzuholen.

„Unglücklicherweise sind Sie zu spät gekommen!“ rief Wilhelm aus; „der Graf war vorhin im Zimmer und hat mich sitzen sehen.“

„Hat er Sie erkannt?“

„Ich weiß es nicht. Er sah mich im Spiegel, so wie ich ihn, und eh’ ich wußte, ob es ein Gespenst oder er selbst war, trat er schon wieder zurück und drückte die Türe hinter sich zu."

Die Verlegenheit der Baronesse vermehrte sich, als ein Bedienter sie zu rufen kam und anzeigte, der Graf befinde sich bei seiner Gemahlin. Mit schwerem Herzen ging sie hin und fand den Grafen zwar still und in sich gekehrt, aber in seinen Äußerungen milder und freundlicher als gewöhnlich. Sie wußte nicht, was sie denken sollte. Man sprach von den Vorfällen der Jagd und den Ursachen seiner früheren Zurückkunft. Das Gespräch ging bald aus. Der Graf ward stille, und besonders mußte der Baronesse auffallen, als er nach Wilhelmen fragte und den Wunsch äußerte, man möchte ihn rufen lassen, damit er etwas vorlese.

Wilhelm, der sich im Zimmer der Baronesse wieder angekleidet und einigermaßen erholt hatte, kam nicht ohne Sorgen auf den Befehl herbei. Der Graf gab ihm ein Buch, aus welchem er eine abenteuerliche Novelle nicht ohne Beklemmung vorlas. Sein Ton hatte etwas Unsicheres, Zitterndes, das glücklicherweise dem Inhalt der Geschichte gemäß war. Der Graf gab einigemal freundliche Zeichen des Beifalls und lobte den besondern Ausdruck der Vorlesung, da er zuletzt unsern Freund entließ.

EILFTES KAPITEL

Wilhelm hatte kaum einige Stücke Shakespeares gelesen, als ihre Wirkung auf ihn so stark wurde, daß er weiter fortzufahren nicht imstande war. Seine ganze Seele geriet in Bewegung. Er suchte Gelegenheit, mit Jarno zu sprechen, und konnte ihm nicht genug für die verschaffte Freude danken.

„Ich habe es wohl vorausgesehen", sagte dieser, „daß Sie gegen die Trefflichkeiten des außerordentlichsten und wunderbarsten aller Schriftsteller nicht unempfindlich bleiben würden."

„Ja", rief Wilhelm aus, „ich erinnere mich nicht, daß ein Buch, ein Mensch oder irgendeine Begebenheit des Lebens so große Wirkungen auf mich hervorgebracht hätte als die köstlichen Stücke, die ich durch Ihre Gütigkeit habe kennen lernen. Sie scheinen ein Werk eines himmlischen Genius zu sein, der sich den Menschen nähert, um sie mit sich selbst auf die gelindeste Weise bekannt zu machen. Es sind keine Gedichte! Man glaubt vor den aufgeschlagenen ungeheuren Büchern des Schicksals zu stehen, in denen der Sturmwind des bewegtesten Lebens saust und sie mit Gewalt rasch hin und wider blättert. Ich bin über die Stärke und Zartheit, über die Gewalt und Ruhe so erstaunt und außer aller Fassung gebracht, daß ich nur mit Sehnsucht auf die Zeit warte, da ich mich in einem Zustande befinden werde, weiterzulesen."

„Bravo", sagte Jarno, indem er unserm Freunde die Hand reichte und sie ihm drückte, „so wollte ich es haben! und die Folgen, die ich hoffe, werden gewiß auch nicht ausbleiben."

„Ich wünschte", versetzte Wilhelm, „daß ich Ihnen alles, was gegenwärtig in mir vorgeht, entdecken könnte. Alle Vorgefühle, die ich jemals über Menschheit und ihre Schicksale gehabt, die mich von Jugend auf, mir selbst unbemerkt, begleiteten, finde ich in Shakespeares Stücken erfüllt und entwickelt. Es scheint, als wenn er uns alle Rätsel offenbarte, ohne daß man doch sagen kann: ‚hier oder da ist das Wort der Auflösung'. Seine Menschen scheinen natürliche Menschen zu sein, und sie sind es doch nicht. Diese geheimnisvollsten und zusammengesetztesten Geschöpfe der Natur handeln vor uns in seinen Stücken, als wenn sie Uhren wären, deren Zifferblatt und Gehäuse man von Kristall gebildet hätte, sie zeigen nach ihrer Bestimmung den Lauf der Stunden an, und man kann zugleich das Räder- und Federwerk erkennen, das sie treibt. Diese wenigen Blicke, die ich in Shakespeares Welt getan, reizen mich mehr als irgend etwas andres, in der wirklichen Welt schnellere Fortschritte vorwärts zu tun, mich in die Flut der Schicksale zu mischen, die über sie verhängt sind, und dereinst, wenn es mir glücken sollte, aus dem großen Meere der wahren Natur wenige Becher zu schöpfen und sie von der Schaubühne dem lechzenden Publikum meines Vaterlandes auszuspenden."

„Wie freut mich die Gemütsverfassung, in der ich Sie sehe", versetzte Jarno und legte dem bewegten Jüngling die Hand auf die Schulter. „Lassen Sie den Vorsatz nicht fahren, in ein tätiges Leben überzugehen, und eilen Sie, die guten Jahre, die Ihnen gegönnt sind, wacker zu nutzen. Kann ich Ihnen behülflich sein, so geschieht es von ganzem Herzen. Noch habe ich nicht gefragt, wie Sie in diese Gesellschaft gekommen sind, für die Sie weder geboren noch erzogen sein können. So viel hoffe ich und sehe ich, daß Sie sich heraussehnen. Ich weiß nichts von Ihrer Herkunft, von Ihren häuslichen Umständen; überlegen Sie, was Sie mir vertrauen wollen. So viel kann ich Ihnen nur sagen, die Zeiten des Krieges, in denen wir leben, können schnelle Wechsel des Glückes hervorbringen; mögen Sie Ihre Kräfte und Talente unserm Dienste widmen, Mühe und, wenn es not tut, Gefahr nicht scheuen, so habe ich eben jetzo eine Gelegenheit, Sie an einen Platz zu stellen, den eine Zeitlang bekleidet zu haben Sie in der Folge nicht gereuen wird." Wilhelm konnte seinen Dank nicht genug ausdrücken und war willig, seinem Freunde und Beschützer die ganze Geschichte seines Lebens zu erzählen.

Sie hatten sich unter diesem Gespräche weit in den Park verloren und waren auf die Landstraße, welche durch denselben ging, gekommen. Jarno stand einen Augenblick still und sagte: „Bedenken Sie meinen Vorschlag, entschließen Sie sich, geben Sie mir in einigen Tagen Antwort und schenken Sie mir Ihr Vertrauen. Ich versichre Sie, es ist mir bisher unbegreiflich gewesen, wie Sie sich mit solchem Volke haben gemein machen können. Ich hab' es oft mit Ekel und Verdruß gesehen, wie Sie, um nur einigermaßen leben zu können, Ihr Herz an einen herumziehenden Bänkelsänger und an ein albernes, zwitterhaftes Geschöpf hängen mußten."

Er hatte noch nicht ausgeredet, als ein Offizier zu Pferde eilends herankam, dem ein Reitknecht mit einem Handpferd folgte. Jarno rief ihm einen lebhaften Gruß zu. Der Offizier sprang vom Pferde, beide umarmten sich und unterhielten sich miteinander, indem Wilhelm, bestürzt über die letzten Worte seines kriegerischen Freundes, in sich gekehrt an der Seite stand. Jarno durchblätterte einige Papiere, die ihm der Ankommende überreicht hatte; dieser aber ging auf Wilhelmen zu, reichte ihm die Hand und rief mit Emphase: „Ich treffe Sie in einer würdigen Gesellschaft; folgen Sie dem Rate Ihres Freundes, und erfüllen Sie dadurch zugleich die Wünsche eines Unbekannten, der herzlichen Teil an Ihnen nimmt." Er sprach's, umarmte Wilhelmen, drückte ihn mit Lebhaftigkeit an seine Brust. Zu gleicher Zeit trat Jarno herbei und sagte zu dem Fremden: „Es ist am besten, ich reite gleich mit Ihnen hinein, so können Sie die nötigen Ordres erhalten, und Sie reiten noch vor Nacht wieder fort." Beide schwangen sich darauf zu Pferde und überließen unsern verwunderten Freund seinen eigenen Betrachtungen.

Die letzten Worte Jarnos klangen noch in seinen Ohren. Ihm war unerträglich, das Paar menschlicher Wesen, das ihm unschuldigerweise seine Neigung abgewonnen hatte, durch einen Mann, den er so sehr verehrte, so tief heruntergesetzt zu sehen. Die sonderbare Umarmung des Offiziers, den er nicht kannte, machte wenig Eindruck auf ihn, sie beschäftigte seine Neugierde und Einbildungskraft einen Augenblick; aber Jarnos Reden hatten sein Herz getroffen; er war tief verwundet, und nun brach er auf seinem Rückwege gegen sich selbst in Vorwürfe aus, daß er nur einen Augenblick die hartherzige Kälte Jarnos, die ihm aus den Augen heraussehe und aus allen seinen Gebärden spreche, habe verkennen und vergessen mögen. — „Nein", rief er aus, „du bildest dir nur ein, du abgestorbener Weltmann, daß du ein Freund sein könntest! Alles, was du mir anbieten magst, ist der Empfindung nicht wert, die mich an diese Unglücklichen bindet. Welch ein Glück, daß ich noch beizeiten entdecke, was ich von dir zu erwarten hätte!" —

Er schloß Mignon, die ihm entgegenkam, in die Arme und rief aus: „Nein, uns soll nichts trennen, du gutes kleines Geschöpf! Die scheinbare Klugheit der Welt soll mich nicht vermögen, dich zu verlassen, noch zu vergessen, was ich dir schuldig bin."

Das Kind, dessen heftige Liebkosungen er sonst abzulehnen pflegte, erfreute sich dieses unerwarteten Ausdrucks der Zärtlichkeit und hing sich so fest an ihn, daß er es nur mit Mühe zuletzt loswerden konnte.

Seit dieser Zeit gab er mehr auf Jarnos Handlungen acht, die ihm nicht alle lobenswürdig schienen; ja, es kam wohl manches vor, das ihm durchaus mißfiel. So hatte er zum Beispiel starken Verdacht, das Gedicht auf den Baron, welches der arme Pedant so teuer hatte bezahlen müssen, sei Jarnos Arbeit. Da nun dieser in Wilhelms Gegenwart über den Vorfall gescherzt hatte, glaubte unser Freund hierin das Zeichen eines höchst verdorbenen Herzens zu erkennen; denn was konnte boshafter sein, als einen Unschuldigen, dessen Leiden man verursacht, zu verspotten und weder an Genugtuung noch Entschädigung zu denken! Gern hätte Wilhelm sie selbst veranlaßt, denn er war durch einen sehr sonderbaren Zufall den Tätern jener nächtlichen Mißhandlung auf die Spur gekommen.

Man hatte ihm bisher immer zu verbergen gewußt, daß einige junge Offiziere im unteren Saale des alten Schlosses mit einem Teile der Schauspieler und Schauspielerinnen ganze Nächte auf eine lustige Weise zubrachten. Eines Morgens, als er nach seiner Gewohnheit früh aufgestanden, kam er von ungefähr in das Zimmer und fand die jungen Herren, die eine höchst sonderbare Toilette zu machen im Begriff stunden. Sie hatten in einen Napf mit Wasser Kreide eingerieben und trugen den Teig mit einer Bürste auf ihre Westen und Beinkleider, ohne sie auszuziehen, und stellten also die Reinlichkeit ihrer Garderobe auf das schnellste wieder her. Unserm Freunde, der sich über diese Handgriffe wunderte, fiel der weiß bestäubte und befleckte Rock des Pedanten ein; der Verdacht wurde um soviel stärker, als er erfuhr, daß einige Verwandte des Barons sich unter der Gesellschaft befänden.

Um diesem Verdacht näher auf die Spur zu kommen, suchte er die jungen Herren mit einem kleinen Frühstücke zu beschäftigen. Sie waren sehr lebhaft und erzählten viele lustige Geschichten. Der eine besonders, der eine Zeitlang auf Werbung gestanden, wußte nicht genug die List und Tätigkeit seines Hauptmanns zu rühmen, der alle Arten von Menschen an sich zu ziehen und jeden nach seiner Art zu überlisten verstand. Umständlich erzählte er, wie junge Leute von gutem Hause und sorgfältiger Erziehung durch allerlei Vorspiegelungen einer anständigen Versorgung betrogen worden, und lachte herzlich über die Gimpel, denen es im Anfange so wohlgetan habe, sich von einem angesehenen, tapferen, klugen und freigebigen Offizier geschätzt und hervorgezogen zu sehen.

Wie segnete Wilhelm seinen Genius, der ihm so unvermutet den Abgrund zeigte, dessen Rande er sich unschuldigerweise genähert hatte! Er sah nun in Jarno nichts als den Werber; die Umarmung des fremden Offiziers war ihm leicht erklärlich. Er verabscheute die Gesinnungen dieser Männer und vermied von dem Augenblicke mit irgend jemand, der eine Uniform trug, zusammenzukommen, und so wäre ihm die Nachricht, daß die Armee weiter vorwärtsrücke, sehr angenehm gewesen, wenn er nicht zugleich hätte fürchten müssen, aus der Nähe seiner schönen Freundin, vielleicht auf immer, verbannt zu werden.

ZWÖLFTES KAPITEL

Inzwischen hatte die Baronesse mehrere Tage, von Sorgen und einer unbefriedigten Neugierde gepeinigt, zugebracht. Denn das Betragen des Grafen seit jenem Abenteuer war ihr ein völliges Rätsel. Er war ganz aus seiner Manier herausgegangen; von seinen gewöhnlichen Scherzen hörte man keinen. Seine Forderungen an die Gesellschaft und an die Bedienten hatten sehr nachgelassen. Von Pedanterie und gebieterischem Wesen merkte man wenig, vielmehr war er still und in sich gekehrt; jedoch schien er heiter und wirklich ein anderer Mensch zu sein. Bei Vorlesungen, zu denen er zuweilen Anlaß gab, wählte er ernsthafte, oft religiöse Bücher, und die Baronesse lebte in beständiger Furcht, es möchte hinter dieser anscheinenden Ruhe sich ein geheimer Groll verbergen, ein stiller Vorsatz, den Frevel, den er so zufällig entdeckt, zu rächen. Sie entschloß sich daher, Jarno zu ihrem Vertrauten zu machen, und sie konnte es um so mehr, als sie mit ihm in einem Verhältnisse stand, in dem man sich sonst wenig zu verbergen pflegt. Jarno war seit kurzer Zeit ihr entschiedener Freund; doch waren sie klug genug, ihre Neigung und ihre Freuden vor der lärmenden Welt, die sie umgab, zu verbergen. Nur den Augen der Gräfin war dieser neue Roman nicht entgangen, und höchst wahrscheinlich suchte die Baronesse ihre Freundin gleichfalls zu beschäftigen, um den stillen Vorwürfen zu entgehen, welche sie denn doch manchmal von jener edlen Seele zu erdulden hatte.

Kaum hatte die Baronesse ihrem Freunde die Geschichte erzählt, als er lachend ausrief: „Da glaubt der Alte gewiß, sich selbst gesehen zu haben! er fürchtet, daß ihm diese Erscheinung Unglück, ja vielleicht gar den Tod bedeute, und nun ist er zahm geworden wie alle die Halbmenschen, wenn sie an die Auflösung denken, welcher niemand entgangen ist, noch entgehen wird. Nur stille! da ich hoffe, daß er noch lange leben soll, so wollen wir ihn bei dieser Gelegenheit wenigstens so formieren, daß er seiner Frau und seinen Hausgenossen nicht mehr zur Last sein soll."

Sie fingen nun, sobald es nur schicklich war, in Gegenwart des Grafen an, von Ahnungen, Erscheinungen und dergleichen zu sprechen. Jarno spielte den Zweifler, seine Freundin gleichfalls, und sie trieben es so weit, daß der Graf endlich Jarno beiseitenahm, ihm seine Freigeisterei verwies und ihn durch sein eignes Beispiel von der Möglichkeit und Wirklichkeit solcher Geschichten zu überzeugen suchte. Jarno spielte den Betroffenen, Zweifelnden und endlich den Überzeugten, machte sich aber gleich darauf in stiller Nacht mit seiner Freundin desto lustiger über den schwachen Weltmann, der nun auf einmal von seinen Unarten durch einen Popanz bekehrt worden, und der nur noch deswegen zu loben sei, weil er mit so vieler Fassung ein bevorstehendes Unglück, ja vielleicht gar den Tod erwarte.

„Auf die natürlichste Folge, welche diese Erscheinung hätte haben können, möchte er doch wohl nicht gefaßt sein!" rief die Baronesse mit ihrer gewöhnlichen Munterkeit, zu der sie, sobald ihr eine Sorge vom Herzen genommen war, gleich wieder übergehen konnte. Jarno ward reichlich belohnt, und man schmiedete neue Anschläge, den Grafen noch mehr kirre zu machen und die Neigung der Gräfin zu Wilhelm noch mehr zu reizen und zu bestärken.

In dieser Absicht erzählte man der Gräfin die ganze Geschichte, die sich zwar anfangs unwillig darüber zeigte, aber seit der Zeit nachdenklicher ward und in ruhigen Augenblicken jene Szene, die ihr zubereitet war, zu bedenken, zu verfolgen und auszumalen schien.

Die Anstalten, welche nunmehr von allen Seiten getroffen wurden, ließen keinen Zweifel mehr übrig, daß die Armeen bald vorwärtsrücken und der Prinz zugleich sein Hauptquartier verändern würde; ja es hieß, daß der Graf zugleich auch das Gut verlassen und wieder nach der Stadt zurückkehren werde. Unsere Schauspieler konnten sich also leicht die Nativität stellen; doch nur der einzige Melina nahm seine Maßregeln darnach, die andern suchten nur noch von dem Augenblicke soviel als möglich das Vergnüglichste zu erhaschen.

Wilhelm war indessen auf eine eigene Weise beschäftigt. Die Gräfin hatte von ihm die Abschrift seiner Stücke verlangt, und er sah diesen Wunsch der liebenswürdigen Frau als die schönste Belohnung an.

Ein junger Autor, der sich noch nicht gedruckt gesehn, wendet in einem solchen Falle die größte Aufmerksamkeit auf eine reinliche und zierliche Abschrift seiner Werke. Es ist gleichsam das goldne Zeitalter der Autorschaft; man sieht sich in jene Jahrhunderte versetzt, in denen die Presse noch nicht die Welt mit so viel unnützen Schriften überschwemmt hatte, wo nur würdige Geistesprodukte abgeschrieben und von den edelsten Menschen verwahrt wurden, und wie leicht begeht man alsdann den Fehlschluß, daß ein sorgfältig abgezirkeltes Manuskript auch ein würdiges Geistesprodukt sei, wert, von einem Kenner und Beschützer besessen und aufgestellt zu werden.

Man hatte zu Ehren des Prinzen, der nun in kurzem abgehen sollte, noch ein großes Gastmahl angestellt. Viele Damen aus der Nachbarschaft waren geladen, und die Gräfin hatte sich beizeiten angezogen. Sie hatte diesen Tag ein reicheres Kleid angelegt, als sie sonst zu tun gewohnt war. Frisur und Aufsatz waren gesuchter, sie war mit allen ihren Juwelen geschmückt. Ebenso hatte die Baronesse das mögliche getan, um sich mit Pracht und Geschmack anzukleiden.

Philine, als sie merkte, daß den beiden Damen in Erwartung ihrer Gäste die Zeit zu lang wurde, schlug vor,

Wilhelmen kommen zu lassen, der sein fertiges Manuskript zu überreichen und noch einige Kleinigkeiten vorzulesen wünsche. Er kam und erstaunte im Hereintreten über die Gestalt, über die Anmut der Gräfin, die durch ihren Putz nur sichtbarer geworden waren. Er las nach dem Befehle der Damen, allein so zerstreut und schlecht, daß, wenn die Zuhörerinnen nicht so nachsichtig gewesen wären, sie ihn gar bald würden entlassen haben.

Sooft er die Gräfin anblickte, schien es ihm, als wenn ein elektrischer Funke sich vor seinen Augen zeigte; er wußte zuletzt nicht mehr, wo er Atem zu seiner Rezitation hernehmen solle. Die schöne Dame hatte ihm immer gefallen; aber jetzt schien es ihm, als ob er nie etwas Vollkommneres gesehen hätte, und von den tausenderlei Gedanken, die sich in seiner Seele kreuzten, mochte ungefähr folgendes der Inhalt sein:

„Wie töricht lehnen sich doch so viele Dichter und sogenannte gefühlvolle Menschen gegen Putz und Pracht auf und verlangen nur in einfachen, der Natur angemessenen Kleidern die Frauen alles Standes zu sehen. Sie schelten den Putz, ohne zu bedenken, daß es der arme Putz nicht ist, der uns mißfällt, wenn wir eine häßliche oder minder schöne Person reich und sonderbar gekleidet erblicken; aber ich wollte alle Kenner der Welt hier versammeln und sie fragen, ob sie wünschten, etwas von diesen Falten, von diesen Bändern und Spitzen, von diesen Puffen, Locken und leuchtenden Steinen wegzunehmen? Würden sie nicht fürchten, den angenehmen Eindruck zu stören, der ihnen hier so willig und natürlich entgegenkommt? Ja, ‚natürlich' darf ich wohl sagen! Wenn Minerva ganz gerüstet aus dem Haupte des Jupiter entsprang, so scheinet diese Göttin in ihrem vollen Putze aus irgendeiner Blume mit leichtem Fuße hervorgetreten zu sein."

Er sah sie oft im Lesen an, als wenn er diesen Eindruck sich auf ewig einprägen wollte, und las einigemal falsch, ohne darüber in Verwirrung zu geraten, ob er gleich sonst über die Verwechselung eines Wortes oder Buchstabens als über einen leidigen Schandfleck einer ganzen Vorlesung verzweifeln konnte.

Ein falscher Lärm, als wenn die Gäste angefahren kämen, machte der Vorstellung ein Ende; die Baronesse ging weg, und die Gräfin, im Begriff, ihren Schreibtisch zuzumachen, der noch offenstand, ergriff ein Ringkästchen und steckte noch einige Ringe an die Finger. „Wir werden uns bald trennen", sagte sie, indem sie ihre Augen auf das Kästchen heftete. „Nehmen Sie ein Andenken von einer guten Freundin, die nichts lebhafter wünscht, als daß es Ihnen wohl gehen möge." Sie nahm darauf einen Ring heraus, der unter einem Kristall ein schön von Haaren geflochtenes Schild zeigte und mit Steinen besetzt war. Sie überreichte ihn Wilhelmen, der, als er ihn annahm, nichts zu sagen und nichts zu tun wußte, sondern wie eingewurzelt in den Boden dastand. Die Gräfin schloß den Schreibtisch zu und setzte sich auf ihren Sofa.

„Und ich soll leer ausgehen", sagte Philine, indem sie zur rechten Hand der Gräfin niederkniete; „seht nur den Menschen, der zur Unzeit so viele Worte im Munde führt und jetzt nicht einmal eine armselige Danksagung herstammeln kann. Frisch, mein Herr, tun Sie wenigstens pantomimisch Ihre Schuldigkeit, und wenn Sie heute selbst nichts zu erfinden wissen, so ahmen Sie mir wenigstens nach!"

Philine ergriff die rechte Hand der Gräfin und küßte sie mit Lebhaftigkeit. Wilhelm stürzte auf seine Kniee, faßte die linke und drückte sie an seine Lippen. Die Gräfin schien verlegen, aber ohne Widerwillen.

„Ach!" rief Philine aus, „so viel Schmuck hab' ich wohl schon gesehen, aber noch nie eine Dame, so würdig, ihn zu tragen. Welche Armbänder! aber auch welche Hand! Welcher Halsschmuck! aber auch welche Brust!"

„Stille, Schmeichlerin", rief die Gräfin.

„Stellt denn das den Herrn Grafen vor?" sagte Philine, indem sie auf ein reiches Medaillon deutete, das die Gräfin an kostbaren Ketten an der linken Seite trug.

„Er ist als Bräutigam gemalt", versetzte die Gräfin.

„War er denn damals so jung?" fragte Philine; „Sie sind ja nur erst, wie ich weiß, wenige Jahre verheiratet."

„Diese Jugend kommt auf die Rechnung des Malers", versetzte die Gräfin.

„Es ist ein schöner Mann“, sagte Philine. „Doch sollte wohl niemals“, fuhr sie fort, indem sie die Hand auf das Herz der Gräfin legte, „in diese verborgene Kapsel sich ein ander Bild eingeschlichen haben?“

„Du bist sehr verwegen, Philine!“ rief sie aus; „ich habe dich verzogen. Laß mich so etwas nicht zum zweitenmal hören.“

„Wenn Sie zürnen, bin ich unglücklich“, rief Philine, sprang auf und eilte zur Türe hinaus.

Wilhelm hielt die schönste Hand noch in seinen Händen. Er sah unverwandt auf das Armschloß, das zu seiner größten Verwunderung die Anfangsbuchstaben seiner Namen in brillantenen Zügen sehen ließ.

„Besitz' ich“, fragte er bescheiden, „in dem kostbaren Ringe denn wirklich Ihre Haare?“

„Ja“, versetzte sie mit halber Stimme; dann nahm sie sich zusammen und sagte, indem sie ihm die Hand drückte: „Stehen Sie auf, und leben Sie wohl!“

„Hier steht mein Name“, rief er aus, „durch den sonderbarsten Zufall!“ Er zeigte auf das Armschloß.

„Wie?“ rief die Gräfin; „es ist die Chiffer einer Freundin!“

„Es sind die Anfangsbuchstaben meines Namens. Vergessen Sie meiner nicht. Ihr Bild steht unauslöschlich in meinem Herzen. Leben Sie wohl, lassen Sie mich fliehen!“

Er küßte ihre Hand und wollte aufstehn; aber wie im Traum das Seltsamste aus dem Seltsamsten sich entwickelnd uns überrascht, so hielt er, ohne zu wissen, wie es geschah, die Gräfin in seinen Armen, ihre Lippen ruhten auf den seinigen und ihre wechselseitigen lebhaften Küsse gewährten ihnen eine Seligkeit, die wir nur aus dem ersten aufbrausenden Schaum des frisch eingeschenkten Bechers der Liebe schlürfen.

Ihr Haupt ruhte auf seiner Schulter, und der zerdrückten Locken und Bänder ward nicht gedacht. Sie hatte ihren Arm um ihn geschlungen; er umfaßte sie mit Lebhaftigkeit und drückte sie wiederholend an seine Brust. O daß ein solcher Augenblick nicht Ewigkeiten währen kann, und wehe dem neidischen Geschick, das auch unsern Freunden diese kurzen Augenblicke unterbrach!

Wie erschrak Wilhelm, wie betäubt fuhr er aus einem glücklichen Traume auf, als die Gräfin sich auf einmal mit einem Schrei von ihm losriß und mit der Hand nach ihrem Herzen fuhr.

Er stand betäubt vor ihr da; sie hielt die andere Hand vor die Augen und rief nach einer Pause: „Entfernen Sie sich, eilen Sie!“

Er stand noch immer.

„Verlassen Sie mich“, rief sie, und indem sie die Hand von den Augen nahm und ihn mit einem unbeschreiblichen Blicke ansah, setzte sie mit der lieblichsten Stimme hinzu: „Fliehen Sie mich, wenn Sie mich lieben!“

Wilhelm war aus dem Zimmer und wieder auf seiner Stube, eh' er wußte, wo er sich befand.

Die Unglücklichen! Welche sonderbare Warnung des Zufalls oder der Schickung riß sie auseinander?

VIERTES BUCH

ERSTES KAPITEL

Laertes stand nachdenklich am Fenster und blickte, auf seinen Arm gestützt, in das Feld hinaus. Philine schlich über den großen Saal herbei, lehnte sich auf den Freund und verspottete sein ernsthaftes Ansehen.

„Lache nur nicht“, versetzte er, „es ist abscheulich, wie die Zeit vergeht, wie alles sich verändert und ein Ende nimmt! Sieh nur, hier stand vor kurzem noch ein schönes Lager, wie lustig sahen die Zelte aus! wie lebhaft ging es darin zu! wie sorgfältig bewachte man den ganzen Bezirk! und nun ist alles auf einmal verschwunden. Nur kurze Zeit werden das zertretene Stroh und die eingegrabenen Kochlöcher noch eine Spur zeigen; dann wird alles bald umgepflügt sein, und die Gegenwart so vieler tausend rüstiger Menschen in dieser Gegend wird nur noch in den Köpfen einiger alten Leute spuken.“

Philine fing an zu singen und zog ihren Freund zu einem Tanze in den Saal. „Laß uns“, rief sie „da wir der Zeit nicht nachlaufen können, wenn sie vorüber ist, sie wenigstens als eine schöne Göttin, indem sie bei uns vorbeizieht, fröhlich und zierlich verehren.“

Sie hatten kaum einige Wendungen gemacht, als Madame Melina durch den Saal ging. Philine war boshaft genug, sie gleichfalls zum Tanze einzuladen und sie dadurch an die Mißgestalt zu erinnern, in welche sie durch ihre Schwangerschaft versetzt war.

„Wenn ich nur“, sagte Philine hinter ihrem Rücken, „keine Frau mehr guter Hoffnung sehen sollte!“

„Sie hofft doch“, sagte Laertes.

„Aber es kleidet sie so häßlich. Hast du die vordere Wackelfalte des verkürzten Rocks gesehen, die immer vorausspaziert, wenn sie sich bewegt? Sie hat gar keine Art noch Geschick, sich nur ein bißchen zu mustern und ihren Zustand zu verbergen.“

„Laß nur“, sagte Laertes, „die Zeit wird ihr schon zu Hülfe kommen.“

„Es wäre doch immer hübscher", rief Philine, „wenn man die Kinder von den Bäumen schüttelte."

Der Baron trat herein und sagte ihnen etwas Freundliches im Namen des Grafen und der Gräfin, die ganz früh abgereist waren, und machte ihnen einige Geschenke. Er ging darauf zu Wilhelmen, der sich im Nebenzimmer mit Mignon beschäftigte. Das Kind hatte sich sehr freundlich und zutätig bezeigt, nach Wilhelms Eltern, Geschwistern und Verwandten gefragt und ihn dadurch an seine Pflicht erinnert, den Seinigen von sich einige Nachricht zu geben.

Der Baron brachte ihm nebst einem Abschiedsgruße von den Herrschaften die Versicherung, wie sehr der Graf mit ihm, seinem Spiele, seinen poetischen Arbeiten und seinen theatralischen Bemühungen zufrieden gewesen sei. Er zog darauf zum Beweis dieser Gesinnung einen Beutel hervor, durch dessen schönes Gewebe die reizende Farbe neuer Goldstücke durchschimmerte; Wilhelm trat zurück und weigerte sich, ihn anzunehmen.

„Sehen Sie", fuhr der Baron fort, „diese Gabe als einen Ersatz für Ihre Zeit, als eine Erkenntlichkeit für Ihre Mühe, nicht als eine Belohnung Ihres Talents an. Wenn uns dieses einen guten Namen und die Neigung der Menschen verschafft, so ist billig, daß wir durch Fleiß und Anstrengung zugleich die Mittel erwerben, unsre Bedürfnisse zu befriedigen, da wir doch einmal nicht ganz Geist sind. Wären wir in der Stadt, wo alles zu finden ist, so hätte man diese kleine Summe in eine Uhr, einen Ring oder sonst etwas verwandelt; nun gebe ich aber den Zauberstab unmittelbar in Ihre Hände; schaffen Sie sich ein Kleinod dafür, das Ihnen am liebsten und am dienlichsten ist, und verwahren Sie es zu unserm Andenken. Dabei halten Sie ja den Beutel in Ehren. Die Damen haben ihn selbst gestrickt, und ihre Absicht war, durch das Gefäß dem Inhalt die annehmlichste Form zu geben."

„Vergeben Sie", versetzte Wilhelm, „meiner Verlegenheit und meinen Zweifeln, dieses Geschenk anzunehmen. Es vernichtet gleichsam das wenige, was ich getan habe, und hindert das freie Spiel einer glücklichen Erinnerung. Geld ist eine schöne Sache, wo etwas abgetan werden soll, und ich wünschte nicht in dem Andenken Ihres Hauses so ganz abgetan zu sein.“

„Das ist nicht der Fall“, versetzte der Baron; „aber indem Sie selbst zart empfinden, werden Sie nicht verlangen, daß der Graf sich völlig als Ihren Schuldner denken soll, ein Mann, der seinen größten Ehrgeiz darein setzt, aufmerksam und gerecht zu sein. Ihm ist nicht entgangen, welche Mühe Sie sich gegeben, und wie Sie seinen Absichten ganz Ihre Zeit gewidmet haben, ja er weiß, daß Sie, um gewisse Anstalten zu beschleunigen, Ihr eignes Geld nicht schonten. Wie will ich wieder vor ihm erscheinen, wenn ich ihn nicht versichern kann, daß seine Erkenntlichkeit Ihnen Vergnügen gemacht hat.“

„Wenn ich nur an mich selbst denken, wenn ich nur meinen eigenen Empfindungen folgen dürfte“, versetzte Wilhelm, „würde ich mich, ungeachtet aller Gründe, hartnäckig weigern, diese Gabe, so schön und ehrenvoll sie ist, anzunehmen; aber ich leugne nicht, daß sie mich in dem Augenblicke, in dem sie mich in Verlegenheit setzt, aus einer Verlegenheit reißt, in der ich mich bisher gegen die Meinigen befand, und die mir manchen stillen Kummer verursachte. Ich habe sowohl mit dem Gelde als mit der Zeit, von denen ich Rechenschaft zu geben habe, nicht zum besten hausgehalten; nun wird es mir durch den Edelmut des Herrn Grafen möglich, den Meinigen getrost von dem Glücke Nachricht zu geben, zu dem mich dieser sonderbare Seitenweg geführt hat. Ich opfre die Delikatesse, die uns wie ein zartes Gewissen bei solchen Gelegenheiten warnt, einer höhern Pflicht auf, und um meinem Vater mutig unter die Augen treten zu können, steh’ ich beschämt vor den Ihrigen.“

„Es ist sonderbar“, versetzte der Baron, „welch ein wunderlich Bedenken man sich macht, Geld von Freunden und Gönnern anzunehmen, von denen man jede andere Gabe mit Dank und Freude empfangen würde. Die menschliche Natur hat mehr ähnliche Eigenheiten, solche Skrupel gern zu erzeugen und sorgfältig zu nähren.“

„Ist es nicht das nämliche mit allen Ehrenpunkten?“ fragte Wilhelm.

„Ach ja“, versetzte der Baron, „und andern Vorurteilen. Wir wollen sie nicht ausjäten, um nicht vielleicht edle Pflanzen zugleich mit auszuraufen. Aber mich freut immer, wenn einzelne Personen fühlen, über was man sich hinaussetzen kann und soll, und ich denke mit Vergnügen an die Geschichte des geistreichen Dichters, der für ein Hoftheater einige Stücke verfertigte, welche den ganzen Beifall des Monarchen erhielten. ‚Ich muß ihn ansehnlich belohnen‘, sagte der großmütige Fürst; ‚man forsche an ihm, ob ihm irgendein Kleinod Vergnügen macht, oder ob er nicht verschmäht, Geld anzunehmen.‘ Nach seiner scherzhaften Art antwortete der Dichter dem abgeordneten Hofmann: ‚Ich danke lebhaft für die gnädigen Gesinnungen, und da der Kaiser alle Tage Geld von uns nimmt, so sehe ich nicht ein, warum ich mich schämen sollte, Geld von ihm anzunehmen.‘“

Der Baron hatte kaum das Zimmer verlassen, als Wilhelm eifrig die Barschaft zählte, die ihm so unvermutet und, wie er glaubte, so unverdient zugekommen war. Es schien, als ob ihm der Wert und die Würde des Goldes, die uns in spätern Jahren erst fühlbar werden, ahnungsweise zum erstenmal entgegenblickten, als die schönen blinkenden Stücke aus dem zierlichen Beutel hervorrollten. Er machte seine Rechnung und fand, daß er, besonders da Melina den Vorschuß sogleich wieder zu bezahlen versprochen hatte, ebensoviel, ja noch mehr in Kassa habe als an jenem Tage, da Philine ihm den ersten Strauß abfordern ließ. Mit heimlicher Zufriedenheit blickte er auf sein Talent, mit einem kleinen Stolze auf das Glück, das ihn geleitet und begleitet hatte. Er ergriff nunmehr mit Zuversicht die Feder, um einen Brief zu schreiben, der auf einmal die Familie aus aller Verlegenheit und sein bisheriges Betragen in das beste Licht setzen sollte. Er vermied eine eigentliche Erzählung und ließ nur in bedeutenden und mystischen Ausdrücken dasjenige, was ihm begegnet sein könnte, erraten. Der gute Zustand seiner Kasse, der Erwerb, den er seinem Talent schuldig war, die Gunst der Großen, die Neigung der Frauen, die Bekanntschaft in einem weiten Kreise, die Ausbildung seiner körperlichen und geistigen Anlagen, die Hoffnung für die Zukunft bildeten ein solches wunderliches Luftgemälde, daß Fata Morgana selbst es nicht seltsamer hätte durcheinander wirken können.

In dieser glücklichen Exaltation fuhr er fort, nachdem der Brief geschlossen war, ein langes Selbstgespräch zu unterhalten, in welchem er den Inhalt des Schreibens rekapitulierte, und sich eine tätige und würdige Zukunft ausmalte. Das Beispiel so vieler edlen Krieger hatte ihn angefeuert, die Shakespearische Dichtung hatte ihm eine neue Welt eröffnet, und von den Lippen der schönen Gräfin hatte er ein unaussprechliches Feuer in sich gesogen. Das alles konnte, das sollte nicht ohne Wirkung bleiben.

Der Stallmeister kam und fragte, ob sie mit Einpacken fertig seien. Leider hatte außer Melina noch niemand daran gedacht. Nun sollte man eilig aufbrechen. Der Graf hatte versprochen, die ganze Gesellschaft einige Tagereisen weit transportieren zu lassen, die Pferde waren eben bereit und konnten nicht lange entbehrt werden. Wilhelm fragte nach seinem Koffer; Madame Melina hatte sich ihn zunutze gemacht; er verlangte nach seinem Gelde, Herr Melina hatte es ganz unten in den Koffer mit großer Sorgfalt gepackt. Philine sagte: „Ich habe in dem meinigen noch Platz“, nahm Wilhelms Kleider und befahl Mignon, das übrige nachzubringen. Wilhelm mußte es, nicht ohne Widerwillen, geschehen lassen.

Indem man aufpackte und alles zubereitete, sagte Melina: „Es ist mir verdrießlich, daß wir wie Seiltänzer und Marktschreier reisen; ich wünschte, daß Mignon Weiberkleider anzöge, und daß der Harfenspieler sich noch geschwinde den Bart scheren ließe.“ Mignon hielt sich fest an Wilhelm und sagte mit großer Lebhaftigkeit: „Ich bin ein Knabe: ich will kein Mädchen sein!“ Der Alte schwieg, und Philine machte bei dieser Gelegenheit über die Eigenheit des Grafen, ihres Beschützers, einige lustige Anmerkungen. „Wenn der Harfner seinen Bart abschneidet“, sagte sie, „so mag er ihn nur sorgfältig auf Band nähen und bewahren, daß er ihn gleich wieder vornehmen kann, sobald er dem Grafen irgendwo in der Welt begegnet; denn dieser Bart allein hat ihm die Gnade dieses Herrn verschafft.“

Als man in sie drang und eine Erklärung dieser sonderbaren Äußerung verlangte, ließ sie sich folgendergestalt vernehmen: „Der Graf glaubt, daß es zur Illusion sehr viel beitrage, wenn der Schauspieler auch im gemeinen Leben seine Rolle fortspielt und seinen Charakter souteniert; deswegen war er dem Pedanten so günstig, und er fand, es sei recht gescheit, daß der Harfner seinen falschen Bart nicht allein abends auf dem Theater, sondern auch beständig bei Tage trage, und freute sich sehr über das natürliche Aussehen der Maskerade."

Als die andern über diesen Irrtum und über die sonderbaren Meinungen des Grafen spotteten, ging der Harfner mit Wilhelm beiseite, nahm von ihm Abschied und bat mit Tränen, ihn ja sogleich zu entlassen. Wilhelm redete ihm zu und versicherte, daß er ihn gegen jedermann schützen werde, daß ihm niemand ein Haar krümmen, viel weniger ohne seinen Willen abschneiden solle.

Der Alte war sehr bewegt, und in seinen Augen glühte ein sonderbares Feuer. „Nicht dieser Anlaß treibt mich hinweg", rief er aus; „schon lange mache ich mir stille Vorwürfe, daß ich um Sie bleibe. Ich sollte nirgends verweilen, denn das Unglück ereilt mich und beschädigt die, die sich zu mir gesellen. Fürchten Sie alles, wenn Sie mich nicht entlassen, aber fragen Sie mich nicht, ich gehöre nicht mir zu, ich kann nicht bleiben."

„Wem gehörst du an? Wer kann eine solche Gewalt über dich ausüben?"

„Mein Herr, lassen Sie mir mein schaudervolles Geheimnis, und geben Sie mich los! Die Rache, die mich verfolgt, ist nicht des irdischen Richters; ich gehöre einem unerbittlichen Schicksale; ich kann nicht bleiben und ich darf nicht!"

„In diesem Zustande, in dem ich dich sehe, werde ich dich gewiß nicht lassen."

„Es ist Hochverrat an Ihnen, mein Wohltäter, wenn ich zaudre. Ich bin sicher bei Ihnen, aber Sie sind in Gefahr. Sie wissen nicht, wen Sie in Ihrer Nähe hegen. Ich bin schuldig, aber unglücklicher als schuldig. Meine Gegenwart verscheucht das Glück, und die gute Tat wird ohnmächtig, wenn ich dazu trete. Flüchtig und unstät sollt' ich sein, daß mein unglücklicher Genius mich nicht einholet, der mich nur langsam verfolgt und nur dann sich merken läßt, wenn ich mein Haupt niederlegen und ruhen will. Dankbarer kann ich mich nicht bezeigen, als wenn ich Sie verlasse."

„Sonderbarer Mensch! du kannst mir das Vertrauen in dich so wenig nehmen als die Hoffnung, dich glücklich zu sehen. Ich will in die Geheimnisse deines Aberglaubens nicht eindringen; aber wenn du ja in Ahnung wunderbarer Verknüpfungen und Vorbedeutungen lebst, so sage ich dir zu deinem Trost und zu deiner Aufmunterung: geselle dich zu meinem Glücke, und wir wollen sehen, welcher Genius der stärkste ist, dein schwarzer oder mein weißer!"

Wilhelm ergriff diese Gelegenheit, um ihm noch mancherlei Tröstliches zu sagen; denn er hatte schon seit einiger Zeit in seinem wunderbaren Begleiter einen Menschen zu sehen geglaubt, der durch Zufall oder Schickung eine große Schuld auf sich geladen hat und nun die Erinnerung derselben immer mit sich fortschleppt. Noch vor wenigen Tagen hatte Wilhelm seinen Gesang behorcht und folgende Zeilen wohl bemerkt:

Ihm färbt der Morgensonne Licht
Den reinen Horizont mit Flammen,
Und über seinem schuld'gen Haupte bricht
Das schöne Bild der ganzen Welt zusammen.

Der Alte mochte nun sagen, was er wollte, so hatte Wilhelm immer ein stärker Argument, wußte alles zum besten zu kehren und zu wenden, wußte so brav, so herzlich und tröstlich zu sprechen, daß der Alte selbst wieder aufzuleben und seinen Grillen zu entsagen schien.

ZWEITES KAPITEL

Melina hatte Hoffnung, in einer kleinen, aber wohlhabenden Stadt mit seiner Gesellschaft unterzukommen. Schon befanden sie sich an dem Orte, wohin sie die Pferde des Grafen gebracht hatten, und sahen sich nach andern Wagen und Pferden um, mit denen sie weiter zu kommen hofften. Melina hatte den Transport übernommen und zeigte sich, nach seiner Gewohnheit, übrigens sehr karg. Dagegen hatte Wilhelm die schönen Dukaten der Gräfin in der Tasche, auf deren fröhliche Verwendung er das größte Recht zu haben glaubte, und sehr leicht vergaß er, daß er sie in der stattlichen Bilanz, die er den Seinigen zuschickte, schon sehr ruhmredig aufgeführt hatte.

Sein Freund Shakespeare, den er mit großer Freude auch als seinen Paten anerkannte, und sich nur um so lieber Wilhelm nennen ließ, hatte ihm einen Prinzen bekannt gemacht, der sich unter geringer, ja sogar schlechter Gesellschaft eine Zeitlang aufhält und, ungeachtet seiner edlen Natur, an der Roheit, Unschicklichkeit und Albernheit solcher ganz sinnlichen Bursche sich ergötzt. Höchst willkommen war ihm das Ideal, womit er seinen gegenwärtigen Zustand vergleichen konnte, und der Selbstbetrug, wozu er eine fast unüberwindliche Neigung spürte, ward ihm dadurch außerordentlich erleichtert.

Er fing nun an, über seine Kleidung nachzudenken. Er fand, daß ein Westchen, über das man im Notfall einen kurzen Mantel würfe, für einen Wanderer eine sehr angemessene Tracht sei. Lange gestrickte Beinkleider und ein Paar Schnürstiefeln schienen die wahre Tracht eines Fußgängers. Dann verschaffte er sich eine schöne seidne Schärpe, die er zuerst unter dem Vorwande, den Leib warm zu halten, umband; dagegen befreite er seinen Hals von der Knechtschaft einer Binde und ließ sich einige Streifen Nesseltuch ans Hemde heften, die aber etwas breit gerieten und das völlige Ansehen eines antiken Kragens erhielten. Das schöne seidne Halstuch, das gerettete Andenken Marianens, lag nur locker geknüpft unter der nesseltuchnen Krause. Ein runder Hut mit einem bunten Bande und einer großen Feder machte die Maskerade vollkommen.

Die Frauen beteuerten, diese Tracht lasse ihm vorzüglich gut. Philine stellte sich ganz bezaubert darüber und bat sich seine schönen Haare aus, die er, um dem natürlichen Ideal nur desto näher zu kommen, unbarmherzig abgeschnitten hatte. Sie empfahl sich dadurch nicht übel, und unser Freund, der durch seine Freigebigkeit sich das Recht erworben hatte, auf Prinz Harrys Manier mit den übrigen umzugehen, kam bald selbst in den Geschmack, einige tolle Streiche anzugeben und zu befördern. Man focht, man tanzte, man erfand allerlei Spiele, und in der Fröhlichkeit des Herzens genoß man des leidlichen Weins, den man angetroffen hatte, in starkem Maße, und Philine lauerte in der Unordnung dieser Lebensart dem spröden Helden auf, für den sein guter Genius Sorge tragen möge.

Eine vorzügliche Unterhaltung, mit der sich die Gesellschaft besonders ergötzte, bestand in einem extemporierten Spiel, in welchem sie ihre bisherigen Gönner und Wohltäter nachahmten und durchzogen. Einige unter ihnen hatten sich sehr gut die Eigenheiten des äußern Anstandes verschiedner vornehmer Personen gemerkt, und die Nachbildung derselben ward von der übrigen Gesellschaft mit dem größten Beifall aufgenommen, und als Philine aus dem geheimen Archiv ihrer Erfahrungen einige besondere Liebeserklärungen, die an sie geschehen waren, vorbrachte, wußte man sich vor Lachen und Schadenfreude kaum zu lassen.

Wilhelm schalt ihre Undankbarkeit; allein man setzte ihm entgegen, daß sie das, was sie dort erhalten, genugsam abverdient, und daß überhaupt das Betragen gegen so verdienstvolle Leute, wie sie sich zu sein rühmten, nicht das beste gewesen sei. Nun beschwerte man sich, mit wie wenig Achtung man ihnen begegnet, wie sehr man sie zurückgesetzt habe. Das Spotten, Necken und Nachahmen ging wieder an, und man ward immer bitterer und ungerechter.

„Ich wünschte", sagte Wilhelm darauf, „daß durch eure Äußerungen weder Neid noch Eigenliebe durchschiene, und daß ihr jene Personen und ihre Verhältnisse aus dem rechten Gesichtspunkte betrachtet. Es ist eine eigene Sache, schon durch die Geburt auf einen erhabenen Platz in der menschlichen Gesellschaft gesetzt zu sein. Wem ererbte Reichtümer eine vollkommene Leichtigkeit des Daseins verschafft haben, wer sich, wenn ich mich so ausdrücken darf, von allem Beiwesen der Menschheit von Jugend auf reichlich umgeben findet, gewöhnt sich meist, diese Güter als das Erste und Größte zu betrachten, und der Wert einer von der Natur schön ausgestatteten Menschheit wird ihm nicht so deutlich. Das Betragen der Vornehmen gegen Geringere und auch untereinander ist nach äußern Vorzügen abgemessen; sie erlauben jedem, seinen Titel, seinen Rang, seine Kleider und Equipage, nur nicht seine Verdienste geltend zu machen."

Diesen Worten gab die Gesellschaft einen unmäßigen Beifall. Man fand abscheulich, daß der Mann von Verdienst immer zurückstehen müsse, und daß in der großen Welt keine Spur von natürlichem und herzlichem Umgang zu finden sei. Sie kamen besonders über diesen Punkt aus dem Hundertsten ins Tausendste.

„Scheltet sie nicht darüber", rief Wilhelm aus, „bedauert sie vielmehr! Denn von jenem Glück, das wir als das höchste erkennen, das aus dem innern Reichtum der Natur fließt, haben sie selten eine erhöhte Empfindung. Nur uns Armen, die wir wenig oder nichts besitzen, ist es gegönnt, das Glück der Freundschaft in reichem Maße zu genießen. Wir können unsre Geliebten weder durch Gnade erheben, noch durch Gunst befördern, noch durch Geschenke beglücken. Wir haben nichts als uns selbst. Dieses ganze Selbst müssen wir hingeben und, wenn es einigen Wert haben soll, dem Freunde das Gut auf ewig versichern. Welch ein Genuß, welch ein Glück für den Geber und Empfänger! In welchen seligen Zustand versetzt uns die Treue! sie gibt dem vorübergehenden Menschenleben eine himmlische Gewißheit; sie macht das Hauptkapital unsers Reichtums aus."

Mignon hatte sich ihm unter diesen Worten genähert, schlang ihre zarten Arme um ihn und blieb mit dem Köpfchen an seine Brust gelehnt stehen. Er legte die Hand auf des Kindes Haupt und fuhr fort: „Wie leicht wird es einem Großen, die Gemüter zu gewinnen! wie leicht eignet er sich die Herzen zu! Ein gefälliges, bequemes, nur einigermaßen menschliches Betragen tut Wunder, und wie viele Mittel hat er, die einmal erworbenen Geister festzuhalten! Uns kommt alles seltener, wird alles schwerer, und wie natürlich ist es, daß wir auf das, was wir erwerben und leisten, einen größern Wert legen. Welche rührenden Beispiele von treuen Dienern, die sich für ihre Herren aufopferten! Wie schön hat uns Shakespeare solche geschildert! Die Treue ist in diesem Falle ein Bestreben einer edlen Seele, einem Größern gleich zu werden. Durch fortdauernde Anhänglichkeit und Liebe wird der Diener seinem Herrn gleich, der ihn sonst nur als einen bezahlten Sklaven anzusehen berechtigt ist. Ja, diese Tugenden sind nur für den geringen Stand; er kann sie nicht entbehren, und sie kleiden ihn schön. Wer sich leicht loskaufen kann, wird so leicht versucht, sich auch der Erkenntlichkeit zu überheben. Ja, in diesem Sinne glaube ich behaupten zu können, daß ein Großer wohl Freunde haben, aber nicht Freund sein könne."

Mignon drückte sich immer fester an ihn.

„Nun gut", versetzte einer aus der Gesellschaft, „wir brauchen ihre Freundschaft nicht und haben sie niemals verlangt. Nur sollten sie sich besser auf Künste verstehen, die sie doch beschützen wollen. Wenn wir am besten gespielt haben, hat uns niemand zugehört: alles war lauter Parteilichkeit. Wem man günstig war, der gefiel, und man war dem nicht günstig, der zu gefallen verdiente. Es war nicht erlaubt, wie oft das Alberne und Abgeschmackte Aufmerksamkeit und Beifall auf sich zog."

„Wenn ich abrechne", versetzte Wilhelm, „was Schadenfreude und Ironie gewesen sein mag, so denk' ich, es geht in der Kunst wie in der Liebe. Wie will der Weltmann bei seinem zerstreuten Leben die Innigkeit erhalten, in der ein Künstler bleiben muß, wenn er etwas Vollkommenes hervorzubringen denkt, und die selbst demjenigen nicht fremd sein darf, der einen solchen Anteil am Werke nehmen will, wie der Künstler ihn wünscht und hofft.

Glaubt mir, meine Freunde, es ist mit den Talenten wie mit der Tugend: man muß sie um ihrer selbst willen lieben oder sie ganz aufgeben. Und doch werden sie beide nicht anders erkannt und belohnt, als wenn man sie, gleich einem gefährlichen Geheimnis, im Verborgnen üben kann."

„Unterdessen, bis ein Kenner uns auffindet, kann man Hungers sterben", rief einer aus der Ecke.

„Nicht eben sogleich", versetzte Wilhelm. „Ich habe gesehen, solange einer lebt und sich rührt, findet er immer seine Nahrung, und wenn sie auch gleich nicht die reichlichste ist. Und worüber habt ihr euch denn zu beschweren? Sind wir nicht ganz unvermutet, eben da es mit uns am schlimmsten aussah, gut aufgenommen und bewirtet worden? Und jetzt, da es uns noch an nichts gebricht, fällt es uns denn ein, etwas zu unserer Übung zu tun und nur einigermaßen weiter zu streben? Wir treiben fremde Dinge und entfernen, den Schulkindern ähnlich, alles, was uns nur an unsre Lektion erinnern könnte."

„Wahrhaftig", sagte Philine, „es ist unverantwortlich! Laßt uns ein Stück wählen; wir wollen es auf der Stelle spielen. Jeder muß sein möglichstes tun, als wenn er vor dem größten Auditorium stünde."

Man überlegte nicht lange; das Stück ward bestimmt. Es war eines derer, die damals in Deutschland großen Beifall fanden und nun verschollen sind. Einige pfiffen eine Symphonie, jeder besann sich schnell auf seine Rolle, man fing an und spielte mit der größten Aufmerksamkeit das Stück durch, und wirklich über Erwartung gut. Man applaudierte sich wechselsweise; man hatte sich selten so wohl gehalten.

Als sie fertig waren, empfanden sie alle ein ausnehmendes Vergnügen, teils über ihre wohlzugebrachte Zeit, teils weil jeder besonders mit sich zufrieden sein konnte. Wilhelm ließ sich weitläufig zu ihrem Lobe heraus, und ihre Unterhaltung war heiter und fröhlich.

„Ihr solltet sehen", rief unser Freund, „wie weit wir kommen müßten, wenn wir unsere Übungen auf diese Art fortsetzten und nicht bloß auf Auswendiglernen, Probieren und Spielen uns mechanisch pflicht- und handwerksmäßig einschränkten. Wieviel mehr Lob verdienen die Tonkünstler, wie sehr ergötzen sie sich, wie genau sind sie, wenn sie gemeinschaftlich ihre Übungen vornehmen! Wie sind sie bemüht, ihre Instrumente übereinzustimmen, wie genau halten sie Takt, wie zart wissen sie die Stärke und Schwäche des Tons auszudrücken! Keinem fällt es ein, sich bei dem Solo eines andern durch ein vorlautes Akkompagnieren Ehre zu machen. Jeder sucht in dem Geist und Sinne des Komponisten zu spielen, und jeder das, was ihm aufgetragen ist, es mag viel oder wenig sein, gut auszudrücken. Sollten wir nicht ebenso genau und ebenso geistreich zu Werke gehen, da wir eine Kunst treiben, die noch viel zarter als jede Art von Musik ist, da wir die gewöhnlichsten und seltensten Äußerungen der Menschheit geschmackvoll und ergötzend darzustellen berufen sind? Kann etwas abscheulicher sein, als in den Proben zu sudeln und sich bei der Vorstellung auf Laune und gut Glück zu verlassen? Wir sollten unser größtes Glück und Vergnügen darein setzen, miteinander übereinzustimmen, um uns wechselsweise zu gefallen, und auch nur insofern den Beifall des Publikums zu schätzen, als wir ihn uns gleichsam untereinander schon selbst garantiert hätten. Warum ist der Kapellmeister seines Orchesters gewisser als der Direktor seines Schauspiels? Weil dort jeder sich seines Mißgriffs, der das äußere Ohr beleidigt, schämen muß; aber wie selten hab' ich einen Schauspieler verzeihliche und unverzeihliche Mißgriffe, durch die das innere Ohr so schnöde beleidigt wird, anerkennen und sich ihrer schämen sehen! Ich wünschte nur, daß das Theater so schmal wäre, als der Draht eines Seiltänzers, damit sich kein Ungeschickter hinaufwagte, anstatt daß jetzo ein jeder sich Fähigkeit genug fühlt, darauf zu paradieren."

Die Gesellschaft nahm diese Apostrophe gut auf, indem jeder überzeugt war, daß nicht von ihm die Rede sein könne, da er sich noch vor kurzem nebst den übrigen so gut gehalten. Man kam vielmehr überein, daß man in dem Sinne, wie man angefangen, auf dieser Reise und künftig, wenn man zusammenbliebe, eine gesellige Bearbeitung wolle obwalten lassen. Man fand nur, daß, weil dieses eine Sache der guten Laune und des freien Willens sei, so müsse sich eigentlich kein Direktor darein mischen. Man nahm als ausgemacht an, daß unter guten Menschen die republikanische Form die beste sei; man behauptete, das Amt eines Direktors müsse herumgehen; er müsse von allen gewählt werden und eine Art von kleinem Senat ihm jederzeit beigesetzt bleiben. Sie waren so von diesem Gedanken eingenommen, daß sie wünschten, ihn gleich ins Werk zu richten.

„Ich habe nichts dagegen", sagte Melina, „wenn ihr auf der Reise einen solchen Versuch machen wollt; ich suspendiere meine Direktorschaft gern, bis wir wieder an Ort und Stelle kommen." Er hoffte, dabei zu sparen und manche Ausgaben der kleinen Republik oder dem Interimsdirektor aufzuwälzen. Nun ging man sehr lebhaft zu Rate, wie man die Form des neuen Staates aufs beste einrichten wolle.

„Es ist ein wanderndes Reich“, sagte Laertes; „wir werden wenigstens keine Grenzstreitigkeiten haben.“

Man schritt sogleich zur Sache und erwählte Wilhelmen zum ersten Direktor. Der Senat ward bestellt, die Frauen erhielten Sitz und Stimme, man schlug Gesetze vor, man verwarf, man genehmigte. Die Zeit ging unvermerkt unter diesem Spiele vorüber, und weil man sie angenehm zubrachte, glaubte man auch wirklich etwas Nützliches getan und durch die neue Form eine neue Aussicht für die vaterländische Bühne eröffnet zu haben.

DRITTES KAPITEL

Wilhelm hoffte nunmehr, da er die Gesellschaft in so guter Disposition sah, sich auch mit ihr über das dichterische Verdienst der Stücke unterhalten zu können. „Es ist nicht genug“, sagte er zu ihnen, als sie des andern Tages wieder zusammenkamen, „daß der Schauspieler ein Stück nur so obenhin ansehe, dasselbe nach dem ersten Eindruck beurteile und ohne Prüfung seinen Gefallen oder Mißfallen daran zu erkennen gebe. Dies ist dem Zuschauer wohl erlaubt, der gerührt und unterhalten sein, aber eigentlich nicht urteilen will. Der Schauspieler dagegen soll von dem Stücke und von den Ursachen seines Lobes und Tadels Rechenschaft geben können, und wie will er das, wenn er nicht in den Sinn seines Autors, wenn er nicht in die Absichten desselben einzudringen versteht? Ich habe den Fehler, ein Stück aus einer Rolle zu beurteilen, eine Rolle nur an sich und nicht im Zusammenhange mit dem Stück zu betrachten, an mir selbst in diesen Tagen so lebhaft bemerkt, daß ich euch das Beispiel erzählen will, wenn ihr mir ein geneigtes Gehör gönnen wollt.

Ihr kennt Shakespeares unvergleichlichen Hamlet aus einer Vorlesung, die euch schon auf dem Schlosse das größte Vergnügen machte. Wir setzten uns vor, das Stück zu spielen, und ich hatte, ohne zu wissen, was ich tat, die Rolle des Prinzen übernommen; ich glaubte sie zu studieren, indem ich anfing, die stärksten Stellen, die Selbstgespräche und jene Auftritte zu memorieren, in denen Kraft der Seele, Erhebung des Geistes und Lebhaftigkeit freien Spielraum haben, wo das bewegte Gemüt sich in einem gefühlvollen Ausdrucke zeigen kann.

Auch glaubte ich recht in den Geist der Rolle einzudringen, wenn ich die Last der tiefen Schwermut gleichsam selbst auf mich nähme und unter diesem Druck meinem Vorbilde durch das seltsame Labyrinth so mancher Launen und Sonderbarkeiten zu folgen suchte. So memorierte ich, und so übte ich mich und glaubte nach und nach mit meinem Helden zu einer Person zu werden.

Allein je weiter ich kam, desto schwerer ward mir die Vorstellung des Ganzen, und mir schien zuletzt fast unmöglich, zu einer Übersicht zu gelangen. Nun ging ich das Stück in einer ununterbrochenen Folge durch, und auch da wollte mir leider manches nicht passen. Bald schienen sich die Charaktere, bald der Ausdruck zu widersprechen, und ich verzweifelte fast, einen Ton zu finden, in welchem ich meine ganze Rolle mit allen Abweichungen und Schattierungen vortragen könnte. In diesen Irrgängen bemühte ich mich lange vergebens, bis ich mich endlich auf einem ganz besondern Wege meinem Ziele zu nähern hoffte.

Ich suchte jede Spur auf, die sich von dem Charakter Hamlets in früher Zeit vor dem Tode seines Vaters zeigte; ich bemerkte, was unabhängig von dieser traurigen Begebenheit, unabhängig von den nachfolgenden schrecklichen Ereignissen dieser interessante Jüngling gewesen war, und was er ohne sie vielleicht geworden wäre.

Zart und edel entsprossen, wuchs die königliche Blume unter den unmittelbaren Einflüssen der Majestät hervor; der Begriff des Rechts und der fürstlichen Würde, das Gefühl des Guten und Anständigen mit dem Bewußtsein der Höhe seiner Geburt entwickelten sich zugleich in ihm. Er war ein Fürst, ein geborner Fürst, und wünschte zu regieren, nur damit der Gute ungehindert gut sein möchte. Angenehm von Gestalt, gesittet von Natur, gefällig von Herzen aus, sollte er das Muster der Jugend sein und die Freude der Welt werden.

Ohne irgendeine hervorstechende Leidenschaft war seine Liebe zu Ophelien ein stilles Vorgefühl süßer Bedürfnisse; sein Eifer zu ritterlichen Übungen war nicht ganz original; vielmehr mußte diese Lust durch das Lob, das man dem Dritten beilegte, geschärft und erhöht werden; rein fühlend, kannte er die Redlichen und wußte die Ruhe zu schätzen, die ein aufrichtiges Gemüt an dem offenen Busen eines Freundes genießt. Bis auf einen gewissen Grad hatte er in Künsten und Wissenschaften das Gute und Schöne erkennen und würdigen gelernt; das Abgeschmackte war ihm zuwider, und wenn in seiner zarten Seele der Haß aufkeimen konnte, so war es nur ebensoviel, als nötig ist, um bewegliche und falsche Höflinge zu verachten und spöttisch mit ihnen zu spielen. Er war gelassen in seinem Wesen, in seinem Betragen einfach, weder im Müßiggange behaglich, noch allzubegierig nach Beschäftigung. Ein akademisches Hinschlendern schien er auch bei Hofe fortzusetzen. Er besaß mehr Fröhlichkeit der Laune als des Herzens, war ein guter Gesellschafter, nachgiebig, bescheiden, besorgt, und konnte eine Beleidigung vergeben und vergessen; aber niemals konnte er sich mit dem vereinigen, der die Grenzen des Rechten, des Guten, des Anständigen überschritt.

Wenn wir das Stück wieder zusammen lesen werden, könnt ihr beurteilen, ob ich auf dem rechten Wege bin. Wenigstens hoffe ich meine Meinung durchaus mit Stellen belegen zu können.“

Man gab der Schilderung lauten Beifall; man glaubte vorauszusehen, daß sich nun die Handelsweise Hamlets gar gut werde erklären lassen; man freute sich über diese Art, in den Geist des Schriftstellers einzudringen. Jeder nahm sich vor, auch irgendein Stück auf diese Art zu studieren und den Sinn des Verfassers zu entwickeln.

VIERTES KAPITEL

Nur einige Tage mußte die Gesellschaft an dem Orte liegenbleiben, und sogleich zeigten sich für verschiedene Glieder derselben nicht unangenehme Abenteuer, besonders aber ward Laertes von einer Dame angereizt, die in der Nachbarschaft ein Gut hatte, gegen die er sich aber äußerst kalt, ja unartig betrug und darüber von Philinen viele Spöttereien erdulden mußte. Sie ergriff die Gelegenheit, unserm Freund die unglückliche Liebesgeschichte zu erzählen, über die der arme Jüngling dem ganzen weiblichen Geschlechte feind geworden war. „Wer wird ihm übelnehmen", rief sie aus, „daß er ein Geschlecht haßt, das ihm so übel mitgespielt hat und ihm alle Übel, die sonst Männer von Weibern zu befürchten haben, in einem sehr konzentrierten Tranke zu verschlucken gab? Stellen Sie sich vor: binnen vierundzwanzig Stunden war er Liebhaber, Bräutigam, Ehmann, Hahnrei, Patient und Witwer! Ich wüßte nicht, wie man's einem ärger machen wollte."

Laertes lief halb lachend, halb verdrießlich zur Stube hinaus, und Philine fing in ihrer allerliebsten Art die Geschichte zu erzählen an, wie Laertes als ein junger Mensch von achtzehn Jahren, eben als er bei einer Theatergesellschaft eingetroffen, ein schönes vierzehnjähriges Mädchen gefunden, die eben mit ihrem Vater, der sich mit dem Direktor entzweiet, abzureisen willens gewesen. Er habe sich aus dem Stegreife sterblich verliebt, dem Vater alle möglichen Vorstellungen getan, zu bleiben, und endlich versprochen, das Mädchen zu heiraten. Nach einigen angenehmen Stunden des Brautstandes sei er getraut worden, habe eine glückliche Nacht als Ehmann zugebracht, darauf habe ihn seine Frau des andern Morgens, als er in der Probe gewesen, nach Standesgebühr mit einem Hörnerschmuck beehrt; weil er aber aus allzugroßer Zärtlichkeit viel zu früh nach Hause geeilt, habe er leider einen ältern Liebhaber an seiner Stelle gefunden, habe mit unsinniger Leidenschaft dreingeschlagen, Liebhaber und Vater herausgefordert und sei mit einer leidlichen Wunde davongekommen. Vater und Tochter seien darauf noch in der Nacht abgereist, und er sei leider auf eine doppelte Weise verwundet zurückgeblieben. Sein Unglück habe ihn zu dem schlechtesten Feldscher von der Welt geführt, und der Arme sei leider mit schwarzen Zähnen und triefenden Augen aus diesem Abenteuer geschieden. Er sei zu bedauern, weil er übrigens der bravste Junge sei, den Gottes Erdboden trüge. „Besonders“, sagte sie, „tut es mir leid, daß der arme Narr nun die Weiber haßt: denn wer die Weiber haßt, wie kann der leben?“

Melina unterbrach sie mit der Nachricht, daß alles zum Transport völlig bereit sei, und daß sie morgen früh abfahren könnten. Er überreichte ihnen eine Disposition, wie sie fahren sollten.

„Wenn mich ein guter Freund auf den Schoß nimmt“, sagte Philine, „so bin ich zufrieden, daß wir eng und erbärmlich sitzen; übrigens ist mir alles einerlei.“

„Es tut nichts“, sagte Laertes, der auch herbeikam.

„Es ist verdrießlich!“ sagte Wilhelm und eilte weg. Er fand für sein Geld noch einen gar bequemen Wagen, den Melina verleugnet hatte. Eine andere Einteilung ward gemacht, und man freute sich, bequem abreisen zu können, als die bedenkliche Nachricht einlief, daß auf dem Wege, den sie nehmen wollten, sich ein Freikorps sehen lasse, von dem man nicht viel Gutes erwartete.

An dem Orte selbst war man sehr auf diese Zeitung aufmerksam, wenn sie gleich nur schwankend und zweideutig war. Nach der Stellung der Armeen schien es unmöglich, daß ein feindliches Korps sich habe durchschleichen, oder daß ein freundliches so weit habe zurückbleiben können. Jedermann war eifrig, unserer Gesellschaft die Gefahr, die auf sie wartete, recht gefährlich zu beschreiben und ihr einen andern Weg anzuraten.

Die meisten waren darüber in Unruhe und Furcht gesetzt, und als nach der neuen republikanischen Form die sämtlichen Glieder des Staats zusammengerufen wurden, um über diesen außerordentlichen Fall zu beratschlagen, waren sie fast einstimmig der Meinung, daß man das Übel vermeiden und am Orte bleiben, oder ihm ausweichen und einen andern Weg erwählen müsse.

Nur Wilhelm, von Furcht nicht eingenommen, hielt für

schimpflich, einen Plan, in den man mit so viel Überlegung eingegangen war, nunmehr auf ein bloßes Gerücht aufzugeben. Er sprach ihnen Mut ein, und seine Gründe waren männlich und überzeugend.

„Noch", sagte er, „ist es nichts als ein Gerücht, und wie viele dergleichen entstehen im Kriege! Verständige Leute sagen, daß der Fall höchst unwahrscheinlich, ja beinah unmöglich sei. Sollten wir uns in einer so wichtigen Sache bloß durch ein so ungewisses Gerede bestimmen lassen? Die Route, welche uns der Herr Graf angegeben hat, auf die unser Paß lautet, ist die kürzeste, und wir finden auf selbiger den besten Weg. Sie führt uns nach der Stadt, wo ihr Bekanntschaften, Freunde vor euch seht und eine gute Aufnahme zu hoffen habt. Der Umweg bringt uns auch dahin, aber in welche schlimmen Wege verwickelt er uns, wie weit führt er uns ab! Können wir Hoffnung haben, uns in der späten Jahrszeit wieder herauszufinden, und was für Zeit und Geld werden wir indessen versplittern!" Er sagte noch viel und trug die Sache von so mancherlei vorteilhaften Seiten vor, daß ihre Furcht sich verringerte und ihr Mut zunahm. Er wußte ihnen so viel von der Mannszucht der regelmäßigen Truppen vorzusagen und ihnen die Marodeurs und das hergelaufene Gesindel so nichtswürdig zu schildern und selbst die Gefahr so lieblich und lustig darzustellen, daß alle Gemüter aufgeheitert wurden.

Laertes war vom ersten Moment an auf seiner Seite und versicherte, daß er nicht wanken noch weichen wolle. Der alte Polterer fand wenigstens einige übereinstimmende Ausdrücke in seiner Manier, Philine lachte sie alle zusammen aus, und da Madame Melina, die, ihrer hohen Schwangerschaft ungeachtet, ihre natürliche Herzhaftigkeit nicht verloren hatte, den Vorschlag heroisch fand, so konnte Melina, der denn freilich auf dem nächsten Wege, auf den er akkordiert hatte, viel zu sparen hoffte, nicht widerstehen, und man willigte in den Vorschlag von ganzem Herzen.

Nun fing man an, sich auf alle Fälle zur Verteidigung einzurichten. Man kaufte große Hirschfänger und hing sie an wohlgestickten Riemen über die Schultern. Wilhelm steckte noch überdies ein Paar Terzerole in den Gürtel;

Laertes hatte ohnedem eine gute Flinte bei sich, und man machte sich mit einer hohen Freudigkeit auf den Weg.

Den zweiten Tag schlugen die Fuhrleute, die der Gegend wohl kundig waren, vor: sie wollten auf einem waldigen Bergplatze Mittagsruhe halten, weil das Dorf weit abgelegen sei und man bei guten Tagen gern diesen Weg nähme.

Die Witterung war schön, und jedermann stimmte leicht in den Vorschlag ein. Wilhelm eilte zu Fuß durch das Gebirge voraus, und über seine sonderbare Gestalt mußte jeder, der ihm begegnete, stutzig werden. Er eilte mit schnellen und zufriedenen Schritten den Wald hinauf, Laertes pfiff hinter ihm drein, nur die Frauen ließen sich in den Wagen fortschleppen. Mignon lief gleichfalls nebenher, stolz auf den Hirschfänger, den man ihr, als die Gesellschaft sich bewaffnete, nicht abschlagen konnte. Um ihren Hut hatte sie die Perlenschnur gewunden, die Wilhelm von Marianens Reliquien übrigbehalten hatte. Friedrich der Blonde trug die Flinte des Laertes, der Harfner hatte das friedlichste Ansehen. Sein langes Kleid war in den Gürtel gesteckt, und so ging er freier. Er stützte sich auf einen knotigen Stab, sein Instrument war bei den Wagen zurückgeblieben.

Nachdem sie nicht ganz ohne Beschwerlichkeit die Höhe erstiegen, erkannten sie sogleich den angezeigten Platz an den schönen Buchen, die ihn umgaben und bedeckten. Eine große, sanft abhängige Waldwiese lud zum Bleiben ein; eine eingefaßte Quelle bot die lieblichste Erquickung dar, und es zeigte sich an der andern Seite durch Schluchten und Waldrücken eine ferne, schöne und hoffnungsvolle Aussicht. Da lagen Dörfer und Mühlen in den Gründen, Städtchen in der Ebene, und neue, in der Ferne eintretende Berge machten die Aussicht noch hoffnungsvoller, indem sie nur wie eine sanfte Beschränkung hereintraten.

Die ersten Ankommenden nahmen Besitz von der Gegend, ruhten im Schatten aus, machten ein Feuer an und erwarteten geschäftig, singend, die übrige Gesellschaft, welche nach und nach herbeikam und den Platz, das schöne Wetter, die unaussprechlich schöne Gegend mit einem Munde begrüßte.

FÜNFTES KAPITEL

Hatte man oft zwischen vier Wänden gute und fröhliche Stunden zusammen genossen, so war man natürlich noch viel aufgeweckter hier, wo die Freiheit des Himmels und die Schönheit der Gegend jedes Gemüt zu reinigen schien. Alle fühlten sich einander näher, alle wünschten in einem so angenehmen Aufenthalt ihr ganzes Leben hinzubringen. Man beneidete die Jäger, Köhler und Holzhauer, Leute, die ihr Beruf in diesen glücklichen Wohnplätzen festhält; über alles aber pries man die reizende Wirtschaft eines Zigeunerhaufens. Man beneidete die wunderlichen Gesellen, die in seligem Müßiggange alle abenteuerlichen Reize der Natur zu genießen berechtigt sind; man freute sich, ihnen einigermaßen ähnlich zu sein.

Indessen hatten die Frauen angefangen, Erdäpfel zu sieden und die mitgebrachten Speisen auszupacken und zu bereiten. Einige Töpfe standen beim Feuer, gruppenweise lagerte sich die Gesellschaft unter den Bäumen und Büschen. Ihre seltsamen Kleidungen und die mancherlei Waffen gaben ihr ein fremdes Ansehen. Die Pferde wurden beiseite gefüttert, und wenn man die Kutschen hätte verstecken wollen, so wäre der Anblick dieser kleinen Horde bis zur Illusion romantisch gewesen.

Wilhelm genoß ein nie gefühltes Vergnügen. Er konnte hier eine wandernde Kolonie und sich als Anführer derselben denken. In diesem Sinne unterhielt er sich mit einem jeden und bildete den Wahn des Moments so poetisch als möglich aus. Die Gefühle der Gesellschaft erhöhten sich; man aß, trank und jubilierte und bekannte wiederholt, niemals schönere Augenblicke erlebt zu haben.

Nicht lange hatte das Vergnügen zugenommen, als bei den jungen Leuten die Tätigkeit erwachte. Wilhelm und Laertes griffen zu den Rapieren und fingen diesmal in theatralischer Absicht ihre Übungen an. Sie wollten den Zweikampf darstellen, in welchem Hamlet und sein Gegner ein so tragisches Ende nehmen. Beide Freunde waren überzeugt, daß man in dieser wichtigen Szene nicht, wie es wohl auf Theatern zu geschehen pflegt, nur ungeschickt hin und wider stoßen dürfe: sie hofften ein Muster darzustellen, wie man bei der Aufführung auch dem Kenner der Fechtkunst ein würdiges Schauspiel zu geben habe. Man schloß einen Kreis um sie her; beide fochten mit Eifer und Einsicht, das Interesse der Zuschauer wuchs mit jedem Gange.

Auf einmal aber fiel im nächsten Busche ein Schuß, und gleich darauf noch einer, und die Gesellschaft fuhr erschreckt auseinander. Bald erblickte man bewaffnete Leute, die auf den Ort zudrangen, wo die Pferde nicht weit von den bepackten Kutschen ihr Futter einnahmen.

Ein allgemeiner Schrei entfuhr dem weiblichen Geschlechte, unsre Helden warfen die Rapiere weg, griffen nach den Pistolen, eilten den Räubern entgegen und forderten unter lebhaften Drohungen Rechenschaft des Unternehmens.

Als man ihnen lakonisch mit ein paar Musketenschüssen antwortete, drückte Wilhelm seine Pistole auf einen Krauskopf ab, der den Wagen erstiegen hatte und die Stricke des Gepäckes auseinanderschnitt. Wohlgetroffen stürzte er sogleich herunter; Laertes hatte auch nicht fehlgeschossen, und beide Freunde zogen beherzt ihre Seitengewehre, als ein Teil der räuberischen Bande mit Fluchen und Gebrüll auf sie losbrach, einige Schüsse auf sie tat und sich mit blinkenden Säbeln ihrer Kühnheit entgegensetzte. Unsre jungen Helden hielten sich tapfer; sie riefen ihren übrigen Gesellen zu und munterten sie zu einer allgemeinen Verteidigung auf. Bald aber verlor Wilhelm den Anblick des Lichtes und das Bewußtsein dessen, was vorging. Von einem Schuß, der ihn zwischen der Brust und dem linken Arm verwundete, von einem Hiebe, der ihm den Hut spaltete und fast bis auf die Hirnschale durchdrang, betäubt, fiel er nieder und mußte das unglückliche Ende des Überfalls nur erst in der Folge aus der Erzählung vernehmen.

Als er die Augen wieder aufschlug, befand er sich in der wunderbarsten Lage. Das erste, was ihm durch die Dämmerung, die noch vor seinen Augen lag, entgegenblickte, war das Gesicht Philinens, das sich über das seine herüberneigte. Er fühlte sich schwach, und da er, um sich emporzurichten, eine Bewegung machte, fand er sich in Philinens Schoß, in den er auch wieder zurücksank. Sie saß auf dem Rasen, hatte den Kopf des vor ihr ausgestreckten Jünglings leise an sich gedrückt und ihm in ihren Armen, soviel sie konnte, ein sanftes Lager bereitet. Mignon kniete mit zerstreuten blutigen Haaren an seinen Füßen und umfaßte sie mit vielen Tränen.

Als Wilhelm seine blutigen Kleider ansah, fragte er mit gebrochener Stimme, wo er sich befinde, was ihm und den andern begegnet sei? Philine bat ihn, ruhig zu bleiben; die übrigen, sagte sie, seien alle in Sicherheit und niemand als er und Laertes verwundet. Weiter wollte sie nichts erzählen und bat ihn inständig, er möchte sich ruhig halten, weil seine Wunden nur schlecht und in der Eile verbunden seien. Er reichte Mignon die Hand und erkundigte sich nach der Ursache der blutigen Locken des Kindes, das er auch verwundet glaubte.

Um ihn zu beruhigen, erzählte Philine: dieses gutherzige Geschöpf, da es seinen Freund verwundet gesehen, habe sich in der Geschwindigkeit auf nichts besonnen, um das Blut zu stillen, es habe seine eigenen Haare, die um den Kopf geflogen, genommen, um die Wunden zu stopfen, habe aber bald von dem vergeblichen Unternehmen abstehen müssen. Nachher verband man ihn mit Schwamm und Moos, Philine hatte dazu ihr Halstuch hergegeben.

Wilhelm bemerkte, daß Philine mit dem Rücken gegen ihren Koffer saß, der noch ganz wohl verschlossen und unbeschädigt aussah. Er fragte, ob die andern auch so glücklich gewesen, ihre Habseligkeiten zu retten? Sie antwortete mit Achselzucken und einem Blick auf die Wiese, wo zerbrochene Kasten, zerschlagene Koffer, zerschnittene Mantelsäcke und eine Menge kleiner Gerätschaften zerstreut hin und wieder lagen. Kein Mensch war auf dem Platze zu sehen, und die wunderliche Gruppe fand sich in dieser Einsamkeit allein.

Wilhelm erfuhr nun immer mehr, als er wissen wollte: die übrigen Männer, die allenfalls noch Widerstand hätten tun können, waren gleich in Schrecken gesetzt und bald überwältigt; ein Teil floh, ein Teil sah mit Entsetzen dem Unfalle zu. Die Fuhrleute, die sich noch wegen ihrer Pferde am hartnäckigsten gehalten hatten, wurden niedergeworfen und gebunden, und in kurzem war alles rein ausgeplündert und weggeschleppt. Die beängstigten Reisenden fingen, sobald die Sorge für ihr Leben vorüber war, ihren Verlust zu bejammern an, eilten mit möglichster Geschwindigkeit dem benachbarten Dorfe zu, führten den leichtverwundeten Laertes mit sich und brachten nur wenige Trümmer ihrer Besitztümer davon. Der Harfner hatte sein beschädigtes Instrument an einen Baum gelehnt und war mit nach dem Orte geeilt, einen Wundarzt aufzusuchen und seinem für tot zurückgelassenen Wohltäter nach Möglichkeit beizuspringen.

SECHSTES KAPITEL

Unsere drei verunglückten Abenteurer blieben indes noch eine Zeitlang in ihrer seltsamen Lage, niemand eilte ihnen zu Hülfe. Der Abend kam herbei, die Nacht drohte hereinzubrechen; Philinens Gleichgültigkeit fing an in Unruhe überzugehen, Mignon lief hin und wider, und die Ungeduld des Kindes nahm mit jedem Augenblicke zu. Endlich, da ihnen ihr Wunsch gewährt ward und Menschen sich ihnen näherten, überfiel sie ein neuer Schrecken. Sie hörten ganz deutlich einen Trupp Pferde in dem Wege heraufkommen, den auch sie zurückgelegt hatten, und fürchteten, daß abermals eine Gesellschaft ungebetener Gäste diesen Waldplatz besuchen möchte, um Nachlese zu halten.

Wie angenehm wurden sie dagegen überrascht, als ihnen aus den Büschen, auf einem Schimmel reitend, ein Frauenzimmer zu Gesichte kam, die von einem ältlichen Herrn und einigen Kavalieren begleitet wurde; Reitknechte, Bedienten und ein Trupp Husaren folgten nach.

Philine, die zu dieser Erscheinung große Augen machte, war eben im Begriff zu rufen und die schöne Amazone um Hülfe anzuflehen, als diese schon erstaunt ihre Augen nach der wunderbaren Gruppe wendete, sogleich ihr Pferd lenkte, herzuritt und stille hielt. Sie erkundigte sich eifrig nach dem Verwundeten, dessen Lage in dem Schoße der leichtfertigen Samariterin ihr höchst sonderbar vorzukommen schien.

„Ist es Ihr Mann?“ fragte sie Philinen. „Es ist nur ein

guter Freund", versetzte diese mit einem Ton, der Wilhelmen höchst zuwider war. Er hatte seine Augen auf die sanften, hohen, stillen, teilnehmenden Gesichtszüge der Ankommenden geheftet; er glaubte nie etwas Edleres noch Liebenswürdigeres gesehen zu haben. Ein weiter Mannsüberrock verbarg ihm ihre Gestalt; sie hatte ihn, wie es schien, gegen die Einflüsse der kühlen Abendluft von einem ihrer Gesellschafter geborgt.

Die Ritter waren indes auch näher gekommen; einige stiegen ab, die Dame tat ein Gleiches und fragte mit menschenfreundlicher Teilnehmung nach allen Umständen des Unfalls, der die Reisenden betroffen hatte, besonders aber nach den Wunden des hingestreckten Jünglings. Darauf wandte sie sich schnell um und ging mit einem alten Herrn seitwärts nach den Wagen, welche langsam den Berg heraufkamen und auf dem Waldplatze stille hielten.

Nachdem die junge Dame eine kurze Zeit am Schlage der einen Kutsche gestanden und sich mit den Ankommenden unterhalten hatte, stieg ein Mann von untersetzter Gestalt heraus, den sie zu unserm verwundeten Helden führte. An dem Kästchen, das er in der Hand hatte, und an der ledernen Tasche mit Instrumenten erkannte man ihn bald für einen Wundarzt. Seine Manieren waren mehr rauh als einnehmend, doch seine Hand leicht und seine Hülfe willkommen.

Er untersuchte genau, erklärte, keine Wunde sei gefährlich, er wolle sie auf der Stelle verbinden, alsdann könne man den Kranken in das nächste Dorf bringen.

Die Besorgnisse der jungen Dame schienen sich zu vermehren. „Sehen Sie nur", sagte sie, nachdem sie einigemal hin und her gegangen war und den alten Herrn wieder herbeiführte, „sehen Sie, wie man ihn zugerichtet hat! Und leidet er nicht um unsertwillen?" Wilhelm hörte diese Worte und verstand sie nicht. Sie ging unruhig hin und wider; es schien, als könnte sie sich nicht von dem Anblick des Verwundeten losreißen, und als fürchtete sie zugleich den Wohlstand zu verletzen, wenn sie stehenbliebe, zu der Zeit, da man ihn, wiewohl mit Mühe, zu entkleiden anfing. Der Chirurgus schnitt eben den linken Ärmel auf, als der alte

Herr hinzutrat und ihr mit einem ernsthaften Tone die Notwendigkeit, ihre Reise fortzusetzen, vorstellte. Wilhelm hatte seine Augen auf sie gerichtet und war von ihren Blicken so eingenommen, daß er kaum fühlte, was mit ihm vorging.

Philine war indessen aufgestanden, um der gnädigen Dame die Hand zu küssen. Als sie nebeneinander standen, glaubte unser Freund nie einen solchen Abstand gesehn zu haben. Philine war ihm noch nie in einem so ungünstigen Lichte erschienen. Sie sollte, wie es ihm vorkam, sich jener edlen Natur nicht nahen, noch weniger sie berühren.

Die Dame fragte Philinen verschiedenes, aber leise. Endlich kehrte sie sich zu dem alten Herrn, der noch immer trocken dabei stand, und sagte: „Lieber Oheim, darf ich auf Ihre Kosten freigebig sein?" Sie zog sogleich den Überrock aus, und ihre Absicht, ihn dem Verwundeten und Unbekleideten hinzugeben, war nicht zu verkennen.

Wilhelm, den der heilsame Blick ihrer Augen bisher festgehalten hatte, war nun, als der Überrock fiel, von ihrer schönen Gestalt überrascht. Sie trat näher herzu und legte den Rock sanft über ihn. In diesem Augenblicke, da er den Mund öffnen und einige Worte des Dankes stammeln wollte, wirkte der lebhafte Eindruck ihrer Gegenwart so sonderbar auf seine schon angegriffenen Sinne, daß es ihm auf einmal vorkam, als sei ihr Haupt mit Strahlen umgeben, und über ihr ganzes Bild verbreite sich nach und nach ein glänzendes Licht. Der Chirurgus berührte ihn eben unsanfter, indem er die Kugel, welche in der Wunde stak, herauszuziehen Anstalt machte. Die Heilige verschwand vor den Augen des Hinsinkenden; er verlor alles Bewußtsein, und als er wieder zu sich kam, waren Reiter und Wagen, die Schöne samt ihren Begleitern verschwunden.

SIEBENTES KAPITEL

Nachdem unser Freund verbunden und angekleidet war, eilte der Chirurgus weg, eben als der Harfenspieler mit einer Anzahl Bauern heraufkam. Sie bereiteten eilig aus abgehauenen Ästen und eingeflochtenem Reisig eine Trage, luden den Verwundeten darauf und brachten ihn unter Anführung eines reitenden Jägers, den die Herrschaft zurückgelassen hatte, sachte den Berg hinunter. Der Harfner, still und in sich gekehrt, trug sein beschädigtes Instrument, einige Leute schleppten Philinens Koffer, sie schlenderte mit einem Bündel nach, Mignon sprang bald voraus, bald zur Seite durch Busch und Wald und blickte sehnlich nach ihrem kranken Beschützer hinüber.

Dieser lag, in seinen warmen Überrock gehüllt, ruhig auf der Bahre. Eine elektrische Wärme schien aus der feinen Wolle in seinen Körper überzugehen; genug, er fühlte sich in die behaglichste Empfindung versetzt. Die schöne Besitzerin des Kleides hatte mächtig auf ihn gewirkt. Er sah noch den Rock von ihren Schultern fallen, die edelste Gestalt, von Strahlen umgeben, vor sich stehen, und seine Seele eilte der Verschwundenen durch Felsen und Wälder auf dem Fuße nach.

Nur mit sinkender Nacht kam der Zug im Dorfe vor dem Wirtshause an, in welchem sich die übrige Gesellschaft befand und verzweiflungsvoll den unersetzlichen Verlust beklagte. Die einzige kleine Stube des Hauses war von Menschen vollgepfropft: einige lagen auf der Streue, andere hatten die Bänke eingenommen, einige sich hinter den Ofen gedruckt, und Frau Melina erwartete in einer benachbarten Kammer ängstlich ihre Niederkunft. Der Schrecken hatte sie beschleunigt, und unter dem Beistande der Wirtin, einer jungen, unerfahrenen Frau, konnte man wenig Gutes erwarten.

Als die neuen Ankömmlinge hereingelassen zu werden verlangten, entstand ein allgemeines Murren. Man behauptete nun, daß man allein auf Wilhelms Rat, unter seiner besonderen Anführung diesen gefährlichen Weg unternommen und sich diesem Unfall ausgesetzt habe. Man warf die Schuld des übeln Ausgangs auf ihn, widersetzte sich an der Türe seinem Eintritt und behauptete, er müsse anderswo unterzukommen suchen. Philinen begegnete man noch schnöder; der Harfenspieler und Mignon mußten auch das Ihrige leiden.

Nicht lange hörte der Jäger, dem die Vorsorge für die Verlassenen von seiner schönen Herrschaft ernstlich anbefohlen war, dem Streite mit Geduld zu; er fuhr mit Fluchen und Drohen auf die Gesellschaft los, gebot ihnen, zusammenzurücken und den Ankommenden Platz zu machen. Man fing an, sich zu bequemen. Er bereitete Wilhelmen einen Platz auf einem Tische, den er in eine Ecke schob; Philine ließ ihren Koffer danebenstellen und setzte sich drauf. Jeder druckte sich, so gut er konnte, und der Jäger begab sich weg, um zu sehen, ob er nicht ein bequemeres Quartier für das Ehepaar ausmachen könne.

Kaum war er fort, als der Unwille wieder laut zu werden anfing, und ein Vorwurf den andern drängte. Jedermann erzählte und erhöhte seinen Verlust, man schalt die Verwegenheit, durch die man so vieles eingebüßt, man verhehlte sogar die Schadenfreude nicht, die man über die Wunden unseres Freundes empfand, man verhöhnte Philinen und wollte ihr die Art und Weise, wie sie ihren Koffer gerettet, zum Verbrechen machen. Aus allerlei Anzüglichkeiten und Stichelreden hätte man schließen sollen, sie habe sich während der Plünderung und Niederlage um die Gunst des Anführers der Bande bemüht und habe ihn, wer weiß durch welche Künste und Gefälligkeiten, vermocht, ihren Koffer freizugeben. Man wollte sie eine ganze Weile vermißt haben. Sie antwortete nichts und klapperte nur mit den großen Schlössern ihres Koffers, um ihre Neider recht von seiner Gegenwart zu überzeugen und die Verzweiflung des Haufens durch ihr eigenes Glück zu vermehren.

ACHTES KAPITEL

Wilhelm, ob er gleich durch den starken Verlust des Blutes schwach und nach der Erscheinung jenes hülfreichen Engels mild und sanft geworden war, konnte sich doch zuletzt des Verdrusses über die harten und ungerechten Reden nicht enthalten, welche bei seinem Stillschweigen von der unzufriednen Gesellschaft immer erneuert wurden. Endlich fühlte er sich gestärkt genug, um sich aufzurichten und ihnen die

Unart vorzustellen, mit der sie ihren Freund und Führer beunruhigten. Er hob sein verbundenes Haupt in die Höhe und fing, indem er sich mit einiger Mühe stützte und gegen die Wand lehnte, folgendergestalt zu reden an:

„Ich vergebe dem Schmerze, den jeder über seinen Verlust empfindet, daß ihr mich in einem Augenblicke beleidigt, wo ihr mich beklagen solltet, daß ihr mir widersteht und mich von euch stoßt, das erstemal, da ich Hülfe von euch erwarten könnte. Für die Dienste, die ich euch erzeigte, für die Gefälligkeiten, die ich euch erwies, habe ich mich durch euren Dank, durch euer freundschaftliches Betragen bisher genugsam belohnt gefunden; verleitet mich nicht, zwingt mein Gemüt nicht, zurückzugehen und zu überdenken, was ich für euch getan habe; diese Berechnung würde mir nur peinlich werden. Der Zufall hat mich zu euch geführt, Umstände und eine heimliche Neigung haben mich bei euch gehalten. Ich nahm an euren Arbeiten, an euren Vergnügungen teil; meine wenigen Kenntnisse waren zu eurem Dienste. Gebt ihr mir jetzt auf eine bittre Weise den Unfall schuld, der uns betroffen hat, so erinnert ihr euch nicht, daß der erste Vorschlag, diesen Weg zu nehmen, von fremden Leuten kam, von euch allen geprüft und so gut von jedem als von mir gebilligt worden ist. Wäre unsre Reise glücklich vollbracht, so würde sich jeder wegen des guten Einfalls loben, daß er diesen Weg angeraten, daß er ihn vorgezogen; er würde sich unsrer Überlegungen und seines ausgeübten Stimmrechts mit Freuden erinnern; jetzo macht ihr mich allein verantwortlich, ihr zwingt mir eine Schuld auf, die ich willig übernehmen wollte, wenn mich das reinste Bewußtsein nicht freispräche, ja wenn ich mich nicht auf euch selbst berufen könnte. Habt ihr gegen mich etwas zu sagen, so bringt es ordentlich vor, und ich werde mich zu verteidigen wissen; habt ihr nichts Gegründetes anzugeben, so schweigt und quält mich nicht, jetzt, da ich der Ruhe so äußerst bedürftig bin."

Statt aller Antwort fingen die Mädchen an, abermals zu weinen und ihren Verlust umständlich zu erzählen; Melina war ganz außer Fassung: denn er hatte freilich am meisten, und mehr, als wir denken können, eingebüßt. Wie ein

Rasender stolperte er in dem engen Raum hin und her, stieß den Kopf wider die Wand, fluchte und schalt auf das unziemlichste; und da nun gar zu gleicher Zeit die Wirtin aus der Kammer trat mit der Nachricht, daß seine Frau mit einem toten Kinde niedergekommen, erlaubte er sich die heftigsten Ausbrüche, und einstimmig mit ihm heulte, schrie, brummte und lärmte alles durcheinander.

Wilhelm, der zugleich von mitleidiger Teilnehmung an ihrem Zustande und von Verdruß über ihre niedrige Gesinnung bis in sein Innerstes bewegt war, fühlte unerachtet der Schwäche seines Körpers die ganze Kraft seiner Seele lebendig. „Fast", rief er aus, „muß ich euch verachten, so beklagenswert ihr auch sein mögt. Kein Unglück berechtigt uns, einen Unschuldigen mit Vorwürfen zu beladen; habe ich teil an diesem falschen Schritte, so büße ich auch mein Teil. Ich liege verwundet hier, und wenn die Gesellschaft verloren hat, so verliere ich das meiste. Was an Garderobe geraubt worden, was an Dekorationen zugrunde gegangen, war mein: denn Sie, Herr Melina, haben mich noch nicht bezahlt, und ich spreche Sie von dieser Forderung hiemit völlig frei."

„Sie haben gut schenken", rief Melina, „was niemand wiedersehen wird. Ihr Geld lag in meiner Frau Koffer, und es ist Ihre Schuld, daß es Ihnen verlorengeht. Aber, o! wenn das alles wäre!" — Er fing aufs neue zu stampfen, zu schimpfen und zu schreien an. Jedermann erinnerte sich der schönen Kleider aus der Garderobe des Grafen, der Schnallen, Uhren, Dosen, Hüte, welche Melina von dem Kammerdiener so glücklich gehandelt hatte. Jedem fielen seine eigenen, obgleich viel geringeren Schätze dabei wieder ins Gedächtnis; man blickte mit Verdruß auf Philinens Koffer, man gab Wilhelmen zu verstehen, er habe wahrlich nicht übel getan, sich mit dieser Schönen zu assoziieren und durch ihr Glück auch seine Habseligkeiten zu retten.

„Glaubt ihr denn", rief er endlich aus, „daß ich etwas Eignes haben werde, solange ihr darbt, und ist es wohl das erste Mal, daß ich in der Not mit euch redlich teile? Man öffne den Koffer, und was mein ist, will ich zum öffentlichen Bedürfnis niederlegen."

„Es ist mein Koffer“, sagte Philine, „und ich werde ihn nicht eher aufmachen, bis es mir beliebt. Ihre paar Fittiche, die ich Ihnen aufgehoben, können wenig betragen, und wenn sie an die redlichsten Juden verkauft werden. Denken Sie an sich, was Ihre Heilung kosten, was Ihnen in einem fremden Lande begegnen kann.“

„Sie werden mir, Philine“, versetzte Wilhelm, „nichts vorenthalten, was mein ist, und das wenige wird uns aus der ersten Verlegenheit retten. Allein der Mensch besitzt noch manches, womit er seinen Freunden beistehen kann, das eben nicht klingende Münze zu sein braucht. Alles, was in mir ist, soll diesen Unglücklichen gewidmet sein, die gewiß, wenn sie wieder zu sich selbst kommen, ihr gegenwärtiges Betragen bereuen werden. Ja“, fuhr er fort, „ich fühle, daß ihr bedürft, und was ich vermag, will ich euch leisten; schenkt mir euer Vertrauen aufs neue, beruhigt euch für diesen Augenblick, nehmet an, was ich euch verspreche! Wer will die Zusage im Namen aller von mir empfangen?“

Hier streckte er seine Hand aus und rief: „Ich verspreche, daß ich nicht eher von euch weichen, euch nicht eher verlassen will, als bis ein jeder seinen Verlust doppelt und dreifach ersetzt sieht, bis ihr den Zustand, in dem ihr euch, durch wessen Schuld es wolle, befindet, völlig vergessen und mit einem glücklichern vertauscht habt.“

Er hielt seine Hand noch immer ausgestreckt, und niemand wollte sie fassen. „Ich versprech' es noch einmal“, rief er aus, indem er auf sein Kissen zurücksank. Alle blieben stille; sie waren beschämt, aber nicht getröstet, und Philine, auf ihrem Koffer sitzend, knackte Nüsse auf, die sie in ihrer Tasche gefunden hatte.

NEUNTES KAPITEL

Der Jäger kam mit einigen Leuten zurück und machte Anstalt, den Verwundeten wegzuschaffen. Er hatte den Pfarrer des Orts beredet, das Ehepaar aufzunehmen; Philinens Koffer ward fortgetragen, und sie folgte mit natürlichem Anstand. Mignon lief voraus, und da der Kranke im Pfarrhaus ankam, ward ihm ein weites Ehebette, das schon lange Zeit als Gast- und Ehrenbette bereitstand, eingegeben. Hier bemerkte man erst, daß die Wunde aufgegangen war und stark geblutet hatte. Man mußte für einen neuen Verband sorgen. Der Kranke verfiel in ein Fieber, Philine wartete ihn treulich, und als die Müdigkeit sie übermeisterte, löste sie der Harfenspieler ab; Mignon war mit dem festen Vorsatz, zu wachen, in einer Ecke eingeschlafen.

Des Morgens, als Wilhelm sich ein wenig erholt hatte, erfuhr er von dem Jäger, daß die Herrschaft, die ihnen gestern zu Hülfe gekommen sei, vor kurzem ihre Güter verlassen habe, um den Kriegsbewegungen auszuweichen und sich bis zum Frieden in einer ruhigern Gegend aufzuhalten. Er nannte den ältlichen Herrn und seine Nichte, zeigte den Ort an, wohin sie sich zuerst begeben, erklärte Wilhelmen, wie das Fräulein ihm eingebunden, für die Verlassenen Sorge zu tragen.

Der hereintretende Wundarzt unterbrach die lebhaften Danksagungen, in welche sich Wilhelm gegen den Jäger ergoß, machte eine umständliche Beschreibung der Wunden, versicherte, daß sie leicht heilen würden, wenn der Patient sich ruhig hielte und sich abwartete.

Nachdem der Jäger weggeritten war, erzählte Philine, daß er ihr einen Beutel mit zwanzig Louisdorn zurückgelassen, daß er dem Geistlichen ein Douceur für die Wohnung gegeben und die Kurkosten für den Chirurgus bei ihm niedergelegt habe. Sie gelte durchaus für Wilhelms Frau, introduziere sich ein für allemal bei ihm in dieser Qualität und werde nicht zugeben, daß er sich nach einer andern Wartung umsehe.

„Philine“, sagte Wilhelm, „ich bin Ihnen bei dem Unfall, der uns begegnet ist, schon manchen Dank schuldig geworden, und ich wünschte nicht, meine Verbindlichkeiten gegen Sie vermehrt zu sehen. Ich bin unruhig, solange Sie um mich sind: denn ich weiß nichts, womit ich Ihnen die Mühe vergelten kann. Geben Sie mir meine Sachen, die Sie in Ihrem Koffer gerettet haben, heraus, schließen Sie sich an die übrige Gesellschaft an, suchen Sie ein ander Quartier, nehmen Sie meinen Dank und die goldne Uhr als eine kleine Erkenntlichkeit; nur verlassen Sie mich; Ihre Gegenwart beunruhigt mich mehr, als Sie glauben.“

Sie lachte ihm ins Gesicht, als er geendigt hatte. „Du bist ein Tor“, sagte sie, „du wirst nicht klug werden. Ich weiß besser, was dir gut ist; ich werde bleiben, ich werde mich nicht von der Stelle rühren. Auf den Dank der Männer habe ich niemals gerechnet, also auch auf deinen nicht; und wenn ich dich lieb habe, was geht's dich an?“

Sie blieb und hatte sich bald bei dem Pfarrer und seiner Familie eingeschmeichelt, indem sie immer lustig war, jedem etwas zu schenken, jedem nach dem Sinne zu reden wußte und dabei immer tat, was sie wollte. Wilhelm befand sich nicht übel; der Chirurgus, ein unwissender, aber nicht ungeschickter Mensch, ließ die Natur walten, und so war der Patient bald auf dem Wege der Besserung. Sehnlich wünschte dieser, sich wiederhergestellt zu sehen, um seine Pläne, seine Wünsche eifrig verfolgen zu können.

Unaufhörlich rief er sich jene Begebenheit zurück, welche einen unauslöschlichen Eindruck auf sein Gemüt gemacht hatte. Er sah die schöne Amazone reitend aus den Büschen hervorkommen, sie näherte sich ihm, stieg ab, ging hin und wider und bemühte sich um seinetwillen. Er sah das umhüllende Kleid von ihren Schultern fallen; ihr Gesicht, ihre Gestalt glänzend verschwinden. Alle seine Jugendträume knüpften sich an dieses Bild. Er glaubte nunmehr die edle, heldenmütige Chlorinde mit eignen Augen gesehen zu haben: ihm fiel der kranke Königssohn wieder ein, an dessen Lager die schöne, teilnehmende Prinzessin mit stiller Bescheidenheit herantritt.

„Sollten nicht“, sagte er manchmal im stillen zu sich selbst, „uns in der Jugend wie im Schlafe die Bilder zukünftiger Schicksale umschweben und unserm unbefangenen Auge ahnungsvoll sichtbar werden? Sollten die Keime dessen, was uns begegnen wird, nicht schon von der Hand des Schicksals ausgestreut, sollte nicht ein Vorgenuß der Früchte, die wir einst zu brechen hoffen, möglich sein?“

Sein Krankenlager gab ihm Zeit, jene Szene tausendmal zu wiederholen. Tausendmal rief er den Klang jener süßen Stimme zurück, und wie beneidete er Philinen, die jene hülfreiche Hand geküßt hatte. Oft kam ihm die Geschichte wie ein Traum vor, und er würde sie für ein Märchen gehalten haben, wenn nicht das Kleid zurückgeblieben wäre, das ihm die Gewißheit der Erscheinung versicherte.

Mit der größten Sorgfalt für dieses Gewand war das lebhafteste Verlangen verbunden, sich damit zu bekleiden. Sobald er aufstand, warf er es über, und befürchtete den ganzen Tag, es möchte durch einen Flecken oder auf sonst eine Weise beschädigt werden.

ZEHNTES KAPITEL

Laertes besuchte seinen Freund. Er war bei jener lebhaften Szene im Wirtshause nicht gegenwärtig gewesen, denn er lag in einer obern Kammer. Über seinen Verlust war er sehr getröstet, und half sich mit seinem gewöhnlichen „Was tut's?“. Er erzählte verschiedene lächerliche Züge von der Gesellschaft; besonders gab er Frau Melina schuld, sie beweine den Verlust ihrer Tochter nur deswegen, weil sie nicht das altdeutsche Vergnügen haben könne, eine Mechtilde taufen zu lassen. Was ihren Mann betreffe, so offenbare sich's nun, daß er viel Geld bei sich gehabt und auch schon damals des Vorschusses, den er Wilhelmen abgelockt, keineswegs bedurft habe. Melina wolle nunmehr mit dem nächsten Postwagen abgehn und werde von Wilhelmen ein Empfehlungsschreiben an seinen Freund, den Direktor Serlo, verlangen, bei dessen Gesellschaft er, weil die eigne Unternehmung gescheitert, nun unterzukommen hoffe.

Mignon war einige Tage sehr still gewesen, und als man in sie drang, gestand sie endlich, daß ihr rechter Arm verrenkt sei. „Das hast du deiner Verwegenheit zu danken“, sagte Philine und erzählte, wie das Kind im Gefechte seinen Hirschfänger gezogen und, als es seinen Freund in Gefahr gesehen, wacker auf die Freibeuter zugehauen habe. Endlich sei es beim Arme ergriffen und auf die Seite geschleudert worden. Man schalt auf sie, daß sie das Übel nicht eher entdeckt habe, doch merkte man wohl, daß sie sich vor dem Chirurgus gescheut, der sie bisher immer für einen

Knaben gehalten hatte. Man suchte das Übel zu heben, und sie mußte den Arm in der Binde tragen. Hierüber war sie aufs neue empfindlich, weil sie den besten Teil der Pflege und Wartung ihres Freundes Philinen überlassen mußte, und die angenehme Sünderin zeigte sich nur um desto tätiger und aufmerksamer.

Eines Morgens, als Wilhelm erwachte, fand er sich mit ihr in einer sonderbaren Nähe. Er war auf seinem weiten Lager in der Unruhe des Schlafs ganz an die hintere Seite gerutscht. Philine lag quer über den vordern Teil hingestreckt; sie schien auf dem Bette sitzend und lesend eingeschlafen zu sein. Ein Buch war ihr aus der Hand gefallen; sie war zurück und mit dem Kopf nah an seine Brust gesunken, über die sich ihre blonden aufgelösten Haare in Wellen ausbreiteten. Die Unordnung des Schlafs erhöhte mehr als Kunst und Vorsatz ihre Reize; eine kindische lächelnde Ruhe schwebte über ihrem Gesichte. Er sah sie eine Zeitlang an und schien sich selbst über das Vergnügen zu tadeln, womit er sie ansah, und wir wissen nicht, ob er seinen Zustand segnete oder tadelte, der ihm Ruhe und Mäßigung zur Pflicht machte. Er hatte sie eine Zeitlang aufmerksam betrachtet, als sie sich zu regen anfing. Er schloß die Augen sachte zu, doch konnte er nicht unterlassen, zu blinzen und nach ihr zu sehen, als sie sich wieder zurechtputzte und wegging, nach dem Frühstück zu fragen.

Nach und nach hatten sich nun die sämtlichen Schauspieler bei Wilhelmen gemeldet, hatten Empfehlungsschreiben und Reisegeld, mehr oder weniger unartig und ungestüm, gefordert und immer mit Widerwillen Philinens erhalten. Vergebens stellte sie ihrem Freunde vor, daß der Jäger auch diesen Leuten eine ansehnliche Summe zurückgelassen, daß man ihn nur zum besten habe. Vielmehr kamen sie darüber in einen lebhaften Zwist, und Wilhelm behauptete nunmehr ein für allemal, daß sie sich gleichfalls an die übrige Gesellschaft anschließen und ihr Glück bei Serlo versuchen sollte.

Nur einige Augenblicke verließ sie ihr Gleichmut; dann erholte sie sich schnell wieder und rief: „Wenn ich nur meinen Blonden wieder hätte, so wollt' ich mich um euch alle nichts kümmern.“ Sie meinte Friedrichen, der sich vom Waldplatze verloren und nicht wieder gezeigt hatte.

Des andern Morgens brachte Mignon die Nachricht ans Bette, daß Philine in der Nacht abgereist sei; im Nebenzimmer habe sie alles, was ihm gehöre, sehr ordentlich zusammengelegt. Er empfand ihre Abwesenheit; er hatte an ihr eine treue Wärterin, eine muntere Gesellschafterin verloren, er war nicht mehr gewohnt, allein zu sein. Allein Mignon füllte die Lücke bald wieder aus.

Seitdem jene leichtfertige Schöne in ihren freundlichen Bemühungen den Verwundeten umgab, hatte sich die Kleine nach und nach zurückgezogen und war stille für sich geblieben; nun aber, da sie wieder freies Feld gewann, trat sie mit Aufmerksamkeit und Liebe hervor, war eifrig, ihm zu dienen, und munter, ihn zu unterhalten.

EILFTES KAPITEL

Mit lebhaften Schritten nahete er sich der Besserung; er hoffte nun in wenig Tagen seine Reise antreten zu können. Er wollte nicht etwa planlos ein schlenderndes Leben fortsetzen, sondern zweckmäßige Schritte sollten künftig seine Bahn bezeichnen. Zuerst wollte er die hülfreiche Herrschaft aufsuchen, um seine Dankbarkeit an den Tag zu legen, alsdann zu seinem Freunde, dem Direktor, eilen, um für die verunglückte Gesellschaft auf das beste zu sorgen, und zugleich die Handelsfreunde, an die er mit Adressen versehen war, besuchen und die ihm aufgetragnen Geschäfte verrichten. Er machte sich Hoffnung, daß ihm das Glück wie vorher auch künftig beistehen und ihm Gelegenheit verschaffen werde, durch eine glückliche Spekulation den Verlust zu ersetzen und die Lücke seiner Kasse wieder auszufüllen.

Das Verlangen, seine Retterin wiederzusehen, wuchs mit jedem Tage. Um seine Reiseroute zu bestimmen, ging er mit dem Geistlichen zu Rate, der schöne geographische und statistische Kenntnisse hatte und eine artige Bücher- und Kartensammlung besaß. Man suchte nach dem Orte, den die edle Familie während des Kriegs zu ihrem Sitz erwählt hatte, man suchte Nachrichten von ihr selbst auf; allein der Ort war in keiner Geographie, auf keiner Karte zu finden, und die genealogischen Handbücher sagten nichts von einer solchen Familie.

Wilhelm wurde unruhig, und als er seine Bekümmernis laut werden ließ, entdeckte ihm der Harfenspieler, er habe Ursache zu glauben, daß der Jäger, es sei, aus welcher Ursache es wolle, den wahren Namen verschwiegen habe.

Wilhelm, der nun einmal sich in der Nähe der Schönen glaubte, hoffte einige Nachricht von ihr zu erhalten, wenn er den Harfenspieler abschickte; aber auch diese Hoffnung ward getäuscht. So sehr der Alte sich auch erkundigte, konnte er doch auf keine Spur kommen. In jenen Tagen waren verschiedene lebhafte Bewegungen und unvorgesehene Durchmärsche in diesen Gegenden vorgefallen; niemand hatte auf die reisende Gesellschaft besonders achtgegeben, so daß der ausgesendete Bote, um nicht für einen jüdischen Spion angesehn zu werden, wieder zurückgehen und ohne Ölblatt vor seinem Herrn und Freund erscheinen mußte. Er legte strenge Rechenschaft ab, wie er den Auftrag auszurichten gesucht, und war bemüht, allen Verdacht einer Nachlässigkeit von sich zu entfernen. Er suchte auf alle Weise Wilhelms Betrübnis zu lindern, besann sich auf alles, was er von dem Jäger erfahren hatte, und brachte mancherlei Mutmaßungen vor, wobei denn endlich ein Umstand vorkam, woraus Wilhelm einige rätselhafte Worte der schönen Verschwundenen deuten konnte.

Die räuberische Bande nämlich hatte nicht der wandernden Truppe, sondern jener Herrschaft aufgepaßt, bei der sie mit Recht vieles Geld und Kostbarkeiten vermutete, und von deren Zug sie genaue Nachricht mußte gehabt haben. Man wußte nicht, ob man die Tat einem Freikorps, ob man sie Marodeurs oder Räubern zuschreiben sollte. Genug, zum Glücke der vornehmen und reichen Karawane waren die Geringen und Armen zuerst auf den Platz gekommen und hatten das Schicksal erduldet, das jenen zubereitet war. Darauf bezogen sich die Worte der jungen Dame, deren sich Wilhelm noch gar wohl erinnerte. Wenn er nun vergnügt und glücklich sein konnte, daß ein vorsichtiger Genius ihn zum Opfer bestimmt hatte, eine vollkommene Sterbliche zu retten, so war er dagegen nahe an der Verzweiflung, da ihm, sie wiederzufinden, sie wiederzusehen, wenigstens für den Augenblick alle Hoffnung verschwunden war.

Was diese sonderbare Bewegung in ihm vermehrte, war die Ähnlichkeit, die er zwischen der Gräfin und der schönen Unbekannten entdeckt zu haben glaubte. Sie glichen sich, wie sich Schwestern gleichen mögen, deren keine die jüngere noch die ältere genannt werden darf, denn sie scheinen Zwillinge zu sein.

Die Erinnerung an die liebenswürdige Gräfin war ihm unendlich süß. Er rief sich ihr Bild nur allzugern wieder ins Gedächtnis. Aber nun trat die Gestalt der edlen Amazone gleich dazwischen, eine Erscheinung verwandelte sich in die andere, ohne daß er imstande gewesen wäre, diese oder jene festzuhalten.

Wie wunderbar mußte ihm daher die Ähnlichkeit ihrer Handschriften sein! denn er verwahrte ein reizendes Lied von der Hand der Gräfin in seiner Schreibtafel, und in dem Überrock hatte er ein Zettelchen gefunden, worin man sich mit viel zärtlicher Sorgfalt nach dem Befinden eines Oheims erkundigte.

Wilhelm war überzeugt, daß seine Retterin dieses Billett geschrieben, daß es auf der Reise in einem Wirtshause aus einem Zimmer in das andere geschickt und von dem Oheim in die Tasche gesteckt worden sei. Er hielt beide Handschriften gegeneinander, und wenn die zierlich gestellten Buchstaben der Gräfin ihm sonst so sehr gefallen hatten, so fand er in den ähnlichen, aber freieren Zügen der Unbekannten eine unaussprechlich fließende Harmonie. Das Billett enthielt nichts, und schon die Züge schienen ihn, so wie ehemals die Gegenwart der Schönen, zu erheben.

Er verfiel in eine träumende Sehnsucht, und wie einstimmend mit seinen Empfindungen war das Lied, das eben in dieser Stunde Mignon und der Harfner als ein unregelmäßiges Duett mit dem herzlichsten Ausdrucke sangen:

Nur wer die Sehnsucht kennt,
Weiß, was ich leide!
Allein und abgetrennt

Von aller Freude,
Seh' ich ans Firmament
Nach jener Seite.
Ach! der mich liebt und kennt,
Ist in der Weite.
Es schwindelt mir, es brennt
Mein Eingeweide.
Nur wer die Sehnsucht kennt,
Weiß, was ich leide!

ZWÖLFTES KAPITEL

Die sanften Lockungen des lieben Schutzgeistes, anstatt unsern Freund auf irgendeinen Weg zu führen, nährten und vermehrten die Unruhe, die er vorher empfunden hatte. Eine heimliche Glut schlich in seinen Adern; bestimmte und unbestimmte Gegenstände wechselten in seiner Seele und erregten ein endloses Verlangen. Bald wünschte er sich ein Roß, bald Flügel, und indem es ihm unmöglich schien, bleiben zu können, sah er sich erst um, wohin er denn eigentlich begehre.

Der Faden seines Schicksals hatte sich so sonderbar verworren; er wünschte die seltsamen Knoten aufgelöst oder zerschnitten zu sehen. Oft, wenn er ein Pferd traben oder einen Wagen rollen hörte, schaute er eilig zum Fenster hinaus, in der Hoffnung, es würde jemand sein, der ihn aufsuchte und, wäre es auch nur durch Zufall, ihm Nachricht, Gewißheit und Freude brächte. Er erzählte sich Geschichten vor, wie sein Freund Werner in diese Gegend kommen und ihn überraschen könnte, daß Mariane vielleicht erscheinen dürfte. Der Ton eines jeden Posthorns setzte ihn in Bewegung. Melina sollte von seinem Schicksale Nachricht geben, vorzüglich aber sollte der Jäger wiederkommen und ihn zu jener angebeteten Schönheit einladen.

Von allem diesem geschah leider nichts, und er mußte zuletzt wieder mit sich allein bleiben, und indem er das Vergangene wieder durchnahm, ward ihm ein Umstand, je mehr er ihn betrachtete und beleuchtete, immer widriger und unerträglicher. Es war seine verunglückte Heerführerschaft, an die er ohne Verdruß nicht denken konnte. Denn ob er gleich am Abend jenes bösen Tages sich vor der Gesellschaft so ziemlich herausgeredet hatte, so konnte er sich doch selbst seine Schuld nicht verleugnen. Er schrieb sich vielmehr in hypochondrischen Augenblicken den ganzen Vorfall allein zu.

Die Eigenliebe läßt uns sowohl unsre Tugenden als unsre Fehler viel bedeutender, als sie sind, erscheinen. Er hatte das Vertrauen auf sich rege gemacht, den Willen der übrigen gelenkt und war, von Unerfahrenheit und Kühnheit geleitet, vorangegangen; es ergriff sie eine Gefahr, der sie nicht gewachsen waren. Laute und stille Vorwürfe verfolgten ihn, und wenn er der irregeführten Gesellschaft nach dem empfindlichen Verluste zugesagt hatte, sie nicht zu verlassen, bis er ihnen das Verlorne mit Wucher ersetzt hätte, so hatte er sich über eine neue Verwegenheit zu schelten, womit er ein allgemein ausgeteiltes Übel auf seine Schultern zu nehmen sich vermaß. Bald verwies er sich, daß er durch Aufspannung und Drang des Augenblicks ein solches Versprechen getan hatte; bald fühlte er wieder, daß jenes gutmütige Hinreichen seiner Hand, die niemand anzunehmen würdigte, nur eine leichte Förmlichkeit sei gegen das Gelübde, das sein Herz getan hatte. Er sann auf Mittel, ihnen wohltätig und nützlich zu sein, und fand alle Ursache, seine Reise zu Serlo zu beschleunigen. Er packte nunmehr seine Sachen zusammen und eilte, ohne seine völlige Genesung abzuwarten, ohne auf den Rat des Pastors und Wundarztes zu hören, in der wunderbaren Gesellschaft Mignons und des Alten, der Untätigkeit zu entfliehen, in der ihn sein Schicksal abermals nur zu lange gehalten hatte.

DREIZEHNTES KAPITEL

Serlo empfing ihn mit offenen Armen und rief ihm entgegen: „Seh' ich Sie? Erkenn' ich Sie wieder? Sie haben sich wenig oder nicht geändert. Ist Ihre Liebe zur edelsten Kunst noch immer so stark und lebendig? So sehr erfreu' ich mich über Ihre Ankunft, daß ich selbst das Mißtrauen nicht mehr fühle, das Ihre letzten Briefe bei mir erregt haben."

Wilhelm bat betroffen um eine nähere Erklärung.

„Sie haben sich“, versetzte Serlo, „gegen mich nicht wie ein alter Freund betragen; Sie haben mich wie einen großen Herrn behandelt, dem man mit gutem Gewissen unbrauchbare Leute empfehlen darf. Unser Schicksal hängt von der Meinung des Publikums ab, und ich fürchte, daß Ihr Herr Melina mit den Seinigen schwerlich bei uns wohl aufgenommen werden dürfte.“

Wilhelm wollte etwas zu ihren Gunsten sprechen, aber Serlo fing an, eine so unbarmherzige Schilderung von ihnen zu machen, daß unser Freund sehr zufrieden war, als ein Frauenzimmer in das Zimmer trat, das Gespräch unterbrach und ihm sogleich als Schwester Aurelia von seinem Freunde vorgestellt ward. Sie empfing ihn auf das freundschaftlichste, und ihre Unterhaltung war so angenehm, daß er nicht einmal einen entschiedenen Zug des Kummers gewahr wurde, der ihrem geistreichen Gesicht noch ein besonderes Interesse gab.

Zum erstenmal seit langer Zeit fand sich Wilhelm wieder in seinem Elemente. Bei seinen Gesprächen hatte er sonst nur notdürftig gefällige Zuhörer gefunden, da er gegenwärtig mit Künstlern und Kennern zu sprechen das Glück hatte, die ihn nicht allein vollkommen verstanden, sondern die auch sein Gespräch belehrend erwiderten. Mit welcher Geschwindigkeit ging man die neuesten Stücke durch! Mit welcher Sicherheit beurteilte man sie! Wie wußte man das Urteil des Publikums zu prüfen und zu schätzen! In welcher Geschwindigkeit klärte man einander auf!

Nun mußte sich bei Wilhelms Vorliebe für Shakespearen das Gespräch notwendig auf diesen Schriftsteller lenken. Er zeigte die lebhafteste Hoffnung auf die Epoche, welche diese vortrefflichen Stücke in Deutschland machen müßten, und bald brachte er seinen „Hamlet“ vor, der ihn so sehr beschäftigt hatte.

Serlo versicherte, daß er das Stück längst, wenn es nur möglich gewesen wäre, gegeben hätte, daß er gern die Rolle des Polonius übernehmen wolle. Dann setzte er mit Lächeln hinzu: „Und Ophelien finden sich wohl auch, wenn wir nur erst den Prinzen haben.“

Wilhelm bemerkte nicht, daß Aurelien dieser Scherz des Bruders zu mißfallen schien; er ward vielmehr nach seiner Art weitläufig und lehrreich, in welchem Sinne er den Hamlet gespielt haben wolle. Er legte ihnen die Resultate umständlich dar, mit welchen wir ihn oben beschäftigt gesehn, und gab sich alle Mühe, seine Meinung annehmlich zu machen, so viel Zweifel auch Serlo gegen seine Hypothese erregte. „Nun gut“, sagte dieser zuletzt, „wir geben Ihnen alles zu; was wollen Sie weiter daraus erklären?“

„Vieles, alles“, versetzte Wilhelm. „Denken Sie sich einen Prinzen, wie ich ihn geschildert habe, dessen Vater unvermutet stirbt. Ehrgeiz und Herrschsucht sind nicht die Leidenschaften, die ihn beleben; er hatte sich's gefallen lassen, Sohn eines Königs zu sein; aber nun ist er erst genötigt, auf den Abstand aufmerksamer zu werden, der den König vom Untertanen scheidet. Das Recht zur Krone war nicht erblich, und doch hätte ein längeres Leben seines Vaters die Ansprüche seines einzigen Sohnes mehr befestigt und die Hoffnung zur Krone gesichert. Dagegen sieht er sich nun durch seinen Oheim, ungeachtet scheinbarer Versprechungen, vielleicht auf immer ausgeschlossen; er fühlt sich nun so arm an Gnade, an Gütern und fremd in dem, was er von Jugend auf als sein Eigentum betrachten konnte. Hier nimmt sein Gemüt die erste traurige Richtung. Er fühlt, daß er nicht mehr, ja nicht so viel ist als jeder Edelmann; er gibt sich für einen Diener eines jeden, er ist nicht höflich, nicht herablassend, nein, herabgesunken und bedürftig.

Nach seinem vorigen Zustande blickt er nur wie nach einem verschwundnen Traume. Vergebens, daß sein Oheim ihn aufmuntern, ihm seine Lage aus einem andern Gesichtspunkte zeigen will; die Empfindung seines Nichts verläßt ihn nie.

Der zweite Schlag, der ihn traf, verletzte tiefer, beugte noch mehr. Es ist die Heirat seiner Mutter. Ihm, einem treuen und zärtlichen Sohne, blieb, da sein Vater starb, eine Mutter noch übrig; er hoffte, in Gesellschaft seiner hinterlassenen edlen Mutter die Heldengestalt jenes großen Abgeschiedenen zu verehren; aber auch seine Mutter verliert er, und es ist schlimmer, als wenn sie ihm der Tod geraubt hätte. Das zuverlässige Bild, das sich ein wohlgeratenes Kind so gern von seinen Eltern macht, verschwindet; bei dem Toten ist keine Hülfe, und an der Lebendigen kein Halt. Sie ist auch ein Weib, und unter dem allgemeinen Geschlechtsnamen Gebrechlichkeit ist auch sie begriffen.

Nun erst fühlt er sich recht gebeugt, nun erst verwaist, und kein Glück der Welt kann ihm wieder ersetzen, was er verloren hat. Nicht traurig, nicht nachdenklich von Natur, wird ihm Trauer und Nachdenken zur schweren Bürde. So sehen wir ihn auftreten. Ich glaube nicht, daß ich etwas in das Stück hineinlege oder einen Zug übertreibe."

Serlo sah seine Schwester an und sagte: „Habe ich dir ein falsches Bild von unserm Freunde gemacht? Er fängt gut an und wird uns noch manches vorerzählen und viel überreden." Wilhelm schwur hoch und teuer, daß er nicht überreden, sondern überzeugen wolle, und bat nur noch um einen Augenblick Geduld.

„Denken Sie sich", rief er aus, „diesen Jüngling, diesen Fürstensohn recht lebhaft, vergegenwärtigen Sie sich seine Lage, und dann beobachten Sie ihn, wenn er erfährt, die Gestalt seines Vaters erscheine; stehen Sie ihm bei in der schrecklichen Nacht, wenn der ehrwürdige Geist selbst vor ihm auftritt. Ein ungeheures Entsetzen ergreift ihn; er redet die Wundergestalt an, sieht sie winken, folgt und hört. — Die schreckliche Anklage wider seinen Oheim ertönt in seinen Ohren, Aufforderung zur Rache und die dringende, wiederholte Bitte: ‚Erinnere dich meiner!'

Und da der Geist verschwunden ist, wen sehen wir vor uns stehen? Einen jungen Helden, der nach Rache schnaubt? Einen gebornen Fürsten, der sich glücklich fühlt, gegen den Usurpator seiner Krone aufgefordert zu werden? Nein! Staunen und Trübsinn überfällt den Einsamen; er wird bitter gegen die lächelnden Bösewichter, schwört, den Abgeschiedenen nicht zu vergessen, und schließt mit dem bedeutenden Seufzer: ‚Die Zeit ist aus dem Gelenke; wehe mir, daß ich geboren ward, sie wieder einzurichten.'

In diesen Worten, dünkt mich, liegt der Schlüssel zu Hamlets ganzem Betragen, und mir ist deutlich, daß Shakespeare habe schildern wollen: eine große Tat auf eine Seele gelegt, die der Tat nicht gewachsen ist. Und in diesem Sinne find' ich das Stück durchgängig gearbeitet. Hier wird ein Eichbaum in ein köstliches Gefäß gepflanzt, das nur liebliche Blumen in seinen Schoß hätte aufnehmen sollen; die Wurzeln dehnen sich aus, das Gefäß wird zernichtet.

Ein schönes, reines, edles, höchst moralisches Wesen, ohne die sinnliche Stärke, die den Helden macht, geht unter einer Last zugrunde, die es weder tragen noch abwerfen kann; jede Pflicht ist ihm heilig, diese zu schwer. Das Unmögliche wird von ihm gefordert, nicht das Unmögliche an sich, sondern das, was ihm unmöglich ist. Wie er sich windet, dreht, ängstigt, vor- und zurücktritt, immer erinnert wird, sich immer erinnert und zuletzt fast seinen Zweck aus dem Sinne verliert, ohne doch jemals wieder froh zu werden."

VIERZEHNTES KAPITEL

Verschiedene Personen traten herein, die das Gespräch unterbrachen. Es waren Virtuosen, die sich bei Serlo gewöhnlich einmal die Woche zu einem kleinen Konzerte versammelten. Er liebte die Musik sehr und behauptete, daß ein Schauspieler ohne diese Liebe niemals zu einem deutlichen Begriff und Gefühl seiner eigenen Kunst gelangen könne. So wie man viel leichter und anständiger agiere, wenn die Gebärden durch eine Melodie begleitet und geleitet werden, so müsse der Schauspieler sich auch seine prosaische Rolle gleichsam im Sinne komponieren, daß er sie nicht etwa eintönig nach seiner individuellen Art und Weise hinsudele, sondern sie in gehöriger Abwechslung nach Takt und Maß behandle.

Aurelie schien an allem, was vorging, wenig Anteil zu nehmen, vielmehr führte sie zuletzt unsern Freund in ein Seitenzimmer, und indem sie ans Fenster trat und den gestirnten Himmel anschaute, sagte sie zu ihm: „Sie sind uns manches über Hamlet schuldig geblieben; ich will zwar nicht voreilig sein und wünsche, daß mein Bruder auch mit anhören möge, was Sie uns noch zu sagen haben, doch lassen Sie mich Ihre Gedanken über Ophelien hören!"

„Von ihr läßt sich nicht viel sagen“, versetzte Wilhelm, „denn nur mit wenig Meisterzügen ist ihr Charakter vollendet. Ihr ganzes Wesen schwebt in reifer, süßer Sinnlichkeit. Ihre Neigung zu dem Prinzen, auf dessen Hand sie Anspruch machen darf, fließt so aus der Quelle, das gute Herz überläßt sich so ganz seinem Verlangen, daß Vater und Bruder beide fürchten, beide geradezu und unbescheiden warnen. Der Wohlstand, wie der leichte Flor auf ihrem Busen, kann die Bewegung ihres Herzens nicht verbergen, er wird vielmehr ein Verräter dieser leisen Bewegung. Ihre Einbildungskraft ist angesteckt, ihre stille Bescheidenheit atmet eine liebevolle Begierde, und sollte die bequeme Göttin Gelegenheit das Bäumchen schütteln, so würde die Frucht sogleich herabfallen.“

„Und nun“, sagte Aurelie, „wenn sie sich verlassen sieht, verstoßen und verschmäht, wenn in der Seele ihres wahnsinnigen Geliebten sich das Höchste zum Tiefsten umwendet und er ihr statt des süßen Bechers der Liebe den bittern Kelch der Leiden hinreicht —“

„Ihr Herz bricht“, rief Wilhelm aus, „das ganze Gerüst ihres Daseins rückt aus seinen Fugen, der Tod ihres Vaters stürmt herein, und das schöne Gebäude stürzt völlig zusammen.“

Wilhelm hatte nicht bemerkt, mit welchem Ausdruck Aurelie die letzten Worte aussprach. Nur auf das Kunstwerk, dessen Zusammenhang und Vollkommenheit gerichtet, ahnte er nicht, daß seine Freundin eine ganz andere Wirkung empfand, nicht, daß ein eigner tiefer Schmerz durch diese dramatischen Schattenbilder in ihr lebhaft erregt ward.

Noch immer hatte Aurelie ihr Haupt, von ihren Armen unterstützt, und ihre Augen, die sich mit Tränen füllten, gen Himmel gewendet. Endlich hielt sie nicht länger ihren verborgnen Schmerz zurück; sie faßte des Freundes beide Hände und rief, indem er erstaunt vor ihr stand: „Verzeihen Sie, verzeihen Sie einem geängstigten Herzen! die Gesellschaft schnürt und preßt mich zusammen; vor meinem unbarmherzigen Bruder muß ich mich zu verbergen suchen; nun hat Ihre Gegenwart alle Bande aufgelöst. Mein Freund!“ fuhr sie fort, „seit einem Augenblicke sind wir erst bekannt, und schon werden Sie mein Vertrauter.“ Sie konnte die Worte kaum aussprechen und sank an seine Schulter. „Denken Sie nicht übler von mir“, sagte sie schluchzend, „daß ich mich Ihnen so schnell eröffne, daß Sie mich so schwach sehen. Seien Sie, bleiben Sie mein Freund, ich verdiene es.“ Er redete ihr auf das herzlichste zu; umsonst! ihre Tränen flossen und erstickten ihre Worte.

In diesem Augenblicke trat Serlo sehr unwillkommen herein und sehr unerwartet Philine, die er bei der Hand hielt. „Hier ist Ihr Freund“, sagte er zu ihr; „er wird sich freun, Sie zu begrüßen.“

„Wie!“ rief Wilhelm erstaunt, „muß ich Sie hier sehen?“ Mit einem bescheidnen, gesetzten Wesen ging sie auf ihn los, hieß ihn willkommen, rühmte Serlos Güte, der sie ohne ihr Verdienst bloß in Hoffnung, daß sie sich bilden werde, unter seine treffliche Truppe aufgenommen habe. Sie tat dabei gegen Wilhelmen freundlich, doch aus einer ehrerbietigen Entfernung.

Diese Verstellung währte aber nicht länger, als die beiden zugegen waren. Denn als Aurelie ihren Schmerz zu verbergen wegging und Serlo abgerufen ward, sah Philine erst recht genau nach den Türen, ob beide auch gewiß fort seien; dann hüpfte sie wie töricht in der Stube herum, setzte sich an die Erde und wollte vor Kichern und Lachen ersticken. Dann sprang sie auf, schmeichelte unserm Freunde und freute sich über alle Maßen, daß sie so klug gewesen sei, vorauszugehen, das Terrain zu rekognoszieren und sich einzunisten.

„Hier geht es bunt zu“, sagte sie, „gerade so, wie mir’s recht ist. Aurelie hat einen unglücklichen Liebeshandel mit einem Edelmanne gehabt, der ein prächtiger Mensch sein muß, und den ich selbst wohl einmal sehen möchte. Er hat ihr ein Andenken hinterlassen, oder ich müßte mich sehr irren. Es läuft da ein Knabe herum, ungefähr von drei Jahren, schön wie die Sonne; der Papa mag allerliebst sein. Ich kann sonst die Kinder nicht leiden, aber dieser Junge freut mich. Ich habe ihr nachgerechnet. Der Tod ihres Mannes, die neue Bekanntschaft, das Alter des Kindes, alles trifft zusammen.

Nun ist der Freund seiner Wege gegangen; seit einem

Jahre sieht er sie nicht mehr. Sie ist darüber außer sich und untröstlich. Die Närrin! — Der Bruder hat unter der Truppe eine Tänzerin, mit der er schöntut, ein Aktrischen, mit der er vertraut ist, in der Stadt noch einige Frauen, denen er aufwartet, und nun steh ich auch auf der Liste. Der Narr! — Vom übrigen Volke sollst du morgen hören. Und nun noch ein Wörtchen von Philinen, die du kennst; die Erznärrin ist in dich verliebt." Sie schwur, daß es wahr sei, und beteuerte, daß es ein rechter Spaß sei. Sie bat Wilhelmen inständig, er möchte sich in Aurelien verlieben, dann werde die Hetze erst recht angehen. „Sie läuft ihrem Ungetreuen, du ihr, ich dir und der Bruder mir nach. Wenn das nicht eine Lust auf ein halbes Jahr gibt, so will ich an der ersten Episode sterben, die sich zu diesem vierfach verschlungenen Romane hinzuwirft." Sie bat ihn, er möchte ihr den Handel nicht verderben und ihr so viel Achtung bezeigen, als sie durch ihr öffentliches Betragen verdienen wolle.

FUNFZEHNTES KAPITEL

Den nächsten Morgen gedachte Wilhelm Madame Melina zu besuchen; er fand sie nicht zu Hause, fragte nach den übrigen Gliedern der wandernden Gesellschaft und erfuhr, Philine habe sie zum Frühstück eingeladen. Aus Neugier eilte er hin und traf sie alle sehr aufgeräumt und getröstet. Das kluge Geschöpf hatte sie versammelt, sie mit Schokolade bewirtet und ihnen zu verstehen gegeben, noch sei nicht alle Aussicht versperrt; sie hoffe durch ihren Einfluß den Direktor zu überzeugen, wie vorteilhaft es ihm sei, so geschickte Leute in seine Gesellschaft aufzunehmen. Sie hörten ihr aufmerksam zu, schlürften eine Tasse nach der andern hinunter, fanden das Mädchen gar nicht übel und nahmen sich vor, das Beste von ihr zu reden.

„Glauben Sie denn", sagte Wilhelm, der mit Philinen allein geblieben war, „daß Serlo sich noch entschließen werde, unsre Gefährten zu behalten?" — „Mit nichten", versetzte Philine, „es ist mir auch gar nichts daran gelegen; ich wollte, sie wären je eher je lieber fort! Den einzigen

Laertes wünscht' ich zu behalten; die übrigen wollen wir schon nach und nach beiseitebringen."

Hierauf gab sie ihrem Freunde zu verstehen, daß sie gewiß überzeugt sei, er werde nunmehr sein Talent nicht länger vergraben, sondern unter Direktion eines Serlo aufs Theater gehen. Sie konnte die Ordnung, den Geschmack, den Geist, der hier herrsche, nicht genug rühmen, sie sprach so schmeichelnd zu unserm Freunde, so schmeichelhaft von seinen Talenten, daß sein Herz und seine Einbildungskraft sich ebensosehr diesem Vorschlage näherten, als sein Verstand und seine Vernunft sich davon entfernten. Er verbarg seine Neigung vor sich selbst und vor Philinen und brachte einen unruhigen Tag zu, an dem er sich nicht entschließen konnte, zu seinen Handelskorrespondenten zu gehen und die Briefe, die dort für ihn liegen möchten, abzuholen. Denn ob er sich gleich die Unruhe der Seinigen diese Zeit über vorstellen konnte, so scheute er sich doch, ihre Sorgen und Vorwürfe umständlich zu erfahren, um so mehr, da er sich einen großen und reinen Genuß diesen Abend von der Aufführung eines neuen Stücks versprach.

Serlo hatte sich geweigert, ihn bei der Probe zuzulassen. „Sie müssen uns", sagte er, „erst von der besten Seite kennenlernen, eh' wir zugeben, daß Sie uns in die Karte sehen."

Mit der größten Zufriedenheit wohnte aber auch unser Freund den Abend darauf der Vorstellung bei. Es war das erste Mal, daß er ein Theater in solcher Vollkommenheit sah. Man traute sämtlichen Schauspielern fürtreffliche Gaben, glückliche Anlagen und einen hohen klaren Begriff von ihrer Kunst zu, und doch waren sie einander nicht gleich; aber sie hielten und trugen sich wechselsweise, feuerten einander an und waren in ihrem ganzen Spiele sehr bestimmt und genau. Man fühlte bald, daß Serlo die Seele des Ganzen war, und er zeichnete sich sehr zu seinem Vorteil aus. Eine heitere Laune, eine gemäßigte Lebhaftigkeit, ein bestimmtes Gefühl des Schicklichen bei einer großen Gabe der Nachahmung mußte man an ihm, wie er aufs Theater trat, wie er den Mund öffnete, bewundern. Die innere Behaglichkeit seines Daseins schien sich über alle Zuhörer auszubreiten, und die geistreiche Art, mit der er die feinsten Schattierungen der Rollen leicht und gefällig ausdrückte, erweckte um soviel mehr Freude, als er die Kunst zu verbergen wußte, die er sich durch eine anhaltende Übung eigen gemacht hatte.

Seine Schwester Aurelie blieb nicht hinter ihm und erhielt noch größeren Beifall, indem sie die Gemüter der Menschen rührte, die er zu erheitern und zu erfreuen so sehr imstande war.

Nach einigen Tagen, die auf eine angenehme Weise zugebracht wurden, verlangte Aurelie nach unserm Freund. Er eilte zu ihr und fand sie auf dem Kanapee liegen; sie schien an Kopfweh zu leiden, und ihr ganzes Wesen konnte eine fieberhafte Bewegung nicht verbergen. Ihr Auge erheiterte sich, als sie den Hereintretenden ansah. „Vergeben Sie!“ rief sie ihm entgegen; „das Zutrauen, das Sie mir einflößten, hat mich schwach gemacht. Bisher konnt' ich mich mit meinen Schmerzen im stillen unterhalten, ja sie gaben mir Stärke und Trost; nun haben Sie, ich weiß nicht, wie es zugegangen ist, die Bande der Verschwiegenheit gelöst, und Sie werden nun selbst wider Willen teil an dem Kampfe nehmen, den ich gegen mich selbst streite.“

Wilhelm antwortete ihr freundlich und verbindlich. Er versicherte, daß ihr Bild und ihre Schmerzen ihm beständig vor der Seele geschwebt, daß er sie um ihr Vertrauen bitte, daß er sich ihr zum Freund widme.

Indem er so sprach, wurden seine Augen von dem Knaben angezogen, der vor ihr auf der Erde saß und allerlei Spielwerk durcheinander warf. Er mochte, wie Philine schon angegeben, ungefähr drei Jahre alt sein, und Wilhelm verstand nun erst, warum das leichtfertige, in ihren Ausdrücken selten erhabene Mädchen den Knaben der Sonne verglichen. Denn um die offenen Augen und das volle Gesicht kräuselten sich die schönsten goldnen Locken, an einer blendend weißen Stirne zeigten sich zarte, dunkle, sanftgebogene Augenbrauen, und die lebhafte Farbe der Gesundheit glänzte auf seinen Wangen. „Setzen Sie sich zu mir“, sagte Aurelie: „Sie sehen das glückliche Kind mit Verwunderung an; gewiß, ich habe es mit Freuden auf meine Arme genommen, ich bewahre es mit Sorgfalt; nur kann ich auch recht an ihm den Grad meiner Schmerzen erkennen, denn sie lassen mich den Wert einer solchen Gabe nur selten empfinden.

Erlauben Sie mir", fuhr sie fort, „daß ich nun auch von mir und meinem Schicksale rede; denn es ist mir sehr daran gelegen, daß Sie mich nicht verkennen. Ich glaubte einige gelassene Augenblicke zu haben, darum ließ ich Sie rufen; Sie sind nun da, und ich habe meinen Faden verloren.

‚Ein verlaßnes Geschöpf mehr in der Welt!' werden Sie sagen. Sie sind ein Mann und denken: ‚Wie gebärdet sie sich bei einem notwendigen Übel, das gewisser als der Tod über einem Weibe schwebt, bei der Untreue eines Mannes, die Törin!' — O mein Freund, wäre mein Schicksal gemein, ich wollte gern gemeines Übel ertragen; aber es ist so außerordentlich; warum kann ich's Ihnen nicht im Spiegel zeigen, warum nicht jemand auftragen, es Ihnen zu erzählen! O wäre, wäre ich verführt, überrascht und dann verlassen, dann würde in der Verzweiflung noch Trost sein; aber ich bin weit schlimmer daran, ich habe mich selbst hintergangen, mich selbst wider Wissen betrogen, das ist's, was ich mir niemals verzeihen kann."

„Bei edlen Gesinnungen, wie die Ihrigen sind", versetzte der Freund, „können Sie nicht ganz unglücklich sein."

„Und wissen Sie, wem ich meine Gesinnung schuldig bin?" fragte Aurelie; „der allerschlechtesten Erziehung, durch die jemals ein Mädchen hätte verderbt werden sollen, dem schlimmsten Beispiele, um Sinne und Neigung zu verführen.

Nach dem frühzeitigen Tode meiner Mutter bracht' ich die schönsten Jahre der Entwicklung bei einer Tante zu, die sich zum Gesetz machte, die Gesetze der Ehrbarkeit zu verachten. Blindlings überließ sie sich einer jeden Neigung, sie mochte über den Gegenstand gebieten oder sein Sklav' sein, wenn sie nur im wilden Genuß ihrer selbst vergessen konnte.

Was mußten wir Kinder mit dem reinen und deutlichen Blick der Unschuld uns für Begriffe von dem männlichen Geschlechte machen? Wie dumpf, dreist, ungeschickt war jeder, den sie herbeireizte; wie satt, übermütig, leer und abgeschmackt dagegen, sobald er seiner Wünsche Befriedigung gefunden hatte. So hab' ich diese Frau jahrelang unter dem Gebote der schlechtesten Menschen erniedrigt gesehen; was für Begegnungen mußte sie erdulden, und mit welcher Stirne wußte sie sich in ihr Schicksal zu finden, ja mit welcher Art diese schändlichen Fesseln zu tragen!

So lernte ich Ihr Geschlecht kennen, mein Freund, und wie rein haßte ich's, da ich zu bemerken schien, daß selbst leidliche Männer im Verhältnis gegen das unsrige jedem guten Gefühl zu entsagen schienen, zu dem sie die Natur sonst noch mochte fähig gemacht haben.

Leider mußt' ich auch bei solchen Gelegenheiten viel traurige Erfahrungen über mein eigen Geschlecht machen, und wahrhaftig, als Mädchen von sechzehn Jahren war ich klüger, als ich jetzt bin, jetzt, da ich mich selbst kaum verstehe. Warum sind wir so klug, wenn wir jung sind, so klug, um immer törichter zu werden!"

Der Knabe machte Lärm, Aurelie ward ungeduldig und klingelte. Ein altes Weib kam herein, ihn wegzuholen. „Hast du noch immer Zahnweh?" sagte Aurelie zu der Alten, die das Gesicht verbunden hatte. „Fast unleidliches", versetzte diese mit dumpfer Stimme, hob den Knaben auf, der gerne mitzugehen schien, und brachte ihn weg.

Kaum war das Kind beiseite, als Aurelie bitterlich zu weinen anfing. „Ich kann nichts als jammern und klagen", rief sie aus, „und ich schäme mich, wie ein armer Wurm vor Ihnen zu liegen. Meine Besonnenheit ist schon weg, und ich kann nicht mehr erzählen." Sie stockte und schwieg. Ihr Freund, der nichts Allgemeines sagen wollte und nichts Besonderes zu sagen wußte, drückte ihre Hand und sah sie eine Zeitlang an. Endlich nahm er in der Verlegenheit ein Buch auf, das er vor sich auf dem Tischchen liegen fand; es waren Shakespeares Werke und „Hamlet" aufgeschlagen.

Serlo, der eben zur Tür hereinkam, nach dem Befinden seiner Schwester fragte, schaute in das Buch, das unser Freund in der Hand hielt, und rief aus: „Find' ich Sie wieder über Ihrem Hamlet? Eben recht! Es sind mir gar manche Zweifel aufgestoßen, die das kanonische Ansehen, das Sie dem Stücke so gerne geben möchten, sehr zu vermindern scheinen. Haben doch die Engländer selbst bekannt, daß das Hauptinteresse sich mit dem dritten Akt schlösse, daß die zwei letzten Akte nur kümmerlich das

Ganze zusammenhielten, und es ist doch wahr, das Stück will gegen das Ende weder gehen noch rücken."

„Es ist sehr möglich", sagte Wilhelm, „daß einige Glieder einer Nation, die so viel Meisterstücke aufzuweisen hat, durch Vorurteile und Beschränktheit auf falsche Urteile geleitet werden; aber das kann uns nicht hindern, mit eigenen Augen zu sehen und gerecht zu sein. Ich bin weit entfernt, den Plan dieses Stücks zu tadeln, ich glaube vielmehr, daß kein größerer ersonnen worden sei; ja, er ist nicht ersonnen, es ist so."

„Wie wollen Sie das auslegen?" fragte Serlo.

„Ich will nichts auslegen", versetzte Wilhelm, „ich will Ihnen nur vorstellen, was ich mir denke."

Aurelie hob sich von ihrem Kissen auf, stützte sich auf ihre Hand und sah unsern Freund an, der mit der größten Versicherung, daß er recht habe, also zu reden fortfuhr: „Es gefällt uns so wohl, es schmeichelt so sehr, wenn wir einen Helden sehen, der durch sich selbst handelt, der liebt und haßt, wenn es ihm sein Herz gebietet, der unternimmt und ausführt, alle Hindernisse abwendet und zu einem großen Zwecke gelangt. Geschichtsschreiber und Dichter möchten uns gerne überreden, daß ein so stolzes Los dem Menschen fallen könne. Hier werden wir anders belehrt; der Held hat keinen Plan, aber das Stück ist planvoll. Hier wird nicht etwa nach einer starr und eigensinnig durchgeführten Idee von Rache ein Bösewicht bestraft; nein, es geschieht eine ungeheure Tat, sie wälzt sich in ihren Folgen fort, reißt Unschuldige mit; der Verbrecher scheint dem Abgrunde, der ihm bestimmt ist, ausweichen zu wollen und stürzt hinein, eben da, wo er seinen Weg glücklich auszulaufen gedenkt. Denn das ist die Eigenschaft der Greueltat, daß sie auch Böses über den Unschuldigen, wie der guten Handlung, daß sie viele Vorteile auch über den Unverdienten ausbreitet, ohne daß der Urheber von beiden oft weder bestraft noch belohnt wird. Hier in unserm Stücke, wie wunderbar! Das Fegefeuer sendet seinen Geist und fordert Rache, aber vergebens. Alle Umstände kommen zusammen und treiben die Rache, vergebens! Weder Irdischen noch Unterirdischen kann gelingen, was dem Schicksal allein vorbehalten ist. Die Gerichtsstunde kommt. Der Böse fällt mit dem Guten. Ein Geschlecht wird weggemäht, und das andere sproßt auf."

Nach einer Pause, in der sie einander ansahen, nahm Serlo das Wort: „Sie machen der Vorsehung kein sonderlich Kompliment, indem Sie den Dichter erheben, und dann scheinen Sie mir wieder zu Ehren Ihres Dichters, wie andere zu Ehren der Vorsehung, ihm Endzweck und Plane unterzuschieben, an die er nicht gedacht hat."

SECHZEHNTES KAPITEL

„Lassen Sie mich", sagte Aurelie, „nun auch eine Frage tun. Ich habe Opheliens Rolle wieder angesehen, ich bin zufrieden damit und getraue mir, sie unter gewissen Umständen zu spielen. Aber sagen Sie mir, hätte der Dichter seiner Wahnsinnigen nicht andere Liedchen unterlegen sollen? Könnte man nicht Fragmente aus melancholischen Balladen wählen? Was sollen Zweideutigkeiten und lüsterne Albernheiten in dem Munde dieses edlen Mädchens?"

„Beste Freundin", versetzte Wilhelm, „ich kann auch hier nicht ein Jota nachgeben. Auch in diesen Sonderbarkeiten, auch in dieser anscheinenden Unschicklichkeit liegt ein großer Sinn. Wissen wir doch gleich zu Anfange des Stücks, womit das Gemüt des guten Kindes beschäftigt ist. Stille lebte sie vor sich hin, aber kaum verbarg sie ihre Sehnsucht, ihre Wünsche. Heimlich klangen die Töne der Lüsternheit in ihre Seele, und wie oft mag sie versucht haben, gleich einer unvorsichtigen Wärterin, ihre Sinnlichkeit zur Ruhe zu singen mit Liedchen, die sie nur mehr wach halten mußten. Zuletzt, da ihr jede Gewalt über sich selbst entrissen ist, da ihr Herz auf der Zunge schwebt, wird diese Zunge ihre Verräterin, und in der Unschuld des Wahnsinns ergötzt sie sich vor König und Königin an dem Nachklange ihrer geliebten losen Lieder: vom Mädchen, das gewonnen ward; vom Mädchen, das zum Knaben schleicht, und so weiter."

Er hatte noch nicht ausgeredet, als auf einmal eine

wunderbare Szene vor seinen Augen entstand, die er sich auf keine Weise erklären konnte.

Serlo war einigemal in der Stube auf und ab gegangen, ohne daß er irgendeine Absicht merken ließ. Auf einmal trat er an Aureliens Putztisch, griff schnell nach etwas, das darauf lag, und eilte mit seiner Beute der Türe zu. Aurelie bemerkte kaum seine Handlung, als sie auffuhr, sich ihm in den Weg warf, ihn mit unglaublicher Leidenschaft angriff und geschickt genug war, ein Ende des geraubten Gegenstandes zu fassen. Sie rangen und balgten sich sehr hartnäckig, drehten und wanden sich sehr lebhaft miteinander herum; er lachte, sie ereiferte sich, und als Wilhelm hinzueilte, sie auseinander zu bringen und zu besänftigen, sah er auf einmal Aurelien mit einem bloßen Dolch in der Hand auf die Seite springen, indem Serlo die Scheide, die ihm zurückgeblieben war, verdrießlich auf den Boden warf. Wilhelm trat erstaunt zurück, und seine stumme Verwunderung schien nach der Ursache zu fragen, warum ein so sonderbarer Streit über einen so wunderbaren Hausrat habe unter ihnen entstehen können.

„Sie sollen", sprach Serlo, „Schiedsrichter zwischen uns beiden sein. Was hat sie mit dem scharfen Stahle zu tun? Lassen Sie sich ihn zeigen. Dieser Dolch ziemt keiner Schauspielerin; spitz und scharf wie Nadel und Messer! Zu was die Posse? Heftig, wie sie ist, tut sie sich noch einmal von ungefähr ein Leides. Ich habe einen innerlichen Haß gegen solche Sonderbarkeiten: ein ernstlicher Gedanke dieser Art ist toll, und ein so gefährliches Spielwerk ist abgeschmackt."

„Ich habe ihn wieder!" rief Aurelie, indem sie die blanke Klinge in die Höhe hielt; „ich will meinen treuen Freund nun besser verwahren. Verzeih mir", rief sie aus, indem sie den Stahl küßte, „daß ich dich so vernachlässigt habe!"

Serlo schien im Ernste böse zu werden. — „Nimm es, wie du willst, Bruder", fuhr sie fort; „kannst du denn wissen, ob mir nicht etwa unter dieser Form ein köstlicher Talisman beschert ist; ob ich nicht Hülfe und Rat zur schlimmsten Zeit bei ihm finde; muß denn alles schädlich sein, was gefährlich aussieht?"

„Dergleichen Reden, in denen kein Sinn ist, können mich

toll machen!“ sagte Serlo und verließ mit heimlichem Grimme das Zimmer. Aurelie verwahrte den Dolch sorgfältig in der Scheide und steckte ihn zu sich. „Lassen Sie uns das Gespräch fortsetzen, das der unglückliche Bruder gestört hat“, fiel sie ein, als Wilhelm einige Fragen über den sonderbaren Streit vorbrachte.

„Ich muß Ihre Schilderung Opheliens wohl gelten lassen“, fuhr sie fort; „ich will die Absicht des Dichters nicht verkennen; nur kann ich sie mehr bedauern als mit ihr empfinden. Nun aber erlauben Sie mir eine Betrachtung, zu der Sie mir in der kurzen Zeit oft Gelegenheit gegeben haben. Mit Bewunderung bemerke ich an Ihnen den tiefen und richtigen Blick, mit dem Sie Dichtung und besonders dramatische Dichtung beurteilen; die tiefsten Abgründe der Erfindung sind Ihnen nicht verborgen, und die feinsten Züge der Ausführung sind Ihnen bemerkbar. Ohne die Gegenstände jemals in der Natur erblickt zu haben, erkennen Sie die Wahrheit im Bilde; es scheint eine Vorempfindung der ganzen Welt in Ihnen zu liegen, welche durch die harmonische Berührung der Dichtkunst erregt und entwickelt wird. Denn wahrhaftig“, fuhr sie fort, „von außen kommt nichts in Sie hinein; ich habe nicht leicht jemanden gesehen, der die Menschen, mit denen er lebt, so wenig kennt, so von Grund aus verkennt wie Sie. Erlauben Sie mir, es zu sagen: wenn man Sie Ihren Shakespeare erklären hört, glaubt man, Sie kämen eben aus dem Rate der Götter und hätten zugehört, wie man sich daselbst beredet, Menschen zu bilden; wenn Sie dagegen mit Leuten umgehen, seh’ ich in Ihnen gleichsam das erste, großgeborne Kind der Schöpfung, das mit sonderlicher Verwunderung und erbaulicher Gutmütigkeit Löwen und Affen, Schafe und Elefanten anstaunt und sie treuherzig als seinesgleichen anspricht, weil sie eben auch da sind und sich bewegen.“

„Die Ahnung meines schülerhaften Wesens, werte Freundin“, versetzte er, „ist mir öfters lästig, und ich werde Ihnen danken, wenn Sie mir über die Welt zu mehrerer Klarheit verhelfen wollen. Ich habe von Jugend auf die Augen meines Geistes mehr nach innen als nach außen gerichtet, und da ist es sehr natürlich, daß ich den Menschen bis auf einen gewissen Grad habe kennen lernen, ohne die Menschen im mindesten zu verstehen und zu begreifen."

„Gewiß", sagte Aurelie, „ich hatte Sie anfangs in Verdacht, als wollten Sie uns zum besten haben, da Sie von den Leuten, die Sie meinem Bruder zugeschickt haben, so manches Gute sagten, wenn ich Ihre Briefe mit den Verdiensten dieser Menschen zusammenhielt."

Die Bemerkung Aureliens, so wahr sie sein mochte, und so gern ihr Freund diesen Mangel bei sich gestand, führte doch etwas Drückendes, ja sogar Beleidigendes mit sich, daß er still ward und sich zusammennahm, teils um keine Empfindlichkeit merken zu lassen, teils in seinem Busen nach der Wahrheit dieses Vorwurfs zu forschen.

„Sie dürfen nicht darüber betreten sein", fuhr Aurelie fort; „zum Lichte des Verstandes können wir immer gelangen; aber die Fülle des Herzens kann uns niemand geben. Sind Sie zum Künstler bestimmt, so können Sie diese Dunkelheit und Unschuld nicht lange genug bewahren; sie ist die schöne Hülle über der jungen Knospe; Unglücks genug, wenn wir zu früh herausgetrieben werden. Gewiß, es ist gut, wenn wir die nicht immer kennen, für die wir arbeiten.

O! ich war auch einmal in diesem glücklichen Zustande, als ich mit dem höchsten Begriff von mir selbst und meiner Nation die Bühne betrat. Was waren die Deutschen nicht in meiner Einbildung, was konnten sie nicht sein! Zu dieser Nation sprach ich, über die mich ein kleines Gerüst erhob, von welcher mich eine Reihe Lampen trennte, deren Glanz und Dampf mich hinderte, die Gegenstände vor mir genau zu unterscheiden. Wie willkommen war mir der Klang des Beifalls, der aus der Menge herauftönte; wie dankbar nahm ich das Geschenk an, das mir einstimmig von so vielen Händen dargebracht wurde! Lange wiegte ich mich so hin; wie ich wirkte, wirkte die Menge wieder auf mich zurück; ich war mit meinem Publikum in dem besten Vernehmen; ich glaubte eine vollkommene Harmonie zu fühlen und jederzeit die Edelsten und Besten der Nation vor mir zu sehen.

Unglücklicherweise war es nicht die Schauspielerin allein, deren Naturell und Kunst die Theaterfreunde interessierte;

sie machten auch Ansprüche an das junge, lebhafte Mädchen. Sie gaben mir nicht undeutlich zu verstehen, daß meine Pflicht sei, die Empfindungen, die ich in ihnen rege gemacht, auch persönlich mit ihnen zu teilen. Leider war das nicht meine Sache; ich wünschte ihre Gemüter zu erheben, aber an das, was sie ihr Herz nannten, hatte ich nicht den mindesten Anspruch; und nun wurden mir alle Stände, Alter und Charaktere, einer um den andern, zur Last, und nichts war mir verdrießlicher, als daß ich mich nicht wie ein anderes ehrliches Mädchen in mein Zimmer verschließen und so mir manche Mühe ersparen konnte.

Die Männer zeigten sich meist, wie ich sie bei meiner Tante zu sehen gewohnt war, und sie würden mir auch diesmal nur wieder Abscheu erregt haben, wenn mich nicht ihre Eigenheiten und Albernheiten unterhalten hätten. Da ich nicht vermeiden konnte, sie bald auf dem Theater, bald an öffentlichen Orten, bald zu Hause zu sehen, nahm ich mir vor, sie alle auszulauern, und mein Bruder half mir wacker dazu. Und wenn Sie denken, daß vom beweglichen Ladendiener und dem eingebildeten Kaufmannssohn bis zum gewandten, abwiegenden Weltmann, dem kühnen Soldaten und dem raschen Prinzen alle nach und nach bei mir vorbeigegangen sind, und jeder nach seiner Art seinen Roman anzuknüpfen gedachte, so werden Sie mir verzeihen, wenn ich mir einbildete, mit meiner Nation ziemlich bekannt zu sein.

Den phantastisch aufgestutzten Studenten, den demütigstolz verlegenen Gelehrten, den schwankfüßigen genügsamen Domherrn, den steifen aufmerksamen Geschäftsmann, den derben Landbaron, den freundlich glatt-platten Hofmann, den jungen aus der Bahn schreitenden Geistlichen, den gelassenen sowie den schnellen und tätig spekulierenden Kaufmann, alle habe ich in Bewegung gesehen, und beim Himmel! wenige fanden sich darunter, die mir nur ein gemeines Interesse einzuflößen imstande gewesen wären; vielmehr war es mir äußerst verdrießlich, den Beifall der Toren im einzelnen mit Beschwerlichkeit und langer Weile einzukassieren, der mir im ganzen so wohl behagt hatte, den ich mir im großen so gerne zueignete.

Wenn ich über mein Spiel ein vernünftiges Kompliment erwartete, wenn ich hoffte, sie sollten einen Autor loben, den ich hochschätzte, so machten sie eine alberne Anmerkung über die andere und nannten ein abgeschmacktes Stück, in welchem sie wünschten mich spielen zu sehen. Wenn ich in der Gesellschaft herumhorchte, ob nicht etwa ein edler, geistreicher, witziger Zug nachklänge und zur rechten Zeit wieder zum Vorschein käme, konnte ich selten eine Spur vernehmen. Ein Fehler, der vorgekommen war, wenn ein Schauspieler sich versprach oder irgendeinen Provinzialism hören ließ, das waren die wichtigen Punkte, an denen sie sich festhielten, von denen sie nicht loskommen konnten. Ich wußte zuletzt nicht, wohin ich mich wenden sollte; sie dünkten sich zu klug, sich unterhalten zu lassen, und sie glaubten mich wundersam zu unterhalten, wenn sie an mir herumtätschelten. Ich fing an, sie alle von Herzen zu verachten, und es war mir eben, als wenn die ganze Nation sich recht vorsätzlich bei mir durch ihre Abgesandten habe prostituieren wollen. Sie kam mir im ganzen so linkisch vor, so übel erzogen, so schlecht unterrichtet, so leer von gefälligem Wesen, so geschmacklos. Oft rief ich aus: ‚Es kann doch kein Deutscher einen Schuh zuschnallen, der es nicht von einer fremden Nation gelernt hat!'

Sie sehen, wie verblendet, wie hypochondrisch ungerecht ich war, und je länger es währte, desto mehr nahm meine Krankheit zu. Ich hätte mich umbringen können; allein ich verfiel auf ein ander Extrem: ich verheiratete mich, oder vielmehr ich ließ mich verheiraten. Mein Bruder, der das Theater übernommen hatte, wünschte sehr, einen Gehülfen zu haben. Seine Wahl fiel auf einen jungen Mann, der mir nicht zuwider war, dem alles mangelte, was mein Bruder besaß, Genie, Leben, Geist und rasches Wesen, an dem sich aber auch alles fand, was jenem abging: Liebe zur Ordnung, Fleiß, eine köstliche Gabe hauszuhalten und mit Gelde umzugehen.

Er ist mein Mann geworden, ohne daß ich weiß, wie; wir haben zusammen gelebt, ohne daß ich recht weiß, warum. Genug, unsre Sachen gingen gut. Wir nahmen viel ein, davon war die Tätigkeit meines Bruders Ursache; wir kamen gut aus, und das war das Verdienst meines Mannes. Ich dachte nicht mehr an Welt und Nation. Mit der Welt hatte ich nichts zu teilen, und den Begriff von Nation hatte ich verloren. Wenn ich auftrat, tat ich's, um zu leben; ich öffnete den Mund nur, weil ich nicht schweigen durfte, weil ich doch herausgekommen war, um zu reden.

Doch, daß ich es nicht zu arg mache, eigentlich hatte ich mich ganz in die Absicht meines Bruders ergeben; ihm war um Beifall und Geld zu tun; denn, unter uns, er hört sich gerne loben und braucht viel. Ich spielte nun nicht mehr nach meinem Gefühl, nach meiner Überzeugung, sondern wie er mich anwies, und wenn ich es ihm zu Danke gemacht hatte, war ich zufrieden. Er richtete sich nach allen Schwächen des Publikums; es ging Geld ein, er konnte nach seiner Willkür leben, und wir hatten gute Tage mit ihm.

Ich war indessen in einen handwerksmäßigen Schlendrian gefallen. Ich zog meine Tage ohne Freude und Anteil hin, meine Ehe war kinderlos und dauerte nur kurze Zeit. Mein Mann ward krank, seine Kräfte nahmen sichtbar ab, die Sorge für ihn unterbrach meine allgemeine Gleichgültigkeit. In diesen Tagen machte ich eine Bekanntschaft, mit der ein neues Leben für mich anfing, ein neues und schnelleres, denn es wird bald zu Ende sein."

Sie schwieg eine Zeitlang stille, dann fuhr sie fort: „Auf einmal stockt meine geschwätzige Laune, und ich getraue mir den Mund nicht weiter aufzutun. Lassen Sie mich ein wenig ausruhen; Sie sollen nicht weggehen, ohne ausführlich all mein Unglück zu wissen. Rufen Sie doch indessen Mignon herein und hören, was sie will!"

Das Kind war während Aureliens Erzählung einigemal im Zimmer gewesen. Da man bei seinem Eintritt leiser sprach, war es wieder weggeschlichen, saß auf dem Saale still und wartete. Als man sie wieder hereinkommen ließ, brachte sie ein Buch mit, das man bald an Form und Einband für einen kleinen geographischen Atlas erkannte. Sie hatte bei dem Pfarrer unterwegs mit großer Verwunderung die ersten Landkarten gesehen, ihn viel darüber gefragt und sich, soweit es gehen wollte, unterrichtet. Ihr Verlangen, etwas zu lernen, schien durch diese neue Kenntnis noch viel lebhafter zu werden. Sie bat Wilhelmen inständig, ihr das Buch zu kaufen. Sie habe dem Bildermann ihre großen silbernen Schnallen dafür eingesetzt und wolle sie, weil es heute abend so spät geworden, morgen früh wieder einlösen. Es ward ihr bewilligt, und sie fing nun an, dasjenige, was sie wußte, teils herzusagen, teils nach ihrer Art die wunderlichsten Fragen zu tun. Man konnte auch hier wieder bemerken, daß bei einer großen Anstrengung sie nur schwer und mühsam begriff. So war auch ihre Handschrift, mit der sie sich viele Mühe gab. Sie sprach noch immer sehr gebrochen deutsch, und nur wenn sie den Mund zum Singen auftat, wenn sie die Zither rührte, schien sie sich des einzigen Organs zu bedienen, wodurch sie ihr Innerstes aufschließen und mitteilen konnte.

Wir müssen, da wir gegenwärtig von ihr sprechen, auch der Verlegenheit gedenken, in die sie seit einiger Zeit unsern Freund öfters versetzte. Wenn sie kam oder ging, guten Morgen oder gute Nacht sagte, schloß sie ihn so fest in ihre Arme und küßte ihn mit solcher Inbrunst, daß ihm die Heftigkeit dieser aufkeimenden Natur oft angst und bange machte. Die zuckende Lebhaftigkeit schien sich in ihrem Betragen täglich zu vermehren, und ihr ganzes Wesen bewegte sich in einer rastlosen Stille. Sie konnte nicht sein, ohne einen Bindfaden in den Händen zu drehen, ein Tuch zu kneten, Papier oder Hölzchen zu kauen. Jedes ihrer Spiele schien nur eine innere heftige Erschütterung abzuleiten. Das einzige, was ihr einige Heiterkeit zu geben schien, war die Nähe des kleinen Felix, mit dem sie sich sehr artig abzugeben wußte.

Aurelie, die nach einiger Ruhe gestimmt war, sich mit ihrem Freunde über einen Gegenstand, der ihr so sehr am Herzen lag, endlich zu erklären, ward über die Beharrlichkeit der Kleinen diesmal ungeduldig und gab ihr zu verstehen, daß sie sich wegbegeben sollte, und man mußte sie endlich, da alles nicht helfen wollte, ausdrücklich und wider ihren Willen fortschicken.

„Jetzt oder niemals“, sagte Aurelie, „muß ich Ihnen den Rest meiner Geschichte erzählen. Wäre mein zärtlich geliebter, ungerechter Freund nur wenige Meilen von hier, ich würde sagen: ‚Setzen Sie sich zu Pferde, suchen Sie auf irgendeine Weise Bekanntschaft mit ihm, und wenn Sie zurückkehren, so haben Sie mir gewiß verziehen und bedauern mich von Herzen.' Jetzt kann ich Ihnen nur mit Worten sagen, wie liebenswürdig er war, und wie sehr ich ihn liebte.

Eben zu der kritischen Zeit, da ich für die Tage meines Mannes besorgt sein mußte, lernt' ich ihn kennen. Er war eben aus Amerika zurückgekommen, wo er in Gesellschaft einiger Franzosen mit vieler Distinktion unter den Fahnen der Vereinigten Staaten gedient hatte.

Er begegnete mir mit einem gelaßnen Anstande, mit einer offnen Gutmütigkeit, sprach über mich selbst, meine Lage, mein Spiel, wie ein alter Bekannter, so teilnehmend und so deutlich, daß ich mich zum erstenmal freuen konnte, meine Existenz in einem andern Wesen so klar wiederzuerkennen. Seine Urteile waren richtig, ohne absprechend, treffend, ohne lieblos zu sein. Er zeigte keine Härte, und sein Mutwille war zugleich gefällig. Er schien des guten Glücks bei Frauen gewohnt zu sein, das machte mich aufmerksam; er war keinesweges schmeichelnd und andringend, das machte mich sorglos.

In der Stadt ging er mit wenigen um, war meist zu Pferde, besuchte seine vielen Bekannten in der Gegend und besorgte die Geschäfte seines Hauses. Kam er zurück, so stieg er bei mir ab, behandelte meinen immer kränkern Mann mit warmer Sorge, schaffte dem Leidenden durch einen geschickten Arzt Linderung, und wie er an allem, was mich betraf, teilnahm, ließ er mich auch an seinem Schicksale teilnehmen. Er erzählte mir die Geschichte seiner Kampagne, seiner unüberwindlichen Neigung zum Soldatenstande, seine Familienverhältnisse; er vertraute mir seine gegenwärtigen Beschäftigungen. Genug, er hatte nichts Geheimes vor mir; er entwickelte mir sein Innerstes, ließ mich in die verborgensten Winkel seiner Seele sehen; ich lernte seine Fähigkeiten, seine Leidenschaften kennen. Es war das erste Mal in meinem Leben, daß ich eines herzlichen, geistreichen Umgangs genoß. Ich war von ihm angezogen, von ihm hingerissen, eh' ich über mich selbst Betrachtungen anstellen konnte.

Inzwischen verlor ich meinen Mann, ungefähr wie ich

ihn genommen hatte. Die Last der theatralischen Geschäfte fiel nun ganz auf mich. Mein Bruder, unverbesserlich auf dem Theater, war in der Haushaltung niemals nütze; ich besorgte alles und studierte dabei meine Rollen fleißiger als jemals. Ich spielte wieder wie vor alters, ja mit ganz anderer Kraft und neuem Leben, zwar durch ihn und um seinetwillen, doch nicht immer gelang es mir zum besten, wenn ich meinen edlen Freund im Schauspiel wußte; aber einigemal behorchte er mich, und wie angenehm mich sein unvermuteter Beifall überraschte, können Sie denken.

Gewiß, ich bin ein seltsames Geschöpf. Bei jeder Rolle, die ich spielte, war es mir eigentlich nur immer zumute, als wenn ich ihn lobte und zu seinen Ehren spräche; denn das war die Stimmung meines Herzens, die Worte mochten übrigens sein, wie sie wollten. Wußt' ich ihn unter den Zuhörern, so getraute ich mich nicht, mit der ganzen Gewalt zu sprechen, eben als wenn ich ihm meine Liebe, mein Lob nicht geradezu ins Gesicht aufdringen wollte; war er abwesend, dann hatte ich freies Spiel, ich tat mein Bestes mit einer gewissen Ruhe, mit einer unbeschreiblichen Zufriedenheit. Der Beifall freute mich wieder, und wenn ich dem Publikum Vergnügen machte, hätte ich immer zugleich hinunterrufen mögen: ‚Das seid ihr ihm schuldig!‘

Ja, mir war wie durch ein Wunder das Verhältnis zum Publikum, zur ganzen Nation verändert. Sie erschien mir auf einmal wieder in dem vorteilhaftesten Lichte, und ich erstaunte recht über meine bisherige Verblendung.

‚Wie unverständig‘, sagt' ich oft zu mir selbst, ‚war es, als du ehemals auf eine Nation schaltest, eben weil es eine Nation ist. Müssen denn, können denn einzelne Menschen so interessant sein? Keinesweges! Es fragt sich, ob unter der großen Masse eine Menge von Anlagen, Kräften und Fähigkeiten verteilt sei, die durch günstige Umstände entwickelt, durch vorzügliche Menschen zu einem gemeinsamen Endzwecke geleitet werden können.‘ Ich freute mich nun, so wenig hervorstechende Originalität unter meinen Landsleuten zu finden; ich freute mich, daß sie eine Richtung von außen anzunehmen nicht verschmähten; ich freute mich, einen Anführer gefunden zu haben.

Lothar — lassen Sie mich meinen Freund mit seinem geliebten Vornamen nennen — hatte mir immer die Deutschen von der Seite der Tapferkeit vorgestellt und mir gezeigt, daß keine bravere Nation in der Welt sei, wenn sie recht geführt werde, und ich schämte mich, an die erste Eigenschaft eines Volkes niemals gedacht zu haben. Ihm war die Geschichte bekannt, und mit den meisten verdienstvollen Männern seines Zeitalters stand er in Verhältnissen. So jung er war, hatte er ein Auge auf die hervorkeimende hoffnungsvolle Jugend seines Vaterlandes, auf die stillen Arbeiten in so vielen Fächern beschäftigter und tätiger Männer. Er ließ mich einen Überblick über Deutschland tun, was es sei, und was es sein könne, und ich schämte mich, eine Nation nach der verworrenen Menge beurteilt zu haben, die sich in eine Theatergarderobe drängen mag. Er machte mir's zur Pflicht, auch in meinem Fache wahr, geistreich und belebend zu sein. Nun schien ich mir selbst inspiriert, sooft ich auf das Theater trat. Mittelmäßige Stellen wurden zu Gold in meinem Munde, und hätte mir damals ein Dichter zweckmäßig beigestanden, ich hätte die wunderbarsten Wirkungen hervorgebracht.

So lebte die junge Witwe monatelang fort. Er konnte mich nicht entbehren, und ich war höchst unglücklich, wenn er außen blieb. Er zeigte mir die Briefe seiner Verwandten, seiner vortrefflichen Schwester. Er nahm an den kleinsten Umständen meiner Verhältnisse teil; inniger, vollkommener ist keine Einigkeit zu denken. Der Name der Liebe ward nicht genannt. Er ging und kam, kam und ging — und nun, mein Freund, ist es hohe Zeit, daß Sie auch gehen."

SIEBZEHNTES KAPITEL

Wilhelm konnte nun nicht länger den Besuch bei seinen Handelsfreunden aufschieben. Er ging nicht ohne Verlegenheit dahin, denn er wußte, daß er Briefe von den Seinigen daselbst antreffen werde. Er fürchtete sich vor den Vorwürfen, die sie enthalten mußten; wahrscheinlich hatte man auch dem Handelshause Nachricht von der Verlegenheit gegeben, in der man sich seinetwegen befand. Er scheute sich nach so vielen ritterlichen Abenteuern vor dem schülerhaften Ansehen, in dem er erscheinen würde, und nahm sich vor, recht trotzig zu tun und auf diese Weise seine Verlegenheit zu verbergen.

Allein zu seiner großen Verwunderung und Zufriedenheit ging alles sehr gut und leidlich ab. In dem großen, lebhaften und beschäftigten Comptoir hatte man kaum Zeit, seine Briefe aufzusuchen; seines längern Außenbleibens ward nur im Vorbeigehn gedacht. Und als er die Briefe seines Vaters und seines Freundes Werner eröffnete, fand er sie sämtlich sehr leidlichen Inhalts. Der Alte, in Hoffnung eines weitläufigen Journals, dessen Führung er dem Sohne beim Abschiede sorgfältig empfohlen, und wozu er ihm ein tabellarisches Schema mitgegeben, schien über das Stillschweigen der ersten Zeit ziemlich beruhigt, so wie er sich nur über das Rätselhafte des ersten und einzigen, vom Schlosse des Grafen noch abgesandten Briefes beschwerte. Werner scherzte nur auf seine Art, erzählte lustige Stadtgeschichten und bat sich Nachricht von Freunden und Bekannten aus, die Wilhelm nunmehr in der großen Handelsstadt häufig würde kennen lernen. Unser Freund, der außerordentlich erfreut war, um einen so wohlfeilen Preis loszukommen, antwortete sogleich in einigen sehr muntern Briefen und versprach dem Vater ein ausführliches Reisejournal mit allen verlangten geographischen, statistischen und merkantilischen Bemerkungen. Er hatte vieles auf der Reise gesehen und hoffte daraus ein leidliches Heft zusammenschreiben zu können. Er merkte nicht, daß er beinah in eben dem Falle war, in dem er sich befand, als er, um ein Schauspiel, das weder geschrieben, noch weniger memoriert war, aufzuführen, Lichter angezündet und Zuschauer herbeigerufen hatte. Als er daher wirklich anfing, an seine Komposition zu gehen, ward er leider gewahr, daß er von Empfindungen und Gedanken, von manchen Erfahrungen des Herzens und Geistes sprechen und erzählen konnte, nur nicht von äußern Gegenständen, denen er, wie er nun merkte, nicht die mindeste Aufmerksamkeit geschenkt hatte.

In dieser Verlegenheit kamen die Kenntnisse seines Freundes Laertes ihm gut zustatten. Die Gewohnheit hatte beide jungen Leute, so unähnlich sie sich waren, zusammen verbunden, und jener war bei allen seinen Fehlern, mit seinen Sonderbarkeiten wirklich ein interessanter Mensch. Mit einer heitern, glücklichen Sinnlichkeit begabt, hätte er alt werden können, ohne über seinen Zustand irgend nachzudenken. Nun hatte ihm aber sein Unglück und seine Krankheit das reine Gefühl der Jugend geraubt und ihm dagegen einen Blick auf die Vergänglichkeit, auf das Zerstückelte unsers Daseins eröffnet. Daraus war eine launichte, rhapsodische Art, über die Gegenstände zu denken, oder vielmehr ihre unmittelbaren Eindrücke zu äußern, entstanden. Er war nicht gern allein, trieb sich auf allen Kaffeehäusern, an allen Wirtstischen herum, und wenn er ja zu Hause blieb, waren Reisebeschreibungen seine liebste, ja seine einzige Lektüre. Diese konnte er nun, da er eine große Leihbibliothek fand, nach Wunsch befriedigen, und bald spukte die halbe Welt in seinem guten Gedächtnisse.

Wie leicht konnte er daher seinem Freunde Mut einsprechen, als dieser ihm den völligen Mangel an Vorrat zu der von ihm so feierlich versprochenen Relation entdeckte. „Da wollen wir ein Kunststück machen", sagte jener, „das seinesgleichen nicht haben soll.

Ist nicht Deutschland von einem Ende zum andern durchreist, durchkreuzt, durchzogen, durchkrochen und durchflogen? Und hat nicht jeder deutsche Reisende den herrlichen Vorteil, sich seine großen oder kleinen Ausgaben vom Publikum wiedererstatten zu lassen? Gib mir nur deine Reiseroute, ehe du zu uns kamst; das andere weiß ich. Die Quellen und Hülfsmittel zu deinem Werke will ich dir aufsuchen; an Quadratmeilen, die nicht gemessen sind, und an Volksmenge, die nicht gezählt ist, müssen wir's nicht fehlen lassen. Die Einkünfte der Länder nehmen wir aus Taschenbüchern und Tabellen, die, wie bekannt, die zuverlässigsten Dokumente sind. Darauf gründen wir unsre politischen Räsonnements; an Seitenblicken auf die Regierungen soll's nicht fehlen. Ein paar Fürsten beschreiben wir als wahre Väter des Vaterlandes, damit man uns desto eher glaubt, wenn wir einigen andern etwas anhängen; und wenn wir nicht geradezu durch den Wohnort einiger berühmten Leute durchreisen, so begegnen wir ihnen in einem Wirtshause, lassen sie uns im Vertrauen das albernste Zeug sagen. Besonders vergessen wir nicht, eine Liebesgeschichte mit irgendeinem naiven Mädchen auf das anmutigste einzuflechten, und es soll ein Werk geben, das nicht allein Vater und Mutter mit Entzücken erfüllen soll, sondern das dir auch jeder Buchhändler mit Vergnügen bezahlt."

Man schritt zum Werke, und beide Freunde hatten viel Lust an ihrer Arbeit, indes Wilhelm abends im Schauspiel und in dem Umgange mit Serlo und Aurelien die größte Zufriedenheit fand und seine Ideen, die nur zu lange sich in einem engen Kreise herumgedreht hatten, täglich weiter ausbreitete.

ACHTZEHNTES KAPITEL

Nicht ohne das größte Interesse vernahm er stückweise den Lebenslauf Serlos; denn es war nicht die Art dieses seltnen Mannes, vertraulich zu sein und über irgend etwas im Zusammenhange zu sprechen. Er war, man darf sagen, auf dem Theater geboren und gesäugt. Schon als stummes Kind mußte er durch seine bloße Gegenwart die Zuschauer rühren, weil auch schon damals die Verfasser diese natürlichen und unschuldigen Hülfsmittel kannten, und sein erstes „Vater" und „Mutter" brachte in beliebten Stücken ihm schon den größten Beifall zuwege, ehe er wußte, was das Händeklatschen bedeute. Als Amor kam er zitternd mehr als einmal im Flugwerke herunter, entwickelte sich als Harlekin aus dem Ei und machte als kleiner Essenkehrer schon früh die artigsten Streiche.

Leider mußte er den Beifall, den er an glänzenden Abenden erhielt, in den Zwischenzeiten sehr teuer bezahlen. Sein Vater, überzeugt, daß nur durch Schläge die Aufmerksamkeit der Kinder erregt und festgehalten werden könne, prügelte ihn beim Einstudieren einer jeden Rolle zu abgemessenen Zeiten; nicht, weil das Kind ungeschickt war, sondern damit es sich desto gewisser und anhaltender geschickt zeigen möge. So gab man ehemals, indem ein Grenzstein gesetzt wurde, den umstehenden Kindern tüchtige Ohrfeigen, und die ältesten Leute erinnern sich noch genau des Ortes und der Stelle. Er wuchs heran und zeigte außerordentliche Fähigkeiten des Geistes und Fertigkeiten des Körpers und dabei eine große Biegsamkeit sowohl in seiner Vorstellungsart als in Handlungen und Gebärden. Seine Nachahmungsgabe überstieg allen Glauben. Schon als Knabe ahmte er Personen nach, so daß man sie zu sehen glaubte, ob sie ihm schon an Gestalt, Alter und Wesen völlig unähnlich und untereinander verschieden waren. Dabei fehlte es ihm nicht an der Gabe, sich in die Welt zu schicken, und sobald er sich einigermaßen seiner Kräfte bewußt war, fand er nichts natürlicher, als seinem Vater zu entfliehen, der, wie die Vernunft des Knaben zunahm und seine Geschicklichkeit sich vermehrte, ihnen noch durch harte Begegnung nachzuhelfen für nötig fand.

Wie glücklich fühlte sich der lose Knabe nun in der freien Welt, da ihm seine Eulenspiegelspossen überall eine gute Aufnahme verschafften! Sein guter Stern führte ihn zuerst in der Fastnachtszeit in ein Kloster, wo er, weil eben der Pater, der die Umgänge zu besorgen und durch geistliche Maskeraden die christliche Gemeinde zu ergötzen hatte, gestorben war, als ein hülfreicher Schutzengel auftrat. Auch übernahm er sogleich die Rolle Gabriels in der Verkündigung und mißfiel dem hübschen Mädchen nicht, die als Maria seinen obligeanten Gruß mit äußerlicher Demut und innerlichem Stolze sehr zierlich aufnahm. Er spielte darauf sukzessive in den Mysterien die wichtigsten Rollen und wußte sich nicht wenig, da er endlich gar als Heiland der Welt verspottet, geschlagen und ans Kreuz geheftet wurde.

Einige Kriegsknechte mochten bei dieser Gelegenheit ihre Rollen gar zu natürlich spielen; daher er sie, um sich auf die schicklichste Weise an ihnen zu rächen, bei Gelegenheit des Jüngsten Gerichts in die prächtigsten Kleider von Kaisern und Königen steckte und ihnen in dem Augenblicke, da sie, mit ihren Rollen sehr wohl zufrieden, auch in dem Himmel allen andern vorauszugehen den Schritt nahmen, unvermutet in Teufelsgestalt begegnete und sie mit der Ofengabel, zur herzlichsten Erbauung sämtlicher Zuschauer und Bettler, weidlich durchdrosch und unbarmherzig zurück in die Grube stürzte, wo sie sich von einem hervordringenden Feuer aufs übelste empfangen sahen.

Er war klug genug, einzusehen, daß die gekrönten Häupter sein freches Unternehmen nicht wohl vermerken und selbst vor seinem privilegierten Ankläger- und Schergenamte keinen Respekt haben würden; er machte sich daher, noch ehe das tausendjährige Reich anging, in aller Stille davon und ward in einer benachbarten Stadt von einer Gesellschaft, die man damals „Kinder der Freude" nannte, mit offnen Armen aufgenommen. Es waren verständige, geistreiche, lebhafte Menschen, die wohleinsahen, daß die Summe unsrer Existenz, durch Vernunft dividiert, niemals rein aufgehe, sondern daß immer ein wunderlicher Bruch übrigbleibe. Diesen hinderlichen und, wenn er sich in die ganze Masse verteilt, gefährlichen Bruch suchten sie zu bestimmten Zeiten vorsätzlich loszuwerden. Sie waren einen Tag der Woche recht ausführlich Narren und straften an demselben wechselseitig durch allegorische Vorstellungen, was sie während der übrigen Tage an sich und andern Närrisches bemerkt hatten. War diese Art gleich roher als eine Folge von Ausbildung, in welcher der sittliche Mensch sich täglich zu bemerken, zu warnen und zu strafen pflegt, so war sie doch lustiger und sicherer; denn indem man einen gewissen Schoßnarren nicht verleugnete, so traktierte man ihn auch nur für das, was er war, anstatt daß er auf dem andern Wege durch Hülfe des Selbstbetrugs oft im Hause zur Herrschaft gelangt und die Vernunft zur heimlichen Knechtschaft zwingt, die sich einbildet, ihn lange verjagt zu haben. Die Narrenmaske ging in der Gesellschaft herum, und jedem war erlaubt, sie an seinem Tage mit eigenen oder fremden Attributen charakteristisch auszuzieren. In der Karnevalszeit nahm man sich die größte Freiheit und wetteiferte mit der Bemühung der Geistlichen, das Volk zu unterhalten und anzuziehen. Die feierlichen und allegorischen Aufzüge von Tugenden und Lastern, Künsten und Wissenschaften, Weltteilen und Jahrszeiten versinnlichten dem Volke eine Menge Begriffe und gaben ihm Ideen entfernter Gegenstände, und so waren diese Scherze nicht ohne Nutzen, da von einer andern Seite die geistlichen Mummereien nur einen abgeschmackten Aberglauben noch mehr befestigten.

Der junge Serlo war auch hier wieder ganz in seinem Elemente; eigentliche Erfindungskraft hatte er nicht, dagegen aber das größte Geschick, was er vor sich fand zu nutzen, zurechtzustellen und scheinbar zu machen. Seine Einfälle, seine Nachahmungsgabe, ja sein beißender Witz, den er wenigstens einen Tag in der Woche völlig frei, selbst gegen seine Wohltäter, üben durfte, machte ihn der ganzen Gesellschaft wert, ja unentbehrlich.

Doch trieb ihn seine Unruhe bald aus dieser vorteilhaften Lage in andere Gegenden seines Vaterlandes, wo er wieder eine neue Schule durchzugehen hatte. Er kam in den gebildeten, aber auch bildlosen Teil von Deutschland, wo es zur Verehrung des Guten und Schönen zwar nicht an Wahrheit, aber oft an Geist gebricht; er konnte mit seinen Masken nichts mehr ausrichten; er mußte suchen, auf Herz und Gemüt zu wirken. Nur kurze Zeit hielt er sich bei kleinen und großen Gesellschaften auf und merkte bei dieser Gelegenheit sämtlichen Stücken und Schauspielern ihre Eigenheiten ab. Die Monotonie, die damals auf dem deutschen Theater herrschte, den albernen Fall und Klang der Alexandriner, den geschraubt-platten Dialog, die Trockenheit und Gemeinheit der unmittelbaren Sittenprediger hatte er bald gefaßt und zugleich bemerkt, was rührte und gefiel.

Nicht eine Rolle der gangbaren Stücke, sondern die ganzen Stücke blieben leicht in seinem Gedächtnis und zugleich der eigentümliche Ton des Schauspielers, der sie mit Beifall vorgetragen hatte. Nun kam er zufälligerweise auf seinen Streifereien, da ihm das Geld völlig ausgegangen war, zu dem Einfall, allein ganze Stücke besonders auf Edelhöfen und in Dörfern vorzustellen und sich dadurch überall sogleich Unterhalt und Nachtquartier zu verschaffen. In jeder Schenke, jedem Zimmer und Garten war sein Theater gleich aufgeschlagen; mit einem schelmischen Ernst und anscheinendem Enthusiasmus wußte er die Einbildungskraft seiner Zuschauer zu gewinnen, ihre Sinne zu täuschen und vor ihren offenen Augen einen alten Schrank zu einer

Burg und einen Fächer zum Dolche umzuschaffen. Seine Jugendwärme ersetzte den Mangel eines tiefen Gefühls; seine Heftigkeit schien Stärke, und seine Schmeichelei Zärtlichkeit. Diejenigen, die das Theater schon kannten, erinnerte er an alles, was sie gesehen und gehört hatten, und in den übrigen erregte er eine Ahnung von etwas Wunderbarem und den Wunsch, näher damit bekannt zu werden. Was an einem Orte Wirkung tat, verfehlte er nicht am andern zu wiederholen und hatte die herzlichste Schadenfreude, wenn er alle Menschen auf gleiche Weise aus dem Stegreife zum besten haben konnte.

Bei seinem lebhaften, freien und durch nichts gehinderten Geist verbesserte er sich, indem er Rollen und Stücke oft wiederholte, sehr geschwind. Bald rezitierte und spielte er dem Sinne gemäßer als die Muster, die er anfangs nur nachgeahmt hatte. Auf diesem Wege kam er nach und nach dazu, natürlich zu spielen und doch immer verstellt zu sein. Er schien hingerissen und lauerte auf den Effekt, und sein größter Stolz war, die Menschen stufenweise in Bewegung zu setzen. Selbst das tolle Handwerk, das er trieb, nötigte ihn bald, mit einer gewissen Mäßigung zu verfahren, und so lernte er, teils gezwungen, teils aus Instinkt, das, wovon so wenig Schauspieler einen Begriff zu haben scheinen: mit Organ und Gebärden ökonomisch zu sein.

So wußte er selbst rohe und unfreundliche Menschen zu bändigen und für sich zu interessieren. Da er überall mit Nahrung und Obdach zufrieden war, jedes Geschenk dankbar annahm, das man ihm reichte, ja manchmal gar das Geld, wenn er dessen nach seiner Meinung genug hatte, ausschlug, so schickte man ihn mit Empfehlungsschreiben einander zu, und so wanderte er eine ganze Zeit von einem Edelhofe zum andern, wo er manches Vergnügen erregte, manches genoß und nicht ohne die angenehmsten und artigsten Abenteuer blieb.

Bei der innerlichen Kälte seines Gemütes liebte er eigentlich niemand; bei der Klarheit seines Blicks konnte er niemand achten, denn er sah nur immer die äußern Eigenheiten der Menschen und trug sie in seine mimische Sammlung ein. Dabei aber war seine Selbstigkeit äußerst beleidigt, wenn er nicht jedem gefiel, und wenn er nicht überall Beifall erregte. Wie dieser zu erlangen sei, darauf hatte er nach und nach so genau achtgegeben und hatte seinen Sinn so geschärft, daß er nicht allein bei seinen Darstellungen, sondern auch im gemeinen Leben nicht mehr anders als schmeicheln konnte. Und so arbeitete seine Gemütsart, sein Talent und seine Lebensart dergestalt wechselsweise gegeneinander, daß er sich unvermerkt zu einem vollkommnen Schauspieler ausgebildet sah. Ja, durch eine seltsam scheinende, aber ganz natürliche Wirkung und Gegenwirkung stieg durch Einsicht und Übung seine Rezitation, Deklamation und sein Gebärdenspiel zu einer hohen Stufe von Wahrheit, Freiheit und Offenheit, indem er im Leben und Umgang immer heimlicher, künstlicher, ja verstellt und ängstlich zu werden schien.

Von seinen Schicksalen und Abenteuern sprechen wir vielleicht an einem andern Orte und bemerken hier nur so viel, daß er in spätern Zeiten, da er schon ein gemachter Mann, im Besitz von entschiedenem Namen und in einer sehr guten, obgleich nicht festen Lage war, sich angewöhnt hatte, im Gespräch auf eine feine Weise teils ironisch, teils spöttisch den Sophisten zu machen und dadurch fast jede ernsthafte Unterhaltung zu zerstören. Besonders gebrauchte er diese Manier gegen Wilhelm, sobald dieser, wie es ihm oft begegnete, ein allgemeines theoretisches Gespräch anzuknüpfen Lust hatte. Dessenungeachtet waren sie sehr gern beisammen, indem durch ihre beiderseitige Denkart die Unterhaltung lebhaft werden mußte. Wilhelm wünschte alles aus den Begriffen, die er gefaßt hatte, zu entwickeln und wollte die Kunst in einem Zusammenhange behandelt haben. Er wollte ausgesprochene Regeln festsetzen, bestimmen, was recht, schön und gut sei, und was Beifall verdiene; genug, er behandelte alles auf das ernstlichste. Serlo hingegen nahm die Sache sehr leicht, und indem er niemals direkt auf eine Frage antwortete, wußte er durch eine Geschichte oder einen Schwank die artigste und vergnüglichste Erläuterung beizubringen und die Gesellschaft zu unterrichten, indem er sie erheiterte.

NEUNZEHNTES KAPITEL

Indem nun Wilhelm auf diese Weise sehr angenehme Stunden zubrachte, befanden sich Melina und die übrigen in einer desto verdrießlichern Lage. Sie erschienen unserm Freunde manchmal wie böse Geister und machten ihm nicht bloß durch ihre Gegenwart, sondern auch oft durch flämische Gesichter und bittre Reden einen verdrießlichen Augenblick. Serlo hatte sie nicht einmal zu Gastrollen gelassen, geschweige, daß er ihnen Hoffnung zum Engagement gemacht hätte, und hatte dessenungeachtet nach und nach ihre sämtlichen Fähigkeiten kennen gelernt. Sooft sich Schauspieler bei ihm gesellig versammelten, hatte er die Gewohnheit, lesen zu lassen und manchmal selbst mitzulesen. Er nahm Stücke vor, die noch gegeben werden sollten, die lange nicht gegeben waren, und zwar meistens nur teilweise. So ließ er auch nach einer ersten Aufführung Stellen, bei denen er etwas zu erinnern hatte, wiederholen, vermehrte dadurch die Einsicht der Schauspieler und verstärkte ihre Sicherheit, den rechten Punkt zu treffen. Und wie ein geringer, aber richtiger Verstand mehr als ein verworrenes und ungeläutertes Genie zur Zufriedenheit anderer wirken kann, so erhub er mittelmäßige Talente durch die deutliche Einsicht, die er ihnen unmerklich verschaffte, zu einer bewundernswürdigen Fähigkeit. Nicht wenig trug dazu bei, daß er auch Gedichte lesen ließ und in ihnen das Gefühl jenes Reizes erhielt, den ein wohlvorgetragener Rhythmus in unsrer Seele erregt, anstatt daß man bei andern Gesellschaften schon anfing, nur diejenige Prosa vorzutragen, wozu einem jeden der Schnabel gewachsen war.

Bei solchen Gelegenheiten hatte er auch die sämtlichen angekommenen Schauspieler kennen lernen, das, was sie waren, und was sie werden konnten, beurteilt und sich in der Stille vorgenommen, von ihren Talenten bei einer Revolution, die seiner Gesellschaft drohete, sogleich Vorteil zu ziehen. Er ließ die Sache eine Weile auf sich beruhen, lehnte alle Interzessionen Wilhelms für sie mit Achselzucken ab, bis er seine Zeit ersah und seinem jungen Freunde ganz unerwartet den Vorschlag tat, er solle doch selbst bei ihm aufs

Theater gehen, und unter dieser Bedingung wolle er auch die übrigen engagieren.

„Die Leute müssen also doch so unbrauchbar nicht sein, wie Sie mir solche bisher geschildert haben", versetzte ihm Wilhelm, „wenn sie jetzt auf einmal zusammen angenommen werden können, und ich dächte, ihre Talente müßten auch ohne mich dieselbigen bleiben."

Serlo eröffnete ihm darauf unter dem Siegel der Verschwiegenheit seine Lage: wie sein erster Liebhaber Miene mache, ihn bei der Erneuerung des Kontrakts zu steigern, und wie er nicht gesinnt sei, ihm nachzugeben, besonders da die Gunst des Publikums gegen ihn so groß nicht mehr sei. Ließe er diesen gehen, so würde sein ganzer Anhang ihm folgen, wodurch denn die Gesellschaft einige gute, aber auch einige mittelmäßige Glieder verlöre. Hierauf zeigte er Wilhelmen, was er dagegen an ihm, an Laertes, dem alten Polterer und selbst an Frau Melina zu gewinnen hoffe. Ja, er versprach dem armen Pedanten als Juden, Minister und überhaupt als Bösewicht einen entschiedenen Beifall zu verschaffen.

Wilhelm stutzte und vernahm den Vortrag nicht ohne Unruhe, und nur um etwas zu sagen, versetzte er, nachdem er tief Atem geholt hatte: „Sie sprechen auf eine sehr freundliche Weise nur von dem Guten, was Sie an uns finden und von uns hoffen; wie sieht es denn aber mit den schwachen Seiten aus, die Ihrem Scharfsinne gewiß nicht entgangen sind?"

„Die wollen wir bald durch Fleiß, Übung und Nachdenken zu starken Seiten machen", versetzte Serlo. „Es ist unter euch allen, die ihr denn doch nur Naturalisten und Pfuscher seid, keiner, der nicht mehr oder weniger Hoffnung von sich gäbe; denn soviel ich alle beurteilen kann, so ist kein einziger Stock darunter, und Stöcke allein sind die Unverbesserlichen, sie mögen nun aus Eigendünkel, Dummheit oder Hypochondrie ungelenk und unbiegsam sein."

Serlo legte darauf mit wenigen Worten die Bedingungen dar, die er machen könne und wolle, bat Wilhelmen um schleunige Entscheidung und verließ ihn in nicht geringer Unruhe.

Bei der wunderlichen und gleichsam nur zum Scherz unternommenen Arbeit jener fingierten Reisebeschreibung, die er mit Laertes zusammensetzte, war er auf die Zustände und das tägliche Leben der wirklichen Welt aufmerksamer geworden, als er sonst gewesen war. Er begriff jetzt selbst erst die Absicht des Vaters, als er ihm die Führung des Journals so lebhaft empfohlen. Er fühlte zum ersten Male, wie angenehm und nützlich es sein könne, sich zur Mittelsperson so vieler Gewerbe und Bedürfnisse zu machen und bis in die tiefsten Gebirge und Wälder des festen Landes Leben und Tätigkeit verbreiten zu helfen. Die lebhafte Handelsstadt, in der er sich befand, gab ihm bei der Unruhe des Laertes, der ihn überall mit herumschleppte, den anschaulichsten Begriff eines großen Mittelpunktes, woher alles ausfließt, und wohin alles zurückkehrt, und es war das erste Mal, daß sein Geist im Anschauen dieser Art von Tätigkeit sich wirklich ergötzte. In diesem Zustande hatte ihm Serlo den Antrag getan und seine Wünsche, seine Neigung, sein Zutrauen auf ein angeborenes Talent und seine Verpflichtung gegen die hülflose Gesellschaft wieder rege gemacht.

„Da steh' ich nun", sagte er zu sich selbst, „abermals am Scheidewege zwischen den beiden Frauen, die mir in meiner Jugend erschienen. Die eine sieht nicht mehr so kümmerlich aus wie damals, und die andere nicht so prächtig. Der einen wie der andern zu folgen, fühlst du eine Art von innerm Beruf, und von beiden Seiten sind die äußern Anlässe stark genug; es scheint dir unmöglich, dich zu entscheiden; du wünschest, daß irgendein Übergewicht von außen deine Wahl bestimmen möge, und doch, wenn du dich recht untersuchst, so sind es nur äußere Umstände, die dir eine Neigung zu Gewerb, Erwerb und Besitz einflößen, aber dein innerstes Bedürfnis erzeugt und nährt den Wunsch, die Anlagen, die in dir zum Guten und Schönen ruhen mögen, sie seien körperlich oder geistig, immer mehr zu entwickeln und auszubilden. Und muß ich nicht das Schicksal verehren, das mich ohne mein Zutun hierher an das Ziel aller meiner Wünsche führt? Geschieht nicht alles, was ich mir ehemals ausgedacht und vorgesetzt, nun zufällig ohne mein Mitwirken? Sonderbar genug! Der Mensch scheint mit nichts vertrauter zu sein als mit seinen Hoffnungen und Wünschen, die er lange im Herzen nährt und bewahrt, und doch, wenn sie ihm nun begegnen, wenn sie sich ihm gleichsam aufdringen, erkennt er sie nicht und weicht vor ihnen zurück. Alles, was ich mir vor jener unglücklichen Nacht, die mich von Marianen entfernte, nur träumen ließ, steht vor mir und bietet sich mir selbst an. Hierher wollte ich flüchten und bin sachte hergeleitet worden; bei Serlo wollte ich unterzukommen suchen, er sucht nun mich und bietet mir Bedingungen an, die ich als Anfänger nie erwarten konnte. War es denn bloß Liebe zu Marianen, die mich ans Theater fesselte? oder war es Liebe zur Kunst, die mich an das Mädchen festknüpfte? War jene Aussicht, jener Ausweg nach der Bühne bloß einem unordentlichen, unruhigen Menschen willkommen, der ein Leben fortzusetzen wünschte, das ihm die Verhältnisse der bürgerlichen Welt nicht gestatteten, oder war es alles anders, reiner, würdiger? Und was sollte dich bewegen können, deine damaligen Gesinnungen zu ändern? Hast du nicht vielmehr bisher selbst unwissend deinen Plan verfolgt? Ist nicht jetzt der letzte Schritt noch mehr zu billigen, da keine Nebenabsichten dabei im Spiele sind, und da du zugleich ein feierlich gegebenes Wort halten und dich auf eine edle Weise von einer schweren Schuld befreien kannst?"

Alles, was in seinem Herzen und seiner Einbildungskraft sich bewegte, wechselte nun auf das lebhafteste gegeneinander ab. Daß er seine Mignon behalten könne, daß er den Harfner nicht zu verstoßen brauche, war kein kleines Gewicht auf der Waagschale, und doch schwankte sie noch hin und wider, als er seine Freundin Aurelie gewohnterweise zu besuchen ging.

ZWANZIGSTES KAPITEL

Er fand sie auf ihrem Ruhebette; sie schien stille. „Glauben Sie noch morgen spielen zu können?" fragte er. „O ja", versetzte sie lebhaft; „Sie wissen, daran hindert mich nichts.

— Wenn ich nur ein Mittel wüßte, den Beifall unsers Parterres von mir abzulehnen! sie meinen es gut und werden mich noch umbringen. Vorgestern dacht' ich, das Herz müßte mir reißen! Sonst konnt' ich es wohl leiden, wenn ich mir selbst gefiel; wenn ich lange studiert und mich vorbereitet hatte, dann freute ich mich, wenn das willkommene Zeichen, nun sei es gelungen, von allen Enden widertönte. Jetzo sag' ich nicht, was ich will, nicht, wie ich's will; ich werde hingerissen; ich verwirre mich, und mein Spiel macht einen weit größern Eindruck. Der Beifall wird lauter, und ich denke: ‚Wüßtet ihr, was euch entzückt! Die dunkeln, heftigen, unbestimmten Anklänge rühren euch, zwingen euch Bewunderung ab, und ihr fühlt nicht, daß es die Schmerzenstöne der Unglücklichen sind, der ihr euer Wohlwollen geschenkt habt.'

Heute früh hab' ich gelernt, jetzt wiederholt und versucht. Ich bin müde, zerbrochen, und morgen geht es wieder von vorn an. Morgen abend soll gespielt werden. So schlepp' ich mich hin und her; es ist mir langweilig, aufzustehen, und verdrießlich, zu Bette zu gehen. Alles macht einen ewigen Zirkel in mir. Dann treten die leidigen Tröstungen vor mir auf, dann werf' ich sie weg und verwünsche sie. Ich will mich nicht ergeben, nicht der Notwendigkeit ergeben — warum soll das notwendig sein, was mich zugrunde richtet? Könnte es nicht auch anders sein? Ich muß es eben bezahlen, daß ich eine Deutsche bin: es ist der Charakter der Deutschen, daß sie über allem schwer werden, daß alles über ihnen schwer wird."

„O, meine Freundin", fiel Wilhelm ein, „könnten Sie doch aufhören, selbst den Dolch zu schärfen, mit dem Sie sich unablässig verwunden! Bleibt Ihnen denn nichts? Ist denn Ihre Jugend, Ihre Gestalt, Ihre Gesundheit, sind Ihre Talente nichts? Wenn Sie ein Gut ohne Ihr Verschulden verloren haben, müssen Sie denn alles übrige hinterdrein werfen? Ist das auch notwendig?"

Sie schwieg einige Augenblicke, dann fuhr sie auf: „Ich weiß es wohl, daß es Zeitverderb ist, nichts als Zeitverderb ist die Liebe! Was hätte ich nicht tun können! tun sollen! Nun ist alles rein zu nichts geworden. Ich bin ein armes, verliebtes Geschöpf, nichts als verliebt! Haben Sie Mitleiden mit mir, bei Gott, ich bin ein armes Geschöpf!“

Sie versank in sich, und nach einer kurzen Pause rief sie heftig aus: „Ihr seid gewohnt, daß sich euch alles an den Hals wirft. Nein, ihr könnt es nicht fühlen, kein Mann ist imstande, den Wert eines Weibes zu fühlen, das sich zu ehren weiß! Bei allen heiligen Engeln, bei allen Bildern der Seligkeit, die sich ein reines, gutmütiges Herz erschafft, es ist nichts Himmlischeres als ein weibliches Wesen, das sich dem geliebten Manne hingibt! Wir sind kalt, stolz, hoch, klar, klug, wenn wir verdienen, Weiber zu heißen, und alle diese Vorzüge legen wir euch zu Füßen, sobald wir lieben, sobald wir hoffen, Gegenliebe zu erwerben. O wie hab' ich mein ganzes Dasein so mit Wissen und Willen weggeworfen! Aber nun will ich auch verzweifeln, absichtlich verzweifeln. Es soll kein Blutstropfen in mir sein, der nicht gestraft wird, keine Faser, die ich nicht peinigen will. Lächeln Sie nur, lachen Sie nur über den theatralischen Aufwand von Leidenschaft!“

Fern war von unserm Freunde jede Anwandlung des Lachens. Der entsetzliche halb natürliche, halb erzwungene Zustand seiner Freundin peinigte ihn nur zu sehr. Er empfand die Foltern der unglücklichen Anspannung mit: sein Gehirn zerrüttete sich, und sein Blut war in einer fieberhaften Bewegung.

Sie war aufgestanden und ging in der Stube hin und wider. „Ich sage mir alles vor“, rief sie aus, „warum ich ihn nicht lieben sollte. Ich weiß auch, daß er es nicht wert ist; ich wende mein Gemüt ab, dahin und dorthin, beschäftige mich, wie es nur gehen will. Bald nehm' ich eine Rolle vor, wenn ich sie auch nicht zu spielen habe; ich übe die alten, die ich durch und durch kenne, fleißiger und fleißiger ins einzelne und übe und übe — mein Freund, mein Vertrauter, welche entsetzliche Arbeit ist es, sich mit Gewalt von sich selbst zu entfernen! Mein Verstand leidet, mein Gehirn ist so angespannt; und mich vom Wahnsinne zu retten, überlass' ich mich wieder dem Gefühle, daß ich ihn liebe. — Ja, ich liebe ihn, ich liebe ihn!“ rief sie unter tausend Tränen, „ich liebe ihn, und so will ich sterben.“

Er faßte sie bei der Hand und bat sie auf das inständigste, sich nicht selbst aufzureiben. „O“, sagte er, „wie sonderbar ist es, daß dem Menschen nicht allein so manches Unmögliche, sondern auch so manches Mögliche versagt ist. Sie waren nicht bestimmt, ein treues Herz zu finden, das Ihre ganze Glückseligkeit würde gemacht haben. Ich war dazu bestimmt, das ganze Heil meines Lebens an eine Unglückliche festzuknüpfen, die ich durch die Schwere meiner Treue wie ein Rohr zu Boden zog, ja vielleicht gar zerbrach.“

Er hatte Aurelien seine Geschichte mit Marianen vertraut und konnte sich also jetzt darauf beziehen. Sie sah ihm starr in die Augen und fragte: „Können Sie sagen, daß Sie noch niemals ein Weib betrogen, daß Sie keiner mit leichtsinniger Galanterie, mit frevelhafter Beteurung, mit herzlockenden Schwüren ihre Gunst abzuschmeicheln gesucht?“

„Das kann ich“, versetzte Wilhelm, „und zwar ohne Ruhmredigkeit; denn mein Leben war sehr einfach, und ich bin selten in die Versuchung geraten, zu versuchen. Und welche Warnung, meine schöne, meine edle Freundin, ist mir der traurige Zustand, in den ich Sie versetzt sehe! Nehmen Sie ein Gelübde von mir, das meinem Herzen ganz angemessen ist, das durch die Rührung, die Sie mir einflößten, sich bei mir zur Sprache und Form bestimmt und durch diesen Augenblick geheiligt wird: Jeder flüchtigen Neigung will ich widerstehen und selbst die ernstlichsten in meinem Busen bewahren; kein weibliches Geschöpf soll ein Bekenntnis der Liebe von meinen Lippen vernehmen, dem ich nicht mein ganzes Leben widmen kann!“

Sie sah ihn mit einer wilden Gleichgültigkeit an und entfernte sich, als er ihr die Hand reichte, um einige Schritte. „Es ist nichts daran gelegen!“ rief sie; „so viel Weibertränen mehr oder weniger, die See wird darum doch nicht wachsen. Doch“, fuhr sie fort, „unter Tausenden eine gerettet, das ist doch etwas, unter Tausenden einen Redlichen gefunden, das ist anzunehmen! Wissen Sie auch, was Sie versprechen?“

„Ich weiß es“, versetzte Wilhelm lächelnd und hielt seine Hand hin.

„Ich nehm' es an“, versetzte sie und machte eine Bewegung mit ihrer Rechten, so daß er glaubte, sie würde die seine fassen; aber schnell fuhr sie in die Tasche, riß den Dolch blitzgeschwind heraus und fuhr mit Spitze und Schneide ihm rasch über die Hand weg. Er zog sie schnell zurück, aber schon lief das Blut herunter.

„Man muß euch Männer scharf zeichnen, wenn ihr merken sollt!“ rief sie mit einer wilden Heiterkeit aus, die bald in eine hastige Geschäftigkeit überging. Sie nahm ihr Schnupftuch und umwickelte seine Hand damit, um das erste hervordringende Blut zu stillen. „Verzeihen Sie einer Halbwahnsinnigen“, rief sie aus, „und lassen Sie sich diese Tropfen Bluts nicht reuen. Ich bin versöhnt, ich bin wieder bei mir selber. Auf meinen Knieen will ich Abbitte tun, lassen Sie mir den Trost, Sie zu heilen.“

Sie eilte nach ihrem Schranke, holte Leinwand und einiges Gerät, stillte das Blut und besah die Wunde sorgfältig. Der Schnitt ging durch den Ballen gerade unter dem Daumen, teilte die Lebenslinie und lief gegen den kleinen Finger aus. Sie verband ihn still und mit einer nachdenklichen Bedeutsamkeit in sich gekehrt. Er fragte einigemal: „Beste, wie konnten Sie Ihren Freund verletzen?“

„Still“, erwiderte sie, indem sie den Finger auf den Mund legte; „still!“

FÜNFTES BUCH

ERSTES KAPITEL

So hatte Wilhelm zu seinen zwei kaum geheilten Wunden abermals eine frische dritte, die ihm nicht wenig unbequem war. Aurelie wollte nicht zugeben, daß er sich eines Wundarztes bediente; sie selbst verband ihn unter allerlei wunderlichen Reden, Zeremonien und Sprüchen und setzte ihn dadurch in eine sehr peinliche Lage. Doch nicht er allein, sondern alle Personen, die sich in ihrer Nähe befanden, litten durch ihre Unruhe und Sonderbarkeit; niemand aber mehr als der kleine Felix. Das lebhafte Kind war unter einem solchen Druck höchst ungeduldig und zeigte sich immer unartiger, je mehr sie es tadelte und zurechtwies.

Der Knabe gefiel sich in gewissen Eigenheiten, die man auch Unarten zu nennen pflegt, und die sie ihm keineswegs nachzusehen gedachte. Er trank zum Beispiel lieber aus der Flasche als aus dem Glase, und offenbar schmeckten ihm die Speisen aus der Schüssel besser als von dem Teller. Eine solche Unschicklichkeit wurde nicht übersehen, und wenn er nun gar die Türe aufließ oder zuschlug und, wenn ihm etwas befohlen wurde, entweder nicht von der Stelle wich oder ungestüm davonrannte, so mußte er eine große Lektion anhören, ohne daß er darauf je einige Besserung hätte spüren lassen. Vielmehr schien die Neigung zu Aurelien sich täglich mehr zu verlieren; in seinem Tone war nichts Zärtliches, wenn er sie Mutter nannte, er hing vielmehr leidenschaftlich an der alten Amme, die ihm denn freilich allen Willen ließ.

Aber auch diese war seit einiger Zeit so krank geworden, daß man sie aus dem Hause in ein stilles Quartier bringen mußte, und Felix hätte sich ganz allein gesehen, wäre nicht Mignon auch ihm als ein liebevoller Schutzgeist erschienen. Auf das artigste unterhielten sich beide Kinder miteinander; sie lehrte ihm kleine Lieder, und er, der ein sehr gutes Gedächtnis hatte, rezitierte sie oft zur Verwunderung der Zuhörer. Auch wollte sie ihm die Landkarten erklären, mit denen sie sich noch immer sehr abgab, wobei sie jedoch nicht mit der besten Methode verfuhr. Denn eigentlich schien sie bei den Ländern kein besonderes Interesse zu haben, als ob sie kalt oder warm seien. Von den Weltpolen, von dem schrecklichen Eise daselbst und von der zunehmenden Wärme, je mehr man sich von ihnen entfernte, wußte sie sehr gut Rechenschaft zu geben. Wenn jemand reiste, fragte sie nur, ob er nach Norden oder nach Süden gehe, und bemühte sich, die Wege auf ihren kleinen Karten aufzufinden. Besonders wenn Wilhelm von Reisen sprach, war sie sehr aufmerksam und schien sich immer zu betrüben, sobald das Gespräch auf eine andere Materie überging. So wenig man sie bereden konnte, eine Rolle zu übernehmen, oder auch nur, wenn gespielt wurde, auf das Theater zu gehen, so gern und fleißig lernte sie Oden und Lieder auswendig und erregte, wenn sie ein solches Gedicht, gewöhnlich von der ernsten und feierlichen Art, oft unvermutet wie aus dem Stegreife deklamierte, bei jedermann Erstaunen.

Serlo, der auf jede Spur eines aufkeimenden Talentes zu achten gewohnt war, suchte sie aufzumuntern; am meisten aber empfahl sie sich ihm durch einen sehr artigen, mannigfaltigen und manchmal selbst muntern Gesang, und auf eben diesem Wege hatte sich der Harfenspieler seine Gunst erworben.

Serlo, ohne selbst Genie zur Musik zu haben oder irgendein Instrument zu spielen, wußte ihren hohen Wert zu schätzen; er suchte sich so oft als möglich diesen Genuß, der mit keinem andern verglichen werden kann, zu verschaffen. Er hatte wöchentlich einmal Konzert, und nun hatte sich ihm durch Mignon, den Harfenspieler und Laertes, der auf der Violine nicht ungeschickt war, eine wunderliche kleine Hauskapelle gebildet.

Er pflegte zu sagen: „Der Mensch ist so geneigt, sich mit dem Gemeinsten abzugeben, Geist und Sinne stumpfen sich so leicht gegen die Eindrücke des Schönen und Vollkommnen ab, daß man die Fähigkeit, es zu empfinden, bei sich auf alle Weise erhalten sollte. Denn einen solchen Genuß kann niemand ganz entbehren, und nur die Ungewohntheit, etwas Gutes zu genießen, ist Ursache, daß viele Menschen schon am Albernen und Abgeschmackten, wenn es nur neu ist, Vergnügen finden. Man sollte“, sagte er, „alle Tage wenigstens ein kleines Lied hören, ein gutes Gedicht lesen, ein treffliches Gemälde sehen und, wenn es möglich zu machen wäre, einige vernünftige Worte sprechen.“

Bei diesen Gesinnungen, die Serlo gewissermaßen natürlich waren, konnte es den Personen, die ihn umgaben, nicht an angenehmer Unterhaltung fehlen. Mitten in diesem vergnüglichen Zustande brachte man Wilhelmen eines Tags einen schwarzgesiegelten Brief. Werners Petschaft deutete auf eine traurige Nachricht, und er erschrak nicht wenig, als er den Tod seines Vaters nur mit einigen Worten angezeigt fand. Nach einer unerwarteten kurzen Krankheit war er aus der Welt gegangen und hatte seine häuslichen Angelegenheiten in der besten Ordnung hinterlassen.

Diese unvermutete Nachricht traf Wilhelmen im Innersten. Er fühlte tief, wie unempfindlich man oft Freunde und Verwandte, solange sie sich mit uns des irdischen Aufenthaltes erfreuen, vernachlässigt und nur dann erst die Versäumnis bereut, wenn das schöne Verhältnis wenigstens für diesmal aufgehoben ist. Auch konnte der Schmerz über das zeitige Absterben des braven Mannes nur durch das Gefühl gelindert werden, daß er auf der Welt wenig geliebt, und durch die Überzeugung, daß er wenig genossen habe.

Wilhelms Gedanken wandten sich nun bald auf seine eigenen Verhältnisse, und er fühlte sich nicht wenig beunruhigt. Der Mensch kann in keine gefährlichere Lage versetzt werden, als wenn durch äußere Umstände eine große Veränderung seines Zustandes bewirkt wird, ohne daß seine Art zu empfinden und zu denken darauf vorbereitet ist. Es gibt alsdann eine Epoche ohne Epoche, und es entsteht nur ein desto größerer Widerspruch, je weniger der Mensch bemerkt, daß er zu dem neuen Zustande noch nicht ausgebildet sei.

Wilhelm sah sich in einem Augenblicke frei, in welchem er mit sich selbst noch nicht einig werden konnte. Seine Gesinnungen waren edel, seine Absichten lauter, und seine Vorsätze schienen nicht verwerflich. Das alles durfte er sich mit einigem Zutrauen selbst bekennen; allein er hatte Gelegenheit genug gehabt, zu bemerken, daß es ihm an Erfahrung fehle, und er legte daher auf die Erfahrung anderer und auf die Resultate, die sie daraus mit Überzeugung ableiteten, einen übermäßigen Wert und kam dadurch nur immer mehr in die Irre. Was ihm fehlte, glaubte er am ersten zu erwerben, wenn er alles Denkwürdige, was ihm in Büchern und im Gespräch vorkommen mochte, zu erhalten und zu sammeln unternähme. Er schrieb daher fremde und eigene Meinungen und Ideen, ja ganze Gespräche, die ihm interessant waren, auf und hielt leider auf diese Weise das Falsche so gut als das Wahre fest, blieb viel zu lange an einer Idee, ja man möchte sagen an einer Sentenz hängen, und verließ dabei seine natürliche Denk- und Handelsweise, indem er oft fremden Lichtern als Leitsternen folgte. Aureliens Bitterkeit und seines Freundes Laertes kalte Verachtung der Menschen bestachen öfter, als billig war, sein Urteil; niemand aber war ihm gefährlicher gewesen als Jarno, ein Mann, dessen heller Verstand von gegenwärtigen Dingen ein richtiges, strenges Urteil fällte, dabei aber den Fehler hatte, daß er diese einzelnen Urteile mit einer Art von Allgemeinheit aussprach, da doch die Aussprüche des Verstandes eigentlich nur einmal, und zwar in dem bestimmtesten Falle gelten und schon unrichtig werden, wenn man sie auf den nächsten anwendet.

So entfernte sich Wilhelm, indem er mit sich selbst einig zu werden strebte, immer mehr von der heilsamen Einheit, und bei dieser Verwirrung ward es seinen Leidenschaften um so leichter, alle Zurüstungen zu ihrem Vorteil zu gebrauchen und ihn über das, was er zu tun hatte, nur noch mehr zu verwirren.

Serlo benutzte die Todespost zu seinem Vorteil, und wirklich hatte er auch täglich immer mehr Ursache, an eine andere Einrichtung seines Schauspiels zu denken. Er mußte entweder seine alten Kontrakte erneuern, wozu er keine große Lust hatte, indem mehrere Mitglieder, die sich für unentbehrlich hielten, täglich unleidlicher wurden; oder er mußte, wohin auch sein Wunsch ging, der Gesellschaft eine ganz neue Gestalt geben.

Ohne selbst in Wilhelmen zu dringen, regte er Aurelien und Philinen auf; und die übrigen Gesellen, die sich nach

Engagement sehnten, ließen unserm Freunde gleichfalls keine Ruhe, so daß er mit ziemlicher Verlegenheit an einem Scheidewege stand. Wer hätte gedacht, daß ein Brief von Wernern, der ganz im entgegengesetzten Sinne geschrieben war, ihn endlich zu einer Entschließung hindrängen sollte. Wir lassen nur den Eingang weg und geben übrigens das Schreiben mit weniger Veränderung.

ZWEITES KAPITEL

„— So war es und so muß es denn auch wohl recht sein, daß jeder bei jeder Gelegenheit seinem Gewerbe nachgeht und seine Tätigkeit zeigt. Der gute Alte war kaum verschieden, als auch in der nächsten Viertelstunde schon nichts mehr nach seinem Sinne im Hause geschah. Freunde, Bekannte und Verwandte drängten sich zu, besonders aber alle Menschenarten, die bei solchen Gelegenheiten etwas zu gewinnen haben. Man brachte, man trug, man zahlte, schrieb und rechnete; die einen holten Wein und Kuchen, die andern tranken und aßen; niemanden sah ich aber ernsthafter beschäftigt als die Weiber, indem sie die Trauer aussuchten.

Du wirst mir also verzeihen, mein Lieber, wenn ich bei dieser Gelegenheit auch an m e i n e n Vorteil dachte, mich Deiner Schwester so hülfreich und tätig als möglich zeigte und ihr, sobald es nur einigermaßen schicklich war, begreiflich machte, daß es nunmehr unsre Sache sei, eine Verbindung zu beschleunigen, die unsre Väter aus allzugroßer Umständlichkeit bisher verzögert hatten.

Nun mußt Du aber ja nicht denken, daß es uns eingefallen sei, das große leere Haus in Besitz zu nehmen. Wir sind bescheidner und vernünftiger; unsern Plan sollst Du hören. Deine Schwester zieht nach der Heirat gleich in unser Haus herüber, und sogar auch Deine Mutter mit.

‚Wie ist das möglich?' wirst Du sagen, ‚ihr habt ja selbst in dem Neste kaum Platz.' Das ist eben die Kunst, mein Freund! Die geschickte Einrichtung macht alles möglich, und Du glaubst nicht, wieviel Platz man findet, wenn man wenig Raum braucht. Das große Haus verkaufen wir, wozu sich sogleich eine gute Gelegenheit darbietet; das daraus gelöste Geld soll hundertfältige Zinsen tragen.

Ich hoffe, Du bist damit einverstanden, und wünsche, daß Du nichts von den unfruchtbaren Liebhabereien Deines Vaters und Großvaters geerbt haben mögest. Dieser setzte seine höchste Glückseligkeit in eine Anzahl unscheinbarer Kunstwerke, die niemand, ich darf wohl sagen niemand, mit ihm genießen konnte; jener lebte in einer kostbaren Einrichtung, die er niemand mit sich genießen ließ. Wir wollen es anders machen, und ich hoffe Deine Beistimmung.

Es ist wahr, ich selbst behalte in unserm ganzen Hause keinen Platz als den an meinem Schreibpulte, und noch seh' ich nicht ab, wo man künftig eine Wiege hinsetzen will; aber dafür ist der Raum außer dem Hause desto größer. Die Kaffeehäuser und Klubs für den Mann, die Spaziergänge und Spazierfahrten für die Frau und die schönen Lustörter auf dem Lande für beide. Dabei ist der größte Vorteil, daß auch unser runder Tisch ganz besetzt ist und es dem Vater unmöglich wird, Freunde zu sehen, die sich nur desto leichtfertiger über ihn aufhalten, je mehr er sich Mühe gegeben hat, sie zu bewirten.

Nur nichts Überflüssiges im Hause! nur nicht zu viel Möbeln, Gerätschaften, nur keine Kutsche und Pferde! Nichts als Geld, und dann auf eine vernünftige Weise jeden Tag getan, was dir beliebt. Nur keine Garderobe, immer das Neueste und Beste auf dem Leibe; der Mann mag seinen Rock abtragen und die Frau den ihrigen vertrödeln, sobald er nur einigermaßen aus der Mode kömmt. Es ist mir nichts unerträglicher, als so ein alter Kram von Besitztum. Wenn man mir den kostbarsten Edelstein schenken wollte, mit der Bedingung, ihn täglich am Finger zu tragen, ich würde ihn nicht annehmen; denn wie läßt sich bei einem toten Kapital nur irgendeine Freude denken? Das ist also mein lustiges Glaubensbekenntnis: seine Geschäfte verrichtet, Geld geschafft, sich mit den Seinigen lustig gemacht und um die übrige Welt sich nicht mehr bekümmert, als insofern man sie nutzen kann.

Nun wirst Du aber sagen: ‚Wie ist denn in eurem saubern Plane an mich gedacht? Wo soll ich unterkommen, wenn ihr mir das väterliche Haus verkauft, und in dem eurigen nicht der mindeste Raum übrigbleibt?‘

Das ist freilich der Hauptpunkt, Brüderchen, und auf den werde ich Dir gleich dienen können, wenn ich Dir vorher das gebührende Lob über Deine vortrefflich angewendete Zeit werde entrichtet haben.

Sage nur, wie hast Du es angefangen, in so wenigen Wochen ein Kenner aller nützlichen und interessanten Gegenstände zu werden? So viel Fähigkeiten ich an Dir kenne, hätte ich Dir doch solche Aufmerksamkeit und solchen Fleiß nicht zugetraut. Dein Tagebuch hat uns überzeugt, mit welchem Nutzen Du die Reise gemacht hast; die Beschreibung der Eisen- und Kupferhämmer ist vortrefflich und zeigt von vieler Einsicht in die Sache. Ich habe sie ehemals auch besucht; aber meine Relation, wenn ich sie dagegen halte, sieht sehr stümpermäßig aus. Der ganze Brief über die Leinwandfabrikation ist lehrreich und die Anmerkung über die Konkurrenz sehr treffend. An einigen Orten hast Du Fehler in der Addition gemacht, die jedoch sehr verzeihlich sind.

Was aber mich und meinen Vater am meisten und höchsten freut, sind Deine gründlichen Einsichten in die Bewirtschaftung und besonders in die Verbesserung der Feldgüter. Wir haben Hoffnung, ein großes Gut, das in Sequestration liegt, in einer sehr fruchtbaren Gegend zu erkaufen. Wir wenden das Geld, das wir aus dem väterlichen Hause lösen, dazu an; ein Teil wird geborgt, und ein Teil kann stehenbleiben; und wir rechnen auf Dich, daß Du dahin ziehst, den Verbesserungen vorstehst, und so kann, um nicht zu viel zu sagen, das Gut in einigen Jahren um ein Drittel an Wert steigen; man verkauft es wieder, sucht ein größeres, verbessert und handelt wieder, und dazu bist Du der Mann. Unsere Federn sollen indes zu Hause nicht müßig sein, und wir wollen uns bald in einen beneidenswerten Zustand versetzen.

Jetzt lebe wohl! Genieße das Leben auf der Reise und ziehe hin, wo Du es vergnüglich und nützlich findest. Vor dem ersten halben Jahre bedürfen wir Deiner nicht; Du kannst Dich also nach Belieben in der Welt umsehen, denn die beste Bildung findet ein gescheiter Mensch auf Reisen. Lebe wohl, ich freue mich, so nahe mit Dir verbunden, auch nunmehr im Geist der Tätigkeit mit Dir vereint zu werden."

So gut dieser Brief geschrieben war, und so viel ökonomische Weisheit er enthalten mochte, mißfiel er doch Wilhelmen auf mehr als eine Weise. Das Lob, das er über seine fingierten statistischen, technologischen und ruralischen Kenntnisse erhielt, war ihm ein stiller Vorwurf, und das Ideal, das ihm sein Schwager vom Glück des bürgerlichen Lebens vorzeichnete, reizte ihn keineswegs; vielmehr ward er durch einen heimlichen Geist des Widerspruchs mit Heftigkeit auf die entgegengesetzte Seite getrieben. Er überzeugte sich, daß er nur auf dem Theater die Bildung, die er sich zu geben wünschte, vollenden könne, und schien in seinem Entschlusse nur desto mehr bestärkt zu werden, je lebhafter Werner, ohne es zu wissen, sein Gegner geworden war. Er faßte darauf alle seine Argumente zusammen und bestätigte bei sich seine Meinung nur um desto mehr, je mehr er Ursache zu haben glaubte, sie dem klugen Werner in einem günstigen Lichte darzustellen, und auf diese Weise entstand eine Antwort, die wir gleichfalls einrücken.

DRITTES KAPITEL

„Dein Brief ist so wohl geschrieben und so gescheit und klug gedacht, daß sich nichts mehr dazusetzen läßt. Du wirst mir aber verzeihen, wenn ich sage, daß man gerade das Gegenteil davon meinen, behaupten und tun, und doch auch recht haben kann. Deine Art zu sein und zu denken geht auf einen unbeschränkten Besitz und auf eine leichte, lustige Art zu genießen hinaus, und ich brauche Dir kaum zu sagen, daß ich daran nichts, was mich reizte, finden kann.

Zuerst muß ich Dir leider bekennen, daß mein Tagebuch aus Not, um meinem Vater gefällig zu sein, mit Hülfe eines Freundes aus mehreren Büchern zusammengeschrieben ist, und daß ich wohl die darin enthaltenen Sachen und noch mehrere dieser Art weiß, aber keineswegs verstehe, noch mich damit abgeben mag. Was hilft es mir, gutes Eisen zu fabrizieren, wenn mein eigenes Inneres voller Schlacken ist? und was, ein Landgut in Ordnung zu bringen, wenn ich mit mir selber uneins bin?

Daß ich Dir's mit einem Worte sage: mich selbst, ganz wie ich da bin, auszubilden, das war dunkel von Jugend auf mein Wunsch und meine Absicht. Noch hege ich eben diese Gesinnungen, nur daß mir die Mittel, die mir es möglich machen werden, etwas deutlicher sind. Ich habe mehr Welt gesehen, als Du glaubst, und sie besser benutzt, als Du denkst. Schenke deswegen dem, was ich sage, einige Aufmerksamkeit, wenn es gleich nicht ganz nach Deinem Sinne sein sollte.

Wäre ich ein Edelmann, so wäre unser Streit bald abgetan; da ich aber nur ein Bürger bin, so muß ich einen eigenen Weg nehmen, und ich wünsche, daß Du mich verstehen mögest. Ich weiß nicht, wie es in fremden Ländern ist, aber in Deutschland ist nur dem Edelmann eine gewisse allgemeine, wenn ich sagen darf, personelle Ausbildung möglich. Ein Bürger kann sich Verdienst erwerben und zur höchsten Not seinen Geist ausbilden; seine Persönlichkeit geht aber verloren, er mag sich stellen, wie er will. Indem es dem Edelmann, der mit den Vornehmsten umgeht, zur Pflicht wird, sich selbst einen vornehmen Anstand zu geben, indem dieser Anstand, da ihm weder Tür noch Tor verschlossen ist, zu einem freien Anstand wird, da er mit seiner Figur, mit seiner Person, es sei bei Hofe oder bei der Armee, bezahlen muß, so hat er Ursache, etwas auf sie zu halten und zu zeigen, daß er etwas auf sie hält. Eine gewisse feierliche Grazie bei gewöhnlichen Dingen, eine Art von leichtsinniger Zierlichkeit bei ernsthaften und wichtigen kleidet ihn wohl, weil er sehen läßt, daß er überall im Gleichgewicht steht. Er ist eine öffentliche Person, und je ausgebildeter seine Bewegungen, je sonorer seine Stimme, je gehaltner und gemessener sein ganzes Wesen ist, desto vollkommner ist er. Wenn er gegen Hohe und Niedre, gegen Freunde und Verwandte immer ebenderselbe bleibt, so ist nichts an ihm auszusetzen, man darf ihn nicht anders wünschen. Er sei kalt, aber verständig; verstellt, aber klug. Wenn er sich äußerlich in jedem Momente seines Lebens zu beherrschen weiß, so hat niemand eine weitere Forderung an ihn zu machen, und alles übrige, was er an und um sich hat, Fähigkeit, Talent, Reichtum, alles scheinen nur Zugaben zu sein.

Nun denke Dir irgendeinen Bürger, der an jene Vorzüge nur einigen Anspruch zu machen gedächte; durchaus muß es ihm mißlingen, und er müßte desto unglücklicher werden, je mehr sein Naturell ihm zu jener Art zu sein Fähigkeit und Trieb gegeben hätte.

Wenn der Edelmann im gemeinen Leben gar keine Grenzen kennt, wenn man aus ihm Könige oder königähnliche Figuren erschaffen kann, so darf er überall mit einem stillen Bewußtsein vor seinesgleichen treten; er darf überall vorwärts dringen, anstatt daß dem Bürger nichts besser ansteht, als das reine, stille Gefühl der Grenzlinie, die ihm gezogen ist. Er darf nicht fragen: ‚Was bist du?‘, sondern nur: ‚Was hast du? welche Einsicht, welche Kenntnis, welche Fähigkeit, wieviel Vermögen?‘ Wenn der Edelmann durch die Darstellung seiner Person alles gibt, so gibt der Bürger durch seine Persönlichkeit nichts und soll nichts geben. Jener darf und soll scheinen; dieser soll nur sein, und was er scheinen will, ist lächerlich oder abgeschmackt. Jener soll tun und wirken, dieser soll leisten und schaffen; er soll einzelne Fähigkeiten ausbilden, um brauchbar zu werden, und es wird schon vorausgesetzt, daß in seinem Wesen keine Harmonie sei noch sein dürfe, weil er, um sich auf eine Weise brauchbar zu machen, alles übrige vernachlässigen muß.

An diesem Unterschiede ist nicht etwa die Anmaßung der Edelleute und die Nachgiebigkeit der Bürger, sondern die Verfassung der Gesellschaft selbst schuld; ob sich daran einmal etwas ändern wird und was sich ändern wird, bekümmert mich wenig; genug, ich habe, wie die Sachen jetzt stehen, an mich selbst zu denken, und wie ich mich selbst und das, was mir ein unerläßliches Bedürfnis ist, rette und erreiche.

Ich habe nun einmal gerade zu jener harmonischen Ausbildung meiner Natur, die mir meine Geburt versagt, eine unwiderstehliche Neigung. Ich habe, seit ich Dich verlassen, durch Leibesübung viel gewonnen; ich habe viel von meiner gewöhnlichen Verlegenheit abgelegt und stelle mich so ziemlich dar. Ebenso habe ich meine Sprache und Stimme ausgebildet, und ich darf ohne Eitelkeit sagen, daß ich in Gesellschaften nicht mißfalle. Nun leugne ich Dir nicht, daß mein Trieb täglich unüberwindlicher wird, eine öffentliche Person zu sein, und in einem weitern Kreise zu gefallen und zu wirken. Dazu kömmt meine Neigung zur Dichtkunst und zu allem, was mit ihr in Verbindung steht, und das Bedürfnis, meinen Geist und Geschmack auszubilden, damit ich nach und nach auch bei dem Genuß, den ich nicht entbehren kann, nur das Gute wirklich für gut und das Schöne für schön halte. Du siehst wohl, daß das alles für mich nur auf dem Theater zu finden ist, und daß ich mich in diesem einzigen Elemente nach Wunsch rühren und ausbilden kann. Auf den Brettern erscheint der gebildete Mensch so gut persönlich in seinem Glanz als in den obern Klassen; Geist und Körper müssen bei jeder Bemühung gleichen Schritt gehen, und ich werde da so gut sein und scheinen können als irgend anderswo. Suche ich daneben noch Beschäftigungen, so gibt es dort mechanische Quälereien genug, und ich kann meiner Geduld tägliche Übung verschaffen.

Disputiere mit mir nicht darüber; denn eh' Du mir schreibst, ist der Schritt schon geschehen. Wegen der herrschenden Vorurteile will ich meinen Namen verändern, weil ich mich ohnehin schäme, als Meister aufzutreten. Lebe wohl. Unser Vermögen ist in so guter Hand, daß ich mich darum gar nicht bekümmere; was ich brauche, verlange ich gelegentlich von Dir; es wird nicht viel sein, denn ich hoffe, daß mich meine Kunst auch nähren soll."

Der Brief war kaum abgeschickt, als Wilhelm auf der Stelle Wort hielt und zu Serlos und der übrigen großen Verwunderung sich auf einmal erklärte, daß er sich zum Schauspieler widme und einen Kontrakt auf billige Bedingungen eingehen wolle. Man war hierüber bald einig, denn Serlo hatte schon früher sich so erklärt, daß Wilhelm und die übrigen damit gar wohl zufrieden sein konnten. Die ganze verunglückte Gesellschaft, mit der wir uns so lange unterhalten haben, ward auf einmal angenommen, ohne daß jedoch, außer etwa Laertes, sich einer gegen Wilhelmen dankbar erzeigt hätte. Wie sie ohne Zutrauen gefordert hatten, so empfingen sie ohne Dank. Die meisten wollten lieber ihre Anstellung dem Einflusse Philinens zuschreiben, und richteten ihre Danksagungen an sie. Indessen wurden die ausgefertigten Kontrakte unterschrieben, und durch eine unerklärliche Verknüpfung von Ideen entstand vor Wilhelms Einbildungskraft in dem Augenblicke, als er seinen fingierten Namen unterzeichnete, das Bild jenes Waldplatzes, wo er verwundet in Philinens Schoß gelegen. Auf einem Schimmel kam die liebenswürdige Amazone aus den Büschen, nahte sich ihm und stieg ab. Ihr menschenfreundliches Bemühen hieß sie gehen und kommen; endlich stand sie vor ihm. Das Kleid fiel von ihren Schultern; ihr Gesicht, ihre Gestalt fing an zu glänzen, und sie verschwand. So schrieb er seinen Namen nur mechanisch hin, ohne zu wissen, was er tat, und fühlte erst, nachdem er unterzeichnet hatte, daß Mignon an seiner Seite stand, ihn am Arm hielt und ihm die Hand leise wegzuziehen versucht hatte.

VIERTES KAPITEL

Eine der Bedingungen, unter denen Wilhelm sich aufs Theater begab, war von Serlo nicht ohne Einschränkung zugestanden worden. Jener verlangte, daß „Hamlet" ganz und unzerstückt aufgeführt werden sollte, und dieser ließ sich das wunderliche Begehren insofern gefallen, als es möglich sein würde. Nun hatten sie hierüber bisher manchen Streit gehabt, denn was möglich oder nicht möglich sei, und was man von dem Stück weglassen könne, ohne es zu zerstücken, darüber waren beide sehr verschiedener Meinung.

Wilhelm befand sich noch in den glücklichen Zeiten, da man nicht begreifen kann, daß an einem geliebten Mädchen, an einem verehrten Schriftsteller irgend etwas mangelhaft sein könne. Unsere Empfindung von ihnen ist so ganz, so mit sich selbst übereinstimmend, daß wir uns auch in ihnen eine solche vollkommene Harmonie denken müssen.

Serlo hingegen sonderte gern und beinah zu viel; sein scharfer Verstand wollte in einem Kunstwerke gewöhnlich nur ein mehr oder weniger unvollkommenes Ganze erkennen. Er glaubte, so wie man die Stücke finde, habe man wenig Ursache, mit ihnen so gar bedächtig umzugehen, und so mußte auch Shakespeare, so mußte besonders „Hamlet“ vieles leiden.

Wilhelm wollte gar nicht hören, wenn jener von der Absonderung der Spreu von dem Weizen sprach. „Es ist nicht Spreu und Weizen durcheinander“, rief dieser, „es ist ein Stamm, Äste, Zweige, Blätter, Knospen, Blüten und Früchte. Ist nicht eins mit dem andern und durch das andere?“ Jener behauptete, man bringe nicht den ganzen Stamm auf den Tisch; der Künstler müsse goldene Äpfel in silbernen Schalen seinen Gästen reichen. Sie erschöpften sich in Gleichnissen, und ihre Meinungen schienen sich immer weiter voneinander zu entfernen.

Gar verzweifeln wollte unser Freund, als Serlo ihm einst nach langem Streit das einfachste Mittel anriet, sich kurz zu resolvieren, die Feder zu ergreifen und in dem Trauerspiele, was eben nicht gehen wolle noch könne, abzustreichen, mehrere Personen in e i n e zu drängen, und wenn er mit dieser Art noch nicht bekannt genug sei oder noch nicht Herz genug dazu habe, so solle er ihm die Arbeit überlassen, und er wolle bald fertig sein.

„Das ist nicht unserer Abrede gemäß“, versetzte Wilhelm. „Wie können Sie bei so viel Geschmack so leichtsinnig sein?“

„Mein Freund“, rief Serlo aus, „Sie werden es auch schon werden! Ich kenne das Abscheuliche dieser Manier nur zu wohl, die vielleicht noch auf keinem Theater in der Welt stattgefunden hat. Aber wo ist auch eins so verwahrlost als das unsere? Zu dieser ekelhaften Verstümmelung zwingen uns die Autoren, und das Publikum erlaubt sie. Wieviel Stücke haben wir denn, die nicht über das Maß des Personals, der Dekorationen und Theatermechanik, der Zeit, des Dialogs und der physischen Kräfte des Akteurs hinausschritten? und doch sollen wir spielen, und immer spielen, und immer neu spielen. Sollen wir uns dabei nicht unsers

Vorteils bedienen, da wir mit zerstückelten Werken ebensoviel ausrichten als mit ganzen? Setzt uns das Publikum doch selbst in den Vorteil! Wenig Deutsche, und vielleicht nur wenige Menschen aller neuern Nationen, haben Gefühl für ein ästhetisches Ganze; sie loben und tadeln nur stellenweise; sie entzücken sich nur stellenweise; und für wen ist das ein größeres Glück als für den Schauspieler, da das Theater immer nur ein gestoppeltes und gestückeltes Wesen bleibt."

„Ist!" versetzte Wilhelm; „aber muß es denn auch so bleiben, muß denn alles bleiben, was ist? Überzeugen Sie mich ja nicht, daß Sie recht haben; denn keine Macht in der Welt würde mich bewegen können, einen Kontrakt zu halten, den ich nur im gröbsten Irrtum geschlossen hätte."

Serlo gab der Sache eine lustige Wendung und ersuchte Wilhelmen, ihre öftern Gespräche über „Hamlet" nochmals zu bedenken und selbst die Mittel zu einer glücklichen Bearbeitung zu ersinnen.

Nach einigen Tagen, die er in der Einsamkeit zugebracht hatte, kam Wilhelm mit frohem Blicke zurück. „Ich müßte mich sehr irren", rief er aus, „wenn ich nicht gefunden hätte, wie dem Ganzen zu helfen ist; ja, ich bin überzeugt, daß Shakespeare es selbst so würde gemacht haben, wenn sein Genie nicht auf die Hauptsache so sehr gerichtet und nicht vielleicht durch die Novellen, nach denen er arbeitete, verführt worden wäre."

„Lassen Sie hören", sagte Serlo, indem er sich gravitätisch aufs Kanapee setzte; „ich werde ruhig aufhorchen, aber auch desto strenger richten."

Wilhelm versetzte: „Mir ist nicht bange; hören Sie nur. Ich unterscheide nach der genauesten Untersuchung, nach der reiflichsten Überlegung in der Komposition dieses Stücks zweierlei: das erste sind die großen innern Verhältnisse der Personen und der Begebenheiten, die mächtigen Wirkungen, die aus den Charakteren und Handlungen der Hauptfiguren entstehen, und diese sind einzeln vortrefflich, und die Folge, in der sie aufgestellt sind, unverbesserlich. Sie können durch keine Art von Behandlung zerstört, ja kaum verunstaltet werden. Diese sind's, die jedermann zu sehen verlangt, die niemand anzutasten wagt, die sich tief in die Seele eindrücken, und die man, wie ich höre, beinahe alle auf das deutsche Theater gebracht hat. Nur hat man, wie ich glaube, darin gefehlt, daß man das zweite, was bei diesem Stück zu bemerken ist, ich meine die äußern Verhältnisse der Personen, wodurch sie von einem Orte zum andern gebracht oder auf diese und jene Weise durch gewisse zufällige Begebenheiten verbunden werden, für allzu unbedeutend angesehen, nur im Vorbeigehn davon gesprochen oder sie gar weggelassen hat. Freilich sind diese Fäden nur dünn und lose, aber sie gehen doch durchs ganze Stück und halten zusammen, was sonst auseinanderfiele, auch wirklich auseinanderfällt, wenn man sie wegschneidet und ein übriges getan zu haben glaubt, daß man die Enden stehenläßt.

Zu diesen äußern Verhältnissen zähle ich die Unruhen in Norwegen, den Krieg mit dem jungen Fortinbras, die Gesandtschaft an den alten Oheim, den geschlichteten Zwist, den Zug des jungen Fortinbras nach Polen und seine Rückkehr am Ende; ingleichen die Rückkehr des Horatio von Wittenberg, die Lust Hamlets dahin zu gehen, die Reise des Laertes nach Frankreich, seine Rückkunft, die Verschikkung Hamlets nach England, seine Gefangenschaft beim Seeräuber, der Tod der beiden Hofleute auf den Uriasbrief: alles dieses sind Umstände und Begebenheiten, die einen Roman weit und breit machen können, die aber der Einheit dieses Stücks, in dem besonders der Held keinen Plan hat, auf das äußerste schaden und höchst fehlerhaft sind."

„So höre ich Sie einmal gerne!" rief Serlo.

„Fallen Sie mir nicht ein", versetzte Wilhelm, „Sie möchten mich nicht immer loben. Diese Fehler sind wie flüchtige Stützen eines Gebäudes, die man nicht wegnehmen darf, ohne vorher eine feste Mauer unterzuziehen. Mein Vorschlag ist also, an jenen ersten großen Situationen gar nicht zu rühren, sondern sie sowohl im ganzen als einzelnen möglichst zu schonen, aber diese äußern, einzelnen, zerstreuten und zerstreuenden Motive alle auf einmal wegzuwerfen und ihnen ein einziges zu substituieren."

„Und das wäre?" fragte Serlo, indem er sich aus seiner ruhigen Stellung aufhob.

„Es liegt auch schon im Stücke", erwiderte Wilhelm, „nur mache ich den rechten Gebrauch davon. Es sind die Unruhen in Norwegen. Hier haben Sie meinen Plan zur Prüfung.

Nach dem Tode des alten Hamlet werden die ersteroberten Norweger unruhig. Der dortige Statthalter schickt seinen Sohn Horatio, einen alten Schulfreund Hamlets, der aber an Tapferkeit und Lebensklugheit allen andern vorgelaufen ist, nach Dänemark, auf die Ausrüstung der Flotte zu dringen, welche unter dem neuen, der Schwelgerei ergebenen König nur saumselig vonstatten geht. Horatio kennt den alten König, denn er hat seinen letzten Schlachten beigewohnt, hat bei ihm in Gunsten gestanden, und die erste Geisterszene wird dadurch nicht verlieren. Der neue König gibt sodann dem Horatio Audienz und schickt den Laertes nach Norwegen mit der Nachricht, daß die Flotte bald anlanden werde, indes Horatio den Auftrag erhält, die Rüstung derselben zu beschleunigen; dagegen will die Mutter nicht einwilligen, daß Hamlet, wie er wünschte, mit Horatio zur See gehe."

„Gott sei Dank!" rief Serlo, „so werden wir auch Wittenberg und die hohe Schule los, die mir immer ein leidiger Anstoß war. Ich finde Ihren Gedanken recht gut: denn außer den zwei einzigen fernen Bildern, Norwegen und der Flotte, braucht der Zuschauer sich nichts zu denken; das übrige sieht er alles, das übrige geht alles vor, anstatt daß sonst seine Einbildungskraft in der ganzen Welt herumgejagt würde."

„Sie sehen leicht", versetzte Wilhelm, „wie ich nunmehr auch das übrige zusammenhalten kann. Wenn Hamlet dem Horatio die Missetat seines Stiefvaters entdeckt, so rät ihm dieser, mit nach Norwegen zu gehen, sich der Armee zu versichern und mit gewaffneter Hand zurückzukehren. Da Hamlet dem König und der Königin zu gefährlich wird, haben sie kein näheres Mittel, ihn loszuwerden, als ihn nach der Flotte zu schicken und ihm Rosenkranz und Güldenstern zu Beobachtern mitzugeben; und da indes Laertes zurückkommt, soll dieser bis zum Meuchelmord erhitzte Jüngling ihm nachgeschickt werden. Die Flotte bleibt wegen ungünstigen Windes liegen; Hamlet kehrt nochmals zurück, seine Wanderung über den Kirchhof kann vielleicht glücklich motiviert werden; sein Zusammentreffen mit Laertes in Opheliens Grabe ist ein großer, unentbehrlicher Moment. Hierauf mag der König bedenken, daß es besser sei, Hamlet auf der Stelle loszuwerden; das Fest der Abreise, der scheinbaren Versöhnung mit Laertes wird nun feierlich begangen, wobei man Ritterspiele hält und auch Hamlet und Laertes fechten. Ohne die vier Leichen kann ich das Stück nicht schließen; es darf niemand übrigbleiben. Hamlet gibt, da nun das Wahlrecht des Volks wieder eintritt, seine Stimme sterbend dem Horatio."

„Nur geschwind", versetzte Serlo, „setzen Sie sich hin und arbeiten das Stück aus; die Idee hat völlig meinen Beifall; nur daß die Lust nicht verraucht!"

FÜNFTES KAPITEL

Wilhelm hatte sich schon lange mit einer Übersetzung Hamlets abgegeben; er hatte sich dabei der geistvollen Wielandschen Arbeit bedient, durch die er überhaupt Shakespearen zuerst kennen lernte. Was in derselben ausgelassen war, fügte er hinzu, und so war er im Besitz eines vollständigen Exemplars in dem Augenblicke, da er mit Serlo über die Behandlung so ziemlich einig geworden war. Er fing nun an, nach seinem Plane auszuheben und einzuschieben, zu trennen und zu verbinden, zu verändern und oft wiederherzustellen; denn so zufrieden er auch mit seiner Idee war, so schien ihm doch bei der Ausführung immer, daß das Original nur verdorben werde.

Sobald er fertig war, las er es Serlo und der übrigen Gesellschaft vor. Sie bezeugten sich sehr zufrieden damit; besonders machte Serlo manche günstige Bemerkung.

„Sie haben", sagte er unter andern, „sehr richtig empfunden, daß äußere Umstände dieses Stück begleiten, aber einfacher sein müssen, als sie uns der große Dichter gegeben hat. Was außer dem Theater vorgeht, was der Zuschauer nicht sieht, was er sich vorstellen muß, ist wie ein Hintergrund, vor dem die spielenden Figuren sich bewegen. Die große, einfache Aussicht auf die Flotte und Norwegen wird dem Stücke sehr gut tun; nähme man sie ganz weg, so ist es nur eine Familienszene, und der große Begriff, daß hier ein ganzes königliches Haus durch innere Verbrechen und Ungeschicklichkeiten zugrunde geht, wird nicht in seiner ganzen Würde dargestellt. Bliebe aber jener Hintergrund selbst mannigfaltig, beweglich, konfus, so täte er dem Eindrucke der Figuren Schaden."

Wilhelm nahm nun wieder die Partie Shakespeares und zeigte, daß er für Insulaner geschrieben habe, für Engländer, die selbst im Hintergrunde nur Schiffe und Seereisen, die Küste von Frankreich und Kaper zu sehen gewohnt sind, und daß, was jenen etwas ganz Gewöhnliches sei, uns schon zerstreue und verwirre.

Serlo mußte nachgeben, und beide stimmten darin überein, daß, da das Stück nun einmal auf das deutsche Theater solle, dieser ernstere, einfachere Hintergrund für unsre Vorstellungsart am besten passen werde.

Die Rollen hatte man schon früher ausgeteilt; den Polonius übernahm Serlo, Aurelie Ophelien; Laertes war durch seinen Namen schon bezeichnet; ein junger, untersetzter, muntrer, neuangekommener Jüngling erhielt die Rolle des Horatio; nur wegen des Königs und des Geistes war man in einiger Verlegenheit. Für beide Rollen war nur der alte Polterer da. Serlo schlug den Pedanten zum Könige vor, wogegen Wilhelm aber aufs äußerste protestierte. Man konnte sich nicht entschließen.

Ferner hatte Wilhelm in seinem Stücke die beiden Rollen von Rosenkranz und Güldenstern stehen lassen. „Warum haben Sie diese nicht in eine verbunden?" fragte Serlo; „diese Abbreviatur ist doch so leicht gemacht."

„Gott bewahre mich vor solchen Verkürzungen, die zugleich Sinn und Wirkung aufheben!" versetzte Wilhelm. „Das, was diese beiden Menschen sind und tun, kann nicht durch einen vorgestellt werden. In solchen Kleinigkeiten zeigt sich Shakespeares Größe. Dieses leise Auftreten, dieses Schmiegen und Biegen, dies Jasagen, Streicheln und Schmeicheln, diese Behendigkeit, dies Schwänzeln, diese Allheit und Leerheit, diese rechtliche Schurkerei, diese Unfähigkeit, wie kann sie durch einen Menschen ausgedrückt werden? Es sollten ihrer wenigstens ein Dutzend sein, wenn man sie haben könnte; denn sie sind bloß in Gesellschaft etwas, sie sind die Gesellschaft, und Shakespeare war sehr bescheiden und weise, daß er nur zwei solche Repräsentanten auftreten ließ. Überdies brauche ich sie in meiner Bearbeitung als ein Paar, das mit dem einen, guten, trefflichen Horatio kontrastiert."

„Ich verstehe Sie", sagte Serlo, „und wir können uns helfen. Den einen geben wir Elmiren (so nannte man die älteste Tochter des Polterers); es kann nicht schaden, wenn sie gut aussehen, und ich will die Puppen putzen und dressieren, daß es eine Lust sein soll."

Philine freute sich außerordentlich, daß sie die Herzogin in der kleinen Komödie spielen sollte. „Das will ich so natürlich machen", rief sie aus, „wie man in der Geschwindigkeit einen Zweiten heiratet, nachdem man den Ersten ganz außerordentlich geliebt hat. Ich hoffe, mir den größten Beifall zu erwerben, und jeder Mann soll wünschen, der Dritte zu werden."

Aurelie machte ein verdrießliches Gesicht bei diesen Äußerungen; ihr Widerwillen gegen Philinen nahm mit jedem Tage zu.

„Es ist recht schade", sagte Serlo, „daß wir kein Ballett haben; sonst sollten Sie mir mit Ihrem ersten und zweiten Manne ein Pas de deux tanzen, und der Alte sollte nach dem Takt einschlafen, und Ihre Füßchen und Wädchen würden sich dort hinten auf dem Kindertheater ganz allerliebst ausnehmen."

„Von meinen Wädchen wissen Sie ja wohl nicht viel", versetzte sie schnippisch, „und was meine Füßchen betrifft", rief sie, indem sie schnell unter den Tisch reichte, ihre Pantöffelchen heraufholte und nebeneinander vor Serlo hinstellte: „hier sind die Stelzchen, und ich gebe Ihnen auf, niedlichere zu finden."

„Es war Ernst!" sagte er, als er die zierlichen Halbschuhe betrachtete. Gewiß, man konnte nicht leicht etwas Artigers sehen.

Sie waren Pariser Arbeit; Philine hatte sie von der Gräfin zum Geschenk erhalten, einer Dame, deren schöner Fuß berühmt war.

„Ein reizender Gegenstand!" rief Serlo; „das Herz hüpft mir, wenn ich sie ansehe."

„Welche Verzuckungen!" sagte Philine.

„Es geht nichts über ein Paar Pantöffelchen von so feiner, schöner Arbeit", rief Serlo; „doch ist ihr Klang noch reizender als ihr Anblick." Er hub sie auf und ließ sie einigemal hintereinander wechselsweise auf den Tisch fallen.

„Was soll das heißen? Nur wieder her damit!" rief Philine.

„Darf ich sagen", versetzte er mit verstellter Bescheidenheit und schalkhaftem Ernst, „wir andern Junggesellen, die wir nachts meist allein sind und uns doch wie andre Menschen fürchten und im Dunkeln uns nach Gesellschaft sehnen, besonders in Wirtshäusern und fremden Orten, wo es nicht ganz geheuer ist, wir finden es gar tröstlich, wenn ein gutherziges Kind uns Gesellschaft und Beistand leisten will. Es ist Nacht, man liegt im Bette, es raschelt, man schaudert, die Türe tut sich auf, man erkennt ein liebes pisperndes Stimmchen, es schleicht was herbei, die Vorhänge rauschen, klipp! klapp! die Pantoffeln fallen, und husch! man ist nicht mehr allein. Ach der liebe, der einzige Klang, wenn die Absätzchen auf den Boden aufschlagen! Je zierlicher sie sind, je feiner klingt's. Man spreche mir von Philomelen, von rauschenden Bächen, vom Säuseln der Winde und von allem, was je georgelt und gepfiffen worden ist, ich halte mich an das Klipp! Klapp! — Klipp! Klapp! ist das schönste Thema zu einem Rondeau, das man immer wieder von vorne zu hören wünscht."

Philine nahm ihm die Pantoffeln aus den Händen und sagte: „Wie ich sie krumm getreten habe! Sie sind mir viel zu weit." Dann spielte sie damit und rieb die Sohlen gegeneinander. „Was das heiß wird!" rief sie aus, indem sie die eine Sohle flach an die Wange hielt, dann wieder rieb und sie gegen Serlo hinreichte. Er war gutmütig genug, nach der Wärme zu fühlen, und „Klipp! Klapp!" rief sie, indem sie ihm einen derben Schlag mit dem Absatz versetzte, daß er schreiend die Hand zurückzog. „Ich will euch lehren bei meinen Pantoffeln was anders denken!“ sagte Philine lachend.

„Und ich will dich lehren alte Leute wie Kinder anführen!“ rief Serlo dagegen, sprang auf, faßte sie mit Heftigkeit und raubte ihr manchen Kuß, deren jeden sie sich mit ernstlichem Widerstreben gar künstlich abzwingen ließ. Über dem Balgen fielen ihre langen Haare herunter und wickelten sich um die Gruppe, der Stuhl schlug an den Boden, und Aurelie, die von diesem Unwesen innerlich beleidigt war, stand mit Verdruß auf.

SECHSTES KAPITEL

Obgleich bei der neuen Bearbeitung Hamlets manche Personen weggefallen waren, so blieb die Anzahl derselben doch immer noch groß genug, und fast wollte die Gesellschaft nicht hinreichen.

„Wenn das so fortgeht“, sagte Serlo, „wird unser Souffleur auch noch aus dem Loche hervorsteigen müssen, unter uns wandeln und zur Person werden.“

„Schon oft habe ich ihn an seiner Stelle bewundert“, versetzte Wilhelm.

„Ich glaube nicht, daß es einen vollkommenern Einhelfer gibt“, sagte Serlo. „Kein Zuschauer wird ihn jemals hören; wir auf dem Theater verstehen jede Silbe. Er hat sich gleichsam ein eigen Organ dazu gemacht und ist wie ein Genius, der uns in der Not vernehmlich zulispelt. Er fühlt, welchen Teil seiner Rolle der Schauspieler vollkommen innehat, und ahnet von weitem, wenn ihn das Gedächtnis verlassen will. In einigen Fällen, da ich die Rolle kaum überlesen konnte, da er sie mir Wort vor Wort vorsagte, spielte ich sie mit Glück; nur hat er Sonderbarkeiten, die jeden andern unbrauchbar machen würden: er nimmt so herzlichen Anteil an den Stücken, daß er pathetische Stellen nicht eben deklamiert, aber doch affektvoll rezitiert. Mit dieser Unart hat er mich mehr als einmal irregemacht.“

„So wie er mich“, sagte Aurelie, „mit einer andern Sonderbarkeit einst an einer sehr gefährlichen Stelle steckenließ.“

„Wie war das bei seiner Aufmerksamkeit möglich?" fragte Wilhelm.

„Er wird", versetzte Aurelie, „bei gewissen Stellen so gerührt, daß er heiße Tränen weint und einige Augenblicke ganz aus der Fassung kommt; und es sind eigentlich nicht die sogenannten rührenden Stellen, die ihn in diesen Zustand versetzen; es sind, wenn ich mich deutlich ausdrücke, die schönen Stellen, aus welchen der reine Geist des Dichters gleichsam aus hellen, offenen Augen hervorsieht, Stellen, bei denen wir andern uns nur höchstens freuen, und worüber viele Tausende wegsehen."

„Und warum erscheint er mit dieser zarten Seele nicht auf dem Theater?"

„Ein heiseres Organ und ein steifes Betragen schließen ihn von der Bühne, und seine hypochondrische Natur von der Gesellschaft aus", versetzte Serlo. „Wieviel Mühe habe ich mir gegeben, ihn an mich zu gewöhnen! aber vergebens. Er liest vortrefflich, wie ich nicht wieder habe lesen hören; niemand hält wie er die zarte Grenzlinie zwischen Deklamation und affektvoller Rezitation."

„Gefunden!" rief Wilhelm, „gefunden! Welch eine glückliche Entdeckung! Nun haben wir den Schauspieler, der uns die Stelle vom rauhen Pyrrhus rezitieren soll."

„Man muß so viel Leidenschaft haben wie Sie", versetzte Serlo, „um alles zu seinem Endzwecke zu nutzen."

„Gewiß, ich war in der größten Sorge", rief Wilhelm, „daß vielleicht diese Stelle wegbleiben müßte, und das ganze Stück würde dadurch gelähmt werden."

„Das kann ich doch nicht einsehen", versetzte Aurelie.

„Ich hoffe, Sie werden bald meiner Meinung sein", sagte Wilhelm. „Shakespeare führt die ankommenden Schauspieler zu einem doppelten Endzweck herein. Erst macht der Mann, der den Tod des Priamus mit so viel eigner Rührung deklamiert, tiefen Eindruck auf den Prinzen selbst; er schärft das Gewissen des jungen, schwankenden Mannes: und so wird diese Szene das Präludium zu jener, in welcher das kleine Schauspiel so große Wirkung auf den König tut. Hamlet fühlt sich durch den Schauspieler beschämt, der an fremden, an fingierten Leiden so großen Teil nimmt;

und der Gedanke, auf eben die Weise einen Versuch auf das Gewissen seines Stiefvaters zu machen, wird dadurch bei ihm sogleich erregt. Welch ein herrlicher Monolog ist's, der den zweiten Akt schließt! Wie freue ich mich darauf, ihn zu rezitieren:

‚O! welch ein Schurke, welch ein niedriger Sklave bin ich! — Ist es nicht ungeheuer, daß dieser Schauspieler hier nur durch Erdichtung, durch einen Traum von Leidenschaft, seine Seele so nach seinem Willen zwingt, daß ihre Wirkung sein ganzes Gesicht entfärbt: — Tränen im Auge! Verwirrung im Betragen! Gebrochene Stimme! Sein ganzes Wesen von einem Gefühl durchdrungen! und das alles um nichts! — um Hekuba! — Was ist Hekuba für ihn oder er für Hekuba, daß er um sie weinen sollte?'"

„Wenn wir nur unsern Mann auf das Theater bringen können!" sagte Aurelie.

„Wir müssen", versetzte Serlo, „ihn nach und nach hineinführen. Bei den Proben mag er die Stelle lesen, und wir sagen, daß wir einen Schauspieler, der sie spielen soll, erwarten, und so sehen wir, wie wir ihm näherkommen."

Nachdem sie darüber einig waren, wendete sich das Gespräch auf den Geist. Wilhelm konnte sich nicht entschließen, die Rolle des lebenden Königs dem Pedanten zu überlassen, damit der Polterer den Geist spielen könne, und meinte vielmehr, daß man noch einige Zeit warten sollte, indem sich doch noch einige Schauspieler gemeldet hätten, und sich unter ihnen der rechte Mann finden könnte.

Man kann sich daher denken, wie verwundert Wilhelm war, als er unter der Adresse seines Theaternamens abends folgendes Billett mit wunderbaren Zügen versiegelt auf seinem Tische fand:

„Du bist, o sonderbarer Jüngling, wir wissen es, in großer Verlegenheit. Du findest kaum Menschen zu deinem Hamlet, geschweige Geister. Dein Eifer verdient ein Wunder; Wunder können wir nicht tun, aber etwas Wunderbares soll geschehen. Hast du Vertrauen, so soll zur rechten Stunde der Geist erscheinen! Habe Mut und bleibe gefaßt! Es bedarf keiner Antwort; dein Entschluß wird uns bekannt werden."

Mit diesem seltsamen Blatte eilte er zu Serlo zurück, der es las und wieder las und endlich mit bedenklicher Miene versicherte, die Sache sei von Wichtigkeit; man müsse wohl überlegen, ob man es wagen dürfe und könne. Sie sprachen vieles hin und wider; Aurelie war still und lächelte von Zeit zu Zeit, und als nach einigen Tagen wieder davon die Rede war, gab sie nicht undeutlich zu verstehen, daß sie es für einen Scherz von Serlo halte. Sie bat Wilhelmen, völlig außer Sorge zu sein und den Geist geduldig zu erwarten.

Überhaupt war Serlo von dem besten Humor; denn die abgehenden Schauspieler gaben sich alle mögliche Mühe, gut zu spielen, damit man sie ja recht vermissen sollte, und von der Neugierde auf die neue Gesellschaft konnte er auch die beste Einnahme erwarten.

Sogar hatte der Umgang Wilhelms auf ihn einigen Einfluß gehabt. Er fing an, mehr über Kunst zu sprechen, denn er war am Ende doch ein Deutscher, und diese Nation gibt sich gern Rechenschaft von dem, was sie tut. Wilhelm schrieb sich manche solche Unterredung auf; und wir werden, da die Erzählung hier nicht so oft unterbrochen werden darf, denjenigen unsrer Leser, die sich dafür interessieren, solche dramaturgische Versuche bei einer andern Gelegenheit vorlegen.

Besonders war Serlo eines Abends sehr lustig, als er von der Rolle des Polonius sprach, wie er sie zu fassen gedachte. „Ich verspreche", sagte er, „diesmal einen recht würdigen Mann zum besten zu geben; ich werde die gehörige Ruhe und Sicherheit, Leerheit und Bedeutsamkeit, Annehmlichkeit und geschmackloses Wesen, Freiheit und Aufpassen, treuherzige Schalkheit und erlogene Wahrheit da, wo sie hingehören, recht zierlich aufstellen. Ich will einen solchen grauen, redlichen, ausdauernden, der Zeit dienenden Halbschelm aufs allerhöflichste vorstellen und vortragen, und dazu sollen mir die etwas rohen und groben Pinselstriche unsers Autors gute Dienste leisten. Ich will reden wie ein Buch, wenn ich mich vorbereitet habe, und wie ein Tor, wenn ich bei guter Laune bin. Ich werde abgeschmackt sein, um jedem nach dem Maule zu reden, und immer so fein, es nicht zu merken, wenn mich die Leute zum besten haben.

Nicht leicht habe ich eine Rolle mit solcher Lust und Schalkheit übernommen."

„Wenn ich nur auch von der meinigen so viel hoffen könnte", sagte Aurelie. „Ich habe weder Jugend noch Weichheit genug, um mich in diesen Charakter zu finden. Nur eins weiß ich leider: das Gefühl, das Ophelien den Kopf verrückt, wird mich nicht verlassen."

„Wir wollen es ja nicht so genau nehmen", sagte Wilhelm; „denn eigentlich hat mein Wunsch, den Hamlet zu spielen, mich bei allem Studium des Stücks aufs äußerste irregeführt. Je mehr ich mich in die Rolle studiere, desto mehr sehe ich, daß in meiner ganzen Gestalt kein Zug der Physiognomie ist, wie Shakespeare seinen Hamlet aufstellt. Wenn ich es recht überlege, wie genau in der Rolle alles zusammenhängt, so getraue ich mir kaum, eine leidliche Wirkung hervorzubringen."

„Sie treten mit großer Gewissenhaftigkeit in Ihre Laufbahn", versetzte Serlo. „Der Schauspieler schickt sich in die Rolle, wie er kann, und die Rolle richtet sich nach ihm, wie sie muß. Wie hat aber Shakespeare seinen Hamlet vorgezeichnet? Ist er Ihnen denn so ganz unähnlich?"

„Zuvörderst ist Hamlet blond", erwiderte Wilhelm.

„Das heiß' ich weit gesucht", sagte Aurelie. „Woher schließen Sie das?"

„Als Däne, als Nordländer ist er blond von Hause aus und hat blaue Augen."

„Sollte Shakespeare daran gedacht haben?"

„Bestimmt find' ich es nicht ausgedrückt, aber in Verbindung mit andern Stellen scheint es mir unwidersprechlich. Ihm wird das Fechten sauer, der Schweiß läuft ihm vom Gesichte, und die Königin spricht: ‚Er ist fett, laßt ihn zu Atem kommen.' Kann man sich ihn da anders als blond und wohlbehäglich vorstellen? denn braune Leute sind in ihrer Jugend selten in diesem Falle. Paßt nicht auch seine schwankende Melancholie, seine weiche Trauer, seine tätige Unentschlossenheit besser zu einer solchen Gestalt, als wenn Sie sich einen schlanken, braunlockigen Jüngling denken, von dem man mehr Entschlossenheit und Behendigkeit erwartet?"

„Sie verderben mir die Imagination“, rief Aurelie, „weg mit Ihrem fetten Hamlet! stellen Sie uns ja nicht Ihren wohlbeleibten Prinzen vor! Geben Sie uns lieber irgendein Quiproquo, das uns reizt, das uns rührt. Die Intention des Autors liegt uns nicht so nahe als unser Vergnügen, und wir verlangen einen Reiz, der uns homogen ist.“

SIEBENTES KAPITEL

Einen Abend stritt die Gesellschaft, ob der Roman oder das Drama den Vorzug verdiene? Serlo versicherte, es sei ein vergeblicher, mißverstandener Streit; beide könnten in ihrer Art vortrefflich sein, nur müßten sie sich in den Grenzen ihrer Gattung halten.

„Ich bin selbst noch nicht ganz im klaren darüber“, versetzte Wilhelm.

„Wer ist es auch?“ sagte Serlo, „und doch wäre es der Mühe wert, daß man der Sache näher käme.“

Sie sprachen viel herüber und hinüber, und endlich war folgendes ungefähr das Resultat ihrer Unterhaltung:

Im Roman wie im Drama sehen wir menschliche Natur und Handlung. Der Unterschied beider Dichtungsarten liegt nicht bloß in der äußern Form, nicht darin, daß die Personen in dem einen sprechen und daß in dem andern gewöhnlich von ihnen erzählt wird. Leider viele Dramen sind nur dialogierte Romane, und es wäre nicht unmöglich, ein Drama in Briefen zu schreiben.

Im Roman sollen vorzüglich Gesinnungen und Begebenheiten vorgestellt werden; im Drama Charaktere und Taten. Der Roman muß langsam gehen, und die Gesinnungen der Hauptfigur müssen, es sei auf welche Weise es wolle, das Vordringen des Ganzen zur Entwicklung aufhalten. Das Drama soll eilen, und der Charakter der Hauptfigur muß sich nach dem Ende drängen und nur aufgehalten werden. Der Romanheld muß leidend, wenigstens nicht im hohen Grade wirkend sein; von dem dramatischen verlangt man Wirkung und Tat. Grandison, Clarisse, Pamela, der Landpriester von Wakefield, Tom Jones selbst sind, wo nicht leidende, doch retardierende Personen, und alle Begebenheiten werden gewissermaßen nach ihren Gesinnungen gemodelt. Im Drama modelt der Held nichts nach sich, alles widersteht ihm, und er räumt und rückt die Hindernisse aus dem Wege oder unterliegt ihnen.

So vereinigte man sich auch darüber, daß man dem Zufall im Roman gar wohl sein Spiel erlauben könne, daß er aber immer durch die Gesinnungen der Personen gelenkt und geleitet werden müsse; daß hingegen das Schicksal, das die Menschen, ohne ihr Zutun, durch unzusammenhängende äußere Umstände zu einer unvorgesehenen Katastrophe hindrängt, nur im Drama statthabe; daß der Zufall wohl pathetische, niemals aber tragische Situationen hervorbringen dürfe; das Schicksal hingegen müsse immer fürchterlich sein und werde im höchsten Sinne tragisch, wenn es schuldige und unschuldige, voneinander unabhängige Taten in eine unglückliche Verknüpfung bringt.

Diese Betrachtungen führten wieder auf den wunderlichen Hamlet und auf die Eigenheiten dieses Stücks. Der Held, sagte man, hat eigentlich auch nur Gesinnungen; es sind nur Begebenheiten, die zu ihm stoßen, und deswegen hat das Stück etwas von dem Gedehnten des Romans; weil aber das Schicksal den Plan gezeichnet hat, weil das Stück von einer fürchterlichen Tat ausgeht, und der Held immer vorwärts zu einer fürchterlichen Tat gedrängt wird, so ist es im höchsten Sinne tragisch und leidet keinen andern als einen tragischen Ausgang.

Nun sollte Leseprobe gehalten werden, welche Wilhelm eigentlich als ein Fest ansah. Er hatte die Rollen vorher kollationiert, daß also von dieser Seite kein Anstoß sein konnte. Die sämtlichen Schauspieler waren mit dem Stücke bekannt, und er suchte sie nur, ehe sie anfingen, von der Wichtigkeit einer Leseprobe zu überzeugen. Wie man von jedem Musikus verlange, daß er bis auf einen gewissen Grad vom Blatte spielen könne, so solle auch jeder Schauspieler, ja jeder wohlerzogene Mensch sich üben, vom Blatte zu lesen, einem Drama, einem Gedicht, einer Erzählung sogleich ihren Charakter abzugewinnen und sie mit Fertigkeit vorzutragen. Alles Memorieren helfe nichts, wenn der Schauspieler nicht vorher in den Geist und Sinn des guten Schriftstellers eingedrungen sei; der Buchstabe könne nichts wirken.

Serlo versicherte, daß er jeder andern Probe, ja der Hauptprobe nachsehen wolle, sobald der Leseprobe ihr Recht widerfahren sei: „denn gewöhnlich", sagte er, „ist nichts lustiger, als wenn Schauspieler von Studieren sprechen; es kommt mir ebenso vor, als wenn die Freimäurer von Arbeiten reden."

Die Probe lief nach Wunsch ab, und man kann sagen, daß der Ruhm und die gute Einnahme der Gesellschaft sich auf diese wenigen wohlangewandten Stunden gründete.

„Sie haben wohl getan, mein Freund", sagte Serlo, nachdem sie wieder allein waren, „daß Sie unsern Mitarbeitern so ernstlich zusprachen, wenn ich gleich fürchte, daß sie Ihre Wünsche schwerlich erfüllen werden."

„Wieso?" versetzte Wilhelm.

„Ich habe gefunden", sagte Serlo, „daß, so leicht man der Menschen Imagination in Bewegung setzen kann, so gern sie sich Märchen erzählen lassen, ebenso selten ist es, eine Art von produktiver Imagination bei ihnen zu finden. Bei den Schauspielern ist dieses sehr auffallend. Jeder ist sehr wohl zufrieden, eine schöne, lobenswürdige, brillante Rolle zu übernehmen; selten aber tut einer mehr, als sich mit Selbstgefälligkeit an die Stelle des Helden setzen, ohne sich im mindesten zu bekümmern, ob ihn auch jemand dafür halten werde. Aber mit Lebhaftigkeit zu umfassen, was sich der Autor beim Stück gedacht hat, was man von seiner Individualität hingeben müsse, um einer Rolle genugzutun, wie man durch eigene Überzeugung, man sei ein ganz anderer Mensch, den Zuschauer gleichfalls zur Überzeugung hinreiße, wie man, durch eine innere Wahrheit der Darstellungskraft, diese Bretter in Tempel, diese Pappen in Wälder verwandelt, ist wenigen gegeben. Diese innere Stärke des Geistes, wodurch ganz allein der Zuschauer getäuscht wird, diese erlogene Wahrheit, die ganz allein Wirkung hervorbringt, wodurch ganz allein die Illusion erzielt wird, wer hat davon einen Begriff?

Lassen Sie uns daher ja nicht zu sehr auf Geist und Empfindung dringen! Das sicherste Mittel ist, wenn wir unsern

Freunden mit Gelassenheit zuerst den Sinn des Buchstabens erklären und ihnen den Verstand eröffnen. Wer Anlage hat, eilt alsdann selbst dem geistreichen und empfindungsvollen Ausdrucke entgegen, und wer sie nicht hat, wird wenigstens niemals ganz falsch spielen und rezitieren. Ich habe aber bei Schauspielern, so wie überhaupt, keine schlimmere Anmaßung gefunden, als wenn jemand Ansprüche an Geist macht, solange ihm der Buchstabe noch nicht deutlich und geläufig ist.“

ACHTES KAPITEL

Wilhelm kam zur ersten Theaterprobe sehr zeitig und fand sich auf den Brettern allein. Das Lokal überraschte ihn und gab ihm die wunderbarsten Erinnerungen. Die Wald- und Dorfdekoration stand genau so wie auf der Bühne seiner Vaterstadt, auch bei einer Probe, als ihm an jenem Morgen Mariane lebhaft ihre Liebe bekannte und ihm die erste glückliche Nacht zusagte. Die Bauernhäuser glichen sich auf dem Theater wie auf dem Lande; die wahre Morgensonne beschien, durch einen halb offenen Fensterladen hereinfallend, einen Teil der Bank, die neben der Türe schlecht befestigt war, nur leider schien sie nicht wie damals auf Marianens Schoß und Busen. Er setzte sich nieder, dachte dieser wunderbaren Übereinstimmung nach und glaubte zu ahnen, daß er sie vielleicht auf diesem Platze bald wiedersehen werde. Ach, und es war weiter nichts, als daß ein Nachspiel, zu welchem diese Dekoration gehörte, damals auf dem deutschen Theater sehr oft gegeben wurde.

In diesen Betrachtungen störten ihn die übrigen ankommenden Schauspieler, mit denen zugleich zwei Theater- und Garderobenfreunde hereintraten und Wilhelmen mit Enthusiasmus begrüßten. Der eine war gewissermaßen an Madame Melina attachiert; der andere aber ein ganz reiner Freund der Schauspielkunst, und beide von der Art, wie sich jede gute Gesellschaft Freunde wünschen sollte. Man wußte nicht zu sagen, ob sie das Theater mehr kannten oder liebten. Sie liebten es zu sehr, um es recht zu kennen; sie kannten es genug, um das Gute zu schätzen und das

Schlechte zu verbannen. Aber bei ihrer Neigung war ihnen das Mittelmäßige nicht unerträglich, und der herrliche Genuß, mit dem sie das Gute vor und nach kosteten, war über allen Ausdruck. Das Mechanische machte ihnen Freude, das Geistige entzückte sie, und ihre Neigung war so groß, daß auch eine zerstückelte Probe sie in eine Art von Illusion versetzte. Die Mängel schienen ihnen jederzeit in die Ferne zu treten, das Gute berührte sie wie ein naher Gegenstand. Kurz, sie waren Liebhaber, wie sie sich der Künstler in seinem Fache wünscht. Ihre liebste Wanderung war von den Kulissen ins Parterre, vom Parterre in die Kulissen, ihr angenehmster Aufenthalt in der Garderobe, ihre emsigste Beschäftigung, an der Stellung, Kleidung, Rezitation und Deklamation der Schauspieler etwas zuzustutzen, ihr lebhaftestes Gespräch über den Effekt, den man hervorgebracht hatte, und ihre beständigste Bemühung, den Schauspieler aufmerksam, tätig und genau zu erhalten, ihm etwas zugute oder zuliebe zu tun und ohne Verschwendung der Gesellschaft manchen Genuß zu verschaffen. Sie hatten sich beide das ausschließliche Recht verschafft, bei Proben und Aufführungen auf dem Theater zu erscheinen. Sie waren, was die Aufführung Hamlets betraf, mit Wilhelmen nicht bei allen Stellen einig; hie und da gab er nach, meistens aber behauptete er seine Meinung, und im ganzen diente diese Unterhaltung sehr zur Bildung seines Geschmacks. Er ließ die beiden Freunde sehen, wie sehr er sie schätze, und sie dagegen weissagten nichts weniger von diesen vereinten Bemühungen als eine neue Epoche fürs deutsche Theater.

Die Gegenwart dieser beiden Männer war bei den Proben sehr nützlich. Besonders überzeugten sie unsre Schauspieler, daß man bei der Probe Stellung und Aktion, wie man sie bei der Aufführung zu zeigen gedenke, immerfort mit der Rede verbinden und alles zusammen durch Gewohnheit mechanisch vereinigen müsse. Besonders mit den Händen solle man ja bei der Probe einer Tragödie keine gemeine Bewegungen vornehmen; ein tragischer Schauspieler, der in der Probe Tabak schnupft, mache sie immer bange; denn höchst wahrscheinlich werde er an einer solchen Stelle bei der Aufführung die Prise vermissen. Ja, sie hielten dafür, daß niemand in Stiefeln probieren solle, wenn die Rolle in Schuhen zu spielen sei. Nichts aber, versicherten sie, schmerze sie mehr, als wenn die Frauenzimmer in den Proben ihre Hände in die Rockfalten versteckten.

Außerdem ward durch das Zureden dieser Männer noch etwas sehr Gutes bewirkt, daß nämlich alle Mannspersonen exerzieren lernten. „Da so viele Militärrollen vorkommen", sagten sie, „sieht nichts betrübter aus, als Menschen, die nicht die mindeste Dressur zeigen, in Hauptmanns- und Majorsuniform auf dem Theater herumschwanken zu sehen."

Wilhelm und Laertes waren die ersten, die sich der Pädagogik eines Unteroffiziers unterwarfen, und setzten dabei ihre Fechtübungen mit großer Anstrengung fort.

So viel Mühe gaben sich beide Männer mit der Ausbildung einer Gesellschaft, die sich so glücklich zusammengefunden hatte. Sie sorgten für die künftige Zufriedenheit des Publikums, indes sich dieses über ihre entschiedene Liebhaberei gelegentlich aufhielt. Man wußte nicht, wieviel Ursache man hatte, ihnen dankbar zu sein, besonders da sie nicht versäumten, den Schauspielern oft den Hauptpunkt einzuschärfen, daß es nämlich ihre Pflicht sei, laut und vernehmlich zu sprechen. Sie fanden hierbei mehr Widerstand und Unwillen, als sie anfangs gedacht hatten. Die meisten wollten so gehört sein, wie sie sprachen, und wenige bemühten sich, so zu sprechen, daß man sie hören könnte. Einige schoben den Fehler aufs Gebäude, andere sagten, man könne doch nicht schreien, wenn man natürlich, heimlich oder zärtlich zu sprechen habe.

Unsre Theaterfreunde, die eine unsägliche Geduld hatten, suchten auf alle Weise diese Verwirrung zu lösen, diesem Eigensinne beizukommen. Sie sparten weder Gründe noch Schmeicheleien und erreichten zuletzt doch ihren Endzweck, wobei ihnen das gute Beispiel Wilhelms besonders zustatten kam. Er bat sich aus, daß sie sich bei den Proben in die entferntesten Ecken setzten und, sobald sie ihn nicht vollkommen verstünden, mit dem Schlüssel auf die Bank pochen möchten. Er artikulierte gut, sprach gemäßigt aus, steigerte den Ton stufenweise und überschrie sich nicht in den heftigsten Stellen. Die pochenden Schlüssel hörte man bei jeder

Probe weniger; nach und nach ließen sich die andern dieselbe Operation gefallen, und man konnte hoffen, daß das Stück endlich in allen Winkeln des Hauses von jedermann würde verstanden werden.

Man sieht aus diesem Beispiel, wie gern die Menschen ihren Zweck nur auf ihre eigene Weise erreichen möchten, wieviel Not man hat, ihnen begreiflich zu machen, was sich eigentlich von selbst versteht, und wie schwer es ist, denjenigen, der etwas zu leisten wünscht, zur Erkenntnis der ersten Bedingungen zu bringen, unter denen sein Vorhaben allein möglich wird.

NEUNTES KAPITEL

Man fuhr nun fort, die nötigen Anstalten zu Dekorationen und Kleidern, und was sonst erforderlich war, zu machen. Über einige Szenen und Stellen hatte Wilhelm besondere Grillen, denen Serlo nachgab, teils in Rücksicht auf den Kontrakt, teils aus Überzeugung, und weil er hoffte, Wilhelmen durch diese Gefälligkeit zu gewinnen und in der Folge desto mehr nach seinen Absichten zu lenken.

So sollte zum Beispiel König und Königin bei der ersten Audienz auf dem Throne sitzend erscheinen, die Hofleute an den Seiten und Hamlet unbedeutend unter ihnen stehen. „Hamlet“, sagte er, „muß sich ruhig verhalten; seine schwarze Kleidung unterscheidet ihn schon genug. Er muß sich eher verbergen als zum Vorschein kommen. Nur dann, wenn die Audienz geendigt ist, wenn der König mit ihm als Sohn spricht, dann mag er herbeitreten und die Szene ihren Gang gehen.“

Noch eine Hauptschwierigkeit machten die beiden Gemälde, auf die sich Hamlet in der Szene mit seiner Mutter so heftig bezieht. „Mir sollen“, sagte Wilhelm, „in Lebensgröße beide im Grunde des Zimmers neben der Haupttüre sichtbar sein, und zwar muß der alte König in völliger Rüstung, wie der Geist, auf eben der Seite hängen, wo dieser hervortritt. Ich wünsche, daß die Figur mit der rechten Hand eine befehlende Stellung annehme, etwas gewandt sei und gleichsam über die Schulter sehe, damit sie dem Geiste völlig gleiche in dem Augenblicke, da dieser zur Türe hinausgeht. Es wird eine sehr große Wirkung tun, wenn in diesem Augenblick Hamlet nach dem Geiste und die Königin nach dem Bilde sieht. Der Stiefvater mag dann im königlichen Ornat, doch unscheinbarer als jener, vorgestellt werden."

So gab es noch verschiedene Punkte, von denen wir zu sprechen vielleicht Gelegenheit haben.

„Sind Sie auch unerbittlich, daß Hamlet am Ende sterben muß?" fragte Serlo.

„Wie kann ich ihn am Leben erhalten", sagte Wilhelm, „da ihn das ganze Stück zu Tode drückt? Wir haben ja schon so weitläufig darüber gesprochen."

„Aber das Publikum wünscht ihn lebendig."

„Ich will ihm gern jeden andern Gefallen tun, nur diesmal ist's unmöglich. Wir wünschen auch, daß ein braver nützlicher Mann, der an einer chronischen Krankheit stirbt, noch länger leben möge. Die Familie weint und beschwört den Arzt, der ihn nicht halten kann: und so wenig als dieser einer Naturnotwendigkeit zu widerstehen vermag, so wenig können wir einer anerkannten Kunstnotwendigkeit gebieten. Es ist eine falsche Nachgiebigkeit gegen die Menge, wenn man ihnen die Empfindungen erregt, die sie haben wollen, und nicht die, die sie haben sollen."

„Wer das Geld bringt, kann die Ware nach seinem Sinne verlangen."

„Gewissermaßen; aber ein großes Publikum verdient, daß man es achte, daß man es nicht wie Kinder, denen man das Geld abnehmen will, behandle. Man bringe ihm nach und nach durch das Gute Gefühl und Geschmack für das Gute bei, und es wird sein Geld mit doppeltem Vergnügen einlegen, weil ihm der Verstand, ja die Vernunft selbst bei dieser Ausgabe nichts vorzuwerfen hat. Man kann ihm schmeicheln wie einem geliebten Kinde, schmeicheln, um es zu bessern, um es künftig aufzuklären; nicht wie einem Vornehmen und Reichen, um den Irrtum, den man nutzt, zu verewigen."

So handelten sie noch manches ab, das sich besonders auf

die Frage bezog, was man noch etwa an dem Stücke verändern dürfe, und was unberührt bleiben müsse. Wir lassen uns hierauf nicht weiter ein, sondern legen vielleicht künftig die neue Bearbeitung Hamlets selbst demjenigen Teile unsrer Leser vor, der sich etwa dafür interessieren könnte.

ZEHNTES KAPITEL

Die Hauptprobe war vorbei; sie hatte übermäßig lange gedauert. Serlo und Wilhelm fanden noch manches zu besorgen; denn ungeachtet der vielen Zeit, die man zur Vorbereitung verwendet hatte, waren doch sehr notwendige Anstalten bis auf den letzten Augenblick verschoben worden.

So waren zum Beispiel die Gemälde der beiden Könige noch nicht fertig, und die Szene zwischen Hamlet und seiner Mutter, von der man einen so großen Effekt hoffte, sah noch sehr mager aus, indem weder der Geist noch sein gemaltes Ebenbild dabei gegenwärtig war. Serlo scherzte bei dieser Gelegenheit und sagte: „Wir wären doch im Grunde recht übel angeführt, wenn der Geist ausbliebe, die Wache wirklich mit der Luft fechten und unser Souffleur aus der Kulisse den Vortrag des Geistes supplieren müßte."

„Wir wollen den wunderbaren Freund nicht durch unsern Unglauben verscheuchen", versetzte Wilhelm; „er kommt gewiß zur rechten Zeit und wird uns so gut als die Zuschauer überraschen."

„Gewiß", rief Serlo, „ich werde froh sein, wenn das Stück morgen gegeben ist; es macht uns mehr Umstände, als ich geglaubt habe."

„Aber niemand in der Welt wird froher sein als ich, wenn das Stück morgen gespielt ist", versetzte Philine, „so wenig mich meine Rolle drückt. Denn immer und ewig von einer Sache reden zu hören, wobei doch nichts weiter herauskommt als eine Repräsentation, die, wie so viele hundert andere, vergessen werden wird, dazu will meine Geduld nicht hinreichen. Macht doch in Gottes Namen nicht so viel Umstände! Die Gäste, die vom Tische aufstehen, haben nachher an jedem Gerichte was auszusetzen; ja, wenn man sie zu Hause reden hört, so ist es ihnen kaum begreiflich, wie sie eine solche Not haben ausstehen können."

„Lassen Sie mich Ihr Gleichnis zu meinem Vorteile brauchen, schönes Kind", versetzte Wilhelm. „Bedenken Sie, was Natur und Kunst, was Handel, Gewerke und Gewerbe zusammen schaffen müssen, bis ein Gastmahl gegeben werden kann. Wieviel Jahre muß der Hirsch im Walde, der Fisch im Fluß oder Meere zubringen, bis er unsre Tafel zu besetzen würdig ist, und was hat die Hausfrau, die Köchin nicht alles in der Küche zu tun! Mit welcher Nachlässigkeit schlürft man die Sorge des entferntesten Winzers, des Schiffers, des Kellermeisters beim Nachtische hinunter, als müsse es nur so sein! Und sollten deswegen alle diese Menschen nicht arbeiten, nicht schaffen und bereiten, sollte der Hausherr das alles nicht sorgfältig zusammenbringen und zusammenhalten, weil am Ende der Genuß nur vorübergehend ist? Aber kein Genuß ist vorübergehend; denn der Eindruck, den er zurückläßt, ist bleibend, und was man mit Fleiß und Anstrengung tut, teilt dem Zuschauer selbst eine verborgene Kraft mit, von der man nicht wissen kann, wie weit sie wirkt."

„Mir ist alles einerlei", versetzte Philine, „nur muß ich auch diesmal erfahren, daß Männer immer im Widerspruch mit sich selbst sind. Bei all eurer Gewissenhaftigkeit, den großen Autor nicht verstümmeln zu wollen, laßt ihr doch den schönsten Gedanken aus dem Stücke."

„Den schönsten?" rief Wilhelm.

„Gewiß den schönsten, auf den sich Hamlet selbst was zugute tut."

„Und der wäre?" rief Serlo.

„Wenn Sie eine Perücke aufhätten", versetzte Philine, „würde ich sie Ihnen ganz säuberlich abnehmen; denn es scheint nötig, daß man Ihnen das Verständnis eröffne."

Die andern dachten nach, und die Unterhaltung stockte. Man war aufgestanden, es war schon spät, man schien auseinandergehen zu wollen. Als man so unentschlossen dastand, fing Philine ein Liedchen, auf eine sehr zierliche und gefällige Melodie, zu singen an.

Singet nicht in Trauertönen
Von der Einsamkeit der Nacht!
Nein, sie ist, o holde Schönen,
Zur Geselligkeit gemacht.

Wie das Weib dem Mann gegeben
Als die schönste Hälfte war,
Ist die Nacht das halbe Leben,
Und die schönste Hälfte zwar.

Könnt ihr euch des Tages freuen,
Der nur Freuden unterbricht?
Er ist gut, sich zu zerstreuen;
Zu was anderm taugt er nicht.

Aber wenn in nächt'ger Stunde
Süßer Lampe Dämmrung fließt,
Und vom Mund zum nahen Munde
Scherz und Liebe sich ergießt;

Wenn der rasche, lose Knabe,
Der sonst wild und feurig eilt,
Oft bei einer kleinen Gabe
Unter leichten Spielen weilt;

Wenn die Nachtigall Verliebten
Liebevoll ein Liedchen singt,
Das Gefangnen und Betrübten
Nur wie Ach und Wehe klingt:

Mit wie leichtem Herzensregen
Horchet ihr der Glocke nicht,
Die mit zwölf bedächt'gen Schlägen
Ruh' und Sicherheit verspricht!

Darum an dem langen Tage
Merke dir es, liebe Brust:
Jeder Tag hat seine Plage,
Und die Nacht hat ihre Lust.

Sie machte eine leichte Verbeugung, als sie geendigt hatte, und Serlo rief ihr ein lautes Bravo zu. Sie sprang zur Tür hinaus und eilte mit Gelächter fort. Man hörte sie die Treppe hinunter singen und mit den Absätzen klappern.

Serlo ging in das Seitenzimmer, und Aurelie blieb vor Wilhelmen, der ihr eine gute Nacht wünschte, noch einige Augenblicke stehen und sagte:

„Wie sie mir zuwider ist! recht meinem innern Wesen zuwider! bis auf die kleinsten Zufälligkeiten. Die rechte braune Augenwimper bei den blonden Haaren, die der Bruder so reizend findet, mag ich gar nicht ansehn, und die Schramme auf der Stirne hat mir so was Widriges, so was Niedriges, daß ich immer zehn Schritte von ihr zurücktreten möchte. Sie erzählte neulich als einen Scherz, ihr Vater habe ihr in ihrer Kindheit einen Teller an den Kopf geworfen, davon sie noch das Zeichen trage. Wohl ist sie recht an Augen und Stirne gezeichnet, daß man sich vor ihr hüten möge."

Wilhelm antwortete nichts, und Aurelie schien mit mehr Unwillen fortzufahren:

„Es ist mir beinahe unmöglich, ein freundliches, höfliches Wort mit ihr zu reden, so sehr hasse ich sie; und doch ist sie so anschmiegend. Ich wollte, wir wären sie los. Auch Sie, mein Freund, haben eine gewisse Gefälligkeit gegen dieses Geschöpf, ein Betragen, das mich in der Seele kränkt, eine Aufmerksamkeit, die an Achtung grenzt, und die sie, bei Gott, nicht verdient!"

„Wie sie ist, bin ich ihr Dank schuldig", versetzte Wilhelm; „ihre Aufführung ist zu tadeln, ihrem Charakter muß ich Gerechtigkeit widerfahren lassen."

„Charakter!" rief Aurelie; „glauben Sie, daß so eine Kreatur einen Charakter hat? O ihr Männer, daran erkenne ich euch! Solcher Frauen seid ihr wert!"

„Sollten Sie mich in Verdacht haben, meine Freundin?" versetzte Wilhelm. „Ich will von jeder Minute Rechenschaft geben, die ich mit ihr zugebracht habe."

„Nun, nun", sagte Aurelie, „es ist spät, wir wollen nicht streiten. Alle wie einer, einer wie alle! Gute Nacht, mein Freund! gute Nacht, mein feiner Paradiesvogel!"

Wilhelm fragte, wie er zu diesem Ehrentitel komme.

„Ein andermal", versetzte Aurelie, „ein andermal. Man sagt, sie hätten keine Füße, sie schwebten in der Luft und nährten sich vom Äther. Es ist aber ein Märchen", fuhr sie fort, „eine poetische Fiktion. Gute Nacht, laßt Euch was Schönes träumen, wenn Ihr Glück habt.“

Sie ging in ihr Zimmer und ließ ihn allein; er eilte auf das seinige.

Halb unwillig ging er auf und nieder. Der scherzende, aber entschiedene Ton Aureliens hatte ihn beleidigt: er fühlte tief, wie unrecht sie ihm tat. Philine konnte er nicht widrig, nicht unhold begegnen; sie hatte nichts gegen ihn verbrochen, und dann fühlte er sich so fern von jeder Neigung zu ihr, daß er recht stolz und standhaft vor sich selbst bestehen konnte.

Eben war er im Begriff sich auszuziehen, nach seinem Lager zu gehen und die Vorhänge aufzuschlagen, als er zu seiner größten Verwunderung ein Paar Frauenpantoffeln vor dem Bett erblickte; der eine stand, der andere lag. — Es waren Philinens Pantoffeln, die er nur zu gut erkannte; er glaubte auch eine Unordnung an den Vorhängen zu sehen, ja es schien, als bewegten sie sich; er stand und sah mit unverwandten Augen hin.

Eine neue Gemütsbewegung, die er für Verdruß hielt, versetzte ihm den Atem; und nach einer kurzen Pause, in der er sich erholt hatte, rief er gefaßt:

„Stehen Sie auf, Philine! Was soll das heißen? Wo ist Ihre Klugheit, Ihr gutes Betragen? Sollen wir morgen das Märchen des Hauses werden?“

Es rührte sich nichts.

„Ich scherze nicht“, fuhr er fort, „diese Neckereien sind bei mir übel angewandt.“

Kein Laut! Keine Bewegung!

Entschlossen und unmutig ging er endlich auf das Bette zu und riß die Vorhänge voneinander. „Stehen Sie auf“, sagte er, „wenn ich Ihnen nicht das Zimmer diese Nacht überlassen soll.“

Mit großem Erstaunen fand er sein Bette leer, die Kissen und Decken in schönster Ruhe. Er sah sich um, suchte nach, suchte alles durch und fand keine Spur von dem Schalk. Hinter dem Bette, dem Ofen, den Schränken war nichts zu sehen; er suchte emsiger und emsiger; ja, ein boshafter Zuschauer hätte glauben mögen, er suche, um zu finden.

Kein Schlaf stellte sich ein; er setzte die Pantoffeln auf seinen Tisch, ging auf und nieder, blieb manchmal bei dem Tische stehen, und ein schelmischer Genius, der ihn belauschte, will versichern, er habe sich einen großen Teil der Nacht mit den allerliebsten Stelzchen beschäftigt; er habe sie mit einem gewissen Interesse angesehen, behandelt, damit gespielt und sich erst gegen Morgen in seinen Kleidern aufs Bette geworfen, wo er unter den seltsamsten Phantasien einschlummerte.

Und wirklich schlief er noch, als Serlo hereintrat und rief: „Wo sind Sie? Noch im Bette? Unmöglich! Ich suchte Sie auf dem Theater, wo noch so mancherlei zu tun ist."

EILFTES KAPITEL

Vor- und Nachmittag verflossen eilig. Das Haus war schon voll, und Wilhelm eilte, sich anzuziehen. Nicht mit der Behaglichkeit, mit der er die Maske zum erstenmal anprobierte, konnte er sie gegenwärtig anlegen; er zog sich an, um fertig zu werden. Als er zu den Frauen ins Versammlungszimmer kam, beriefen sie ihn einstimmig, daß nichts recht sitze; der schöne Federbusch sei verschoben, die Schnalle passe nicht; man fing wieder an aufzutrennen, zu nähen, zusammenzustecken. Die Symphonie ging an, Philine hatte etwas gegen die Krause einzuwenden, Aurelie viel an dem Mantel auszusetzen. „Laßt mich, ihr Kinder!" rief er, „diese Nachlässigkeit wird mich erst recht zum Hamlet machen." Die Frauen ließen ihn nicht los und fuhren fort zu putzen. Die Symphonie hatte aufgehört, und das Stück war angegangen. Er besah sich im Spiegel, drückte den Hut tiefer ins Gesicht und erneuerte die Schminke.

In diesem Augenblick stürzte jemand herein und rief: „Der Geist! der Geist!"

Wilhelm hatte den ganzen Tag nicht Zeit gehabt, an die Hauptsorge zu denken, ob der Geist auch kommen werde. Nun war sie ganz weggenommen, und man hatte die wunderlichste Gastrolle zu erwarten. Der Theatermeister kam und fragte über dieses und jenes; Wilhelm hatte nicht Zeit, sich nach dem Gespenst umzusehen, und eilte nur, sich am Throne einzufinden, wo König und Königin schon von ihrem Hofe umgeben in aller Herrlichkeit glänzten; er hörte nur noch die letzten Worte des Horatio, der über die Erscheinung des Geistes ganz verwirrt sprach und fast seine Rolle vergessen zu haben schien.

Der Zwischenvorhang ging in die Höhe, und er sah das volle Haus vor sich. Nachdem Horatio seine Rede gehalten und vom Könige abgefertigt war, drängte er sich an Hamlet, und als ob er sich ihm, dem Prinzen, präsentiere, sagte er: „Der Teufel steckt in dem Harnische! Er hat uns alle in Furcht gejagt."

In der Zwischenzeit sah man nur zwei große Männer in weißen Mänteln und Kapuzen in den Kulissen stehen, und Wilhelm, dem in der Zerstreuung, Unruhe und Verlegenheit der erste Monolog, wie er glaubte, mißglückt war, trat, ob ihn gleich ein lebhafter Beifall beim Abgehen begleitete, in der schauerlichen dramatischen Winternacht wirklich recht unbehaglich auf. Doch nahm er sich zusammen und sprach die so zweckmäßig angebrachte Stelle über das Schmausen und Trinken der Nordländer mit der gehörigen Gleichgültigkeit, vergaß, so wie die Zuschauer, darüber des Geistes und erschrak wirklich, als Horatio ausrief: „Seht her, es kommt!" Er fuhr mit Heftigkeit herum, und die edle große Gestalt, der leise, unhörbare Tritt, die leichte Bewegung in der schwerscheinenden Rüstung machten einen so starken Eindruck auf ihn, daß er wie versteinert dastand und nur mit halber Stimme: „Ihr Engel und himmlischen Geister, beschützt uns!" ausrufen konnte. Er starrte ihn an, holte einigemal Atem und brachte die Anrede an den Geist so verwirrt, zerstückt und gezwungen vor, daß die größte Kunst sie nicht so trefflich hätte ausdrücken können.

Seine Übersetzung dieser Stelle kam ihm sehr zustatten. Er hatte sich nahe an das Original gehalten, dessen Wortstellung ihm die Verfassung eines überraschten, erschreckten, von Entsetzen ergriffenen Gemüts einzig auszudrücken schien.

„Sei du ein guter Geist, sei ein verdammter Kobold, bringe Düfte des Himmels mit dir oder Dämpfe der Hölle, sei Gutes oder Böses dein Beginnen, du kommst in einer so würdigen Gestalt, ja ich rede mit dir, ich nenne dich Hamlet, König, Vater, o antworte mir!" —

Man spürte im Publiko die größte Wirkung. Der Geist winkte, der Prinz folgte ihm unter dem lautesten Beifall.

Das Theater verwandelte sich, und als sie auf den entfernten Platz kamen, hielt der Geist unvermutet inne und wandte sich um; dadurch kam ihm Hamlet etwas zu nahe zu stehen. Mit Verlangen und Neugierde sah Wilhelm sogleich zwischen das niedergelassene Visier hinein, konnte aber nur tiefliegende Augen neben einer wohlgebildeten Nase erblicken. Furchtsam ausspähend stand er vor ihm; allein als die ersten Töne aus dem Helme hervordrangen, als eine wohlklingende, nur ein wenig rauhe Stimme sich in den Worten hören ließ: „Ich bin der Geist deines Vaters", trat Wilhelm einige Schritte schaudernd zurück, und das ganze Publikum schauderte. Die Stimme schien jedermann bekannt, und Wilhelm glaubte eine Ähnlichkeit mit der Stimme seines Vaters zu bemerken. Diese wunderbaren Empfindungen und Erinnerungen, die Neugierde, den seltsamen Freund zu entdecken, und die Sorge, ihn zu beleidigen, selbst die Unschicklichkeit, ihm als Schauspieler in dieser Situation zu nahe zu treten, bewegten Wilhelmen nach entgegengesetzten Seiten. Er veränderte während der langen Erzählung des Geistes seine Stellung so oft, schien so unbestimmt und verlegen, so aufmerksam und so zerstreut, daß sein Spiel eine allgemeine Bewunderung, so wie der Geist ein allgemeines Entsetzen erregte. Dieser sprach mehr mit einem tiefen Gefühl des Verdrusses als des Jammers, aber eines geistigen, langsamen und unübersehlichen Verdrusses. Es war der Mißmut einer großen Seele, die von allem Irdischen getrennt ist und doch unendlichen Leiden unterliegt. Zuletzt versank der Geist, aber auf eine sonderbare Art: denn ein leichter, grauer, durchsichtiger Flor, der wie ein Dampf aus der Versenkung zu steigen schien, legte sich über ihn weg und zog sich mit ihm hinunter.

Nun kamen Hamlets Freunde zurück und schwuren auf das Schwert. Da war der alte Maulwurf so geschäftig unter der Erde, daß er ihnen, wo sie auch stehen mochten, immer unter den Füßen rief: „Schwört!" und sie, als ob der Boden unter ihnen brennte, schnell von einem Ort zum andern eilten. Auch erschien da, wo sie standen, jedesmal eine kleine Flamme aus dem Boden, vermehrte die Wirkung und hinterließ bei allen Zuschauern den tiefsten Eindruck.

Nun ging das Stück unaufhaltsam seinen Gang fort, nichts mißglückte, alles geriet; das Publikum bezeigte seine Zufriedenheit; die Lust und der Mut der Schauspieler schien mit jeder Szene zuzunehmen.

ZWÖLFTES KAPITEL

Der Vorhang fiel, und der lebhafteste Beifall erscholl aus allen Ecken und Enden. Die vier fürstlichen Leichen sprangen behend in die Höhe und umarmten sich vor Freuden. Polonius und Ophelia kamen auch aus ihren Gräbern hervor und hörten noch mit lebhaftem Vergnügen, wie Horatio, als er zum Ankündigen heraustrat, auf das heftigste beklatscht wurde. Man wollte ihn zu keiner Anzeige eines andern Stücks lassen, sondern begehrte mit Ungestüm die Wiederholung des heutigen.

„Nun haben wir gewonnen", rief Serlo, „aber auch heute abend kein vernünftig Wort mehr! Alles kommt auf den ersten Eindruck an. Man soll ja keinem Schauspieler übelnehmen, wenn er bei seinen Debüts vorsichtig und eigensinnig ist."

Der Kassier kam und überreichte ihm eine schwere Kasse. „Wir haben gut debütiert", rief er aus, „und das Vorurteil wird uns zustatten kommen. Wo ist denn nun das versprochene Abendessen? Wir dürfen es uns heute schmecken lassen."

Sie hatten ausgemacht, daß sie in ihren Theaterkleidern beisammen bleiben und sich selbst ein Fest feiern wollten. Wilhelm hatte unternommen, das Lokal, und Madame Melina, das Essen zu besorgen.

Ein Zimmer, worin man sonst zu malen pflegte, war aufs beste gesäubert, mit allerlei Dekorationen umstellt und so herausgeputzt worden, daß es halb einem Garten, halb einem Säulengange ähnlich sah. Beim Hereintreten wurde die Gesellschaft von dem Glanz vieler Lichter geblendet, die einen feierlichen Schein durch den Dampf des süßesten Räucherwerks, das man nicht gespart hatte, über eine wohl geschmückte und bestellte Tafel verbreiteten. Mit Ausrufungen lobte man die Anstalten und nahm wirklich mit Anstand Platz; es schien, als wenn eine königliche Familie im Geisterreiche zusammenkäme. Wilhelm saß zwischen Aurelien und Madame Melina, Serlo zwischen Philinen und Elmiren; niemand war mit sich selbst noch mit seinem Platz unzufrieden.

Die beiden Theaterfreunde, die sich gleichfalls eingefunden hatten, vermehrten das Glück der Gesellschaft. Sie waren einigemal während der Vorstellung auf die Bühne gekommen und konnten nicht genug von ihrer eignen und von des Publikums Zufriedenheit sprechen; nunmehr ging's aber ans Besondere; jedes ward für seinen Teil reichlich belohnt.

Mit einer unglaublichen Lebhaftigkeit ward ein Verdienst nach dem andern, eine Stelle nach der andern herausgehoben. Dem Souffleur, der bescheiden am Ende der Tafel saß, ward ein großes Lob über seinen rauhen Pyrrhus; die Fechtübung Hamlets und Laertes' konnte man nicht genug erheben; Opheliens Trauer war über allen Ausdruck schön und erhaben; von Polonius' Spiel durfte man gar nicht sprechen; jeder Gegenwärtige hörte sein Lob in dem andern und durch ihn.

Aber auch der abwesende Geist nahm seinen Teil Lob und Bewunderung hinweg. Er hatte die Rolle mit einem sehr glücklichen Organ und in einem großen Sinne gesprochen, und man wunderte sich am meisten, daß er von allem, was bei der Gesellschaft vorgegangen war, unterrichtet schien. Er glich völlig dem gemalten Bilde, als wenn er dem Künstler gestanden hätte, und die Theaterfreunde konnten nicht genug rühmen, wie schauerlich es ausgesehen habe, als er unfern von dem Gemälde hervorgetreten und vor seinem Ebenbilde vorbeigeschritten sei. Wahrheit und Irrtum habe sich dabei so sonderbar vermischt, und man habe wirklich sich überzeugt, daß die Königin die eine Gestalt nicht sehe. Madame Melina ward bei dieser Gelegenheit sehr gelobt, daß sie bei dieser Stelle in die Höhe nach dem Bilde gestarrt, indes Hamlet nieder auf den Geist gewiesen.

Man erkundigte sich, wie das Gespenst habe hereinschleichen können, und erfuhr vom Theatermeister, daß zu einer hintern Türe, die sonst immer mit Dekorationen verstellt sei, diesen Abend aber, weil man den gotischen Saal gebraucht, frei geworden, zwei große Figuren in weißen Mänteln und Kapuzen hereingekommen, die man voneinander nicht unterscheiden können, und so seien sie nach geendigtem dritten Akt wahrscheinlich auch wieder hinausgegangen.

Serlo lobte besonders an ihm, daß er nicht so schneidermäßig gejammert und sogar am Ende eine Stelle, die einem so großen Helden besser zieme, seinen Sohn zu befeuern, angebracht habe. Wilhelm hatte sie im Gedächtnis behalten und versprach, sie ins Manuskript nachzutragen.

Man hatte in der Freude des Gastmahls nicht bemerkt, daß die Kinder und der Harfenspieler fehlten; bald aber machten sie eine sehr angenehme Erscheinung. Denn sie traten zusammen herein, sehr abenteuerlich ausgeputzt; Felix schlug den Triangel, Mignon das Tamburin, und der Alte hatte die schwere Harfe umgehangen und spielte sie, indem er sie vor sich trug. Sie zogen um den Tisch und sangen allerlei Lieder. Man gab ihnen zu essen, und die Gäste glaubten den Kindern eine Wohltat zu erzeigen, wenn sie ihnen so viel süßen Wein gäben, als sie nur trinken wollten; denn die Gesellschaft selbst hatte die köstlichen Flaschen nicht geschont, welche diesen Abend als ein Geschenk der Theaterfreunde in einigen Körben angekommen waren. Die Kinder sprangen und sangen fort, und besonders war Mignon ausgelassen, wie man sie niemals gesehen. Sie schlug das Tamburin mit aller möglichen Zierlichkeit und Lebhaftigkeit, indem sie bald mit druckendem Finger auf dem Felle schnell hin und her schnurrte, bald mit dem Rücken der Hand, bald mit den Knöcheln darauf pochte, ja mit abwechselnden Rhythmen das Pergament bald wider die Knie, bald wider den Kopf schlug, bald schüttelnd die Schellen allein klingen ließ, und so aus dem einfachsten Instrumente gar verschiedene Töne hervorlockte. Nachdem sie lange gelärmt hatten, setzten sie sich in einen Lehnsessel, der gerade Wilhelmen gegenüber am Tische leer geblieben war.

„Bleibt von dem Sessel weg!“ rief Serlo, „er steht vermutlich für den Geist da; wenn er kommt, kann's euch übel gehen.“

„Ich fürchte ihn nicht“, rief Mignon, „kommt er, so stehen wir auf. Es ist mein Oheim, er tut mir nichts zuleide.“ Diese Rede verstand niemand, als wer wußte, daß sie ihren vermeintlichen Vater den ‚großen Teufel‘ genannt hatte.

Die Gesellschaft sah einander an und ward noch mehr in dem Verdacht bestärkt, daß Serlo um die Erscheinung des Geistes wisse. Man schwatzte und trank, und die Mädchen sahen von Zeit zu Zeit furchtsam nach der Türe.

Die Kinder, die, in dem großen Sessel sitzend, nur wie Pulcinellpuppen aus dem Kasten über den Tisch hervorragten, fingen an, auf diese Weise ein Stück aufzuführen. Mignon machte den schnarrenden Ton sehr artig nach, und sie stießen zuletzt die Köpfe dergestalt zusammen und auf die Tischkante, wie es eigentlich nur Holzpuppen aushalten können. Mignon ward bis zur Wut lustig, und die Gesellschaft, so sehr sie anfangs über den Scherz gelacht hatte, mußte zuletzt Einhalt tun. Aber wenig half das Zureden, denn nun sprang sie auf und raste, die Schellentrommel in der Hand, um den Tisch herum. Ihre Haare flogen, und indem sie den Kopf zurück und alle ihre Glieder gleichsam in die Luft warf, schien sie einer Mänade ähnlich, deren wilde und beinah unmögliche Stellungen uns auf alten Monumenten noch oft in Erstaunen setzen.

Durch das Talent der Kinder und ihren Lärm aufgereizt, suchte jedermann zur Unterhaltung der Gesellschaft etwas beizutragen. Die Frauenzimmer sangen einige Kanons, Laertes ließ eine Nachtigall hören, und der Pedant gab ein Konzert pianissimo auf der Maultrommel. Indessen spielten die Nachbarn und Nachbarinnen allerlei Spiele, wobei sich die Hände begegnen und vermischen, und es fehlte manchem Paare nicht am Ausdruck einer hoffnungsvollen Zärtlichkeit. Madame Melina besonders schien eine lebhafte Neigung zu Wilhelmen nicht zu verhehlen. Es war spät in der Nacht, und Aurelie, die fast allein noch Herrschaft über sich behalten hatte, ermahnte die übrigen, indem sie aufstand, auseinanderzugehen.

Serlo gab noch zum Abschied ein Feuerwerk, indem er mit dem Munde auf eine fast unbegreifliche Weise den Ton der Raketen, Schwärmer und Feuerräder nachzuahmen wußte. Man durfte die Augen nur zumachen, so war die Täuschung vollkommen. Indessen war jedermann aufgestanden, und man reichte den Frauenzimmern den Arm, sie nach Hause zu führen. Wilhelm ging zuletzt mit Aurelien. Auf der Treppe begegnete ihnen der Theatermeister und sagte: „Hier ist der Schleier, worin der Geist verschwand. Er ist an der Versenkung hängengeblieben, und wir haben ihn eben gefunden." — „Eine wunderbare Reliquie!" rief Wilhelm und nahm ihn ab.

In dem Augenblicke fühlte er sich am linken Arme ergriffen und zugleich einen sehr heftigen Schmerz. Mignon hatte sich versteckt gehabt, hatte ihn angefaßt und ihn in den Arm gebissen. Sie fuhr an ihm die Treppe hinunter und verschwand.

Als die Gesellschaft in die freie Luft kam, merkte fast jedes, daß man für diesen Abend des Guten zu viel genossen hatte. Ohne Abschied zu nehmen, verlor man sich auseinander.

Wilhelm hatte kaum seine Stube erreicht, als er seine Kleider abwarf und nach ausgelöschtem Licht ins Bett eilte. Der Schlaf wollte sogleich sich seiner bemeistern; allein ein Geräusch, das in seiner Stube hinter dem Ofen zu entstehen schien, machte ihn aufmerksam. Eben schwebte vor seiner erhitzten Phantasie das Bild des geharnischten Königs; er richtete sich auf, das Gespenst anzureden, als er sich von zarten Armen umschlungen, seinen Mund mit lebhaften Küssen verschlossen und eine Brust an der seinen fühlte, die er wegzustoßen nicht Mut hatte.

DREIZEHNTES KAPITEL

Wilhelm fuhr des andern Morgens mit einer unbehaglichen Empfindung in die Höhe und fand sein Bett leer. Von dem nicht völlig ausgeschlafenen Rausche war ihm der Kopf düster, und die Erinnerung an den unbekannten nächtlichen Besuch machte ihn unruhig. Sein erster Verdacht fiel auf Philinen, und doch schien der liebliche Körper, den er in seine Arme geschlossen hatte, nicht der ihrige gewesen zu sein. Unter lebhaften Liebkosungen war unser Freund an der Seite dieses seltsamen, stummen Besuches eingeschlafen, und nun war weiter keine Spur mehr davon zu entdecken. Er sprang auf, und indem er sich anzog, fand er seine Türe, die er sonst zu verriegeln pflegte, nur angelehnt und wußte sich nicht zu erinnern, ob er sie gestern abend zugeschlossen hatte.

Am wunderbarsten aber erschien ihm der Schleier des Geistes, den er auf seinem Bette fand. Er hatte ihn mit heraufgebracht und wahrscheinlich selbst dahin geworfen. Es war ein grauer Flor, an dessen Saum er eine Schrift mit schwarzen Buchstaben gestickt sah. Er entfaltete sie und las die Worte: „Zum ersten- und letztenmal! Flieh! Jüngling, flieh!“ Er war betroffen und wußte nicht, was er sagen sollte.

In eben dem Augenblick trat Mignon herein und brachte ihm das Frühstück. Wilhelm erstaunte über den Anblick des Kindes, ja man kann sagen, er erschrak. Sie schien diese Nacht größer geworden zu sein; sie trat mit einem hohen, edlen Anstand vor ihn hin und sah ihm sehr ernsthaft in die Augen, so daß er den Blick nicht ertragen konnte. Sie rührte ihn nicht an, wie sonst, da sie gewöhnlich ihm die Hand drückte, seine Wange, seinen Mund, seinen Arm oder seine Schulter küßte, sondern ging, nachdem sie seine Sachen in Ordnung gebracht, stillschweigend wieder fort.

Die Zeit einer angesetzten Leseprobe kam nun herbei; man versammelte sich, und alle waren durch das gestrige Fest verstimmt. Wilhelm nahm sich zusammen, so gut er konnte, um nicht gleich anfangs gegen seine so lebhaft gepredigten Grundsätze zu verstoßen. Seine große Übung half ihm durch; denn Übung und Gewohnheit müssen in jeder Kunst die Lücken ausfüllen, welche Genie und Laune so oft lassen würden.

Eigentlich aber konnte man bei dieser Gelegenheit die Bemerkung recht wahr finden, daß man keinen Zustand, der länger dauern, ja der eigentlich ein Beruf, eine Lebensweise werden soll, mit einer Feierlichkeit anfangen dürfe. Man feire nur, was glücklich vollendet ist; alle Zeremonien zum Anfange erschöpfen Lust und Kräfte, die das Streben hervorbringen und uns bei einer fortgesetzten Mühe beistehen sollen. Unter allen Festen ist das Hochzeitsfest das unschicklichste; keines sollte mehr in Stille, Demut und Hoffnung begangen werden als dieses.

So schlich der Tag nun weiter, und Wilhelmen war noch keiner jemals so alltäglich vorgekommen. Statt der gewöhnlichen Unterhaltung abends fing man zu gähnen an; das Interesse an Hamlet war erschöpft, und man fand eher unbequem, daß er des folgenden Tages zum zweitenmal vorgestellt werden sollte. Wilhelm zeigte den Schleier des Geistes vor; man mußte daraus schließen, daß er nicht wiederkommen werde. Serlo war besonders dieser Meinung; er schien mit den Ratschlägen der wunderbaren Gestalt sehr vertraut zu sein; dagegen ließen sich aber die Worte „Flieh! Jüngling, flieh!“ nicht erklären. Wie konnte Serlo mit jemanden einstimmen, der den vorzüglichsten Schauspieler seiner Gesellschaft zu entfernen die Absicht zu haben schien.

Notwendig war es nunmehr, die Rolle des Geistes dem Polterer und die Rolle des Königs dem Pedanten zu geben. Beide erklärten, daß sie schon einstudiert seien, und es war kein Wunder, denn bei den vielen Proben und der weitläufigen Behandlung dieses Stücks waren alle so damit bekannt geworden, daß sie sämtlich gar leicht mit den Rollen hätten wechseln können. Doch probierte man einiges in der Geschwindigkeit, und als man spät genug auseinanderging, flüsterte Philine beim Abschiede Wilhelmen leise zu: „Ich muß meine Pantoffeln holen; du schiebst doch den Riegel nicht vor?“ Diese Worte setzten ihn, als er auf seine Stube kam, in ziemliche Verlegenheit; denn die Vermutung, daß der Gast der vorigen Nacht Philine gewesen, ward dadurch bestärkt, und wir sind auch genötigt, uns zu dieser Meinung zu schlagen, besonders da wir die Ursachen, welche ihn hierüber zweifelhaft machten und ihm einen andern, sonderbaren Argwohn einflößen mußten, nicht entdecken können. Er ging unruhig einigemal in seinem Zimmer auf und ab, und hatte wirklich den Riegel noch nicht vorgeschoben.

Auf einmal stürzte Mignon in das Zimmer, faßte ihn an und rief: „Meister! Rette das Haus! Es brennt!“ Wilhelm sprang vor die Türe, und ein gewaltiger Rauch drängte sich die obere Treppe herunter ihm entgegen. Auf der Gasse hörte man schon das Feuergeschrei, und der Harfenspieler kam, sein Instrument in der Hand, durch den Rauch atemlos die Treppe herunter. Aurelie stürzte aus ihrem Zimmer und warf den kleinen Felix in Wilhelms Arme.

„Retten Sie das Kind!“ rief sie; „wir wollen nach dem übrigen greifen.“

Wilhelm, der die Gefahr nicht für so groß hielt, gedachte zuerst nach dem Ursprunge des Brandes hinzudringen, um ihn vielleicht noch im Anfange zu ersticken. Er gab dem Alten das Kind und befahl ihm, die steinerne Wendeltreppe hinunter, die durch ein kleines Gartengewölbe in den Garten führte, zu eilen und mit den Kindern im Freien zu bleiben. Mignon nahm ein Licht, ihm zu leuchten. Wilhelm bat darauf Aurelien, ihre Sachen auf eben diesem Wege zu retten. Er selbst drang durch den Rauch hinauf; aber vergebens setzte er sich der Gefahr aus. Die Flamme schien von dem benachbarten Hause herüberzudringen und hatte schon das Holzwerk des Bodens und eine leichte Treppe gefaßt; andre, die zur Rettung herbeieilten, litten wie er vom Qualm und Feuer. Doch sprach er ihnen Mut ein und rief nach Wasser; er beschwor sie, der Flamme nur Schritt vor Schritt zu weichen, und versprach, bei ihnen zu bleiben. In diesem Augenblick sprang Mignon herauf und rief: „Meister! Rette deinen Felix! Der Alte ist rasend! der Alte bringt ihn um!“ Wilhelm sprang, ohne sich zu besinnen, die Treppe hinab, und Mignon folgte ihm an den Fersen.

Auf den letzten Stufen, die ins Gartengewölbe führten, blieb er mit Entsetzen stehen. Große Bündel Stroh und Reisholz, die man daselbst aufgehäuft hatte, brannten mit heller Flamme; Felix lag am Boden und schrie; der Alte stand mit niedergesenktem Haupte seitwärts an der Wand. „Was machst du, Unglücklicher?“ rief Wilhelm. Der Alte schwieg, Mignon hatte den Felix aufgehoben und schleppte mit Mühe den Knaben in den Garten, indes Wilhelm das Feuer auseinanderzuzerren und zu dämpfen strebte, aber dadurch nur die Gewalt und Lebhaftigkeit der Flamme vermehrte. Endlich mußte er mit verbrannten Augenwimpern und Haaren auch in den Garten fliehen, indem er den Alten mit durch die Flamme riß, der ihm mit versengtem Barte unwillig folgte.

Wilhelm eilte sogleich, die Kinder im Garten zu suchen. Auf der Schwelle eines entfernten Lusthäuschens fand er sie, und Mignon tat ihr möglichstes, den Kleinen zu beruhigen. Wilhelm nahm ihn auf den Schoß, fragte ihn, befühlte ihn und konnte nichts Zusammenhängendes aus beiden Kindern herausbringen.

Indessen hatte das Feuer gewaltsam mehrere Häuser ergriffen und erhellte die ganze Gegend. Wilhelm besah das Kind beim roten Schein der Flamme; er konnte keine Wunde, kein Blut, ja keine Beule wahrnehmen. Er betastete es überall, es gab kein Zeichen von Schmerz von sich, es beruhigte sich vielmehr nach und nach und fing an, sich über die Flamme zu verwundern, ja sich über die schönen, der Ordnung nach wie eine Illumination brennenden Sparren und Gebälke zu erfreuen.

Wilhelm dachte nicht an die Kleider und was er sonst verloren haben konnte; er fühlte stark, wie wert ihm diese beiden menschlichen Geschöpfe seien, die er einer so großen Gefahr entronnen sah. Er drückte den Kleinen mit einer ganz neuen Empfindung an sein Herz und wollte auch Mignon mit freudiger Zärtlichkeit umarmen, die es aber sanft ablehnte, ihn bei der Hand nahm und sie festhielt.

„Meister“, sagte sie (noch niemals, als diesen Abend, hatte sie ihm diesen Namen gegeben, denn anfangs pflegte sie ihn Herr und nachher Vater zu nennen), „Meister! wir sind einer großen Gefahr entronnen, dein Felix war am Tode.“

Durch viele Fragen erfuhr endlich Wilhelm, daß der

Harfenspieler, als sie in das Gewölbe gekommen, ihr das Licht aus der Hand gerissen und das Stroh sogleich angezündet habe. Darauf habe er den Felix niedergesetzt, mit wunderlichen Gebärden die Hände auf des Kindes Kopf gelegt und ein Messer gezogen, als wenn er ihn opfern wollte. Sie sei zugesprungen und habe ihm das Messer aus der Hand gerissen; sie habe geschrieen, und einer vom Hause, der einige Sachen nach dem Garten zu gerettet, sei ihr zu Hülfe gekommen, der müsse aber in der Verwirrung wieder weggegangen sein und den Alten und das Kind allein gelassen haben.

Zwei bis drei Häuser standen in vollen Flammen. In den Garten hatte sich niemand retten können wegen des Brandes im Gartengewölbe. Wilhelm war verlegen wegen seiner Freunde, weniger wegen seiner Sachen. Er getraute sich nicht, die Kinder zu verlassen, und sah das Unglück sich immer vergrößern.

Er brachte einige Stunden in einer bänglichen Lage zu. Felix war auf seinem Schoße eingeschlafen, Mignon lag neben ihm und hielt seine Hand fest. Endlich hatten die getroffenen Anstalten dem Feuer Einhalt getan. Die ausgebrannten Gebäude stürzten zusammen, der Morgen kam herbei, die Kinder fingen an zu frieren, und ihm selbst ward in seiner leichten Kleidung der fallende Tau fast unerträglich. Er führte sie zu den Trümmern des zusammengestürzten Gebäudes, und sie fanden neben einem Kohlen- und Aschenhaufen eine sehr behagliche Wärme.

Der anbrechende Tag brachte nun alle Freunde und Bekannte nach und nach zusammen. Jedermann hatte sich gerettet, niemand hatte viel verloren.

Wilhelms Koffer fand sich auch wieder, und Serlo trieb, als es gegen zehn Uhr ging, zur Probe von „Hamlet", wenigstens einiger Szenen, die mit neuen Schauspielern besetzt waren. Er hatte darauf noch einige Debatten mit der Polizei. Die Geistlichkeit verlangte, daß nach einem solchen Strafgerichte Gottes das Schauspielhaus geschlossen bleiben sollte, und Serlo behauptete, daß teils zum Ersatz dessen, was er diese Nacht verloren, teils zur Aufheiterung der erschreckten Gemüter die Aufführung eines interessanten

Stückes mehr als jemals am Platze sei. Diese letzte Meinung drang durch, und das Haus war gefüllt. Die Schauspieler spielten mit seltenem Feuer und mit mehr leidenschaftlicher Freiheit als das erste Mal. Die Zuschauer, deren Gefühl durch die schreckliche nächtliche Szene erhöht und durch die Langeweile eines zerstreuten und verdorbenen Tages noch mehr auf eine interessante Unterhaltung gespannt war, hatten mehr Empfänglichkeit für das Außerordentliche. Der größte Teil waren neue, durch den Ruf des Stücks herbeigezogene Zuschauer, die keine Vergleichung mit dem ersten Abend anstellen konnten. Der Polterer spielte ganz im Sinne des unbekannten Geistes, und der Pedant hatte seinem Vorgänger gleichfalls gut aufgepaßt; daneben kam ihm seine Erbärmlichkeit sehr zustatten, daß ihm Hamlet wirklich nicht unrecht tat, wenn er ihn trotz seines Purpurmantels und Hermelinkragens einen zusammengeflickten Lumpenkönig schalt.

Sonderbarer als er war vielleicht niemand zum Throne gelangt; und obgleich die übrigen, besonders aber Philine, sich über seine neue Würde äußerst lustig machten, so ließ er doch merken, daß der Graf, als ein großer Kenner, das und noch viel mehr von ihm beim ersten Anblick vorausgesagt habe; dagegen ermahnte ihn Philine zur Demut und versicherte: sie werde ihm gelegentlich die Rockärmel pudern, damit er sich jener unglücklichen Nacht im Schlosse erinnern und die Krone mit Bescheidenheit tragen möge.

VIERZEHNTES KAPITEL

Man hatte sich in der Geschwindigkeit nach Quartieren umgesehen, und die Gesellschaft war dadurch sehr zerstreut worden. Wilhelm hatte das Lusthaus in dem Garten, bei dem er die Nacht zugebracht, liebgewonnen; er erhielt leicht die Schlüssel dazu und richtete sich daselbst ein; da aber Aurelie in ihrer neuen Wohnung sehr eng war, mußte er den Felix bei sich behalten, und Mignon wollte den Knaben nicht verlassen.

Die Kinder hatten ein artiges Zimmer in dem ersten Stocke

eingenommen, Wilhelm hatte sich in dem untern Saale eingerichtet. Die Kinder schliefen, aber er konnte keine Ruhe finden.

Neben dem anmutigen Garten, den der eben aufgegangene Vollmond herrlich erleuchtete, standen die traurigen Ruinen, von denen hier und da noch Dampf aufstieg; die Luft war angenehm und die Nacht außerordentlich schön. Philine hatte beim Herausgehen aus dem Theater ihn mit dem Ellenbogen angestrichen und ihm einige Worte zugelispelt, die er aber nicht verstanden hatte. Er war verwirrt und verdrießlich und wußte nicht, was er erwarten oder tun sollte. Philine hatte ihn einige Tage gemieden und ihm nur diesen Abend wieder ein Zeichen gegeben. Leider war nun die Türe verbrannt, die er nicht zuschließen sollte, und die Pantöffelchen waren in Rauch aufgegangen. Wie die Schöne in den Garten kommen wollte, wenn es ihre Absicht war, wußte er nicht. Er wünschte sie nicht zu sehen, und doch hätte er sich gar zu gern mit ihr erklären mögen.

Was ihm aber noch schwerer auf dem Herzen lag, war das Schicksal des Harfenspielers, den man nicht wiedergesehen hatte. Wilhelm fürchtete, man würde ihn beim Aufräumen tot unter dem Schutte finden. Wilhelm hatte gegen jedermann den Verdacht verborgen, den er hegte, daß der Alte schuld an dem Brande sei. Denn er kam ihm zuerst von dem brennenden und rauchenden Boden entgegen, und die Verzweiflung im Gartengewölbe schien die Folge eines solchen unglücklichen Ereignisses zu sein. Doch war es bei der Untersuchung, welche die Polizei sogleich anstellte, wahrscheinlich geworden, daß nicht in dem Hause, wo sie wohnten, sondern in dem dritten davon der Brand entstanden sei, der sich auch sogleich unter den Dächern weggeschlichen hatte.

Wilhelm überlegte das alles in einer Laube sitzend, als er in einem nahen Gange jemanden schleichen hörte. An dem traurigen Gesange, der sogleich angestimmt ward, erkannte er den Harfenspieler. Das Lied, das er sehr wohl verstehen konnte, enthielt den Trost eines Unglücklichen, der sich dem Wahnsinne ganz nahe fühlt. Leider hat Wilhelm davon nur die letzte Strophe behalten.

An die Türen will ich schleichen,
Still und sittsam will ich stehn,
Fromme Hand wird Nahrung reichen,
Und ich werde weiter gehn.
Jeder wird sich glücklich scheinen,
Wenn mein Bild vor ihm erscheint,
Eine Träne wird er weinen,
Und ich weiß nicht, was er weint.

Unter diesen Worten war er an die Gartentüre gekommen, die nach einer entlegenen Straße ging; er wollte, da er sie verschlossen fand, an den Spalieren übersteigen; allein Wilhelm hielt ihn zurück und redete ihn freundlich an. Der Alte bat ihn, aufzuschließen, weil er fliehen wolle und müsse. Wilhelm stellte ihm vor, daß er wohl aus dem Garten, aber nicht aus der Stadt könne, und zeigte ihm, wie sehr er sich durch einen solchen Schritt verdächtig mache; allein vergebens! Der Alte bestand auf seinem Sinne. Wilhelm gab nicht nach und drängte ihn endlich halb mit Gewalt ins Gartenhaus, schloß sich daselbst mit ihm ein und führte ein wunderbares Gespräch mit ihm, das wir aber, um unsere Leser nicht mit unzusammenhängenden Ideen und bänglichen Empfindungen zu quälen, lieber verschweigen als ausführlich mitteilen.

FUNFZEHNTES KAPITEL

Aus der großen Verlegenheit, worin sich Wilhelm befand, was er mit dem unglücklichen Alten beginnen sollte, der so deutliche Spuren des Wahnsinns zeigte, riß ihn Laertes noch am selbigen Morgen. Dieser, der nach seiner alten Gewohnheit überall zu sein pflegte, hatte auf dem Kaffeehaus einen Mann gesehen, der vor einiger Zeit die heftigsten Anfälle von Melancholie erduldete. Man hatte ihn einem Landgeistlichen anvertraut, der sich ein besonders Geschäft daraus machte, dergleichen Leute zu behandeln. Auch diesmal war es ihm gelungen; noch war er in der Stadt, und die Familie des Wiederhergestellten erzeigte ihm große Ehre.

Wilhelm eilte sogleich, den Mann aufzusuchen, vertraute

ihm den Fall und ward mit ihm einig. Man wußte unter gewissen Vorwänden ihm den Alten zu übergeben. Die Scheidung schmerzte Wilhelmen tief, und nur die Hoffnung, ihn wiederhergestellt zu sehen, konnte sie ihm einigermaßen erträglich machen; so sehr war er gewohnt, den Mann um sich zu sehen und seine geistreichen und herzlichen Töne zu vernehmen. Die Harfe war mit verbrannt; man suchte eine andere, die man ihm auf die Reise mitgab.

Auch hatte das Feuer die kleine Garderobe Mignons verzehrt, und als man ihr wieder etwas Neues schaffen wollte, tat Aurelie den Vorschlag, daß man sie doch endlich als Mädchen kleiden solle.

„Nun gar nicht!" rief Mignon aus und bestand mit großer Lebhaftigkeit auf ihrer alten Tracht, worin man ihr denn auch willfahren mußte.

Die Gesellschaft hatte nicht viel Zeit, sich zu besinnen; die Vorstellungen gingen ihren Gang.

Wilhelm horchte oft ins Publikum, und nur selten kam ihm eine Stimme entgegen, wie er sie zu hören wünschte, ja öfters vernahm er, was ihn betrübte oder verdroß. So erzählte zum Beispiel gleich nach der ersten Aufführung Hamlets ein junger Mensch mit großer Lebhaftigkeit, wie zufrieden er an jenem Abend im Schauspielhause gewesen. Wilhelm lauschte und hörte zu seiner großen Beschämung, daß der junge Mann zum Verdruß seiner Hintermänner den Hut aufbehalten und ihn hartnäckig das ganze Stück hindurch nicht abgetan hatte, welcher Heldentat er sich mit dem größten Vergnügen erinnerte.

Ein anderer versicherte, Wilhelm habe die Rolle des Laertes sehr gut gespielt; hingegen mit dem Schauspieler, der den Hamlet unternommen, könne man nicht ebenso zufrieden sein. Diese Verwechslung war nicht ganz unnatürlich, denn Wilhelm und Laertes glichen sich, wiewohl in einem sehr entfernten Sinne.

Ein dritter lobte sein Spiel, besonders in der Szene mit der Mutter, aufs lebhafteste und bedauerte nur, daß eben in diesem feurigen Augenblick ein weißes Band unter der Weste hervorgesehen habe, wodurch die Illusion äußerst gestört worden sei.

In dem Innern der Gesellschaft gingen indessen allerlei Veränderungen vor. Philine hatte seit jenem Abend nach dem Brande Wilhelmen auch nicht das geringste Zeichen einer Annäherung gegeben. Sie hatte, wie es schien vorsätzlich, ein entfernteres Quartier gemietet, vertrug sich mit Elmiren und kam seltener zu Serlo, womit Aurelie wohl zufrieden war. Serlo, der ihr immer gewogen blieb, besuchte sie manchmal, besonders da er Elmiren bei ihr zu finden hoffte, und nahm eines Abends Wilhelmen mit sich. Beide waren im Hereintreten sehr verwundert, als sie Philinen in dem zweiten Zimmer in den Armen eines jungen Offiziers sahen, der eine rote Uniform und weiße Unterkleider anhatte, dessen abgewendetes Gesicht sie aber nicht sehen konnten. Philine kam ihren besuchenden Freunden in das Vorzimmer entgegen und verschloß das andere. „Sie überraschen mich bei einem wunderbaren Abenteuer!" rief sie aus.

„So wunderbar ist es nicht", sagte Serlo; „lassen Sie uns den hübschen, jungen, beneidenswerten Freund sehen; Sie haben uns ohnedem schon so zugestutzt, daß wir nicht eifersüchtig sein dürfen."

„Ich muß Ihnen diesen Verdacht noch eine Zeitlang lassen", sagte Philine scherzend; „doch kann ich Sie versichern, daß es nur eine gute Freundin ist, die sich einige Tage unbekannt bei mir aufhalten will. Sie sollen ihre Schicksale künftig erfahren, ja vielleicht das interessante Mädchen selbst kennen lernen, und ich werde wahrscheinlich alsdann Ursache haben, meine Bescheidenheit und Nachsicht zu üben; denn ich fürchte, die Herren werden über ihre neue Bekanntschaft ihre alte Freundin vergessen."

Wilhelm stand versteinert da; denn gleich beim ersten Anblick hatte ihn die rote Uniform an den so sehr geliebten Rock Marianens erinnert; es war ihre Gestalt, es waren ihre blonden Haare, nur schien ihm der gegenwärtige Offizier etwas größer zu sein.

„Um des Himmels willen!" rief er aus, „lassen Sie uns mehr von Ihrer Freundin wissen, lassen Sie uns das verkleidete Mädchen sehen! Wir sind nun einmal Teilnehmer des Geheimnisses; wir wollen versprechen, wir wollen schwören, aber lassen Sie uns das Mädchen sehen!"

„O, wie er in Feuer ist!“ rief Philine, „nur gelassen, nur geduldig, heute wird einmal nichts draus.“

„So lassen Sie uns nur ihren Namen wissen!“ rief Wilhelm.

„Das wäre alsdann ein schönes Geheimnis“, versetzte Philine.

„Wenigstens nur den Vornamen.“

„Wenn Sie ihn raten, meinetwegen. Dreimal dürfen Sie raten, aber nicht öfter; Sie könnten mich sonst durch den ganzen Kalender durchführen.“

„Gut“, sagte Wilhelm, „Cecilie also?“

„Nichts von Cecilien!“

„Henriette?“

„Keineswegs! Nehmen Sie sich in acht! Ihre Neugierde wird ausschlafen müssen.“

Wilhelm zauderte und zitterte; er wollte seinen Mund auftun, aber die Sprache versagte ihm. „Mariane?“ stammelte er endlich, „Mariane!“

„Bravo!“ rief Philine, „getroffen!“ indem sie sich nach ihrer Gewohnheit auf dem Absatze herumdrehte.

Wilhelm konnte kein Wort hervorbringen, und Serlo, der seine Gemütsbewegung nicht bemerkte, fuhr fort in Philinen zu dringen, daß sie die Türe öffnen sollte.

Wie verwundert waren daher beide, als Wilhelm auf einmal heftig ihre Neckerei unterbrach, sich Philinen zu Füßen warf und sie mit dem lebhaftesten Ausdrucke der Leidenschaft bat und beschwor. „Lassen Sie mich das Mädchen sehen“, rief er aus, „sie ist mein, es ist meine Mariane! Sie, nach der ich mich alle Tage meines Lebens gesehnt habe, sie, die mir noch immer statt aller andern Weiber in der Welt ist! Gehen Sie wenigstens zu ihr hinein, sagen Sie ihr, daß ich hier bin, daß der Mensch hier ist, der seine erste Liebe und das ganze Glück seiner Jugend an sie knüpfte. Er will sich rechtfertigen, daß er sie unfreundlich verließ, er will sie um Verzeihung bitten, er will ihr vergeben, was sie auch gegen ihn gefehlt haben mag, er will sogar keine Ansprüche an sie mehr machen, wenn er sie nur noch einmal sehen kann, wenn er nur sehen kann, daß sie lebt und glücklich ist!“

Philine schüttelte den Kopf und sagte: „Mein Freund, reden Sie leise! Betrügen wir uns nicht; und ist das Frauenzimmer wirklich Ihre Freundin, so müssen wir sie schonen; denn sie vermutet keinesweges, Sie hier zu sehen. Ganz andere Angelegenheiten führen sie hierher, und das wissen Sie doch, man möchte oft lieber ein Gespenst als einen alten Liebhaber zur unrechten Zeit vor Augen sehen. Ich will sie fragen, ich will sie vorbereiten, und wir wollen überlegen, was zu tun ist. Ich schreibe Ihnen morgen ein Billett, zu welcher Stunde Sie kommen sollen, oder ob Sie kommen dürfen; gehorchen Sie mir pünktlich, denn ich schwöre, niemand soll gegen meinen und meiner Freundin Willen dieses liebenswürdige Geschöpf mit Augen sehen. Meine Türen werde ich besser verschlossen halten, und mit Axt und Beil werden Sie mich nicht besuchen wollen."

Wilhelm beschwor sie, Serlo redete ihr zu; vergebens! Beide Freunde mußten zuletzt nachgeben, das Zimmer und das Haus räumen.

Welche unruhige Nacht Wilhelm zubrachte, wird sich jedermann denken. Wie langsam die Stunden des Tages dahinzogen, in denen er Philinens Billett erwartete, läßt sich begreifen. Unglücklicherweise mußte er selbigen Abend spielen; er hatte niemals eine größere Pein ausgestanden. Nach geendigtem Stücke eilte er zu Philinen, ohne nur zu fragen, ob er eingeladen worden. Er fand ihre Türe verschlossen, und die Hausleute sagten: Mademoiselle sei heute früh mit einem jungen Offizier weggefahren; sie habe zwar gesagt, daß sie in einigen Tagen wiederkomme, man glaube es aber nicht, weil sie alles bezahlt und ihre Sachen mitgenommen habe.

Wilhelm war außer sich über diese Nachricht. Er eilte zu Laertes und schlug ihm vor, ihr nachzusetzen und, es koste, was es wolle, über ihren Begleiter Gewißheit zu erlangen. Laertes dagegen verwies seinem Freunde seine Leidenschaft und Leichtgläubigkeit. „Ich will wetten", sagte er, „es ist niemand anders als Friedrich. Der Junge ist von gutem Hause, ich weiß es recht wohl; er ist unsinnig in das Mädchen verliebt und hat wahrscheinlich seinen Verwandten so viel Geld abgelockt, daß er wieder eine Zeitlang mit ihr leben kann."

Durch diese Einwendungen ward Wilhelm nicht überzeugt, doch zweifelhaft. Laertes stellte ihm vor, wie unwahrscheinlich das Märchen sei, das Philine ihnen vorgespiegelt hatte, wie Figur und Haar sehr gut auf Friedrichen passe, wie sie bei zwölf Stunden Vorsprung so leicht nicht einzuholen sein würden, und hauptsächlich, wie Serlo keinen von ihnen beiden beim Schauspiele entbehren könne.

Durch all diese Gründe wurde Wilhelm endlich nur so weit gebracht, daß er Verzicht darauf tat, selbst nachzusetzen. Laertes wußte noch in selbiger Nacht einen tüchtigen Mann zu schaffen, dem man den Auftrag geben konnte. Es war ein gesetzter Mann, der mehreren Herrschaften auf Reisen als Kurier und Führer gedient hatte und eben jetzt ohne Beschäftigung stille lag. Man gab ihm Geld, man unterrichtete ihn von der ganzen Sache, mit dem Auftrage, daß er die Flüchtlinge aufsuchen und einholen, sie alsdann nicht aus den Augen lassen und die Freunde sogleich, wo und wie er sie fände, benachrichtigen solle. Er setzte sich in derselbigen Stunde zu Pferde und ritt dem zweideutigen Paare nach, und Wilhelm war durch diese Anstalt wenigstens einigermaßen beruhigt.

SECHZEHNTES KAPITEL

Die Entfernung Philinens machte keine auffallende Sensation weder auf dem Theater noch im Publiko. Es war ihr mit allem wenig Ernst; die Frauen haßten sie durchgängig, und die Männer hätten sie lieber unter vier Augen als auf dem Theater gesehen, und so war ihr schönes und für die Bühne selbst glückliches Talent verloren. Die übrigen Glieder der Gesellschaft gaben sich desto mehr Mühe; Madame Melina besonders tat sich durch Fleiß und Aufmerksamkeit sehr hervor. Sie merkte wie sonst Wilhelmen seine Grundsätze ab, richtete sich nach seiner Theorie und seinem Beispiel und hatte zeither ein ich weiß nicht was in ihrem Wesen, das sie interessanter machte. Sie erlangte bald ein richtiges Spiel und gewann den natürlichen Ton der Unterhaltung vollkommen und den der Empfindung bis auf einen gewissen Grad. Sie wußte sich in Serlos Launen zu schicken und befliß sich des Singens ihm zu Gefallen, worin sie auch bald so weit kam, als man dessen zur geselligen Unterhaltung bedarf.

Durch einige neu angenommene Schauspieler ward die Gesellschaft noch vollständiger, und indem Wilhelm und Serlo jeder in seiner Art wirkte, jener bei jedem Stücke auf den Sinn und Ton des Ganzen drang, dieser die einzelnen Teile gewissenhaft durcharbeitete, belebte ein lobenswürdiger Eifer auch die Schauspieler, und das Publikum nahm an ihnen einen lebhaften Anteil.

„Wir sind auf einem guten Wege", sagte Serlo einst, „und wenn wir so fortfahren, wird das Publikum auch bald auf dem rechten sein. Man kann die Menschen sehr leicht durch tolle und unschickliche Darstellungen irremachen; aber man lege ihnen das Vernünftige und Schickliche auf eine interessante Weise vor, so werden sie gewiß darnach greifen.

Was unserm Theater hauptsächlich fehlt, und warum weder Schauspieler noch Zuschauer zur Besinnung kommen, ist, daß es darauf im ganzen zu bunt aussieht, und daß man nirgends eine Grenze hat, woran man sein Urteil anlehnen könnte. Es scheint mir kein Vorteil zu sein, daß wir unser Theater gleichsam zu einem unendlichen Naturschauplatze ausgeweitet haben; doch kann jetzt weder Direktor noch Schauspieler sich in die Enge ziehen, bis vielleicht der Geschmack der Nation in der Folge den rechten Kreis selbst bezeichnet. Eine jede gute Sozietät existiert nur unter gewissen Bedingungen, so auch ein gutes Theater. Gewisse Manieren und Redensarten, gewisse Gegenstände und Arten des Betragens müssen ausgeschlossen sein. Man wird nicht ärmer, wenn man sein Hauswesen zusammenzieht."

Sie waren hierüber mehr oder weniger einig und uneinig. Wilhelm und die meisten waren auf der Seite des englischen, Serlo und einige auf der Seite des französischen Theaters.

Man ward einig, in leeren Stunden, deren ein Schauspieler leider so viele hat, in Gesellschaft die berühmtesten Schauspiele beider Theater durchzugehen und das Beste und Nachahmenswerte derselben zu bemerken. Man machte auch wirklich einen Anfang mit einigen französischen Stücken. Aurelie entfernte sich jedesmal, sobald die Vorlesung anging. Anfangs hielt man sie für krank; einst aber fragte sie Wilhelm darüber, dem es aufgefallen war.

„Ich werde bei keiner solchen Vorlesung gegenwärtig sein", sagte sie, „denn wie soll ich hören und urteilen, wenn mir das Herz zerrissen ist? Ich hasse die französische Sprache von ganzer Seele."

„Wie kann man einer Sprache feind sein", rief Wilhelm aus, „der man den größten Teil seiner Bildung schuldig ist, und der wir noch viel schuldig werden müssen, ehe unser Wesen eine Gestalt gewinnen kann?"

„Es ist kein Vorurteil!" versetzte Aurelie; „ein unglücklicher Eindruck, eine verhaßte Erinnerung an meinen treulosen Freund hat mir die Lust an dieser schönen und ausgebildeten Sprache geraubt. Wie ich sie jetzt von ganzem Herzen hasse! Während der Zeit unserer freundschaftlichen Verbindung schrieb er deutsch, und welch ein herzliches, wahres, kräftiges Deutsch! Nun, da er mich los sein wollte, fing er an, französisch zu schreiben, das vorher manchmal nur im Scherze geschehen war. Ich fühlte, ich merkte, was es bedeuten sollte. Was er in seiner Muttersprache zu sagen errötete, konnte er nun mit gutem Gewissen hinschreiben. Zu Reservationen, Halbheiten und Lügen ist es eine treffliche Sprache; sie ist eine perfide Sprache! ich finde, Gott sei Dank! kein deutsches Wort, um perfid in seinem ganzen Umfange auszudrücken. Unser armseliges treulos ist ein unschuldiges Kind dagegen. Perfid ist treulos mit Genuß, mit Übermut und Schadenfreude. O, die Ausbildung einer Nation ist zu beneiden, die so feine Schattierungen in einem Worte auszudrücken weiß! Französisch ist recht die Sprache der Welt, wert, die allgemeine Sprache zu sein, damit sie sich nur alle untereinander recht betrügen und belügen können! Seine französischen Briefe ließen sich noch immer gut genug lesen. Wenn man sich's einbilden wollte, klangen sie warm und selbst leidenschaftlich; doch genau besehen, waren es Phrasen, vermaledeite Phrasen! Er hat mir alle Freude an der ganzen Sprache, an der französischen Literatur, selbst an dem schönen und köstlichen Ausdruck edler Seelen in dieser Mundart verdorben; mich schaudert, wenn ich ein französisches Wort höre!“

Auf diese Weise konnte sie stundenlang fortfahren, ihren Unmut zu zeigen und jede andere Unterhaltung zu unterbrechen oder zu verstimmen. Serlo machte früher oder später ihren launischen Äußerungen mit einiger Bitterkeit ein Ende; aber gewöhnlich war für diesen Abend das Gespräch zerstört.

Überhaupt ist es leider der Fall, daß alles, was durch mehrere zusammentreffende Menschen und Umstände hervorgebracht werden soll, keine lange Zeit sich vollkommen erhalten kann. Von einer Theatergesellschaft so gut wie von einem Reiche, von einem Zirkel Freunde so gut wie von einer Armee läßt sich gewöhnlich der Moment angeben, wenn sie auf der höchsten Stufe ihrer Vollkommenheit, ihrer Übereinstimmung, ihrer Zufriedenheit und Tätigkeit standen; oft aber verändert sich schnell das Personal, neue Glieder treten hinzu, die Personen passen nicht mehr zu den Umständen, die Umstände nicht mehr zu den Personen; es wird alles anders, und was vorher verbunden war, fällt nunmehr bald auseinander. So konnte man sagen, daß Serlos Gesellschaft eine Zeitlang so vollkommen war, als irgendeine deutsche sich hätte rühmen können. Die meisten Schauspieler standen an ihrem Platze; alle hatten genug zu tun, und alle taten gern, was zu tun war. Ihre persönlichen Verhältnisse waren leidlich, und jedes schien in seiner Kunst viel zu versprechen, weil jedes die ersten Schritte mit Feuer und Munterkeit tat. Bald aber entdeckte sich, daß ein Teil doch nur Automaten waren, die nur das erreichen konnten, wohin man ohne Gefühl gelangen kann, und bald mischten sich die Leidenschaften dazwischen, die gewöhnlich jeder guten Einrichtung im Wege stehen und alles so leicht auseinanderzerren, was vernünftige und wohldenkende Menschen zusammenzuhalten wünschen.

Philinens Abgang war nicht so unbedeutend, als man anfangs glaubte. Sie hatte mit großer Geschicklichkeit Serlo zu unterhalten und die übrigen mehr oder weniger zu reizen gewußt. Sie ertrug Aureliens Heftigkeit mit großer Geduld, und ihr eigenstes Geschäft war, Wilhelmen zu schmeicheln.

So war sie eine Art Bindungsmittel fürs Ganze, und ihr Verlust mußte bald fühlbar werden.

Serlo konnte ohne eine kleine Liebschaft nicht leben. Elmire, die in weniger Zeit herangewachsen und, man könnte beinahe sagen, schön geworden war, hatte schon lange seine Aufmerksamkeit erregt, und Philine war klug genug, diese Leidenschaft, die sie merkte, zu begünstigen. „Man muß sich", pflegte sie zu sagen, „beizeiten aufs Kuppeln legen; es bleibt uns doch weiter nichts übrig, wenn wir alt werden." Dadurch hatten sich Serlo und Elmire dergestalt genähert, daß sie nach Philinens Abschiede bald einig wurden, und der kleine Roman interessierte sie beide um so mehr, als sie ihn vor dem Alten, der über eine solche Unregelmäßigkeit keinen Scherz verstanden hätte, geheimzuhalten alle Ursache hatten. Elmirens Schwester war mit im Verständnis, und Serlo mußte beiden Mädchen daher vieles nachsehen. Eine ihrer größten Untugenden war eine unmäßige Näscherei, ja, wenn man will, eine unleidliche Gefräßigkeit, worin sie Philinen keinesweges glichen, die dadurch einen neuen Schein von Liebenswürdigkeit erhielt, daß sie gleichsam nur von der Luft lebte, sehr wenig aß und nur den Schaum eines Champagnerglases mit der größten Zierlichkeit wegschlürfte.

Nun aber mußte Serlo, wenn er seinen Schönen gefallen wollte, das Frühstück mit dem Mittagessen verbinden und an dieses durch ein Vesperbrot das Abendessen anknüpfen. Dabei hatte Serlo einen Plan, dessen Ausführung ihn beunruhigte. Er glaubte eine gewisse Neigung zwischen Wilhelmen und Aurelien zu entdecken und wünschte sehr, daß sie ernstlich werden möchte. Er hoffte den ganzen mechanischen Teil der Theaterwirtschaft Wilhelmen aufzubürden und an ihm wie an seinem ersten Schwager ein treues und fleißiges Werkzeug zu finden. Schon hatte er ihm nach und nach den größten Teil der Besorgung unmerklich übertragen, Aurelie führte die Kasse, und Serlo lebte wieder wie in früheren Zeiten ganz nach seinem Sinne. Doch war etwas, was sowohl ihn als seine Schwester heimlich kränkte.

Das Publikum hat eine eigene Art, gegen öffentliche Menschen von anerkanntem Verdienste zu verfahren: es fängt nach und nach an, gleichgültig gegen sie zu werden, und begünstigt viel geringere, aber neu erscheinende Talente, es macht an jene übertriebene Forderungen und läßt sich von diesen alles gefallen.

Serlo und Aurelie hatten Gelegenheit genug, hierüber Betrachtungen anzustellen. Die neuen Ankömmlinge, besonders die jungen und wohlgebildeten, hatten alle Aufmerksamkeit, allen Beifall auf sich gezogen, und beide Geschwister mußten die meiste Zeit nach ihren eifrigsten Bemühungen ohne den willkommenen Klang der zusammenschlagenden Hände abtreten. Freilich kamen dazu noch besondere Ursachen. Aureliens Stolz war auffallend, und von ihrer Verachtung des Publikums waren viele unterrichtet. Serlo schmeichelte zwar jedermann im einzelnen, aber seine spitzen Reden über das Ganze waren doch auch öfters herumgetragen und wiederholt worden. Die neuen Glieder hingegen waren teils fremd und unbekannt, teils jung, liebenswürdig und hülfsbedürftig und hatten also auch sämtlich Gönner gefunden.

Nun gab es auch bald innerliche Unruhen und manches Mißvergnügen; denn kaum bemerkte man, daß Wilhelm die Beschäftigung eines Regisseurs übernommen hatte, so fingen die meisten Schauspieler um desto mehr an, unartig zu werden, als er nach seiner Weise etwas mehr Ordnung und Genauigkeit in das Ganze zu bringen wünschte und besonders darauf bestand, daß alles Mechanische vor allen Dingen pünktlich und ordentlich gehen solle.

In kurzer Zeit war das ganze Verhältnis, das wirklich eine Zeitlang beinahe idealisch gehalten hatte, so gemein, als man es nur irgend bei einem herumreisenden Theater finden mag. Und leider in dem Augenblicke, als Wilhelm durch Mühe, Fleiß und Anstrengung sich mit allen Erfordernissen des Metiers bekannt gemacht und seine Person sowohl als seine Geschäftigkeit vollkommen dazu gebildet hatte, schien es ihm endlich in trüben Stunden, daß dieses Handwerk weniger als irgendein anders den nötigen Aufwand von Zeit und Kräften verdiene. Das Geschäft war lästig und die Belohnung gering. Er hätte jedes andere lieber übernommen, bei dem man doch, wenn es vorbei ist, der

Ruhe des Geistes genießen kann, als dieses, wo man nach überstandenen mechanischen Mühseligkeiten noch durch die höchste Anstrengung des Geistes und der Empfindung erst das Ziel seiner Tätigkeit erreichen soll. Er mußte die Klagen Aureliens über die Verschwendung des Bruders hören, er mußte die Winke Serlos mißverstehen, wenn dieser ihn zu einer Heirat mit der Schwester von ferne zu leiten suchte. Er hatte dabei seinen Kummer zu verbergen, der ihn auf das tiefste drückte, indem der nach dem zweideutigen Offizier fortgeschickte Bote nicht zurückkam, auch nichts von sich hören ließ, und unser Freund daher seine Mariane zum zweitenmal verloren zu haben fürchten mußte.

Zu eben der Zeit fiel eine allgemeine Trauer ein, wodurch man genötigt ward, das Theater auf einige Wochen zu schließen. Er ergriff diese Zwischenzeit, um jenen Geistlichen zu besuchen, bei welchem der Harfenspieler in der Kost war. Er fand ihn in einer angenehmen Gegend, und das erste, was er in dem Pfarrhofe erblickte, war der Alte, der einem Knaben auf seinem Instrumente Lektion gab. Er bezeugte viel Freude, Wilhelmen wiederzusehen, stand auf und reichte ihm die Hand und sagte: „Sie sehen, daß ich in der Welt doch noch zu etwas nütze bin; Sie erlauben, daß ich fortfahre, denn die Stunden sind eingeteilt."

Der Geistliche begrüßte Wilhelmen auf das freundlichste und erzählte ihm, daß der Alte sich schon recht gut anlasse, und daß man Hoffnung zu seiner völligen Genesung habe.

Ihr Gespräch fiel natürlich auf die Methode, Wahnsinnige zu kurieren.

„Außer dem Physischen", sagte der Geistliche, „das uns oft unüberwindliche Schwierigkeiten in den Weg legt und worüber ich einen denkenden Arzt zu Rate ziehe, finde ich die Mittel, vom Wahnsinne zu heilen, sehr einfach. Es sind ebendieselben, wodurch man gesunde Menschen hindert, wahnsinnig zu werden. Man errege ihre Selbsttätigkeit, man gewöhne sie an Ordnung, man gebe ihnen einen Begriff, daß sie ihr Sein und Schicksal mit so vielen gemein haben, daß das außerordentliche Talent, das größte Glück und das höchste Unglück nur kleine Abweichungen von dem Gewöhnlichen sind, so wird sich kein Wahnsinn einschleichen, und, wenn er da ist, nach und nach wieder verschwinden. Ich habe des alten Mannes Stunden eingeteilt, er unterrichtet einige Kinder auf der Harfe, er hilft im Garten arbeiten und ist schon viel heiterer. Er wünscht von dem Kohle zu genießen, den er pflanzt, und wünscht meinen Sohn, dem er die Harfe auf den Todesfall geschenkt hat, recht emsig zu unterrichten, damit sie der Knabe ja auch brauchen könne. Als Geistlicher suchte ich ihm über seine wunderbaren Skrupel nur wenig zu sagen, aber ein tätiges Leben führt so viele Ereignisse herbei, daß er bald fühlen muß, daß jede Art von Zweifel nur durch Wirksamkeit gehoben werden kann. Ich gehe sachte zu Werke; wenn ich ihm aber noch seinen Bart und seine Kutte wegnehmen kann, so habe ich viel gewonnen; denn es bringt uns nichts näher dem Wahnsinn, als wenn wir uns vor andern auszeichnen, und nichts erhält so sehr den gemeinen Verstand, als im allgemeinen Sinne mit vielen Menschen zu leben. Wie vieles ist leider nicht in unserer Erziehung und in unsern bürgerlichen Einrichtungen, wodurch wir uns und unsere Kinder zur Tollheit vorbereiten!“

Wilhelm verweilte bei diesem vernünftigen Manne einige Tage und erfuhr die interessantesten Geschichten, nicht allein von verrückten Menschen, sondern auch von solchen, die man für klug, ja für weise zu halten pflegt, und deren Eigentümlichkeiten nahe an den Wahnsinn grenzen.

Dreifach belebt aber ward die Unterhaltung, als der Medikus eintrat, der den Geistlichen, seinen Freund, öfters zu besuchen und ihm bei seinen menschenfreundlichen Bemühungen beizustehen pflegte. Es war ein ältlicher Mann, der bei einer schwächlichen Gesundheit viele Jahre in Ausübung der edelsten Pflichten zugebracht hatte. Er war ein großer Freund vom Landleben und konnte fast nicht anders als in freier Luft sein; dabei war er äußerst gesellig und tätig und hatte seit vielen Jahren eine besondere Neigung, mit allen Landgeistlichen Freundschaft zu stiften. Jedem, an dem er eine nützliche Beschäftigung kannte, suchte er auf alle Weise beizustehen; andern, die noch unbestimmt waren, suchte er eine Liebhaberei einzureden; und da er zugleich mit den Edelleuten, Amtmännern und Gerichtshaltern in

Verbindung stand, so hatte er in Zeit von zwanzig Jahren sehr viel im stillen zur Kultur mancher Zweige der Landwirtschaft beigetragen und alles, was dem Felde, Tieren und Menschen ersprießlich ist, in Bewegung gebracht und so die wahrste Aufklärung befördert. Für den Menschen, sagte er, sei nur das eine ein Unglück, wenn sich irgendeine Idee bei ihm festsetze, die keinen Einfluß ins tätige Leben habe oder ihn wohl gar vom tätigen Leben abziehe. „Ich habe", sagte er, „gegenwärtig einen solchen Fall an einem vornehmen und reichen Ehepaar, wo mir bis jetzt noch alle Kunst mißglückt ist; fast gehört der Fall in Ihr Fach, lieber Pastor, und dieser junge Mann wird ihn nicht weitererzählen.

In der Abwesenheit eines vornehmen Mannes verkleidete man mit einem nicht ganz lobenswürdigen Scherze einen jungen Menschen in die Hauskleidung dieses Herrn. Seine Gemahlin sollte dadurch angeführt werden, und ob man mir es gleich nur als eine Posse erzählt hat, so fürchte ich doch sehr, man hatte die Absicht, die edle, liebenswürdige Dame vom rechten Wege abzuleiten. Der Gemahl kommt unvermutet zurück, tritt in sein Zimmer, glaubt sich selbst zu sehen und fällt von der Zeit an in eine Melancholie, in der er die Überzeugung nährt, daß er bald sterben werde.

Er überläßt sich Personen, die ihm mit religiösen Ideen schmeicheln, und ich sehe nicht, wie er abzuhalten ist, mit seiner Gemahlin unter die Herrenhuter zu gehen und den größten Teil seines Vermögens, da er keine Kinder hat, seinen Verwandten zu entziehen."

„Mit seiner Gemahlin?" rief Wilhelm, den diese Erzählung nicht wenig erschreckt hatte, ungestüm aus.

„Und leider", versetzte der Arzt, der in Wilhelms Ausrufung nur eine menschenfreundliche Teilnahme zu hören glaubte, „ist diese Dame mit einem noch tiefern Kummer behaftet, der ihr eine Entfernung von der Welt nicht widerlich macht. Eben dieser junge Mensch nimmt Abschied von ihr, sie ist nicht vorsichtig genug, eine aufkeimende Neigung zu verbergen; er wird kühn, schließt sie in seine Arme und drückt ihr das große mit Brillanten besetzte Porträt ihres Gemahls gewaltsam wider die Brust. Sie empfindet einen heftigen Schmerz, der nach und nach vergeht, erst eine kleine

Röte und dann keine Spur zurückläßt. Ich bin als Mensch überzeugt, daß sie sich nichts weiter vorzuwerfen hat, ich bin als Arzt gewiß, daß dieser Druck keine üblen Folgen haben werde, aber sie läßt sich nicht ausreden, es sei eine Verhärtung da, und wenn man ihr durch das Gefühl den Wahn benehmen will, so behauptet sie, nur in diesem Augenblick sei nichts zu fühlen; sie hat sich fest eingebildet, es werde dieses Übel mit einem Krebsschaden sich endigen, und so ist ihre Jugend, ihre Liebenswürdigkeit für sie und andere völlig verloren."

„Ich Unglückseliger", rief Wilhelm, indem er sich vor die Stirne schlug und aus der Gesellschaft ins Feld lief. Er hatte sich noch nie in einem solchen Zustande befunden.

Der Arzt und der Geistliche, über diese seltsame Entdeckung höchlich erstaunt, hatten abends genug mit ihm zu tun, als er zurückkam und bei dem umständlichern Bekenntnis dieser Begebenheit sich aufs lebhafteste anklagte. Beide Männer nahmen den größten Anteil an ihm, besonders da er ihnen seine übrige Lage nun auch mit schwarzen Farben der augenblicklichen Stimmung malte.

Den andern Tag ließ sich der Arzt nicht lange bitten, mit ihm nach der Stadt zu gehen, um ihm Gesellschaft zu leisten, um Aurelien, die ihr Freund in bedenklichen Umständen zurückgelassen hatte, womöglich Hülfe zu verschaffen.

Sie fanden sie auch wirklich schlimmer, als sie vermuteten. Sie hatte eine Art von überspringendem Fieber, dem um so weniger beizukommen war, als sie die Anfälle nach ihrer Art vorsätzlich unterhielt und verstärkte. Der Fremde ward nicht als Arzt eingeführt und betrug sich sehr gefällig und klug. Man sprach über den Zustand ihres Körpers und ihres Geistes, und der neue Freund erzählte manche Geschichten, wie Personen, ungeachtet einer solchen Kränklichkeit, ein hohes Alter erreichen könnten; nichts aber sei schädlicher in solchen Fällen, als eine vorsätzliche Erneuerung leidenschaftlicher Empfindungen. Besonders verbarg er nicht, daß er diejenigen Personen sehr glücklich gefunden habe, die bei einer nicht ganz herzustellenden kränklichen Anlage wahrhaft religiöse Gesinnungen bei sich zu nähren bestimmt gewesen wären. Er sagte das auf eine sehr bescheidene Weise und gleichsam historisch und versprach dabei seinen neuen Freunden eine sehr interessante Lektüre an einem Manuskript zu verschaffen, das er aus den Händen einer nunmehr abgeschiedenen vortrefflichen Freundin erhalten habe. „Es ist mir unendlich wert", sagte er, „und ich vertraue Ihnen das Original selbst an. Nur der Titel ist von meiner Hand: ‚Bekenntnisse einer schönen Seele'."

Über diätetische und medizinische Behandlung der unglücklichen aufgespannten Aurelie vertraute der Arzt Wilhelmen noch seinen besten Rat, versprach zu schreiben und womöglich selbst wiederzukommen.

Inzwischen hatte sich in Wilhelms Abwesenheit eine Veränderung vorbereitet, die er nicht vermuten konnte. Wilhelm hatte während der Zeit seiner Regie das ganze Geschäft mit einer gewissen Freiheit und Liberalität behandelt, vorzüglich auf die Sache gesehen und besonders bei Kleidungen, Dekorationen und Requisiten alles reichlich und anständig angeschafft, auch, um den guten Willen der Leute zu erhalten, ihrem Eigennutze geschmeichelt, da er ihnen durch edlere Motive nicht beikommen konnte; und er fand sich hierzu um so mehr berechtigt, als Serlo selbst keine Ansprüche machte, ein genauer Wirt zu sein, den Glanz seines Theaters gerne loben hörte und zufrieden war, wenn Aurelie, welche die ganze Haushaltung führte, nach Abzug aller Kosten versicherte, daß sie keine Schulden habe, und noch so viel hergab, als nötig war, die Schulden abzutragen, die Serlo unterdessen durch außerordentliche Freigebigkeit gegen seine Schönen und sonst etwa auf sich geladen haben mochte.

Melina, der indessen die Garderobe besorgte, hatte, kalt und heimtückisch, wie er war, der Sache im stillen zugesehen und wußte, bei der Entfernung Wilhelms und bei der zunehmenden Krankheit Aureliens, Serlo fühlbar zu machen, daß man eigentlich mehr einnehmen, weniger ausgeben und entweder etwas zurücklegen oder doch am Ende nach Willkür noch lustiger leben könne. Serlo hörte das gern, und Melina wagte sich mit seinem Plane hervor.

„Ich will", sagte er, „nicht behaupten, daß einer von den Schauspielern gegenwärtig zu viel Gage hat: es sind verdienstvolle Leute, und sie würden an jedem Orte willkommen sein; allein für die Einnahme, die sie uns verschaffen, erhalten sie doch zu viel. Mein Vorschlag wäre, eine Oper einzurichten, und was das Schauspiel betrifft, so muß ich Ihnen sagen, Sie sind der Mann, allein ein ganzes Schauspiel auszumachen. Müssen Sie jetzt nicht selbst erfahren, daß man Ihre Verdienste verkennt. Nicht weil Ihre Mitspieler vortrefflich, sondern weil sie gut sind, läßt man Ihrem außerordentlichen Talente keine Gerechtigkeit mehr widerfahren.

Stellen Sie sich, wie wohl sonst geschehen ist, nur allein hin, suchen Sie mittelmäßige, ja, ich darf sagen, schlechte Leute für geringe Gage an sich zu ziehen, stutzen Sie das Volk, wie Sie es so sehr verstehen, im Mechanischen zu, wenden Sie das übrige an die Oper, und Sie werden sehen, daß Sie mit derselben Mühe und mit denselben Kosten mehr Zufriedenheit erregen und ungleich mehr Geld als bisher gewinnen werden."

Serlo war zu sehr geschmeichelt, als daß seine Einwendungen einige Stärke hätten haben sollen. Er gestand Melinan gern zu, daß er bei seiner Liebhaberei zur Musik längst so etwas gewünscht habe; doch sehe er freilich ein, daß die Neigung des Publikums dadurch noch mehr auf Abwege geleitet, und daß bei so einer Vermischung eines Theaters, das nicht recht Oper, nicht recht Schauspiel sei, notwendig der Überrest von Geschmack an einem bestimmten und ausführlichen Kunstwerke sich völlig verlieren müsse.

Melina scherzte nicht ganz fein über Wilhelms pedantische Ideale dieser Art, über Anmaßung, das Publikum zu bilden, statt sich von ihm bilden zu lassen, und beide vereinigten sich mit großer Überzeugung, daß man nur Geld einnehmen, reich werden oder sich lustig machen solle, und verbargen sich kaum, daß sie nur jener Personen los zu sein wünschten, die ihrem Plane im Wege standen. Melina bedauerte, daß die schwächliche Gesundheit Aureliens ihr kein langes Leben verspreche, dachte aber gerade das Gegenteil. Serlo schien zu beklagen, daß Wilhelm nicht Sänger sei, und gab dadurch zu verstehen, daß er ihn für bald entbehrlich halte. Melina trat mit einem ganzen Register von Ersparnissen, die zu machen seien, hervor, und Serlo sah in ihm seinen ersten Schwager dreifach ersetzt. Sie fühlten wohl, daß sie sich über diese Unterredung das Geheimnis zuzusagen hatten, wurden dadurch nur noch mehr aneinander geknüpft und nahmen Gelegenheit, insgeheim über alles, was vorkam, sich zu besprechen, was Aurelie und Wilhelm unternahmen, zu tadeln und ihr neues Projekt in Gedanken immer mehr auszuarbeiten.

So verschwiegen auch beide über ihren Plan sein mochten, und so wenig sie durch Worte sich verrieten, so waren sie doch nicht politisch genug, in dem Betragen ihre Gesinnungen zu verbergen. Melina widersetzte sich Wilhelmen in manchen Fällen, die in seinem Kreise lagen, und Serlo, der niemals glimpflich mit seiner Schwester umgegangen war, ward nur bitterer, je mehr ihre Kränklichkeit zunahm, und je mehr sie bei ihren ungleichen, leidenschaftlichen Launen Schonung verdient hätte.

Zu eben dieser Zeit nahm man „Emilie Galotti“ vor. Dieses Stück war sehr glücklich besetzt, und alle konnten in dem beschränkten Kreise dieses Trauerspiels die ganze Mannigfaltigkeit ihres Spieles zeigen. Serlo war als Marinelli an seinem Platze, Odoardo ward sehr gut vorgetragen, Madame Melina spielte die Mutter mit vieler Einsicht, Elmire zeichnete sich in der Rolle Emiliens zu ihrem Vorteil aus, Laertes trat als Appiani mit vielem Anstand auf, und Wilhelm hatte ein Studium von mehreren Monaten auf die Rolle des Prinzen verwendet. Bei dieser Gelegenheit hatte er, sowohl mit sich selbst als mit Serlo und Aurelien, die Frage oft abgehandelt, welch ein Unterschied sich zwischen einem edlen und vornehmen Betragen zeige, und inwiefern jenes in diesem, dieses aber nicht in jenem enthalten zu sein brauche.

Serlo, der selbst als Marinelli den Hofmann rein, ohne Karikatur vorstellte, äußerte über diesen Punkt manchen guten Gedanken. „Der vornehme Anstand“, sagte er, „ist schwer nachzuahmen, weil er eigentlich negativ ist und eine lange anhaltende Übung voraussetzt. Denn man soll nicht etwa in seinem Benehmen etwas darstellen, das Würde anzeigt; denn leicht fällt man dadurch in ein förmliches, stolzes Wesen; man soll vielmehr nur alles vermeiden, was unwürdig, was gemein ist, man soll sich nie vergessen, immer auf sich und andere achthaben, sich nichts vergeben, andern nicht zu viel, nicht zu wenig tun, durch nichts gerührt scheinen, durch nichts bewegt werden, sich niemals übereilen, sich in jedem Momente zu fassen wissen und so ein äußeres Gleichgewicht erhalten, innerlich mag es stürmen, wie es will. Der edle Mensch kann sich in Momenten vernachlässigen, der vornehme nie. Dieser ist wie ein sehr wohlgekleideter Mann: er wird sich nirgends anlehnen, und jedermann wird sich hüten, an ihn zu streichen; er unterscheidet sich vor andern, und doch darf er nicht allein stehenbleiben; denn wie in jeder Kunst, also auch in dieser soll zuletzt das Schwerste mit Leichtigkeit ausgeführt werden: so soll der Vornehme, ungeachtet aller Absonderung, immer mit andern verbunden scheinen, nirgends steif, überall gewandt sein, immer als der Erste erscheinen und sich nie als ein solcher aufdringen.

Man sieht also, daß man, um vornehm zu scheinen, wirklich vornehm sein müsse; man sieht, warum Frauen im Durchschnitt sich eher dieses Ansehen geben können als Männer, warum Hofleute und Soldaten am schnellsten zu diesem Anstande gelangen."

Wilhelm verzweifelte nun fast an seiner Rolle, allein Serlo half ihm wieder auf, indem er ihm über das Einzelne die feinsten Bemerkungen mitteilte und ihn dergestalt ausstattete, daß er bei der Aufführung, wenigstens in den Augen der Menge, einen recht feinen Prinzen darstellte.

Serlo hatte versprochen, ihm nach der Vorstellung die Bemerkungen mitzuteilen, die er noch allenfalls über ihn machen würde; allein ein unangenehmer Streit zwischen Bruder und Schwester hinderte jede kritische Unterhaltung. Aurelie hatte die Rolle der Orsina auf eine Weise gespielt, wie man sie wohl niemals wieder sehen wird. Sie war mit der Rolle überhaupt sehr bekannt und hatte sie in den Proben gleichgültig behandelt; bei der Aufführung selbst aber zog sie, möchte man sagen, alle Schleusen ihres individuellen Kummers auf, und es ward dadurch eine Darstellung, wie sie sich kein Dichter in dem ersten Feuer der Empfindung hätte denken können. Ein unmäßiger Beifall des Publikums belohnte ihre schmerzlichen Bemühungen, aber sie lag auch halb ohnmächtig in einem Sessel, als man sie nach der Aufführung aufsuchte.

Serlo hatte schon über ihr übertriebenes Spiel, wie er es nannte, und über die Entblößung ihres innersten Herzens vor dem Publikum, das doch mehr oder weniger mit jener fatalen Geschichte bekannt war, seinen Unwillen zu erkennen gegeben und, wie er es im Zorn zu tun pflegte, mit den Zähnen geknirscht und mit den Füßen gestampft. „Laßt sie!“ sagte er, als er sie von den übrigen umgeben in dem Sessel fand, „sie wird noch ehstens ganz nackt auf das Theater treten, und dann wird erst der Beifall recht vollkommen sein.“

„Undankbarer!“ rief sie aus, „Unmenschlicher! Man wird mich bald nackt dahin tragen, wo kein Beifall mehr zu unsern Ohren kommt!“ Mit diesen Worten sprang sie auf und eilte nach der Türe. Die Magd hatte versäumt, ihr den Mantel zu bringen, die Portechaise war nicht da; es hatte geregnet, und ein sehr rauher Wind zog durch die Straßen. Man redete ihr vergebens zu, denn sie war übermäßig erhitzt; sie ging vorsätzlich langsam und lobte die Kühlung, die sie recht begierig einzusaugen schien. Kaum war sie zu Hause, als sie vor Heiserkeit kaum ein Wort mehr sprechen konnte; sie gestand aber nicht, daß sie im Nacken und den Rücken hinab eine völlige Steifigkeit fühlte. Nicht lange, so überfiel sie eine Art von Lähmung der Zunge, so daß sie ein Wort fürs andere sprach; man brachte sie zu Bette, durch häufig angewandte Mittel legte sich ein Übel, indem sich das andere zeigte. Das Fieber ward stark und ihr Zustand gefährlich.

Den andern Morgen hatte sie eine ruhige Stunde. Sie ließ Wilhelm rufen und übergab ihm einen Brief. „Dieses Blatt“, sagte sie, „wartet schon lange auf diesen Augenblick. Ich fühle, daß das Ende meines Lebens bald herannaht; versprechen Sie mir, daß Sie es selbst abgeben und daß Sie durch wenige Worte meine Leiden an dem Ungetreuen rächen wollen. Er ist nicht fühllos, und wenigstens soll ihn mein Tod einen Augenblick schmerzen.“

Wilhelm übernahm den Brief, indem er sie jedoch tröstete und den Gedanken des Todes von ihr entfernen wollte.

„Nein", versetzte sie, „benehmen Sie mir nicht meine nächste Hoffnung. Ich habe ihn lange erwartet und will ihn freudig in die Arme schließen."

Kurz darauf kam das vom Arzt versprochene Manuskript an. Sie ersuchte Wilhelmen, ihr daraus vorzulesen, und die Wirkung, die es tat, wird der Leser am besten beurteilen können, wenn er sich mit dem folgenden Buche bekannt gemacht hat. Das heftige und trotzige Wesen unsrer armen Freundin ward auf einmal gelindert. Sie nahm den Brief zurück und schrieb einen andern, wie es schien, in sehr sanfter Stimmung; auch forderte sie Wilhelmen auf, ihren Freund, wenn er irgend durch die Nachricht ihres Todes betrübt werden sollte, zu trösten, ihn zu versichern, daß sie ihm verziehen habe, und daß sie ihm alles Glück wünsche.

Von dieser Zeit an war sie sehr still und schien sich nur mit wenigen Ideen zu beschäftigen, die sie sich aus dem Manuskript eigen zu machen suchte, woraus ihr Wilhelm von Zeit zu Zeit vorlesen mußte. Die Abnahme ihrer Kräfte war nicht sichtbar, und unvermutet fand sie Wilhelm eines Morgens tot, als er sie besuchen wollte.

Bei der Achtung, die er für sie gehabt, und bei der Gewohnheit, mit ihr zu leben, war ihm ihr Verlust sehr schmerzlich. Sie war die einzige Person, die es eigentlich gut mit ihm meinte, und die Kälte Serlos in der letzten Zeit hatte er nur allzusehr gefühlt. Er eilte daher, die aufgetragene Botschaft auszurichten, und wünschte sich auf einige Zeit zu entfernen. Von der andern Seite war für Melina diese Abreise sehr erwünscht; denn dieser hatte sich bei der weitläufigen Korrespondenz, die er unterhielt, gleich mit einem Sänger und einer Sängerin eingelassen, die das Publikum einstweilen durch Zwischenspiele zur künftigen Oper vorbereiten sollten. Der Verlust Aureliens und Wilhelms Entfernung sollten auf diese Weise in der ersten Zeit übertragen werden, und unser Freund war mit allem zufrieden, was ihm seinen Urlaub auf einige Wochen erleichterte.

Er hatte sich eine sonderbar wichtige Idee von seinem Auftrage gemacht. Der Tod seiner Freundin hatte ihn tief gerührt, und da er sie so frühzeitig von dem Schauplatze abtreten sah, mußte er notwendig gegen den, der ihr Leben verkürzt und dieses kurze Leben ihr so qualvoll gemacht, feindselig gesinnt sein.

Ungeachtet der letzten gelinden Worte der Sterbenden nahm er sich doch vor, bei Überreichung des Briefs ein strenges Gericht über den ungetreuen Freund ergehen zu lassen, und da er sich nicht einer zufälligen Stimmung vertrauen wollte, dachte er an eine Rede, die in der Ausarbeitung pathetischer als billig ward. Nachdem er sich völlig von der guten Komposition seines Aufsatzes überzeugt hatte, machte er, indem er ihn auswendig lernte, Anstalt zu seiner Abreise. Mignon war beim Einpacken gegenwärtig und fragte ihn, ob er nach Süden oder nach Norden reise; und als sie das letzte von ihm erfuhr, sagte sie: „So will ich dich hier wieder erwarten." Sie bat ihn um die Perlenschnur Marianens, die er dem lieben Geschöpf nicht versagen konnte; das Halstuch hatte sie schon. Dagegen steckte sie ihm den Schleier des Geistes in den Mantelsack, ob er ihr gleich sagte, daß ihm dieser Flor zu keinem Gebrauch sei.

Melina übernahm die Regie, und seine Frau versprach, auf die Kinder ein mütterliches Auge zu haben, von denen sich Wilhelm ungern losriß. Felix war sehr lustig beim Abschied, und als man ihn fragte, was er wolle mitgebracht haben, sagte er: „Höre! bringe mir einen Vater mit." Mignon nahm den Scheidenden bei der Hand, und indem sie, auf die Zehen gehoben, ihm einen treuherzigen und lebhaften Kuß, doch ohne Zärtlichkeit, auf die Lippen drückte, sagte sie: „Meister! vergiß uns nicht und komm bald wieder."

Und so lassen wir unsern Freund unter tausend Gedanken und Empfindungen seine Reise antreten und zeichnen hier noch zum Schlusse ein Gedicht auf, das Mignon mit großem Ausdruck einigemal rezitiert hatte, und das wir früher mitzuteilen durch den Drang so mancher sonderbaren Ereignisse verhindert wurden.

Heiß mich nicht reden, heiß mich schweigen,
Denn mein Geheimnis ist mir Pflicht;
Ich möchte dir mein ganzes Innre zeigen,
Allein das Schicksal will es nicht.

Zur rechten Zeit vertreibt der Sonne Lauf
Die finstre Nacht, und sie muß sich erhellen;
Der harte Fels schließt seinen Busen auf,
Mißgönnt der Erde nicht die tiefverborgnen Quellen.

Ein jeder sucht im Arm des Freundes Ruh',
Dort kann die Brust in Klagen sich ergießen;
Allein ein Schwur drückt mir die Lippen zu,
Und nur ein Gott vermag sie aufzuschließen.

SECHSTES BUCH

BEKENNTNISSE EINER SCHÖNEN SEELE

Bis in mein achtes Jahr war ich ein ganz gesundes Kind, weiß mich aber von dieser Zeit so wenig zu erinnern als von dem Tage meiner Geburt. Mit dem Anfange des achten Jahres bekam ich einen Blutsturz, und in dem Augenblick war meine Seele ganz Empfindung und Gedächtnis. Die kleinsten Umstände dieses Zufalls stehn mir noch vor Augen, als hätte er sich gestern ereignet.

Während des neunmonatlichen Krankenlagers, das ich mit Geduld aushielt, ward, so wie mich dünkt, der Grund zu meiner ganzen Denkart gelegt, indem meinem Geiste die ersten Hülfsmittel gereicht wurden, sich nach seiner eigenen Art zu entwickeln.

Ich litt und liebte, das war die eigentliche Gestalt meines Herzens. In dem heftigsten Husten und abmattenden Fieber war ich stille wie eine Schnecke, die sich in ihr Haus zieht; sobald ich ein wenig Luft hatte, wollte ich etwas Angenehmes fühlen, und da mir aller übrige Genuß versagt war, suchte ich mich durch Augen und Ohren schadlos zu halten. Man brachte mir Puppenwerk und Bilderbücher, und wer Sitz an meinem Bette haben wollte, mußte mir etwas erzählen.

Von meiner Mutter hörte ich die biblischen Geschichten gern an; der Vater unterhielt mich mit Gegenständen der Natur. Er besaß ein artiges Kabinett. Davon brachte er gelegentlich eine Schublade nach der andern herunter, zeigte mir die Dinge und erklärte sie mir nach der Wahrheit. Getrocknete Pflanzen und Insekten und manche Arten von anatomischen Präparaten, Menschenhaut, Knochen, Mumien und dergleichen kamen auf das Krankenbette der Kleinen; Vögel und Tiere, die er auf der Jagd erlegte, wurden mir vorgezeigt, ehe sie nach der Küche gingen; und damit doch auch der Fürst der Welt eine Stimme in dieser Versammlung behielte, erzählte mir die Tante Liebesgeschichten und Feenmärchen. Alles ward angenommen, und alles faßte Wurzel. Ich hatte Stunden, in denen ich mich lebhaft mit dem unsichtbaren Wesen unterhielt; ich weiß noch einige Verse, die ich der Mutter damals in die Feder diktierte.

Oft erzählte ich dem Vater wieder, was ich von ihm gelernt hatte. Ich nahm nicht leicht eine Arznei, ohne zu fragen: „Wo wachsen die Dinge, aus denen sie gemacht ist? wie sehen sie aus? wie heißen sie?" Aber die Erzählungen meiner Tante waren auch nicht auf einen Stein gefallen. Ich dachte mich in schöne Kleider und begegnete den allerliebsten Prinzen, die nicht ruhen noch rasten konnten, bis sie wußten, wer die unbekannte Schöne war. Ein ähnliches Abenteuer mit einem reizenden kleinen Engel, der in weißem Gewand und goldnen Flügeln sich sehr um mich bemühte, setzte ich so lange fort, daß meine Einbildungskraft sein Bild fast bis zur Erscheinung erhöhte.

Nach Jahresfrist war ich ziemlich wiederhergestellt; aber es war mir aus der Kindheit nichts Wildes übriggeblieben. Ich konnte nicht einmal mit Puppen spielen, ich verlangte nach Wesen, die meine Liebe erwiderten. Hunde, Katzen und Vögel, dergleichen mein Vater von allen Arten ernährte, vergnügten mich sehr; aber was hätte ich nicht gegeben, ein Geschöpf zu besitzen, das in einem der Märchen meiner Tante eine sehr wichtige Rolle spielte. Es war ein Schäfchen, das von einem Bauermädchen in dem Walde aufgefangen und ernährt worden war; aber in diesem artigen Tiere stak ein verwünschter Prinz, der sich endlich wieder als schöner Jüngling zeigte und seine Wohltäterin durch seine Hand belohnte. So ein Schäfchen hätte ich gar zu gerne besessen!

Nun wollte sich aber keines finden, und da alles neben mir so ganz natürlich zuging, mußte mir nach und nach die Hoffnung auf einen so köstlichen Besitz fast vergehen. Unterdessen tröstete ich mich, indem ich solche Bücher las, in denen wunderbare Begebenheiten beschrieben wurden. Unter allen war mir der „Christliche deutsche Herkules" der liebste; die andächtige Liebesgeschichte war ganz nach meinem Sinne. Begegnete seiner Valiska irgend etwas, und es begegneten ihr grausame Dinge, so betete er erst, eh' er ihr zu Hülfe eilte, und die Gebete standen ausführlich im Buche. Wie wohl gefiel mir das! Mein Hang zu dem Unsichtbaren, den ich immer auf eine dunkle Weise fühlte, ward dadurch nur vermehrt; denn ein für allemal sollte Gott auch mein Vertrauter sein.

Als ich weiter heranwuchs, las ich, der Himmel weiß was, alles durcheinander; aber die „Römische Oktavia" behielt vor allen den Preis. Die Verfolgungen der ersten Christen, in einen Roman gekleidet, erregten bei mir das lebhafteste Interesse.

Nun fing die Mutter an, über das stete Lesen zu schmälen; der Vater nahm ihr zuliebe mir einen Tag die Bücher aus der Hand und gab sie mir den andern wieder. Sie war klug genug, zu bemerken, daß hier nichts auszurichten war, und drang nur darauf, daß auch die Bibel ebenso fleißig gelesen wurde. Auch dazu ließ ich mich nicht treiben, und ich las die heiligen Bücher mit vielem Anteil. Dabei war meine Mutter immer sorgfältig, daß keine verführerischen Bücher in meine Hände kämen, und ich selbst würde jede schändliche Schrift aus der Hand geworfen haben; denn meine Prinzen und Prinzessinnen waren alle äußerst tugendhaft, und ich wußte übrigens von der natürlichen Geschichte des menschlichen Geschlechts mehr, als ich merken ließ, und hatte es meistens aus der Bibel gelernt. Bedenkliche Stellen hielt ich mit Worten und Dingen, die mir vor Augen kamen, zusammen und brachte bei meiner Wißbegierde und Kombinationsgabe die Wahrheit glücklich heraus. Hätte ich von Hexen gehört, so hätte ich auch mit der Hexerei bekannt werden müssen.

Meiner Mutter und dieser Wißbegierde hatte ich es zu danken, daß ich bei dem heftigen Hang zu Büchern doch kochen lernte; aber dabei war etwas zu sehen. Ein Huhn, ein Ferkel aufzuschneiden, war für mich ein Fest. Dem Vater brachte ich die Eingeweide, und er redete mit mir darüber wie mit einem jungen Studenten und pflegte mich oft mit inniger Freude seinen mißratenen Sohn zu nennen.

Nun war das zwölfte Jahr zurückgelegt. Ich lernte Französisch, Tanzen und Zeichnen und erhielt den gewöhnlichen Religionsunterricht. Bei dem letzten wurden manche Empfindungen und Gedanken rege, aber nichts, was sich auf meinen Zustand bezogen hätte. Ich hörte gern von Gott reden, ich war stolz darauf, besser als meinesgleichen von ihm reden zu können; ich las nun mit Eifer manche Bücher, die mich in den Stand setzten, von Religion zu schwatzen, aber nie fiel es mir ein, zu denken, wie es denn mit mir stehe, ob meine Seele auch so gestaltet sei, ob sie einem Spiegel gleiche, von dem die ewige Sonne widerglänzen könnte; das hatte ich ein für allemal schon vorausgesetzt.

Französisch lernte ich mit vieler Begierde. Mein Sprachmeister war ein wackerer Mann. Er war nicht ein leichtsinniger Empiriker, nicht ein trockner Grammatiker; er hatte Wissenschaften, er hatte die Welt gesehen. Zugleich mit dem Sprachunterrichte sättigte er meine Wißbegierde auf mancherlei Weise. Ich liebte ihn so sehr, daß ich seine Ankunft immer mit Herzklopfen erwartete. Das Zeichnen fiel mir nicht schwer, und ich würde es weiter gebracht haben, wenn mein Meister Kopf und Kenntnisse gehabt hätte; er hatte aber nur Hände und Übung.

Tanzen war anfangs nur meine geringste Freude; mein Körper war zu empfindlich, und ich lernte nur in der Gesellschaft meiner Schwester. Durch den Einfall unsers Tanzmeisters, allen seinen Schülern und Schülerinnen einen Ball zu geben, ward aber die Lust zu dieser Übung ganz anders belebt.

Unter vielen Knaben und Mädchen zeichneten sich zwei Söhne des Hofmarschalls aus: der jüngste so alt wie ich, der andere zwei Jahr älter, Kinder von einer solchen Schönheit, daß sie nach dem allgemeinen Geständnis alles übertrafen, was man je von schönen Kindern gesehen hatte. Auch ich hatte sie kaum erblickt, so sah ich niemand mehr vom ganzen Haufen. In dem Augenblicke tanzte ich mit Aufmerksamkeit und wünschte schön zu tanzen. Wie es kam, daß auch diese Knaben unter allen andern mich vorzüglich bemerkten? — Genug, in der ersten Stunde waren wir die besten Freunde, und die kleine Lustbarkeit ging noch nicht zu Ende, so hatten wir schon ausgemacht, wo wir uns nächstens wieder sehen wollten. Eine große Freude für mich! Aber ganz entzückt war ich, als beide den andern Morgen, jeder in einem galanten Billett, das mit einem Blumenstrauß begleitet war, sich nach meinem Befinden erkundigten. So fühlte ich nie mehr, wie ich da fühlte! Artigkeiten wurden mit Artigkeiten, Briefchen mit Briefchen erwidert. Kirche und Promenaden wurden von nun an zu Rendezvous; unsre jungen Bekannten luden uns schon jederzeit zusammen ein, wir aber waren schlau genug, die Sache dergestalt zu verdecken, daß die Eltern nicht mehr davon einsahen, als wir für gut hielten.

Nun hatte ich auf einmal zwei Liebhaber bekommen. Ich war für keinen entschieden; sie gefielen mir beide, und wir standen aufs beste zusammen. Auf einmal ward der ältere sehr krank; ich war selbst schon oft sehr krank gewesen und wußte den Leidenden durch Übersendung mancher Artigkeiten und für einen Kranken schicklicher Leckerbissen zu erfreuen, daß seine Eltern die Aufmerksamkeit dankbar erkannten, der Bitte des lieben Sohns Gehör gaben und mich samt meinen Schwestern, sobald er nur das Bette verlassen hatte, zu ihm einluden. Die Zärtlichkeit, womit er mich empfing, war nicht kindisch, und von dem Tage an war ich für ihn entschieden. Er warnte mich gleich, vor seinem Bruder geheim zu sein; allein das Feuer war nicht mehr zu verbergen, und die Eifersucht des Jüngern machte den Roman vollkommen. Er spielte uns tausend Streiche; mit Lust vernichtete er unsre Freude und vermehrte dadurch die Leidenschaft, die er zu zerstören suchte.

Nun hatte ich denn wirklich das gewünschte Schäfchen gefunden, und diese Leidenschaft hatte, wie sonst eine Krankheit, die Wirkung auf mich, daß sie mich still machte und mich von der schwärmenden Freude zurückzog. Ich war einsam und gerührt, und Gott fiel mir wieder ein. Er blieb mein Vertrauter, und ich weiß wohl, mit welchen Tränen ich für den Knaben, der fortkränkelte, zu beten anhielt.

Soviel Kindisches in dem Vorgang war, soviel trug er zur Bildung meines Herzens bei. Unserm französischen Sprachmeister mußten wir täglich statt der sonst gewöhnlichen Übersetzung Briefe von unsrer eignen Erfindung schreiben. Ich brachte meine Liebesgeschichte unter dem Namen Phyllis und Damon zu Markte. Der Alte sah bald durch, und um mich treuherzig zu machen, lobte er meine Arbeit gar sehr. Ich wurde immer kühner, ging offenherzig heraus und war bis ins Detail der Wahrheit getreu. Ich weiß nicht mehr, bei welcher Stelle er einst Gelegenheit nahm, zu sagen: „Wie das artig, wie das natürlich ist! Aber die gute Phyllis mag sich in acht nehmen, es kann bald ernsthaft werden."

Mich verdroß, daß er die Sache nicht schon für ernsthaft hielt, und fragte ihn pikiert, was er unter ernsthaft verstehe? Er ließ sich nicht zweimal fragen und erklärte sich so deutlich, daß ich meinen Schrecken kaum verbergen konnte. Doch da sich gleich darauf bei mir der Verdruß einstellte, und ich ihm übelnahm, daß er solche Gedanken hegen könne, faßte ich mich, wollte meine Schöne rechtfertigen und sagte mit feuerroten Wangen: „Aber, mein Herr, Phyllis ist ein ehrbares Mädchen!"

Nun war er boshaft genug, mich mit meiner ehrbaren Heldin aufzuziehen und, indem wir französisch sprachen, mit dem „honnête" zu spielen, um die Ehrbarkeit der Phyllis durch alle Bedeutungen durchzuführen. Ich fühlte das Lächerliche und war äußerst verwirrt. Er, der mich nicht furchtsam machen wollte, brach ab, brachte aber das Gespräch bei andern Gelegenheiten wieder auf die Bahn. Schauspiele und kleine Geschichten, die ich bei ihm las und übersetzte, gaben ihm oft Anlaß, zu zeigen, was für ein schwacher Schutz die sogenannte Tugend gegen die Aufforderungen eines Affekts sei. Ich widersprach nicht mehr, ärgerte mich aber immer heimlich, und seine Anmerkungen wurden mir zur Last.

Mit meinem guten Damon kam ich auch nach und nach aus aller Verbindung. Die Schikanen des Jüngern hatten unsern Umgang zerrissen. Nicht lange Zeit darauf starben beide blühende Jünglinge. Es tat mir weh, aber bald waren sie vergessen.

Phyllis wuchs nun schnell heran, war ganz gesund und fing an, die Welt zu sehen. Der Erbprinz vermählte sich und trat bald darauf nach dem Tode seines Vaters die Regierung an. Hof und Stadt waren in lebhafter Bewegung. Nun hatte meine Neugierde mancherlei Nahrung. Nun gab es Komödien, Bälle und was sich daran anschließt, und ob uns gleich die Eltern soviel als möglich zurückhielten, so mußte man doch bei Hof, wo ich eingeführt war, erscheinen.

Die Fremden strömten herbei, in allen Häusern war große Welt, an uns selbst waren einige Kavaliere empfohlen und andre introduziert, und bei meinem Oheim waren alle Nationen anzutreffen.

Mein ehrlicher Mentor fuhr fort, mich auf eine bescheidene und doch treffende Weise zu warnen, und ich nahm es ihm immer heimlich übel. Ich war keineswegs von der Wahrheit seiner Behauptung überzeugt, und vielleicht hatte ich auch damals recht, vielleicht hatte er unrecht, die Frauen unter allen Umständen für so schwach zu halten; aber er redete zugleich so zudringlich, daß mir einst bange wurde, er möchte recht haben, da ich denn sehr lebhaft zu ihm sagte: „Weil die Gefahr so groß und das menschliche Herz so schwach ist, so will ich Gott bitten, daß er mich bewahre."

Die naive Antwort schien ihn zu freuen, er lobte meinen Vorsatz; aber es war bei mir nichts weniger als ernstlich gemeint; diesmal war es nur ein leeres Wort, denn die Empfindungen für den Unsichtbaren waren bei mir fast ganz verloschen. Der große Schwarm, mit dem ich umgeben war, zerstreute mich und riß mich wie ein starker Strom mit fort. Es waren die leersten Jahre meines Lebens. Tagelang von nichts zu reden, keinen gesunden Gedanken zu haben und nur zu schwärmen, das war meine Sache. Nicht einmal der geliebten Bücher wurde gedacht. Die Leute, mit denen ich umgeben war, hatten keine Ahnung von Wissenschaften; es waren deutsche Hofleute, und diese Klasse hatte damals nicht die mindeste Kultur.

Ein solcher Umgang, sollte man denken, hätte mich an den Rand des Verderbens führen müssen. Ich lebte in sinnlicher Munterkeit nur so hin, ich sammelte mich nicht, ich betete nicht, ich dachte nicht an mich noch an Gott; aber ich seh' es als eine Führung an, daß mir keiner von den vielen schönen, reichen und wohlgekleideten Männern gefiel. Sie waren liederlich und versteckten es nicht, das schreckte mich zurück; ihr Gespräch zierten sie mit Zweideutigkeiten, das beleidigte mich, und ich hielt mich kalt gegen sie; ihre Unart überstieg manchmal allen Glauben, und ich erlaubte mir, grob zu sein.

Überdies hatte mir mein Alter einmal vertraulich eröffnet,

daß mit den meisten dieser leidigen Bursche nicht allein die Tugend, sondern auch die Gesundheit eines Mädchens in Gefahr sei. Nun graute mir erst vor ihnen, und ich war schon besorgt, wenn mir einer auf irgendeine Weise zu nahe kam. Ich hütete mich vor Gläsern und Tassen wie vor dem Stuhle, von dem einer aufgestanden war. Auf diese Weise war ich moralisch und physisch sehr isoliert, und alle die Artigkeiten, die sie mir sagten, nahm ich stolz für schuldigen Weihrauch auf.

Unter den Fremden, die sich damals bei uns aufhielten, zeichnete sich ein junger Mann besonders aus, den wir im Scherz Narziß nannten. Er hatte sich in der diplomatischen Laufbahn guten Ruf erworben und hoffte bei verschiedenen Veränderungen, die an unserm neuen Hofe vorgingen, vorteilhaft placiert zu werden. Er ward mit meinem Vater bald bekannt, und seine Kenntnisse und sein Betragen öffneten ihm den Weg in eine geschlossene Gesellschaft der würdigsten Männer. Mein Vater sprach viel zu seinem Lobe, und seine schöne Gestalt hätte noch mehr Eindruck gemacht, wenn sein ganzes Wesen nicht eine Art von Selbstgefälligkeit gezeigt hätte. Ich hatte ihn gesehen, dachte gut von ihm, aber wir hatten uns nie gesprochen.

Auf einem großen Balle, auf dem er sich auch befand, tanzten wir eine Menuett zusammen; auch das ging ohne nähere Bekanntschaft ab. Als die heftigen Tänze angingen, die ich meinem Vater zuliebe, der für meine Gesundheit besorgt war, zu vermeiden pflegte, begab ich mich in ein Nebenzimmer und unterhielt mich mit ältern Freundinnen, die sich zum Spiele gesetzt hatten.

Narziß, der eine Weile mit herumgesprungen war, kam auch einmal in das Zimmer, in dem ich mich befand, und fing, nachdem er sich von einem Nasenbluten, das ihn beim Tanzen überfiel, erholt hatte, mit mir über mancherlei zu sprechen an. Binnen einer halben Stunde war der Diskurs so interessant, ob sich gleich keine Spur von Zärtlichkeit drein mischte, daß wir nun beide das Tanzen nicht mehr vertragen konnten. Wir wurden bald von den andern darüber geneckt, ohne daß wir uns dadurch irremachen ließen. Den andern Abend konnten wir unser Gespräch wieder anknüpfen und schonten unsre Gesundheit sehr.

Nun war die Bekanntschaft gemacht. Narziß wartete mir und meinen Schwestern auf, und nun fing ich erst wieder an, gewahr zu werden, was ich alles wußte, worüber ich gedacht, was ich empfunden hatte, und worüber ich mich im Gespräche auszudrücken verstand. Mein neuer Freund, der von jeher in der besten Gesellschaft gewesen war, hatte außer dem historischen und politischen Fache, das er ganz übersah, sehr ausgebreitete literarische Kenntnisse, und ihm blieb nichts Neues, besonders was in Frankreich herauskam, unbekannt. Er brachte und sendete mir manch angenehmes Buch, doch das mußte geheimer als ein verbotenes Liebesverständnis gehalten werden. Man hatte die gelehrten Weiber lächerlich gemacht, und man wollte auch die unterrichteten nicht leiden, wahrscheinlich weil man für unhöflich hielt, so viel unwissende Männer beschämen zu lassen. Selbst mein Vater, dem diese neue Gelegenheit, meinen Geist auszubilden, sehr erwünscht war, verlangte ausdrücklich, daß dieses literarische Kommerz ein Geheimnis bleiben sollte.

So währte unser Umgang beinahe Jahr und Tag, und ich konnte nicht sagen, daß Narziß auf irgendeine Weise Liebe oder Zärtlichkeit gegen mich geäußert hätte. Er blieb artig und verbindlich, aber zeigte keinen Affekt; vielmehr schien der Reiz meiner jüngsten Schwester, die damals außerordentlich schön war, ihn nicht gleichgültig zu lassen. Er gab ihr im Scherze allerlei freundliche Namen aus fremden Sprachen, deren mehrere er sehr gut sprach, und deren eigentümliche Redensarten er gern ins deutsche Gespräch mischte. Sie erwiderte seine Artigkeiten nicht sonderlich; sie war von einem andern Fädchen gebunden, und da sie überhaupt sehr rasch und er empfindlich war, so wurden sie nicht selten über Kleinigkeiten uneins. Mit der Mutter und den Tanten wußte er sich gut zu halten, und so war er nach und nach ein Glied der Familie geworden.

Wer weiß, wie lange wir noch auf diese Weise fortgelebt hätten, wären durch einen sonderbaren Zufall unsere Verhältnisse nicht auf einmal verändert worden. Ich ward mit meinen Schwestern in ein gewisses Haus gebeten, wohin ich nicht gerne ging. Die Gesellschaft war zu gemischt, und es fanden sich dort oft Menschen, wo nicht vom rohsten, doch vom plattsten Schlage mit ein. Diesmal war Narziß auch mit geladen, und um seinetwillen war ich geneigt, hinzugehen; denn ich war doch gewiß, jemanden zu finden, mit dem ich mich auf meine Weise unterhalten konnte. Schon bei Tafel hatten wir manches auszustehen, denn einige Männer hatten stark getrunken; nach Tische sollten und mußten Pfänder gespielt werden. Es ging dabei sehr rauschend und lebhaft zu. Narziß hatte ein Pfand zu lösen; man gab ihm auf, der ganzen Gesellschaft etwas ins Ohr zu sagen, das jedermann angenehm wäre. Er mochte sich bei meiner Nachbarin, der Frau eines Hauptmanns, zu lange verweilen. Auf einmal gab ihm dieser eine Ohrfeige, daß mir, die ich gleich daran saß, der Puder in die Augen flog. Als ich die Augen ausgewischt und mich vom Schrecken einigermaßen erholt hatte, sah ich beide Männer mit bloßen Degen. Narziß blutete, und der andere, außer sich von Wein, Zorn und Eifersucht, konnte kaum von der ganzen übrigen Gesellschaft zurückgehalten werden. Ich nahm Narzissen beim Arm und führte ihn zur Türe hinaus eine Treppe hinauf in ein ander Zimmer, und weil ich meinen Freund vor seinem tollen Gegner nicht sicher glaubte, riegelte ich die Türe sogleich zu.

Wir hielten beide die Wunde nicht für ernsthaft, denn wir sahen nur einen leichten Hieb über die Hand; bald aber wurden wir einen Strom von Blut, der den Rücken hinunterfloß, gewahr, und es zeigte sich eine große Wunde auf dem Kopfe. Nun ward mir bange. Ich eilte auf den Vorplatz, um nach Hülfe zu schicken, konnte aber niemand ansichtig werden, denn alles war unten geblieben, den rasenden Menschen zu bändigen. Endlich kam eine Tochter des Hauses heraufgesprungen, und ihre Munterkeit ängstigte mich nicht wenig, da sie sich über den tollen Spektakel und über die verfluchte Komödie fast zu Tode lachen wollte. Ich bat sie dringend, mir einen Wundarzt zu schaffen, und sie, nach ihrer wilden Art, sprang gleich die Treppe hinunter, selbst einen zu holen.

Ich ging wieder zu meinem Verwundeten, band ihm mein

Schnupftuch um die Hand und ein Handtuch, das an der Türe hing, um den Kopf. Er blutete noch immer heftig; der Verwundete erblaßte und schien in Ohnmacht zu sinken. Niemand war in der Nähe, der mir hätte beistehen können; ich nahm ihn sehr ungezwungen in den Arm und suchte ihn durch Streicheln und Schmeicheln aufzumuntern. Es schien die Wirkung eines geistigen Heilmittels zu tun; er blieb bei sich, aber saß totenbleich da.

Nun kam endlich die tätige Hausfrau, und wie erschrak sie, als sie den Freund in dieser Gestalt in meinen Armen liegen und uns alle beide mit Blut überströmt sah, denn niemand hatte sich vorgestellt, daß Narziß verwundet sei, alle meinten, ich habe ihn glücklich hinausgebracht.

Nun war Wein, wohlriechendes Wasser, und was nur erquicken und erfrischen konnte, im Überfluß da, nun kam auch der Wundarzt, und ich hätte wohl abtreten können; allein Narziß hielt mich fest bei der Hand, und ich wäre, ohne gehalten zu werden, stehengeblieben. Ich fuhr während des Verbandes fort, ihn mit Wein anzustreichen, und achtete es wenig, daß die ganze Gesellschaft nunmehr umherstand. Der Wundarzt hatte geendigt, der Verwundete nahm einen stummen verbindlichen Abschied von mir und wurde nach Hause getragen.

Nun führte mich die Hausfrau in ihr Schlafzimmer; sie mußte mich ganz auskleiden, und ich darf nicht verschweigen, daß ich, da man sein Blut von meinem Körper abwusch, zum erstenmal zufällig im Spiegel gewahr wurde, daß ich mich auch ohne Hülle für schön halten durfte. Ich konnte keines meiner Kleidungsstücke wieder anziehn, und da die Personen im Hause alle kleiner oder stärker waren als ich, so kam ich in einer seltsamen Verkleidung zum größten Erstaunen meiner Eltern nach Hause. Sie waren über mein Schrecken, über die Wunden des Freundes, über den Unsinn des Hauptmanns, über den ganzen Vorfall äußerst verdrießlich. Wenig fehlte, so hätte mein Vater selbst, seinen Freund auf der Stelle zu rächen, den Hauptmann herausgefordert. Er schalt die anwesenden Herren, daß sie ein solches meuchlerisches Beginnen nicht auf der Stelle geahndet; denn es war nur zu offenbar, daß der

Hauptmann sogleich, nachdem er geschlagen, den Degen gezogen und Narzissen von hinten verwundet habe; der Hieb über die Hand war erst geführt worden, als Narziß selbst zum Degen griff. Ich war unbeschreiblich alteriert und affiziert, oder wie soll ich es ausdrücken; der Affekt, der im tiefsten Grunde des Herzens ruhte, war auf einmal losgebrochen wie eine Flamme, welche Luft bekömmt. Und wenn Lust und Freude sehr geschickt sind, die Liebe zuerst zu erzeugen und im stillen zu nähren, so wird sie, die von Natur herzhaft ist, durch den Schrecken am leichtesten angetrieben, sich zu entscheiden und zu erklären. Man gab dem Töchterchen Arznei ein und legte es zu Bette. Mit dem frühsten Morgen eilte mein Vater zu dem verwundeten Freund, der an einem starken Wundfieber recht krank darniederlag.

Mein Vater sagte mir wenig von dem, was er mit ihm geredet hatte, und suchte mich wegen der Folgen, die dieser Vorfall haben könnte, zu beruhigen. Es war die Rede, ob man sich mit einer Abbitte begnügen könne, ob die Sache gerichtlich werden müsse, und was dergleichen mehr war. Ich kannte meinen Vater zu wohl, als daß ich ihm geglaubt hätte, daß er diese Sache ohne Zweikampf geendigt zu sehen wünschte; allein ich blieb still, denn ich hatte von meinem Vater früh gelernt, daß Weiber in solche Händel sich nicht zu mischen hätten. Übrigens schien es nicht, als wenn zwischen den beiden Freunden etwas vorgefallen wäre, das mich betroffen hätte; doch bald vertraute mein Vater den Inhalt seiner weitern Unterredung meiner Mutter. Narziß, sagte er, sei äußerst gerührt von meinem geleisteten Beistand, habe ihn umarmt, sich für meinen ewigen Schuldner erklärt, bezeigt, er verlange kein Glück, wenn er es nicht mit mir teilen sollte, er habe sich die Erlaubnis ausgebeten, ihn als Vater ansehen zu dürfen. Mama sagte mir das alles treulich wieder, hängte aber die wohlmeinende Erinnerung daran, auf so etwas, das in der ersten Bewegung gesagt worden, dürfe man so sehr nicht achten. „Ja freilich“, antwortete ich mit angenommener Kälte, und fühlte der Himmel weiß was und wieviel dabei.

Narziß blieb zwei Monate krank, konnte wegen der Wunde an der rechten Hand nicht einmal schreiben, bezeigte mir aber inzwischen sein Andenken durch die verbindlichste Aufmerksamkeit. Alle diese mehr als gewöhnlichen Höflichkeiten hielt ich mit dem, was ich von der Mutter erfahren hatte, zusammen, und beständig war mein Kopf voller Grillen. Die ganze Stadt unterhielt sich von der Begebenheit. Man sprach mit mir davon in einem besondern Tone, man zog Folgerungen daraus, die, so sehr ich sie abzulehnen suchte, mir immer sehr nahe gingen. Was vorher Tändelei und Gewohnheit gewesen war, ward nun Ernst und Neigung. Die Unruhe, in der ich lebte, war um so heftiger, je sorgfältiger ich sie vor allen Menschen zu verbergen suchte. Der Gedanke, ihn zu verlieren, erschreckte mich, und die Möglichkeit einer nähern Verbindung machte mich zittern. Der Gedanke des Ehestandes hat für ein halbkluges Mädchen gewiß etwas Schreckhaftes.

Durch diese heftigen Erschütterungen ward ich wieder an mich selbst erinnert. Die bunten Bilder eines zerstreuten Lebens, die mir sonst Tag und Nacht vor den Augen schwebten, waren auf einmal weggeblasen. Meine Seele fing wieder an, sich zu regen; allein die sehr unterbrochene Bekanntschaft mit dem unsichtbaren Freunde war so leicht nicht wieder hergestellt. Wir blieben noch immer in ziemlicher Entfernung; es war wieder etwas, aber gegen sonst ein großer Unterschied.

Ein Zweikampf, worin der Hauptmann stark verwundet wurde, war vorüber, ohne daß ich etwas davon erfahren hatte, und die öffentliche Meinung war in jedem Sinne auf der Seite meines Geliebten, der endlich wieder auf dem Schauplatze erschien. Vor allen Dingen ließ er sich mit verbundenem Haupt und eingewickelter Hand in unser Haus tragen. Wie klopfte mir das Herz bei diesem Besuche! Die ganze Familie war gegenwärtig; es blieb auf beiden Seiten nur bei allgemeinen Danksagungen und Höflichkeiten, doch fand er Gelegenheit, mir einige geheime Zeichen seiner Zärtlichkeit zu geben, wodurch meine Unruhe nur zu sehr vermehrt ward. Nachdem er sich völlig wieder erholt, besuchte er uns den ganzen Winter auf eben dem Fuß wie ehemals, und bei allen leisen Zeichen von Empfindung und Liebe, die er mir gab, blieb alles unerörtert.

Auf diese Weise ward ich in steter Übung gehalten. Ich konnte mich keinem Menschen vertrauen, und von Gott war ich zu weit entfernt. Ich hatte diesen während vier wilder Jahre ganz vergessen; nun dachte ich dann und wann wieder an ihn, aber die Bekanntschaft war erkaltet; es waren nur Zeremonienvisiten, die ich ihm machte, und da ich überdies, wenn ich vor ihm erschien, immer schöne Kleider anlegte, meine Tugend, Ehrbarkeit und Vorzüge, die ich vor andern zu haben glaubte, ihm mit Zufriedenheit vorwies, so schien er mich in dem Schmucke gar nicht zu bemerken.

Ein Höfling würde, wenn sein Fürst, von dem er sein Glück erwartet, sich so gegen ihn betrüge, sehr beunruhigt werden; mir aber war nicht übel dabei zumute. Ich hatte, was ich brauchte, Gesundheit und Bequemlichkeit; wollte sich Gott mein Andenken gefallen lassen, so war es gut, wo nicht, so glaubte ich doch meine Schuldigkeit getan zu haben.

So dachte ich freilich damals nicht von mir; aber es war doch die wahrhafte Gestalt meiner Seele. Meine Gesinnungen zu ändern und zu reinigen, waren aber auch schon Anstalten gemacht.

Der Frühling kam heran, und Narziß besuchte mich unangemeldet zu einer Zeit, da ich ganz allein zu Hause war. Nun erschien er als Liebhaber und fragte mich, ob ich ihm mein Herz und, wenn er eine ehrenvolle, wohlbesoldete Stelle erhielte, auch dereinst meine Hand schenken wollte.

Man hatte ihn zwar in unsre Dienste genommen; allein anfangs hielt man ihn, weil man sich vor seinem Ehrgeiz fürchtete, mehr zurück, als daß man ihn schnell emporgehoben hätte, und ließ ihn, weil er eignes Vermögen hatte, bei einer kleinen Besoldung.

Bei aller meiner Neigung zu ihm wußte ich, daß er der Mann nicht war, mit dem man ganz gerade handeln konnte. Ich nahm mich daher zusammen und verwies ihn an meinen Vater, an dessen Einwilligung er nicht zu zweifeln schien und mit mir erst auf der Stelle einig sein wollte. Endlich sagte ich ja, indem ich die Beistimmung meiner Eltern zur notwendigen Bedingung machte. Er sprach alsdann mit beiden förmlich; sie zeigten ihre Zufriedenheit, man gab sich das Wort auf den bald zu hoffenden Fall, daß man ihn weiter avancieren werde. Schwestern und Tanten wurden davon benachrichtigt und ihnen das Geheimnis auf das strengste anbefohlen.

Nun war aus einem Liebhaber ein Bräutigam geworden. Die Verschiedenheit zwischen beiden zeigte sich sehr groß. Könnte jemand die Liebhaber aller wohldenkenden Mädchen in Bräutigame verwandeln, so wäre es eine große Wohltat für unser Geschlecht, selbst wenn auf dieses Verhältnis keine Ehe erfolgen sollte. Die Liebe zwischen beiden Personen nimmt dadurch nicht ab, aber sie wird vernünftiger. Unzählige kleine Torheiten, alle Koketterien und Launen fallen gleich hinweg. Äußert uns der Bräutigam, daß wir ihm in einer Morgenhaube besser als in dem schönsten Aufsatze gefallen, dann wird einem wohldenkenden Mädchen gewiß die Frisur gleichgültig, und es ist nichts natürlicher, als daß er auch solid denkt und lieber sich eine Hausfrau, als der Welt eine Putzdocke zu bilden wünscht. Und so geht es durch alle Fächer durch.

Hat ein solches Mädchen dabei das Glück, daß ihr Bräutigam Verstand und Kenntnisse besitzt, so lernt sie mehr, als hohe Schulen und fremde Länder geben können. Sie nimmt nicht nur alle Bildung gern an, die er ihr gibt, sondern sie sucht sich auch auf diesem Wege so immer weiter zu bringen. Die Liebe macht vieles Unmögliche möglich, und endlich geht die dem weiblichen Geschlecht so nötige und anständige Unterwerfung sogleich an; der Bräutigam herrscht nicht wie der Ehemann; er bittet nur, und seine Geliebte sucht ihm abzumerken, was er wünscht, um es noch eher zu vollbringen, als er bittet.

So hat mich die Erfahrung gelehrt, was ich nicht um vieles missen möchte. Ich war glücklich, wahrhaft glücklich, wie man es in der Welt sein kann, das heißt auf kurze Zeit.

Ein Sommer ging unter diesen stillen Freuden hin. Narziß gab mir nicht die mindeste Gelegenheit zu Beschwerden; er ward mir immer lieber, meine ganze Seele hing an ihm, das wußte er wohl und wußte es zu schätzen. Inzwischen entspann sich aus anscheinenden Kleinigkeiten etwas, das unserm Verhältnisse nach und nach schädlich wurde.

Narziß ging als Bräutigam mit mir um, und nie wagte

er es, das von mir zu begehren, was uns noch verboten war. Allein über die Grenzen der Tugend und Sittsamkeit waren wir sehr verschiedener Meinung. Ich wollte sicher gehen und erlaubte durchaus keine Freiheit, als welche allenfalls die ganze Welt hätte wissen dürfen. Er, an Näschereien gewöhnt, fand diese Diät sehr streng, hier setzte es nun beständigen Widerspruch; er lobte mein Verhalten und suchte meinen Entschluß zu untergraben.

Mir fiel das e r n s t h a f t meines alten Sprachmeisters wieder ein, und zugleich das Hülfsmittel, das ich damals dagegen angegeben hatte.

Mit Gott war ich wieder ein wenig bekannter geworden. Er hatte mir so einen lieben Bräutigam gegeben, und dafür wußte ich ihm Dank. Die irdische Liebe selbst konzentrierte meinen Geist und setzte ihn in Bewegung, und meine Beschäftigung mit Gott widersprach ihr nicht. Ganz natürlich klagte ich ihm, was mich bange machte, und bemerkte nicht, daß ich selbst das, was mich bange machte, wünschte und begehrte. Ich kam mir sehr stark vor und betete nicht etwa: „Bewahre mich vor Versuchung!“, über die Versuchung war ich meinen Gedanken nach weit hinaus. In diesem losen Flitterschmuck eigner Tugend erschien ich dreist vor Gott; er stieß mich nicht weg, auf die geringste Bewegung zu ihm hinterließ er einen sanften Eindruck in meiner Seele, und dieser Eindruck bewegte mich, ihn immer wieder aufzusuchen.

Die ganze Welt war mir außer Narzissen tot, nichts hatte außer ihm einen Reiz für mich. Selbst meine Liebe zum Putz hatte nur den Zweck, ihm zu gefallen; wußte ich, daß er mich nicht sah, so konnte ich keine Sorgfalt darauf wenden. Ich tanzte gern; wenn er aber nicht dabei war, so schien mir, als wenn ich die Bewegung nicht vertragen könnte. Auf ein brillantes Fest, bei dem er nicht zugegen war, konnte ich mir weder etwas Neues anschaffen, noch das Alte der Mode gemäß aufstutzen. Einer war mir so lieb als der andere, doch möchte ich lieber sagen, einer so lästig als der andere. Ich glaubte meinen Abend recht gut zugebracht zu haben, wenn ich mir mit ältern Personen ein Spiel ausmachen konnte, wozu ich sonst nicht die mindeste Lust hatte, und wenn ein alter guter Freund mich etwa scherzhaft darüber aufzog, lächelte ich vielleicht das erstemal den ganzen Abend. So ging es mit Promenaden und allen gesellschaftlichen Vergnügungen, die sich nur denken lassen.

> Ich hatt' ihn einzig mir erkoren;
> Ich schien mir nur für ihn geboren,
> Begehrte nichts als seine Gunst.

So war ich oft in der Gesellschaft einsam, und die völlige Einsamkeit war mir meistens lieber. Allein mein geschäftiger Geist konnte weder schlafen noch träumen; ich fühlte und dachte und erlangte nach und nach eine Fertigkeit, von meinen Empfindungen und Gedanken mit Gott zu reden. Da entwickelten sich Empfindungen anderer Art in meiner Seele, die jenen nicht widersprachen. Denn meine Liebe zu Narziß war dem ganzen Schöpfungsplane gemäß und stieß nirgend gegen meine Pflichten an. Sie widersprachen sich nicht und waren doch unendlich verschieden. Narziß war das einzige Bild, das mir vorschwebte, auf das sich meine ganze Liebe bezog; aber das andere Gefühl bezog sich auf kein Bild und war unaussprechlich angenehm. Ich habe es nicht mehr und kann es mir nicht mehr geben.

Mein Geliebter, der sonst alle meine Geheimnisse wußte, erfuhr nichts hiervon. Ich merkte bald, daß er anders dachte; er gab mir öfters Schriften, die alles, was man Zusammenhang mit dem Unsichtbaren heißen kann, mit leichten und schweren Waffen bestritten. Ich las die Bücher, weil sie von ihm kamen, und wußte am Ende kein Wort von allem dem, was darin gestanden hatte.

Über Wissenschaften und Kenntnisse ging es auch nicht ohne Widerspruch ab; er machte es wie alle Männer, spottete über gelehrte Frauen und bildete unaufhörlich an mir. Über alle Gegenstände, die Rechtsgelehrsamkeit ausgenommen, pflegte er mit mir zu sprechen, und indem er mir Schriften von allerlei Art beständig zubrachte, wiederholte er oft die bedenkliche Lehre, daß ein Frauenzimmer sein Wissen heimlicher halten müsse als der Calvinist seinen Glauben im katholischen Lande; und indem ich wirklich auf eine ganz natürliche Weise vor der Welt mich nicht klüger und unterrichteter als sonst zu zeigen pflegte, war er der erste, der gelegentlich der Eitelkeit nicht widerstehen konnte, von meinen Vorzügen zu sprechen.

Ein berühmter und damals wegen seines Einflusses, seiner Talente und seines Geistes sehr geschätzter Weltmann fand an unserm Hofe großen Beifall. Er zeichnete Narzissen besonders aus und hatte ihn beständig um sich. Sie stritten auch über die Tugend der Frauen. Narziß vertraute mir weitläufig ihre Unterredung; ich blieb mit meinen Anmerkungen nicht dahinten, und mein Freund verlangte von mir einen schriftlichen Aufsatz. Ich schrieb ziemlich geläufig Französisch; ich hatte bei meinem Alten einen guten Grund gelegt. Die Korrespondenz mit meinem Freunde war in dieser Sprache geführt, und eine feinere Bildung konnte man überhaupt damals nur aus französischen Büchern nehmen. Mein Aufsatz hatte dem Grafen gefallen; ich mußte einige kleine Lieder hergeben, die ich vor kurzem gedichtet hatte. Genug, Narziß schien sich auf seine Geliebte ohne Rückhalt etwas zugute zu tun, und die Geschichte endigte zu seiner großen Zufriedenheit mit einer geistreichen Epistel in französischen Versen, die ihm der Graf bei seiner Abreise zusandte, worin ihres freundschaftlichen Streites gedacht war, und mein Freund am Ende glücklich gepriesen wurde, daß er nach so manchen Zweifeln und Irrtümern in den Armen einer reizenden und tugendhaften Gattin, was Tugend sei, am sichersten erfahren würde.

Dieses Gedicht ward mir vor allen und dann aber auch fast jedermann gezeigt, und jeder dachte dabei, was er wollte. So ging es in mehreren Fällen, und so mußten alle Fremden, die er schätzte, in unserm Hause bekannt werden.

Eine gräfliche Familie hielt sich wegen unsres geschickten Arztes eine Zeitlang hier auf. Auch in diesem Hause war Narziß wie ein Sohn gehalten; er führte mich daselbst ein, man fand bei diesen würdigen Personen eine angenehme Unterhaltung für Geist und Herz, und selbst die gewöhnlichen Zeitvertreibe der Gesellschaft schienen in diesem Hause nicht so leer wie anderwärts. Jedermann wußte, wie wir zusammen standen; man behandelte uns, wie es die Umstände mit sich brachten, und ließ das Hauptverhältnis unberührt. Ich erwähne dieser einen Bekanntschaft, weil sie in der Folge meines Lebens manchen Einfluß auf mich hatte.

Nun war fast ein Jahr unserer Verbindung verstrichen, und mit ihm war auch unser Frühling dahin. Der Sommer kam, und alles wurde ernsthafter und heißer.

Durch einige unerwartete Todesfälle waren Ämter erledigt, auf die Narziß Anspruch machen konnte. Der Augenblick war nahe, in dem sich mein ganzes Schicksal entscheiden sollte, und indes Narziß und alle Freunde sich bei Hofe die möglichste Mühe gaben, gewisse Eindrücke, die ihm ungünstig waren, zu vertilgen und ihm den erwünschten Platz zu verschaffen, wendete ich mich mit meinem Anliegen zu dem unsichtbaren Freunde. Ich ward so freundlich aufgenommen, daß ich gern wiederkam. Ganz frei gestand ich meinen Wunsch, Narziß möchte zu der Stelle gelangen; allein meine Bitte war nicht ungestüm, und ich forderte nicht, daß es um meines Gebets willen geschehen sollte.

Die Stelle ward durch einen viel geringeren Konkurrenten besetzt. Ich erschrak heftig über die Zeitung und eilte in mein Zimmer, das ich fest hinter mir zumachte. Der erste Schmerz löste sich in Tränen auf; der nächste Gedanke war: „Es ist aber doch nicht von ungefähr geschehen", und sogleich folgte die Entschließung, es mir recht wohl gefallen zu lassen, weil auch dieses anscheinende Übel zu meinem wahren Besten gereichen würde. Nun drangen die sanftesten Empfindungen, die alle Wolken des Kummers zerteilten, herbei; ich fühlte, daß sich mit dieser Hülfe alles ausstehn ließ. Ich ging heiter zu Tische, zum Erstaunen meiner Hausgenossen.

Narziß hatte weniger Kraft als ich, und ich mußte ihn trösten. Auch in seiner Familie begegneten ihm Widerwärtigkeiten, die ihn sehr drückten, und bei dem wahren Vertrauen, das unter uns statthatte, vertraute er mir alles. Seine Negoziationen, in fremde Dienste zu gehen, waren auch nicht glücklicher; alles fühlte ich tief um seinet- und meinetwillen, und alles trug ich zuletzt an den Ort, wo mein Anliegen so wohl aufgenommen wurde.

Je sanfter diese Erfahrungen waren, desto öfter suchte ich sie zu erneuern und den Trost immer da, wo ich ihn so oft gefunden hatte; allein ich fand ihn nicht immer, es war mir wie einem, der sich an der Sonne wärmen will, und dem etwas im Wege steht, das Schatten macht. „Was ist das?“ fragte ich mich selbst. Ich spürte der Sache eifrig nach und bemerkte deutlich, daß alles von der Beschaffenheit meiner Seele abhing; wenn die nicht ganz in der geradesten Richtung zu Gott gekehrt war, so blieb ich kalt; ich fühlte seine Rückwirkung nicht und konnte seine Antwort nicht vernehmen. Nun war die zweite Frage: „Was verhindert diese Richtung?“ Hier war ich in einem weiten Feld und verwickelte mich in eine Untersuchung, die beinahe das ganze zweite Jahr meiner Liebesgeschichte fortdauerte. Ich hätte sie früher endigen können, denn ich kam bald auf die Spur; aber ich wollte es nicht gestehen und suchte tausend Ausflüchte.

Ich fand sehr bald, daß die gerade Richtung meiner Seele durch törichte Zerstreuung und Beschäftigung mit unwürdigen Sachen gestört werde; das Wie und Wo war mir bald klar genug. Nun aber wie herauskommen in einer Welt, wo alles gleichgültig oder toll ist? Gern hätte ich die Sache an ihren Ort gestellt sein lassen und hätte auf Geratewohl hingelebt wie andere Leute auch, die ich ganz wohlauf sah; allein ich durfte nicht, mein Inneres widersprach mir zu oft. Wollte ich mich der Gesellschaft entziehen und meine Verhältnisse verändern, so konnte ich nicht. Ich war nun einmal in einen Kreis hineingesperrt; gewisse Verbindungen konnte ich nicht loswerden, und in der mir so angelegenen Sache drängten und häuften sich die Fatalitäten. Ich legte mich oft mit Tränen zu Bette und stand nach einer schlaflosen Nacht auch wieder so auf; ich bedurfte einer kräftigen Unterstützung, und die verlieh mir Gott nicht, wenn ich mit der Schellenkappe herumlief.

Nun ging es an ein Abwiegen aller und jeder Handlungen; Tanzen und Spielen wurden am ersten in Untersuchung genommen. Nie ist etwas für oder gegen diese Dinge geredet, gedacht oder geschrieben worden, das ich nicht aufsuchte, besprach, las, erwog, vermehrte, verwarf und mich unerhört herumplagte. Unterließ ich diese Dinge, so war ich gewiß, Narzissen zu beleidigen; denn er fürchtete sich äußerst vor dem Lächerlichen, das uns der Anschein ängstlicher Gewissenhaftigkeit vor der Welt gibt. Weil ich nun das, was ich für Torheit, für schädliche Torheit hielt, nicht einmal aus Geschmack, sondern bloß um seinetwillen tat, so wurde mir alles entsetzlich schwer.

Ohne unangenehme Weitläufigkeiten und Wiederholungen würde ich die Bemühungen nicht darstellen können, welche ich anwendete, um jene Handlungen, die mich nun einmal zerstreuten und meinen innern Frieden störten, so zu verrichten, daß dabei mein Herz für die Einwirkungen des unsichtbaren Wesens offen bliebe, und wie schmerzlich ich empfinden mußte, daß der Streit auf diese Weise nicht beigelegt werden könne. Denn sobald ich mich in das Gewand der Torheit kleidete, blieb es nicht bloß bei der Maske, sondern die Narrheit durchdrang mich sogleich durch und durch.

Darf ich hier das Gesetz einer bloß historischen Darstellung überschreiten und einige Betrachtungen über dasjenige machen, was in mir vorging? Was konnte das sein, das meinen Geschmack und meine Sinnesart so änderte, daß ich im zweiundzwanzigsten Jahre, ja früher, kein Vergnügen an Dingen fand, die Leute von diesem Alter unschuldig belustigen können? Warum waren sie mir nicht unschuldig? Ich darf wohl antworten: eben weil sie mir nicht unschuldig waren, weil ich nicht, wie andre meinesgleichen, unbekannt mit meiner Seele war. Nein, ich wußte aus Erfahrungen, die ich ungesucht erlangt hatte, daß es höhere Empfindungen gebe, die uns ein Vergnügen wahrhaftig gewährten, das man vergebens bei Lustbarkeiten sucht, und daß in diesen höhern Freuden zugleich ein geheimer Schatz zur Stärkung im Unglück aufbewahrt sei.

Aber die geselligen Vergnügungen und Zerstreuungen der Jugend mußten doch notwendig einen starken Reiz für mich haben, weil es mir nicht möglich war, sie zu tun, als täte ich sie nicht. Wie manches könnte ich jetzt mit großer Kälte tun, wenn ich nur wollte, was mich damals irremachte, ja Meister über mich zu werden drohte. Hier konnte kein Mittelweg gehalten werden: ich mußte entweder die reizenden Vergnügungen oder die erquickenden innerlichen Empfindungen entbehren.

Aber schon war der Streit in meiner Seele ohne mein eigentliches Bewußtsein entschieden. Wenn auch etwas in mir war, das sich nach den sinnlichen Freuden hinsehnte, so konnte ich sie doch nicht mehr genießen. Wer den Wein noch so sehr liebt, dem wird alle Lust zum Trinken vergehen, wenn er sich bei vollen Fässern in einem Keller befände, in welchem die verdorbene Luft ihn zu ersticken drohte. Reine Luft ist mehr als Wein, das fühlte ich nur zu lebhaft, und es hätte gleich von Anfang an wenig Überlegung bei mir gekostet, das Gute dem Reizenden vorzuziehen, wenn mich die Furcht, Narzissens Gunst zu verlieren, nicht abgehalten hätte. Aber da ich endlich nach tausendfältigem Streit, nach immer wiederholter Betrachtung auch scharfe Blicke auf das Band warf, das mich an ihm festhielt, entdeckte ich, daß es nur schwach war, daß es sich zerreißen lasse. Ich erkannte auf einmal, daß es nur eine Glasglocke sei, die mich in den luftleeren Raum sperrte; nur noch so viel Kraft, sie entzwei zu schlagen, und du bist gerettet!

Gedacht, gewagt. Ich zog die Maske ab und handelte jedesmal, wie mir's ums Herz war. Narzissen hatte ich immer zärtlich lieb; aber das Thermometer, das vorher im heißen Wasser gestanden, hing nun an der natürlichen Luft; es konnte nicht höher steigen, als die Atmosphäre warm war.

Unglücklicherweise erkältete sie sich sehr. Narziß fing an, sich zurückzuziehen und fremd zu tun; das stand ihm frei; aber mein Thermometer fiel, sowie er sich zurückzog. Meine Familie bemerkte es, man befragte mich, man wollte sich verwundern. Ich erklärte mit männlichem Trotz, daß ich mich bisher genug aufgeopfert habe, daß ich bereit sei, noch ferner und bis ans Ende meines Lebens alle Widerwärtigkeiten mit ihm zu teilen; daß ich aber für meine Handlungen völlige Freiheit verlange, daß mein Tun und Lassen von meiner Überzeugung abhängen müsse; daß ich zwar niemals eigensinnig auf meiner Meinung beharren, vielmehr jede Gründe gerne anhören wolle, aber da es mein eignes Glück betreffe, müsse die Entscheidung von mir abhängen, und keine Art von Zwang würde ich dulden. So wenig das

Räsonnement des größten Arztes mich bewegen würde, eine sonst vielleicht ganz gesunde und von vielen sehr geliebte Speise zu mir zu nehmen, sobald mir meine Erfahrung bewiese, daß sie mir jederzeit schädlich sei, wie ich den Gebrauch des Kaffees zum Beispiel anführen könnte, so wenig und noch viel weniger würde ich mir irgendeine Handlung, die mich verwirrte, als für mich moralisch zuträglich aufdemonstrieren lassen.

Da ich mich so lange im stillen vorbereitet hatte, so waren mir die Debatten hierüber eher angenehm als verdrießlich. Ich machte meinem Herzen Luft und fühlte den ganzen Wert meines Entschlusses. Ich wich nicht ein Haar breit, und wem ich nicht kindlichen Respekt schuldig war, der wurde derb abgefertigt. In meinem Hause siegte ich bald. Meine Mutter hatte von Jugend auf ähnliche Gesinnungen, nur waren sie bei ihr nicht zur Reife gediehen; keine Not hatte sie gedrängt und den Mut, ihre Überzeugung durchzusetzen, erhöht. Sie freute sich, durch mich ihre stillen Wünsche erfüllt zu sehen. Die jüngere Schwester schien sich an mich anzuschließen; die zweite war aufmerksam und still. Die Tante hatte am meisten einzuwenden. Die Gründe, die sie vorbrachte, schienen ihr unwiderleglich, und waren es auch, weil sie ganz gemein waren. Ich war endlich genötigt, ihr zu zeigen, daß sie in keinem Sinne eine Stimme in dieser Sache habe, und sie ließ nur selten merken, daß sie auf ihrem Sinne verharre. Auch war sie die einzige, die diese Begebenheit von nahem ansah und ganz ohne Empfindung blieb. Ich tue ihr nicht zu viel, wenn ich sage, daß sie kein Gemüt und die eingeschränktesten Begriffe hatte.

Der Vater benahm sich ganz seiner Denkart gemäß. Er sprach weniges, aber öfter mit mir über die Sache, und seine Gründe waren verständig, und als s e i n e Gründe unwiderleglich; nur das tiefe Gefühl meines Rechts gab mir Stärke, gegen ihn zu disputieren. Aber bald veränderten sich die Szenen; ich mußte an sein Herz Anspruch machen. Gedrängt von seinem Verstande, brach ich in die affektvollsten Vorstellungen aus. Ich ließ meiner Zunge und meinen Tränen freien Lauf. Ich zeigte ihm, wie sehr ich Narzissen liebte, und welchen Zwang ich mir seit zwei Jahren angetan hatte, wie gewiß ich sei, daß ich recht handle, daß ich bereit sei, diese Gewißheit mit dem Verlust des geliebten Bräutigams und anscheinenden Glücks, ja, wenn es nötig wäre, mit Hab und Gut zu versiegeln, daß ich lieber mein Vaterland, Eltern und Freunde verlassen und mein Brot in der Fremde verdienen, als gegen meine Einsichten handeln wolle. Er verbarg seine Rührung, schwieg einige Zeit stille und erklärte sich endlich öffentlich für mich.

Narziß vermied seit jener Zeit unser Haus, und nun gab mein Vater die wöchentliche Gesellschaft auf, in der sich dieser befand. Die Sache machte Aufsehn bei Hofe und in der Stadt. Man sprach darüber, wie gewöhnlich in solchen Fällen, an denen das Publikum heftigen Teil zu nehmen pflegt, weil es verwöhnt ist, auf die Entschließungen schwacher Gemüter einigen Einfluß zu haben. Ich kannte die Welt genug und wußte, daß man oft von eben den Personen über das getadelt wird, wozu man sich durch sie hat bereden lassen, und auch ohne das würden mir bei meiner innern Verfassung alle solche vorübergehende Meinungen weniger als nichts gewesen sein.

Dagegen versagte ich mir nicht, meiner Neigung zu Narzissen nachzuhängen. Er war mir unsichtbar geworden, und mein Herz hatte sich nicht gegen ihn geändert. Ich liebte ihn zärtlich, gleichsam auf das neue und viel gesetzter als vorher. Wollte er meine Überzeugung nicht stören, so war ich die Seine; ohne diese Bedingung hätte ich ein Königreich mit ihm ausgeschlagen. Mehrere Monate lang trug ich diese Empfindungen und Gedanken mit mir herum, und da ich mich endlich still und stark genug fühlte, um ruhig und gesetzt zu Werke zu gehen, so schrieb ich ihm ein höfliches, nicht zärtliches Billett und fragte ihn, warum er nicht mehr zu mir komme.

Da ich seine Art kannte, sich selbst in geringern Dingen nicht gern zu erklären, sondern stillschweigend zu tun, was ihm gut deuchte, so drang ich gegenwärtig mit Vorsatz in ihn. Ich erhielt eine lange und, wie mir schien, abgeschmackte Antwort in einem weitläufigen Stil und unbedeutenden Phrasen: daß er ohne bessere Stellen sich nicht einrichten und mir seine Hand anbieten könne, daß ich am besten wisse, wie hinderlich es ihm bisher gegangen, daß er glaube, ein so lang fortgesetzter fruchtloser Umgang könne meiner Renommée schaden, ich würde ihm erlauben, sich in der bisherigen Entfernung zu halten; sobald er imstande wäre, mich glücklich zu machen, würde ihm das Wort, das er mir gegeben, heilig sein.

Ich antwortete ihm auf der Stelle: da die Sache aller Welt bekannt sei, möge es zu spät sein, meine Renommée zu menagieren, und für diese wären mir mein Gewissen und meine Unschuld die sichersten Bürgen; ihm aber gäbe ich hiermit sein Wort ohne Bedenken zurück und wünschte, daß er dabei sein Glück finden möchte. In eben der Stunde erhielt ich eine kurze Antwort, die im Wesentlichen mit der ersten völlig gleichlautend war. Er blieb dabei, daß er nach erhaltener Stelle bei mir anfragen würde, ob ich sein Glück mit ihm teilen wollte.

Mir hieß das nun so viel als nichts gesagt. Ich erklärte meinen Verwandten und Bekannten, die Sache sei abgetan, und sie war es auch wirklich. Denn als er neun Monate hernach auf das erwünschteste befördert wurde, ließ er mir seine Hand nochmals antragen, freilich mit der Bedingung, daß ich als Gattin eines Mannes, der ein Haus machen müßte, meine Gesinnungen würde zu ändern haben. Ich dankte höflich und eilte mit Herz und Sinn von dieser Geschichte weg, wie man sich aus dem Schauspielhause heraussehnt, wenn der Vorhang gefallen ist. Und da er kurze Zeit darauf, wie es ihm nun sehr leicht war, eine reiche und ansehnliche Partie gefunden hatte, und ich ihn nach seiner Art glücklich wußte, so war meine Beruhigung ganz vollkommen.

Ich darf nicht mit Stillschweigen übergehen, daß einigemal, noch eh' er eine Bedienung erhielt, auch nachher ansehnliche Heiratsanträge an mich getan wurden, die ich aber ganz ohne Bedenken ausschlug, so sehr Vater und Mutter mehr Nachgiebigkeit von meiner Seite gewünscht hätten.

Nun schien mir nach einem stürmischen März und April das schönste Maiwetter beschert zu sein. Ich genoß bei einer guten Gesundheit eine unbeschreibliche Gemütsruhe; ich mochte mich umsehn, wie ich wollte, so hatte ich bei meinem

Verluste noch gewonnen. Jung und voll Empfindung, wie ich war, deuchte mir die Schöpfung tausendmal schöner als vorher, da ich Gesellschaften und Spiele haben mußte, damit mir die Weile in dem schönen Garten nicht zu lang wurde. Da ich mich einmal meiner Frömmigkeit nicht schämte, so hatte ich Herz, meine Liebe zu Künsten und Wissenschaften nicht zu verbergen. Ich zeichnete, malte, las und fand Menschen genug, die mich unterstützten; statt der großen Welt, die ich verlassen hatte oder vielmehr die mich verließ, bildete sich eine kleinere um mich her, die weit reicher und unterhaltender war. Ich hatte eine Neigung zum gesellschaftlichen Leben, und ich leugne nicht, daß mir, als ich meine ältern Bekanntschaften aufgab, vor der Einsamkeit grauete. Nun fand ich mich hinlänglich, ja vielleicht zu sehr entschädigt. Meine Bekanntschaften wurden erst recht weitläufig, nicht nur mit Einheimischen, deren Gesinnungen mit den meinigen übereinstimmten, sondern auch mit Fremden. Meine Geschichte war ruchtbar geworden, und es waren viele Menschen neugierig, das Mädchen zu sehen, die Gott mehr schätzte als ihren Bräutigam. Es war damals überhaupt eine gewisse religiöse Stimmung in Deutschland bemerkbar. In mehreren fürstlichen und gräflichen Häusern war eine Sorge für das Heil der Seele lebendig. Es fehlte nicht an Edelleuten, die gleiche Aufmerksamkeit hegten, und in den geringern Ständen war durchaus diese Gesinnung verbreitet.

Die gräfliche Familie, deren ich oben erwähnt, zog mich nun näher an sich. Sie hatte sich indessen verstärkt, indem sich einige Verwandte in die Stadt gewendet hatten. Diese schätzbaren Personen suchten meinen Umgang wie ich den ihrigen. Sie hatten große Verwandtschaft, und ich lernte in diesem Hause einen großen Teil der Fürsten, Grafen und Herren des Reichs kennen. Meine Gesinnungen waren niemanden ein Geheimnis, und man mochte sie ehren oder auch nur schonen, so erlangte ich doch meinen Zweck und blieb ohne Anfechtung.

Noch auf eine andere Weise sollte ich wieder in die Welt geführt werden. Zu eben der Zeit verweilte ein Stiefbruder meines Vaters, der uns sonst nur im Vorbeigehn besucht hatte, länger bei uns. Er hatte die Dienste seines Hofes, wo er geehrt und von Einfluß war, nur deswegen verlassen, weil nicht alles nach seinem Sinne ging. Sein Verstand war richtig und sein Charakter streng, und er war darin meinem Vater sehr ähnlich; nur hatte dieser dabei einen gewissen Grad von Weichheit, wodurch ihm leichter ward, in Geschäften nachzugeben und etwas gegen seine Überzeugung nicht zu tun, aber geschehen zu lassen, und den Unwillen darüber alsdann entweder in der Stille für sich oder vertraulich mit seiner Familie zu verkochen. Mein Oheim war um vieles jünger, und seine Selbständigkeit ward durch seine äußern Umstände nicht wenig bestätigt. Er hatte eine sehr reiche Mutter gehabt, und hatte von ihren nahen und fernen Verwandten noch ein großes Vermögen zu hoffen; er bedurfte keines fremden Zuschusses, anstatt daß mein Vater bei seinem mäßigen Vermögen durch Besoldung an den Dienst fest geknüpft war.

Noch unbiegsamer war mein Oheim durch häusliches Unglück geworden. Er hatte eine liebenswürdige Frau und einen hoffnungsvollen Sohn früh verloren, und er schien von der Zeit an alles von sich entfernen zu wollen, was nicht von seinem Willen abhing.

In der Familie sagte man sich gelegentlich mit einiger Selbstgefälligkeit in die Ohren, daß er wahrscheinlich nicht wieder heiraten werde, und daß wir Kinder uns schon als Erben seines großen Vermögens ansehen könnten. Ich achtete nicht weiter darauf; allein das Betragen der übrigen ward nach diesen Hoffnungen nicht wenig gestimmt. Bei der Festigkeit seines Charakters hatte er sich gewöhnt, in der Unterredung niemand zu widersprechen, vielmehr die Meinung eines jeden freundlich anzuhören und die Art, wie sich jeder eine Sache dachte, noch selbst durch Argumente und Beispiele zu erheben. Wer ihn nicht kannte, glaubte stets mit ihm einerlei Meinung zu sein; denn er hatte einen überwiegenden Verstand und konnte sich in alle Vorstellungsarten versetzen. Mit mir ging es ihm nicht so glücklich, denn hier war von Empfindungen die Rede, von denen er gar keine Ahnung hatte, und so schonend, teilnehmend und verständig er mit mir über meine Gesinnungen sprach, so war es mir doch auffallend, daß er von dem, worin der Grund aller meiner Handlungen lag, offenbar keinen Begriff hatte.

So geheim er übrigens war, entdeckte sich doch der Endzweck seines ungewöhnlichen Aufenthalts bei uns nach einiger Zeit. Er hatte, wie man endlich bemerken konnte, sich unter uns die jüngste Schwester ausersehen, um sie nach seinem Sinne zu verheiraten und glücklich zu machen; und gewiß, sie konnte nach ihren körperlichen und geistigen Gaben, besonders wenn sich ein ansehnliches Vermögen noch mit auf die Schale legte, auf die ersten Partien Anspruch machen. Seine Gesinnungen gegen mich gab er gleichfalls pantomimisch zu erkennen, indem er mir den Platz einer Stiftsdame verschaffte, wovon ich sehr bald auch die Einkünfte zog.

Meine Schwester war mit seiner Fürsorge nicht so zufrieden und nicht so dankbar wie ich. Sie entdeckte mir eine Herzensangelegenheit, die sie bisher sehr weislich verborgen hatte; denn sie fürchtete wohl, was auch wirklich geschah, daß ich ihr auf alle mögliche Weise die Verbindung mit einem Manne, der ihr nicht hätte gefallen sollen, widerraten würde. Ich tat mein möglichstes, und es gelang mir. Die Absichten des Oheims waren zu ernsthaft und zu deutlich, und die Aussicht für meine Schwester bei ihrem Weltsinne zu reizend, als daß sie nicht eine Neigung, die ihr Verstand selbst mißbilligte, aufzugeben Kraft hätte haben sollen.

Da sie nun den sanften Leitungen des Oheims nicht mehr wie bisher auswich, so war der Grund zu seinem Plane bald gelegt. Sie ward Hofdame an einem benachbarten Hofe, wo er sie einer Freundin, die als Oberhofmeisterin in großem Ansehn stand, zur Aufsicht und Ausbildung übergeben konnte. Ich begleitete sie zu dem Ort ihres neuen Aufenthaltes. Wir konnten beide mit der Aufnahme, die wir erfuhren, sehr zufrieden sein, und manchmal mußte ich über die Person, die ich nun als Stiftsdame, als junge und fromme Stiftsdame, in der Welt spielte, heimlich lächeln.

In frühern Zeiten würde ein solches Verhältnis mich sehr verwirrt, ja mir vielleicht den Kopf verrückt haben; nun aber war ich bei allem, was mich umgab, sehr gelassen. Ich ließ mich in großer Stille ein paar Stunden frisieren, putzte mich und dachte nichts dabei, als daß ich in meinem Verhältnisse diese Galalivree anzuziehen schuldig sei. In den angefüllten Sälen sprach ich mit allen und jeden, ohne daß mir irgendeine Gestalt oder ein Wesen einen starken Eindruck zurückgelassen hätte. Wenn ich wieder nach Hause kam, waren müde Beine meist alles Gefühl, was ich mit zurückbrachte. Meinem Verstande nützten die vielen Menschen, die ich sah; und als Muster aller menschlichen Tugenden, eines guten und edlen Betragens lernte ich einige Frauen, besonders die Oberhofmeisterin, kennen, unter der meine Schwester sich zu bilden das Glück hatte.

Doch fühlte ich bei meiner Rückkunft nicht so glückliche körperliche Folgen von dieser Reise. Bei der größten Enthaltsamkeit und der genauesten Diät war ich doch nicht wie sonst Herr von meiner Zeit und meinen Kräften. Nahrung, Bewegung, Aufstehn und Schlafengehn, Ankleiden und Ausfahren hing nicht, wie zu Hause, von meinem Willen und meinem Empfinden ab. Im Laufe des geselligen Kreises darf man nicht stocken, ohne unhöflich zu sein, und alles, was nötig war, leistete ich gern, weil ich es für Pflicht hielt, weil ich wußte, daß es bald vorübergehen würde, und weil ich mich gesunder als jemals fühlte. Dessenungeachtet mußte dieses fremde, unruhige Leben auf mich stärker, als ich fühlte, gewirkt haben. Denn kaum war ich zu Hause angekommen und hatte meine Eltern mit einer befriedigenden Erzählung erfreut, so überfiel mich ein Blutsturz, der, ob er gleich nicht gefährlich war und schnell vorüberging, doch lange Zeit eine merkliche Schwachheit hinterließ.

Hier hatte ich nun wieder eine neue Lektion aufzusagen. Ich tat es freudig. Nichts fesselte mich an die Welt, und ich war überzeugt, daß ich hier das Rechte niemals finden würde, und so war ich in dem heitersten und ruhigsten Zustande und ward, indem ich Verzicht aufs Leben getan hatte, beim Leben erhalten.

Eine neue Prüfung hatte ich auszustehen, da meine Mutter mit einer drückenden Beschwerde überfallen wurde, die sie noch fünf Jahre trug, ehe sie die Schuld der Natur bezahlte. In dieser Zeit gab es manche Übung. Oft wenn ihr die

Bangigkeit zu stark wurde, ließ sie uns des Nachts alle vor ihr Bette rufen, um wenigstens durch unsre Gegenwart zerstreut, wo nicht gebessert zu werden. Schwerer, ja kaum zu tragen war der Druck, als mein Vater auch elend zu werden anfing. Von Jugend auf hatte er öfters heftige Kopfschmerzen, die aber aufs längste nur sechsunddreißig Stunden anhielten. Nun aber wurden sie bleibend, und wenn sie auf einen hohen Grad stiegen, so zerriß der Jammer mir das Herz. Bei diesen Stürmen fühlte ich meine körperliche Schwäche am meisten, weil sie mich hinderte, meine heiligsten, liebsten Pflichten zu erfüllen, oder mir doch ihre Ausübung äußerst beschwerlich machte.

Nun konnte ich mich prüfen, ob auf dem Wege, den ich eingeschlagen, Wahrheit oder Phantasie sei, ob ich vielleicht nur nach andern gedacht, oder ob der Gegenstand meines Glaubens eine Realität habe, und zu meiner größten Unterstützung fand ich immer das letztere. Die gerade Richtung meines Herzens zu Gott, den Umgang mit den „beloved ones" hatte ich gesucht und gefunden, und das war, was mir alles erleichterte. Wie der Wanderer in den Schatten, so eilte meine Seele nach diesem Schutzort, wenn mich alles von außen drückte, und kam niemals leer zurück.

In der neuern Zeit haben einige Verfechter der Religion, die mehr Eifer als Gefühl für dieselbe zu haben scheinen, ihre Mitgläubigen aufgefordert, Beispiele von wirklichen Gebetserhörungen bekannt zu machen, wahrscheinlich weil sie sich Brief und Siegel wünschten, um ihren Gegnern recht diplomatisch und juristisch zu Leibe zu gehen. Wie unbekannt muß ihnen das wahre Gefühl sein, und wie wenig echte Erfahrungen mögen sie selbst gemacht haben!

Ich darf sagen, ich kam nie leer zurück, wenn ich unter Druck und Not Gott gesucht hatte. Es ist unendlich viel gesagt, und doch kann und darf ich nicht mehr sagen. So wichtig jede Erfahrung in dem kritischen Augenblicke für mich war, so matt, so unbedeutend, unwahrscheinlich würde die Erzählung werden, wenn ich einzelne Fälle anführen wollte. Wie glücklich war ich, daß tausend kleine Vorgänge zusammen, so gewiß als das Atemholen Zeichen meines Lebens ist, mir bewiesen, daß ich nicht ohne Gott auf der Welt sei! Er war mir nahe, ich war vor ihm. Das ist's, was ich mit geflissentlicher Vermeidung aller theologischen Systemsprache mit größter Wahrheit sagen kann.

Wie sehr wünschte ich, daß ich mich auch damals ganz ohne System befunden hätte; aber wer kommt früh zu dem Glücke, sich seines eignen Selbsts, ohne fremde Formen, in reinem Zusammenhang bewußt zu sein? Mir war es Ernst mit meiner Seligkeit. Bescheiden vertraute ich fremdem Ansehn; ich ergab mich völlig dem Hallischen Bekehrungssystem, und mein ganzes Wesen wollte auf keine Wege hineinpassen.

Nach diesem Lehrplan muß die Veränderung des Herzens mit einem tiefen Schrecken über die Sünde anfangen; das Herz muß in dieser Not bald mehr, bald weniger die verschuldete Strafe erkennen und den Vorschmack der Hölle kosten, der die Lust der Sünde verbittert. Endlich muß man eine sehr merkliche Versicherung der Gnade fühlen, die aber im Fortgange sich oft versteckt und mit Ernst wieder gesucht werden muß.

Das alles traf bei mir weder nahe noch ferne zu. Wenn ich Gott aufrichtig suchte, so ließ er sich finden und hielt mir von vergangenen Dingen nichts vor. Ich sah hintennach wohl ein, wo ich unwürdig gewesen, und wußte auch, wo ich es noch war; aber die Erkenntnis meiner Gebrechen war ohne alle Angst. Nicht einen Augenblick ist mir eine Furcht vor der Hölle angekommen, ja die Idee eines bösen Geistes und eines Straf- und Quälortes nach dem Tode konnte keineswegs in dem Kreise meiner Ideen Platz finden. Ich fand die Menschen, die ohne Gott lebten, deren Herz dem Vertrauen und der Liebe gegen den Unsichtbaren zugeschlossen war, schon so unglücklich, daß eine Hölle und äußere Strafen mir eher für sie eine Linderung zu versprechen, als eine Schärfung der Strafe zu drohen schienen. Ich durfte nur Menschen auf dieser Welt ansehen, die gehässigen Gefühlen in ihrem Busen Raum geben, die sich gegen das Gute von irgendeiner Art verstocken und sich und andern das Schlechte aufdringen wollen, die lieber bei Tage die Augen zuschließen, um nur behaupten zu können, die Sonne gebe keinen Schein von sich — wie über allen Ausdruck schienen mir diese Menschen elend! Wer hätte eine Hölle schaffen können, um ihren Zustand zu verschlimmern!

Diese Gemütsbeschaffenheit blieb mir, einen Tag wie den andern, zehn Jahre lang. Sie erhielt sich durch viele Proben, auch am schmerzhaften Sterbebette meiner geliebten Mutter. Ich war offen genug, um bei dieser Gelegenheit meine heitere Gemütsverfassung frommen, aber ganz schulgerechten Leuten nicht zu verbergen, und ich mußte darüber manchen freundschaftlichen Verweis erdulden. Man meinte mir eben zur rechten Zeit vorzustellen, welchen Ernst man anzuwenden hätte, um in gesunden Tagen einen guten Grund zu legen.

An Ernst wollte ich es auch nicht fehlen lassen. Ich ließ mich für den Augenblick überzeugen und wäre um mein Leben gern traurig und voll Schrecken gewesen. Wie verwundert war ich aber, da es ein für allemal nicht möglich war! Wenn ich an Gott dachte, war ich heiter und vergnügt; auch bei meiner lieben Mutter schmerzensvollem Ende graute mir vor dem Tode nicht. Doch lernte ich vieles und ganz andere Sachen, als meine unberufenen Lehrmeister glaubten, in diesen großen Stunden.

Nach und nach ward ich an den Einsichten so mancher hochberühmten Leute zweifelhaft und bewahrte meine Gesinnungen in der Stille. Eine gewisse Freundin, der ich erst zu viel eingeräumt hatte, wollte sich immer in meine Angelegenheiten mengen; auch von dieser war ich genötigt mich loszumachen, und einst sagte ich ihr ganz entschieden, sie solle ohne Mühe bleiben, ich brauche ihren Rat nicht; ich kenne meinen Gott und wolle ihn ganz allein zum Führer haben. Sie fand sich sehr beleidigt, und ich glaube, sie hat mir's nie ganz verziehen.

Dieser Entschluß, mich dem Rate und der Einwirkung meiner Freunde in geistlichen Sachen zu entziehen, hatte die Folge, daß ich auch in äußerlichen Verhältnissen meinen eigenen Weg zu gehen Mut gewann. Ohne den Beistand meines treuen unsichtbaren Führers hätte es mir übel geraten können, und noch muß ich über diese weise und glückliche Leitung erstaunen. Niemand wußte eigentlich, worauf es bei mir ankam, und ich wußte es selbst nicht.

Das Ding, das noch nie erklärte böse Ding, das uns von dem Wesen trennt, dem wir das Leben verdanken, von dem Wesen, aus dem alles, was Leben genannt werden soll, sich unterhalten muß, das Ding, das man Sünde nennt, kannte ich noch gar nicht.

In dem Umgange mit dem unsichtbaren Freunde fühlte ich den süßesten Genuß aller meiner Lebenskräfte. Das Verlangen, dieses Glück immer zu genießen, war so groß, daß ich gern unterließ, was diesen Umgang störte, und hierin war die Erfahrung mein bester Lehrmeister. Allein es ging mir wie Kranken, die keine Arznei haben und sich mit der Diät zu helfen suchen. Es tut etwas, aber lange nicht genug.

In der Einsamkeit konnte ich nicht immer bleiben, ob ich gleich in ihr das beste Mittel gegen die mir so eigene Zerstreuung der Gedanken fand. Kam ich nachher in Getümmel, so machte es einen desto größern Eindruck auf mich. Mein eigentlichster Vorteil bestand darin, daß die Liebe zur Stille herrschend war und ich mich am Ende immer dahin wieder zurückzog. Ich erkannte, wie in einer Art von Dämmerung, mein Elend und meine Schwäche, und ich suchte mir dadurch zu helfen, daß ich mich schonte, daß ich mich nicht aussetzte.

Sieben Jahre lang hatte ich meine diätetische Vorsicht ausgeübt. Ich hielt mich nicht für schlimm und fand meinen Zustand wünschenswert. Ohne sonderbare Umstände und Verhältnisse wäre ich auf dieser Stufe stehengeblieben, und ich kam nur auf einem sonderbaren Wege weiter. Gegen den Rat aller meiner Freunde knüpfte ich ein neues Verhältnis an. Ihre Einwendungen machten mich anfangs stutzig. Sogleich wandte ich mich an meinen unsichtbaren Führer, und da dieser es mir vergönnte, ging ich ohne Bedenken auf meinem Wege fort.

Ein Mann von Geist, Herz und Talenten hatte sich in der Nachbarschaft angekauft. Unter den Fremden, die ich kennen lernte, war auch er und seine Familie. Wir stimmten in unsern Sitten, Hausverfassungen und Gewohnheiten sehr überein und konnten uns daher bald aneinander anschließen.

Philo, so will ich ihn nennen, war schon in gewissen Jahren und meinem Vater, dessen Kräfte abzunehmen anfingen, in gewissen Geschäften von der größten Beihülfe. Er ward bald der innige Freund unsers Hauses, und da er, wie er sagte, an mir eine Person fand, die nicht das Ausschweifende und Leere der großen Welt und nicht das Trockene und Ängstliche der Stillen im Lande habe, so waren wir bald vertraute Freunde. Er war mir sehr angenehm und sehr brauchbar.

Ob ich gleich nicht die mindeste Anlage noch Neigung hatte, mich in weltliche Geschäfte zu mischen und irgendeinen Einfluß zu suchen, so hörte ich doch gerne davon und wußte gern, was in der Nähe und Ferne vorging. Von weltlichen Dingen liebte ich mir eine gefühllose Deutlichkeit zu verschaffen; Empfindung, Innigkeit, Neigung bewahrte ich für meinen Gott, für die Meinigen und für meine Freunde.

Diese letzten waren, wenn ich so sagen darf, auf meine neue Verbindung mit Philo eifersüchtig und hatten dabei von mehr als einer Seite recht, wenn sie mich hierüber warnten. Ich litt viel in der Stille, denn ich konnte selbst ihre Einwendungen nicht ganz für leer oder eigennützig halten. Ich war von jeher gewohnt, meine Einsichten unterzuordnen, und doch wollte diesmal meine Überzeugung nicht nach. Ich flehte zu meinem Gott, auch hier mich zu warnen, zu hindern, zu leiten, und da mich hierauf mein Herz nicht abmahnte, so ging ich meinen Pfad getrost fort.

Philo hatte im ganzen eine entfernte Ähnlichkeit mit Narzissen; nur hatte eine fromme Erziehung sein Gefühl mehr zusammengehalten und belebt. Er hatte weniger Eitelkeit, mehr Charakter, und wenn jener in weltlichen Geschäften fein, genau, anhaltend und unermüdlich war, so war dieser klar, scharf, schnell und arbeitete mit einer unglaublichen Leichtigkeit. Durch ihn erfuhr ich die innersten Verhältnisse fast aller der vornehmen Personen, deren Äußeres ich in der Gesellschaft hatte kennen lernen, und ich war froh, von meiner Warte dem Getümmel von weiten zuzusehen. Philo konnte mir nichts mehr verhehlen; er vertraute mir nach und nach seine äußern und innern Verbindungen. Ich fürchtete für ihn, denn ich sah gewisse Umstände und Verwickelungen voraus, und das Übel kam schneller, als ich vermutet hatte; denn er hatte mit gewissen Bekenntnissen immer zurückgehalten, und auch zuletzt entdeckte er mir nur so viel, daß ich das Schlimmste vermuten konnte.

Welche Wirkung hatte das auf mein Herz! Ich gelangte zu Erfahrungen, die mir ganz neu waren. Ich sah mit unbeschreiblicher Wehmut einen Agathon, der, in den Hainen von Delphi erzogen, das Lehrgeld noch schuldig war und es nun mit schweren rückständigen Zinsen abzahlte, und dieser Agathon war mein genau verbundener Freund. Meine Teilnahme war lebhaft und vollkommen; ich litt mit ihm, und wir befanden uns beide in dem sonderbarsten Zustande.

Nachdem ich mich lange mit seiner Gemütsverfassung beschäftigt hatte, wendete sich meine Betrachtung auf mich selbst. Der Gedanke „Du bist nicht besser als er“ stieg wie eine kleine Wolke vor mir auf, breitete sich nach und nach aus und verfinsterte meine ganze Seele.

Nun dachte ich nicht mehr bloß: „Du bist nicht besser als er“; ich fühlte es und fühlte es so, daß ich es nicht noch einmal fühlen möchte; und es war kein schneller Übergang. Mehr als ein Jahr mußte ich empfinden, daß, wenn mich eine unsichtbare Hand nicht umschränkt hätte, ich ein Girard, ein Cartouche, ein Damiens und welches Ungeheuer man nennen will, hätte werden können; die Anlage dazu fühlte ich deutlich in meinem Herzen. Gott, welche Entdeckung!

Hatte ich nun bisher die Wirklichkeit der Sünde in mir durch die Erfahrung nicht einmal auf das leiseste gewahr werden können, so war mir jetzt die Möglichkeit derselben in der Ahnung aufs schrecklichste deutlich geworden, und doch kannte ich das Übel nicht, ich fürchtete es nur; ich fühlte, daß ich schuldig sein könnte, und hatte mich nicht anzuklagen.

So tief ich überzeugt war, daß eine solche Geistesbeschaffenheit, wofür ich die meinige anerkennen mußte, sich nicht zu einer Vereinigung mit dem höchsten Wesen, die ich nach dem Tode hoffte, schicken könne, so wenig fürchtete ich, in eine solche Trennung zu geraten. Bei allem Bösen, das ich in mir entdeckte, hatte ich Ihn lieb und haßte, was ich fühlte, ja ich wünschte es noch ernstlicher zu hassen, und mein ganzer Wunsch war, von dieser Krankheit und dieser Anlage zur Krankheit erlöst zu werden, und ich war gewiß, daß mir der große Arzt seine Hülfe nicht versagen würde.

Die einzige Frage war: Was heilt diesen Schaden? Tugendübungen? An die konnte ich nicht einmal denken; denn zehn Jahre hatte ich schon mehr als nur bloße Tugend geübt, und die nun erkannten Greuel hatten dabei tief in meiner Seele verborgen gelegen. Hätten sie nicht auch wie bei David losbrechen können, als er Bathseba erblickte, und war er nicht auch ein Freund Gottes, und war ich nicht im Innersten überzeugt, daß Gott mein Freund sei?

Sollte es also wohl eine unvermeidliche Schwäche der Menschheit sein? Müssen wir uns nun gefallen lassen, daß wir irgendeinmal die Herrschaft unsrer Neigung empfinden, und bleibt uns bei dem besten Willen nichts andres übrig, als den Fall, den wir getan, zu verabscheuen und bei einer ähnlichen Gelegenheit wieder zu fallen?

Aus der Sittenlehre konnte ich keinen Trost schöpfen. Weder ihre Strenge, wodurch sie unsre Neigung meistern will, noch ihre Gefälligkeit, mit der sie unsre Neigungen zu Tugenden machen möchte, konnte mir genügen. Die Grundbegriffe, die mir der Umgang mit dem unsichtbaren Freunde eingeflößt hatte, hatten für mich schon einen viel entschiedenern Wert.

Indem ich einst die Lieder studierte, welche David nach jener häßlichen Katastrophe gedichtet hatte, war mir sehr auffallend, daß er das in ihm wohnende Böse schon in dem Stoff, woraus er geworden war, erblickte, daß er aber entsündigt sein wollte, und daß er auf das dringendste um ein reines Herz flehte.

Wie nun aber dazu zu gelangen? Die Antwort aus den symbolischen Büchern wußte ich wohl: es war mir auch eine Bibelwahrheit, daß das Blut Jesu Christi uns von allen Sünden reinige. Nun aber bemerkte ich erst, daß ich diesen so oft wiederholten Spruch noch nie verstanden hatte. Die Fragen: Was heißt das? Wie soll das zugehen? arbeiteten Tag und Nacht in mir sich durch. Endlich glaubte ich bei einem Schimmer zu sehen, daß das, was ich suchte, in der Menschwerdung des ewigen Worts, durch das alles und auch wir erschaffen sind, zu suchen sei. Daß der Uranfängliche sich in die Tiefen, in denen wir stecken, die er durchschaut und umfaßt, einstmals als Bewohner begeben habe, durch unser Verhältnis von Stufe zu Stufe, von der Empfängnis und Geburt bis zu dem Grabe, durchgegangen sei, daß er durch diesen sonderbaren Umweg wieder zu den lichten Höhen aufgestiegen, wo wir auch wohnen sollten, um glücklich zu sein: das ward mir wie in einer dämmernden Ferne offenbart.

O, warum müssen wir, um von solchen Dingen zu reden, Bilder gebrauchen, die nur äußere Zustände anzeigen! Wo ist vor ihm etwas Hohes oder Tiefes, etwas Dunkles oder Helles? Wir nur haben ein Oben und Unten, einen Tag und eine Nacht. Und eben darum ist er uns ähnlich geworden, weil wir sonst keinen Teil an ihm haben könnten.

Wie können wir aber an dieser unschätzbaren Wohltat teilnehmen? „Durch den Glauben", antwortet uns die Schrift. Was ist denn Glauben? Die Erzählung einer Begebenheit für wahr halten, was kann mir das helfen? Ich muß mir ihre Wirkungen, ihre Folgen zueignen können. Dieser zueignende Glaube muß ein eigener, dem natürlichen Menschen ungewöhnlicher Zustand des Gemüts sein.

„Nun, Allmächtiger! so schenke mir Glauben!" flehte ich einst in dem größten Druck des Herzens. Ich lehnte mich auf einen kleinen Tisch, an dem ich saß, und verbarg mein beträntes Gesicht in meinen Händen. Hier war ich in der Lage, in der man sein muß, wenn Gott auf unser Gebet achten soll, und in der man selten ist.

Ja, wer nur schildern könnte, was ich da fühlte! Ein Zug brachte meine Seele nach dem Kreuze hin, an dem Jesus einst erblaßte; ein Zug war es, ich kann es nicht anders nennen, demjenigen völlig gleich, wodurch unsre Seele zu einem abwesenden Geliebten geführt wird, ein Zunahen, das vermutlich viel wesentlicher und wahrhafter ist, als wir vermuten. So nahte meine Seele dem Menschgewordnen und am Kreuz Gestorbenen, und in dem Augenblicke wußte ich, was Glauben war.

Das ist Glauben! sagte ich und sprang wie halb erschreckt in die Höhe. Ich suchte nun meiner Empfindung, meines Anschauens gewiß zu werden, und in kurzem war ich überzeugt, daß mein Geist eine Fähigkeit sich aufzuschwingen erhalten habe, die ihm ganz neu war.

Bei diesen Empfindungen verlassen uns die Worte. Ich konnte sie ganz deutlich von aller Phantasie unterscheiden; sie waren ganz ohne Phantasie, ohne Bild, und gaben doch eben die Gewißheit eines Gegenstandes, auf den sie sich bezogen, als die Einbildungskraft, indem sie uns die Züge eines abwesenden Geliebten vormalt.

Als das erste Entzücken vorüber war, bemerkte ich, daß mir dieser Zustand der Seele schon vorher bekannt gewesen; allein ich hatte ihn nie in dieser Stärke empfunden. Ich hatte ihn niemals festhalten, nie zu eigen behalten können. Ich glaube überhaupt, daß jede Menschenseele ein und das andere Mal davon etwas empfunden hat. Ohne Zweifel ist er das, was einem jeden lehrt, daß ein Gott ist.

Mit dieser mich ehemals von Zeit zu Zeit nur anwandelnden Kraft war ich bisher sehr zufrieden gewesen, und wäre mir nicht durch sonderbare Schickung seit Jahr und Tag die unerwartete Plage widerfahren, wäre nicht dabei mein Können und Vermögen bei mir selbst außer allen Kredit gekommen, so wäre ich vielleicht mit jenem Zustande immer zufrieden geblieben.

Nun hatte ich aber seit jenem großen Augenblicke Flügel bekommen. Ich konnte mich über das, was mich vorher bedrohete, aufschwingen, wie ein Vogel singend über den schnellsten Strom ohne Mühe fliegt, vor welchem das Hündchen ängstlich bellend stehenbleibt.

Meine Freude war unbeschreiblich, und ob ich gleich niemand etwas davon entdeckte, so merkten doch die Meinigen eine ungewöhnliche Heiterkeit an mir, ohne begreifen zu können, was die Ursache meines Vergnügens wäre. Hätte ich doch immer geschwiegen und die reine Stimmung in meiner Seele zu erhalten gesucht! Hätte ich mich doch nicht durch Umstände verleiten lassen, mit meinem Geheimnisse hervorzutreten! dann hätte ich mir abermals einen großen Umweg ersparen können.

Da in meinem vorhergehenden zehnjährigen Christenlauf diese notwendige Kraft nicht in meiner Seele war, so hatte ich mich in dem Fall anderer redlichen Leute auch befunden;

ich hatte mir dadurch geholfen, daß ich die Phantasie immer mit Bildern erfüllte, die einen Bezug auf Gott hatten, und auch dieses ist schon wahrhaft nützlich, denn schädliche Bilder und ihre bösen Folgen werden dadurch abgehalten. Sodann ergreift unsre Seele oft ein und das andere von den geistigen Bildern und schwingt sich ein wenig damit in die Höhe, wie ein junger Vogel von einem Zweige auf den andern flattert. Solange man nichts Besseres hat, ist doch diese Übung nicht ganz zu verwerfen.

Auf Gott zielende Bilder und Eindrücke verschaffen uns kirchliche Anstalten, Glocken, Orgeln und Gesänge und besonders die Vorträge unsrer Lehrer. Auf sie war ich ganz unsäglich begierig; keine Witterung, keine körperliche Schwäche hielt mich ab, die Kirchen zu besuchen, und nur das sonntägige Geläute konnte mir auf meinem Krankenlager einige Ungeduld verursachen. Unsern Oberhofprediger, der ein trefflicher Mann war, hörte ich mit großer Neigung, auch seine Kollegen waren mir wert, und ich wußte die goldnen Äpfel des göttlichen Wortes auch aus irdenen Schalen unter gemeinem Obste herauszufinden. Den öffentlichen Übungen wurden alle möglichen Privaterbauungen, wie man sie nennt, hinzugefügt, und auch dadurch nur Phantasie und feinere Sinnlichkeit genährt. Ich war so an diesen Gang gewöhnt, ich respektierte ihn so sehr, daß mir auch jetzt nichts Höheres einfiel. Denn meine Seele hat nur Fühlhörner und keine Augen; sie tastet nur und sieht nicht; ach! daß sie Augen bekäme und schauen dürfte!

Auch jetzt ging ich voll Verlangen in die Predigten; aber ach, wie geschah mir! Ich fand das nicht mehr, was ich sonst gefunden. Diese Prediger stumpften sich die Zähne an den Schalen ab, indessen ich den Kern genoß. Ich mußte ihrer nun bald müde werden; aber mich an den allein zu halten, den ich doch zu finden wußte, dazu war ich zu verwöhnt. Bilder wollte ich haben, äußere Eindrücke bedurfte ich, und glaubte ein reines, geistiges Bedürfnis zu fühlen.

Philos Eltern hatten mit der herrnhutischen Gemeinde in Verbindung gestanden; in seiner Bibliothek fanden sich noch viele Schriften des Grafen. Er hatte mir einigemal sehr klar und billig darüber gesprochen und mich ersucht, einige dieser

Schriften durchzublättern, und wäre es auch nur, um ein psychologisches Phänomen kennen zu lernen. Ich hielt den Grafen für einen gar zu argen Ketzer; so ließ ich auch das Ebersdorfer Gesangbuch bei mir liegen, das mir der Freund in ähnlicher Absicht gleichsam aufgedrungen hatte.

In dem völligen Mangel aller äußeren Ermunterungsmittel ergriff ich wie von ungefähr das gedachte Gesangbuch und fand zu meinem Erstaunen wirklich Lieder darin, die, freilich unter sehr seltsamen Formen, auf dasjenige zu deuten schienen, was ich fühlte, die Originalität und Naivetät der Ausdrücke zog mich an. Eigene Empfindungen schienen auf eine eigene Weise ausgedrückt; keine Schulterminologie erinnerte an etwas Steifes oder Gemeines. Ich ward überzeugt, die Leute fühlten, was ich fühlte, und ich fand mich nun sehr glücklich, ein solches Verschen ins Gedächtnis zu fassen und mich einige Tage damit zu tragen.

Seit jenem Augenblick, in welchem mir das Wahre geschenkt worden war, verflossen auf diese Weise ungefähr drei Monate. Endlich faßte ich den Entschluß, meinem Freunde Philo alles zu entdecken und ihn um die Mitteilung jener Schriften zu bitten, auf die ich nun über die Maßen neugierig geworden war. Ich tat es auch wirklich, ungeachtet mir ein Etwas im Herzen ernstlich davon abriet.

Ich erzählte Philo die ganze Geschichte umständlich, und da er selbst darin eine Hauptperson war, da meine Erzählung auch für ihn die strengste Bußpredigt enthielt, war er äußerst betroffen und gerührt. Er zerfloß in Tränen. Ich freute mich und glaubte, auch bei ihm sei eine völlige Sinnesänderung bewirkt worden.

Er versorgte mich mit allen Schriften, die ich nur verlangte, und nun hatte ich überflüssige Nahrung für meine Einbildungskraft. Ich machte große Fortschritte in der Zinzendorfischen Art, zu denken und zu sprechen. Man glaube nicht, daß ich die Art und Weise des Grafen nicht auch gegenwärtig zu schätzen wisse; ich lasse ihm gern Gerechtigkeit widerfahren: er ist kein leerer Phantast; er spricht von großen Wahrheiten meist in einem kühnen Fluge der Einbildungskraft, und die ihn geschmäht haben, wußten seine Eigenschaften weder zu schätzen noch zu unterscheiden.

Ich gewann ihn unbeschreiblich lieb. Wäre ich mein eigner Herr gewesen, so hätte ich gewiß Vaterland und Freunde verlassen, wäre zu ihm gezogen; unfehlbar hätten wir uns verstanden, und schwerlich hätten wir uns lange vertragen.

Dank sei meinem Genius, der mich damals in meiner häuslichen Verfassung so eingeschränkt hielt! Es war schon eine große Reise, wenn ich nur in den Hausgarten gehen konnte. Die Pflege meines alten und schwächlichen Vaters machte mir Arbeit genug, und in den Ergötzungsstunden war die edle Phantasie mein Zeitvertreib. Der einzige Mensch, den ich sah, war Philo, den mein Vater sehr liebte, dessen offnes Verhältnis zu mir aber durch die letzte Erklärung einigermaßen gelitten hatte. Bei ihm war die Rührung nicht tief gedrungen, und da ihm einige Versuche, in meiner Sprache zu reden, nicht gelungen waren, so vermied er diese Materie um so leichter, als er durch seine ausgebreiteten Kenntnisse immer neue Gegenstände des Gesprächs herbeizuführen wußte.

Ich war also eine herrnhutische Schwester auf meine eigene Hand und hatte diese neue Wendung meines Gemüts und meiner Neigungen besonders vor dem Oberhofprediger zu verbergen, den ich als meinen Beichtvater zu schätzen sehr Ursache hatte, und dessen große Verdienste auch gegenwärtig durch seine äußerste Abneigung gegen die herrnhutische Gemeinde in meinen Augen nicht geschmälert wurden. Leider sollte dieser würdige Mann an mir und andern viele Betrübnis erleben!

Er hatte vor mehreren Jahren auswärts einen Kavalier als einen redlichen frommen Mann kennen lernen und war mit ihm, als einem, der Gott ernstlich suchte, in einem ununterbrochenen Briefwechsel geblieben. Wie schmerzhaft war es daher für seinen geistlichen Führer, als dieser Kavalier sich in der Folge mit der herrnhutischen Gemeinde einließ und sich lange unter den Brüdern aufhielt! wie angenehm dagegen, als sein Freund sich mit den Brüdern wieder entzweite, in seiner Nähe zu wohnen sich entschloß und sich seiner Leitung aufs neue völlig zu überlassen schien!

Nun wurde der Neuangekommene gleichsam im Triumph

allen besonders geliebten Schäfchen des Oberhirten vorgestellt. Nur in unser Haus ward er nicht eingeführt, weil mein Vater niemand mehr zu sehen pflegte. Der Kavalier fand große Approbation; er hatte das Gesittete des Hofs und das Einnehmende der Gemeinde, dabei viel schöne natürliche Eigenschaften, und ward bald der große Heilige für alle, die ihn kennen lernten, worüber sich sein geistlicher Gönner äußerst freute. Leider war jener nur über äußere Umstände mit der Gemeinde brouilliert und im Herzen noch ganz Herrnhuter. Er hing zwar wirklich an der Realität der Sache; allein auch ihm war das Tändelwerk, das der Graf darum gehängt hatte, höchst angemessen. Er war an jene Vorstellungs- und Redensarten nun einmal gewöhnt, und wenn er sich nunmehr vor seinem alten Freunde sorgfältig verbergen mußte, so war es ihm desto notwendiger, sobald er ein Häufchen vertrauter Personen um sich erblickte, mit seinen Verschen, Litaneien und Bilderchen hervorzurücken, und er fand, wie man denken kann, großen Beifall.

Ich wußte von der ganzen Sache nichts und tändelte auf meine eigene Art fort. Lange Zeit blieben wir uns unbekannt.

Einst besuchte ich in einer freien Stunde eine kranke Freundin. Ich traf mehrere Bekannte dort an und merkte bald, daß ich sie in einer Unterredung gestört hatte. Ich ließ mir nichts merken, erblickte aber zu meiner großen Verwunderung an der Wand einige herrnhutische Bilder in zierlichen Rahmen. Ich faßte geschwinde, was in der Zeit, da ich nicht im Hause gewesen, vorgegangen sein mochte, und bewillkommte diese neue Erscheinung mit einigen angemessenen Versen.

Man denke sich das Erstaunen meiner Freundinnen. Wir erklärten uns und waren auf der Stelle einig und vertraut.

Ich suchte nun öfter Gelegenheit auszugehn. Leider fand ich sie nur alle drei bis vier Wochen, ward mit dem adeligen Apostel und nach und nach mit der ganzen heimlichen Gemeinde bekannt. Ich besuchte, wenn ich konnte, ihre Versammlungen, und bei meinem geselligen Sinn war es mir unendlich angenehm, das von andern zu vernehmen und andern mitzuteilen, was ich nur bisher in und mit mir selbst ausgearbeitet hatte.

Ich war nicht so eingenommen, daß ich nicht bemerkt hätte, wie nur wenige den Sinn der zarten Worte und Ausdrücke fühlten, und wie sie dadurch auch nicht mehr als ehemals durch die kirchlich symbolische Sprache gefördert waren. Dessenungeachtet ging ich mit ihnen fort und ließ mich nicht irremachen. Ich dachte, daß ich nicht zur Untersuchung und Herzensprüfung berufen sei. War ich doch auch durch manche unschuldige Übung zum Bessern vorbereitet worden. Ich nahm meinen Teil hinweg, drang, wo ich zur Rede kam, auf den Sinn, der bei so zarten Gegenständen eher durch Worte versteckt als angedeutet wird, und ließ übrigens mit stiller Verträglichkeit einen jeden nach seiner Art gewähren.

Auf diese ruhigen Zeiten des heimlichen gesellschaftlichen Genusses folgten bald die Stürme öffentlicher Streitigkeiten und Widerwärtigkeiten, die am Hofe und in der Stadt große Bewegungen erregten und, ich möchte beinahe sagen, manches Skandal verursachten. Der Zeitpunkt war gekommen, in welchem unser Oberhofprediger, dieser große Widersacher der herrnhutischen Gemeinde, zu seiner gesegneten Demütigung entdecken sollte, daß seine besten und sonst anhänglichsten Zuhörer sich sämtlich auf die Seite der Gemeinde neigten. Er war äußerst gekränkt, vergaß im ersten Augenblicke alle Mäßigung und konnte in der Folge sich nicht, selbst wenn er gewollt hätte, zurückziehn. Es gab heftige Debatten, bei denen ich glücklicherweise nicht genannt wurde, da ich nur ein zufälliges Mitglied der so sehr verhaßten Zusammenkünfte war, und unser eifriger Führer meinen Vater und meinen Freund in bürgerlichen Angelegenheiten nicht entbehren konnte. Ich erhielt meine Neutralität mit stiller Zufriedenheit; denn mich von solchen Empfindungen und Gegenständen selbst mit wohlwollenden Menschen zu unterhalten, war mir schon verdrießlich, wenn sie den tiefsten Sinn nicht fassen konnten und nur auf der Oberfläche verweilten. Nun aber gar über das mit Widersachern zu streiten, worüber man sich kaum mit Freunden verstand, schien mir unnütz, ja verderblich. Denn bald konnte ich bemerken, daß liebevolle, edle Menschen, die in diesem Falle ihr Herz von Widerwillen und Haß nicht rein halten konnten, gar bald zur Ungerechtigkeit übergingen und, um eine äußere Form zu verteidigen, ihr bestes Innerste beinahe zerstörten.

So sehr auch der würdige Mann in diesem Fall unrecht haben mochte, und so sehr man mich auch gegen ihn aufzubringen suchte, konnte ich ihm doch niemals eine herzliche Achtung versagen. Ich kannte ihn genau; ich konnte mich in seine Art, diese Sachen anzusehen, mit Billigkeit versetzen. Ich hatte niemals einen Menschen ohne Schwäche gesehen, nur ist sie auffallender bei vorzüglichen Menschen. Wir wünschen und wollen nun ein für allemal, daß die, die so sehr privilegiert sind, auch gar keinen Tribut, keine Abgaben zahlen sollen. Ich ehrte ihn als einen vorzüglichen Mann und hoffte den Einfluß meiner stillen Neutralität, wo nicht zu einem Frieden, doch zu einem Waffenstillstande zu nutzen. Ich weiß nicht, was ich bewirkt hätte; Gott faßte die Sache kürzer und nahm ihn zu sich. Bei seiner Bahre weinten alle, die noch kurz vorher um Worte mit ihm gestritten hatten. Seine Rechtschaffenheit, seine Gottesfurcht hatte niemals jemand bezweifelt.

Auch ich mußte um diese Zeit das Puppenwerk aus den Händen legen, das mir durch diese Streitigkeiten gewissermaßen in einem andern Lichte erschienen war. Der Oheim hatte seine Plane auf meine Schwester in der Stille durchgeführt. Er stellte ihr einen jungen Mann von Stande und Vermögen als ihren Bräutigam vor und zeigte sich in einer reichlichen Aussteuer, wie man es von ihm erwarten konnte. Mein Vater willigte mit Freuden ein; die Schwester war frei und vorbereitet und veränderte gerne ihren Stand. Die Hochzeit wurde auf des Oheims Schloß ausgerichtet, Familie und Freunde waren eingeladen, und wir kamen alle mit heiterm Geiste.

Zum erstenmal in meinem Leben erregte mir der Eintritt in ein Haus Bewunderung. Ich hatte wohl oft von des Oheims Geschmack, von seinem italienischen Baumeister, von seinen Sammlungen und seiner Bibliothek reden hören; ich verglich aber das alles mit dem, was ich schon gesehen hatte, und machte mir ein sehr buntes Bild davon in Gedanken. Wie verwundert war ich daher über den ernsten und harmonischen Eindruck, den ich beim Eintritt in das Haus empfand, und der sich in jedem Saal und Zimmer verstärkte! Hatte Pracht und Zierat mich sonst nur zerstreut, so fühlte ich mich hier gesammelt und auf mich selbst zurückgeführt. Auch in allen Anstalten zu Feierlichkeiten und Festen erregten Pracht und Würde ein stilles Gefallen, und es war mir ebenso unbegreiflich, daß ein Mensch das alles hätte erfinden und anordnen können, als daß mehrere sich vereinigen könnten, um in einem so großen Sinne zusammenzuwirken. Und bei dem allen schienen der Wirt und die Seinigen so natürlich; es war keine Spur von Steifheit noch von leerem Zeremoniell zu bemerken.

Die Trauung selbst ward unvermutet auf eine herzliche Art eingeleitet; eine vortreffliche Vokalmusik überraschte uns, und der Geistliche wußte dieser Zeremonie alle Feierlichkeit der Wahrheit zu geben. Ich stand neben Philo, und statt mir Glück zu wünschen, sagte er mit einem tiefen Seufzer: „Als ich die Schwester sah die Hand hingeben, war mir's, als ob man mich mit siedheißem Wasser begossen hätte." — „Warum?" fragte ich. „Es ist mir allezeit so, wenn ich eine Kopulation ansehe", versetzte er. Ich lachte über ihn und habe nachher oft genug an seine Worte zu denken gehabt.

Die Heiterkeit der Gesellschaft, worunter viel junge Leute waren, schien noch einmal so glänzend, indem alles, was uns umgab, würdig und ernsthaft war. Aller Hausrat, Tafelzeug, Service und Tischaufsätze stimmten zu dem Ganzen, und wenn mir sonst die Baumeister mit den Konditoren aus einer Schule entsprungen zu sein schienen, so war hier Konditor und Tafeldecker bei dem Architekten in die Schule gegangen.

Da man mehrere Tage zusammenblieb, hatte der geistreiche und verständige Wirt für die Unterhaltung der Gesellschaft auf das mannigfaltigste gesorgt. Ich wiederholte hier nicht die traurige Erfahrung, die ich so oft in meinem Leben gehabt hatte, wie übel eine große gemischte Gesellschaft sich befinde, die, sich selbst überlassen, zu den allgemeinsten und schalsten Zeitvertreiben greifen muß, damit ja eher die guten als die schlechten Subjekte Mangel der Unterhaltung fühlen.

Ganz anders hatte es der Oheim veranstaltet. Er hatte zwei bis drei Marschälle, wenn ich sie so nennen darf, bestellt; der eine hatte für die Freuden der jungen Welt zu sorgen: Tänze, Spazierfahrten, kleine Spiele waren von seiner Erfindung und standen unter seiner Direktion, und da junge Leute gern im Freien leben und die Einflüsse der Luft nicht scheuen, so war ihnen der Garten und der große Gartensaal übergeben, an den zu diesem Endzwecke noch einige Galerien und Pavillons angebauet waren, zwar nur von Brettern und Leinwand, aber in so edlen Verhältnissen, daß man nur an Stein und Marmor dabei erinnert ward.

Wie selten ist eine Fete, wobei derjenige, der die Gäste zusammenberuft, auch die Schuldigkeit empfindet, für ihre Bedürfnisse und Bequemlichkeiten auf alle Weise zu sorgen!

Jagd und Spielpartien, kurze Promenaden, Gelegenheiten zu vertraulichen einsamen Gesprächen waren für die ältern Personen bereitet, und derjenige, der am frühsten zu Bette ging, war auch gewiß am weitesten von allem Lärm einquartiert.

Durch diese gute Ordnung schien der Raum, in dem wir uns befanden, eine kleine Welt zu sein, und doch, wenn man es bei nahem betrachtete, war das Schloß nicht groß, und man würde ohne genaue Kenntnis desselben und ohne den Geist des Wirtes wohl schwerlich so viele Leute darin beherbergt und jeden nach seiner Art bewirtet haben.

So angenehm uns der Anblick eines wohlgestalteten Menschen ist, so angenehm ist uns eine ganze Einrichtung, aus der uns die Gegenwart eines verständigen, vernünftigen Wesens fühlbar wird. Schon in ein reinliches Haus zu kommen, ist eine Freude, wenn es auch sonst geschmacklos gebauet und verziert ist; denn es zeigt uns die Gegenwart wenigstens von einer Seite gebildeter Menschen. Wie doppelt angenehm ist es uns also, wenn aus einer menschlichen Wohnung uns der Geist einer höhern, obgleich auch nur sinnlichen Kultur entgegenspricht.

Mit vieler Lebhaftigkeit ward mir dieses auf dem Schlosse

meines Oheims anschaulich. Ich hatte vieles von Kunst gehört und gelesen; Philo selbst war ein großer Liebhaber von Gemälden und hatte eine schöne Sammlung; auch ich selbst hatte viel gezeichnet; aber teils war ich zu sehr mit meinen Empfindungen beschäftigt und trachtete nur das eine, was not ist, erst recht ins reine zu bringen, teils schienen doch alle die Sachen, die ich gesehen hatte, mich wie die übrigen weltlichen Dinge zu zerstreuen. Nun war ich zum erstenmal durch etwas Äußerliches auf mich selbst zurückgeführt, und ich lernte den Unterschied zwischen dem natürlichen vortrefflichen Gesang der Nachtigall und einem vierstimmigen Halleluja aus gefühlvollen Menschenkehlen zu meiner größten Verwunderung erst kennen.

Ich verbarg meine Freude über diese neue Anschauung meinem Oheim nicht, der, wenn alles andere in sein Teil gegangen war, sich mit mir besonders zu unterhalten pflegte. Er sprach mit großer Bescheidenheit von dem, was er besaß und hervorgebracht hatte, mit großer Sicherheit von dem Sinne, in dem es gesammelt und aufgestellt worden war, und ich konnte wohl merken, daß er mit Schonung für mich redete, indem er nach seiner alten Art das Gute, wovon er Herr und Meister zu sein glaubte, demjenigen unterzuordnen schien, was nach meiner Überzeugung das Rechte und Beste war.

„Wenn wir uns", sagte er einmal, „als möglich denken können, daß der Schöpfer der Welt selbst die Gestalt seiner Kreatur angenommen und auf ihre Art und Weise sich eine Zeitlang auf der Welt befunden habe, so muß uns dieses Geschöpf schon unendlich vollkommen erscheinen, weil sich der Schöpfer so innig damit vereinigen konnte. Es muß also in dem Begriff des Menschen kein Widerspruch mit dem Begriff der Gottheit liegen, und wenn wir auch oft eine gewisse Unähnlichkeit und Entfernung von ihr empfinden, so ist es doch um desto mehr unsere Schuldigkeit, nicht immer wie der Advokat des bösen Geistes nur auf die Blößen und Schwächen unserer Natur zu sehen, sondern eher alle Vollkommenheiten aufzusuchen, wodurch wir die Ansprüche unsrer Gottähnlichkeit bestätigen können."

Ich lächelte und versetzte: „Beschämen Sie mich nicht zu

sehr, lieber Oheim, durch die Gefälligkeit, in meiner Sprache zu reden! Das, was Sie mir zu sagen haben, ist für mich von so großer Wichtigkeit, daß ich es in Ihrer eigensten Sprache zu hören wünschte, und ich will alsdann, was ich mir davon nicht ganz zueignen kann, schon zu übersetzen suchen."

„Ich werde", sagte er darauf, „auch auf meine eigenste Weise ohne Veränderung des Tons fortfahren können. Des Menschen größtes Verdienst bleibt wohl, wenn er die Umstände soviel als möglich bestimmt und sich so wenig als möglich von ihnen bestimmen läßt. Das ganze Weltwesen liegt vor uns wie ein großer Steinbruch vor dem Baumeister, der nur dann den Namen verdient, wenn er aus diesen zufälligen Naturmassen ein in seinem Geiste entsprungenes Urbild mit der größten Ökonomie, Zweckmäßigkeit und Festigkeit zusammenstellt. Alles außer uns ist nur Element, ja, ich darf wohl sagen, auch alles an uns; aber tief in uns liegt diese schöpferische Kraft, die das zu erschaffen vermag, was sein soll, und uns nicht ruhen und rasten läßt, bis wir es außer uns oder an uns auf eine oder die andere Weise dargestellt haben. Sie, liebe Nichte, haben vielleicht das beste Teil erwählt; Sie haben Ihr sittliches Wesen, Ihre tiefe, liebevolle Natur mit sich selbst und mit dem höchsten Wesen übereinstimmend zu machen gesucht, indes wir andern wohl auch nicht zu tadeln sind, wenn wir den sinnlichen Menschen in seinem Umfange zu kennen und tätig in Einheit zu bringen suchen."

Durch solche Gespräche wurden wir nach und nach vertrauter, und ich erlangte von ihm, daß er mit mir ohne Kondeszendenz wie mit sich selbst sprach. „Glauben Sie nicht", sagte der Oheim zu mir, „daß ich Ihnen schmeichle, wenn ich Ihre Art zu denken und zu handeln lobe. Ich verehre den Menschen, der deutlich weiß, was er will, unablässig vorschreitet, die Mittel zu seinem Zwecke kennt und sie zu ergreifen und zu brauchen weiß; inwiefern sein Zweck groß oder klein sei, Lob oder Tadel verdiene, das kommt bei mir erst nachher in Betrachtung. Glauben Sie mir, meine Liebe, der größte Teil des Unheils und dessen, was man bös in der Welt nennt, entsteht bloß, weil die Menschen zu nachlässig sind, ihre Zwecke recht kennen zu lernen und, wenn sie solche kennen, ernsthaft darauf loszuarbeiten. Sie kommen mir vor wie Leute, die den Begriff haben, es könne und müsse ein Turm gebauet werden, und die doch an den Grund nicht mehr Steine und Arbeit verwenden, als man allenfalls einer Hütte unterschlüge. Hätten Sie, meine Freundin, deren höchstes Bedürfnis war, mit Ihrer innern sittlichen Natur ins reine zu kommen, anstatt der großen und kühnen Aufopferungen, sich zwischen Ihrer Familie, einem Bräutigam, vielleicht einem Gemahl nur so hin beholfen, Sie würden, in einem ewigen Widerspruch mit sich selbst, niemals einen zufriedenen Augenblick genossen haben."

„Sie brauchen", versetzte ich hier, „das Wort Aufopferung, und ich habe manchmal gedacht, wie wir einer höhern Absicht, gleichsam wie einer Gottheit, das Geringere zum Opfer darbringen, ob es uns schon am Herzen liegt, wie man ein geliebtes Schaf für die Gesundheit eines verehrten Vaters gern und willig zum Altar führen würde."

„Was es auch sei", versetzte er, „der Verstand oder die Empfindung, das uns eins für das andere hingeben, eins vor dem andern wählen heißt, so ist Entschiedenheit und Folge nach meiner Meinung das Verehrungswürdigste am Menschen. Man kann die Ware und das Geld nicht zugleich haben; und der ist ebenso übel dran, dem es immer nach der Ware gelüstet, ohne daß er das Herz hat, das Geld hinzugeben, als der, den der Kauf reut, wenn er die Ware in Händen hat. Aber ich bin weit entfernt, die Menschen deshalb zu tadeln; denn sie sind eigentlich nicht schuld, sondern die verwickelte Lage, in der sie sich befinden und in der sie sich nicht zu regieren wissen. So werden Sie zum Beispiel im Durchschnitt weniger üble Wirte auf dem Lande als in den Städten finden, und wieder in kleinen Städten weniger als in großen; und warum? Der Mensch ist zu einer beschränkten Lage geboren; einfache, nahe, bestimmte Zwecke vermag er einzusehen, und er gewöhnt sich, die Mittel zu benutzen, die ihm gleich zur Hand sind; sobald er aber ins Weite kommt, weiß er weder, was er will, noch was er soll, und es ist ganz einerlei, ob er durch die Menge der Gegenstände zerstreut, oder ob er durch die Höhe und Würde derselben außer sich gesetzt werde. Es ist immer sein Unglück, wenn er veranlaßt wird, nach etwas zu streben, mit dem er sich durch eine regelmäßige Selbsttätigkeit nicht verbinden kann.

Fürwahr", fuhr er fort, „ohne Ernst ist in der Welt nichts möglich, und unter denen, die wir gebildete Menschen nennen, ist eigentlich wenig Ernst zu finden; sie gehen, ich möchte sagen, gegen Arbeiten und Geschäfte, gegen Künste, ja gegen Vergnügungen nur mit einer Art von Selbstverteidigung zu Werke, man lebt, wie man ein Pack Zeitungen liest, nur damit man sie loswerde, und es fällt mir dabei jener junge Engländer in Rom ein, der abends in einer Gesellschaft sehr zufrieden erzählte, daß er doch heute sechs Kirchen und zwei Galerien beiseitegebracht habe. Man will mancherlei wissen und kennen, und gerade das, was einen am wenigsten angeht, und man bemerkt nicht, daß kein Hunger dadurch gestillt wird, wenn man nach der Luft schnappt. Wenn ich einen Menschen kennen lerne, frage ich sogleich, womit beschäftigt er sich? und wie? und in welcher Folge? und mit der Beantwortung der Frage ist auch mein Interesse an ihm auf zeitlebens entschieden."

„Sie sind, lieber Oheim", versetzte ich darauf, „vielleicht zu strenge und entziehen manchem guten Menschen, dem Sie nützlich sein könnten, Ihre hülfreiche Hand."

„Ist es dem zu verdenken", antwortete er, „der so lange vergebens an ihnen und um sie gearbeitet hat? Wie sehr leidet man nicht in der Jugend von Menschen, die uns zu einer angenehmen Lustpartie einzuladen glauben, wenn sie uns in die Gesellschaft der Danaiden oder des Sisyphus zu bringen versprechen. Gott sei Dank, ich habe mich von ihnen losgemacht, und wenn einer unglücklicherweise in meinen Kreis kommt, suche ich ihn auf die höflichste Art hinauszukomplimentieren; denn gerade von diesen Leuten hört man die bittersten Klagen über den verworrenen Lauf der Welthändel, über die Seichtigkeit der Wissenschaften, über den Leichtsinn der Künstler, über die Leerheit der Dichter und was alles noch mehr ist. Sie bedenken am wenigsten, daß eben sie selbst und die Menge, die ihnen gleich ist, gerade das Buch nicht lesen würden, das geschrieben wäre, wie sie es fordern, daß ihnen die echte Dichtung fremd sei, und daß selbst ein gutes Kunstwerk nur durch Vorurteil ihren Beifall erlangen könne. Doch lassen Sie uns abbrechen, es ist hier keine Zeit zu schelten noch zu klagen."

Er leitete meine Aufmerksamkeit auf die verschiedenen Gemälde, die an der Wand aufgehängt waren; mein Auge hielt sich an die, deren Anblick reizend oder deren Gegenstand bedeutend war; er ließ es eine Weile geschehen, dann sagte er: „Gönnen Sie nun auch dem Genius, der diese Werke hervorgebracht hat, einige Aufmerksamkeit. Gute Gemüter sehen so gerne den Finger Gottes in der Natur; warum sollte man nicht auch der Hand seines Nachahmers einige Betrachtung schenken?" Er machte mich sodann auf unscheinbare Bilder aufmerksam und suchte mir begreiflich zu machen, daß eigentlich die Geschichte der Kunst allein uns den Begriff von dem Wert und der Würde eines Kunstwerks geben könne, daß man erst die beschwerlichen Stufen des Mechanismus und des Handwerks, an denen der fähige Mensch sich jahrhundertelang hinaufarbeitet, kennen müsse, um zu begreifen, wie es möglich sei, daß das Genie auf dem Gipfel, bei dessen bloßem Anblick uns schwindelt, sich frei und fröhlich bewege.

Er hatte in diesem Sinne eine schöne Reihe zusammengebracht, und ich konnte mich nicht enthalten, als er mir sie auslegte, die moralische Bildung hier wie im Gleichnisse vor mir zu sehen. Als ich ihm meine Gedanken äußerte, versetzte er: „Sie haben vollkommen recht, und wir sehen daraus, daß man nicht wohl tut, der sittlichen Bildung einsam, in sich selbst verschlossen nachzuhängen; vielmehr wird man finden, daß derjenige, dessen Geist nach einer moralischen Kultur strebt, alle Ursache hat, seine feinere Sinnlichkeit zugleich mit auszubilden, damit er nicht in Gefahr komme, von seiner moralischen Höhe herabzugleiten, indem er sich den Lockungen einer regellosen Phantasie übergibt und in den Fall kommt, seine edlere Natur durch Vergnügen an geschmacklosen Tändeleien, wo nicht an etwas Schlimmerem herabzuwürdigen."

Ich hatte ihn nicht im Verdacht, daß er auf mich ziele,

aber ich fühlte mich getroffen, wenn ich zurückdachte, daß unter den Liedern, die mich erbauet hatten, manches abgeschmackte mochte gewesen sein, und daß die Bildchen, die sich an meine geistlichen Ideen anschlossen, wohl schwerlich vor den Augen des Oheims würden Grade gefunden haben.

Philo hatte sich indessen öfters in der Bibliothek aufgehalten und führte mich nunmehr auch in selbiger ein. Wir bewunderten die Auswahl und dabei die Menge der Bücher. Sie waren in jedem Sinne gesammelt; denn es waren beinahe auch nur solche darin zu finden, die uns zur deutlichen Erkenntnis führen oder uns zur rechten Ordnung anweisen, die uns entweder rechte Materialien geben oder uns von der Einheit unsers Geistes überzeugen.

Ich hatte in meinem Leben unsäglich gelesen, und in gewissen Fächern war mir fast kein Buch unbekannt; um desto angenehmer war mir's, hier von der Übersicht des Ganzen zu sprechen und Lücken zu bemerken, wo ich sonst nur eine beschränkte Verwirrung oder eine unendliche Ausdehnung gesehen hatte.

Zugleich machten wir die Bekanntschaft eines sehr interessanten stillen Mannes. Er war Arzt und Naturforscher und schien mehr zu den Penaten als zu den Bewohnern des Hauses zu gehören. Er zeigte uns das Naturalienkabinett, das wie die Bibliothek in verschlossenen Glasschränken zugleich die Wände der Zimmer verzierte und den Raum veredelte, ohne ihn zu verengen. Hier erinnerte ich mich mit Freuden meiner Jugend und zeigte meinem Vater mehrere Gegenstände, die er ehemals auf das Krankenbette seines kaum in die Welt blickenden Kindes gebracht hatte. Dabei verhehlte der Arzt so wenig als bei folgenden Unterredungen, daß er sich mir in Absicht auf religiöse Gesinnungen nähere, lobte dabei den Oheim außerordentlich wegen seiner Toleranz und Schätzung von allem, was den Wert und die Einheit der menschlichen Natur anzeige und befördere, nur verlange er freilich von allen andern Menschen ein Gleiches und pflege nichts so sehr als individuellen Dünkel und ausschließende Beschränktheit zu verdammen oder zu fliehen.

Seit der Trauung meiner Schwester sah dem Oheim die

Freude aus den Augen, und er sprach verschiedenemal mit mir über das, was er für sie und ihre Kinder zu tun denke. Er hatte schöne Güter, die er selbst bewirtschaftete und die er in dem besten Zustande seinen Neffen zu übergeben hoffte. Wegen des kleinen Gutes, auf dem wir uns befanden, schien er besondere Gedanken zu hegen: „Ich werde es", sagte er, „nur einer Person überlassen, die zu kennen, zu schätzen und zu genießen weiß, was es enthält, und die einsieht, wie sehr ein Reicher und Vornehmer besonders in Deutschland Ursache habe, etwas Mustermäßiges aufzustellen."

Schon war der größte Teil der Gäste nach und nach verflogen; wir bereiteten uns zum Abschied und glaubten die letzte Szene der Feierlichkeit erlebt zu haben, als wir aufs neue durch seine Aufmerksamkeit, uns ein würdiges Vergnügen zu machen, überrascht wurden. Wir hatten ihm das Entzücken nicht verbergen können, das wir fühlten, als bei meiner Schwester Trauung ein Chor Menschenstimmen sich ohne alle Begleitung irgendeines Instruments hören ließ. Wir legten es ihm nahe genug, uns das Vergnügen noch einmal zu verschaffen; er schien nicht darauf zu merken. Wie überrascht waren wir daher, als er eines Abends zu uns sagte: „Die Tanzmusik hat sich entfernt; die jungen, flüchtigen Freunde haben uns verlassen; das Ehepaar selbst sieht schon ernsthafter aus als vor einigen Tagen, und in einer solchen Epoche voneinander zu scheiden, da wir uns vielleicht nie, wenigstens anders wiedersehen, regt uns zu einer feierlichen Stimmung, die ich nicht edler nähren kann als durch eine Musik, deren Wiederholung Sie schon früher zu wünschen schienen."

Er ließ durch das indes verstärkte und im stillen noch mehr geübte Chor uns vier- und achtstimmige Gesänge vortragen, die uns, ich darf wohl sagen, wirklich einen Vorschmack der Seligkeit gaben. Ich hatte bisher nur den frommen Gesang gekannt, in welchem gute Seelen oft mit heiserer Kehle, wie die Waldvögelein, Gott zu loben glauben, weil sie sich selbst eine angenehme Empfindung machen; dann die eitle Musik der Konzerte, in denen man allenfalls zur Bewunderung eines Talents, selten aber auch nur zu einem vorübergehenden Vergnügen hingerissen wird. Nun vernahm ich eine Musik, aus dem tiefsten Sinne der trefflichsten menschlichen Naturen entsprungen, die durch bestimmte und geübte Organe in harmonischer Einheit wieder zum tiefsten, besten Sinne des Menschen sprach und ihn wirklich in diesem Augenblicke seine Gottähnlichkeit lebhaft empfinden ließ. Alles waren lateinische geistliche Gesänge, die sich wie Juwelen in dem goldnen Ringe einer gesitteten weltlichen Gesellschaft ausnahmen und mich, ohne Anforderung einer sogenannten Erbauung, auf das geistigste erhoben und glücklich machten.

Bei unserer Abreise wurden wir alle auf das edelste beschenkt. Mir überreichte er das Ordenskreuz meines Stiftes, kunstmäßiger und schöner gearbeitet und emailliert, als man es sonst zu sehen gewohnt war. Es hing an einem großen Brillanten, wodurch es zugleich an das Band befestigt wurde, und den er als den edelsten Stein einer Naturaliensammlung anzusehen bat.

Meine Schwester zog nun mit ihrem Gemahl auf seine Güter, wir andern kehrten alle nach unsern Wohnungen zurück und schienen uns, was unsere äußern Umstände anbetraf, in ein ganz gemeines Leben zurückgekehrt zu sein. Wir waren wie aus einem Feenschloß auf die platte Erde gesetzt und mußten uns wieder nach unsrer Weise benehmen und behelfen.

Die sonderbaren Erfahrungen, die ich in jenem neuen Kreise gemacht hatte, ließen einen schönen Eindruck bei mir zurück; doch blieb er nicht lange in seiner ganzen Lebhaftigkeit, obgleich der Oheim ihn zu unterhalten und zu erneuern suchte, indem er mir von Zeit zu Zeit von seinen besten und gefälligsten Kunstwerken zusandte und, wenn ich sie lange genug genossen hatte, wieder mit andern vertauschte.

Ich war zu sehr gewohnt, mich mit mir selbst zu beschäftigen, die Angelegenheiten meines Herzens und meines Gemütes in Ordnung zu bringen und mich davon mit ähnlich gesinnten Personen zu unterhalten, als daß ich mit Aufmerksamkeit ein Kunstwerk hätte betrachten sollen, ohne bald auf mich selbst zurückzukehren. Ich war gewohnt, ein Gemälde und einen Kupferstich nur anzusehen wie die Buchstaben eines Buchs. Ein schöner Druck gefällt wohl; aber wer wird ein Buch des Druckes wegen in die Hand nehmen? So sollte mir auch eine bildliche Darstellung etwas sagen, sie sollte mich belehren, rühren, bessern; und der Oheim mochte in seinen Briefen, mit denen er seine Kunstwerke erläuterte, reden, was er wollte, so blieb es mit mir doch immer beim alten.

Doch mehr als meine eigene Natur zogen mich äußere Begebenheiten, die Veränderungen in meiner Familie, von solchen Betrachtungen, ja eine Weile von mir selbst ab; ich mußte dulden und wirken, mehr, als meine schwachen Kräfte zu ertragen schienen.

Meine ledige Schwester war bisher mein rechter Arm gewesen; gesund, stark und unbeschreiblich gütig, hatte sie die Besorgung der Haushaltung über sich genommen, wie mich die persönliche Pflege des alten Vaters beschäftigte. Es überfällt sie ein Katarrh, woraus eine Brustkrankheit wird, und in drei Wochen liegt sie auf der Bahre; ihr Tod schlug mir Wunden, deren Narben ich jetzt noch nicht gerne ansehe. Ich lag krank zu Bette, ehe sie noch beerdiget war; der alte Schaden auf meiner Brust schien aufzuwachen, ich hustete heftig und war so heiser, daß ich keinen lauten Ton hervorbringen konnte.

Die verheiratete Schwester kam vor Schrecken und Betrübnis zu früh in die Wochen. Mein alter Vater fürchtete, seine Kinder und die Hoffnung seiner Nachkommenschaft auf einmal zu verlieren; seine gerechten Tränen vermehrten meinen Jammer; ich flehte zu Gott um Herstellung einer leidlichen Gesundheit und bat ihn nur, mein Leben bis nach dem Tode des Vaters zu fristen. Ich genas und war nach meiner Art wohl, konnte wieder meine Pflichten, obgleich nur auf eine kümmerliche Weise, erfüllen.

Meine Schwester ward wieder guter Hoffnung. Mancherlei Sorgen, die in solchen Fällen der Mutter anvertraut werden, wurden mir mitgeteilt; sie lebte nicht ganz glücklich mit ihrem Manne, das sollte dem Vater verborgen bleiben; ich mußte Schiedsrichter sein und konnte es um so eher, da mein Schwager Zutrauen zu mir hatte und beide wirklich gute Menschen waren, nur daß beide, anstatt einander nachzusehen, miteinander rechteten und aus Begierde, völlig miteinander überein zu leben, niemals einig werden konnten. Nun lernte ich auch die weltlichen Dinge mit Ernst angreifen und das ausüben, was ich sonst nur gesungen hatte.

Meine Schwester gebar einen Sohn; die Unpäßlichkeit meines Vaters verhinderte ihn nicht, zu ihr zu reisen. Beim Anblick des Kindes war er unglaublich heiter und froh, und bei der Taufe erschien er mir gegen seine Art wie begeistert, ja ich möchte sagen, als ein Genius mit zwei Gesichtern. Mit dem einen blickte er freudig vorwärts in jene Regionen, in die er bald einzugehen hoffte, mit dem andern auf das neue, hoffnungsvolle irdische Leben, das in dem Knaben entsprungen war, der von ihm abstammte. Er ward nicht müde, auf dem Rückwege mich von dem Kinde zu unterhalten, von seiner Gestalt, seiner Gesundheit und dem Wunsche, daß die Anlagen dieses neuen Weltbürgers glücklich ausgebildet werden möchten. Seine Betrachtungen hierüber dauerten fort, als wir zu Hause anlangten, und erst nach einigen Tagen bemerkte man eine Art Fieber, das sich nach Tisch, ohne Frost, durch eine etwas ermattende Hitze äußerte. Er legte sich jedoch nicht nieder, fuhr des Morgens aus und versah treulich seine Amtsgeschäfte, bis ihn endlich anhaltende ernsthafte Symptome davon abhielten.

Nie werde ich die Ruhe des Geistes, die Klarheit und Deutlichkeit vergessen, womit er die Angelegenheiten seines Hauses, die Besorgung seines Begräbnisses, als wie das Geschäft eines andern, mit der größten Ordnung vornahm.

Mit einer Heiterkeit, die ihm sonst nicht eigen war und die bis zu einer lebhaften Freude stieg, sagte er zu mir: „Wo ist die Todesfurcht hingekommen, die ich sonst noch wohl empfand? Sollt' ich zu sterben scheuen? Ich habe einen gnädigen Gott, das Grab erweckt mir kein Grauen, ich habe ein ewiges Leben."

Mir die Umstände seines Todes zurückzurufen, der bald darauf erfolgte, ist in meiner Einsamkeit eine meiner angenehmsten Unterhaltungen, und die sichtbaren Wirkungen einer höhern Kraft dabei wird mir niemand wegräsonieren.

Der Tod meines lieben Vaters veränderte meine bisherige

Lebensart. Aus dem strengsten Gehorsam, aus der größten Einschränkung kam ich in die größte Freiheit, und ich genoß ihrer wie eine Speise, die man lange entbehrt hat. Sonst war ich selten zwei Stunden außer dem Hause; nun verlebte ich kaum einen Tag in meinem Zimmer. Meine Freunde, bei denen ich sonst nur abgerissene Besuche machen konnte, wollten sich meines anhaltenden Umgangs so wie ich mich des ihrigen erfreuen; öfters wurde ich zu Tische geladen, Spazierfahrten und kleine Lustreisen kamen hinzu, und ich blieb nirgends zurück. Als aber der Zirkel durchlaufen war, sah ich, daß das unschätzbare Glück der Freiheit nicht darin besteht, daß man alles tut, was man tun mag, und wozu uns die Umstände einladen, sondern daß man das ohne Hindernis und Rückhalt, auf dem geraden Wege tun kann, was man für recht und schicklich hält, und ich war alt genug, in diesem Falle ohne Lehrgeld zu der schönen Überzeugung zu gelangen.

Was ich mir nicht versagen konnte, war, so bald als nur möglich den Umgang mit den Gliedern der herrnhutischen Gemeine fortzusetzen und fester zu knüpfen, und ich eilte, eine ihrer nächsten Einrichtungen zu besuchen; aber auch da fand ich keinesweges, was ich mir vorgestellt hatte. Ich war ehrlich genug, meine Meinung merken zu lassen, und man suchte mir hinwieder beizubringen, diese Verfassung sei gar nichts gegen eine ordentlich eingerichtete Gemeine. Ich konnte mir das gefallen lassen; doch hätte nach meiner Überzeugung der wahre Geist aus einer kleinen so gut als aus einer großen Anstalt hervorblicken sollen.

Einer ihrer Bischöfe, der gegenwärtig war, ein unmittelbarer Schüler des Grafen, beschäftigte sich viel mit mir; er sprach vollkommen Englisch, und weil ich es ein wenig verstand, meinte er, es sei ein Wink, daß wir zusammengehörten; ich meinte es aber ganz und gar nicht, sein Umgang konnte mir nicht im geringsten gefallen. Er war ein Messerschmied, ein geborener Mähre; seine Art zu denken konnte das Handwerksmäßige nicht verleugnen. Besser verstand ich mich mit dem Herrn von L*, der Major in französischen Diensten gewesen war; aber zu der Untertänigkeit, die er gegen seine Vorgesetzten bezeigte, fühlte ich mich niemals fähig; ja es war mir, als wenn man mir eine Ohrfeige gäbe, wenn ich die Majorin und andere, mehr oder weniger angesehene Frauen dem Bischof die Hand küssen sah. Indessen wurde doch eine Reise nach Holland verabredet, die aber, und gewiß zu meinem Besten, niemals zustande kam.

Meine Schwester war mit einer Tochter niedergekommen, und nun war die Reihe an uns Frauen, zufrieden zu sein und zu denken, wie sie dereinst uns ähnlich erzogen werden sollte. Mein Schwager war dagegen sehr unzufrieden, als in dem Jahr darauf abermals eine Tochter erfolgte; er wünschte bei seinen großen Gütern Knaben um sich zu sehen, die ihm einst in der Verwaltung beistehen könnten.

Ich hielt mich bei meiner schwachen Gesundheit still, und bei einer ruhigen Lebensart ziemlich im Gleichgewicht; ich fürchtete den Tod nicht, ja ich wünschte zu sterben, aber ich fühlte in der Stille, daß mir Gott Zeit gebe, meine Seele zu untersuchen und ihm immer näher zu kommen. In den vielen schlaflosen Nächten habe ich besonders etwas empfunden, das ich eben nicht deutlich beschreiben kann.

Es war, als wenn meine Seele ohne Gesellschaft des Körpers dächte; sie sah den Körper selbst als ein ihr fremdes Wesen an, wie man etwa ein Kleid ansieht. Sie stellte sich mit einer außerordentlichen Lebhaftigkeit die vergangenen Zeiten und Begebenheiten vor und fühlte daraus, was folgen werde. Alle diese Zeiten sind dahin; was folgt, wird auch dahingehen, der Körper wird wie ein Kleid zerreißen, aber Ich, das wohlbekannte Ich, Ich bin.

Diesem großen, erhabenen und tröstlichen Gefühle so wenig als nur möglich nachzuhängen, lehrte mich ein edler Freund, der sich mir immer näher verband; es war der Arzt, den ich in dem Hause meines Oheims hatte kennen lernen, und der sich von der Verfassung meines Körpers und meines Geistes sehr gut unterrichtet hatte; er zeigte mir, wie sehr diese Empfindungen, wenn wir sie unabhängig von äußern Gegenständen in uns nähren, uns gewissermaßen aushöhlen und den Grund unseres Daseins untergraben. „Tätig zu sein", sagte er, „ist des Menschen erste Bestimmung, und alle Zwischenzeiten, in denen er auszuruhen genötigt ist, sollte er anwenden, eine deutliche Erkenntnis der äußerlichen Dinge zu erlangen, die ihm in der Folge abermals seine Tätigkeit erleichtert.“

Da der Freund meine Gewohnheit kannte, meinen eigenen Körper als einen äußern Gegenstand anzusehn, und da er wußte, daß ich meine Konstitution, mein Übel und die medizinischen Hülfsmittel ziemlich kannte, und ich wirklich durch anhaltende eigene und fremde Leiden ein halber Arzt geworden war, so leitete er meine Aufmerksamkeit von der Kenntnis des menschlichen Körpers und der Spezereien auf die übrigen nachbarlichen Gegenstände der Schöpfung und führte mich wie im Paradiese umher, und nur zuletzt, wenn ich mein Gleichnis fortsetzen darf, ließ er mich den in der Abendkühle im Garten wandelnden Schöpfer aus der Entfernung ahnen.

Wie gerne sah ich nunmehr Gott in der Natur, da ich ihn mit solcher Gewißheit im Herzen trug, wie interessant war mir das Werk seiner Hände, und wie dankbar war ich, daß er mich mit dem Atem seines Mundes hatte beleben wollen!

Wir hofften aufs neue mit meiner Schwester auf einen Knaben, dem mein Schwager so sehnlich entgegensah, und dessen Geburt er leider nicht erlebte. Der wackere Mann starb an den Folgen eines unglücklichen Sturzes vom Pferde, und meine Schwester folgte ihm, nachdem sie der Welt einen schönen Knaben gegeben hatte. Ihre vier hinterlassenen Kinder konnte ich nur mit Wehmut ansehn. So manche gesunde Person war vor mir, der Kranken, hingegangen; sollte ich nicht vielleicht von diesen hoffnungsvollen Blüten manche abfallen sehen? Ich kannte die Welt genug, um zu wissen, unter wie vielen Gefahren ein Kind, besonders in dem höheren Stande, heraufwächst, und es schien mir, als wenn sie seit der Zeit meiner Jugend sich für die gegenwärtige Welt noch vermehrt hätten. Ich fühlte, daß ich bei meiner Schwäche wenig oder nichts für die Kinder zu tun imstande sei; um desto erwünschter war mir des Oheims Entschluß, der natürlich aus seiner Denkungsart entsprang, seine ganze Aufmerksamkeit auf die Erziehung dieser liebenswürdigen Geschöpfe zu verwenden. Und gewiß, sie verdienten es in jedem Sinne, sie waren wohlgebildet und versprachen bei ihrer großen Verschiedenheit sämtlich gutartige und verständige Menschen zu werden.

Seitdem mein guter Arzt mich aufmerksam gemacht hatte, betrachtete ich gern die Familienähnlichkeit in Kindern und Verwandten. Mein Vater hatte sorgfältig die Bilder seiner Vorfahren aufbewahrt, sich selbst und seine Kinder von leidlichen Meistern malen lassen, auch war meine Mutter und ihre Verwandten nicht vergessen worden. Wir kannten die Charaktere der ganzen Familie genau, und da wir sie oft untereinander verglichen hatten, so suchten wir nun bei den Kindern die Ähnlichkeiten des Äußern und Innern wieder auf. Der älteste Sohn meiner Schwester schien seinem Großvater väterlicher Seite zu gleichen, von dem ein jugendliches Bild sehr gut gemalt in der Sammlung unseres Oheims aufgestellt war; auch liebte er wie jener, der sich immer als ein braver Offizier gezeigt hatte, nichts so sehr als das Gewehr, womit er sich immer, sooft er mich besuchte, beschäftigte. Denn mein Vater hatte einen sehr schönen Gewehrschrank hinterlassen, und der Kleine hatte nicht eher Ruhe, bis ich ihm ein Paar Pistolen und eine Jagdflinte schenkte, und bis er herausgebracht hatte, wie ein deutsches Schloß aufzuziehen sei. Übrigens war er in seinen Handlungen und seinem ganzen Wesen nichts weniger als rauh, sondern vielmehr sanft und verständig.

Die älteste Tochter hatte meine ganze Neigung gefesselt, und es mochte wohl daher kommen, weil sie mir ähnlich sah, und weil sie sich von allen vieren am meisten zu mir hielt. Aber ich kann wohl sagen, je genauer ich sie beobachtete, da sie heranwuchs, desto mehr beschämte sie mich, und ich konnte das Kind nicht ohne Bewunderung, ja ich darf beinahe sagen, nicht ohne Verehrung ansehn. Man sah nicht leicht eine edlere Gestalt, ein ruhiger Gemüt und eine immer gleiche, auf keinen Gegenstand eingeschränkte Tätigkeit. Sie war keinen Augenblick ihres Lebens unbeschäftigt, und jedes Geschäft ward unter ihren Händen zur würdigen Handlung. Alles schien ihr gleich, wenn sie nur das verrichten konnte, was in der Zeit und am Platz war, und ebenso konnte sie ruhig, ohne Ungeduld, bleiben, wenn sich nichts zu tun fand. Diese Tätigkeit ohne Bedürfnis einer

Beschäftigung habe ich in meinem Leben nicht wieder gesehen. Unnachahmlich war von Jugend auf ihr Betragen gegen Notleidende und Hülfsbedürftige. Ich gestehe gern, daß ich niemals das Talent hatte, mir aus der Wohltätigkeit ein Geschäft zu machen; ich war nicht karg gegen Arme, ja ich gab oft in meinem Verhältnisse zu viel dahin, aber gewissermaßen kaufte ich mich nur los, und es mußte mir jemand angeboren sein, wenn er mir meine Sorgfalt abgewinnen wollte. Gerade das Gegenteil lobe ich an meiner Nichte. Ich habe sie niemals einem Armen Geld geben sehen, und was sie von mir zu diesem Endzweck erhielt, verwandelte sie immer erst in das nächste Bedürfnis. Niemals erschien sie mir liebenswürdiger, als wenn sie meine Kleider- und Wäscheschränke plünderte; immer fand sie etwas, das ich nicht trug und nicht brauchte, und diese alten Sachen zusammenzuschneiden und sie irgendeinem zerlumpten Kinde anzupassen, war ihre größte Glückseligkeit.

Die Gesinnungen ihrer Schwester zeigten sich schon anders; sie hatte vieles von der Mutter, versprach schon frühe sehr zierlich und reizend zu werden, und scheint ihr Versprechen halten zu wollen; sie ist sehr mit ihrem Äußern beschäftigt und wußte sich von früher Zeit an auf eine in die Augen fallende Weise zu putzen und zu tragen. Ich erinnere mich noch immer, mit welchem Entzücken sie sich als ein kleines Kind im Spiegel besah, als ich ihr die schönen Perlen, die mir meine Mutter hinterlassen hatte, und die sie von ungefähr bei mir fand, umbinden mußte.

Wenn ich diese verschiedenen Neigungen betrachtete, war es mir angenehm zu denken, wie meine Besitzungen nach meinem Tode unter sie zerfallen und durch sie wieder lebendig werden würden. Ich sah die Jagdflinten meines Vaters schon wieder auf dem Rücken des Neffen im Felde herumwandeln und aus seiner Jagdtasche schon wieder Hühner herausfallen; ich sah meine sämtliche Garderobe bei der Osterkonfirmation, lauter kleinen Mädchen angepaßt, aus der Kirche herauskommen und mit meinen besten Stoffen ein sittsames Bürgermädchen an ihrem Brauttage geschmückt; denn zu Ausstattung solcher Kinder und ehrbarer armer Mädchen hatte Natalie eine besondere Neigung, ob sie gleich, wie ich hier bemerken muß, selbst keine Art von Liebe und, wenn ich so sagen darf, kein Bedürfnis einer Anhänglichkeit an ein sichtbares oder unsichtbares Wesen, wie es sich bei mir in meiner Jugend so lebhaft gezeigt hatte, auf irgendeine Weise merken ließ.

Wenn ich nun dachte, daß die Jüngste an ebendemselben Tage meine Perlen und Juwelen nach Hofe tragen werde, so sah ich mit Ruhe meine Besitzungen wie meinen Körper den Elementen wiedergegeben.

Die Kinder wuchsen heran und sind zu meiner Zufriedenheit gesunde, schöne und wackre Geschöpfe. Ich ertrage es mit Geduld, daß der Oheim sie von mir entfernt hält, und sehe sie, wenn sie in der Nähe oder auch wohl gar in der Stadt sind, selten.

Ein wunderbarer Mann, den man für einen französischen Geistlichen hält, ohne daß man recht von seiner Herkunft unterrichtet ist, hat die Aufsicht über die sämtlichen Kinder, welche an verschiedenen Orten erzogen werden und bald hier, bald da in der Kost sind.

Ich konnte anfangs keinen Plan in dieser Erziehung sehn, bis mir mein Arzt zuletzt eröffnete, der Oheim habe sich durch den Abbé überzeugen lassen, daß, wenn man an der Erziehung des Menschen etwas tun wolle, müsse man sehen, wohin seine Neigungen und Wünsche gehen, sodann müsse man ihn in die Lage versetzen, jene so bald als möglich zu befriedigen, diese so bald als möglich zu erreichen, damit der Mensch, wenn er sich geirrt habe, früh genug seinen Irrtum gewahr werde und, wenn er das getroffen hat, was für ihn paßt, desto eifriger daran halte und sich desto emsiger fortbilde. Ich wünsche, daß dieser sonderbare Versuch gelingen möge; bei so guten Naturen ist es vielleicht möglich.

Aber das, was ich nicht an diesen Erziehern billigen kann, ist, daß sie alles von den Kindern zu entfernen suchen, was sie zu dem Umgange mit sich selbst und mit dem unsichtbaren, einzigen treuen Freunde führen könne. Ja, es verdrießt mich oft von dem Oheim, daß er mich deshalb für die Kinder für gefährlich hält. Im Praktischen ist doch kein Mensch tolerant! Denn wer auch versichert, daß er jedem seine Art und Wesen gerne lassen wolle, sucht doch immer diejenigen von der Tätigkeit auszuschließen, die nicht so denken wie er.

Diese Art, die Kinder von mir zu entfernen, betrübt mich desto mehr, je mehr ich von der Realität meines Glaubens überzeugt sein kann. Warum sollte er nicht einen göttlichen Ursprung, nicht einen wirklichen Gegenstand haben, da er sich im Praktischen so wirksam erweist? Werden wir durchs Praktische doch unseres eigenen Daseins selbst erst recht gewiß, warum sollten wir uns nicht auch auf eben dem Wege von jenem Wesen überzeugen können, das uns zu allem Guten die Hand reicht?

Daß ich immer vorwärts, nie rückwärts gehe, daß meine Handlungen immer mehr der Idee ähnlich werden, die ich mir von der Vollkommenheit gemacht habe, daß ich täglich mehr Leichtigkeit fühle, das zu tun, was ich für recht halte, selbst bei der Schwäche meines Körpers, der mir so manchen Dienst versagt: läßt sich das alles aus der menschlichen Natur, deren Verderben ich so tief eingesehen habe, erklären? Für mich nun einmal nicht.

Ich erinnere mich kaum eines Gebotes, nichts erscheint mir in Gestalt eines Gesetzes, es ist ein Trieb, der mich leitet und mich immer recht führet; ich folge mit Freiheit meinen Gesinnungen und weiß so wenig von Einschränkung als von Reue. Gott sei Dank, daß ich erkenne, wem ich dieses Glück schuldig bin und daß ich an diese Vorzüge nur mit Demut denken darf. Denn niemals werde ich in Gefahr kommen, auf mein eignes Können und Vermögen stolz zu werden, da ich so deutlich erkannt habe, welch Ungeheuer in jedem menschlichen Busen, wenn eine höhere Kraft uns nicht bewahrt, sich erzeugen und nähren könne.

SIEBENTES BUCH

ERSTES KAPITEL

Der Frühling war in seiner völligen Herrlichkeit erschienen; ein frühzeitiges Gewitter, das den ganzen Tag gedrohet hatte, ging stürmisch an den Bergen nieder, der Regen zog nach dem Lande, die Sonne trat wieder in ihrem Glanze hervor, und auf dem grauen Grunde erschien der herrliche Bogen. Wilhelm ritt ihm entgegen und sah ihn mit Wehmut an. „Ach!“ sagte er zu sich selbst, „erscheinen uns denn eben die schönsten Farben des Lebens nur auf dunklem Grunde? Und müssen Tropfen fallen, wenn wir entzückt werden sollen? Ein heiterer Tag ist wie ein grauer, wenn wir ihn ungerührt ansehen, und was kann uns rühren, als die stille Hoffnung, daß die angeborne Neigung unsers Herzens nicht ohne Gegenstand bleiben werde? Uns rührt die Erzählung jeder guten Tat, uns rührt das Anschauen jedes harmonischen Gegenstandes; wir fühlen dabei, daß wir nicht ganz in der Fremde sind, wir wähnen einer Heimat näher zu sein, nach der unser Bestes, Innerstes ungeduldig hinstrebt.“

Inzwischen hatte ihn ein Fußgänger eingeholt, der sich zu ihm gesellte, mit starkem Schritte neben dem Pferde blieb und nach einigen gleichgültigen Reden zu dem Reiter sagte: „Wenn ich mich nicht irre, so muß ich Sie irgendwo schon gesehen haben.“

„Ich erinnere mich Ihrer auch“, versetzte Wilhelm; „haben wir nicht zusammen eine lustige Wasserfahrt gemacht?“ — „Ganz recht!“ erwiderte der andere.

Wilhelm betrachtete ihn genauer und sagte nach einigem Stillschweigen: „Ich weiß nicht, was für eine Veränderung mit Ihnen vorgegangen sein mag; damals hielt ich Sie für einen lutherischen Landgeistlichen, und jetzt sehen Sie mir eher einem katholischen ähnlich.“

„Heute betrügen Sie sich wenigstens nicht“, sagte der andere, indem er den Hut abnahm und die Tonsur sehen ließ. „Wo ist denn Ihre Gesellschaft hingekommen? Sind Sie noch lange bei ihr geblieben?“

„Länger als billig; denn leider wenn ich an jene Zeit zurückdenke, die ich mit ihr zugebracht habe, so glaube ich in ein unendliches Leere zu sehen; es ist mir nichts davon übriggeblieben.“

„Darin irren Sie sich; alles, was uns begegnet, läßt Spuren zurück, alles trägt unmerklich zu unserer Bildung bei; doch es ist gefährlich, sich davon Rechenschaft geben zu wollen. Wir werden dabei entweder stolz und lässig oder niedergeschlagen und kleinmütig, und eins ist für die Folge so hinderlich als das andere. Das Sicherste bleibt immer, nur das Nächste zu tun, was vor uns liegt, und das ist jetzt“, fuhr er mit einem Lächeln fort, „daß wir eilen, ins Quartier zu kommen.“

Wilhelm fragte, wie weit noch der Weg nach Lotharios Gut sei, der andere versetzte, daß es hinter dem Berge liege. „Vielleicht treffe ich Sie dort an“, fuhr er fort, „ich habe nur in der Nachbarschaft noch etwas zu besorgen. Leben Sie so lange wohl!“ Und mit diesen Worten ging er einen steilen Pfad, der schneller über den Berg hinüberzuführen schien.

„Jawohl hat er recht!“ sagte Wilhelm vor sich, indem er weiter ritt; „an das Nächste soll man denken, und für mich ist wohl jetzt nichts Näheres als der traurige Auftrag, den ich ausrichten soll. Laß sehen, ob ich die Rede noch ganz im Gedächtnis habe, die den grausamen Freund beschämen soll!“

Er fing darauf an, sich dieses Kunstwerk vorzusagen; es fehlte ihm auch nicht eine Silbe, und je mehr ihm sein Gedächtnis zustatten kam, desto mehr wuchs seine Leidenschaft und sein Mut. Aureliens Leiden und Tod waren lebhaft vor seiner Seele gegenwärtig.

„Geist meiner Freundin!“ rief er aus, „umschwebe mich! und wenn es dir möglich ist, so gib mir ein Zeichen, daß du besänftigt, daß du versöhnt seist!“

Unter diesen Worten und Gedanken war er auf die Höhe des Berges gekommen und sah an dessen Abhang an der andern Seite ein wunderliches Gebäude liegen, das er sogleich für Lotharios Wohnung hielt. Ein altes unregelmäßiges Schloß mit einigen Türmen und Giebeln schien die erste Anlage dazu gewesen zu sein; allein noch unregelmäßiger waren die neuen Angebäude, die, teils nah, teils in einiger Entfernung davon errichtet, mit dem Hauptgebäude durch Galerien und bedeckte Gänge zusammenhingen. Alle äußere Symmetrie, jedes architektonische Ansehn schien dem Bedürfnis der innern Bequemlichkeit aufgeopfert zu sein. Keine Spur von Wall und Graben war zu sehen, ebensowenig als von künstlichen Gärten und großen Alleen. Ein Gemüse- und Baumgarten drang bis an die Häuser hinan, und kleine nutzbare Gärten waren selbst in den Zwischenräumen angelegt. Ein heiteres Dörfchen lag in einiger Entfernung, Gärten und Felder schienen durchaus in dem besten Zustande.

In seine eignen leidenschaftlichen Betrachtungen vertieft, ritt Wilhelm weiter, ohne viel über das, was er sah, nachzudenken, stellte sein Pferd in einem Gasthofe ein und eilte nicht ohne Bewegung nach dem Schlosse zu.

Ein alter Bedienter empfing ihn an der Türe und berichtete ihm mit vieler Gutmütigkeit, daß er heute wohl schwerlich vor den Herren kommen werde; der Herr habe viel Briefe zu schreiben und schon einige seiner Geschäftsleute abweisen lassen. Wilhelm ward dringender, und endlich mußte der Alte nachgeben und ihn melden. Er kam zurück und führte Wilhelmen in einen großen alten Saal. Dort ersuchte er ihn, sich zu gedulden, weil der Herr vielleicht noch eine Zeitlang ausbleiben werde. Wilhelm ging unruhig auf und ab und warf einige Blicke auf die Ritter und Frauen, deren alte Abbildungen an der Wand umher hingen; er wiederholte den Anfang seiner Rede, und sie schien ihm in Gegenwart dieser Harnische und Kragen erst recht am Platz. Sooft er etwas rauschen hörte, setzte er sich in Positur, um seinen Gegner mit Würde zu empfangen, ihm erst den Brief zu überreichen und ihn dann mit den Waffen des Vorwurfs anzufallen.

Mehrmals war er schon getäuscht worden und fing wirklich an verdrießlich und verstimmt zu werden, als endlich aus einer Seitentür ein wohlgebildeter Mann in Stiefeln und einem schlichten Überrocke heraustrat. „Was bringen Sie mir Gutes?“ sagte er mit freundlicher Stimme zu Wilhelmen; „verzeihen Sie, daß ich Sie habe warten lassen.“

Er faltete, indem er dieses sprach, einen Brief, den er in der Hand hielt. Wilhelm, nicht ohne Verlegenheit, überreichte ihm das Blatt Aureliens und sagte: „Ich bringe die letzten Worte einer Freundin, die Sie nicht ohne Rührung lesen werden."

Lothario nahm den Brief und ging sogleich in das Zimmer zurück, wo er, wie Wilhelm recht gut durch die offene Türe sehen konnte, erst noch einige Briefe siegelte und überschrieb, dann Aureliens Brief eröffnete und las. Er schien das Blatt einigemal durchgelesen zu haben, und Wilhelm, obgleich seinem Gefühl nach die pathetische Rede zu dem natürlichen Empfang nicht recht passen wollte, nahm sich doch zusammen, ging auf die Schwelle los und wollte seinen Spruch beginnen, als eine Tapetentüre des Kabinetts sich öffnete und der Geistliche hereintrat.

„Ich erhalte die wunderlichste Depesche von der Welt", rief Lothario ihm entgegen; „verzeihn Sie mir", fuhr er fort, indem er sich gegen Wilhelmen wandte, „wenn ich in diesem Augenblicke nicht gestimmt bin, mich mit Ihnen weiter zu unterhalten. Sie bleiben heute nacht bei uns! und Sie sorgen für unsern Gast, Abbé, daß ihm nichts abgeht."

Mit diesen Worten machte er eine Verbeugung gegen Wilhelmen; der Geistliche nahm unsern Freund bei der Hand, der nicht ohne Widerstreben folgte.

Stillschweigend gingen sie durch wunderliche Gänge und kamen in ein gar artiges Zimmer. Der Geistliche führte ihn ein und verließ ihn ohne weitere Entschuldigung. Bald darauf erschien ein munterer Knabe, der sich bei Wilhelmen als seine Bedienung ankündigte und das Abendessen brachte, bei der Aufwartung von der Ordnung des Hauses, wie man zu frühstücken, zu speisen, zu arbeiten und sich zu vergnügen pflegte, manches erzählte und besonders zu Lotharios Ruhm gar vieles vorbrachte.

So angenehm auch der Knabe war, so suchte ihn Wilhelm doch bald loszuwerden. Er wünschte allein zu sein, denn er fühlte sich in seiner Lage äußerst gedrückt und beklommen. Er machte sich Vorwürfe, seinen Vorsatz so schlecht vollführt, seinen Auftrag nur halb ausgerichtet zu haben. Bald nahm er sich vor, den andern Morgen das Versäumte nachzuholen, bald ward er gewahr, daß Lotharios Gegenwart ihn zu ganz andern Gefühlen stimmte. Das Haus, worin er sich befand, kam ihm auch so wunderbar vor; er wußte sich in seine Lage nicht zu finden. Er wollte sich ausziehen und öffnete seinen Mantelsack; mit seinen Nachtsachen brachte er zugleich den Schleier des Geistes hervor, den Mignon eingepackt hatte. Der Anblick vermehrte seine traurige Stimmung. „Flieh! Jüngling, flieh!“ rief er aus. „Was soll das mystische Wort heißen? was fliehen? wohin fliehen? Weit besser hätte der Geist mir zugerufen: ‚Kehre in dich selbst zurück!‘ “ Er betrachtete die englischen Kupfer, die an der Wand in Rahmen hingen; gleichgültig sah er über die meisten hinweg; endlich fand er auf dem einen ein unglücklich strandendes Schiff vorgestellt: ein Vater mit seinen schönen Töchtern erwartete den Tod von den hereindringenden Wellen. Das eine Frauenzimmer schien Ähnlichkeit mit jener Amazone zu haben; ein unaussprechliches Mitleiden ergriff unsern Freund, er fühlte ein unwiderstehliches Bedürfnis, seinem Herzen Luft zu machen, Tränen drangen aus seinem Auge, und er konnte sich nicht wieder erholen, bis ihn der Schlaf überwältigte.

Sonderbare Traumbilder erschienen ihm gegen Morgen. Er fand sich in einem Garten, den er als Knabe öfters besucht hatte, und sah mit Vergnügen die bekannten Alleen, Hecken und Blumenbeete wieder; Mariane begegnete ihm, er sprach liebevoll mit ihr und ohne Erinnerung irgendeines vergangenen Mißverhältnisses. Gleich darauf trat sein Vater zu ihnen, im Hauskleide, und mit vertraulicher Miene, die ihm selten war, hieß er den Sohn zwei Stühle aus dem Gartenhause holen, nahm Marianen bei der Hand und führte sie nach einer Laube.

Wilhelm eilte nach dem Gartensaale, fand ihn aber ganz leer, nur sah er Aurelien an dem entgegengesetzten Fenster stehen; er ging, sie anzureden, allein sie blieb unverwandt, und ob er sich gleich neben sie stellte, konnte er doch ihr Gesicht nicht sehen. Er blickte zum Fenster hinaus und sah in einem fremden Garten viele Menschen beisammen, von denen er einige sogleich erkannte. Frau Melina saß unter einem Baum und spielte mit einer Rose, die sie in der Hand hielt; Laertes stand neben ihr und zählte Gold aus einer Hand in die andere. Mignon und Felix lagen im Grase, jene ausgestreckt auf dem Rücken, dieser auf dem Gesichte. Philine trat hervor und klatschte über den Kindern in die Hände, Mignon blieb unbeweglich, Felix sprang auf und floh vor Philinen. Erst lachte er im Laufen, als Philine ihn verfolgte; dann schrie er ängstlich, als der Harfenspieler mit großen, langsamen Schritten ihm nachging. Das Kind lief gerade auf einen Teich los; Wilhelm eilte ihm nach, aber zu spät, das Kind lag im Wasser! Wilhelm stand wie eingewurzelt. Nun sah er die schöne Amazone an der andern Seite des Teichs, sie streckte ihre rechte Hand gegen das Kind aus und ging am Ufer hin, das Kind durchstrich das Wasser in gerader Richtung auf den Finger zu und folgte ihr nach, wie sie ging, endlich reichte sie ihm ihre Hand und zog es aus dem Teiche. Wilhelm war indessen näher gekommen, das Kind brannte über und über, und es fielen feurige Tropfen von ihm herab. Wilhelm war noch besorgter, doch die Amazone nahm schnell einen weißen Schleier vom Haupte und bedeckte das Kind damit. Das Feuer war sogleich gelöscht. Als sie den Schleier aufhob, sprangen zwei Knaben hervor, die zusammen mutwillig hin und her spielten, als Wilhelm mit der Amazone Hand in Hand durch den Garten ging und in der Entfernung seinen Vater und Marianen in einer Allee spazieren sah, die mit hohen Bäumen den ganzen Garten zu umgeben schien. Er richtete seinen Weg auf beide zu und machte mit seiner schönen Begleiterin den Durchschnitt des Gartens, als auf einmal der blonde Friedrich ihnen in den Weg trat und sie mit großem Gelächter und allerlei Possen aufhielt. Sie wollten demungeachtet ihren Weg weiter fortsetzen; da eilte er weg und lief auf jenes entfernte Paar zu; der Vater und Mariane schienen vor ihm zu fliehen, er lief nur desto schneller, und Wilhelm sah jene fast im Fluge durch die Allee hinschweben. Natur und Neigung forderten ihn auf, jenen zu Hülfe zu kommen, aber die Hand der Amazone hielt ihn zurück. Wie gern ließ er sich halten! Mit dieser gemischten Empfindung wachte er auf und fand sein Zimmer schon von der hellen Sonne erleuchtet.

ZWEITES KAPITEL

Der Knabe lud Wilhelmen zum Frühstück ein; dieser fand den Abbé schon im Saale; Lothario, hieß es, sei ausgeritten; der Abbé war nicht sehr gesprächig und schien eher nachdenklich zu sein; er fragte nach Aureliens Tode und hörte mit Teilnahme der Erzählung Wilhelms zu. „Ach!“ rief er aus, „wem es lebhaft und gegenwärtig ist, welche unendliche Operationen Natur und Kunst machen müssen, bis ein gebildeter Mensch dasteht, wer selbst soviel als möglich an der Bildung seiner Mitbrüder teilnimmt, der möchte verzweifeln, wenn er sieht, wie freventlich sich oft der Mensch zerstört und so oft in den Fall kommt, mit oder ohne Schuld zerstört zu werden. Wenn ich das bedenke, so scheint mir das Leben selbst eine so zufällige Gabe, daß ich jeden loben möchte, der sie nicht höher als billig schätzt.“

Er hatte kaum ausgesprochen, als die Türe mit Heftigkeit sich aufriß, ein junges Frauenzimmer hereinstürzte und den alten Bedienten, der sich ihr in den Weg stellte, zurückstieß. Sie eilte gerade auf den Abbé zu und konnte, indem sie ihn beim Arm faßte, vor Weinen und Schluchzen kaum die wenigen Worte hervorbringen: „Wo ist er? Wo habt ihr ihn? Es ist eine entsetzliche Verräterei! Gesteht nur! Ich weiß, was vorgeht! Ich will ihm nach! Ich will wissen, wo er ist.“

„Beruhigen Sie sich, mein Kind“, sagte der Abbé mit angenommener Gelassenheit, „kommen Sie auf Ihr Zimmer, Sie sollen alles erfahren, nur müssen Sie hören können, wenn ich Ihnen erzählen soll.“ Er bot ihr die Hand an, im Sinne, sie wegzuführen. „Ich werde nicht auf mein Zimmer gehen“, rief sie aus, „ich hasse die Wände, zwischen denen ihr mich schon so lange gefangenhaltet! und doch habe ich alles erfahren, der Obrist hat ihn herausgefordert, er ist hinausgeritten, seinen Gegner aufzusuchen, und vielleicht jetzt eben in diesem Augenblicke — es war mir etlichemal, als hörte ich schießen. Lassen Sie anspannen und fahren Sie mit mir, oder ich fülle das Haus, das ganze Dorf mit meinem Geschrei.“

Sie eilte unter den heftigsten Tränen nach dem Fenster,

der Abbé hielt sie zurück und suchte vergebens, sie zu besänftigen.

Man hörte einen Wagen fahren, sie riß das Fenster auf: „Er ist tot!“ rief sie, „da bringen sie ihn.“ — „Er steigt aus!“ sagte der Abbé. „Sie sehen, er lebt.“ — „Er ist verwundet“, versetzte sie heftig, „sonst käm’ er zu Pferde! Sie führen ihn! Er ist gefährlich verwundet!“ Sie rannte zur Türe hinaus und die Treppe hinunter, der Abbé eilte ihr nach, und Wilhelm folgte ihnen; er sah, wie die Schöne ihrem heraufkommenden Geliebten begegnete.

Lothario lehnte sich auf seinen Begleiter, welchen Wilhelm sogleich für seinen alten Gönner Jarno erkannte, sprach dem trostlosen Frauenzimmer gar liebreich und freundlich zu, und indem er sich auch auf sie stützte, kam er die Treppe langsam herauf; er grüßte Wilhelmen und ward in sein Kabinett geführt.

Nicht lange darauf kam Jarno wieder heraus und trat zu Wilhelmen. „Sie sind, wie es scheint“, sagte er, „prädestiniert, überall Schauspieler und Theater zu finden; wir sind eben in einem Drama begriffen, das nicht ganz lustig ist.“

„Ich freue mich“, versetzte Wilhelm, „Sie in diesem sonderbaren Augenblicke wiederzufinden; ich bin verwundert, erschrocken, und Ihre Gegenwart macht mich gleich ruhig und gefaßt. Sagen Sie mir, hat es Gefahr? Ist der Baron schwer verwundet?“ — „Ich glaube nicht“, versetzte Jarno.

Nach einiger Zeit trat der junge Wundarzt aus dem Zimmer. „Nun, was sagen Sie?“ rief ihm Jarno entgegen. — „Daß es sehr gefährlich steht“, versetzte dieser und steckte einige Instrumente in seine lederne Tasche zusammen.

Wilhelm betrachtete das Band, das von der Tasche herunterhing, er glaubte es zu kennen. Lebhafte, widersprechende Farben, ein seltsames Muster, Gold und Silber in wunderlichen Figuren, zeichneten dieses Band vor allen Bändern der Welt aus. Wilhelm war überzeugt, die Instrumententasche des alten Chirurgus vor sich zu sehen, der ihn in jenem Walde verbunden hatte, und die Hoffnung, nach so langer Zeit wieder eine Spur seiner Amazone zu finden, schlug wie eine Flamme durch sein ganzes Wesen.

„Wo haben Sie die Tasche her?“ rief er aus. „Wem gehörte sie vor Ihnen? Ich bitte, sagen Sie mir's.“ — „Ich habe sie in einer Auktion gekauft“, versetzte jener, „was kümmert's mich, wem sie angehörte?“ Mit diesen Worten entfernte er sich, und Jarno sagte: „Wenn diesem jungen Menschen nur ein wahres Wort aus dem Munde ginge!“ — „So hat er also diese Tasche nicht erstanden?“ versetzte Wilhelm. „So wenig, als es Gefahr mit Lothario hat“, antwortete Jarno.

Wilhelm stand in ein vielfaches Nachdenken versenkt, als Jarno ihn fragte, wie es ihm zeither gegangen sei? Wilhelm erzählte seine Geschichte im allgemeinen, und als er zuletzt von Aureliens Tod und seiner Botschaft gesprochen hatte, rief jener aus: „Es ist doch sonderbar, sehr sonderbar!“

Der Abbé trat aus dem Zimmer, winkte Jarno zu, an seiner Statt hineinzugehen, und sagte zu Wilhelmen: „Der Baron läßt Sie ersuchen, hier zu bleiben, einige Tage die Gesellschaft zu vermehren und zu seiner Unterhaltung unter diesen Umständen beizutragen. Haben Sie nötig, etwas an die Ihrigen zu bestellen, so soll Ihr Brief gleich besorgt werden, und damit Sie diese wunderbare Begebenheit verstehen, von der Sie Augenzeuge sind, muß ich Ihnen erzählen, was eigentlich kein Geheimnis ist. Der Baron hatte ein kleines Abenteuer mit einer Dame, das mehr Aufsehen machte, als billig war, weil sie den Triumph, ihn einer Nebenbuhlerin entrissen zu haben, allzu lebhaft genießen wollte. Leider fand er nach einiger Zeit bei ihr nicht die nämliche Unterhaltung, er vermied sie; allein bei ihrer heftigen Gemütsart war es ihr unmöglich, ihr Schicksal mit gesetztem Mute zu tragen. Bei einem Balle gab es einen öffentlichen Bruch, sie glaubte sich äußerst beleidigt und wünschte gerächt zu werden; kein Ritter fand sich, der sich ihrer angenommen hätte, bis endlich ihr Mann, von dem sie sich lange getrennt hatte, die Sache erfuhr und sich ihrer annahm, den Baron herausforderte und heute verwundete; doch ist der Obrist, wie ich höre, noch schlimmer dabei gefahren.“

Von diesem Augenblicke an ward unser Freund im Hause, als gehöre er zur Familie, behandelt.

DRITTES KAPITEL

Man hatte einigemal dem Kranken vorgelesen; Wilhelm leistete diesen kleinen Dienst mit Freuden. Lydie kam nicht vom Bette hinweg, ihre Sorgfalt für den Verwundeten verschlang alle ihre übrige Aufmerksamkeit, aber heute schien auch Lothario zerstreut, ja er bat, daß man nicht weiter lesen möchte.

„Ich fühle heute so lebhaft", sagte er, „wie töricht der Mensch seine Zeit verstreichen läßt! Wie manches habe ich mir vorgenommen, wie manches durchdacht, und wie zaudert man nicht bei seinen besten Vorsätzen! Ich habe die Vorschläge über die Veränderungen gelesen, die ich auf meinen Gütern machen will, und ich kann sagen, ich freue mich vorzüglich dieserwegen, daß die Kugel keinen gefährlichern Weg genommen hat."

Lydie sah ihn zärtlich, ja mit Tränen in den Augen an, als wollte sie fragen, ob denn sie, ob seine Freunde nicht auch Anteil an der Lebensfreude fordern könnten. Jarno dagegen versetzte: „Veränderungen, wie Sie vorhaben, werden billig erst von allen Seiten überlegt, bis man sich dazu entschließt."

„Lange Überlegungen", versetzte Lothario, „zeigen gewöhnlich, daß man den Punkt nicht im Auge hat, von dem die Rede ist, übereilte Handlungen, daß man ihn gar nicht kennt. Ich übersehe sehr deutlich, daß ich in vielen Stücken bei der Wirtschaft meiner Güter die Dienste meiner Landleute nicht entbehren kann, und daß ich auf gewissen Rechten strack und streng halten muß; ich sehe aber auch, daß andere Befugnisse mir zwar vorteilhaft, aber nicht ganz unentbehrlich sind, so daß ich davon meinen Leuten auch was gönnen kann. Man verliert nicht immer, wenn man entbehrt. Nutze ich nicht meine Güter weit besser als mein Vater? Werde ich meine Einkünfte nicht noch höher treiben? Und soll ich diesen wachsenden Vorteil allein genießen? Soll ich dem, der mit mir und für mich arbeitet, nicht auch in dem Seinigen Vorteile gönnen, die uns erweiterte Kenntnisse, die uns eine vorrückende Zeit darbietet?"

„Der Mensch ist nun einmal so!" rief Jarno, „und ich

tadle mich nicht, wenn ich mich auch in dieser Eigenheit ertappe; der Mensch begehrt alles an sich zu reißen, um nur nach Belieben damit schalten und walten zu können; das Geld, das er nicht selbst ausgibt, scheint ihm selten wohl angewendet."

„O ja!" versetzte Lothario, „wir könnten manches vom Kapital entbehren, wenn wir mit den Interessen weniger willkürlich umgingen."

„Das einzige, was ich zu erinnern habe", sagte Jarno, „und warum ich nicht raten kann, daß Sie eben jetzt diese Veränderungen machen, wodurch Sie wenigstens im Augenblicke verlieren, ist, daß Sie selbst noch Schulden haben, deren Abzahlung Sie einengt. Ich würde raten, Ihren Plan aufzuschieben, bis Sie völlig im reinen wären."

„Und indessen einer Kugel oder einem Dachziegel zu überlassen, ob er die Resultate meines Lebens und meiner Tätigkeit auf immer vernichten wollte! O, mein Freund!" fuhr Lothario fort, „das ist ein Hauptfehler gebildeter Menschen, daß sie alles an eine Idee, wenig oder nichts an einen Gegenstand wenden mögen. Wozu habe ich Schulden gemacht? Warum habe ich mich mit meinem Oheim entzweit, meine Geschwister so lange sich selbst überlassen, als um einer Idee willen? In Amerika glaubte ich zu wirken, über dem Meere glaubte ich nützlich und notwendig zu sein; war eine Handlung nicht mit tausend Gefahren umgeben, so schien sie mir nicht bedeutend, nicht würdig. Wie anders seh' ich jetzt die Dinge, und wie ist mir das Nächste so wert, so teuer geworden!"

„Ich erinnere mich wohl des Briefes", versetzte Jarno, „den ich noch über das Meer erhielt. Sie schrieben mir: ‚Ich werde zurückkehren und in meinem Hause, in meinem Baumgarten, mitten unter den Meinigen sagen: H i e r o d e r n i r g e n d i s t A m e r i k a !'"

„Ja, mein Freund, und ich wiederhole noch immer dasselbe, und doch schelte ich mich zugleich, daß ich hier nicht so tätig wie dort bin. Zu einer gewissen gleichen, fortdauernden Gegenwart brauchen wir nur Verstand, und wir werden auch nur zu Verstand, so daß wir das Außerordentliche, was jeder gleichgültige Tag von uns fordert, nicht mehr sehen und, wenn wir es erkennen, doch tausend Entschuldigungen finden, es nicht zu tun. Ein verständiger Mensch ist viel für sich, aber fürs Ganze ist er wenig."

„Wir wollen", sagte Jarno, „dem Verstande nicht zu nahe treten und bekennen, daß das Außerordentliche, was geschieht, meistens töricht ist."

„Ja, und zwar eben deswegen, weil die Menschen das Außerordentliche außer der Ordnung tun. So gibt mein Schwager sein Vermögen, insofern er es veräußern kann, der Brüdergemeinde und glaubt seiner Seele Heil dadurch zu befördern; hätte er einen geringen Teil seiner Einkünfte aufgeopfert, so hätte er viel glückliche Menschen machen und sich und ihnen einen Himmel auf Erden schaffen können. Selten sind unsere Aufopferungen tätig, wir tun gleich Verzicht auf das, was wir weggeben. Nicht entschlossen, sondern verzweifelt entsagen wir dem, was wir besitzen. Diese Tage, ich gesteh' es, schwebt mir der Graf immer vor Augen, und ich bin fest entschlossen, das aus Überzeugung zu tun, wozu ihn ein ängstlicher Wahn treibt; ich will meine Genesung nicht abwarten. Hier sind die Papiere, sie dürfen nur ins reine gebracht werden. Nehmen Sie den Gerichtshalter dazu, unser Gast hilft Ihnen auch, Sie wissen so gut als ich, worauf es ankommt, und ich will hier genesend oder sterbend dabei bleiben und ausrufen: Hier oder nirgend ist Herrnhut!"

Als Lydie ihren Freund von Sterben reden hörte, stürzte sie vor seinem Bette nieder, hing an seinen Armen und weinte bitterlich. Der Wundarzt kam herein, Jarno gab Wilhelmen die Papiere und nötigte Lydien, sich zu entfernen.

„Um 's Himmels willen!" rief Wilhelm, als sie in dem Saal allein waren, „was ist das mit dem Grafen? Welch ein Graf ist das, der sich unter die Brüdergemeinde begibt?"

„Den Sie sehr wohl kennen", versetzte Jarno. „Sie sind das Gespenst, das ihn in die Arme der Frömmigkeit jagt, Sie sind der Bösewicht, der sein artiges Weib in einen Zustand versetzt, in dem sie erträglich findet, ihrem Manne zu folgen."

„Und sie ist Lotharios Schwester?" rief Wilhelm.

„Nicht anders."

„Und Lothario weiß —?"

„Alles."

„O lassen Sie mich fliehen!" rief Wilhelm aus; „wie kann ich vor ihm stehen? Was kann er sagen?"

„Daß niemand einen Stein gegen den andern aufheben soll, und daß niemand lange Reden komponieren soll, um die Leute zu beschämen, er müßte sie denn vor dem Spiegel halten wollen."

„Auch das wissen Sie?"

„Wie manches andere", versetzte Jarno lächelnd; „doch diesmal", fuhr er fort, „werde ich Sie so leicht nicht wie das vorige Mal loslassen, und vor meinem Werbesold haben Sie sich auch nicht mehr zu fürchten. Ich bin kein Soldat mehr, und auch als Soldat hätte ich Ihnen diesen Argwohn nicht einflößen sollen. Seit der Zeit, daß ich Sie nicht gesehen habe, hat sich vieles geändert. Nach dem Tode meines Fürsten, meines einzigen Freundes und Wohltäters, habe ich mich aus der Welt und aus allen weltlichen Verhältnissen herausgerissen. Ich beförderte gern, was vernünftig war, verschwieg nicht, wenn ich etwas abgeschmackt fand, und man hatte immer von meinem unruhigen Kopf und von meinem bösen Maule zu reden. Das Menschenpack fürchtet sich vor nichts mehr als vor dem Verstande; vor der Dummheit sollten sie sich fürchten, wenn sie begriffen, was fürchterlich ist; aber jener ist unbequem, und man muß ihn beiseiteschaffen, diese ist nur verderblich, und das kann man abwarten. Doch es mag hingehen, ich habe zu leben, und von meinem Plane sollen Sie weiter hören. Sie sollen teil daran nehmen, wenn Sie mögen; aber sagen Sie mir, wie ist es Ihnen ergangen? Ich sehe, ich fühle Ihnen an, auch Sie haben sich verändert. Wie steht's mit Ihrer alten Grille, etwas Schönes und Gutes in Gesellschaft von Zigeunern hervorzubringen?"

„Ich bin gestraft genug!" rief Wilhelm aus; „erinnern Sie mich nicht, woher ich komme und wohin ich gehe. Man spricht viel vom Theater, aber wer nicht selbst darauf war, kann sich keine Vorstellung davon machen. Wie völlig diese Menschen mit sich selbst unbekannt sind, wie sie ihr

Geschäft ohne Nachdenken treiben, wie ihre Anforderungen ohne Grenzen sind, davon hat man keinen Begriff. Nicht allein will jeder der erste, sondern auch der einzige sein, jeder möchte gern alle übrigen ausschließen und sieht nicht, daß er mit ihnen zusammen kaum etwas leistet; jeder dünkt sich wunderoriginal zu sein und ist unfähig, sich in etwas zu finden, was außer dem Schlendrian ist; dabei eine immerwährende Unruhe nach etwas Neuem. Mit welcher Heftigkeit wirken sie gegeneinander! und nur die kleinlichste Eigenliebe, der beschränkteste Eigennutz macht, daß sie sich miteinander verbinden. Vom wechselseitigen Betragen ist gar die Rede nicht; ein ewiges Mißtrauen wird durch heimliche Tücke und schändliche Reden unterhalten; wer nicht liederlich lebt, lebt albern. Jeder macht Anspruch auf die unbedingteste Achtung, jeder ist empfindlich gegen den mindesten Tadel. Das hat er selbst alles schon besser gewußt! Und warum hat er denn immer das Gegenteil getan? Immer bedürftig und immer ohne Zutrauen, scheint es, als wenn sie sich vor nichts so sehr fürchteten als vor Vernunft und gutem Geschmack, und nichts so sehr zu erhalten suchten als das Majestätsrecht ihrer persönlichen Willkür."

Wilhelm holte Atem, um seine Litanei noch weiter fortzusetzen, als ein unmäßiges Gelächter Jarnos ihn unterbrach. „Die armen Schauspieler!" rief er aus, warf sich in einen Sessel und lachte fort, „die armen, guten Schauspieler! Wissen Sie denn, mein Freund", fuhr er fort, nachdem er sich einigermaßen wieder erholt hatte, „daß Sie nicht das Theater, sondern die Welt beschrieben haben, und daß ich Ihnen aus allen Ständen genug Figuren und Handlungen zu Ihren harten Pinselstrichen finden wollte? Verzeihen Sie mir, ich muß wieder lachen, daß Sie glaubten, diese schönen Qualitäten seien nur auf die Bretter gebannt."

Wilhelm faßte sich, denn wirklich hatte ihn das unbändige und unzeitige Gelächter Jarnos verdrossen. „Sie können", sagte er, „Ihren Menschenhaß nicht ganz verbergen, wenn Sie behaupten, daß diese Fehler allgemein seien."

„Und es zeugt von Ihrer Unbekanntschaft mit der Welt, wenn Sie diese Erscheinungen dem Theater so hoch anrechnen. Wahrhaftig, ich verzeihe dem Schauspieler jeden

Fehler, der aus dem Selbstbetrug und aus der Begierde zu gefallen entspringt; denn wenn er sich und andern nicht etwas scheint, so ist er nichts. Zum Schein ist er berufen, er muß den augenblicklichen Beifall hoch schätzen, denn er erhält keinen andern Lohn; er muß zu glänzen suchen, denn deswegen steht er da."

„Sie erlauben", versetzte Wilhelm, „daß ich von meiner Seite wenigstens lächele. Nie hätte ich geglaubt, daß Sie so billig, so nachsichtig sein könnten."

„Nein, bei Gott! dies ist mein völliger, wohlbedachter Ernst. Alle Fehler des Menschen verzeih' ich dem Schauspieler, keine Fehler des Schauspielers verzeih' ich dem Menschen. Lassen Sie mich meine Klaglieder hierüber nicht anstimmen, sie würden heftiger klingen als die Ihrigen."

Der Chirurgus kam aus dem Kabinett, und auf Befragen, wie sich der Kranke befinde, sagte er mit lebhafter Freundlichkeit: „Recht sehr wohl, ich hoffe ihn bald völlig wiederhergestellt zu sehen." Sogleich eilte er zum Saal hinaus und erwartete Wilhelms Frage nicht, der schon den Mund öffnete, sich nochmals und dringender nach der Brieftasche zu erkundigen. Das Verlangen, von seiner Amazone etwas zu erfahren, gab ihm Vertrauen zu Jarno; er entdeckte ihm seinen Fall und bat ihn um seine Beihülfe. „Sie wissen so viel", sagte er, „sollten Sie nicht auch das erfahren können?"

Jarno war einen Augenblick nachdenkend, dann sagte er zu seinem jungen Freunde: „Seien Sie ruhig, und lassen Sie sich weiter nichts merken, wir wollen der Schönen schon auf die Spur kommen. Jetzt beunruhigt mich nur Lotharios Zustand, die Sache steht gefährlich, das sagt mir die Freundlichkeit und der gute Trost des Wundarztes. Ich hätte Lydien schon gerne weggeschafft, denn sie nutzt hier gar nichts; aber ich weiß nicht, wie ich es anfangen soll. Heute abend, hoff' ich, soll unser alter Medikus kommen, und dann wollen wir weiter ratschlagen."

VIERTES KAPITEL

Der Medikus kam; es war der gute, alte, kleine Arzt, den wir schon kennen, und dem wir die Mitteilung des interessanten Manuskripts verdanken. Er besuchte vor allen Dingen den Verwundeten und schien mit dessen Befinden keinesweges zufrieden. Dann hatte er mit Jarno eine lange Unterredung, doch ließen sie nichts merken, als sie abends zu Tische kamen.

Wilhelm begrüßte ihn aufs freundlichste und erkundigte sich nach seinem Harfenspieler. — „Wir haben noch Hoffnung, den Unglücklichen zurechte zu bringen", versetzte der Arzt. — „Dieser Mensch war eine traurige Zugabe zu Ihrem eingeschränkten und wunderlichen Leben", sagte Jarno. „Wie ist es ihm weiter ergangen? Lassen Sie mich es wissen."

Nachdem man Jarnos Neugierde befriediget hatte, fuhr der Arzt fort: „Nie habe ich ein Gemüt in einer so sonderbaren Lage gesehen. Seit vielen Jahren hat er an nichts, was außer ihm war, den mindesten Anteil genommen, ja fast auf nichts gemerkt; bloß in sich gekehrt, betrachtete er sein hohles, leeres Ich, das ihm als ein unermeßlicher Abgrund erschien. Wie rührend war es, wenn er von diesem traurigen Zustande sprach! ‚Ich sehe nichts vor mir, nichts hinter mir', rief er aus, ‚als eine unendliche Nacht, in der ich mich in der schrecklichsten Einsamkeit befinde; kein Gefühl bleibt mir, als das Gefühl meiner Schuld, die doch auch nur wie ein entferntes unförmliches Gespenst sich rückwärts sehen läßt. Doch da ist keine Höhe, keine Tiefe, kein Vor noch Zurück, kein Wort drückt diesen immer gleichen Zustand aus. Manchmal ruf' ich in der Not dieser Gleichgültigkeit: Ewig! ewig! mit Heftigkeit aus, und dieses seltsame, unbegreifliche Wort ist hell und klar gegen die Finsternis meines Zustandes. Kein Strahl einer Gottheit erscheint mir in dieser Nacht, ich weine meine Tränen alle mir selbst und um mich selbst. Nichts ist mir grausamer als Freundschaft und Liebe; denn sie allein locken mir den Wunsch ab, daß die Erscheinungen, die mich umgeben, wirklich sein möchten. Aber auch diese beiden Gespenster sind nur aus dem

Abgrunde gestiegen, um mich zu ängstigen, und um mir zuletzt auch das teure Bewußtsein dieses ungeheuren Daseins zu rauben.'

Sie sollten ihn hören", fuhr der Arzt fort, „wenn er in vertraulichen Stunden auf diese Weise sein Herz erleichtert; mit der größten Rührung habe ich ihm einigemal zugehört. Wenn sich ihm etwas aufdringt, das ihn nötigt, einen Augenblick zu gestehen, eine Zeit sei vergangen, so scheint er wie erstaunt, und dann verwirft er wieder die Veränderung an den Dingen als eine Erscheinung der Erscheinungen. Eines Abends sang er ein Lied über seine grauen Haare; wir saßen alle um ihn her und weinten."

„O schaffen Sie es mir!" rief Wilhelm aus.

„Haben Sie denn aber", fragte Jarno, „nichts entdeckt von dem, was er sein Verbrechen nennt, nicht die Ursache seiner sonderbaren Tracht, sein Betragen beim Brande, seine Wut gegen das Kind?"

„Nur durch Mutmaßungen können wir seinem Schicksale näherkommen; ihn unmittelbar zu fragen, würde gegen unsere Grundsätze sein. Da wir wohl merken, daß er katholisch erzogen ist, haben wir geglaubt, ihm durch eine Beichte Linderung zu verschaffen; aber er entfernt sich auf eine sonderbare Weise jedesmal, wenn wir ihn dem Geistlichen näher zu bringen suchen. Daß ich aber Ihren Wunsch, etwas von ihm zu wissen, nicht ganz unbefriedigt lasse, will ich Ihnen wenigstens unsere Vermutungen entdecken. Er hat seine Jugend in dem geistlichen Stande zugebracht; daher scheint er sein langes Gewand und seinen Bart erhalten zu wollen. Die Freuden der Liebe blieben ihm die größte Zeit seines Lebens unbekannt. Erst spät mag eine Verirrung mit einem sehr nahe verwandten Frauenzimmer, es mag ihr Tod, der einem unglücklichen Geschöpfe das Dasein gab, sein Gehirn völlig zerrüttet haben.

Sein größter Wahn ist, daß er überall Unglück bringe, und daß ihm der Tod durch einen unschuldigen Knaben bevorstehe. Erst fürchtete er sich vor Mignon, eh' er wußte, daß es ein Mädchen war; nun ängstigte ihn Felix, und da er das Leben bei alle seinem Elend unendlich liebt, scheint seine Abneigung gegen das Kind daher entstanden zu sein."

„Was haben Sie denn zu seiner Besserung für Hoffnung?" fragte Wilhelm.

„Es geht langsam vorwärts", versetzte der Arzt, „aber doch nicht zurück. Seine bestimmten Beschäftigungen treibt er fort, und wir haben ihn gewöhnt, die Zeitungen zu lesen, die er jetzt immer mit großer Begierde erwartet."

„Ich bin auf seine Lieder neugierig", sagte Jarno.

„Davon werde ich Ihnen verschiedene geben können", sagte der Arzt. „Der älteste Sohn des Geistlichen, der seinem Vater die Predigten nachzuschreiben gewohnt ist, hat manche Strophe, ohne von dem Alten bemerkt zu werden, aufgezeichnet und mehrere Lieder nach und nach zusammengesetzt."

Den andern Morgen kam Jarno zu Wilhelmen und sagte ihm: „Sie müssen uns einen Gefallen tun; Lydie muß einige Zeit entfernt werden; ihre heftige und, ich darf wohl sagen, unbequeme Liebe und Leidenschaft hindert des Barons Genesung. Seine Wunde verlangt Ruhe und Gelassenheit, ob sie gleich bei seiner guten Natur nicht gefährlich ist. Sie haben gesehen, wie ihn Lydie mit stürmischer Sorgfalt, unbezwinglicher Angst und nie versiegenden Tränen quält, und — genug", setzte er nach einer Pause mit einem Lächeln hinzu, „der Medikus verlangt ausdrücklich, daß sie das Haus auf einige Zeit verlassen solle. Wir haben ihr eingebildet, eine sehr gute Freundin halte sich in der Nähe auf, verlange sie zu sehen und erwarte sie jeden Augenblick. Sie hat sich bereden lassen, zu dem Gerichtshalter zu fahren, der nur zwei Stunden von hier wohnt. Dieser ist unterrichtet und wird herzlich bedauern, daß Fräulein Therese soeben weggefahren sei; er wird wahrscheinlich machen, daß man sie noch einholen könne, Lydie wird ihr nacheilen, und wenn das Glück gut ist, wird sie von einem Orte zum andern geführt werden. Zuletzt, wenn sie drauf besteht, wieder umzukehren, darf man ihr nicht widersprechen; man muß die Nacht zu Hülfe nehmen, der Kutscher ist ein gescheiter Kerl, mit dem man noch Abrede nehmen muß. Sie setzen sich zu ihr in den Wagen, unterhalten sie und dirigieren das Abenteuer."

„Sie geben mir einen sonderbaren und bedenklichen Auftrag“, versetzte Wilhelm: „wie ängstlich ist die Gegenwart einer gekränkten treuen Liebe! und ich soll selbst dazu das Werkzeug sein? Es ist das erstemal in meinem Leben, daß ich jemanden auf diese Weise hintergehe; denn ich habe immer geglaubt, daß es uns zu weit führen könne, wenn wir einmal um des Guten und Nützlichen willen zu betrügen anfangen.“

„Können wir doch Kinder nicht anders erziehen als auf diese Weise“, versetzte Jarno.

„Bei Kindern möchte es noch hingehen“, sagte Wilhelm, „indem wir sie so zärtlich lieben und offenbar übersehen; aber bei unsersgleichen, für die uns nicht immer das Herz so laut um Schonung anruft, möchte es oft gefährlich werden. Doch glauben Sie nicht“, fuhr er nach einem kurzen Nachdenken fort, „daß ich deswegen diesen Auftrag ablehne. Bei der Ehrfurcht, die mir Ihr Verstand einflößt, bei der Neigung, die ich für Ihren trefflichen Freund fühle, bei dem lebhaften Wunsch, seine Genesung, durch welche Mittel sie auch möglich sei, zu befördern, mag ich mich gerne selbst vergessen. Es ist nicht genug, daß man sein Leben für einen Freund wagen könne, man muß auch im Notfall seine Überzeugung für ihn verleugnen. Unsere liebste Leidenschaft, unsere besten Wünsche sind wir für ihn aufzuopfern schuldig. Ich übernehme den Auftrag, ob ich gleich schon die Qual voraussehe, die ich von Lydiens Tränen, von ihrer Verzweiflung werde zu erdulden haben.“

„Dagegen erwartet Sie auch keine geringe Belohnung“, versetzte Jarno, „indem Sie Fräulein Theresen kennen lernen, ein Frauenzimmer, wie es ihrer wenige gibt; sie beschämt hundert Männer, und ich möchte sie eine wahre Amazone nennen, wenn andere nur als artige Hermaphroditen in dieser zweideutigen Kleidung herumgehen.“

Wilhelm war betroffen, er hoffte in Theresen seine Amazone wiederzufinden, um so mehr als Jarno, von dem er einige Auskunft verlangte, kurz abbrach und sich entfernte.

Die neue nahe Hoffnung, jene verehrte und geliebte Gestalt wiederzusehen, brachte in ihm die sonderbarsten Bewegungen hervor. Er hielt nunmehr den Auftrag, der ihm gegeben worden war, für ein Werk einer ausdrücklichen

Schickung, und der Gedanke, daß er ein armes Mädchen von dem Gegenstande ihrer aufrichtigsten und heftigsten Liebe hinterlistig zu entfernen im Begriff war, erschien ihm nur im Vorübergehen, wie der Schatten eines Vogels über die erleuchtete Erde wegfliegt.

Der Wagen stand vor der Türe, Lydie zauderte einen Augenblick, hineinzusteigen. „Grüßt Euren Herrn nochmals", sagte sie zu dem alten Bedienten, „vor Abend bin ich wieder zurück." Tränen standen ihr im Auge, als sie im Fortfahren sich nochmals umwendete. Sie kehrte sich darauf zu Wilhelmen, nahm sich zusammen und sagte: „Sie werden an Fräulein Theresen eine sehr interessante Person finden. Mich wundert, wie sie in diese Gegend kommt; denn Sie werden wohl wissen, daß sie und der Baron sich heftig liebten. Ungeachtet der Entfernung war Lothario oft bei ihr; ich war damals um sie, es schien, als ob sie nur füreinander leben würden. Auf einmal aber zerschlug sich's, ohne daß ein Mensch begreifen konnte, warum. Er hatte mich kennen lernen, und ich leugne nicht, daß ich Theresen herzlich beneidete, daß ich meine Neigung zu ihm kaum verbarg, und daß ich ihn nicht zurückstieß, als er auf einmal mich statt Theresen zu wählen schien. Sie betrug sich gegen mich, wie ich es nicht besser wünschen konnte, ob es gleich beinahe scheinen mußte, als hätte ich ihr einen so werten Liebhaber geraubt. Aber auch wieviel tausend Tränen und Schmerzen hat mich diese Liebe schon gekostet! Erst sahen wir uns nur zuweilen am dritten Orte verstohlen, aber lange konnte ich das Leben nicht ertragen; nur in seiner Gegenwart war ich glücklich, ganz glücklich! Fern von ihm hatte ich kein trocknes Auge, keinen ruhigen Pulsschlag. Einst verzog er mehrere Tage, ich war in Verzweiflung, machte mich auf den Weg und überraschte ihn hier. Er nahm mich liebevoll auf, und wäre nicht dieser unglückselige Handel dazwischengekommen, so hätte ich ein himmlisches Leben geführt; und was ich ausgestanden habe, seitdem er in Gefahr ist, seitdem er leidet, sag' ich nicht, und noch in diesem Augenblicke mache ich mir lebhafte Vorwürfe, daß ich mich nur einen Tag von ihm habe entfernen können."

Wilhelm wollte sich eben näher nach Theresen erkundigen, als sie bei dem Gerichtshalter vorfuhren, der an den Wagen kam und von Herzen bedauerte, daß Fräulein Therese schon abgefahren sei. Er bot den Reisenden ein Frühstück an, sagte aber zugleich, der Wagen würde noch im nächsten Dorfe einzuholen sein. Man entschloß sich, nachzufahren, und der Kutscher säumte nicht; man hatte schon einige Dörfer zurückgelegt und niemand angetroffen. Lydie bestand nun darauf, man solle umkehren; der Kutscher fuhr zu, als verstünde er es nicht. Endlich verlangte sie es mit größter Heftigkeit; Wilhelm rief ihm zu und gab ihm das verabredete Zeichen. Der Kutscher erwiderte: „Wir haben nicht nötig, denselben Weg zurückzufahren; ich weiß einen nähern, der zugleich viel bequemer ist." Er fuhr nun seitwärts durch einen Wald und über lange Triften weg. Endlich, da kein bekannter Gegenstand zum Vorschein kam, gestand der Kutscher, er sei unglücklicherweise irregefahren, wolle sich aber bald wieder zurechtfinden, indem er dort ein Dorf sehe. Die Nacht kam herbei, und der Kutscher machte seine Sache so geschickt, daß er überall fragte und nirgends die Antwort abwartete. So fuhr man die ganze Nacht, Lydie schloß kein Auge; bei Mondschein fand sie überall Ähnlichkeiten, und immer verschwanden sie wieder. Morgens schienen ihr die Gegenstände bekannt, aber desto unerwarteter. Der Wagen hielt vor einem kleinen, artig gebauten Landhause stille; ein Frauenzimmer trat aus der Türe und öffnete den Schlag. Lydie sah sie starr an, sah sich um, sah sie wieder an und lag ohnmächtig in Wilhelms Armen.

FÜNFTES KAPITEL

Wilhelm ward in ein Mansardzimmerchen geführt; das Haus war neu und so klein, als es beinah nur möglich war, äußerst reinlich und ordentlich. In Theresen, die ihn und Lydien an der Kutsche empfangen hatte, fand er seine Amazone nicht; es war ein anderes, ein himmelweit von ihr unterschiedenes Wesen. Wohlgebaut, ohne groß zu sein, bewegte sie sich mit viel Lebhaftigkeit, und ihren hellen, blauen, offnen Augen schien nichts verborgen zu bleiben, was vorging.

Sie trat in Wilhelms Stube und fragte, ob er etwas bedürfe? „Verzeihen Sie", sagte sie, „daß ich Sie in ein Zimmer logierte, das der Ölgeruch noch unangenehm macht; mein kleines Haus ist eben fertig geworden, und Sie weihen dieses Stübchen ein, das meinen Gästen bestimmt ist. Wären Sie nur bei einem angenehmern Anlaß hier! Die arme Lydie wird uns keine guten Tage machen, und überhaupt müssen Sie vorliebnehmen; meine Köchin ist mir eben zur ganz unrechten Zeit aus dem Dienste gelaufen, und ein Knecht hat sich die Hand zerquetscht. Es täte not, ich verrichtete alles selbst, und am Ende, wenn man sich darauf einrichtete, müßte es auch gehen. Man ist mit niemand mehr geplagt als mit den Dienstboten; es will niemand dienen, nicht einmal sich selbst."

Sie sagte noch manches über verschiedene Gegenstände, überhaupt schien sie gern zu sprechen. Wilhelm fragte nach Lydien, ob er das gute Mädchen nicht sehen und sich bei ihr entschuldigen könnte.

„Das wird jetzt nicht bei ihr wirken", versetzte Therese, „die Zeit entschuldigt, wie sie tröstet. Worte sind in beiden Fällen von wenig Kraft. Lydie will Sie nicht sehen. — ‚Lassen Sie mir ihn ja nicht vor die Augen kommen', rief sie, als ich sie verließ; ‚ich möchte an der Menschheit verzweifeln! So ein ehrlich Gesicht, so ein offnes Betragen und diese heimliche Tücke!' Lothario ist ganz bei ihr entschuldigt; auch sagt er in einem Briefe an das gute Mädchen: ‚Meine Freunde beredeten mich, meine Freunde nötigten mich!' Zu diesen rechnet Lydie Sie auch und verdammt Sie mit den übrigen."

„Sie erzeigt mir zu viel Ehre, indem sie mich schilt", versetzte Wilhelm; „ich darf an die Freundschaft dieses trefflichen Mannes noch keinen Anspruch machen und bin diesmal nur ein unschuldiges Werkzeug. Ich will meine Handlung nicht loben; genug, ich konnte sie tun! Es war von der Gesundheit, es war von dem Leben eines Mannes die Rede, den ich höher schätzen muß als irgend jemand, den ich vorher kannte. O welch ein Mann ist das, Fräulein! und welche

Menschen umgeben ihn! In dieser Gesellschaft hab' ich, so darf ich wohl sagen, zum erstenmal ein Gespräch geführt, zum erstenmal kam mir der eigenste Sinn meiner Worte aus dem Munde eines andern reichhaltiger, voller und in einem größern Umfang wieder entgegen; was ich ahnete, ward mir klar, und was ich meinte, lernte ich anschauen. Leider ward dieser Genuß erst durch allerlei Sorgen und Grillen, dann durch den unangenehmen Auftrag unterbrochen. Ich übernahm ihn mit Ergebung; denn ich hielt für Schuldigkeit, selbst mit Aufopferung meines Gefühls diesem trefflichen Kreise von Menschen meinen Einstand abzutragen."

Therese hatte unter diesen Worten ihren Gast sehr freundlich angesehen. „O, wie süß ist es", rief sie aus, „seine eigne Überzeugung aus einem fremden Munde zu hören! Wie werden wir erst recht wir selbst, wenn uns ein anderer vollkommen recht gibt. Auch ich denke über Lothario vollkommen wie Sie; nicht jedermann läßt ihm Gerechtigkeit widerfahren; dafür schwärmen aber auch alle die für ihn, die ihn näher kennen, und das schmerzliche Gefühl, das sich in meinem Herzen zu seinem Andenken mischt, kann mich nicht abhalten, täglich an ihn zu denken." Ein Seufzer erweiterte ihre Brust, indem sie dieses sagte, und in ihrem rechten Auge blinkte eine schöne Träne. „Glauben Sie nicht", fuhr sie fort, „daß ich so weich, so leicht zu rühren bin! Es ist nur das Auge, das weint. Ich hatte eine kleine Warze am untern Augenlid, man hat mir sie glücklich abgebunden, aber das Auge ist seit der Zeit immer schwach geblieben, der geringste Anlaß drängt mir eine Träne hervor. Hier saß das Wärzchen, Sie sehen keine Spur mehr davon."

Er sah keine Spur, aber er sah ihr ins Auge, es war klar, wie Kristall, er glaubte bis auf den Grund ihrer Seele zu sehen.

„Wir haben", sagte sie, „nun das Losungswort unserer Verbindung ausgesprochen; lassen Sie uns so bald als möglich miteinander völlig bekannt werden. Die Geschichte des Menschen ist sein Charakter. Ich will Ihnen erzählen, wie es mir ergangen ist; schenken Sie mir ein gleiches Vertrauen, und lassen Sie uns auch in der Ferne verbunden bleiben.

Die Welt ist so leer, wenn man nur Berge, Flüsse und Städte darin denkt, aber hie und da jemand zu wissen, der mit uns übereinstimmt, mit dem wir auch stillschweigend fortleben, das macht uns dieses Erdenrund erst zu einem bewohnten Garten."

Sie eilte fort und versprach, ihn bald zum Spaziergange abzuholen. Ihre Gegenwart hatte sehr angenehm auf ihn gewirkt; er wünschte ihr Verhältnis zu Lothario zu erfahren. Er ward gerufen, sie kam ihm aus ihrem Zimmer entgegen.

Als sie die enge und beinah steile Treppe einzeln hinuntergehen mußten, sagte sie: „Das könnte alles weiter und breiter sein, wenn ich auf das Anerbieten Ihres großmütigen Freundes hätte hören wollen; doch um seiner wert zu bleiben, muß ich das an mir erhalten, was mich ihm so wert machte. Wo ist der Verwalter?" fragte sie, indem sie die Treppe völlig herunterkam. „Sie müssen nicht denken", fuhr sie fort, „daß ich so reich bin, um einen Verwalter zu brauchen; die wenigen Äcker meines Freigütchens kann ich wohl selbst bestellen. Der Verwalter gehört meinem neuen Nachbar, der das schöne Gut gekauft hat, das ich in- und auswendig kenne; der gute alte Mann liegt krank am Podagra, seine Leute sind in dieser Gegend neu, und ich helfe ihnen gerne sich einrichten."

Sie machten einen Spaziergang durch Äcker, Wiesen und einige Baumgärten. Therese bedeutete den Verwalter in allem, sie konnte ihm von jeder Kleinigkeit Rechenschaft geben, und Wilhelm hatte Ursache genug, sich über ihre Kenntnis, ihre Bestimmtheit und über die Gewandtheit, wie sie in jedem Falle Mittel anzugeben wußte, zu verwundern. Sie hielt sich nirgends auf, eilte immer zu den bedeutenden Punkten, und so war die Sache bald abgetan. „Grüßt Euren Herrn", sagte sie, als sie den Mann verabschiedete; „ich werde ihn so bald als möglich besuchen und wünsche vollkommene Besserung. Da könnte ich nun auch", sagte sie mit Lächeln, als er weg war, „bald reich und vielhabend werden; denn mein guter Nachbar wäre nicht abgeneigt, mir seine Hand zu geben."

„Der Alte mit dem Podagra?" rief Wilhelm; „ich wüßte

nicht, wie Sie in Ihren Jahren zu so einem verzweifelten Entschluß kommen könnten?" — „Ich bin auch gar nicht versucht!" versetzte Therese. „Wohlhabend ist jeder, der dem, was er besitzt, vorzustehen weiß; vielhabend zu sein, ist eine lästige Sache, wenn man es nicht versteht."

Wilhelm zeigte seine Verwunderung über ihre Wirtschaftskenntnisse. — „Entschiedene Neigung, frühe Gelegenheit, äußerer Antrieb und eine fortgesetzte Beschäftigung in einer nützlichen Sache machen in der Welt noch viel mehr möglich", versetzte Therese, „und wenn Sie erst erfahren werden, was mich dazu belebt hat, so werden Sie sich über das sonderbar scheinende Talent nicht mehr wundern."

Sie ließ ihn, als sie zu Hause anlangten, in ihrem kleinen Garten, in welchem er sich kaum herumdrehen konnte; so eng waren die Wege, und so reichlich war alles bepflanzt. Er mußte lächeln, als er über den Hof zurückkehrte, denn da lag das Brennholz so akkurat gesägt, gespalten und geschränkt, als wenn es ein Teil des Gebäudes wäre und immer so liegenbleiben sollte. Rein standen alle Gefäße an ihren Plätzen, das Häuschen war weiß und rot angestrichen und lustig anzusehen. Was das Handwerk hervorbringen kann, das keine schönen Verhältnisse kennt, aber für Bedürfnis, Dauer und Heiterkeit arbeitet, schien auf dem Platze vereinigt zu sein. Man brachte ihm das Essen auf sein Zimmer, und er hatte Zeit genug, Betrachtungen anzustellen. Besonders fiel ihm auf, daß er nun wieder eine so interessante Person kennen lernte, die mit Lothario in einem nahen Verhältnisse gestanden hatte. „Billig ist es", sagte er zu sich selbst, „daß so ein trefflicher Mann auch treffliche Weiberseelen an sich ziehe! Wie weit verbreitet sich die Wirkung der Männlichkeit und Würde! Wenn nur andere nicht so sehr dabei zu kurz kämen! Ja, gestehe dir nur deine Furcht! Wenn du dereinst deine Amazone wieder antriffst, diese Gestalt aller Gestalten, du findest sie, trotz aller deiner Hoffnungen und Träume, zu deiner Beschämung und Demütigung doch noch am Ende — als seine Braut."

SECHSTES KAPITEL

Wilhelm hatte einen unruhigen Nachmittag nicht ganz ohne Langeweile zugebracht, als sich gegen Abend seine Tür öffnete und ein junger artiger Jägerbursche mit einem Gruße hereintrat. „Wollen wir nun spazierengehen?" sagte der junge Mensch, und in dem Augenblicke erkannte Wilhelm Theresen an ihren schönen Augen.

„Verzeihn Sie mir diese Maskerade", fing sie an, „denn leider ist es jetzt nur Maskerade. Doch da ich Ihnen einmal von der Zeit erzählen soll, in der ich mich so gerne in dieser Weste sah, will ich mir auch jene Tage auf alle Weise vergegenwärtigen. Kommen Sie! selbst der Platz, an dem wir so oft von unsern Jagden und Spaziergängen ausruhten, soll dazu beitragen."

Sie gingen, und auf dem Wege sagte Therese zu ihrem Begleiter: „Es ist nicht billig, daß Sie mich allein reden lassen; schon wissen Sie genug von mir, und ich weiß noch nicht das mindeste von Ihnen; erzählen Sie mir indessen etwas von sich, damit ich Mut bekomme, Ihnen auch meine Geschichte und meine Verhältnisse vorzulegen." — „Leider hab' ich", versetzte Wilhelm, „nichts zu erzählen als Irrtümer auf Irrtümer, Verirrungen auf Verirrungen, und ich wüßte nicht, wem ich die Verworrenheiten, in denen ich mich befand und befinde, lieber verbergen möchte als Ihnen. Ihr Blick und alles, was Sie umgibt, Ihr ganzes Wesen und Ihr Betragen zeigt mir, daß Sie sich Ihres vergangenen Lebens freuen können, daß Sie auf einem schönen, reinen Wege in einer sichern Folge gegangen sind, daß Sie keine Zeit verloren, daß Sie sich nichts vorzuwerfen haben."

Therese lächelte und versetzte: „Wir müssen abwarten, ob Sie auch noch so denken, wenn Sie meine Geschichte hören." Sie gingen weiter, und unter einigen allgemeinen Gesprächen fragte ihn Therese: „Sind Sie frei?" — „Ich glaube es zu sein", versetzte er, „aber ich wünsche es nicht." — „Gut!" sagte sie, „das deutet auf einen komplizierten Roman und zeigt mir, daß Sie auch etwas zu erzählen haben."

Unter diesen Worten stiegen sie den Hügel hinan und

lagerten sich bei einer großen Eiche, die ihren Schatten weit umher verbreitete. „Hier“, sagte Therese, „unter diesem deutschen Baume will ich Ihnen die Geschichte eines deutschen Mädchens erzählen; hören Sie mich geduldig an.

Mein Vater war ein wohlhabender Edelmann dieser Provinz, ein heiterer, klarer, tätiger, wackrer Mann, ein zärtlicher Vater, ein redlicher Freund, ein trefflicher Wirt, an dem ich nur den einzigen Fehler kannte, daß er gegen eine Frau zu nachsichtig war, die ihn nicht zu schätzen wußte. Leider muß ich das von meiner eigenen Mutter sagen! Ihr Wesen war dem seinigen ganz entgegengesetzt. Sie war rasch, unbeständig, ohne Neigung weder für ihr Haus noch für mich, ihr einziges Kind; verschwenderisch, aber schön, geistreich, voller Talente, das Entzücken eines Zirkels, den sie um sich zu versammeln wußte. Freilich war ihre Gesellschaft niemals groß, oder blieb es nicht lange. Dieser Zirkel bestand meist aus Männern, denn keine Frau befand sich wohl neben ihr, und noch weniger konnte *sie* das Verdienst irgendeines Weibes dulden. Ich glich meinem Vater an Gestalt und Gesinnungen. Wie eine junge Ente gleich das Wasser sucht, so waren von der ersten Jugend an die Küche, die Vorratskammer, die Scheunen und Böden mein Element. Die Ordnung und Reinlichkeit des Hauses schien, selbst da ich noch spielte, mein einziger Instinkt, mein einziges Augenmerk zu sein. Mein Vater freute sich darüber und gab meinem kindischen Bestreben stufenweise die zweckmäßigsten Beschäftigungen; meine Mutter dagegen liebte mich nicht und verhehlte es keinen Augenblick.

Ich wuchs heran, mit den Jahren vermehrte sich meine Tätigkeit und die Liebe meines Vaters zu mir. Wenn wir allein waren, auf die Felder gingen, wenn ich ihm die Rechnungen durchsehen half, dann konnte ich ihm recht anfühlen, wie glücklich er war. Wenn ich ihm in die Augen sah, so war es, als wenn ich in mich selbst hineinsähe; denn eben die Augen waren es, die mich ihm vollkommen ähnlich machten. Aber nicht eben den Mut, nicht eben den Ausdruck behielt er in der Gegenwart meiner Mutter; er entschuldigte mich gelind, wenn sie mich heftig und ungerecht tadelte; er nahm sich meiner an, nicht als wenn er mich beschützen, sondern als wenn er meine guten Eigenschaften nur entschuldigen könnte. So setzte er auch keiner von ihren Neigungen Hindernisse entgegen; sie fing an, mit größter Leidenschaft sich auf das Schauspiel zu werfen, ein Theater ward erbaut, an Männern fehlte es nicht von allen Altern und Gestalten, die sich mit ihr auf der Bühne darstellten, an Frauen hingegen mangelte es oft. Lydie, ein artiges Mädchen, das mit mir erzogen worden war, und das gleich in ihrer ersten Jugend reizend zu werden versprach, mußte die zweiten Rollen übernehmen, und eine alte Kammerfrau die Mütter und Tanten vorstellen, indes meine Mutter sich die ersten Liebhaberinnen, Heldinnen und Schäferinnen aller Art vorbehielt. Ich kann Ihnen gar nicht sagen, wie lächerlich mir es vorkam, wenn die Menschen, die ich alle recht gut kannte, sich verkleidet hatten, da droben standen und für etwas anders, als sie waren, gehalten sein wollten. Ich sah immer nur meine Mutter und Lydien, diesen Baron und jenen Sekretär, sie mochten nun als Fürsten und Grafen oder als Bauern erscheinen, und ich konnte nicht begreifen, wie sie mir zumuten wollten, zu glauben, daß es ihnen wohl oder wehe sei, daß sie verliebt oder gleichgültig, geizig oder freigebig seien, da ich doch meist von dem Gegenteile genau unterrichtet war. Deswegen blieb ich auch sehr selten unter den Zuschauern; ich putzte ihnen immer die Lichter, damit ich nur etwas zu tun hatte, besorgte das Abendessen und hatte des andern Morgens, wenn sie noch lange schliefen, schon ihre Garderobe in Ordnung gebracht, die sie des Abends gewöhnlich übereinandergeworfen zurückließen.

Meiner Mutter schien diese Tätigkeit ganz recht zu sein, aber ihre Neigung konnte ich nicht erwerben, sie verachtete mich, und ich weiß noch recht gut, daß sie mehr als einmal mit Bitterkeit wiederholte: ‚Wenn die Mutter so ungewiß sein könnte als der Vater, so würde man wohl schwerlich diese Magd für meine Tochter halten.‘ Ich leugnete nicht, daß ihr Betragen mich nach und nach ganz von ihr entfernte, ich betrachtete ihre Handlungen wie die Handlungen einer fremden Person, und da ich gewohnt war, wie ein Falke das Gesinde zu beobachten, denn, im Vorbeigehen gesagt, darauf beruht eigentlich der Grund aller Haushaltung, so fielen mir natürlich auch die Verhältnisse meiner Mutter und ihrer Gesellschaft auf. Es ließ sich wohl bemerken, daß sie nicht alle Männer mit ebendenselben Augen ansah; ich gab schärfer acht und bemerkte bald, daß Lydie Vertraute war und bei dieser Gelegenheit selbst mit einer Leidenschaft bekannter wurde, die sie von ihrer ersten Jugend an so oft vorgestellt hatte. Ich wußte alle ihre Zusammenkünfte, aber ich schwieg und sagte meinem Vater nichts, den ich zu betrüben fürchtete; endlich aber ward ich dazu genötigt. Manches konnten sie nicht unternehmen, ohne das Gesinde zu bestechen. Dieses fing an, mir zu trotzen, die Anordnungen meines Vaters zu vernachlässigen und meine Befehle nicht zu vollziehen; die Unordnungen, die daraus entstanden, waren mir unerträglich, ich entdeckte, ich klagte alles meinem Vater.

Er hörte mich gelassen an. ‚Gutes Kind!‘ sagte er zuletzt mit Lächeln, ‚ich weiß alles; sei ruhig, ertrag es mit Geduld, denn es ist nur um deinetwillen, daß ich es leide.‘

Ich war nicht ruhig, ich hatte keine Geduld. Ich schalt meinen Vater im stillen; denn ich glaubte nicht, daß er um irgendeiner Ursache willen so etwas zu dulden brauche; ich bestand auf der Ordnung, und ich war entschlossen, die Sache aufs Äußerste kommen zu lassen.

Meine Mutter war reich von sich, verzehrte aber doch mehr, als sie sollte, und dies gab, wie ich wohl merkte, manche Erklärung zwischen meinen Eltern. Lange war der Sache nicht geholfen, bis die Leidenschaften meiner Mutter selbst eine Art von Entwicklung hervorbrachten.

Der erste Liebhaber ward auf eine eklatante Weise ungetreu; das Haus, die Gegend, ihre Verhältnisse waren ihr zuwider. Sie wollte auf ein anderes Gut ziehen, da war es ihr zu einsam; sie wollte nach der Stadt, da galt sie nicht genug. Ich weiß nicht, was alles zwischen ihr und meinem Vater vorging; genug, er entschloß sich endlich unter Bedingungen, die ich nicht erfuhr, in eine Reise, die sie nach dem südlichen Frankreich tun wollte, einzuwilligen.

Wir waren nun frei und lebten wie im Himmel; ja ich glaube, daß mein Vater nichts verloren hat, wenn er ihre

Gegenwart auch schon mit einer ansehnlichen Summe abkaufte. Alles unnütze Gesinde ward abgeschafft, und das Glück schien unsere Ordnung zu begünstigen; wir hatten einige sehr gute Jahre, alles gelang nach Wunsch. Aber leider dauerte dieser frohe Zustand nicht lange; ganz unvermutet ward mein Vater von einem Schlagflusse befallen, der ihm die rechte Seite lähmte und den reinen Gebrauch der Sprache benahm. Man mußte alles erraten, was er verlangte; denn er brachte nie das Wort hervor, das er im Sinne hatte. Sehr ängstlich waren mir daher manche Augenblicke, in denen er mit mir ausdrücklich allein sein wollte; er deutete mit heftiger Gebärde, daß jedermann sich entfernen sollte, und wenn wir uns allein sahen, war er nicht imstande, das rechte Wort hervorzubringen. Seine Ungeduld stieg aufs Äußerste, und sein Zustand betrübte mich im innersten Herzen. So viel schien mir gewiß, daß er mir etwas zu vertrauen hatte, das mich besonders anging. Welches Verlangen fühlt' ich nicht, es zu erfahren! Sonst konnt' ich ihm alles an den Augen ansehen; aber jetzt war es vergebens! Selbst seine Augen sprachen nicht mehr. Nur so viel war mir deutlich: er wollte nichts, er begehrte nichts, er strebte nur, mir etwas zu entdecken, das ich leider nicht erfuhr. Sein Übel wiederholte sich, er ward bald darauf ganz untätig und unfähig; und nicht lange, so war er tot.

Ich weiß nicht, wie sich bei mir der Gedanke festgesetzt hatte, daß er irgendwo einen Schatz niedergelegt habe, den er mir nach seinem Tode lieber als meiner Mutter gönnen wollte; ich suchte schon bei seinen Lebzeiten nach, allein ich fand nichts; nach seinem Tode ward alles versiegelt. Ich schrieb meiner Mutter und bot ihr an, als Verwalter im Hause zu bleiben; sie schlug es aus, und ich mußte das Gut räumen. Es kam ein wechselseitiges Testament zum Vorschein, wodurch sie im Besitz und Genuß von allem und ich, wenigstens ihre ganze Lebenszeit über, von ihr abhängig blieb. Nun glaubte ich erst recht die Winke meines Vaters zu verstehn; ich bedauerte ihn, daß er so schwach gewesen war, auch nach seinem Tode ungerecht gegen mich zu sein. Denn einige meiner Freunde wollten sogar behaupten, es sei beinah nicht besser, als ob er mich enterbt hätte, und verlangten, ich sollte das Testament angreifen, wozu ich mich aber nicht entschließen konnte. Ich verehrte das Andenken meines Vaters zu sehr; ich vertraute dem Schicksal, ich vertraute mir selbst.

Ich hatte mit einer Dame in der Nachbarschaft, die große Güter besaß, immer in gutem Verhältnisse gestanden; sie nahm mich mit Vergnügen auf, und es ward mir leicht, bald ihrer Haushaltung vorzustehn. Sie lebte sehr regelmäßig und liebte die Ordnung in allem, und ich half ihr treulich in dem Kampf mit Verwalter und Gesinde. Ich bin weder geizig noch mißgünstig, aber wir Weiber bestehn überhaupt viel ernsthafter als selbst ein Mann darauf, daß nichts verschleudert werde. Jeder Unterschleif ist uns unerträglich; wir wollen, daß jeder nur genieße, insofern er dazu berechtigt ist.

Nun war ich wieder in meinem Elemente und trauerte still über den Tod meines Vaters. Meine Beschützerin war mit mir zufrieden, nur ein kleiner Umstand störte meine Ruhe. Lydie kam zurück; meine Mutter war grausam genug, das arme Mädchen abzustoßen, nachdem sie aus dem Grunde verdorben war. Sie hatte bei meiner Mutter gelernt, Leidenschaften als Bestimmung anzusehen, sie war gewöhnt, sich in nichts zu mäßigen. Als sie unvermutet wieder erschien, nahm meine Wohltäterin auch sie auf; sie wollte mir an die Hand gehen und konnte sich in nichts schicken.

Um diese Zeit kamen die Verwandten und künftigen Erben meiner Dame oft ins Haus und belustigten sich mit der Jagd. Auch Lothario war manchmal mit ihnen; ich bemerkte gar bald, wie sehr er sich vor allen andern auszeichnete, jedoch ohne die mindeste Beziehung auf mich selbst. Er war gegen alle höflich, und bald schien Lydie seine Aufmerksamkeit auf sich zu ziehen. Ich hatte immer zu tun und war selten bei der Gesellschaft; in seiner Gegenwart sprach ich weniger als gewöhnlich, denn ich will nicht leugnen, daß eine lebhafte Unterhaltung von jeher mir die Würze des Lebens war. Ich sprach mit meinem Vater gern viel über alles, was begegnete. Was man nicht bespricht, bedenkt man nicht recht. Keinem Menschen hatte ich jemals lieber zugehört als Lothario, wenn er von seinen Reisen, von seinen Feldzügen erzählte. Die Welt lag ihm so klar, so offen da wie mir die Gegend, in der ich gewirtschaftet hatte. Ich hörte nicht etwa die wunderlichen Schicksale des Abenteurers, die übertriebenen Halbwahrheiten eines beschränkten Reisenden, der immer nur seine Person an die Stelle des Landes setzt, wovon er uns ein Bild zu geben verspricht; er erzählte nicht, er führte uns an die Orte selbst; ich habe nicht leicht ein so reines Vergnügen empfunden.

Aber unaussprechlich war meine Zufriedenheit, als ich ihn eines Abends über die Frauen reden hörte. Das Gespräch machte sich ganz natürlich; einige Damen aus der Nachbarschaft hatten uns besucht und über die Bildung der Frauen die gewöhnlichen Gespräche geführt. Man sei ungerecht gegen unser Geschlecht, hieß es, die Männer wollten alle höhere Kultur für sich behalten, man wolle uns zu keinen Wissenschaften zulassen, man verlange, daß wir nur Tändelpuppen und Haushälterinnen sein sollten. Lothario sprach wenig zu all diesem; als aber die Gesellschaft kleiner ward, sagte er auch hierüber offen seine Meinung. ‚Es ist sonderbar', rief er aus, ‚daß man es dem Manne verargt, der eine Frau an die höchste Stelle setzen will, die sie einzunehmen fähig ist; und welche ist höher als das Regiment des Hauses? Wenn der Mann sich mit äußern Verhältnissen quält, wenn er die Besitztümer herbeischaffen und beschützen muß, wenn er sogar an der Staatsverwaltung Anteil nimmt, überall von Umständen abhängt und, ich möchte sagen, nichts regiert, indem er zu regieren glaubt, immer nur politisch sein muß, wo er gern vernünftig wäre, versteckt, wo er offen, falsch, wo er redlich zu sein wünschte; wenn er um des Zieles willen, das er nie erreicht, das schönste Ziel, die Harmonie mit sich selbst, in jedem Augenblicke aufgeben muß: indessen herrscht eine vernünftige Hausfrau im Innern wirklich und macht einer ganzen Familie jede Tätigkeit, jede Zufriedenheit möglich. Was ist das höchste Glück des Menschen, als daß wir das ausführen, was wir als recht und gut einsehen? daß wir wirklich Herren über die Mittel zu unsern Zwecken sind? Und wo sollen, wo können unsere nächsten Zwecke liegen, als innerhalb des Hauses? Alle immer wiederkehrenden unentbehrlichen Bedürfnisse, wo erwarten wir, wo fordern wir sie, als da, wo wir aufstehn und uns niederlegen, wo Küche und Keller und jede Art von Vorrat für uns und die Unsrigen immer bereit sein soll? Welche regelmäßige Tätigkeit wird erfordert, um diese immer wiederkehrende Ordnung in einer unverrückten, lebendigen Folge durchzuführen! Wie wenig Männern ist es gegeben, gleichsam als ein Gestirn regelmäßig wiederzukehren und dem Tage so wie der Nacht vorzustehn, sich ihre häuslichen Werkzeuge zu bilden, zu pflanzen und zu ernten, zu verwahren und auszuspenden und den Kreis immer mit Ruhe, Liebe und Zweckmäßigkeit zu durchwandeln! Hat ein Weib einmal diese innere Herrschaft ergriffen, so macht sie den Mann, den sie liebt, erst allein dadurch zum Herrn; ihre Aufmerksamkeit erwirbt alle Kenntnisse, und ihre Tätigkeit weiß sie alle zu benutzen. So ist sie von niemand abhängig und verschafft ihrem Manne die wahre Unabhängigkeit, die häusliche, die innere; das, was er besitzt, sieht er gesichert, das, was er erwirbt, gut benutzt, und so kann er sein Gemüt nach großen Gegenständen wenden und, wenn das Glück gut ist, das dem Staate sein, was seiner Gattin zu Hause so wohl ansteht.‘

Er machte darauf eine Beschreibung, wie er sich eine Frau wünsche. Ich ward rot; denn er beschrieb mich, wie ich leibte und lebte. Ich genoß im stillen meinen Triumph, um so mehr, da ich aus allen Umständen sah, daß er mich persönlich nicht gemeint hatte, daß er mich eigentlich nicht kannte. Ich erinnere mich keiner angenehmern Empfindung in meinem ganzen Leben, als daß ein Mann, den ich so sehr schätzte, nicht meiner Person, sondern meiner innersten Natur den Vorzug gab. Welche Belohnung fühlte ich! Welche Aufmunterung war mir geworden!

Als sie weg waren, sagte meine würdige Freundin lächelnd zu mir: ‚Schade, daß die Männer oft denken und reden, was sie doch nicht zur Ausführung kommen lassen, sonst wäre eine treffliche Partie für meine liebe Therese geradezu gefunden.‘ Ich scherzte über ihre Äußerung und fügte hinzu, daß zwar der Verstand der Männer sich nach Haushälterinnen umsehe, daß aber ihr Herz und ihre Einbildungskraft sich nach andern Eigenschaften sehne, und daß wir Haushälterinnen eigentlich gegen die liebenswürdigen und reizenden Mädchen keinen Wettstreit aushalten können. Diese Worte sagte ich Lydien zum Gehör; denn sie verbarg nicht, daß Lothario großen Eindruck auf sie gemacht habe, und auch er schien bei jedem neuen Besuche immer aufmerksamer auf sie zu werden. Sie war arm, sie war nicht von Stande, sie konnte an keine Heirat mit ihm denken; aber sie konnte der Wonne nicht widerstehen, zu reizen und gereizt zu werden. Ich hatte nie geliebt und liebte auch jetzt nicht; allein ob es mir schon unendlich angenehm war, zu sehen, wohin meine Natur von einem so verehrten Manne gestellt und gerechnet werde, will ich doch nicht leugnen, daß ich damit nicht ganz zufrieden war. Ich wünschte nun auch, daß er mich kennen, daß er persönlich Anteil an mir nehmen möchte. Es entstand bei mir dieser Wunsch ohne irgendeinen bestimmten Gedanken, was darauf folgen könnte.

Der größte Dienst, den ich meiner Wohltäterin leistete, war, daß ich die schönen Waldungen ihrer Güter in Ordnung zu bringen suchte. In diesen köstlichen Besitzungen, deren großen Wert Zeit und Umstände immer vermehren, ging es leider nur immer nach dem alten Schlendrian fort, nirgends war Plan und Ordnung, und des Stehlens und des Unterschleifs kein Ende. Manche Berge standen öde, und einen gleichen Wuchs hatten nur noch die ältesten Schläge. Ich beging alles selbst mit einem geschickten Forstmann, ich ließ die Waldungen messen, ich ließ schlagen, säen, pflanzen, und in kurzer Zeit war alles im Gange. Ich hatte mir, um leichter zu Pferde fortzukommen und auch zu Fuße nirgends gehindert zu sein, Mannskleider machen lassen, ich war an vielen Orten, und man fürchtete mich überall.

Ich hörte, daß die Gesellschaft junger Freunde mit Lothario wieder ein Jagen angestellt hatte; zum erstenmal in meinem Leben fiel mir's ein, zu s c h e i n e n, oder, daß ich mir nicht unrecht tue, in den Augen des trefflichen Mannes für das zu gelten, was ich war. Ich zog meine Mannskleider an, nahm die Flinte auf den Rücken und ging mit unserm Jäger hinaus, um die Gesellschaft an der

Grenze zu erwarten. Sie kam, Lothario kannte mich nicht gleich; einer von den Neffen meiner Wohltäterin stellte mich ihm als geschickten Forstmann vor, scherzte über meine Jugend und trieb sein Spiel zu meinem Lobe so lange, bis endlich Lothario mich erkannte. Der Neffe sekundierte meine Absicht, als wenn wir es abgeredet hätten. Umständlich erzählte er und dankbar, was ich für die Güter der Tante und also auch für ihn getan hatte.

Lothario hörte mit Aufmerksamkeit zu, unterhielt sich mit mir, fragte nach allen Verhältnissen der Güter und der Gegend, und ich war froh, meine Kenntnisse vor ihm ausbreiten zu können; ich bestand in meinem Examen sehr gut, ich legte ihm einige Vorschläge zu gewissen Verbesserungen zur Prüfung vor, er billigte sie, erzählte mir ähnliche Beispiele und verstärkte meine Gründe durch den Zusammenhang, den er ihnen gab. Meine Zufriedenheit wuchs mit jedem Augenblick. Aber glücklicherweise wollte ich nur gekannt, wollte nicht geliebt sein: denn — wir kamen nach Hause, und ich bemerkte mehr als sonst, daß die Aufmerksamkeit, die er Lydien bezeigte, eine heimliche Neigung zu verraten schien. Ich hatte meinen Endzweck erreicht und war doch nicht ruhig; er zeigte von dem Tage an eine wahre Achtung und ein schönes Vertrauen gegen mich, er redete mich in Gesellschaft gewöhnlich an, fragte mich um meine Meinung und schien besonders in Haushaltungssachen das Zutrauen zu mir zu haben, als wenn ich alles wisse. Seine Teilnahme munterte mich außerordentlich auf; sogar wenn von allgemeiner Landesökonomie und von Finanzen die Rede war, zog er mich ins Gespräch, und ich suchte in seiner Abwesenheit mehr Kenntnisse von der Provinz, ja von dem ganzen Lande zu erlangen. Es ward mir leicht; denn es wiederholte sich nur im großen, was ich im kleinen so genau wußte und kannte.

Er kam von dieser Zeit an öfter in unser Haus. Es ward, ich kann wohl sagen, von allem gesprochen, aber gewissermaßen ward unser Gespräch zuletzt immer ökonomisch, wenn auch nur im uneigentlichen Sinne. Was der Mensch durch konsequente Anwendung seiner Kräfte, seiner Zeit, seines Geldes, selbst durch gering scheinende Mittel für ungeheure Wirkungen hervorbringen könne, darüber ward viel gesprochen.

Ich widerstand der Neigung nicht, die mich zu ihm zog, und ich fühlte leider nur zu bald, wie sehr, wie herzlich, wie rein und aufrichtig meine Liebe war, da ich immer mehr zu bemerken glaubte, daß seine öftern Besuche Lydien und nicht mir galten. Sie wenigstens war auf das lebhafteste davon überzeugt; sie machte mich zu ihrer Vertrauten, und dadurch fand ich mich noch einigermaßen getröstet. Das, was sie so sehr zu ihrem Vorteil auslegte, fand ich keinesweges bedeutend; von der Absicht einer ernsthaften, dauernden Verbindung zeigte sich keine Spur, um so deutlicher sah ich den Hang des leidenschaftlichen Mädchens, um jeden Preis die Seinige zu werden.

So standen die Sachen, als mich die Frau vom Hause mit einem unvermuteten Antrag überraschte. ‚Lothario', sagte sie, ‚bietet Ihnen seine Hand an und wünscht Sie in seinem Leben immer zur Seite zu haben.' Sie verbreitete sich über meine Eigenschaften und sagte mir, was ich so gerne anhörte: daß Lothario überzeugt sei, in mir die Person gefunden zu haben, die er so lange gewünscht hatte.

Das höchste Glück war nun für mich erreicht: ein Mann verlangte mich, den ich so sehr schätzte, bei dem und mit dem ich eine völlige, freie, ausgebreitete, nützliche Wirkung meiner angeborenen Neigung, meines durch Übung erworbenen Talents vor mir sah; die Summe meines ganzen Daseins schien sich ins Unendliche vermehrt zu haben. Ich gab meine Einwilligung, er kam selbst, er sprach mit mir allein, er reichte mir seine Hand, er sah mir in die Augen, er umarmte mich und drückte einen Kuß auf meine Lippen. Es war der erste und letzte. Er vertraute mir seine ganze Lage, was ihn sein amerikanischer Feldzug gekostet, welche Schulden er auf seine Güter geladen, wie er sich mit seinem Großoheim einigermaßen darüber entzweit habe, wie dieser würdige Mann für ihn zu sorgen denke, aber freilich auf seine eigene Art: er wolle ihm eine reiche Frau geben, da einem wohldenkenden Manne doch nur mit einer haushältischen gedient sei; er hoffe durch seine Schwester den Alten zu bereden. Er legte mir den Zustand seines Vermögens, seine Plane, seine Aussichten vor und erbat sich meine Mitwirkung. Nur bis zur Einwilligung seines Oheims sollte es ein Geheimnis bleiben.

Kaum hatte er sich entfernt, so fragte mich Lydie, ob er etwa von ihr gesprochen habe. Ich sagte nein und machte ihr Langeweile mit Erzählung von ökonomischen Gegenständen. Sie war unruhig, mißlaunig, und sein Betragen, als er wiederkam, verbesserte ihren Zustand nicht.

Doch ich sehe, daß die Sonne sich zu ihrem Untergange neigt! Es ist Ihr Glück, mein Freund, Sie hätten sonst die Geschichte, die ich mir so gerne selbst erzähle, mit allen ihren kleinen Umständen durchhören müssen. Lassen Sie mich eilen! wir nahen einer Epoche, bei der nicht gut zu verweilen ist.

Lothario machte mich mit seiner trefflichen Schwester bekannt, und diese wußte mich auf eine schickliche Weise beim Oheim einzuführen; ich gewann den Alten, er willigte in unsere Wünsche, und ich kehrte mit einer glücklichen Nachricht zu meiner Wohltäterin zurück. Die Sache war im Hause nun kein Geheimnis mehr, Lydie erfuhr sie, sie glaubte etwas Unmögliches zu vernehmen. Als sie endlich daran nicht mehr zweifeln konnte, verschwand sie auf einmal, und man wußte nicht, wohin sie sich verloren hatte.

Der Tag unserer Verbindung nahte heran; ich hatte ihn schon oft um sein Bildnis gebeten, und ich erinnerte ihn, eben als er wegreiten wollte, nochmals an sein Versprechen. ‚Sie haben vergessen', sagte er, ‚mir das Gehäuse zu geben, wohinein Sie es gepaßt wünschen.' Es war so: Ich hatte ein Geschenk von einer Freundin, das ich sehr wert hielt. Von ihren Haaren war ein verzogener Name unter dem äußern Glase befestigt, inwendig blieb ein leeres Elfenbein, worauf eben ihr Bild gemalt werden sollte, als sie mir unglücklicherweise durch den Tod entrissen wurde. Lotharios Neigung beglückte mich in dem Augenblicke, da ihr Verlust mir noch sehr schmerzhaft war, und ich wünschte die Lücke, die sie mir in ihrem Geschenk zurückgelassen hatte, durch das Bild meines Freundes auszufüllen.

Ich eile nach meinem Zimmer, hole mein Schmuckkästchen und eröffne es in seiner Gegenwart; kaum sieht er hinein, so erblickt er ein Medaillon mit dem Bilde eines Frauenzimmers, er nimmt es in die Hand, betrachtet es mit Aufmerksamkeit und fragt hastig: ‚Wen soll dies Porträt vorstellen?‘ — ‚Meine Mutter‘, versetzte ich. — ‚Hätt’ ich doch geschworen‘, rief er aus, ‚es sei das Porträt einer Frau von Saint Alban, die ich vor einigen Jahren in der Schweiz antraf.‘ — ‚Es ist einerlei Person‘, versetzte ich lächelnd, ‚und Sie haben also Ihre Schwiegermutter, ohne es zu wissen, kennen gelernt. Saint Alban ist der romantische Name, unter dem meine Mutter reist; sie befindet sich unter demselben noch gegenwärtig in Frankreich.‘

‚Ich bin der unglücklichste aller Menschen!‘ rief er aus, indem er das Bild in das Kästchen zurückwarf, seine Augen mit der Hand bedeckte und sogleich das Zimmer verließ. Er warf sich auf sein Pferd, ich lief auf den Balkon und rief ihm nach; er kehrte sich um, warf mir eine Hand zu, entfernte sich eilig — und ich habe ihn nicht wieder gesehen.“

Die Sonne ging unter, Therese sah mit unverwandtem Blicke in die Glut, und ihre beiden schönen Augen füllten sich mit Tränen.

Therese schwieg und legte auf ihres neuen Freundes Hände ihre Hand; er küßte sie mit Teilnehmung, sie trocknete ihre Tränen und stand auf. „Lassen Sie uns zurückgehen“, sagte sie, „und für die Unsrigen sorgen!“

Das Gespräch auf dem Wege war nicht lebhaft; sie kamen zur Gartentüre herein und sahen Lydien auf einer Bank sitzen; sie stand auf, wich ihnen aus und begab sich ins Haus zurück; sie hatte ein Papier in der Hand, und zwei kleine Mädchen waren bei ihr. „Ich sehe“, sagte Therese, „sie trägt ihren einzigen Trost, den Brief Lotharios, noch immer bei sich. Ihr Freund verspricht ihr, daß sie gleich, sobald er sich wohl befindet, wieder an seiner Seite leben soll; er bittet sie, so lange ruhig bei mir zu verweilen. An diesen Worten hängt sie, mit diesen Zeilen tröstet sie sich, aber seine Freunde sind übel bei ihr angeschrieben.“

Indessen waren die beiden Kinder herangekommen, begrüßten Theresen und gaben ihr Rechenschaft von allem, was in ihrer Abwesenheit im Hause vorgegangen war. „Sie sehen hier noch einen Teil meiner Beschäftigung", sagte Therese. „Ich habe mit Lotharios trefflicher Schwester einen Bund gemacht; wir erziehen eine Anzahl Kinder gemeinschaftlich: ich bilde die lebhaften und dienstfertigen Haushälterinnen, und sie übernimmt diejenigen, an denen sich ein ruhigeres und feineres Talent zeigt; denn es ist billig, daß man auf jede Weise für das Glück der Männer und der Haushaltung sorge. Wenn Sie meine edle Freundin kennen lernen, so werden Sie ein neues Leben anfangen: ihre Schönheit, ihre Güte macht sie der Anbetung einer ganzen Welt würdig." Wilhelm getraute sich nicht zu sagen, daß er leider die schöne Gräfin schon kenne, und daß ihn sein vorübergehendes Verhältnis zu ihr auf ewig schmerzen werde; er war sehr zufrieden, daß Therese das Gespräch nicht fortsetzte, und daß ihre Geschäfte sie in das Haus zurückzugehen nötigten. Er befand sich nun allein, und die letzte Nachricht, daß die junge schöne Gräfin auch schon genötigt sei, durch Wohltätigkeit den Mangel an eignem Glück zu ersetzen, machte ihn äußerst traurig; er fühlte, daß es bei ihr nur eine Notwendigkeit war, sich zu zerstreuen und an die Stelle eines frohen Lebensgenusses die Hoffnung fremder Glückseligkeit zu setzen. Er pries Theresen glücklich, daß selbst bei jener unerwarteten traurigen Veränderung keine Veränderung in ihr selbst vorzugehen brauchte. „Wie glücklich ist der über alles", rief er aus, „der, um sich mit dem Schicksal in Einigkeit zu setzen, nicht sein ganzes vorhergehendes Leben wegzuwerfen braucht!"

Therese kam auf sein Zimmer und bat um Verzeihung, daß sie ihn störe. „Hier in dem Wandschrank", sagte sie, „steht meine ganze Bibliothek; es sind eher Bücher, die ich nicht wegwerfe, als die ich aufhebe. Lydie verlangt ein geistliches Buch, es findet sich wohl auch eins und das andere darunter. Die Menschen, die das ganze Jahr weltlich sind, bilden sich ein, sie müßten zur Zeit der Not geistlich sein; sie sehen alles Gute und Sittliche wie eine Arznei an, die man mit Widerwillen zu sich nimmt, wenn man sich schlecht befindet; sie sehen in einem Geistlichen, einem Sittenlehrer nur einen Arzt, den man nicht geschwind genug aus dem Hause loswerden kann; ich aber gestehe gern, ich habe vom Sittlichen den Begriff als von einer Diät, die eben dadurch nur Diät ist, wenn ich sie zur Lebensregel mache, wenn ich sie das ganze Jahr nicht außer Augen lasse."

Sie suchten unter den Büchern und fanden einige sogenannte Erbauungsschriften. „Die Zuflucht zu diesen Büchern", sagte Therese, „hat Lydie von meiner Mutter gelernt: Schauspiele und Romane waren ihr Leben, solange der Liebhaber treu blieb; seine Entfernung brachte sogleich diese Bücher wieder in Kredit. Ich kann überhaupt nicht begreifen", fuhr sie fort, „wie man hat glauben können, daß Gott durch Bücher und Geschichten zu uns spreche. Wem die Welt nicht unmittelbar eröffnet, was sie für ein Verhältnis zu ihm hat, wem sein Herz nicht sagt, was er sich und andern schuldig ist, der wird es wohl schwerlich aus Büchern erfahren, die eigentlich nur geschickt sind, unsern Irrtümern Namen zu geben."

Sie ließ Wilhelmen allein, und er brachte seinen Abend mit Revision der kleinen Bibliothek zu; sie war wirklich bloß durch Zufall zusammengekommen.

Therese blieb die wenigen Tage, die Wilhelm bei ihr verweilte, sich immer gleich; sie erzählte ihm die Folgen ihrer Begebenheit in verschiedenen Absätzen sehr umständlich. Ihrem Gedächtnis war Tag und Stunde, Platz und Name gegenwärtig, und wir ziehen, was unsern Lesern zu wissen nötig ist, hier ins Kurze zusammen.

Die Ursache von Lotharios rascher Entfernung ließ sich leider leicht erklären: er war Theresens Mutter auf ihrer Reise begegnet, ihre Reize zogen ihn an, sie war nicht karg gegen ihn, und nun entfernte ihn dieses unglückliche, schnell vorübergegangene Abenteuer von der Verbindung mit einem Frauenzimmer, das die Natur selbst für ihn gebildet zu haben schien. Therese blieb in dem reinen Kreise ihrer Beschäftigung und ihrer Pflicht. Man erfuhr, daß Lydie sich heimlich in der Nachbarschaft aufgehalten habe. Sie war glücklich, als die Heirat, obgleich aus unbekannten Ursachen, nicht vollzogen wurde, sie suchte sich Lothario zu nähern, und es schien, daß er mehr aus Verzweiflung als aus Neigung, mehr überrascht als mit Überlegung, mehr aus langer Weile als aus Vorsatz ihren Wünschen begegnet sei.

Therese war ruhig darüber, sie machte keine weitern Ansprüche auf ihn, und selbst wenn er ihr Gatte gewesen wäre, hätte sie vielleicht Mut genug gehabt, ein solches Verhältnis zu ertragen, wenn es nur ihre häusliche Ordnung nicht gestört hätte; wenigstens äußerte sie oft, daß eine Frau, die das Hauswesen recht zusammenhalte, ihrem Manne jede kleine Phantasie nachsehen und von seiner Rückkehr jederzeit gewiß sein könne.

Theresens Mutter hatte bald die Angelegenheiten ihres Vermögens in Unordnung gebracht; ihre Tochter mußte es entgelten, denn sie erhielt wenig von ihr; die alte Dame, Theresens Beschützerin, starb, hinterließ ihr das kleine Freigut und ein artiges Kapital zum Vermächtnis. Therese wußte sich sogleich in den engen Kreis zu finden, Lothario bot ihr ein besseres Besitztum an, Jarno machte den Unterhändler: sie schlug es aus. „Ich will", sagte sie, „im kleinen zeigen, daß ich wert war, das Große mit ihm zu teilen; aber das behalte ich mir vor, daß, wenn der Zufall mich um meiner oder anderer willen in Verlegenheit setzt, ich zuerst zu meinem werten Freund ohne Bedenken die Zuflucht nehmen könne."

Nichts bleibt weniger verborgen und ungenutzt als zweckmäßige Tätigkeit. Kaum hatte sie sich auf ihrem kleinen Gute eingerichtet, so suchten die Nachbarn schon ihre nähere Bekanntschaft und ihren Rat, und der neue Besitzer der angrenzenden Güter gab nicht undeutlich zu verstehen, daß es nur auf sie ankomme, ob sie seine Hand annehmen und Erbe des größten Teils seines Vermögens werden wolle. Sie hatte schon gegen Wilhelmen dieses Verhältnisses erwähnt und scherzte gelegentlich über Heiraten und Mißheiraten mit ihm.

„Es gibt", sagte sie, „den Menschen nichts mehr zu reden, als wenn einmal eine Heirat geschieht, die sie nach ihrer Art eine Mißheirat nennen können. Und doch sind die Mißheiraten viel gewöhnlicher als die Heiraten; denn es sieht leider nach einer kurzen Zeit mit den meisten Verbindungen gar mißlich aus. Die Vermischung der Stände durch Heiraten verdienen nur insofern Mißheiraten genannt zu werden, als der eine Teil an der angebornen, angewohnten und gleichsam notwendig gewordenen Existenz des andern keinen Teil nehmen kann. Die verschiedenen Klassen haben verschiedene Lebensweisen, die sie nicht miteinander teilen noch verwechseln können, und das ist's, warum Verbindungen dieser Art besser nicht geschlossen werden; aber Ausnahmen und recht glückliche Ausnahmen sind möglich. So ist die Heirat eines jungen Mädchens mit einem bejahrten Manne immer mißlich, und doch habe ich sie recht gut ausschlagen sehen. Für mich kenne ich nur eine Mißheirat, wenn ich feiern und repräsentieren müßte; ich wollte lieber jedem ehrbaren Pächterssohn aus der Nachbarschaft meine Hand geben."

Wilhelm gedachte nunmehr zurückzukehren und bat seine neue Freundin, ihm noch ein Abschiedswort bei Lydien zu verschaffen. Das leidenschaftliche Mädchen ließ sich bewegen, er sagte ihr einige freundliche Worte, sie versetzte: „Den ersten Schmerz hab' ich überwunden, Lothario wird mir ewig teuer sein; aber seine Freunde kenne ich, es ist mir leid, daß er so umgeben ist. Der Abbé wäre fähig, wegen einer Grille die Menschen in Not zu lassen, oder sie gar hineinzustürzen; der Arzt möchte gern alles ins gleiche bringen; Jarno hat kein Gemüt und Sie — wenigstens keinen Charakter! Fahren Sie nur so fort, und lassen Sie sich als Werkzeug dieser drei Menschen brauchen, man wird Ihnen noch manche Exekution auftragen. Lange — mir ist es recht wohl bekannt — war ihnen meine Gegenwart zuwider, ich hatte ihr Geheimnis nicht entdeckt, aber ich hatte beobachtet, daß sie ein Geheimnis verbargen. Wozu diese verschlossenen Zimmer? diese wunderlichen Gänge? Warum kann niemand zu dem großen Turm gelangen? Warum verbannten sie mich, so oft sie nur konnten, in meine Stube? Ich will gestehen, daß Eifersucht zuerst mich auf diese Entdeckung brachte, ich fürchtete, eine glückliche Nebenbuhlerin sei irgendwo versteckt. Nun glaube ich das nicht mehr, ich bin überzeugt, daß Lothario mich liebt, daß er es redlich mit mir meint; aber ebenso gewiß bin ich überzeugt, daß er von seinen künstlichen und falschen Freunden betrogen wird. Wenn Sie sich um ihn verdient machen wollen, wenn Ihnen verziehen werden soll, was Sie an mir verbrochen haben, so befreien Sie ihn aus den Händen dieser Menschen. Doch was hoffe ich! Überreichen Sie ihm diesen Brief, wiederholen Sie, was er enthält: daß ich ihn ewig lieben werde, daß ich mich auf sein Wort verlasse. Ach!" rief sie aus, indem sie aufstand und am Halse Theresens weinte, „er ist von meinen Feinden umgeben, sie werden ihn zu bereden suchen, daß ich ihm nichts aufgeopfert habe; o! der beste Mann mag gerne hören, daß er jedes Opfer wert ist, ohne dafür dankbar sein zu dürfen."

Wilhelms Abschied von Theresen war heiterer; sie wünschte ihn bald wiederzusehen. „Sie kennen mich ganz!" sagte sie, „Sie haben mich immer reden lassen; es ist das nächste Mal Ihre Pflicht, meine Aufrichtigkeit zu erwidern."

Auf seiner Rückreise hatte er Zeit genug, diese neue helle Erscheinung lebhaft in der Erinnerung zu betrachten. Welch ein Zutrauen hatte sie ihm eingeflößt! Er dachte an Mignon und Felix, wie glücklich die Kinder unter einer solchen Aufsicht werden könnten; dann dachte er an sich selbst und fühlte, welche Wonne es sein müsse, in der Nähe eines so ganz klaren menschlichen Wesens zu leben. Als er sich dem Schloß näherte, fiel ihm der Turm mit den vielen Gängen und Seitengebäuden mehr als sonst auf; er nahm sich vor, bei der nächsten Gelegenheit Jarno oder den Abbé darüber zur Rede zu stellen.

SIEBENTES KAPITEL

Als Wilhelm nach dem Schlosse kam, fand er den edlen Lothario auf dem Wege der völligen Besserung; der Arzt und der Abbé waren nicht zugegen, Jarno allein war geblieben. In kurzer Zeit ritt der Genesende schon wieder aus, bald allein, bald mit seinen Freunden. Sein Gespräch war ernsthaft und gefällig, seine Unterhaltung belehrend und erquickend; oft bemerkte man Spuren einer zarten Fühlbarkeit, ob er sie gleich zu verbergen suchte und, wenn sie sich wider seinen Willen zeigte, beinah zu mißbilligen schien.

So war er eines Abends still bei Tische, ob er gleich heiter aussah.

„Sie haben heute gewiß ein Abenteuer gehabt", sagte endlich Jarno, „und zwar ein angenehmes."

„Wie Sie sich auf Ihre Leute verstehen!" versetzte Lothario. „Ja, es ist mir ein sehr angenehmes Abenteuer begegnet. Zu einer andern Zeit hätte ich es vielleicht nicht so reizend gefunden als diesmal, da es mich so empfänglich antraf. Ich ritt gegen Abend jenseits des Wassers durch die Dörfer, einen Weg, den ich oft genug in früheren Jahren besucht hatte. Mein körperliches Leiden muß mich mürber gemacht haben, als ich selbst glaubte; ich fühlte mich weich und bei wieder auflebenden Kräften wie neugeboren. Alle Gegenstände erschienen mir in eben dem Lichte, wie ich sie in frühern Jahren gesehen hatte, alle so lieblich, so anmutig, so reizend, wie sie mir lange nicht erschienen sind. Ich merkte wohl, daß es Schwachheit war, ich ließ mir sie aber ganz wohlgefallen, ritt sachte hin, und es wurde mir ganz begreiflich, wie Menschen eine Krankheit liebgewinnen können, welche uns zu süßen Empfindungen stimmt. Sie wissen vielleicht, was mich ehemals so oft diesen Weg führte?"

„Wenn ich mich recht erinnere", versetzte Jarno, „so war es ein kleiner Liebeshandel, der sich mit der Tochter eines Pachters entsponnen hatte."

„Man dürfte es wohl einen großen nennen", versetzte Lothario, „denn wir hatten uns beide sehr lieb, recht im Ernste und auch ziemlich lange. Zufälligerweise traf heute alles zusammen, mir die ersten Zeiten unserer Liebe recht lebhaft darzustellen. Die Knaben schüttelten eben wieder Maikäfer von den Bäumen, und das Laub der Eschen war eben nicht weiter als an dem Tage, da ich sie zum erstenmal sah. Nun war es lange, daß ich Margareten nicht gesehen habe, denn sie ist weit weg verheiratet, nur hörte ich zufällig, sie sei mit ihren Kindern vor wenigen Wochen gekommen, ihren Vater zu besuchen."

„So war ja wohl dieser Spazierritt nicht so ganz zufällig?"

„Ich leugne nicht", sagte Lothario, „daß ich sie anzutreffen wünschte. Als ich nicht weit von dem Wohnhaus war, sah ich ihren Vater vor der Türe sitzen; ein Kind von ungefähr einem Jahre stand bei ihm. Als ich mich näherte, sah eine Frauensperson schnell oben zum Fenster heraus, und als ich gegen die Türe kam, hörte ich jemand die Treppe herunterspringen. Ich dachte gewiß, sie sei es, und, ich will's nur gestehen, ich schmeichelte mir, sie habe mich erkannt, und sie komme mir eilig entgegen. Aber wie beschämt war ich, als sie zur Türe heraussprang, das Kind, dem die Pferde näher kamen, anfaßte und in das Haus hineintrug. Es war mir eine unangenehme Empfindung, und nur wurde meine Eitelkeit ein wenig getröstet, als ich, wie sie hinwegeilte, an ihrem Nacken und an dem freistehenden Ohr eine merkliche Röte zu sehen glaubte.

Ich hielt still und sprach mit dem Vater und schielte indessen an den Fenstern herum, ob sie sich nicht hier oder da blicken ließe; allein ich bemerkte keine Spur von ihr. Fragen wollt' ich auch nicht, und so ritt ich vorbei. Mein Verdruß wurde durch Verwunderung einigermaßen gemildert: denn ob ich gleich kaum das Gesicht gesehen hatte, so schien sie mir fast gar nicht verändert, und zehn Jahre sind doch eine Zeit! ja, sie schien mir jünger, ebenso schlank, ebenso leicht auf den Füßen, der Hals womöglich noch zierlicher als vorher, ihre Wange ebenso leicht der liebenswürdigen Röte empfänglich, dabei Mutter von sechs Kindern, vielleicht noch von mehrern. Es paßte diese Erscheinung so gut in die übrige Zauberwelt, die mich umgab, daß ich um so mehr mit einem verjüngten Gefühl weiterritt und an dem nächsten Walde erst umkehrte, als die Sonne im Untergehen war. So sehr mich auch der fallende Tau an die Vorschrift des Arztes erinnerte, und es wohl rätlicher gewesen wäre, gerade nach Hause zu kehren, so nahm ich doch wieder meinen Weg nach der Seite des Pachthofs zurück. Ich bemerkte, daß ein weibliches Geschöpf in dem Garten auf und nieder ging, der mit einer leichten Hecke umzogen ist. Ich ritt auf dem Fußpfade nach der Hecke zu, und ich fand mich eben nicht weit von der Person, nach der ich verlangte.

Ob mir gleich die Abendsonne in den Augen lag, sah ich doch, daß sie sich am Zaune beschäftigte, der sie nur leicht bedeckte. Ich glaubte meine alte Geliebte zu erkennen. Da ich an sie kam, hielt ich still, nicht ohne Regung des Herzens. Einige hohe Zweige wilder Rosen, die eine leise Luft hin und her wehte, machten mir ihre Gestalt undeutlich.

Ich redete sie an und fragte, wie sie lebe. Sie antwortete mir mit halber Stimme: ‚Ganz wohl.‘ Indes bemerkte ich, daß ein Kind hinter dem Zaune beschäftigt war, Blumen auszureißen, und nahm die Gelegenheit, sie zu fragen, wo denn ihre übrigen Kinder seien? ‚Es ist nicht mein Kind‘, sagte sie, ‚das wäre früh!‘ und in diesem Augenblick schickte sich's, daß ich durch die Zweige ihr Gesicht genau sehen konnte, und ich wußte nicht, was ich zu der Erscheinung sagen sollte. Es war meine Geliebte und war es nicht. Fast jünger, fast schöner, als ich sie vor zehn Jahren gekannt hatte. ‚Sind Sie denn nicht die Tochter des Pachters?‘ fragte ich halb verwirrt. ‚Nein‘, sagte sie, ‚ich bin ihre Muhme.‘

‚Aber Sie gleichen einander so außerordentlich‘, versetzte ich.

‚Das sagt jedermann, der sie vor zehen Jahren gekannt hat.‘

Ich fuhr fort, sie verschiedenes zu fragen; mein Irrtum war mir angenehm, ob ich ihn gleich schon entdeckt hatte. Ich konnte mich von dem lebendigen Bilde voriger Glückseligkeit, das vor mir stand, nicht losreißen. Das Kind hatte sich indessen von ihr entfernt und war, Blumen zu suchen, nach dem Teiche gegangen. Sie nahm Abschied und eilte dem Kinde nach.

Indessen hatte ich doch erfahren, daß meine alte Geliebte noch wirklich in dem Hause ihres Vaters sei, und indem ich ritt, beschäftigte ich mich mit Mutmaßungen, ob sie selbst oder die Muhme das Kind vor den Pferden gesichert habe. Ich wiederholte mir die ganze Geschichte mehrmals im Sinne, und ich wüßte nicht leicht, daß irgend etwas angenehmer auf mich gewirkt hätte. Aber ich fühle wohl, ich bin noch krank, und wir wollen den Doktor bitten, daß er uns von dem Überreste dieser Stimmung erlöse.“

Es pflegt in vertraulichen Bekenntnissen anmutiger Liebesbegebenheiten wie mit Gespenstergeschichten zu gehen: ist nur erst eine erzählt, so fließen die übrigen von selbst zu.

Unsere kleine Gesellschaft fand in der Rückerinnerung vergangener Zeiten manchen Stoff dieser Art. Lothario hatte am meisten zu erzählen. Jarnos Geschichten trugen alle einen eigenen Charakter, und was Wilhelm zu gestehen hatte, wissen wir schon. Indessen war ihm bange, daß man ihn an die Geschichte mit der Gräfin erinnern möchte; allein niemand dachte derselben auch nur auf die entfernteste Weise.

„Es ist wahr“, sagte Lothario, „angenehmer kann keine Empfindung in der Welt sein, als wenn das Herz nach einer gleichgültigen Pause sich der Liebe zu einem neuen Gegenstande wieder öffnet, und doch wollt' ich diesem Glück für mein Leben entsagt haben, wenn mich das Schicksal mit Theresen hätte verbinden wollen. Man ist nicht immer Jüngling, und man sollte nicht immer Kind sein. Dem Manne, der die Welt kennt, der weiß, was er darin zu tun, was er von ihr zu hoffen hat, was kann ihm erwünschter sein, als eine Gattin zu finden, die überall mit ihm wirkt, und die ihm alles vorzubereiten weiß, deren Tätigkeit dasjenige aufnimmt, was die seinige liegen lassen muß, deren Geschäftigkeit sich nach allen Seiten verbreitet, wenn die seinige nur einen geraden Weg fortgehen darf. Welchen Himmel hatte ich mir mit Theresen geträumt! nicht den Himmel eines schwärmerischen Glücks, sondern eines sichern Lebens auf der Erde: Ordnung im Glück, Mut im Unglück, Sorge für das Geringste und eine Seele, fähig, das Größte zu fassen und wieder fahren zu lassen. O! ich sah in ihr gar wohl die Anlagen, deren Entwickelung wir bewundern, wenn wir in der Geschichte Frauen sehen, die uns weit vorzüglicher als alle Männer erscheinen: diese Klarheit über die Umstände, diese Gewandtheit in allen Fällen, diese Sicherheit im einzelnen, wodurch das Ganze sich immer so gut befindet, ohne daß sie jemals daran zu denken scheinen. Sie können wohl“, fuhr er fort, indem er sich lächelnd gegen Wilhelmen wendete, „mir verzeihen, wenn Therese mich Aurelien entführte; mit jener konnte ich ein heitres Leben hoffen, da bei dieser auch nicht an eine glückliche Stunde zu denken war.“

„Ich leugne nicht“, versetzte Wilhelm, „daß ich mit großer Bitterkeit im Herzen gegen Sie hierher gekommen bin, und daß ich mir vorgenommen hatte, Ihr Betragen gegen Aurelien sehr streng zu tadeln.“

„Auch verdient es Tadel“, sagte Lothario, „ich hätte

meine Freundschaft zu ihr nicht mit dem Gefühl der Liebe verwechseln sollen, ich hätte nicht an die Stelle der Achtung, die sie verdiente, eine Neigung eindrängen sollen, die sie weder erregen noch erhalten konnte. Ach! sie war nicht liebenswürdig, wenn sie liebte, und das ist das größte Unglück, das einem Weibe begegnen kann."

„Es sei drum", erwiderte Wilhelm, „wir können nicht immer das Tadelnswerte vermeiden, nicht vermeiden, daß unsere Gesinnungen und Handlungen auf eine sonderbare Weise von ihrer natürlichen und guten Richtung abgelenkt werden; aber gewisse Pflichten sollten wir niemals aus den Augen setzen. Die Asche der Freundin ruhe sanft! wir wollen, ohne uns zu schelten und sie zu tadeln, mitleidig Blumen auf ihr Grab streuen. Aber bei dem Grabe, in welchem die unglückliche Mutter ruht, lassen Sie mich fragen, warum Sie sich des Kindes nicht annehmen? eines Sohnes, dessen sich jedermann erfreuen würde, und den Sie ganz und gar zu vernachlässigen scheinen. Wie können Sie bei Ihren reinen und zarten Gefühlen das Herz eines Vaters gänzlich verleugnen? Sie haben diese ganze Zeit noch mit keiner Silbe an das köstliche Geschöpf gedacht, von dessen Anmut so viel zu erzählen wäre."

„Von wem reden Sie?" versetzte Lothario, „ich verstehe Sie nicht."

„Von wem anders, als von Ihrem Sohne, dem Sohne Aureliens, dem schönen Kinde, dem zu seinem Glücke nichts fehlt, als daß ein zärtlicher Vater sich seiner annimmt?"

„Sie irren sehr, mein Freund", rief Lothario: „Aurelie hatte keinen Sohn, am wenigsten von mir, ich weiß von keinem Kinde, sonst würde ich mich dessen mit Freuden annehmen; aber auch im gegenwärtigen Falle will ich gern das kleine Geschöpf als eine Verlassenschaft von ihr ansehen und für seine Erziehung sorgen. Hat sie sich denn irgend etwas merken lassen, daß der Knabe ihr, daß er mir zugehöre?"

„Nicht, daß ich mich erinnere, ein ausdrückliches Wort von ihr gehört zu haben, es war einmal so angenommen, und ich habe nicht einen Augenblick daran gezweifelt."

„Ich kann", fiel Jarno ein, „einigen Aufschluß hierüber

geben. Ein altes Weib, das Sie oft müssen gesehen haben, brachte das Kind zu Aurelien, sie nahm es mit Leidenschaft auf und hoffte ihre Leiden durch seine Gegenwart zu lindern; auch hat es ihr manchen vergnügten Augenblick gemacht.“

Wilhelm war durch diese Entdeckung sehr unruhig geworden, er gedachte der guten Mignon neben dem schönen Felix auf das lebhafteste, er zeigte seinen Wunsch, die beiden Kinder aus der Lage, in der sie sich befanden, herauszuziehen.

„Wir wollen damit bald fertig sein“, versetzte Lothario. „Das wunderliche Mädchen übergeben wir Theresen, sie kann unmöglich in bessere Hände geraten, und was den Knaben betrifft, den, dächt' ich, nähmen Sie selbst zu sich; denn was sogar die Frauen an uns ungebildet zurücklassen, das bilden die Kinder aus, wenn wir uns mit ihnen abgeben.“

„Überhaupt dächte ich“, versetzte Jarno, „Sie entsagten kurz und gut dem Theater, zu dem Sie doch einmal kein Talent haben.“

Wilhelm war betroffen; er mußte sich zusammennehmen, denn Jarnos harte Worte hatten seine Eigenliebe nicht wenig verletzt. „Wenn Sie mich davon überzeugen“, versetzte er mit gezwungenem Lächeln, „so werden Sie mir einen Dienst erweisen, ob es gleich nur ein trauriger Dienst ist, wenn man uns aus einem Lieblingstraume aufschüttelt.“

„Ohne viel weiter darüber zu reden“, versetzte Jarno, „möchte ich Sie nur antreiben, erst die Kinder zu holen; das übrige wird sich schon geben.“

„Ich bin bereit dazu“, versetzte Wilhelm; „ich bin unruhig und neugierig, ob ich nicht von dem Schicksal des Knaben etwas Näheres entdecken kann; ich verlange das Mädchen wiederzusehen, das sich mit so vieler Eigenheit an mich angeschlossen hat.“

Man ward einig, daß er bald abreisen sollte.

Den andern Tag hatte er sich dazu vorbereitet, das Pferd war gesattelt, nur wollte er noch von Lothario Abschied nehmen. Als die Eßzeit herbeikam, setzte man sich wie gewöhnlich zu Tische, ohne auf den Hausherrn zu warten; er kam erst spät und setzte sich zu ihnen.

„Ich wollte wetten“, sagte Jarno, „Sie haben heute Ihr zärtliches Herz wieder auf die Probe gestellt, Sie haben der Begierde nicht widerstehen können, Ihre ehemalige Geliebte wiederzusehen.“

„Erraten!“ versetzte Lothario.

„Lassen Sie uns hören!“ sagte Jarno, „wie ist es abgelaufen? Ich bin äußerst neugierig.“

„Ich leugne nicht“, versetzte Lothario, „daß mir das Abenteuer mehr als billig auf dem Herzen lag; ich faßte daher den Entschluß, nochmals hinzureiten und die Person wirklich zu sehen, deren verjüngtes Bild mir eine so angenehme Illusion gemacht hatte. Ich stieg schon in einiger Entfernung vom Hause ab und ließ die Pferde beiseiteführen, um die Kinder nicht zu stören, die vor dem Tore spielten. Ich ging in das Haus, und von ungefähr kam sie mir entgegen, denn sie war es selbst, und ich erkannte sie ungeachtet der großen Veränderung wieder. Sie war stärker geworden und schien größer zu sein; ihre Anmut blickte durch ein gesetztes Wesen hindurch, und ihre Munterkeit war in ein stilles Nachdenken übergegangen. Ihr Kopf, den sie sonst so leicht und frei trug, hing ein wenig gesenkt, und leise Falten waren über ihre Stirne gezogen.

Sie schlug die Augen nieder, als sie mich sah, aber keine Röte verkündigte eine innere Bewegung des Herzens. Ich reichte ihr die Hand, sie gab mir die ihrige; ich fragte nach ihrem Manne, er war abwesend, nach ihren Kindern, sie trat an die Türe und rief sie herbei, alle kamen und versammelten sich um sie. Es ist nichts reizender, als eine Mutter zu sehen mit einem Kinde auf dem Arme, und nichts ehrwürdiger, als eine Mutter unter vielen Kindern. Ich fragte nach den Namen der Kleinen, um doch nur etwas zu sagen; sie bat mich, hineinzutreten und auf ihren Vater zu warten. Ich nahm es an; sie führte mich in die Stube, wo ich beinahe noch alles auf dem alten Platze fand, und — sonderbar! die schöne Muhme, ihr Ebenbild, saß auf eben dem Schemel hinter dem Spinnrocken, wo ich meine Geliebte in eben der Gestalt so oft gefunden hatte. Ein kleines Mädchen, das seiner Mutter vollkommen glich, war uns nachgefolgt, und so stand ich in der sonderbarsten

Gegenwart zwischen der Vergangenheit und Zukunft, wie in einem Orangenwalde, wo in einem kleinen Bezirk Blüten und Früchte stufenweis nebeneinander leben. Die Muhme ging hinaus, einige Erfrischung zu holen, ich gab dem ehemals so geliebten Geschöpfe die Hand und sagte zu ihr: ‚Ich habe eine rechte Freude, Sie wiederzusehen.' — ‚Sie sind sehr gut, mir das zu sagen', versetzte sie; ‚aber auch ich kann Ihnen versichern, daß ich eine unaussprechliche Freude habe. Wie oft habe ich mir gewünscht, Sie nur noch einmal in meinem Leben wiederzusehen! ich habe es in Augenblicken gewünscht, die ich für meine letzten hielt.' Sie sagte das mit einer gesetzten Stimme, ohne Rührung, mit jener Natürlichkeit, die mich ehemals so sehr an ihr entzückte. Die Muhme kam wieder, ihr Vater dazu — und ich überlasse euch zu denken, mit welchem Herzen ich blieb, und mit welchem ich mich entfernte."

ACHTES KAPITEL

Wilhelm hatte auf seinem Wege nach der Stadt die edlen weiblichen Geschöpfe, die er kannte und von denen er gehört hatte, im Sinne; ihre sonderbaren Schicksale, die wenig Erfreuliches enthielten, waren ihm schmerzlich gegenwärtig. „Ach!" rief er aus, „arme Mariane! was werde ich noch von dir erfahren müssen? Und dich, herrliche Amazone, edler Schutzgeist, dem ich so viel schuldig bin, dem ich überall zu begegnen hoffe, und den ich leider nirgends finde, in welchen traurigen Umständen treff' ich dich vielleicht, wenn du mir einst wieder begegnest!"

In der Stadt war niemand von seinen Bekannten zu Hause; er eilte auf das Theater, er glaubte sie in der Probe zu finden; alles war still, das Haus schien leer, doch sah er einen Laden offen. Als er auf die Bühne kam, fand er Aureliens alte Dienerin beschäftigt, Leinwand zu einer neuen Dekoration zusammenzunähen; es fiel nur so viel Licht herein, als nötig war, ihre Arbeit zu erhellen. Felix und Mignon saßen neben ihr auf der Erde; beide hielten ein Buch, und indem Mignon laut las, sagte ihr Felix alle Worte nach, als wenn er die Buchstaben kennte, als wenn er auch zu lesen verstünde.

Die Kinder sprangen auf und begrüßten den Ankommenden, er umarmte sie aufs zärtlichste und führte sie näher zu der Alten. „Bist du es“, sagte er zu ihr mit Ernst, „die dieses Kind Aurelien zugeführt hatte?“ Sie sah von ihrer Arbeit auf und wendete ihr Gesicht zu ihm; er sah sie in vollem Lichte, erschrak, trat einige Schritte zurück; es war die alte Barbara.

„Wo ist Mariane?“ rief er aus. — „Weit von hier“, versetzte die Alte.

„Und Felix?...“

„Ist der Sohn dieses unglücklichen, nur allzu zärtlich liebenden Mädchens. Möchten Sie niemals empfinden, was Sie uns gekostet haben, möchte der Schatz, den ich Ihnen überliefere, Sie so glücklich machen, als er uns unglücklich gemacht hat!“

Sie stand auf, um wegzugehen. Wilhelm hielt sie fest. „Ich denke Ihnen nicht zu entlaufen“, sagte sie, „lassen Sie mich ein Dokument holen, das Sie erfreuen und schmerzen wird.“ Sie entfernte sich, und Wilhelm sah den Knaben mit einer ängstlichen Freude an; er durfte sich das Kind noch nicht zueignen. „Er ist dein“, rief Mignon, „er ist dein“, und drückte das Kind an Wilhelms Knie.

Die Alte kam und überreichte ihm einen Brief. „Hier sind Marianens letzte Worte“, sagte sie.

„Sie ist tot!“ rief er aus.

„Tot!“ sagte die Alte; „möchte ich Ihnen doch alle Vorwürfe ersparen können!“

Überrascht und verwirrt erbrach Wilhelm den Brief; er hatte aber kaum die ersten Worte gelesen, als ihn ein bittrer Schmerz ergriff; er ließ den Brief fallen, stürzte auf eine Rasenbank und blieb eine Zeitlang liegen. Mignon bemühte sich um ihn. Indessen hatte Felix den Brief aufgehoben und zerrte seine Gespielin so lange, bis diese nachgab und zu ihm kniete und ihm vorlas. Felix wiederholte die Worte, und Wilhelm war genötigt, sie zweimal zu hören. „Wenn dieses Blatt jemals zu Dir kommt, so bedaure Deine unglückliche Geliebte, Deine Liebe hat ihr den

Tod gegeben. Der Knabe, dessen Geburt ich nur wenige Tage überlebe, ist Dein; ich sterbe Dir treu, so sehr der Schein auch gegen mich sprechen mag; mit Dir verlor ich alles, was mich an das Leben fesselte. Ich sterbe zufrieden, da man mir versichert, das Kind sei gesund und werde leben. Höre die alte Barbara, verzeih ihr, leb' wohl und vergiß mich nicht."

Welch ein schmerzlicher und noch zu seinem Troste halb rätselhafter Brief! dessen Inhalt ihm erst recht fühlbar ward, da ihn die Kinder stockend und stammelnd vortrugen und wiederholten.

„Da haben Sie es nun!" rief die Alte, ohne abzuwarten, bis er sich erholt hatte; „danken Sie dem Himmel, daß nach dem Verluste eines so guten Mädchens Ihnen noch ein so vortreffliches Kind übrigbleibt. Nichts wird Ihrem Schmerze gleichen, wenn Sie vernehmen, wie das gute Mädchen Ihnen bis ans Ende treu geblieben, wie unglücklich sie geworden ist, und was sie Ihnen alles aufgeopfert hat."

„Laß mich den Becher des Jammers und der Freuden", rief Wilhelm aus, „auf einmal trinken! Überzeuge mich, ja überrede mich nur, daß sie ein gutes Mädchen war, daß sie meine Achtung wie meine Liebe verdiente, und überlaß mich dann meinen Schmerzen über ihren unersetzlichen Verlust!"

„Es ist jetzt nicht Zeit", versetzte die Alte, „ich habe zu tun und wünschte nicht, daß man uns beisammen fände. Lassen Sie es ein Geheimnis sein, daß Felix Ihnen angehört; ich hätte über meine bisherige Verstellung zu viel Vorwürfe von der Gesellschaft zu erwarten. Mignon verrät uns nicht, sie ist gut und verschwiegen."

„Ich wußte es lange und sagte nichts", versetzte Mignon. — „Wie ist es möglich?" rief die Alte. — „Woher?" fiel Wilhelm ein.

„Der Geist hat mir's gesagt."

„Wie? wo?"

„Im Gewölbe, da der Alte das Messer zog, rief mir's zu: ‚Rufe seinen Vater!' und da fielst du mir ein."

„Wer rief denn?"

„Ich weiß nicht, im Herzen, im Kopfe, ich war so angst, ich zitterte, ich betete, da rief's, und ich verstand's."

Wilhelm drückte sie an sein Herz, empfahl ihr Felix und entfernte sich. Er bemerkte erst zuletzt, daß sie viel blässer und magerer geworden war, als er sie verlassen hatte. Madame Melina fand er von seinen Bekannten zuerst; sie begrüßte ihn aufs freundlichste. „O! daß Sie doch alles", rief sie aus, „bei uns finden möchten, wie Sie wünschten!"

„Ich zweifle daran", sagte Wilhelm, „und erwartete es nicht. Gestehen Sie es nur, man hat alle Anstalten gemacht, mich entbehren zu können."

„Warum sind Sie auch weggegangen?" versetzte die Freundin.

„Man kann die Erfahrung nicht früh genug machen, wie entbehrlich man in der Welt ist. Welche wichtige Personen glauben wir zu sein! Wir denken allein den Kreis zu beleben, in welchem wir wirken; in unserer Abwesenheit muß, bilden wir uns ein, Leben, Nahrung und Atem stocken, und die Lücke, die entsteht, wird kaum bemerkt, sie füllt sich so geschwind wieder aus, ja sie wird oft nur der Platz, wo nicht für etwas Besseres, doch für etwas Angenehmeres."

„Und die Leiden unserer Freunde bringen wir nicht in Anschlag?"

„Auch unsere Freunde tun wohl, wenn sie sich bald finden, wenn sie sich sagen: ‚Da, wo du bist, da, wo du bleibst, wirke, was du kannst, sei tätig und gefällig und laß dir die Gegenwart heiter sein!'"

Bei näherer Erkundigung fand Wilhelm, was er vermutet hatte: die Oper war eingerichtet und zog die ganze Aufmerksamkeit des Publikums an sich. Seine Rollen waren inzwischen durch Laertes und Horatio besetzt worden, und beide lockten den Zuschauern einen weit lebhafteren Beifall ab, als er jemals hatte erlangen können.

Laertes trat herein, und Madame Melina rief aus: „Sehn Sie hier diesen glücklichen Menschen, der bald ein Kapitalist oder Gott weiß was werden wird!" Wilhelm umarmte ihn und fühlte ein vortrefflich feines Tuch an seinem Rocke; seine übrige Kleidung war einfach, aber alles vom besten Zeuge.

„Lösen Sie mir das Rätsel!" rief Wilhelm aus.

„Es ist noch Zeit genug", versetzte Laertes, „um zu erfahren, daß mir mein Hin- und Herlaufen nunmehr bezahlt wird, daß ein Patron eines großen Handelshauses von meiner Unruhe, meinen Kenntnissen und Bekanntschaften Vorteil zieht und mir einen Teil davon abläßt; ich wollte viel drum geben, wenn ich mir dabei auch Zutrauen gegen die Weiber ermäkeln könnte; denn es ist eine hübsche Nichte im Hause, und ich merke wohl, wenn ich wollte, könnte ich bald ein gemachter Mann sein."

„Sie wissen wohl noch nicht", sagte Madame Melina, „daß sich indessen auch unter uns eine Heirat gemacht hat? Serlo ist wirklich mit der schönen Elmire öffentlich getraut, da der Vater ihre heimliche Vertraulichkeit nicht gutheißen wollte."

So unterhielten sie sich über manches, was sich in seiner Abwesenheit zugetragen hatte, und er konnte gar wohl bemerken, daß er dem Geist und dem Sinne der Gesellschaft nach wirklich längst verabschiedet war.

Mit Ungeduld erwartete er die Alte, die ihm tief in der Nacht ihren sonderbaren Besuch angekündigt hatte. Sie wollte kommen, wenn alles schlief, und verlangte solche Vorbereitungen, eben als wenn das jüngste Mädchen sich zu einem Geliebten schleichen wollte. Er las indes Marianens Brief wohl hundertmal durch, las mit unaussprechlichem Entzücken das Wort Treue von ihrer geliebten Hand und mit Entsetzen die Ankündigung ihres Todes, dessen Annäherung sie nicht zu fürchten schien.

Mitternacht war vorbei, als etwas an der halboffenen Türe rauschte und die Alte mit einem Körbchen hereintrat. „Ich soll Euch", sagte sie, „die Geschichte unserer Leiden erzählen, und ich muß erwarten, daß Ihr ungerührt dabei sitzt, daß Ihr nur, um Eure Neugierde zu befriedigen, mich so sorgsam erwartet, und daß Ihr Euch jetzt wie damals in Eure kalte Eigenliebe hüllet, wenn uns das Herz bricht. Aber seht her! so brachte ich an jenem glücklichen Abend die Champagnerflasche hervor, so stellte ich drei Gläser auf den Tisch, und so fingt Ihr an, uns mit gutmütigen Kindergeschichten zu täuschen und einzuschläfern, wie ich Euch jetzt mit traurigen Wahrheiten aufklären und wach erhalten muß."

Wilhelm wußte nicht, was er sagen sollte, als die Alte

wirklich den Stöpsel springen ließ und die drei Gläser vollschenkte.

„Trinkt!“ rief sie, nachdem sie ihr schäumendes Glas schnell ausgeleert hatte, „trinkt, eh’ der Geist verraucht! Dieses dritte Glas soll zum Andenken meiner unglücklichen Freundin ungenossen verschäumen. Wie rot waren ihre Lippen, als sie Euch damals Bescheid tat! Ach! und nun auf ewig verblaßt und erstarrt!“

„Sibylle! Furie!“ rief Wilhelm aus, indem er aufsprang und mit der Faust auf den Tisch schlug, „welch ein böser Geist besitzt und treibt dich? Für wen hältst du mich, daß du denkst, die einfachste Geschichte von Marianens Tod und Leiden werde mich nicht empfindlich genug kränken, daß du noch solche höllische Kunstgriffe brauchst, um meine Marter zu schärfen? Geht deine unersättliche Völlerei so weit, daß du beim Totenmahle schwelgen mußt, so trink und rede! Ich habe dich von jeher verabscheut, und noch kann ich mir Marianen nicht unschuldig denken, wenn ich dich, ihre Gesellschafterin, nur ansehe.“

„Gemach, mein Herr!“ versetzte die Alte, „Sie werden mich nicht aus meiner Fassung bringen. Sie sind uns noch sehr verschuldet, und von einem Schuldner läßt man sich nicht übel begegnen. Aber Sie haben recht, auch meine einfachste Erzählung ist Strafe genug für Sie. So hören Sie denn den Kampf und den Sieg Marianens, um die Ihrige zu bleiben.“

„Die Meinige?“ rief Wilhelm aus, „welch ein Märchen willst du beginnen?“

„Unterbrechen Sie mich nicht“, fiel sie ein, „hören Sie mich, und dann glauben Sie, was Sie wollen, es ist ohnedies jetzt ganz einerlei. Haben Sie nicht am letzten Abend, als Sie bei uns waren, ein Billett gefunden und mitgenommen?“

„Ich fand das Blatt erst, als ich es mitgenommen hatte; es war in das Halstuch verwickelt, das ich aus inbrünstiger Liebe ergriff und zu mir steckte.“

„Was enthielt das Papier?“

„Die Aussichten eines verdrießlichen Liebhabers, in der nächsten Nacht besser als gestern aufgenommen zu werden.

Und daß man ihm Wort gehalten hat, habe ich mit eignen Augen gesehen, denn er schlich früh vor Tage aus eurem Hause hinweg."

„Sie können ihn gesehen haben; aber was bei uns vorging, wie traurig Mariane diese Nacht, wie verdrießlich ich sie zubrachte, das werden Sie erst jetzt erfahren. Ich will ganz aufrichtig sein, weder leugnen noch beschönigen, daß ich Marianen beredete, sich einem gewissen Norberg zu ergeben; sie folgte, ja ich kann sagen, sie gehorchte mir mit Widerwillen. Er war reich, er schien verliebt, und ich hoffte, er werde beständig sein. Gleich darauf mußte er eine Reise machen, und Mariane lernte Sie kennen. Was hatte ich da nicht auszustehen! was zu hindern! was zu erdulden! ‚O!' rief sie manchmal, ‚hättest du meiner Jugend, meiner Unschuld nur noch vier Wochen geschont, so hätte ich einen würdigen Gegenstand meiner Liebe gefunden, ich wäre seiner würdig gewesen, und die Liebe hätte das mit einem ruhigen Bewußtsein geben dürfen, was ich jetzt wider Willen verkauft habe.' Sie überließ sich ganz ihrer Neigung, und ich darf nicht fragen, ob Sie glücklich waren. Ich hatte eine uneingeschränkte Gewalt über ihren Verstand, denn ich kannte alle Mittel, ihre kleinen Neigungen zu befriedigen; ich hatte keine Macht über ihr Herz, denn niemals billigte sie, was ich für sie tat, wozu ich sie bewegte, wenn ihr Herz widersprach; nur der unbezwinglichen Not gab sie nach, und die Not erschien ihr bald sehr drückend. In den ersten Zeiten ihrer Jugend hatte es ihr an nichts gemangelt; ihre Familie verlor durch eine Verwickelung von Umständen ihr Vermögen, das arme Mädchen war an mancherlei Bedürfnisse gewöhnt, und ihrem kleinen Gemüt waren gewisse gute Grundsätze eingeprägt, die sie unruhig machten, ohne ihr viel zu helfen. Sie hatte nicht die mindeste Gewandtheit in weltlichen Dingen, sie war unschuldig im eigentlichen Sinne; sie hatte keinen Begriff, daß man kaufen könne, ohne zu bezahlen; vor nichts war ihr mehr bange, als wenn sie schuldig war; sie hätte immer lieber gegeben als genommen, und nur eine solche Lage machte es möglich, daß sie genötigt ward, sich selbst hinzugeben, um eine Menge kleiner Schulden loszuwerden."

„Und hättest du“, fuhr Wilhelm auf, „sie nicht retten können?“

„O ja“, versetzte die Alte, „mit Hunger und Not, mit Kummer und Entbehrung, und darauf war ich niemals eingerichtet.“

„Abscheuliche, niederträchtige Kupplerin! so hast du das unglückliche Geschöpf geopfert? so hast du sie deiner Kehle, deinem unersättlichen Heißhunger hingegeben?“

„Ihr tätet besser, Euch zu mäßigen und mit Schimpfreden innezuhalten“, versetzte die Alte. „Wenn Ihr schimpfen wollt, so geht in Eure großen vornehmen Häuser, da werdet Ihr Mütter finden, die recht ängstlich besorgt sind, wie sie für ein liebenswürdiges, himmlisches Mädchen den allerabscheulichsten Menschen auffinden wollen, wenn er nur zugleich der reichste ist. Seht das arme Geschöpf vor seinem Schicksale zittern und beben und nirgends Trost finden, als bis ihr irgendeine erfahrne Freundin begreiflich macht, daß sie durch den Ehestand das Recht erwerbe, über ihr Herz und ihre Person nach Gefallen disponieren zu können.“

„Schweig!“ rief Wilhelm; „glaubst du denn, daß ein Verbrechen durch das andere entschuldigt werden könne? Erzähle, ohne weitere Anmerkungen zu machen!“

„So hören Sie, ohne mich zu tadeln! Mariane ward wider meinen Willen die Ihre. Bei diesem Abenteuer habe ich mir wenigstens nichts vorzuwerfen. Norberg kam zurück, er eilte, Marianen zu sehen, die ihn kalt und verdrießlich aufnahm und ihm nicht einen Kuß erlaubte. Ich brauchte meine ganze Kunst, um ihr Betragen zu entschuldigen; ich ließ ihn merken, daß ein Beichtvater ihr das Gewissen geschärft habe, und daß man ein Gewissen, solange es spricht, respektieren müsse. Ich brachte ihn dahin, daß er ging, und versprach, mein Bestes zu tun. Er war reich und roh, aber er hatte einen Grund von Gutmütigkeit und liebte Marianen auf das äußerste. Er versprach mir Geduld, und ich arbeitete desto lebhafter, um ihn nicht zu sehr zu prüfen. Ich hatte mit Marianen einen harten Stand; ich überredete sie, ja ich kann sagen, ich zwang sie endlich durch die Drohung, daß ich sie verlassen würde, an ihren Liebhaber zu schreiben und ihn auf die Nacht einzuladen. Sie kamen und rafften zufälligerweise seine Antwort in dem Halstuch auf. Ihre unvermutete Gegenwart hatte mir ein böses Spiel gemacht. Kaum waren Sie weg, so ging die Qual von neuem an; sie schwur, daß sie Ihnen nicht untreu werden könne, und war so leidenschaftlich, so außer sich, daß sie mir ein herzliches Mitleid ablockte. Ich versprach ihr endlich, daß ich auch diese Nacht Norbergen beruhigen und ihn unter allerlei Vorwänden entfernen wollte; ich bat sie, zu Bette zu gehen, allein sie schien mir nicht zu trauen: sie blieb angezogen und schlief zuletzt, bewegt und ausgeweint, wie sie war, in ihren Kleidern ein.

Norberg kam; ich suchte ihn abzuhalten, ich stellte ihm ihre Gewissensbisse, ihre Reue mit den schwärzesten Farben vor; er wünschte sie nur zu sehen, und ich ging in das Zimmer, um sie vorzubereiten; er schritt mir nach, und wir traten beide zu gleicher Zeit vor ihr Bette. Sie erwachte, sprang mit Wut auf und entriß sich unsern Armen; sie beschwur und bat, sie flehte, drohte und versicherte, daß sie nicht nachgeben würde. Sie war unvorsichtig genug, über ihre wahre Leidenschaft einige Worte fallen zu lassen, die der arme Norberg im geistlichen Sinne deuten mußte. Endlich verließ er sie, und sie schloß sich ein. Ich behielt ihn noch lange bei mir und sprach mit ihm über ihren Zustand, daß sie guter Hoffnung sei, und daß man das arme Mädchen schonen müsse. Er fühlte sich so stolz auf seine Vaterschaft, er freute sich so sehr auf einen Knaben, daß er alles einging, was sie von ihm verlangte, und daß er versprach, lieber einige Zeit zu verreisen, als seine Geliebte zu ängstigen und ihr durch diese Gemütsbewegungen zu schaden. Mit diesen Gesinnungen schlich er morgens früh von mir weg, und Sie, mein Herr, wenn Sie Schildwache gestanden haben, so hätte es zu Ihrer Glückseligkeit nichts weiter bedurft, als in den Busen Ihres Nebenbuhlers zu sehen, den Sie so begünstigt, so glücklich hielten, und dessen Erscheinung Sie zur Verzweiflung brachte."

„Redest du wahr?" sagte Wilhelm.

„So wahr", sagte die Alte, „als ich noch hoffe, Sie zur Verzweiflung zu bringen.

Ja, gewiß Sie würden verzweifeln, wenn ich Ihnen das Bild unsers nächsten Morgens recht lebhaft darstellen könnte. Wie heiter wachte sie auf! wie freundlich rief sie mich herein! wie lebhaft dankte sie mir! wie herzlich drückte sie mich an ihren Busen! ‚Nun', sagte sie, indem sie lächelnd vor den Spiegel trat, ‚darf ich mich wieder an mir selbst, mich an meiner Gestalt freuen, da ich wieder mir, da ich meinem einzig geliebten Freund angehöre. Wie ist es so süß, überwunden zu haben! welch eine himmlische Empfindung ist es, seinem Herzen zu folgen! Wie dank' ich dir, daß du dich meiner angenommen, daß du deine Klugheit, deinen Verstand auch einmal zu meinem Vorteil angewendet hast! Steh mir bei und ersinne, was mich ganz glücklich machen kann!'

Ich gab ihr nach, ich wollte sie nicht reizen, ich schmeichelte ihrer Hoffnung, und sie liebkoste mich auf das anmutigste. Entfernte sie sich einen Augenblick vom Fenster, so mußte ich Wache stehen; denn Sie sollten nun ein für allemal vorbeigehen, man wollte Sie wenigstens sehen; so ging der ganze Tag unruhig hin. Nachts zur gewöhnlichen Stunde erwarteten wir Sie ganz gewiß. Ich paßte schon an der Treppe, die Zeit ward mir lang, ich ging wieder zu ihr hinein. Ich fand sie zu meiner Verwunderung in ihrer Offizierstracht, sie sah unglaublich heiter und reizend aus. ‚Verdien' ich nicht', sagte sie, ‚heute in Mannstracht zu erscheinen? Habe ich mich nicht brav gehalten? Mein Geliebter soll mich heute wie das erstemal sehen, ich will ihn so zärtlich und mit mehr Freiheit an mein Herz drücken als damals: denn bin ich jetzt nicht viel mehr die Seine als damals, da mich ein edler Entschluß noch nicht frei gemacht hatte? Aber', fügte sie nach einigem Nachdenken hinzu, ‚noch hab' ich nicht ganz gewonnen, noch muß ich erst das Äußerste wagen, um seiner wert, um seines Besitzes gewiß zu sein; ich muß ihm alles entdecken, meinen ganzen Zustand offenbaren und ihm alsdann überlassen, ob er mich behalten oder verstoßen will. Diese Szene bereite ich ihm, bereite ich mir zu; und wäre sein Gefühl mich zu verstoßen fähig, so würde ich alsdann ganz wieder mir selbst angehören, ich würde in meiner Strafe meinen Trost finden und alles erdulden, was das Schicksal mir auferlegen wollte.'

Mit diesen Gesinnungen, mit diesen Hoffnungen, mein Herr, erwartete Sie das liebenswürdige Mädchen; Sie kamen nicht. O! wie soll ich den Zustand des Wartens und Hoffens beschreiben? Ich sehe dich noch vor mir, mit welcher Liebe, mit welcher Inbrunst du von dem Manne sprachst, dessen Grausamkeit du noch nicht erfahren hattest!“

„Gute, liebe Barbara“, rief Wilhelm, indem er aufsprang und die Alte bei der Hand faßte, „es ist nun genug der Verstellung, genug der Vorbereitung! Dein gleichgültiger, dein ruhiger, dein zufriedener Ton hat dich verraten. Gib mir Marianen wieder! sie lebt, sie ist in der Nähe. Nicht umsonst hast du diese späte, einsame Stunde zu deinem Besuche gewählt, nicht umsonst hast du mich durch diese entzückende Erzählung vorbereitet. Wo hast du sie? Wo verbirgst du sie? Ich glaube dir alles, ich verspreche dir alles zu glauben, wenn du mir sie zeigst, wenn du sie meinen Armen wiedergibst. Ihren Schatten habe ich schon im Fluge gesehen, laß mich sie wieder in meine Arme fassen! Ich will vor ihr auf den Knien liegen, ich will sie um Vergebung bitten, ich will ihr zu ihrem Kampfe, zu ihrem Siege über sich und dich Glück wünschen, ich will ihr meinen Felix zuführen. Komm! Wo hast du sie versteckt? Laß sie, laß mich nicht länger in Ungewißheit. Dein Endzweck ist erreicht. Wo hast du sie verborgen? Komm, daß ich sie mit diesem Licht beleuchte! daß ich wieder ihr holdes Angesicht sehe!“

Er hatte die Alte vom Stuhl aufgezogen, sie sah ihn starr an, die Tränen stürzten ihr aus den Augen, und ein ungeheurer Schmerz ergriff sie. „Welch ein unglücklicher Irrtum“, rief sie aus, „läßt Sie noch einen Augenblick hoffen! — Ja, ich habe sie verborgen, aber unter die Erde; weder das Licht der Sonne noch eine vertrauliche Kerze wird ihr holdes Angesicht jemals wieder erleuchten. Führen Sie den guten Felix an ihr Grab und sagen Sie ihm, da liegt deine Mutter, die dein Vater ungehört verdammt hat. Das liebe Herz schlägt nicht mehr vor Ungeduld, Sie zu sehen, nicht etwa in einer benachbarten Kammer wartet sie auf den Ausgang meiner Erzählung oder meines Märchens; die dunkle Kammer hat sie aufgenommen, wohin kein Bräutigam folgt, woraus man keinem Geliebten entgegengeht.“

Sie warf sich auf die Erde an einem Stuhle nieder und weinte bitterlich; Wilhelm war zum erstenmal völlig überzeugt, daß Mariane tot sei; er befand sich in einem traurigen Zustande. Die Alte richtete sich auf. „Ich habe Ihnen weiter nichts zu sagen“, rief sie und warf ein Paket auf den Tisch. „Hier diese Briefschaften mögen völlig Ihre Grausamkeit beschämen; lesen Sie diese Blätter mit trocknen Augen durch, wenn es Ihnen möglich ist.“ Sie schlich leise fort, und Wilhelm hatte diese Nacht das Herz nicht, die Brieftasche zu öffnen, er hatte sie selbst Marianen geschenkt, er wußte, daß sie jedes Blättchen, das sie von ihm erhalten hatte, sorgfältig darin aufhob. Den andern Morgen vermochte er es über sich; er löste das Band, und es fielen ihm kleine Zettelchen, mit Bleistift von seiner eigenen Hand geschrieben, entgegen und riefen ihm jede Situation von dem ersten Tage ihrer anmutigen Bekanntschaft bis zu dem letzten ihrer grausamen Trennung wieder herbei. Allein nicht ohne die lebhaftesten Schmerzen durchlas er eine kleine Sammlung von Billetten, die an ihn geschrieben waren, und die, wie er aus dem Inhalt sah, von Wernern waren zurückgewiesen worden.

„Keines meiner Blätter hat bis zu Dir durchdringen können; mein Bitten und Flehen hat Dich nicht erreicht; hast Du selbst diese grausamen Befehle gegeben? Soll ich Dich nie wiedersehen? Noch einmal versuch' ich es, ich bitte Dich: komm, o komm! ich verlange Dich nicht zu behalten, wenn ich Dich nur noch einmal an mein Herz drücken kann.“

„Wenn ich sonst bei Dir saß, Deine Hände hielt, Dir in die Augen sah und mit vollem Herzen der Liebe und des Zutrauens zu Dir sagte: ‚Lieber, lieber, guter Mann!‘, das hörtest Du so gern, ich mußt' es Dir so oft wiederholen, ich wiederhole es noch einmal: Lieber, lieber, guter Mann! sei gut, wie Du warst, komm und laß mich nicht in meinem Elende verderben!“

„Du hältst mich für schuldig, ich bin es auch, aber nicht,

wie Du denkst. Komm, damit ich nur den einzigen Trost habe, von Dir ganz gekannt zu sein, es gehe mir nachher, wie es wolle."

„Nicht um meinetwillen allein, auch um Dein selbst willen fleh' ich Dich an, zu kommen. Ich fühle die unerträglichen Schmerzen, die Du leidest, indem Du mich fliehst; komm, daß unsere Trennung weniger grausam werde! Ich war vielleicht nie Deiner würdig, als eben in dem Augenblick, da Du mich in ein grenzenloses Elend zurückstößest."

„Bei allem, was heilig ist, bei allem, was ein menschliches Herz rühren kann, ruf' ich Dich an! Es ist um eine Seele, es ist um ein Leben zu tun, um zwei Leben, von denen Dir eins ewig teuer sein muß. Dein Argwohn wird auch das nicht glauben, und doch werde ich es in der Stunde des Todes aussprechen: das Kind, das ich unter dem Herzen trage, ist Dein. Seitdem ich Dich liebe, hat kein anderer mir auch nur die Hand gedrückt; o daß Deine Liebe, daß Deine Rechtschaffenheit die Gefährten meiner Jugend gewesen wären!"

„Du willst mich nicht hören? so muß ich denn zuletzt wohl verstummen, aber diese Blätter sollen nicht untergehen, vielleicht können sie noch zu Dir sprechen, wenn das Leichentuch schon meine Lippe bedeckt, und wenn die Stimme Deiner Reue nicht mehr zu meinem Ohre reichen kann. Durch mein trauriges Leben bis an den letzten Augenblick wird das mein einziger Trost sein: daß ich ohne Schuld gegen Dich war, wenn ich mich auch nicht unschuldig nennen durfte."

Wilhelm konnte nicht weiter; er überließ sich ganz seinem Schmerz, aber noch mehr war er bedrängt, als Laertes hereintrat, dem er seine Empfindungen zu verbergen suchte. Dieser brachte einen Beutel mit Dukaten hervor, zählte und rechnete und versicherte Wilhelmen, es sei nichts Schöneres in der Welt, als wenn man eben auf dem Wege sei, reich zu werden; es könne uns auch alsdann nichts stören oder abhalten. Wilhelm erinnerte sich seines Traums und lächelte;

aber zugleich gedachte er auch mit Schaudern, daß in jenem Traumgesichte Mariane ihn verlassen, um seinem verstorbenen Vater zu folgen, und daß beide zuletzt wie Geister schwebend sich um den Garten bewegt hatten.

Laertes riß ihn aus seinem Nachdenken und führte ihn auf ein Kaffeehaus, wo sich sogleich mehrere Personen um ihn versammelten, die ihn sonst gern auf dem Theater gesehen hatten; sie freuten sich seiner Gegenwart, bedauerten aber, daß er, wie sie hörten, die Bühne verlassen wolle; sie sprachen so bestimmt und vernünftig von ihm und seinem Spiele, von dem Grade seines Talents, von ihren Hoffnungen, daß Wilhelm nicht ohne Rührung zuletzt ausrief: „O wie unendlich wert wäre mir diese Teilnahme vor wenig Monaten gewesen! Wie belehrend und wie erfreuend! Niemals hätte ich mein Gemüt so ganz von der Bühne abgewendet, und niemals wäre ich so weit gekommen, am Publiko zu verzweifeln."

„Dazu sollte es überhaupt nicht kommen", sagte ein ältlicher Mann, der hervortrat; „das Publikum ist groß, wahrer Verstand und wahres Gefühl sind nicht so selten, als man glaubt; nur muß der Künstler niemals einen unbedingten Beifall für das, was er hervorbringt, verlangen; denn eben der unbedingte ist am wenigsten wert, und den bedingten wollen die Herren nicht gerne. Ich weiß wohl, im Leben wie in der Kunst muß man mit sich zu Rate gehen, wenn man etwas tun und hervorbringen soll; wenn es aber getan und vollendet ist, so darf man mit Aufmerksamkeit nur viele hören, und man kann sich mit einiger Übung aus diesen vielen Stimmen gar bald ein ganzes Urteil zusammensetzen; denn diejenigen, die uns die Mühe ersparen könnten, halten sich meist stille genug."

„Das sollten sie eben nicht!" sagte Wilhelm. „Ich habe so oft gehört, daß Menschen, die selbst über gute Werke schwiegen, doch beklagten und bedauerten, daß geschwiegen wird."

„So wollen wir heute laut werden", rief ein junger Mann, „Sie müssen mit uns speisen, und wir wollen alles einholen, was wir Ihnen und manchmal der guten Aurelie schuldig geblieben sind."

Wilhelm lehnte die Einladung ab und begab sich zu Madame Melina, die er wegen der Kinder sprechen wollte, indem er sie von ihr wegzunehmen gedachte.

Das Geheimnis der Alten war nicht zum besten bei ihm verwahrt. Er verriet sich, als er den schönen Felix wieder ansichtig ward. „O, mein Kind!“ rief er aus, „mein liebes Kind!“ Er hub ihn auf und drückte ihn an sein Herz. „Vater! was hast du mir mitgebracht?“ rief das Kind. Mignon sah beide an, als wenn sie warnen wollte, sich nicht zu verraten.

„Was ist das für eine neue Erscheinung?“ sagte Madame Melina. Man suchte die Kinder beiseitezubringen, und Wilhelm, der der Alten das strengste Geheimnis nicht schuldig zu sein glaubte, entdeckte seiner Freundin das ganze Verhältnis. Madame Melina sah ihn lächelnd an. „O! über die leichtgläubigen Männer!“ rief sie aus; „wenn nur etwas auf ihrem Wege ist, so kann man es ihnen sehr leicht aufbürden; aber dafür sehen sie sich auch ein andermal weder rechts noch links um und wissen nichts zu schätzen, als was sie vorher mit dem Stempel einer willkürlichen Leidenschaft bezeichnet haben.“ Sie konnte einen Seufzer nicht unterdrücken, und wenn Wilhelm nicht ganz blind gewesen wäre, so hätte er eine nie ganz besiegte Neigung in ihrem Betragen erkennen müssen.

Er sprach nunmehr mit ihr von den Kindern, wie er Felix bei sich zu behalten und Mignon auf das Land zu tun gedächte. Frau Melina, ob sie sich gleich ungerne von beiden zugleich trennte, fand doch den Vorschlag gut, ja notwendig. Felix verwilderte bei ihr, und Mignon schien einer freien Luft und anderer Verhältnisse zu bedürfen; das gute Kind war kränklich und konnte sich nicht erholen.

„Lassen Sie sich nicht irren“, fuhr Madame Melina fort, „daß ich einige Zweifel, ob Ihnen der Knabe wirklich zugehöre, leichtsinnig geäußert habe. Der Alten ist freilich wenig zu trauen; doch wer Unwahrheit zu seinem Nutzen ersinnt, kann auch einmal wahr reden, wenn ihm die Wahrheiten nützlich scheinen. Aurelien hatte die Alte vorgespiegelt, Felix sei ein Sohn Lotharios, und die Eigenheit haben wir Weiber, daß wir die Kinder unserer Liebhaber recht herzlich lieben, wenn wir schon die Mutter nicht kennen oder sie von Herzen hassen.“ Felix kam hereingesprungen, sie drückte ihn an sich, mit einer Lebhaftigkeit, die ihr sonst nicht gewöhnlich war.

Wilhelm eilte nach Hause und bestellte die Alte, die ihn, jedoch nicht eher als in der Dämmerung, zu besuchen versprach; er empfing sie verdrießlich und sagte zu ihr: „Es ist nichts Schändlichers in der Welt, als sich auf Lügen und Märchen einzurichten! Schon hast du viel Böses damit gestiftet, und jetzt, da dein Wort das Glück meines Lebens entscheiden könnte, jetzt steh' ich zweifelhaft und wage nicht, das Kind in meine Arme zu schließen, dessen ungetrübter Besitz mich äußerst glücklich machen würde. Ich kann dich, schändliche Kreatur, nicht ohne Haß und Verachtung ansehen.“

„Euer Betragen kommt mir, wenn ich aufrichtig reden soll“, versetzte die Alte, „ganz unerträglich vor. Und wenn's nun Euer Sohn nicht wäre, so ist es das schönste, angenehmste Kind von der Welt, das man gern für jeden Preis kaufen möchte, um es nur immer um sich zu haben. Ist es nicht wert, daß Ihr Euch seiner annehmt? Verdiene ich für meine Sorgfalt, für meine Mühe mit ihm nicht einen kleinen Unterhalt für mein künftiges Leben? O! ihr Herren, denen nichts abgeht, ihr habt gut von Wahrheit und Geradheit reden; aber wie eine arme Kreatur, deren geringstem Bedürfnis nichts entgegenkommt, die in ihren Verlegenheiten keinen Freund, keinen Rat, keine Hülfe sieht, wie die sich durch die selbstischen Menschen durchdrücken und im stillen darben muß — davon würde manches zu sagen sein, wenn ihr hören wolltet und könntet. Haben Sie Marianens Briefe gelesen? Es sind dieselben, die sie zu jener unglücklichen Zeit schrieb. Vergebens suchte ich mich Ihnen zu nähern, vergebens Ihnen diese Blätter zuzustellen; Ihr grausamer Schwager hatte Sie so umlagert, daß alle List und Klugheit vergebens war, und zuletzt, als er mir und Marianen mit dem Gefängnis drohte, mußte ich wohl alle Hoffnung aufgeben. Trifft nicht alles mit dem überein, was ich erzählt habe? Und setzt nicht Norbergs Brief die ganze Geschichte außer allen Zweifel?“

„Was für ein Brief?“ fragte Wilhelm.

„Haben Sie ihn nicht in der Brieftasche gefunden?“ fragte die Alte.

„Ich habe noch nicht alles durchlesen.“

„Geben Sie nur die Brieftasche her! auf dieses Dokument kommt alles an. Norbergs unglückliches Billett hat die traurige Verwirrung gemacht, ein anderes von seiner Hand mag auch den Knoten lösen, insofern am Faden noch etwas gelegen ist.“ Sie nahm ein Blatt aus der Brieftasche, Wilhelm erkannte jene verhaßte Hand, er nahm sich zusammen und las:

„Sag' mir nur, Mädchen, wie vermagst Du das über mich? Hätt' ich doch nicht geglaubt, daß eine Göttin selbst mich zum seufzenden Liebhaber umschaffen könnte. Anstatt mir mit offenen Armen entgegenzueilen, ziehst Du Dich zurück; man hätte es wahrhaftig für Abscheu nehmen können, wie Du Dich betrugst. Ist's erlaubt, daß ich die Nacht mit der alten Barbara auf einem Koffer in einer Kammer zubringen mußte? Und mein geliebtes Mädchen war nur zwei Türen davon. Es ist zu toll, sag' ich Dir! Ich habe versprochen, Dir einige Bedenkzeit zu lassen, nicht gleich in Dich zu dringen, und ich möchte rasend werden über jede verlorne Viertelstunde. Habe ich Dir nicht geschenkt, was ich wußte und konnte? Zweifelst Du noch an meiner Liebe? Was willst Du haben? sag' es mir! Es soll Dir an nichts fehlen. Ich wollte, der Pfaffe müßte verstummen und verblinden, der Dir solches Zeug in den Kopf gesetzt hat. Mußtest Du auch gerade an so einen kommen! Es gibt so viele, die jungen Leuten etwas nachzusehen wissen. Genug, ich sage Dir, es muß anders werden, in ein paar Tagen muß ich Antwort wissen; denn ich gehe bald wieder weg, und wenn Du nicht wieder freundlich und gefällig bist, so sollst Du mich nicht wiedersehen ...“

In dieser Art ging der Brief noch lange fort, drehte sich zu Wilhelms schmerzlicher Zufriedenheit immer um denselben Punkt herum und zeugte für die Wahrheit der Geschichte, die er von Barbara vernommen hatte. Ein zweites Blatt bewies deutlich, daß Mariane auch in der Folge nicht nachgegeben hatte, und Wilhelm vernahm aus diesen und mehreren Papieren nicht ohne tiefen Schmerz die Geschichte des unglücklichen Mädchens bis zur Stunde ihres Todes.

Die Alte hatte den rohen Menschen nach und nach zahm gemacht, indem sie ihm den Tod Marianens meldete und ihm den Glauben ließ, als wenn Felix sein Sohn sei; er hatte ihr einigemal Geld geschickt, das sie aber für sich behielt, da sie Aurelien die Sorge für des Kindes Erziehung aufgeschwatzt hatte. Aber leider dauerte dieser heimliche Erwerb nicht lange. Norberg hatte durch ein wildes Leben den größten Teil seines Vermögens verzehrt und wiederholte Liebesgeschichten sein Herz gegen seinen ersten, eingebildeten Sohn verhärtet.

So wahrscheinlich das alles lautete, und so schön es zusammentraf, traute Wilhelm doch noch nicht, sich der Freude zu überlassen; er schien sich vor einem Geschenke zu fürchten, das ihm ein böser Genius darreichte.

„Ihre Zweifelsucht", sagte die Alte, die seine Gemütsstimmung erriet, „kann nur die Zeit heilen. Sehen Sie das Kind als ein fremdes an, und geben Sie desto genauer auf ihn acht, bemerken Sie seine Gaben, seine Natur, seine Fähigkeiten, und wenn Sie nicht nach und nach sich selbst wiedererkennen, so müssen Sie schlechte Augen haben. Denn das versichere ich Sie, wenn ich ein Mann wäre, mir sollte niemand ein Kind unterschieben; aber es ist ein Glück für die Weiber, daß die Männer in diesen Fällen nicht so scharfsichtig sind."

Nach allem diesen setzte sich Wilhelm mit der Alten auseinander; er wollte den Felix mit sich nehmen, sie wollte Mignon zu Theresen bringen und hernach eine kleine Pension, die er ihr versprach, wo sie wollte, verzehren.

Er ließ Mignon rufen, um sie auf diese Veränderung vorzubereiten. — „Meister", sagte sie, „behalte mich bei dir! es wird mir wohl tun und weh."

Er stellte ihr vor, daß sie nun herangewachsen sei, und daß doch etwas für ihre weitere Bildung getan werden müsse. — „Ich bin gebildet genug", versetzte sie, „um zu lieben und zu trauern."

Er machte sie auf ihre Gesundheit aufmerksam, daß sie eine anhaltende Sorgfalt und die Leitung eines geschickten

Arztes bedürfe. — „Warum soll man für mich sorgen", sagte sie, „da so viel zu sorgen ist?"

Nachdem er sich viele Mühe gegeben, sie zu überzeugen, daß er sie jetzt nicht mit sich nehmen könne, daß er sie zu Personen bringen wolle, wo er sie öfters sehen werde, schien sie von alledem nichts gehört zu haben. „Du willst mich nicht bei dir?" sagte sie. „Vielleicht ist es besser, schicke mich zum alten Harfenspieler! der arme Mann ist so allein."

Wilhelm suchte ihr begreiflich zu machen, daß der Alte gut aufgehoben sei. — „Ich sehne mich jede Stunde nach ihm", versetzte das Kind.

„Ich habe aber nicht bemerkt", sagte Wilhelm, „daß du ihm so geneigt seist, als er noch mit uns lebte."

„Ich fürchtete mich vor ihm, wenn er wachte; ich konnte nur seine Augen nicht sehen; aber wenn er schlief, setzte ich mich gern zu ihm, ich wehrte ihm die Fliegen und konnte mich nicht satt an ihm sehen. O! er hat mir in schrecklichen Augenblicken beigestanden, es weiß niemand, was ich ihm schuldig bin. Hätt' ich nur den Weg gewußt, ich wäre schon zu ihm gelaufen."

Wilhelm stellte ihr die Umstände weitläufig vor und sagte: sie sei so ein vernünftiges Kind, sie möchte doch auch diesmal seinen Wünschen folgen. — „Die Vernunft ist grausam", versetzte sie, „das Herz ist besser. Ich will hingehen, wohin du willst, aber laß mir deinen Felix!"

Nach vielem Hin- und Widerreden war sie immer auf ihrem Sinne geblieben, und Wilhelm mußte sich zuletzt entschließen, die beiden Kinder der Alten zu übergeben und sie zusammen an Fräulein Therese zu schicken. Es ward ihm das um so leichter, als er sich noch immer fürchtete, den schönen Felix sich als seinen Sohn zuzueignen. Er nahm ihn auf den Arm und trug ihn herum; das Kind mochte gern vor den Spiegel gehoben sein, und ohne sich es zu gestehen, trug Wilhelm ihn gern vor den Spiegel und suchte dort Ähnlichkeiten zwischen sich und dem Kinde auszuspähen. Ward es ihm dann einen Augenblick recht wahrscheinlich, so drückte er den Knaben an seine Brust, aber auf einmal, erschreckt durch den Gedanken, daß er sich betrügen könne, setzte er das Kind nieder und ließ es hinlaufen. „O!" rief er aus, „wenn ich mir dieses unschätzbare Gut zueignen könnte, und es würde mir dann entrissen, so wäre ich der unglücklichste aller Menschen!"

Die Kinder waren weggefahren, und Wilhelm wollte nun seinen förmlichen Abschied vom Theater nehmen, als er fühlte, daß er schon abgeschieden sei und nur zu gehen brauchte. Mariane war nicht mehr, seine zwei Schutzgeister hatten sich entfernt, und seine Gedanken eilten ihnen nach. Der schöne Knabe schwebte wie eine reizende ungewisse Erscheinung vor seiner Einbildungskraft, er sah ihn an Theresens Hand durch Felder und Wälder laufen, in der freien Luft und neben einer freien und heitern Begleiterin sich bilden; Therese war ihm noch viel werter geworden, seitdem er das Kind in ihrer Gesellschaft dachte. Selbst als Zuschauer im Theater erinnerte er sich ihrer mit Lächeln; beinahe war er in ihrem Falle, die Vorstellungen machten ihm keine Illusion mehr.

Serlo und Melina waren äußerst höflich gegen ihn, sobald sie merkten, daß er an seinen vorigen Platz keinen weitern Anspruch machte. Ein Teil des Publikums wünschte ihn nochmals auftreten zu sehen; es wäre ihm unmöglich gewesen, und bei der Gesellschaft wünschte es niemand als allenfalls Frau Melina.

Er nahm nun wirklich Abschied von dieser Freundin, er war gerührt und sagte: „Wenn doch der Mensch sich nicht vermessen wollte, irgend etwas für die Zukunft zu versprechen! Das Geringste vermag er nicht zu halten, geschweige wenn sein Vorsatz von Bedeutung ist. Wie schäme ich mich, wenn ich denke, was ich Ihnen allen zusammen in jener unglücklichen Nacht versprach, da wir beraubt, krank, verletzt und verwundet in eine elende Schenke zusammengedrängt waren. Wie erhöhte damals das Unglück meinen Mut, und welchen Schatz glaubte ich in meinem guten Willen zu finden; nun ist aus allem dem nichts, gar nichts geworden! Ich verlasse Sie als Ihr Schuldner, und mein Glück ist, daß man mein Versprechen nicht mehr achtete, als es wert war, und daß niemand mich jemals deshalb gemahnt hat."

„Sein Sie nicht ungerecht gegen sich selbst!" versetzte

Frau Melina; „wenn niemand erkennt, was Sie für uns getan hatten, so werde ich es nicht verkennen; denn unser ganzer Zustand wäre völlig anders, wenn wir Sie nicht besessen hätten. Geht es doch unsern Vorsätzen wie unsern Wünschen: sie sehen sich gar nicht mehr ähnlich, wenn sie ausgeführt, wenn sie erfüllt sind, und wir glauben nichts getan, nichts erlangt zu haben."

„Sie werden", versetzte Wilhelm, „durch Ihre freundschaftliche Auslegung mein Gewissen nicht beruhigen, und ich werde mir immer als Ihr Schuldner vorkommen."

„Es ist auch wohl möglich, daß Sie es sind", versetzte Madame Melina, „nur nicht auf die Art, wie Sie es denken. Wir rechnen uns zur Schande, ein Versprechen nicht zu erfüllen, das wir mit dem Munde getan haben. O, mein Freund, ein guter Mensch verspricht durch seine Gegenwart nur immer zu viel! Das Vertrauen, das er hervorlockt, die Neigung, die er einflößt, die Hoffnungen, die er erregt, sind unendlich; er wird und bleibt ein Schuldner, ohne es zu wissen. Leben Sie wohl! Wenn unsere äußeren Umstände sich unter Ihrer Leitung recht glücklich hergestellt haben, so entsteht in meinem Innern durch Ihren Abschied eine Lücke, die sich so leicht nicht wieder ausfüllen wird."

Wilhelm schrieb vor seiner Abreise aus der Stadt noch einen weitläufigen Brief an Wernern. Sie hatten zwar einige Briefe gewechselt, aber weil sie nicht einig werden konnten, hörten sie zuletzt auf zu schreiben. Nun hatte sich Wilhelm wieder genähert; er war im Begriff, dasjenige zu tun, was jener so sehr wünschte, er konnte sagen: „Ich verlasse das Theater und verbinde mich mit Männern, deren Umgang mich in jedem Sinne zu einer reinen und sichern Tätigkeit führen muß." Er erkundigte sich nach seinem Vermögen, und es schien ihm nunmehr sonderbar, daß er so lange sich nicht darum bekümmert hatte. Er wußte nicht, daß es die Art aller der Menschen sei, denen an ihrer innern Bildung viel gelegen ist, daß sie die äußeren Verhältnisse ganz und gar vernachlässigen. Wilhelm hatte sich in diesem Falle befunden; er schien nunmehr zum erstenmal zu merken, daß er äußerer Hülfsmittel bedürfe, um nachhaltig zu wirken. Er reiste fort mit einem ganz andern Sinn als das erste Mal;

die Aussichten, die sich ihm zeigten, waren reizend, und er hoffte auf seinem Wege etwas Frohes zu erleben.

NEUNTES KAPITEL

Als er nach Lotharios Gut zurückkam, fand er eine große Veränderung. Jarno kam ihm entgegen mit der Nachricht, daß der Oheim gestorben, daß Lothario hingegangen sei, die hinterlassenen Güter in Besitz zu nehmen. „Sie kommen eben zur rechten Zeit", sagte er, „um mir und dem Abbé beizustehen. Lothario hat uns den Handel um wichtige Güter in unserer Nachbarschaft aufgetragen; es war schon lange vorbereitet, und nun finden wir Geld und Kredit eben zur rechten Stunde. Das einzige war dabei bedenklich, daß ein auswärtiges Handelshaus auch schon auf dieselben Güter Absicht hatte; nun sind wir kurz und gut entschlossen, mit jenem gemeine Sache zu machen, denn sonst hätten wir uns ohne Not und Vernunft hinaufgetrieben. Wir haben, so scheint es, mit einem klugen Manne zu tun. Nun machen wir Calculs und Anschläge; auch muß ökonomisch überlegt werden, wie wir die Güter teilen können, so daß jeder ein schönes Besitztum erhält." Es wurden Wilhelmen die Papiere vorgelegt, man besah die Felder, Wiesen, Schlösser, und obgleich Jarno und der Abbé die Sache sehr gut zu verstehen schienen, so wünschte Wilhelm doch, daß Fräulein Therese von der Gesellschaft sein möchte.

Sie brachten mehrere Tage mit diesen Arbeiten zu, und Wilhelm hatte kaum Zeit, seine Abenteuer und seine zweifelhafte Vaterschaft den Freunden zu erzählen, die eine ihm so wichtige Begebenheit gleichgültig und leichtsinnig behandelten.

Er hatte bemerkt, daß sie manchmal in vertrauten Gesprächen bei Tische und auf Spaziergängen auf einmal innehielten, ihren Worten eine andere Wendung gaben und dadurch wenigstens anzeigten, daß sie unter sich manches abzutun hatten, das ihm verborgen sei. Er erinnerte sich an das, was Lydie gesagt hatte, und glaubte um so mehr daran, als eine ganze Seite des Schlosses vor ihm immer unzugänglich gewesen war. Zu gewissen Galerien und besonders zu dem alten Turm, den er von außen recht gut kannte, hatte er bisher vergebens Weg und Eingang gesucht.

Eines Abends sagte Jarno zu ihm: „Wir können Sie nun so sicher als den Unsern ansehen, daß es unbillig wäre, wenn wir Sie nicht tiefer in unsere Geheimnisse einführten. Es ist gut, daß der Mensch, der erst in die Welt tritt, viel von sich halte, daß er sich viele Vorzüge zu erwerben denke, daß er alles möglich zu machen suche; aber wenn seine Bildung auf einem gewissen Grade steht, dann ist es vorteilhaft, wenn er sich in einer größern Masse verlieren lernt, wenn er lernt, um anderer willen zu leben und seiner selbst in einer pflichtmäßigen Tätigkeit zu vergessen. Da lernt er erst sich selbst kennen; denn das Handeln eigentlich vergleicht uns mit andern. Sie sollen bald erfahren, welch eine kleine Welt sich in Ihrer Nähe befindet, und wie gut Sie in dieser kleinen Welt gekannt sind; morgen früh vor Sonnenaufgang sein Sie angezogen und bereit!"

Jarno kam zur bestimmten Stunde und führte ihn durch bekannte und unbekannte Zimmer des Schlosses, dann durch einige Galerien, und sie gelangten endlich vor eine große alte Türe, die stark mit Eisen beschlagen war. Jarno pochte, die Türe tat sich ein wenig auf, so daß ein Mensch hineinschlüpfen konnte. Jarno schob Wilhelmen hinein, ohne ihm zu folgen. Dieser fand sich in einem dunkeln und engen Behältnisse, es war finster um ihn, und als er einen Schritt vorwärts gehen wollte, stieß er schon wider. Eine nicht ganz unbekannte Stimme rief ihm zu: „Tritt herein!" und nun bemerkte er erst, daß die Seiten des Raums, in dem er sich befand, nur mit Teppichen behangen waren, durch welche ein schwaches Licht hindurchschimmerte. „Tritt herein!" rief es nochmals; er hob den Teppich auf und trat hinein.

Der Saal, in dem er sich nunmehr befand, schien ehemals eine Kapelle gewesen zu sein; anstatt des Altars stand ein großer Tisch auf einigen Stufen, mit einem grünen Teppich behangen, darüber schien ein zugezogener Vorhang ein Gemälde zu bedecken; an den Seiten waren schön gearbeitete Schränke mit feinen Drahtgittern verschlossen, wie man sie in Bibliotheken zu sehen pflegt, nur sah er anstatt der

Bücher viele Rollen aufgestellt. Niemand befand sich in dem Saal; die aufgehende Sonne fiel durch die farbigen Fenster Wilhelmen gerade entgegen und begrüßte ihn freundlich.

„Setze dich!" rief eine Stimme, die von dem Altar her zu tönen schien. Wilhelm setzte sich auf einen kleinen Armstuhl, der wider den Verschlag des Eingangs stand; es war kein anderer Sitz im ganzen Zimmer, er mußte sich darein ergeben, ob ihn schon die Morgensonne blendete; der Sessel stand fest, er konnte nur die Hand vor die Augen halten.

Indem eröffnete sich mit einem kleinen Geräusche der Vorhang über dem Altar und zeigte innerhalb eines Rahmens eine leere, dunkle Öffnung. Es trat ein Mann hervor in gewöhnlicher Kleidung, der ihn begrüßte und zu ihm sagte: „Sollten Sie mich nicht wiedererkennen? Sollten Sie unter andern Dingen, die Sie wissen möchten, nicht auch zu erfahren wünschen, wo die Kunstsammlung Ihres Großvaters sich gegenwärtig befindet? Erinnern Sie sich des Gemäldes nicht mehr, das Ihnen so reizend war? Wo mag der kranke Königssohn wohl jetzo schmachten?" — Wilhelm erkannte leicht den Fremden, der in jener bedeutenden Nacht sich mit ihm im Gasthause unterhalten hatte. „Vielleicht", fuhr dieser fort, „können wir jetzt über Schicksal und Charakter eher einig werden."

Wilhelm wollte eben antworten, als der Vorhang sich wieder rasch zusammenzog. „Sonderbar!" sagte er bei sich selbst, „sollten zufällige Ereignisse einen Zusammenhang haben? Und das, was wir Schicksal nennen, sollte es bloß Zufall sein? Wo mag sich meines Großvaters Sammlung befinden? und warum erinnert man mich in diesen feierlichen Augenblicken daran?"

Er hatte nicht Zeit, weiter zu denken, denn der Vorhang öffnete sich wieder, und ein Mann stand vor seinen Augen, den er sogleich für den Landgeistlichen erkannte, der mit ihm und der lustigen Gesellschaft jene Wasserfahrt gemacht hatte; er glich dem Abbé, ob er gleich nicht dieselbe Person schien. Mit einem heitern Gesichte und einem würdigen Ausdruck fing der Mann an: „Nicht vor Irrtum zu bewahren, ist die Pflicht des Menschenerziehers, sondern den

Irrenden zu leiten, ja ihn seinen Irrtum aus vollen Bechern ausschlürfen zu lassen, das ist Weisheit der Lehrer. Wer seinen Irrtum nur kostet, hält lange damit haus, er freuet sich dessen als eines seltenen Glücks, aber wer ihn ganz erschöpft, der muß ihn kennen lernen, wenn er nicht wahnsinnig ist." Der Vorhang schloß sich abermals, und Wilhelm hatte Zeit, nachzudenken. „Von welchem Irrtum kann der Mann sprechen", sagte er zu sich selbst, „als von dem, der mich mein ganzes Leben verfolgt hat, daß ich da Bildung suchte, wo keine zu finden war, daß ich mir einbildete, ein Talent erwerben zu können, zu dem ich nicht die geringste Anlage hatte!"

Der Vorhang riß sich schneller auf, ein Offizier trat hervor und sagte nur im Vorbeigehen: „Lernen Sie die Menschen kennen, zu denen man Zutrauen haben kann!" Der Vorhang schloß sich, und Wilhelm brauchte sich nicht lange zu besinnen, um diesen Offizier für denjenigen zu erkennen, der ihn in des Grafen Park umarmt hatte und schuld gewesen war, daß er Jarno für einen Werber hielt. Wie dieser hierher gekommen und wer er sei, war Wilhelmen völlig ein Rätsel. — „Wenn so viele Menschen an dir teilnahmen, deinen Lebensweg kannten und wußten, was darauf zu tun sei, warum führten sie dich nicht strenger? warum nicht ernster? warum begünstigten sie deine Spiele, anstatt dich davon wegzuführen?"

„Rechte nicht mit uns!" rief eine Stimme; „du bist gerettet, und auf dem Wege zum Ziel. Du wirst keine deiner Torheiten bereuen und keine zurückwünschen, kein glücklicheres Schicksal kann einem Menschen werden." Der Vorhang riß sich voneinander, und in voller Rüstung stand der alte König von Dänemark in dem Raume. „Ich bin der Geist deines Vaters", sagte das Bildnis, „und scheide getrost, da meine Wünsche für dich, mehr als ich sie selbst begriff, erfüllt sind. Steile Gegenden lassen sich nur durch Umwege erklimmen, auf der Ebene führen gerade Wege von einem Ort zum andern. Lebe wohl und gedenke mein, wenn du genießest, was ich dir vorbereitet habe!"

Wilhelm war äußerst betroffen, er glaubte die Stimme seines Vaters zu hören, und doch war sie es auch nicht; er befand sich durch die Gegenwart und die Erinnerung in der verworrensten Lage.

Nicht lange konnte er nachdenken, als der Abbé hervortrat und sich hinter den grünen Tisch stellte. „Treten Sie herbei!" rief er seinem verwunderten Freunde zu. Er trat herbei und stieg die Stufen hinan. Auf dem Teppiche lag eine kleine Rolle. „Hier ist Ihr Lehrbrief", sagte der Abbé, „beherzigen Sie ihn, er ist von wichtigem Inhalt." Wilhelm nahm ihn auf, öffnete ihn und las:

Lehrbrief

Die Kunst ist lang, das Leben kurz, das Urteil schwierig, die Gelegenheit flüchtig. Handeln ist leicht, Denken schwer; nach dem Gedanken handeln unbequem. Aller Anfang ist heiter, die Schwelle ist der Platz der Erwartung. Der Knabe staunt, der Eindruck bestimmt ihn, er lernt spielend, der Ernst überrascht ihn. Die Nachahmung ist uns angeboren, das Nachzuahmende wird nicht leicht erkannt. Selten wird das Treffliche gefunden, seltner geschätzt. Die Höhe reizt uns, nicht die Stufen; den Gipfel im Auge wandeln wir gerne auf der Ebene. Nur ein Teil der Kunst kann gelehrt werden, der Künstler braucht sie ganz. Wer sie halb kennt, ist immer irre und redet viel; wer sie ganz besitzt, mag nur tun und redet selten oder spät. Jene haben keine Geheimnisse und keine Kraft, ihre Lehre ist, wie gebackenes Brot, schmackhaft und sättigend für *einen* Tag; aber Mehl kann man nicht säen, und die Saatfrüchte sollen nicht vermahlen werden. Die Worte sind gut, sie sind aber nicht das Beste. Das Beste wird nicht deutlich durch Worte. Der Geist, aus dem wir handeln, ist das Höchste. Die Handlung wird nur vom Geiste begriffen und wieder dargestellt. Niemand weiß, was er tut, wenn er recht handelt; aber des Unrechten sind wir uns immer bewußt. Wer bloß mit Zeichen wirkt, ist ein Pedant, ein Heuchler oder ein Pfuscher. Es sind ihrer viel, und es wird ihnen wohl zusammen. Ihr Geschwätz hält den Schüler zurück, und ihre beharrliche Mittelmäßigkeit ängstigt die Besten. Des echten Künstlers Lehre schließt den Sinn auf; denn wo die Worte fehlen, spricht die Tat. Der echte Schüler lernt aus dem Bekannten das Unbekannte entwickeln und nähert sich dem Meister.

„Genug!“ rief der Abbé, „das übrige zu seiner Zeit. Jetzt sehen Sie sich in jenen Schränken um.“

Wilhelm ging hin und las die Aufschriften der Rollen. Er fand mit Verwunderung Lotharios Lehrjahre, Jarnos Lehrjahre und seine eigenen Lehrjahre daselbst aufgestellt, unter vielen andern, deren Namen ihm unbekannt waren.

„Darf ich hoffen, in diese Rollen einen Blick zu werfen?“

„Es ist für Sie nunmehr in diesem Zimmer nichts verschlossen.“

„Darf ich eine Frage tun?“

„Ohne Bedenken! und Sie können entscheidende Antwort erwarten, wenn es eine Angelegenheit betrifft, die Ihnen zunächst am Herzen liegt und am Herzen liegen soll.“

„Gut denn! Ihr sonderbaren und weisen Menschen, deren Blick in so viel Geheimnisse dringt, könnt ihr mir sagen, ob Felix wirklich mein Sohn sei?“

„Heil Ihnen über diese Frage!“ rief der Abbé, indem er vor Freuden die Hände zusammenschlug: „Felix ist Ihr Sohn! Bei dem Heiligsten, was unter uns verborgen liegt, schwör' ich Ihnen, Felix ist Ihr Sohn! und der Gesinnung nach war seine abgeschiedne Mutter Ihrer nicht unwert. Empfangen Sie das liebliche Kind aus unserer Hand, kehren Sie sich um, und wagen Sie es, glücklich zu sein!“

Wilhelm hörte ein Geräusch hinter sich, er kehrte sich um und sah ein Kindergesicht schalkhaft durch die Teppiche des Eingangs hervorgucken, es war Felix. Der Knabe versteckte sich sogleich scherzend, als er gesehen wurde. „Komm hervor!“ rief der Abbé. Er kam gelaufen, sein Vater stürzte ihm entgegen, nahm ihn in die Arme und drückte ihn an sein Herz. „Ja, ich fühl's“, rief er aus, „du bist mein! Welche Gabe des Himmels habe ich meinen Freunden zu verdanken! Wo kommst du her, mein Kind, gerade in diesem Augenblick?“

„Fragen Sie nicht!“ sagte der Abbé. „Heil dir, junger Mann! deine Lehrjahre sind vorüber; die Natur hat dich losgesprochen.“

ACHTES BUCH

ERSTES KAPITEL

Felix war in den Garten gesprungen, Wilhelm folgte ihm mit Entzücken, der schönste Morgen zeigte jeden Gegenstand mit neuen Reizen, und Wilhelm genoß den heitersten Augenblick. Felix war neu in der freien und herrlichen Welt, und sein Vater nicht viel bekannter mit den Gegenständen, nach denen der Kleine wiederholt und unermüdet fragte. Sie gesellten sich endlich zum Gärtner, der die Namen und den Gebrauch mancher Pflanzen hererzählen mußte; Wilhelm sah die Natur durch ein neues Organ, und die Neugierde, die Wißbegierde des Kindes ließen ihn erst fühlen, welch ein schwaches Interesse er an den Dingen außer sich genommen hatte, wie wenig er kannte und wußte. An diesem Tage, dem vergnügtesten seines Lebens, schien auch seine eigne Bildung erst anzufangen; er fühlte die Notwendigkeit, sich zu belehren, indem er zu lehren aufgefordert ward.

Jarno und der Abbé hatten sich nicht wieder sehen lassen; abends kamen sie und brachten einen Fremden mit. Wilhelm ging ihm mit Erstaunen entgegen, er traute seinen Augen nicht, es war Werner, der gleichfalls einen Augenblick anstand, ihn anzuerkennen. Beide umarmten sich aufs zärtlichste, und beide konnten nicht verbergen, daß sie sich wechselsweise verändert fanden. Werner behauptete, sein Freund sei größer, stärker, gerader, in seinem Wesen gebildeter und in seinem Betragen angenehmer geworden. — „Etwas von seiner alten Treuherzigkeit vermiss' ich", setzte er hinzu. — „Sie wird sich auch schon wieder zeigen, wenn wir uns nur von der ersten Verwunderung erholt haben", sagte Wilhelm.

Es fehlte viel, daß Werner einen gleich vorteilhaften Eindruck auf Wilhelmen gemacht hätte. Der gute Mann schien eher zurück als vorwärts gegangen zu sein. Er war viel magerer als ehemals, sein spitzes Gesicht schien feiner, seine Nase länger zu sein, seine Stirn und sein Scheitel waren von Haaren entblößt, seine Stimme hell, heftig und schreiend, und seine eingedrückte Brust, seine vorfallenden Schultern, seine farblosen Wangen ließen keinen Zweifel übrig, daß ein arbeitsamer Hypochondrist gegenwärtig sei.

Wilhelm war bescheiden genug, um sich über diese große Veränderung sehr mäßig zu erklären, da der andere hingegen seiner freundschaftlichen Freude völligen Lauf ließ. „Wahrhaftig!“ rief er aus, „wenn du deine Zeit schlecht angewendet und, wie ich vermute, nichts gewonnen hast, so bist du doch indessen ein Persönchen geworden, das sein Glück machen kann und muß; verschlendere und verschleudere nur auch das nicht wieder! du sollst mir mit dieser Figur eine reiche und schöne Erbin erkaufen.“ — „Du wirst doch“, versetzte Wilhelm lächelnd, „deinen Charakter nicht verleugnen! kaum findest du nach langer Zeit deinen Freund wieder, so siehst du ihn schon als eine Ware, als einen Gegenstand deiner Spekulation an, mit dem sich etwas gewinnen läßt.“

Jarno und der Abbé schienen über diese Erkennung keinesweges verwundert und ließen beide Freunde sich nach Belieben über das Vergangene und Gegenwärtige ausbreiten. Werner ging um seinen Freund herum, drehte ihn hin und her, so daß er ihn fast verlegen machte. „Nein! nein!“ rief er aus, „so was ist mir noch nicht vorgekommen, und doch weiß ich wohl, daß ich mich nicht betrüge. Deine Augen sind tiefer, deine Stirne ist breiter, deine Nase feiner und dein Mund liebreicher geworden. Seht nur einmal, wie er steht! wie das alles paßt und zusammenhängt! Wie doch das Faulenzen gedeihet! Ich armer Teufel dagegen“ — er besah sich im Spiegel —, „wenn ich diese Zeit her nicht recht viel Geld gewonnen hätte, so wäre doch auch gar nichts an mir.“

Werner hatte Wilhelms letzten Brief nicht empfangen; ihre Handlung war das fremde Haus, mit welchem Lothario die Güter in Gemeinschaft zu kaufen die Absicht hatte. Dieses Geschäft führte Wernern hierher; er hatte keine Gedanken, Wilhelmen auf seinem Wege zu finden. Der Gerichtshalter kam, die Papiere wurden vorgelegt, und Werner fand die Vorschläge billig. „Wenn Sie es mit diesem jungen Manne, wie es scheint, gut meinen“, sagte er, so sorgen Sie selbst dafür, daß unser Teil nicht verkürzt werde; es soll von meinem Freunde abhängen, ob er das Gut annehmen und einen Teil seines Vermögens daran wenden will." Jarno und der Abbé versicherten, daß es dieser Erinnerung nicht bedürfe. Man hatte die Sache kaum im allgemeinen verhandelt, als Werner sich nach einer Partie L'hombre sehnte, wozu sich denn auch gleich der Abbé und Jarno mit hinsetzten; er war es nun einmal so gewohnt, er konnte des Abends ohne Spiel nicht leben.

Als die beiden Freunde nach Tische allein waren, befragten sie sich sehr lebhaft über alles, was sie sich mitzuteilen wünschten. Wilhelm rühmte seine Lage und das Glück seiner Aufnahme unter so trefflichen Menschen. Werner dagegen schüttelte den Kopf und sagte: „Man sollte doch auch nichts glauben, als was man mit Augen sieht! Mehr als ein dienstfertiger Freund hat mir versichert, du lebtest mit einem liederlichen jungen Edelmann, führtest ihm Schauspielerinnen zu, hälfest ihm sein Geld durchbringen und seiest schuld, daß er mit seinen sämtlichen Anverwandten gespannt sei." — „Es würde mich um meinet- und um der guten Menschen willen verdrießen, daß wir so verkannt werden", versetzte Wilhelm, „wenn mich nicht meine theatralische Laufbahn mit jeder übeln Nachrede versöhnt hätte. Wie sollten die Menschen unsere Handlungen beurteilen, die ihnen nur einzeln und abgerissen erscheinen, wovon sie das wenigste sehen, weil Gutes und Böses im Verborgenen geschieht, und eine gleichgültige Erscheinung meistens nur an den Tag kommt. Bringt man ihnen doch Schauspieler und Schauspielerinnen auf erhöhte Bretter, zündet von allen Seiten Licht an, das ganze Werk ist in wenig Stunden abgeschlossen, und doch weiß selten jemand eigentlich, was er daraus machen soll."

Nun ging es an ein Fragen nach der Familie, nach den Jugendfreunden und der Vaterstadt. Werner erzählte mit großer Hast alles, was sich verändert hatte, und was noch bestand und geschah. „Die Frauen im Hause", sagte er, „sind vergnügt und glücklich, es fehlt nie an Geld. Die eine Hälfte der Zeit bringen sie zu, sich zu putzen, und die andere Hälfte, sich geputzt sehen zu lassen. Haushälterisch sind sie so viel, als billig ist. Meine Kinder lassen sich zu gescheiten Jungen an. Ich sehe sie im Geiste schon sitzen und schreiben, und rechnen, laufen, handeln und trödeln; einem jeden soll so bald als möglich ein eignes Gewerbe eingerichtet werden, und was unser Vermögen betrifft, daran sollst du deine Lust sehen. Wenn wir mit den Gütern in Ordnung sind, mußt du gleich mit nach Hause, denn es sieht doch aus, als wenn du mit einiger Vernunft in die menschlichen Unternehmungen eingreifen könntest. Deine neuen Freunde sollen gepriesen sein, da sie dich auf den rechten Weg gebracht haben. Ich bin ein närrischer Teufel und merke erst, wie lieb ich dich habe, da ich mich nicht satt an dir sehen kann, daß du so wohl und so gut aussiehst. Das ist doch eine andere Gestalt als das Porträt, das du einmal an deine Schwester schicktest, und worüber im Hause großer Streit war. Mutter und Tochter fanden den jungen Herrn allerliebst, mit offnem Halse, halbfreier Brust, großer Krause, herumhängendem Haar, rundem Hut, kurzem Westchen und schlotternden langen Hosen, indessen ich behauptete, das Kostüm sei nur noch zwei Finger breit vom Hanswurst. Nun siehst du doch aus wie ein Mensch, nur fehlt der Zopf, in den ich deine Haare einzubinden bitte, sonst hält man dich denn doch einmal unterweges als Juden an und fordert Zoll und Geleite von dir."

Felix war indessen in die Stube gekommen und hatte sich, als man auf ihn nicht achtete, aufs Kanapee gelegt und war eingeschlafen. „Was ist das für ein Wurm?" fragte Werner. Wilhelm hatte in dem Augenblicke den Mut nicht, die Wahrheit zu sagen, noch Lust, eine doch immer zweideutige Geschichte einem Manne zu erzählen, der von Natur nichts weniger als gläubig war.

Die ganze Gesellschaft begab sich nunmehr auf die Güter, um sie zu besehen und den Handel abzuschließen. Wilhelm ließ seinen Felix nicht von der Seite und freute sich um des Knaben willen recht lebhaft des Besitzes, dem man entgegensah. Die Lüsternheit des Kindes nach den Kirschen und Beeren, die bald reif werden sollten, erinnerte ihn an die Zeit seiner Jugend und an die vielfache Pflicht des Vaters, den Seinigen den Genuß vorzubereiten, zu verschaffen und zu erhalten. Mit welchem Interesse betrachtete er die Baumschulen und die Gebäude! Wie lebhaft sann er darauf, das Vernachlässigte wiederherzustellen und das Verfallene zu erneuern! Er sah die Welt nicht mehr wie ein Zugvogel an, ein Gebäude nicht mehr für eine geschwind zusammengestellte Laube, die vertrocknet, ehe man sie verläßt. Alles, was er anzulegen gedachte, sollte dem Knaben entgegenwachsen, und alles, was er herstellte, sollte eine Dauer auf einige Geschlechter haben. In diesem Sinne waren seine Lehrjahre geendigt, und mit dem Gefühl des Vaters hatte er auch alle Tugenden eines Bürgers erworben. Er fühlte es, und seiner Freude konnte nichts gleichen. „O, der unnötigen Strenge der Moral!“ rief er aus, „da die Natur uns auf ihre liebliche Weise zu allem bildet, was wir sein sollen. O, der seltsamen Anforderungen der bürgerlichen Gesellschaft, die uns erst verwirrt und mißleitet und dann mehr als die Natur selbst von uns fordert! Wehe jeder Art von Bildung, welche die wirksamsten Mittel wahrer Bildung zerstört und uns auf das Ende hinweist, anstatt uns auf dem Wege selbst zu beglücken!“

So manches er auch in seinem Leben schon gesehen hatte, so schien ihm doch die menschliche Natur erst durch die Beobachtung des Kindes deutlich zu werden. Das Theater war ihm, wie die Welt, nur als eine Menge ausgeschütteter Würfel vorgekommen, deren jeder einzeln auf seiner Oberfläche bald mehr, bald weniger bedeutet, und die allenfalls zusammengezählt eine Summe machen. Hier im Kinde lag ihm, konnte man sagen, ein einzelner Würfel vor, auf dessen vielfachen Seiten der Wert und der Unwert der menschlichen Natur so deutlich eingegraben war.

Das Verlangen des Kindes nach Unterscheidung wuchs mit jedem Tage. Da es einmal erfahren hatte, daß die Dinge Namen haben, so wollte es auch den Namen von allem hören; es glaubte nicht anders, sein Vater müsse alles wissen, quälte ihn oft mit Fragen und gab ihm Anlaß, sich nach Gegenständen zu erkundigen, denen er sonst wenig Aufmerksamkeit gewidmet hatte. Auch der eingeborene Trieb, die Herkunft und das Ende der Dinge zu erfahren, zeigte sich frühe bei dem Knaben. Wenn er fragte, wo der Wind herkomme und wo die Flamme hinkomme, war dem Vater seine eigene Beschränkung erst recht lebendig; er wünschte zu erfahren, wie weit sich der Mensch mit seinen Gedanken wagen, und wovon er hoffen dürfe sich und andern jemals Rechenschaft zu geben. Die Heftigkeit des Kindes, wenn es irgendeinem lebendigen Wesen Unrecht geschehen sah, erfreute den Vater höchlich, als das Zeichen eines trefflichen Gemüts. Das Kind schlug heftig nach dem Küchenmädchen, das einige Tauben abgeschnitten hatte. Dieser schöne Begriff wurde denn freilich bald wieder zerstört, als er den Knaben fand, der ohne Barmherzigkeit Frösche totschlug und Schmetterlinge zerrupfte. Es erinnerte ihn dieser Zug an so viele Menschen, die höchst gerecht erscheinen, wenn sie ohne Leidenschaft sind und die Handlungen anderer beobachten.

Dieses angenehme Gefühl, daß der Knabe so einen schönen und wahren Einfluß auf sein Dasein habe, ward einen Augenblick gestört, als Wilhelm in kurzem bemerkte, daß wirklich der Knabe mehr ihn als er den Knaben erziehe. Er hatte an dem Kinde nichts auszusetzen, er war nicht imstande, ihm eine Richtung zu geben, die es nicht selbst nahm, und sogar die Unarten, gegen die Aurelie so viel gearbeitet hatte, waren, so schien es, nach dem Tode dieser Freundin alle wieder in ihre alten Rechte getreten. Noch machte das Kind die Türe niemals hinter sich zu, noch wollte er seinen Teller nicht abessen, und sein Behagen war niemals größer, als wenn man ihm nachsah, daß er den Bissen unmittelbar aus der Schüssel nehmen, das volle Glas stehenlassen und aus der Flasche trinken konnte. So war er auch ganz allerliebst, wenn er sich mit einem Buche in die Ecke setzte und sehr ernsthaft sagte: „Ich muß das gelehrte Zeug studieren!", ob er gleich die Buchstaben noch lange weder unterscheiden konnte noch wollte.

Bedachte nun Wilhelm, wie wenig er bisher für das Kind getan hatte, wie wenig er zu tun fähig sei, so entstand eine Unruhe in ihm, die sein ganzes Glück aufzuwiegen imstande war. „Sind wir Männer denn", sagte er zu sich, „so selbstisch geboren, daß wir unmöglich für ein Wesen außer uns Sorge tragen können? Bin ich mit dem Knaben nicht eben auf dem Wege, auf dem ich mit Mignon war? Ich zog das liebe Kind an, seine Gegenwart ergötzte mich, und dabei hab' ich es aufs grausamste vernachlässigt. Was tat ich zu seiner Bildung, nach der es so sehr strebte? Nichts! Ich überließ es sich selbst und allen Zufälligkeiten, denen es in einer ungebildeten Gesellschaft nur ausgesetzt sein konnte; und dann für diesen Knaben, der dir so merkwürdig war, ehe er dir so wert sein konnte, hat dich denn dein Herz geheißen auch nur jemals das geringste für ihn zu tun? Es ist nicht mehr Zeit, daß du deine eigenen Jahre und die Jahre anderer vergeudest; nimm dich zusammen und denke, was du für dich und die guten Geschöpfe zu tun hast, welche Natur und Neigung so fest an dich knüpfte."

Eigentlich war dieses Selbstgespräch nur eine Einleitung, sich zu bekennen, daß er schon gedacht, gesorgt, gesucht und gewählt hatte; er konnte nicht länger zögern, sich es selbst zu gestehen. Nach oft vergebens wiederholtem Schmerz über den Verlust Marianens fühlte er nur zu deutlich, daß er eine Mutter für den Knaben suchen müsse, und daß er sie nicht sichrer als in Theresen finden werde. Er kannte dieses vortreffliche Frauenzimmer ganz. Eine solche Gattin und Gehülfin schien die einzige zu sein, der man sich und die Seinen anvertrauen könnte. Ihre edle Neigung zu Lothario machte ihm keine Bedenklichkeit. Sie waren durch ein sonderbares Schicksal auf ewig getrennt, Therese hielt sich für frei und hatte von einer Heirat zwar mit Gleichgültigkeit, doch als von einer Sache gesprochen, die sich von selbst versteht.

Nachdem er lange mit sich zu Rate gegangen war, nahm er sich vor, ihr von sich zu sagen, soviel er nur wußte. Sie sollte ihn kennen lernen, wie er sie kannte, und er fing nun an, seine eigene Geschichte durchzudenken; sie schien ihm an Begebenheiten so leer und im ganzen jedes Bekenntnis so wenig zu seinem Vorteil, daß er mehr als einmal von dem Vorsatz abzustehn im Begriff war. Endlich entschloß er sich, die Rolle seiner Lehrjahre aus dem Turme von Jarno zu verlangen; dieser sagte: „Es ist eben zur rechten Zeit", und Wilhelm erhielt sie.

Es ist eine schauderhafte Empfindung, wenn ein edler

Mensch mit Bewußtsein auf dem Punkte steht, wo er über sich selbst aufgeklärt werden soll. Alle Übergänge sind Krisen, und ist eine Krise nicht Krankheit? Wie ungern tritt man nach einer Krankheit vor den Spiegel! Die Besserung fühlt man, und man sieht nur die Wirkung des vergangenen Übels. Wilhelm war indessen vorbereitet genug, die Umstände hatten schon lebhaft zu ihm gesprochen, seine Freunde hatten ihn eben nicht geschont, und wenn er gleich das Pergament mit einiger Hast aufrollte, so ward er doch immer ruhiger, je weiter er las. Er fand die umständliche Geschichte seines Lebens in großen, scharfen Zügen geschildert; weder einzelne Begebenheiten, noch beschränkte Empfindungen verwirrten seinen Blick, allgemeine liebevolle Betrachtungen gaben ihm Fingerzeige, ohne ihn zu beschämen, und er sah zum erstenmal sein Bild außer sich, zwar nicht, wie im Spiegel, ein zweites Selbst, sondern wie im Porträt ein anderes Selbst: man bekennt sich zwar nicht zu allen Zügen, aber man freut sich, daß ein denkender Geist uns so hat fassen, ein großes Talent uns so hat darstellen wollen, daß ein Bild von dem, was wir waren, noch besteht, und daß es länger als wir selbst dauern kann.

Wilhelm beschäftigte sich nunmehr, indem alle Umstände durch dies Manuskript in sein Gedächtnis zurückkamen, die Geschichte seines Lebens für Theresen aufzusetzen, und er schämte sich fast, daß er gegen ihre großen Tugenden nichts aufzustellen hatte, was eine zweckmäßige Tätigkeit beweisen konnte. So umständlich er in dem Aufsatze war, so kurz faßte er sich in dem Briefe, den er an sie schrieb; er bat sie um ihre Freundschaft, um ihre Liebe, wenn's möglich wäre; er bot ihr seine Hand an und bat sie um baldige Entscheidung.

Nach einigem innerlichen Streit, ob er diese wichtige Sache noch erst mit seinen Freunden, mit Jarno und dem Abbé, beraten solle, entschied er sich, zu schweigen. Er war zu fest entschlossen, die Sache war für ihn zu wichtig, als daß er sie noch hätte dem Urteil des vernünftigsten und besten Mannes unterwerfen mögen; ja, sogar brauchte er die Vorsicht, seinen Brief auf der nächsten Post selbst zu bestellen. Vielleicht hatte ihm der Gedanke, daß er in so vielen Umständen seines Lebens, in denen er frei und im Verborgenen zu handeln glaubte, beobachtet, ja sogar geleitet worden war, wie ihm aus der geschriebenen Rolle nicht undeutlich erschien, eine Art von unangenehmer Empfindung gegeben, und nun wollte er, wenigstens zu Theresens Herzen, rein vom Herzen reden und ihrer Entschließung und Entscheidung sein Schicksal schuldig sein, und so machte er sich kein Gewissen, seine Wächter und Aufseher in diesem wichtigen Punkte wenigstens zu umgehen.

ZWEITES KAPITEL

Kaum war der Brief abgesendet, als Lothario zurückkam. Jedermann freuete sich, die vorbereiteten wichtigen Geschäfte abgeschlossen und bald geendigt zu sehen, und Wilhelm erwartete mit Verlangen, wie so viele Fäden teils neu geknüpft, teils aufgelöst und nun sein eignes Verhältnis auf die Zukunft bestimmt werden sollte. Lothario begrüßte sie alle aufs beste; er war völlig wiederhergestellt und heiter, er hatte das Ansehen eines Mannes, der weiß, was er tun soll, und dem in allem, was er tun will, nichts im Wege steht.

Wilhelm konnte ihm seinen herzlichen Gruß nicht zurückgeben. „Dies ist", mußte er zu sich selbst sagen, „der Freund, der Geliebte, der Bräutigam Theresens, an dessen Statt du dich einzudrängen denkst. Glaubst du denn jemals einen solchen Eindruck auszulöschen oder zu verbannen?" — Wäre der Brief noch nicht fort gewesen, er hätte vielleicht nicht gewagt, ihn abzusenden. Glücklicherweise war der Wurf schon getan, vielleicht war Therese schon entschieden, nur die Entfernung deckte noch eine glückliche Vollendung mit ihrem Schleier. Gewinn und Verlust mußten sich bald entscheiden. Er suchte sich durch alle diese Betrachtungen zu beruhigen, und doch waren die Bewegungen seines Herzens beinahe fieberhaft. Nur wenig Aufmerksamkeit konnte er auf das wichtige Geschäft wenden, woran gewissermaßen das Schicksal seines ganzen Vermögens hing. Ach! wie unbedeutend erscheint dem Menschen in leidenschaftlichen

Augenblicken alles, was ihn umgibt, alles, was ihm angehört!

Zu seinem Glücke behandelte Lothario die Sache groß, und Werner mit Leichtigkeit. Dieser hatte bei seiner heftigen Begierde zum Erwerb eine lebhafte Freude über den schönen Besitz, der ihm oder vielmehr seinem Freunde werden sollte. Lothario von seiner Seite schien ganz andere Betrachtungen zu machen. „Ich kann mich nicht sowohl über einen Besitz freuen", sagte er, „als über die Rechtmäßigkeit desselben."

„Nun, beim Himmel!" rief Werner, „wird denn dieser unser Besitz nicht rechtmäßig genug?"

„Nicht ganz!" versetzte Lothario.

„Geben wir denn nicht unser bares Geld dafür?"

„Recht gut!" sagte Lothario; „auch werden Sie dasjenige, was ich zu erinnern habe, vielleicht für einen leeren Skrupel halten. Mir kommt kein Besitz ganz rechtmäßig, ganz rein vor, als der dem Staate seinen schuldigen Teil abträgt."

„Wie?" sagte Werner, „so wollten Sie also lieber, daß unsere frei gekauften Güter steuerbar wären?"

„Ja", versetzte Lothario, „bis auf einen gewissen Grad; denn durch diese Gleichheit mit allen übrigen Besitzungen entsteht ganz allein die Sicherheit des Besitzes. Was hat der Bauer in den neuern Zeiten, wo so viele Begriffe schwankend werden, für einen Hauptanlaß, den Besitz des Edelmanns für weniger gegründet anzusehen als den seinigen? Nur den, daß jener nicht belastet ist und auf ihn lastet."

„Wie wird es aber mit den Zinsen unseres Kapitals aussehen?" versetzte Werner.

„Um nichts schlimmer", sagte Lothario, „wenn uns der Staat gegen eine billige regelmäßige Abgabe das Lehns-Hokuspokus erlassen und uns mit unsern Gütern nach Belieben zu schalten erlauben wollte, daß wir sie nicht in so großen Massen zusammenhalten müßten, daß wir sie unter unsere Kinder gleicher verteilen könnten, um alle in eine lebhafte freie Tätigkeit zu versetzen, statt ihnen nur die beschränkten und beschränkenden Vorrechte zu hinterlassen, welche zu genießen wir immer die Geister unserer Vorfahren hervorrufen müssen. Wieviel glücklicher wären

Männer und Frauen, wenn sie mit freien Augen umhersehen und bald ein würdiges Mädchen, bald einen trefflichen Jüngling ohne andere Rücksichten durch ihre Wahl erheben könnten. Der Staat würde mehr, vielleicht bessere Bürger haben und nicht so oft um Köpfe und Hände verlegen sein."

„Ich kann Sie versichern", sagte Werner, „daß ich in meinem Leben nie an den Staat gedacht habe; meine Abgaben, Zölle und Geleite habe ich nur so bezahlt, weil es einmal hergebracht ist."

„Nun", sagte Lothario, „ich hoffe Sie noch zum guten Patrioten zu machen; denn wie der nur ein guter Vater ist, der bei Tische erst seinen Kindern vorlegt, so ist der nur ein guter Bürger, der vor allen andern Ausgaben das, was er dem Staate zu entrichten hat, zurücklegt."

Durch solche allgemeine Betrachtungen wurden ihre besondern Geschäfte nicht aufgehalten, vielmehr beschleunigt. Als sie ziemlich damit zustande waren, sagte Lothario zu Wilhelmen: „Ich muß Sie nun an einen Ort schicken, wo Sie nötiger sind als hier: meine Schwester läßt Sie ersuchen, so bald als möglich zu ihr zu kommen; die arme Mignon scheint sich zu verzehren, und man glaubt, Ihre Gegenwart könnte vielleicht noch dem Übel Einhalt tun. Meine Schwester schickte mir dieses Billett noch nach, woraus Sie sehen können, wieviel ihr daran gelegen ist." Lothario überreichte ihm ein Blättchen. Wilhelm, der schon in der größten Verlegenheit zugehört hatte, erkannte sogleich an diesen flüchtigen Bleistiftzügen die Hand der Gräfin und wußte nicht, was er antworten sollte.

„Nehmen Sie Felix mit", sagte Lothario, „damit die Kinder sich untereinander aufheitern. Sie müßten morgen früh beizeiten weg; der Wagen meiner Schwester, in welchem meine Leute hergefahren sind, ist noch hier, ich gebe Ihnen Pferde bis auf halben Weg, dann nehmen Sie Post. Leben Sie recht wohl und richten viele Grüße von mir aus. Sagen Sie dabei meiner Schwester, ich werde sie bald wiedersehen, und sie soll sich überhaupt auf einige Gäste vorbereiten. Der Freund unseres Großoheims, der Marchese Cipriani, ist auf dem Wege, hierher zu kommen; er hoffte, den alten Mann noch am Leben anzutreffen, und sie wollten sich zusammen an der Erinnerung früherer Verhältnisse ergetzen und sich ihrer gemeinsamen Kunstliebhaberei erfreuen. Der Marchese war viel jünger als mein Oheim und verdankte ihm den besten Teil seiner Bildung; wir müssen alles aufbieten, um einigermaßen die Lücke auszufüllen, die er finden wird, und das wird am besten durch eine größere Gesellschaft geschehen."

Lothario ging darauf mit dem Abbé in sein Zimmer, Jarno war vorher weggeritten; Wilhelm eilte auf seine Stube, er hatte niemand, dem er sich vertrauen, niemand, durch den er einen Schritt, vor dem er sich so sehr fürchtete, hätte abwenden können. Der kleine Diener kam und ersuchte ihn, einzupacken, weil sie noch diese Nacht aufbinden wollten, um mit Anbruch des Tages wegzufahren. Wilhelm wußte nicht, was er tun sollte; endlich rief er aus: „Du willst nur machen, daß du aus diesem Hause kommst; unterweges überlegst du, was zu tun ist, und bleibst allenfalls auf der Hälfte des Weges liegen, schickst einen Boten zurück, schreibst, was du dir nicht zu sagen getraust, und dann mag werden, was will." Ungeachtet dieses Entschlusses brachte er eine schlaflose Nacht zu; nur ein Blick auf den so schön ruhenden Felix gab ihm einige Erquickung. „O!" rief er aus, „wer weiß, was noch für Prüfungen auf mich warten, wer weiß, wie sehr mich begangene Fehler noch quälen, wie oft mir gute und vernünftige Plane für die Zukunft mißlingen sollen! Aber diesen Schatz, den ich einmal besitze, erhalte mir, du erbittliches oder unerbittliches Schicksal! Wäre es möglich, daß dieser beste Teil von mir selbst vor mir zerstört, daß dieses Herz von meinem Herzen gerissen werden könnte, so lebe wohl, Verstand und Vernunft, lebe wohl, jede Sorgfalt und Vorsicht, verschwinde, du Trieb zur Erhaltung! Alles, was uns vom Tiere unterscheidet, verliere sich! und wenn es nicht erlaubt ist, seine traurigen Tage freiwillig zu endigen, so hebe ein frühzeitiger Wahnsinn das Bewußtsein auf, ehe der Tod, der es auf immer zerstört, die lange Nacht herbeiführt!"

Er faßte den Knaben in seine Arme, küßte ihn, drückte ihn an sich und benetzte ihn mit reichlichen Tränen. Das Kind wachte auf; sein helles Auge, sein freundlicher Blick rührten den Vater aufs innigste. „Welche Szene steht mir bevor", rief er aus, „wenn ich dich der schönen unglücklichen Gräfin vorstellen soll, wenn sie dich an ihren Busen drückt, den dein Vater so tief verletzt hat! Muß ich nicht fürchten, sie stößt dich wieder von sich mit einem Schrei, sobald deine Berührung ihren wahren oder eingebildeten Schmerz erneuert!"

Der Kutscher ließ ihm nicht Zeit, weiter zu denken oder zu wählen, er nötigte ihn vor Tage in den Wagen; nun wickelte er seinen Felix wohl ein, der Morgen war kalt, aber heiter, das Kind sah zum erstenmal in seinem Leben die Sonne aufgehn. Sein Erstaunen über den ersten feurigen Blick, über die wachsende Gewalt des Lichts, seine Freude und seine wunderlichen Bemerkungen erfreuten den Vater und ließen ihn einen Blick in das Herz tun, vor welchem die Sonne wie über einem reinen stillen See emporsteigt und schwebt.

In einer kleinen Stadt spannte der Kutscher aus und ritt zurück. Wilhelm nahm sogleich ein Zimmer in Besitz und fragte sich nun, ob er bleiben oder vorwärts gehen solle. In dieser Unentschlossenheit wagte er das Blättchen wieder hervorzunehmen, das er bisher nochmals anzusehen nicht getraut hatte; es enthielt folgende Worte: „Schicke mir Deinen jungen Freund ja bald! Mignon hat sich diese beiden letzten Tage eher verschlimmert. So traurig diese Gelegenheit ist, so soll mich's doch freuen, ihn kennen zu lernen."

Die letzten Worte hatte Wilhelm beim ersten Blick nicht bemerkt. Er erschrak darüber und war sogleich entschieden, daß er nicht gehen wollte. „Wie?" rief er aus, „Lothario, der das Verhältnis weiß, hat ihr nicht eröffnet, wer ich bin? Sie erwartet nicht mit gesetztem Gemüt einen Bekannten, den sie lieber nicht wiedersähe, sie erwartet einen Fremden, und ich trete hinein! Ich sehe sie zurückschaudern, ich sehe sie erröten! Nein, es ist mir unmöglich, dieser Szene entgegenzugehen." Soeben wurden die Pferde herausgeführt und eingespannt; Wilhelm war entschlossen, abzupacken und hier zu bleiben. Er war in der größten Bewegung. Als er ein Mädchen zur Treppe heraufkommen hörte, die ihm anzeigen wollte, daß alles fertig sei, sann er geschwind auf eine Ursache, die ihn hier zu bleiben nötigte, und seine Augen ruhten ohne Aufmerksamkeit auf dem Billett, das er in der Hand hielt. „Um Gottes willen!" rief er aus, „was ist das? das ist nicht die Hand der Gräfin, es ist die Hand der Amazone!"

Das Mädchen trat herein, bat ihn, herunterzukommen, und führte Felix mit sich fort. „Ist es möglich?" rief er aus, „ist es wahr? was soll ich tun? bleiben und abwarten und aufklären? oder eilen? eilen und mich einer Entwicklung entgegenstürzen? Du bist auf dem Wege zu ihr, und kannst zaudern? Diesen Abend sollst du sie sehen, und willst dich freiwillig ins Gefängnis einsperren? Es ist ihre Hand, ja sie ist's! diese Hand beruft dich, ihr Wagen ist angespannt, dich zu ihr zu führen, nun löst sich das Rätsel: Lothario hat zwei Schwestern. Er weiß mein Verhältnis zu der einen; wieviel ich der andern schuldig bin, ist ihm unbekannt. Auch sie weiß nicht, daß der verwundete Vagabund, der ihr, wo nicht sein Leben, doch seine Gesundheit verdankt, in dem Hause ihres Bruders so unverdient gütig aufgenommen worden ist."

Felix, der sich unten im Wagen schaukelte, rief: „Vater, komm! o komm! sieh die schönen Wolken, die schönen Farben!" — „Ja, ich komme", rief Wilhelm, indem er die Treppe hinuntersprang, „und alle Erscheinungen des Himmels, die du gutes Kind noch sehr bewunderst, sind nichts gegen den Anblick, den ich erwarte."

Im Wagen sitzend rief er nun alle Verhältnisse in sein Gedächtnis zurück. „So ist also auch diese Natalie die Freundin Theresens! welch eine Entdeckung, welche Hoffnung und welche Aussichten! Wie seltsam, daß die Furcht, von der einen Schwester reden zu hören, mir das Dasein der andern ganz und gar verbergen konnte!" Mit welcher Freude sah er seinen Felix an; er hoffte für den Knaben wie für sich die beste Aufnahme.

Der Abend kam heran, die Sonne war untergegangen, der Weg nicht der beste, der Postillon fuhr langsam, Felix war eingeschlafen, und neue Sorgen und Zweifel stiegen in dem Busen unseres Freundes auf. „Von welchem Wahn, von welchen Einfällen wirst du beherrscht!" sagte er zu sich selbst, „eine ungewisse Ähnlichkeit der Handschrift macht dich auf einmal sicher und gibt dir Gelegenheit, das wunderbarste Märchen auszudenken.“ Er nahm das Billett wieder vor, und bei dem abgehenden Tageslicht glaubte er wieder die Handschrift der Gräfin zu erkennen; seine Augen wollten im einzelnen nicht wiederfinden, was ihm sein Herz im ganzen auf einmal gesagt hatte. — „So ziehen dich denn doch diese Pferde zu einer schrecklichen Szene! Wer weiß, ob sie dich nicht in wenig Stunden schon wieder zurückführen werden? Und wenn du sie nur noch allein anträfest! Aber vielleicht ist ihr Gemahl gegenwärtig, vielleicht die Baronesse! Wie verändert werde ich sie finden! Werde ich vor ihr auf den Füßen stehen können?“

Nur eine schwache Hoffnung, daß er seiner Amazone entgegengehe, konnte manchmal durch die trüben Vorstellungen durchblicken. Es war Nacht geworden, der Wagen rasselte in einen Hof hinein und hielt still; ein Bedienter mit einer Wachsfackel trat aus einem prächtigen Portal hervor und kam die breiten Stufen hinunter bis an den Wagen. „Sie werden schon lange erwartet“, sagte er, indem er das Leder aufschlug. Wilhelm, nachdem er ausgestiegen war, nahm den schlafenden Felix auf den Arm, und der erste Bediente rief zu einem zweiten, der mit einem Lichte in der Türe stand: „Führe den Herrn gleich zur Baronesse.“

Blitzschnell fuhr Wilhelmen durch die Seele: „Welch ein Glück! Es sei vorsätzlich oder zufällig, die Baronesse ist hier! ich soll sie zuerst sehen! wahrscheinlich schläft die Gräfin schon! Ihr guten Geister, helft, daß der Augenblick der größten Verlegenheit leidlich vorübergehe!“

Er trat in das Haus und fand sich an dem ernsthaftesten, seinem Gefühle nach dem heiligsten Orte, den er je betreten hatte. Eine herabhängende blendende Laterne erleuchtete eine breite, sanfte Treppe, die ihm entgegenstand und sich oben beim Umwenden in zwei Teile teilte. Marmorne Statuen und Büsten standen auf Piedestalen und in Nischen geordnet; einige schienen ihm bekannt. Jugendeindrücke verlöschen nicht, auch in ihren kleinsten Teilen. Er erkannte eine Muse, die seinem Großvater gehört hatte, zwar nicht an ihrer Gestalt und an ihrem Wert, doch an einem restaurierten Arme und an den neueingesetzten Stücken des Gewandes. Es war, als wenn er ein Märchen erlebte. Das Kind ward ihm schwer; er zauderte auf den Stufen und kniete nieder, als ob er es bequemer fassen wollte. Eigentlich aber bedurfte er einer augenblicklichen Erholung. Er konnte kaum sich wieder aufheben. Der vorleuchtende Diener wollte ihm das Kind abnehmen, er konnte es nicht von sich lassen. Darauf trat er in den Vorsaal, und zu seinem noch größern Erstaunen erblickte er das wohlbekannte Bild vom kranken Königssohn an der Wand. Er hatte kaum Zeit, einen Blick darauf zu werfen, der Bediente nötigte ihn durch ein paar Zimmer in ein Kabinett. Dort, hinter einem Lichtschirme, der sie beschattete, saß ein Frauenzimmer und las. „O daß sie es wäre!" sagte er zu sich selbst in diesem entscheidenden Augenblick. Er setzte das Kind nieder, das aufzuwachen schien, und dachte sich der Dame zu nähern, aber das Kind sank schlaftrunken zusammen, das Frauenzimmer stand auf und kam ihm entgegen. Die Amazone war's! Er konnte sich nicht halten, stürzte auf seine Knie und rief aus: „Sie ist's!" Er faßte ihre Hand und küßte sie mit unendlichem Entzücken. Das Kind lag zwischen ihnen beiden auf dem Teppich und schlief sanft.

Felix ward auf das Kanapee gebracht, Natalie setzte sich zu ihm, sie hieß Wilhelmen auf den Sessel sitzen, der zunächst dabei stand. Sie bot ihm einige Erfrischungen an, die er ausschlug, indem er nur beschäftigt war, sich zu versichern, daß sie es sei, und ihre durch den Lichtschirm beschatteten Züge genau wiederzusehen und sicher wiederzuerkennen. Sie erzählte ihm von Mignons Krankheit im allgemeinen, daß das Kind von wenigen tiefen Empfindungen nach und nach aufgezehrt werde, daß es bei seiner großen Reizbarkeit, die es verberge, von einem Krampf an seinem armen Herzen oft heftig und gefährlich leide, daß dieses erste Organ des Lebens bei unvermuteten Gemütsbewegungen manchmal plötzlich stille stehe, und keine Spur der heilsamen Lebensregung in dem Busen des guten Kindes gefühlt werden könne. Sei dieser ängstliche Krampf vorbei, so äußere sich die Kraft der Natur wieder in gewaltsamen Pulsen und ängstige das Kind nunmehr durch Übermaß, wie es vorher durch Mangel gelitten habe.

Wilhelm erinnerte sich einer solchen krampfhaften Szene, und Natalie bezog sich auf den Arzt, der weiter mit ihm über die Sache sprechen und die Ursache, warum man den Freund und Wohltäter des Kindes gegenwärtig herbeigerufen, umständlicher vorlegen würde. „Eine sonderbare Veränderung“, fuhr Natalie fort, „werden Sie an ihr finden; sie geht nunmehr in Frauenkleidern, vor denen sie sonst einen so großen Abscheu zu haben schien.“

„Wie haben Sie das erreicht?“ fragte Wilhelm.

„Wenn es wünschenswert war, so sind wir es nur dem Zufall schuldig. Hören Sie, wie es zugegangen ist. Sie wissen vielleicht, daß ich immer eine Anzahl junger Mädchen um mich habe, deren Gesinnungen ich, indem sie neben mir aufwachsen, zum Guten und Rechten zu bilden wünsche. Aus meinem Munde hören sie nichts, als was ich selber für wahr halte, doch kann ich und will ich nicht hindern, daß sie nicht auch von andern manches vernehmen, was als Irrtum, als Vorurteil in der Welt gäng und gäbe ist. Fragen sie mich darüber, so suche ich, soviel nur möglich ist, jene fremden ungehörigen Begriffe irgendwo an einen richtigen anzuknüpfen, um sie dadurch, wo nicht nützlich, doch unschädlich zu machen. Schon seit einiger Zeit hatten meine Mädchen aus dem Munde der Bauerkinder gar manches von Engeln, vom Knechte Ruprecht, vom heiligen Christe vernommen, die zu gewissen Zeiten in Person erscheinen, gute Kinder beschenken und unartige bestrafen sollten. Sie hatten eine Vermutung, daß es verkleidete Personen sein müßten, worin ich sie denn auch bestärkte und, ohne mich viel auf Deutungen einzulassen, mir vornahm, ihnen bei der ersten Gelegenheit ein solches Schauspiel zu geben. Es fand sich eben, daß der Geburtstag von Zwillingsschwestern, die sich immer sehr gut betragen hatten, nahe war; ich versprach, daß ihnen diesmal ein Engel die kleinen Geschenke bringen sollte, die sie wohl verdient hätten. Sie waren äußerst gespannt auf diese Erscheinung. Ich hatte mir Mignon zu dieser Rolle ausgesucht, und sie ward an dem bestimmten

Tage in ein langes, leichtes, weißes Gewand anständig gekleidet. Es fehlte nicht an einem goldenen Gürtel um die Brust und an einem gleichen Diadem in den Haaren. Anfangs wollte ich die Flügel weglassen, doch bestanden die Frauenzimmer, die sie anputzten, auf ein Paar großer goldner Schwingen, an denen sie recht ihre Kunst zeigen wollten. So trat, mit einer Lilie in der einen Hand und mit einem Körbchen in der andern, die wundersame Erscheinung in die Mitte der Mädchen und überraschte mich selbst. ‚Da kommt der Engel', sagte ich. Die Kinder traten alle wie zurück; endlich riefen sie aus: ‚Es ist Mignon!' und getrauten sich doch nicht, dem wundersamen Bilde näher zu treten.

‚Hier sind eure Gaben', sagte sie und reichte das Körbchen hin. Man versammelte sich um sie, man betrachtete, man befühlte, man befragte sie.

‚Bist du ein Engel?' fragte das eine Kind.

‚Ich wollte, ich wär' es', versetzte Mignon.

‚Warum trägst du eine Lilie?'

‚So rein und offen sollte mein Herz sein, dann wär' ich glücklich.'

‚Wie ist's mit den Flügeln? laß sie sehen!'

‚Sie stellen schönere vor, die noch nicht entfaltet sind.'

Und so antwortete sie bedeutend auf jede unschuldige, leichte Frage. Als die Neugierde der kleinen Gesellschaft befriedigt war und der Eindruck dieser Erscheinung stumpf zu werden anfing, wollte man sie wieder auskleiden. Sie verwehrte es, nahm ihre Zither, setzte sich hier auf diesen hohen Schreibtisch hinauf und sang ein Lied mit unglaublicher Anmut.

So laßt mich scheinen, bis ich werde,
Zieht mir das weiße Kleid nicht aus!
Ich eile von der schönen Erde
Hinab in jenes feste Haus.

Dort ruh' ich eine kleine Stille,
Dann öffnet sich der frische Blick,
Ich lasse dann die reine Hülle,
Den Gürtel und den Kranz zurück.

Und jene himmlischen Gestalten,
Sie fragen nicht nach Mann und Weib,
Und keine Kleider, keine Falten
Umgeben den verklärten Leib.

Zwar lebt' ich ohne Sorg' und Mühe,
Doch fühlt' ich tiefen Schmerz genung;
Vor Kummer altert' ich zu frühe;
Macht mich auf ewig wieder jung!

„Ich entschloß mich sogleich", fuhr Natalie fort, „ihr das Kleid zu lassen, und ihr noch einige der Art anzuschaffen, in denen sie nun auch geht, und in denen, wie es mir scheint, ihr Wesen einen ganz andern Ausdruck hat."

Da es schon spät war, entließ Natalie den Ankömmling, der nicht ohne einige Bangigkeit sich von ihr trennte. „Ist sie verheiratet oder nicht?" dachte er bei sich selbst. Er hatte gefürchtet, sooft sich etwas regte, eine Türe möchte sich auftun und der Gemahl hereintreten. Der Bediente, der ihn in sein Zimmer einließ, entfernte sich schneller, als er Mut gefaßt hatte, nach diesem Verhältnis zu fragen. Die Unruhe hielt ihn noch eine Zeitlang wach, und er beschäftigte sich, das Bild der Amazone mit dem Bilde seiner neuen gegenwärtigen Freundin zu vergleichen. Sie wollten noch nicht miteinander zusammenfließen; jenes hatte er sich gleichsam geschaffen, und dieses schien fast ihn umschaffen zu wollen.

DRITTES KAPITEL

Den andern Morgen, da noch alles still und ruhig war, ging er, sich im Hause umzusehen. Es war die reinste, schönste, würdigste Baukunst, die er gesehen hatte. „Ist doch wahre Kunst", rief er aus, „wie gute Gesellschaft: sie nötigt uns auf die angenehmste Weise, das Maß zu erkennen, nach dem und zu dem unser Innerstes gebildet ist." Unglaublich angenehm war der Eindruck, den die Statuen und Büsten seines Großvaters auf ihn machten. Mit Verlangen eilte er dem Bilde vom kranken Königssohn entgegen, und noch immer fand er es reizend und rührend.

Der Bediente öffnete ihm verschiedene andere Zimmer; er fand eine Bibliothek, eine Naturaliensammlung, ein physikalisches Kabinett. Er fühlte sich so fremd vor allen diesen Gegenständen. Felix war indessen erwacht und ihm nachgesprungen; der Gedanke, wie und wann er Theresens Brief erhalten werde, machte ihm Sorge; er fürchtete sich vor dem Anblick Mignons, gewissermaßen vor dem Anblick Nataliens. Wie ungleich war sein gegenwärtiger Zustand mit jenen Augenblicken, als er den Brief an Theresen gesiegelt hatte, und mit frohem Mut sich ganz einem so edlen Wesen hingab.

Natalie ließ ihn zum Frühstück einladen. Er trat in ein Zimmer, in welchem verschiedene reinlich gekleidete Mädchen, alle, wie es schien, unter zehn Jahren, einen Tisch zurechte machten, indem eine ältliche Person verschiedene Arten von Getränken hereinbrachte.

Wilhelm beschaute ein Bild, das über dem Kanapee hing, mit Aufmerksamkeit; er mußte es für das Bild Nataliens erkennen, so wenig es ihm genugtun wollte. Natalie trat herein, und die Ähnlichkeit schien ganz zu verschwinden. Zu seinem Troste hatte es ein Ordenskreuz an der Brust, und er sah ein gleiches an der Brust Nataliens.

„Ich habe das Porträt hier angesehen“, sagte er zu ihr, „und mich verwundert, wie ein Maler zugleich so wahr und so falsch sein kann. Das Bild gleicht Ihnen im allgemeinen recht sehr gut, und doch sind es weder Ihre Züge noch Ihr Charakter.“

„Es ist vielmehr zu verwundern“, versetzte Natalie, „daß es so viel Ähnlichkeit hat; denn es ist gar mein Bild nicht; es ist das Bild einer Tante, die mir noch in ihrem Alter glich, da ich erst ein Kind war. Es ist gemalt, als sie ungefähr meine Jahre hatte, und beim ersten Anblick glaubt jedermann mich zu sehen. Sie hätten diese treffliche Person kennen sollen. Ich bin ihr so viel schuldig. Eine sehr schwache Gesundheit, vielleicht zu viel Beschäftigung mit sich selbst, und dabei eine sittliche und religiöse Ängstlichkeit ließen sie das der Welt nicht sein, was sie unter andern Umständen hätte werden können. Sie war ein Licht, das nur wenigen Freunden und mir besonders leuchtete.“

„Wäre es möglich“, versetzte Wilhelm, der sich einen Augenblick besonnen hatte, indem nun auf einmal so vielerlei Umstände ihm zusammentreffend erschienen, „wäre es möglich, daß jene schöne, herrliche Seele, deren stille Bekenntnisse auch mir mitgeteilt worden sind, Ihre Tante sei?“

„Sie haben das Heft gelesen?“ fragte Natalie.

„Ja!“ versetzte Wilhelm, „mit der größten Teilnahme und nicht ohne Wirkung auf mein ganzes Leben. Was mir am meisten aus dieser Schrift entgegenleuchtete, war, ich möchte so sagen, die Reinlichkeit des Daseins, nicht allein ihrer selbst, sondern auch alles dessen, was sie umgab, diese Selbständigkeit ihrer Natur und die Unmöglichkeit, etwas in sich aufzunehmen, was mit der edlen, liebevollen Stimmung nicht harmonisch war.“

„So sind Sie“, versetzte Natalie, „billiger, ja ich darf wohl sagen, gerechter gegen diese schöne Natur als manche anderen, denen man auch dieses Manuskript mitgeteilt hat. Jeder gebildete Mensch weiß, wie sehr er an sich und andern mit einer gewissen Roheit zu kämpfen hat, wieviel ihn seine Bildung kostet, und wie sehr er doch in gewissen Fällen nur an sich selbst denkt und vergißt, was er andern schuldig ist. Wie oft macht der gute Mensch sich Vorwürfe, daß er nicht zart genug gehandelt habe; und doch, wenn nun eine schöne Natur sich allzu zart, sich allzu gewissenhaft bildet, ja, wenn man will, sich überbildet, für diese scheint keine Duldung, keine Nachsicht in der Welt zu sein. Dennoch sind die Menschen dieser Art außer uns, was die Ideale im Innern sind, Vorbilder, nicht zum Nachahmen, sondern zum Nachstreben. Man lacht über die Reinlichkeit der Holländerinnen, aber wäre Freundin Therese, was sie ist, wenn ihr nicht eine ähnliche Idee in ihrem Hauswesen immer vorschwebte?“

„So finde ich also“, rief Wilhelm aus, „in Theresens Freundin jene Natalie vor mir, an welcher das Herz jener köstlichen Verwandten hing, jene Natalie, die von Jugend an so teilnehmend, so liebevoll und hülfreich war! Nur aus einem solchen Geschlecht konnte eine solche Natur entstehen! Welch eine Aussicht eröffnet sich vor mir, da ich auf einmal Ihre Voreltern und den ganzen Kreis, dem Sie angehören, überschaue!“

„Ja!“ versetzte Natalie, „Sie könnten in einem gewissen Sinne nicht besser von uns unterrichtet sein, als durch den Aufsatz unserer Tante; freilich hat ihre Neigung zu mir sie zu viel Gutes von dem Kinde sagen lassen. Wenn man von einem Kinde redet, spricht man niemals den Gegenstand, immer nur seine Hoffnungen aus.“

Wilhelm hatte indessen schnell überdacht, daß er nun auch von Lotharios Herkunft und früher Jugend unterrichtet sei; die schöne Gräfin erschien ihm als Kind mit den Perlen ihrer Tante um den Hals; auch er war diesen Perlen so nahe gewesen, als ihre zarten, liebevollen Lippen sich zu den seinigen herunterneigten; er suchte diese schönen Erinnerungen durch andere Gedanken zu entfernen. Er lief die Bekanntschaften durch, die ihm jene Schrift verschafft hatte. „So bin ich denn“, rief er aus, „in dem Hause des würdigen Oheims! Es ist kein Haus, es ist ein Tempel, und Sie sind die würdige Priesterin, ja der Genius selbst; ich werde mich des Eindrucks von gestern abend zeitlebens erinnern, als ich hereintrat und die alten Kunstbilder der frühsten Jugend wieder vor mir standen. Ich erinnerte mich der mitleidigen Marmorbilder in Mignons Lied; aber diese Bilder hatten über mich nicht zu trauern, sie sahen mich mit hohem Ernst an und schlossen meine früheste Zeit unmittelbar an diesen Augenblick. Diesen unsern alten Familienschatz, diese Lebensfreude meines Großvaters, finde ich hier zwischen so vielen andern würdigen Kunstwerken aufgestellt, und mich, den die Natur zum Liebling dieses guten alten Mannes gemacht hatte, mich Unwürdigen, finde ich nun auch hier, o Gott! in welchen Verbindungen, in welcher Gesellschaft!“

Die weibliche Jugend hatte nach und nach das Zimmer verlassen, um ihren kleinen Beschäftigungen nachzugehn. Wilhelm, der mit Natalien allein geblieben war, mußte ihr seine letzten Worte deutlicher erklären. Die Entdeckung, daß ein schätzbarer Teil der aufgestellten Kunstwerke seinem Großvater angehört hatte, gab eine sehr heitere, gesellige Stimmung. So wie er durch jenes Manuskript mit dem Hause bekannt worden war, so fand er sich nun auch gleichsam in seinem Erbteile wieder. Nun wünschte er Mignon zu sehen; die Freundin bat ihn, sich noch so lange zu gedulden, bis der Arzt, der in die Nachbarschaft gerufen worden, wieder zurückkäme. Man kann leicht denken, daß er derselbe kleine tätige Mann war, den wir schon kennen, und dessen auch die ‚Bekenntnisse einer schönen Seele' erwähnten.

„Da ich mich", fuhr Wilhelm fort, „mitten in jenem Familienkreis befinde, so ist ja wohl der Abbé, dessen jene Schrift erwähnt, auch der wunderbare, unerklärliche Mann, den ich in dem Hause Ihres Bruders nach den seltsamsten Ereignissen wiedergefunden habe? Vielleicht geben Sie mir einige nähere Aufschlüsse über ihn?"

Natalie versetzte: „Über ihn wäre vieles zu sagen; wovon ich am genauesten unterrichtet bin, ist der Einfluß, den er auf unsere Erziehung gehabt hat. Er war, wenigstens eine Zeitlang, überzeugt, daß die Erziehung sich nur an die Neigung anschließen müsse; wie er jetzt denkt, kann ich nicht sagen. Er behauptete: das Erste und Letzte am Menschen sei Tätigkeit, und man könne nichts tun, ohne die Anlage dazu zu haben, ohne den Instinkt, der uns dazu treibe. ‚Man gibt zu', pflegte er zu sagen, ‚daß Poeten geboren werden, man gibt es bei allen Künsten zu, weil man muß, und weil jene Wirkungen der menschlichen Natur kaum scheinbar nachgeäfft werden können; aber wenn man es genau betrachtet, so wird jede, auch nur die geringste Fähigkeit uns angeboren, und es gibt keine unbestimmte Fähigkeit. Nur unsere zweideutige, zerstreute Erziehung macht die Menschen ungewiß; sie erregt Wünsche, statt Triebe zu beleben, und anstatt den wirklichen Anlagen aufzuhelfen, richtet sie das Streben nach Gegenständen, die so oft mit der Natur, die sich nach ihnen bemüht, nicht übereinstimmen. Ein Kind, ein junger Mensch, die auf ihrem eigenen Wege irregehen, sind mir lieber als manche, die auf fremdem Wege recht wandeln. Finden jene, entweder durch sich selbst oder durch Anleitung, den rechten Weg, das ist den, der ihrer Natur gemäß ist, so werden sie ihn nie verlassen, anstatt daß diese jeden Augenblick in Gefahr sind, ein fremdes Joch abzuschütteln und sich einer unbedingten Freiheit zu übergeben.‘ “

„Es ist sonderbar“, sagte Wilhelm, „daß dieser merkwürdige Mann auch an mir teilgenommen und mich, wie es scheint, nach seiner Weise, wo nicht geleitet, doch wenigstens eine Zeitlang in meinen Irrtümern gestärkt hat. Wie er es künftig verantworten will, daß er in Verbindung mit mehreren mich gleichsam zum besten hatte, muß ich wohl mit Geduld erwarten.“

„Ich habe mich nicht über diese Grille, wenn sie eine ist, zu beklagen“, sagte Natalie, „denn ich bin freilich unter meinen Geschwistern am besten dabei gefahren. Auch seh’ ich nicht, wie mein Bruder Lothario hätte schöner ausgebildet werden können; nur hätte vielleicht meine gute Schwester, die Gräfin, anders behandelt werden sollen, vielleicht hätte man ihrer Natur etwas mehr Ernst und Stärke einflößen können. Was aus Bruder Friedrich werden soll, läßt sich gar nicht denken; ich fürchte, er wird das Opfer dieser pädagogischen Versuche werden.“

„Sie haben noch einen Bruder?“ rief Wilhelm.

„Ja!“ versetzte Natalie, „und zwar eine sehr lustige, leichtfertige Natur, und da man ihn nicht abgehalten hatte, in der Welt herumzufahren, so weiß ich nicht, was aus diesem losen, lockern Wesen werden soll. Ich habe ihn seit langer Zeit nicht gesehen. Das einzige beruhigt mich, daß der Abbé und überhaupt die Gesellschaft meines Bruders jederzeit unterrichtet sind, wo er sich aufhält und was er treibt.“

Wilhelm war eben im Begriff, Nataliens Gedanken sowohl über diese Paradoxen zu erforschen, als auch über die geheimnisvolle Gesellschaft von ihr Aufschlüsse zu begehren, als der Medikus hereintrat und nach dem ersten Willkommen sogleich von Mignons Zustande zu sprechen anfing.

Natalie, die darauf den Felix bei der Hand nahm, sagte, sie wolle ihn zu Mignon führen und das Kind auf die Erscheinung seines Freundes vorbereiten.

Der Arzt war nunmehr mit Wilhelm allein und fuhr fort: „Ich habe Ihnen wunderbare Dinge zu erzählen, die Sie kaum vermuten. Natalie läßt uns Raum, damit wir freier von Dingen sprechen können, die, ob ich sie gleich nur durch sie selbst erfahren konnte, doch in ihrer Gegenwart so frei nicht abgehandelt werden dürften. Die sonderbare Natur des guten Kindes, von dem jetzt die Rede ist, besteht beinah nur aus einer tiefen Sehnsucht; das Verlangen, ihr Vaterland wiederzusehen, und das Verlangen nach Ihnen, mein Freund, ist, möchte ich fast sagen, das einzige Irdische an ihr; beides greift nur in eine unendliche Ferne, beide Gegenstände liegen unerreichbar vor diesem einzigen Gemüt. Sie mag in der Gegend von Mailand zu Hause sein, und ist in sehr früher Jugend durch eine Gesellschaft Seiltänzer ihren Eltern entführt worden. Näheres kann man von ihr nicht erfahren, teils weil sie zu jung war, um Ort und Namen genau angeben zu können, besonders aber weil sie einen Schwur getan hat, keinem lebendigen Menschen ihre Wohnung und Herkunft näher zu bezeichnen. Denn eben jene Leute, die sie in der Irre fanden, und denen sie ihre Wohnung so genau beschrieb, mit so dringenden Bitten, sie nach Hause zu führen, nahmen sie nur desto eiliger mit sich fort und scherzten nachts in der Herberge, da sie glaubten, das Kind schlafe schon, über den guten Fang und beteuerten, daß es den Weg zurück nicht wieder finden sollte. Da überfiel das arme Geschöpf eine gräßliche Verzweiflung, in der ihm zuletzt die Mutter Gottes erschien und es versicherte, daß sie sich seiner annehmen wolle. Es schwur darauf bei sich selbst einen heiligen Eid, daß sie künftig niemand mehr vertrauen, niemand ihre Geschichte erzählen und in der Hoffnung einer unmittelbaren göttlichen Hülfe leben und sterben wolle. Selbst dieses, was ich Ihnen erzähle, hat sie Natalien nicht ausdrücklich vertraut; unsere werte Freundin hat es aus einzelnen Äußerungen, aus Liedern und kindlichen Unbesonnenheiten, die gerade das verraten, was sie verschweigen wollen, zusammengereiht."

Wilhelm konnte sich nunmehr manches Lied, manches Wort dieses guten Kindes erklären. Er bat seinen Freund aufs dringendste, ihm ja nichts vorzuenthalten, was ihm von den sonderbaren Gesängen und Bekenntnissen des einzigen Wesens bekannt worden sei.

„O!" sagte der Arzt, „bereiten Sie sich auf ein sonderbares Bekenntnis, auf eine Geschichte, an der Sie, ohne sich zu erinnern, viel Anteil haben, die, wie ich fürchte, für Tod und Leben dieses guten Geschöpfs entscheidend ist."

„Lassen Sie mich hören", versetzte Wilhelm, „ich bin äußerst ungeduldig."

„Erinnern Sie sich", sagte der Arzt, „eines geheimen nächtlichen weiblichen Besuchs nach der Aufführung des ‚Hamlets'?"

„Ja, ich erinnere mich dessen wohl!" rief Wilhelm beschämt, „aber ich glaubte nicht, in diesem Augenblick daran erinnert zu werden."

„Wissen Sie, wer es war?"

„Nein! Sie erschrecken mich! um 's Himmels willen, doch nicht Mignon? wer war's? sagen Sie mir's!"

„Ich weiß es selbst nicht."

„Also nicht Mignon?"

„Nein, gewiß nicht! aber Mignon war im Begriff, sich zu Ihnen zu schleichen, und mußte aus einem Winkel mit Entsetzen sehen, daß eine Nebenbuhlerin ihr zuvorkam."

„Eine Nebenbuhlerin!" rief Wilhelm aus, „reden Sie weiter! Sie verwirren mich ganz und gar."

„Sein Sie froh", sagte der Arzt, „daß Sie diese Resultate so schnell von mir erfahren können. Natalie und ich, die wir doch nur einen entferntern Anteil nehmen, wir waren genug gequält, bis wir den verworrenen Zustand dieses guten Wesens, dem wir zu helfen wünschten, nur so deutlich einsehen konnten. Durch leichtsinnige Reden Philinens und der andern Mädchen, durch ein gewisses Liedchen aufmerksam gemacht, war ihr der Gedanke so reizend geworden, eine Nacht bei dem Geliebten zuzubringen, ohne daß sie dabei etwas weiter als eine vertrauliche, glückliche Ruhe zu denken wußte. Die Neigung für Sie, mein Freund, war in dem guten Herzen schon lebhaft und gewaltsam, in Ihren Armen hatte das gute Kind schon von manchem Schmerz ausgeruht, sie wünschte sich nun dieses Glück in seiner ganzen Fülle. Bald nahm sie sich vor, Sie freundlich darum zu bitten, bald hielt sie ein heimlicher Schauder wieder davon zurück. Endlich gab ihr der lustige Abend und die Stimmung des häufig genossenen Weins den Mut, das Wagestück zu versuchen und sich jene Nacht bei Ihnen einzuschleichen. Schon war sie vorausgelaufen, um sich in der unverschlossenen Stube zu verbergen, allein als sie eben die Treppe hinaufgekommen war, hörte sie ein Geräusch; sie verbarg sich und sah ein weißes weibliches Wesen in Ihr Zimmer schleichen. Sie kamen selbst bald darauf, und sie hörte den großen Riegel zuschieben.

Mignon empfand unerhörte Qual, alle die heftigen Empfindungen einer leidenschaftlichen Eifersucht mischten sich zu dem unerkannten Verlangen einer dunkeln Begierde und griffen die halbentwickelte Natur gewaltsam an. Ihr Herz, das bisher vor Sehnsucht und Erwartung lebhaft geschlagen hatte, fing auf einmal an zu stocken und drückte wie eine bleierne Last ihren Busen, sie konnte nicht zu Atem kommen, sie wußte sich nicht zu helfen, sie hörte die Harfe des Alten, eilte zu ihm unter das Dach und brachte die Nacht zu seinen Füßen unter entsetzlichen Zuckungen hin."

Der Arzt hielt einen Augenblick inne, und da Wilhelm stille schwieg, fuhr er fort: „Natalie hat mir versichert, es habe sie in ihrem Leben nichts so erschreckt und angegriffen als der Zustand des Kindes bei dieser Erzählung; ja unsere edle Freundin machte sich Vorwürfe, daß sie durch ihre Fragen und Anleitungen diese Bekenntnisse hervorgelockt und durch die Erinnerung die lebhaften Schmerzen des guten Mädchens so grausam erneuert habe.

‚Das gute Geschöpf', so erzählte mir Natalie, ‚war kaum auf diesem Punkte seiner Erzählung oder vielmehr seiner Antworten auf meine steigenden Fragen, als es auf einmal vor mir niederstürzte und mit der Hand am Busen über den wiederkehrenden Schmerz jener schrecklichen Nacht sich beklagte. Es wand sich wie ein Wurm an der Erde, und ich mußte alle meine Fassung zusammennehmen, um die Mittel, die mir für Geist und Körper unter diesen Umständen bekannt waren, zu denken und anzuwenden.' "

„Sie setzen mich in eine bängliche Lage", rief Wilhelm, „indem Sie mich eben im Augenblicke, da ich das liebe Geschöpf wiedersehen soll, mein vielfaches Unrecht gegen dasselbe so lebhaft fühlen lassen. Soll ich sie sehen, warum nehmen Sie mir den Mut, ihr mit Freiheit entgegenzutreten?

Und soll ich Ihnen gestehen: da ihr Gemüt so gestimmt ist, so seh' ich nicht ein, was meine Gegenwart helfen soll? Sind Sie als Arzt überzeugt, daß jene doppelte Sehnsucht ihre Natur so weit untergraben hat, daß sie sich vom Leben abzuscheiden droht, warum soll ich durch meine Gegenwart ihre Schmerzen erneuern und vielleicht ihr Ende beschleunigen?"

„Mein Freund", versetzte der Arzt, „wo wir nicht helfen können, sind wir doch schuldig zu lindern, und wie sehr die Gegenwart eines geliebten Gegenstandes der Einbildungskraft ihre zerstörende Gewalt nimmt und die Sehnsucht in ein ruhiges Schauen verwandelt, davon habe ich die wichtigsten Beispiele. Alles mit Maß und Ziel! Denn ebenso kann die Gegenwart eine verlöschende Leidenschaft wieder anfachen. Sehen Sie das gute Kind, betragen Sie sich freundlich, und lassen Sie uns abwarten, was daraus entsteht."

Natalie kam eben zurück und verlangte, daß Wilhelm ihr zu Mignon folgen sollte. „Sie scheint mit Felix ganz glücklich zu sein und wird den Freund, hoffe ich, gut empfangen." Wilhelm folgte nicht ohne einiges Widerstreben; er war tief gerührt von dem, was er vernommen hatte, und fürchtete eine leidenschaftliche Szene. Als er hereintrat, ergab sich gerade das Gegenteil.

Mignon im langen weißen Frauengewande, teils mit lokkigen, teils aufgebundenen, reichen, braunen Haaren, saß, hatte Felix auf dem Schoße und drückte ihn an ihr Herz; sie sah völlig aus wie ein abgeschiedner Geist, und der Knabe wie das Leben selbst; es schien, als wenn Himmel und Erde sich umarmten. Sie reichte Wilhelmen lächelnd die Hand und sagte: „Ich danke dir, daß du mir das Kind wiederbringst; sie hatten ihn, Gott weiß wie, entführt, und ich konnte nicht leben zeither. Solange mein Herz auf der Erde noch etwas bedarf, soll dieser die Lücke ausfüllen."

Die Ruhe, womit Mignon ihren Freund empfangen hatte, versetzte die Gesellschaft in große Zufriedenheit. Der Arzt verlangte, daß Wilhelm sie öfters sehen, und daß man sie sowohl körperlich als geistig im Gleichgewicht erhalten sollte. Er selbst entfernte sich und versprach, in kurzer Zeit wiederzukommen.

Wilhelm konnte nun Natalien in ihrem Kreise beobachten: man hätte sich nichts Besseres gewünscht, als neben ihr zu leben. Ihre Gegenwart hatte den reinsten Einfluß auf junge Mädchen und Frauenzimmer von verschiedenem Alter, die teils in ihrem Hause wohnten, teils aus der Nachbarschaft sie mehr oder weniger zu besuchen kamen.

„Der Gang Ihres Lebens", sagte Wilhelm einmal zu ihr, „ist wohl immer sehr gleich gewesen? denn die Schilderung, die Ihre Tante von Ihnen als Kind macht, scheint, wenn ich nicht irre, noch immer zu passen. Sie haben sich, man fühlt es Ihnen wohl an, nie verwirrt. Sie waren nie genötigt, einen Schritt zurück zu tun."

„Das bin ich meinem Oheim und dem Abbé schuldig", versetzte Natalie, „die meine Eigenheiten so gut zu beurteilen wußten. Ich erinnere mich von Jugend an kaum eines lebhaftern Eindrucks, als daß ich überall die Bedürfnisse der Menschen sah und ein unüberwindliches Verlangen empfand, sie auszugleichen. Das Kind, das noch nicht auf seinen Füßen stehen konnte, der Alte, der sich nicht mehr auf den seinigen erhielt, das Verlangen einer reichen Familie nach Kindern, die Unfähigkeit einer armen, die ihrigen zu erhalten, jedes stille Verlangen nach einem Gewerbe, den Trieb zu einem Talente, die Anlagen zu hundert kleinen notwendigen Fähigkeiten, diese überall zu entdecken, schien mein Auge von der Natur bestimmt. Ich sah, worauf mich niemand aufmerksam gemacht hatte; ich schien aber auch nur geboren, um das zu sehen. Die Reize der leblosen Natur, für die so viele Menschen äußerst empfänglich sind, hatten keine Wirkung auf mich, beinah noch weniger die Reize der Kunst; meine angenehmste Empfindung war und ist es noch, wenn sich mir ein Mangel, ein Bedürfnis in der Welt darstellte, sogleich im Geiste einen Ersatz, ein Mittel, eine Hülfe aufzufinden.

Sah ich einen Armen in Lumpen, so fielen mir die überflüssigen Kleider ein, die ich in den Schränken der Meinigen hatte hängen sehen; sah ich Kinder, die sich ohne Sorgfalt und ohne Pflege verzehrten, so erinnerte ich mich dieser oder jener Frau, der ich bei Reichtum und Bequemlichkeit Langeweile abgemerkt hatte; sah ich viele Menschen in einem engen Raume eingesperrt, so dachte ich, sie müßten in die großen Zimmer mancher Häuser und Paläste einquartiert werden. Diese Art, zu sehen, war bei mir ganz natürlich, ohne die mindeste Reflexion, so daß ich darüber als Kind das wunderlichste Zeug von der Welt machte und mehr als einmal durch die sonderbarsten Anträge die Menschen in Verlegenheit setzte. Noch eine Eigenheit war es, daß ich das Geld nur mit Mühe und spät als ein Mittel, die Bedürfnisse zu befriedigen, ansehen konnte; alle meine Wohltaten bestanden in Naturalien, und ich weiß, daß oft genug über mich gelacht worden ist. Nur der Abbé schien mich zu verstehen, er kam mir überall entgegen, er machte mich mit mir selbst, mit diesen Wünschen und Neigungen bekannt und lehrte mich sie zweckmäßig befriedigen."

„Haben Sie denn", fragte Wilhelm, „bei der Erziehung Ihrer kleinen weiblichen Welt auch die Grundsätze jener sonderbaren Männer angenommen? lassen Sie denn auch jede Natur sich selbst ausbilden? lassen Sie denn auch die Ihrigen suchen und irren, Mißgriffe tun, sich glücklich am Ziele finden oder unglücklich in die Irre verlieren?"

„Nein!" sagte Natalie, „diese Art, mit Menschen zu handeln, würde ganz gegen meine Gesinnungen sein. Wer nicht im Augenblick hilft, scheint mir nie zu helfen, wer nicht im Augenblicke Rat gibt, nie zu raten. Ebenso nötig scheint es mir, gewisse Gesetze auszusprechen und den Kindern einzuschärfen, die dem Leben einen gewissen Halt geben. Ja, ich möchte beinah behaupten, es sei besser, nach Regeln zu irren, als zu irren, wenn uns die Willkür unserer Natur hin und her treibt, und wie ich die Menschen sehe, scheint mir in ihrer Natur immer eine Lücke zu bleiben, die nur durch ein entschieden ausgesprochenes Gesetz ausgefüllt werden kann."

„So ist also Ihre Handlungsweise", sagte Wilhelm, „völlig von jener verschieden, welche unsere Freunde beobachten?"

„Ja!" versetzte Natalie, „Sie können aber hieraus die unglaubliche Toleranz jener Männer sehen, daß sie eben auch mich auf meinem Wege gerade deswegen, weil es mein Weg ist, keinesweges stören, sondern mir in allem, was ich nur wünschen kann, entgegenkommen."

Einen umständlichern Bericht, wie Natalie mit ihren Kindern verfuhr, versparen wir auf eine andere Gelegenheit.

Mignon verlangte oft in der Gesellschaft zu sein, und man vergönnte es ihr um so lieber, als sie sich nach und nach wieder an Wilhelmen zu gewöhnen, ihr Herz gegen ihn aufzuschließen und überhaupt heiterer und lebenslustiger zu werden schien. Sie hing sich beim Spazierengehen, da sie leicht müde ward, gern an seinen Arm. „Nun", sagte sie, „Mignon klettert und springt nicht mehr, und doch fühlt sie noch immer die Begierde, über die Gipfel der Berge wegzuspazieren, von einem Hause aufs andere, von einem Baume auf den andern zu schreiten. Wie beneidenswert sind die Vögel, besonders wenn sie so artig und vertraulich ihre Nester bauen!"

Es ward nun bald zur Gewohnheit, daß Mignon ihren Freund mehr als einmal in den Garten lud. War dieser beschäftigt oder nicht zu finden, so mußte Felix die Stelle vertreten, und wenn das gute Mädchen in manchen Augenblicken ganz von der Erde los schien, so hielt sie sich in andern gleichsam wieder fest an Vater und Sohn und schien eine Trennung von diesen mehr als alles zu fürchten.

Natalie schien nachdenklich. „Wir haben gewünscht, durch Ihre Gegenwart", sagte sie, „das arme gute Herz wieder aufzuschließen; ob wir wohlgetan haben, weiß ich nicht." Sie schwieg und schien zu erwarten, daß Wilhelm etwas sagen sollte. Auch fiel ihm ein, daß durch seine Verbindung mit Theresen Mignon unter den gegenwärtigen Umständen aufs äußerste gekränkt werden müsse; allein er getraute sich in seiner Ungewißheit nicht von diesem Vorhaben zu sprechen, er vermutete nicht, daß Natalie davon unterrichtet sei.

Ebensowenig konnte er mit Freiheit des Geistes die Unterredung verfolgen, wenn seine edle Freundin von ihrer Schwester sprach, ihre guten Eigenschaften rühmte und ihren Zustand bedauerte. Er war nicht wenig verlegen, als Natalie ihm ankündigte, daß er die Gräfin bald hier sehen werde. „Ihr Gemahl", sagte sie, „hat nun keinen andern Sinn, als den abgeschiedenen Grafen in der Gemeinde zu ersetzen, durch Einsicht und Tätigkeit diese große Anstalt zu unterstützen und weiter aufzubauen. Er kommt mit ihr zu uns, um eine Art von Abschied zu nehmen; er wird nachher die verschiedenen Orte besuchen, wo die Gemeinde sich niedergelassen hat; man scheint ihn nach seinen Wünschen zu behandeln, und fast glaub' ich, er wagt mit meiner armen Schwester eine Reise nach Amerika, um ja seinem Vorgänger recht ähnlich zu werden; und da er einmal schon beinah überzeugt ist, daß ihm nicht viel fehle, ein Heiliger zu sein, so mag ihm der Wunsch manchmal vor der Seele schweben, womöglich zuletzt auch noch als Märtyrer zu glänzen."

VIERTES KAPITEL

Oft genug hatte man bisher von Fräulein Therese gesprochen, oft genug ihrer im Vorbeigehen erwähnt, und fast jedesmal war Wilhelm im Begriff, seiner neuen Freundin zu bekennen, daß er jenem trefflichen Frauenzimmer sein Herz und seine Hand angeboten habe. Ein gewisses Gefühl, das er sich nicht erklären konnte, hielt ihn zurück; er zauderte so lange, bis endlich Natalie selbst mit dem himmlischen, bescheidnen, heitern Lächeln, das man an ihr zu sehen gewohnt war, zu ihm sagte: „So muß ich denn doch zuletzt das Stillschweigen brechen und mich in Ihr Vertrauen gewaltsam eindrängen! Warum machen Sie mir ein Geheimnis, mein Freund, aus einer Angelegenheit, die Ihnen so wichtig ist und die mich selbst so nahe angeht? Sie haben meiner Freundin Ihre Hand angeboten; ich mische mich nicht ohne Beruf in diese Sache, hier ist meine Legitimation! hier ist der Brief, den sie Ihnen schreibt, den sie durch mich Ihnen sendet."

„Einen Brief von Theresen!" rief er aus.

„Ja, mein Herr! und Ihr Schicksal ist entschieden, Sie sind glücklich. Lassen Sie mich Ihnen und meiner Freundin Glück wünschen."

Wilhelm verstummte und sah vor sich hin. Natalie sah ihn an; sie bemerkte, daß er blaß ward. „Ihre Freude ist stark", fuhr sie fort, „sie nimmt die Gestalt des Schreckens an, sie raubt Ihnen die Sprache. Mein Anteil ist darum nicht weniger herzlich, weil er mich noch zum Worte kommen läßt. Ich hoffe, Sie werden dankbar sein, denn ich darf Ihnen sagen, mein Einfluß auf Theresens Entschließung war nicht gering; sie fragte mich um Rat, und sonderbarerweise waren Sie eben hier, ich konnte die wenigen Zweifel, die meine Freundin noch hegte, glücklich besiegen, die Boten gingen lebhaft hin und wider; hier ist ihr Entschluß! hier ist die Entwicklung! Und nun sollen Sie alle ihre Briefe lesen, Sie sollen in das schöne Herz Ihrer Braut einen freien, reinen Blick tun."

Wilhelm entfaltete das Blatt, das sie ihm unversiegelt überreichte; es enthielt die freundlichen Worte:

„Ich bin die Ihre, wie ich bin und wie Sie mich kennen. Ich nenne Sie den Meinen, wie Sie sind und wie ich Sie kenne. Was an uns selbst, was an unsern Verhältnissen der Ehestand verändert, werden wir durch Vernunft, frohen Mut und guten Willen zu übertragen wissen. Da uns keine Leidenschaft, sondern Neigung und Zutrauen zusammenführt, so wagen wir weniger als tausend andere. Sie verzeihen mir gewiß, wenn ich mich manchmal meines alten Freundes herzlich erinnere; dafür will ich Ihren Sohn als Mutter an meinen Busen drücken. Wollen Sie mein kleines Haus sogleich mit mir teilen, so sind Sie Herr und Meister, indessen wird der Gutskauf abgeschlossen. Ich wünschte, daß dort keine neue Einrichtung ohne mich gemacht würde, um sogleich zu zeigen, daß ich das Zutrauen verdiene, das Sie mir schenken. Leben Sie wohl, lieber, lieber Freund! geliebter Bräutigam, verehrter Gatte! Therese drückt Sie an ihre Brust mit Hoffnung und Lebensfreude. Meine Freundin wird Ihnen mehr, wird Ihnen alles sagen."

Wilhelm, dem dieses Blatt seine Therese wieder völlig vergegenwärtigt hatte, war auch wieder völlig zu sich selbst gekommen. Unter dem Lesen wechselten die schnellsten Gedanken in seiner Seele. Mit Entsetzen fand er lebhafte Spuren einer Neigung gegen Natalien in seinem Herzen; er schalt sich, er erklärte jeden Gedanken der Art für Unsinn, er stellte sich Theresen in ihrer ganzen Vollkommenheit vor, er las den Brief wieder, er ward heiter, oder vielmehr er erholte sich so weit, daß er heiter scheinen konnte.

Natalie legte ihm die gewechselten Briefe vor, aus denen wir einige Stellen ausziehen wollen.

Nachdem Therese ihren Bräutigam nach ihrer Art geschildert hatte, fuhr sie fort:

„So stelle ich mir den Mann vor, der mir jetzt seine Hand anbietet. Wie er von sich selbst denkt, wirst Du künftig aus den Papieren sehen, in welchen er sich mir ganz offen beschreibt; ich bin überzeugt, daß ich mit ihm glücklich sein werde."

„Was den Stand betrifft, so weißt Du, wie ich von jeher drüber gedacht habe. Einige Menschen fühlen die Mißverhältnisse der äußern Zustände fürchterlich und können sie nicht übertragen. Ich will niemanden überzeugen, so wie ich nach meiner Überzeugung handeln will. Ich denke kein Beispiel zu geben, wie ich doch nicht ohne Beispiel handle. Mich ängstigen nur die innern Mißverhältnisse, ein Gefäß, das sich zu dem, was es enthalten soll, nicht schickt; viel Prunk und wenig Genuß, Reichtum und Geiz, Adel und Roheit, Jugend und Pedanterei, Bedürfnis und Zeremonien, diese Verhältnisse wären's, die mich vernichten könnten, die Welt mag sie stempeln und schätzen, wie sie will."

„Wenn ich hoffe, daß wir zusammenpassen werden, so gründe ich meinen Ausspruch vorzüglich darauf, daß er Dir, liebe Natalie, die ich so unendlich schätze und verehre, daß er Dir ähnlich ist. Ja, er hat von Dir das edle Suchen und Streben nach dem Bessern, wodurch wir das Gute, das wir zu finden glauben, selbst hervorbringen. Wie oft habe ich Dich nicht im stillen getadelt, daß Du diesen oder jenen Menschen anders behandeltest, daß Du in diesem oder jenem Fall Dich anders betrugst, als ich würde getan haben, und doch zeigte der Ausgang meist, daß Du recht hattest. ‚Wenn wir', sagtest Du, ‚die Menschen nur nehmen, wie sie sind, so machen wir sie schlechter; wenn wir sie behandeln, als wären sie, was sie sein sollten, so bringen wir sie dahin, wohin sie zu bringen sind.' Ich kann weder so sehen noch handeln, das weiß ich recht gut. Einsicht, Ordnung, Zucht, Befehl, das ist meine Sache. Ich erinnere mich noch wohl, was Jarno sagte: ‚Therese dressiert ihre Zöglinge, Natalie bildet sie.‘ Ja, er ging so weit, daß er mir einst die drei schönen Eigenschaften: Glaube, Liebe und Hoffnung völlig absprach. ‚Statt des Glaubens‘, sagte er, ‚hat sie die Einsicht, statt der Liebe die Beharrlichkeit und statt der Hoffnung das Zutrauen.‘ Auch will ich Dir gerne gestehen, eh' ich Dich kannte, kannte ich nichts Höheres in der Welt als Klarheit und Klugheit; nur Deine Gegenwart hat mich überzeugt, belebt, überwunden, und Deiner schönen hohen Seele tret' ich gerne den Rang ab. Auch meinen Freund verehre ich in ebendemselben Sinn; seine Lebensbeschreibung ist ein ewiges Suchen und Nichtfinden; aber nicht das leere Suchen, sondern das wunderbare gutmütige Suchen begabt ihn, er wähnt, man könne ihm das geben, was nur von ihm kommen kann. So, meine Liebe, schadet mir auch diesmal meine Klarheit nichts; ich kenne meinen Gatten besser, als er sich selbst kennt, und ich achte ihn nur um desto mehr. Ich sehe ihn, aber ich übersehe ihn nicht, und alle meine Einsicht reicht nicht hin, zu ahnen, was er wirken kann. Wenn ich an ihn denke, vermischt sich sein Bild immer mit dem Deinigen, und ich weiß nicht, wie ich es wert bin, zwei solchen Menschen anzugehören. Aber ich will es wert sein dadurch, daß ich meine Pflicht tue, dadurch, daß ich erfülle, was man von mir erwarten und hoffen kann.“

„Ob ich Lotharios gedenke? Lebhaft und täglich. Ihn kann ich in der Gesellschaft, die mich im Geiste umgibt, nicht einen Augenblick missen. O, wie bedaure ich den trefflichen Mann, der durch einen Jugendfehler mit mir verwandt ist, daß die Natur ihn Dir so nahe gewollt hat! Wahrlich, ein Wesen wie Du wäre seiner mehr wert als ich. Dir könnt' ich, Dir müßt' ich ihn abtreten. Laß uns ihm sein, was nur möglich ist, bis er eine würdige Gattin findet, und auch dann laß uns zusammen sein und zusammen bleiben.“

„Was werden nun aber unsre Freunde sagen?“ begann Natalie. — „Ihr Bruder weiß nichts davon?“ — „Nein! so wenig als die Ihrigen, die Sache ist diesmal nur unter uns

Weibern verhandelt worden. Ich weiß nicht, was Lydie Theresen für Grillen in den Kopf gesetzt hat; sie scheint dem Abbé und Jarno zu mißtrauen. Lydie hat ihr gegen gewisse geheime Verbindungen und Plane, von denen ich wohl im allgemeinen weiß, in die ich aber niemals einzudringen gedachte, wenigstens einigen Argwohn eingeflößt, und bei diesem entscheidenden Schritt ihres Lebens wollte sie niemand als mir einigen Einfluß verstatten. Mit meinem Bruder war sie schon früher übereingekommen, daß sie sich wechselsweise ihre Heirat nur melden, sich darüber nicht zu Rate ziehen wollten."

Natalie schrieb nun einen Brief an ihren Bruder, sie lud Wilhelmen ein, einige Worte dazuzusetzen, Therese hatte sie darum gebeten. Man wollte eben siegeln, als Jarno sich unvermutet anmelden ließ. Aufs freundlichste ward er empfangen, auch schien er sehr munter und scherzhaft und konnte endlich nicht unterlassen zu sagen: „Eigentlich komme ich hierher, um Ihnen eine sehr wunderbare, doch angenehme Nachricht zu bringen; sie betrifft unsere Therese. Sie haben uns manchmal getadelt, schöne Natalie, daß wir uns um so vieles bekümmern; nun aber sehen Sie, wie gut es ist, überall seine Spione zu haben. Raten Sie, und lassen Sie uns einmal Ihre Sagazität sehen!"

Die Selbstgefälligkeit, womit er diese Worte aussprach, die schalkhafte Miene, womit er Wilhelmen und Natalien ansah, überzeugten beide, daß ihr Geheimnis entdeckt sei. Natalie antwortete lächelnd: „Wir sind viel künstlicher, als Sie denken, wir haben die Auflösung des Rätsels, noch ehe es uns aufgegeben wurde, schon zu Papiere gebracht."

Sie überreichte ihm mit diesen Worten den Brief an Lothario und war zufrieden, der kleinen Überraschung und Beschämung, die man ihnen zugedacht hatte, auf diese Weise zu begegnen. Jarno nahm das Blatt mit einiger Verwunderung, überlief es nur, staunte, ließ es aus der Hand sinken und sah sie beide mit großen Augen, mit einem Ausdruck der Überraschung, ja des Entsetzens an, den man auf seinem Gesichte nicht gewohnt war. Er sagte kein Wort.

Wilhelm und Natalie waren nicht wenig betroffen. Jarno

ging in der Stube auf und ab. „Was soll ich sagen?" rief er aus, „oder soll ich's sagen? Es kann kein Geheimnis bleiben, die Verwirrung ist nicht zu vermeiden. Also denn Geheimnis gegen Geheimnis! Überraschung gegen Überraschung! Therese ist nicht die Tochter ihrer Mutter! das Hindernis ist gehoben: ich komme hierher, Sie zu bitten, das edle Mädchen zu einer Verbindung mit Lothario vorzubereiten."

Jarno sah die Bestürzung der beiden Freunde, welche die Augen zur Erde niederschlugen. „Dieser Fall ist einer von denen", sagte er, „die sich in Gesellschaft am schlechtesten ertragen lassen. Was jedes dabei zu denken hat, denkt es am besten in der Einsamkeit; ich wenigstens erbitte mir auf eine Stunde Urlaub." Er eilte in den Garten, Wilhelm folgte ihm mechanisch, aber in der Ferne.

Nach Verlauf einer Stunde fanden sie sich wieder zusammen. Wilhelm nahm das Wort und sagte: „Sonst, da ich ohne Zweck und Plan leicht, ja leichtfertig lebte, kamen mir Freundschaft, Liebe, Neigung, Zutrauen mit offenen Armen entgegen, ja sie drängten sich zu mir; jetzt, da es Ernst wird, scheint das Schicksal mit mir einen andern Weg zu nehmen. Der Entschluß, Theresen meine Hand anzubieten, ist vielleicht der erste, der ganz rein aus mir selbst kommt. Mit Überlegung machte ich meinen Plan, meine Vernunft war völlig damit einig, und durch die Zusage des trefflichen Mädchens wurden alle meine Hoffnungen erfüllt. Nun drückt das sonderbarste Geschick meine ausgestreckte Hand nieder. Therese reicht mir die ihrige von ferne, wie im Traume, ich kann sie nicht fassen, und das schöne Bild verläßt mich auf ewig. So lebe denn wohl, du schönes Bild! und ihr Bilder der reichsten Glückseligkeit, die ihr euch darum her versammelt!"

Er schwieg einen Augenblick still, sah vor sich hin, und Jarno wollte reden. „Lassen Sie mich noch etwas sagen", fiel Wilhelm ihm ein; „denn um mein ganzes Geschick wird ja doch diesmal das Los geworfen. In diesem Augenblick kommt mir der Eindruck zu Hülfe, den Lotharios Gegenwart beim ersten Anblick mir einprägte, und der mir beständig geblieben ist. Dieser Mann verdient jede Art von

Neigung und Freundschaft, und ohne Aufopferung läßt sich keine Freundschaft denken. Um seinetwillen war es mir leicht, ein unglückliches Mädchen zu betören, um seinetwillen soll mir möglich werden, der würdigsten Braut zu entsagen. Gehen Sie hin, erzählen Sie ihm die sonderbare Geschichte, und sagen Sie ihm, wozu ich bereit bin."

Jarno versetzte hierauf: „In solchen Fällen, halte ich dafür, ist schon alles getan, wenn man sich nur nicht übereilt. Lassen Sie uns keinen Schritt ohne Lotharios Einwilligung tun! Ich will zu ihm, erwarten Sie meine Zurückkunft oder seine Briefe ruhig."

Er ritt weg und hinterließ die beiden Freunde in der größten Wehmut. Sie hatten Zeit, sich diese Begebenheit auf mehr als eine Weise zu wiederholen und ihre Bemerkungen darüber zu machen. Nun fiel es ihnen erst auf, daß sie diese wunderbare Erklärung so gerade von Jarno angenommen und sich nicht um die nähern Umstände erkundigt hatten. Ja Wilhelm wollte sogar einigen Zweifel hegen; aber aufs höchste stieg ihr Erstaunen, ja ihre Verwirrung, als den andern Tag ein Bote von Theresen ankam, der folgenden sonderbaren Brief an Natalien mitbrachte:

„So seltsam es auch scheinen mag, so muß ich doch meinem vorigen Briefe sogleich noch einen nachsenden und Dich ersuchen, mir meinen Bräutigam eilig zu schicken. Er soll mein Gatte werden, was man auch für Plane macht, mir ihn zu rauben. Gib ihm inliegenden Brief! Nur vor keinem Zeugen, es mag gegenwärtig sein, wer will."

Der Brief an Wilhelmen enthielt folgendes: „Was werden Sie von Ihrer Therese denken, wenn sie auf einmal leidenschaftlich auf eine Verbindung dringt, die der ruhigste Verstand nur eingeleitet zu haben schien? Lassen Sie sich durch nichts abhalten, gleich nach dem Empfang des Briefes abzureisen! Kommen Sie, lieber, lieber Freund, nun dreifach Geliebter, da man mir Ihren Besitz rauben oder wenigstens erschweren will!"

„Was ist zu tun?" rief Wilhelm aus, als er diesen Brief gelesen hatte.

„Noch in keinem Fall", versetzte Natalie nach einigem Nachdenken, „hat mein Herz und mein Verstand so geschwiegen als in diesem; ich wüßte nichts zu tun, so wie ich nichts zu raten weiß."

„Wäre es möglich", rief Wilhelm mit Heftigkeit aus, „daß Lothario selbst nichts davon wüßte oder, wenn er davon weiß, daß er mit uns das Spiel versteckter Plane wäre? Hat Jarno, indem er unsern Brief gesehen, das Märchen aus dem Stegreife erfunden? Würde er uns was anders gesagt haben, wenn wir nicht zu voreilig gewesen wären? Was kann man wollen? Was für Absichten kann man haben? Was kann Therese für einen Plan meinen? Ja, es läßt sich nicht leugnen, Lothario ist von geheimen Wirkungen und Verbindungen umgeben, ich habe selbst erfahren, daß man tätig ist, daß man sich in einem gewissen Sinne um die Handlungen, um die Schicksale mehrerer Menschen bekümmert und sie zu leiten weiß. Von den Endzwecken dieser Geheimnisse verstehe ich nichts, aber diese neueste Absicht, mir Theresen zu entreißen, sehe ich nur allzu deutlich. Auf einer Seite malt man mir das mögliche Glück Lotharios, vielleicht nur zum Scheine, vor, auf der andern sehe ich meine Geliebte, meine verehrte Braut, die mich an ihr Herz ruft. Was soll ich tun? Was soll ich unterlassen?"

„Nur ein wenig Geduld!" sagte Natalie, „nur eine kurze Bedenkzeit! In dieser sonderbaren Verknüpfung weiß ich nur so viel: daß wir das, was unwiederbringlich ist, nicht übereilen sollen. Gegen ein Märchen, gegen einen künstlichen Plan stehen Beharrlichkeit und Klugheit uns bei; es muß sich bald aufklären, ob die Sache wahr oder ob sie erfunden ist. Hat mein Bruder wirklich Hoffnung, sich mit Theresen zu verbinden, so wäre es grausam, ihm ein Glück auf ewig zu entreißen in dem Augenblicke, da es ihm so freundlich erscheint. Lassen Sie uns nur abwarten, ob er etwas davon weiß, ob er selbst glaubt, ob er selbst hofft."

Diesen Gründen ihres Rats kam glücklicherweise ein Brief von Lothario zu Hülfe: „Ich schicke Jarno nicht wieder zurück", schrieb er; „von meiner Hand eine Zeile ist Dir mehr als die umständlichsten Worte eines Boten. Ich bin gewiß, daß Therese nicht die Tochter ihrer Mutter ist, und ich kann die Hoffnung, sie zu besitzen, nicht aufgeben, bis sie auch überzeugt ist, und alsdann zwischen mir und dem Freunde mit ruhiger Überlegung entscheidet. Laß ihn, ich bitte Dich, nicht von Deiner Seite! Das Glück, das Leben eines Bruders hängt davon ab. Ich verspreche Dir, diese Ungewißheit soll nicht lange dauern."

„Sie sehen, wie die Sache steht", sagte sie freundlich zu Wilhelmen; „geben Sie mir Ihr Ehrenwort, nicht aus dem Hause zu gehen!"

„Ich gebe es!" rief er aus, indem er ihr die Hand reichte; „ich will dieses Haus wider Ihren Willen nicht verlassen. Ich danke Gott und meinem guten Geist, daß ich diesmal geleitet werde, und zwar von Ihnen."

Natalie schrieb Theresen den ganzen Verlauf und erklärte, daß sie ihren Freund nicht von sich lassen werde; sie schickte zugleich Lotharios Brief mit.

Therese antwortete: „Ich bin nicht wenig verwundert, daß Lothario selbst überzeugt ist; denn gegen seine Schwester wird er sich nicht auf diesen Grad verstellen. Ich bin verdrießlich, sehr verdrießlich. Es ist besser, ich sage nichts weiter. Am besten ist's, ich komme zu Dir, wenn ich nur erst die arme Lydie untergebracht habe, mit der man grausam umgeht. Ich fürchte, wir sind alle betrogen und werden so betrogen, um nie ins klare zu kommen. Wenn der Freund meinen Sinn hätte, so entschlüpfte er Dir doch und würfe sich an das Herz seiner Therese, die ihm dann niemand entreißen sollte; aber ich fürchte, ich soll ihn verlieren und Lothario nicht wiedergewinnen. Diesem entreißt man Lydien, indem man ihm die Hoffnung, mich besitzen zu können, von weitem zeigt. Ich will nichts weiter sagen, die Verwirrung wird noch größer werden. Ob nicht indessen die schönsten Verhältnisse so verschoben, so untergraben und zerrüttet werden, daß auch dann, wenn alles im klaren sein wird, doch nicht wieder zu helfen ist, mag die Zeit lehren. Reißt sich mein Freund nicht los, so komme ich in wenigen Tagen, um ihn bei Dir aufzusuchen und festzuhalten. Du wunderst Dich, wie diese Leidenschaft sich Deiner Therese bemächtigt hat. Es ist keine Leidenschaft, es ist Überzeugung, daß, da Lothario nicht mein werden konnte, dieser neue Freund das Glück meines Lebens machen wird.

Sag' ihm das im Namen des kleinen Knaben, der mit ihm unter der Eiche saß und sich seiner Teilnahme freute! Sag' ihm das im Namen Theresens, die seinem Antrage mit einer herzlichen Offenheit entgegenkam! Mein erster Traum, wie ich mit Lothario leben würde, ist weit von meiner Seele weggerückt; der Traum, wie ich mit meinem neuen Freund zu leben gedachte, steht noch ganz gegenwärtig vor mir. Achtet man mich so wenig, daß man glaubt, es sei so was Leichtes, diesen mit jenem aus dem Stegreife wieder umzutauschen?"

„Ich verlasse mich auf Sie", sagte Natalie zu Wilhelmen, indem sie ihm den Brief Theresens gab, „Sie entfliehen mir nicht. Bedenken Sie, daß Sie das Glück meines Lebens in Ihrer Hand haben! Mein Dasein ist mit dem Dasein meines Bruders so innig verbunden und verwurzelt, daß er keine Schmerzen fühlen kann, die ich nicht empfinde, keine Freude, die nicht auch mein Glück macht. Ja, ich kann wohl sagen, daß ich allein durch ihn empfunden habe, daß das Herz gerührt und erhoben, daß auf der Welt Freude, Liebe und ein Gefühl sein kann, das über alles Bedürfnis hinaus befriedigt."

Sie hielt inne, Wilhelm nahm ihre Hand und rief: „O fahren Sie fort! es ist die rechte Zeit zu einem wahren wechselseitigen Vertrauen; wir haben nie nötiger gehabt, uns genauer zu kennen."

„Ja, mein Freund!" sagte sie lächelnd, mit ihrer ruhigen, sanften, unbeschreiblichen Hoheit, „es ist vielleicht nicht außer der Zeit, wenn ich Ihnen sage, daß alles, was uns so manches Buch, was uns die Welt als Liebe nennt und zeigt, mir immer nur als ein Märchen erschienen sei."

„Sie haben nicht geliebt?" rief Wilhelm aus.

„Nie oder immer!" versetzte Natalie.

FÜNFTES KAPITEL

Sie waren unter diesem Gespräch im Garten auf und ab gegangen, Natalie hatte verschiedene Blumen von seltsamer Gestalt gebrochen, die Wilhelmen völlig unbekannt waren und nach deren Namen er fragte.

„Sie vermuten wohl nicht", sagte Natalie, „für wen ich diesen Strauß pflücke? Er ist für meinen Oheim bestimmt, dem wir einen Besuch machen wollen. Die Sonne scheint eben so lebhaft nach dem Saale der Vergangenheit, ich muß Sie diesen Augenblick hineinführen, und ich gehe niemals hin, ohne einige von den Blumen, die mein Oheim besonders begünstigte, mitzubringen. Er war ein sonderbarer Mann und der eigensten Eindrücke fähig. Für gewisse Pflanzen und Tiere, für gewisse Menschen und Gegenden, ja sogar zu einigen Steinarten hatte er eine entschiedene Neigung, die selten erklärlich war. ‚Wenn ich nicht', pflegte er oft zu sagen, ‚mir von Jugend auf so sehr widerstanden hätte, wenn ich nicht gestrebt hätte, meinen Verstand ins Weite und Allgemeine auszubilden, so wäre ich der beschränkteste und unerträglichste Mensch geworden; denn nichts ist unerträglicher als abgeschnittene Eigenheit an demjenigen, von dem man eine reine, gehörige Tätigkeit fordern kann.' Und doch mußte er selbst gestehen, daß ihm gleichsam Leben und Atem ausgehen würde, wenn er sich nicht von Zeit zu Zeit nachsähe und sich erlaubte, das mit Leidenschaft zu genießen, was er eben nicht immer loben und entschuldigen konnte. ‚Meine Schuld ist es nicht', sagte er, ‚wenn ich meine Triebe und meine Vernunft nicht völlig habe in Einstimmung bringen können.' Bei solchen Gelegenheiten pflegte er meist über mich zu scherzen und zu sagen: ‚Natalien kann man bei Leibesleben selig preisen, da ihre Natur nichts fordert, als was die Welt wünscht und braucht.'"

Unter diesen Worten waren sie wieder in das Hauptgebäude gelangt. Sie führte ihn durch einen geräumigen Gang auf eine Türe zu, vor der zwei Sphinxe von Granit lagen. Die Türe selbst war auf ägyptische Weise oben ein wenig enger als unten, und ihre ehernen Flügel bereiteten zu einem ernsthaften, ja zu einem schauerlichen Anblick vor. Wie angenehm ward man daher überrascht, als diese Erwartung sich in die reinste Heiterkeit auflöste, indem man in einen Saal trat, in welchem Kunst und Leben jede Erinnerung an Tod und Grab aufhoben. In die Wände waren verhältnismäßige Bogen vertieft, in denen größere Sarkophagen standen; in den Pfeilern dazwischen sah man kleinere Öffnungen, mit Aschenkästchen und Gefäßen geschmückt; die übrigen Flächen der Wände und des Gewölbes sah man regelmäßig abgeteilt und zwischen heitern und mannigfaltigen Einfassungen, Kränzen und Zieraten heitere und bedeutende Gestalten in Feldern von verschiedener Größe gemalt. Die architektonischen Glieder waren mit dem schönen gelben Marmor, der ins Rötliche hinüberblickt, bekleidet, hellblaue Streifen von einer glücklichen chemischen Komposition ahmten den Lasurstein nach und gaben, indem sie gleichsam in einem Gegensatz das Auge befriedigten, dem Ganzen Einheit und Verbindung. Alle diese Pracht und Zierde stellte sich in reinen architektonischen Verhältnissen dar, und so schien jeder, der hineintrat, über sich selbst erhoben zu sein, indem er durch die zusammentreffende Kunst erst erfuhr, was der Mensch sei und was er sein könne.

Der Türe gegenüber sah man auf einem prächtigen Sarkophagen das Marmorbild eines würdigen Mannes, an ein Polster gelehnt. Er hielt eine Rolle vor sich und schien mit stiller Aufmerksamkeit darauf zu blicken. Sie war so gerichtet, daß man die Worte, die sie enthielt, bequem lesen konnte. Es stand darauf: „Gedenke zu leben."

Natalie, indem sie einen verwelkten Strauß wegnahm, legte den frischen vor das Bild des Oheims; denn er selbst war in der Figur vorgestellt, und Wilhelm glaubte, sich noch der Züge des alten Herrn zu erinnern, den er damals im Walde gesehen hatte. — „Hier brachten wir manche Stunde zu", sagte Natalie, „bis dieser Saal fertig war. In seinen letzten Jahren hatte er einige geschickte Künstler an sich gezogen, und seine beste Unterhaltung war, die Zeichnungen und Kartone zu diesen Gemälden aussinnen und bestimmen zu helfen."

Wilhelm konnte sich nicht genug der Gegenstände freuen,

die ihn umgaben. „Welch ein Leben“, rief er aus, „in diesem Saale der Vergangenheit! man könnte ihn ebensogut den Saal der Gegenwart und der Zukunft nennen. So war alles und so wird alles sein! Nichts ist vergänglich, als der eine, der genießt und zuschaut. Hier dieses Bild der Mutter, die ihr Kind ans Herz drückt, wird viele Generationen glücklicher Mütter überleben. Nach Jahrhunderten vielleicht erfreut sich ein Vater dieses bärtigen Mannes, der seinen Ernst ablegt und sich mit seinem Sohne neckt. So verschämt wird durch alle Zeiten die Braut sitzen und bei ihren stillen Wünschen noch bedürfen, daß man sie tröste, daß man ihr zurede; so ungeduldig wird der Bräutigam auf der Schwelle horchen, ob er hereintreten darf.“

Wilhelms Augen schweiften auf unzählige Bilder umher. Vom ersten frohen Triebe der Kindheit, jedes Glied im Spiele nur zu brauchen und zu üben, bis zum ruhigen abgeschiedenen Ernste des Weisen konnte man in schöner, lebendiger Folge sehen, wie der Mensch keine angeborne Neigung und Fähigkeit besitzt, ohne sie zu brauchen und zu nutzen. Von dem ersten zarten Selbstgefühl, wenn das Mädchen verweilt, den Krug aus dem klaren Wasser wieder heraufzuheben, und indessen ihr Bild gefällig betrachtet, bis zu jenen hohen Feierlichkeiten, wenn Könige und Völker zu Zeugen ihrer Verbindungen die Götter am Altare anrufen, zeigte sich alles bedeutend und kräftig.

Es war eine Welt, es war ein Himmel, der den Beschauenden an dieser Stätte umgab, und außer den Gedanken, welche jene gebildeten Gestalten erregten, außer den Empfindungen, welche sie einflößten, schien noch etwas andres gegenwärtig zu sein, wovon der ganze Mensch sich angegriffen fühlte. Auch Wilhelm bemerkte es, ohne sich davon Rechenschaft geben zu können. „Was ist das“, rief er aus, „das, unabhängig von aller Bedeutung, frei von allem Mitgefühl, das uns menschliche Begebenheiten und Schicksale einflößen, so stark und zugleich so anmutig auf mich zu wirken vermag? Es spricht aus dem Ganzen, es spricht aus jedem Teile mich an, ohne daß ich jenes begreifen, ohne daß ich diese mir besonders zueignen könnte! Welchen Zauber ahn’ ich in diesen Flächen, diesen Linien, diesen

Höhen und Breiten, diesen Massen und Farben! Was ist es, das diese Figuren, auch nur obenhin betrachtet, schon als Zierat so erfreulich macht? Ja, ich fühle, man könnte hier verweilen, ruhen, alles mit den Augen fassen, sich glücklich finden und ganz etwas andres fühlen und denken als das, was vor Augen steht."

Und gewiß, könnten wir beschreiben, wie glücklich alles eingeteilt war, wie an Ort und Stelle durch Verbindung oder Gegensatz, durch Einfärbigkeit oder Buntheit alles bestimmt, so und nicht anders erschien, als es erscheinen sollte, und eine so vollkommene als deutliche Wirkung hervorbrachte, so würden wir den Leser an einen Ort versetzen, von dem er sich so bald nicht zu entfernen wünschte.

Vier große marmorne Kandelaber standen in den Ecken des Saals, vier kleinere in der Mitte um einen sehr schön gearbeiteten Sarkophag, der seiner Größe nach eine junge Person von mittlerer Gestalt konnte enthalten haben.

Natalie blieb bei diesem Monumente stehen, und indem sie die Hand darauf legte, sagte sie: „Mein guter Oheim hatte große Vorliebe zu diesem Werke des Altertums. Er sagte manchmal: ‚Nicht allein die ersten Blüten fallen ab, die ihr da oben in jenen kleinen Räumen verwahren könnt, sondern auch Früchte, die, am Zweige hängend, uns noch lange die schönste Hoffnung geben, indes ein heimlicher Wurm ihre frühere Reife und ihre Zerstörung vorbereitet.' Ich fürchte", fuhr sie fort, „er hat auf das liebe Mädchen geweissagt, das sich unserer Pflege nach und nach zu entziehen und zu dieser ruhigen Wohnung zu neigen scheint."

Als sie im Begriff waren, wegzugehn, sagte Natalie: „Ich muß Sie noch auf etwas aufmerksam machen. Bemerken Sie diese halbrunden Öffnungen in der Höhe auf beiden Seiten! Hier können die Chöre der Sänger verborgen stehen, und diese ehrnen Zieraten unter dem Gesimse dienen, die Teppiche zu befestigen, die nach der Verordnung meines Oheims bei jeder Bestattung aufgehängt werden sollen. Er konnte nicht ohne Musik, besonders nicht ohne Gesang leben und hatte dabei die Eigenheit, daß er die Sänger nicht sehen wollte. Er pflegte zu sagen: ‚Das Theater verwöhnt uns gar zu sehr, die Musik dient dort nur gleichsam dem Auge, sie begleitet die Bewegungen, nicht die Empfindungen. Bei Oratorien und Konzerten stört uns immer die Gestalt des Musikus; die wahre Musik ist allein fürs Ohr; eine schöne Stimme ist das allgemeinste, was sich denken läßt, und indem das eingeschränkte Individuum, das sie hervorbringt, sich vors Auge stellt, zerstört es den reinen Effekt jener Allgemeinheit. Ich will jeden sehen, mit dem ich reden soll, denn es ist ein einzelner Mensch, dessen Gestalt und Charakter die Rede wert oder unwert macht; hingegen wer mir singt, soll unsichtbar sein, seine Gestalt soll mich nicht bestechen oder irremachen. Hier spricht nur ein Organ zum Organe, nicht der Geist zum Geiste, nicht eine tausendfältige Welt zum Auge, nicht ein Himmel zum Menschen.' Ebenso wollte er auch bei Instrumentalmusiken die Orchester soviel als möglich versteckt haben, weil man durch die mechanischen Bemühungen und durch die notdürftigen, immer seltsamen Gebärden der Instrumentenspieler so sehr zerstreut und verwirrt werde. Er pflegte daher eine Musik nicht anders als mit zugeschlossenen Augen anzuhören, um sein ganzes Dasein auf den einzigen reinen Genuß des Ohrs zu konzentrieren."

Sie wollten eben den Saal verlassen, als sie die Kinder in dem Gange heftig laufen und den Felix rufen hörten: „Nein ich! nein ich!"

Mignon warf sich zuerst zur geöffneten Türe herein; sie war außer Atem und konnte kein Wort sagen; Felix, noch in einiger Entfernung, rief: „Mutter Therese ist da!" Die Kinder hatten, so schien es, die Nachricht zu überbringen, einen Wettlauf angestellt. Mignon lag in Nataliens Armen, ihr Herz pochte gewaltsam.

„Böses Kind", sagte Natalie, „ist dir nicht alle heftige Bewegung untersagt? Sieh, wie dein Herz schlägt?"

„Laß es brechen!" sagte Mignon mit einem tiefen Seufzer, „es schlägt schon zu lange."

Man hatte sich von dieser Verwirrung, von dieser Art von Bestürzung kaum erholt, als Therese hereintrat. Sie flog auf Natalien zu, umarmte sie und das gute Kind. Dann wendete sie sich zu Wilhelmen, sah ihn mit ihren klaren Augen an und sagte: „Nun, mein Freund, wie steht es, Sie haben sich doch nicht irremachen lassen?“ Er tat einen Schritt gegen sie, sie sprang auf ihn zu und hing an seinem Halse. „O meine Therese!“ rief er aus.

„Mein Freund! mein Geliebter! mein Gatte! Ja, auf ewig die Deine!“ rief sie unter den lebhaftesten Küssen.

Felix zog sie am Rocke und rief: „Mutter Therese, ich bin auch da!“ Natalie stand und sah vor sich hin; Mignon fuhr auf einmal mit der linken Hand nach dem Herzen, und indem sie den rechten Arm heftig ausstreckte, fiel sie mit einem Schrei zu Nataliens Füßen für tot nieder.

Der Schrecken war groß; keine Bewegung des Herzens noch des Pulses war zu spüren. Wilhelm nahm sie auf seinen Arm und trug sie eilig hinauf, der schlotternde Körper hing über seine Schultern. Die Gegenwart des Arztes gab wenig Trost; er und der junge Wundarzt, den wir schon kennen, bemühten sich vergebens. Das liebe Geschöpf war nicht ins Leben zurückzurufen.

Natalie winkte Theresen. Diese nahm ihren Freund bei der Hand und führte ihn aus dem Zimmer. Er war stumm und ohne Sprache und hatte den Mut nicht, ihren Augen zu begegnen. So saß er neben ihr auf dem Kanapee, auf dem er Natalien zuerst angetroffen hatte. Er dachte mit großer Schnelle eine Reihe von Schicksalen durch, oder vielmehr er dachte nicht, er ließ das auf seine Seele wirken, was er nicht entfernen konnte. Es gibt Augenblicke des Lebens, in welchen die Begebenheiten gleich geflügelten Weberschiffchen vor uns sich hin und wider bewegen und unaufhaltsam ein Gewebe vollenden, das wir mehr oder weniger selbst gesponnen und angelegt haben. „Mein Freund!“ sagte Therese, „mein Geliebter!“ indem sie das Stillschweigen unterbrach und ihn bei der Hand nahm, „laß uns diesen Augenblick fest zusammenhalten, wie wir noch öfters vielleicht in ähnlichen Fällen werden zu tun haben. Dies sind die Ereignisse, welche zu ertragen man zu zweien in der Welt sein muß. Bedenke, mein Freund, fühle, daß du nicht allein bist, zeige, daß du deine Therese liebst, zuerst dadurch, daß du deine Schmerzen ihr mitteilst!“ Sie umarmte ihn und schloß ihn sanft an ihren Busen; er faßte sie in seine Arme und drückte sie mit Heftigkeit an sich. „Das arme Kind“, rief er aus,

„suchte in traurigen Augenblicken Schutz und Zuflucht an meinem unsichern Busen; laß die Sicherheit des deinigen mir in dieser schrecklichen Stunde zugute kommen!“ Sie hielten sich fest umschlossen, er fühlte ihr Herz an seinem Busen schlagen, aber in seinem Geiste war es öde und leer; nur die Bilder Mignons und Nataliens schwebten wie Schatten vor seiner Einbildungskraft.

Natalie trat herein. „Gib uns deinen Segen!“ rief Therese, „laß uns in diesem traurigen Augenblicke vor dir verbunden sein.“ — Wilhelm hatte sein Gesicht an Theresens Halse verborgen; er war glücklich genug, weinen zu können. Er hörte Natalien nicht kommen, er sah sie nicht, nur bei dem Klang ihrer Stimme verdoppelten sich seine Tränen. — „Was Gott zusammenfügt, will ich nicht scheiden“, sagte Natalie lächelnd, „aber verbinden kann ich euch nicht, und kann nicht loben, daß Schmerz und Neigung die Erinnerung an meinen Bruder völlig aus euren Herzen zu verbannen scheint.“ Wilhelm riß sich bei diesen Worten aus den Armen Theresens. „Wo wollen Sie hin?“ riefen beide Frauen. „Lassen Sie mich das Kind sehen“, rief er aus, „das ich getötet habe! Das Unglück, das wir mit Augen sehen, ist geringer, als wenn unsere Einbildungskraft das Übel gewaltsam in unser Gemüt einsenkt; lassen Sie uns den abgeschiedenen Engel sehen! Seine heitere Miene wird uns sagen, daß ihm wohl ist!“ — Da die Freundinnen den bewegten Jüngling nicht abhalten konnten, folgten sie ihm, aber der gute Arzt, der mit dem Chirurgus ihnen entgegenkam, hielt sie ab, sich der Verblichenen zu nähern, und sagte: „Halten Sie sich von diesem traurigen Gegenstande entfernt, und erlauben Sie mir, daß ich den Resten dieses sonderbaren Wesens, soviel meine Kunst vermag, einige Dauer gebe. Ich will die schöne Kunst, einen Körper nicht allein zu balsamieren, sondern ihm auch ein lebendiges Ansehn zu erhalten, bei diesem geliebten Geschöpfe sogleich anwenden. Da ich ihren Tod voraussah, habe ich alle Anstalten gemacht, und mit diesem Gehülfen hier soll mir's gelingen. Erlauben Sie mir nur noch einige Tage Zeit, und verlangen Sie das liebe Kind nicht wieder zu sehen, bis wir es in den Saal der Vergangenheit gebracht haben.“

Der junge Chirurgus hatte jene merkwürdige Instrumententasche wieder in Händen. „Von wem kann er sie wohl haben?“ fragte Wilhelm den Arzt. „Ich kenne sie sehr gut“, versetzte Natalie, „er hat sie von seinem Vater, der Sie damals im Walde verband.“

„O, so habe ich mich nicht geirrt“, rief Wilhelm, „ich erkannte das Band sogleich. Treten Sie mir es ab! Es brachte mich zuerst wieder auf die Spur von meiner Wohltäterin. Wieviel Wohl und Wehe überdauert nicht ein solches lebloses Wesen! Bei wieviel Schmerzen war dies Band nicht schon gegenwärtig, und seine Fäden halten noch immer! Wie vieler Menschen letzten Augenblick hat es schon begleitet, und seine Farben sind noch nicht verblichen! Es war gegenwärtig in einem der schönsten Augenblicke meines Lebens, da ich verwundet auf der Erde lag und Ihre hülfreiche Gestalt vor mir erschien, als das Kind mit blutigen Haaren, mit der zärtlichsten Sorgfalt für mein Leben besorgt war, dessen frühzeitigen Tod wir nun beweinen.“

Die Freunde hatten nicht lange Zeit, sich über diese traurige Begebenheit zu unterhalten und Fräulein Theresen über das Kind und über die wahrscheinliche Ursache seines unerwarteten Todes aufzuklären; denn es wurden Fremde gemeldet, die, als sie sich zeigten, keinesweges fremd waren. Lothario, Jarno, der Abbé traten herein. Natalie ging ihrem Bruder entgegen; unter den übrigen entstand ein augenblickliches Stillschweigen. Therese sagte lächelnd zu Lothario: „Sie glaubten wohl kaum mich hier zu finden; wenigstens ist es eben nicht rätlich, daß wir uns in diesem Augenblick aufsuchen; indessen sein Sie mir nach einer so langen Abwesenheit herzlich gegrüßt!“

Lothario reichte ihr die Hand und versetzte: „Wenn wir einmal leiden und entbehren sollen, so mag es immerhin auch in der Gegenwart des geliebten, wünschenswerten Gutes geschehen. Ich verlange keinen Einfluß auf Ihre Entschließung, und mein Vertrauen auf Ihr Herz, auf Ihren Verstand und reinen Sinn ist noch immer so groß, daß ich Ihnen mein Schicksal und das Schicksal meines Freundes gerne in die Hand lege.“

Das Gespräch wendete sich sogleich zu allgemeinen, ja,

man darf sagen, zu unbedeutenden Gegenständen. Die Gesellschaft trennte sich bald zum Spazierengehen in einzelne Paare. Natalie war mit Lothario, Therese mit dem Abbé gegangen, und Wilhelm war mit Jarno auf dem Schlosse geblieben.

Die Erscheinung der drei Freunde in dem Augenblick, da Wilhelmen ein schwerer Schmerz auf der Brust lag, hatte, statt ihn zu zerstreuen, seine Laune gereizt und verschlimmert; er war verdrießlich und argwöhnisch und konnte und wollte es nicht verhehlen, als Jarno ihn über sein mürrisches Stillschweigen zur Rede setzte. „Was braucht's da weiter?“ rief Wilhelm aus. „Lothario kommt mit seinen Beiständen, und es wäre wunderbar, wenn jene geheimnisvollen Mächte des Turms, die immer so geschäftig sind, jetzt nicht auf uns wirken und, ich weiß nicht, was für einen seltsamen Zweck mit und an uns ausführen sollten. Soviel ich diese heiligen Männer kenne, scheint es jederzeit ihre löbliche Absicht, das Verbundene zu trennen und das Getrennte zu verbinden. Was daraus für ein Gewebe entstehen kann, mag wohl unsern unheiligen Augen ewig ein Rätsel bleiben.“

„Sie sind verdrießlich und bitter“, sagte Jarno, „das ist recht schön und gut. Wenn Sie nur erst einmal recht böse werden, wird es noch besser sein.“

„Dazu kann auch Rat werden“, versetzte Wilhelm, „und ich fürchte sehr, daß man Lust hat, meine angeborne und angebildete Geduld diesmal aufs äußerste zu reizen.“

„So möchte ich Ihnen denn doch“, sagte Jarno, „indessen, bis wir sehen, wo unsere Geschichten hinaus wollen, etwas von dem Turme erzählen, gegen den Sie ein so großes Mißtrauen zu hegen scheinen.“

„Es steht bei Ihnen“, versetzte Wilhelm, „wenn Sie es auf meine Zerstreuung hin wagen wollen. Mein Gemüt ist so vielfach beschäftigt, daß ich nicht weiß, ob es an diesen würdigen Abenteuern den schuldigen Teil nehmen kann.“

„Ich lasse mich“, sagte Jarno, „durch Ihre angenehme Stimmung nicht abschrecken, Sie über diesen Punkt aufzuklären. Sie halten mich für einen gescheiten Kerl, und Sie sollen mich auch noch für einen ehrlichen halten, und, was mehr ist, diesmal hab' ich Auftrag." — „Ich wünschte", versetzte Wilhelm, „Sie sprächen aus eigener Bewegung und aus gutem Willen, mich aufzuklären; und da ich Sie nicht ohne Mißtrauen hören kann, warum soll ich Sie anhören?" — „Wenn ich jetzt nichts Besseres zu tun habe", sagte Jarno, „als Märchen zu erzählen, so haben Sie ja auch wohl Zeit, ihnen einige Aufmerksamkeit zu widmen; vielleicht sind Sie dazu geneigter, wenn ich Ihnen gleich anfangs sage: alles, was Sie im Turme gesehen haben, sind eigentlich nur noch Reliquien von einem jugendlichen Unternehmen, bei dem es anfangs den meisten Eingeweihten großer Ernst war, und über das nun alle gelegentlich nur lächeln."

„Also mit diesen würdigen Zeichen und Worten spielt man nur", rief Wilhelm aus, „man führt uns mit Feierlichkeit an einen Ort, der uns Ehrfurcht einflößt, man läßt uns die wunderlichsten Erscheinungen sehen, man gibt uns Rollen voll herrlicher, geheimnisreicher Sprüche, davon wir freilich das wenigste verstehn, man eröffnet uns, daß wir bisher Lehrlinge waren, man spricht uns los, und wir sind so klug wie vorher." — „Haben Sie das Pergament nicht bei der Hand?" fragte Jarno, „es enthält viel Gutes, denn jene allgemeinen Sprüche sind nicht aus der Luft gegriffen; freilich scheinen sie demjenigen leer und dunkel, der sich keiner Erfahrung dabei erinnert. Geben Sie mir den sogenannten Lehrbrief doch, wenn er in der Nähe ist." — „Gewiß, ganz nah", versetzte Wilhelm, „so ein Amulett sollte man immer auf der Brust tragen." — „Nun", sagte Jarno lächelnd, „wer weiß, ob der Inhalt nicht einmal in Ihrem Kopf und Herzen Platz findet."

Jarno blickte hinein und überlief die erste Hälfte mit den Augen. „Diese", sagte er, „bezieht sich auf die Ausbildung des Kunstsinnes, wovon andere sprechen mögen; die zweite handelt vom Leben, und da bin ich besser zu Hause."

Er fing darauf an, Stellen zu lesen, sprach dazwischen und knüpfte Anmerkungen und Erzählungen mit ein. „Die Neigung der Jugend zum Geheimnis, zu Zeremonien und großen Worten ist außerordentlich und oft ein Zeichen einer gewissen Tiefe des Charakters. Man will in diesen Jahren sein ganzes Wesen, wenn auch nur dunkel und unbestimmt, ergriffen und berührt fühlen. Der Jüngling, der vieles ahnet, glaubt in einem Geheimnisse viel zu finden, in ein Geheimnis viel legen und durch dasselbe wirken zu müssen. In diesen Gesinnungen bestärkte der Abbé eine junge Gesellschaft teils nach seinen Grundsätzen, teils aus Neigung und Gewohnheit, da er wohl ehemals mit einer Gesellschaft in Verbindung stand, die selbst viel im Verborgenen gewirkt haben mochte. Ich konnte mich am wenigsten in dieses Wesen finden. Ich war älter als die andern, ich hatte von Jugend auf klar gesehen und wünschte in allen Dingen nichts als Klarheit; ich hatte kein ander Interesse, als die Welt zu kennen, wie sie war, und steckte mit dieser Liebhaberei die übrigen besten Gefährten an, und fast hätte darüber unsere ganze Bildung eine falsche Richtung genommen; denn wir fingen an, nur die Fehler der andern und ihre Beschränkung zu sehen und uns selbst für treffliche Wesen zu halten. Der Abbé kam uns zu Hülfe und lehrte uns, daß man die Menschen nicht beobachten müsse, ohne sich für ihre Bildung zu interessieren, und daß man sich selbst eigentlich nur in der Tätigkeit zu beobachten und zu erlauschen imstande sei. Er riet uns, jene ersten Formen der Gesellschaft beizubehalten; es blieb daher etwas Gesetzliches in unsern Zusammenkünften, man sah wohl die ersten mystischen Eindrücke auf die Einrichtung des Ganzen, nachher nahm es, wie durch ein Gleichnis, die Gestalt eines Handwerks an, das sich bis zur Kunst erhob. Daher kamen die Benennungen von Lehrlingen, Gehülfen und Meistern. Wir wollten mit eigenen Augen sehen und uns ein eigenes Archiv unserer Weltkenntnis bilden; daher entstanden die vielen Konfessionen, die wir teils selbst schrieben, teils wozu wir andere veranlaßten, und aus denen nachher die Lehrjahre zusammengesetzt wurden. Nicht allen Menschen ist es eigentlich um ihre Bildung zu tun; viele wünschen nur so ein Hausmittel zum Wohlbefinden, Rezepte zum Reichtum und zu jeder Art von Glückseligkeit. Alle diese, die nicht auf ihre Füße gestellt sein wollten, wurden mit Mystifikationen und anderm Hokuspokus teils aufgehalten, teils beiseitegebracht. Wir sprachen nach unserer Art nur diejenigen los, die lebhaft fühlten und deutlich bekannten, wozu sie geboren seien, und die sich genug geübt hatten, um mit einer gewissen Fröhlichkeit und Leichtigkeit ihren Weg zu verfolgen."

„So haben Sie sich mit mir sehr übereilt", versetzte Wilhelm, „denn was ich kann, will oder soll, weiß ich gerade seit jenem Augenblick am allerwenigsten." — „Wir sind ohne Schuld in diese Verwirrung geraten, das gute Glück mag uns wieder heraushelfen; indessen hören Sie nur: ‚Derjenige, an dem viel zu entwickeln ist, wird später über sich und die Welt aufgeklärt. Es sind nur wenige, die den Sinn haben und zugleich zur Tat fähig sind. Der Sinn erweitert, aber lähmt; die Tat belebt, aber beschränkt.'"

„Ich bitte Sie", fiel Wilhelm ein, „lesen Sie mir von diesen wunderlichen Worten nichts mehr! Diese Phrasen haben mich schon verwirrt genug gemacht." — „So will ich bei der Erzählung bleiben", sagte Jarno, indem er die Rolle halb zuwickelte und nur manchmal einen Blick hinein tat. „Ich selbst habe der Gesellschaft und den Menschen am wenigsten genutzt; ich bin ein sehr schlechter Lehrmeister, es ist mir unerträglich, zu sehen, wenn jemand ungeschickte Versuche macht, einem Irrenden muß ich gleich zurufen, und wenn es ein Nachtwandler wäre, den ich in Gefahr sähe, geradenweges den Hals zu brechen. Darüber hatte ich nun immer meine Not mit dem Abbé, der behauptet, der Irrtum könne nur durch das Irren geheilt werden. Auch über Sie haben wir uns oft gestritten; er hatte Sie besonders in Gunst genommen, und es will schon etwas heißen, in dem hohen Grade seine Aufmerksamkeit auf sich zu ziehen. Sie müssen mir nachsagen, daß ich Ihnen, wo ich Sie antraf, die reine Wahrheit sagte." — „Sie haben mich wenig geschont", sagte Wilhelm, „und Sie scheinen Ihren Grundsätzen treu zu bleiben." — „Was ist denn da zu schonen", versetzte Jarno, „wenn ein junger Mensch von mancherlei guten Anlagen eine ganz falsche Richtung nimmt?" — „Verzeihen Sie", sagte Wilhelm, „Sie haben mir streng genug alle Fähigkeit zum Schauspieler abgesprochen; ich gestehe Ihnen, daß, ob ich gleich dieser Kunst ganz entsagt habe, so kann ich mich doch unmöglich bei mir selbst dazu für ganz unfähig erklären." — „Und bei mir", sagte Jarno,

„ist es doch so rein entschieden, daß, wer sich nur selbst spielen kann, kein Schauspieler ist. Wer sich nicht dem Sinn und der Gestalt nach in viele Gestalten verwandeln kann, verdient nicht diesen Namen. So haben Sie z. B. den Hamlet und einige andere Rollen recht gut gespielt, bei denen Ihr Charakter, Ihre Gestalt und die Stimmung des Augenblicks Ihnen zugute kamen. Das wäre nun für ein Liebhabertheater und für einen jeden gut genug, der keinen andern Weg vor sich sähe. ‚Man soll sich', fuhr Jarno fort, indem er auf die Rolle sah, „vor einem Talente hüten, das man in Vollkommenheit auszuüben nicht Hoffnung hat. Man mag es darin so weit bringen, als man will, so wird man doch immer zuletzt, wenn uns einmal das Verdienst des Meisters klar wird, den Verlust von Zeit und Kräften, die man auf eine solche Pfuscherei gewendet hat, schmerzlich bedauern.' "

„Lesen Sie nichts!" sagte Wilhelm, „ich bitte Sie inständig, sprechen Sie fort, erzählen Sie mir, klären Sie mich auf! Und so hat also der Abbé mir zum Hamlet geholfen, indem er einen Geist herbeischaffte?" — „Ja, denn er versicherte, daß es der einzige Weg sei, Sie zu heilen, wenn Sie heilbar wären." — „Und darum ließ er mir den Schleier zurück und hieß mich fliehen?" — „Ja, er hoffte sogar, mit der Vorstellung des Hamlets sollte Ihre ganze Lust gebüßt sein. Sie würden nachher das Theater nicht wieder betreten, behauptete er; ich glaubte das Gegenteil und behielt recht. Wir stritten noch selbigen Abend nach der Vorstellung darüber." — „Und Sie haben mich also spielen sehen?" — „O gewiß!" — „Und wer stellte denn den Geist vor?" — „Das kann ich selbst nicht sagen, entweder der Abbé oder sein Zwillingsbruder, doch glaub' ich dieser, denn er ist um ein weniges größer." — „Sie haben also auch Geheimnisse untereinander?" — „Freunde können und müssen Geheimnisse voreinander haben; sie sind einander doch kein Geheimnis."

„Es verwirrt mich schon das Andenken dieser Verworrenheit. Klären Sie mich über den Mann auf, dem ich so viel schuldig bin, und dem ich so viel Vorwürfe zu machen habe."

„Was ihn uns so schätzbar macht", versetzte Jarno, „was ihm gewissermaßen die Herrschaft über uns alle erhält, ist der freie und scharfe Blick, den ihm die Natur über alle Kräfte, die im Menschen nur wohnen, und wovon sich jede in ihrer Art ausbilden läßt, gegeben hat. Die meisten Menschen, selbst die vorzüglichen, sind nur beschränkt; jeder schätzt gewisse Eigenschaften an sich und andern; nur die begünstigt er, nur die will er ausgebildet wissen. Ganz entgegengesetzt wirkt der Abbé, er hat Sinn für alles, Lust an allem, es zu erkennen und zu befördern. Da muß ich doch wieder in die Rolle sehen!" fuhr Jarno fort: „‚Nur alle Menschen machen die Menschheit aus, nur alle Kräfte zusammengenommen die Welt. Diese sind unter sich oft im Widerstreit, und indem sie sich zu zerstören suchen, hält sie die Natur zusammen und bringt sie wieder hervor. Von dem geringsten tierischen Handwerkstriebe bis zur höchsten Ausübung der geistigsten Kunst, vom Lallen und Jauchzen des Kindes bis zur trefflichsten Äußerung des Redners und Sängers, vom ersten Balgen der Knaben bis zu den ungeheuren Anstalten, wodurch Länder erhalten und erobert werden, vom leichtesten Wohlwollen und der flüchtigsten Liebe bis zur heftigsten Leidenschaft und zum ernstesten Bunde, von dem reinsten Gefühl der sinnlichen Gegenwart bis zu den leisesten Ahnungen und Hoffnungen der entferntesten geistigen Zukunft, alles das und weit mehr liegt im Menschen und muß ausgebildet werden; aber nicht in einem, sondern in vielen. Jede Anlage ist wichtig, und sie muß entwickelt werden. Wenn einer nur das Schöne, der andere nur das Nützliche befördert, so machen beide zusammen erst einen Menschen aus. Das Nützliche befördert sich selbst, denn die Menge bringt es hervor, und alle können's nicht entbehren; das Schöne muß befördert werden, denn wenige stellen's dar und viele bedürfen's.'"

„Halten Sie inne!" rief Wilhelm, „ich habe das alles gelesen." — „Nur noch einige Zeilen!" versetzte Jarno. „Hier find' ich den Abbé ganz wieder: ‚Eine Kraft beherrscht die andere, aber keine kann die andere bilden; in jeder Anlage liegt auch allein die Kraft, sich zu vollenden; das verstehen so wenig Menschen, die doch lehren und wirken wollen.'"

— „Und ich verstehe es auch nicht“, versetzte Wilhelm. — „Sie werden über diesen Text den Abbé noch oft genug hören, und so lassen Sie uns nur immer recht deutlich sehen und festhalten, was an uns ist, und was wir an uns ausbilden können; lassen Sie uns gegen die andern gerecht sein, denn wir sind nur insofern zu achten, als wir zu schätzen wissen.“ — „Um Gottes willen! keine Sentenzen weiter! Ich fühle, sie sind ein schlechtes Heilmittel für ein verwundetes Herz. Sagen Sie mir lieber mit Ihrer grausamen Bestimmtheit, was Sie von mir erwarten, und wie und auf welche Weise Sie mich aufopfern wollen.“ — „Jeden Verdacht, ich versichere Sie, werden Sie uns künftig abbitten. Es ist Ihre Sache, zu prüfen und zu wählen, und die unsere, Ihnen beizustehn. Der Mensch ist nicht eher glücklich, als bis sein unbedingtes Streben sich selbst seine Begrenzung bestimmt. Nicht an mich halten Sie sich, sondern an den Abbé; nicht an sich denken Sie, sondern an das, was Sie umgibt. Lernen Sie zum Beispiel Lotharios Trefflichkeit einsehen, wie sein Überblick und seine Tätigkeit unzertrennlich miteinander verbunden sind, wie er immer im Fortschreiten ist, wie er sich ausbreitet und jeden mit fortreißt. Er führt, wo er auch sei, eine Welt mit sich, seine Gegenwart belebt und feuert an. Sehen Sie unsern guten Medikus dagegen: es scheint gerade die entgegengesetzte Natur zu sein. Wenn jener nur ins Ganze und auch in die Ferne wirkt, so richtet dieser seinen hellen Blick nur auf die nächsten Dinge, er verschafft mehr die Mittel zur Tätigkeit, als daß er die Tätigkeit hervorbrächte und belebte; sein Handeln sieht einem guten Wirtschaften vollkommen ähnlich, seine Wirksamkeit ist still, indem er einen jeden in seinem Kreis befördert; sein Wissen ist ein beständiges Sammeln und Ausspenden, ein Nehmen und Mitteilen im kleinen. Vielleicht könnte Lothario in einem Tage zerstören, woran dieser jahrelang gebaut hat; aber vielleicht teilt auch Lothario in einem Augenblick andern die Kraft mit, das Zerstörte hundertfältig wiederherzustellen.“ — „Es ist ein trauriges Geschäft“, sagte Wilhelm, „wenn man über die reinen Vorzüge der andern in einem Augenblicke denken soll, da man mit sich selbst uneins ist; solche Betrachtungen stehen dem ruhigen Manne wohl an, nicht dem, der von Leidenschaft und Ungewißheit bewegt ist." — „Ruhig und vernünftig zu betrachten, ist zu keiner Zeit schädlich, und indem wir uns gewöhnen, über die Vorzüge anderer zu denken, stellen sich die unsern unvermerkt selbst an ihren Platz, und jede falsche Tätigkeit, wozu uns die Phantasie lockt, wird alsdann gern von uns aufgegeben. Befreien Sie womöglich Ihren Geist von allem Argwohn und aller Ängstlichkeit! Dort kommt der Abbé, sein Sie ja freundlich gegen ihn, bis Sie noch mehr erfahren, wieviel Dank Sie ihm schuldig sind. Der Schalk! da geht er zwischen Natalien und Theresen, ich wollte wetten, er denkt sich was aus. So wie er überhaupt gern ein wenig das Schicksal spielt, so läßt er auch nicht von der Liebhaberei, manchmal eine Heirat zu stiften."

Wilhelm, dessen leidenschaftliche und verdrießliche Stimmung durch alle die klugen und guten Worte Jarnos nicht verbessert worden war, fand höchst undelikat, daß sein Freund gerade in diesem Augenblick eines solchen Verhältnisses erwähnte, und sagte, zwar lächelnd, doch nicht ohne Bitterkeit: „Ich dächte, man überließe die Liebhaberei, Heiraten zu stiften, Personen, die sich lieb haben."

SECHSTES KAPITEL

Die Gesellschaft hatte sich eben wieder begegnet, und unsere Freunde sahen sich genötigt, das Gespräch abzubrechen. Nicht lange, so ward ein Kurier gemeldet, der einen Brief in Lotharios eigene Hände übergeben wollte; der Mann ward vorgeführt, er sah rüstig und tüchtig aus, seine Livree war sehr reich und geschmackvoll. Wilhelm glaubte ihn zu kennen, und er irrte sich nicht, es war derselbe Mann, den er damals Philinen und der vermeinten Mariane nachgeschickt hatte, und der nicht wieder zurückgekommen war. Eben wollte er ihn anreden, als Lothario, der den Brief gelesen hatte, ernsthaft und fast verdrießlich fragte: „Wie heißt Sein Herr?"

„Das ist unter allen Fragen", versetzte der Kurier mit

Bescheidenheit, „auf die ich am wenigsten zu antworten weiß; ich hoffe, der Brief wird das Nötige vermelden; mündlich ist mir nichts aufgetragen."

„Es sei, wie ihm sei", versetzte Lothario mit Lächeln, „da Sein Herr das Zutrauen zu mir hat, mir so hasenfüßig zu schreiben, so soll er uns willkommen sein." — „Er wird nicht lange auf sich warten lassen", versetzte der Kurier mit einer Verbeugung und entfernte sich.

„Vernehmet nur", sagte Lothario, „die tolle, abgeschmackte Botschaft: ‚Da unter allen Gästen', so schreibt der Unbekannte, ‚ein guter Humor der angenehmste Gast sein soll, wenn er sich einstellt, und ich denselben als Reisegefährten beständig mit mir herumführe, so bin ich überzeugt, der Besuch, den ich Ew. Gnaden und Liebden zugedacht habe, wird nicht übel vermerkt werden, vielmehr hoffe ich, mit der sämtlichen hohen Familie vollkommener Zufriedenheit anzulangen und gelegentlich mich wieder zu entfernen, der ich mich, und so weiter, Graf von Schneckenfuß.'"

„Das ist eine neue Familie", sagte der Abbé.

„Es mag ein Vikariatsgraf sein", versetzte Jarno.

„Das Geheimnis ist leicht zu erraten", sagte Natalie; „ich wette, es ist Bruder Friedrich, der uns schon seit dem Tode des Oheims mit einem Besuche droht."

„Getroffen! schöne und weise Schwester!" rief jemand aus einem nahen Busche, und zugleich trat ein angenehmer, heiterer junger Mann hervor; Wilhelm konnte sich kaum eines Schreies enthalten. „Wie?" rief er, „unser blonder Schelm, der soll mir auch hier noch erscheinen?" Friedrich ward aufmerksam, sah Wilhelmen an und rief: „Wahrlich, weniger erstaunt wär' ich gewesen, die berühmten Pyramiden, die doch in Ägypten so fest stehen, oder das Grab des Königs Mausolus, das, wie man mir versichert hat, gar nicht mehr existiert, hier in dem Garten meines Oheims zu finden, als Euch, meinen alten Freund und vielfachen Wohltäter. Seid mir besonders und schönstens gegrüßt!"

Nachdem er ringsherum alles bewillkommt und geküßt hatte, sprang er wieder auf Wilhelmen los und rief: „Haltet mir ihn ja warm, diesen Helden, Heerführer und dramatischen Philosophen! Ich habe ihn bei unserer ersten Bekanntschaft schlecht, ja, ich darf wohl sagen, mit der Hechel frisiert, und er hat mir doch nachher eine tüchtige Tracht Schläge erspart. Er ist großmütig wie Scipio, freigebig wie Alexander, gelegentlich auch verliebt, doch ohne seine Nebenbuhler zu hassen. Nicht etwa, daß er seinen Feinden Kohlen aufs Haupt sammelte, welches, wie man sagt, ein schlechter Dienst sein soll, den man jemanden erzeigen kann, nein, er schickt vielmehr den Freunden, die ihm sein Mädchen entführen, gute und treue Diener nach, damit ihr Fuß an keinen Stein stoße."

In diesem Geschmack fuhr er unaufhaltsam fort, ohne daß jemand ihm Einhalt zu tun imstande gewesen wäre, und da niemand in dieser Art ihm erwidern konnte, so behielt er das Wort ziemlich allein. „Verwundert euch nicht", rief er aus, „über meine große Belesenheit in heiligen und Profan-Skribenten; ihr sollt erfahren, wie ich zu diesen Kenntnissen gelangt bin." Man wollte von ihm wissen, wie es ihm gehe, wo er herkomme; allein er konnte vor lauter Sittensprüchen und alten Geschichten nicht zur deutlichen Erklärung gelangen.

Natalie sagte leise zu Theresen: „Seine Art von Lustigkeit tut mir wehe; ich wollte wetten, daß ihm dabei nicht wohl ist."

Da Friedrich außer einigen Späßen, die ihm Jarno erwiderte, keinen Anklang für seine Possen in der Gesellschaft fand, sagte er: „Es bleibt mir nichts übrig, als mit der ernsthaften Familie auch ernsthaft zu werden, und weil mir unter solchen bedenklichen Umständen sogleich meine sämtliche Sündenlast schwer auf die Seele fällt, so will ich mich kurz und gut zu einer Generalbeichte entschließen, wovon ihr aber, meine werten Herren und Damen, nichts vernehmen sollt. Dieser edle Freund hier, dem schon einiges von meinem Leben und Tun bekannt ist, soll es allein erfahren, um so mehr, als er allein darnach zu fragen einige Ursache hat. Wäret Ihr nicht neugierig, zu wissen", fuhr er gegen Wilhelmen fort, „wie und wo? wer? wann und warum? wie sieht's mit der Konjugation des griechischen Verbi Philéo, Philoh? und mit den Derivativis dieses allerliebsten Zeitwortes aus?"

Somit nahm er Wilhelmen beim Arme, führte ihn fort, indem er ihn auf alle Weise drückte und küßte.

Kaum war Friedrich auf Wilhelms Zimmer gekommen, als er im Fenster ein Pudermesser liegen fand mit der Inschrift: Gedenke mein! „Ihr hebt Eure werten Sachen gut auf!" sagte er: „wahrlich, das ist Philinens Pudermesser, das sie Euch jenen Tag schenkte, als ich Euch so gerauft hatte. Ich hoffe, Ihr habt des schönen Mädchens fleißig dabei gedacht, und ich versichere Euch, sie hat Euch auch nicht vergessen, und wenn ich nicht jede Spur von Eifersucht schon lange aus meinem Herzen verbannt hätte, so würde ich Euch nicht ohne Neid ansehen."

„Reden Sie nichts mehr von diesem Geschöpfe!" versetzte Wilhelm. „Ich leugne nicht, daß ich den Eindruck ihrer angenehmen Gegenwart lange nicht loswerden konnte, aber das war auch alles."

„Pfui! schämt Euch", rief Friedrich, „wer wird eine Geliebte verleugnen? und Ihr habt sie so komplett geliebt, als man es nur wünschen konnte. Es verging kein Tag, daß Ihr dem Mädchen nicht etwas schenktet, und wenn der Deutsche schenkt, liebt er gewiß. Es blieb mir nichts übrig, als sie Euch zuletzt wegzuputzen, und dem roten Offizierchen ist es denn auch endlich geglückt."

„Wie? Sie waren der Offizier, den wir bei Philinen antrafen, und mit dem sie wegreiste?"

„Ja", versetzte Friedrich, „den Sie für Marianen hielten. Wir haben genug über den Irrtum gelacht."

„Welche Grausamkeit!" rief Wilhelm, „mich in einer solchen Ungewißheit zu lassen."

„Und noch dazu den Kurier, den Sie uns nachschickten, gleich in Dienste zu nehmen!" versetzte Friedrich. „Es ist ein tüchtiger Kerl und ist diese Zeit nicht von unserer Seite gekommen. Und das Mädchen lieb' ich noch immer so rasend wie jemals. Mir hat sie's ganz eigens angetan, daß ich mich ganz nahezu in einem mythologischen Falle befinde und alle Tage befürchte, verwandelt zu werden."

„Sagen Sie mir nur", fragte Wilhelm, „wo haben Sie Ihre ausgebreitete Gelehrsamkeit her? Ich höre mit Verwunderung der seltsamen Manier zu, die Sie angenommen haben, immer mit Beziehung auf alte Geschichten und Fabeln zu sprechen.“

„Auf die lustigste Weise“, sagte Friedrich, „bin ich gelehrt, und zwar sehr gelehrt worden. Philine ist nun bei mir, wir haben einem Pachter das alte Schloß eines Rittergutes abgemietet, worin wir wie die Kobolde aufs lustigste leben. Dort haben wir eine zwar kompendiöse, aber doch ausgesuchte Bibliothek gefunden, enthaltend eine Bibel in Folio, Gottfrieds Chronik, zwei Bände Theatrum Europaeum, die Acerra Philologica, Gryphii Schriften und noch einige minder wichtige Bücher. Nun hatten wir denn doch, wenn wir ausgetobt hatten, manchmal lange Weile, wir wollten lesen, und ehe wir's uns versahen, ward unsere Weile noch länger. Endlich hatte Philine den herrlichen Einfall, die sämtlichen Bücher auf einem großen Tisch aufzuschlagen, wir setzten uns gegeneinander und lasen gegeneinander, und immer nur stellenweise, aus einem Buch wie aus dem andern. Das war nun eine rechte Lust! Wir glaubten wirklich in guter Gesellschaft zu sein, wo man für unschicklich hält, irgendeine Materie zu lange fortsetzen oder wohl gar gründlich erörtern zu wollen; wir glaubten in lebhafter Gesellschaft zu sein, wo keins das andere zum Wort kommen läßt. Diese Unterhaltung geben wir uns regelmäßig alle Tage und werden dadurch nach und nach so gelehrt, daß wir uns selbst darüber verwundern. Schon finden wir nichts Neues mehr unter der Sonne, zu allem bietet uns unsere Wissenschaft einen Beleg an. Wir variieren diese Art, uns zu unterrichten, auf gar vielerlei Weise. Manchmal lesen wir nach einer alten verdorbenen Sanduhr, die in einigen Minuten ausgelaufen ist. Schnell dreht sie das andere herum und fängt aus einem Buche zu lesen an, und kaum ist wieder der Sand im untern Glase, so beginnt das andere schon wieder seinen Spruch, und so studieren wir wirklich auf wahrhaft akademische Weise, nur daß wir kürzere Stunden haben und unsere Studien äußerst mannigfaltig sind.“

„Diese Tollheit begreife ich wohl“, sagte Wilhelm, „wenn einmal so ein lustiges Paar beisammen ist; wie aber das lockere Paar so lange beisammen bleiben kann, das ist mir nicht so bald begreiflich."

„Das ist", rief Friedrich, „eben das Glück und das Unglück: Philine darf sich nicht sehen lassen, sie mag sich selbst nicht sehen, sie ist guter Hoffnung. Unförmlicher und lächerlicher ist nichts in der Welt als sie. Noch kurz, ehe ich wegging, kam sie zufälligerweise vor den Spiegel. ‚Pfui Teufel!' sagte sie und wendete das Gesicht ab, ‚die leibhaftige Frau Melina! das garstige Bild! Man sieht doch ganz niederträchtig aus!'"

„Ich muß gestehen", versetzte Wilhelm lächelnd, „daß es ziemlich komisch sein mag, euch als Vater und Mutter beisammen zu sehen."

„Es ist ein recht närrischer Streich", sagte Friedrich, „daß ich noch zuletzt als Vater gelten soll. Sie behauptet's, und die Zeit trifft auch. Anfangs machte mich der verwünschte Besuch, den sie Euch nach dem ‚Hamlet' abgestattet hatte, ein wenig irre."

„Was für ein Besuch?"

„Ihr werdet das Andenken daran doch nicht ganz und gar verschlafen haben? Das allerliebste fühlbare Gespenst jener Nacht, wenn Ihr's noch nicht wißt, war Philine. Die Geschichte war mir freilich eine harte Mitgift, doch wenn man sich so etwas nicht mag gefallen lassen, so muß man gar nicht lieben. Die Vaterschaft beruht überhaupt nur auf der Überzeugung; ich bin überzeugt, und also bin ich Vater. Da seht Ihr, daß ich die Logik auch am rechten Orte zu brauchen weiß. Und wenn das Kind sich nicht gleich nach der Geburt auf der Stelle zu Tode lacht, so kann es, wo nicht ein nützlicher, doch angenehmer Weltbürger werden."

Indessen die Freunde sich auf diese lustige Weise von leichtfertigen Gegenständen unterhielten, hatte die übrige Gesellschaft ein ernsthaftes Gespräch angefangen. Kaum hatten Friedrich und Wilhelm sich entfernt, als der Abbé die Freunde unvermerkt in einen Gartensaal führte und, als sie Platz genommen hatten, seinen Vortrag begann.

„Wir haben", sagte er, „im allgemeinen behauptet, daß Fräulein Therese nicht die Tochter ihrer Mutter sei; es ist nötig, daß wir uns hierüber auch nun im einzelnen erklären.

Hier ist die Geschichte, die ich sodann auf alle Weise zu belegen und zu beweisen mich erbiete.

Frau von *** lebte die ersten Jahre ihres Ehestandes mit ihrem Gemahl in dem besten Vernehmen, nur hatten sie das Unglück, daß die Kinder, zu denen einigemal Hoffnung war, tot zur Welt kamen, und bei dem dritten die Ärzte der Mutter beinahe den Tod verkündigten und ihn bei einem folgenden als ganz unvermeidlich weissagten. Man war genötigt, sich zu entschließen, man wollte das Eheband nicht aufheben, man befand sich, bürgerlich genommen, zu wohl. Frau von *** suchte in der Ausbildung ihres Geistes, in einer gewissen Repräsentation, in den Freuden der Eitelkeit eine Art von Entschädigung für das Mutterglück, das ihr versagt war. Sie sah ihrem Gemahl mit sehr viel Heiterkeit nach, als er Neigung zu einem Frauenzimmer faßte, welche die ganze Haushaltung versah, eine schöne Gestalt und einen sehr soliden Charakter hatte. Frau von *** bot nach kurzer Zeit einer Einrichtung selbst die Hände, nach welcher das gute Mädchen sich Theresens Vater überließ, in der Besorgung des Hauswesens fortfuhr und gegen die Frau vom Hause fast noch mehr Dienstfertigkeit und Ergebung als vorher bezeigte.

Nach einiger Zeit erklärte sie sich guter Hoffnung, und die beiden Eheleute kamen bei dieser Gelegenheit, obwohl aus ganz verschiedenen Anlässen, auf einerlei Gedanken. Herr von *** wünschte das Kind seiner Geliebten als sein rechtmäßiges im Hause einzuführen, und Frau von ***, verdrießlich, daß durch die Indiskretion ihres Arztes ihr Zustand in der Nachbarschaft hatte verlauten wollen, dachte durch ein untergeschobenes Kind sich wieder in Ansehn zu setzen und durch eine solche Nachgiebigkeit ein Übergewicht im Hause zu erhalten, das sie unter den übrigen Umständen zu verlieren fürchtete. Sie war zurückhaltender als ihr Gemahl, sie merkte ihm seinen Wunsch ab und wußte, ohne ihm entgegenzugehn, eine Erklärung zu erleichtern. Sie machte ihre Bedingungen und erhielt fast alles, was sie verlangte, und so entstand das Testament, worin so wenig für das Kind gesorgt zu sein schien. Der alte Arzt war gestorben, man wendete sich an einen jungen, tätigen, gescheiten Mann, er ward gut belohnt, und er konnte selbst eine Ehre darin suchen, die Unschicklichkeit und Übereilung seines abgeschiedenen Kollegen ins Licht zu setzen und zu verbessern. Die wahre Mutter willigte nicht ungern ein, man spielte die Verstellung sehr gut, Therese kam zur Welt und wurde einer Stiefmutter zugeeignet, indes ihre wahre Mutter ein Opfer dieser Verstellung ward, indem sie sich zu früh wieder herauswagte, starb und den guten Mann trostlos hinterließ.

Frau von *** hatte indessen ganz ihre Absicht erreicht, sie hatte vor den Augen der Welt ein liebenswürdiges Kind, mit dem sie übertrieben paradierte, sie war zugleich eine Nebenbuhlerin losgeworden, deren Verhältnis sie denn doch mit neidischen Augen ansah, und deren Einfluß sie, für die Zukunft wenigstens, heimlich fürchtete; sie überhäufte das Kind mit Zärtlichkeit und wußte ihren Gemahl in vertraulichen Stunden durch eine so lebhafte Teilnahme an seinem Verlust dergestalt an sich zu ziehen, daß er sich ihr, man kann es wohl sagen, ganz ergab, sein Glück und das Glück seines Kindes in ihre Hände legte und kaum kurze Zeit vor seinem Tode, und noch gewissermaßen nur durch seine erwachsene Tochter, wieder Herr im Hause ward. Das war, schöne Therese, das Geheimnis, das Ihnen Ihr kranker Vater wahrscheinlich so gern entdeckt hätte, das ist's, was ich Ihnen jetzt, eben da der junge Freund, der durch die sonderbarste Verknüpfung von der Welt Ihr Bräutigam geworden ist, in der Gesellschaft fehlt, umständlich vorlegen wollte. Hier sind die Papiere, die aufs strengste beweisen, was ich behauptet habe. Sie werden daraus zugleich erfahren, wie lange ich schon dieser Entdeckung auf der Spur war, und wie ich doch erst jetzt zur Gewißheit kommen konnte; wie ich nicht wagte, meinem Freund etwas von der Möglichkeit des Glücks zu sagen, da es ihn zu tief gekränkt haben würde, wenn diese Hoffnung zum zweiten Male verschwunden wäre. Sie werden Lydiens Argwohn begreifen; denn ich gestehe gern, daß ich die Neigung unseres Freundes zu diesem guten Mädchen keineswegs begünstigte, seitdem ich seiner Verbindung mit Theresen wieder entgegensah."

Niemand erwiderte etwas auf diese Geschichte. Die

Frauenzimmer gaben ihre Papiere nach einigen Tagen zurück, ohne derselben weiter zu erwähnen.

Man hatte Mittel genug in der Nähe, die Gesellschaft, wenn sie beisammen war, zu beschäftigen; auch bot die Gegend so manche Reize dar, daß man sich gern darin teils einzeln, teils zusammen, zu Pferde, zu Wagen oder zu Fuße umsah. Jarno richtete bei einer solchen Gelegenheit seinen Auftrag an Wilhelmen aus, legte ihm die Papiere vor, schien aber weiter keine Entschließung von ihm zu verlangen.

„In diesem höchst sonderbaren Zustand, in dem ich mich befinde", sagte Wilhelm darauf, „brauche ich Ihnen nur das zu wiederholen, was ich sogleich anfangs in Gegenwart Nataliens und gewiß mit einem reinen Herzen gesagt habe: Lothario und seine Freunde können jede Art von Entsagung von mir fordern, ich lege Ihnen hiermit alle meine Ansprüche an Theresen in die Hand, verschaffen Sie mir dagegen meine förmliche Entlassung. O! es bedarf, mein Freund, keines großen Bedenkens, mich zu entschließen. Schon diese Tage hab' ich gefühlt, daß Therese Mühe hat, nur einen Schein der Lebhaftigkeit, mit der sie mich zuerst hier begrüßte, zu erhalten. Ihre Neigung ist mir entwendet, oder vielmehr ich habe sie nie besessen."

„Solche Fälle möchten sich wohl besser nach und nach unter Schweigen und Erwarten aufklären", versetzte Jarno, „als durch vieles Reden, wodurch immer eine Art von Verlegenheit und Gärung entsteht."

„Ich dächte vielmehr", sagte Wilhelm, „daß gerade dieser Fall der ruhigsten und der reinsten Entscheidung fähig sei. Man hat mir so oft den Vorwurf des Zauderns und der Ungewißheit gemacht; warum will man jetzt, da ich entschlossen bin, geradezu einen Fehler, den man an mir tadelte, gegen mich selbst begehn? Gibt sich die Welt nur darum so viel Mühe, uns zu bilden, um uns fühlen zu lassen, daß sie sich nicht bilden mag? Ja, gönnen Sie mir recht bald das heitere Gefühl, ein Mißverhältnis loszuwerden, in das ich mit den reinsten Gesinnungen von der Welt geraten bin."

Ungeachtet dieser Bitte vergingen einige Tage, in denen er nichts von dieser Sache hörte, noch auch eine weitere Veränderung an seinen Freunden bemerkte; die Unterhaltung war vielmehr bloß allgemein und gleichgültig.

SIEBENTES KAPITEL

Einst saßen Natalie, Jarno und Wilhelm zusammen, und Natalie begann: „Sie sind nachdenklich, Jarno, ich kann es Ihnen schon einige Zeit abmerken."

„Ich bin es", versetzte der Freund, „und ich sehe ein wichtiges Geschäft vor mir, das bei uns schon lange vorbereitet ist und jetzt notwendig angegriffen werden muß. Sie wissen schon etwas im allgemeinen davon, und ich darf wohl vor unserm jungen Freunde davon reden, weil es auf ihn ankommen soll, ob er teil daran zu nehmen Lust hat. Sie werden mich nicht lange mehr sehen, denn ich bin im Begriff, nach Amerika überzuschiffen."

„Nach Amerika?" versetzte Wilhelm lächelnd; „ein solches Abenteuer hätte ich nicht von Ihnen erwartet, noch weniger, daß Sie mich zum Gefährten ausersehen würden."

„Wenn Sie unsern Plan ganz kennen", versetzte Jarno, „so werden Sie ihm einen bessern Namen geben und vielleicht für ihn eingenommen werden. Hören Sie mich an! Man darf nur ein wenig mit den Welthändeln bekannt sein, um zu bemerken, daß uns große Veränderungen bevorstehn, und daß die Besitztümer beinahe nirgends mehr recht sicher sind."

„Ich habe keinen deutlichen Begriff von den Welthändeln", fiel Wilhelm ein, „und habe mich erst vor kurzem um meine Besitztümer bekümmert. Vielleicht hätte ich wohl getan, sie mir noch länger aus dem Sinne zu schlagen, da ich bemerken muß, daß die Sorge für ihre Erhaltung so hypochondrisch macht."

„Hören Sie mich aus!" sagte Jarno, „die Sorge geziemt dem Alter, damit die Jugend eine Zeitlang sorglos sein könne. Das Gleichgewicht in den menschlichen Handlungen kann leider nur durch Gegensätze hergestellt werden. Es ist gegenwärtig nicht weniger als rätlich, nur an einem Orte zu besitzen, nur einem Platze sein Geld anzuvertrauen, und es ist wieder schwer, an vielen Orten Aufsicht darüber zu führen; wir haben uns deswegen etwas anders ausgedacht: aus unserm alten Turm soll eine Sozietät ausgehen, die sich in alle Teile der Welt ausbreiten, in die man aus jedem Teile der Welt eintreten kann. Wir assekurieren uns untereinander unsere Existenz, auf den einzigen Fall, daß eine Staatsrevolution den einen oder den andern von seinen Besitztümern völlig vertriebe. Ich gehe nun hinüber nach Amerika, um die guten Verhältnisse zu benutzen, die sich unser Freund bei seinem dortigen Aufenthalt gemacht hat. Der Abbé will nach Rußland gehn, und Sie sollen die Wahl haben, wenn Sie sich an uns anschließen wollen, ob Sie Lothario in Deutschland beistehn oder mit mir gehen wollen. Ich dächte, Sie wählten das letzte; denn eine große Reise zu tun, ist für einen jungen Mann äußerst nützlich."

Wilhelm nahm sich zusammen und antwortete: „Der Antrag ist aller Überlegung wert; denn mein Wahlspruch wird doch nächstens sein: ‚Je weiter weg, je besser.' Sie werden mich, hoffe ich, mit Ihrem Plane näher bekannt machen. Es kann von meiner Unbekanntschaft mit der Welt herrühren, mir scheinen aber einer solchen Verbindung sich unüberwindliche Schwierigkeiten entgegenzusetzen."

„Davon sich die meisten nur dadurch heben werden", versetzte Jarno, „daß unser bis jetzt nur wenig sind, redliche, gescheite und entschlossene Leute, die einen gewissen allgemeinen Sinn haben, aus dem allein der gesellige Sinn entstehen kann."

Friedrich, der bisher nur zugehört hatte, versetzte darauf: „Und wenn ihr mir ein gutes Wort gebt, gehe ich auch mit."

Jarno schüttelte den Kopf.

„Nun, was habt ihr an mir auszusetzen?" fuhr Friedrich fort. „Bei einer neuen Kolonie werden auch junge Kolonisten erfordert, und die bring' ich gleich mit; auch lustige Kolonisten, das versichre ich euch. Und dann wüßte ich noch ein gutes junges Mädchen, das hierhüben nicht mehr am Platz ist, die süße, reizende Lydie. Wo soll das arme Kind mit seinem Schmerz und Jammer hin, wenn sie ihn nicht gelegentlich in die Tiefe des Meeres werfen kann, und wenn sich nicht ein braver Mann ihrer annimmt? Ich dächte, mein Jugendfreund, da Ihr doch im Gange seid, Verlassene zu trösten, Ihr entschlößt Euch, jeder nähme sein Mädchen unter den Arm, und wir folgten dem alten Herrn."

Dieser Antrag verdroß Wilhelmen. Er antwortete mit verstellter Ruhe: „Weiß ich doch nicht einmal, ob sie frei ist, und da ich überhaupt im Werben nicht glücklich zu sein scheine, so möchte ich einen solchen Versuch nicht machen."

Natalie sagte darauf: „Bruder Friedrich, du glaubst, weil du für dich so leichtsinnig handelst, auch für andere gelte deine Gesinnung. Unser Freund verdient ein weibliches Herz, das ihm ganz angehöre, das nicht an seiner Seite von fremden Erinnerungen bewegt werde; nur mit einem höchst vernünftigen und reinen Charakter wie Theresens war ein Wagestück dieser Art zu raten."

„Was Wagestück!" rief Friedrich. „In der Liebe ist alles Wagestück. Unter der Laube oder vor dem Altar, mit Umarmungen oder goldenen Ringen, beim Gesange der Heimchen oder bei Trompeten und Pauken, es ist alles nur ein Wagestück, und der Zufall tut alles."

„Ich habe immer gesehen", versetzte Natalie, „daß unsere Grundsätze nur ein Supplement zu unsern Existenzen sind. Wir hängen unsern Fehlern gar zu gern das Gewand eines gültigen Gesetzes um. Gib nur acht, welchen Weg dich die Schöne noch führen wird, die dich auf eine so gewaltsame Weise angezogen hat und festhält."

„Sie ist selbst auf einem sehr guten Wege", versetzte Friedrich, „auf dem Wege zur Heiligkeit. Es ist freilich ein Umweg, aber desto lustiger und sichrer; Maria von Magdala ist ihn auch gegangen, und wer weiß, wie viel andere. Überhaupt, Schwester, wenn von Liebe die Rede ist, solltest du dich gar nicht drein mischen. Ich glaube, du heiratest nicht eher, als bis einmal irgendwo eine Braut fehlt, und du gibst dich alsdann nach deiner gewohnten Gutherzigkeit auch als Supplement irgendeiner Existenz hin. Also laß uns nur jetzt mit diesem Seelenverkäufer da unsern Handel schließen und über unsere Reisegesellschaft einig werden."

„Sie kommen mit Ihren Vorschlägen zu spät", sagte Jarno, „für Lydien ist gesorgt."

„Und wie?“ fragte Friedrich.

„Ich habe ihr selbst meine Hand angeboten“, versetzte Jarno.

„Alter Herr“, sagte Friedrich, „da macht Ihr einen Streich, zu dem man, wenn man ihn als ein Substantivum betrachtet, verschiedene Adjektiva, und folglich, wenn man ihn als Subjekt betrachtet, verschiedene Prädikate finden könnte.“

„Ich muß aufrichtig gestehen“, versetzte Natalie, „es ist ein gefährlicher Versuch, sich ein Mädchen zuzueignen, in dem Augenblicke, da sie aus Liebe zu einem andern verzweifelt.“

„Ich habe es gewagt“, versetzte Jarno, „sie wird unter einer gewissen Bedingung mein. Und, glauben Sie mir, es ist in der Welt nichts schätzbarer als ein Herz, das der Liebe und der Leidenschaft fähig ist. Ob es geliebt habe, ob es noch liebe, darauf kommt es nicht an. Die Liebe, mit der ein anderer geliebt wird, ist mir beinahe reizender als die, mit der ich geliebt werden könnte; ich sehe die Kraft, die Gewalt eines schönen Herzens, ohne daß die Eigenliebe mir den reinen Anblick trübt.“

„Haben Sie Lydien in diesen Tagen schon gesprochen?“ versetzte Natalie.

Jarno nickte lächelnd; Natalie schüttelte den Kopf und sagte, indem sie aufstand: „Ich weiß bald nicht mehr, was ich aus euch machen soll, aber mich sollt ihr gewiß nicht irremachen.“

Sie wollte sich eben entfernen, als der Abbé mit einem Brief in der Hand hereintrat und zu ihr sagte: „Bleiben Sie! ich habe hier einen Vorschlag, bei dem Ihr Rat willkommen sein wird. Der Marchese, der Freund Ihres verstorbenen Oheims, den wir seit einiger Zeit erwarten, muß in diesen Tagen hier sein. Er schreibt mir, daß ihm doch die deutsche Sprache nicht so geläufig sei, als er geglaubt, daß er eines Gesellschafters bedürfe, der sie vollkommen nebst einigem andern besitze; da er mehr wünsche in wissenschaftliche als politische Verbindungen zu treten, so sei ihm ein solcher Dolmetscher unentbehrlich. Ich wüßte niemand geschickter dazu als unsern jungen Freund. Er kennt die Sprache, ist sonst in vielem unterrichtet, und es wird für ihn selbst ein großer Vorteil sein, in so guter Gesellschaft und unter so vorteilhaften Umständen Deutschland zu sehen. Wer sein Vaterland nicht kennt, hat keinen Maßstab für fremde Länder. Was sagen Sie, meine Freunde? was sagen Sie, Natalie?"

Niemand wußte gegen den Antrag etwas einzuwenden; Jarno schien seinen Vorschlag, nach Amerika zu reisen, selbst als kein Hindernis anzusehn, indem er ohnehin nicht sogleich aufbrechen würde; Natalie schwieg, und Friedrich führte verschiedene Sprüchwörter über den Nutzen des Reisens an.

Wilhelm war über diesen neuen Vorschlag im Herzen so entrüstet, daß er es kaum verbergen konnte. Er sah eine Verabredung, ihn baldmöglichst loszuwerden, nur gar zu deutlich, und was das Schlimmste war, man ließ sie so offenbar, so ganz ohne Schonung sehen. Auch der Verdacht, den Lydie bei ihm erregt, alles, was er selbst erfahren hatte, wurde wieder aufs neue vor seiner Seele lebendig, und die natürliche Art, wie Jarno ihm alles ausgelegt hatte, schien ihm auch nur eine künstliche Darstellung zu sein.

Er nahm sich zusammen und antwortete: „Dieser Antrag verdient allerdings eine reifliche Überlegung."

„Eine geschwinde Entschließung möchte nötig sein", versetzte der Abbé.

„Dazu bin ich jetzt nicht gefaßt", antwortete Wilhelm. „Wir können die Ankunft des Mannes abwarten und dann sehen, ob wir zusammenpassen. Eine Hauptbedingung aber muß man zum voraus eingehen, daß ich meinen Felix mitnehmen und ihn überall mit hinführen darf."

„Diese Bedingung wird schwerlich zugestanden werden", versetzte der Abbé.

„Und ich sehe nicht", rief Wilhelm aus, „warum ich mir von irgendeinem Menschen sollte Bedingungen vorschreiben lassen? und warum ich, wenn ich einmal mein Vaterland sehen will, einen Italiener zur Gesellschaft brauche?"

„Weil ein junger Mensch", versetzte der Abbé mit einem gewissen imponierenden Ernste, „immer Ursache hat, sich anzuschließen."

Wilhelm, der wohl merkte, daß er länger an sich zu halten

nicht imstande sei, da sein Zustand nur durch die Gegenwart Nataliens noch einigermaßen gelindert ward, ließ sich hierauf mit einiger Hast vernehmen: „Man vergönne mir nur noch kurze Bedenkzeit, und ich vermute, es wird sich geschwind entscheiden, ob ich Ursache habe, mich weiter anzuschließen, oder ob nicht vielmehr Herz und Klugheit mir unwiderstehlich gebieten, mich von so mancherlei Banden loszureißen, die mir eine ewige elende Gefangenschaft drohen."

So sprach er mit einem lebhaft bewegten Gemüt. Ein Blick auf Natalien beruhigte ihn einigermaßen, indem sich in diesem leidenschaftlichen Augenblick ihre Gestalt und ihr Wert nur desto tiefer bei ihm eindrückten.

„Ja", sagte er zu sich selbst, indem er sich allein fand, „gestehe dir nur, du liebst sie, und du fühlst wieder, was es heiße, wenn der Mensch mit allen Kräften lieben kann. So liebte ich Marianen und ward so schrecklich an ihr irre; ich liebte Philinen und mußte sie verachten. Aurelien achtete ich und konnte sie nicht lieben; ich verehrte Theresen, und die väterliche Liebe nahm die Gestalt einer Neigung zu ihr an; und jetzt, da in deinem Herzen alle Empfindungen zusammentreffen, die den Menschen glücklich machen sollten, jetzt bist du genötigt zu fliehen! Ach, warum muß sich zu diesen Empfindungen, zu diesen Erkenntnissen das unüberwindliche Verlangen des Besitzes gesellen? und warum richten ohne Besitz eben diese Empfindungen, diese Überzeugungen jede andere Art von Glückseligkeit völlig zugrunde? Werde ich künftig der Sonne und der Welt, der Gesellschaft oder irgendeines Glücksgutes genießen? wirst du nicht immer zu dir sagen: ‚Natalie ist nicht da!' und doch wird leider Natalie dir immer gegenwärtig sein. Schließest du die Augen, so wird sie sich dir darstellen; öffnest du sie, so wird sie vor allen Gegenständen hinschweben wie die Erscheinung, die ein blendendes Bild im Auge zurückläßt. War nicht schon früher die schnell vorübergegangene Gestalt der Amazone deiner Einbildungskraft immer gegenwärtig? Und du hattest sie nur gesehen, du kanntest sie nicht. Nun, da du sie kennst, da du ihr so nahe warst, da sie so vielen Anteil an dir gezeigt hat, nun sind ihre Eigenschaften so tief in dein Gemüt geprägt als ihr Bild jemals in deine Sinne. Ängstlich ist es, immer zu suchen, aber viel ängstlicher, gefunden zu haben und verlassen zu müssen. Wornach soll ich in der Welt nun weiter fragen? wornach soll ich mich weiter umsehen? welche Gegend, welche Stadt verwahrt einen Schatz, der diesem gleich ist? und ich soll reisen, um nur immer das Geringere zu finden? Ist denn das Leben bloß wie eine Rennbahn, wo man sogleich schnell wieder umkehren muß, wenn man das äußerste Ende erreicht hat? Und steht das Gute, das Vortreffliche nur wie ein festes, unverrückbares Ziel da, von dem man sich ebenso schnell mit raschen Pferden wieder entfernen muß, als man es erreicht zu haben glaubt? anstatt daß jeder andere, der nach irdischen Waren strebt, sie in den verschiedenen Himmelsgegenden oder wohl gar auf der Messe und dem Jahrmarkt anschaffen kann.

Komm, lieber Knabe!" rief er seinem Sohn entgegen, der eben dahergesprungen kam, „sei und bleibe du mir alles! Du warst mir zum Ersatz deiner geliebten Mutter gegeben, du solltest mir die zweite Mutter ersetzen, die ich dir bestimmt hatte, und nun hast du noch die größere Lücke auszufüllen. Beschäftige mein Herz, beschäftige meinen Geist mit deiner Schönheit, deiner Liebenswürdigkeit, deiner Wißbegierde und deinen Fähigkeiten!"

Der Knabe war mit einem neuen Spielwerke beschäftigt, der Vater suchte es ihm besser, ordentlicher, zweckmäßiger einzurichten; aber in dem Augenblicke verlor auch das Kind die Lust daran. „Du bist ein wahrer Mensch!" rief Wilhelm aus; „komm, mein Sohn! komm, mein Bruder, laß uns in der Welt zwecklos hinspielen, so gut wir können!"

Sein Entschluß, sich zu entfernen, das Kind mit sich zu nehmen und sich an den Gegenständen der Welt zu zerstreuen, war nun sein fester Vorsatz. Er schrieb an Wernern, ersuchte ihn um Geld und Kreditbriefe und schickte Friedrichs Kurier mit dem geschärften Auftrage weg, bald wiederzukommen. So sehr er gegen die übrigen Freunde auch verstimmt war, so rein blieb sein Verhältnis zu Natalien. Er vertraute ihr seine Absicht; auch sie nahm für bekannt an, daß er gehen könne und müsse, und wenn ihn auch gleich diese scheinbare Gleichgültigkeit an ihr schmerzte, so beruhigte ihn doch ihre gute Art und ihre Gegenwart vollkommen. Sie riet ihm, verschiedene Städte zu besuchen, um dort einige ihrer Freunde und Freundinnen kennen zu lernen. Der Kurier kam zurück, brachte, was Wilhelm verlangt hatte, obgleich Werner mit diesem neuen Ausflug nicht zufrieden zu sein schien. „Meine Hoffnung, daß Du vernünftig werden würdest", schrieb dieser, „ist nun wieder eine gute Weile hinausgeschoben. Wo schweift Ihr nun alle zusammen herum? und wo bleibt denn das Frauenzimmer, zu dessen wirtschaftlichem Beistande Du mir Hoffnung machtest? Auch die übrigen Freunde sind nicht gegenwärtig; dem Gerichtshalter und mir ist das ganze Geschäft aufgewälzt. Ein Glück, daß er eben ein so guter Rechtsmann ist, als ich ein Finanzmann bin, und daß wir beide etwas zu schleppen gewohnt sind. Lebe wohl! Deine Ausschweifungen sollen Dir verziehen sein, da doch ohne sie unser Verhältnis in dieser Gegend nicht hätte so gut werden können."

Was das Äußere betraf, hätte er nun immer abreisen können, allein sein Gemüt war noch durch zwei Hindernisse gebunden. Man wollte ihm ein für allemal Mignons Körper nicht zeigen, als bei den Exequien, welche der Abbé zu halten gedachte, zu welcher Feierlichkeit noch nicht alles bereit war. Auch war der Arzt durch einen sonderbaren Brief des Landgeistlichen abgerufen worden. Es betraf den Harfenspieler, von dessen Schicksalen Wilhelm näher unterrichtet sein wollte.

In diesem Zustande fand er weder bei Tag noch bei Nacht Ruhe der Seele oder des Körpers. Wenn alles schlief, ging er in dem Hause hin und her. Die Gegenwart der alten bekannten Kunstwerke zog ihn an und stieß ihn ab. Er konnte nichts, was ihn umgab, weder ergreifen noch lassen, alles erinnerte ihn an alles; er übersah den ganzen Ring seines Lebens, nur lag er leider zerbrochen vor ihm und schien sich auf ewig nicht schließen zu wollen. Diese Kunstwerke, die sein Vater verkauft hatte, schienen ihm ein Symbol, daß auch er von einem ruhigen und gründlichen Besitz des Wünschenswerten in der Welt teils ausgeschlossen, teils desselben durch eigne oder fremde Schuld beraubt werden sollte. Er verlor sich so weit in diesen sonderbaren und traurigen Betrachtungen, daß er sich selbst manchmal wie ein Geist vorkam und, selbst wenn er die Dinge außer sich befühlte und betastete, sich kaum des Zweifels erwehren konnte, ob er denn auch wirklich lebe und da sei.

Nur der lebhafte Schmerz, der ihn manchmal ergriff, daß er alles das Gefundene und Wiedergefundene so freventlich und doch so notwendig verlassen müsse, nur seine Tränen gaben ihm das Gefühl seines Daseins wieder. Vergebens rief er sich den glücklichen Zustand, in dem er sich doch eigentlich befand, vors Gedächtnis. „So ist denn alles nichts", rief er aus, „wenn das eine fehlt, das dem Menschen alles übrige wert ist!"

Der Abbé verkündigte der Gesellschaft die Ankunft des Marchese. „Sie sind zwar, wie es scheint", sagte er zu Wilhelmen, „mit Ihrem Knaben allein abzureisen entschlossen, lernen Sie jedoch wenigstens diesen Mann kennen, der Ihnen, wo Sie ihn auch unterwegs antreffen, auf alle Fälle nützlich sein kann." Der Marchese erschien; es war ein Mann noch nicht hoch in Jahren, eine von den wohlgestalteten, gefälligen lombardischen Figuren. Er hatte als Jüngling mit dem Oheim, der schon um vieles älter war, bei der Armee, dann in Geschäften Bekanntschaft gemacht; sie hatten nachher einen großen Teil von Italien zusammen durchreist, und die Kunstwerke, die der Marchese hier wiederfand, waren zum großen Teil in seiner Gegenwart und unter manchen glücklichen Umständen, deren er sich noch wohl erinnerte, gekauft und angeschafft worden.

Der Italiener hat überhaupt ein tieferes Gefühl für die hohe Würde der Kunst als andere Nationen; jeder, der nur irgend etwas treibt, will Künstler, Meister und Professor heißen, und bekennt wenigstens durch diese Titelsucht, daß es nicht genug sei, nur etwas durch Überlieferung zu erhaschen oder durch Übung irgendeine Gewandtheit zu erlangen; er gesteht, daß jeder vielmehr über das, was er tut, auch fähig sein solle zu denken, Grundsätze aufzustellen und die Ursachen, warum dieses oder jenes zu tun sei, sich selbst und andern deutlich zu machen.

Der Fremde ward gerührt, so schöne Besitztümer ohne den

Besitzer wiederzufinden, und erfreut, den Geist seines Freundes aus den vortrefflichen Hinterlassenen sprechen zu hören. Sie gingen die verschiedenen Werke durch und fanden eine große Behaglichkeit, sich einander verständlich machen zu können. Der Marchese und der Abbé führten das Wort; Natalie, die sich wieder in die Gegenwart ihres Oheims versetzt fühlte, wußte sich sehr gut in ihre Meinungen und Gesinnungen zu finden; Wilhelm mußte sich's in theatralische Terminologie übersetzen, wenn er etwas davon verstehen wollte. Man hatte Not, Friedrichs Scherze in Schranken zu halten. Jarno war selten zugegen.

Bei der Betrachtung, daß vortreffliche Kunstwerke in der neuern Zeit so selten seien, sagte der Marchese: „Es läßt sich nicht leicht denken und übersehen, was die Umstände für den Künstler tun müssen, und dann sind bei dem größten Genie, bei dem entschiedensten Talente noch immer die Forderungen unendlich, die er an sich selbst zu machen hat, unsäglich der Fleiß, der zu seiner Ausbildung nötig ist. Wenn nun die Umstände wenig für ihn tun, wenn er bemerkt, daß die Welt sehr leicht zu befriedigen ist und selbst nur einen leichten, gefälligen, behaglichen Schein begehrt, so wäre es zu verwundern, wenn nicht Bequemlichkeit und Eigenliebe ihn bei dem Mittelmäßigen festhielten; es wäre seltsam, wenn er nicht lieber für Modewaren Geld und Lob eintauschen, als den rechten Weg wählen sollte, der ihn mehr oder weniger zu einem kümmerlichen Märtyrertum führt. Deswegen bieten die Künstler unserer Zeit nur immer an, um niemals zu geben. Sie wollen immer reizen, um niemals zu befriedigen; alles ist nur angedeutet, und man findet nirgends Grund noch Ausführung. Man darf aber auch nur eine Zeitlang ruhig in einer Galerie verweilen und beobachten, nach welchen Kunstwerken sich die Menge zieht, welche gepriesen und welche vernachlässigt werden, so hat man wenig Lust an der Gegenwart und für die Zukunft wenig Hoffnung."

„Ja", versetzte der Abbé, „und so bilden sich Liebhaber und Künstler wechselsweise; der Liebhaber sucht nur einen allgemeinen, unbestimmten Genuß; das Kunstwerk soll ihm ungefähr wie ein Naturwerk behagen, und die Menschen glauben, die Organe, ein Kunstwerk zu genießen, bildeten sich ebenso von selbst aus wie die Zunge und der Gaum, man urteile über ein Kunstwerk wie über eine Speise. Sie begreifen nicht, was für einer andern Kultur es bedarf, um sich zum wahren Kunstgenusse zu erheben. Das Schwerste finde ich die Art von Absonderung, die der Mensch in sich selbst bewirken muß, wenn er sich überhaupt bilden will; deswegen finden wir so viel einseitige Kulturen, wovon doch jede sich anmaßt, über das Ganze abzusprechen."

„Was Sie da sagen, ist mir nicht ganz deutlich", sagte Jarno, der eben hinzutrat.

„Auch ist es schwer", versetzte der Abbé, „sich in der Kürze bestimmt hierüber zu erklären. Ich sage nur so viel: sobald der Mensch an mannigfaltige Tätigkeit oder mannigfaltigen Genuß Anspruch macht, so muß er auch fähig sein, mannigfaltige Organe an sich gleichsam unabhängig voneinander auszubilden. Wer alles und jedes in seiner ganzen Menschheit tun oder genießen will, wer alles außer sich zu einer solchen Art von Genuß verknüpfen will, der wird seine Zeit nur mit einem ewig unbefriedigten Streben hinbringen. Wie schwer ist es, was so natürlich scheint, eine gute Statue, ein treffliches Gemälde an und für sich zu beschauen, den Gesang um des Gesangs willen zu vernehmen, den Schauspieler im Schauspieler zu bewundern, sich eines Gebäudes um seiner eigenen Harmonie und seiner Dauer willen zu erfreuen! Nun sieht man aber meist die Menschen entschiedene Werke der Kunst geradezu behandeln, als wenn es ein weicher Ton wäre. Nach ihren Neigungen, Meinungen und Grillen soll sich der gebildete Marmor sogleich wieder ummodeln, das festgemauerte Gebäude sich ausdehnen oder zusammenziehen, ein Gemälde soll lehren, ein Schauspiel bessern, und alles soll alles werden. Eigentlich aber, weil die meisten Menschen selbst formlos sind, weil sie sich und ihrem Wesen selbst keine Gestalt geben können, so arbeiten sie, den Gegenständen ihre Gestalt zu nehmen, damit ja alles loser und lockrer Stoff werde, wozu sie auch gehören. Alles reduzieren sie zuletzt auf den sogenannten Effekt, alles ist relativ, und so wird auch alles relativ, außer dem

Unsinn und der Abgeschmacktheit, die denn auch ganz absolut regiert."

„Ich verstehe Sie", versetzte Jarno, „oder vielmehr ich sehe wohl ein, wie das, was Sie sagen, mit den Grundsätzen zusammenhängt, an denen Sie so festhalten; ich kann es aber mit den armen Teufeln von Menschen unmöglich so genau nehmen. Ich kenne freilich ihrer genug, die sich bei den größten Werken der Kunst und der Natur sogleich ihres armseligsten Bedürfnisses erinnern, ihr Gewissen und ihre Moral mit in die Oper nehmen, ihre Liebe und Haß vor einem Säulengange nicht ablegen, und das Beste und Größte, was ihnen von außen gebracht werden kann, in ihrer Vorstellungsart erst möglichst verkleinern müssen, um es mit ihrem kümmerlichen Wesen nur einigermaßen verbinden zu können."

ACHTES KAPITEL

Am Abend lud der Abbé zu den Exequien Mignons ein. Die Gesellschaft begab sich in den Saal der Vergangenheit und fand denselben auf das sonderbarste erhellt und ausgeschmückt. Mit himmelblauen Teppichen waren die Wände fast von oben bis unten bekleidet, so daß nur Sockel und Fries hervorschienen. Auf den vier Kandelabern in den Ecken brannten große Wachsfackeln, und so nach Verhältnis auf den vier kleinern, die den mittlern Sarkophag umgaben. Neben diesem standen vier Knaben, himmelblau mit Silber gekleidet, und schienen einer Figur, die auf dem Sarkophag ruhte, mit breiten Fächern von Straußenfedern Luft zuzuwehn. Die Gesellschaft setzte sich, und zwei unsichtbare Chöre fingen mit holdem Gesang an zu fragen: „Wen bringt ihr uns zur stillen Gesellschaft?" Die vier Kinder antworteten mit lieblicher Stimme: „Einen müden Gespielen bringen wir euch; laßt ihn unter euch ruhen, bis das Jauchzen himmlischer Geschwister ihn dereinst wieder aufweckt."

Chor

„Erstling der Jugend in unserm Kreise, sei willkommen! mit Trauer willkommen! Dir folge kein Knabe, kein Mädchen nach! Nur das Alter nahe sich willig und gelassen der stillen Halle, und in ernster Gesellschaft ruhe das liebe, liebe Kind!“

Knaben

„Ach! wie ungern brachten wir ihn her! Ach! und er soll hier bleiben! laßt uns auch bleiben, laßt uns weinen, weinen an seinem Sarge!“

Chor

„Seht die mächtigen Flügel doch an! seht das leichte, reine Gewand! wie blinkt die goldene Binde vom Haupt! seht die schöne, die würdige Ruh’!“

Knaben

„Ach! die Flügel heben sie nicht; im leichten Spiele flattert das Gewand nicht mehr; als wir mit Rosen kränzten ihr Haupt, blickte sie hold und freundlich nach uns.“

Chor

„Schaut mit den Augen des Geistes hinan! in euch lebe die bildende Kraft, die das Schönste, das Höchste hinauf, über die Sterne das Leben trägt.“

Knaben

„Aber ach! wir vermissen sie hier, in den Gärten wandelt sie nicht, sammelt der Wiese Blumen nicht mehr. Laßt uns weinen, wir lassen sie hier! laßt uns weinen und bei ihr bleiben!“

Chor

„Kinder! kehret ins Leben zurück! Eure Tränen trockne die frische Luft, die um das schlängelnde Wasser spielt. Entflieht der Nacht! Tag und Lust und Dauer ist das Los der Lebendigen.“

Knaben

„Auf! wir kehren ins Leben zurück. Gebe der Tag uns Arbeit und Lust, bis der Abend uns Ruhe bringt, und der nächtliche Schlaf uns erquickt."

Chor

„Kinder! eilet ins Leben hinan! In der Schönheit reinem Gewande begegn' euch die Liebe mit himmlischem Blick und dem Kranz der Unsterblichkeit!"

Die Knaben waren schon fern, der Abbé stand von seinem Sessel auf und trat hinter den Sarg. „Es ist die Verordnung", sagte er, „des Mannes, der diese stille Wohnung bereitet hat, daß jeder neue Ankömmling mit Feierlichkeit empfangen werden soll. Nach ihm, dem Erbauer dieses Hauses, dem Errichter dieser Stätte, haben wir zuerst einen jungen Fremdling hierher gebracht, und so faßt schon dieser kleine Raum zwei ganz verschiedene Opfer der strengen, willkürlichen und unerbittlichen Todesgöttin. Nach bestimmten Gesetzen treten wir ins Leben ein, die Tage sind gezählt, die uns zum Anblicke des Lichts reif machen, aber für die Lebensdauer ist kein Gesetz. Der schwächste Lebensfaden zieht sich in unerwartete Länge, und den stärksten zerschneidet gewaltsam die Schere einer Parze, die sich in Widersprüchen zu gefallen scheint. Von dem Kinde, das wir hier bestatten, wissen wir wenig zu sagen. Noch ist uns unbekannt, woher es kam; seine Eltern kennen wir nicht, und die Zahl seiner Lebensjahre vermuten wir nur. Sein tiefes verschlossenes Herz ließ uns seine innersten Angelegenheiten kaum erraten; nichts war deutlich an ihm, nichts offenbar, als die Liebe zu dem Manne, der es aus den Händen eines Barbaren rettete. Diese zärtliche Neigung, diese lebhafte Dankbarkeit schien die Flamme zu sein, die das Öl ihres Lebens aufzehrte; die Geschicklichkeit des Arztes konnte das schöne Leben nicht erhalten, die sorgfältigste Freundschaft vermochte nicht, es zu fristen. Aber wenn die Kunst den scheidenden Geist nicht zu fesseln vermochte, so hat sie alle ihre Mittel angewandt, den Körper zu erhalten und ihn der Vergänglichkeit zu entziehen. Eine balsamische Masse ist durch alle Adern gedrungen und färbt nun an der Stelle des Bluts die so früh verblichenen Wangen. Treten Sie näher, meine Freunde, und sehen Sie das Wunder der Kunst und Sorgfalt!“

Er hub den Schleier auf, und das Kind lag in seinen Engelkleidern wie schlafend in der angenehmsten Stellung. Alle traten herbei und bewunderten diesen Schein des Lebens. Nur Wilhelm blieb in seinem Sessel sitzen, er konnte sich nicht fassen; was er empfand, durfte er nicht denken, und jeder Gedanke schien seine Empfindung zerstören zu wollen.

Die Rede war um des Marchese willen französisch gesprochen worden. Dieser trat mit den andern herbei und betrachtete die Gestalt mit Aufmerksamkeit. Der Abbé fuhr fort: „Mit einem heiligen Vertrauen war auch dieses gute, gegen die Menschen so verschlossene Herz beständig zu seinem Gott gewendet. Die Demut, ja eine Neigung, sich äußerlich zu erniedrigen, schien ihm angeboren. Mit Eifer hing es an der katholischen Religion, in der es geboren und erzogen war. Oft äußerte sie den stillen Wunsch, auf geweihtem Boden zu ruhen, und wir haben nach den Gebräuchen der Kirche dieses marmorne Behältnis und die wenige Erde geweihet, die in ihrem Kopfkissen verborgen ist. Mit welcher Inbrunst küßte sie in ihren letzten Augenblicken das Bild des Gekreuzigten, das auf ihren zarten Armen mit vielen hundert Punkten sehr zierlich abgebildet steht!“ Er streifte zugleich, indem er das sagte, ihren rechten Arm auf, und ein Kruzifix, von verschiedenen Buchstaben und Zeichen begleitet, sah man blaulich auf der weißen Haut.

Der Marchese betrachtete diese neue Erscheinung ganz in der Nähe. „O Gott!“ rief er aus, indem er sich aufrichtete und seine Hände gen Himmel hob, „armes Kind! Unglückliche Nichte! Finde ich dich hier wieder! Welche schmerzliche Freude, dich, auf die wir schon lange Verzicht getan hatten, diesen guten lieben Körper, den wir lange im See einen Raub der Fische glaubten, hier wieder zu finden, zwar tot, aber erhalten! Ich wohne deiner Bestattung bei, die so herrlich durch ihr Äußeres und noch herrlicher durch die guten Menschen wird, die dich zu deiner Ruhestätte begleiten. Und wenn ich werde reden können", sagte er mit gebrochener Stimme, „werde ich ihnen danken."

Die Tränen verhinderten ihn, etwas weiter hervorzubringen. Durch den Druck einer Feder versenkte der Abbé den Körper in die Tiefe des Marmors. Vier Jünglinge, bekleidet wie jene Knaben, traten hinter den Teppichen hervor, hoben den schweren, schön verzierten Deckel auf den Sarg und fingen zugleich ihren Gesang an.

Die Jünglinge

„Wohl verwahrt ist nun der Schatz, das schöne Gebild der Vergangenheit! hier im Marmor ruht es unverzehrt; auch in euren Herzen lebt es, wirkt es fort. Schreitet, schreitet ins Leben zurück! nehmet den heiligen Ernst mit hinaus, denn der Ernst, der heilige, macht allein das Leben zur Ewigkeit."

Das unsichtbare Chor fiel in die letzten Worte mit ein, aber niemand von der Gesellschaft vernahm die stärkenden Worte, jedes war zu sehr mit den wunderbaren Entdeckungen und seinen eignen Empfindungen beschäftigt. Der Abbé und Natalie führten den Marchese, Wilhelmen Therese und Lothario hinaus, und erst als der Gesang ihnen völlig verhallte, fielen die Schmerzen, die Betrachtungen, die Gedanken, die Neugierde sie mit aller Gewalt wieder an, und sehnlich wünschten sie sich in jenes Element wieder zurück.

NEUNTES KAPITEL

Der Marchese vermied, von der Sache zu reden, hatte aber heimliche und lange Gespräche mit dem Abbé. Er erbat sich, wenn die Gesellschaft beisammen war, öfters Musik; man sorgte gern dafür, weil jedermann zufrieden war, des Gesprächs überhoben zu sein. So lebte man einige Zeit fort, als man bemerkte, daß er Anstalt zur Abreise mache. Eines Tages sagte er zu Wilhelmen: „Ich verlange nicht die Reste des guten Kindes zu beunruhigen; es bleibe an dem Orte zurück, wo es geliebt und gelitten hat, aber seine Freunde müssen mir versprechen, mich in seinem Vaterlande, an dem Platze zu besuchen, wo das arme Geschöpf geboren und erzogen wurde; sie müssen die Säulen und Statuen sehen, von denen ihm noch eine dunkle Idee übriggeblieben ist.

Ich will Sie in die Buchten führen, wo sie so gern die Steinchen zusammenlas. Sie werden sich, lieber junger Mann, der Dankbarkeit einer Familie nicht entziehen, die Ihnen so viel schuldig ist. Morgen reise ich weg. Ich habe dem Abbé die ganze Geschichte vertraut, er wird sie Ihnen wiedererzählen; er konnte mir verzeihen, wenn mein Schmerz mich unterbrach, und er wird als ein Dritter die Begebenheiten mit mehr Zusammenhang vortragen. Wollen Sie mir noch, wie der Abbé vorschlug, auf meiner Reise durch Deutschland folgen, so sind Sie willkommen. Lassen Sie Ihren Knaben nicht zurück; bei jeder kleinen Unbequemlichkeit, die er uns macht, wollen wir uns Ihrer Vorsorge für meine arme Nichte wieder erinnern."

Noch selbigen Abend ward man durch die Ankunft der Gräfin überrascht. Wilhelm bebte an allen Gliedern, als sie hereintrat, und sie, obgleich vorbereitet, hielt sich an ihrer Schwester, die ihr bald einen Stuhl reichte. Wie sonderbar einfach war ihr Anzug und wie verändert ihre Gestalt! Wilhelm durfte kaum auf sie hinblicken; sie begrüßte ihn mit Freundlichkeit, und einige allgemeine Worte konnten ihre Gesinnung und Empfindungen nicht verbergen. Der Marchese war beizeiten zu Bette gegangen, und die Gesellschaft hatte noch keine Lust, sich zu trennen; der Abbé brachte ein Manuskript hervor. „Ich habe", sagte er, „sogleich die sonderbare Geschichte, wie sie mir anvertraut wurde, zu Papier gebracht. Wo man am wenigsten Tinte und Feder sparen soll, das ist beim Aufzeichnen einzelner Umstände merkwürdiger Begebenheiten." Man unterrichtete die Gräfin, wovon die Rede sei, und der Abbé las:

„Meinen Vater", sagte der Marchese, „muß ich, so viel Welt ich auch gesehen habe, immer für einen der wunderbarsten Menschen halten. Sein Charakter war edel und gerade, seine Ideen weit, und man darf sagen groß; er war streng gegen sich selbst; in allen seinen Planen fand man eine unbestechliche Folge, an allen seinen Handlungen eine ununterbrochene Schrittmäßigkeit. So gut sich daher von einer Seite mit ihm umgehen und ein Geschäft verhandeln ließ, so wenig konnte er um eben dieser Eigenschaften willen sich in die Welt finden, da er vom Staate, von seinen Nachbarn, von Kindern und Gesinde die Beobachtung aller der Gesetze forderte, die er sich selbst auferlegt hatte. Seine mäßigsten Forderungen wurden übertrieben durch seine Strenge, und er konnte nie zum Genuß gelangen, weil nichts auf die Weise entstand, wie er sich's gedacht hatte. Ich habe ihn in dem Augenblicke, da er einen Palast bauete, einen Garten anlegte, ein großes neues Gut in der schönsten Lage erwarb, innerlich mit dem ernstesten Ingrimm überzeugt gesehen, das Schicksal habe ihn verdammt, enthaltsam zu sein und zu dulden. In seinem Äußerlichen beobachtete er die größte Würde; wenn er scherzte, zeigte er nur die Überlegenheit seines Verstandes; es war ihm unerträglich, getadelt zu werden, und ich habe ihn nur einmal in meinem Leben ganz außer aller Fassung gesehen, da er hörte, daß man von einer seiner Anstalten wie von etwas Lächerlichem sprach. In eben diesem Geiste hatte er über seine Kinder und sein Vermögen disponiert. Mein ältester Bruder ward als ein Mann erzogen, der künftig große Güter zu hoffen hatte; ich sollte den geistlichen Stand ergreifen, und der Jüngste Soldat werden. Ich war lebhaft, feurig, tätig, schnell, zu allen körperlichen Übungen geschickt. Der Jüngste schien zu einer Art von schwärmerischer Ruhe geneigter, den Wissenschaften, der Musik und der Dichtkunst ergeben. Nur nach dem härtsten Kampf, nach der völligsten Überzeugung der Unmöglichkeit gab der Vater, wiewohl mit Widerwillen, nach, daß wir unsern Beruf umtauschen dürften, und ob er gleich jeden von uns beiden zufrieden sah, so konnte er sich doch nicht drein finden und versicherte, daß nichts Gutes daraus entstehen werde. Je älter er ward, desto abgeschnittener fühlte er sich von aller Gesellschaft. Er lebte zuletzt fast ganz allein. Nur ein alter Freund, der unter den Deutschen gedient, im Feldzuge seine Frau verloren und eine Tochter mitgebracht hatte, die ungefähr zehn Jahre alt war, blieb sein einziger Umgang. Dieser kaufte sich ein artiges Gut in der Nachbarschaft, sah meinen Vater zu bestimmten Tagen und Stunden der Woche, in denen er auch manchmal seine Tochter mitbrachte. Er widersprach meinem Vater niemals, der sich zuletzt völlig an ihn gewöhnte und ihn als den einzigen erträglichen Gesellschafter duldete. Nach dem Tode unseres Vaters merkten wir wohl, daß dieser Mann von unserm Alten trefflich ausgestattet worden war und seine Zeit nicht umsonst zugebracht hatte; er erweiterte seine Güter, seine Tochter konnte eine schöne Mitgift erwarten. Das Mädchen wuchs heran und war von sonderbarer Schönheit; mein älterer Bruder scherzte oft mit mir, daß ich mich um sie bewerben sollte.

Indessen hatte Bruder Augustin im Kloster seine Jahre in dem sonderbarsten Zustande zugebracht; er überließ sich ganz dem Genuß einer heiligen Schwärmerei, jenen halb geistigen, halb physischen Empfindungen, die, wie sie ihn eine Zeitlang in den dritten Himmel erhuben, bald darauf in einen Abgrund von Ohnmacht und leeres Elend versinken ließen. Bei meines Vaters Lebzeiten war an keine Veränderung zu denken, und was hätte man wünschen oder vorschlagen sollen? Nach dem Tode unsers Vaters besuchte er uns fleißig; sein Zustand, der uns im Anfang jammerte, ward nach und nach um vieles erträglicher, denn die Vernunft hatte gesiegt. Allein je sichrer sie ihm völlige Zufriedenheit und Heilung auf dem reinen Wege der Natur versprach, desto lebhafter verlangte er von uns, daß wir ihn von seinen Gelübden befreien sollten; er gab zu verstehen, daß seine Absicht auf Sperata, unsere Nachbarin, gerichtet sei.

Mein älterer Bruder hatte zu viel durch die Härte unseres Vaters gelitten, als daß er ungerührt bei dem Zustande des jüngsten hätte bleiben können. Wir sprachen mit dem Beichtvater unserer Familie, einem alten würdigen Manne, entdeckten ihm die doppelte Absicht unseres Bruders und baten ihn, die Sache einzuleiten und zu befördern. Wider seine Gewohnheit zögerte er, und als endlich unser Bruder in uns drang, und wir die Angelegenheit dem Geistlichen lebhafter empfahlen, mußte er sich entschließen, uns die sonderbare Geschichte zu entdecken.

Sperata war unsre Schwester, und zwar sowohl von Vater als Mutter; Neigung und Sinnlichkeit hatten den Mann in späteren Jahren nochmals überwältigt, in welchen das Recht der Ehegatten schon verloschen zu sein scheint; über einen ähnlichen Fall hatte man sich kurz vorher in der Gegend lustig gemacht, und mein Vater, um sich nicht gleichfalls dem Lächerlichen auszusetzen, beschloß, diese späte gesetzmäßige Frucht der Liebe mit eben der Sorgfalt zu verheimlichen, als man sonst die frühern zufälligen Früchte der Neigung zu verbergen pflegt. Unsere Mutter kam heimlich nieder, das Kind wurde aufs Land gebracht, und der alte Hausfreund, der nebst dem Beichtvater allein um das Geheimnis wußte, ließ sich leicht bereden, sie für seine Tochter auszugeben. Der Beichtvater hatte sich nur ausbedungen, im äußersten Fall das Geheimnis entdecken zu dürfen. Der Vater war gestorben, das zarte Mädchen lebte unter der Aufsicht einer alten Frau; wir wußten, daß Gesang und Musik unsern Bruder schon bei ihr eingeführt hatten, und da er uns wiederholt aufforderte, seine alten Bande zu trennen, um das neue zu knüpfen, so war es nötig, ihn so bald als möglich von der Gefahr zu unterrichten, in der er schwebte.

Er sah uns mit wilden, verachtenden Blicken an. ‚Spart eure unwahrscheinlichen Märchen', rief er aus, ‚für Kinder und leichtglaubige Toren! mir werdet ihr Speraten nicht vom Herzen reißen, sie ist mein. Verleugnet sogleich euer schreckliches Gespenst, das mich nur vergebens ängstigen würde. Sperata ist nicht meine Schwester, sie ist mein Weib!' — Er beschrieb uns mit Entzücken, wie ihn das himmlische Mädchen aus dem Zustande der unnatürlichen Absonderung von den Menschen in das wahre Leben geführt, wie beide Gemüter gleich beiden Kehlen zusammen stimmten, und wie er alle seine Leiden und Verirrungen segnete, weil sie ihn von allen Frauen bis dahin entfernt gehalten, und weil er nun ganz und gar sich dem liebenswürdigsten Mädchen ergeben könne. Wir entsetzten uns über die Entdeckung, uns jammerte sein Zustand, wir wußten uns nicht zu helfen, er versicherte uns mit Heftigkeit, daß Sperata ein Kind von ihm im Busen trage. Unser Beichtvater tat alles, was ihm seine Pflicht eingab, aber dadurch ward das Übel nur schlimmer. Die Verhältnisse der Natur und der Religion, der sittlichen Rechte und der bürgerlichen Gesetze wurden von meinem Bruder aufs heftigste durchgefochten. Nichts schien ihm heilig als das Verhältnis zu Sperata, nichts schien ihm würdig als der Name Vater und Gattin. ‚Diese allein', rief er aus, ‚sind der Natur gemäß, alles andere sind Grillen und Meinungen. Gab es nicht edle Völker, die eine Heirat mit der Schwester billigten? Nennt eure Götter nicht', rief er aus, ‚ihr braucht die Namen nie, als wenn ihr uns betören, uns von dem Wege der Natur abführen und die edelsten Triebe durch schändlichen Zwang zu Verbrechen entstellen wollt. Zur größten Verwirrung des Geistes, zum schändlichsten Mißbrauche des Körpers nötigt ihr die Schlachtopfer, die ihr lebendig begrabt.

Ich darf reden, denn ich habe gelitten wie keiner, von der höchsten, süßesten Fülle der Schwärmerei bis zu den fürchterlichen Wüsten der Ohnmacht, der Leerheit, der Vernichtung und Verzweiflung, von den höchsten Ahnungen überirdischer Wesen bis zu dem völligsten Unglauben, dem Unglauben an mir selbst. Allen diesen entsetzlichen Bodensatz des am Rande schmeichelnden Kelchs habe ich ausgetrunken, und mein ganzes Wesen war bis in sein Innerstes vergiftet. Nun, da mich die gütige Natur durch ihre größten Gaben, durch die Liebe, wieder geheilt hat, da ich an dem Busen eines himmlischen Mädchens wieder fühle, daß ich bin, daß sie ist, daß wir eins sind, daß aus dieser lebendigen Verbindung ein Drittes entstehen und uns entgegenlächeln soll, nun eröffnet ihr die Flammen eurer Höllen, eurer Fegefeuer, die nur eine kranke Einbildungskraft versengen können, und stellt sie dem lebhaften, wahren, unzerstörlichen Genuß der reinen Liebe entgegen! Begegnet uns unter jenen Zypressen, die ihre ernsthaften Gipfel gen Himmel wenden, besucht uns an jenen Spalieren, wo die Zitronen und Pomeranzen neben uns blühn, wo die zierliche Myrte uns ihre zarten Blumen darreicht, und dann wagt es, uns mit euren trüben, grauen, von Menschen gesponnenen Netzen zu ängstigen!'

So bestand er lange Zeit auf einem hartnäckigen Unglauben unserer Erzählung, und zuletzt, da wir ihm die Wahrheit derselben beteuerten, da sie ihm der Beichtvater selbst versicherte, ließ er sich doch dadurch nicht irremachen, vielmehr rief er aus: ‚Fragt nicht den Widerhall eurer Kreuzgänge, nicht euer vermodertes Pergament, nicht eure verschränkten Grillen und Verordnungen, fragt die Natur und euer Herz, sie wird euch lehren, vor was ihr zu schaudern habt, sie wird euch mit dem strengsten Finger zeigen, worüber sie ewig und unwiderruflich ihren Fluch ausspricht. Seht die Lilien an: entspringt nicht Gatte und Gattin auf einem Stengel? Verbindet beide nicht die Blume, die beide gebar, und ist die Lilie nicht das Bild der Unschuld, und ist ihre geschwisterliche Vereinigung nicht fruchtbar? Wenn die Natur verabscheut, so spricht sie es laut aus; das Geschöpf, das nicht sein soll, kann nicht werden, das Geschöpf, das falsch lebt, wird früh zerstört. Unfruchtbarkeit, kümmerliches Dasein, frühzeitiges Zerfallen, das sind ihre Flüche, die Kennzeichen ihrer Strenge. Nur durch unmittelbare Folgen straft sie. Da! seht um euch her, und was verboten, was verflucht ist, wird euch in die Augen fallen. In der Stille des Klosters und im Geräusche der Welt sind tausend Handlungen geheiligt und geehrt, auf denen ihr Fluch ruht. Auf bequemen Müßiggang so gut als überstrengte Arbeit, auf Willkür und Überfluß wie auf Not und Mangel sieht sie mit traurigen Augen nieder, zur Mäßigkeit ruft sie, wahr sind alle ihre Verhältnisse und ruhig alle ihre Wirkungen. Wer gelitten hat wie ich, hat das Recht, frei zu sein. Sperata ist mein; nur der Tod soll mir sie nehmen. Wie ich sie behalten kann, wie ich glücklich werden kann, das ist eure Sorge! Jetzt gleich geh' ich zu ihr, um mich nicht wieder von ihr zu trennen.‘

Er wollte nach dem Schiffe, um zu ihr überzusetzen; wir hielten ihn ab und baten ihn, daß er keinen Schritt tun möchte, der die schrecklichsten Folgen haben könnte. Er solle überlegen, daß er nicht in der freien Welt seiner Gedanken und Vorstellungen, sondern in einer Verfassung lebe, deren Gesetze und Verhältnisse die Unbezwinglichkeit eines Naturgesetzes angenommen haben. Wir mußten dem Beichtvater versprechen, daß wir den Bruder nicht aus den

Augen, noch weniger aus dem Schlosse lassen wollten; darauf ging er weg und versprach, in einigen Tagen wiederzukommen. Was wir vorausgesehen hatten, traf ein; der Verstand hatte unsern Bruder stark gemacht, aber sein Herz war weich; die frühern Eindrücke der Religion wurden lebhaft, und die entsetzlichsten Zweifel bemächtigten sich seiner. Er brachte zwei fürchterliche Tage und Nächte zu; der Beichtvater kam ihm wieder zu Hülfe, umsonst! Der ungebundene freie Verstand sprach ihn los; sein Gefühl, seine Religion, alle gewohnten Begriffe erklärten ihn für einen Verbrecher.

Eines Morgens fanden wir sein Zimmer leer, ein Blatt lag auf dem Tische, worin er uns erklärte, daß er, da wir ihn mit Gewalt gefangenhielten, berechtigt sei, seine Freiheit zu suchen; er entfliehe, er gehe zu Sperata, er hoffe mit ihr zu entkommen, er sei auf alles gefaßt, wenn man sie trennen wolle.

Wir erschraken nicht wenig, allein der Beichtvater bat uns, ruhig zu sein. Unser armer Bruder war nahe genug beobachtet worden; die Schiffer, anstatt ihn überzusetzen, führten ihn in sein Kloster. Ermüdet von einem vierzigstündigen Wachen, schlief er ein, sobald ihn der Kahn im Mondenscheine schaukelte, und erwachte nicht früher, als bis er sich in den Händen seiner geistlichen Brüder sah; er erholte sich nicht eher, als bis er die Klosterpforte hinter sich zuschlagen hörte.

Schmerzlich gerührt von dem Schicksal unseres Bruders, machten wir unserm Beichtvater die lebhaftesten Vorwürfe; allein dieser ehrwürdige Mann wußte uns bald mit den Gründen des Wundarztes zu überreden, daß unser Mitleid für den armen Kranken tödlich sei. Er handle nicht aus eigner Willkür, sondern auf Befehl des Bischofs und des hohen Rates. Die Absicht war, alles öffentliche Ärgernis zu vermeiden und den traurigen Fall mit dem Schleier einer geheimen Kirchenzucht zu verdecken. Sperata sollte geschont werden, sie sollte nicht erfahren, daß ihr Geliebter zugleich ihr Bruder sei. Sie ward einem Geistlichen anempfohlen, dem sie vorher schon ihren Zustand vertraut hatte. Man wußte ihre Schwangerschaft und Niederkunft zu verbergen.

Sie war als Mutter in dem kleinen Geschöpfe ganz glücklich. So wie die meisten unserer Mädchen konnte sie weder schreiben noch Geschriebenes lesen; sie gab daher dem Pater Aufträge, was er ihrem Geliebten sagen sollte. Dieser glaubte den frommen Betrug einer säugenden Mutter schuldig zu sein, er brachte ihr Nachrichten von unserm Bruder, den er niemals sah, ermahnte sie in seinem Namen zur Ruhe, bat sie, für sich und das Kind zu sorgen und wegen der Zukunft Gott zu vertrauen.

Sperata war von Natur zur Religiosität geneigt. Ihr Zustand, ihre Einsamkeit vermehrten diesen Zug, der Geistliche unterhielt ihn, um sie nach und nach auf eine ewige Trennung vorzubereiten. Kaum war das Kind entwöhnt, kaum glaubte er ihren Körper stark genug, die ängstlichsten Seelenleiden zu ertragen, so fing er an, das Vergehen ihr mit schrecklichen Farben vorzumalen, das Vergehen, sich einem Geistlichen ergeben zu haben, das er als eine Art Sünde gegen die Natur, als einen Inzest behandelte. Denn er hatte den sonderbaren Gedanken, ihre Reue jener Reue gleich zu machen, die sie empfunden haben würde, wenn sie das wahre Verhältnis ihres Fehltritts erfahren hätte. Er brachte dadurch so viel Jammer und Kummer in ihr Gemüt, er erhöhte die Idee der Kirche und ihres Oberhauptes so sehr vor ihr, er zeigte ihr die schrecklichen Folgen für das Heil aller Seelen, wenn man in solchen Fällen nachgeben und die Straffälligen durch eine rechtmäßige Verbindung noch gar belohnen wolle; er zeigte ihr, wie heilsam es sei, einen solchen Fehler in der Zeit abzubüßen und dafür dereinst die Krone der Herrlichkeit zu erwerben, daß sie endlich wie eine arme Sünderin ihren Nacken dem Beil willig darreichte und inständig bat, daß man sie auf ewig von unserm Bruder entfernen möchte. Als man so viel von ihr erlangt hatte, ließ man ihr, doch unter einer gewissen Aufsicht, die Freiheit, bald in ihrer Wohnung, bald in dem Kloster zu sein, je nachdem sie es für gut hielte.

Ihr Kind wuchs heran und zeigte bald eine sonderbare Natur. Es konnte sehr früh laufen und sich mit aller Geschicklichkeit bewegen, es sang bald sehr artig und lernte die Zither gleichsam von sich selbst. Nur mit Worten konnte es sich nicht ausdrücken, und es schien das Hindernis mehr in seiner Denkungsart als in den Sprachwerkzeugen zu liegen. Die arme Mutter fühlte indessen ein trauriges Verhältnis zu dem Kinde; die Behandlung des Geistlichen hatte ihre Vorstellungsart so verwirrt, daß sie, ohne wahnsinnig zu sein, sich in den seltsamsten Zuständen befand. Ihr Vergehen schien ihr immer schrecklicher und straffälliger zu werden; das oft wiederholte Gleichnis des Geistlichen vom Inzest hatte sich so tief bei ihr eingeprägt, daß sie einen solchen Abscheu empfand, als wenn ihr das Verhältnis selbst bekannt gewesen wäre. Der Beichtvater dünkte sich nicht wenig über das Kunststück, wodurch er das Herz eines unglücklichen Geschöpfes zerriß. Jämmerlich war es anzusehen, wie die Mutterliebe, die über das Dasein des Kindes sich so herzlich zu erfreuen geneigt war, mit dem schrecklichen Gedanken stritt, daß dieses Kind nicht da sein sollte. Bald stritten diese beiden Gefühle zusammen, bald war der Abscheu über die Liebe gewaltig.

Man hatte das Kind schon lange von ihr weggenommen und zu guten Leuten unten am See gegeben, und in der mehrern Freiheit, die es hatte, zeigte sich bald seine besondere Lust zum Klettern. Die höchsten Gipfel zu ersteigen, auf den Rändern der Schiffe wegzulaufen und den Seiltänzern, die sich manchmal in dem Orte sehen ließen, die wunderlichsten Kunststücke nachzumachen, war ein natürlicher Trieb.

Um das alles leichter zu üben, liebte sie, mit den Knaben die Kleider zu wechseln, und ob es gleich von ihren Pflegeeltern höchst unanständig und unzulässig gehalten wurde, so ließen wir ihr doch soviel als möglich nachsehen. Ihre wunderlichen Wege und Sprünge führten sie manchmal weit; sie verirrte sich, sie blieb aus und kam immer wieder. Meistenteils, wenn sie zurückkehrte, setzte sie sich unter die Säulen des Portals vor einem Landhause in der Nachbarschaft; man suchte sie nicht mehr, man erwartete sie. Dort schien sie auf den Stufen auszuruhen, dann lief sie in den großen Saal, besah die Statuen, und wenn man sie nicht besonders aufhielt, eilte sie nach Hause.

Zuletzt ward denn doch unser Hoffen getäuscht und

unsere Nachsicht bestraft. Das Kind blieb aus, man fand seinen Hut auf dem Wasser schwimmen, nicht weit von dem Orte, wo ein Gießbach sich in den See stürzt. Man vermutete, daß es bei seinem Klettern zwischen den Felsen verunglückt sei; bei allem Nachforschen konnte man den Körper nicht finden.

Durch das unvorsichtige Geschwätz ihrer Gesellschafterinnen erfuhr Sperata bald den Tod ihres Kindes; sie schien ruhig und heiter und gab nicht undeutlich zu verstehen, sie freue sich, daß Gott das arme Geschöpf zu sich genommen und so bewahrt habe, ein größeres Unglück zu erdulden oder zu stiften.

Bei dieser Gelegenheit kamen alle Märchen zur Sprache, die man von unsern Wassern zu erzählen pflegt. Es hieß: der See müsse alle Jahre ein unschuldiges Kind haben; er leide keinen toten Körper und werfe ihn früh oder spät ans Ufer, ja sogar das letzte Knöchelchen, wenn es zu Grunde gesunken sei, müsse wieder heraus. Man erzählte die Geschichte einer untröstlichen Mutter, deren Kind im See ertrunken sei, und die Gott und seine Heiligen angerufen habe, ihr nur wenigstens die Gebeine zum Begräbnis zu gönnen; der nächste Sturm habe den Schädel, der folgende den Rumpf ans Ufer gebracht, und nachdem alles beisammen gewesen, habe sie sämtliche Gebeine in einem Tuch zur Kirche getragen, aber, o Wunder! als sie in den Tempel getreten, sei das Paket immer schwerer geworden, und endlich, als sie es auf die Stufen des Altars gelegt, habe das Kind zu schreien angefangen und sich zu jedermanns Erstaunen aus dem Tuche losgemacht; nur ein Knöchelchen des kleinen Fingers an der rechten Hand habe gefehlt, welches denn die Mutter nachher noch sorgfältig aufgesucht und gefunden, das denn auch noch zum Gedächtnis unter andern Reliquien in der Kirche aufgehoben werde.

Auf die arme Mutter machten diese Geschichten großen Eindruck; ihre Einbildungskraft fühlte einen neuen Schwung und begünstigte die Empfindung ihres Herzens. Sie nahm an, daß das Kind nunmehr für sich und seine Eltern abgebüßt habe, daß Fluch und Strafe, die bisher auf ihnen geruht, nunmehr gänzlich gehoben sei; daß es nur darauf ankomme, die Gebeine des Kindes wiederzufinden, um sie nach Rom zu bringen, so würde das Kind auf den Stufen des großen Altars der Peterskirche wieder, mit seiner schönen frischen Haut umgeben, vor dem Volke dastehn. Es werde mit seinen eignen Augen wieder Vater und Mutter schauen, und der Papst, von der Einstimmung Gottes und seiner Heiligen überzeugt, werde unter dem lauten Zuruf des Volks den Eltern die Sünde vergeben, sie lossprechen und sie verbinden.

Nun waren ihre Augen und ihre Sorgfalt immer nach dem See und dem Ufer gerichtet. Wenn nachts im Mondglanz sich die Wellen umschlugen, glaubte sie, jeder blinkende Saum treibe ihr Kind hervor; es mußte zum Scheine jemand hinablaufen, um es am Ufer aufzufangen.

So war sie auch des Tages unermüdet an den Stellen, wo das kiesichte Ufer flach in die See ging; sie sammelte in ein Körbchen alle Knochen, die sie fand. Niemand durfte ihr sagen, daß es Tierknochen seien; die großen begrub sie, die kleinen hub sie auf. In dieser Beschäftigung lebte sie unablässig fort. Der Geistliche, der durch die unerläßliche Ausübung seiner Pflicht ihren Zustand verursacht hatte, nahm sich auch ihrer nun aus allen Kräften an. Durch seinen Einfluß ward sie in der Gegend für eine Entzückte, nicht für eine Verrückte gehalten; man stand mit gefalteten Händen, wenn sie vorbeiging, und die Kinder küßten ihr die Hand.

Ihrer alten Freundin und Begleiterin war von dem Beichtvater die Schuld, die sie bei der unglücklichen Verbindung beider Personen gehabt haben mochte, nur unter der Bedingung erlassen, daß sie unablässig treu ihr ganzes künftiges Leben die Unglückliche begleiten solle, und sie hat mit einer bewundernswürdigen Geduld und Gewissenhaftigkeit ihre Pflichten bis zuletzt ausgeübt.

Wir hatten unterdessen unsern Bruder nicht aus den Augen verloren; weder die Ärzte noch die Geistlichkeit seines Klosters wollten uns erlauben, vor ihm zu erscheinen; allein um uns zu überzeugen, daß es ihm nach seiner Art wohl gehe, konnten wir ihn, so oft wir wollten, in dem Garten, in den Kreuzgängen, ja durch ein Fenster an der Decke seines Zimmers belauschen.

Nach vielen schrecklichen und sonderbaren Epochen, die ich übergehe, war er in einen seltsamen Zustand der Ruhe des Geistes und der Unruhe des Körpers geraten. Er saß fast niemals, als wenn er seine Harfe nahm und darauf spielte, da er sie denn meistens mit Gesang begleitete. Übrigens war er immer in Bewegung und in allem äußerst lenksam und folgsam; denn alle seine Leidenschaften schienen sich in der einzigen Furcht des Todes aufgelöst zu haben. Man konnte ihn zu allem in der Welt bewegen, wenn man ihm mit einer gefährlichen Krankheit oder mit dem Tode drohte.

Außer dieser Sonderbarkeit, daß er unermüdet im Kloster hin und her ging und nicht undeutlich zu verstehen gab, daß es noch besser sein würde, über Berg und Täler so zu wandeln, sprach er auch von einer Erscheinung, die ihn gewöhnlich ängstigte. Er behauptete nämlich, daß bei seinem Erwachen zu jeder Stunde der Nacht ein schöner Knabe unten an seinem Bette stehe und ihm mit einem blanken Messer drohe. Man versetzte ihn in ein anderes Zimmer, allein er behauptete, auch da, und zuletzt sogar an andern Stellen des Klosters stehe der Knabe im Hinterhalt. Sein Auf- und Abwandeln ward unruhiger, ja man erinnerte sich nachher, daß er in der Zeit öfter als sonst an dem Fenster gestanden und über den See hinübergesehen habe.

Unsere arme Schwester indessen schien von dem einzigen Gedanken, von der beschränkten Beschäftigung nach und nach aufgerieben zu werden, und unser Arzt schlug vor, man sollte ihr nach und nach unter ihre übrigen Gebeine die Knochen eines Kinderskeletts mischen, um dadurch ihre Hoffnung zu vermehren. Der Versuch war zweifelhaft, doch schien wenigstens so viel dabei gewonnen, daß man sie, wenn alle Teile beisammen wären, von dem ewigen Suchen abbringen und ihr zu einer Reise nach Rom Hoffnung machen könnte.

Es geschah, und ihre Begleiterin vertauschte unmerklich die ihr anvertrauten kleinen Reste mit den gefundenen, und eine unglaubliche Wonne verbreitete sich über die arme Kranke, als die Teile sich nach und nach zusammenfanden und man diejenigen bezeichnen konnte, die noch fehlten.

Sie hatte mit großer Sorgfalt jeden Teil, wo er hingehörte, mit Fäden und Bändern befestigt; sie hatte, wie man die Körper der Heiligen zu ehren pflegt, mit Seide und Stickerei die Zwischenräume ausgefüllt.

So hatte man die Glieder zusammenkommen lassen, es fehlten nur wenige der äußeren Enden. Eines Morgens, als sie noch schlief, und der Medikus gekommen war, nach ihrem Befinden zu fragen, nahm die Alte die verehrten Reste aus dem Kästchen weg, das in der Schlafkammer stand, um dem Arzte zu zeigen, wie sich die gute Kranke beschäftige. Kurz darauf hörte man sie aus dem Bette springen, sie hob das Tuch auf und fand das Kästchen leer. Sie warf sich auf ihre Knie; man kam und hörte ihr freudiges, inbrünstiges Gebet. ‚Ja! es ist wahr', rief sie aus, ‚es war kein Traum, es ist wirklich! Freuet euch, meine Freunde, mit mir! Ich habe das gute, schöne Geschöpf wieder lebendig gesehen. Es stand auf und warf den Schleier von sich, sein Glanz erleuchtete das Zimmer, seine Schönheit war verklärt, es konnte den Boden nicht betreten, ob es gleich wollte. Leicht ward es emporgehoben und konnte mir nicht einmal seine Hand reichen. Da rief es mich zu sich und zeigte mir den Weg, den ich gehen soll. Ich werde ihm folgen, und bald folgen, ich fühl' es, und es wird mir so leicht ums Herz. Mein Kummer ist verschwunden, und schon das Anschauen meines Wiederauferstandenen hat mir einen Vorgeschmack der himmlischen Freude gegeben.'

Von der Zeit an war ihr ganzes Gemüt mit den heitersten Aussichten beschäftigt, auf keinen irdischen Gegenstand richtete sie ihre Aufmerksamkeit mehr, sie genoß nur wenige Speisen, und ihr Geist machte sich nach und nach von den Banden des Körpers los. Auch fand man sie zuletzt unvermutet erblaßt und ohne Empfindung; sie öffnete die Augen nicht wieder, sie war, was wir tot nennen.

Der Ruf ihrer Vision hatte sich bald unter das Volk verbreitet, und das ehrwürdige Ansehn, das sie in ihrem Leben genoß, verwandelte sich nach ihrem Tode schnell in den Gedanken, daß man sie sogleich für selig, ja für heilig halten müsse.

Als man sie zu Grabe bestatten wollte, drängten sich

viele Menschen mit unglaublicher Heftigkeit hinzu; man wollte ihre Hand, man wollte wenigstens ihr Kleid berühren. In dieser leidenschaftlichen Erhöhung fühlten verschiedene Kranke die Übel nicht, von denen sie sonst gequält wurden; sie hielten sich für geheilt, sie bekannten's, sie priesen Gott und seine neue Heilige. Die Geistlichkeit war genötigt, den Körper in eine Kapelle zu stellen, das Volk verlangte Gelegenheit, seine Andacht zu verrichten, der Zudrang war unglaublich; die Bergbewohner, die ohnedies zu lebhaften religiösen Gefühlen gestimmt sind, drangen aus ihren Tälern herbei; die Andacht, die Wunder, die Anbetung vermehrten sich mit jedem Tage. Die bischöflichen Verordnungen, die einen solchen neuen Dienst einschränken und nach und nach niederschlagen sollten, konnten nicht zur Ausführung gebracht werden; bei jedem Widerstand war das Volk heftig und gegen jeden Ungläubigen bereit, in Tätlichkeiten auszubrechen. ‚Wandelte nicht auch', riefen sie, ‚der heilige Borromäus unter unsern Vorfahren? Erlebte seine Mutter nicht die Wonne seiner Seligsprechung? Hat man nicht durch jenes große Bildnis auf dem Felsen bei Arona uns seine geistige Größe sinnlich vergegenwärtigen wollen? Leben die Seinigen nicht noch unter uns? Und hat Gott nicht zugesagt, unter einem gläubigen Volke seine Wunder stets zu erneuern?'

Als der Körper nach einigen Tagen keine Zeichen der Fäulnis von sich gab und eher weißer und gleichsam durchsichtig ward, erhöhte sich das Zutrauen der Menschen immer mehr, und es zeigten sich unter der Menge verschiedene Kuren, die der aufmerksame Beobachter selbst nicht erklären und auch nicht geradezu als Betrug ansprechen konnte. Die ganze Gegend war in Bewegung, und wer nicht selbst kam, hörte wenigstens eine Zeitlang von nichts anderem reden.

Das Kloster, worin mein Bruder sich befand, erscholl so gut als die übrige Gegend von diesen Wundern, und man nahm sich um so weniger in acht, in seiner Gegenwart davon zu sprechen, als er sonst auf nichts aufzumerken pflegte, und sein Verhältnis niemanden bekannt war. Diesmal schien er aber mit großer Genauigkeit gehört zu haben;

er führte seine Flucht mit solcher Schlauheit aus, daß niemals jemand hat begreifen können, wie er aus dem Kloster herausgekommen sei. Man erfuhr nachher, daß er sich mit einer Anzahl Wallfahrer übersetzen lassen, und daß er die Schiffer, die weiter nichts Verkehrtes an ihm wahrnahmen, nur um die größte Sorgfalt gebeten, daß das Schiff nicht umschlagen möchte. Tief in der Nacht kam er in jene Kapelle, wo seine unglückliche Geliebte von ihrem Leiden ausruhte; nur wenig Andächtige knieten in den Winkeln, ihre alte Freundin saß zu ihren Häupten, er trat hinzu und grüßte sie und fragte, wie sich ihre Gebieterin befände. ‚Ihr seht es‘, versetzte diese nicht ohne Verlegenheit. Er blickte den Leichnam nur von der Seite an. Nach einigem Zaudern nahm er ihre Hand. Erschreckt von der Kälte, ließ er sie sogleich wieder fahren, er sah sich unruhig um und sagte zu der Alten: ‚Ich kann jetzt nicht bei ihr bleiben, ich habe noch einen sehr weiten Weg zu machen, ich will aber zur rechten Zeit schon wieder da sein; sag' ihr das, wenn sie aufwacht!‘

So ging er hinweg, wir wurden nur spät von diesem Vorgange benachrichtigt, man forschte nach, wo er hingekommen sei, aber vergebens! Wie er sich durch Berge und Täler durchgearbeitet haben mag, ist unbegreiflich. Endlich nach langer Zeit fanden wir in Graubünden eine Spur von ihm wieder, allein zu spät, und sie verlor sich bald. Wir vermuteten, daß er nach Deutschland sei, allein der Krieg hatte solche schwache Fußtapfen gänzlich verwischt.“

ZEHNTES KAPITEL

Der Abbé hörte zu lesen auf, und niemand hatte ohne Tränen zugehört. Die Gräfin brachte ihr Tuch nicht von den Augen; zuletzt stand sie auf und verließ mit Natalien das Zimmer. Die übrigen schwiegen, und der Abbé sprach: „Es entsteht nun die Frage, ob man den guten Marchese soll abreisen lassen, ohne ihm unser Geheimnis zu entdecken. Denn wer zweifelt wohl einen Augenblick daran, daß Augustin und unser Harfenspieler e i n e Person sei?

Es ist zu überlegen, was wir tun, sowohl um des unglücklichen Mannes als der Familie willen. Mein Rat wäre, nichts zu übereilen, abzuwarten, was uns der Arzt, den wir eben von dort zurückerwarten, für Nachrichten bringt."

Jedermann war derselben Meinung, und der Abbé fuhr fort: „Eine andere Frage, die vielleicht schneller abzutun ist, entsteht zu gleicher Zeit. Der Marchese ist unglaublich gerührt über die Gastfreundschaft, die seine arme Nichte bei uns, besonders bei unserm jungen Freunde, gefunden hat. Ich habe ihm die ganze Geschichte umständlich, ja wiederholt erzählen müssen, und er zeigte seine lebhafteste Dankbarkeit. ‚Der junge Mann', sagte er, ‚hat ausgeschlagen, mit mir zu reisen, ehe er das Verhältnis kannte, das unter uns besteht. Ich bin ihm nun kein Fremder mehr, von dessen Art zu sein und von dessen Laune er etwa nicht gewiß wäre; ich bin sein Verbundener, wenn Sie wollen sein Verwandter, und da sein Knabe, den er nicht zurücklassen wollte, erst das Hindernis war, das ihn abhielt, sich zu mir zu gesellen, so lassen Sie jetzt dieses Kind zum schönen Bande werden, das uns nur desto fester aneinander knüpft. Über die Verbindlichkeit, die ich nun schon habe, sei er mir noch auf der Reise nützlich, er kehre mit mir zurück, mein älterer Bruder wird ihn mit Freuden empfangen, er verschmähe die Erbschaft seines Pflegekindes nicht; denn nach einer geheimen Abrede unseres Vaters mit seinem Freunde ist das Vermögen, das er seiner Tochter zugewendet hatte, wieder an uns zurückgefallen, und wir wollen dem Wohltäter unserer Nichte gewiß das nicht vorenthalten, was er verdient hat.'"

Therese nahm Wilhelmen bei der Hand und sagte: „Wir erleben abermals hier so einen schönen Fall, daß uneigennütziges Wohltun die höchsten und schönsten Zinsen bringt. Folgen Sie diesem sonderbaren Ruf, und indem Sie sich um den Marchese doppelt verdient machen, eilen Sie einem schönen Land entgegen, das Ihre Einbildungskraft und Ihr Herz mehr als einmal an sich gezogen hat."

„Ich überlasse mich ganz meinen Freunden und ihrer Führung", sagte Wilhelm; „es ist vergebens, in dieser Welt nach eigenem Willen zu streben. Was ich festzuhalten wünschte, muß ich fahrenlassen, und eine unverdiente Wohltat drängt sich mir auf."

Mit einem Druck auf Theresens Hand machte Wilhelm die seinige los. „Ich überlasse Ihnen ganz", sagte er zu dem Abbé, „was Sie über mich beschließen; wenn ich meinen Felix nicht von mir zu lassen brauche, so bin ich zufrieden, überall hinzugehn und alles, was man für recht hält, zu unternehmen."

Auf diese Erklärung entwarf der Abbé sogleich seinen Plan: man solle, sagte er, den Marchese abreisen lassen, Wilhelm solle die Nachricht des Arztes abwarten, und alsdann, wenn man überlegt habe, was zu tun sei, könne Wilhelm mit Felix nachreisen. So bedeutete er auch den Marchese unter einem Vorwand, daß die Einrichtungen des jungen Freundes zur Reise ihn nicht abhalten müßten, die Merkwürdigkeiten der Stadt indessen zu besehn. Der Marchese ging ab, nicht ohne wiederholte lebhafte Versicherung seiner Dankbarkeit, wovon die Geschenke, die er zurückließ, und die aus Juwelen, geschnittenen Steinen und gestickten Stoffen bestanden, einen genugsamen Beweis gaben.

Wilhelm war nun auch völlig reisefertig, und man war um so mehr verlegen, daß keine Nachrichten von dem Arzt kommen wollten; man befürchtete, dem armen Harfenspieler möchte ein Unglück begegnet sein, zu eben der Zeit, als man hoffen konnte, ihn durchaus in einen bessern Zustand zu versetzen. Man schickte den Kurier fort, der kaum weggeritten war, als am Abend der Arzt mit einem Fremden hereintrat, dessen Gestalt und Wesen bedeutend, ernsthaft und auffallend war, und den niemand kannte. Beide Ankömmlinge schwiegen eine Zeitlang still; endlich ging der Fremde auf Wilhelmen zu, reichte ihm die Hand und sagte: „Kennen Sie Ihren alten Freund nicht mehr?" Es war die Stimme des Harfenspielers, aber von seiner Gestalt schien keine Spur übriggeblieben zu sein. Er war in der gewöhnlichen Tracht eines Reisenden, reinlich und anständig gekleidet, sein Bart war verschwunden, seinen Locken sah man einige Kunst an, und was ihn eigentlich ganz unkenntlich machte, war, daß an seinem bedeutenden Gesichte die Züge des Alters nicht mehr erschienen. Wilhelm umarmte ihn mit der lebhaftesten Freude; er ward den andern vorgestellt und betrug sich sehr vernünftig, und wußte nicht, wie bekannt er der Gesellschaft noch vor kurzem geworden war. „Sie werden Geduld mit einem Menschen haben", fuhr er mit großer Gelassenheit fort, „der, so erwachsen er auch aussieht, nach einem langen Leiden erst wie ein unerfahrnes Kind in die Welt tritt. Diesem wackren Mann bin ich schuldig, daß ich wieder in einer menschlichen Gesellschaft erscheinen kann."

Man hieß ihn willkommen, und der Arzt veranlaßte sogleich einen Spaziergang, um das Gespräch abzubrechen und ins Gleichgültige zu lenken.

Als man allein war, gab der Arzt folgende Erklärung: „Die Genesung dieses Mannes ist uns durch den sonderbarsten Zufall geglückt. Wir hatten ihn lange nach unserer Überzeugung moralisch und physisch behandelt, es ging auch bis auf einen gewissen Grad ganz gut, allein die Todesfurcht war noch immer groß bei ihm, und seinen Bart und sein langes Kleid wollte er uns nicht aufopfern; übrigens nahm er mehr teil an den weltlichen Dingen, und seine Gesänge schienen wie seine Vorstellungsart wieder dem Leben sich zu nähern. Sie wissen, welch ein sonderbarer Brief des Geistlichen mich von hier abrief. Ich kam, ich fand unsern Mann ganz verändert, er hatte freiwillig seinen Bart hergegeben, er hatte erlaubt, seine Locken in eine hergebrachte Form zuzuschneiden, er verlangte gewöhnliche Kleider und schien auf einmal ein anderer Mensch geworden zu sein. Wir waren neugierig, die Ursache dieser Verwandlung zu ergründen, und wagten doch nicht, uns mit ihm selbst darüber einzulassen; endlich entdeckten wir zufällig die sonderbare Bewandtnis. Ein Glas flüssiges Opium fehlte in der Hausapotheke des Geistlichen, man hielt für nötig, die strengste Untersuchung anzustellen, jedermann suchte sich des Verdachtes zu erwehren, es gab unter den Hausgenossen heftige Szenen. Endlich trat dieser Mann auf und gestand, daß er es besitze; man fragte ihn, ob er davon genommen habe? er sagte ‚Nein!', fuhr aber fort: ‚Ich danke diesem Besitz die Wiederkehr meiner Vernunft. Es hängt von euch ab, mir dieses Fläschchen zu nehmen, und ihr werdet mich ohne Hoffnung in meinen alten Zustand wieder zurückfallen sehen. Das Gefühl, daß es wünschenswert sei, die Leiden dieser Erde durch den Tod geendigt zu sehen, brachte mich zuerst auf den Weg der Genesung; bald darauf entstand der Gedanke, sie durch einen freiwilligen Tod zu endigen, und ich nahm in dieser Absicht das Glas hinweg; die Möglichkeit, sogleich die großen Schmerzen auf ewig aufzuheben, gab mir Kraft, die Schmerzen zu ertragen, und so habe ich, seitdem ich den Talisman besitze, mich durch die Nähe des Todes wieder in das Leben zurückgedrängt. Sorgt nicht', sagte er, ,daß ich Gebrauch davon mache, sondern entschließt euch, als Kenner des menschlichen Herzens, mich, indem ihr mir die Unabhängigkeit vom Leben zugesteht, erst vom Leben recht abhängig zu machen.' Nach reiflicher Überlegung drangen wir nicht weiter in ihn, und er führt nun in einem festen geschliffenen Glasfläschchen dieses Gift als das sonderbarste Gegengift bei sich."

Man unterrichtete den Arzt von allem, was indessen entdeckt worden war, und man beschloß, gegen Augustin das tiefste Stillschweigen zu beobachten. Der Abbé nahm sich vor, ihn nicht von seiner Seite zu lassen, und ihn auf dem guten Wege, den er betreten hatte, fortzuführen.

Indessen sollte Wilhelm die Reise durch Deutschland mit dem Marchese vollenden. Schien es möglich, Augustinen eine Neigung zu seinem Vaterlande wieder einzuflößen, so wollte man seinen Verwandten den Zustand entdecken, und Wilhelm sollte ihn den Seinigen wieder zuführen.

Dieser hatte nun alle Anstalten zu seiner Reise gemacht, und wenn es im Anfang wunderbar schien, daß Augustin sich freute, als er vernahm, wie sein alter Freund und Wohltäter sich sogleich wieder entfernen sollte, so entdeckte doch der Abbé bald den Grund dieser seltsamen Gemütsbewegung. Augustin konnte seine alte Furcht, die er vor Felix hatte, nicht überwinden und wünschte den Knaben je eher je lieber entfernt zu sehen.

Nun waren nach und nach so viele Menschen angekommen, daß man sie im Schloß und in den Seitengebäuden kaum alle unterbringen konnte, um so mehr, als man nicht gleich anfangs auf den Empfang so vieler Gäste die Einrichtung gemacht hatte. Man frühstückte, man speiste zusammen und hätte sich gern beredet, man lebe in einer vergnüglichen Übereinstimmung, wenn schon in der Stille die Gemüter sich gewissermaßen auseinander sehnten. Therese war manchmal mit Lothario, noch öfter allein ausgeritten, sie hatte in der Nachbarschaft schon alle Landwirte und Landwirtinnen kennen lernen; es war ihr Haushaltungsprinzip, und sie mochte nicht unrecht haben, daß man mit Nachbarn und Nachbarinnen im besten Vernehmen und immer in einem ewigen Gefälligkeitswechsel stehen müsse. Von einer Verbindung zwischen ihr und Lothario schien gar die Rede nicht zu sein, die beiden Schwestern hatten sich viel zu sagen, der Abbé schien den Umgang des Harfenspielers zu suchen, Jarno hatte mit dem Arzt öftere Konferenzen, Friedrich hielt sich an Wilhelmen, und Felix war überall, wo es ihm gut ging. So vereinigten sich auch meistenteils die Paare auf dem Spaziergang, indem die Gesellschaft sich trennte, und wenn sie zusammen sein mußten, so nahm man geschwind seine Zuflucht zur Musik, um alle zu verbinden, indem man jeden sich selbst wiedergab.

Unversehens vermehrte der Graf die Gesellschaft, seine Gemahlin abzuholen und, wie es schien, einen feierlichen Abschied von seinen weltlichen Verwandten zu nehmen. Jarno eilte ihm bis an den Wagen entgegen, und als der Ankommende fragte, was er für Gesellschaft finde, so sagte jener in einem Anfall von toller Laune, die ihn immer ergriff, sobald er den Grafen gewahr ward: „Sie finden den ganzen Adel der Welt beisammen, Marchesen, Marquis, Mylords und Baronen, es hat nur noch an einem Grafen gefehlt.“ So ging man die Treppe hinauf, und Wilhelm war die erste Person, die ihm im Vorsaal entgegenkam. „Mylord!“ sagte der Graf zu ihm auf französisch, nachdem er ihn einen Augenblick betrachtet hatte, „ich freue mich sehr, Ihre Bekanntschaft unvermutet zu erneuern; denn ich müßte mich sehr irren, wenn ich Sie nicht im Gefolge des Prinzen sollte in meinem Schlosse gesehen haben.“ — „Ich hatte das Glück, Ew. Exzellenz damals aufzuwarten“, versetzte Wilhelm, „nur erzeigen Sie mir zu viel Ehre, wenn

Sie mich für einen Engländer und zwar vom ersten Range halten, ich bin ein Deutscher, und“ — „zwar ein sehr braver junger Mann“, fiel Jarno sogleich ein. Der Graf sah Wilhelmen lächelnd an und wollte eben etwas erwidern, als die übrige Gesellschaft herbeikam und ihn aufs freundlichste begrüßte. Man entschuldigte sich, daß man ihm nicht sogleich ein anständiges Zimmer anweisen könne, und versprach den nötigen Raum ungesäumt zu verschaffen.

„Ei ei!“ sagte er lächelnd, „ich sehe wohl, daß man dem Zufalle überlassen hat, den Furierzettel zu machen; mit Vorsicht und Einrichtung, wie viel ist da nicht möglich! Jetzt bitte ich euch, rührt mir keinen Pantoffel vom Platze, denn sonst, seh’ ich wohl, gibt es eine große Unordnung. Jedermann wird unbequem wohnen, und das soll niemand um meinetwillen womöglich auch nur eine Stunde. Sie waren Zeuge“, sagte er zu Jarno, „und auch Sie, Mister“, indem er sich zu Wilhelmen wandte, „wie viele Menschen ich damals auf meinem Schlosse bequem untergebracht habe. Man gebe mir die Liste der Personen und Bedienten, man zeige mir an, wie jedermann gegenwärtig einquartiert ist, ich will einen Dislokationsplan machen, daß mit der wenigsten Bemühung jedermann eine geräumige Wohnung finde, und daß noch Platz für einen Gast bleiben soll, der sich zufälligerweise bei uns einstellen könnte.“

Jarno machte sogleich den Adjutanten des Grafen, verschaffte ihm alle nötigen Notizen und hatte nach seiner Art den größten Spaß, wenn er den alten Herrn mitunter irremachen konnte. Dieser gewann aber bald einen großen Triumph. Die Einrichtung war fertig, er ließ in seiner Gegenwart die Namen über alle Türen schreiben, und man konnte nicht leugnen, daß mit wenig Umständen und Veränderungen der Zweck völlig erreicht war. Auch hatte es Jarno unter anderm so geleitet, daß die Personen, die in dem gegenwärtigen Augenblick ein Interesse aneinander nahmen, zusammen wohnten.

Nachdem alles eingerichtet war, sagte der Graf zu Jarno: „Helfen Sie mir auf die Spur wegen des jungen Mannes, den Sie da Meister nennen, und der ein Deutscher sein soll.“ Jarno schwieg still, denn er wußte recht gut, daß der Graf einer von denen Leuten war, die, wenn sie fragen, eigentlich belehren wollen; auch fuhr dieser, ohne Antwort abzuwarten, in seiner Rede fort: „Sie hatten mir ihn damals vorgestellt und im Namen des Prinzen bestens empfohlen. Wenn seine Mutter auch eine Deutsche war, so hafte ich dafür, daß sein Vater ein Engländer ist, und zwar von Stande; wer wollte das englische Blut alles berechnen, das seit dreißig Jahren in deutschen Adern herumfließt! Ich will weiter nicht darauf dringen, ihr habt immer solche Familiengeheimnisse; doch mir wird man in solchen Fällen nichts aufbinden." Darauf erzählte er noch verschiedenes, was damals mit Wilhelmen auf seinem Schloß vorgegangen sein sollte, wozu Jarno gleichfalls schwieg, obgleich der Graf ganz irrig war und Wilhelmen mit einem jungen Engländer in des Prinzen Gefolge mehr als einmal verwechselte. Der gute Herr hatte in frühern Zeiten ein vortreffliches Gedächtnis gehabt und war noch immer stolz darauf, sich der geringsten Umstände seiner Jugend erinnern zu können; nun bestimmte er aber mit eben der Gewißheit wunderbare Kombinationen und Fabeln als wahr, die ihm bei zunehmender Schwäche seines Gedächtnisses seine Einbildungskraft einmal vorgespiegelt hatte. Übrigens war er sehr mild und gefällig geworden, und seine Gegenwart wirkte recht günstig auf die Gesellschaft. Er verlangte, daß man etwas Nützliches zusammen lesen sollte, ja sogar gab er manchmal kleine Spiele an, die er, wo nicht mitspielte, doch mit großer Sorgfalt dirigierte, und da man sich über seine Herablassung verwunderte, sagte er, es sei die Pflicht eines jeden, der sich in Hauptsachen von der Welt entferne, daß er in gleichgültigen Dingen sich ihr desto mehr gleichstelle.

Wilhelm hatte unter diesen Spielen mehr als e i n e n bänglichen und verdrießlichen Augenblick; der leichtsinnige Friedrich ergriff manche Gelegenheit, um auf eine Neigung Wilhelms gegen Natalien zu deuten. Wie konnte er darauf fallen? wodurch war er dazu berechtigt? und mußte nicht die Gesellschaft glauben, daß, weil beide viel miteinander umgingen, Wilhelm ihm eine so unvorsichtige und unglückliche Konfidenz gemacht habe?

Eines Tages waren sie bei einem solchen Scherze heiterer

als gewöhnlich, als Augustin auf einmal zur Türe, die er aufriß, mit gräßlicher Gebärde hereinstürzte; sein Angesicht war blaß, sein Auge wild, er schien reden zu wollen, die Sprache versagte ihm. Die Gesellschaft entsetzte sich, Lothario und Jarno, die eine Rückkehr des Wahnsinns vermuteten, sprangen auf ihn los und hielten ihn fest. Stotternd und dumpf, dann heftig und gewaltsam sprach und rief er: „Nicht mich haltet, eilt! helft! rettet das Kind! Felix ist vergiftet!"

Sie ließen ihn los, er eilte zur Türe hinaus, und voll Entsetzen drängte sich die Gesellschaft ihm nach. Man rief nach dem Arzte, Augustin richtete seine Schritte nach dem Zimmer des Abbés, man fand das Kind, das erschrocken und verlegen schien, als man ihm schon von weitem zurief: „Was hast du angefangen?"

„Lieber Vater!" rief Felix, „ich habe nicht aus der Flasche, ich habe aus dem Glase getrunken, ich war so durstig."

Augustin schlug die Hände zusammen, rief: „Er ist verloren!", drängte sich durch die Umstehenden und eilte davon.

Sie fanden ein Glas Mandelmilch auf dem Tische stehen und eine Karaffine darneben, die über die Hälfte leer war; der Arzt kam, er erfuhr, was man wußte, und sah mit Entsetzen das wohlbekannte Fläschchen, worin sich das flüssige Opium befunden hatte, leer auf dem Tische liegen; er ließ Essig herbeischaffen und rief alle Mittel seiner Kunst zu Hülfe.

Natalie ließ den Knaben in ein Zimmer bringen, sie bemühte sich ängstlich um ihn. Der Abbé war fortgerannt, Augustinen aufzusuchen und einige Aufklärungen von ihm zu erdringen. Ebenso hatte sich der unglückliche Vater vergebens bemüht und fand, als er zurückkam, auf allen Gesichtern Bangigkeit und Sorge. Der Arzt hatte indessen die Mandelmilch im Glase untersucht, es entdeckte sich die stärkste Beimischung von Opium, das Kind lag auf dem Ruhebette und schien sehr krank, es bat den Vater, daß man ihm nur nichts mehr einschütten, daß man es nur nicht mehr quälen möchte. Lothario hatte seine Leute ausgeschickt und war selbst weggeritten, um der Flucht Augustins auf die Spur zu kommen. Natalie saß bei dem Kinde, es flüchtete auf ihren Schoß und bat sie flehentlich um Schutz, flehentlich um ein Stückchen Zucker, der Essig sei gar zu sauer! Der Arzt gab es zu; man müsse das Kind, das in der entsetzlichsten Bewegung war, einen Augenblick ruhen lassen, sagte er; es sei alles Rätliche geschehen, er wolle das Mögliche tun. Der Graf trat mit einigem Unwillen, wie es schien, herbei, er sah ernst, ja feierlich aus, legte die Hände auf das Kind, blickte gen Himmel und blieb einige Augenblicke in dieser Stellung. Wilhelm, der trostlos in einem Sessel lag, sprang auf, warf einen Blick voll Verzweiflung auf Natalien und ging zur Türe hinaus.

Kurz darauf verließ auch der Graf das Zimmer.

„Ich begreife nicht", sagte der Arzt nach einiger Pause, „daß sich auch nicht die geringste Spur eines gefährlichen Zustandes am Kinde zeigt. Auch nur mit einem Schluck muß es eine ungeheure Dosis Opium zu sich genommen haben, und nun finde ich an seinem Pulse keine weitere Bewegung, als die ich meinen Mitteln und der Furcht zuschreiben kann, in die wir das Kind versetzt haben."

Bald darauf trat Jarno mit der Nachricht herein, daß man Augustin auf dem Oberboden in seinem Blute gefunden habe, ein Schermesser habe neben ihm gelegen, wahrscheinlich habe er sich die Kehle abgeschnitten. Der Arzt eilte fort und begegnete den Leuten, welche den Körper die Treppe herunterbrachten. Er ward auf ein Bett gelegt und genau untersucht, der Schnitt war in die Luftröhre gegangen, auf einen starken Blutverlust war eine Ohnmacht gefolgt, doch ließ sich bald bemerken, daß noch Leben, daß noch Hoffnung übrig sei. Der Arzt brachte den Körper in die rechte Lage, fügte die getrennten Teile zusammen und legte den Verband auf. Die Nacht ging allen schlaflos und sorgenvoll vorüber. Das Kind wollte sich nicht von Natalien trennen lassen. Wilhelm saß vor ihr auf einem Schemel; er hatte die Füße des Knaben auf seinem Schoße, Kopf und Brust lagen auf dem ihrigen, so teilten sie die angenehme Last und die schmerzlichen Sorgen und verharrten, bis der Tag anbrach, in der unbequemen und traurigen Lage; Natalie hatte Wilhelmen ihre Hand gegeben, sie sprachen kein Wort, sahen auf das Kind und sahen einander an. Lothario und Jarno saßen am andern Ende des Zimmers und führten ein sehr bedeutendes Gespräch, das wir gern, wenn uns die Begebenheiten nicht zu sehr drängten, unsern Lesern hier mitteilen würden. Der Knabe schlief sanft, erwachte am frühen Morgen ganz heiter, sprang auf und verlangte ein Butterbrot.

Sobald Augustin sich einigermaßen erholt hatte, suchte man einige Aufklärung von ihm zu erhalten. Man erfuhr nicht ohne Mühe und nur nach und nach, daß, als er bei der unglücklichen Dislokation des Grafen in ein Zimmer mit dem Abbé versetzt worden, er das Manuskript und darin seine Geschichte gefunden habe; sein Entsetzen sei ohnegleichen gewesen, und er habe sich nun überzeugt, daß er nicht länger leben dürfe; sogleich habe er seine gewöhnliche Zuflucht zum Opium genommen, habe es in ein Glas Mandelmilch geschüttet und habe doch, als er es an den Mund gesetzt, geschaudert; darauf habe er es stehenlassen, um nochmals durch den Garten zu laufen und die Welt zu sehen, bei seiner Zurückkunft habe er das Kind gefunden, eben beschäftigt, das Glas, woraus es getrunken, wieder voll zu gießen.

Man bat den Unglücklichen, ruhig zu sein, er faßte Wilhelmen krampfhaft bei der Hand: „Ach!“ sagte er, „warum habe ich dich nicht längst verlassen! ich wußte wohl, daß ich den Knaben töten würde, und er mich.“ — „Der Knabe lebt!“ sagte Wilhelm. Der Arzt, der aufmerksam zugehört hatte, fragte Augustinen, ob alles Getränke vergiftet gewesen? „Nein!“ versetzte er, „nur das Glas.“ — „So hat durch den glücklichsten Zufall“, rief der Arzt, „das Kind aus der Flasche getrunken! Ein guter Genius hat seine Hand geführt, daß es nicht nach dem Tode griff, der so nahe zubereitet stand!“ — „Nein! nein!“ rief Wilhelm mit einem Schrei, indem er die Hände vor die Augen hielt, „wie fürchterlich ist diese Aussage! Ausdrücklich sagte das Kind, daß es nicht aus der Flasche, sondern aus dem Glase getrunken habe. Seine Gesundheit ist nur ein Schein, es wird uns unter den Händen wegsterben.“ Er eilte fort, der Arzt ging hinunter und fragte, indem er das Kind liebkoste: „Nicht wahr, Felix, du hast aus der Flasche getrunken und nicht aus dem Glase?" Das Kind fing an zu weinen. Der Arzt erzählte Natalien im stillen, wie sich die Sache verhalte; auch sie bemühte sich vergebens, die Wahrheit von dem Kinde zu erfahren, es weinte nur heftiger und so lange, bis es einschlief.

Wilhelm wachte bei ihm, die Nacht verging ruhig. Den andern Morgen fand man Augustinen tot in seinem Bette; er hatte die Aufmerksamkeit seiner Wärter durch eine scheinbare Ruhe betrogen, den Verband still aufgelöst und sich verblutet. Natalie ging mit dem Kinde spazieren, es war munter wie in seinen glücklichsten Tagen. „Du bist doch gut", sagte Felix zu ihr, „du zankst nicht, du schlägst mich nicht, ich will dir's nur sagen, ich habe aus der Flasche getrunken! Mutter Aurelie schlug mich immer auf die Finger, wenn ich nach der Karaffine griff, der Vater sah so bös aus, ich dachte, er würde mich schlagen."

Mit beflügelten Schritten eilte Natalie zu dem Schlosse, Wilhelm kam ihr, noch voller Sorgen, entgegen. „Glücklicher Vater!" rief sie laut, indem sie das Kind aufhob und es ihm in die Arme warf, „da hast du deinen Sohn! Er hat aus der Flasche getrunken, seine Unart hat ihn gerettet."

Man erzählte den glücklichen Ausgang dem Grafen, der aber nur mit lächelnder, stiller, bescheidner Gewißheit zuhörte, mit der man den Irrtum guter Menschen ertragen mag. Jarno, aufmerksam auf alles, konnte diesmal eine solche hohe Selbstgenügsamkeit nicht erklären, bis er endlich nach manchen Umschweifen erfuhr: der Graf sei überzeugt, das Kind habe wirklich Gift genommen, er habe es aber durch sein Gebet und durch das Auflegen seiner Hände wunderbar am Leben erhalten. Nun beschloß er auch sogleich wegzugehn; gepackt war bei ihm alles wie gewöhnlich in einem Augenblicke, und beim Abschiede faßte die schöne Gräfin Wilhelms Hand, ehe sie noch die Hand der Schwester losließ, drückte alle vier Hände zusammen, kehrte sich schnell um und stieg in den Wagen.

So viel schreckliche und wunderbare Begebenheiten, die sich eine über die andere drängten, zu einer ungewohnten Lebensart nötigten und alles in Unordnung und Verwirrung setzten, hatten eine Art von fieberhafter Schwingung in das Haus gebracht. Die Stunden des Schlafens und Wachens, des Essens, Trinkens und geselligen Zusammenseins waren verrückt und umgekehrt. Außer Theresen war niemand in seinem Gleise geblieben; die Männer suchten durch geistige Getränke ihre gute Laune wiederherzustellen, und indem sie sich eine künstliche Stimmung gaben, entfernten sie die natürliche, die allein uns wahre Heiterkeit und Tätigkeit gewährt.

Wilhelm war durch die heftigsten Leidenschaften bewegt und zerrüttet, die unvermuteten und schreckhaften Anfälle hatten sein Innerstes ganz aus aller Fassung gebracht, einer Leidenschaft zu widerstehn, die sich des Herzens so gewaltsam bemächtigt hatte. Felix war ihm wiedergegeben, und doch schien ihm alles zu fehlen; die Briefe von Wernern mit den Anweisungen waren da, ihm mangelte nichts zu seiner Reise, als der Mut, sich zu entfernen. Alles drängte ihn zu dieser Reise. Er konnte vermuten, daß Lothario und Therese nur auf seine Entfernung warteten, um sich trauen zu lassen. Jarno war wider seine Gewohnheit still, und man hätte beinahe sagen können, er habe etwas von seiner gewöhnlichen Heiterkeit verloren. Glücklicherweise half der Arzt unserm Freunde einigermaßen aus der Verlegenheit, indem er ihn für krank erklärte und ihm Arznei gab.

Die Gesellschaft kam immer abends zusammen, und Friedrich, der ausgelassene Mensch, der gewöhnlich mehr Wein als billig trank, bemächtigte sich des Gesprächs und brachte nach seiner Art mit hundert Zitaten und eulenspiegelhaften Anspielungen die Gesellschaft zum Lachen, und setzte sie auch nicht selten in Verlegenheit, indem er laut zu denken sich erlaubte.

An die Krankheit seines Freundes schien er gar nicht zu glauben. Einst, als sie alle beisammen waren, rief er aus: „Wie nennt Ihr das Übel, Doktor, das unsern Freund angefallen hat? Paßt hier keiner von den dreitausend Namen, mit denen Ihr Eure Unwissenheit ausputzt? An ähnlichen Beispielen wenigstens hat es nicht gefehlt. Es kommt", fuhr er mit einem emphatischen Tone fort, „ein solcher Kasus in der ägyptischen oder babylonischen Geschichte vor."

Die Gesellschaft sah einander an und lächelte.

„Wie hieß der König?“ rief er aus und hielt einen Augenblick inne. „Wenn Ihr mir nicht einhelfen wollt“, fuhr er fort, „so werde ich mir selbst zu helfen wissen.“ Er riß die Türflügel auf und wies nach dem großen Bilde im Vorsaal. „Wie heißt der Ziegenbart mit der Krone dort, der sich am Fuße des Bettes um seinen kranken Sohn abhärmt? Wie heißt die Schöne, die hereintritt und in ihren sittsamen Schelmenaugen Gift und Gegengift zugleich führt? Wie heißt der Pfuscher von Arzt, dem erst in diesem Augenblicke ein Licht aufgeht, der das erste Mal in seinem Leben Gelegenheit findet, ein vernünftiges Rezept zu verordnen, eine Arznei zu reichen, die aus dem Grunde kuriert, und die ebenso wohlschmeckend als heilsam ist?“

In diesem Tone fuhr er fort zu schwadronieren. Die Gesellschaft nahm sich so gut als möglich zusammen und verbarg ihre Verlegenheit hinter einem gezwungenen Lächeln. Eine leichte Röte überzog Nataliens Wangen und verriet die Bewegungen ihres Herzens. Glücklicherweise ging sie mit Jarno auf und nieder; als sie an die Türe kam, schritt sie mit einer klugen Bewegung hinaus, einigemal in dem Vorsaale hin und wider und ging sodann auf ihr Zimmer.

Die Gesellschaft war still. Friedrich fing an zu tanzen und zu singen.

„O, ihr werdet Wunder sehn!
Was geschehn ist, ist geschehn,
Was gesagt ist, ist gesagt.
Eh' es tagt,
Sollt ihr Wunder sehn.“

Therese war Natalien nachgegangen, Friedrich zog den Arzt vor das große Gemälde, hielt eine lächerliche Lobrede auf die Medizin und schlich davon.

Lothario hatte bisher in einer Fenstervertiefung gestanden und sah, ohne sich zu rühren, in den Garten hinunter. Wilhelm war in der schrecklichsten Lage. Selbst da er sich nun mit seinem Freunde allein sah, blieb er eine Zeitlang still; er überlief mit flüchtigem Blick seine Geschichte und sah zuletzt mit Schaudern auf seinen gegenwärtigen Zustand; endlich sprang er auf und rief: „Bin ich schuld an dem, was vorgeht, an dem, was mir und Ihnen begegnet, so strafen Sie mich! Zu meinen übrigen Leiden entziehen Sie mir Ihre Freundschaft, und lassen Sie mich ohne Trost in die weite Welt hinausgehen, in der ich mich lange hätte verlieren sollen. Sehen Sie aber in mir das Opfer einer grausamen zufälligen Verwicklung, aus der ich mich herauszuwinden unfähig war, so geben Sie mir die Versicherung Ihrer Liebe, Ihrer Freundschaft auf eine Reise mit, die ich nicht länger verschieben darf. Es wird eine Zeit kommen, wo ich Ihnen werde sagen können, was diese Tage in mir vorgegangen ist. Vielleicht leide ich eben jetzt diese Strafe, weil ich mich Ihnen nicht früh genug entdeckte, weil ich gezaudert habe, mich Ihnen ganz zu zeigen, wie ich bin; Sie hätten mir beigestanden, Sie hätten mir zur rechten Zeit losgeholfen. Aber- und abermal gehen mir die Augen über mich selbst auf, immer zu spät und immer umsonst. Wie sehr verdiente ich die Strafrede Jarnos! Wie glaubte ich, sie gefaßt zu haben, wie hoffte ich, sie zu nutzen, ein neues Leben zu gewinnen! Konnte ich's? Sollte ich's? Vergebens klagen wir Menschen uns selbst, vergebens das Schicksal an! Wir sind elend und zum Elend bestimmt, und ist es nicht völlig einerlei, ob eigene Schuld, höherer Einfluß oder Zufall, Tugend oder Laster, Weisheit oder Wahnsinn uns ins Verderben stürzen? Leben Sie wohl! ich werde keinen Augenblick länger in dem Hause verweilen, in welchem ich das Gastrecht wider meinen Willen so schrecklich verletzt habe. Die Indiskretion Ihres Bruders ist unverzeihlich, sie treibt mein Unglück auf den höchsten Grad, sie macht mich verzweifeln."

„Und wenn nun", versetzte Lothario, indem er ihn bei der Hand nahm, „Ihre Verbindung mit meiner Schwester die geheime Bedingung wäre, unter welcher sich Therese entschlossen hat, mir ihre Hand zu geben? Eine solche Entschädigung hat Ihnen das edle Mädchen zugedacht; sie schwur, daß dieses doppelte Paar an einem Tage zum Altare gehen sollte. ‚Sein Verstand hat mich gewählt', sagte sie, ‚sein Herz fordert Natalien, und mein Verstand wird seinem Herzen zu Hülfe kommen.' Wir wurden einig, Natalien und Sie zu beobachten, wir machten den Abbé zu unserm Vertrauten, dem wir versprechen mußten, keinen

Schritt zu dieser Verbindung zu tun, sondern alles seinen Gang gehen zu lassen. Wir haben es getan. Die Natur hat gewirkt, und der tolle Bruder hat nur die reife Frucht abgeschüttelt. Lassen Sie uns, da wir einmal so wunderbar zusammenkommen, nicht ein gemeines Leben führen; lassen Sie uns zusammen auf eine würdige Weise tätig sein! Unglaublich ist es, was ein gebildeter Mensch für sich und andere tun kann, wenn er, ohne herrschen zu wollen, das Gemüt hat, Vormund von vielen zu sein, sie leitet, dasjenige zur rechten Zeit zu tun, was sie doch alle gerne tun möchten, und sie zu ihren Zwecken führt, die sie meist recht gut im Auge haben und nur die Wege dazu verfehlen. Lassen Sie uns hierauf einen Bund schließen! Es ist keine Schwärmerei, es ist eine Idee, die recht gut ausführbar ist, und die öfters, nur nicht immer mit klarem Bewußtsein, von guten Menschen ausgeführt wird. Meine Schwester Natalie ist hiervon ein lebhaftes Beispiel. Unerreichbar wird immer die Handlungsweise bleiben, welche die Natur dieser schönen Seele vorgeschrieben hat. Ja sie verdient diesen Ehrennamen vor vielen andern, mehr, wenn ich sagen darf, als unsre edle Tante selbst, die zu der Zeit, als unser guter Arzt jenes Manuskript so rubrizierte, die schönste Natur war, die wir in unserm Kreise kannten. Indes hat Natalie sich entwickelt, und die Menschheit freut sich einer solchen Erscheinung."

Er wollte weiterreden, aber Friedrich sprang mit großem Geschrei herein. „Welch einen Kranz verdien' ich?" rief er aus, „und wie werdet ihr mich belohnen? Myrten, Lorbeer, Efeu, Eichenlaub, das frischeste, das ihr finden könnt, windet zusammen; so viel Verdienste habt ihr in mir zu krönen. Natalie ist dein! Ich bin der Zauberer, der diesen Schatz gehoben hat."

„Er schwärmt", sagte Wilhelm, „und ich gehe."

„Hast du Auftrag?" sagte der Baron, indem er Wilhelmen festhielt.

„Aus eigner Macht und Gewalt", versetzte Friedrich, „auch von Gottes Gnaden, wenn ihr wollt; so war ich Freiersmann, so bin ich jetzt Gesandter, ich habe an der Türe gehorcht, sie hat sich ganz dem Abbé entdeckt."

„Unverschämter!“ sagte Lothario, „wer heißt dich horchen.“

„Wer heißt sie sich einschließen!“ versetzte Friedrich; „ich hörte alles ganz genau, Natalie war sehr bewegt. In der Nacht, da das Kind so krank schien und halb auf ihrem Schoße ruhte, als du trostlos vor ihr saßest und die geliebte Bürde mit ihr teiltest, tat sie das Gelübde, wenn das Kind stürbe, dir ihre Liebe zu bekennen, und dir selbst die Hand anzubieten; jetzt, da das Kind lebt, warum soll sie ihre Gesinnung verändern? Was man einmal so verspricht, hält man unter jeder Bedingung. Nun wird der Pfaffe kommen und wunder denken, was er für Neuigkeiten bringt.“

Der Abbé trat ins Zimmer. „Wir wissen alles“, rief Friedrich ihm entgegen, „macht es kurz, denn Ihr kommt bloß um der Formalität willen, zu weiter nichts werden die Herren verlangt.“

„Er hat gehorcht“, sagte der Baron. — „Wie ungezogen!“ rief der Abbé.

„Nun geschwind!“ versetzte Friedrich, „wie sieht's mit den Zeremonien aus? Die lassen sich an den Fingern herzählen, Ihr müßt reisen, die Einladung des Marchese kommt Euch herrlich zustatten. Seid Ihr nur einmal über die Alpen, so findet sich zu Hause alles, die Menschen wissen's Euch Dank, wenn Ihr etwas Wunderliches unternehmt, Ihr verschafft ihnen eine Unterhaltung, die sie nicht zu bezahlen brauchen. Es ist eben, als wenn Ihr eine Freiredoute gäbt; es können alle Stände daran teilnehmen.“

„Ihr habt Euch freilich mit solchen Volksfesten schon sehr ums Publikum verdient gemacht“, versetzte der Abbé, „und ich komme, so scheint es, heute nicht mehr zum Wort.“

„Ist nicht alles, wie ich's sage“, versetzte Friedrich, „so belehrt uns eines Bessern! Kommt herüber, kommt herüber! wir müssen sie sehen und uns freuen.“

Lothario umarmte seinen Freund und führte ihn zu der Schwester, sie kam mit Theresen ihm entgegen, alles schwieg.

„Nicht gezaudert!“ rief Friedrich. „In zwei Tagen könnt ihr reisefertig sein. Wie meint Ihr, Freund“, fuhr er fort, indem er sich zu Wilhelmen wendete, „als wir Bekanntschaft machten, als ich Euch den schönen Strauß abforderte, wer konnte denken, daß Ihr jemals eine solche Blume aus meiner Hand empfangen würdet?"

„Erinnern Sie mich nicht in diesem Augenblicke des höchsten Glücks an jene Zeiten!"

„Deren Ihr Euch nicht schämen solltet, so wenig man sich seiner Abkunft zu schämen hat. Die Zeiten waren gut, und ich muß lachen, wenn ich dich ansehe: du kommst mir vor wie Saul, der Sohn Kis, der ausging, seines Vaters Eselinnen zu suchen, und ein Königreich fand."

„Ich kenne den Wert eines Königreichs nicht", versetzte Wilhelm, „aber ich weiß, daß ich ein Glück erlangt habe, das ich nicht verdiene, und das ich mit nichts in der Welt vertauschen möchte."

KOMMENTARTEIL

„WILHELM MEISTERS LEHRJAHRE" IM URTEIL GOETHES UND SEINER ZEITGENOSSEN

GOETHE

Tagebuch, 16. Februar 1777.

In Garten, diktiert an „Wilhelm Meister".

An Knebel, Januar oder Februar 1778.

Hier, mein Lieber, das erste Buch meines Romans. Ohngefähr der achte Teil desselben. Ich wünschte von Dir zu hören, wie er sich liest und ob diese Introduzione würdige Erwartungen erregt?

An Merck, 5. August 1778.

Auch hab' ich eine Bitte, daß, wenn Du mehr so was *(wie die ‚Geschichte des Herrn Oheims' im ‚Teutschen Merkur')* schreibst, daß Du mir weder direkt noch indirekt ins theatralische Gehege kommst, indem ich das ganze Theaterwesen in einem Roman, wovon das erste Buch, dessen Anfang Du gesehen hast, fertig ist, vorzutragen bereit bin.

An Charlotte v. Stein, 5. Juni 1780.

Es ward würklich warm, als ich von Ihnen wegritt, und ein Pferd, das nur Schritt geht, merk' ich wohl, muß ich im Leben nicht reiten. Ich ... kam so durch Erfurt, und zuletzt führt' ich meine Lieblingssituation im „Wilhelm Meister" wieder aus. Ich ließ den ganzen Detail in mir entstehen und fing zuletzt so bitterlich zu weinen an, daß ich eben zeitig genug nach Gotha kam ... Ich wollt' gern Geld drum geben, wenn das Kapitel von „Wilhelm Meister" aufgeschrieben wär; aber man brächte mich eher zu einem Sprung durchs Feuer. Diktieren könnt ich's noch allenfalls, wenn ich nur immer einen Reiseschreiber bei mir hätte. Zwischen so einer Stunde, wo die Dinge so lebendig in mir werden, und meinem Zustand in diesem Augenblick, wo ich jetzt schreibe, ist ein Unterschied wie Traum und Wachen.

An Charlotte v. Stein, 30. Juni 1782.

Liebe Lotte, ich habe heute nichts geschrieben, dafür ziemlich mein zweites Buch im Ganzen zu Stande. Adieu, man hat mir keine Ruhe gelassen.

An Knebel, 27. Juli 1782.

Das zweite Buch von „Wilhelm Meister“ erhältst Du bald, ich habe es mitten in dem Taumel geschrieben.

An Charlotte v. Stein, 10. August 1782.

Heute früh habe ich das Kapitel im „Wilhelm“ geendigt, wovon ich Dir den Anfang diktierte. Es machte mir eine gute Stunde. Eigentlich bin ich zum Schriftsteller geboren. Es gewährt mir eine reinere Freude als jemals, wenn ich etwas nach meinen Gedanken gut geschrieben habe. Lebe wohl. Erhalte mir die Seele meines Lebens, Treibens und Schreibens.

An Charlotte v. Stein, 18. Oktober 1782.

Ich bin an „Wilhelmen“ fleißig, das dritte Buch ruckt zu.

An Charlotte v. Stein, 8. November 1782.

Mein „Wilhelm“ läuft zum Ende seines dritten Buchs. Wenn ich schreibe, denke ich, es sei auch Dir zur Freude.

An Knebel, 21. November 1782.

Ich komme fast nicht aus dem Hause, versehe meine Arbeiten und schreibe in guten Stunden die Märchen auf, die ich mir selbst zu erzählen von jeher gewohnt bin. Du sollst bald die drei ersten Bücher der „Theatralischen Sendung“ haben. Sie werden abgeschrieben.

An Knebel, 3. Juli 1783.

Es freut mich recht sehr, daß Du meinen „Wilhelm“ so gut aufgenommen hast und daß Du mir Deine Gedanken darüber sagen magst. Was Du daran lobst, habe ich wenigstens zu erreichen gesucht, bin aber leider weit hinter meiner Idee zurückgeblieben. Ich selbst habe auch keinen Genuß daran, diese Schrift ist weder in ruhigen Stimmungen geschrieben, noch habe ich nachher wieder einen Augenblick gefunden, sie im Ganzen zu übersehen. Und selten, daß ein Leser bestimmt sagen kann, was ihm wohlgetan hat. Das vierte Buch ist zur Hälfte fertig. Vielleicht ruckt die andre Hälfte bald nach, alsdenn sollst Du es bald haben. Schicke aber doch die drei Bücher, die in Deinen Händen sind, meiner Mutter; sie und andre, denen ich's angekündigt, warten sehnlich darauf. Du kannst sie einmal wieder haben.

An Charlotte v. Stein, 12. November 1783.

Heute ist's ein Jahr, daß ich das vierte Buch „Wilhelm Meisters“ angefangen habe, und heute endige ich es.

An Knebel, 27. Dezember 1783.

Ich danke für gute Aufnahme ,,Wilhelms". Jede Bemerkung, besonders von Dir, ist mir lieb. Ich fahre nun fort und will sehen, ob ich das Werkchen zu Ende schreibe. Alsdann aber wird es auf Zeit und Glück ankommen, ob ich es wieder im Ganzen übersehen, durchsehen und alles schärfer und fühlbarer an einander rucken kann.

An Juliane v. Bechtolsheim, 23. Oktober 1784.

Das fünfte Buch von ,,Wilhelm Meister" wird ehestens anlangen, ich wünsche, daß es den Eindruck der ersten nicht zerstören möge. Diese vier ersten bitte ich mir so bald als möglich zurück.

An Charlotte v. Stein, 3. September 1785.

Könnte ich nur indessen meinen ,,Wilhelm" ausschreiben *(d.h.: zu Ende schreiben)*! Das Buch wenigstens. Ich habe das Werk sehr lieb, nicht wie es ist, sondern wie es werden kann.

An Charlotte v. Stein, 20. September 1785.

Die Fürstin Gallitzin ist hier mit Fürstenberg und Hemsterhuis ... Edelsheim ist auch hier, und sein Umgang macht mir mehr Freude als jemals; ich kenne keinen klügeren Menschen. Er hat mir manches zur Charakteristik der Stände geholfen, worauf ich so ausgehe.

An Charlotte v. Stein, 11. November 1785.

Heute hab' ich endlich das sechste Buch geendigt. Möge es Euch so viel Freude machen, als es mir Sorge gemacht hat, ich darf nicht sagen Mühe. Denn die ist nicht bei diesen Arbeiten, aber wenn man so genau weiß, was man will, ist man in der Ausführung niemals mit sich selbst zufrieden.

An Charlotte v. Stein, 9. Dezember 1785.

Gestern Abend hab' ich den Plan auf alle sechs folgende Bücher ,,Wilhelms" aufgeschrieben.

An Charlotte v. Stein, 23. Mai 1786.

Ich habe an ,,Wilhelm" geschrieben und denke nun bald, auch dieses Buch soll glücken, wenn es nur nicht mit allen diesen Dingen so eine gar wunderliche Sache wäre; es läßt sich daran nicht viel sinnen und dichten; was freiwillig kommt, ist das Beste.

An Charlotte v. Stein, Rom, 20. Januar 1787.

Ich habe Hoffnung, ,,Egmont", ,,Tasso", ,,Faust" zu endigen, und neue Gedanken genug zum ,,Wilhelm".

An Herzog Carl August. Rom, 10. Februar 1787.

Ganz besonders ergötzt mich der Anteil, den Sie an „Wilhelm Meister“ nehmen. Seit der Zeit, da Sie ihn in Tannrode lasen, hab' ich ihn oft wieder vor der Seele gehabt. Die große Arbeit, die noch erfordert wird, ihn zu endigen und ihn zu einem Ganzen zu schreiben, wird nur durch solche teilnehmende Aufmunterungen überwindlich.

Italienische Reise, Zweiter Römischer Aufenthalt. 2. Oktober 1787. *(Redigiert 1828/29. Vgl. Bd. 11, S. 411)*

Ihr verlangt, meine Lieben, daß ich von mir selbst schreibe, und seht, wie ich's tue; wenn wir wieder zusammenkommen, sollt ihr gar manches hören. Ich habe Gelegenheit gehabt, über mich selbst und andre, über Welt und Geschichte viel nachzudenken, wovon ich manches Gute, wenngleich nicht Neue, auf meine Art mitteilen werde. Zuletzt wird alles im „Wilhelm“ gefaßt und geschlossen.

Aus einem Notizheft Goethes von 1788, Reise von Rom nach Nürnberg. (Schr. G. Ges. 58, S. V u. 19.)

Wilhelm, der eine unbedingte Existenz führt, in höchster Freiheit lebt, bedingt sich solche immer mehr, eben weil er frei und ohne Rücksichten handelt.

Tagebuch, 3. Januar 1791.

Früh „Wilhelm“. – *Ähnliche Eintragungen täglich bis 11. Januar.*

Aus einem Notizbuch Goethes, das er im Jahre 1793 benutze. (Blatt 27, 35/36 und 39 der Handschrift im Goethe- und Schiller-Archiv.)

In Wilhelm den sittlichen Traum – In Laertes den Wunsch unbedingt zu leben – In Philine die reine Sinnlichkeit – Abbé pädagogischer Traum.

Wilhelm: ästhetisch-sittlicher Traum – Lothario: heroisch-aktiver Traum – Laertes: Unbedingter Wille – Abbé: Pädagogischer praktischer Traum – Philine: Gegenwärtige Sinnlichkeit, Leichtsinn – Aurelie: Hartnäckiges selbstquälendes Festhalten – Emilie: Weiblich-ästhetisch-sittliche Wirklichkeit praktisch – Julie: Häusliche reine Wirklichkeit – Mariane ... – Mignon: Wahnsinn des Mißverhältnisses.

Es betrügt sich kein Mensch, der in seiner Jugend noch soviel erwartet. Aber wie er damals die Ahndung in seinem Herzen empfand, so muß er auch die Erfüllung in seinem Herzen suchen, nicht außer sich.

An Knebel, 7. Dezember 1793.

Jetzt bin ich im Sinnen und Entschließen, womit ich künftiges Jahr anfangen will, man muß sich mit Gewalt an etwas heften. Ich denke, es wird mein alter Roman werden.

An Herder, undatiert. (Erstes Halbjahr 1794)

Ich ... komme in Versuchung, Dir das erste Buch meines Romans zu schicken, das nun umgeschrieben noch manches Federstriches bedarf, nicht um gut zu werden, sondern nur, einmal als eine Pseudo-Konfession mir vom Herzen und Halse zu kommen.

An Heinrich Meyer, 17. Juli 1794.

Der erste Band des Romans ist bald fertig.

23. August 1794-28. November 1796 Briefwechsel mit Schiller über die Lehrjahre. *Er ist im Folgenden als eigene Gruppe abgedruckt.*

Im Januar 1795 erschien der 1. Band. Er umfaßt Buch 1 und 2. Der Erstdruck erschien in 4 kleinen Bänden, von denen jeder 2 Bücher enthält. Sie wurden ausgegeben im Januar, Mai und November 1795 und im Oktober 1796.

Tagebuch, 26. Juni 1796.

Roman fertig.

An Christian Gottfried Körner, 8. Dezember 1796.

Ich habe Ihnen genug für das zu danken, was Sie über den Almanach und über den letzten Band meines Romans an Schiller schrieben, ich habe mich über den Anteil zu freuen, den Sie an meinen Produktionen nehmen. Wenn man auch immer selbst wüßte, welchen Platz eine Arbeit, die wir eben geendet haben, die nun einmal so sein muß, weil sie so ist, in dem ganzen Reiche der Literatur verdiene, welches doch eigentlich unmöglich ist, so würden immer noch gleichgestimmte und einsichtige Urteile anderer uns äußerst willkommen sein. Da man aber (ich wollte sagen: ich aber) niemals ungewisser ist als über ein Produkt, das soeben fertig wird, bei dem man seine besten Kräfte und seinen besten Willen erschöpft hat, und wo doch demohngeachtet ein gewisses geheimes Urteil noch manches zu fordern sich berechtigt glaubt, so bleibt ein inniger Anteil, der sich nicht ans einzelne hängt, sondern in dem Ganzen lebt, eine sehr erquickliche Erscheinung.

An Knebel, 16. März 1814.

Riemer ist sehr brav. Wir lesen jetzt, eine neue Ausgabe vorbereitend, „Wilhelm Meister“ zusammen. Da ich dieses Werklein, so wie meine übrigen Sachen, als Nachtwandler geschrieben, so sind mir seine Bemerkungen über meinen Stil höchst lehrreich und anmutig. Verändert wird übrigens nichts als was im eigentlichen Sinne als Schreib- oder Druckfehler gelten kann.

Gesprächsaufzeichnung Riemers, 4. April 1814.

Merkwürdige Äußerung Goethes über sich selbst, bei Gelegenheit des ,,Meister". Daß nur die Jugend die Varietät und Spezifikation, das Alter aber die Genera, ja die Familias habe. An sich und Tizian gezeigt, der zuletzt den Samt nur symbolisch malte ... Goethe sei in seiner ,,Natürlichen Tochter", in der ,,Pandora" ins Generische gegangen; im ,,Meister" sei noch die Varietät. Das Naturgemäße daran! Die Natur sei streng in Generibus und Familiis, und nur in der Species erlaube sie sich Varietäten ...

Aus: Tag- und Jahreshefte. *Geschrieben 1819/20. (Bd. 10, S. 431, 432.)*

Aus dem Abschnitt ,,Bis 1780": Die Anfänge des ,,Wilhelm Meister" wird man in dieser Epoche auch schon gewahr, obgleich nur kotyledonenartig; die fernere Entwicklung und Bildung zieht sich durch viele Jahre.

Aus dem Abschnitt ,,Bis 1786": Die Anfänge ,,Wilhelm Meisters" hatten lange geruht. Sie entsprangen aus einem dunkeln Vorgefühl der großen Wahrheit: daß der Mensch oft etwas versuchen möchte, wozu ihm Anlage von der Natur versagt ist, unternehmen und ausüben möchte, wozu ihm Fertigkeit nicht werden kann; ein inneres Gefühl warnt ihn abzustehen, er kann aber mit sich nicht ins klare kommen und wird auf falschem Wege zu falschem Zwecke getrieben, ohne daß er weiß, wie es zugeht. Hierzu kann alles gerechnet werden, was man falsche Tendenz, Dilettantismus usw. genannt hat. Geht ihm hierüber von Zeit zu Zeit ein halbes Licht auf, so entsteht ein Gefühl, das an Verzweiflung grenzt, und doch läßt er sich wieder gelegentlich von der Welle, nur halb widerstrebend, fortreißen. Gar viele vergeuden hiedurch den schönsten Teil ihres Lebens und verfallen zuletzt in wundersamen Trübsinn. Und doch ist es möglich, daß alle die falschen Schritte zu einem unschätzbaren Guten hinführen: eine Ahndung, die sich im ,,Wilhelm Meister" immer mehr entfaltet, aufklärt und bestätigt, ja sich zuletzt mit klaren Worten ausspricht: ,,Du kommst mir vor wie Saul, der Sohn Kis', der ausging, seines Vaters Eselinnen zu suchen, und ein Königreich fand."

Gesprächsaufzeichnung des Kanzlers v. Müller, 22. Januar 1821.

Dies gab zu näherem Gespräch über ,,Wilhelm Meister" Anlaß, den Goethe jetzt nach langen, langen Jahren erst wieder gelesen, mit Übersprung des 1. Teils. Schon vor seiner Italienischen Reise sei er größtenteils fertig gewesen. Es mache ihm Freude und Beruhigung zu finden, daß der ganze Roman durchaus symbolisch sei, daß hinter den vorgeschobenen Personen durchaus etwas Allgemeineres, Höheres verborgen liege. Lange sei das Buch mißverstanden worden, anstößig gewesen. Die guten Deutschen brauchten immer gehörige Zeit, bis sie ein vom Gewöhnlichen abweichendes Werk verdaut, sich zurechtgeschoben, genüglich reflektiert hätten ... Wilhelm sei freilich ein „Armer Hund", aber nur an solchen lasse sich das Wechselspiel des Lebens und die tausend verschiedenen Lebensaufgaben recht deutlich zeigen, nicht an schon abgeschlossenen festen Charakteren.

Aus: Tag- und Jahreshefte. *Geschrieben 1819–1824.*

Aus dem Abschnitt „1795": Schillers Teilnahme war die innigste und höchste. Da jedoch seine Briefe hierüber noch vorhanden sind, so darf ich weiter nichts sagen, als daß die Bekanntmachung derselben wohl eins der schönsten Geschenke sein möchte, die man einem gebildeten Publikum bringen kann.

Aus dem Abschnitt „1796": Einer höchst lieb- und werten, aber auch schwer lastenden Bürde entledigte ich mich gegen Ende Augusts. Die Reinschrift des letzten Buches von „Wilhelm Meister" ging endlich ab an den Verleger. Seit sechs Jahren hatte ich Ernst gemacht, diese frühe Konzeption auszubilden, zurechtzustellen und dem Drucke nach und nach zu übergeben. Es bleibt daher dieses eine der inkalkulabelsten Produktionen, man mag sie im ganzen oder in ihren Teilen betrachten; ja um sie zu beurteilen, fehlt mir beinahe selbst der Maßstab.

An Carlyle, 30. Oktober 1824. (Briefe Bd. 4 S. 126f.)

Dankbrief für die Übersendung von Carlyles Übertragung der Lehrjahre.

Eckermann, Gespräche. 18. Januar 1825.

... Auch vom „Wilhelm Meister" war wiederholt die Rede. „Schiller" sagte er, „tadelte die Einflechtung des Tragischen, als welches nicht in den Roman gehöre. Er hatte jedoch unrecht, wie wir alle wissen. In seinen Briefen an mich sind über den „Wilhelm Meister" die bedeutendsten Ansichten und Äußerungen. Es gehört dieses Werk übrigens zu den inkalkulabelsten Produktionen, wozu mir fast selbst der Schlüssel fehlt. Man sucht einen Mittelpunkt, und das ist schwer und nicht einmal gut. Ich sollte meinen, ein reiches, mannigfaltiges Leben, das unsern Augen vorübergeht, wäre auch an sich etwas ohne ausgesprochene Tendenz, die doch bloß für den Begriff ist. Will man aber dergleichen durchaus, so halte man sich an die Worte Friedrichs, die er am Ende an unsern Helden richtet, indem er sagt: ,,Du kommst mir vor wie Saul, der Sohn Kis', der ausging, seines Vaters Eselinnen zu suchen, und ein Königreich fand.“ Hieran halte man sich. Denn im Grunde scheint doch das Ganze nichts anderes sagen zu wollen, als daß der Mensch trotz aller Dummheiten und Verwirrungen, von einer höheren Hand geleitet, doch zum glücklichen Ziele gelange.“

Eckermann, Gespräche. 25. Dezember 1825.

Von ,,Alexis und Dora“ lenkte sich das Gespräch auf den ,,Wilhelm Meister“. ,,Es gibt wunderliche Kritiker“, fuhr Goethe fort. ,,An diesem Roman tadelten sie, daß der Held sich zuviel in schlechter Gesellschaft befinde. Dadurch aber, daß ich die sogenannte schlechte Gesellschaft als Gefäß betrachtete, um das, was ich von der guten zu sagen hatte, darin niederzulegen, gewann ich einen poetischen Körper und einen mannigfaltigen dazu. Hätte ich aber die gute Gesellschaft wieder durch sogenannte gute Gesellschaft zeichnen wollen, so hätte niemand das Buch lesen mögen. – Den anscheinenden Geringfügigkeiten des ,,Wilhelm Meister“ liegt immer etwas Höheres zum Grunde, und es kommt bloß darauf an, daß man Augen, Weltkenntnis und Übersicht genug besitze, um im Kleinen das Größere wahrzunehmen. Andern mag das gezeichnete Leben als Leben genügen.“

Eckermann, Gespräche. 11. Oktober 1828.

Gespräch über Carlyles wohlgelungene Übersetzung der Lehrjahre, *durch welche im Vergleich zu früheren* übelwollenden Kritikern und schlechten Übersetzern *eine neue Epoche wechselseitigen literarischen Verstehens anhebe. Als Eckermann sagt, Carlyle wünsche, daß dieses Werk* sich allgemein verbreite, *schränkt Goethe ein:* Meine Sachen können nicht populär werden ... Sie sind ... nur für einzelne Menschen, die etwas Ähnliches wollen und suchen und die in ähnlichen Richtungen begriffen sind.

BRIEFWECHSEL ZWISCHEN GOETHE UND SCHILLER

Schiller an Goethe. 23. August 1794.

Es wäre nun doch gut, wenn man das neue Journal bald in Gang bringen könnte, und ... so nehme ich mir die Freiheit, bei Ihnen anzufragen, ob Sie Ihren Roman nicht nach und nach darin erscheinen lassen wollen?

Goethe an Schiller. 27. August 1794.

Leider habe ich meinen Roman wenige Wochen vor Ihrer Einladung an Unger gegeben, und die ersten gedruckten Bogen sind schon in meinen Händen ... Das 1. Buch schicke ich, sobald die Aushängebogen beisammen sind. Die Schrift ist schon so lange geschrieben, daß ich im eigentlichsten Sinne jetzt nur der Herausgeber bin.

Goethe an Schiller. 6. Dezember 1794.

Endlich kommt das erste Buch von „Wilhelm Schüler", der, ich weiß nicht wie, den Namen „Meister" erwischt hat. Leider werden Sie die beiden ersten Bücher nur sehen, wenn das Erz ihnen schon die bleibende Form gegeben; demohngeachtet sagen Sie mir Ihre offene Meinung, sagen Sie mir, was man wünscht und erwartet. Die folgenden werden Sie noch im biegsamen Manuskript sehen und mir Ihren freundschaftlichen Rat nicht versagen.

Schiller an Goethe. 9. Dezember 1794.

Mit wahrer Herzenslust habe ich das erste Buch Wilhelm Meisters durchlesen und verschlungen, und ich danke demselben einen Genuß, wie ich lange nicht und nie als durch Sie gehabt habe. Es könnte mich ordentlich verdrießen, wenn ich das Mißtrauen, mit dem Sie von diesem trefflichen Produkt Ihres Genius sprechen, einer anderen Ursache zuschreiben müßte als der Größe der Forderungen, die Ihr Geist jederzeit an sich selbst machen muß. Denn ich finde auch nicht etwas darin, was nicht in der schönsten Harmonie mit dem lieblichen Ganzen stünde. Erwarten Sie heute kein näheres Detail meines Urteils ... Wenn ich die Bogen noch einige Zeit hier behalten darf, so will ich mir mehr Zeit dazu nehmen und versuchen, ob ich etwas von dem ferneren Gang der Geschichte und der Entwicklung der Charaktere divinieren kann. Herr v. Humboldt hat sich auch recht daran gelabt und findet, wie ich, Ihren Geist in seiner ganzen männlichen Jugend, stillen Kraft und schöpferischen Fülle. Gewiß wird diese Wirkung allgemein sein. Alles hält sich darin so einfach und schön in sich selbst zusammen, und mit Wenigem ist soviel ausgerichtet. Ich gestehe, ich fürchtete mich anfangs, daß wegen der langen Zwischenzeit, die zwischen dem ersten Wurfe und der letzten Hand verstrichen sein muß, eine kleine Ungleichheit, wenn auch nur des Alters, sichtbar sein möchte. Aber davon ist auch nicht eine Spur zu sehen. Die kühnen poetischen Stellen, die aus der stillen Flut des Ganzen wie einzelne Blitze vorschlagen, machen eine treffliche Wirkung, erheben und füllen das Gemüt. Über die schöne Charakteristik will ich heute noch nichts sagen. Ebensowenig von der lebendigen und bis zum Greifen treffenden Natur, die in allen Schilderungen herrscht und die Ihnen überhaupt in keinem Produkte versagen kann. Von der

Treue des Gemäldes einer theatralischen Wirtschaft und Liebschaft kann ich mit vieler Kompetenz urteilen, indem ich mit beidem besser bekannt bin, als ich zu wünschen Ursache habe. Die Apologie des Handels ist herrlich und in einem großen Sinn. Aber daß Sie neben dieser die Neigung des Hauptbelden noch mit einem gewissen Ruhm behaupten konnten, ist gewiß keiner der geringsten Siege, welche die Form über die Materie errang. Doch ich sollte mich gar nicht in das Innere einlassen, weil ich es in diesem Augenblicke nicht weiter durchführen kann.

Goethe an Schiller. 10. Dezember 1794.

Sie haben mir durch das gute Zeugnis, das sie dem 1. Buche meines Romans geben, sehr wohlgetan. Nach den sonderbaren Schicksalen, welche diese Produktion von innen und außen gehabt hat, wäre es kein Wunder, wenn ich ganz und gar konfus darüber würde. Ich habe mich zuletzt bloß an meine Idee gehalten und will mich freuen, wenn sie mich aus diesem Labyrinthe herausleitet. – Behalten Sie das erste Buch, solange Sie wollen; indes kommt das zweite, und das dritte lesen Sie im Manuskripte; so finden Sie mehr Standpunkte zum Urteil. Ich wünsche, daß Ihr Genuß sich mit den folgenden Büchern nicht mindere, sondern mehre. Da ich nebst der Ihrigen auch Herrn v. Humboldts Stimme habe, werde ich desto fleißiger und unverdroßner fortarbeiten.

Goethe an Schiller. 3. Januar 1795.

Hier der 1. Band des Romans. Das zweite Exemplar für Humboldts. Möge das zweite Buch Ihnen wie das erste Freude machen. Das dritte bringe ich im Manuskript mit.

Schiller an Goethe. 7. Januar 1795.

Für das überschickte Exemplar des Romans empfangen Sie meinen besten Dank. Ich kann das Gefühl, das mich beim Lesen dieser Schrift, und zwar in zunehmendem Grade, je weiter ich darin komme, durchdringt und besitzt, nicht besser als durch eine süße und innige Behaglichkeit, durch ein Gefühl geistiger und leiblicher Gesundheit ausdrükken, und ich wollte dafür bürgen, daß es dasselbe bei allen Lesern im ganzen sein muß.

Ich erkläre mir dieses Wohlsein von der durchgängig darin herrschenden ruhigen Klarheit, Glätte und Durchsichtigkeit, die auch nicht das Geringste zurückläßt, was das Gemüt unbefriedigt und unruhig läßt, und die Bewegung desselben nicht weiter treibt, als nötig ist, um ein fröhliches Leben in dem Menschen anzufachen und zu erhalten. Über das einzelne sage ich Ihnen nichts, bis ich das dritte Buch gelesen habe, dem ich mit Sehnsucht entgegensehe.

Ich kann Ihnen nicht ausdrücken, wie peinlich mir das Gefühl oft ist, von einem Produkt dieser Art in das philosophische Wesen hineinzusehen. Dort ist alles so heiter, so lebendig, so harmonisch aufgelöst und so menschlich wahr; hier alles so strenge, so rigid und abstrakt und so höchst unnatürlich, weil alle Natur nur Synthesis und alle Philosophie Antithesis ist. Zwar darf ich mir das Zeugnis geben, in meinen Spekulationen der Natur so treu geblieben zu sein, als sich mit dem Begriff der Analysis verträgt; ja, vielleicht bin ich ihr treuer geblieben, als unsre Kantianer für erlaubt und für möglich hielten. Aber dennoch fühle ich nicht weniger lebhaft den unendlichen Abstand zwischen dem Leben und dem Raisonnement – und kann mich nicht enthalten, in einem solchen melancholischen Augenblick für einen Mangel in meiner Natur auszulegen, was ich in einer heitern Stunde bloß für eine natürliche Eigenschaft der Sache ansehen muß. So viel ist indes gewiß, der Dichter ist der einzige wahre Mensch, und der beste Philosoph ist nur eine Karikatur gegen ihn.

Goethe an Schiller. 11. Februar 1795.

Wie sehr wünsche ich, daß Sie mein viertes Buch bei guter Gesundheit und Stimmung antreffen und Sie einige Stunden unterhalten möge. Darf ich bitten anzustreichen, was Ihnen bedenklich vorkommt. Herrn v. Humboldt und den Damen empfehle ich gleichfalls meinen Helden und seine Gesellschaft.

Goethe an Schiller. 18. Februar 1795.

Durch den guten Mut, den mir die neuliche Unterredung eingeflößt, belebt, habe ich schon das Schema zum 5. und 6. Buche ausgearbeitet. Wieviel vorteilhafter ist es, sich in andern, als in sich selbst zu bespiegeln!

Schiller an Goethe. 19. Februar 1795.

Ich gab Ihnen neulich treu den Eindruck zurück, den „Wilhelm Meister" auf mich machte, und es ist also – wie billig – Ihr eigenes Feuer, an dem Sie sich wärmen. Körner schrieb mir vor einigen Tagen mit unendlicher Zufriedenheit davon, und auf sein Urteil ist zu bauen. Nie habe ich einen Kunstrichter gefunden, der sich durch die Nebenwerke an einem poetischen Produkt so wenig von dem Hauptwerke abziehen ließe. Er findet in „Wilhelm Meister" alle Kraft aus „Werthers Leiden", nur gebändigt durch einen männlichen Geist und zu der ruhigen Anmut eines vollendeten Kunstwerks geläutert.

Schiller an Goethe. 22. Februar 1795.

Ihrem Verlangen gemäß folgt hier das vierte Buch des Wilhelm Meister. Wo ich einigen Anstoß fand, habe ich einen Strich am Rande gemacht, dessen Bedeutung Sie bald finden werden. Wo Sie sie nicht finden, da wird auch nichts verloren sein.

Eine etwas wichtigere Bemerkung muß ich bei Gelegenheit des Geldgeschenkes machen, das Wilhelm von der Gräfin durch die Hände des Barons erhält und annimmt. Mir deucht – und so schien es auch Humboldten –, daß nach dem zarten Verhältnisse zwischen ihm und der Gräfin diese ihm ein solches Geschenk und durch eine fremde Hand nicht anbieten und er nicht annehmen dürfe. Ich suchte im Kontext nach etwas, was ihre und seine Delikatesse retten könnte, und glaube, daß diese dadurch geschont werden würde, wenn ihm dieses Geschenk als Remboursement für gehabte Unkosten gegeben und unter diesem Titel von ihm angenommen würde. Entscheiden Sie nun selbst. So wie es dasteht, stutzt der Leser und wird verlegen, wie er das Zartgefühl des Helden retten soll.

Übrigens habe ich beim zweiten Durchlesen wieder neues Vergnügen über die unendliche Wahrheit der Schilderungen und über die treffliche Entwicklung des Hamlet empfunden. Was die letztere betrifft, so wünschte ich, bloß in Rücksicht auf die Verkettung des Ganzen und der Mannigfaltigkeit wegen, die sonst in einem so hohen Grade behauptet worden ist, daß diese Materie nicht so unmittelbar hintereinander vorgetragen, sondern, wenn es anginge, durch einige bedeutende Zwischenumstände hätte unterbrochen werden können. Bei der ersten Zusammenkunft mit Serlo kommt sie zu schnell wieder aufs Tapet, und nachher im Zimmer Aureliens gleich wieder. Indes sind dies Kleinigkeiten, die dem Leser gar nicht auffallen würden, wenn Sie ihm nicht selbst durch alles Vorhergehende die Erwartung der höchsten Varietät beigebracht hätten.

Goethe an Schiller. 25. Februar 1795.

Ihre gütige kritische Sorgfalt für mein Werk hat mir aufs neue Lust und Mut gemacht, das 4. Buch nochmals durchzugehen. Ihre Obelos habe ich wohl verstanden und die Winke benutzt; auch den übrigen Desideriis hoffe ich abhelfen zu können und bei dieser Gelegenheit noch manches Gute im ganzen zu wirken.

Goethe an Schiller. 18. März 1795.

Vorige Woche bin ich von einem sonderbaren Instinkte befallen worden, der glücklicherweise noch fortdauert. Ich bekam Lust, das religiose Buch meines Romans auszuarbeiten; und da das Ganze auf den edelsten Täuschungen und auf der zartesten Verwechslung des Subjektiven und Objektiven beruht, so gehörte mehr Stimmung und Sammlung dazu als vielleicht zu einem andern Teile. Und doch wäre – wie Sie seinerzeit sehen werden – eine solche Darstellung unmöglich gewesen, wenn ich nicht früher die Studien nach der Natur dazu gesammelt hätte. Durch dieses Buch, das ich vor Palmarum zu endigen denke, bin ich ganz unvermutet in meiner Arbeit gefördert, indem es vor- und rückwärts weist und, indem es begrenzt, zugleich leitet und führt.

Goethe an Schiller. 16. Mai 1795.

Hier erhalten Sie, mein Wertester, endlich den 2. Band „Wilhelms". Ich wünsche ihm auch bei seiner öffentlichen Erscheinung die Fortdauer Ihrer Neigung. Ich suche nun das fünfte Buch in Ordnung zu bringen, und da das sechste schon fertig ist, so hoffe ich vor Ende dieses Monats mich für diesen Sommer freigearbeitet zu haben.

Goethe an Schiller. 11. Juni 1795.

Hier die Hälfte des fünften Buches; sie macht Epoche, drum durft ich sie senden ... Verzeihen Sie die Schreibfehler und vergessen des Bleistifts nicht!

Schiller an Goethe. 15. Juni 1795.

Dieses fünfte Buch „Meisters" habe ich mit einer ordentlichen Trunkenheit und mit einer einzigen ungeteilten Empfindung durchlesen. Selbst im „Meister" ist nichts, was mich so Schlag auf Schlag ergriffen und in seinem Wirbel unfreiwillig mit fortgenommen hätte. Erst am Ende kam ich zu einer ruhigen Besinnung. Wenn ich bedenke, durch wie einfache Mittel Sie ein so hinreißendes Interesse zu bewirken wußten, so muß ich mich noch mehr verwundern. Auch was das einzelne betrifft, so fand ich darin treffliche Stellen. Meisters Rechtfertigung gegen Werner seines Übertritts zum Theater wegen, dieser Übertritt selbst, Serlo, der Souffleur, Philine, die wilde Nacht auf dem Theater u. dgl. sind ausnehmend glücklich behandelt. Aus der Erscheinung des anonymen Geistes haben Sie so viel Partie zu ziehen gewußt, daß ich darüber nichts mehr zu sagen weiß. Die ganze Idee gehört zu den glücklichsten, die ich kenne, und Sie wußten das Interesse, das darin lag, bis auf den letzten Tropfen auszuschöpfen ...

Das einzige, was ich gegen dieses fünfte Buch zu erinnern habe, ist, daß es mir zuweilen vorkam, als ob Sie demjenigen Teile, der das Schauspielwesen ausschließend angeht, mehr Raum gegeben hätten, als sich mit der freien und weiten Idee des Ganzen verträgt. Es sieht zuweilen aus, als schrieben Sie für den Schauspieler, da Sie doch nur von dem Schauspieler schreiben wollen. Die Sorgfalt, welche Sie gewissen kleinen Details in dieser Gattung widmen, und die Aufmerksamkeit auf einzelne kleine Kunstvorteile, die zwar dem Schauspieler und Direktor, aber nicht dem Publikum wichtig sind, bringen den falschen Schein eines besondern Zweckes in die Darstellung, und wer einen solchen

Zweck auch nicht vermutet, der möchte Ihnen gar schuld geben, daß eine Privatvorliebe für diese Gegenstände Ihnen zu mächtig geworden sei. Könnten Sie diesen Teil des Werkes füglich in engere Grenzen einschließen, so würde dies gewiß gut für das Ganze sein.

Goethe an Schiller. 18. Juni 1795.

Ihre Zufriedenheit mit dem fünften Buche des Romans war mir höchst erfreulich und hat mich zur Arbeit, die mir noch bevorsteht, gestärkt ... Um so lieber habe ich Ihre Erinnerungen wegen des theoretisch-praktischen Gewäsches genutzt und bei einigen Stellen die Schere wirken lassen. Dergleichen Reste der frühern Behandlung wird man nie ganz los, ob ich gleich das erste Manuskript fast um ein Drittel verkürzt habe.

Schiller an Goethe. 17. August 1795.

Sehr hätte ich gewünscht, mit Ihnen über dieses sechste Buch mündlich zu sprechen, weil man sich in einem Brief nicht auf alles besinnt und zu solchen Sachen der Dialog unentbehrlich ist. Mir deucht, daß Sie den Gegenstand von keiner glücklichern Seite hätten fassen können, als die Art ist, wie Sie den stillen Verkehr der Person mit dem Heiligen in sich eröffnen. Dieses Verhältnis ist zart und fein, und der Gang, den Sie es nehmen lassen, äußerst übereinstimmend mit der Natur.

Der Übergang von der Religion überhaupt zu der christlichen durch die Erfahrung der Sünde ist meisterhaft gedacht. Überhaupt sind die leitenden Ideen des Ganzen trefflich, nur, fürchte ich, etwas zu leise angedeutet. Auch will ich Ihnen nicht dafür stehen, daß nicht manchen Lesern vorkommen wird, als wenn die Geschichte stille stünde. Hätte sich manches näher zusammenrücken, anderes kürzer fassen, hingegen einige Hauptideen mehr ausbreiten lassen, so würde es vielleicht nicht übel gewesen sein. Ihr Bestreben, durch Vermeidung der trivialen Terminologie der Andacht ihren Gegenstand zu purifizieren und gleichsam wieder ehrlich zu machen, ist mir nicht entgangen; aber einige Stellen habe ich doch angestrichen, an denen, wie ich fürchte, ein christliches Gemüt eine zu ,,leichtsinnige" Behandlung tadeln könnte.

Dies wenige über das, was Sie gesagt und angedeutet. Dieser Gegenstand ist aber von einer solchen Art, daß man auch über das, was nicht gesagt ist, zu sprechen versucht wird. Zwar ist dieses Buch noch nicht geschlossen, und ich weiß also nicht, was etwa noch nachkommen kann; aber die Erscheinung des Oheims und seiner gesunden Vernunft scheint mir doch eine Krise herbeizuführen. Ist dieses, so scheint mir die Materie doch zu schnell abgetan; denn mir deucht, daß über das Eigentümliche christlicher Religion und christlicher Religionsschwärmerei noch zu wenig gesagt sei; daß dasjenige, was diese Religion einer schönen Seele sein kann, oder vielmehr, was eine schöne Seele daraus machen kann, noch nicht genug angedeutet sei. Ich finde in der christlichen Religion virtualiter die Anlage zu dem Höchsten und Edelsten, und die verschiedenen Erscheinungen derselben im Leben scheinen mir bloß deswegen so widrig und abgeschmackt, weil sie verfehlte Darstellungen dieses Höchsten sind. Hält man sich an den eigentümlichen Charakterzug des Christentums, der es von allen monotheistischen Religionen unterscheidet, so liegt er in nichts anderem als in der Aufhebung des Gesetzes oder des Kantischen Imperativs, an dessen Stelle das Christentum eine freie Neigung gesetzt haben will. Es ist also, in seiner reinen Form, Darstellung schöner Sittlichkeit oder der Menschwerdung des Heiligen und in diesem Sinn die einzige ästhetische Religion.

Goethe an Schiller. 18. August 1795.

Ihr Zeugnis, daß ich mit meinem sechsten Buche wenigstens glücklich vor der Klippe vorbeigeschifft bin, ist mir von großem Werte, und Ihre weitern Bemerkungen über diese Materie haben mich sehr erfreut und ermuntert. Da die Freundin des 6. Buchs aus der Erscheinung des Oheims sich nur soviel zueignet, als in ihren Kram taugt, und ich die christliche Religion in ihrem reinsten Sinne erst im 8. Buche in einer folgenden Generation erscheinen lasse, auch ganz mit dem, was Sie darüber schreiben, einverstanden bin, so werden Sie wohl am Ende nichts Wesentliches vermissen, besonders wenn wir die Materie noch einmal durchsprechen.

Goethe an Schiller. 16. Oktober 1795.

Ich bin mit Herz, Sinn und Gedanken nur an dem Roman und will nicht wanken, bis ich ihn überwunden habe.

Schiller an Goethe. 16. Oktober 1795.

Daß Sie den „Meister" bald vornehmen wollen, ist mir sehr lieb. Ich werde dann nicht säumen, mich des Ganzen zu bemächtigen.

Goethe an Schiller. 29. November 1795.

Ich bin dieser Tage wieder an den Roman gegangen und habe alle Ursache, mich daran zu halten. Die Forderungen, wozu der Leser durch die ersten Teile berechtigt wird, sind wirklich der Materie und Form nach ungeheuer. Man sieht selten eher, wieviel man schuldig ist, als bis man wirklich einmal reine Wirtschaft machen und bezahlen will. Doch habe ich guten Mut.

Goethe an Schiller. 14. Juni 1796.

Das 7. Buch des Romans geh ich nochmals durch und hoffe es Donnerstag abzuschicken.

Goethe an Schiller. 18. Juni 1796.

Der Roman ist so gut und glücklich im Gange, daß Sie, wenn es so fortgeht, heute über acht Tage das 8. Buch erhalten können; und da hätten wir denn doch eine sonderbare Epoche unter sonderbaren Aspekten geschlossen ...

Goethe an Schiller. 22. Juni 1796.

Noch rückt das 8. Buch ununterbrochen fort, und wenn ich die zusammentreffenden Umstände bedenke, wodurch etwas beinahe Unmögliches auf einem ganz natürlichen Wege noch endlich wirklich wird, so möchte man beinahe abergläubisch werden ...

Goethe an Schiller. 25. Juni 1796.

Lesen Sie das Manuskript erst mit freundschaftlichem Genuß und dann mit Prüfung und sprechen Sie mich los, wenn Sie können. Manche Stellen verlangen noch mehr Ausführung, manche fordern sie, und doch weiß ich kaum, was zu tun ist; denn die Ansprüche, die dieses Buch an mich macht, sind unendlich und dürfen – der Natur der Sache nach – nicht ganz befriedigt werden, obgleich alles gewissermaßen aufgelöst werden muß. Meine ganze Zuversicht ruht auf Ihren Forderungen und Ihrer Absolution. Das Manuskript ist mir unter den Händen gewachsen; und überhaupt hätte ich, wenn ich in der Darstellung hätte wollen weitläufiger sein und mehr Wasser des Raisonnements hätte zugießen wollen, ganz bequem aus dem letzten Bande zwei Bände machen können; so mag er denn aber doch in seiner konzentrierten Gestalt besser und nachhaltiger wirken.

Goethe an Schiller. 26. Juni 1796.

Hier schicke ich endlich das große Werk und kann mich kaum freuen, daß es soweit ist; denn von einem so langen Wege kommt man immer ermüdet an.

Schiller an Goethe. 28. Juni 1796.

Erwarten Sie heute noch nichts Bestimmtes von mir über den Eindruck, den das achte Buch auf mich gemacht. Ich bin beunruhigt und bin befriedigt, Verlangen und Ruhe sind wunderbar vermischt. Aus der Masse der Eindrücke, die ich empfangen, ragt mir in diesem Augenblick Mignons Bild am stärksten hervor. Ob die so stark interessierte Empfindung hier noch mehr fordert, als ihr gegeben worden, weiß ich jetzt noch nicht zu sagen. Es könnte auch zufällig sein; denn beim Aufschlagen des Manuskriptes fiel mein Blick zuerst auf das Lied, und dies bewegte mich so tief, daß ich den Eindruck nachher nicht mehr auslöschen konnte.

Das Merkwürdigste an dem Totaleindruck scheint mir dieses zu sein, daß Ernst und Schmerz durchaus wie ein Schattenspiel versinken und der leichte Humor vollkommen darüber Meister wird. Zum Teil ist mir dieses aus der leisen und leichten Behandlung erklärlich; ich glaube aber noch einen andern Grund davon in der theatralischen und romantischen Herbeiführung und Stellung der Begebenheiten zu entdecken. Das Pathetische erinnert an den Roman, alles übrige an die Wahrheit des Lebens. Die schmerzhaftesten Schläge, die das Herz bekommt, verlieren sich schnell wieder, so stark sie auch gefühlt werden, weil sie durch etwas Wunderbares herbeigeführt wurden und deswegen schneller als alles andere an die Kunst erinnern. Wie es auch sei, so viel ist gewiß, daß der Ernst in dem Roman nur Spiel und das Spiel in demselben der wahre und eigentliche Ernst ist, daß der Schmerz der Schein und die Ruhe die einzige Realität ist.

Der so weise aufgesparte Friedrich, der durch seine Turbulenz am Ende die reife Frucht vom Baume schüttelt und zusammenweht, was zusammengehört, erscheint bei der Katastrophe gerade so wie einer, der uns aus einem bänglichen Traum durch Lachen aufweckt. Der Traum flieht zu den andern Schatten; aber sein Bild bleibt übrig, um in die Gegenwart einen höheren Geist, in die Ruhe und Heiterkeit einen poetischen Gehalt, eine unendliche Tiefe zu legen. Diese Tiefe bei einer ruhigen Fläche, die, überhaupt genommen, Ihnen so eigentümlich ist, ist ein vorzüglicher Charakterzug des gegenwärtigen Romans ...

Wie trefflich sich dieses achte Buch an das sechste anschließt und wieviel überhaupt durch die Antizipation des letztern gewonnen worden ist, sehe ich klar ein. Ich möchte durchaus keine andere Stellung der Geschichte als gerade diese. Man kennt die Familie schon so lange, ehe sie eigentlich kommt, man glaubt in eine ganz anfanglose Bekanntschaft zu blicken; es ist eine Art von optischem Kunstgriff, der eine treffliche Wirkung macht.

Einen köstlichen Gebrauch haben Sie von des Großvaters Sammlung zu machen gewußt; sie ist ordentlich eine mitspielende Person und rückt selbst an das Lebendige.

Goethe an Schiller. 29. Juni 1796.

Herzlich froh bin ich, daß wir endlich diese Epoche erreicht haben und daß ich Ihre ersten Laute über das 8. Buch vernehme. Unendlich viel ist mir das Zeugnis wert, daß ich im Ganzen das, was meiner Natur gemäß ist, auch hier der Natur des Werks gemäß hervorgebracht habe. Ich schicke hier das 7. Buch und werde, wenn ich Ihre Gesinnungen erst umständlicher weiß, mich mit Lust nochmals ans achte begeben.

Schiller an Goethe. 2. Juli 1796.

Ich habe nun alle acht Bücher des Romans aufs neue, obgleich nur sehr flüchtig, durchlaufen, und schon allein die Masse ist so stark, daß ich in zwei Tagen kaum damit fertig geworden bin. Billig sollte ich also heute noch nichts schreiben; denn die erstaunliche und unerhörte Mannigfaltigkeit, die darin im eigentlichsten Sinne versteckt ist, überwältigt mich. Ich gestehe, daß ich bis jetzt zwar die Stetigkeit, aber noch nicht die Einheit recht gefaßt habe, obwohl ich keinen Augenblick zweifle, daß ich auch über diese noch völlige Klarheit erhalten werde, wenn bei Produkten dieser Art die Stetigkeit nicht schon mehr als die halbe Einheit ist.

Da Sie unter diesen Umständen nicht wohl etwas ganz Genugtuendes von mir erwarten können und doch etwas zu hören wünschen, so nehmen Sie mit einzelnen Bemerkungen vorlieb, die auch nicht ganz ohne Wert sind, da sie ein unmittelbares Gefühl aussprechen werden. Dafür verspreche ich Ihnen, daß diesen ganzen Monat über die Unterhaltung über den Roman nie versiegen soll. Eine würdige und wahrhaft ästhetische Schätzung des ganzen Kunstwerks ist eine große Unternehmung ... Ohnehin gehört es zu dem schönsten Glück meines Daseins, daß ich die Vollendung dieses Produkts erlebte, daß sie noch in die Periode meiner strebenden Kräfte fällt, daß ich aus dieser reinen Quelle noch schöpfen kann; und das schöne Verhältnis, das unter uns ist, macht es mir zu einer gewissen Religion, Ihre Sache hierin zu der meinigen zu machen, alles, was in mir Realität ist, zu dem reinsten Spiegel des Geistes auszubilden, der in dieser Hülle lebt, und so, in einem höheren Sinne des Worts, den Namen Ihres Freundes zu verdienen. Wie lebhaft habe ich bei dieser Gelegenheit erfahren, daß das Vortreffliche eine Macht ist, daß es auf selbstsüchtige Gemüter auch nur als eine Macht wirken kann, daß es dem Vortrefflichen gegenüber keine Freiheit gibt als die Liebe.

Ich kann Ihnen nicht beschreiben, wie sehr mich die Wahrheit, das schöne Leben, die einfache Fülle dieses Werks bewegte. Die Bewegung ist zwar noch unruhiger, als sie sein wird, wenn ich mich desselben ganz bemächtigt habe, und das wird dann eine wichtige Krise meines Geistes sein; sie ist aber doch der Effekt des Schönen, nur des Schönen, und die Unruhe rührt bloß davon her, weil der Verstand die Empfindung noch nicht hat einholen können. Ich verstehe Sie nun ganz, wenn Sie sagten, daß es eigentlich das Schöne, das Wahre sei, was Sie, oft bis zu Tränen, rühren könne. Ruhig und tief, klar und doch unbegreiflich wie die Natur, so wirkt es und so steht es da, und alles, auch das kleinste Nebenwerk, zeigt die schöne Gleichheit des Gemüts, aus welchem alles geflossen ist.

Aber ich kann diesen Eindrücken noch keine Sprache geben, auch will ich jetzt nur bei dem achten Buche stehenbleiben. Wie ist es Ihnen gelungen, den großen, so weit auseinandergeworfenen Kreis und Schauplatz von Personen und Begebenheiten wieder so eng zusammenzurükken. Es steht da wie ein schönes Planetensystem, alles gehört zusammen, und nur die italienischen Figuren knüpfen wie Kometengestalten, und auch so schauerlich wie diese, das System an ein entferntes und größeres an. Auch laufen alle diese Gestalten, sowie auch Mariane und Aurelie, völlig wieder aus dem Systeme heraus und lösen sich als fremdartige Wesen davon ab, nachdem sie bloß dazu gedient haben, eine poetische Bewegung darin hervorzubringen. Wie schön gedacht ist es, daß Sie das praktisch Ungeheure, das furchtbar Pathetische im Schicksal Mignons und des Harfenspielers von dem theoretisch Ungeheuern, von den Mißgeburten des Verstandes ableiten, so daß der reinen und gesunden Natur nichts dadurch aufgebürdet wird. Nur im Schoß des dummen Aberglaubens werden diese monstrosen Schicksale ausgeheckt, die Mignon und den Harfenspieler verfolgen. Selbst Aurelia wird nur durch ihre Unnatur, durch ihre Mannweiblichkeit zerstört. Gegen Marianen allein möchte ich Sie eines poetischen Eigennutzes beschuldigen. Fast möchte ich sagen, daß sie dem Roman zum Opfer geworden, da sie der Natur nach zu retten war. Um sie werden daher immer noch bittere Tränen fließen, wenn man sich bei den drei andern gern von dem Individuum ab zu der Idee des Ganzen wendet.

Wilhelms Verirrung zu Theresen ist trefflich gedacht, motiviert, behandelt und noch trefflicher benutzt. Manchen Leser wird sie anfangs recht erschrecken, denn Theresen verspreche ich wenig Gönner; desto schöner reißen Sie ihn aber aus seiner Unruhe. Ich wüßte nicht, wie dieses falsche Verhältnis zärter, feiner, edler hätte gelöst werden können. Wie würden sich die Richardsons und alle anderen gefallen haben, eine Szene daraus zu machen, und über dem Auskramen von delikaten Sentiments recht undelikat gewesen sein. Nur ein kleines Bedenken hab' ich dabei: Theresens mutige und entschlossene Widersetzlichkeit gegen die Partei, welche ihr ihren Bräutigam rauben will, selbst bei der erneuerten Möglichkeit, Lotharn zu besitzen, ist ganz in der Natur und trefflich; auch daß Wilhelm einen tiefen Unwillen und einen gewissen Schmerz über die Neckerei der Menschen und des Schicksals zeigt, finde ich sehr gegründet – nur, deucht mir, sollte er den Verlust eines Glücks weniger tief beklagen, das schon angefangen hatte, keines mehr für ihn zu sein. In Nataliens Nähe müßte ihm, scheint mir, seine wieder erlangte Freiheit ein höheres Gut sein, als er zeigt. Ich fühle wohl die Komplikation dieses Zustands und was die Delikatesse forderte; aber auf der andern Seite beleidigt es einigermaßen die Delikatesse gegen Natalien, daß er noch im Stand ist, ihr gegenüber den Verlust einer Therese zu beklagen!

Eins, was ich in der Verknüpfung der Begebenheiten auch besonders bewundre, ist der große Vorteil, den Sie von jenem falschen Verhältnis Wilhelms zu Theresen zu ziehen gewußt haben, um das wahre und gewünschte Ziel, Nataliens und Wilhelms Verbindung, zu beschleunigen. Auf keinem andern Weg hätte dieses so schön und natürlich geschehen können als gerade auf dem eingeschlagenen, der davon zu entfernen drohte. Jetzt kann es mit höchster Unschuld und Reinheit ausgesprochen werden, daß Wilhelm und Natalie füreinander gehören, und die Briefe Theresens an Natalien leiten es auf das schönste ein. Solche Erfindungen sind von der ersten Schönheit; denn sie vereinigen alles, was nur gewünscht werden kann, ja, was ganz unvereinbar scheint; sie verwickeln und enthalten schon die Auflösung in sich, sie beunruhigen und führen zur Ruhe, sie erreichen das Ziel, indem sie davon mit Gewalt zu entfernen scheinen.

Mignons Tod, so vorbereitet er ist, wirkt sehr gewaltig und tief, ja so tief, daß es manchem vorkommen wird, Sie verlassen denselben zu schnell. Dies war beim ersten Lesen meine sehr stark markierte Empfindung; beim zweiten, wo die Überraschung nicht mehr war, empfand ich es weniger, fürchte aber doch, daß Sie hier um eines Haares Breite zu weit gegangen sein möchten. Mignon hat gerade vor dieser Katastrophe angefangen, weiblicher, weicher zu erscheinen und dadurch mehr durch sich selbst zu interessieren; die abstoßende Fremdartigkeit dieser Natur hatte nachgelassen, mit der nachlassenden Kraft hatte sich jene Heftigkeit in etwas verloren, die von ihr zurückschreckte. Besonders schmelzte das letzte Lied das Herz zu der tiefsten Rührung. Es fällt daher auf, wenn unmittelbar nach dem angreifenden Auftritt ihres Todes der Arzt eine Spekulation auf ihren Leichnam macht und das lebendige Wesen, die Person so schnell vergessen kann, um sie nur als das Werkzeug eines artistischen Versuches zu betrachten; ebenso fällt es auf, daß Wilhelm, der doch die Ursache ihres Todes ist und es auch weiß, in diesem Augenblick für jene Instrumententasche Augen hat und in Erinnerungen vergangener Szenen sich verlieren kann, da die Gegenwart ihn doch so ganz besitzen sollte.

Sollten Sie in diesem Falle auch von der Natur ganz recht behalten, so zweifle ich, ob Sie auch gegen die „sentimentalischen“ Forderungen der Leser es behalten werden, und deswegen möchte ich Ihnen raten – um die Aufnahme einer an sich so herrlich vorbereiteten und durchgeführten Szene bei dem Leser durch nichts zu stören – einige Rücksicht darauf zu nehmen.

Sonst finde ich alles, was Sie mit Mignon, lebend und tot, vornehmen, ganz außerordentlich schön. Besonders qualifiziert sich dieses reine und poetische Wesen so trefflich zu diesem poetischen Leichenbegängnis. In seiner isolierten Gestalt, seiner geheimnisvollen Existenz, seiner Reinheit und Unschuld repräsentiert es die Stufe des Alters, auf der es steht, so rein; es kann zu der reinsten Wehmut und zu einer wahr menschlichen Trauer bewegen, weil sich nichts als die Menschheit in ihm darstellte. Was bei jedem andern Individuum unstatthaft, ja in gewissem Sinne empörend sein würde, wird hier erhaben und edel.

Gern hätte ich die Erscheinung des Marchese in der Familie noch durch etwas anderes als durch seine Kunstliebhaberei motiviert gesehen. Er ist gar zu unentbehrlich zur Entwicklung, und die Notdurft seiner Dazwischenkunft könnte leicht stärker als die innere Notwendigkeit derselben in die Augen fallen. Sie haben durch die Organisation des übrigen Ganzen den Leser selbst verwöhnt und ihn zu strengeren Forderungen berechtigt, als man bei Romanen gewöhnlich mitbringen darf. Wäre nicht aus diesem Marchese eine alte Bekanntschaft des Lothario oder des Oheims zu machen und seine Herreise selbst mehr ins Ganze zu verflechten?

Die Katastrophe sowie die ganze Geschichte des Harfenspielers erregt das höchste Interesse. Wie vortrefflich ich es finde, daß Sie diese ungeheuren Schicksale von frommen Fratzen ableiten, habe ich oben schon erwähnt. Der Einfall des Beichtvaters, eine leichte Schuld ins Ungeheure zu malen, um ein schweres Verbrechen, das er aus Menschlichkeit verschweigt, dadurch abbüßen zu lassen, ist himmlisch in seiner Art und ein würdiger Repräsentant dieser ganzen Denkungsweise. Vielleicht werden Sie Speratens Geschichte noch ein klein wenig ins Kürzere ziehen, da sie in den Schluß fällt, wo man ungeduldiger zum Ziele eilt.

Daß der Harfner der Vater Mignons ist, und daß Sie selbst dieses eigentlich nicht aussprechen, es dem Leser gar nicht hinschieben, macht nur desto mehr Effekt. Man macht diese Betrachtung nun selbst, erinnert sich, wie nahe sich diese zwei geheimnisvollen Naturen lebten, und blickt in eine unergründliche Tiefe des Schicksals hinab ...

Leben Sie jetzt wohl, mein geliebter, mein verehrter Freund! Wie rührt es mich, wenn ich denke, daß, was wir sonst nur in der weiten Ferne eines begünstigten Altertums suchen und kaum finden, mir in Ihnen so nahe ist. Wundern Sie sich nicht mehr, wenn es so wenige gibt, die Sie zu verstehen fähig und würdig sind. Die bewundernswürdige Natur, Wahrheit und Leichtigkeit Ihrer Schilderungen entfernt bei dem gemeinen Volk der Beurteiler allen Gedanken an die Schwierigkeit, an die Größe der Kunst; und bei denen, die dem Künstler zu folgen imstande sein könnten, die auf die Mittel, wodurch er wirkt, aufmerksam sind, wirkt die genialische Kraft, welche sie hier handeln sehen, so feindlich und vernichtend, bringt ihr bedürftiges Selbst so sehr ins Gedränge, daß sie es mit Gewalt von sich stoßen, aber im Herzen und nur de mauvaise grâce Ihnen gewiß am lebhaftesten huldigen.

Schiller an Goethe. 3. Juli 1796.

Ich habe nun Wilhelms Betragen bei dem Verlust seiner Therese im ganzen Zusammenhang reiflich erwogen und nehme alle meine vorigen Bedenklichkeiten zurück. So wie es ist, muß es sein. Sie haben darin die höchste Delikatesse bewiesen, ohne im geringsten gegen die Wahrheit der Empfindung zu verstoßen.

Es ist zu bewundern, wie schön und wahr die drei Charaktere der Stiftsdame, Nataliens und Theresens nuanciert sind. Die zwei ersten sind heilige, die zwei andern sind wahre und menschliche Naturen; aber eben darum, weil Natalie heilig und menschlich zugleich ist, so erscheint sie wie ein Engel, da die Stiftsdame nur eine Heilige, Therese nur eine vollkommene Irdische ist. Natalie und Therese sind beide Realistinnen; aber bei Theresen zeigt sich auch die Beschränkung des Realism, bei Natalien nur der Gehalt desselben. Ich wünschte, daß die Stiftsdame ihr das Prädikat einer schönen Seele nicht weggenommen hätte; denn nur Natalie ist eigentlich eine rein ästhetische Natur. Wie schön, daß sie die Liebe als einen Affekt, als etwas Ausschließendes und Besonderes gar nicht kennt, weil die Liebe ihre Natur, ihr permanenter Charakter ist. Auch die Stiftsdame kennt eigentlich die Liebe nicht, aber aus einem unendlich verschiedenen Grunde.

Wenn ich Sie recht verstanden habe, so ist es gar nicht ohne Absicht geschehen, daß Sie Natalien unmittelbar von dem Gespräch über die Liebe und über ihre Unbekanntschaft mit dieser Leidenschaft den Übergang zu dem Saal der Vergangenheit nehmen lassen. Gerade die Gemütsstimmung, in welche man durch diesen Saal versetzt wird, erhebt über alle Leidenschaft; die Ruhe der Schönheit bemächtigt sich der Seele, und diese gibt den besten Aufschluß über Nataliens liebefreie und doch so liebevolle Natur.

Dieser Saal der Vergangenheit vermischt die ästhetische Welt, das Reich der Schatten im idealen Sinn, auf eine herrliche Weise mit dem lebendigen und wirklichen, so wie überhaupt aller Gebrauch, den Sie von den Kunstwerken gemacht, solche gar trefflich mit dem Ganzen verbindet. Es ist ein so froher, freier Schritt aus der gebundenen engen Gegenwart heraus und führt doch immer so schön zu ihr zurücke. Auch der Übergang von dem mittlern Sarkophag zu Mignon und zu der wirklichen Geschichte ist von der höchsten Wirkung. Die Inschrift: ,,Gedenke zu leben!“ ist trefflich und wird es noch viel mehr, da sie an das verwünschte ,,Memento mori“ erinnert und so schön darüber triumphiert.

Der Oheim mit seinen sonderbaren Idiosynkrasien für gewisse Naturkörper ist gar interessant. Gerade solche Naturen haben eine so bestimmte Individualität und so ein starkes Maß von Empfänglichkeit, als der Oheim besitzen muß, um das zu sein, was er ist. Seine Bemerkung über die Musik und daß sie ganz rein zu dem Ohre sprechen solle, ist auch voll Wahrheit. Es ist unverkennbar, daß Sie in diesen Charakter am meisten von Ihrer eigenen Natur gelegt haben.

Lothario hebt sich unter allen Hauptcharakteren am wenigsten heraus, aber aus ganz objektiven Gründen. Ein Charakter wie dieser kann in dem Medium, durch welches der Dichter wirkt, nie ganz erscheinen. Keine einzelne Handlung oder Rede stellt ihn dar; man muß ihn sehen, man muß ihn selbst hören, man muß mit ihm leben. Deswegen ist es genug, daß die, welche mit ihm leben, in dem Vertrauen und in der Hochschätzung gegen ihn so ganz einig sind, daß alle Weiber ihn lieben, die immer nach dem Totaleindruck richten, und daß wir auf die Quellen seiner Bildung aufmerksam gemacht werden. Es ist bei diesem Charakter der Imagination des Lesers weit mehr überlassen als bei den andern, und mit dem vollkommensten Rechte; denn er ist ästhetisch, er muß also von dem Leser selbst produziert werden, aber nicht willkürlich, sondern nach Gesetzen, die Sie auch bestimmt genug gegeben haben. Nur seine Annäherung an das Ideal macht, daß diese Bestimmtheit der Züge nie zur Schärfe werden kann.

Jarno bleibt sich bis ans Ende gleich, und seine Wahl in Rücksicht auf Lydien setzt seinem Charakter die Krone auf. Wie gut haben Sie doch Ihre Weiber unterzubringen gewußt! – Charaktere wie Wilhelm, wie Lothario können nur glücklich sein durch Verbindung mit einem harmonierenden Wesen; ein Mensch wie Jarno kann es nur mit einem kontrastierenden werden; dieser muß immer etwas zu tun und zu denken und zu unterscheiden haben.

Die gute Gräfin fährt bei der poetischen Wirtsrechnung nicht zum besten; aber auch hier haben Sie völlig der Natur gemäß gehandelt. Ein Charakter wie dieser kann nie auf sich selbst gestellt werden; es gibt keine Entwicklung für ihn, die ihm seine Ruhe und sein Wohlbefinden garantieren könnte; immer bleibt er in der Gewalt der Umstände, und daher ist eine Art negativen Zustandes alles, was für ihn geschehen kann. Das ist freilich für den Betrachter nicht erfreulich; aber es ist so, und der Künstler spricht hier bloß das Naturgesetz aus. Bei Gelegenheit der Gräfin muß ich bemerken, daß mir ihre Erscheinung im achten Buche nicht gehörig motiviert zu sein scheint. Sie kommt zu der Entwicklung, aber nicht aus derselben.

Der Graf souteniert seinen Charakter trefflich, und auch dieses muß ich loben, daß Sie ihn durch seine so gut getroffenen Einrichtungen im Hause an dem Unglück des Harfenspielers schuld sein lassen. Mit aller Liebe zur Ordnung müssen solche Pedanten immer nur Unordnung stiften.

Die Unart des kleinen Felix, aus der Flasche zu trinken, die nachher einen so wichtigen Erfolg herbeiführt, gehört auch zu den glücklichsten

Ideen des Plans. Es gibt mehrere dieser Art im Roman, die insgesamt sehr schön erfunden sind. Sie knüpfen auf eine so simple und naturgemäße Art das Gleichgültige an das Bedeutende, und umgekehrt, und verschmelzen die Notwendigkeit mit dem Zufall.

Gar sehr habe ich mich über Werners traurige Verwandlung gefreut. Ein solcher Philister konnte allenfalls durch die Jugend und durch seinen Umgang mit Wilhelm eine Zeitlang emporgetragen werden; sobald diese zwei Engel von ihm weichen, fällt er, wie recht und billig, der Materie anheim und muß endlich selber darüber erstaunen, wie weit er hinter seinem Freunde zurückgeblieben ist. Diese Figur ist auch deswegen so wohltätig für das Ganze, weil sie den Realism, zu welchem Sie den Helden des Romans zurückführen, erklärt und veredelt. Jetzt steht er in einer schönen menschlichen Mitte da, gleich weit von der Phantasterei und der Philisterhaftigkeit, und indem Sie ihn von dem Hange zur ersten so glücklich heilen, haben Sie vor der letzteren nicht weniger gewarnt.

Werner erinnert mich an einen wichtigen chronologischen Verstoß, den ich in dem Roman zu bemerken glaube. Ohne Zweifel ist es Ihre Meinung nicht, daß Mignon, wenn sie stirbt, 21 Jahre und Felix zu derselben Zeit 10 oder 11 Jahre alt sein soll. Auch der blonde Friedrich sollte wohl bei seiner letzten Erscheinung noch nicht etliche und zwanzig Jahre alt sein u. s. f. Dennoch ist es wirklich so, denn von Wilhelms Engagement bei Serlo bis zu seiner Zurückkunft auf Lotharios Schloß sind wenigstens sechs Jahre verflossen. Werner, der im 5. Buche noch unverheuratet war, hat am Anfang des achten schon mehrere Jungens, die ,,schreiben und rechnen, handeln und trödeln, und deren jedem er schon ein eigenes Gewerb eingerichtet hat". Ich denke mir also den ersten zwischen dem 5ten und 6ten, den zweiten zwischen dem 4ten und 5ten Jahr; und da er sich doch auch nicht gleich nach des Vaters Tod hat trauen lassen und die Kinder auch nicht gleich da waren, so kommen zwischen 5 und 7 Jahren, die zwischen dem 5. und 8. Buch verflossen sein müssen.

Schiller an Goethe. 5. Juli 1796.

Jetzt, da ich das Ganze des Romans mehr im Auge habe, kann ich nicht genug sagen, wie glücklich der Charakter des Helden von Ihnen gewählt worden ist, wenn sich so etwas wählen ließe. Kein anderer hätte sich so gut zu einem Träger der Begebenheiten geschickt, und wenn ich auch ganz davon abstrahiere, daß nur an einem solchen Charakter das Problem aufgeworfen und aufgelöst werden konnte, so hätte schon zur bloßen Darstellung des Ganzen kein anderer so gut gepaßt. Nicht nur der Gegenstand verlangte ihn, auch der Leser brauchte ihn. Sein Hang zum Reflektieren hält den Leser im raschesten Laufe der Handlung still und nötigt ihn immer vor- und rückwärts zu sehen und über alles, was sich ereignet, zu denken. Er sammelt sozusagen den Geist, den Sinn, den innern Gehalt von allem ein, was um ihn herum vorgeht, verwandelt jedes dunkle Gefühl in einen Begriff und Gedanken, spricht jedes einzelne in einer allgemeineren Formel aus, legt uns von allem die Bedeutung näher, und indem er dadurch seinen eigenen Charakter erfüllt, erfüllt er zugleich aufs vollkommenste den Zweck des Ganzen.

Der Stand und die äußere Lage, aus der Sie ihn wählten, macht ihn dazu besonders geschickt. Eine gewisse Welt ist ihm nun ganz neu, er wird lebhafter davon frappiert, und während daß er beschäftigt ist, sich dieselbe zu assimilieren, führt er auch uns in das Innere derselben und zeigt uns, was darin Reales für den Menschen enthalten ist. In ihm wohnt ein reines und moralisches Bild der Menschheit, an diesem prüft er jede äußere Erscheinung derselben, und indem von der einen Seite die Erfahrung seine schwankenden Ideen mehr bestimmen hilft, rektifiziert eben diese Idee, die innere Empfindung gegenseitig wieder die Erfahrung. Auf diese Art hilft Ihnen dieser Charakter wunderbar, in allen vorkommenden Fällen und Verhältnissen, das rein Menschliche aufzufinden und zusammenzulesen. Sein Gemüt ist zwar ein treuer, aber doch kein bloß passiver Spiegel der Welt, und obgleich seine Phantasie auf sein Sehen Einfluß hat, so ist dieses doch nur idealistisch, nicht phantastisch, poetisch, aber nicht schwärmerisch; es liegt dabei keine Willkür der spielenden Einbildungskraft, sondern eine schöne moralische Freiheit zum Grunde.

Überaus wahr und treffend schildert ihn seine Unzufriedenheit mit sich selbst, wenn er Theresen seine Lebensgeschichte aufsetzt. Sein Wert liegt in seinem Gemüt, nicht in seinen Wirkungen, in seinem Streben, nicht in seinem Handeln; daher muß ihm sein Leben, sobald er einem andern davon Rechenschaft geben will, so gehaltleer vorkommen. Dagegen kann eine Therese und ähnliche Charaktere ihren Wert immer in barer Münze aufzählen, immer durch ein äußeres Objekt dokumentieren. Daß Sie aber Theresen einen Sinn, eine Gerechtigkeit für jene höhere Natur geben, ist wieder ein sehr schöner und zarter Charakterzug; in ihrer klaren Seele muß sich auch das, was sie nicht in sich hat, abspiegeln können; dadurch erheben Sie sie auf einmal über alle jene bornierte Naturen, die über ihr dürftiges Selbst auch in der Vorstellung nicht hinaus können. Daß endlich ein Gemüt wie Theresens an eine ihr selbst so fremde Vorstellungs- und Empfindungsweise glaubt, daß sie das Herz, welches derselben fähig ist, liebt und achtet, ist zugleich ein schöner Beweis für die objektive Realität derselben, der jeden Leser dieser Stelle erfreuen muß.

Es hat mich auch in dem achten Buche sehr gefreut, daß Wilhelm anfängt, sich jenen imposanten Autoritäten Jarno und dem Abbé gegenüber mehr zu fühlen. Auch dies ist ein Beweis, daß er seine Lehrjahre ziemlich zurückgelegt hat, und Jarno antwortet bei dieser Gelegenheit ganz aus meiner Seele: ,,Sie sind bitter, das ist recht schön und gut; wenn Sie nur erst einmal recht böse werden, so wird es noch besser sein.“ – Ich gestehe, daß es mir ohne diesen Beweis von Selbstgefühl bei unserm Helden peinlich sein würde, ihn mir mit dieser Klasse so eng verbunden zu denken, wie nachher durch die Verbindung mit Natalien geschieht. Bei dem lebhaften Gefühl für die Vorzüge des Adels und bei dem ehrlichen Mißtrauen gegen sich selbst und seinen Stand, das er bei so vielen Gelegenheiten an den Tag legt, scheint er nicht ganz qualifiziert zu sein, in diesen Verhältnissen eine vollkommene Freiheit behaupten zu können, und selbst noch jetzt, da Sie ihn mutiger und selbständiger zeigen, kann man sich einer gewissen Sorge um ihn nicht erwehren. Wird er den Bürger je vergessen können, und muß er das nicht, wenn sich sein Schicksal vollkommen schön entwickeln soll? Ich fürchte, er wird ihn nie ganz vergessen; er hat mir zuviel darüber reflektiert; er wird, was er einmal so bestimmt außer sich sah, nie vollkommen in sich hineinbringen können. Lotharios vornehmes Wesen wird ihn, so wie Nataliens doppelte Würde des Standes und des Herzens, immer in einer gewissen Inferiorität erhalten. Denke ich mir ihn zugleich als den Schwager des Grafen, der das Vornehme seines Standes auch durch gar nichts Ästhetisches mildert, vielmehr durch Pedanterie noch recht heraussetzt, so kann mir zuweilen bange für ihn werden.

Es ist übrigens sehr schön, daß Sie, bei aller gebührenden Achtung für gewisse äußere positive Formen, sobald es auf etwas rein Menschliches ankommt, Geburt und Stand in ihre völlige Nullität zurückweisen, und zwar, wie billig, ohne auch nur ein Wort darüber zu verlieren. Aber was ich für eine offenbare Schönheit halte, werden Sie schwerlich allgemein gebilligt sehen. Manchem wird es wunderbar vorkommen, daß ein Roman, der so gar nichts ,,Sansculottisches“ hat, vielmehr an manchen Stellen der Aristokratie das Wort zu reden scheint, mit drei Heiraten endigt, die alle drei Mißheiraten sind. Da ich an der Entwicklung selbst nichts anders wünsche, als es ist, und doch den wahren Geist des Werkes auch in Kleinigkeiten und Zufälligkeiten nicht gerne verkannt sehe, so gebe ich Ihnen zu bedenken, ob der falschen Beurteilung nicht noch durch ein paar Worte in Lotharios Munde zu begegnen wäre. Ich sage in Lotharios Munde; denn dieser ist der aristokratischste Charakter, er findet bei den Lesern aus seiner Klasse am meisten Glauben; bei ihm fällt die Mésalliance auch am stärksten auf; zugleich gäbe dieses eine Gelegenheit, die nicht so oft vorkommt, Lotharios vollendeten Charakter zu zeigen. Ich meine auch nicht, daß dieses bei der Gelegenheit selbst geschehen sollte, auf welche der Leser es anzuwenden hat; desto besser vielmehr, wenn es unabhängig von jeder Anwendung und nicht als Regel für einen einzelnen Fall, aus seiner Natur herausgesprochen wird.

Was Lothario betrifft, so könnte zwar gesagt werden, daß Theresens illegitime und bürgerliche Abkunft ein Familiengeheimnis sei; aber desto schlimmer, dürften alsdann manche sagen, so muß er die Welt hintergehen, um seinen Kindern die Vorteile seines Standes zuzuwenden. Sie werden selbst am besten wissen, wie viel oder wie wenig Rücksicht auf diese Armseligkeiten zu nehmen sein möchte.

Goethe an Schiller. 5. Juli 1796.

Gleich nachdem ich Ihren ersten Brief erhalten hatte, fing ich an, Ihnen etwas darauf zu sagen. Nun überraschen mich in meinen wahrhaft irdischen Geschäften Ihre zwei folgenden Briefe – wahrhaft als Stimmen aus einer andern Welt, auf die ich nur horchen kann. Fahren Sie fort, mich zu erquicken und aufzumuntern! Durch Ihre Bedenken setzen Sie mich in den Stand, das 8. Buch, sobald ich es wieder angreife, zu vollenden. Ich habe schon fast für alle Ihre Desideria eine Auskunft, durch die sich – selbst in meinem Geiste – das Ganze auch an diesen Punkten mehr verbindet, wahrer und lieblicher wird.

Goethe an Schiller. 7. Juli 1796.

Herzlich danke ich Ihnen für Ihren erquickenden Brief und für die Mitteilung dessen, was Sie bei dem Roman, besonders bei dem 8. Buche, empfunden und gedacht. Wenn dieses nach Ihrem Sinne ist, so werden Sie auch Ihren eigenen Einfluß darauf nicht verkennen, denn gewiß ohne unser Verhältnis hätte ich das Ganze kaum, wenigstens nicht auf diese Weise, zustande bringen können ... Nun schützt mich Ihre warnende Freundschaft vor ein paar in die Augen fallenden Mängeln; bei einigen Ihrer Bemerkungen habe ich das sogleich gefunden, wie zu helfen sei, und werde bei der neuen Abschrift davon Gebrauch machen. – Wie selten findet man bei den Geschäften und Handlungen des gemeinen Lebens die gewünschte Teilnahme; und in diesem hohen ästhetischen Falle ist sie kaum zu hoffen; denn wie viele Menschen sehen das Kunstwerk an sich selbst! wie viele können es übersehen! Und dann ist es doch nur die Neigung, die alles sehen kann, was es enthält, und die reine Neigung, die dabei noch sehen kann, was ihm mangelt! Und was wäre nicht noch alles hinzuzusetzen, um den einzigen Fall auszudrükken, in dem ich mich nur mit Ihnen befinde!

Schiller an Goethe. 8. Juli 1796.

Da Sie mir das achte Buch noch eine Woche lassen können, so will ich mich in meinen Bemerkungen vorderhand besonders auf dieses Buch einschränken; ist dann das Ganze einmal aus Ihren Händen in die weite Welt, so können wir uns mehr über die Form des Ganzen unterhalten, und Sie erweisen mir dann den Gegendienst, mein Urteil zu rektifizieren.

Vorzüglich sind es zwei Punkte, die ich Ihnen vor der gänzlichen Abschließung des Buches noch empfehlen möchte.

Der Roman, so wie er da ist, nähert sich in mehreren Stücken der Epopöe, unter andern auch darin, daß er Maschinen hat, die in gewissem Sinne die Götter oder das regierende Schicksal darin vorstellen. Der Gegenstand forderte dieses. Meisters Lehrjahre sind keine bloß blinde Wirkung der Natur, sie sind eine Art von Experiment. Ein verborgen wirkender höherer Verstand, die Mächte des Turms, begleiten ihn mit ihrer Aufmerksamkeit, und ohne die Natur in ihrem freien Gange zu stören, beobachten, leiten sie ihn von ferne und zu einem Zwecke, davon er selbst keine Ahnung hat, noch haben darf. So leise und locker auch dieser Einfluß von außen ist, so ist er doch wirklich da, und zur Erreichung des poetischen Zwecks war er unentbehrlich. Lehrjahre sind ein Verhältnisbegriff, sie fordern ihr Korrelatum, die Meisterschaft, und zwar muß die Idee von dieser letzten jene erst erklären und begründen. Nun kann aber diese Idee der Meisterschaft, die nur das Werk der gereiften und vollendeten Erfahrung ist, den Helden des Romans nicht selbst leiten; sie kann und darf nicht als sein Zweck und sein Ziel vor ihm stehen; denn sobald er das Ziel sich dächte, so hätte er es eo ipso auch erreicht; sie muß also als Führerin hinter ihm stehen. Auf diese Art erhält das Ganze eine schöne Zweckmäßigkeit, ohne daß der Held einen Zweck hätte; der Verstand findet also ein Geschäft ausgeführt, indes die Einbildungskraft völlig ihre Freiheit behauptet.

Daß Sie aber auch selbst bei diesem Geschäfte, diesem Zweck – dem einzigen in dem ganzen Roman, der wirklich ausgesprochen wird, selbst bei dieser geheimen Führung Wilhelms durch Jarno und den Abbé, alles Schwere und Strenge vermieden und die Motive dazu eher aus einer Grille, einer Menschlichkeit, als aus moralischen Quellen herausgenommen haben, ist eine von den Ihnen eigensten Schönheiten. Der Begriff einer Maschinerie wird dadurch wieder aufgehoben, indem doch die Wirkung davon bleibt, und alles bleibt, was die Form betrifft, in den Grenzen der Natur; nur das Resultat ist mehr, als die bloße sich selbst überlassene Natur hätte leisten können.

Bei dem allen aber hätte ich doch gewünscht, daß Sie das Bedeutende dieser Maschinerie, die notwendige Beziehung derselben auf das innere Wesen, dem Leser ein wenig näher gelegt hätten. Dieser sollte doch immer klar in die Ökonomie des Ganzen blicken, wenn diese gleich den handelnden Personen verborgen bleiben muß. Viele Leser, fürchte ich, werden in jenem geheimen Einfluß bloß ein theatralisches Spiel und einen Kunstgriff zu finden glauben, um die Verwicklung zu vermehren, Überraschungen zu erregen u. dgl. Das achte Buch gibt nun zwar einen historischen Aufschluß über alle einzelnen Ereignisse, die durch jene Maschinerie gewirkt wurden, aber den ästhetischen Aufschluß über den innern Geist, über die poetische Notwendigkeit jener Anstalten gibt es nicht befriedigend genug; auch ich selbst habe mich erst bei dem zweiten und dritten Lesen davon überzeugen können.

Wenn ich überhaupt an dem Ganzen noch etwas auszustellen hätte, so wäre es dieses, daß bei dem großen und tiefen Ernste, der in allem einzelnen herrscht, und durch den es so mächtig wirkt, die Einbildungskraft zu frei mit dem Ganzen zu spielen scheint. – Mir deucht, daß Sie hier die freie Grazie der Bewegung etwas weiter getrieben haben, als sich mit dem poetischen Ernste verträgt, daß Sie über dem gerechten Abscheu vor allem Schwerfälligen, Methodischen und Steifen sich dem andern Extrem genähert haben. Ich glaube zu bemerken, daß eine gewisse Kondeszendenz gegen die schwache Seite des Publikums Sie verleitet hat, einen mehr theatralischen Zweck und durch mehr theatralische Mittel, als bei einem Roman nötig und billig ist, zu verfolgen.

Wenn je eine poetische Erzählung der Hülfe des Wunderbaren und Überraschenden entbehren konnte, so ist es Ihr Roman; und gar leicht kann einem solchen Werke schaden, was ihm nicht nützt. Es kann geschehen, daß die Aufmerksamkeit mehr auf das Zufällige geheftet wird, und daß das Interesse des Lesers sich konsumiert, Rätsel aufzulösen, da es auf den innern Geist konzentriert bleiben sollte. Es kann geschehen, sage ich, und wissen wir nicht beide, daß es wirklich schon geschehen ist?

Es wäre also die Frage, ob jenem Fehler, wenn es einer ist, nicht noch im achten Buche zu begegnen wäre. Ohnehin träfe er nur die Darstellung der Idee; an der Idee selbst bleibt gar nichts zu wünschen übrig. Es wäre also bloß nötig, dem Leser dasjenige etwas bedeutender zu machen, was er bis jetzt zu frivol behandelte, und jene theatralischen Vorfälle, die er nur als ein Spiel der Imagination ansehen mochte, durch eine deutlicher ausgesprochene Beziehung auf den höchsten Ernst des Gedichtes auch vor der Vernunft zu legitimieren, wie es wohl implicite, aber nicht explicite geschehen ist. Der Abbé scheint mir diesen Auftrag recht gut besorgen zu können, und er wird dadurch auch sich selbst mehr zu empfehlen Gelegenheit haben. Vielleicht wäre es auch nicht überflüssig, wenn noch im achten Buch der nähern Veranlassung erwähnt würde, die Wilhelmen zu einem Gegenstand von des Abbé pädagogischen Planen machte. Diese Plane bekämen dadurch eine speziellere Beziehung, und Wilhelms Individuum würde für die Gesellschaft auch bedeutender erscheinen.

Sie haben in dem achten Buch verschiedene Winke hingeworfen, was Sie unter den Lehrjahren und der Meisterschaft gedacht wissen wollen. Da der Ideeninhalt eines Dichterwerks, vollends bei einem Publikum wie das unsrige, so vorzüglich in Betrachtung kommt und oft das einzige ist, dessen man sich nachher noch erinnert, so ist es von Bedeutung, daß Sie hier völlig begriffen werden. Die Winke sind sehr schön, nur nicht hinreichend scheinen sie mir. Sie wollten freilich den Leser mehr selbst finden lassen, als ihn geradezu belehren; aber eben weil Sie doch etwas heraussagen, so glaubt man, dieses sei nun auch alles, und so haben Sie Ihre Idee enger beschränkt, als wenn Sie es dem Leser ganz und gar überlassen hätten, sie herauszusuchen.

Wenn ich das Ziel, bei welchem Wilhelm nach einer langen Reihe von Verirrungen endlich anlangt, mit dürren Worten auszusprechen hätte, so würde ich sagen: Er tritt von einem leeren und unbestimmten Ideal in ein bestimmtes tätiges Leben, aber ohne die idealisierende Kraft dabei einzubüßen. – Die zwei entgegengesetzten Abwege von diesem glücklichen Zustand sind in dem Roman dargestellt, und zwar in allen möglichen Nuancen und Stufen. Von jener unglücklichen Expedition an, wo er ein Schauspiel aufführen will ohne an den Inhalt gedacht zu haben, bis auf den Augenblick, wo er – Theresen zu seiner Gattin wählt, hat er gleichsam den ganzen Kreis der Menschheit einseitig durchlaufen; jene zwei Extreme sind die beiden höchsten Gegensätze, deren ein Charakter wie der seinige nur fähig ist, und daraus muß nun die Harmonie entspringen. Daß er nun unter der schönen und heiteren Führung der Natur (durch Felix) von dem Idealischen zum Reellen, von einem vagen Streben zum Handeln und zur Erkenntnis des Wirklichen übergeht, ohne doch dasjenige dabei einzubüßen, was in jenem ersten strebenden Zustand Reales war, daß er Bestimmtheit erlangt, ohne die schöne Bestimmbarkeit zu verlieren, daß er sich begrenzen lernt, aber in dieser Begrenzung selbst, durch die Form, wieder den Durchgang zum Unendlichen findet usw. – dieses nenne ich die Krise seines Lebens, das Ende seiner Lehrjahre, und dazu scheinen sich mir alle Anstalten in dem Werk auf das vollkommenste zu vereinigen. Das schöne Naturverhältnis zu seinem Kinde und die Verbindung mit Nataliens edler Weiblichkeit garantieren diesen Zustand der geistigen Gesundheit, und wir sehen ihn, wir scheiden von ihm auf einem Wege, der zu einer endlosen Vollkommenheit führet.

Die Art nun, wie Sie sich über den Begriff der Lehrjahre und der Meisterschaft erklären, scheint beiden eine engere Grenze zu setzen. Sie verstehen unter den ersten bloß den Irrtum, dasjenige außer sich zu suchen, was der innere Mensch selbst hervorbringen muß; unter der zweiten die Überzeugung von der Irrigkeit jenes Suchens, von der Notwendigkeit des eigenen Hervorbringens usw. Aber läßt sich das ganze Leben Wilhelms, so wie es in dem Romane vor uns liegt, wirklich auch vollkommen unter diesem Begriffe fassen und erschöpfen? Wird durch diese Formel alles verständlich? Und kann er nun bloß dadurch, daß sich das Vaterherz bei ihm erklärt, wie am Schluß des siebenten Buches geschieht, losgesprochen werden? Was ich also hier wünschte, wäre dieses, daß die Beziehung aller einzelnen Glieder des Romans auf jenen philosophischen Begriff noch etwas klarer gemacht würde. Ich möchte sagen, die Fabel ist vollkommen wahr, auch die Moral der Fabel ist vollkommen wahr, aber das Verhältnis der einen zu der andern springt noch nicht deutlich genug in die Augen.

Ich weiß nicht, ob ich mich bei diesen beiden Erinnerungen recht habe verständlich machen können; die Frage greift ins Ganze, und so ist es schwer, sie am Einzelnen gehörig darzulegen. Ein Wink ist aber hier auch schon genug.

Goethe an Schiller. 9. Juli 1796.

Indem ich Ihnen auf einem besonderen Blatt die einzelnen Stellen verzeichne, die ich nach Ihren Bemerkungen zu ändern und zu supplieren gedenke, so habe ich Ihnen für Ihren heutigen Brief den höchsten Dank zu sagen, indem Sie mich durch die in demselben enthaltenen Erinnerungen nötigen, auf die eigentliche Vollendung des Ganzen aufmerksam zu sein ... Der Fehler, den Sie mit Recht bemerken, kommt aus meiner innersten Natur, aus einem gewissen realistischen Tick, durch den ich meine Existenz, meine Handlungen, meine Schriften den Menschen aus den Augen zu rücken behaglich finde. So werde ich immer gerne inkognito reisen, das geringere Kleid vor dem bessern wählen und in der Unterredung mit Fremden oder Halbbekannten den unbedeutendern Gegenstand oder doch den weniger bedeutenden Ausdruck vorziehen, mich leichtsinniger betragen, als ich bin, und mich so – ich möchte sagen: – zwischen mich selbst und zwischen meine eigene Erscheinung stellen. Sie wissen recht gut, teils wie es ist, teils wie es zusammenhängt.

Nach dieser allgemeinen Beichte, will ich gern zur besondern übergehn: daß ich ohne Ihren Antrieb und Anstoß wider besser Wissen und Gewissen mich auch dieser Eigenheit bei diesem Roman hätte hingehen lassen, welches denn doch, bei dem ungeheuern Aufwand, der darauf gemacht ist, unverzeihlich gewesen wäre, da alles das, was gefordert werden kann, teils so leicht zu erkennen, teils so bequem zu machen ist.

So läßt sich, wenn die frühe Aufmerksamkeit des Abbés auf Wilhelmen rein ausgesprochen wird, ein ganz eigenes Licht und geistiger Schein über das Ganze werfen, und doch habe ich es versäumt; kaum daß ich mich entschließen konnte, durch Wernern etwas zugunsten seines Äußerlichen zu sagen.

Ich hatte den Lehrbrief im 7. Buch abgebrochen, in dem man bis jetzt nur wenige Denksprüche über Kunst und Kunstsinn liest. Die zweite Hälfte sollte bedeutende Worte über Leben und Lebenssinn enthalten, und ich hatte die schönste Gelegenheit, durch einen mündlichen Kommentar des Abbés die Ereignisse überhaupt, besonders aber die durch die Mächte des Turms herbeigeführten Ereignisse zu erklären und zu legitimieren und so jene Maschinerie von dem Verdacht eines kalten Romanbedürfnisses zu retten und ihr einen ästhetischen Wert zu geben oder vielmehr ihren ästhetischen Wert ins Licht zu stellen. – Sie sehen, daß ich mit Ihren Bemerkungen völlig einstimmig bin.

Es ist keine Frage, daß die scheinbaren, von mir ausgesprochenen Resultate viel beschränkter sind als der Inhalt des Werks, und ich komme mir vor wie einer, der, nachdem er viele und große Zahlen übereinandergestellt, endlich mutwillig selbst Additionsfehler machte, um die letzte Summe – aus Gott weiß was für einer Grille – zu verringern.

Ich bin Ihnen wie für so vieles auch dafür den lebhaftesten Dank schuldig, daß Sie noch zur rechten Zeit auf so eine entscheidende Art diese perverse Manier zur Sprache bringen, und ich werde gewiß, insofern es mir möglich ist, Ihren gerechten Wünschen entgegengehn. Ich darf den Inhalt Ihres Briefes nur selbst an die schicklichen Orte verteilen, so ist der Sache schon geholfen. Und sollte mir's ja begegnen, wie denn die menschlichen Verkehrtheiten unüberwindliche Hindernisse sind, daß mir doch die letzten bedeutenden Worte nicht aus der Brust wollten, so werde ich Sie bitten, zuletzt mit einigen kecken Pinselstrichen das noch selbst hinzuzufügen, was ich – durch die sonderbarste Naturnotwendigkeit gebunden – nicht auszusprechen vermag ...

Zum achten Buche:

1. Die sentimentale Forderung bei Mignons Tod zu befriedigen.
2. Der Vorschlag des Balsamierens und die Reflexion über das Band *(der Instrumententasche)* zurück zu rücken.
3. Lothario kann bei Gelegenheit, da er von Aufhebung des Feudalsystems spricht, etwas äußern, was auf die Heiraten am Schlusse eine freiere Aussicht gibt,
4. Der Marchese wird früher erwähnt, als Freund des Oheims.
5. Das Prädikat der „Schönen Seele“ wird auf Natalien abgeleitet.
6. Die Erscheinung der Gräfin wird motiviert.
7. Werners Kindern wird etwas von ihren Jahren abgenommen.

Schiller an Goethe. 9. Juli 1796.

Es ist mir sehr lieb, zu hören, daß ich Ihnen meine Gedanken über jene zwei Punkte habe klar machen können und daß Sie Rücksicht darauf nehmen wollen. Das, was Sie Ihren realistischen Tick nennen, sollen Sie dabei gar nicht verleugnen. Auch das gehört zu Ihrer poetischen Individualität, und in den Grenzen von dieser müssen Sie ja bleiben; alle Schönheit in dem Werk muß Ihre Schönheit sein. Es kommt also bloß darauf an, aus dieser subjektiven Eigenheit einen objektiven Gewinn für das Werk zu ziehen, welches gewiß gelingt, sobald Sie wollen. Dem Inhalte nach muß in dem Werk alles liegen, was zu seiner Erklärung nötig ist, und der Form nach muß es notwendig darin liegen, der innere Zusammenhang muß es mit sich bringen; aber wie fest oder locker es zusammenhängen soll, darüber muß Ihre eigenste Natur entscheiden. Dem Leser würde es freilich bequemer sein, wenn Sie selbst ihm die Momente, worauf es ankommt, blank und bar zuzählten, daß er sie nur in Empfang zu nehmen brauchte; sicherlich aber hält es ihn bei dem Buche fester und führt ihn öfter zu demselben zurück, wenn er sich selber helfen muß. Haben Sie also nur dafür gesorgt, daß er gewiß findet, wenn er mit gutem Willen und hellen Augen sucht, so ersparen Sie ihm ja das Suchen nicht. Das Resultat eines solchen Ganzen muß immer die eigene freie, nur nicht willkürliche Produktion des Lesers sein; es muß eine Art von Belohnung bleiben, die nur dem Würdigen zuteil wird, indem sie dem Unwürdigen sich entzieht.

Ich will, um es nicht zu vergessen, noch einige Erinnerungen hersetzen, worauf ich, in Rücksicht auf jene geheime Maschinerie, zu achten bitte. 1) Man wird wissen wollen, zu welchem Ende der Abbé oder sein Helfershelfer den Geist des alten Hamlet spielt. 2) Daß der Schleier mit dem Zettelchen: „Flieh, flieh usw." zweimal erwähnt wird, erregt Erwartungen, daß diese Erfindung zu keinem unbedeutenden Zwecke diene. Warum, möchte man fragen, treibt man Wilhelmen von der einen Seite von dem Theater, da man ihm doch von der andern zur Aufführung seines Lieblingsstücks und zu einem Debüt behülflich ist! Man erwartet auf diese zwei Fragen eine mehr spezielle Antwort, als Jarno bis jetzt gegeben hat. 3) möchte man wohl auch gerne wissen, ob der Abbé und seine Freunde vor der Erscheinung Werners im Schlosse schon gewußt, daß sie es bei dem Gutskauf mit einem so genauen Freund und Verwandten zu tun haben? Ihrem Benehmen nach scheint es fast so, und so wundert man sich wieder über das Geheimnis, das sie Wilhelmen daraus gemacht haben. 4) wäre doch zu wünschen, daß man die Quelle erführe, aus welcher der Abbé die Nachrichten von Thereses Abkunft schöpfte, besonders da es doch etwas befremdet, daß dieser wichtige Umstand so genau dabei interessierten Personen, und die sonst so gut bedient sind, bis auf den Moment, wo der Dichter ihn braucht, hat ein Geheimnis bleiben können.

Es ist wohl ein bloßer Zufall, daß die zweite Hälfte des Lehrbriefs weggeblieben ist, aber ein geschickter Gebrauch des Zufalls bringt in der Kunst, wie im Leben, oft das Trefflichste hervor. Mir deucht, diese zweite Hälfte des Lehrbriefs könnte im achten Buch an einer weit bedeutenderen Stelle und mit ganz andern Vorteilen nachgebracht werden. Die Ereignisse sind unterdessen vorwärts gerückt; Wilhelm selbst hat sich mehr entwickelt: er sowohl als der Leser sind auf jene praktischen Resultate über das Leben und den Lebensgebrauch weit besser vorbereitet; auch der Saal der Vergangenheit und Nataliens nähere Bekanntschaft können eine günstigere Stimmung dazu herbeigeführt haben. Ich riete deswegen sehr, jene Hälfte des Lehrbriefs ja nicht wegzulassen, sondern womöglich den philosophischen Inhalt des Werks – deutlicher oder versteckter – darin niederzulegen. Ohnehin kann, bei einem Publikum wie nun einmal das deutsche ist, zu Rechtfertigung einer Absicht, und hier namentlich noch zu Rechtfertigung des Titels, der vor dem Buche steht und jene Absicht deutlich ausspricht, nie zuviel geschehen.

Zu meiner nicht geringen Zufriedenheit habe ich in dem achten Buche auch ein paar Zeilen gefunden, die gegen die Metaphysik Fronte machen und auf das spekulative Bedürfnis im Menschen Beziehung haben. Nur etwas schmal und klein ist das Almosen ausgefallen, das Sie der armen Göttin reichen, und ich weiß nicht, ob man sie mit dieser kargen Gabe quittieren kann. Sie werden wohl wissen, von welcher Stelle ich hier rede; denn ich glaube es ihr anzusehen, daß sie mit vielem Bedacht darein gekommen ist.

Ich gestehe es, es ist etwas stark, in unserm spekulativischen Zeitalter einen Roman von diesem Inhalt und von diesem weiten Umfang zu schreiben, worin ,,das einzige, was not ist" so leise abgeführt wird – einen so sentimentalischen Charakter, wie Wilhelm doch immer bleibt, seine Lehrjahre ohne Hülfe jener würdigen Führerin vollenden zu lassen. Das Schlimmste ist, daß er sie wirklich in allem Ernste vollendet, welches von der Wichtigkeit jener Führerin eben nicht die beste Meinung erweckt.

Aber im Ernste – woher mag es kommen, daß Sie einen Menschen haben erziehen und fertig machen können, ohne auf Bedürfnisse zu stoßen, denen die Philosophie nur begegnen kann? Ich bin überzeugt, daß dieses bloß der ästhetischen Richtung zuzuschreiben ist, die Sie in dem ganzen Romane genommen. Innerhalb der ästhetischen Geistesstimmung regt sich kein Bedürfnis nach jenen Trostgründen, die aus der Spekulation geschöpft werden müssen; sie hat Selbständigkeit, Unendlichkeit in sich: nur wenn sich das Sinnliche und das Moralische im Menschen feindlich entgegenstreben, muß bei der reinen Vernunft Hilfe gesucht werden. Die gesunde und schöne Natur braucht, wie Sie selbst sagen, keine Moral, kein Naturrecht, keine politische Metaphysik: Sie hätten ebensogut auch hinzusetzen können, sie braucht keine Gottheit, keine Unsterblichkeit, um sich zu stützen und zu halten. Jene drei Punkte, um die zuletzt alle Spekulation sich dreht, geben einem sinnlich ausgebildeten Gemüt zwar Stoff zu einem poetischen Spiel, aber sie können nie zu ernstlichen Angelegenheiten und Bedürfnissen werden.

Das einzige könnte man vielleicht noch dagegen erinnern, daß unser Freund jene ästhetische Freiheit noch nicht so ganz besitzt, die ihn vollkommen sicherstellte, in gewisse Verlegenheiten nie zu geraten, gewisser Hülfsmittel (der Spekulation) nie zu bedürfen. Ihm fehlt es nicht an einem gewissen philosophischen Hange, der allen sentimentalen Naturen eigen ist, und käme er also einmal ins Spekulative hinein, so möchte es bei diesem Mangel eines philosophischen Fundaments bedenklich um ihn stehen, denn nur die Philosophie kann das Philosophieren unschädlich machen; ohne sie führt es unausbleiblich zum Mystizism. (Die Stiftsdame selbst ist ein Beweis dafür. Ein gewisser ästhetischer Mangel machte ihr die Spekulation zum Bedürfnis, und sie verirrte zur Herrnhuterei, weil ihr die Philosophie nicht zu Hülfe kam; als Mann hätte sie vielleicht alle Irrgänge der Metaphysik durchwandert.)

Nun ergeht aber die Forderung an Sie (der Sie auch sonst überall ein so hohes Genüge getan), Ihren Zögling mit vollkommener Selbständigkeit, Sicherheit, Freiheit und gleichsam architektonischer Festigkeit so hinzustellen, wie er ewig stehen kann, ohne einer äußern Stütze zu bedürfen; man will ihn also durch eine ästhetische Reife auch selbst über das Bedürfnis einer philosophischen Bildung, die er sich nicht gegeben hat, vollkommen hinweggesetzt sehen. Es fragt sich jetzt: Ist er Realist genug, um nie nötig zu haben, sich an der reinen Vernunft zu halten? Ist er es aber nicht – sollte für die Bedürfnisse des Idealisten nicht etwas mehr gesorgt sein?

Sie werden vielleicht denken, daß ich bloß einen künstlichen Umweg nehme, um Sie doch in die Philosophie hineinzutreiben; aber was ich noch etwa vermisse, kann sicherlich auch in Ihrer Form vollkommen gut abgetan werden. Mein Wunsch geht bloß dahin, daß Sie die Materien quaestionis nicht umgehen, sondern ganz auf Ihre Weise lösen möchten. Was bei Ihnen selbst alles spekulative Wissen ersetzt und alle Bedürfnisse dazu Ihnen fremd macht, wird auch bei Meistern vollkommen genug sein. Sie haben den Oheim schon sehr vieles sagen lassen, und auch Meister berührt den Punkt einigemal sehr glücklich; es wäre also nicht so gar viel mehr zu tun. Könnte ich nur in Ihre Denkweise dasjenige einkleiden, was ich im „Reich der Schatten“ und in den „Ästhetischen Briefen“ der meinigen gemäß ausgesprochen habe, so wollten wir sehr bald einig sein.

Was Sie über Wilhelms Äußerliches Wernern in den Mund gelegt, ist von ungemein guter Wirkung für das Ganze. Es ist mir eingefallen, ob Sie den Grafen, der am Ende des achten Buches erscheint, nicht auch dazu nutzen könnten, Wilhelmen zu völligen Ehren zu bringen. Wie, wenn der Graf, der Zeremonienmeister des Romans, durch sein achtungsvolles Betragen und durch eine gewisse Art der Behandlung, die ich Ihnen nicht näher zu bezeichnen brauche, ihn auf einmal aus seinem Stande heraus zu einem höheren stellte und ihm dadurch auf gewisse Art den noch fehlenden Adel erteilte? Gewiß, wenn selbst der Graf ihn distinguierte, so wäre das Werk getan.

Über Wilhelms Benehmen im Saal der Vergangenheit, wenn er diesen zum erstenmal mit Natalien betritt, habe ich noch eine Erinnerung zu machen. Er ist mir hier noch zu sehr der alte Wilhelm, der im Hause des Großvaters am liebsten bei dem kranken Königssohn verweilte, und den der Fremde, im ersten Buch, auf einem so unrechten Weg findet. Auch noch jetzt bleibt er fast ausschließend bei dem bloßen Stoff der Kunstwerke stehen und poetisiert mir zu sehr damit. Wäre hier nicht der Ort gewesen, den Anfang einer glücklicheren Krise bei ihm zu zeigen, ihn zwar nicht als Kenner, denn das ist unmöglich, aber doch als einen mehr objektiven Betrachter darzustellen, so daß etwa ein Freund wie unser Meyer Hoffnung von ihm fassen könnte?

Sie haben Jarno schon im siebenten Buch so glücklich dazu gebraucht, durch seine harte und trockene Manier eine Wahrheit herauszusagen, die den Helden sowie den Leser auf einmal um einen großen Schritt weiter bringt: ich meine die Stelle, wo er Wilhelmen das Talent zum Schauspieler rundweg abspricht. Nun ist mir beigefallen, ob er ihm nicht in Rücksicht auf Theresen und Natalien einen ähnlichen Dienst mit gleich gutem Erfolg für das Ganze leisten könnte. Jarno scheint mir der rechte Mann zu sein, Wilhelmen zu sagen, daß Therese ihn nicht glücklich machen könne, und ihm einen Wink zu geben, welcher weibliche Charakter für ihn tauge. Solche einzelne dürr gesprochene Worte, im rechten Moment gesagt, entbinden auf einmal den Leser von einer schweren Last und wirken wie ein Blitz, der die ganze Szene erleuchtet.

Goethe an Schiller. 12. Juli 1796.

Über den Roman müssen wir nun notwendig mündlich konferieren, auch wegen der Xenien ... Bei jenem wird die Hauptfrage sein, wo sich die Lehrjahre schließen, die eigentlich gegeben werden sollen, und inwiefern man Absicht hat, künftig die Figuren etwa noch einmal auftreten zu lassen. Ihr heutiger Brief deutet mir eigentlich auf eine Fortsetzung des Werks, wozu ich denn auch wohl Idee und Lust habe ... Es müssen Verzahnungen stehenbleiben, die so gut wie der Plan selbst auf eine weitere Fortsetzung deuten; hierüber wünsche ich mich recht mit Ihnen auszusprechen.

Goethe an Schiller. 22. Juli 1796.

Am Roman wird fleißig abgeschrieben ... Es ist recht gut, daß ich so weit bin, und köstlich, daß Sie mir in der Beurteilung beistehen ... Wie die Abschrift des Romans vorrückt, habe ich die verschiedenen Desiderata zu erledigen gesucht; mit welchem Glück, werden Sie beurteilen.

Goethe an Schiller. 10. August 1796.

Der Roman gibt auch wieder Lebenszeichen von sich. Ich habe zu Ihren Ideen Körper nach meiner Art gefunden; ob Sie jene geistigen Wesen in ihrer irdischen Gestalt wiedererkennen werden, weiß ich nicht. Fast möchte ich das Werk zum Drucke schicken, ohne es Ihnen weiter zu zeigen. Es liegt in der Verschiedenheit unserer Naturen, daß es Ihre Forderungen niemals ganz befriedigen kann; und selbst das gibt, wenn Sie dereinst sich über das Ganze erklären, gewiß wieder zu mancher schönen Bemerkung Anlaß.

Schiller an Goethe. 10. August 1796.

In Absicht auf den Roman tun Sie sehr wohl, fremden Vorstellungen, die sich Ihrer Natur nicht leicht assimilieren lassen, keinen Raum zu geben. Hier ist alles aus einem Stück. Und selbst wenn eine kleine Lücke wäre – was noch immer nicht erwiesen ist –, so ist es besser, sie bleibt auf Ihre Art, als daß sie durch eine fremde Art ausgefüllt wird. Doch davon nächstens mehr.

Schiller an Goethe. 19. Oktober 1796.

Mit dem heutigen Paket haben Sie mir eine recht unverhoffte Freude gemacht. Ich fiel auch gleich über das achte Buch des „Meisters" her und empfing aufs neue die ganze volle Ladung desselben. Es ist zum Erstaunen, wie sich der epische und philosophische Gehalt in demselben drängt. Was innerhalb der Form liegt, macht ein so schönes Ganze, und nach außen berührt sie das Unendliche, die Kunst und das Leben. In der Tat kann man von diesem Roman sagen: Er ist nirgends beschränkt als durch die rein ästhetische Form, und wo die Form darin aufhört, da hängt er mit dem Unendlichen zusammen. Ich möchte ihn einer schönen Insel vergleichen, die zwischen zwei Meeren liegt.

Ihre Veränderungen finde ich zureichend und vollkommen in dem Geist und Sinne des Ganzen. Vielleicht, wenn das Neue gleich mit dem Alten entstanden wäre, möchten Sie hie und da mit einem Strich geleistet haben, was jetzt mit mehrern geschieht; aber das kann wohl keinem fühlbar werden, der es zum erstenmal in seiner jetzigen Gestalt liest. Meine Grille mit etwas deutlicher Pronunziation der Hauptidee abgerechnet, wüßte ich nun in der Tat nichts mehr, was vermißt werden könnte. Stünde indessen nicht „Lehrjahre" auf dem Titel, so würde ich den didaktischen Teil in diesem achten Buche für fast zu überwiegend halten. Mehrere philosophische Gedanken haben jetzt offenbar an Klarheit und Faßlichkeit gewonnen.

In der unmittelbaren Szene nach Mignons Tod fehlt nun auch nichts mehr, was das Herz in diesem Augenblick fordern kann; nur hätte ich gewünscht, daß der Übergang zu einem neuen Interesse mit einem neuen Kapitel möchte bezeichnet worden sein.

Der Marchese ist jetzt recht befriedigend eingeführt. Der Graf macht sich vortrefflich. Jarno und Lothario haben bei Gelegenheit der neuen Zusätze auch an Interesse gewonnen.

Nehmen Sie nun zu der glücklichen Beendigung dieser großen Krise meinen Glückwunsch an, und lassen Sie uns nun bei diesem Anlaß horchen, was für ein Publikum wir haben.

Schiller an Goethe. 23. Oktober 1796.

Der Beschluß „Meisters“ hat meine Schwägerin sehr gerührt, und ich finde auch hier meine Erwartung von dem, was den Haupteffekt macht, bestätigt. Immer ist es doch das Pathetische, was die Seele zuerst in Anspruch nimmt; erst späterhin reinigt sich das Gefühl zum Genuß des ruhigen Schönen. Mignon wird wahrscheinlich bei jedem ersten und auch zweiten Lesen die tiefste Furche zurücklassen; aber ich glaube doch, daß es Ihnen gelungen sein wird, wonach Sie strebten – die pathetische Rührung in eine schöne aufzulösen.

Schiller an Goethe. 18. November 1796.

Hier lege ich Ihnen einen weitläuftigen Brief von Körner über „Meister“ bei, der sehr viel Schönes und Gutes enthält. Sie senden ihn mir wohl gleich durch das Boten-Mädchen wieder, da ich ihn gerne kopieren lassen und für das XII. Stück der „Horen“ brauchen möchte, wenn Sie nichts dagegen haben.

Goethe an Schiller. 19. November 1796.

Der Körnerische Brief *(an Schiller, 5. 11. 1796)* hat mir sehr viel Freude gemacht, um so mehr, als er mich in einer entschieden ästhetischen Einsamkeit antraf. Die Klarheit und Freiheit, womit er seinen Gegenstand übersieht, ist wirklich bewundernswert; er schwebt über dem Ganzen, übersieht die Teile mit Eigenheit und Freiheit, nimmt bald da, bald dort einen Beleg zu seinem Urteil heraus, dekomponiert das Werk, um es nach seiner Art wieder zusammenzustellen, und bringt lieber das, was die Einheit stört (die er sucht oder findet), für diesmal beiseite, als daß er – wie gewöhnlich die Leser tun – sich erst dabei aufhalten oder gar recht darauf lehnen sollte. Die unterstrichene Stelle hat mir besonders wohlgetan, da ich besonders auf diesen Punkt eine ununterbrochene Aufmerksamkeit gerichtet habe und nach meinem Gefühl dieses der Hauptfaden sein mußte, der im stillen alles zusammenhält und ohne den kein Roman etwas wert sein kann. Bei diesem Aufsatz ist es aber auch überhaupt sehr auffallend, daß sich der Leser produktiv verhalten muß, wenn er an irgendeiner Produktion teilnehmen will.

Hierzu schreibt Melitta Gerhard, Der dt. Entwicklungsroman, Halle 1926, S. 142: „Die Einsicht in das auf der Berliner Staatsbibliothek befindliche Original von Körners Brief erwies den Satz ‚Besondere Kunst finde ich in der Verflechtung zwischen den Schicksalen und den Charakteren' als die unterstrichene Stelle."

Goethe an Schiller. 26. November 1796.

Ich lege einen Brief von Humboldt bei *(vom 24. Nov. 1796),* der Ihnen Freude machen wird. Es ist doch sehr tröstlich, solche teilnehmende Freunde und Nachbarn zu haben.

Schiller an Goethe. 28. November 1796.

Humboldts Erinnerungen gegen den Körnerischen Brief scheinen mir nicht unbedeutend, obgleich er, was den Charakter des Meister betrifft, auf der entgegengesetzten Seite zu weit zu gehen scheint. Körner hat diesen Charakter zu sehr als den eigentlichen Held des Romans betrachtet; der Titel und das alte Herkommen, in jedem Roman usw. einen Helden haben zu müssen, hat ihn verführt. Wilhelm Meister ist zwar die notwendigste, aber nicht die wichtigste Person; eben das gehört zu den Eigentümlichkeiten Ihres Romans, daß er keine solche wichtigste Person hat und braucht. An ihm und um ihn geschieht alles, aber nicht eigentlich seinetwegen; eben weil die Dinge um ihn her die Energien, er aber die Bildsamkeit darstellt und ausdrückt, so muß er ein ganz ander Verhältnis zu den Mitcharakteren haben, als der Held in andern Romanen hat.

Hingegen finde ich Humboldt gegen diesen Charakter auch viel zu ungerecht, und ich begreife nicht recht, wie er das Geschäft, das der Dichter sich in dem Romane aufgab, wirklich für geendet halten kann, wenn der Meister das bestimmungslose und gehaltlose Geschöpf wäre, wofür er ihn erklärt. Wenn nicht wirklich die Menschheit, nach ihrem ganzen Gehalt, in dem Meister hervorgerufen und ins Spiel gesetzt ist, so ist der Roman nicht fertig, und wenn Meister dazu überhaupt nicht fähig ist, so hätten Sie diesen Charakter nicht wählen dürfen. Freilich ist es für den Roman ein zarter und heikeligter Umstand, daß er in der Person des Meister weder mit einer entschiedenen Individualität, noch mit einer durchgeführten Idealität schließt, sondern mit einem Mitteldinge zwischen beiden. Der Charakter ist individual, aber nur den Schranken und nicht dem Gehalt nach, und er ist ideal, aber nur dem

Vermögen nach. Er versagt uns sonach die nächste Befriedigung, die wir fordern (die Bestimmtheit), und verspricht uns eine höhere und höchste, die wir ihm aber auf eine ferne Zukunft kreditieren müssen.

Komisch genug ist's, wie bei einem solchen Produkte so viel Streit in den Urteilen noch möglich ist.

CHRISTIAN GOTTFRIED KÖRNER

An Schiller, 10. Februar 1795.

„Wilhelm Meister“ hat meine Erwartung wirklich übertroffen. Es gibt wenig Kunstwerke, wo das Objektive so herrschend ist. Die lebendigste Darstellung der Leidenschaft abwechselnd mit dem ruhigsten, einfachsten Ton der Erzählung. An Kraft können sich mehrere Stellen mit dem „Werther“ messen, und welcher Reichtum von Charakteren, wieviel Anmutiges und Gedachtes in diesem Werke, was man im „Werther“ nicht findet. Auf Ostern erscheint wohl der 2. Teil?

An Schiller, 5. November 1796; von Schiller zum Druck gebracht in seiner Zeitschrift „Die Horen“, Bd. 8, 12. Stück, 1796.

Ich verweile zuerst bei einzelnen Bestandteilen und freue mich, in der Darstellung der Charaktere so gar nichts von den schwarzen Schatten zu finden, die nach einem gewöhnlichen Vorurteile zum Effekt des Kunstwerks notwendig sein sollen. An einen privilegierten Teufel, durch den alles Unheil geschieht, ist hier nicht zu denken. Selbst Barbara ist im Grunde nicht bösartig, sondern nur eine gemeine Seele ... Ebensowenig erscheint ein übermenschliches Ideal. Überall findet man Spuren von Gebrechlichkeit und Beschränkung der menschlichen Natur; aber was dabei den Hauptfiguren das höhere Interesse gibt, ist das Streben nach einem Unendlichen. Aus den verschiedenen Richtungen dieses Strebens entsteht die Mannigfaltigkeit der Charaktere. In endlichen Naturen muß sich dadurch oft Einseitigkeit und Mißverhältnis erzeugen; und dies sind die Schatten des Gemäldes, die Dissonanzen der Harmonie. Daher bei Jarno die Kälte und Härte des Weltmanns. Er strebt nach Klarheit und Bestimmtheit in seinen Urteilen über die Menschen und ihre Verhältnisse. Wahrheit und Zweckmäßigkeit weiß er zu schätzen; aber das Dunkle und Schwankende ist ihm verhaßt. Enthusiasmus kennt er nicht; selbst die Kunst verehrt er nur in der Entfernung ... Doch wirkt das Vollendete auf ihn; daher seine Achtung gegen das Streben nach Vollendung in Lothario. An Shakespeare schätzt er nur den Stoff, die Wahrheit der Darstellung. Er heiratet Lydien nicht aus Freundschaft für Lothario, sondern weil ihn die Wahrheit der Empfindung anzieht ...

Besondere Kunst finde ich in der Verflechtung zwischen den Schicksalen und den Charakteren. Beide wirken gegenseitig ineinander. Der Charakter ist weder bloß das Resultat einer Reihe von Begebenheiten, noch das Schicksal bloß Wirkung des gegebenen Charakters. Das Persönliche entwickelt sich aus einem selbständigen unerklärbaren Keime, und diese Entwicklung wird durch die äußern Umstände bloß begünstigt. Dies ist die Wirkung des Puppentheaters bei Meister und der Brustkrankheit bei der Stiftsdame. So sind die merkwürdigsten Ereignisse in Meisters Leben (sein Aufenthalt auf dem Schlosse des Grafen; der Räuberanfall; der Besuch bei Lothario) zum Teil die Folgen einer freien Wahl, die in seinem Charakter gegründet war. Das Ganze nähert sich dadurch der wirklichen Natur, wo der Mensch, dem es nicht an eigener Lebenskraft fehlt, nie bloß durch die ihn umgebende Welt bestimmt wird, aber auch nie alles aus sich selbst entwickelt ...

Aber die Macht des Schicksals zeigt sich auch an zwei Personen: Mignon und dem Alten. Hier unterliegt eine zarte Natur dem gewaltsamen Druck der äußern Verhältnisse. Dieser tragische Stoff stört vielleicht die Totalwirkung bei einem großen Teile des Publikums ..., konzentriert die Aufmerksamkeit auf einen einzigen Punkt. Aber wer seine Besonnenheit ... wenigstens beim zweiten Lesen behauptet, erkennt, wie sehr das Ganze durch eine solche Beimischung an Würde gewinnt.

Die Einheit des Ganzen denke ich mir als die Darstellung einer schönen menschlichen Natur, die sich durch die Zusammenwirkung ihrer inneren Anlagen und äußeren Verhältnisse allmählich ausbildet. Das Ziel dieser Ausbildung ist ein vollendetes Gleichgewicht, Harmonie mit Freiheit ... Je mehr Bildsamkeit in der Person und je mehr bildende Kraft in der Welt, die sie umgibt, desto reichhaltiger die Nahrung des Geistes, die eine solche Erscheinung gewährt.

Was der Mensch nicht von außen empfangen kann – Geist und Kraft –, ist bei Meistern in einem Grade vorhanden, für den der Phantasie keine Grenzen gesetzt sind. Sein Verstand ist mehr als die Geschicklichkeit, ein gegebenes endliches Ziel zu erreichen. Seine Zwecke sind unendlich, und er gehört zu der Menschenklasse, die in ihrer Welt zu herrschen berufen ist. In der Ausführung dessen, was er mit Geist gedacht hat, zeigt er Ernst, Liebe und Beharrlichkeit. Der Erfolg seiner Tätigkeit bleibt immer in einem gewissen Helldunkel, und dadurch wird der Einbildungskraft des Lesers freier Spielraum gelassen. Wir erfahren nur seine gute Aufnahme auf dem Schlosse des Grafen, seine Gunst bei den Damen, den Beifall bei der Aufführung des ,,Hamlet", aber keines seiner dichterischen Produkte wird uns gezeigt. Seine Seele ist rein und unschuldig. Ohne einen Gedanken an Pflicht ist ihm durch eine Art von Instinkt das Gemeine, das Unedle verhaßt, und von dem Trefflichen wird er angezogen. Liebe und Freundschaft sind ihm Bedürfnis, und er ist leicht zu täuschen, weil es ihm schwer wird, irgendwo etwas Arges zu ahnden. Er strebt zu gefallen, aber nie auf Kosten eines andern. Es ist ihm peinlich, irgend jemanden eine unangenehme Empfindung zu machen, und wenn er sich freut, soll alles, was ihn umgibt, mit ihm genießen. Seine Bildsamkeit ist ohne Schwäche. Mut und Selbständigkeit beweist er, wie er die Mignon von dem Italiener befreit, wie er sich gegen die Räuber verteidigt, wie er gegen Jarno und den Abbé seine Unabhängigkeit behauptet. Die persönliche Autorität des Abbé's, die doch in einem Zirkel vorzüglicher Menschen von so großem Gewicht ist, überwältigt ihn nicht. Philine ist da, wo sie liebenswürdig ist, sehr reizend für ihn, aber sie beherrscht ihn nicht. Jarno wird ihm verhaßt, da er die Aufopferung des Alten und der Mignon von ihm verlangt. – Zu diesen Anlagen kommt noch einnehmende Gestalt, natürlicher Anstand, Wohlklang der Sprache.

Für ein solches Wesen mußte nun eine Welt gefunden werden, von der man die Bildung nicht eines Künstlers, eines Staatsmanns, eines Gelehrten, eines Mannes von gutem Ton – sondern eines Menschen erwarten konnte. Durch ein modernes Kostüm mußte die Darstellung dieser Welt lebendiger werden ...

Eine schöne Gestalt zog ihn an; seine Einbildungskraft lieh ihr alle Vorzüge des Geistes. Marianens Seele glich einer unbeschriebenen Tafel, wo nichts seinem Ideale widersprach; er sah sich geliebt und war glücklich. Sie war nichts als ein liebendes Mädchen, zu wenig für seine Gattin, zu viel, um von ihm verlassen zu werden. Ihr Tod war notwendig: Sie erscheint dabei in dem glänzendsten Lichte, aus Meisters Seele verschwindet alle Bitterkeit, die bei dem Gedanken, von ihr getäuscht worden zu sein, sonst nie vertilgt werden konnte, und wir sehen mit Wohlgefallen, daß Meisters Instinkt richtiger urteilte als Werners Weltklugheit.

Das Theater ist die Brücke aus der wirklichen Welt in die ideale. Für einen jungen Mann, den sein nächster Wirkungskreis nicht anzog, und der keine bessere Sphäre kannte, mußte es unwiderstehliche Reize haben. Für ihn wurde es eine Schule der Kunst überhaupt; aber er war nicht zum Künstler berufen. Es war ihm bloß Bedürfnis, seine bessern Ideen und Gefühle laut werden zu lassen. Das Kulissenspiel der theatralischen Darstellung mußte ihm bald widrig werden.

Er sollte auch die glänzende Seite der wirklichen Welt kennen lernen. Ein leichtfertiges Mädchen war seine erste Lehrerin. In Philinen erschien ihm das höchste Leben, aber freilich nicht in einer dauernden Gestalt. Eine Reihe von mannigfaltigen Gestalten ging vor ihm vorüber, und unter diesen waren einige so lieblich, daß sie ihre Wirkung auf ihn nicht verfehlen konnten.

Diesem Übermaß von Gesundheit stellten sich zwei kranke Wesen gegenüber: Mignon und der Harfenspieler. In ihnen erscheint gleichsam eine Poesie der Natur. Wo Meister durch die äußern Verhältnisse abgespannt wird, gibt ihm das Anschauen dieser Wesen einen neuen Schwung.

Die Gräfin war ganz neu dazu geschaffen, das Bestreben zu gefallen bei Meistern zu erregen. Eine gewisse Würde – mehr des Standes als des Charakters – vereinigte sich in ihr mit holder weiblicher Schwäche. Seine Phantasie hatte sie vergöttert. Er fühlte sich angezogen durch ihre Freundlichkeit und entfernt durch die äußern Verhältnisse. Diese gemischte Empfindung spannte alle seine Kräfte. Sie erscheint auf einer niedrigern Stufe durch die Reue und Furcht, mit der sie ihre Leidenschaft verbüßt. Aber selbst in ihrer Buße ist Grazie, und beim letzten Abschiede wird sie uns wieder äußerst liebenswürdig.

Aurelie gibt ein warnendes Beispiel, was Leidenschaft und Phantasie für Zerstörung in einem Wesen edler Art anrichtet, wo es an Harmonie der Seele fehlt.

In Nataliens Tante dagegen ist Ruhe, aber durch Zerschneidung des Knotens, durch Abgeschiedenheit von der sinnlichen Welt. Ihre Frömmigkeit hat als ein vollendetes Naturprodukt wirklich etwas Erhabenes; aber wieviel schöne Blüten mußten ersterben, damit eine solche Frucht gedeihen konnte. Indessen sind ihre Härten durch Toleranz möglichst gemildert, und ihre Hochschätzung Nataliens ist ein schöner Zug, der sie der Menschheit wieder nähert.

Eine andre Art von innerer Ruhe, aber mit ununterbrochner äußerer Tätigkeit vereinigt, zeigt sich in Theresen. Hier ist Leben mit Gestalt vereinigt, aber in diesem Leben fehlt eine gewisse Würze. Keine Krämpfe und keine Überspannung, aber auch keine Liebe und keine Phantasie. Gleichwohl hat ihr ganzes Wesen eine Klarheit und Vollendung, die für denjenigen äußerst anziehend sind, der den Mangel dieser Vorzüge in sich selbst oft schmerzlich gefühlt hat. Zugleich herrscht in ihrem Betragen immer eine gewisse Weiblichkeit, die gleichsam die Stelle eines tiefern Gefühls vertritt. Auch fehlt es ihr nicht an Empfänglichkeit für das Große und Schöne, nur sieht ihr heller Blick in der Wirklichkeit soviel Mängel dabei, daß es bei ihr nie zum Enthusiasmus kommt. Sie empfindet rein, aber gleichsam im Vorbeigehen; ihr alles verschlingender Trieb zur Tätigkeit läßt ihr nicht Zeit dazu. Sie wird nie von einem Gefühle überwältigt, aber sie überläßt sich ihm zuweilen aus freier Wahl, wo es in Handlung übergehen kann, und dann zeigt sie sich von der edelsten Seite.

Bei Natalien ist dieselbe innre Ruhe, dieselbe Klarheit des Verstandes, dieselbe Tätigkeit, aber alles ist von Liebe beseelt. Diese Liebe verbreitet sich über ihren ganzen Wirkungskreis, ohne in irgend einem einzelnen Punkte an Innigkeit zu verlieren. Es erscheint in ihr die Heiligkeit einer höhern Natur, aber diese Erscheinung ist nicht drückend, sondern beruhigend und erhebend. Sie und Lothario können für Repräsentanten der beiden Geschlechter gelten, wie sie in der „Würde der Frauen“ geschildert sind. Nur hat Lothario mehr Weichheit von Natur, und durch Ausbildung mehr Streben nach Harmonie als der Mann in jenem Gedicht.

Nächst diesen Personen gab es noch besondre Verhältnisse, die auf Meistern wirkten. Dahin gehört außer der theatralischen Existenz der Aufenthalt auf dem Schlosse des Grafen und die geheime Gesellschaft. Bei der letzteren finde ich das Ritual der Lossprechung besonders glücklich ausgedacht, weil es durchgängig individuell ist und eben deswegen desto mehr Eindruck machen mußte.

Aber alle diese Anstalten waren zu Meisters Bildung nicht hinlänglich. Was sie vollendete, war ein Kind – ein lieblicher und höchst wahrer Gedanke.

Das Verdienst eines solchen Plans sollte noch durch eine Ausführung erhöht werden, wobei man nirgends an Absicht erinnert wurde, und in der Spannung der Erwartung, in der Auflösung der Dissonanzen und in der endlichen Befriedigung einen poetischen Genuß finden mußte, der von dem philosophischen Gehalte ganz unabhängig war ... Mir scheint der leichte Rhythmus, der in den drei ersten Bänden die Begebenheiten herbeiführt, sich im vierten zu ändern. Doch war dies vielleicht absichtlich zum Behuf der größern tragischen Wirkung oder um die Spannung überhaupt zu erhöhen ...

WILHELM VON HUMBOLDT

An Goethe, 15. Juni 1795.

Ihr „Meister“ hat uns gestern einen sehr glücklichen Abend gemacht. Er ist Ihnen unglaublich gelungen. Die Begebenheiten sind so schön motiviert und nehmen doch einen so raschen und unerwarteten Gang für den Leser, die Charaktere soutenieren sich wunderbar, und das Räsonnement über „Hamlet“ ist voll tiefer Ideen und trefflicher Bemerkungen. Der Unterschied zwischen Drama und Roman, den Sie angeben, ist aus dem Innersten der Kunsttheorie geschöpft und verdiente wohl noch einer ausführlicheren Erörterung, als Ihnen die Stelle im Roman erlaubte. Meisters Übergang zum Theater haben Sie mit überaus großer Kunst vorbereitet, und Werners und sein Brief stellen sich vortrefflich gegeneinander. Der letztere erhält auch sehr nützliche Winke über Ihren Roman selbst und die Gründe, warum Sie sich alles um das Theater herumdrehen lassen. Von meiner Frau soll ich Ihnen sagen, daß es sie sehr intrigiere zu wissen, wessen Arm den Meister in dem Augenblick umschlingt, als das Manuskript uns verläßt. In der Tat sind wir alle sehr neugierig darauf ... Daß Aurelie eine so hübsche Rolle spielt, dafür danke ich Ihnen besonders. Sie stört einen gar nicht, auch wenn man sie nicht liebt, und macht durch den ungeheuren Kontrast noch Philinen pikanter, die durch das Klipp! Klapp! und das schöne Lied noch höher, wenigstens bei uns allen, steigt ...

An Schiller, 31. 8. 1795.

Den „Meister“ (das Ende des 5. und das 6. Buch bis auf ein noch fehlendes Stück) hat mir Unger mitgeteilt, aber leider nur auf so kurze Zeit, wegen der Eile mit dem Druck, daß ich es bloß einmal und flüchtig habe lesen können. Das 5. Buch ist sehr interessant und ganz im Geiste seiner Vorgänger. Indes ist der Knoten mit der Person, in deren Armen Meister sich fühlte, doch noch mehr bloß zerhauen, als es, dünkt mich, sogar fürs erste noch erlaubt war. Meisters Einschlafen ist nicht natürlich. Für das 6. Buch war dem armen Unger etwas bang. Ich habe ihn getröstet. Ich hätte gern die Winke, die Ihre Briefe mir geben, mehr benutzt, um es genauer zu prüfen, aber die Zeit war zu kurz. Mich hat das Ganze doch sehr interessiert. Der Gang der religiösen Meinungen in dieser Person ist mit großer Treue und Natur geschildert, und Goethe hat eine große Bekanntschaft auch mit dieser Seite der menschlichen Seele darin bewiesen. Vorzüglich ist die Wahrheit, daß die Empfindungsweise überhaupt die Religiosität und ihre Modifikationen und nicht diese jene bestimmt, auf eine im ganzen Gange der Geschichte doch sehr einleuchtende und auf eine so individuelle Art gezeigt, daß sie dadurch gewissermaßen neu erscheint. Einige Stellen schienen mir tiefe psychologische Blicke zu verraten, und ich hätte sie gern genauer untersucht, so z. B. den Übergang zu einer größeren religiösen Ängstlichkeit durch den ersten Umgang mit Philo, gleichsam die Offenbarung dessen, was Glaube sei, beim Knien am Kruxifix usw. Auf der andern Seite ist aber dennoch die Erzählung mitunter sehr schleppend, und vieles wird altfränkisch und kleinbürgerlich genannt werden und ist es auch zum Teil wirklich.

An Schiller, 4. 12. 1795.

Ich habe den „Meister“ jetzt von neuem gelesen. Es ist nicht zu leugnen, daß das 6. Buch unerträgliche longueurs und Tiraden hat, so gut auch sonst der so schwierige Gegenstand behandelt ist. Mit dem Oheim verwandelt sich auf einmal die Szene, und besonders an dieser Stelle sind einige sehr feine Bemerkungen. Über die Haltung und selbst über die Wahl des Charakters, an dem die Wirkungen einer solchen schwärmerischen Stimmung gezeigt werden sollten, ließe sich allerei sagen. Offenbar hat Goethe wohl mit Fleiß eine nur sehr uneigentlich schön genannte und mehr kleinliche, eitle und beschränkte Seele, die nur einige größere Seiten hat, gewählt ... Ob ich gleich die Bekenntnisse immer mit großem Interesse lesen werde und es mich nicht verdrießen lasse, dem Gange des Charakters auch mit Mühe nachzugehen, so ist mir das Individuum doch immer eine höchst fatale Gestalt, die mir in allen ihren Metamorphosen gleich stark und (was mir ein Beweis der großen Kunst ist, mit der Goethe den Charakter souteniert hat) immer auf gleiche Weise mißfällt. Eine gänzlich isolierte, ewig krankende Einbildungskraft, die mit Kälte und gänzlichem Mangel an wahrem und tiefem Gefühl begleitet ist, nicht Stärke genug besitzt, um auf eine kühne und große Weise zu schwärmen, und nicht Leichtigkeit und Anmut genug, um schöne Bilder hervorzubringen, ist das Unfruchtbarste, was man sich denken kann, und ein Charakter, der allein auf einer solchen Phantasie beruht, muß notwendig unangenehm und trocken sein. Freilich aber war er eben so der beste für diesen Stoff, und es scheint mir ein eigentümliches Verdienst des ,,Meister", daß die Charaktere so ganz nach den Forderungen des Romans gebildet sind. Vorzüglich ist dies am Meister sichtbar, der mir wie ein Ideal eines Romancharakters vorkommt, immer so geneigt ist, sich zu verwickeln, und so nie Kraft hat, die geschürzten Knoten wieder zu lösen, und sich daher unaufhörlich dem Zufall in die Hände gibt. Die Stelle über den Unterschied des Romans und Dramas wird hier, wie ich höre, auch von mehreren und auch von solchen, die Willen haben zu verstehn, doch mißverstanden. Und wahr ist es, daß Goethe sich entweder ausführlicher hätte verbreiten oder bestimmter ausdrücken sollen. Gesinnungen und Charaktere, Begebenheiten und Handlung, Zufall und Schicksal sind, nach dem gewöhnlichen Sprachgebrauch, gar nicht so kontrastierend von einander geschieden, daß sie nicht, ohne eignes und schon für diese Gegenstände geübtes Nachdenken, noch sollten leicht verwechselt werden können.

An Goethe, 9. Februar 1796.

Der letzte Band Ihres Meisters und Ihr Märchen haben mir im verwichenen Herbst eine sehr angenehme Beschäftigung gewährt. Die beiden letzten Bücher Ihres Romans kontrastieren sehr schön miteinander; das fünfte so voll Leben, Mannigfaltigkeit und Bewegung; das sechste so einfach in den Begebenheiten und so reich an tiefen und feinen Bemerkungen. Ungeachtet ich fast von keiner Seite mit dem Subjekte zu sympathisieren vermag, das Sie schildern, so habe ich dennoch die Kunst bewundert, mit der Sie diesen schwierigen Charakter so schön angelegt und so glücklich durchgeführt haben. Ich habe mich bloß nach Ihrer Schilderung in diese mir so total fremde Individualität vollkommen versetzen können, und nur bei ein paar Übergängen, wo aber die Schuld auch sehr leicht an mir liegen kann, hätte ich mehr Ausführlichkeit oder Bestimmtheit gewünscht. Äußerst wohltätig wirkt das Erscheinen des Oheims. Man ruht bei seinem freundlichen, liberalen Wesen, und bei den vielen Objekten, die er um sich her versammelt hat, so gern von der düstern, verworrenen, ganz und gar subjektiven Stimmung des armen Mädchens aus. Sehr neugierig bin ich, wie Sie diese Episode mit dem Ganzen in der Folge verknüpfen, und wie Sie überhaupt die mannigfaltigen bis jetzt geschürzten Knoten wieder auflösen werden.

An Goethe, 24. November 1796.

Körners Brief über Ihren „Meister", den Schiller Ihnen, soviel ich weiß, mitgeteilt hat, habe ich hier gelesen. Er scheint mir zu den seltenen geistvollen Beurteilungen zu gehören; die Hauptansicht des Werks ist, dünkt mich, sehr richtig gefaßt. Aber in einigen einzelnen Punkten kann ich nicht seiner Meinung sein, am wenigsten über Meisters Charakter selbst. Er scheint in ihm einen Gehalt zu finden, mit dem die Ökonomie des Ganzen, wie ich glaube, nicht würde bestehen können, und dagegen hat er, wie mich dünkt, seine durchgängige Bestimmbarkeit, ohne fast alle wirkliche Bestimmung, sein beständiges Streben nach allen Seiten hin, ohne entschiedene natürliche Kraft nach einer, seine unaufhörliche Neigung zum Räsonnieren und seine Lauigkeit, wenn ich nicht Kälte sagen soll, der Empfindung, ohne die sein Betragen nach Marianens und Mignons Tode nicht begreiflich sein würden, nicht genug getroffen. Und doch sind wohl diese Züge für den ganzen Roman von der größten Wichtigkeit. Denn sie sind es, die ihn zu einem Punkte machen, um den sich eine Menge von Gestalten versammeln müssen, die ihn zu einem Menschen werden lassen, der ewig Knoten schürzt, ohne fast je einen durch eigne Kraft zu lösen. Das aber ist eigentlich, meiner Ansicht nach, das hohe Verdienst, das den „Meister" zu einem einzigen Werk unter allen seinen Mitbrüdern macht, daß er die Welt und das Leben, ganz wie es ist, völlig unabhängig von einer einzelnen Individualität und eben dadurch offen für jede Individualität schildert. In allen übrigen, auch den Meisterwerken dieser Gattung, trägt alles durch Ähnlichkeit oder Kontrast den Charakter der Hauptperson. Im „Meister" ist alles und für alle und doch jedes einzelne und das Ganze für den Verstand und die Phantasie durchaus bestimmt. Darum wird auch jeder Mensch im „Meister" seine Lehrjahre wiederfinden. Auch in ganz andern Situationen, als der „Meister" schildert, wird er das Leben genießen und benutzen lehren. Denn es sind nicht einzelne Exempel und Fälle, es ist die ganze Kunst und Weisheit selbst, poetisch dargestellt; der Dichter, um völlig bestimmt zu sein, nötigt den Leser, diese Weisheit sich selbst zu schaffen, und das Produkt in dieser letztern hat nun keine andern Grenzen als die seiner eigenen Fähigkeit. Der „Meister“ wirkt im höchsten Verstande produktiv aufs Leben. Es ist schlimm, daß der Titel der „Lehrjahre“ von einigen nicht genug beachtet, von andern mißverstanden wird. Die letzteren halten darum das Werk nicht für vollendet. Und allerdings ist es das nicht, wenn „Meisters Lehrjahre“ Meisters völlige Ausbildung, Erziehung heißen sollte. Die wahren Lehrjahre sind geendigt, der Meister hat nun die Kunst des Lebens inne, er hat nun begriffen, daß man, um etwas zu haben, eins ergreifen und das andere dem aufopfern muß. Und was heißt Kunst zu leben anderes als der Verstand, das eine zu wählen, und der Charakter, ihm das übrige aufzuopfern?

CARL LUDWIG FERNOW

An Johann Pohrt. Rom, 12. November 1796.

Ich bin in diesen Tagen so glücklich gewesen, die beiden ersten Teile von „Wilhelm Meister“ zu erhaschen und habe mich unsäglich an der wahren, charakteristischen, lebenvollen und schönen Darstellung dieses neuen Kunstwerks des glücklichen Menschenmaler Goethe erfreut. Den dritten Teil, der auch in Rom ist, hoffe ich noch heute zu erhalten. Es sind herrliche Stellen in den beiden ersteren. Außer den Charakterzeichnungen hat mir besonders die Stelle über Leben, Wirken und Weltansicht des Dichters gefallen; aber die treffliche Darstellung des affektvollen Ausbruchs der Empfindung in der kleinen Mignon gegen Wilhelm am Ende des ersten Bandes ist unaussprechlich schön und rührend. Ich wüßte lange nichts gelesen zu haben, was mich so ergriffen und gerührt hätte als diese Schilderung. Ich habe in dem Buche manche Szene eigenen Lebens und eigener Beobachtung wiedergefunden, die ich während meines Aufenthalts in Schwerin und meines anderthalbjährigen täglichen Umgangs mit den Schauspielern des dortigen Theaters teils selbst erlebt, teils aus der Ferne betrachtet habe. Ich kenne diese Marianen, diese Philinen und Madamen Melina aus lebendigen Originalen und habe mich gefreut, so glückliche Kopien eines großen Meisters davon zu sehen. Der Gräfin *(Julia Reventlow)* ist dieses Werk ein Greuel. Sie sagte mir neulich im heiligen Eifer ihrer guten, leider aber mit dem Leben der wirklichen Welt zu wenig bekannten und mit den Ahndungen platonischer Weisheit zu sehr imbibierten Seele, Goethe sei eine Sau, die ihre eigenen Perlen mit Füßen trete! Aus ihrem Gesichtspunkt hat sie recht, und wer wollte nicht gerne dergleichen sagen lassen, wenn man es in der Einheit eines edlen Charakters notwendig gegründet sieht . . .

FRIEDRICH SCHLEGEL

Aus den „Fragmenten". 1797–1798.

Wer Goethes „Meister" gehörig charakterisierte, der hätte damit wohl eigentlich gesagt, was es jetzt an der Zeit ist in der Poesie. Er dürfte sich, was poetische Kritik betrifft, immer zur Ruhe setzen.

Die Französische Revolution, Fichtes Wissenschaftslehre und Goethes „Meister" sind die größten Tendenzen des Zeitalters. Wer an dieser Zusammenstellung Anstoß nimmt, wem keine Revolution wichtig scheinen kann, die nicht laut und materiell ist, der hat sich noch nicht auf den hohen weiten Standpunkt der Geschichte der Menschheit erhoben. Selbst in unsern dürftigen Kulturgeschichten ... spielt manches kleine Buch, von dem die lärmende Menge zu seiner Zeit nicht viel Notiz nahm, eine größere Rolle als alles, was diese trieb.

„Über Goethes ‚Meister'". Athenäum, I. Band, 2. Stück. 1798.

Ohne Anmaßung und ohne Geräusch, wie die Bildung eines strebenden Geistes sich still entfaltet, und wie die werdende Welt aus seinem Innern leise emporsteigt, beginnt die klare Geschichte. Was hier vorgeht und was hier gesprochen wird, ist nicht außerordentlich, und die Gestalten, welche zuerst hervortreten, sind weder groß noch wunderbar: eine kluge Alte, die überall den Vorteil bedenkt und für den reicheren Liebhaber das Wort führt; ein Mädchen, die sich aus den Verstrickungen der gefährlichen Führerin nur losreißen kann, um sich dem Geliebten heftig hinzugeben; ein reiner Jüngling, der das schöne Feuer seiner ersten Liebe einer Schauspielerin weiht. Indessen steht alles gegenwärtig vor unsern Augen da, lockt und spricht uns an. Die Umrisse sind allgemein und leicht, aber sie sind genau, scharf und sicher. Der kleinste Zug ist bedeutsam, jeder Strich ist ein leiser Wink und alles ist durch helle und lebhafte Gegensätze gehoben. Hier ist nichts, was die Leidenschaft heftig entzünden, oder die Teilnahme sogleich gewaltsam mit sich fortreißen könnte. Aber die beweglichen Gemälde haften wie von selbst in dem Gemüte, welches eben zum ruhigen Genuß heiter gestimmt war. So bleibt auch wohl eine Landschaft von einfachem und unscheinbarem Reiz, der eine seltsam schöne Beleuchtung oder eine wunderbare Stimmung unsers Gefühls einen augenblicklichen Schein von Neuheit und von Einzigkeit lieh, sonderbar hell und unauslöschlich in der Erinnerung. Der Geist fühlt sich durch die heitre Erzählung überall gelinde berührt, leise und vielfach angeregt. Ohne sie ganz zu kennen, hält er diese Menschen dennoch schon für Bekannte, ehe er noch recht weiß, oder sich fragen kann, wie er mit ihnen bekannt geworden sei. Es geht ihm damit wie der Schauspielergesellschaft auf ihrer lustigen Wasserfahrt mit dem Fremden. Er glaubt, er müßte sie schon gesehen haben, weil sie aussehn wie Menschen und nicht wie Hinz oder Kunz. Dies Aussehn verdanken sie nicht eben ihrer Natur und ihrer Bildung: denn nur bei einem oder dem andern nähert sich diese auf verschiedne Weise und in verschiednem Maß der Allgemeinheit. Die Art der Darstellung ist es, wodurch auch das Beschränkteste zugleich ein ganz eignes selbständiges Wesen für sich, und dennoch nur eine andre Seite, eine neue Veränderung der allgemeinen und unter allen Verwandlungen einigen menschlichen Natur, ein kleiner Teil der unendlichen Welt zu sein scheint. Das ist eben das Große, worin jeder Gebildete nur sich selbst wiederzufinden glaubt, während er weit über sich selbst erhoben wird; was nur so ist, als müßte es so sein, und doch weit mehr als man fordern darf.

Mit wohlwollendem Lächeln folgt der heitre Leser Wilhelms gefühlvollen Erinnerungen an die Puppenspiele, welche den neugierigen Knaben mehr beseligten als alles andre Naschwerk, als er noch jedes Schauspiel und Bilder aller Art, wie sie ihm vorkamen, mit demselben reinen Durste in sich sog, mit welchem der Neugeborne die süße Nahrung aus der Brust der liebkosenden Mutter empfängt. Sein Glaube macht ihm die gutmütigen Kindergeschichten von jener Zeit, wo er immer alles zu sehen begehrte, was ihm neu war, und was er gesehn hatte, nun auch gleich zu machen oder nachzuahmen versuchte oder strebte, wichtig, ja heilig, seine Liebe malt sie mit den reizendsten Farben aus, und seine Hoffnung leiht ihnen die schmeichelhafteste Bedeutung. Eben diese schönen Eigenschaften bilden das Gewebe seines Lieblingsgedankens, von der Bühne herab die Menschen zu erheben, aufzuklären und zu veredeln, und der Schöpfer eines neuen schöneren Zeitalters der vaterländischen Bühne zu werden, für die seine kindliche Neigung, erhöht durch die Tugend und verdoppelt durch die Liebe, in helle Flammen emporschlägt. Wenn die Teilnahme an diesen Gefühlen und Wünschen nicht frei von Besorgnis sein kann, so ist es dagegen nicht wenig anziehend und ergötzlich, wie Wilhelm auf einer kleinen Reise, auf welche ihn die Väter zum ersten Versuch senden, einem Abenteuer von der Art, die sich ernsthaft anläßt und drollig entwickelt, begegnet, in welchem er den Widerschein seines eignen Unternehmens, freilich nicht auf die vorteilhafteste Weise abgebildet, erblickt, ohne daß ihn dies seiner Schwärmerei untreu machen könnte. Unvermerkt ist indes die Erzählung lebhafter und leidenschaftlicher geworden, und in der warmen Nacht, wo Wilhelm, sich einer ewigen Verbindung mit seiner Mariane so nahe wähnend, liebevoll um ihre Wohnung schwärmt, steigt die heiße Sehnsucht, die sich in sich selbst zu verlieren, im Genuß ihrer eignen Töne zu lindern und zu erquicken scheint, aufs äußerste, bis die Glut durch die traurige Gewißheit und Norbergs niedrigen Brief plötzlich gelöscht, und die ganze schöne Gedankenwelt des liebenden Jünglings mit einem Streich vernichtet wird.

Mit diesem so hartem Mißlaut schließt das erste Buch, dessen Ende einer geistigen Musik gleicht, wo die verschiedensten Stimmen, wie ebensoviele einladende Ankänge aus der neuen Welt, deren Wunder sich vor uns entfalten sollen, rasch und heftig wechseln; und der schneidende Abstich kann die erst weniger, dann mehr als man erwartete, gereizte Spannung mit einem Zusatz von Ungeduld heilsam würzen, ohne doch je den ruhigsten Genuß des Gegenwärtigen zu stören, oder auch die feinsten Züge der Nebenausbildung, die leisesten Winke der Wahrnehmung zu entziehn, die jeden Blick, jede Miene des durch das Werk sichtbaren Dichtergeistes zu verstehen wünscht.

Damit aber nicht bloß das Gefühl in ein leeres Unendliches hinausstrebe, sondern auch das Auge nach einem großen Gesichtspunkt die Entfernung sinnlich berechnen, und die weite Aussicht einigermaßen umgrenzen könne, steht der Fremde da, der mit so vielem Rechte der Fremde heißt. Allein und unbegreiflich, wie eine Erscheinung aus einer andern edleren Welt, die von der Wirklichkeit, welche Wilhelmen umgibt, so verschieden sein mag, wie von der Möglichkeit, die er sich träumt, dient er zum Maßstab der Höhe, zu welcher das Werk noch steigen soll; eine Höhe, auf der vielleicht die Kunst eine Wissenschaft und das Leben eine Kunst sein wird.

Der reife Verstand dieses gebildeten Mannes ist wie durch eine große Kluft von der blühenden Einbildung des liebenden Jünglings geschieden. Aber auch von Wilhelms Serenate zu Norbergs Brief ist der Übergang nicht milde, und der Kontrast zwischen seiner Poesie und Marianens prosaischer ja niedriger Umgebung ist stark genug. Als vorbereitender Teil des ganzen Werks ist das erste Buch eine Reihe von veränderten Stellungen und malerischen Gegensätzen in deren jedem Wilhelms Charakter von einer andern merkwürdigen Seite, in einem neuen helleren Lichte gezeigt wird; und die kleineren deutlich geschiednen Massen und Kapitel bilden mehr oder weniger jede für sich ein malerisches Ganzes. Auch gewinnt er schon jetzt das ganze Wohlwollen des Lesers, dem er, wie sich selbst, wo er geht und steht, in einer Fülle von prächtigen Worten die erhabensten Gesinnungen vorsagt. Sein ganzes Tun und Wesen besteht fast im Streben, Wollen und Empfinden, und obgleich wir voraussehn, daß er erst spät oder nie als Mann handeln wird, so verspricht doch seine grenzenlose Bildsamkeit, daß Männer und Frauen sich seine Erziehung zum Geschäft und zum Vergnügen machen und dadurch, vielleicht ohne es zu wollen oder zu wissen, die leise und vielseitige Empfänglichkeit, welche seinem Geiste einen so hohen Zauber gibt, vielfach anregen und die Vorempfindung der ganzen Welt in ihm zu einem schönen Bilde entfalten werden. Lernen muß er überall können, und auch an prüfenden Versuchungen wird es ihm nie fehlen. Wenn ihm nun das günstige Schicksal oder ein erfahrner Freund von großem Überblick günstig beisteht und ihn durch Warnungen und Verheißungen nach dem Ziele lenkt, so müssen seine Lehrjahre glücklich endigen.

Das zweite Buch beginnt damit, die Resultate des ersten musikalisch zu wiederholen, sie in wenige Punkte zusammenzudrängen und gleichsam auf die äußerste Spitze zu treiben. Zuerst wird die langsame aber völlige Vernichtung von Wilhelms Poesie seiner Kinderträume und seiner ersten Liebe mit schonender Allgemeinheit der Darstellung betrachtet. Dann wird der Geist, der mit Wilhelmen in diese Tiefe gesunken, und mit ihm gleichsam untätig geworden war, von neuem belebt und mächtig geweckt, sich aus der Leere herauszureißen, durch die leidenschaftlichste Erinnerung an Marianen, und durch des Jünglings begeistertes Lob der Poesie, welches die Wirklichkeit seines ursprünglichen Traums von Poesie durch seine Schönheit bewährt, und uns in die ahndungsvollste Vergangenheit der alten Heroen und der noch unschuldigen Dichterwelt versetzt.

Nun folgt sein Eintritt in die Welt, der weder abgemessen noch brausend ist, sondern gelinde und leise wie das freie Lustwandeln eines, der zwischen Schwermut und Erwartung geteilt, von schmerzlichsüßen Erinnerungen zu noch ahndungsvolleren Wünschen schwankt. Eine neue Szene öffnet sich, und eine neue Welt breitet sich lockend vor uns aus. Alles ist hier seltsam, bedeutend, wundervoll und von geheimem Zauber umweht. Die Ereignisse und die Personen bewegen sich rascher, und jedes Kapitel ist wie ein neuer Akt. Auch solche Ereignisse, die nicht eigentlich ungewöhnlich sind, machen eine überraschende Erscheinung. Aber diese sind nur das Element der Personen, in denen sich der Geist dieser Masse des ganzen Systems am klarsten offenbart. Auch in ihnen äußert sich jene frische Gegenwart, jenes magische Schweben zwischen Vorwärts und Rückwärts. Philine ist das verführerische Symbol der leichtesten Sinnlichkeit; auch der bewegliche Laertes lebt nur für den Augenblick; und damit die lustige Gesellschaft vollzählig sei, repräsentiert der blonde Friedrich die gesunde kräftige Ungezogenheit. Alles was die Erinnerung und die Schwermut und die Reue nur Rührendes hat, atmet und klagt der Alte wie aus einer unbekannten bodenlosen Tiefe von Gram und ergreift uns mit wilder Wehmut. Noch süßere Schauer und gleichsam ein schönes Grausen erregt das heilige Kind, mit dessen Erscheinung die innerste Springfeder des sonderbaren Werks plötzlich frei zu werden scheint. Dann und wann tritt Marianes Bild hervor, wie ein bedeutender Traum; plötzlich erscheint der seltsame Fremde und verschwindet schnell wie ein Blitz. Auch Melinas kommen wieder, aber verwandelt, nämlich ganz in ihrer natürlichen Gestalt. Die schwerfällige Eitelkeit der Anempfinderin kontrastiert artig genug gegen die Leichtigkeit der zierlichen Sünderin. Überhaupt gewährt uns die

Vorlesung des Ritterstücks einen tiefen Blick hinter die Kulissen des theatralischen Zaubers wie in eine komische Welt im Hintergrunde. Das Lustige und das Ergreifende, das Geheime und das Lockende sind im Finale wunderbar verwebt, und die streitenden Stimmen tönen grell nebeneinander. Diese Harmonie von Dissonanzen ist noch schöner als die Musik, mit der das erste Buch endigte, sie ist entzückender und doch zerreißender, sie überwältigt mehr und sie läßt doch besonnener.

Es ist schön und notwendig, sich dem Eindruck eines Gedichtes ganz hinzugeben, den Künstler mit uns machen zu lassen, was er will, und etwa nur im einzelnen das Gefühl durch Reflexion zu bestätigen und zum Gedanken zu erheben, und wo es noch zweifeln oder streiten dürfte, zu entscheiden und zu ergänzen. Dies ist das Erste und das Wesentlichste. Aber nicht minder notwendig ist es, von allem Einzelnen abstrahieren zu können, das Allgemeine schwebend zu fassen, eine Masse zu überschauen, und das Ganze festzuhalten, selbst dem Verborgensten nachzuforschen und das Entlegenste zu verbinden. Wir müssen uns über unsre eigne Liebe erheben, und was wir anbeten, in Gedanken vernichten können: sonst fehlt uns, was wir auch für andre Fähigkeiten haben, der Sinn für das Weltall. Warum sollte man nicht den Duft einer Blume einatmen, und dann doch das unendliche Geäder eines einzelnen Blatts betrachten und sich ganz in diese Betrachtung verlieren können? Nicht bloß die glänzende äußre Hülle, das bunte Kleid der schönen Erde, ist dem Menschen, der ganz Mensch ist, und so fühlt und denkt, interessant: er mag auch gern untersuchen, wie die Schichten im Innern aufeinander liegen, und aus welchen Erdarten sie zusammengesetzt sind; er möchte immer tiefer dringen, bis in den Mittelpunkt wo möglich, und möchte wissen, wie das Ganze konstruiert ist. So mögen wir uns gern dem Zauber des Dichters entreißen, nachdem wir uns gutwillig haben von ihm fesseln lassen, mögen am liebsten dem nachspähn, was er unserm Blick entziehen oder doch nicht zuerst zeigen wollte, und was ihn doch am meisten zum Künstler macht: die geheimen Absichten, die er im stillen verfolgt, und deren wir beim Genius, dessen Instinkt zur Willkür geworden ist, nie zu viele voraussetzen können.

Der angeborne Trieb des durchaus organisierten und organisierenden Werks, sich zu einem Ganzen zu bilden, äußert sich in den größeren wie in den kleineren Massen. Keine Pause ist zufällig und unbedeutend; und hier, wo alles zugleich Mittel und Zweck ist, wird es nicht unrichtig sein, den ersten Teil unbeschadet seiner Beziehung aufs Ganze als ein Werk für sich zu betrachten. Wenn wir auf die Lieblingsgegenstände aller Gespräche und aller gelegentlichen Entwickelungen, und auf die Lieblingsbeziehungen aller Begebenheiten, der Menschen und ihrer Umgebung sehen: so fällt in die Augen, daß sich alles um Schauspiel, Darstellung, Kunst und Poesie drehe. Es war so sehr die Absicht des

Dichters, eine nicht unvollständige Kunstlehre aufzustellen, oder vielmehr in lebendigen Beispielen und Ansichten darzustellen, daß diese Absicht ihn sogar zu eigentlichen Episoden verleiten kann, wie die Komödie der Fabrikanten und die Vorstellung der Bergmänner. Ja man dürfte eine systematische Ordnung in dem Vortrage dieser poetischen Physik der Poesie finden; nicht eben das tote Fachwerk eines Lehrgebäudes, aber die lebendige Stufenleiter jeder Naturgeschichte und Bildungslehre. Wie nämlich Wilhelm in diesem Abschnitt seiner Lehrjahre mit den ersten und notdürftigsten Anfangsgründen der Lebenskunst beschäftigt ist: so werden hier auch die einfachsten Ideen über die schöne Kunst, die ursprünglichen Fakta, und die rohesten Versuche, kurz die Elemente der Poesie vorgetragen: die Puppenspiele, diese Kinderjahre des gemeinen poetischen Instinkts, wie er allen gefühlvollen Menschen auch ohne besondres Talent eigen ist; die Bemerkungen über die Art, wie der Schüler Versuche machen und beurteilen soll, und über die Eindrücke, welche der Bergmann und die Seiltänzer erregen; die Dichtung über das goldne Zeitalter der jugendlichen Poesie, die Künste der Gaukler, die improvisierte Komödie auf der Wasserfahrt. Aber nicht bloß auf die Darstellungen des Schauspielers und was dem ähnlich ist, beschränkt sich diese Naturgeschichte der Schönen; in Mignons und des Alten romantischen Gesängen offenbart sich die Poesie auch als die natürliche Sprache und Musik schöner Seelen. Bei dieser Absicht mußte die Schauspielerwelt die Umgebung und der Grund des Ganzen werden, weil eben diese Kunst nicht bloß die vielseitigste, sondern auch die geselligste aller Künste ist, und weil sich hier vorzüglich Poesie und Leben, Zeitalter und Welt berühren, während die einsame Werkstätte des bildenden Künstlers weniger Stoff darbietet, und die Dichter nur in ihrem Innern als Dichter leben, und keinen abgesonderten Künstlerstand mehr bilden.

Obgleich es also den Anschein haben möchte, als sei das Ganze ebenso sehr eine historische Philosophie der Kunst, als ein Kunstwerk oder Gedicht, und als sei alles, was der Dichter mit solcher Liebe ausführt, als wäre es sein letzter Zweck, am Ende doch nur Mittel: so ist doch auch alles Poesie, reine, hohe Poesie. Alles ist so gedacht und so gesagt, wie von einem der zugleich ein göttlicher Dichter und ein vollendeter Künstler wäre; und selbst der feinste Zug der Nebenausbildung scheint für sich zu existieren und sich eines eignen selbständigen Daseins zu erfreuen. Sogar gegen die Gesetze einer kleinlichen unechten Wahrscheinlichkeit. Was fehlt Werners und Wilhelms Lobe des Handelns und der Dichtkunst, als das Metrum, um von jedermann für erhabne Poesie anerkannt zu werden? Überall werden uns goldne Früchte in silbernen Schalen gereicht. Diese wunderbare Prosa ist Prosa und doch Poesie. Ihre Fülle ist zierlich, ihre Einfachheit bedeutend und vielsagend und ihre hohe und zarte Ausbildung ist ohne eigensinnige Strenge. Wie die Grundfäden dieses Stils im ganzen aus der gebildeten Sprache des gesellschaftlichen Lebens genommen sind, so gefällt er sich auch in seltsamen Gleichnissen, welche eine eigentümliche Merkwürdigkeit aus diesem oder jenem ökonomischen Gewerbe, und was sonst von den öffentlichen Gemeinplätzen der Poesie am entlegensten scheint, dem Höchsten und Zartesten ähnlich zu bilden streben.

Man lasse sich also dadurch, daß der Dichter selbst die Personen und die Begebenheiten so leicht und so launig zu nehmen, den Helden fast nie ohne Ironie zu erwähnen, und auf sein Meisterwerk selbst von der Höhe seines Geistes herabzulächeln scheint, nicht täuschen, als sei es ihm nicht der heiligste Ernst. Man darf es nur auf die höchsten Begriffe beziehn und es nicht bloß so nehmen, wie es gewöhnlich auf dem Standpunkt des gesellschaftlichen Lebens genommen wird: als einen Roman, wo Personen und Begebenheiten der letzte Endzweck sind. Denn dieses schlechthin neue und einzige Buch, welches man nur aus sich selbst verstehen lernen kann, nach einem aus Gewohnheit und Glauben, aus zufälligen Erfahrungen und willkürlichen Forderungen zusammengesetzten und entstandnen Gattungsbegriff beurteilen; das ist, als wenn ein Kind Mond und Gestirne mit der Hand greifen und in sein Schächtelchen packen will.

Ebensosehr regt sich das Gefühl gegen eine schulgerechte Kunstbeurteilung des göttlichen Gewächses. Wer möchte ein Gastmahl des feinsten und ausgesuchtesten Witzes mit allen Förmlichkeiten und in aller üblichen Umständlichkeit rezensieren? Eine sogenannte Rezension des „Meister" würde uns immer erscheinen, wie der junge Mann, der mit dem Buche unter dem Arm in den Wald spazieren kommt, und den Philine mit dem Kuckuck vertreibt.

Vielleicht soll man es also zugleich beurteilen und nicht beurteilen; welches keine leichte Aufgabe zu sein scheint. Glücklicherweise ist es eben eins von den Büchern, welche sich selbst beurteilen, und den Kunstrichter sonach aller Mühe überheben. Ja es beurteilt sich nicht nur selbst, es stellt sich auch selbst dar. Eine bloße Darstellung des Eindrucks würde daher, wenn sie auch keins der schlechtesten Gedichte von der beschreibenden Gattung sein sollte, außer dem, daß sie überflüssig sein würde, sehr den kürzern ziehen müssen; nicht bloß gegen den Dichter, sondern sogar gegen den Gedanken des Lesers, der Sinn für das Höchste hat, der anbeten kann, und ohne Kunst und Wissenschaft gleich weiß, was er anbeten soll, den das Rechte trifft wie ein Blitz.

Die gewöhnlichen Erwartungen von Einheit und Zusammenhang täuscht dieser Roman ebenso oft als er sie erfüllt. Wer aber echten systematischen Instinkt, Sinn für das Universum, jene Vorempfindung der ganzen Welt hat, die Wilhelmen so interessant macht, fühlt gleichsam überall die Persönlichkeit und lebendige Individualität des Werks, und je tiefer er forscht, je mehr innere Beziehungen und Verwandtschaften, je mehr geistigen Zusammenhang entdeckt er in demselben. Hat irgendein Buch einen Genius, so ist es dieses. Hätte sich dieser auch im ganzen wie im einzelnen selbst charakterisieren können, so dürfte niemand weiter sagen, was eigentlich daran sei, und wie man es nehmen solle. Hier bleibt noch eine kleine Ergänzung möglich, und einige Erklärung kann nicht unnütz oder überflüssig scheinen, da trotz jenes Gefühls der Anfang und der Schluß des Werkes fast allgemein seltsam und unbefriedigend, und eins und das andre in der Mitte überflüssig und unzusammenhängend gefunden wird, und da selbst der, welcher das Göttliche der gebildeten Willkür zu unterscheiden und zu ehren weiß, beim ersten und beim letzten Lesen etwas Isoliertes fühlt, als ob bei der schönsten und innigsten Übereinstimmung und Einheit nur eben die letzte Verknüpfung der Gedanken und der Gefühle fehlte. Mancher, dem man den Sinn nicht absprechen kann, wird sich in vieles lange nicht finden können: denn bei fortschreitenden Naturen erweitern, schärfen und bilden sich Begriff und Sinn gegenseitig.

Über die Organisation des Werks muß der verschiedne Charakter der einzelnen Massen viel Licht geben können. Doch darf sich die Beobachtung und Zergliederung, um von den Teilen zum Ganzen gesetzmäßig fortzuschreiten, eben nicht ins unendlich Kleine verlieren. Sie muß vielmehr als wären es schlechthin einfache Teile bei jenen größeren Massen stehn bleiben, deren Selbständigkeit sich auch durch ihre freie Behandlung, Gestaltung und Verwandlung dessen, was sie von den vorhergehenden überkamen, bewährt, und deren innere absichtslose Gleichartigkeit und ursprüngliche Einheit der Dichter selbst durch das absichtliche Bestreben, sie durch sehr verschiedenartige doch immer poetische Mittel zu einem in sich vollendeten Ganzen zu runden, anerkannt hat. Durch jene Fortbildung ist der Zusammenhang, durch diese Einfassung ist die Verschiedenheit der einzelnen Massen gesichert und bestätigt; und so wird jeder notwendige Teil des einen und unteilbaren Romans ein System für sich. Die Mittel der Verknüpfung und der Fortschreitung sind ungefähr überall dieselben. Auch im zweiten Bande locken Jarno und die Erscheinung der Amazone, wie der Fremde und Mignon im ersten Bande, unsre Erwartung und unser Interesse in die dunkle Ferne, und deuten auf eine noch nicht sichtbare Höhe der Bildung; auch hier öffnet sich mit jedem Buch eine neue Szene und eine neue Welt; auch hier kommen die alten Gestalten verjüngt wieder; auch hier enthält jedes Buch die Keime des künftigen und verarbeitet den reinen Ertrag des vorigen mit lebendiger Kraft in sein eigentümliches Wesen; und das dritte Buch, welches sich durch das frischeste und fröhlichste Kolorit auszeichnet, erhält durch Mignons „Dahin ..." und durch Wilhelms und der Gräfin ersten Kuß, eine schöne Einfassung wie von den höchsten Blüten der noch keimenden und der schon reifen Jugendfülle. Wo so unendlich viel zu bemerken ist, wäre es unzweckmäßig, irgend etwas bemerken zu wollen, was schon dagewesen ist, oder mit wenigen Veränderungen immer ähnlich wiederkommt. Nur was ganz neu und eigen ist, bedarf der Erläuterungen, die aber keinesweges alles allen hell und klar machen sollen: sie dürften vielmehr eben dann vortrefflich genannt zu werden verdienen, wenn sie dem, der den „Meister" ganz versteht, durchaus bekannt, und dem, der ihn gar nicht versteht, so gemein und leer, wie das, was sie erläutern wollen, selbst vorkämen; dem hingegen, welcher das Werk halb versteht, auch nur halb verständlich wären, ihn über einiges aufklärten, über anders aber vielleicht noch tiefer verwirrten, damit aus der Unruhe und dem Zweifeln die Erkenntnis hervorgehe, oder damit das Subjekt wenigstens seiner Halbheit, so viel das möglich ist, inne werde. Der zweite Band insonderheit bedarf der Erläuterungen am wenigsten: er ist der reichste, aber der reizendste; er ist voll Verstand, aber doch sehr verständlich.

In dem Stufengang der Lehrjahre der Lebenskunst ist dieser Band für Wilhelmen der höhere Grad der Versuchungen, und die Zeit der Verirrungen und lehrreichen, aber kostbaren Erfahrungen. Freilich laufen seine Vorsätze und seine Handlungen vor wie nach in parallelen Linien nebeneinander her, ohne sich je zu stören oder zu berühren. Indessen hat er doch endlich das gewonnen, daß er sich aus der Gemeinheit, die auch den edelsten Naturen ursprünglich anhängt oder sie durch Zufall umgibt, mehr und mehr erhoben, oder sich doch aus ihr zu erheben ernstlich bemüht hat. Nachdem Wilhelms unendlicher Bildungstrieb zuerst bloß in seinem eignen Innern gewebt und gelebt hatte, bis zur Selbstvernichtung seiner ersten Liebe und seiner ersten Künstlerhoffnung, und sich dann weit genug in die Welt gewagt hatte, war es natürlich, daß er nun vor allen Dingen in die Höhe strebte, sollte es auch nur die Höhe einer gewöhnlichen Bühne sein, daß das Edle und Vornehme sein vorzüglichstes Augenmerk ward, sollte es auch nur die Repräsentation eines nicht sehr gebildeten Adels sein. Anders konnte der Erfolg dieses seinem Ursprunge nach achtungswürdigen Streben nicht wohl ausfallen, da Wilhelm noch so unschuldig und so neu war. Daher mußte das dritte Buch eine starke Annäherung zur Komödie erhalten; um so mehr, da es darauf angelegt war, Wilhelms Unbekanntschaft mit der Welt und den Gegensatz zwischen dem Zauber des Schauspiels und der Niedrigkeit des gewöhnlichen Schauspielerlebens in das hellste Licht zu setzen. In den vorigen Massen waren nur einzelne Züge entschieden komisch, etwa ein paar Gestalten zum Vorgrunde oder eine unbestimmte Ferne. Hier ist das Ganze, die Szene und Handlung selbst komisch.

Ja man möchte es eine komische Welt nennen, da des Lustigen darin in der Tat unendlich viel ist, und da die Adligen und die Komödianten zwei abgesonderte Corps bilden, deren keines dem andern den Preis der Lächerlichkeit abtreten darf, und die auf das drolligste gegeneinander manövrieren. Die Bestandteile dieses Komischen sind keineswegs vorzüglich fein und zart und edel. Manches ist vielmehr von der Art, worüber jeder gemeiniglich von Herzen zu lachen pflegt, wie der Kontrast zwischen den schönsten Erwartungen und einer schlechten Bewirtung. Der Kontrast zwischen der Hoffnung und dem Erfolg, der Einbildung und der Wirklichkeit spielt hier überhaupt eine große Rolle: die Rechte der Realität werden mit unbarmherziger Strenge durchgesetzt und der Pedant bekommt sogar Prügel, weil er doch auch ein Idealist ist. Aus wahrer Affenliebe begrüßt ihn sein Kollege, der Graf, mit gnädigen Blicken über die ungeheure Kluft der Verschiedenheit des Standes; der Baron darf an geistiger Albernheit und die Baronesse an sittlicher Gemeinheit niemanden weichen; die Gräfin selbst ist höchstens eine reizende Veranlassung zu der schönsten Rechtfertigung des Putzes: und diese Adligen sind den Stand abgerechnet den Schauspielern nur darin vorzuziehen, daß sie gründlicher gemein sind. Aber diese Menschen, die man lieber Figuren als Menschen nennen dürfte, sind mit leichter Hand und mit zartem Pinsel so hingedruckt, wie man sich die zierlichsten Karikaturen der edelsten Malerei denken möchte. Es ist bis zum Durchsichtigen gebildete Albernheit. Dieses Frische der Farben, dieses kindlich Bunte, diese Liebe zum Putz und Schmuck, dieser geistreiche Leichtsinn und flüchtige Mutwillen haben etwas, was man Äther der Fröhlichkeit nennen möchte, und was zu zart und zu fein ist, als daß der Buchstabe seinen Eindruck nachbilden und wiedergeben könnte. Nur dem, der vorlesen kann, und sie vollkommen versteht, muß es überlassen bleiben, die Ironie, die über dem ganzen Werke schwebt, hier aber vorzüglich laut wird, denen die den Sinn dafür haben, ganz fühlbar zu machen. Dieser sich selbst belächelnde Schein von Würde und Bedeutsamkeit in dem periodischen Stil, diese scheinbaren Nachlässigkeiten und Tautologien, welche die Bedingungen so vollenden, daß sie mit dem Bedingten wieder eins werden, und wie es die Gelegenheit gibt, alles oder nichts zu sagen oder sagen zu wollen scheinen, dieses höchst Prosaische mitten in der poetischen Stimmung des dargestellten oder komödierten Subjekts, der absichtliche Anhauch von poetischer Pedanterie bei sehr prosaischen Veranlassungen; sie beruhen oft auf einem einzigen Wort, ja auf einem Akzent.

Vielleicht ist keine Masse des Werks so frei und unabhängig vom Ganzen als eben das dritte Buch. Doch ist nicht alles darin Spiel und nur auf den augenblicklichen Genuß gerichtet. Jarno gibt Wilhelmen und dem Leser eine mächtige Glaubensbestätigung an eine würdige große

Realität und ernstere Tätigkeit in der Welt und in dem Werke. Sein schlichter trockener Verstand ist das vollkommene Gegenteil von Aureliens spitzfindiger Empfindsamkeit, die ihr halb natürlich ist und halb erzwungen. Sie ist durch und durch Schauspielerin, auch von Charakter; sie kann nichts und mag nichts als darstellen und aufführen, am liebsten sich selbst, und sie trägt alles zur Schau, auch ihre Weiblichkeit und ihre Liebe. Beide haben nur Verstand: denn auch Aurelien gibt der Dichter ein großes Maß von Scharfsinn; aber es fehlt ihr so ganz an Urteil und Gefühl des Schicklichen wie Jarno'n an Einbildungskraft. Es sind sehr ausgezeichnete aber fast beschränkte, durchaus nicht große Menschen; und daß das Buch selbst auf jene Beschränktheit so bestimmt hindeutet, beweist, wie wenig es so bloße Lobrede auf den Verstand sei, als es wohl anfänglich scheinen könnte. Beide sind sich so vollkommen entgegengesetzt wie die tiefe innige Mariane und die leichte allgemeine Philine; und beide treten gleich diesen stärker hervor als nötig wäre, um die dargestellte Kunstlehre mit Beispielen und die Verwicklung des Ganzen mit Personen zu versorgen. Es sind Hauptfiguren, die jede in ihrer Masse gleichsam den Ton angeben. Sie bezahlen ihre Stelle dadurch, daß sie Wilhelms Geist auch bilden wollen, und sich seine gesamte Erziehung vorzüglich angelegen sein lassen. Wenn gleich der Zögling trotz des redlichen Beistandes so vieler Erzieher in seiner persönlichen und sittlichen Ausbildung wenig mehr gewonnen zu haben scheint als die äußre Gewandtheit, die er sich durch den mannigfaltigeren Umgang und durch die Übungen im Tanzen und Fechten erworben zu haben glaubt: so macht er doch dem Anscheine nach in der Kunst große Fortschritte, und zwar mehr durch die natürliche Entfaltung seines Geistes als auf fremde Veranlassung. Er lernt nun auch eigentliche Virtuosen kennen, und die künstlerischen Gespräche unter ihnen sind außerdem, daß sie ohne den schwerfälligen Prunk der sogenannten gedrängten Kürze, unendlich viel Geist, Sinn und Gehalt haben, auch noch wahre Gespräche; vielstimmig und ineinander greifend, nicht bloß einseitige Scheingespräche. Serlo ist in gewissem Sinne ein allgemeingültiger Mensch, und selbst seine Jugendgeschichte ist, wie sie sein kann und sein soll, bei entschiedenem Talent und ebenso entschiedenem Mangel an Sinn für das Höchste. Darin ist er Jarno'n gleich: beide haben am Ende doch nur das Mechanische ihrer Kunst in der Gewalt. Von den ersten Wahrnehmungen und Elementen der Poesie, mit denen der erste Band Wilhelmen und den Leser beschäftigte, bis zu dem Punkt, wo der Mensch fähig wird, das Höchste und das Tiefste zu fassen, ist ein unermeßlich weiter Zwischenraum, und wenn der Übergang, der immer ein Sprung sein muß, wie billig durch ein großes Vorbild vermittelt werden sollte: durch welchen Dichter konnte dies wohl schicklicher geschehen, als durch den, welcher vorzugsweise der

Unendliche genannt zu werden verdient? Grade diese Seite des Shakespeare wird von Wilhelmen zuerst aufgefaßt, und da es in dieser Kunstlehre weniger auf seine große Natur als auf seine tiefe Künstlichkeit und Absichtlichkeit ankam, so mußte die Wahl den „Hamlet“ treffen, da wohl kein Stück zu so vielfachem und interessanten Streit, was die verborgne Absicht des Künstlers oder was zufälliger Mangel des Werks sein möchte, Veranlassung geben kann, als eben dieses, welches auch in die theatralische Verwicklung und Umgebung des Romans am schönsten eingreift, und unter andern die Frage von der Möglichkeit, ein vollendetes Meisterwerk zu verändern oder unverändert auf der Bühne zu geben, gleichsam von selbst aufwirft. Durch seine retardierende Natur kann das Stück dem Roman, der sein Wesen eben darin setzt, bis zu Verwechselungen verwandt scheinen. Auch ist der Geist der Betrachtung und der Rückkehr in sich selbst, von dem es so voll ist, so sehr eine gemeinsame Eigentümlichkeit aller sehr geistigen Poesie, daß dadurch selbst dies fürchterliche Trauerspiel, welches zwischen Verbrechen und Wahnsinn schwankend, die sichtbare Erde als einen verwilderten Garten der lüsternen Sünde, und ihr gleichsam hohles Innres wie den Wohnsitz der Strafe und der Pein darstellt und auf den härtesten Begriffen von Ehre und Pflicht ruht, wenigstens in einer Eigenschaft sich den fröhlichen Lehrjahren eines jungen Künstlers aneignen kann.

Die in diesem und dem ersten Buche des nächsten Bandes zerstreute Ansicht des „Hamlet“ ist nicht sowohl Kritik als hohe Poesie. Und was kann wohl anders entstehn als ein Gedicht, wenn ein Dichter als solcher ein Werk der Dichtkunst anschaut und darstellt? Dies liegt nicht darin, daß sie über die Grenzen des sichtbaren Werkes mit Vermutungen und Behauptungen hinausgeht. Das muß alle Kritik, weil jedes vortreffliche Werk, von welcher Art es auch sei, mehr weiß als es sagt, und mehr will als es weiß. Es liegt in der gänzlichen Verschiedenheit des Zweckes und des Verfahrens. Jene poetische Kritik will gar nicht wie eine bloße Inschrift nur sagen, was die Sache eigentlich sei, wo sie in der Welt stehe und stehn solle: dazu bedarf es nur eines vollständigen ungeteilten Menschen, der das Werk so lange als nötig ist, zum Mittelpunkt seiner Tätigkeit mache; wenn ein solcher mündliche oder schriftliche Mitteilung liebt, kann es ihm Vergnügen gewähren, eine Wahrnehmung, die im Grunde nur eine und unteilbar ist, weitläufig zu entwickeln, und so entsteht eine eigentliche Charakteristik. Der Dichter und Künstler hingegen wird die Darstellung von neuem darstellen, das schon Gebildete noch einmal bilden wollen; er wird das Werk ergänzen, verjüngen, neu gestalten. Er wird das Ganze nur in Glieder und Massen und Stücke teilen, nie in seine ursprünglichen Bestandteile zerlegen, die in Beziehung auf das Werk tot sind, weil sie nicht mehr Einheiten derselben Art wie das Ganze enthalten, in Beziehung auf das Weltall aber allerdings lebendig und Glieder oder Massen desselben sein könnten. Auf solche bezieht der gewöhnliche Kritiker den Gegenstand seiner Kunst, und muß daher seine lebendige Einheit unvermeidlich zerstören, ihn bald in seine Elemente zersetzen, bald selbst nur als ein Atom einer größeren Masse betrachten.

Im fünften Buche kommt es von der Theorie zu einer durchdachten und nach Grundsätzen verfahrenden Ausübung; und auch Serlos und der andern Roheit und Eigennutz, Philinens Leichtsinn, Aureliens Überspannung, des Alten Schwermut und Mignons Sehnsucht gehen in Handlung über. Daher die nicht seltne Annäherung zum Wahnsinn, die eine Lieblingsbeziehung und Ton dieses Teils scheinen dürfte. Mignon als Mänade ist ein göttlich lichter Punkt, deren es hier mehrere gibt. Aber im ganzen scheint das Werk etwas von der Höhe des zweiten Bandes zu sinken. Es bereitet sich gleichsam schon vor, in die äußersten Tiefen des innern Menschen zu graben, und von da wieder eine noch größere und schlechthin große Höhe zu ersteigen, wo es bleiben kann. Überhaupt scheint es an einem Scheidepunkte zu stehn und in einer wichtigen Krise begriffen zu sein. Die Verwicklung und Verwirrung steigt am höchsten, und auch die gespannte Erwartung über den endlichen Aufschluß so vieler interessanter Rätsel und schöner Wunder. Auch Wilhelms falsche Tendenz bildet sich zu Maximen: aber die seltsame Warnung warnt auch den Leser, ihn nicht zu leichtsinnig schon am Ziel oder auf dem rechten Wege dahin zu glauben. Kein Teil des Ganzen scheint so abhängig von diesem zu sein, und nur als Mittel gebraucht zu werden, wie das fünfte Buch. Es erlaubt sich sogar bloß theoretische Nachträge und Ergänzungen, wie das Ideal eines Souffleurs, die Skizze der Liebhaber der Schauspielkunst, die Grundsätze über den Unterschied des Drama und des Romans.

Die Bekenntnisse der schönen Seele überraschen im Gegenteil durch ihre unbefangene Einzelnheit, scheinbare Beziehungslosigkeit auf das Ganze und in den früheren Teilen des Romans beispiellose Willkürlichkeit der Verflechtung mit dem Ganzen, oder vielmehr der Aufnahme in dasselbe. Genauer erwogen aber dürfte Wilhelm auch wohl vor seiner Verheiratung nicht ohne alle Verwandtschaft mit der Tante sein, wie ihre Bekenntnisse mit dem ganzen Buch. Es sind doch auch Lehrjahre, in denen nichts gelernt wird, als zu existieren, nach seinen besonderen Grundsätzen oder seiner unabänderlichen Natur zu leben; und wenn Wilhelm uns nur durch die Fähigkeit, sich für alles zu interessieren, interessant bleibt, so darf auch die Tante durch die Art, wie sie sich für sich selbst interessiert, Ansprüche darauf machen, ihr Gefühl mitzuteilen. Ja sie lebt im Grunde auch theatralisch; nur mit dem Unterschiede, daß sie die sämtlichen Rollen vereinigt, die in dem gräflichen Schlosse, wo alle agierten und Komödie mit sich spielten, unter viele Figuren verteilt waren, und daß ihr Innres die Bühne bildet, auf der sie Schauspieler und Zuschauer zugleich ist und auch noch die Intrigen in der Kulisse besorgt. Sie steht beständig vor dem Spiegel des Gewissens, und ist beschäftigt, ihr Gemüt zu putzen und zu schmücken. Überhaupt ist in ihr das äußerste Maß der Innerlichkeit erreicht, wie es doch auch geschehen mußte, da das Werk von Anfang an einen so entschiednen Hang offenbarte, das Innre und das Äußre scharf zu trennen und entgegenzusetzen. Hier hat sich das Innre nur gleichsam selbst ausgehöhlt. Es ist der Gipfel der ausgebildeten Einseitigkeit, dem das Bild reifer Allgemeinheit eines großen Sinnes gegenübersteht. Der Onkel nämlich ruht im Hintergrunde dieses Gemäldes, wie ein gewaltiges Gebäude der Lebenskunst im großen alten Stil, von edlen einfachen Verhältnissen, aus dem reinsten gediegensten Marmor. Es ist eine ganz neue Erscheinung in dieser Suite von Bildungsstücken. Bekenntnisse zu schreiben wäre wohl nicht seine Liebhaberei gewesen; und da er sein eigner Lehrer war, kann er keine Lehrjahre gehabt haben, wie Wilhelm. Aber mit männlicher Kraft hat er sich die umgebende Natur zu einer klassischen Welt gebildet, die sich um seinen selbständigen Geist wie um den Mittelpunkt bewegt.

Daß auch die Religion hier als angeborne Liebhaberei dargestellt wird, die sich durch sich selbst freien Spielraum schafft und stufenweise zur Kunst vollendet, stimmt vollkommen zu dem künstlerischen Geist des Ganzen und es wird dadurch, wie an dem auffallendsten Beispiele gezeigt, daß er alles so behandeln und behandelt wissen möchte. Die Schonung des Oheims gegen die Tante ist die stärkste Versinnlichung der unglaublichen Toleranz jener großen Männer, in denen sich der Weltgeist des Werks am unmittelbarsten offenbart. Die Darstellung einer sich wie ins Unendliche immer wieder selbst anschauenden Natur war der schönste Beweis, den ein Künstler von der unergründlichen Tiefe seines Vermögens geben konnte. Selbst die fremden Gegenstände malte er in der Beleuchtung und Farbe und mit solchen Schlagschatten, wie sie sich in diesem alles in seinem eignen Widerscheine schauenden Geiste abspiegeln und darstellen mußten. Doch konnte es nicht seine Absicht sein, hier tiefer und voller darzustellen, als für den Zweck des Ganzen nötig und gut wäre; und noch weniger konnte es seine Pflicht sein, einer bestimmten Wirklichkeit zu gleichen. Überhaupt gleichen die Charaktere in diesem Roman zwar durch die Art der Darstellung dem Porträt, ihrem Wesen nach aber sind sie mehr oder minder allgemein und allegorisch. Eben daher sind sie ein unerschöpflicher Stoff und die vortrefflichste Beispielsammlung für sittliche und gesellschaftliche Untersuchungen. Für diesen Zweck müßten Gespräche über die Charaktere im ,,Meister“ sehr interessant sein können, obgleich sie zum Verständnis des Werks selbst nur etwa episodisch mitwirken könnten:

aber Gespräche müßten es sein, um schon durch die Form alle Einseitigkeit zu verbannen. Denn wenn ein einzelner nur aus dem Standpunkte seiner Eigentümlichkeit über jede dieser Personen räsonnierte und ein moralisches Gutachten fällte, das wäre wohl die unfruchtbarste unter allen möglichen Arten, den ,,Wilhelm Meister" anzusehn; und man würde am Ende nicht mehr daraus lernen, als daß der Redner über diese Gegenstände so, wie es nun lautete, gesinnt sei.

Mit dem vierten Bande scheint das Werk gleichsam mannbar und mündig geworden. Wir sehen nun klar, daß es nicht bloß, was wir Theater oder Poesie nennen, sondern das große Schauspiel der Menschheit selbst und die Kunst aller Künstler, die Kunst zu leben, umfassen soll. Wir sehen auch, daß diese Lehrjahre eher jeden andern zum tüchtigen Künstler oder zum tüchtigen Mann bilden wollen und bilden können, als Wilhelmen selbst. Nicht dieser oder jener Mensch sollte erzogen, sondern die Natur, die Bildung selbst sollte in mannigfachen Beispielen dargestellt, und in einfache Grundsätze zusammengedrängt werden. Wie wir uns in den Bekenntnissen plötzlich aus der Poesie in das Gebiet der Moral versetzt wähnten, so stehn hier die gediegnen Resultate einer Philosophie vor uns, die sich auf den höhern Sinn und Geist gründet, und gleich sehr nach strenger Absonderung und nach erhabner Allgemeinheit aller menschlichen Kräfte und Künste strebt. Für Wilhelmen wird wohl endlich auch gesorgt: aber sie haben ihn fast mehr als billig oder höflich ist, zum besten; selbst der kleine Felix hilft ihn erziehen und beschämen, indem er ihm seine vielfache Unwissenheit fühlbar macht. Nach einigen leichten Krämpfen von Angst, Trotz und Reue verschwindet seine Selbständigkeit aus der Gesellschaft der Lebendigen. Er resigniert förmlich darauf, einen eignen Willen zu haben; und nun sind seine Lehrjahre wirklich vollendet, und Natalie wird Supplement des Romans. Als die schönste Form der reinsten Weiblichkeit und Güte macht sie einen angenehmen Kontrast mit der etwas materiellen Therese. Natalie verbreitet ihre wohltätigen Wirkungen durch ihr bloßes Dasein in der Gesellschaft: Therese bildet eine ähnliche Welt um sich her, wie der Oheim. Es sind Beispiele und Veranlassungen zu der Theorie der Weiblichkeit, die in jener großen Lebenskunstlehre nicht fehlen durfte. Sittliche Geselligkeit und häusliche Tätigkeit, beide in romantisch schöner Gestalt, sind die beiden Urbilder, oder die beiden Hälften eines Urbildes, welche hier für diesen Teil der Menschheit aufgestellt werden.

Wie mögen sich die Leser dieses Romans beim Schluß desselben getäuscht fühlen, da aus allen diesen Erziehungsanstalten nichts herauskommt, als bescheidne Liebenswürdigkeit, da hinter allen diesen wunderbaren Zufällen, weissagenden Winken und geheimnisvollen Erscheinungen nichts steckt als die erhabenste Poesie, und da die letzten Fäden des Ganzen nur durch die Willkür eines bis zur Vollendung gebildeten Geistes gelenkt werden! In der Tat erlaubt sich diese hier, wie es scheint mit gutem Bedacht, fast alles, und liebt die seltsamsten Verknüpfungen. Die Reden einer Barbara wirken mit der gigantischen Kraft und der würdigen Großheit der alten Tragödie; von dem interessantesten Menschen im ganzen Buch wird fast nichts ausführlich erwähnt, als sein Verhältnis mit einer Pächterstochter; gleich nach dem Untergang Marianens, die uns nicht als Mariane, sondern als das verlassene, zerrissene Weib überhaupt interessiert, ergötzt uns der Anblick des Dukaten zählenden Laertes; und selbst die unbedeutendsten Nebengestalten wie der Wundarzt sind mit Absicht höchst wunderlich. Der eigentliche Mittelpunkt dieser Willkürlichkeit ist die geheime Gesellschaft des reinen Verstandes, die Wilhelmen und sich selbst zum besten hat, und zuletzt noch rechtlich und nützlich und ökonomisch wird. Dagegen ist aber der Zufall selbst hier ein gebildeter Mann, und da die Darstellung alles andere im Großen nimmt und gibt, warum sollte sie sich nicht auch der hergebrachten Lizenzen der Poesie im Großen bedienen? Es versteht sich von selbst, daß eine Behandlung dieser Art und dieses Geistes nicht alle Fäden lang und langsam ausspinnen wird. Indessen erinnert doch auch der erst eilende dann aber unerwartet zögernde Schluß des vierten Bandes, wie Wilhelms allegorischer Traum im Anfange desselben, an vieles von allem, was das Interessanteste und Bedeutendste im Ganzen ist. Unter andern sind der segnende Graf, die schwangre Philine vor dem Spiegel, als ein warnendes Beispiel der komischen Nemesis und der sterbend geglaubte Knabe, welcher ein Butterbrot verlangt, gleichsam die ganz burlesken Spitzen des Lustigen und Lächerlichen.

Wenn bescheidner Reiz den ersten Band dieses Romans, glänzende Schönheit den zweiten und tiefe Künstlichkeit und Absichtlichkeit den dritten unterscheidet; so ist Größe der eigentliche Charakter des letzten, und mit ihm des ganzen Werks. Selbst der Gliederbau ist erhabner, und Licht und Farben heller und höher; alles ist gediegen und hinreißend, und die Überraschungen drängen sich. Aber nicht bloß die Dimensionen sind erweitert, auch die Menschen sind von größerem Schlage. Lothario, der Abbé und der Oheim sind gewissermaßen, jeder auf seine Weise, der Genius des Buchs selbst; die andern sind nur seine Geschöpfe. Darum treten sie auch wie der alte Meister neben seinem Gemälde bescheiden in den Hintergrund zurück, obgleich sie aus diesem Gesichtspunkt eigentlich die Hauptpersonen sind. Der Oheim hat einen großen Sinn; der Abbé hat einen großen Verstand, und schwebt über dem Ganzen wie der Geist Gottes. Dafür daß er gern das Schicksal spielt, muß er auch im Buch die Rolle des Schicksals übernehmen. Lothario ist ein großer Mensch: der Oheim hat noch etwas Schwerfälliges, Breites, der Abbé etwas Magres, aber Lothario ist vollendet, seine

Erscheinung ist einfach, sein Geist ist immer im Fortschreiten, und er hat keinen Fehler als den Erbfehler aller Größe, die Fähigkeit auch zerstören zu können. Er ist die himmelstrebende Kuppel, jene sind die gewaltigen Pilaster, auf denen sie ruht. Diese architektonischen Naturen umfassen, tragen und erhalten das Ganze. Die andern, welche nach dem Maß von Ausführlichkeit der Darstellung die wichtigsten scheinen können, sind nur die kleinen Bilder und Verzierungen im Tempel. Sie interessieren den Geist unendlich, und es läßt sich auch gut darüber sprechen, ob man sie achten oder lieben soll und kann, aber für das Gemüt selbst bleiben es Marionetten, allegorisches Spielwerk. Nicht so Mignon, Sperata und Augustino, die heilige Familie der Naturpoesie, welche dem Ganzen romantischen Zauber und Musik geben, und im Übermaß ihrer eignen Seelenglut zu Grunde gehn. Es ist als wollte dieser Schmerz unser Gemüt aus allen seinen Fugen reißen: aber dieser Schmerz hat die Gestalt, den Ton einer klagenden Gottheit, und seine Stimme rauscht auf den Wogen der Melodie daher wie die Andacht würdiger Chöre.

Es ist als sei alles Vorhergehende nur ein geistreiches interessantes Spiel gewesen, und als würde es nun Ernst. Der vierte Band ist eigentlich das Werk selbst; die vorigen Teile sind nur Vorbereitung. Hier öffnet sich der Vorhang des Allerheiligsten, und wir befinden uns plötzlich auf einer Höhe, wo alles göttlich und gelassen und rein ist, und von der Mignons Exequien so wichtig und so bedeutend erscheinen, als ihr notwendiger Untergang.

Caroline Schlegel an Friedrich Schlegel, 14. Okt. 1798.

Wilhelm blieb in Weimar zurück, um Goethen zu sprechen, und der ist sehr wohl zu sprechen gewesen, in der besten Laune über das „Athenäum“ und ganz in der gehörigen, über Ihren „Wilhelm Meister“; denn er hat nicht bloß den Ernst, er hat auch die belobte Ironie darin gefaßt und ist doch sehr damit zufrieden und sieht der Fortsetzung freundlichst entgegen. *(Friedrich Schlegels Rezension der* Lehrjahre *im „Athenäum“ endigt mit der Notiz „Die Fortsetzung folgt“; doch ist eine solche nie erschienen.)* Erst hat er gesagt, es wäre recht gut, recht „charmant“, und nach dieser bei ihm gebräuchlichen Art vom Wetter zu reden, hat er auch warm die Weise gebilligt, wie Sie es behandelt, daß Sie immer auf den Bau des Ganzen gegangen und sich nicht bei pathologischer Zergliederung der einzelnen Charaktere aufgehalten; dann hat er gezeigt, daß er es tüchtig gelesen, indem er viele Ausdrücke wiederholt und besonders eben die ironischen.

Aus der Rezension: Goethes Werke. 1–4. Band. Tübingen 1806. *In: Heidelbergische Jahrbücher, 1. Jahrgang, 1808.*

... Wir haben noch über ,,Wilhelm Meisters Lehrjahre“ zu reden, über die noch manches zu sagen ist, so sehr wir auch vieles als bekannt voraussetzen, und um so eher voraussetzen können, da dieses Buch jetzt nicht bloß als ein vortrefflicher Roman, sondern überhaupt als eines der reichhaltigsten und geistvollsten Werke, welche die deutsche Literatur besitzt, allgemein anerkannt und verehrt wird, und auch schon mehrere ausführliche Beurteilungen desselben vorhanden sind, unter andern in den ,,Charakteristiken und Kritiken“ von A. W. und Fr. Schlegel.

Wenn wir fragen, warum die Größe der Wirkung, welche die Werke unsers Dichters hervorgebracht haben, nicht allemal der Größe der darin erscheinenden poetischen Kraft ganz entsprach; so scheint uns der Grund davon keineswegs, wie einige frühere Beurteiler glauben möchten, einzig und allein in der poetischen Unempfänglichkeit des Publikums zu liegen, noch weniger in der Unfähigkeit der deutschen Sprache, wie der Dichter selbst in einigen bekannten Epigrammen zu verstehen gibt ... Wir finden den Grund jenes, eine lange Zeit hindurch sogar nicht, und vielleicht auch jetzt noch nicht angemessenen Erfolges unsers Dichters darin, daß er die Größe seiner Kraft zu oft in bloße Skizzen, Umrisse, Fragmente, kleinere, bloß zum Versuch oder zum Spiel gebildete Werke vereinzelt, und selbst zersplittert hat.

Sooft Goethe aber seine Kraft nicht selbst teilte, sooft er seinen Reichtum mehr zusammendrängte, war auch die Wirkung entsprechend. ,,Tasso“ und ,,Egmont“ haben Schillers Talent von neuem geweckt, und zur Kunst gesteigert, haben uns den Anfang eines Theaters verschafft. Der ,,Meister“ aber hat auf das Ganze der deutschen Literatur, sichtbar wie wenige andere gewirkt, und recht eigentlich Epoche gemacht, indem er dieselbe mit der Bildung und dem Geist der höheren Gesellschaft in Berührung setzte, und die Sprache nach einer ganz neuen Seite hin mehr bereicherte, als es vielleicht in irgend einer Gattung durch ein einzelnes Werk auf einmal geschehen ist. Das Verdienst des Stils in diesem Werke ist von der Art, daß vielleicht nur derjenige, der sich aus der immer fortschreitenden Erforschung und Ausbildung der Sprache ein eignes Geschäft gemacht hat, die ganze Größe desselben zu würdigen im Stande ist. Aber auch an Reichtum der Erfindung, an Sorgfalt der Ausführung und besonders an Fülle der innern Durchbildung geht der ,,Meister“ vielleicht jedem andern Werke unsers Dichters vor, keines ist in dem Grade ein Werk.

Anfangs war auch gegen dieses Buch viel Einrede; zuerst, von Seiten der Sittlichkeit, und der darin dargestellten zum Teil schlechten Gesellschaft. Was den ersten Punkt anbetrifft, so erinnern wir nochmals an die zu einförmige Feierlichkeit der Klopstock'schen Art und Ansicht der

Dinge, und das Bedürfnis einer nicht so gar eng beschränkten Freiheit für die Entwicklung der Poesie. Besonders hat der ,,Meister" darin ein großes Verdienst, daß er das deutsche Auge mehr geübt hat, die Poesie nicht bloß da zu erblicken, wo sie in aller Pracht und Würde erhaben einherschreitet, sondern auch in der nächsten und gewöhnlichsten Umgebung ihre verborgenen Spuren und flüchtige Umrisse gewahr zu werden.

Was die gute oder schlechte Gesellschaft betrifft, so hätte man sich erinnern mögen, daß von Fielding, Scarron, und Lesage, ja von dem spanischen ,,Alfarache" und ,,Lazarillo" an, des ,,Don Quixote" nicht einmal zu erwähnen, Männer, die zum Teil mit der besten und edelsten Gesellschaft ihrer Zeit sehr wohl bekannt waren, und in ihr lebten, doch die wunderlich gemischte, oder gar die schlechte, als günstiger für komische Abenteuer und vielleicht überhaupt als reicher für die Phantasie mit Absicht gewählt haben ...

Worin liegt denn aber der Grund des Zwiespaltes, der so vielen, die sich stark von dem Werk angezogen fühlten und sich ganz mit demselben durchdrungen hatten, doch zuletzt übrig blieb, und sie wieder davon zurückstieß? – Einige haben geglaubt, ihn in der Ungunst zu finden, mit der Gefühl und Liebe hier behandelt worden, in der anscheinenden Parteilichkeit des Dichters für den kalten Verstand, und haben das Ganze deshalb einer durchaus antipoetischen Richtung beschuldigt. Diese Ansicht aber trifft den eigentlichen Punkt, unsers Erachtens, nicht, und ist auch nicht ohne Einschränkung wahr. Erstlich hat es seine vollkommne objektive Richtigkeit und Wahrheit, daß eine solche Liebe, ein solches Gefühl wie das der untergehenden Personen, in einer solchen Welt und Umgebung, ohne Rettung untergehen mußten; und es wird der Verstand hier auch keineswegs als das Höchste und Letzte dargestellt, sondern vielmehr als etwas allein ganz unzulängliches einseitiges und dürftiges. Dasjenige was aber als das Höchste und Erste aufgestellt ist, die Bildung, ist, wie sehr auch der Verstand darin überwiegen mag, doch gewiß auch nicht ohne das andre Element des empfänglichen Sinns, offenbar also ein Mittleres zwischen Gefühl und Verstand gemeint, was sie beide umfaßt ... Bildung ist der Hauptbegriff, wohin alles in dem Werke zielt und wie in einem Mittelpunkt zusammengeht; dieser Begriff aber ist gerade so, wie er sich hier vor uns entfaltet, ein sehr vielsinniger, vieldeutiger und mißverständlicher ... Daß wahre und falsche Bildung in dem Buche oft so nah aneinander grenzen, so ganz ineinander verfließen, dürfte auch kein Tadel sein, denn es ist dies die eigentliche Beschaffenheit der feinern Gesellschaft, die hier dargestellt werden soll ...

,,Werther" erhebt sich nur in einigen einzelnen Stellen sehr bestimmt und sehr weit über das Zeitalter, aus welchem er hervorging, mit dessen

Denkart und Schwäche er im Ganzen doch wieder zusammenstimmt, und selbst zum Teil mit darin befangen ist. Dagegen wir im ,,Meister“ die ganze Verworrenheit desselben mit allem, was ihm von alter Vernachlässigung geblieben, und zufällig geworden war, und was es schon an kaum noch sichtbaren gärenden Bewegungen für Keime eines Neuen enthält, so objektiv ergriffen sehen, daß man schwerlich eine reichere und wahrhaftere Darstellung dieser Zeit erwarten, oder auch nur begehren kann; denn das darf man bei der Betrachtung des ,,Meisters“ durchaus nicht vergessen, daß, obwohl keine bestimmten Orte genannt, und auch keine Jahreszahl erwähnt wird, doch eine ganz bestimmte Zeit gemeint und geschildert sei. Dieses sind, den Andeutungen des Werks zufolge, wenn wir die früheren Begebenheiten, und die Bildungsgeschichte der ältern Personen mit hinzunehmen, etwa die sechziger, siebziger und achtziger Jahre, bis nach dem Amerikanischen Kriege. Was diese Zeit für seinen Zweck geben konnte, hat der Dichter auf das reichste genutzt und gespendet ... Schon dieser Zeit wegen, auf welche der Meister sich bezieht, würden wir nicht gern eine Vergleichung desselben mit dem ,,Don Quixote“ anstellen ... Der ,,Meister“ aber in seiner Verbindung und Vermischung von darstellender Kunst und Künstler-Ansicht und Bildung gehört durchaus der modernen Poesie an ... So lasse man denn auch den ,,Meister“ als ein in seiner Art einziges Individuum für sich bestehen, und enthalte sich aller verwirrenden Vergleichungen, deren das vortreffliche Werk zu seinem Lobe ohnehin nicht bedarf.

Bei Gelegenheit der neuen Ausgabe hätten wir unsers Teils wohl gewünscht, der Verfasser hätte eine Anzahl der vielen ausländischen, besonders französischen Worte weggenommen, die uns als geringe, aber doch immer störende Flecken an dem reinen Glanz dieser sonst so vollkommenen Sprache erscheinen ... Haben doch ,,Meisters Lehrjahre“ von dieser Seite gerade ein so großes Verdienst, indem sie die Sprache unermeßlich bereicherten durch eine Menge der feinsten und glücklichsten Ausdrücke und Wendungen für gesellschaftliche Beziehungen und Ansichten, für die vorher entweder gar keine Bezeichnung vorhanden, oder doch in keinem gedruckten Buche anzutreffen war, und der ,,Meister“ selbst ist in unzähligen Stellen der beste Beweis, wie wenig die französischen Worte zur Wahrheit der Darstellung gesellschaftlicher Begebenheiten und Gespräche wesentlich sind. Je mehr nun aber die Sprache in ,,Meister“ sich über die gewöhnliche Gesellschaftssprache, durch Sorgfalt und Bildung erhebt, je mehr scheint uns die erwähnte Einmischung – obwohl an sich vielleicht geringfügig – eine kleine Störung in der sonst so vollendeten Gleichmäßigkeit zu verursachen.

NOVALIS

Die im folgenden zitierten Sätze sind wiedergegeben nach der Ausgabe von Richard Samuel, Hans-Joachim Mähl und Gerhard Schulz, Bd. 2, 1965, und Bd. 3, 1968, welche auf die Handschriften zurückgeht. Die Sätze stammen alle aus den Notizheften Hardenbergs, sind rasch niedergeschrieben und in dieser Form nicht für die Veröffentlichung gedacht. Nach Hardenbergs Tode gaben Tieck und Friedrich Schlegel 1802 eine Auswahl seiner Werke heraus, in welche sie einige dieser Sätze aufnahmen, und zwar einseitig ausgewählt im Sinne negativer Kritik, stark überarbeitet, neu zusammengestellt und so dargeboten, als seien es fertig formulierte Sätze (wie die, welche Novalis im „Athenäum" veröffentlicht hatte). Die Zeitgenossen haben das, was Novalis zu „Wilhelm Meister" zu sagen hatte, also nur in dieser stark veränderten Form zu sehen bekommen, ebenso wie Hardenbergs Urteile über Goethe allgemein. (Darüber: H.-J. Mähl im Jahrb. d. Fr. dt. Hochstifts 1967, S. 175ff. mit Angabe weiterer Lit.) Die Sätze werden im folgenden, damit ihr Charakter als flüchtige Notizen deutlich bleibt, in der ursprünglichen Interpunktion wiedergegeben. Die Orthographie ist modernisiert; Abkürzungen sind aufgelöst. In Klammern sind die Nummern der Ausgabe Samuel-Mähl-Schulz hinzugefügt.

Aus: „Vermischte Bemerkungen", 1797.

Eine merkwürdige Eigenheit Goethes bemerkt man in seinen Verknüpfungen kleiner, unbedeutender Vorfälle mit wichtigern Begebenheiten. Er scheint keine andre Absicht dabei zu hegen, als die Einbildungskraft, auf eine poetische Weise, mit einem mysteriösen Spiel, zu beschäftigen. Auch hier ist der sonderbare Mann der Natur auf die Spur gekommen und hat ihr einen artigen Kunstgriff abgemerkt. Das gewöhnliche Leben ist voll ähnlicher Zufälle. Sie machen ein Spiel aus, das, wie alles Spiel, auf Überraschung und Täuschung hinausläuft. *(27)*

Goethens Philosopheme sind echt episch. *(107)*

Goethe ist jetzt der wahre Statthalter des poetischen Geistes auf Erden. *(118)*

Aus den Vorarbeiten zu verschiedenen Fragmentsammlungen, 1798.

Die geognostische oder Landschaftsphantasie wird im „Meister" garnicht berührt. Die Natur läßt Goethe nur sehr selten mitwirken. Im Anfang des 4. Teils einmal. Beim Räuberüberfall berührt Goethe nur im Vorbeigehn die romantische Waldhöhe mit. Die Außenwelt überhaupt selten – am meisten noch im 4. Teile. *(156)*

„Meister" endigt mit der Synthesis der Antinomien, weil er für und vom Verstande geschrieben ist. *(187)*

Alle Menschen sind Variationen Eines vollständigen Individuums, d. h. Einer Ehe. Ein Variationen-Akkord ist eine Familie, wozu jede innig verbundene Gesellschaft zu rechnen ist. Wenn eine so einfache Variation wie Natalie und die Schöne Seele schon ein so tiefes Wohlgefühl erregt, wie unendlich muß das Wohlgefühl dessen sein, der das Ganze in seiner mächtigen Symphonie vernimmt? *(199)*

Ein Romanschreiber macht eine Art von bouts rimés – der aus einer gegebenen Menge von Zufällen und Situationen – eine wohlgeordnete, gesetzmäßige Reihe macht – der Ein Individuum zu Einem Zweck durch alle diese Zufälle, die er zweckmäßig hindurchführt. Ein eigentümliches Individuum muß er haben, das die Begebenheiten bestimmt, und von ihnen bestimmt wird. Dieser Wechsel, oder die Veränderungen Eines Individuums – in einer kontinuierlichen Reihe machen den interessanten Stoff des Romans aus. Ein Romandichter kann auf mancherlei Art zu Werke gehn – er kann sich z. B. erst eine Menge Begebenheiten aussinnen – und zu der Belebung dieser ein Individuum ausdenken / eine Menge Reize, und zu diesen eine besondre, sie mannigfach verändernde und spezifizierende Konstitution / oder er kann sich umgekehrt erst ein Individuum eigner Art festsetzen und zu diesem eine Menge Begebenheiten erfinden ... Je größer der Dichter, desto weniger Freiheit erlaubt er sich, desto philosophischer ist er. Er begnügt sich mit der willkürlichen Wahl des ersten Moments und entwickelt nachher nur die Anlagen dieses Keims – bis zu seiner Auflösung. Jeder Keim ist eine Dissonanz – ein Mißverhältnis, was sich nachgerade ausgleichen soll. Dieser erste Moment begreift die Wechselglieder in einem Verhältnis – das nicht so bleiben kann – z. B. bei ,,Meister" – Streben nach dem Höchsten und Kaufmannsstand. Das kann nicht so bleiben – eins muß des andern Herr werden – Meister muß den Kaufmannsstand verlassen oder das Streben muß vernichtet werden – Man könnte besser noch sagen – Sinn für schöne Kunst – und Geschäftsleben streiten sich um Meister in ihm. Das erste und das zweite – Schönheit und Nutzen sind die Göttinnen, die ihm einigemal unter verschiednen Gestalten auf Scheidewegen erscheinen – Endlich kommt Natalie – die beiden Wege und die beiden Gestalten fließen in eins. *(242)*

Goethe ist ganz praktischer Dichter ... Er hat, wie die Engländer, einen natürlich ökonomischen und einen durch Verstand erworbenen edeln Geschmack. Beides verträgt sich sehr gut und hat eine nahe Verwandtschaft, in chemischem Sinn ... Seine Betrachtungen des Lichts, der Verwandlung der Pflanzen und der Insekten sind Bestätigungen und zugleich die überzeugendsten Beweise, daß auch der vollkommne Lehrvortrag in das Gebiet des Künstlers gehört. Auch dürfte man im gewissen Sinn mit Recht behaupten, daß Goethe der erste Physiker seiner Zeit sei – und in der Tat Epoche in der Geschichte der Physik mache ...

Wie der Physiker Goethe sich zu den übrigen Physikern verhält, so der Dichter zu den übrigen Dichtern. An Umfang, Mannigfaltigkeit und Tiefsinn wird er hie und da übertroffen, aber an Bildungskunst, wer dürfte sich ihm gleichstellen? Bei ihm ist alles Tat –wie bei andern alles Tendenz nur ist. Er macht wirklich etwas, während andre nur etwas möglich – oder notwendig machen. Notwendige und mögliche Schöpfer sind wir alle – aber wie wenig wirkliche. Der Philosoph der Schule würde dies vielleicht aktiven Empirismus nennen. Wir wollen uns begnügen, Goethens Künstlertalent zu betrachten und noch einen Blick auf seinen Verstand werfen. An ihm kann man die Gabe zu abstrahieren in einem neuen Lichte kennen lernen. Er abstrahiert mit einer seltnen Genauigkeit, aber nie ohne das Objekt zugleich zu konstruieren, dem die Abstraktion entspricht. Dies ist nichts als angewandte Philosophie – und so fänden wir ihn am Ende zu unserm nicht geringen Erstaunen auch als anwendenden, praktischen Philosophen, wie denn jeder echte Künstler von jeher nichts anders war. Auch der reine Philosoph wird praktisch sein, wenngleich der anwendende Philosoph sich nicht mit reiner Philosophie abzugeben braucht – denn dies ist eine Kunst für sich. / Goethens ,,Meister". / Der Sitz der eigentlichen Kunst ist lediglich im Verstande. Dieser konstruiert nach einem eigentümlichen Begriff. Phantasie, Witz und Urteilskraft werden nur von ihm requiriert. So ist ,,Wilhelm Meister" ganz ein Kunstprodukt – ein Werk des Verstandes ... An Strenge steht Goethe wohl den Alten nach – aber er übertrifft sie an Gehalt – welches Verdienst jedoch nicht das Seinige ist. Sein ,,Meister" kommt ihnen nah genug – denn wie sehr ist er Roman schlechtweg, ohne Beiwort – und wie viel ist das in dieser Zeit! Goethe wird und muß übertroffen werden – aber nur wie die Alten übertroffen werden können, an Gehalt und Kraft, an Mannigfaltigkeit und Tiefsinn – als Künstler eigentlich nicht – oder doch nur um sehr wenig, denn seine Richtigkeit und Strenge ist vielleicht schon musterhafter, als es scheint. *(445)*

Aus dem „Allgemeinen Brouillon" (Materialien zur Enzyklopädistik), 1798/99.

Über ,,Wilhelm Meister". Lothario ist nichts als die männliche Therese mit einem Übergang zu Meister. Natalie – die Verknüpfung und Veredlung von der Tante und Therese. Jarno machte den Übergang von Theresen zum Abbé. Der Oheim ist, wie die Tante, einseitig. Meister ist eine Verknüpfung von Oheim und Lothario. Die individuelle Religion der Tante ist in Natalien zur wohltätigen, praktischen Weltreligion geworden. Cypriani ist eine matte Repetition des Oheims – Aurelie hat Familienähnlichkeit mit der Tante. Der Harfner und Mignon gehören zusammen. Werner nähert sich der Therese – wie der Arzt dem Abbé –

man könnte ihn den physischen Abbé nennen. Felix ist ganz Marianens Sohn, Laertes und Madame Melina stehn auf einer Stufe. Serlo ist Jarno, als Schauspieler. Friedrich ist der würdige Inhaber Philinens. Der Abbé erscheint nicht ohne Sinn doppelt. Mariane und die Gräfin sieht man gern mit einem Blick an. Melina ist der gemeine Jarno. Der Graf ist der schwache Oheim, der sich bei einer unbedeutenden Gelegenheit von der Tante bekehren läßt. Auch er macht mit seiner Frau ein passendes Paar. Auch Jarno erscheint doppelt, wie der Abbé. Auch die Personen des Hintergrunds zeigen Spuren einer ähnlichen Besetzung des alten Theaters – man erinnre sich an Wilhelms Oheim. – Die Tante und Therese – Jarno und der Oheim sind zwei Hauptkontraste. Philine gehört zur Jarnoschen Familie – Narziß ebenfalls. So wie der Oheim zur Tante gehört, so Jarno zur Therese. – Ein dritter Hauptkontrast ist Mignon und Philine – dieser durchkreuzt beide Familien. – Tragische und komische Hauptmassen des Romans. – (Antik) (modern). – (Gemein) (Edel). *(390)*

Über ,,Wilhelm Meister". Gespräch, Beschreibung und Reflexion wechseln im ,,Meister" mit einander ab. Das Gespräch ist der vorwaltende Bestandteil. Am wenigsten kommt die bloße Reflexion vor. Oft ist die Erzählung und Reflexion verwebt – oft die Beschreibung und das Gespräch. Das Gespräch bereitet die Erzählung vor – meistens aber die Erzählung das Gespräch. Schilderung der Charaktere, oder Raisonnement über die Charaktere wechselt mit Tatsachen ab. So ist das ganze Raisonnement von Tatsachen begleitet – die dasselbe bestätigen, widerlegen, oder beides nur zum Schein tun. – Der Text ist nie übereilt – Tatsachen und Meinungen werden beide genau bestimmt in der gehörigen Folge vorgetragen. Die retardierende Natur des Romans zeigt sich vorzüglich im Stil. Die Philosophie und Moral des Romans sind romantisch. Das Gemeinste wird wie das Wichtigste, mit romantischer Ironie angesehn und dargestellt. Die Verweilung ist überall dieselbe. Die Akzente sind nicht logisch sondern (metrisch und) melodisch – wodurch eben jene wunderbare romantische Ordnung entsteht – die keinen Bedacht auf Rang und Wert, Erstheit und Letztheit – Größe und Kleinheit nimmt. Die Beiwörter gehören zur Umständlichkeit – in ihrer geschickten Auswahl und ihrer ökonomischen Verteilung zeigt sich der poetische Takt. Ihre Auswahl wird durch die Idee des Dichterwerks bestimmt. – Das erste Buch im ,,Meister" zeigt, wie angenehm sich auch gemeine, alltägliche Begebenheiten hören lassen, wenn sie gefällig moduliert vorgetragen werden, wenn sie in eine gebildete, geläufige Sprache, einfach gekleidet mäßigen Schritts vorübergehn. *(445)*

Aus den Fragmenten und Studien 1799–1800.

So sonderbar, als es manchen scheinen möchte, so ist doch nichts wahrer, als daß es nur die Behandlung, das Äußre – die Melodie des Stils ist, welche zur Lektüre uns hinzieht und uns an dieses oder jenes Buch fesselt. ,,Wilhelm Meisters Lehrjahre" sind ein mächtiger Beweis dieser Magie des Vortrags, dieser eindringenden Schmeichelei einer glatten, gefälligen einfachen und mannigfaltigen Sprache. Wer diese Anmut des Sprechens besitzt kann uns das Unbedeutendste erzählen, und wir werden uns angezogen und unterhalten finden – diese geistige Einheit ist die wahre Seele eines Buchs – wodurch uns dasselbe persönlich und wirksam vorkommt. Es gibt einseitige und vielseitige – eigentümliche und gemeinsame Seelen – Zu den letztern scheint die Seele in ,,Wilhelm Meisters Lehrjahren" zu gehören, die man vorzüglich die Seele der guten Gesellschaft nennen möchte. *(93)*

,,Wilhelm Meisters Lehrjahre" sind gewissermaßen durchaus prosaisch – und modern. Das Romantische geht darin zu Grunde – auch die Naturpoesie, das Wunderbare – Er handelt bloß von gewöhnlichen menschlichen Dingen – die Natur und der Mystizism sind ganz vergessen. Es ist eine poetisierte bürgerliche und häusliche Geschichte. Das Wunderbare darin wird ausdrücklich, als Poesie und Schwärmerei, behandelt. Künstlerischer Atheismus ist der Geist des Buchs. Sehr viel Ökonomie – mit prosaischen, wohlfeilen Stoff ein poetischer Effekt erreicht. *(505)*

Gegen ,,Wilhelm Meisters Lehrjahre". Es ist im Grunde ein fatales und albernes Buch – so prätentiös und preziös – undichterisch im höchsten Grade, was den Geist betrifft – so poetisch auch die Darstellung ist. Es ist eine Satire auf die Poesie, Religion etc. Aus Stroh und Hobelspänen ein wohlschmeckendes Gericht, ein Götterbild zusammengesetzt. Hinten wird alles Farce. Die ökonomische Natur ist die wahre – übrig bleibende. Goethe hat auf alle Fälle einen widerstrebenden Stoff behandelt. Poetische Maschinerie. Friedrich verdrängt Meister von der Philine und drängt ihn zur Natalie hin. Die ,,Bekenntnisse" sind eine Beruhigung des Lesers – nach dem Feuer, Wahnsinn und wilden Erscheinungen der ersten Hälfte des 3. Teils. Das viele Intrigieren und Schwatzen und Repräsentieren am Schluß des 4. Buchs verrät das vornehme Schloß und das Weiberregiment – und erregt eine ärgerliche Peinlichkeit. Der Abbé ist ein fataler Kerl, dessen geheime Oberaufsicht lästig und lächerlich wird. Der Turm in Lotharios Schlosse ist ein großer Widerspruch mit demselben. Die Freude, daß es nun aus ist, empfindet man am Schlusse im vollen Maße. Das Ganze ist ein nobilitierter Roman. Wilhelm Meisters Lehrjahre oder die Wallfahrt nach dem Adelsdiplom. Wilhelm Meister ist eigentlich ein ,,Candide", gegen die Poesie gerichtet ... *(536)*

JEAN PAUL

Aus: Vorschule der Ästhetik. 1804. (2. Aufl. 1813.)

Alles Wunderbare ist für sich poetisch. Aber an den verschiedenen Mitteln, diesen Mondschein in ein Kunstgebäude fallen zu lassen, zeigen sich die beiden falschen Prinzipien der Poesie und das wahre am deutlichsten ... Gern hätte man z.B. Goethen das Aufsperren seines Maschinen-Kabinetts und das Aufgraben der Röhren erlassen, aus welchen das durchsichtige bunte Wasserwerk aufflatterte ... Das Wunder fliege weder als Tag- noch als Nachtvogel, sondern als Dämmerungsschmetterling. ,,Meisters" Wunderwesen liegt nicht im hölzernen Räderwerk – es könnte polierter und stählern sein –, sondern in Mignons und des Harfenspielers etc. herrlichem geistigen Abgrund, der zum Glück so tief ist, daß die nachher hineingelassenen Leitern aus Stammbäumen viel zu kurz ausfallen ... So wünsch' ich beinahe, ich wüßte garnicht, wer Mignon und der Harfenspieler von Geburt an eigentlich gewesen. (§ 5)

Die romantisch-epische Form, oder jenen Geist, welcher in den altfranzösischen und altfränkischen Romanen gehauset, rief Goethens ,,Meister", wie aus über einander gefallenen Ruinen, in neue frische Lustgebäude zurück mit seinem Zauberstab. (§ 70)

Jeder Roman muß einen allgemeinen Geist beherbergen, der das historische Ganze ohne Abbruch der freien Bewegung, wie ein Gott die freie Menschheit, heimlich zu einem Ziele verknüpfe und ziehe ... In ,,Wilhelm Meister" ist dieser Lebens- und Blumengeist (spiritus rector) griechische Seelen-Metrik, d.h. Maß und Wohllaut des Lebens durch Vernunft ... Die deutsche Schule, welcher gemäß Goethens ,,Meister" das bürgerliche oder Prose-Leben am reichsten spielen ließ, trug vielleicht dazu bei, daß Novalis, dessen breites poetisches Blätter- und Buschwerk gegen den nackten Palmenwuchs Goethens abstach, den ,,Meisters Lehrjahren" Parteilichkeit für prosaisches Leben und wider poetisches zur Last gelegt. Goethen ist das bürgerliche Dicht-Leben auch Prosen-Leben, und beide sind ihm nur kurze und lange ,,Füße" – falsche und wahre Quantitäten – Hübners Reimregister, über welchen allen seine höhere Dichtkunst schwebt, sie als bloße Dicht-Mittel gebrauchend. Hier gilt im richtigen Sinne der gemißdeutete Ausdruck Poesie der Poesie. Sogar wenn Goethe sich selber für überzeugt vom Vorzuge der Lebens-Prose angäbe: so würde er doch nur nicht berechnen, daß er bloß durch sein höheres Darüberschweben dieser Lebens-Prose mehr Vergoldung leihe als der ihm näheren Gemeinpoesie. (§ 72)

Mit welchem schönen Muster geht in den ,,Propyläen" und im ,,Meister" Goethe vor und gibt das sanfte Beispiel von unparteiischer Schätzung jeder Kraft, jedes Strebens, jeder Glanz-Facette der Welt, ohne darum den Blick aufs Höchste preiszugeben! (Zweite oder Jubilate-Vorlesung; Grobianismen.)

QUELLEN FÜR „WILHELM MEISTERS LEHRJAHRE" IM URTEIL GOETHES UND SEINER ZEITGENOSSEN

Die in unserer Zusammenstellung mitgeteilten Texte von Goethe sind gebracht nach der Weimarer Ausgabe und nach: Goethes Briefe an Charlotte v. Stein. Hrsg. von Julius Petersen. 2 Bde. (in 4 Teilen) Lpz. 1923. Eine reichhaltigere Zusammenstellung findet man in: Goethe über seine Dichtungen. Hrsg. von H. G. Gräf. 1. Teil: Die epischen Dichtungen. Bd. 2. Frankf. 1902. Dort sind die Quellen für „Lehrjahre" und „Wanderjahre" vereinigt S. 696–1071. – Der Briefwechsel Goethe–Schiller ist am gründlichsten ediert und kommentiert in den Briefbänden der Schiller-National-Ausgabe, doch muß man ihn sich dort aus dem Gesamtbriefwechsel heraussuchen. Als Einzelbriefwechsel ist er gut ediert und kommentiert in der Ausgabe von H. G. Gräf und A. Leitzmann. 3 Bde. Lpz. (1955).

Körner: Brief an Schiller 10. Febr. 1795: Schiller-Nat.-Ausg., Bd. 35, S. 148f.; an Schiller 5. Nov. 96: Bd. 36, Teil 1, S. 368ff. Abdruck dieses Briefs in Schillers „Horen" 2. Jahrg., 1796, 12. Stück, S. 105–116. Fotomechan. Nachdruck der „Horen": Darmstadt 1959.

Wilhelm v. Humboldt: An Goethe 15. Juni 1795: Hbg. Ausg., Briefe an Goethe Bd. 1, S. 199f.; an Schiller 31. Aug. 95: Schiller-Nat.-Ausg. 35, S. 321; an Schiller 4. Dez. 1795: Schiller-Nat.-Ausg. 36, I S. 40f.; an Goethe 9. Febr. 96: Hbg. Ausg., Briefe an Goethe Bd. I, S. 217f.; an Goethe 24. Nov. 96: Ebd. S. 258f. Vgl. auch: W. v. Humboldt über Schiller und Goethe. Hrsg. von E. Haufe. Weimar 1963. Ferner: W. v. Humboldt, Briefe. Hrsg. von W. Rößle, eingel. von H. Gollwitzer. München 1952. Und: Briefwechsel zwischen Schiller und W. v. Humboldt. Hrsg. von Siegfried Seidel. 2 Bde. Bln. (Ost) 1962.

Fernow: Carl Ludwig Fernow, Römische Briefe an Joh. Pohrt 1793–1798. Hrsg. von Herbert v. Einem u. Rudolf Pohrt. Bln. 1944 (Winckelmann-Gesellschaft Stendal, 3. Jahresgabe, 1943/44.) S. 154f.

Friedrich Schlegel: Von den 2 zitierten „Fragmenten" erschien das erste im „Lyceum" 1797, das zweite im „Athenäum" 1798, S. 232. Man liest Schlegel jetzt am besten in der großen neuen Ausgabe von Ernst Behler. Dort findet man die zitierten Stellen aus den Fragmenten in Bd. 2, hrsg. von Hans Eichner, 1967, S. 162 Nr. 120 und S. 198 Nr. 216. Ebd. der Aufsatz über „Wilhelm Meister" S. 126–146. Die Goethe-Rezension von 1808 steht in Behlers Ausgabe in Bd. 3. Man findet sie auch in Kürschners dt. Nat.-Lit. 143, S. 388ff. sowie bei Fambach, Goethe und seine Kritiker. Bln. 1955. – Von dem „Athenäum" gibt es einen photomechan. Neudruck, Stuttg. 1960. – Carolinens Brief an Friedrich: Caroline. Briefe aus der Frühromantik. Hrsg. von Erich Schmidt. Bd. 1. Lpz. 1913. S. 455.

Novalis ist zitiert nach der Ausgabe von R. Samuel, H.-J. Mähl und G. Schulz. Bd. 2, Stuttg. 1965, S. 424, 462, 466, 559, 563, 564, 580f., 640ff.; Bd. 3, Stuttg. 1968, S. 312, 326, 568f., 638f., 646.

Jean Paul, Werke. 5. Band. Hrsg. von Norbert Miller. München 1963, S. 44f., 251ff., 416f. Es gibt noch weitere Stellen, die sich auf die „Lehrjahre“ beziehn, z. B. S. 99 (§ 25), 291 (§ 80) usw., der Band hat ein Namenregister.

Weitere Urteile über die „Lehrjahre“ findet man in: Hamburger Ausg., Briefe an Goethe. 2 Bde. (Mit Register) – Goethe in vertraulichen Briefen seiner Zeitgenossen. Hrsg. von Wilhelm Bode. Bd. 1. 1749–1803. Bln. 1918. Bd. 2. 1803–1816. Bln. 1921. – Goethe und seine Kritiker. Hrsg. von Oscar Fambach. Bln. 1955. – Goethe im Urteil seiner Zeitgenossen. Hrsg. von J. W. Braun, Bd. 2 und 3. Bln. 1884–85. – Goethe im Urteil seiner Kritiker. Hrsg. von K. R. Mandelkow. München 1975ff.– Gräf, Goethe über seine Dichtungen. Ep. Dichtungen, Bd. 2. 1902. – Äußerungen über die „Lehrjahre“ findet man in den zeitgenössischen Briefen, Tagebüchern und Rezensionen sehr häufig. Erwähnt seien noch: Wilhelm Heinse, Sämtl. Werke. Hrsg. von Carl Schüddekopf. Bd. 8, 3. Teil. Lpz. 1925. S. 215–233. – Sophie Mereau, Kalathiskos, Bd. 1. Bln. 1801. S. 225–233. Neudruck: Hrsg. von Peter Schmidt. Dt. Neudrucke, Reihe Goethezeit. Heidelberg 1968. – Schleiermacher als Mensch. Familien- und Freundesbriefe 1783–1804. Hrsg. von Heinrich Meisner. Gotha 1922. S. 86, 108. – Rahel Varnhagen im Umgang mit ihren Freunden. Briefe 1793–1838. Hrsg. von Friedhelm Kemp. München 1967. S. 58f., 274. – Rahel Varnhagen und ihre Zeit. Briefe 1800–1833. Hrsg. von F. Kemp. München 1968. S. 234–236. – Das unsterbliche Leben. Briefe von Clemens Brentano. Hrsg. von W. Schellberg u. Fr. Fuchs. Jena 1939. S. 228–230. – Klaus F. Gille, Wilhelm Meister im Urteil der Zeitgenossen. Assen (Niederlande) 1971.

NACHWORT

Goethes Tagebuch vermerkt am 16. Februar 1777: *Diktiert an „Wilhelm Meister“*. Dies ist die früheste Nachricht, die wir von der Entstehung des Werkes haben. Zum ersten Male seit der Vollendung des *Werther* arbeitete Goethe wieder an einem Roman; es ist ein Theaterroman; ein Brief an Knebel vom 21. 11. 1782 nennt den Titel: *Wilhelm Meisters theatralische Sendung*. In den folgenden Jahren vermerken Briefe und Tagebücher das allmähliche Fortschreiten: Im November 1782 wurde das *dritte Buch* fertig; Goethe nahm sich nun vor, jährlich ein Buch zu vollenden, und in der Tat war im November 1783 das *vierte Buch* fertig, im November 1784 das *fünfte* und im November 1785 das *sechste;* er arbeitete weiter in das *siebente Buch* hinein, aber dieses wurde nicht mehr vollendet. Denn die italienische Reise, im August 1786 begonnen, brachte die Arbeit fast ganz zum Stocken. Damals wurden *Iphigenie* und *Tasso* vollendet, die Gedichte wurden umgearbeitet, und 1787–1790 erschienen erstmalig Goethes *Schriften* in 8 Bänden. *Wilhelm Meister* war noch nicht dabei; die Arbeit ruhte. Im Januar 1791 melden die Tagebücher zwar erneute Beschäftigung, aber danach hören wir drei Jahre lang gar nichts mehr. Die Teilnahme an dem französischen Feldzug 1792 und 1793, die Arbeiten an *Reineke Fuchs* und den Revolutionsdramen, vor allem umfangreiche optische und morphologische Studien drängten den Roman in den Hintergrund. Auch übte wohl das Fragment als Theaterroman wenig Reiz zur Vollendung aus. Andrerseits hatte Goethe Anhänglichkeit an den Stoff, und dieser trug mehr innere Möglichkeiten in sich als nur die, ein Theaterroman zu werden. Er wandelte sich in Goethes Geiste um. Mühelos nahm der Stoff auf, was den Dichter jetzt neuerlich und dringend bewegte: die Frage nach Kulturidealen und Menschenbildung. Und von hier aus aufs neue anziehend und aufgabenreich geworden, wurde der Roman nun wieder vorgenommen. Es war im Jahre 1794. Diesmal sollte er die Hauptarbeit der Folgezeit bilden und fertig werden. Goethe hat mehrfach früh aufgenommene Themen erst viel später vollendet, aber nur dann, wenn sie weit genug waren, um auch das, was ihn neuerlich bewegte, in sich zu fassen. 17 Jahre waren vergangen, seit er den Roman begonnen hatte. Damals ergriff er das von den Zeitgenossen lebhaft erörterte Thema der ästhetischen Erziehung des Volkes durch das Theater; jetzt lebte er in allgemeinen Fragen, wie der neuzeitliche Mensch leben und denken solle, Fragen, die auch Herder, Schiller und die Philosophen in ihrer Weise vorwärtstrugen, und das Werk wurde ein Bildungsroman. Aber gerade in diesem Zusammenhang konnte vieles von dem ursprünglichen

Theaterthema erhalten bleiben, denn Ausbildung und Höherbildung durch die Kunst war ein wesentliches Thema innerhalb der Frage nach der Bildung des neuzeitlichen Menschen schlechthin. Der alte Stoff konnte nun von höherem Standpunkt aus zu Ende geführt und der ganze Roman neu durchdacht und neu aufgebaut werden. Auch hatte Goethe jetzt eine Weltkenntnis, welche weit größer war als in der Zeit, als er die *Theatralische Sendung* begann. Er war seit 1791 selbst Theaterleiter und hatte 1791 und 1792 drei Dramen von Shakespeare inszeniert, darunter „Hamlet". Er gehörte seit 1776 dem „Geheimen Consilium" des Herzogs an und kannte aus Erfahrung soziale Fragen wie die, welche Lothario aufwirft (430,22ff.). Er hatte begonnen, Kunstwerke und Naturalien zu sammeln, für sich und für den Herzog, und konnte daher über die Sammlungen des Oheims (401, 35ff.; 517,2f.) als Kenner sprechen. Er war seit 1789 Mitglied der Schloßbaukommission, welche für den Neubau des Weimarer Schlosses verantwortlich war, die hier erworbene Kenntnis stand im Hintergrund seiner Darstellung des Schlosses des Oheims. Zum Problem der Stellung von Adel und Bürgertum hatte er reiche Erfahrungen gesammelt; mit wie vielen Adligen war er umgegangen, und in wie vielfältigen Konstellationen! So könnte man noch vieles aufzählen, von den Herrnhutern bis zur italienischen katholischen Volksfrömmigkeit. Er hatte Sachkenntnisse, die er in den Roman einbrachte, und in dieser Breite der Weltkenntnis übertraf er jeden anderen deutschen Schriftsteller seiner Zeit.

Der Titel wurde jetzt: *Wilhelm Meisters Lehrjahre.* Die Einteilung in Bücher wurde völlig neu durchgeführt. Um sich selbst zur Arbeit zu zwingen, gab Goethe den Anfang – *Erstes* und *Zweites Buch* – in Druck, ehe der Schluß fertig geschrieben war. Während der Druck bei Unger in Berlin begann, fragte Schiller bei Goethe an, ob er ihn zum Mitarbeiter seiner neuen Zeitschrift „Die Horen" gewinnen könne. Goethe sagte zu. Es folgte das persönliche Zusammensein im Juli 1794, von dem Schiller dann am 23. August schrieb, es habe seine „ganze Ideenmasse in Bewegung gebracht". Goethe erzählte ihm damals, daß er an einem Roman arbeite. In seinem Brief vom 23. August fragt Schiller, ob er diesen Roman vielleicht in Fortsetzungen für die „Horen" haben dürfe. Doch dafür war es zu spät: Goethe erhielt bereits die fertigen Druckbogen. Er sandte sie an Schiller mit der Bitte, ihm seine Kritik mitzuteilen; die weiteren Bücher wolle er ihm im Manuskript senden. Und fortan ging Buch für Buch in Abschrift nach Jena, sobald es fertig war. Schiller, mit dem Enthusiasmus und der werbenden Kraft, die die neue Verbindung in ihm auslöste, ergriff das Werk mit Intensität und gab, was kein anderer gab, etwas, woran Goethe erkennen sollte und erkannt hat, was er an ihm gewann: ausführliche fördernde briefliche Urteile; sie gehören zum Bedeutendsten, was je über das Werk gesagt ist, und sind noch für uns Anregungen zum Verständnis. (Vgl. die Zusammenstellung S. 620–652.) Gleichzeitig zeigen sie, wie Goethe manchen darin enthaltenen Wink noch rasch vor dem Druck für Änderungen nutzbar gemacht hat (z. B. für die Art der Einführung des Marchese, die Abstimmung der Zeitangaben u. a. m.). Der Roman erschien in 4 kleinen Bänden, deren jeder 2 Bücher enthielt. Der vierte wurde im Herbst 1796 ausgegeben.

Bei der Umarbeitung, die 1794 begann, legte Goethe sein altes Manuskript zugrunde. Dieses ist nicht erhalten geblieben. Er hatte aber bereits zwischen 1778 und 1785 einem engeren Kreise daraus mitgeteilt: so hatte er Frau v. Stein und dem Herzog daraus vorgelesen und an auswärtige Freunde Abschriften gesandt: an Knebel, die Gräfin Werthern, an seine Mutter in Frankfurt und an Barbara Schultheß in Zürich. Diese hatte er 1775, als er jung und liebeskrank seine erste Schweizerreise, die Flucht vor Lili und Frankfurt, unternahm, kennengelernt, die vier Jahre ältere, verständnisvolle, gefühlssichere Gattin des Kaufmanns Daniel Schultheß; er hatte Zugang zu ihrer Welt und sie zu der seinen, und zugleich besaß sie, was ihm mangelte; so wurde eine gute Freundschaft daraus. Goethe richtete es 1779 so ein, daß er sie wieder traf, er machte 1788 einen Umweg, um sie zu sehen, und suchte sie auch 1797 auf. Sie hat die Handschrift der *Theatralischen Sendung* nach und nach im Laufe von Jahren erhalten; und da sie sie wieder zurückschicken mußte, hat sie das Werk zusammen mit ihrer Tocher abgeschrieben. Diese Handschrift kam im Jahre 1910 wieder ans Licht und erschien 1911 im Druck. Seither kennen wir also die erste Fassung des Romans. Sie reicht bis zum Ende des *6. Buches*. Die *Theatralische Sendung* gedieh zwar noch etwas darüber hinaus, aber dieses letzte, unvollendete Buch hat Barbara Schultheß nicht mehr erhalten.

In der *Theatralischen Sendung* steht das Theater in seiner Vielformigkeit im Vordergrund; Wilhelm lebt für diese Aufgabe. In den *Lehrjahren* sind es Wilhelms Bildungselemente, die das Thema ausmachen, und das Theater ist nur eins von diesen. Die Darstellungsweise der *Theatralischen Sendung* ist anschaulicher, unmittelbarer; die *Lehrjahre* halten mehr Abstand. Es ist bezeichnend, daß die Zeit des Impressionismus, welche die *Theatralische Sendung* entdeckte, sich in besonderem Maße an ihr erfreute. Diese Fassung erzählt zügig der Reihe nach: sie beginnt mit Wilhelms Kindheit. Die *Lehrjahre* sind anders komponiert, sie beginnen in dem Augenblick, als der junge Mann sich innerlich aus seinem Elternhaus löst und darüber nachdenkt, wie sein Leben werden solle. So wie in der Entwicklung eines Menschen Gewesenes nachwirkt, Kommendes sich andeutet, das Ich denkt und wirkt, und eine Umwelt auf ihre Art denkt und wirkt, so wird in den *Lehrjahren* berichtet, nachgeholt, vorausgewiesen, nebeneinandergestellt und verflochten. Der Held der *Theatralischen Sendung* ist ein begabter junger Schriftsteller, der zum Theaterdichter und Regisseur wird. Insofern scheint das Werk die Linie der Künstlergedichte und kleinen Künstlerdramen fortzusetzen, die Goethe einst geschrieben hatte (Bd. 1, S. 53–77). Die *Lehrjahre* sind kein Künstlerroman mehr; die Kunst erscheint in ihnen nur als Bildungselement, und das Ganze zielt von Anbeginn auf Lebensform und Weltanschauung. Darum schiebt diese Fassung Motive ein, die der ersten fehlen, wie z. B. die Gespräche mit dem Abbé. Die Unterschiede im einzelnen sind mannigfaltig: In der ersten Fassung ist Wilhelms Elternhaus durchaus kleinbürgerlich, die Ehe der Eltern unglücklich; Mariane ist vielerfahren und berechnend; Leiterin der Theatertruppe ist Madame de Retti (eine Gestalt, die in den *Lehrjahren* gestrichen ist); sie, nicht Wilhelm, kauft Mignon den Seiltänzern ab. Wilhelm kommt der Gräfin noch keineswegs näher; wir erfahren etwas über die Bedeutung der Adelskultur für das Theater, aber nicht für Wilhelms Entwicklung und für ein Kulturgefüge. – Goethe hielt anscheinend die erste Fassung nicht für wert, aufgehoben zu werden. Uns, die wir sie besitzen, zeigt der Vergleich, wie großzügig er den Gesamtbau änderte und wie klar er auf das neue Ziel zustrebte. Hugo v. Hofmannsthal hat dafür ein schönes Bild gefunden: „Wir kannten ein geräumiges, palastähnliches Wohnhaus der besondersten Art und wußten, es sei auf den Fundamenten eines älteren, eingeschränkten Bürgerhauses errichtet und manches von den Mauern, ja von Treppen und Gemächern des alten Hauses in das neue einbezogen. Nun steht das alte vor unsern Augen, wir können sie nebeneinander sehen, können vergleichen, und nun erst hat unsere Bewunderung für den Baumeister keine Grenzen.“ (Corona 1, 1931, S. 634f.)

Die Urtatsache, daß wir unser Dasein nur als Beziehung von Ich und Welt erleben, hat für die Dichtung seit je dazu geführt, daß sie erzählend ein Ich und seine umgebende Welt schilderte. Aber wie verschieden kann diese Beziehung sich darstellen! Für das Mittelalter war die Welt ein sicheres, von Gott geordnetes, vom Teufel durchkreuztes Seiendes, die Haltung des Menschen eine stete Entscheidung zwischen Gut und Böse, und Dichtung ein „exemplum“ solcher Entscheidung. Für die Goethezeit ist Welt nur faßbar, soweit der Mensch die erfassenden Kräfte hat, und sein Ziel muß deren höchste Ausbildung sein, als Denken, als Fühlen, als Handeln oder was es sei. Das Moralische ist in diesem Gefüge nur ein Teil. Dort das Leitbild des Heiligen: je vollkommener ein Mensch ihm gleicht, desto mehr ist er so, wie Gott ihn haben will. Aber auch hier, für die Goethezeit, gilt: Je vollkommener der Mensch sich entwickelt, desto mehr entspricht er einem höchsten Anspruch; doch bleibt er in einer weltlichen Kultur; man glaubt an die Offenbarung des Göttlichen durch die Welt und in der Welt. Je besser der Mensch also Welt „anschaut", desto höher gelangt er. Demgemäß wird die Dichtung zur Darstellung dieser sich entwickelnden Welterfahrung, der Wechselwirkung von Welt und Ich.

In der Zeit, als Goethe an der *Theatralischen Sendung* arbeitete und diese Konzeption des Lebens sich in ihm entwickelte, schrieb er in einem Brief an Lavater: *Das Tagewerk, das mir aufgetragen ist, erfordert wachend und träumend meine Gegenwart. Diese Pflicht wird mir täglich teurer ... Diese Begierde, die Pyramide meines Daseins, deren Basis mir angegeben und gegründet ist, so hoch als möglich in die Luft zu spitzen, überwiegt alles andre ...* (Sept. 1780; Briefe 1, S. 324,5–12). Ein vielzitiertes Wort, denn das Denkbild, das ihm zugrunde liegt, ist für Goethe typisch, und es ist in die nachgoethesche Kultur eingegangen, ist ihr fast selbstverständlich geworden. Dem geschichtlichen Blick enthüllt sich, wie wenig es in der Zeit, die Goethe voranging, vorhanden war (und man muß sich hüten, es fälschlich in deren Werke hineinzusehen). Erst wenn man dies erkennt, fühlt man: Welche Konzeption! Es ist eins der großen Denkbilder, die Goethe dem Abendlande gab: Die *Basis* ist schicksalhaft gegeben; die Höherbildung ist nicht nur Trieb, sondern auch Pflicht; das religiöse Verpflichtungsgefühl und die Dynamik in diesem Bilde sind wohl typisch abendländisch und die Weltlichkeit und die Berücksichtigung des Naturhaften typisch neuzeitlich. Später, als Goethe *Dichtung und Wahrheit* schrieb, hat er ein anderes Bild benutzt, das der Pflanze, die, bedingt durch Erde, Wasser und Licht, sich entfaltet und steigert. (Schema zum *11. Buch*, Bd. 9, im Abschnitt „Schemata und Entwürfe") Oder er sprach von *Individuum* und *Zeitverhältnissen* (Bd. 9, S. 9,25 u. 9,32), von *Dämon* und *Tyche* (Bd. 1, S. 359; 403f. Vgl. auch das Nachwort in Bd. 9). Die *Lehrjahre* sind die Dichtung der Wechselwirkung von Ich und Welt unter dem Gesichtspunkt der Ausbildung. In ihrer Mitte steht ein Ich, das fähig ist, viel Welt zu erleben. Hier tritt nun das Besondere von Goethe als Dichter hervor. Darstellerische Begabung hatten auch andere, aber niemand hatte seine Vielseitigkeit und Weltkenntnis. Ihn interessierte nicht nur die Kunst, sondern auch Volkswirtschaft und Naturwissenschaft. Er hatte Sinn für praktische Talente wie Therese, für Intellektuelle wie den Abbé, aber auch für gefühlsüberschwängliche Außenseiter wie Mignon. Dank seiner inneren Weite und seiner Weltkenntnis konnte er eine Fülle von Welt darstellen, in die er seinen Helden hineinstellt. Die Form, um dies lebendig zu machen, kann nur die epische sein in ihrer neuzeitlichen Gestalt: es wurde ein Roman.

Auch Grimmelshausens „Simplizius Simplizissimus", 1668, führt einen Helden durch die Welt. Aber wie anders als in den *Lehrjahren* ist alles in diesem Werk, das dem Barock, d. h. der letzten großen Phase christlich-mittelalterlicher Kultur, angehört! Bevor Simplex in die Welt kommt, lehrt ihn der Einsiedler, wie die Welt sei und was der Wille Gottes sei. Nach diesem Maßstab beurteilt Simplex dann alles, was ihm begegnet. Er kann ihn zeitweilig im Handeln vernachlässigen – an seiner Gültigkeit ändert sich nichts, denn er ist aus der Offenbarung abgeleitet. Und am Ende weiß Simplex nur, was er zu Beginn wußte: die Welt ist böse, und das Heil ist im Jenseits. Er endet als Einsiedler. – Wilhelm Meister weiß zu Beginn – nichts. Er fühlt nur Kräfte in sich, Sehnsucht und guten Willen. Erst durch das Erleben der Welt ergibt sich ihm ein Bild der Welt und seiner selbst. Und erst auf Grund vielfachen Erlebens geben gegen Ende des Romans die Männer der Turmgesellschaft ein allgemeines Bild des Menschen: der Roman versucht also, das Leben aus dem Leben selber zu verstehen, indem dessen große Erlebnisse durchscheinend werden für ein dahinterstehendes Absolutes. Es ist ein irdisches Menschsein, eine weltliche Kultur, aber keine unreligiöse; ihr Träger ist nicht der Heilige, nicht der Held, sondern der geistige Mensch der Neuzeit, der den bürgerlichen Alltag von höchsten Ansprüchen her zu erfassen versucht. Wilhelm Meister endet darum – im genauen Gegensatz zum Lebensweg des Simplex – als weltverbundener Mann in einem Kreise tätiger Menschen.

Wilhelms Worte *Mich selbst, ganz wie ich da bin, auszubilden, das war dunkel von Jugend auf mein Wunsch und meine Absicht* (290,4ff.) sind bezeichnend für seine Denkweise in seinen Anfängen. Später sagt er solche Sätze nicht mehr. Der Dichter läßt später als Gegengewicht einen anderen Satz folgen (Jarno spricht ihn): *Es ist gut, daß der Mensch, der erst in die Welt tritt, viel von sich halte, daß er sich viele Vorzüge zu erwerben denke, daß er alles möglich zu machen suche; aber wenn seine Bildung auf einem gewissen Grade steht, dann ist es vorteilhaft, wenn er sich in einer größeren Masse verlieren lernt, wenn er lernt, um anderer willen zu leben und seiner selbst in einer pflichtmäßigen Tätigkeit zu vergessen.* (493,7–13) Der Dichter will also zu diesem Thema der *pflichtmäßigen Tätigkeit* hinführen. Er sieht die Jugendidee seines Helden mit Abstand, ja mit Ironie, anderseits aber mit Sympathie. *Ganz wie ich da bin* – das ist die *Basis,* die *angegeben und gegründet ist.* Und in dem Wort *ausbilden* liegt das Streben, *die Pyramide so hoch als möglich in die Luft zu spitzen ...* Damit etwas, was ist, weiter ausgebildet werde, entwickelt es seine Organe im Leben in der Welt, in der Wechselwirkung des Seins. Darum wird der Roman eine Dichtung des Miteinanderseins und seiner bildenden Kräfte. Alles, was Wilhelm begegnet, wirkt auf ihn als Bildungselement und wird von ihm auch bewußt als solches bewertet. Wilhelm will nicht *planlos schlendern* (238,19), er hat ein *innerstes Bedürfnis, die Anlagen zum Guten und Schönen ... immer mehr zu entwickeln* (276,33ff.). „Bildung" ist Formung durch Aufnahme; es kommt darauf an, was dabei fruchtbar wird.

Bildungselemente sind für ihn zunächst die Beziehungen von Mensch zu Mensch: sein Elternhaus, die Liebe, ein Männerkreis, sein Kind. Sodann sind es die Kunst (Theater, Shakespeare), geistige Strömungen (Pietismus), gesellschaftlicher Stil (Adel). Eine freie Ausbildung der Persönlichkeit hält Wilhelm vor allem bei einem Adligen für möglich (290,17ff.). Da er kein solcher ist, sucht er einen anderen Weg und findet ihn als Künstler. Seine Entwicklung führt vom Spießbürgertum (das zu Beginn nicht nur um ihn, sondern auch in ihm ist) über ein Abwerfen aller äußeren Bindungen zu einem Bürgertum in höherem Sinne. Auf die mittleren Bücher des Romans bezieht sich ein Vermerk in Goethes Notizheft von 1788: *Wilhelm, der eine unbedingte Existenz führt, in höchster Freiheit lebt, bedingt sich solche immer mehr, eben weil er frei und ohne Rücksichten handelt.* In den beiden letzten Büchern zeigt der Kreis der dort dargestellten Menschen das Positive einer Begrenzung. Erst am Ende des Romans erlebt Wilhelm eine Harmonie von Ich und Gesellschaft. Sein Anfang ist Sehnsucht ins Unbedingte ohne Wirklichkeit (bezeichnend dafür ist Mignon), die Episode mit Therese ist Wirklichkeit ohne die Spannung zum Unbedingten; Natalie ist das Gleichgewicht.

Um alles Begegnende als Bildungselement zu erleben, muß Wilhelm unbegrenzt aufnahmefähig sein. Alle anderen Gestalten des Romans sind begrenzter, enger, in festen Bahnen. Er allein nimmt Anteil an allen, sowohl an Mignon wie Philine wie Therese. Er ist bereit, zu lernen und sich etwas zu erarbeiten; er ist der Reine in einer unreinen Umwelt, der Ordnende in einer ordnungslosen; sein Lob der Treue (212,23–213,10) kommt aus seinem Innern. Er hilft Mignon und dem Harfner: nicht, weil er aus einem Kantischen Pflichtbegriff heraus gut sein will, sondern einfach weil er es ist. Es gibt für ihn keine materiellen Ziele. Er ist dankbar, ehrfürchtig und gerecht. Mit dem allen ist er der bildbare Jünglingstyp, den Goethe, Schiller, Hölderlin und die Philosophen für ihr Bildungsideal sich wünschten. Er ist freilich philisterhaft-pedantisch, gerade auch in der Weltfremdheit seines Idealismus. Er wird in einem Kreise von Künstlern *nach seiner Art weitläufig und lehrreich* (244,2f.) und will einem Manne von Welt eine moralische Strafrede halten (356,6–13; 422,23ff.). Aber Theater und Adel sind gerade die rechten Elemente, um ihn von solcher Spießbürgerlichkeit zu befreien. Am Ende steht er im Bereich einer freien, geistigen Menschlichkeit.

Als bildende Kräfte wirken vor allem die Beziehungen von Mensch zu Mensch. Sie kommen in vielen Formen vor: da ist die Liebe in vielfältiger Gestalt, die Bindung an das Elternhaus, die Liebe zum Sohn, die Jugendfreundschaft, da ist Mitleid und Fürsorge und die Vereinigung mit einem tätigen Männerkreise. In allen diesen Bindungen wächst

Wilhelm empor in seine eigentliche Gestalt. Von Natalie heißt es: *Ihr Bild ... schien fast ihn umschaffen zu wollen.* (516,21ff.) Gestalten wie die „Schöne Seele" nennt er: *Vorbilder, nicht zum Nachahmen, sondern zum Nachstreben* (518,29f.), und bekennt, deren *Bekenntnisse* seien *nicht ohne Wirkung auf sein ganzes Leben.* (518,9.) Und nicht nur er ist ein Lernender. Auch der Knabe Felix ist es, der im Hause der nervösen Aurelie unartig ist und bei Natalie harmonisch wird. Unbewußt geht das Vorbild in das Nachbild ein. Zu dieser Fülle von Formen des Miteinander-Seins bildet den Gegensatz der Harfner mit seiner Einsamkeit, in die nichts eindringt und aus der nichts heraus kann. Sie endet in Vernichtung, während das Miteinander-Sein bildende Kraft hat und in gemeinsamer Tätigkeit endet.

Als weitere Bildungselemente wirken geistige Bereiche, und hier – entsprechend Wilhelms Neigung – zunächst die Kunst und zwar das Theater. Denn dessen Werkstoff ist der Mensch, und Wilhelm will als Mensch sich ausbilden und ausweiten. Sodann ist es eine Kunst, der man eben damals die größten Aufgaben stellte. Man erwartete von ihr nichts Geringeres als eine Wiedergeburt der Kultur, eine ästhetische Erziehung des Volkes. Unzufrieden mit den Wanderbühnen und Hofbühnen, die nach Massengeschmack und Fürstenlaunen sich richten mußten, ersehnte man etwas wie das Theater im antiken Athen: Schauspiele für das ganze Volk, geleitet von bedeutenden Künstlern, Aufführungen von Werken, die ein wesentliches Bild des Lebens bringen, eine Kunst, die den Zuschauern Empfindungen erregt, *die sie haben sollen*, und nicht solche, *die sie haben wollen* (314,24f.). Man sah im Drama die höchste dichterische Gattung. Lessing und Schiller sprachen Hoffnungen auf das Entstehen eines „Nationaltheaters" aus. Von seiten der Fürsten und Städte begannen Versuche, diesen Ideen der Dichter entgegenzukommen. In die Zeit dieses Aufbruchs zu neuen Zielen fällt Wilhelm Meisters Sehnsucht, *Schöpfer eines künftigen Nationaltheaters, nach dem er so vielfältig hatte seufzen hören* (35,14f.), zu werden. Dieses erziehungsfreudige Jahrhundert mußte, bevor es in einer Epoche eigengesetzlicher Kunst gipfelte, den Gedanken einer Erziehung durch Kunst hervorbringen, einen Gedanken, den Goethe auch späterhin nie verleugnet hat, wenn er auch immer skeptisch-ironisch blieb, sofern man von raschen und unzulänglichen Bemühungen große Erfolge erwartete. Für Wilhelm ist Schauspiel Selbstdarstellung und Volkserziehung, für Serlo Weltdarstellung und Berufsarbeit. Der Roman bringt Bilder der Theaterwelt in einer geradezu systematischen Vollkommenheit, aber völlig in die Handlung eingeschmolzen: Puppenspiel (12ff.), Volkstheater (94f.), Seiltänzertruppe (96ff.), Liebhabertheater (89;448), geistliches Schauspiel (269), Wanderbühne (57ff.; 155f.), Hoftheater (166ff.), ortsfestes städtisches Schauspiel (250), Stegreifspiel (118), dramaturgische Arbeit (297), Leseprobe (308f.), Bühnenproben (311), Ensemble und Regie (215), Souffleur (302), Musik, Bewegung und Deklamation (131) u.a.m.

Wilhelms inneres Wachsen durch den Umgang mit Kunst gipfelt in dem Shakespeare-Erlebnis. Es gibt keine frühere Dichtung der Weltliteratur, die ein Kunsterlebnis solcher Art schildert. Denn es ist eine Art des Erlebens, die erst in der Goethezeit voll ausgebildet wurde. Etwas Ähnliches bedeutet die Kunst dann auch für Wackenroders Klosterbruder, für Hoffmanns Kapellmeister Kreisler („Kater Murr"). Dieses Kunsterlebnis wurde erst möglich in einer Welt, der nicht mehr die Kirche alle Fragen löst, sondern in welcher der Mensch vor der Sphinx des Lebens steht und die beste Deutung, die er findet, sich als Kunst ausspricht. Daß es ein solches Kunsterlebnis gibt, das dem Menschen die Welt aufschließt, ist ein Element der neuzeitlichen Bildung geworden, aber erst seit den *Lehrjahren.* Vorher hatten nur Theoretiker wie Herder darüber gesprochen, hier gestaltete es ein Dichter. Diese Art des Kunst-Erlebens konnte sich erst entwickeln im Zusammenhang mit dem durch die Empfindsamkeit aufgelockerten Gefühlsleben und mit dem gleichzeitig entstehenden Geniebegriff. Dieser gehört zur verweltlichten Kultur des 18. Jahrhunderts wie der Begriff des Heiligen zur Kultur der Kirche. Und aus demselben Gefüge erwächst als Korrelat des Geniebegriffs die Kunstbegeisterung eines Wilhelm Meister oder Kreisler. Zu den Wegen, auf denen in der weltlichen Kultur das Absolute sich gleichnisweise offenbart, gehört neben der Natur, der Idee und der Liebe auch die Kunst. Darum spielt das Kunsterlebnis in dem Roman der Bildungselemente eine so wesentliche Rolle. Durch vielerlei Motive präludiert, gipfelt es in Shakespeare. Aus mehreren Gründen: Shakespeare verkörpert wie kaum ein anderer das Wesen des Genies schlechthin. In der Fülle seiner Weltdarstellung schaltet er gleichsam wie ein Gott, und nichts scheint ihm verborgen, nichts unmöglich. Kein anderer Dichter kann so wie er eine breite Weltkenntnis geben, und eben diese ist das, was Wilhelm sucht. Shakespeare ist religiös, aber nicht konfessionell, er bleibt innerweltlich, undogmatisch; damit paßt er in die neuzeitliche Kultur, die erst durch das Welterleben zu einem Weltbild kommt. Und daß es gerade „Hamlet" ist, den Wilhelm wählt, erwächst ebenfalls aus innerer Beziehung: Er ist der Einzelmensch gegenüber der Welt, der über das Verhältnis von Sollen und Können grübelt. Ist er darin nicht eine Vorform des modernen Menschen? Das *6. Buch* zeigt, wie dieser gelernt hat, sich selbst zu beobachten; und alle anderen Bücher zeigen es, wie er sein Leben als Aufgabe sieht. – Gelingt Wilhelm die Eroberung des Genies, des Weltschöpfers Shakespeare, für die deutsche Bühne, gelingt ihm die Darstellung des neuzeitlichen geistigen Menschen Hamlet, so stößt er vor in den Bereich, wo die Bühne ein Werk allein um seines Kunstwerts willen lebendig macht und Kunst ein Weltbild vermittelt, in den des ersehnten Nationaltheaters. Mitten in den Wirren des Komödiantenlebens sammelt sich Wilhelm immer wieder in der Hamlet-Deutung. Sie ist nicht Einschiebsel im Gange des Romans, sondern ist für Wilhelm Bewährung seiner Kraft, ins Wesentliche zu dringen. Während wir in anderen Künstlerromanen meist nur die Tatsache erfahren, daß der Held arbeite oder begeistert sei, erfahren wir hier den Inhalt seiner Begeisterung und Arbeit selbst; und eben darin liegt das Gestaltete und Überzeugende.

Neben den Bereich der Kunst tritt der des Adels; die tiefere Motivierung der Zusammenstellung beider als Bildungselemente ist Wilhelm selbst bewußt (290,4–292,22). Was das Wesen des Adels sei, läßt sich fast nur durch ein Kunstwerk sagen, insofern dieses Gestalten zu schildern weiß, denn es ist eine Art des persönlichen Seins. Wilhelms Entwicklung wird daran spürbar, wie verschieden er am Anfang und am Ende mit Adligen umgeht und sie mit ihm. Leitmotivisch zieht sich das Adelsproblem durch alle Teile. (177, 180, 183, 211, 290, 461f., u.a.m.) Seit der Kulturwende des 16. Jahrhunderts war neben den Adel der Geburt der des Geistes getreten, verkörpert in bedeutenden Theologen und Gelehrten. Im 18. Jahrhundert tritt neben diese nun auch der Künstler. Den Oheim als Vertreter bester Adelskultur lernt Wilhelm nur indirekt durch die *Bekenntnisse einer schönen Seele* kennen, als eine verehrungswürdige weise Gestalt. Der, den er persönlich kennenlernt, Lothario, ist ein Weltmann und ein weitblickender Politiker mit kühnen, zukunftsvollen Plänen (507,8–508,15). Aber davon erfahren wir – und Wilhelm – verhältnismäßig wenig; desto mehr von seinen Liebschaften. Es wäre Wilhelm nicht schwer, einen Sozialreformer zu bewundern, der Sittensprüche austeilt und asketisch lebt; aber Lothario, der auf die Ehe mit Therese hinarbeitet, indes er eine Geliebte im Hause hat und mit der Pächterstochter empfindsam liebelt . . .? Wenn Wilhelm noch Reste des Spießbürgers in sich hat, muß er entrüstet von dannen ziehn oder – sie hier abstoßen. Der Oheim wäre ihm kein Problem, der Neffe muß es ihm werden. Dem Erzähler aber macht es offensichtlich Vergnügen, eben diese Seiten Lotharios breit und lebensfreudig auszumalen und es dem Leser und Wilhelm zu überlassen, was sie sich dazu denken.

Wilhelm lernt auf seinem Wege eine ganze Reihe verschiedener Lebensformen kennen: Lothario (politisch-planend), den Abbé (philanthropisch-dienend), Therese (häuslich-tätig), Mignon (sehnsüchtig-unbedingt), Philine (spielerisch-leicht) u.a.m. Während Werner immer mehr verspießbürgerlicht, wird er immer mehr entspießbürgerlicht, durch Mariane, durch die Gräfin, durch Serlo, durch Lothario und nicht am wenigsten durch Philine. Insofern hat auch sie an seiner „Bildung“

Anteil, mehr, als er selber weiß; sie ist der Probierstein der Spießbürgerlichkeit. Aurelie sagt: *Es ist der Charakter der Deutschen, daß sie über allem schwer werden* ... (278,26f.) Sind Philine und ihr Schöpfer keine Deutschen? Freilich – wohl niemand sonst in Deutschland hat es damals vermocht, eine solche Gestalt zu erfinden und so liebevoll zu formen. Ist das Thema des Romans Lebenskunst, so ist solche hier in einer sehr eigenen Art, und in dieser vollkommen. Von allem, durch das Philine hindurchgeht, bleibt nichts an ihr haften; sie ist immer rein und leicht. Sie scheint durch das Leben zu tanzen, indes die anderen gehen. Was Wilhelm von ihr lernen kann, ist Wert und Schönheit des Leichtseins. Von einer Verderbten hätte er nichts lernen können. Eine solche kommt im Roman nur ganz am Rande vor: Aureliens Tante (252,27ff.). Welche Kunst und welche Zartheit, daß in der langen Reihe der Frauengestalten, die auf der einen Seite in Natalie endet, auf der anderen nicht eine Gestalt wie Aureliens Tante steht, sondern Philine! (Die in der *Theatralischen Sendung* vorkommende ältliche, in blinder Gier ihrem Liebhaber hörige Madame de Retti ist gestrichen.) Für jene gäbe es nur eine moralische Ablehnung, bei dieser geht es um anderes. Ist der Abbé die Tat, Natalie die Güte, Mignon die Sehnsucht, so ist Philine der Schmetterling, ist schöne leichte Lebenskunst. Wilhelm lebt immer mit Fernzielen und Idealen; Philine mit Nahzielen und Wirklichkeit; es gibt für sie nur Gegenwart. Dabei ist sie nie egoistisch, nicht einmal praktisch; sie könnte auf dem Schloß *ihr Glück machen* (173,18f.) – aber sie tut es nicht. Sie hat Stil, sie bleibt sich treu; und insofern ist auch ihr Leben in seiner Art erfüllt. Sie ist der Gegensatz zu Mignon: Lebensfreude, Spiel, Beherrschung der Mittel. Wilhelm lernt an ihr, daß bürgerlich-moralische Maßstäbe nicht für alles hinreichen, etwas, was er auch an Lothario lernen kann und – an Shakespeare.

Der Schauspielergesellschaft, die zuchtlos und nur von äußerlichen Ursachen zusammengehalten ist, steht die Turmgesellschaft gegenüber, deren Verbindung auf idealen Zielen beruht und deren Mitglieder in ihrer Arbeit eine harmonische Gemeinschaft bilden. In ihr findet der Glaube an den Menschen und seine Bildbarkeit den deutlichsten Ausdruck, der Glaube des 18. Jahrhunderts. Mehr noch als bei dem Oheim lebt hier die Meinung, daß ein tätiges Leben die rechte Form des neuzeitlichen Menschen sei, um ein erfülltes Dasein zu haben. Hier zeigt sich, wieweit Männer das Leben ordnen können, ihre Macht und ihre Grenze. Einen gewissen Rationalismus überwinden sie freilich nie. Lothario ist in Amerika gewesen, das seit 1776 eine Republik mit Gleichheit aller Bürger vor dem Gesetz ist. In seinen Worten klingen die großen sozialen Fragen der Zeit auf (430,9ff. u. Anm.). Der Dichter bringt hier freilich nur einige Hinweise, doch für die Zeitgenossen genügten sie, um zu wissen, um was es sich handelt. Am Ende des Romans steht nicht die Turmgesellschaft, sondern die Gestalt Nataliens mit ihrer natürlichen Güte. Die Männer der Turmgesellschaft wollen Einsicht, um aufbauen und helfen zu können. In ihrer Welt werden Schicksale zu Lebensgeschichten, die dastehen wie Krankenberichte in der Kartei eines Arztes – Größe und Grenze der Neuzeit. Sie können Mignons Leben erforschen, aber ihr innerlich nicht helfen. Sie kann in dieser Luft nur sterben. Damit ist die Welt der Turmgesellschaft nicht widerlegt, sondern nur ihre Grenze gezeigt. Die Turmgesellschaft hat recht, aber sie reicht nicht hin für alles. Auch Natalie hat recht, auch Mignon, aber jede nur in ihrem Bereich. Keiner umfaßt alles. Das ist Menschenlos. Und darum eben gibt der Roman ein Bild des Menschen schlechthin: Gute hier und Gute dort, aber der eine widerlegt den anderen. Es gibt keine Einsicht, die allumfassend wäre, und kein Richtiges schlechthin. Ein Roman des 18. Jahrhunderts mit all dem Glanz des Glaubens an Geistesklarheit, Bildbarkeit und Humanität. Aber zugleich mit dem Wissen, daß alle menschliche Form und Idee unzureichend ist. Und dies beides, Optimismus und Tragik, in ausgewogener Verbindung, nicht in Theorien, nur in Gestalten und Schicksalen.

In das heitere, lichte Bild des 18. Jahrhunderts, das an Aufklärung und Bildbarkeit glaubt, ist also das Düstere mit einbezogen: Marianens Tod, Aureliens Tod, vor allem aber die Gestalten und Schicksale Mignons und des Harfners. Jahrzehntelang hatte man dem Rationalismus vertraut. Einige in die Tiefe Blickende begannen dann, eine dämonische Gegenkraft zu ahnen, zumal Goethe seit seinem Sturm und Drang (beispielhaft dafür die Balladen). Es ist die Welt Mignons. Sie selbst deutet fast allzu bewußt: *Die Vernunft ist grausam, das Herz ist besser* (489,23 f.). Aber Wilhelm wächst dann in den Kreis der Menschen des *Achten Buchs* hinein, und er entgleitet damit der Welt Mignons und des Harfners, der Unbedingtheit des Herzens, die freilich letzten Endes nur in den Tod führen kann – und er will und soll leben. Novalis entschied sich für Mignon, für die Unbedingtheit der Liebe, auch wenn diese in den Tod führt; und diese Entscheidung hat Größe. Goethe entschied sich für Natalie, für den vermittelnden Ausgleich des Lebens, durchseelt, aber irdisch-bedingt; und ist nicht Größe auch hier? Ist es nicht die Lösung für eine Kultur, indes jenes nur der Weg einzelner sein kann? Wohl steht Natalie am Ende, aber Mignon wird niemals verurteilt. Jener bleibt die Größe, Symbol der Lebenslehre zu sein; dieser die Größe, den höchsten poetischen Glanz im Gefüge des Werks zu verkörpern. So spricht der Roman als Ganzes die Unauflöslichkeit des Lebens aus. Die verschiedenen Lebenskreise sind nicht nur ein Nacheinander der Bildungserlebnisse für Wilhelm, sondern auch ein Nebeneinander, das in seiner unauflöslichen Konstellation das Leben selbst darstellt. Darum treffen am Ende die verschiedenen Bereiche aufeinander. Mignon kommt in den Kreis der Menschen um Lothario und Natalie. So sehr bei diesen einerseits das Positive einer Beschränkung gezeigt ist, so sehr treten andererseits nun auch die Grenzen hervor: Jarno hat für Mignon nur harte Worte der Ablehnung (193,30), und auch für Natalie bleibt sie ein ,,Fall", eine Erziehungsaufgabe. Mignon ist überall fremd. Nur Wilhelm steht ihr nahe – und wie sehr spricht das für ihn! Mignon ist jung, der Harfner in reiferen Jahren; ihr Dunkel ist ihr Charakter, sein Dunkel das Schicksal. Beide leben einsam, fast ohne Außenwelt, nur innerlich. Aber es ist der Roman der zwischenmenschlichen Beziehungen und der Bildungselemente. Für diese beiden gibt es sie nicht. Eine Gesellschaft von Menschen kann bestehen aus Personen in der Art der Gestalten um Natalie, nicht aber aus Menschen der Art Mignons und des Harfners. Sie bleiben die Ausnahmen. Aber Mignon hat – und das gleicht alles aus – die große Sehnsucht ins Unbedingte, die alles an ein einziges Höchstes setzt. Und aus dieser Sehnsucht entstehen ihre Lieder, dieser reinste Klang, der immer Ausnahmefall bleibt. Mignon singt, und der Harfner singt. Sonst wird in dem Roman nur wenig gesungen. Philinens Lied ist leichtes Gesellschaftslied. Mignons Lieder sind Lieder der Seele. In den ersten Büchern hofft Mignon auf eine Erfüllung ihrer Sehnsucht, ob diese nun Italien oder Wilhelm heißt. Die Mignon des Liedes *So laßt mich scheinen* ... hofft nicht mehr irdisch, sondern nur noch ins Jenseits. Doch in der Tiefe hängt beides zusammen. Die große Einheit von Liebe und Tod, die letzte Sehnsucht nach Entgrenzung des Ich – sie ist allein in Mignon, in niemandem sonst. Klänge aus *Werther* und der Marienbader *Elegie* leben in ihrem Wesen. Ihr Tod ist notwendig wie der Werthers – wer kann es verstehen? Können, dürfen die Menschen im Saal der Vergangenheit es? Sie stirbt aus unstillbarer Sehnsucht, als sie ganz auf ihr Ich begrenzt ist; und auch der Harfner stirbt; indes die anderen als Tätige im Wechselspiel mit der Welt weiterleben. Aber was Liebe ist, weiß niemand so sehr wie Mignon, und insofern Liebe befreit in eine höhere Welt, weiß sie vielleicht besser als der Abbé, was Gott ist. Und eben darum singt sie, wie sonst niemand singt. Und schenkt damit reicher als alle anderen. Ihre Welt ist Dämonie, Tragik und zugleich höchste Poesie.

Die *Lehrjahre* sind nicht nur die Entwicklungsgeschichte eines jungen Mannes, sondern insofern er den Bildungsmächten seiner Zeit begegnet, sind sie eine ganze Bildungsgeschichte des 18. Jahrhunderts. Wilhelm erlebt die alte Bürgerkultur; dann die Lebensform des Adels; die geistige Strömung der Aufklärung und ihre Verbindung mit dem Freimaurertum, von welchem manche Elemente in der Turmgesellschaft nachwirken. Ferner den Pietismus. Diesem ist ein ganzes Buch gewidmet; denn nirgendwo wurde im 18. Jahrhundert die Selbstbeobachtung so sehr entwickelt wie hier. Die ,,Schöne Seele" lebt ein privates Dasein, nur locker verbunden mit pietistischen Gemeinschaften. Der Pietismus entwickelte einen Individualismus, der im Luthertum vielleicht seit dessen Beginn latent angelegt war; er steigerte das sittlichreligiöse Verantwortungsgefühl des Ich, brachte aber eine Erschütterung für die bindende Einheit der Kultur. Die neue Humanität versucht, jenes Gute zu übernehmen, aber diese Gefährdung zu vermeiden: Das Gegengewicht zu dem Individualismus der Pietistin bildet der Abbé. Von seinen Schicksalen, seinem Seelenleben erfahren wir nichts; er ist nur Amt und Funktion. Dringt auf jenem Wege Pietistisch-Lutherisches (aber nicht eigentlich Kirchliches) in den Kreis der humanen Menschen, so auf diesem Wege Katholisches (doch auch hier wiederum nicht das eigentlich Kirchliche): das Allverbindende, Weltüberblickende, Lenkende, Verantwortungsvolle, zur Funktion Werdende, Überindividuelle. Der Abbé steht immer im Dienst einer allgemeinen Aufgabe, die ihn mit anderen verbindet. Durch den Aufbau des Romans ist das Verhältnis der Humanitätskultur zu kirchlichen und halbkirchlichen Formen in wohlabgetönten Parallelen angedeutet. Am Ende steht eine Religiosität, für welche Liebe, Tat, Idee und Kunst ein Abglanz des Absoluten sind. Durch diesen Glauben, der in Kants Idealismus und der Dichtung der Klassik gipfelte, liegt der Glanz des vollendeten 18. Jahrhunderts über dem Buch, so wenig ihm andererseits die Schatten des Dämonischen und Tragischen fehlen.

Was sind die *Lehrjahre* alles? Ein Kompendium des Theaters, ein zyklisches Bild von Lebensformen, eine Bildungsgeschichte des 18. Jahrhunderts – und doch, sie sind dies alles nicht, sondern ein hinreißend erzählter Roman, in dem jedes Kapitel etwas Neues bringt und wir in der Fülle des Geschehens voll Spannung erwarten, wie alles sich löst. Erst dadurch, daß dieses mit soviel Bildungsgut befrachtete Schiff so leicht und lustig dahinsegelt, erhält es seinen vollen Reiz. Alle die Einzelthemen sind ineinander verwebt. Lange Zeit merken wir von den Bereichen der Bildungsideen recht wenig, sie setzen erst im *6. Buch* deutlicher ein. Die Gesamtkomposition freilich lenkt schon von Beginn auf sie hin. Da, wo der Jüngling sich innerlich vom Elternhause löst und sein Schicksal bewußt zu gestalten beginnt, fängt das Werk an. In allen Büchern stellt Wilhelm Überlegungen an über Art und Ziel seines Weges. Auch die Gespräche mit dem Unbekannten lenken darauf hin. (68ff., 120ff.) Es ist anfangs viel Komödiantenwelt in dem Roman. Aber dann – welche Antithese, und welcher Aufstieg zu höherem Bereich! Die „Schöne Seele", der Oheim, die Welt der Turmgesellschaft. Schon vorher gibt es Steigerung: Serlo, der große Künstler, hebt sich glänzend gegen die anderen Schauspieler ab. Aber er gleicht ihnen darin, daß sein Leben ganz nach außen gerichtet ist. Das der „Schönen Seele" ist ganz nach innen gerichtet. So stehen *5.* und *6. Buch* nebeneinander wie These und Antithese, und wir treten gespannt in das folgende ein, daß die Synthese bringen muß. Das Wiedersehen mit Werner am Anfang des *8. Buches* macht besonders deutlich, wie Wilhelm sich verändert hat; diese Episode ist unmittelbar hinter den Empfang des Lehrbriefs gestellt; wir empfinden hier, daß Wilhelm ihn mit Recht erhielt. Überblickt man den gesamten Aufbau (ein Schema, wie es in unserer Inhaltsübersicht versucht ist, kann dabei behilflich sein), so bemerkt man, daß jedes der Bücher ein Hauptmotiv hat und daß an den Schluß jeweils Entscheidungen von sinnbildlicher Bedeutung gestellt sind. Am Ende des *2. Buches* z. B. schwankt Wilhelm zwischen Gehen und Bleiben. Da kommt Mignons krankhafter Anfall. Er nimmt sie tröstend in seine Arme; eine sinnbildliche Geste: für die Handlung ist damit sein Bleiben entschieden; für seinen Charakter, daß er gegen jeden praktischen Sinn aus dem Herzen heraus zu entscheiden vermag. – In der anschaulichen Fülle des Geschehens merkt man erst spät, wie stark der Roman zuletzt ins Weltanschauliche strebt. Gespräche mit dem Abbé, Aussprüche des Oheims sowie der Lehrbrief führen ins Spruchhafte. Aber dieses Gedankliche wird überboten durch die Anschauung, durch die Gestalten. Ihre Lebensweise und ihre Lehre zusammen ergeben das Bild der neuen humanen Welt.

Das Besondere ist hier wie so oft Goethes Weite und Ausgewogenheit. Er spricht von staatsmännischer und wirtschaftlicher Tätigkeit, aber nie so einseitig wie die Staatsromane der Aufklärung. Er bringt Träume, aber nicht so reich und bedeutungsvoll wie später die Romantiker. Alles erscheint wohlabgemessen, eine reichhaltige Welt, und Wilhelm ist die rechte Gestalt, um dies alles aufzunehmen und zu verarbeiten. Er hat Träume und Phantasien. Kein anderer Roman vor Goethe enthält dergleichen Traumsymbole, die einen Einblick in die Seele einer Gestalt geben. Wilhelm ist sensibel, wird darin aber von Mignon weit übertroffen. Sie, die mit Worten karg ist, kann ohne Worte – und unbewußt – Gedanken übertragen (103,35 f. u. Anm.). Der Erzähler stellt das Geheimnisvolle dar, ohne ihm das Geheimnis zu nehmen, es steht mitten im Alltag. So gibt es in diesem Roman die verschiedensten Bereiche von nüchterner planender Arbeit bis zum geheimnisvollsten seelischen Kontakt.

Es ist ein Buch der Gestaltenfülle und Weltweite (ein sehr viel breiteres Weltbild, als z. B. in *Werther*) mit ausgesprochener Freude am Erzählen, und durchaus ein Zeitroman (etwa die Spanne zwischen 1770 und 1780). Ein umfassender Gestaltenkreis, aber keine extremen Typen (wie etwa der Böse, die Verführerin u. a. m.). Auch die Erlebnisse sind nicht typisiert: Wilhelms Empfindung für Mignon, diese Mischung von Liebe, Mitleid, Fürsorge, die vielleicht anders ist, als Wilhelm selbst meint, oder seine Empfindung für Therese, diese merkwürdig getönte

Verbindung von Freundschaft, Liebe und von Sehnsucht, einen Hafen zu finden, das alles ist einmalig wie das Leben selbst. Gegen seinen Helden ist der Erzähler nicht selten ironisch (34,38ff.; 55,34ff.; 422,26ff. u. ö.) – kein Wunder solange dieser nicht aufgehört hat, philiströse Züge zu haben. Wie grollend sieht Wilhelm oft die Unordnung der Schauspieler! Der Erzähler aber schildert sie mit einer Munterkeit, mit der ein Niederländer schmutzige Bauernstuben malt. Es fehlt nicht an burlesken Pointen: Felix, der, anstatt zu sterben, ein Butterbrot ißt; der Graf, der den Unverletzten gesundbetet; Philine vorm Spiegel: „*Die leibhaftige Frau Melina*" (559,8f.) u. a. m. Leichtfertigkeit wechselt mit Verdüsterung, und keine allein hat recht. Innen wechselt mit Außen: Natalie erblicken wir lange Zeit nur indirekt; Wilhelm, in Ohnmacht sinkend, sieht sie wie eine Vision, und sie wird zum Sehnsuchtsbild seiner Träume. Erst viel später erscheint sie in Wirklichkeit, eine junge Adlige, welche die Mittel, die ihre Stellung ihr gibt, gut anwendet, indem sie Anstalten zur Mädchenbildung macht, wie sie in diesem Jahrhundert mehrfach in fruchtbarer Weise versucht wurden.

Da der Gehalt wichtiger ist als der Stoff, werden in diesen unbekümmert altüberlieferte Romanmotive eingeschmolzen, Überfall, Entführung, Blutschande, merkwürdiges Zusammentreffen lange Getrennter u. a. m. Auch wird keineswegs ein Realismus angestrebt: Man darf nicht fragen, wie Mignon, die nur gebrochen deutsch spricht, zu ihren Liedern kommt, wie sie sie dichtet. Denn hier wird die höhere Stufe des Symbols erreicht, und da gilt nur die Frage, was diese Lieder bedeuten. So wie der Ausdruck für die Männer der Turmgesellschaft der Sittenspruch ist, ist es für Mignon das Lied. Bezeichnend für die Symbolik ist folgender Verhalt: In der *Theatralischen Sendung* sind die Strophen *Heiß mich nicht reden ...* Verse aus einem Jugenddrama Wilhelms, die Mignon auswendig lernt *(III,12)*; in den *Lehrjahren* (356,36ff.) wird der Text einfach mitgeteilt, ebenso bei dem Lied *So laßt mich scheinen ...* (515,31ff.). Nur bei dem Italienlied wird hier gesagt, sie singe es italienisch, und Wilhelm übersetzt es in die deutschen Verse *Kennst du das Land ...* (145,3ff.). Sonst aber werden in den *Lehrjahren* solche realistischen Motivierungen absichtlich vermieden. Mignon singt, und in ihrem Gesang ist ihre Seele. Die Kunst hat die Freiheit, aus der Sphäre des Realismus in die des Symbols überzugehen. Symbolsprache sind auch die Träume. Von den Männern der Turmgesellschaft werden keine Träume berichtet, wohl aber von Wilhelm (44,24–45,1; 425,22–426,39). Diese Träume geben einen tiefen Einblick in sein Inneres. Zu den Träumen kommen Wachträume und Kindheitserinnerungen, die ebenfalls sinnbildlich sind, sie erscheinen besonders im Zustand der Krankheit (235,18ff.), die *Amazone, Chlorinde, der kranke Königssohn.* Solche Bilder deutet Wilhelm selbst als einen Schlüssel zu dem

Zusammenhang von Charakter und Schicksal (235,30–36). Doch die Symbolik ist nicht nur auf Träume und Phantasien beschränkt, sie zeigt sich auch in der erzählten Wirklichkeit. Natalie erscheint in drei bildhaften Situationen: Sie hebt Felix aus dem Wasser und geht mit Wilhelm durch den Garten (426,11 ff.); Wilhelm begegnet ihr, das Kind liegt zwischen ihnen beiden (513,25 ff.); Wilhelm sitzt neben ihr, das Kind liegt verbindend auf beider Schoß (602,32 ff.); drei Situationen, die erste geträumt, die beiden anderen wirklich; alle in gleicher Weise symbolisch. Die Handlung verharrt für Augenblicke in solchen symbolischen Bildern (in ähnlicher Weise gibt es dergleichen in *Hermann und Dorothea*), und diese lebendigen Bildsymbole werden ergänzt von den gemalten im Saal der Vergangenheit (541,5 ff.). – In den *Lehrjahren* sind nicht die Lehren das Letzte, sondern die Gestalten. (Goethe deutet es selbst gegen Schiller am 9. 7. 1796 an.) Die „Idee" ist nirgendwo als solche ausgesprochen, denn kein Lehrsatz könnte ihr genügen. Das Leben bleibt geheimnisvoll; es wird durch Geist bewältigt, aber niemals ganz. Am ehesten gelingt das den Menschen um Lothario, zumal Natalie, aber auch ihr nicht vollkommen; das zeigt Mignon. Die Mignon-Naturen gehen zugrunde, aber sie kennen das Unbedingte; die Therese-Naturen setzen sich durch, aber ihnen fehlt die Dimension der *seligen Sehnsucht*. Die Verbindung der Gegensätze ist Natalie. Darum ist sie das Ziel, und der Schluß symbolisch. Was erreicht Wilhelm? Keinen Beruf, keine deutlich ausgesprochene Weltanschauung, aber: Natalie wählt ihn. Ein Schluß ohne viel Worte, ohne großes Geschehen, fast lustspielmäßig-leicht. Wilhelm steht innerlich überwältigt zwischen den Freunden. Früher hätte er nun mit Pathos gesprochen; auch jetzt spricht er, mit Innerlichkeit, aber zugleich leicht, elegant und kurz. Nichts zeigt so deutlich wie der Stil seines Schlußsatzes, daß er jetzt in die Welt Nataliens paßt. Der Schluß bringt also nicht das Erreichen eines äußeren Ziels (etwa die Schaffung des Nationaltheaters), wohl aber das Erreichen einer inneren Reife. Über die Frage der inneren Entwicklung spricht der Satz: *Es betrügt sich kein Mensch, der in seiner Jugend noch soviel erwartet. Aber wie er damals die Ahndung in seinem Herzen empfand, so muß er auch die Erfüllung in seinem Herzen suchen, nicht außer sich.* Dieser Satz steht in einem Notizbuch aus dem Jahre 1793, also aus der Zeit, als Goethe die Neufassung des Romans plante. In dem gleichen Notizbuch stehen Schemata zu dem Roman: *Wilhelm: ästhetisch-sittlicher Traum – Lothario: heroisch-aktiver Traum* usw. (in unserer Zusammenstellung „Goethe über die Lehrjahre"), der Satz hat also nicht nur in seinem Gehalt, sondern wahrscheinlich auch von der Entstehung her eine Beziehung zu diesem Werk.

Die *Lehrjahre* sind ein Roman, wie Deutschland ihn vorher nicht besaß. Die Darstellung des Gefühls hatte mit Gellerts „Schwedischer

Gräfin", 1746, begonnen und in *Werther*, 1774, den ersten Gipfel erreicht. Doch hier gab es nichts von Weltfülle und Gesellschaft. Die Reihe der Staatsromane, Loens „Der redliche Mann am Hofe", 1740, Hallers „Usong", 1771, blieb lehrhaft-trocken. Die erste Verbindung beider Linien war Wielands „Agathon", 1767, aber er gipfelte im Gedanklichen, nicht in künstlerisch-anschaulichen Gestalten. Doch ansatzweise wird schon hier alles Erlebte für den Helden zum Bildungselement und alles Zwischen-Menschen-Sein ein Wechselspiel bildender Kräfte. Freilich, zu Gestalt und Kraft wurden diese Motive erst von Goethe aus seinem organischen Sehen heraus entwickelt. Fieldings „Tom Jones", 1749, hatte inmitten einer Gestaltenfülle den Entwicklungsgang eines jungen Mannes gezeigt, aber ohne den Gesichtspunkt *Mich selbst, ganz wie ich da bin, auszubilden* ... der für Wilhelm so bezeichnend ist (290,3 f.). Auch Rousseaus „Nouvelle Héloise", 1761, hatte als Darstellung von Leidenschaft und Tugend, von Standesunterschieden und deren Überwindung andere Ziele. So blieb es Goethes besonderer Beitrag zur Geschichte des Romans, eine Gestalt zu schildern, die alles Begegnende als Bildungselement erlebt und das Ich in Verhältnis setzt zu einem allgemeinen Kulturideal, das sich wiederum aus dem Leben und Erleben ergibt.

Während *Werther*, Gipfel und Überwindung der Empfindsamkeit, Aufstand gegen viele geistige Mächte der Zeit, rasch in ganz Europa berühmt geworden war, wirkten die *Lehrjahre*, Zusammenfassung und Weiterführung der Bildungskräfte des Jahrhunderts, zunächst nur in Deutschland, da aber nachhaltig. Der erste, der das Werk – noch im Manuskript – zu sehen bekam, war Schiller. Dadurch ergab sich, daß in den Briefwechsel zwischen ihm und Goethe nun eine Fülle von Äußerungen über diesen Roman einfloß. Hebt man diese Partien aus dem Briefwechsel heraus, so bilden sie eine Folge von bewunderungswürdiger Größe, die ihre Entwicklungslinie hat: Goethes anfängliche Zurückhaltung; Schillers Eingehen auf das Werk in seinen Einzelheiten, wodurch Goethe gewonnen wird; sein Aufatmen beim Vollenden des Manuskripts; dann Schillers großer Brief (2. Juli 1796), dessen Begeisterung sich am Ende zu dem Bewußtsein steigert, hier gegenwärtig und aus der Nähe mitzuerleben, was man sonst nur aus der Literaturgeschichte kennt; anschließend zwei weitere große Interpretations-Briefe; und nun auch bei Goethe ein ergriffenes Schmelzen der sonst so strengen, gehaltenen Sprache, ein verhaltener Jubel über den *einzigen Fall* solcher geistigen Verbundenheit (7. Juli 1796); Schillers Fortschreiten vom Interpretieren zu Forderungen für die Umarbeitung; Goethes Aufmerken und erneutes Bemühen; Schiller erreicht, daß manche Züge gebessert werden, doch Goethe kommt an die Grenze seiner Möglichkeit; er zeigt dem Freunde das Manuskript nicht noch ein zweites Mal;

Schillers Verständnis dafür, denn es konnte bei diesem Roman nicht wie bei den ungefähr gleichzeitigen *Xenien* (Bd. 1, S. 208–234) eine mosaikartige Zusammenarbeit geben. Durch Schiller fühlte Goethe, der in der Zeit davor vereinsamt war, sich zur Fertigstellung des Werkes ermutigt, zugleich aber respektierten beide die Grenze seiner schöpferischen Eigenart. Kurz nach dem Erscheinen des 4. Bandes, im Herbst 1796, hört dieser Briefwechsel über die *Lehrjahre* auf. Nun aber treten die anderen Freunde, zumal Humboldt und Körner, desto mehr hervor.

Es ist über dieses Werk von den Zeitgenossen so viel Kluges gesagt, daß es auch heute noch lohnt, zu lesen, was Schiller, Humboldt, Friedrich Schlegel und andere dazu geschrieben haben. Fast alle Probleme des Gehalts und der Form sind dort bereits berührt. Friedrich Schlegel erwähnte das Werk nicht nur bedeutsam in seinen Fragmenten, sondern schrieb eine ausführliche Rezension, die eine Interpretation ist, wie es dergleichen damals in Deutschland noch nicht gab. Er erkannte in den *Lehrjahren* die innere Weite, welche Erzählung, Lyrik und Gespräch organisch zusammenhält, er sah die Feinheiten des Aufbaus und die Verbindung von Gegenständlichkeit und Symbolik. Novalis dagegen kam von seiner Idee, daß der Mensch durch Liebe sich dem Unendlichen nähern müsse, durch den Weg nach Innen sich vervollkommnen und dadurch zum Magier werden solle, dazu, die *Lehrjahre*, die er zunächst bewundert hatte, abzulehnen. Seinem Ziel, dem Eingehen in eine höhere, jenseitige Welt, schien der Lebensweg Wilhelm Meisters zu widersprechen, denn dieser Roman endet mit diesseitigen Menschen, die sich in ihrer Tätigkeit begrenzen, statt mit der Entgrenzung, wie er sie in „Heinrich von Ofterdingen" darstellen wollte. Nachdem Schlegel und Tieck in ihrer Novalis-Ausgabe die schärfsten Sätze gegen die *Lehrjahre* veröffentlicht hatten, bemühte sich der kluge Jean Paul, das Bild wieder ins Gleichgewicht zu bringen.

Die Bildungselemente wandelten sich, der Bildungsgedanke blieb bestehen, ja er wurde erst jetzt allgemein. Goethe hatte aus seiner lyrischen Gestaltungskraft heraus Lieder in seinen Roman eingefügt und hatte als Seelenkenner Träume berichtet. Das griffen die Romantiker auf, als sei es eigens für sie erfunden. Die *Lehrjahre* wirkten auf Tiecks „Sternbald", Brentanos „Godwi", Jean Pauls „Titan", Eichendorffs „Ahnung und Gegenwart", Mörikes „Maler Nolten". Sie wirkten auch weiterhin im 19. Jahrhundert, in Immermanns „Epigonen", Stifters „Nachsommer", Kellers „Grünem Heinrich", indem man den neuen Realismus mit dem Entwicklungsgedanken verband, den man aus diesem Roman, aber auch aus *Dichtung und Wahrheit* kannte. Immer wieder haben Künstler den Lebensreichtum dieses Romans bewundert, und das Schönste, was im 20. Jahrhundert über ihn gesagt ist, stammt von Männern, in denen verstehende Schau und eigene künstlerische

Schöpferkraft vereinigt waren: Hofmannsthal, Hesse und Kommerell. Man hat rückschauend eine ganze Gruppe von Romanen als Entwicklungs- oder Bildungsromane bezeichnet. Das schönste Beispiel dafür bleiben die *Lehrjahre,* sofern man es versteht, die zahlreichen Motive, die so schlicht beginnen und so reich enden, die durch so viele Bereiche führen und sie alle so kunstvoll verknüpfen, als eine große Symphonie zu empfinden.

Die Gedichte aus den *Lehrjahren* sind in der Hbg. Ausg. nicht in Bd. 1 aufgenommen, teils aus dem äußeren Grund der Raumersparnis, teils aus dem inneren Grund, daß sie am besten im Kontext des Romans gelesen werden. Einige von ihnen stehen schon in der *Theatralischen Sendung,* sind also zwischen 1778 und 1785 entstanden. Andere kamen erst in die *Lehrjahre* und sind wohl im Zusammenhange der Vollendung dieses Werkes 1794/95 geschrieben. Den Kern bilden die Mignon-Lieder und die Harfner-Lieder. Sie wurden rasch bekannt, und Goethe entschloß sich 1815, in seine Gedichte, d.h. den 1. Band der *Werke,* eine Gedichtgruppe *Aus Wilhelm Meister* aufzunehmen. Er nahm nicht alle Gedichte hinein, nahm sie auch nicht in der Reihenfolge, wie sie in dem Roman vorkommen.

In der Gruppe *Aus Wilhelm Meister* stehen unter der Überschrift *Mignon* die Gedichte *Heiß mich nicht* ... (356,36ff.), *Nur wer die Sehnsucht kennt* ... (240,37ff.), *So laßt mich scheinen* (515,31ff.); sodann unter der Überschrift *Harfenspieler* die Gedichte *Wer sich der Einsamkeit ergibt* ... (137,35ff.), *An die Türen* ... (335,1ff.), *Wer nie sein Brot* ... (136,25ff.). Den Abschluß macht unter der Überschrift *Philine* das Lied *Singet nicht in Trauertönen* (317,1ff.). Goethe nahm also nicht Mignons Italien-Lied (145,3ff.) und nicht die Sänger-Ballade (129,17ff.) in diese Gruppe hinein; er setzte beide an den Anfang der Gruppe *Balladen;* und er ließ einiges wie die Verse *Ihm färbt der Morgensonne Licht* ... (209,22ff.) beiseite. Die Reihenfolge richtete er so ein, daß sich das Wesen Mignons und das des Harfners darin folgerecht ausspricht. Im Roman ist die Einordnung der Lieder durch den Zusammenhang der Erzählung gegeben, und es lohnt zu betrachten, warum ein Lied an der Stelle steht, die es hat. In der Gedichtsammlung ordnete Goethe anders, z.B. die drei Harfner-Lieder so, daß das erste Lied das Motiv der Einsamkeit bringt, das für den Harfner wesenhaft ist (*Wer sich der Einsamkeit ergibt* ...), das zweite gibt ein kleines Bild der Begegnungen des Einsamen mit anderen, Begegnungen, die nur Fremdheit zeigen (*An die Türen will ich schleichen* ...); an den Schluß stellte er nun *Wer nie sein Brot mit Tränen aß,* vermutlich deswegen, weil hier das Einzelschicksal in das allgemeine Thema der schuldlosen Schuld und gewissermaßen in kosmische Zusammenhänge ausläuft.

Die Mignonlieder und die Lieder des Harfners entstanden, als Goethe sich die Situationen des Romans ausbildete. Es drängte ihn da stellenweise zum lyrischen Ausdruck, und er war Künstler genug, dem nachzugeben, wenn es auch ganz gegen die bis dahin übliche Form war. Dabei sprach wohl mit, in welch hohem Maße er bei diesem Werk innerlich beteiligt war. Die Zeilen an Frau v. Stein vom 5. Juni 1780 – er konnte nicht ahnen, daß sie der Nachwelt erhalten blieben – sagen darüber genug. Und so schrieb er diese Gedichte, die das Wesen der beiden geheimnisvollen und zugleich geliebten Gestalten aussagen.

Goethe war sich vermutlich bald darüber klar, daß die Mignon- und Harfner-Lieder in dem realistisch angelegten Roman eine andere Schicht der Darstellung sind. Er hat deswegen den Kontext so gestaltet, daß er alles in Entfernung rückt und einen Schleier dazwischenlegt. Eine ähnliche Darstellungsweise benutzte er später in den *Wanderjahren* für die geheimnisvollsten Abschnitte, die Berichte über Makarie, indem er sagt, dies sei *nicht ganz authentisch* (Bd. 8, S. 449,1 ff.), ein *Märchen* (ebd. 445,10), eine *Dichtung, Verzeihung hoffend* (ebd. 452,8 f.) usw. Ähnlich hier: Wilhelm hört bei dem Harfner *ungefähr folgendes* (136,24); ein anderes Mal hat Wilhelm *nur die letzte Strophe behalten* (334,39); bei Mignon gefällt ihm das Lied, *ob er gleich die Worte nicht alle verstehen konnte. Er ließ sich die Strophen wiederholen und erklären, schrieb sie auf und übersetzte sie ins Deutsche* (145,37–146,2). So versucht der Dichter äußerlich für den Leser das zu verbinden, was innerlich für ihn, aus seiner künstlerischen Intuition heraus, zusammengehörte.

Die Lieder des Harfners sprechen von einem gnadenlosen Schicksal, an das er immer denkt und mit dem er allein ist. Von ihnen aus wird sein Weg verständlich; weil er zu niemanden mehr eine Beziehung findet, weil er innerlich *die Qual* (138,1 und 9) der Erinnerung nie los wird, führt dieser Weg in den Wahnsinn. Es ist das Gegenthema zu dem Thema des Schlafs, des Vergessens und des erquickten Neubeginns, das am großartigsten in der 1. Szene des *Faust II* gestaltet ist. Auch die Lieder Mignons sprechen vom Schicksal: *Allein das Schicksal will es nicht* (356,39), vor allem aber sprechen sie von der *Sehnsucht* (144,3 ff.; 240,37 ff.), und die Diskrepanz zwischen beiden ist so stark, daß das Kind sie psychisch und physisch nicht aushält. Ihre anfängliche Sehnsucht nach Liebe und Schönheit (145,7 ff.) wandelt sich aus innerer Notwendigkeit in Todessehnsucht (515,31 ff.). Der Harfenspieler sehnt den Tod herbei, weil er ihn von der *Qual* der Erinnerung befreit (137,35 ff.), Mignon sehnt ihn herbei, weil nur dort der *tiefe Schmerz* (516,6) ihres Innern sich löst und ihre Sehnsucht ans Ziel kommt. Es ist das Gegenthema zu dem Thema des erfüllten Augenblicks, *Lösest endlich auch einmal/Meine Seele ganz* ... (Bd. 1, S. 129) und der hoffnungsfreudigen Lyrik der ersten Weimarer Jahre (Bd. 1, S. 131–152). Formal erinnern diese Lieder an andere Gedichte Goethes aus der gleichen Periode. Im Gehalt aber sind sie nicht so wie diese. Denn in den anderen Gedichten ist das lyrische Ich weitgehend auch das Goethesche Ich. So sehr es dort auch Klänge der Sehnsucht nach Frieden gibt (*Der du von dem Himmel bist* ... Bd. 1, S. 142) und nüchternen Blick auf das Schicksal (*Denn unfühlend ist die Natur* ... Bd. 1, S. 148,13), solche Einsamkeit, so zerreißenden inneren Schmerz, solche Todessehnsucht gibt es dort nicht. Anderseits aber: daß er diese Gestalten schuf, daß er ihnen diese lyrische Sprache gab, zeigt, wie sehr das alles ein Stück von ihm selbst war; Rollenlyrik, aber die Rollen waren ein Teil seiner eigenen Welt.

Als Goethe für die Gedicht-Ausgabe von 1815 alle Gedichtgruppen mit einem Motto versah, schrieb er zu der Gruppe *Aus Wilhelm Meister:*

Auch vernehmet im Gedränge
Jener Genien Gesänge.

Jene Genien sind die Gestalten aus dem Roman. Das Wort *im Gedränge* bezieht sich auf die Fülle der Gedichte: im 1. Band sind es 364 Seiten mit Gedichten, im 2. Band 292; und dazwischen die kleine Gruppe *Aus Wilhelm Meister*, nur 8 Seiten. Die Gruppe davor, *Vermischte Gedichte*, hat 102 Seiten. Das kleine Motto klingt so, als wolle es nur sagen: Überseht in der Fülle nicht diese Gruppe. Doch da Goethe gern weniger ausspricht als zu sagen ist, zumal wo es um das eigene Werk geht, steht dahinter vielleicht auch der Gedanke: Vernehmt auch diese *Gesänge*, die anders sind als alle anderen! Sie fügen der übrigen Fülle einen besonderen Ton hinzu und machen sie gerade dadurch zur Ganzheit.

Im Vergleich mit den Mignon- und Harfner-Liedern haben die übrigen Gedichte in dem Roman wenig Gewicht. Das Lied Philinens (317,1–32) ist ein heiteres Lied, das zu dem Charakter der Singenden paßt und außerdem im Erzählungsgefüge seine bestimmte Funktion hat (317,13 ff. entsprechend 327,32 ff.). Stilistisch hat es Verwandtschaft mit dem Typ, den Goethe *gesellige Lieder* nannte. Die Verse auf den Baron (182,10–29) sind ein kleines Gelegenheitsgedicht, das seine berechtigte Kritik recht schonend vorträgt und als Form bequeme reimende Viertakter benutzt, wie sie damals beliebt waren.

Damit innerhalb der Hbg. Ausg. die Gedichte aus den *Lehrjahren* ungefähr entsprechend den in Bd. 1 abgedruckten Gedichten behandelt sind, erhält in dem Kommentar jedes derselben eine Anmerkung. Sie sind außerdem in dem alphabetischen Register in Bd. 1 enthalten.

Kommerell, Essays. 1969. S. 125–160. – Gerhard Storz, Die Lieder aus Wilhelm Meister. In: Storz, Goethe-Vigilien. Stuttg. 1953. S. 104–125. – Johanna Lienhard, Mignon und ihre Lieder. Zürich 1978. = Zürcher Beitr. zur dt. Literatur- und Geistesgesch., 49. – Weitere Lit. findet man in: Goethe-Bibliographie, begr. von H. Pyritz, Bd. 1, 1965, S. 598; Bd. 2, 1968, S. 172. – Vgl. auch die allg. Lit. zu Goethes Lyrik, die in Bd. 1 genannt ist.

ANMERKUNGEN

Erstes Buch

Das *1. Buch* ist in Schillers Brief an Goethe vom 9. Dez. 1794 und im Anfang von Friedrich Schlegels Rezension ausführlich gewürdigt. Es führt den Leser in die Erzählweise des Romans ein. Fast das ganze Buch handelt von dem jungen Wilhelm Meister, den der Erzähler *unseren Helden* (14,17) nennt. Nur in verhältnismäßig kurzen Partien sehen wir ihn nicht, so im *1. Kapitel* bis S. 11,14 und im ganzen *12. Kapitel*; doch auch diese Teile sind nur um seinetwillen da, denn es ist nicht das Ziel des Erzählers, ein Bild zu geben, in welchem auch die anderen Gestalten ihre durcherzählten Schicksale haben und auf längere Strecken der „Held“ aus den Augen des Lesers schwindet. Der Erzähler berichtet von ihm mit einer Mischung von Sympathie und Abstand; Sympathie wegen seiner Innerlichkeit, seines Idealismus, seiner Güte; Abstand wegen seiner Weltfremdheit, Unreife, gelegentlichen Pedanterie. Der Erzähler ist in seiner Entwicklung also weiter als der Held, doch man hat den Eindruck, er werde ihn zu der Stufe führen, die er selbst errungen hat. In dem *1. Buche* hat Wilhelm Meister sich innerlich bereits aus seinem Elternhause gelöst. Der Leser wartet darauf, daß es auch äußerlich geschieht. Die geistige Enge der bürgerlichen Welt macht den Wunsch verständlich, sich aus ihr zu erheben. Weder bei Wilhelms Vater noch bei Werner oder dessen Vater fällt irgend ein Wort über den Menschen in der Gesellschaft und im Staat, das ein höheres Ziel und eine allgemeine Aufgabe bezeichnete (denn auch Werners Lob des Handels im *10. Kapitel* bleibt in sehr begrenztem Blickfeld). Noch im *8. Buche* sagt Werner zu Lothario: *Ich kann Sie versichern, daß ich in meinem Leben nie an den Staat gedacht habe* (508,7f.). Und Lothario antwortet: *Ich hoffe Sie noch zum guten Patrioten zu machen.* Wilhelm denkt früh über diese Enge hinaus. Der einzige Weg, den er sieht, ist der der Kunst. Und so, wie die Dinge liegen, ist das begreiflich. Er möchte *Schöpfer eines künftigen Nationaltheaters* (35,14) werden. Mit diesem Gedanken verbindet sich zeitweilig die Bindung an Mariane, die er, ohne alle Lebenserfahrung, überstürzt abbricht, als er Norbergs Brief sieht. Erst sehr viel später erkennt er (472,30ff.; 482,3ff.), daß er bereits mit dieser ersten Lebensentscheidung eine Schuld auf sich geladen hat, zugleich aber erkennt er dann, daß er nun für Felix, seinen und Marianens Sohn, zu sorgen habe: *und mit dem Gefühl des Vaters hatte er auch alle Tugenden eines Bürgers erworben* (502,10f.). Kurz bevor das Buch endet, bringt der Erzähler Wilhelms Begegnung mit einem Mitglied der Turmgesellschaft, die sich für ihn interessiert; erst im *7. Buche* wird er über den Hintergrund dieser Begegnung aufgeklärt (494,13–24). So werden die Fäden der Handlung, die sich im ersten Buche anspinnen, noch im *7.* und *8. Buche* fortgeführt, nachdem sie das ganze Werk hindurch mehr oder minder sichtbar in dem Geflecht des Ganzen weiter gelaufen sind. Dort, am Ende des Romans, wird gezeigt, was Wilhelm aus sich gemacht hat. Beurteilen kann man es nur, wenn man weiß, wie er zu Beginn war. Diesen Beginn zeigt das *1. Buch*. Es blickt zurück: *In einem feinen Bürgerhause erzogen, war Ordnung und Reinlichkeit das Element, worin er atmete* (58,9f.), und es blickt vorwärts: *Seines Vaters Haus, die Seinigen zu verlassen, schien ihm etwas Leichtes ... das hohe Ziel, das er sich vorgesteckt sah, schien ihm näher ...* (35,6–11). Später wird er die getrennten Bereiche vereinigen als ein Bürger in höherem Sinne.

10,15. *Keine Gesichter*! Anrede an Barbara, im Sinne von: Mache kein ärgerliches Gesicht, keine unfreundliche Miene! Speziell der Plural war in dieser Bedeutung üblich (Adelung). Ähnlich *Faust* 2074 und *Stella* Bd. 4, S. 326,26.

10,27. *Achselbänder*: Bänder, welche dazu dienen, die über beide Schultern kreuzweis geschlungenen Scherpen festzuhalten. (Adelung) Bezeichnend für die Offiziers-Tracht.

10,32. *unbefiedert* wörtlich „ohne Federn", oft in übertragenem Sinne benutzt, hier „ohne Geld" (Dt. Wb. 11,3 Sp. 274). Barbara denkt notgedrungen immer an das Geld (9,20f.) und verwendet hier zunächst dieses freundlich-metaphorische Wort, bevor sie Wilhelm einfach den *Unvermögenden* (10,36) zurechnet.

12,5. *Mobilien*: Hausgerät und Möbel (Adelung). Wie Bd. 6, S. 129,18.

12,19. *Puppenspiel*. Es handelt sich um Marionetten (nicht Handpuppen), wie aus dem Folgenden hervorgeht (15,26ff.). Ähnlich die Schilderung in *Dichtung und Wahrheit* Bd. 9, S. 48,36ff.

12,39ff. *Der Hohepriester Samuel erschien* ... Das hier geschilderte Drama schöpft seinen Stoff aus dem 1. Buch Samuelis, insbes. Kap. 16–18. – David-Dramen hatte es im 16. und 17. Jahrhundert mehrfach gegeben. Der Stoff lebte im Puppenspiel weiter. – Elisabeth Frenzel, Stoffe der Weltliteratur. Stuttg. 1970. Art. „David".

13,4. *schwerlötigen Kriegers*: Goliath; *schwerlötig* = schwergewichtig, also groß und muskulös; von „Lot", was ursprünglich „Bleiklumpen" bedeutete, und „lötig" = vollgewichtig. – Dt. Wb. 9, Sp. 2572.

13,6. *Sohn Isai*. Der Sohn des Isai ist David.

13,8. *Herr Herr!* Die Doppelung entspricht einem altertümlichen Gebrauch (wie „Herr König" usw., das erste Wort ist Anredeform, das zweite bezeichnet die Stellung des Angeredeten) und zeigt, daß sich im Puppenspiel barocke Formen gehalten haben, ebenso wie die Anrede *Großmächtigster König* und der Sprachstil überhaupt. Noch Adelung nennt als feierliche Titulatur „Durchlauchtigster Herzog, gnädigster Fürst und Herr Herr". – Dt. Wb. 4,2 Sp. 1134 und 2, Sp. 979.

13,35. *perorieren*: rhetorisch sprechen (von lat. „perorare" eine Rede halten).

15,18. *Lindor und Leander* sind beliebte Namen für männliche Liebhaber in Singspielen und Dramen des 18. Jahrhunderts.

16,3. *Brustschildchen*: ein Teil der Amtstracht des Priesters, gemäß 2. Buch Mose 28,4 und 28,15–24; ebd. 39,8–18.

19,8. *Teppich*: Vorhang, Decke.

20,13. *Spezereien*: Gewürze (Adelung; Dt. Wb.).

21,17. *großmütig*. Im Barockdrama gab es Reden der Helden als Ausdruck ihrer magnanimitas („Großmütigkeit"). Da das Puppenspiel eine Nachahmung jenes Stils war – wie schon 13,7–11 zeigte – nimmt Wilhelm hier das alte Wort auf, natürlich in ironischem Sinne.

23,21 f. *„Die deutsche Schaubühne"* heißt eine durch Gottsched herausgegebene Sammlung von insgesamt 38 Schauspielen, teils deutschen Originalwerken der Zeit (Gottsched, Quistorp, Uhlich u. a.), teils Übersetzungen aus dem Französischen (Corneille, Voltaire, Destouches u. a.) und aus dem Dänischen (Holberg). Die 6 Bände erschienen 1741–1745 und wirkten epochemachend. Wilhelm erwähnt im folgenden (23,27) drei Dramengestalten aus dieser Sammlung. *Chaumigrem* ist der böse Tyrann in dem Drama „Banise" von Friedrich Melchior v. Grimm (in Bd. 4); es ist eine Dramatisierung des spätbarocken Abenteuerromans „Die asiatische Banise" von Anselm v. Ziegler, der erstmals 1689 und danach in zahlreichen Auflagen erschienen war. *Cato* ist der Held in dem Drama „Cato" von Gottsched (in Bd. 1); *Darius* die Hauptgestalt in dem Trauerspiel „Darius" von Friedrich Lebegott Pitschel (in Bd. 3). – Die 6 Bände sind 1972 neu gedruckt (Dt. Neudrucke, Texte des 18. Jahrhunderts).

24,10. *illuminieren*: bemalen, farbig machen. Wie Bd. 11, S. 369,15.

26,4. *Gespannschaft*: Spielkameradschaft; eigentlich „Gespanschaft" von Gespan = Gefährte, Genosse, Kamerad. – Dt. Wb. 4, I, 2 Sp. 4131 ff.; 4135.

26,16. *Bediente ... die etwa Schneider waren.* Ein Motiv aus dem Leben. *Dichtung und Wahrheit* Bd. 9, S. 249,28.

26,30. *„Das befreite Jerusalem"*, das berühmte Epos von Tasso, gehörte im 18. Jahrhundert zu den als klassisch anerkannten Werken, deren Kenntnis für jeden literarisch Interessierten selbstverständlich war. Goethe berichtet in *Dichtung und Wahrheit*, er habe es *von Kindheit auf fleißig durchgelesen und teilweise memoriert* (Bd. 9, S. 80,10–13). In der Bibliothek von Goethes Vater (Bd. 9, S. 27,27 u. Anm.) befanden sich: Torquato Tasso, La Gerusalemme liberata. 2 Bde. Venezia 1705. Und: Joh. Friedr. Kopp, Versuch einer poetischen Übersetzung des Tassoischen Heldengedichts genannt: Gottfried oder das Befreyte Jerusalem. Lpz. 1744. – Nassauische Annalen 64, 1953, S. 56. – Vgl. auch in Bd. 5 *Tasso* Vers 1090f., 1100ff.

26,35ff. *Chlorinde,* die Heidin, ist schön, kriegerisch, gepanzert; *Armida* hat Zauberkräfte.

27,11f. *Zweikampf zwischen Tankred und Chlorinde*: Tasso, Gesang XII, Strophe 52–69. Die zitierten Verse in Strophe 64. Das *Chlorinde*-Motiv kehrt S. 235,26 wieder. – Vgl. auch *Tasso* Vers 1100.

27,26. *ging mir über*: wallte mir über. Wie *Clavigo* Bd. 5, S. 275,9; Bd. 1, S. 60 *Ich führt* ... Vers 12; Bd. 1, S. 79 *Der König von Thule* Vers 7. – In der Luthersprache Matth. 12,34; Luk. 6,45; Joh. 11,35.

27,27. *Tankredens Schwert den Baum trifft*: Gerusalemme liberata, Gesang 13, insbes. Strophe 41–43.

28,3. *Gespannen* = Gespanen. Vgl. Anm. zu 26,4.

30,7. *zeichnete ... aus*: notierte, exzerpierte, zeichnete auf. Wie Bd. 9, S. 8,35f.

30,35. *qui pro quo*: wörtlich „wer für wen", d. h. wer welche Rolle darstellt.

30,37. *gemein*: alltäglich; etwas, was in ähnlicher Weise oft vorkommt.

31,2. *Mittel*: der gesellschaftliche Kreis, in dem jemand steht. Dt. Wb. 6, Sp. 2383.

31,11ff. *es sei leichter eine Tragödie zu schreiben* ... Horaz hatte in seinen Episteln, Buch II, Ep. 1,168ff. gesagt: „... habet comoedia tanto / Plus oneris, quanto veniae minus ..." Wieland übersetzte: „Man pflegt sich einzubilden, weil das Lustspiel aus dem gemeinen Leben sich mit Stoff versieht, so sei nichts leichter; aber eben darum, weil's um so minder Nachsicht fordern kann, ist's desto schwerer." (Horaz, Satiren u. Episteln, übers. von C. M. Wieland. Hrsg. von H. Conrad. Bd. 2. München u. Lpz. 1911. S. 283) Da Horaz im 18. Jahrhundert viel gelesen und ausgelegt wurde, berührte Du Bos das Problem in „Réflexions critiques sur la poésie et sur la peinture", Paris 1719 (Bd. 1, Sektion 7); Lessing im 96. Stück der „Hamburgischen Dramaturgie", 1768; doch erst Jean Paul, Vorschule der Ästhetik, § 39 „Das Komische im Drama", gab eine tiefgreifende Deutung.

32,12. *gemein*: vgl. 30,37 u. Anm. – Die Begegnung mit zwei allegorischen Gestalten war ein schon allzu häufig benutztes und daher fad gewordenes Motiv der Darstellung.

33,23. *Nächte.* Nach Goethes Frankfurter Sprachgebrauch oft: Abende. Wie Bd. 10, S. 98,23; 183,21; Briefe Bd. 1, S. 194,38f.

35,14f. *Schöpfer eines künftigen Nationaltheaters, nach dem er so vielfältig hatte seufzen hören* ... Das Wort *Nationaltheater* hat im 18. Jahrhundert eine besondere Bedeutung, wobei der damalige Gebrauch des Wortes „Nation" zu bedenken ist. Bis in die siebziger Jahre hinein gab es einzig die Bühnen herumreisender Komödianten und die Hoftheater; jene, als Belustigung der breiten Menge, aus Geldnöten gezwungen, reißerische Stücke zu spielen; diese Belustigung des Hofs, eine schöne Dekoration höfischen Lebens, aber nur in seltenen Fällen ernsthafte Kunst. Was man ersehnte, war ein Theater, welches alle Kreise des Volkes erfaßte und dabei nicht vom Geschmack der Geldgeber, sondern von dem der künstlerisch Einsichtigen bestimmt würde. Dafür fand man das Wort *Nationaltheater*. Es ist bekannt, welche Bedeutung im 18. Jahrhundert der dauernde Umgang mit den Werken des Altertums hatte. Man wußte, was das Theater in Athen bedeutete, man machte sich ein lebhaftes Bild davon (noch in Schillers ,,Kranichen des Ibykus" wirkt es nach) und malte sich aus, wie herrlich es wäre, wenn man auch in Deutschland in der Gegenwart ein Theater hätte, das in entsprechender Weise auf das ganze Volk wirkte und es auf ästhetischem Wege, durch das angeschaute Spiel, hinführte zu einer allgemeinen Ethik, zu einer Gemeinsamkeit des Empfindens, zu einer Belehrung, wie das Leben sei und wie man in ihm entscheiden müsse. Solche Gedanken waren vermischt mit dem Aufklärungsoptimismus dieses erziehungsfreudigen Jahrhunderts. Man braucht nur eine der damaligen theoretischen Schriften über das Theater, wie z. B. die des jungen Schiller, ,,Was kann eine gute stehende Schaubühne eigentlich wirken?" (später umbenannt in: ,,Die Schaubühne als moralische Anstalt betrachtet"), aufzuschlagen, um zu sehen, welche großen Hoffnungen diese Zeit auf das künftige *Nationaltheater* setzte. Der erste Versuch, ein solches zu schaffen, wurde 1767 in Hamburg gemacht. Aber die Bühne wurde hier nicht durch den Staat gestützt, sondern nur durch einige Bürger, deren Mittel bald versagten; sie hatte noch nichts von den großen Dramen zur Verfügung, die jetzt erst zu entstehen begannen; sie ließ sich den begabtesten Schauspieler, Schröder, entgehen; doch sie hatte einen großen Mitarbeiter: Lessing, der für sie eine Theaterzeitschrift schrieb, die ,,Hamburgische Dramaturgie". Die Idee des Nationaltheaters ist bei ihm verbunden mit der Forderung einer engen Wechselwirkung von Theater und Ästhetik und mit dem Hinweis auf die Stileigenschaften eines neuzeitlichen, für England und Deutschland passenden Dramas, wie es zumal in Shakespeare verkörpert ist: dieser sei gleichzeitig Natur und Kunst, und in seiner Weise so vollkommen wie Sophokles in der seinen. Aber auf dem Hamburger ,,Nationaltheater" wurde Shakespeare noch nicht gespielt. Das hätte einen Sieg der Literatur über den Publikumsgeschmack bedeutet, und den wagte man noch nicht. Das Hamburger Unternehmen brach schon 1768 zusammen. Aber in den folgenden Jahren begann in Hamburg Schröder mit seiner Truppe beste deutsche Stücke und auch Shakespeare zu spielen, und unter der Leitung dieses genialen Schauspielers und Regisseurs wuchs eine ortsfeste Bühne heran, die seit etwa 1777 dem, was man ersehnte, recht nahe kam. Glücklicher als in Hamburg waren die Verhältnisse an dem Ort, der seit langem die erste deutsche Theaterstadt war: Wien.

Hier gründete Joseph II. 1776 das Burgtheater, das sich als ,,Nationaltheater" bezeichnen durfte. Es wurde vom Hofe gestützt, und sein Repertoire war durchaus von künstlerisch-literarischen Gesichtspunkten bestimmt. Ein weiterer Versuch eines ,,Nationaltheaters" wurde 1779 in Mannheim gemacht unter Mitwirkung von Dalberg, Iffland, Beck und 1782–1785 auch von Schiller. Den Hamburger, Wiener und Mannheimer Erfolgen nachstrebend, folgte 1786 das Berliner Schauspielhaus, dessen Leitung später, 1796, Iffland übernahm. Und 1791 wurde dann auch in Weimar eine stehende Bühne eröffnet, deren Stil durchaus von Goethe als Theaterleiter bestimmt wurde, die aus der Hamburger und Wiener Bühnenkunst sich Bestes zueignete und nun die neue Dramendichtung Goethes, Schillers, Ifflands usw. in den Mittelpunkt stellen konnte. Doch alles, was nun an diesen Orten geleistet wurde, blieb, so glanzvoll es war, doch hinter den ursprünglichen Hoffnungen zurück. In den Jahren, in denen die *Theatralische Sendung* entstand und in denen die *Lehrjahre* spielen, lebte die Idee eines *Nationaltheaters* nur als Wunschtraum in den Köpfen der Besten der Nation. Sie war das hervorragendste Thema innerhalb des viel größeren Problemkreises: Erziehung des Volkes durch Kunst. Goethe – und mit ihm sein Held Wilhelm – ergreift also eine sehr aktuelle Frage, und man kann deren Bedeutung nur dann ganz ermessen, wenn man bedenkt, wieviel Sehnsucht und Hoffnung für diese Jahrzehnte, denen das Theater noch durchaus Zukunftsziel, nicht Besitz war, in dem Zauberwort *Nationaltheater* beschlossen lag und daß hier der Erziehungsoptimismus der Aufklärung und die Kunstbegeisterung der Klassik eine Verbindung eingegangen waren in einem neuen Kulturprogramm; hatte das Barock noch alle Erziehung des Volkes als Sache der Kirche gesehen, die Aufklärung alles von Verbreitung der Vernunft und des Wissens erwartet, so lebte hier die neue Idee der Erziehung durch Kunst. Es ist bezeichnend, daß Wilhelm in diesem Zusammenhang den Satz ausspricht: *Es ist eine falsche Nachgiebigkeit gegen die Menge, wenn man ihnen die Empfindungen erregt, die sie haben wollen, und nicht die, die sie haben sollen* (314,23ff.). In dieser normativen Wirkung sieht er die höchste Aufgabe der Kunst, durch diese Erziehung erhofft er die Bildung der Menge zur Nation, und darum soll ein solches Theater *Nationaltheater* heißen. – J. Petersen, Das dt. Nationaltheater. Lpz. 1919. = Ztschr. f. d. dt. Unterr., Erg.-H. 14. – H. Kindermann, Theatergesch. d. Goethezeit. Wien 1948. – Vgl. auch 258,23ff. und die Anm. zu 179,35.

37,17. *Sibylle.* Ursprünglich bezeichnet das Wort eine Wahrsagerin, so in der griechischen, römischen und mittelalterlichen Sage; gedacht als würdige Frau in reiferem Alter. In der deutschen Sprache des 18. Jahrhunderts hatte sich aber außerdem eine andere Bedeutung ergeben, je nachdem, in welchem Zusammenhang das Wort vorkam. Campe in seinem Wörterbuch sagt: „im gemeinen Leben nennt man eine alte weibliche Person verächtlich zuweilen eine alte Sibille." So tut es Werner an dieser Stelle. Mitunter wurde das Wort geradezu zum Schimpfwort, so 476,9 und bei Vulpius, Rinaldo Rinaldini, 1798 (in Weimar entstanden); es rückt dann in die Nähe von „Hexe". – 75,7f. u. Anm.

37,19–40,14. Über die hier vorgetragene „Apologie des Handels" spricht Schiller in seinem Brief vom 9. Dezember 1794.

42,19. *Mantelsack*: Reisesack, hauptsächlich für Kleidung, zum Mitnehmen im Postwagen oder zum Aufbinden hinten am Sattel beim Reiten.

44,24ff. Der erste Traum, der in den *Lehrjahren* berichtet wird. Es folgt später der Traum 425,22–426,39; beide sind in ihrer Symbolik bedeutungsvoll zur Charakteristik Wilhelms, der Personen und der Situationen. Der Roman der Romantik hat das Hineinnehmen von Träumen – wie das der Lyrik und manches andere – von Goethe übernommen.

47,7. *Sibylle.* Hier in der alten Bedeutung: Wahrsagerin. Anders 37,17; 75,7f.; 476,9.

48,8. *gegenseitigen Aktuarius*: Gerichtsschreiber der anderen Gruppe, der anderen Seite.

50,2. *hübsche Partien* = gute Partien. Dt. Wb. 4,2 Sp. 1852f. – P. Fischer, Goethe-Wortschatz.

50,17. *Die gnädigsten Ausputzer*: die Tadel von Seiten des Fürsten (oder seines Gerichtshalters), im Anschluß an 50,13.

53,17. *Bedienung*: Stellung, Berufsarbeit, Amt.

54,21. *Einnehmerdienst*: Einnehmer in fürstlichen oder städtischen Diensten nahmen Zölle, Straßengebühren, Steuern und andere Abgaben in Empfang (Adelung). Vgl. 55,2–4 und 56,27f.

56,15. *neben dem Gemeinen*: neben dem Alltäglichen.

56,20. *Interessen* = Zinsen; wie 431,7.

57,26. *Lichtwagen*: ein Wagen mit Lampen, der – den Zuschauern unsichtbar – zwischen den Seitenkulissen stehend Licht auf die Bühne wirft. *Unschlittlampen*: Lampen, in denen Kerzen aus Unschlitt, d.h. Talg, brennen.

57,31. *Zindel*: ein leichter Stoff, Seidentaft u. dgl. – Dt. Wb. 15, Sp. 1386f. – Hermann Paul, Dt. Wb.

58,25. *fürchten durfte* = zu fürchten brauchte, fürchten mußte.

60,14. *Abzug*: Verminderung, Subtraktion (GWb 1, Sp. 234); hier: einbehaltener Betrag zum Zweck der Abzahlung von *Schulden*.

64,3. *Equipage* = Ausrüstung.

64,10ff. *Unter der lieben Hülle der Nacht* ... Wilhelms Sprache wird in dem Brief zur rhythmischen Prosa, seiner Sehnsucht entsprechend. Es bestehen Parallelen zwischen dieser frühen Partie (sie steht schon in der *Theatralischen Sendung*): *Mir ist's wie einem Bräutigam ... Was ich sinne und treibe, ist nur um Deinetwillen* ... und dem späten Gedicht *Der Bräutigam*: ... *mein emsig Tun und Streben, / Für sie allein ertrug ich's* ... (Bd. 1, S. 386); denn es handelt sich um eins der Urmotive, die Goethe lebenslänglich in sich trug: ein Zustand des Lebens auf ein Ziel hin, für die Geliebte, mit stetem Blick auf sie, ein Wachsein des Herzens, das allem Leben Melodie gibt, ein höchstes Ich-Sein und zugleich Entgrenzt-Sein. – Sachregister in Bd. 14, Stichwort „Bräutigam".

66,7. *im Ritterschaftlichen*: im Gebiet der reichsunmittelbaren Adligen galten die Gesetze der großen Territorialfürsten nicht. Dort war eine rasche Eheschließung, wie Wilhelm sie wünscht (66,4) leichter zu erreichen. Wilhelm denkt wohl an das Frankenland, wo es besonders viel reichsunmittelbaren Adel gab.

66,27. *Fistel*: Kopfstimme. Joh. Gottfr. Walther, Musikalisches Lexicon. Lpz. 1732. S. 247: „fistulieren wird von Sängern gesagt, die natürlicherweise eine grobe und tiefe, gezwungenerweise aber eine helle und hohe Stimme von sich geben können."

66,29. *Bursche*. Vgl. 210,15 u. Anm.

66,30. *Streit mit der Kanzel*. Von Seiten einiger Geistlicher wurde im 18. Jahrhundert das Theater scharf kritisiert, es gab dann wiederum Gegenschriften. Die Streitschriften häuften sich 1768–1770, dabei spielten der Hamburger Pastor Goeze und der Hamburger Schriftsteller Joh. Heinr. Vincent Noelting eine besondere Rolle. Darüber: Nachricht von den neuesten Streitigkeiten über die Sittlichkeit der Schauspiele. In: Chr. Wilh. Franz Walch, Neueste Religionsgeschichte. 1. Teil. Lemgo 1771. S. 439–470. – Goethe erwähnt dieses Thema auch in *Dichtung und Wahrheit*: Bd. 9, S. 567,18ff. u. Anm.

67,2ff. *die immer himmlisch genennt werden müssen* ... Wilhelm benutzt hier zwar die empfindsame Sprache seiner Zeit, doch er tut es zum Ausdruck seiner persönlichen Empfindungsweise und insofern prägnant. Der Brief in seinem besonderen Stil – durchaus abweichend von der Erzählprosa – ist eins der Gestaltungsmittel dieses Romans, wie die Lieder, wie die Träume. Briefe gab es in Romanen auch vorher, doch nicht so stark lyrische, die nicht nur durch den Inhalt sondern durch die Sprache einen Menschen charakterisieren. Das Motiv der Entgrenzung durch Liebe – *aus uns selbst gerückt* (67,3f.) – klingt hier (entsprechend Wilhelms Charakter) nur leicht an, während es in *Werther* eine bedeutendere Rolle spielte. Im *Divan* kehrt es verändert wieder, in den facettenreichen Brechungen des Altersstils. – Die Flexionsform *genennt* kommt bei Goethe gelegentlich noch vor, z. B. *Achilleis* Vers 545; meist schreibt er *genannt*. Die Form *genennt* gibt es auch bei Klopstock, Lessing und Tieck (Dt. Wb. 7, 599).

68,12. *ein Unbekannter*. Das Gespräch, das sich im Folgenden entwickelt und wesentliche Lebensfragen in spruchhafter Prägnanz berührt

(71,19ff.; 72,8ff.), hat beachtenswertes Niveau verglichen mit den Gesprächen, die Wilhelm in seiner Heimatstadt sonst führt. Doch mit anderem beschäftigt, achtet er nicht sehr darauf. Der Erzähler stellt das Gespräch kurz vor die Schlußkatastrophe des Buches. Friedrich Schlegel hat in seiner Rezension die Bedeutung dieses Gesprächs hervorgehoben. Erst sehr viel später (494,13ff.) erfährt Wilhelm (und der Leser), daß es sich um einen Abgesandten der Turmgesellschaft handelt. Solche Abgesandte kommen im folgenden noch mehrmals vor (119,3ff.; 193,31ff.; 320,31ff.), und als Wilhelm in den Kreis der Turmgesellschaft aufgenommen wird, treten sie in der gleichen Reihenfolge noch einmal vor ihm auf (494,11–495,37).

68,16. *Polizeieinrichtungen.* Das Wort *Polizei,* ursprünglich vom mittellat. „politia" abgeleitet, bezeichnet vom 16. bis 18. Jahrhundert allgemein Regierung, Verwaltung, Ordnung im Staat oder in der Stadtgemeinde, speziell die Exekutive (im Gegensatz zur Legislative). Unter die *Polizeieinrichtungen* rechnete man im ausgehenden 18. Jahrhundert auch Straßenbau, Armenhäuser, Krankenhäuser, Gesundheitsverordnungen, Steuerwesen usw. Der moderne Polizeibegriff setzte sich erst durch, nachdem er im Preußischen Landrecht, 1794, Anwendung gefunden hatte. In den *Wanderjahren* gilt schon dieser neue Begriff (Bd. 8, S. 406,23 u. Anm.).

68,26. *Kunstsammlung.* Diese Sammlung spielt im Folgenden noch eine Rolle (494,17; 512,37ff.; 516,32ff.), fast leitmotivisch. Sie besteht aus Gemälden, Zeichnungen, Plastiken, Münzen und Gemmen (68,37ff.). Das sind genau die Gegenstände, die auch Goethe seit seiner Italienreise sammelte (Goethejahrbuch 89, 1972, S. 13–61).

70,3f. *der kranke Königssohn.* Das Motiv kehrt mehrfach wieder: 235,27ff.; 513,11; 516,34f.; 606,1–13. Die dargestellte Geschichte ist ein Stoff aus Plutarch, Demetrios, Kap. 38. Antiochus Soter I., der Sohn des Königs Seleukos I. von Syrien, erkrankt. Sein Vater ist in höchster Besorgnis. Als der Vater am Bett des Kranken ist und der Arzt den Puls fühlt, kommt Stratonike, die junge schöne Gattin des Königs, ins Zimmer. Da erkennt der Arzt, daß Antiochus Stratonike liebt und hierin die Ursache seiner Krankheit liegt. Die Geschichte endet damit, daß Seleukos sich von Stratonike trennt und Antiochus sie heiraten kann. Der Stoff war beliebt in der Dichtung und in der Malerei. Dramatisch behandelt haben ihn Desmarets, Quinault, Thomas Corneille u.a. in Frankreich; Moreto in Spanien; Hallmann in Deutschland. Dabei wurde der Stoff dahin verändert, daß Stratonike nicht die Gattin, sondern die Braut des Königs ist. In der Malerei wählte man meist den prägnantesten Moment, als Stratonike an das Bett tritt, neben dem der König und der Arzt sind. Diese Situation sieht man z.B. bei Cortona (Fresco im Palazzo Pitti, Florenz), bei Johann Heinrich Schönfeld (Museum

Oldenburg), bei Januarius Zick (Museum Wiesbaden) und auf einem Gemälde im Museum in Kassel, das früher Andrea Celesti zugeschrieben wurde, heute als Werk des Antonio Belucci gilt. Es gibt noch viele andere Stratonike-Bilder aus dem 17. und 18. Jahrhundert. Von dem Reichtum dieser Tradition erhält man einen Eindruck in dem Werk „Barockthemen" von A. Pigler, wo 68 Darstellungen genannt sind (2. Band, 2. Aufl., Budapest 1974, S. 364–366). Außer diesen heute bekannten Werken gab es aber noch andere, die nicht erhalten geblieben sind, dazu Kupferstiche. Goethe hat also an ein Gemälde mit diesem Thema gedacht. Er hat wohl Anregungen benutzt, doch seine Gemäldebeschreibung im Roman ist ein dichterisches Motiv. Es ist vermutlich ähnlich wie bei seinen Landschaftsschilderungen. Die Landschaft der *Novelle* ist sehr deutlich dargestellt. Im 19. Jahrhundert behauptete Düntzer, es sei Rudolstadt, Seuffert, es sei Dornburg; dann änderte Seuffert seine Meinung und sagte, es sei Teplitz. In der folgenden Generation einigte man sich darauf, daß es eine dichterische Phantasielandschaft sei. Goethe verfährt in seinen Romanen anders als in den autobiographischen Schriften. Dort soll alles den Tatsachen entsprechen. Er schildert in *Dichtung und Wahrheit* im 4. Buch (Bd. 9, S. 154) zwei Blumenstilleben von Justus Juncker, welche dieser für den Herrn Rat malte. Hier ist er genau, so gut er es aus seiner Erinnerung kann. Dasselbe gilt für die Darstellung von Gebäuden. Anders im Roman. Das Schloß des Oheims mit dem *Saal der Vergangenheit* (539,34ff.) ist ein Phantasiegebäude des Dichters. Goethe nutzte zwar Elemente, die er an verschiedenen Orten gesehen hatte, schaltete aber frei damit. Auch das Gemälde vom kranken Königssohn ist Romanmotiv. Welche Anregungen Goethe hatte, läßt sich nicht genau sagen. Beutler hat darauf aufmerksam gemacht (Dt. Vjs. 16, 1938, S. 339f.), daß bei den Dominikanern in Frankfurt ein Stratonike-Bild hing, das Goethe in seiner Jugend gesehen haben kann. W. Stechow und E. Nolan haben auf ein Gemälde von Januarius Zick (1730–1797) hingewiesen, das Goethe in Ehrenbreitstein gesehen haben kann. G. Gronau, Chr. Schweitzer und H. Ammerlahn betrachten das Gemälde des Antonio Belucci in Kassel als das Urbild. Goethe hat die Kasseler Galerie 1779, 1783 und 1792 besucht und kann es dort gesehen haben. Vielleicht kam die Anregung durch einen Kupferstich. Goethe sagt im Roman mit Absicht nur weniges über das Bild, und dieses wenige nach und nach. Der Leser soll Freiheit behalten für die eigene Vorstellungskraft. Das Wesentliche ist, welche Stellung das Gemälde im Roman hat. Es gehört in den Kreis der für Wilhelms Innenleben symbolischen Motive, zugleich in den Motivkreis der Weltdeutung und Selbstfindung mittels Kunst, die in der Kindheit beginnt. Der Knabe erfährt mit Hilfe des Bildes seelische Möglichkeiten des Ich, Sehnsucht, Gegensatz zur Außenwelt, Entfaltung einer Innenwelt, Leiden an dem mangelnden Ausgleich. Daß das Bild dann in Wilhelms Wachträumen während seines Krankenlagers auftritt und sich dort mit anderen symbolhaltigen Traumbildern – *Chlorinde, Amazone* – vereinigt (235,18ff.), zeigt, wie sehr es mit seiner Innenwelt zusammenhängt. Später sieht Wilhelm das Gemälde mit etwas anderen Augen (513,11f.; 516,33ff.). Als schließlich Friedrich eine Parallele zwischen dem Schicksal Wilhelms und dem des Königssohns ausspricht, ist damit von außen her dasselbe gesagt, was von innen her Wilhelm viel früher empfand: *Sollten nicht uns in der Jugend wie im Schlafe die Bilder zukünftiger Schicksale umschweben und unserm unbefangenen Auge ahnungsvoll sichtbar werden? Sollten die Keime dessen, was uns begegnen wird, nicht schon von der Hand des Schicksals ausgestreut, sollte nicht ein Vorgenuß der Früchte, die wir einst zu brechen hoffen, möglich sein?* (235,30–36)

E. Frenzel, Stoffe der Weltliteratur. Stuttg. 1970 u. ö., Art. „Stratonike". – Georg Gronau, Das Bild vom kranken Königssohn in Wilhelm Meister. Ztschr. f. bildende Kunst 50 (= N.F. 26), 1915, S. 157–162. – Wolfgang Stechow, The Love of Antiochus with Faire Stratonike in Art. The Art Bulletin 27, 1945, S. 221–237. – Christoph Schweitzer, Wilhelm Meister und das Bild vom kranken Königssohn. PMLA (Publications of the Modern Language Association) 72, 1957, S. 419–432. – Hellmuth Ammerlahn, Die klassische Heilung des kranken Königssohns. Jahrbuch d. Fr. dt. Hochstifts 1978, S. 47–84. – Erika Nolan, Wilhelm Meisters Lieblingsbild. Jahrb. d. Fr. dt. Hochstifts 1979, S. 132–152. – Vgl. Nachtrag S. 811.

72,33f. *Magnetuhren.* Hierzu O. Walzel in der Fest-Ausg. Bd. 10, S. 342f.: „Die Kompasse der Bergleute und Markscheider waren früher nicht nach Graden eingeteilt, sondern nach Stunden, so daß eine ‚Uhr' entstand, auf der die Magnetnadel als Zeiger spielte; vgl. Gehlers Physikalisches Wörterbuch, Lpz. 1826, unter: Compaß." – Da zwei solche Kompasse immer das gleiche anzeigen, von der gleichen Kraft durchströmt in gleiche Richtung weisen, benutzte Goethe dieses Motiv als Metapher für die Gemeinsamkeit der Liebenden, ähnlich wie er im Alter für diesen Bereich das Bild der *Äolsharfen* (Bd. 1, S. 376f.) findet: auch da eine kosmische bewegende Kraft und feinfühlige, gleichmäßig reagierende Instrumente.

75,4ff. *Hexe von Endor*: 1. Buch Samuelis, Kap. 28. Über das Aussehn ist dort aber nichts gesagt. – Auch in Goethes Brief an Lavater vom 5. Juni 1780 wird die *Hexe zu Endor* erwähnt.

75,7f. *Sibylle.* Vgl. 37,17 u. Anm. In der *Theatralischen Sendung* (1. Buch, 23. Kap.) lautet der Satz: *Schick' mir deine Zettel immer durch das alte Luder.*

75,8. *Iris* ist nicht nur die Göttin des Regenbogens, sondern hat ihre Funktion vor allem als Botin der Götter (Bd. 14, S. 11, 20). Darum hier diese Metapher.

Zweites Buch

In dem *2. Buch* ergeben sich für Wilhelm menschliche Bindungen, die für das weitere Geschehen im Roman bestimmend sind. Er begegnet Mignon und dem Harfner, außerdem Philine und einigen Schauspielern. Er gibt das Geld für die Anschaffung der Theaterutensilien. Am Ende des Buches bewegt Mignons Leiden ihn dazu, sie nicht fremden Menschen zu überlassen. Durch das alles entfernt er sich von seinem Leben als Kaufmann. Am Ende des *2. Buches* ist die äußere Situation, mehr aber noch die innere so, daß alles auf eine Veränderung, eine Weiterführung hindrängt. Erzählerisch aber ist jede Partie ein in sich gerundetes Stück; das Ganze ein farbiges Bild, in dem jede Kleinigkeit ihren Platz und ihre Bedeutung hat. Es ist eine Darstellung von Leben, wie es sie im deutschen Roman des 18. Jahrhunderts nicht gegeben hatte; nur *Werther* war in verwandter Art geschrieben, behandelte aber einen engeren Lebensbereich und stellte fast immer nur vom Titelhelden aus dar. – Das *2. Buch* ist eindringlich interpretiert von Max Kommerell, Essays, 1969, S. 98–110, wo u. a. gesagt ist: „Das Buch . . . gliedert sich nach der Fülle der reichen, miteinander kämpfenden Seelenkräfte Wilhelms, die, vereinigt in der Verzauberung des Moments, die höchste Anschauung hervorbringen und einen Gegenstand des Lebens seine letzte Bedeutung aussprechen lassen. Die regierende Hauptstimmung, nämlich der Zauber des Lebens selbst, der Aufbau des Buchs als eines Stimmungsganzen und die abgestufteste Kunst der Übergänge bestimmt auch bis ins einzelne die Form der Kapitel, insbesondere der Kapitelschlüsse. Wenn sich in all dem die freieste und unbeschränkteste Magie des dichterischen Geistes entfaltet, so ist nirgends auch nur im mindesten die klare Ursächlichkeit des Geschehens gefährdet oder gar durchbrochen. Die Tonskala dieser erzählenden Sprache ist freilich schier unendlich, aber der Grundton des bündigen, anschaulichen und authentischen Berichtes wird festgehalten und immer wieder hergestellt; und je mehr die Vorgänge in der Seele nachhallen und sich in die Innerlichkeit verlieren, desto mehr wird dafür Sorge getragen, daß sie an Symbolen erscheinen und ihre Faßlichkeit für die Sinne und die Phantasie verbürgt wird. Nichts geschieht, ohne daß es in Wilhelm und für Wilhelm geschähe; aber alles geschieht aus sich selbst und in seinem eigenen Gesetz . . . Von der Unendlichkeit eines solchen Buches war, ehe es gedruckt einem deutschen Publikum vorlag, nicht einmal der Begriff vorhanden . . ." (S. 109f.)

79,3. *gemeine* = alltägliche. Wie 30,37 und 32,12.

82,10f. *Es finde sich ja so manche leere Zeit* . . . Was Werner hier vorträgt, ist nicht nur seine persönliche Meinung; es ist die bis in diese

Zeit fast allgemein herrschende Anschauung, daß Dichtung Sache der „Nebenstunden" sei. Deswegen war Opitz Geschäftsträger von Fürsten, Gryphius Syndicus der Schlesischen Stände, Gottsched, Haller und Gellert waren Universitätsprofessoren, andere Dichter waren Pastoren, Lehrer usw. und fanden das selbstverständlich. Erst Klopstock wollte ohne anderen Beruf Dichter sein, konnte das aber nur, weil der dänische König ihn finanzierte; und erst Wieland lebte mittels seiner Zeitschrift als freier Schriftsteller. – Bruno Markwardt, Gesch. d. dt. Poetik. Bd. 1, 1937 u. ö., Sachregister „Beruf u. Dichtertum".

83,1. *zwecklos*: ziellos; von *Zweck* = Ziel (ursprüngl.: Nagel in der Mitte der Schießscheibe). Ebenso 569,30. – Dt. Wb. 16, Sp. 966f.

85,8. *Kloben*: ursprüngl. Holzstück; dann: Holz oder Eisen am Balken, das dazu dient, etwas daran Gehängtes zu tragen. Wie Bd. 10, S. 260,26. – Dt. Wb. 5, Sp. 1217.

87,12. „*Pastor fido*": „Der getreue Schäfer", ein Schäferspiel von G. B. Guarini, 1590, das im 17. und 18. Jahrhundert in ganz Europa berühmt war und mehrmals ins Deutsche übersetzt wurde. Goethes Vater besaß 2 Ausgaben des „Pastor fido" und außerdem Guarinis „Opere", eine Veroneser Ausgabe in 4 Bänden, welche Goethe später nach Weimar übernahm, als seine Mutter das Haus am Hirschgraben aufgab. Ein Brief Goethes an seine Schwester vom Dezember 1765 zeigt, daß er schon in jungen Jahren den „Pastor fido" in italienischer Sprache gelesen hatte (Briefe Bd. 1, S. 23,22). – Nassauische Annalen 64, 1953, S. 56. – Ruppert Nr. 1683. – L. Olschki, Guarinis „Pastor fido" in Deutschland. 1908.

89,22. *Opfer*: hier in der speziellen Bedeutung des 18. Jahrhunderts, wie sie Adelung in seinem Wörterbuch verzeichnet: „jede Sache, welche man einem andern zum Zeichen seiner Unterwürfigkeit, seiner Ergebenheit darbringet". In diesem Sinne nannte J. S. Bach seine Musikstükke für Friedrich II. ein „Musikalisches Opfer". Für die verweltlichte Funktion ursprünglich religiöser Wörter und Begriffe ist auch bezeichnend, wie in dem gleichen Satz das Wort *Altar* benutzt wird. – Vgl. die Gedichtüberschrift Bd. 1, S. 8.

90,21. *Gesellschaft Seiltänzer, Springer und Gaukler.* Adelung sagt (Art. „Springer"): „Seiltänzer und Tänzer werden, wenn sie eine vorzügliche Fertigkeit im Springen besitzen, *Springer* oder Luftspringer genannt"; und (Art. „Gaukler"): „*Gaukler* ... der allerlei schnelle und possenhafte Bewegungen macht. In diesem Verstande werden die Seiltänzer und Taschenspieler unter dem Namen Gaukler begriffen; auch vorgegebene Zauberer, sofern ihre Kunst auf der Geschwindigkeit der Bewegung und der dadurch bewirkten Verblendung beruhet ... " Solche Gesellschaften zogen im 18. Jahrhundert durch die Lande, mußten von den Stadtoberhäuptern die Genehmigung zur Aufführung erhalten (wie die wandernden Schauspielertruppen) und führten dann ihre Künste vor. Ratsprotokolle, Kupferstiche, gedruckte Ankündigungen usw. geben uns einen Eindruck von den Leistungen dieser Akrobaten, Jongleure, Seiltänzer usw. Was die 90,21 genannte Gruppe zu bieten hat, wird 96,25–97,37 und 105,20–34 näher beschrieben. – Theodor Hampe, Die fahrenden Leute in der dt. Vergangenheit. Lpz. 1902 u. ö., insbes. S. 111-118 mit Abb. – Zedler, Universal-Lex., Art. „Seiltäntzer" in Bd. 36, 1743, Sp. 1540-1542.

92,7f. *deutschen Fechtmeister.* Im Gegensatz zu einem Fechtmeister des französischen Stils. Vgl. Bd. 9, S. 146,26ff.

92,13. *Entrepreneur:* Unternehmer, Direktor der Gesellschaft.

92,15. *Flintern*: Flitter, Metallplättchen, die hell glänzen und auf der Kleidung angebracht sind. Adelung unter „Flitter"; Dt. Wb. unter „Flinder" und „Flitter".

92,21. *Pagliasso*: Spaßmacher, Hanswurst (ital. „pagliaccio", frz. „paillasse"). Er trägt eine „Pritsche", mit der er gelegentlich einen Knaben berührt; das *Pritschen* tut meist nicht weh, es sieht schlimmer aus als es ist, zumal es Lärm macht. (Adelung unter „Britsche".)

92,35. *Laertes.* Die Benennung erfolgt mit der Autorität des Erzählers – *den wir einstweilen Laertes nennen wollen* –, wie Goethe es gelegentlich auch anderswo tut: *Eduard – so nennen wir* ... (Bd. 6, S. 242,5); oder *Ein ... Knabe, den ich Pylades nennen will* ... (Bd. 9, S. 50,10f.). Bei dem *einstweilen* bleibt es, Laertes erhält nie einen anderen Namen. Später, bei der Aufführung des „Hamlet", spielt er die Rolle des Laertes (299,21f.). Die Namensgebung hier zu Beginn ist also gewissermaßen ein Vorgriff. Und damit ist auch klar, wo der Name herstammt: aus Shakespeare. Ursprünglich freilich ist es ein antiker Name. Der Vater des Odysseus in der „Odyssee" heißt Laertes, doch besteht hier keine innere Beziehung zu ihm wie Bd. 9, S. 39,23 und Bd. 10, S. 290,27.

93,5. *Philine.* Ein antiker Name, wie Goethe sie gern benutzt. Griechisch „Philinna"; mit dem Verbum „philein" = „lieben" zusammenhängend; also etwa „Liebling" (vgl. 556,37 u. Anm.). Der Name war im Deutschen vor den *Lehrjahren* nicht eingeführt; Goethe wählte ihn passend für seine individuelle Romanfigur und wiederholte ihn daran anknüpfend später gelegentlich Bd. 10, S. 188,28. – W. Pape, Wörterbuch der griech. Eigennamen. 3. Aufl. 1911. S. 1619. – Pauly-Wissowa, Real-Encyclop. 38, 1938, Art. „Philinna".

93,33f. *eine kleine Veränderung machen*: eine Abwechselung bereiten.

94,16. *Pudermesser.* Zedler 29, 1741, Sp. 1171: „Pudermesser: ein von Gold oder Silber verfertigtes Instrument, das von dem Frauenzimmer gebrauchet wird, um den Puder von der Stirne oder Backen hinweg zu streichen ..." – Das Motiv kehrt 557,4 wieder.

96,26. *Teppiche*: gewebte Decken, Wandbehänge.

96,27. *Schwungbrett*: „elastisches, Schwung mitteilendes Brett“ (Dt. Wb.).

96,27. *Schlappseil.* Während das *straffe* Seil (96,28) dem Seiltänzer zum Tanzen dient, befindet sich darunter, locker durchhängend, das *Schlappseil*; es dient zur Sicherung, falls der Seiltänzer abstürzt oder das Straffseil reißt.

98,25. *Mignon.* Die Angeredete nennt keinen Namen, sonders sagt *Sie heißen mich* ... Das Wort *Mignon,* etwa zu übersetzen „Liebling“, ist ein französisches Wort, das in Deutschland im 18. Jahrhundert bekannt war. Im Französischen gibt es auch die seltenere Feminin-Form „mignonne“. Diese scheint in Deutschland als Fremdwort nicht vorzukommen. Zedlers Universal-Lexicon nennt nur die Maskulin-Form. Über die junge Schauspielerin Caroline Jagemann schreibt in der Zeitschrift „Genius der Zeit“ 1800 J. Rückert in seinen „Bemerkungen über Weimar“: „Sie wurde in kurzem der Mignon des Publikums.“ (7. Stück, Juli 1800, S. 381.) Das Wort „der Mignon“ ist hier wie das deutsche Wort „der Liebling“ gebraucht, d.h. anwendbar für eine weibliche Person. In der Seiltänzertruppe scheint man die Anrede *Mignon* zu benutzen, sei es, weil es das übliche Wort ist, sei es, weil das Mädchen in Knabenrollen und Knabenkleidern auftritt. Man muß annehmen, daß in der Seiltänzertruppe ein Sprachgemisch herrscht. – Am Ende des Romans wird die Herkunft des Mädchens erzählt (585,39ff.), doch der Name nicht genannt. Sie selbst hat *einen Schwur getan, keinem ... Menschen ihre ... Herkunft näher zu bezeichnen* (522,15f.). So nennt sie die Bezeichnung *Mignon* statt ihres Namens, als man sie danach fragt. Sie bleibt bis zum Ende des Romans ohne Namen, das gehört zu ihrem Geheimnis.

98,26f. *Der große Teufel.* Vgl. 105,1–5.

100,37. *endlich.* Adelung erläutert: „arbeitsam, emsig, hurtig“ und fügt hinzu „im Hochdeutschen veraltet“ (unter „endelich, endlich“). Ähnlich *Faust* 10067. Das Wort kommt in dieser Bedeutung bei Goethe selten vor. – Fischer, Goethe-Wortschatz. – GWb. 3, Sp. 90.

101,30. *Der Mensch ist dem Menschen das Interessanteste* ... Es ist bezeichnend für Wilhelm, daß hinter seinen Formulierungen die literarische Tradition erkennbar wird, aus der er lebt. Im 18. Jahrhundert kannte man den Satz von Pope, Essay on man II, 2 „The proper study of mankind is man“. Dieser Satz stand seinerseits wieder in einer Traditionskette. Pierre Charron, Traité de la Sagesse, Bordeaux 1601: „La vraie science et le vrai étude de l'homme c'est l'homme“ (Vorrede, 1. Buch). B. Pascal: „Ich habe geglaubt, wenigstens beim Studium des Menschen sehr viele Gefährten zu finden, und geglaubt, daß dies das wahre, dem Menschen gemäße Studium sei ...“ (Pensées, Strowski Nr. 209, Brunschvicg Nr. 144.) – Ähnlich in den *Wahlverwandtschaften* Bd. 6, S. 415,5f.

103,35 f. *brachte den wütenden Menschen auf einmal zur Ruhe.* Die Ursache, warum er *auf einmal* Ruhe hält, erfahren wir erst 522,10ff. und 588,1ff. Wilhelm hat mit seinen Worten, daß der Seiltänzer das Mädchen *gestohlen habe,* die Wahrheit getroffen, und der Seiltänzer will sich auf keinen Fall einer polizeilichen Untersuchung aussetzen. Mignon weiß, daß sie geraubt ist, sagt aber nichts. Der sensible Wilhelm spricht es unbewußt aus, als eine Ahnung, im Augenblick der höchsten Erregung Mignons. Ähnlich ist die Situation 330,34f.; 331,38, die dann 473,30–39 näher dargestellt wird, nur ist Mignon hier nicht die Mitteilende, sondern die Empfangende. Sie weiß plötzlich, daß Felix Wilhelms Sohn ist. Gesagt hat es niemand, aber die Wissende, Barbara, ist in der Nähe. Der Erzähler erklärt die Zusammenhänge nicht. Er berichtet nur und läßt ihnen auf diese Weise ihr Geheimnis des psychischen Kontakts ohne Worte, spricht allerdings von *dunklem Gefühl* und *Inspiration* (103,34f.). Dergleichen kommt in dem Roman nur im Zusammenhang mit Mignon vor. Sie hat dadurch fast unmerklich eine Sonderstellung. Der einzigartige psychische Kontakt mit Wilhelm bei dem ersten Kennenlernen zeigt eine Konstellation, die für die Zukunft Innigkeit und Tragik zugleich in sich birgt.

107,13 f. *Man bedeutete sie ...*: Man gab ihr eine Deutung, man erklärte ihr die Sache. – 444,26 u. Anm.

111,37. *ihre liebste Tugend.* Da vorher *das Gute* und *das Rechte* genannt sind, ist hier wohl an Redlichkeit gedacht, wie sie auf der Bühne etwa in der Gestalt des Musikus Miller verkörpert wurde. *Charakter unserer Landsleute,* d.h. der Deutschen, vgl. Bd. 14, Sachreg. „Deutsche". – Lex. d. Goethe-Zitate, Zürich 1968. – Goethe, Die Deutschen. Hrsg. von Hans-J. Weitz. Konstanz 1949.

116,37. *Fandango.* Spanischer Tanz, der mit Kastagnetten getanzt wird.

118,30. *vazierend*: unbeschäftigt, stellungsuchend.

118,33. *weltfremder Menschen.* Das Dt. Wb. 14,1 Sp. 1571 erläutert diese Stelle „sich gegenseitig unbekannter Menschen". Goethe benutzt das Wort auch in den *Wanderjahren* Bd. 8, S. 96,25 in der alten Bedeutung „völlig fremd, wildfremd". Adelung verzeichnet das Wort nicht. Die heutige Bedeutung kam erst im 19. Jahrhundert auf.

121,23. *Hofmeister* = Erzieher.

124,6. *Sie hatte ... ihren schönen Tag*: Sie sah an diesem Tage besonders gut aus. – Charlotte v. Stein schreibt am 25. Febr. 1796 an ihren Sohn Friedrich: „Schiller hatte seinen schönen Tag und sah ... wie ein himmlischer Genius aus." (Bode, Goethe in vertraul. Briefen 2, S. 549.)

124,29. *Ritterstücke.* Seit Goethes *Götz,* 1773, und Klingers „Otto", 1775, waren *Ritterstücke* sehr beliebt; Verfasser waren Törring, Babo, Weidmann, Hensler u. a. Stofflich leiten sie über zur Romantik.

KDN Bd. 138: Das Drama der Klass. Periode, hrsg. von A. Hauffen (1891). Mit Abdruck von: Törring, Agnes Bernauerin; Babo, Otto von Wittelsbach;

Hensler, Das Donauweibchen. – Otto Brahm, Das dt. Ritterdrama des 18. Jahrhunderts. Straßburg 1880. – Das dt. Drama. Hrsg. von Robert F. Arnold. München 1925. S. 405–411.

126,9. *Scharwache*: „eine Wache, sofern sie aus einer Schar, d. i. aus mehrern wachthabenden Personen, bestehet, im Gegensatz zu einzelnen Schildwachen" (Adelung). Es ist also nicht ein Nachtwächter, sondern eine Gruppe, die die Runde macht. – Dt. Wb. 8, Sp. 2227f.

126,28. *verschlagen*: „eine Steifheit der Füße des Pferdes, das seine Beinmuskeln nicht bewegen kann ... Folge von Erkältung, Erhitzung oder zu großen Strapazen" (Fr. Bened. Weber, Allg. dt. ökonomisches Lexicon. Lpz. 1828. S. 615). – Dt. Wb. 12,1 Sp. 1090. – Eisenberg, Wohleingerichtete Reitschule. Zürich 1748. S. 59. (Fotomechan. Neudruck: Hildesheim 1974.)

127,29. *allenfalls*: in jedem Falle, gegebenenfalls; wie 149,5. Das Wort hat also eine etwas andere Bedeutung als heute. Hier etwa: Wir haben, falls ein Sänger gewünscht wird, sicherlich einen unter uns ... Ähnlich das *allenfalls* in Bd. 2, S. 72 Vers 24.

129,17ff. *Was hör' ich* ... Das Lied handelt – eine fast dramatische Szene anschaulich ausmalend – vom Dichter, der Dichtung und den Hörern; der Harfner mag damit zum Teil sich selbst meinen, und verständnisvolle Hörer werden das Gehörte auch auf ihn anwenden. Der Sänger vor der Gesellschaft, anerkannt von ihr, doch andersartig, innerlich einsam – ein Thema, das auch in *Tasso*, in *Faust II* (5695 f.), in der *Ballade* (Bd. 1, S. 290 ff.) und anderswo vorkommt. Hier ist es in mittelalterliche Umwelt gestellt, das paßt zu dem Balladenstil mit direkter Rede und knappem Bericht und zu der Sinnbildlichkeit der großen vornehmen Geste, in der die Szene gipfelt. Indem der König und die Seinen diese Geste verstehen, sind sie mit dem Sänger wiederum in einer Kultur mit Sinn für solche Form und Höhe zusammengeschlossen. Die Thematik Sänger und Publikum ist schon in den ersten Gesängen des Harfners 128,23–29 und vorher in anderem Zusammenhang 84,1 ff. berührt. – Die Strophenform ist die von Luthers „Aus tiefer Not schrei ich zu dir", die seit diesem berühmten Text niemals vergessen war. Das Charakteristische ist die Kombination der Kreuzreime 1–4, der Paarreime 5–6 und dann der „Waise" 7. Während die Zeilen 1–5 meist mit einem Satzschluß oder einer kleinen Pause endigen, sind von Zeile 6 zu der „Waise" 7 die Sätze oft herübergezogen („Enjambement"), so daß am Strophenschluß ein langer Satz steht. Dadurch erhält jede Strophe ihre Gipfelung und Abrundung zugleich, das Ganze einen ausgewogenen und zugleich festlich-gehobenen Ton. – 129,26 *Himmel! Stern bei Stern* ... ein altbekannter metaphorischer Ausdruck, hier unbefangen wieder benutzt und ganz knapp eingefügt, höfische Atmosphäre bezeichnend. – 129,31 *drückt die Augen ein*: drückt die Augen zu, schließt die Augen (Dt. Wb. 3, Sp. 164). – Das Gedicht steht in der *Theatral. Sendung* Buch 4, Kap. 12. Da dieses Buch 1783 entstand, darf man ungefähr gleichzeitige Entstehung vermuten. Erstmalig gedruckt wurde es in den *Lehrjahren* 1795; dann kam es in die Gedichte, 1800, und zwar an den Anfang der Gruppe *Balladen.* Diese Stelle behielt es auch 1806, als Goethe für die Werkausgabe seine Gedichte neu ordnete. Die *Balladen* beginnen hier mit *Der Sänger,* vermutlich weil das Thema sich für den Anfang eignete: eine Ballade spricht selbst aus, wie die Ballade lebt. In den Ausgaben von 1815 und 1827 bildet *Der Sänger* aber das zweite Gedicht. (Das erste ist hier: *Kennst du das Land ...)* Dadurch war dieses Gedicht von der Gruppe *Aus Wilhelm Meister* getrennt. Die in dieser Gruppe vereinigten Gedichte sind von den singenden Gestalten – Mignon, Harfner, Philine – nicht abzutrennen, sie sind Rollenlyrik. Dieses dagegen ist eine Ballade, die auch für sich bestehen kann. – In Bd. 1, S. 155f. ist die Fassung aus den *Gedichten* abgedruckt, nach der *Ausg. l. Hd.* Der Text im vorliegenden Band 129,17ff. folgt ebenfalls der *Ausg. l. Hd.,* aber natürlich dem *Lehrjahre*-Band. Dabei zeigt sich, daß Goethe an den zwei Stellen der *Ausg. l. Hd.* das Gedicht nicht gleichlautend gedruckt hat, es bestehen kleine Unterschiede. Außerdem ist die Fassung der *Theatral. Sendung* wiederum etwas anders. (Vgl. die Anm. zu Bd. 1, S. 155f.) In den *Lehrjahren* ist das Gedicht natürlich ohne Überschrift; in den Gedichten hat es die Überschrift *Der Sänger.*

Kommerell, Gedanken über Gedichte. Frankf. 1943 u. ö., S. 376f. – Kommerell, Essays. 1969. S. 153–157. – Emmy Kerkhoff, Goethes „Sänger“. In: Verzamelde Opstellen, geschreven door oudleerlingen van Prof. J. H. Scholte. (Privatdruck, Amsterdam 1947) S. 207–232. – J. Boyd, Notes to Goethe's Poems. Vol I. Oxford 1944. S. 185–190. – Zur Strophenform: Walter Hinck in: Euphorion 56, 1962, S. 25–47. – Sprache: Emmy Kerkhoff, Kleine dt. Stilistik, Bern 1962 (Dalp-Taschenbuch 364) S. 68-72.

130,30f. *Der Schäfer putzte sich zum Tanz ...* Ein Lied mit diesem Beginn wurde von Goethe später in *Faust I* in die Szene *Vor dem Tor* 949–980 eingesetzt (1806 im Manuskript fertig, 1808 gedruckt). Das braucht aber nicht zu bedeuten, daß hier in den *Lehrjahren* an genau diesen Text gedacht ist, denn es liegen etwa 10 Jahre dazwischen und der Zusammenhang ist ein anderer.

131,30. *Kompositeur*: Komponist.

134,9, *Beruf.* Hier: Veranlassung, Ursache. Fischer, Goethe-Wortschatz: „Innerer Antrieb“. – GWb. 2, Sp. 429.

135,5. *Mamsell.* Friedrich, von dem der Leser erst später erfährt, aus was für einer Familie er stammt, sagt mit Absicht nicht „Mademoiselle“ (wie der Stallmeister 159,4), sondern benutzt – der Umgebung sich immer geschickt anpassend – die umgangssprachliche in Deutschland seit der Jahrhundertmitte übliche Wortform, die man zur Bezeichnung unverheirateter bürgerlicher Frauen anwandte. – Briefe Bd. 1, S. 68,17; 69,17; 72,3; 118,37 u. ö.

136,25 ff. *Wer nie sein Brot* ... Stilistisch verwandt mit den kurzen Gedichten der ersten Weimarer Jahre, die von einer Situation ausgehend Mensch und Schicksal allgemein betrachten (Bd. 1, S. 131 bis 142), doch sind jene nie so düster wie dieses. Als der Harfner vor dem Kreise von Zuhörern singt (128,23–131,8) sind es Lieder, die für sein Publikum passen. Seine Lieder der Einsamkeit (136,21 ff.) sind anders, sowohl in der Form als auch besonders im Gehalt. Das Lied spricht von Kummer und Schuld, sein Klang ist verzweifelt; zwar nennt es die *himmlischen Mächte,* aber diese sind gnadenlos. Anderseits verwendet das Lied im Wortschatz Wendungen aus der Bibel-Tradition. Das paßt zu der Geschichte des Harfners, wie wir sie später erfahren (581,14 ff.). Anklänge an Psalm 6,7 und insbesondere Psalm 80,6 „Du speisest sie mit Tränenbrot" (Luther) bzw. „Cibabis nos pane lacrimarum" (Vulgata); Hosea 9,4 „der Betrübten Brot". Von da her in der Barockdichtung: „Da ich einsam und elende ... Und mein Brot mit Tränen aß." (Gryphius) „Wie lange soll ich jammervoll Mein Brot mit Tränen essen?" (Gerhardt) – In der *Theatral. Sendung* steht das Gedicht im *13. Kap.* des *4. Buchs,* das 1783 entstand. Es kam unverändert in die *Lehrjahre* 1795 und in die Gedichte 1815. – Dazu: *Max. u. Refl.* Nr. 914 in Bd. 12, S. 494. Das dort Gesagte notiert als Gesprächsäußerung Kanzler v. Müller am 22. Jan. 1821.

Kommerell, Essays S. 143 f.: „Wäre vom Harfner nur gesagt, daß er mehr Unglück gehabt hat als andere, so wäre er gewiß des Mitleids würdig, ohne daß jedoch deswegen sein Leben wahrer wäre als das anderer. Jetzt aber sagt eine Strophe, daß der von diesen Erfahrungen Verschonte in der Unkenntnis verbleibt. So wenig der Gott Mignons eine Gottheit ist, in deren Schutz man lebt, so wenig ist der Gott des Harfenspielers ein solcher. Mignons Gott ist dämonischer Art: von innen wirkend, die ihr auferlegte Bedingung ihres Seins. Der Gott des Harfners ist ihm verwandt, aber er wirkt von außen und heißt Schicksal. Erst durch dieses Gedicht hat die Klage des Harfners ihre schreckliche Gültigkeit, erst durch dieses Gedicht wird sein Leben das Leben. Die zweite Strophe ist berühmt geworden. Mit welch fürchterlicher Ironie wird die halbwahre Trivialität von der Moral des Geschehens gewissermaßen am Schluß zitiert, nachdem die Schuld selber als Schicksal bezeichnet worden ist. Härter, anklagender ist dies, als was Sophokles und was Shakespeare gesagt hat. Dennoch, es sind wohl die Zeilen Goethes, die der Lebensansicht der alten Tragödie am nächsten kommen." – Storz S. 119–121. – Metrische Analyse: A. Heusler, Kl. Schriften, 1943, S. 481. – Gryphius: Werke. Bd. 3. Hrsg. von Szyrocki, 1964, S. 127. – Gerhardt: Das dt. ev. Kirchenlied d. 17. Jahrhunderts, hrsg. von A. Fischer und W. Tümpel. Bd. 3, S. 378. – Dt. Wb. 11, Abt. 1,1 Sp. 414 Art. „Thränenbrot".

136,33 ff. *Die wehmütige, herzliche Klage drang tief in die Seele des Hörers* ... Nachdem die Gesänge des Harfners vor der Gesellschaft

Wilhelm sofort tief bewegt haben und ihm unbewußt nicht nur neue Einsicht in Dichtung gegeben haben, sondern auch in ihm persönliche Sympathie für den Harfner erweckt haben (128,29ff., 129,10ff.), ergreift ihn nun das Lied des Einsamen (dieser andere Typ der Gesänge des Harfners) noch mehr. Kommerell sagt von diesen Gesängen: „Die einen, scheinbar dem Verstehen der Lebenden schmeichelnd, spiegeln die unwiederbringliche, reine Zeit (128,24–130,21), die anderen sagen aus der unverständlichen Tiefe eigener Erfahrung das Schicksal wie es ist. (136,25–32; 137,35–138,12.) Doch diese Gesänge verhallen ungehört ... diese verborgenen, tieferen kommen nur dem zu Gehör, der ihn aufsucht. So wie der Geist von Hamlets Vater auf Hamlet angewiesen ist, so fordert des Harfenspielers ganzes Wesen und sein Gesang den einen Vernehmenden, nämlich Wilhelm. Erst dem Auge und Ohr dieses einen Menschen wächst er zu seiner eigentlichen Würde und wird in seinem heimlichen Königtum entlarvt. Der zweite Auftritt also, wo Wilhelm ihn besucht (136,12–139,5), geht unvermeidlich aus dem ersten (128,29ff., 129,10ff.) hervor, und nicht als ein von Mitleid Erschütterter scheidet dieser, sondern reich beschenkt. Durch den schönen Vergleich mit der etwas aus dem Stegreif belebten Liturgie Herrnhutischer Versammlungen (138,20ff.) zeigt uns Goethe an, daß Dunkles und Unverknüpftes in Wilhelms Leben durch die Harfner-Lieder zur Einheit eines eigenen Schicksals verbunden wird und daß er vom ärmsten der Menschen zu einem tieferen Verständnis der Welt und seines Wesens gebracht worden ist (138,38–139,5)."

137,24. *Ihnen ... aufwarten*: zu Ihnen kommen, Ihnen meine Dienste anbieten. – Vgl. 366,2 u. Anm.

137,35ff. *Wer sich der Einsamkeit ergibt ...* In der *Theatral. Sendung* Buch 4, Kap. 3, also vor November 1783 geschrieben. 1815 in die Gedichtgruppe *Aus Wilhelm Meister* aufgenommen. Das Lied hat keine regelmäßige Strophenform, auch der Rhythmus ist nicht einheitlich. Dadurch wirkt es improvisiert, aus dem Augenblick geboren und als Gesang vorgetragen. Das Rhapsodische im Wesen des Harfners wird hier besonders deutlich. Sein Thema ist hier, daß in der Einsamkeit ihn die Erinnerung des Gewesenen überfällt und er sich ihrer nicht erwehren kann, ihr völlig ausgeliefert ist. – Kommerell, Essays, S. 141: „Der Harfner ist ein alter Mann, das Schicksal hat seine Gestalt aus dem Unbestimmten herausgearbeitet; was es heißt, Mensch zu sein und ein Leben geführt zu haben, ist bei ihm ... zur furchtbaren Einsicht gesteigert. So singt das Schicksal selbst aus ihm, wie aus Mignon die Seele selber singt. Ein solcher Mensch ist anders einsam; der Inbegriff seines geführten Lebens, als Erinnerung, Schuld, Selbstbewußtsein gesellt sich ihm zu einer gräßlichen Zweisamkeit, die der Anfang des Wahnsinns ist." – Storz S. 115–117. – Metrische Analyse: A. Heusler, Kl. Schriften, 1943, S. 481.

138,24. *Liturg*: der Gestalter der Liturgie, des Gottesdienstes. Es ist hier, wie ausdrücklich gesagt wird (138,20f.), an eine pietistische Gemeinde gedacht, speziell an die des Grafen Zinzendorf. Goethe hatte in seiner Jugend selbst Liederstunden der Herrnhuter mitgemacht. Es gab dort außer dem gewöhnlichen Gottesdienst Singstunden, in denen es so zuging, wie es 138,24–37 beschrieben ist. Die Mitglieder stimmen Liederverse an; der Liturg liest dazwischen Texte vor und wirkt beim Gesang nur regelnd, sofern es nötig ist. – Vgl. die Anm. zu 136,33ff. – Von den *Herrnhutern* ist in den *Lehrjahren* später noch oft die Rede; vgl. 348,25; 383,20f.; 396,36 u. die Anmerkungen dazu. – H. Steinberg, Die Brüderkirche in ihrem Wesen und Sein. 1921. – RGG, Art. „Brüderunität".

140,24. *Wohlstand*: gute Sitte, Anstand, gute Haltung; wie 180,5; 227,37; 247,8.

141,6. *Rapier*: Stoßdegen, Florett. Die Spitzen werden in diesem Falle mit *Knöpfen* versehen, um sie ungefährlich zu machen.

142,25. *aufwickeln*: „Die Haare abends vor dem Schlafengehen in Papier einwickeln, damit sie sich morgens in Locken kämmen lassen" (Dt. Wb.).

143,23. *Ressort*: gespannte Feder; Schnappschloß, das durch Druck einer Feder schließt.

Drittes Buch

Das *Dritte Buch* bringt wie die andern Bücher ein Bündel von Motiven. Während der Verlauf des Geschehens klar und spannend durcherzählt wird, heben sich drei Problemkreise hervor: Adel – Shakespeare – der Zauber einer schönen Frau. Von hier an bis zum Ende des Romans wird das Thema der adeligen und der bürgerlichen Lebensform und ihres verschiedenen Beitrags zu kulturellen Zielvorstellungen weiter entwikkelt. Für Wilhelm ergeben sich in der Begegnung mit diesem andersartigen Menschenkreis Situationen, in denen der Erzähler die Unerfahrenheit und Pedanterie seines Helden deutlich werden läßt (164,21 ff.; 178,32 ff.; 179,28 ff.), doch gerade hier lernt er nun auch, *daß es in der Welt anders zugehe, als er es sich gedacht* (180,32). Entwicklung ist nicht nur Hinzulernen, sie ist vor allem Umlernen. Das gilt auch in der Kunst, indem Wilhelm hier statt derjenigen Dichtung, die ihm bisher maßgeblich war, eine ganz andere kennen lernt: Shakespeare. Er sagt: *Ich erinnere mich nicht, daß ein Buch, ein Mensch oder irgendeine Begebenheit des Lebens so große Wirkungen auf mich hervorgebracht hätten* (191,34–36). In früheren Zeiten gab es Wirkungen durch Menschen, Ereignisse, Ideen (etwa durch Luther, den 30jährigen Krieg, die Aufklärungsideen, den Pietismus) – hier ist Shakespeare das alles zugleich: der Künstler deutet das Leben und hat dafür eine besondere Weise der Darstellung. Wilhelm ist unvorbereitet, doch er versteht sofort das Wesentliche. Das liegt an seiner Aufnahmebereitschaft, seiner Offenheit. Diese Eigenschaft setzt ihn instand, viel zu erfahren und daran zu wachsen, sie bringt aber zugleich auch Gefährdungen. Bei der Begegnung mit Adligen läßt er sich für den Augenblick überrennen und in den intriganten Plan der Baronesse einspannen. Doch ihm ist dabei nicht wohl, er sieht den Fehler ein. Er unterdrückt nicht sein zartes Gefühl. Das zeigt sich besonders, als Jarno, dem er den Hinweis auf Shakespeare zu danken hat, sein Zusammenleben mit dem Harfner und Mignon tadelt (193,27–30). Wilhelm läßt sich diesmal nicht beeinflussen, sondern wird sich nur klarer, welchen Wert eine seelische Verbundenheit hat (194,11–33). Wie wenig er sich selbst kennt und was er noch zu lernen hat, offenbart auch die Begegnung mit der Gräfin. Und so zeigt das ganze *Dritte Buch* eine Wegstrecke des Hinzulernens und Umlernens und läßt dabei den guten Kern in Wilhelm deutlich werden (den die Gräfin erahnt). So verschieden die Bereiche sind, in die Wilhelm vordringt, dadurch daß alles nicht nur an sich, sondern auch als Wirkung in ihm dargestellt ist, wird es zusammengehalten. Goethes Äußerung im Alter, daß hinter den Einzelheiten der *Lehrjahre* stets *Allgemeineres, Höheres verborgen liege* (zu Kanzler v. Müller 22. 1. 1821; ähnlich zu Eckermann 25. 12. 1825), trifft auch auf dieses Buch zu.

145,3ff. *Kennst du das Land* ... Das Lied steht bereits in der *Theatral. Sendung*, dort hat es folgende Abweichungen: 2 *Im grünen Laub* 6 *und froh der Lorbeer* 9 *o mein Gebieter* 16 *o mein Gebieter* 23 *Gebieter, laß uns ziehn!* Goethe nahm das Gedicht 1815 unverändert in den Gedicht-Band seiner *Werke* hinein mit der Überschrift *Mignon* und stellte es an den Anfang der Gruppe *Balladen* (vor *Der Sänger*). Damit trennte er es aber von der Gedichtgruppe *Aus Wilhelm Meister*, die er in dieser Ausgabe erstmalig zusammenstellte. – Da Goethe am 4. Buch der *Theatral. Sendung* vom November 1782 bis November 1783 arbeitete, nimmt man an, daß das Lied in dieser Zeit entstanden ist. – Das Lied hat einen Rhythmus, der mit einer Hebung und zwei Senkungen spannungsvoll beginnt, in regelmäßigen wohllautenden Fünftaktern fortfährt, dann in plötzlichem Sprung sich zu knapper Frage und Anruf zusammenzieht und dann wieder in Fünftakter ausschwingt. In den langen Zeilen sind die Bilder des Traumlandes, in den gleichbleibenden Kurzzeilen ist die gepreßte Sehnsucht, in der nur leicht variierten Schlußzeile sind Hoffnung und Bitte. Die Bilder heben einige Motive heraus, die allgemeiner Art sind, aber alsbald in einen persönlichen geheimnisvollen Zusammenhang kommen – *und sehn mich an: Was hat man dir, du armes Kind, getan?* (Vgl. 519,23; 579,4f.; 587,34–38). In den Schlußzeilen wechseln nur die Anreden; sie bezeichnen die ganze Gruppe der Liebesbeziehungen, so viele zugleich, daß der Angesprochene sozusagen alles ist für die Singende. Solche Ganzheit, Undifferenziertheit ist groß, aber weil sie grenzenlos ist, birgt sie Tragik in sich. In der Verbindung dieser liebenden Sehnsucht des Herzens mit der traumhaften Vision eines Landes liegt die Eigenart dieses Liedes; das Besondere ist, daß es das Italien-Motiv ausmalt, die Sehnsucht der Liebe aber nur in den drei kurzen Anreden ausspricht und in dem *ich ... mit dir*, ohne daß dieses Motiv aber weniger Gewicht hätte. Die erste Strophe zeigt Bilder der Natur, die zweite Bilder der Kunst und verbindet sie ganz verschlüsselt mit einem Hinweis auf Mignons Schicksal. Das Lied der Sehnsucht muß mit dem Wunsch der Rückkehr in das Land der Sehnsucht enden. Dem Thema des Wegs durch die Alpen ist eine ganze Strophe eingeräumt, um zu zeigen, daß nichts davon abschrecken kann und wie stark das Drängen zu diesem Wege ist, einem im 18. Jahrhundert gefährlichen und mühsamen Wege, zumal wenn man ihn wie dieses Kind zu Fuß zurückgelegt hat. Auch hier sind die Bilder zugleich wirklich und phantastisch. Und wieder klingt die Strophe in die leidenschaftlich-beschwingte Bitte aus. – Ähnliche Motive zur Schilderung Italiens benutzt Goethe in *Tasso*, so etwa *Zitronen, Orangen, Myrte, Lorbeer* (Vers 12, 36, 141, 144 u.ö.). Bei Gebäude und Kunst beschränkt sich das Lied auf *Säulen*, die das *Dach* tragen, auf *Marmorbilder*, d.h. so viel, daß man aus antiker Tradition Geformtes empfindet, so wenig, daß man keine spezielle Festlegung sucht. Zu der 3. Strophe gibt es Parallelen in Goethes Tagebuch der Schweizerreise 1775, wo er über die Straße nach Italien sagt: *Schnee, nackter Fels und Moos und Sturmwind und Wolken, das Geräusch des Wasserfalls, der Saumrosse Klingeln, Öde wie im Tale des Todes – mit Gebeinen besäet. Nebelsee ... Das mag das Drachental genannt werden.* (WA Tgb. 1,6f.) Ähnlich später in *Dichtung und Wahrheit: höchste Öde ... hier kostet es die Einbildungskraft nicht viel, sich Drachennester in den Klüften zu denken.* (Bd. 10, S. 147,31 ff.) Hier und in den benachbarten Sätzen (Bd. 10, S. 143,33 ff.; 146,30 ff.) sind alle Motive der 3. Strophe. Sehr ähnlich wiederholt in den *Wanderjahren* Bd. 8, S. 226,36 ff., insbes. 227,23 ff. und 227,32–228,18. Diese mehrfache Wiederholung zeigt, daß auch diese Motive – nicht nur die arkadischen Italien-Motive – zu dem Grundbestand der Motivik bei Goethe gehören. Hier – nichts Furchtbares schreckt ab, zu dem Ersehnten aufzubrechen – haben sie ihre Funktion.

Kommerell, Essays, 1969, S. 139f. – Herman Meyer, Mignons Italienlied. Euphorion 46, 1952, S. 149–169. Ergänzend: Euphorion 47, 1953, S. 462–477. – Paul Requadt, Die Bildersprache der dt. Italiendichtung von Goethe bis Benn. Bern u. München 1962. S. 15-23. – Viktor M. Žirmunskij, Die Gedichte Goethes und Byrons „Kennst du das Land" und „Know ye the Land". Weimarer Beiträge 9, 1963, S. 58–75. – Weitere Lit. in Pyritz, Goethe-Bibliogr., Bd. 1, S. 598; Bd. 2, S. 172.

147,20. *Geschäftsmänner*: in der Sprache des 18. Jahrhunderts oft Geschäftsträger eines Fürsten oder einer Stadt, also Beamte, die für ihre Ämter Angestellte brauchen. Ähnlich 259,29f.

148,16. *untergelegte Pferde.* Adelung erläutert: „Mit untergelegten Pferden reisen: mit in gewissen Entfernungen in Bereitschaft gehaltenen frischen Pferden"; Relais-Pferde. *Natürliche Tochter* Vers 1408.

148,37. *Sozietät*: Gesellschaft. So auch 341,27. Bd. 8, S. 366,2.

149,16. *Devotion*: Ergebenheit, Unterwürfigkeit.

149,29. *Klient*: der Schützling, Schutzbefohlene; noch nah bei der Wortbedeutung des lat. „cliens": der Dienstmann, Schutzbefohlene eines Mächtigen, der arme Bürger, der bei einem Reichen und Mächtigen sich durch seine Dienste Schutz und Unterhalt sichert.

154,15. *Bequemlichkeit.* Von „bequem" = der Situation angemessen, keine Schwierigkeiten machend, angenehm im Verkehr. Die Bedeutung ist hier also etwas anders als heute (noch ähnlich dem niederländ. „bekwaam" = fähig, geschickt). Das Wort wird 154,31 wiederholt, etwa in dem Sinne: Fähigkeit, aus der Situation das Beste zu machen. Ähnlich Bd. 14, S. 171,28. Daneben kommt das Wort auch in der heutigen Bedeutung vor, z.B. 162,4. – GWb. 2, Sp. 387.

155,25f. *die Präsidenten und Minister ... gewöhnlich als Bösewichter vorgestellt* ... Zu dem gleichen Thema *Dichtung und Wahrheit* Bd. 9, S. 535,8f.; 536,7ff.; 569,38f. u. Anm. Die bekanntesten Beispiele sind Lessings „Emilia Galotti" und Schillers „Kabale und Liebe".

157,22. *besprochen*: hier in der Bedeutung „vorbestellt".

158,8. *Anspanner aus dem Dorfe*: Bauern aus dem Dorfe, die dem Grafen untertan sind und mit ihren Pferden für ihn „Spanndienste" leisten müssen. – Adelung.

161,13. *Lichtputze*: „scherenförmiges Gerät zum Abschneiden des verkohlten Dochtes an brennenden Unschlittlichtern" (Dt. Wb.). Die *Lichter*, die zum alten Schloß gebracht werden, sind die zeitgenössischen Talglichter. Die Dochte, welche man damals benutzte, verbrannten langsamer als der Talg und mußten deswegen von Zeit zu Zeit mit *Lichtputzen* „geschneuzt" werden. – Goethe-Handbuch 1, 1961, Art. „Beleuchtung". – Das Buch der Erfindungen. Bd. 5. 6. Auf. 1873. S. 241ff.

161,15. *durchnetzt*: mit Feuchtigkeit durchdrungen. – Briefe Bd. 3, S. 213,4 u. 228,3.

161,21. *Abhub*: Überrest. – Goethe-Wb. 1, Sp. 91.

162,2. *Bad angerichtet.* Adelung erläutert: „Einem ein schlimmes Bad zurichten, figürl. und im gemeinen Leben: ihm etwas Böses zubereiten". Dt. Wb. 1, Sp. 1069: „Einem das Bad richten = einem nachstellen, Falle legen, einen in Gefahr stürzen ..." – GWb. 2, Sp. 985f.

162,25. *Charakter als Major*: Rang eines Majors.

162,35. *gebe er ... etwas ab.* Das Wort *abgeben* kommt bei Goethe gelegentlich in der Sonderbedeutung vor „jemanden etwas versetzen, ihm die Antwort nicht schuldig bleiben" (GWb), im Gespräch aggressiv sein, so daß der andere etwas „abbekommt".

163,21 *vom wütenden Heere.* Das Sagenmotiv vom *wütenden Heer,* das Goethe auch in der Ballade *Der getreue Eckart* (Bd. 1, S. 286f.) verwendet, war zu seiner Zeit wohl allgemein bekannt; ein Geisterheer auf Pferden, das mit Getöse durch die Luft fährt und Unordnung anrichtet. – Hans Plischke, Die Sage vom wilden Heer. Diss. Lpz. 1914.

163,34. *die Umrisse abschnüren.* Die *Umrisse* sind im allgemeinen die umgrenzenden Linien. Vermutlich hat *abschnüren* die Bedeutung, die Adelung angibt: „mit einer Schnur abmessen, bei den Zimmerleuten usw." Es ist ein Wort der Handwerkersprache aus der Zeit, als es noch kein stählernes Bandmaß gab und alle Entfernungen, die größer als eine Elle waren, mit der Schnur abgemessen wurden, die auch dazu diente, gerade Linien zu markieren. Diese Linien wurden dann mit Kreide oder Rötel nachgezeichnet. Da hier ein *Theatergerüst* (163,30) eingebaut wird und die mitgebrachten *Dekorationen* (163,31) dazu passen müssen, werden erst einmal die Umrisse für die Bühne und die Stellen, wo Kulissen und Vorhang hinkommen sollen, abgemessen und auf dem Fußboden bezeichnet.

164,1. *das Probieren*: die Proben auf der Bühne. Wie Bd. 12, S. 259,13.

165,25. *des Baues.* Es ist die Zeit der hohen Damenfrisuren. Vgl. 198,35. – Max v. Boehn, Menschen und Moden im 18. Jahrhundert. München 1919 u.ö.

166,17ff. Das *Vorspiel,* wie der Graf es plant, bewahrt den konventionell-allegorischen Stil, der letztlich noch auf das Barock zurückgeht:

Allegorien der Tugenden, Huldigungsreden zum Lobe des Fürsten, zum Schluß sein *verzogener Name,* d.h. seine Initialen oder auch sein ganzer Name in Schmuckschrift mit Beleuchtungseffekten (166,33). Wilhelm bemüht sich dagegen, das Lob nicht direkt und blaß-allegorisch, sondern indirekt durch unmittelbare Darstellung des Lebens auszusprechen, was sowohl dramatischer als auch taktvoller und letzten Endes moderner ist.

166,32 *in effigie* = im Bilde (von lat. ,,effigies" = Bildnis).

171,5. *Montfaucon,* Bernard de, ein berühmter Altertumsforscher, veröffentlichte: L'Antiquité expliquée et représentée en figures. 15 Bde. Paris 1719–1724. Das Werk war in der Weimarer Bibliothek vorhanden, Goethe hat 1791 und 1798 Bände davon ausgeliehen (Keudell Nr. 29 u. 126).

171,24. *Minerva oder Pallas?* Der Graf spielt darauf an, daß die römische Göttin Minerva (der griechischen Athene entsprechend) verschiedene Funktionen hat. Der Gott des Krieges ist Mars (Ares). Doch schon bei Homer kümmert sich auch Athene um den Krieg, obgleich ihr eigentliches Gebiet Kunst und Wissenschaft ist. Wilhelm Meister greift in den folgenden Worten diese Doppelfunktion auf. Dem Publikum, vor dem gespielt werden soll, ist die antike Mythologie bekannt. Die adlige Erziehung konnte zwar auf vieles Antike verzichten, z.B. die lateinische Sprache, aber ,,Mythologie" durfte ihr niemals fehlen. Goethes Freund Karl Philipp Moritz hat in seiner ,,Götterlehre der Alten", 1791, gerade die Zweiseitigkeit im Wesen der Minerva herausgearbeitet.

172,15. *transparente Dekoration.* Es ist schon 166,23f. davon die Rede, daß der Name des Fürsten in Zierschrift so angebracht werden soll, daß er durch Licht hinter dem Vorhang aufleuchten kann.

174,2. Ein *Konditor* hatte im 18. Jahrhundert nicht nur Zuckerwaren herzustellen, sondern auch für die Dekoration bei Festen zu sorgen. Vgl. 402,30–33.

174,10. *Sukkurs*: Beistand, Hilfe. Von lat. succurrere = zu Hilfe kommen.

174,13. *Distraktion*: Ablenkung.

176,15. *Geschäfte*: in der Sprache des 18. Jahrhunderts Aufgaben, Arbeiten, Amtspflichten. – Ähnlich 335,32.

176,29f. *den Ungeheuern der englischen Bühne* ... Natürlich ist nicht das englische Drama allgemein gemeint, sondern das, was in den siebziger Jahren bei einigen Deutschen *einen leidenschaftlichen Vorzug* erhielt: Shakespeare. Auch 180,3 werden seine Dramen *seltsame Ungeheuer* genannt. Voltaire in seinen ,,Lettres philosophiques ou sur les Anglais", 1734, hatte gesagt ,,les monstres brillants de Shakespeare" (Wolffheim, Die Entdeckung Shakespeares, 1959, S.33) und ,,Hamlet" als ,,une pièce grossière et barbare" bezeichnet (ebd.). Von da aus ist es verständlich, daß Friedrich d. Gr. in seiner Schrift „De la littérature allemande" die „abominables pièces de Shakespeare" nur als falsche Vorbilder erwähnt. Wer von dem französischen Drama seit Corneille seinen Maßstab nahm, mußte Shakespeares Werke regelwidrig finden, und so war es fast selbstverständlich, daß man Voltaires Bezeichnungen mehr oder minder übernahm. O. Walzel in seinem Kommentar zur Fest-Ausg. Bd. 10, S. 350 macht darauf aufmerksam, daß z. B. C. H. Ayrenhoff in der Zueignungsschrift seiner Tragödie „Antonius und Kleopatra" die Werke Shakespeares „Ungeheuer" nennt. – Hans Wolffheim, Die Entdeckung Shakespeares. Dt. Zeugnisse des 18. Jahrhunderts. Hbg. 1959.

177,30. *Liebkosungen einer Circe.* Anspielung auf die Zauberin Circe, welche die Ankömmlinge auf ihrer Insel liebevoll empfängt, sie aber dann in Schweine verwandelt. Zwar hat Laertes wohl nicht die „Odyssee" (10. Gesang) gelesen, doch gewiß eins der vielen damaligen Bücher über Mythologie, deren Inhalt zur allgemeinen Bildung gehörte. Auch in Ovids „Metamorphosen" kommt Circe vor (XIV,244–415), und dieses Werk war im 18. Jahrhundert sehr bekannt und in viele Sprachen übersetzt.

178,18. *Dose*: „eine Büchse, doch nur von denjenigen zierlich gearbeiteten Büchsen, welche man zur Verwahrung des Rauch- und Schnupftabaks gebraucht" (Adelung); *equipiert:* ausgestattet. – GWb. 2, Sp. 1248.

178,26. *Racine* galt in Deutschland im 18. Jahrhundert als einer der größten Dichter und als durchaus vorbildhaft. Er wurde in französischer Sprache gelesen und aufgeführt, auch gab es deutsche Übersetzungen, z. B. der „Iphigenie" von Gottsched, 1740, der „Phädra" von Ludw. Friedr. Hudemann, 1751, und andere mehr. Goethes Vater besaß Racines „Oeuvres", 2 Bde., Paris 1736. Der junge Goethe las sie eifrig und wirkte sogar in einer Aufführung mit; darüber *Dichtung und Wahrheit* Bd. 9, S. 91,6ff., 109,12ff. – Bd. 14, Namenregister und Bibliographie Abschn. 46.

179,35. *Shakespeare.* Hier fällt dieser Name zum ersten Mal im Roman, nachdem schon 176,29f. darauf vorbereitet ist. Kurz darauf (180,39f.) wird dann – als einer der großen Kapitelschlüsse – berichtet, daß Wilhelm *die versprochenen Bücher* erhält, d. h. eine Shakespeare-Übersetzung. Später erfahren wir (298,18ff.), daß es die von Wieland ist, die 1762–1766 in 8 Bänden erschien und 22 Dramen brachte. Durch diese hat auch Goethe selbst Shakespeare kennengelernt. (Bd. 9, S. 492,17–494,14 u. Anmkg.) Eine vollständige Übertragung lieferte dann Joh. Joachim Eschenburg 1775–1782. Im Gegensatz zu der späteren Schlegel-Tieckschen Übertragung gibt Wieland die Dramen nicht in ihrem Wechsel von Versen und Prosa wieder, sondern durchgehend in

Prosa. Darum ist auch Goethes *Götz*, der unter dem Eindruck der Wielandschen Übersetzung entstand, in Prosa geschrieben. Die leidenschaftliche Begeisterung Wilhelms, sein zeitweiliges Versinken in die Shakespearesche Welt haben Züge aus Goethes eigenem Leben und erinnern an die Zeit, als er das Sendschreiben *Zum Shakespeares-Tag* verfaßte. (Bd. 12, S. 224ff.) – Als erstes Stück Shakespeares in deutscher Sprache war 1741 „Julius Cäsar" in der Alexandriner-Übersetzung von Caspar Wilhelm v. Borck erschienen; daran hatte sich Gottscheds Polemik gegen Shakespeare geknüpft und dann eine wachsende Würdigung, die zunächst in Lessing gipfelte. Bei ihm wird die Schätzung Shakespeares verbunden mit der Idee des „Nationaltheaters" (wie Wilhelm Meister es erträumt, S. 35,14f.); Shakespeare ist für ihn ein neuzeitlicher englischer Dichter völlig eigener Art und eben darum den Alten vergleichbar; Lessing erkennt die Verwandtschaft mit dem Volksschauspiel, hebt aber auch hervor, daß bei Shakespeare alles höchste Kunst sei; er sieht ihn als großen Tragiker. Durch Wielands Übersetzung wird dann Shakespeare in Deutschland allgemein bekannt, und der Sturm und Drang sieht in ihm den Prototyp des „Genies"; so Herders Aufsatz „Shakespeare" in dem Sammelband „Von deutscher Art und Kunst", 1773, und Goethes Sendschreiben *Zum Shakespeares-Tag*, 1771: Shakespeare verkörpere wie kein anderer, daß der Dichter in geheimer Verbindung stehe mit dem Weltgeist, alles bei ihm sei Kunst und zugleich Natur; er trage die Fülle und Gesetzlichkeit der Welt in sich. So wird der Dichter zum Deuter der Welt, und es gibt für den neuzeitlichen Menschen keinen besseren Weg, die Struktur der Welt im Tiefsten zu erkennen, als ein Sich-Einleben in geniale Dichtung, in Shakespeare. Seine Dichtung ist Element für den bildenden Aufbau des Ich – darum die Verbindung des Shakespeare-Kults mit dem Bildungsgedanken, wie wir sie im Denken der Zeit und zumal in *Wilhelm Meister* sehen; solche Dichtung soll dem ganzen Volke gezeigt werden und auf alle Hörer wirken – darum die Verbindung mit dem Nationaltheater-Gedanken, wie wir sie ebenfalls in *Wilhelm Meister* finden. Noch waren freilich Shakespeares Stücke dem deutschen Theater sehr fremdartig. Sie waren geschrieben für eine Bühne mit geringsten Requisiten, die ohne viel Änderungen in der einen Szene dieses, in der anderen jenes bedeuten konnten. In den 200 Jahren, die seither vergangen waren, hatte sich das europäische Theater zur Illusionsbühne entwickelt, deren sorgfältiges Bühnenbild nur wenige Veränderungen zuließ; das französische klassische Drama kam dieser Forderung entgegen. Das deutsche Theater und Publikum des 18. Jahrhunderts empfand die Illusionsbühne als selbstverständlich. So groß die Shakespeare-Begeisterung auch war, das Theater mußte zögern, da es Shakespeares Dramen nicht einfach in den herrschenden Bühnenstil umwandeln konnte; auch wagte man nicht, seine reine Tragik den Aufklärungsoptimisten und Empfindsamkeitsschwärmern zuzumuten (Schröders „Othello"-Inszenierung, 1776, mußte von der 2. Aufführung an Desdemona am Leben lassen). Der an vielen Stellen lebendige Wunsch drängte nun aber zur Ausführung: 1773 wurde „Hamlet" in Wien gespielt, 1776 in Prag von der nicht eben bedeutenden Brunianschen Truppe. Diese Aufführung sah Friedrich Ludwig Schröder, der sich längst schon mit Plänen zu Shakespeare-Aufführungen trug. Er beschloß, nun selbst „Hamlet" zu inszenieren. Auf der Rückreise sprach er in Gotha den großen Schauspieler Ekhof, dann fuhr er nach Hamburg, und am 20. September fand die „Hamlet"-Premiere statt. Es wurde ein triumphaler Erfolg, der entscheidende Durchbruch: seither gehört Shakespeare dem deutschen Theater. Goethe sprach in Gotha mit Ekhof und hörte in Weimar von der Hamburger Aufführung. Sein leidenschaftlicher Anteil an der Gewinnung Shakespeares für das deutsche Theater, das durch solche Kunst Bildungselement, „Nationaltheater", werden sollte, ging in seinen Roman ein. Die wichtigsten Partien über Shakespeare stehen schon in der *Theatral. Sendung*, Buch 5–6, sind also etwa 1784–86 geschrieben und dann später in die *Lehrjahre* übernommen. Einiges kam aber bei der Neuformung noch hinzu. Goethe verfügte, als er die *Lehrjahre* schrieb, bereits über Bühnenerfahrung mit Shakespeare. 1791 hatte er die Leitung der Weimarer Bühne übernommen, in diesem Jahre inszenierte er Shakespeares „König Johann", dann 1792 „Hamlet" und „Heinrich IV.", und zwar in der Übersetzung von Eschenburg. Goethe ist sein Leben lang immer wieder zu Shakespeare zurückgekehrt, immer wieder entdeckte er an ihm neue Züge, aber eins betonte er dabei in immer gleicher Weise zu allen Zeiten: Shakespeares unerschöpfliche Kraft, seine Druchdringung des Lebens, seine Verwandtschaft mit dem Weltgeist. In diesem Sinne feiert ihn noch der Aufsatz *Shakespeare und kein Ende*, 1813–16 (Bd. 12, S. 287ff.), und manches Wort in den Eckermannschen Gesprächen. (Vgl. auch das Gedicht *Einer Einzigen angehören* ... Bd. 1, S. 373.) Kein anderer Dichter hätte so wie er in den großen Roman der Bildungselemente gepaßt. Denn er gibt ein Bild der Welt in ihrer Ganzheit, und seine Kenntnis wirkt bildend auf den einzelnen wie auf ein Volk.

Rudolf Genée, Gesch. d. Shakespeareschen Dramen in Deutschland, Lpz. 1870. – Merschberger, Die Anfänge Shakespeares auf der Hamburger Bühne. Progr. Hamburg 1890. – B. Litzmann, Fr. L. Schröder. Hambg. u. Lpz. 1890 u. 1894. – Marie Joachimi-Dege, Dt. Shakespeare-Probleme im 18. Jahrh. Lpz. 1907. = Untersuchungen z. neueren Sprach- u. Literaturgesch., 12. – Ernst Stadler, Wielands Shakespeare. Straßburg 1910. = Quellen u. Forschungen z. Sprach- u. Culturgesch., 107. – Friedrich Gundolf, Shakespeare und der dt. Geist. Bln. 1911 u. ö. – Horst Oppel, Das Shakespeare-Bild Goethes. Mainz 1949. – H. J. Lüthi, Das dt.

Hamletbild seit Goethe. Bern 1951. – Hans Wolffheim, Die Entdeckung Shakespeares. Dt. Zeugnisse des 18. Jahrhunderts. Hamburg 1959. (88 S. Einleitung, 188 S. Text.) – Roy Pascal, Goethe und das Tragische. Die Wandlung von Goethes Shakespeare-Bild. (Jb.) Goethe 26, 1964, S. 38–53. – Ursula Wertheim, Philos. und ästhet. Aspekte in Prosastücken Goethes über Shakespeare. (Jb.) Goethe 26, 1964, S. 54–76. – Henri Plard, Shakespeare mis en scène par Goethe. Revue de la société d'histoire du théatre 16, 1964, S. 351–362. – Das Weimarer Hoftheater unter Goethes Leitung. Bearb. von J. Wahle. 1892. = Schr. G. Ges., 6. – Hans Knudsen, Goethes Welt des Theaters. Bln. 1949 (126 S.) – Heinrich Huesmann, Shakespeare-Inszenierungen unter Goethe. Wien 1968. = Österr. Akad. d. Wiss., Phil. hist. Kl., Sitzungsber. Bd. 258, Abh. 2. – Kurt Ermann, Goethes Shakespeare-Bild. Tübingen 1983.– Goethe Bibliographie, begr. von H. Pyritz. Bd. 1. Heidelberg 1965. Bd. 2. 1968. – Ferner die Bibliographie am Ende des vorliegenden Bandes, die Bibliographie in Bd. 14 und das Namensregister in Bd. 14. Außerdem Bd. 12, S. 224ff. und 287ff. – Briefe HA, Register.

180,5. *Wohlstand*: das, was den Menschen „wohl ansteht", d. h. gute Sitte, schöne Form. Wie 140,24; 227,37; 247,8; Bd. 11, S. 326,27.

180,35. *leichten Anstand*: die gute Form, die mühelos und unaufdringlich wirkt. Ausführlicher darüber 290,19–291,4.

182,10ff. *Ich armer Teufel* ... Das Gedicht steht in der *Theatral. Sendung*, Buch 5, Kap. 8. Ob es im Zusammenhang des Romans entstanden ist oder unabhängig davon, ist ungewiß. Es gibt Abschriften von Herder und von Luise v. Göchhausen. In die Gedichtgruppe *Aus Wilhelm Meister* hat Goethe diese Verse nicht aufgenommen, vermutlich, weil sie anderen Charakter haben als die Lieder, die er dort zusammenstellte. – WA 5,2 S. 236f. und WA 52, S. 150 u. 293.

182,15. *Geschoß:* „die Abgabe von Äckern und Grundstücken" (Adelung), „Geldabgabe, Zins" (Dt. Wb. 6. Teil, 1,2 Sp. 3961), auch „Schoß" genannt. Der Verwalter, der den *Geschoß* einzieht, heißt *Schösser* (Bd. 12, S. 139,19). Dt. Rechtswörterbuch. Weimar 1914ff. – In Weimar war *Geschoß* ein bekanntes Wort. Alle Hausbesitzer waren verpflichtet, der Stadt den *Geschoß,* eine Steuer für Grundbesitz, zu zahlen. Die Stadtverwaltung hatte ein „Geschoßregister", das die „Geschoßzahlung" festsetzte. Wolfgang Huschke in: Festschrift f. Friedrich v. Zahn. Bd. 1. Köln 1968. S. 555f. – Es ist unwahrscheinlich, daß das Wort *Geschoß* hier die Kugel der Schußwaffe meint, denn die Aufzählung nennt mit jedem Wort ein Vorrecht des Adligen, und es wäre darum stilistisch wie inhaltlich ungewöhnlich, wenn nach den drei genannten Punkten (Land, Schloß, Jagd) der vierte (Geldeinkünfte von erbuntertänigen Landleuten) fehlen würde und stattdessen der dritte Punkt mit einem zweiten Wort nochmals genannt würde.

182,29. *Kapitel*: „die Versammlung gewisser zu einer Gesellschaft gehöriger Personen", mit „Statuten und Regeln" (Adelung); also hier: Kreis des Adels.

183,13 ff. *die erste Klasse der Nation ... Kranz der Musen* ... Es gab im 18. Jahrhundert nicht nur Adlige als Mäzene von Baumeistern, Musikern und Dichtern, sondern auch als selbst tätige Künstler. Beispiele sind als Baumeister Erdmannsdorff und Knobelsdorff; als Musiker Friedrich d. Gr., Anna Amalia von Weimar, Freiherr K. F. S. v. Seckendorff; als Dichter Albrecht v. Haller, Friedrich v. Hagedorn, Christian Ewald v. Kleist, Moritz August v. Thümmel, Theodor Gottlieb v. Hippel, Heinr. Wilh. v. Gerstenberg, die Grafen Christian und Friedrich Leopold v. Stolberg u. a. – Karl Biedermann, Deutschland im 18. Jahrh. 2. Bd., 2. Teil. Lpz. 1880. S. 1073 ff. (11. Abschnitt.)

184,5. *Pasquillant*: Verfasser von (anonymen) Spottschriften.

186,5 f. *Meuchler*: die, welche etwas Heimtückisches getan haben, d. h. hier die, welche den Pedanten verprügelt und seinen Rock weiß bestaubt haben (184,12 bis 23). Da *Perückenmacher* mit Puder zu tun haben, entsteht der Verdacht der Mitwirkung.

189,15. *Argantische Lampe*: Öllampe mit hohlem Runddocht, von dem Genfer Mechaniker Aimé Argand in den 80er Jahren des 18. Jahrhunderts konstruiert; zu der Zeit, in welcher die *Lehrjahre* spielen, ein ganz modernes Gerät. Auf Kerstings Gemälde „Der elegante Leser" (Weimar, Schloßmuseum) ist eine Lampe dieser Art abgebildet. – Das Buch der Erfindungen, 6. Aufl., Bd. 5, 1873, S. 276f. – Goethe-Handbuch 1, 1961, Art. „Beleuchtung".

191,17. *Novelle*. Das Wort war, als die *Lehrjahre* entstanden, im Deutschen noch verhältnismäßig neu. Seit den 70er Jahren wurde es für kurze Erzählungen angewandt.

195,33. *auf Werbung gestanden*: als Werber sich betätigt hatte. Die Heere des 18. Jahrhunderts ergänzten sich durch Werbung, und die deutschen Einzelstaaten sandten Werber besonders gern in andere Staaten, wo oft rücksichtslos geworben wurde. Goethe hatte zu seinem Leidwesen damit zu tun, daß Preußen Werber nach Sachsen-Weimar schicken wollte. Carl August hatte sich bei dem König von Preußen wegen der Übergriffe seiner Werber beschwert. Friedrich d. Gr. bestand darauf, Werber nach Sachsen-Weimar zu senden. Am 9. Febr. 1779 schrieb das „Geheime Consilium" an Carl August: Wenn man die Werbung gestatte, sei zu erwarten, daß die Werber eine beträchtliche Zahl weimarische Untertanen mit List und mit Gewalt wegschleppten; wenn man die Werbung nicht gestatte, sei zu befürchten, daß bei nächster Gelegenheit Preußen das kleine Sachsen-Weimar besetze und dann noch mehr Landeskinder und außerdem Geld herauspresse (Goethes amtl. Schriften, Bd. 1, Weimar 1950. S. 47). Goethe schrieb dazu an den Herzog, daß man in eine mißliche Lage gegenüber Österreich gerate, wenn man den Preußen freie Hand gäbe (Briefe 1, S. 258 ff. u. Anm.). Goethe beriet im Geheimen Consilium ferner darüber, wie die aus fremden Kriegsdiensten entlaufenen zurückgekehrten Landeskinder zu behandeln seien (Amtl. Schr. 1, S. 93f.). – Karl Biedermann, Deutschland im 18. Jahrh. Bd. 1, 1880, S. 186ff. – Georg Liebe, Der Soldat in der dt. Vergangenheit. Jena 1924. S. 113ff., 134ff. – Goethes amtl. Schriften. Bd. 1. Hrsg. von W. Flach. Weimar 1950. S. 46–57, 60–62, 93 bis 95. – Hans Tümmler, Goethes politisches Gutachten aus dem Jahre 1779. Jb. Goethe 18, 1956, S. 89–105.

195,39. *Gimpel.* Ursprünglich Vogelname für den Dompfaff oder Goldfink, dann: einfältiger, leichtgläubiger Mensch. Bd. 2, S. 40: *Der Gimpel wird gefangen.*

198,10. *die Nativität stellen*: das Horoskop stellen, d. h. die Zukunft berechnen, die Schicksale vorhersagen.

198,35. *Aufsatz*: „der Kopfputz des schönen Geschlechts" (Adelung). Ebenso 372,13. Es ist die Zeit der hohen Damenfrisuren, die mit vielerlei Schmuck geziert wurden. – Max v. Boehn, Die Mode. Menschen und Moden im 18. Jahrhundert. 2. Aufl. München 1919. S. 158–172. Mit vielen Abb. – GWb. 1, 1978, Sp. 1005f.

Viertes Buch

Das *4. Buch* und das *5. Buch* sind die Bücher der eigentlichen Theaterwirksamkeit Wilhelms. Seine frühere Tätigkeit auf diesem Gebiet ist gegenüber dem, was er jetzt lernt und leistet, nur eine Vorstufe. Durch beide Bücher zieht sich die Beschäftigung mit „Hamlet". Das *4. Buch* ist vom Stoff her zweiteilig: zunächst das Leben der reisenden Schauspieler, dann der Aufenthalt bei Serlo. In der Mitte des Buchs steht die Begegnung mit der *Amazone*. Wenn man die *Bekenntnisse einer schönen Seele* einmal ausklammert, ist diese Begegnung kompositionell die Mitte des ganzen Romans. Diese Episode ist für Wilhelm nicht nur das Kennenlernen einer Gestalt, es ist für ihn in seiner Krankheit ein Zurückgehen in die innersten Bereiche seines Ich; deswegen läßt der Erzähler hier die Leitmotive *Amazone* und *kranker Königssohn* ineinander klingen (235,18–36). Seine Innerlichkeit muß in Konflikt kommen mit der Außenwelt; diese war in den ersten Büchern das Bürgerhaus und das Grafenschloß, hier ist es nun die Theateratmosphäre, die vom Ende des *5. Buches* an dann wieder ganz ausscheidet. Das *4.* und *5. Buch* bringen eine Fülle neuer Ereignisse, außerdem viele Gespräche über Kunst. Die Art der Gestaltung in verhältnismäßig kurzen Kapiteln ermöglicht es, jedes Kapitel um ein oder zwei Hauptthemen zu gruppieren. Die Kapitelschlüsse bilden hier (wie überhaupt) oft Bilder, die über sich hinausweisen (beispielhaft etwa in den Kapiteln 2, 3, 6, 8, 11, 19), ebenso der Buchschluß: die Mischung des Bewußten und Unbewußten, des Vernünftigen und Triebhaften, des Gesunden und Kranken (nicht nur in Aurelie, in den Menschen überhaupt) enthüllt für einen Augenblick ihre Gefahr.

204,8. *zutätig*: hilfreich, tätig für jemanden. – Bd. 9, S. 300,37.

208,5. *souteniert*: bewahrt, durchhält, aufrecht erhält.

209,22ff. *Ihm färbt der Morgensonne Licht* ... Diese Verse hat Goethe nicht in die Gedichtgruppe *Aus Wilhelm Meister* aufgenommen. Er hat sie auch niemals mit den 2 Strophen von S. 136,25ff. kombiniert, wie einige Ausgaben des 19. Jahrhunderts es ohne hinreichende Begründung getan haben. Die vier Zeilen wirken gerade als Fragment aus den Gesängen des unglücklichen Rhapsoden in ihrer Kürze. Sie fehlen in der *Theatral. Sendung*, man darf also wohl als Entstehungszeit die Jahre der Arbeit an den *Lehrjahren* annehmen.

210,9ff. *Shakespeare ... hatte ihm einen Prinzen bekannt gemacht* ... Prinz Harry in „Heinrich IV."; vgl. S. 211,2.

210,15. *Bursche*. Vom mittellat. „bursa" = Studentenwohnheim und dessen Bewohner; Burse, Bursche = Studentengruppe; von da aus dann auch die Anwendung als Singular. Bei Goethe meist *der Bursch,* Plural *die Bursche* (so *Faust* 2150, 10323); seltener *der Bursche, die Burschen.*

211,33. *erhabenen Platz*: erhöhten Platz, höheren Platz.

213,18f. *Es war nicht erlaubt*: Es ging über das zulässige Maß hinaus (Fischer, Goethe-Wortschatz).

214,14f. *Symphonie.* Hier: Ouvertüre.

215,20. *Apostrophe*: Rede.

216,34. *Hamlet.* Es gehört zu den Besonderheiten der *Lehrjahre,* daß Goethe große Dichtung als Bildungskraft nicht nur nennt, sondern darstellt. Dergleichen hatte es im Roman früherer Zeit nicht gegeben. Bei Cervantes in „Don Quijote" sind die Ritterromane Mittel der Verwirrung, nicht der Bildung. In *Werther* spielen Homer und Ossian nicht die Rolle, die Shakespeare in den *Lehrjahren* hat. Wilhelm lernt in ihm einen Dichter kennen, der ihm bis dahin fremd war. Er erkennt seinen künstlerischen Rang, seine Menschendarstellung, ja seine Fähigkeit, ein ganzes Weltbild zu geben. Das alles wird nun an einem Beispiel deutlich gemacht, an „Hamlet". Die Wahl dieses Dramas ist kein Zufall; hier kann Wilhelm sein Shakespeare-Bild besonders entfalten. Durch das, was er im folgenden über „Hamlet" sagt, wird Wilhelm charakterisiert, dadurch wird aber auch Shakespeare als Bildungsmacht im späten 18. Jahrhundert charakterisiert. Die „Hamlet"-Partien werden in die Gespräche hineingenommen, nicht nur Wilhelm spricht über ihn, auch Aurelie und Serlo; und dadurch, daß es zu einer Aufführung kommt, werden die „Hamlet"-Partien auch in die Handlung verwoben. Die wichtigsten „Hamlet"-Stellen sind: 216,34–218,28; 243,29–246,14; 246,29–247,23; 253,31–255,35; 293,21–300,14; 303,22–304,14; 305,24–307,6; 308,18–27; 313,20–314,22; 320,30–323,5. Viel von diesen Partien steht schon in der *Theatral. Sendung (6. Buch, 7.–10. Kap.),* ist also 1784/85 geschrieben und geht auf die damalige Beschäftigung mit „Hamlet" zurück. Als Goethe 1794/95 die *Lehrjahre* vollendete, hatte er inzwischen Bühnenerfahrungen mit Shakespeare gesammelt. Nachdem er 1791 die Leitung der Weimarer Bühne übernommen hatte, inszenierte er in der ersten Spielzeit „König Johann", und dann in der nächsten Spielzeit 1792/93 „Hamlet" und „Heinrich IV." in Eschenburgs Übersetzung. – Fr. Gundolf, Shakespeare und der dt. Geist. 1911 u. ö. Kap. „Klassik u. Romantik". In der Ausgabe Bln. 1920 S. 315–319.

218,6f. *Lob, das man dem Dritten beilegte.* In der *Theatral. Sendung, 6. Buch, 7. Kap.,* heißt es *einem Dritten.* Der Satz bezieht sich auf „Hamlet", 4. Akt, 7. Szene, Vers 82ff., insbesondere 101–112. Der Normanne Lamond lobt die Fechterkünste des Laertes, dadurch wird Hamlet angeregt, mit Laertes zu fechten.

219,17. *Witwer.* Genau genommen hat das Wort hier nicht die Bedeutung „Mann, dessen Frau gestorben ist", sondern „Mann ohne Frau", denn die Frau ist ihm durchgegangen, hat sich für immer von ihm getrennt.

220,11. *Disposition*: Plan, Anordnung.

220,22. *Freikorps*: „ein Corps freiwilliger und von den Gesetzen der strengen Kriegszucht befreiter Soldaten; Freibeuter oder Parteigänger" (Adelung).

220,24. *Zeitung*. Hier in der alten Bedeutung „Nachricht".

221,33 f. *akkordiert* (konstruiert mit *auf*): vereinbart.

221,39. *Terzerol*: „eine kleine Pistole, welche man in der Tasche bei sich tragen kann" (Adelung).

226,1. *rein*. Hier: ganz und gar. Wie Bd. 9, S. 581,31.

226,31. *die schöne Amazone*. Diese Bezeichnung wird 235,20 wörtlich wiederholt, ähnlich 293,11 und dann noch oft: 425,17; 445,34; 471,23; 511,5; 516,21. Da Wilhelm den Namen der Reiterin nicht erfährt, will auch der Erzähler ihn nicht nennen und hat nun auf diese Weise fortan eine knappe und schöne Bezeichnung für sie. Das Wort *Amazone* bezeichnet hier einfach die Reiterin und also Wilhelms ersten Eindruck. Das zweite, was Wilhelm (und der Leser) von ihr wahrnimmt, ist: sie breitet den Mantel über den Verwundeten (die symbolische Geste aus der Legende des Heiligen Martin). Für Wilhelm verbinden sich hinfort diese zwei Motive zu ihrem Bilde (235,20 ff.). Wie sehr das zweite für sie bezeichnend ist, enthüllt sich erst später (526,3–527,14 u. ö.). Die Bezeichnung *Amazone* bleibt bis zum Beginn des *8. Buches* (513,20). Erst dort wird klar, daß es Natalie ist und daß sie außerdem unter einer dritten und vierten Bezeichnung – als Nichte der *Schönen Seele*, als Schwester Lotharios – seit dem *6. Buch* mehrfach genannt ist. – GWb. 1, Sp. 442 f. „Amazone" – „amazonisch". – GHb., 2. Aufl., Bd. 1, 1961, Art. „Amazone" Sp. 202–206.

227,22. *Tasche mit Instrumenten*. Das Motiv kehrt 428,30 ff. wieder, vor allem aber in den *Wanderjahren* Bd. 8, S. 40,31–36; 280,24 ff. Es ist eine kleine symbolische Verklammerung beider Romane; Kennzeichen des Arztes, eines nützlichen und sozialen Berufs, den Wilhelm später selbst ergreift.

227,33. *leidet er nicht um unsertwillen?* Vgl. 239,28 f.

227,37. *Wohlstand:* Anstand, Schicklichkeit. Wie 180,5; 247,8.

228,29. *Die Heilige*. Goethe benutzt das Wort *heilig* oft außerhalb des alten kirchlichen Bereichs für etwas, was einen hohen Wert verkörpert, für Gestalten, die vorbildhaft sind und die zu dem Sternbild gehören, nach dem man sich innerlich orientiert. Mehrfach wird in *Iphigenie* die Heldin als *heilig* bezeichnet (Vers 65, 291, 1784, 2119), im *Divan* wird Hafis *heilig* genannt (Bd. 2, S. 24), in den *Wanderjahren* Makarie (Bd. 8, S. 441,3). An dieser Stelle ist das Wort durch die vorangegangene Wendung *der heilsame Blick* (228,18) vorbereitet, außerdem durch ihre *sanfte* (228,21) helfende Bewegung. Sie ist die Heilende, Helfende, und gehört einem Bereich an, den Wilhelm als eine für ihn höhere Welt empfindet. Deswegen wird hier das Wort *Heilige* benutzt; es bezeichnet nicht die reale Natalie, sondern des ohnmächtig werdenden Wilhelm Bild von ihr; es ist ein Charakteristikum für seine Innerlichkeit, seine Kraft der Idealisierung.

Isabella Rüttenauer-Papmehl, Das Wort „heilig" in der dt. Dichtersprache. Weimar 1937. – Fischer, Goethe-Wortschatz. – Dt. Wb. 4,2 Sp. 834ff. – E. Trunz, Studien zu Goethes Alterswerken, 1971, S. 232f. – Bd. 14, Sachregister „heilig".

228,30. *er verlor alles Bewußtsein.* Kommerell, Essays, 1969, S. 114: „Im Augenblick der ersten Begegnung von Wilhelm mit Natalie, wo seinem schwindenden Bewußtsein ihre Gestalt von überirdischem Licht umflossen war, kann niemand scheiden, was hier Dichtung des betroffenen Herzens, was Ausstrahlung des Wesens dieser Frau ist. Sie, sofern er mit ihrem Bilde umgeht und an ihm fortarbeitet, sie also, sofern sie von Anfang an die Seinige ist, heißt die Amazone. Natalien lernt er erst kennen, stufenweise, ohne daß ihr Wesen durchaus von seiner Ahnung vorweggenommen wäre, doch auch ohne daß dieses jener widerspräche. Sie ist anders als sie gedacht und gerade darum beseligend, weil ihr Schönstes gar nicht in der Möglichkeit seines Entwurfes lag."

233,2. *Fittiche.* Ursprünglich die Flügel der Vögel; übertragen: Kleidungsstükke, Gewänder.

234,16. *eingebunden*: eingeschärft („eingeknotet").

234,25. *Douceur*: Geschenk, Gabe des Dankes, Geldgeschenk.

235,8. *wenn ich dich lieb habe, was geht's dich an?* Goethe wiederholt den Satz in ganz anderem Zusammenhang Bd. 10, S. 35,13–23.

235,26. *Chlorinde* aus Tassos „Gerusalemme liberata", wo im 12. Gesang ihr Tod dargestellt ist. Das Motiv tauchte schon 26,30ff. auf. Hier wird es nun mit dem Motiv der *Amazone* zusammengezogen. Aus der Amazone wird Natalie, in der Wilhelms ursprüngliche Sehnsucht eine Erfüllung findet. Das *Chlorinde*-Motiv kommt hinfort nicht mehr vor. Die Stelle ist ein Beispiel, wie behutsam Motive vorbereitet, weitergeführt, verbunden, verwandelt werden.

235,27. *der kranke Königssohn.* Das Motiv kam 70,3f. vor. Hier aber tritt es in Beziehung zu dem Motiv der helfenden Amazone, dadurch in Beziehung zu Wilhelm selbst: der Leidende sehnt die geliebte Retterin herbei, der er doch seine Liebe nicht zu gestehen wagt. In diesem Zusammenhang tritt das Motiv später wieder auf.

235,31f. ... *in der Jugend wie im Schlafe die Bilder zukünftiger Schicksale umschweben* ... Wilhelm, von dem bald darauf Aurelie mit Recht sagt, daß er eine *Vorempfindung der ganzen Welt* (257,18f.) habe, daß er zwar die Menschen nicht kenne, aber den Menschen; daß er einen *tiefen und richtigen Blick* (257,12f.) für Kunst habe – Wilhelm schöpft hier aus eigenem Erleben. Jugendvorstellungen, Träume, zum Sinnbild stilisierte Augenblicke der Wirklichkeit stellen sich ihm bildhaft ein, und er erkennt die innere Zusammengehörigkeit, die durch sein eigenes Wesen gegeben ist. Nur an dieser einen Stelle des Romans werden die *Amazone, Chlorinde* und die *teilnehmende Prinzessin* in unmittelbaren Kontakt gebracht. Der Erzähler vermeidet es in dem weiteren Roman, diese Beziehungen zu nennen. Auch würde solche ausdrückliche Bezeichnung die inneren Beziehungen zu hart packen und festlegen. Das Bild vom Königssohn (70,3 f.; 606,1 ff.) zeigt den Jüngling, der liebend leidet, aber wegen bestehender Bedingnisse (der Ehe Stratonikes) sich nicht auszusprechen wagt. Auch Wilhelm ist fähig zu liebendem Leiden, das war der Sinn des Jugendtraums, das ahnt er jetzt, das verwirklicht sich später, als er Natalie kennen lernt und nicht wagt, sich ihr, die einem ganz anderen Lebenskreis angehört, zu offenbaren. Dennoch darf man die Parallele zu dem kranken Königssohn nicht zu deutlich ziehen. Es ist mehr ein Anklang im Seelischen als eine Entsprechung des Geschehens. Und genau so aussagekräftig sind die Symbolik der Amazone, die über den Leidenden den Mantel breitet, und dann die Symbolik der Träume (44,24–45,1; 425,22–426,39). Im Grunde ist mit dem unscheinbar eingewobenen Satz ein Schlüssel gegeben für die Leitsymbole des ganzen Werks. Daß der Satz an dieser Stelle steht, hat seine Ursache. Wilhelm liegt krank, er ist in sich selbst zurückgezogen, Vergangenheit und Gegenwart ziehen sich in seinen Vorstellungen zusammen. Für den Leser wird in diesen Jugend-, Schlaf- und Krankheits-Träumen der Zusammenhang von Charakter und Schicksal faßbar: die Richtung der Sehnsucht spricht sich aus, ebenso wie die Art des inneren Verhaltens. Der Erzähler streut in den Roman solche Bilder der Jugendsehnsüchte und späteren Träume ein, ähnlich wie er in *Dichtung und Wahrheit* ein Jugendmärchen einstreut.

239,17. *jüdischen Spion.* Der Harfner hat einen Bart. Nun waren aber Bärte im 18. Jahrhundert ganz ungewöhnlich. Nur Juden pflegten Bärte zu tragen. Vgl. 501,23.

239,18 f. *ohne Ölblatt.* 1. Mose 8,8–11 wird erzählt, daß Noah in seiner Arche eine Taube ausfliegen ließ, um zu erfahren, ob die Sintflut vorüber sei. Die Taube kam zurück, weil sie überall nur Wasser sah. 7 Tage später sandte er wieder eine Taube aus, diesmal mit Erfolg: sie brachte im Schnabel das Blatt eines Ölbaums mit.

239,32. *Freikorps.* Vgl. 220,22 u. Anm.

239,33. *Marodeurs*: plündernde Nachzügler einer Truppe.

240,6. *Ähnlichkeit ... zwischen der Gräfin und der schönen Unbekannten.* Das Motiv wird später im *8. Buch* wieder aufgenommen, wo sich herausstellt, daß beide Schwestern sind.

240,37 ff. *Nur wer die Sehnsucht kennt* ... In der *Theatral. Sendung* in *Buch 6, Kap. 7.* Dort singt Mignon das Lied allein. Als Goethe es

1815 in seine Gedichtgruppe *Aus Wilhelm Meister* aufnahm, setzte er es zu den Liedern Mignons. Hier in den *Lehrjahren* ist es *ein unregelmäßiges Duett* Mignons und des Harfners. Zugleich wird es als ein Lied bezeichnet, das zu Wilhelms *träumender Sehnsucht* paßt. Kommerell S. 137: „Es will lieben, es denkt nur Liebe, dieses Wesen, dem es versagt ist, sich zu erschließen. So ist seine Liebe verdammt, nur Sehnsucht zu bleiben, und hat das Trostlose, das Brennende, das Verzehrende des nur inwendigen Gefühls." Das Tempo ist vermutlich langsam und getragen. Rhythmisch besteht Ähnlichkeit mit den sonst andersartigen Versen *Faust* 11989ff., 12076ff., doch bilden dort je 4 Zeilen eine Gruppe, hier je sechs. Zu den Besonderheiten des Liedes gehört, daß es nur zwei Reime hat, formsymbolisch für die Wiederholung des immer Gleichen im Erleben dessen, der mehr sein Inneres als die Außenwelt wahrnimmt. – Über die Entstehungszeit läßt sich sagen: Goethe arbeitete 1785 am *6. Buch* der *Theatral. Sendung*, am 20. Juni sandte er dieses Lied an Frau v. Stein. – Kommerell, Essays, 1969, S. 137. – Storz, Goethe-Vigilien, 1953, S. 109–112. – Metrische Analyse: Heusler, Kl. Schr., 1943, S. 477f.

241,7. *mein Eingeweide*: mein Herz, mein Inneres. In der Goethezeit eine bekannte Wendung. Bd. 1, S. 74 Vers 168; *Faust* 9063; Bd. 6, S. 97,18; Briefe Bd. 2, S. 25,15.

242,14. *mit Wucher*: mit Zinsen.

242,18. *Aufspannung*: Aufregung, Erregung. Von *aufspannen* Bd. 6, S. 55,14f.; 125,29 und 166,34f.

242,31. *Serlo*, dessen Lebensgeschichte und Tätigkeit im folgenden geschildert ist, lebt als Leiter einer ortsfesten Bühne in einer *großen Handelsstadt*, die nicht näher charakterisiert wird. Absichtlich ist die Erzählung allgemein gehalten, es ist also nicht speziell Hamburg oder Frankfurt oder Leipzig gemeint. Was die ortsfeste Bühne und den großen Regisseur betrifft, so gab es Ähnliches in Hamburg, wo Friedrich Ludwig Schröder seit 1771 als Regisseur und Schauspieler tätig war.

245,4. *Sie ist auch ein Weib* ... Formuliert im Anschluß an einen Satz in „Hamlet", Akt 1, Szene 2.

245,31. *Usurpator*: jemand der etwas „usurpiert", d.h. gewaltsam und widerrechtlich sich aneignet.

245,35f. *Die Zeit ist aus dem Gelenke* ... Zitat aus „Hamlet", Ende des 1. Akts. Nicht genau nach Wielands Übertragung, aber wie bei diesem Prosa; bei Shakespeare in Blankversen.

247,8 *Wohlstand*: Anstand, Schicklichkeit, gute Sitte; wie 140,24; 227,37.

249,11ff. *Sie läuft ihrem Ungetreuen, du ihr, ich dir und der Bruder mir nach.* Die Kette der Verliebten – ein altes literarisches Motiv. Der Schauspielerin Philine vermutlich bekannt durch Lustspiele von Quinault und Rotrou. – Harald Weinrich, Tragische und komische Elemente in Racines „Andromaque". Münster 1958. = Forschungen zur roman. Philol., 3.

252,12. *gemein*: alltäglich, etwas allen Gemeinsames.

254,8. *den Plan dieses Stücks.* Was Wilhelm hier berührt, ist ein im 18. Jahrhundert viel besprochenes Thema. Von den französischen Dramen des 17. Jahrhunderts herkommend war man gewöhnt an einen festen Aufbau mit der Peripetie (Wendung) etwa im 4. Akt. Deswegen fand man den Aufbau bei Shakespeare mangelhaft. Voltaire hatte in seiner Shakespeare-Darstellung diesen Punkt betont. Dagegen schrieb Wieland in seinem Aufsatz „Der Geist Shakespeares" (Der Teutsche Merkur, August 1773, S. 183–188; Akademie-Ausgabe Bd. 21, 1939): „Es ist leicht . . ., Voltaire und seinesgleichen nachzulallen: ‚Shakespeare ist unregelmäßig; seine Stücke sind ungeheure Zwitter von Tragödie und Possenspiel, . . . ohne Plan, ohne Verbindung der Szenen, ohne Einheiten . . .' Seine Schauspiele sind, gleich dem großen Schauspiele der Natur, voller anscheinender Unordnung . . . und gleichwohl, aus dem rechten Standpunkte betrachtet, alles zusammengenommen, ein großes, herrliches, unverbesserliches Ganzes!" Der junge Goethe sagt: *Seine Plane sind, nach dem gemeinen Stil zu reden, keine Plane.* (Bd. 12, S. 226,21 f.) Mit Goethe, Herder, Gerstenberg, Lenz setzte sich die neue Art der Betrachtung durch, für die Wilhelm Meisters Ausführungen bezeichnend sind. – F. Gundolf, Shakespeare und der dt. Geist. Bln. 1911 u. ö. – Hans Wolffheim, Die Entdeckung Shakespeares. Hbg. 1959.

258,24 f. *als ich mit dem höchsten Begriff von mir selbst und meiner Nation die Bühne betrat.* Hier wird das Thema des *Nationaltheaters* noch einmal berührt. Vgl. 35,14 u. Anm.

259,18. *auslauern*: erforschen, eindringlich beobachten.

259,28. *schwankfüßig*: „auf schwankenden Füßen gehend" (Dt. Wb. 9,2255).

259,29 f. *Geschäftsmann.* Das Wort *Geschäft* wird im 18. Jahrhundert für Aufgabe, Dienst, Tätigkeit benutzt. Der Beamte, der die *Geschäfte* des Fürsten besorgt, wird oft *Geschäftsmann* genannt. Das Wort bedeutet also: Beauftragter eines Fürsten oder einer Stadt, Beamter, Staatsmann. Darum unterscheidet Aurelie den *Geschäftsmann* von dem später genannten *Kaufmann.* – Vgl. 147,20.

260,19. *prostituieren* vom lat. „prostituere" = öffentlich hinstellen, preisgeben. Im 18. Jahrhundert häufig in der Bedeutung wie hier: sich von schlechter Seite zeigen, sich blamieren, sich lächerlich machen, sich bloßstellen. Wie Bd. 6, S. 41,7 und 63,9

263,8. *Amerika.* Erste, noch unscheinbare Erwähnung des *Amerika*-Motivs, das später größere Bedeutung erhält. Vgl. 563,113 f. u. Anm.

263,9. *Distinktion*: Auszeichnung. Vgl. *distingieren* Bd. 6, S. 67,35.

264,2. *unverbesserlich*: unübertrefflich. Ebenso 295,37.

265,1. *Lothar.* Aurelie benutzt hier die deutsche Namensform. Später wird er vom Erzähler *Lothario* genannt.

265,25. *seiner vortrefflichen Schwester.* Wilhelm kann nicht ahnen, daß dies die *Amazone* ist, an die er denkt. Die Einfügung hier ist bezeichnend für die vielen kleinen Verknüpfungen in dem Netz der Handlung des Romans.

267,7. *seine Krankheit*: 220,1ff. erwähnt.

267,21. *Relation*: Berichterstattung, Bericht.

267,33f. *Taschenbücher*: Bücher kleineren Formats, oft jährlich erscheinende Bücher. Es gab ein bergmännisches, ein botanisches, ein historisch-genealogisches Taschenbuch, gab Taschenbücher für Ärzte, für Freimaurer usw. – Christian Gottlob Kayser, Vollständiges Bücherlexikon. 1834.

268,28. *Essenkehrer*: Kaminkehrer, Schornsteinfeger.

269,26. *obligeant* (frz.): zuvorkommend, dienstfertig, gefällig, höflich. Bd. 1, S. 57 *Der neue Amadis* Vers 18.

269,28. *Mysterien*: geistliche Schauspiele. In den *Lehrjahren* werden sehr viele Formen des Theaters gezeigt, von dem dialogischen Volksschauspiel der Bergleute (94,30–95,20) bis zu der ortsfesten kunstgerechten Bühne Serlos. Daß Goethe in den Kreis dieser Bilder auch Seiltänzer und ein Liebhabertheater (87,27–89,33) aufnimmt, ist nicht verwunderlich; dergleichen kannte man, es rundete das Bild ab. Daß er aber das geistliche Schauspiel nennt, das damals – jedenfalls in Norddeutschland und in der von protestantischen Gegenden ausgehenden Literatur – unbekannt war, zeigt seine ausgebreitete Kenntnis und seinen sicheren Blick, der auch das von anderen Unbeachtete oft der Beachtung wert hält. Geistliches Volksschauspiel gab es nur noch in einigen katholischen Gebieten, und dort wurde es von den Behörden ungern gesehen und nach Möglichkeit verboten. In Österreich hatte die Josephinische Aufklärung es an vielen Orten zum Erliegen gebracht. In Bayern war man nahe daran, das Oberammergauer Spiel zu verbieten, das dann nach 1800 von der Romantik entdeckt und zu Ehren gebracht wurde. Goethe hat auf der Reise nach Italien 1786 in Regensburg das Schultheater der Jesuiten gesehn (Bd. 11, S. 10,30ff.). Geistliches Volksschauspiel hat er wohl nicht direkt kennen gelernt, jedoch davon gehört. Im Alter erhielt er durch Sulpiz Boisserée eine Schilderung des Oberammergauer Passionsspiels, die er mit Interesse las (an Boisserée 3. Okt. 1830) und seiner Schwiegertochter zum Druck in der Zeitschrift „Chaos" gab. Ungefähr zu gleicher Zeit unterrichtete er sich aus Villemain über das französische geistliche Schauspiel des Mittelalters (Keudell Nr. 1979). – Sulpiz Boisserée. Bd. 2. Stuttg. 1862, S. 543–546.

270,8. *ehe das tausendjährige Reich anging.* Anspielung auf das 20. Kapitel der Offenbarung Johannis, wo davon die Rede ist, daß am Ende der Zeit Christus 1000 Jahre auf Erden regieren werde. Hier im Zusammenhang der Erzählung ist gemeint, daß, sofern das geistliche Schauspiel die Heilsgeschichte bis zum Schluß darstellt, Serlo schon vor diesem Schluß rechtzeitig verschwindet.

271,7. *scheinbar* von *Schein* im Sinne von Leuchtkraft, Ausstrahlung (wie 435,3); also: sichtbar, glänzend, auffallend; Gegensatz von *unscheinbar* (Bd. 6, S. 262,6). Dt. Wb. 8, Sp. 2433ff. – Vgl. *Schein* 435,3 u. Anm., *scheinen* 291,21 u. Anm., 454,35.

271,14f. *der gebildete, aber auch bildlose Teil von Deutschland* ist natürlich der protestantische und aufklärerische Norden im Gegensatz zu den katholischen, durch Barocktradition geformten Gegenden Süddeutschlands, in welchen Serlo sich zunächst aufgehalten hat. Die *Lehrjahre* sind ein Zeitroman, zumindest in der Darstellung des Theaters. Es gab große Schauspieler, die im Süden begonnen hatten. Friedrich Ludwig Schröder war in seiner Jugend in der Schweiz und in Süddeutschland tätig, 1776 wurde er in Hamburg Bühnenleiter und machte Hamburg zur großen Theaterstadt. Iffland ging nach wechselreichen Anfängen nach Mannheim, dann aber nach Berlin. – Zum Gegensatz Süd-Nord vgl. Bd. 13, S. 102,2f.

271,23f. *albernen Fall und Klang der Alexandriner.* Der Alexandriner war seit Opitz der Vers des höheren Dramas in Deutschland. Während der französische Alexandriner eine schwebende Betonung hat, betont der deutsche die alternierenden Hebungen. Dadurch, daß man die Zäsur streng einhielt, wurde der Vers zweiteilig und bekam etwas Starres, Klapperndes. Man wurde seiner im 18. Jahrhundert überdrüssig; er paßte nicht zu dem, was man jetzt aussprechen wollte. Goethe hat nur in früher Jugend Alexandriner geschrieben (Bd. 1, S. 7f.; Bd. 4, S. 7–72) und sie im hohen Alter noch einmal halb parodierend aufgenommen (*Faust* 10849ff.).

271,25. *Gemeinheit.* Hier im Sinne von: Plattheit, Spießbürgerlichkeit.

274,6f. *flämisch.* Das Wort hatte umgangssprachlich in einigen deutschen Landschaften seit dem 17. Jahrhundert die Bedeutung „mürrisch, verdrießlich", die im 19. Jahrhundert wieder abkam.

274,36. *Interzession*: Fürsprache, Vermittlung, Verwendung.

Fünftes Buch

Das *5. Buch* ist im Goethe-Schiller-Briefwechsel in den Briefen vom 15. und 18. Juni 1795 berührt; am 15. Juni schreibt auch Humboldt darüber an Goethe. Schlegel hebt hervor, daß es eine Überleitung zu den letzten Büchern sei, und erkennt, daß es bei lebhafter Handlung und vielen Kunstgesprächen zugleich „in die äußersten Tiefen des inneren Menschen" dringe. Wilhelm wird durch den Tod seines Vaters frei für die Laufbahn als Schauspieler, sammelt als solcher Erfahrungen und erkennt eben dadurch, daß hier nicht seine Lebensaufgabe sei (345,31–346,4). Dadurch, daß der Leser ihn immer neben Serlo, dem geborenen Theatermann, sieht, wird der Unterschied ihrer Begabungen und Ziele desto deutlicher. Das Buch beginnt mit einem Kapitel, das Wilhelms innere Unsicherheit zeigt: *Er ... kam nur immer mehr in die Irre* (285,3f.), *er entfernte sich ... immer mehr von der heilsamen Einheit* (285,24ff.). Das nächste Kapitel mit Werners Bild eines bürgerlichen Lebens ohne jeden höheren Gesichtspunkt erzeugt in Wilhelm den Gegensatz; nun entschließt er sich zum Theater. Der Schluß des Buches bringt die Umkehrung: er wendet sich vom Theater ab (345,28–346,4) und fühlt sich in der bürgerlichen und auf nützliche soziale Tätigkeit gerichteten Atmosphäre des Geistlichen und des Arztes wohl (346,15ff.). Mignon hat es geahnt. Als er den Kontrakt unterschreibt, will sie seine Hand wegziehn (293,18f.). Das ist einer der nachdenklichen Kapitelschlüsse, in 2 Zeilen ein symbolisches Bild. Äußerlich also geht Wilhelms Weg eine Zickzacklinie, innerlich aber bleibt er sich selbst treu, indem er für seine zwei Schützlinge sorgt, obgleich er Mühe dadurch hat und selbst auf keinem festen Boden steht (335,25ff.).

Das *5. Buch* bringt nicht nur in Wilhelms Entwicklung eine Wende, sondern noch mehr in der Lebenslinie Mignons. Nur die Symptome werden gezeigt (325,32f.; 326,22ff., 327,18ff., insbes. 328,24–33; dann wieder 356,26–29). Der tiefere Vorgang kann erst später, von ihrer letzten Lebensperiode aus, erahnt werden (insbes. 523,22–524,34). Während Wilhelms Gedanken ausführlich referiert werden (z.B. 284,15–285,29; 293,8–15), die Gedanken der anderen gelegentlich kurz erwähnt werden (z. B. 300,23; 344,27ff.), wird über Mignons Gedanken nie etwas gesagt. Der Leser muß sie aus ihren Handlungen und knappen Worten erschließen. Ihr Geheimnis besteht in ihrer Verschlossenheit, die Name und Herkunft verschweigt, verstört durch zurückliegendes Erlebtes. Diese Verschlossenheit ist ihr bewußt. Es gibt aber noch ein anderes Geheimnis, und das ist ihr nicht bewußt. Als Felix vom Tode bedroht ist (330,35; 473,30–39), weiß sie plötzlich, daß Wilhelm sein Vater ist (Barbara ist in der Nähe, hat aber nichts gesagt); ähnlich wie Wilhelm, als sie in Gefahr war, plötzlich ahnte, daß sie geraubt sei

(103,29–31). Dergleichen gibt es in dem Roman nur um Mignon und nur in Augenblicken höchster seelischer Intensität.

Die Darstellung berührt verschiedenste Bereiche; das Theaterleben (verhältnismäßig ausführlich), Ereignisse wie den Brand, Gespräche über Kunst, die wechselnde Konstellation der Gestalten, Wilhelms Innenleben usw. Diese Bereiche werden symphonisch verbunden; Motive, die einmal aufklingen, werden später wieder aufgegriffen, z. B. Mignons Gedicht-Rezitation am Anfang und am Ende des Buches (283,10–16; 356,32ff.). Oft wird ein Kapitel ganz oder fast ganz einem Thema gewidmet. Wenn es ein Thema wie das der *Theaterfreunde* ist (*8. Kap.*), so ist es mit diesem Kapitel abgetan; doch wenn es ein Thema ist wie das im *3. Kapitel* – adlige und bürgerliche *Ausbildung* (290,4–292,30) –, dann wird es später wieder aufgenommen (352,27ff.) und kommt in abgewandelter Art auch in den folgenden Büchern vor. In die lebendige Darstellung des reichen Geschehens streut der Erzähler gelegentlich seine Betrachtungen ein (329,1–3; 343,9ff.), meist aber läßt er seine Gestalten sprechen, und wenn er sich auch mit keiner von ihnen identifiziert, so läßt er mitunter Wilhelm (314,23ff.) wie auch Serlo (284,1–4; 310,5–9) prägnante Sätze sagen, die seiner eigenen Meinung nahestehn. Als Buchschluß wählt er nicht Wilhelms Abschied (356,21–29), auch nicht seine Abreise *unter tausend Gedanken und Empfindungen* (356,30f.), sondern Verse Mignons. Ähnlich hatte er schon einmal ein Lied von ihr an den Anfang eines Buches gestellt (145,3ff.) und einmal an den Schluß eines Kapitels (240,37ff.). Dadurch behalten zwar diese Verse ihren Zusammenhang, werden aber abgehoben. Nach ihnen folgt eine Pause, sie klingen nach, in alles Folgende hinein. Und noch etwas anderes klingt ebenfalls nach. Wilhelm liest Aurelie vor ihrem Tode die *Bekenntnisse einer schönen Seele* vor; schon an dieser Stelle wird gesagt: *die Wirkung wird der Leser am besten beurteilen können, wenn er sich mit dem folgenden Buche bekannt gemacht hat* (355,8–10). Aurelie, die krankhaft Erregte, vom Leben Verbitterte, wandelt sich; nicht nur durch die *Abnahme ihrer Kräfte* (355,20), auch durch die *Wirkung* dieser Lektüre (355,8). Was für ein Werk ist es? Was für ein Leben spricht sich hier aus? Auch diese Frage klingt nach. Sie wird im folgenden Buche beantwortet, und insofern unterbricht dieses nicht gar so befremdlich die fortlaufende Erzählung.

283,13. *Oden und Lieder.* Bei *Oden* ist nicht speziell an Gedichte in antiken Strophenformen gedacht; man benutzte das Wort damals für Gedichte überhaupt, insbesondere solche in feierlichem Ton; hier im Gegensatz zu *Liedern,* etwa der Gedichttyp wie 356,36ff. – Bd. 1, S. 21,1; Bd. 6, S. 27,31; Bd. 9, S. 143,7; 302,18; Bd. 10, S. 326,6.

287,27. *vertrödeln*: verkaufen. Adelung: als etwas Unnützes verkaufen, leichtsinnig verkaufen.

288,24. *Sequestration*: Beschlagnahme, Zwangsverwaltung; amtliche treuhänderische Verwaltung.

289,7. *ruralisch*: landwirtschaftlich.

290,1. *mein eigenes Inneres voller Schlacken.* Wilhelm nimmt hier Motive, welche Werner in seinem Brief real benutzt hat, metaphorisch auf. Was er 289,36f. über *Eisen* sagt, entspricht 288,13 *Eisen- und Kupferhämmer;* was er 290,2 vom *Landgut* sagt, dem Satz 288,22f. über *Bewirtschaftung der Feldgüter.* Das Motiv von dem *Inneren voller Schlacken* benutzt Goethe auch in einem Brief an Jacobi vom 17. Nov. 1782 (Briefe 1, S. 414,34ff.). Solche Übereinstimmungen von Bildern (für einen innerlichen Bereich) zeigen, wie sehr Goethe bei allem Abstand zu seinem Helden doch bei seiner Darstellung auch aus eigenem Erleben schöpft.

290,17ff. *in Deutschland ist nur dem Edelmann eine gewisse allgemeine ... Ausbildung möglich. Ein Bürger kann sich Verdienste erwerben ...* Der im folgenden bezeichnete Sachverhalt war damals für viele Menschen in Deutschland ein Problem, natürlich in verschiedener Weise je nachdem, welchem Gesellschaftskreise sie angehörten. Der Philosoph Garve in Breslau (1742–1798), der sich besonders mit dem Ständeproblem beschäftigte (Adel, Bürgertum, Bauerntum) hat trotz seines grundsätzlich aufklärerischen Denkens die Unterschiede der Stände zu seiner Zeit als eine Tatsache angesehn, von der man ausgehen müsse. Sein großer Aufsatz „Über die Maxime Rochefoucaults: das bürgerliche Air verliert sich zuweilen bei der Armee, niemals bei Hofe“ erschien in seinem Buch „Versuche über verschiedene Gegenstände aus der Moral, der Literatur und dem gesellschaftlichen Leben“, Bd. 1, Breslau 1792, S. 295–452. Schiller schrieb 1795 im 9. Heft der „Horen“ (S. 121), dies sei eine Schrift, von der er voraussetzen dürfe, „daß sie in jedermanns Händen sein werde“. Das war also zu der Zeit, als die *Lehrjahre* erschienen. Garve sagt: „Die Scheidewand, welche die Gesetze und die Gewohnheiten zwischen dem Adelsstande und den Unadelichen gemacht haben, ist unter den Absonderungen, die sich jetzt unter den Menschen in der bürgerlichen Gesellschaft finden, die größte und wesentlichste“ (S. 347). Er sieht die Erziehung der Adligen als praktische Ausbildung, die darauf gerichtet ist, den Menschen so zu formen, daß er immer die standesgemäße gute Form behält. Seine Leistung besteht darin, eine gute Rolle zu spielen. „Die Personen scheinen nichts anders zu tun zu haben, als Tag vor Tag Auftritte dieses Schauspiels aufzuführen“ (S. 323). Der Bürgerliche ist durchaus auf seinen Beruf und die mit ihm verbundene Sachleistung konzentriert, er übt sich nicht körperlich und ist nicht gewohnt, eine gute Figur zu machen. Die Ausführungen Garves hierüber sind eine beachtenswerte Parallele zu dem, was Wilhelm Meister sagt, denn sie zeigen, wie sehr Wilhelm hier mit dem Denken seiner Zeit übereinstimmt, und von da aus wird deutlich, wie er sich dann darüber hinaus entwickelt. Garve schreibt: „Es gehört zum guten Anstande zweierlei: zu wissen, wie man sich betragen müsse, und sich nach dem, was man weiß, wirklich betragen können. Man muß die richtige Idee haben von dem, was anständig ist; und man muß die Geschicklichkeit besitzen, diese Idee in seinem Äußern auszudrücken. Zu dem erstern gehört Kenntnis der Welt, der verschiedenen Stände und derjenigen allgemeinen und großen Gegenstände, welche die Welt und die Menschen überhaupt interessieren und beiden wohlgefallen. Zu dem andern gehört eine Übung des Körpers und der Sprache, eine Übung, durch welche der Mensch beide gleichsam in seine Gewalt bekommt, um das Ideal des Guten und des Schönen, welches seinem Geiste vorschwebt, auch in den Wendungen und dem Tone seiner Rede, in seinen Mienen, Gebärden und Bewegungen rein und unverfälscht auszudrücken. In dem ersten dieser beiden Stücke fehlt der Sohn der bürgerlichen Familie, wenn er nur die Erziehung seines Standes und seines Gewerbes bekommen hat, weil er einen zu kleinen Teil der Welt, zu wenige Muster zu sehn Gelegenheit hat und mit seiner Aufmerksamkeit mehr auf partikuläre und geringfügige Gegenstände als auf jene allgemeine und große gerichtet ist. In dem zweiten steht er zurück, weil er nicht Zeit und Anlaß zu Leibesübungen hat, die seine Glieder überhaupt ausarbeiten, und sehr viel Zeit mit Beschäftigungen zubringen muß, welche die völlige Freiheit der Glieder hindern. Zu diesen Mängeln, welche aus Unwissenheit oder aus Ungeschicklichkeit entstehn, gesellt sich nun noch, um das bürgerliche Air ... vollständig zu machen, der Mangel der Würde ... Es ist unmöglich, daß der, welcher ohne einen bestimmten und von den Gesetzen anerkannten Rang in der Welt auftritt, das Achtung gebietende Äußere annehmen könne, welches, mit Höflichkeit und gefälligem Wesen verbunden, das wahre Air des feinen Weltmanns ausmacht. Wenigstens gehört das Bewußtsein so großer persönlicher Vorzüge dazu, und dieses Bewußtsein noch dazu durch eine vorteilhafte Bildung und Leibesgestaltung dergestalt unterstützt, daß die wenigen Personen, bei welchen dies alles vereinigt ist, nur die Ausnahme von der Regel machen, aber die Regel nicht umstoßen können." (S. 405–407) Eine solche „Ausnahme" will Wilhelm sein, und das gelingt ihm. Jeder Satz, den Garve hier bringt, läßt sich auf irgendeine Partie der *Lehrjahre* anwenden. Motive wie Wilhelms Fechtübungen und seine Übungen in gutem Sprechen und guter Haltung werden von hier aus verständlicher, ebenso wie seine Kritik am Kaufmannsleben. Garve sieht anderseits durchaus, „daß die Ungleichheit der Menschen doch nur ihr eigenes Werk, ein willkürliches Institut, die Folge von Verabredungen und Meinungen sei, welche über die natürliche Gleichheit oder die natürlichen Unterschiede nicht auf immer die Oberhand behalten können, ja schon jetzt in vielen Fällen, wenn es auf das Reelle ankömmt, es sei im Gespräch, es sei in Geschäften, von dem mächtigern Einfluß der Talente und Tugenden überwogen werden." (S. 435) Das, was Garve hier in den letzten Worten andeutet, führt der Erzähler dann im *7.* und *8. Buche* vor. Während Wilhelm Meister das Problem der Revolution ausklammert (291,28–35), da er nur von seiner eigenen Berufswahl und Ausbildung spricht, darf Garve diese Frage nicht übergehn: „Wird es immer der eingebildete Unterschied der Geburt sein müssen, welcher gewissen Menschen frühzeitig das Gefühl der Würde gibt, wodurch sie des edlen Anstandes fähig werden? Wird nicht dereinst die allgemeine Menschenvernunft sich gleichsam in Besitz aller der Vorteile setzen können, welche zuvor bei einzelnen Klassen ... sich eingefunden hatten ... Über alle diese Fragen ist, für jetzt wenigstens, der Philosoph noch nicht aufgeklärt genug, um eine Weissagung zu wagen. Aber so viel sieht er ein, daß eine stürmische Umwälzung, durch welche alle diese Grenzlinien der Stände vermischt, alle Schlagbäume über den Haufen geworfen würden, außerdem, daß die Möglichkeit ihres Erfolgs noch zweifelhaft ist, auch für jetzt noch nichts Gutes tun könnte. Die Einsicht von dem, was wahrhaft groß, gut, anständig und edel ist, ist weder so allgemein verbreitet noch ... so geläutert und fest, daß sie allein schon den Menschen an Körper und Geist zu einem beträchtlichen Grade von Vollkommenheit erheben könnte."(S. 442f.) Garve sieht im Anschluß an La Rochefoucault nur für einzelne Bürgerliche die Möglichkeit, ein adliges „air" zu gewinnen, und zwar auf dem Wege über die Soldatenlaufbahn, sofern es Offiziersstellen für Nichtadlige gibt. Von der Möglichkeit, einen entsprechenden Weg durch die Kunst zu gehen, spricht Garve nicht. Schiller lobte in einem Brief an Garve (1. Okt. 1794) diesen Aufsatz sehr, er hob dann aber den Fragenkreis ins Philosophisch-Prinzipielle, indem er beim Bürgertum „Stoff" feststellte, beim Adel „Form". Drei Jahre nach Garves Abhandlung, im Septemberheft des 3. Bandes der „Horen", 1795, – also kurz bevor im November der 3. Band der *Lehrjahre* mit dem *5. Buch* erschien – veröffentlichte er seinen Aufsatz „Von den notwendigen Grenzen des Schönen, besonders im Vortrag philosophischer Wahrheiten". Dort sagt er: „Da der Geschmack immer nur auf die Behandlung und nicht auf die Sache sieht, so verliert sich da, wo er alleiniger Richter ist, aller Sachunterschied der Dinge ... Daher der Geist der Oberflächlichkeit und Frivolität, den man sehr oft bei solchen Ständen und in solchen Zirkeln herrschen sieht, die sich sonst nicht mit Unrecht der höchsten Verfeinerung rühmen." Hier macht Schiller eine Anmerkungen: „Herr Garve hat in seiner einsichtsvollen Vergleichung Bürgerlicher und Adeliger Sitten im 1. Teil seiner „Versuche" (einer Schrift, von der ich vorausssetzen darf, daß sie in jedermanns Händen sein werde) unter den Prärogativen des adeligen Jünglings auch die frühzeitige Kompetenz desselben zu dem Umgange mit der großen Welt angeführt, von welchem der Bürgerliche schon durch seine Geburt ausgeschlossen ist. Ob aber dieses Vorrecht, welches in Absicht auf die äußere und ästhetische Bildung unstreitig als ein Vorteil zu betrachten ist, auch in Absicht auf die innere Bildung des adeligen Jünglings, und also auf das Ganze seiner Erziehung, noch ein Gewinn heißen könne, darüber hat uns Herr Garve seine Meinung nicht gesagt, und ich zweifle, ob er eine solche Behauptung würde rechtfertigen können. Soviel auch auf diesem Wege an Form zu gewinnen ist, soviel muß dadurch an Materie versäumt werden, und wenn man überlegt, wieviel leichter sich Form zu einem Inhalt, als Inhalt zu einer Form findet, so dürfte der Bürger den Edelmann um dieses Prärogativ nicht sehr beneiden. Wenn es freilich auch fernerhin bei der Einrichtung bleiben soll, daß der Bürgerliche arbeitet und der Adelige repräsentiert, so kann man kein passenderes Mittel dazu wählen als gerade diesen Unterschied in der Erziehung, aber ich zweifle, ob der Adelige sich eine solche Teilung immer gefallen lassen wird." – Unter diesem Gesichtspunkt wird deutlich, daß bei Wilhelm Meister nicht Form ohne Gehalt erworben wird, sondern daß – mit Schillers Worten – „sich Form zu einem Inhalt findet". – Vgl. auch 461,30 u. Anm. – Der Aufsatz Garves ist neugedruckt in: Garve, Popularphilosophische Schriften. Hrsg. von Kurt Wölfel. Bd. 1 Stuttg. 1974. S. 559–716.

291,11 f. *aus ihm Könige oder königähnliche Figuren erschaffen* ... Ein Adliger konnte z. B. Ehemann einer Königin werden; er konnte Statthalter eines Fürsten in einem abgetrennten Gebiet werden, wie es Dalberg in Erfurt war, und dort wie ein Fürst regieren; er konnte durch Verwandtschaft beim Erlöschen einer Herrscherfamilie Regent werden; er konnte zu einem Domkapitel gehören und dann zum Fürstbischof gewählt werden, wodurch er zugleich weltlicher Fürst wurde usw.

291,21. *scheinen.* Das was hier mit *scheinen* gemeint ist, wird in dem Brief im vorigen und im folgenden näher auseinandergesetzt, insbesondere in den Sätzen: *durch Darstellung der Person* (291,18 f.); *ich habe viel von meiner gewöhnlichen Verlegenheit abgelegt und stelle mich so ziemlich dar* (291,39 ff.); *Auf den Brettern erscheint der gebildete Mensch so gut persönlich in seinem Glanz als in den oberen Klassen* (292,15 ff.). Das *scheinen* (vgl. auch 454,35) ist also ein Sich-Darstellen; Es handelt sich um *Schein* (435,3) nicht im Sinne von Täuschung, sondern im Sinne von *Glanz* (292,16), so wie man vom *Schein* des Lichts spricht. Der Mensch ist entweder *unscheinbar* (Bd. 6, S. 262,6) oder er *scheint,* d. h. ist ansehnlich, angenehm in die Augen fallend (wie *Herm. u. Doroth.* IV,122). Diese Bedeutung des Wortes ist zu Goethes Zeit nicht ungewöhnlich. Da das Sich-Darstellen, die menschliche Haltung, für Wilhelm ein Existenzproblem ist, hat das Wort seine besondere Funktion in dem Roman. Mit *scheinen* hängt zusammen *scheinbar* (271,7) und *Erscheinung*. Was sich darstellt, *tritt in die Erscheinung* (Bd. 12, S. 470 Nr. 747); der Höhepunkt der *Erscheinung* ist bei der Pflanze die Blüte, beim Menschen die Schönheit der ersten Jahre des Erwachsenen. Was alt ist, stellt sich nicht mehr so gut dar. Bei der Pflanze ist die Frucht (der Same) nicht so schön wie die Blüte, beim Menschen der Greis nicht so wie der Mann; darum ist Alter *Zurücktreten aus der Erscheinung* (Bd. 12, S. 470, Nr. 748), wie Goethe es in seinem Brief an Boisserée vom 14. Jan. 1820 (Briefe Bd. 3, S. 470,35–471,6) anschaulich beschreibt.

294,14f. *goldene Äpfel in silbernen Schalen.* Nach den Sprüchen Salomons 25,11: „Ein Wort, geredet zu seiner Zeit, ist wie goldene Äpfel in silbernen Schalen." (Luther)

295,37. *unverbesserlich*: unübertrefflich; so, daß man es gar nicht besser machen (verbessern) kann. Wie 264,2.

297,5f. *ersteroberten*: vor kurzem eroberten; *erst* ist bei Goethe häufig die Bezeichnung kurz zurückliegender Vergangenheit. *Faust* 707, 2205, 8489 u.ö.

298,18f. *der geistvollen Wielandschen Arbeit.* Die Shakespeare-Übersetzung von Wieland, 1762–68 in 8 Bänden, war die erste, die mehrere Stücke des Dichters – verhältnismäßig getreu – ins Deutsche übertrug, allerdings durchgehend in Prosa. Durch sie wurde Shakespeare in Deutschland in breiteren Kreisen bekannt. Sie diente zur Grundlage der Bühnenbearbeitungen, die seit Schröders Hamburger „Hamlet"-Aufführung von 1776 den Stücken Shakespeares in Deutschland einen bleibenden Platz im Repertoire sicherten. Hier in den *Lehrjahren* ist an diese Wielandsche Übersetzung von 1762–68 gedacht. Als der Roman erschien, 1795/96, war inzwischen eine zweite Ausgabe erschienen; Wieland hatte sie Johann Joachim Eschenburg überlassen: „Shakespeares Schauspiele, neu übersetzte Ausgabe", 13 Bde., Zürich 1775–1782. Hier sind Wielands Übersetzungen verbessert und die von Wieland nicht übersetzten Dramen sind in Eschenburgs Übertragung hinzugefügt. Als die *Lehrjahre* erschienen, lebte Goethe seit 20 Jahren am gleichen Orte wie Wieland und war mit ihm in harmonischer Beziehung. Wielands Leistung für Shakespeare ist in dieser Zeit schon fast historisch; ihre Nennung ist einerseits historische Gerechtigkeit, anderseits aber auch eine zurückhaltende Huldigung. Zusammenfassend äußerte Goethe sich nach Wielands Tode 1813 in der Gedenkrede *Zu brüderlichem Andenken Wielands*, wo er u. a. sagt: *Shakespeare'n zu übersetzen, war in jenen Tagen ein kühner Gedanke, weil selbst gebildete Literatoren die Möglichkeit leugneten, daß ein solches Unternehmen gelingen könne. Wieland übersetzte mit Freiheit, erhaschte den*

Sinn seines Autors, ließ bei Seite, was ihm nicht übertragbar schien, und so gab er seiner Nation einen allgemeinen Begriff von den herrlichsten Werken einer andern, seinem Zeitalter die Einsicht in die hohe Bildung vergangener Jahrhunderte. (WA 36, S. 326) – Vgl. 180,39f u. Anm. und Bd. 9, S. 493,12 u. Anm., ferner in Bd. 14 Namenregister „Shakespeare" und „Wieland". – Friedrich Gundolf, Shakespeare und der dt. Geist. Bln. 1911 u. ö. – Ernst Stadler, Wielands Shakespeare. Straßburg 1910. – Manfred Pirscher, Joh. Joachim Eschenburg. Diss. Münster 1960. S. 223–275 u. XXVII–XXX.

299,13. *Kaper*: „Schiff, in Kriegszeiten von Privaten ausgerüstet auf Grund eines Kaperbriefs (Ermächtigung von Seiten der Admiralität), um der einen Partei zu dienen, besonders durch Beschädigung des feindlichen Handels" (Dt.Wb.); „privilegierter Seeräuber" (Adelung).

301,26. *Philomele* (griech.): Nachtigall. In der Dichtung des 18. Jahrhunderts, besonders in der anakreontischen und empfindsamen Lyrik war oft von *Philomele* die Rede. Philine singt später selbst von der *Nachtigall* (317,21), aber ohne griechische Bezeichnung und ohne Sentimentalität.

301,30. *Rondeau*: französische Liedform, die seit dem Frühbarock auch ins Deutsche übernommen war. In dem Text kehrt die 1. Zeile ungefähr in der Mitte der Strophe wieder (meist als 8. Zeile) und dann ebenfalls am Schluß (meist 13. Zeile). Es ist also ein Gedicht mit einem Grundmotiv, das in verschiedenem Zusammenhang wiederholt wird, daher paßt es hier so gut zu dem, was Serlo meint. – MGG Art. „Rondeau".

303,19f. *die zarte Grenzlinie zwischen Deklamation und affektvoller Rezitation.* Goethe, der nach dem Urteil aller, die ihn hörten, Gedichte, Dramen oder auch Prosa vorzüglich vortragen konnte und der als Theaterleiter viele Jahre lang sich um gute *Deklamation* seiner Schauspieler bemühte, war an diesem Thema sehr interessiert und hatte reiche Erfahrungen. Er berührt es auch in seinen *Regeln für Schauspieler* Bd. 12, S. 254,18ff.

303,23. *die Stelle vom rauhen Pyrrhus*: Hamlett II, 2 Vers 474ff.

305,19ff. *wir werden ... solche dramaturgische Versuche bei einer andern Gelegenheit vorlegen.* Goethe hat, von Schiller angeregt, sich in dieser Zeit auch mit Fragen der Poetik beschäftigt. So entstand der Aufsatz *Über epische und dramatische Dichtung* (Bd. 12, S. 249–251), der aber erst 1827 zum Druck gelangte. Eine Sammlung *dramaturgische Versuche* ist niemals zustande gekommen.

307,4. *Quiproquo* lat. „jemand für jemanden"; hier: Figur auf der Bühne; dargestellte Gestalt an Stelle der literarischen.

307,8f. *ob der Roman oder das Drama den Vorzug verdiene.* Goethe hat sich in der Zeit, als er dies schrieb, mehrfach mit den Gesetzen der dichterischen Gattungen beschäftigt. Sie spielen eine Rolle im Briefwechsel mit Schiller, insbesondere in den Briefen vom 23. bis 29. Dez.

1797, denen der Aufsatz *Über epische und dramatische Dichtung* (Bd. 12, S. 249–251 u. Anm.) zugrunde liegt. – Briefe 2, S. 318ff. u. Anm.

307,26–308,17. *Im Roman sollen* ... Dazu: Eric A. Blackall, The Contemporary Background to a Passage in the Lehrjahre. In: Aspekte der Goethezeit. (Festschr. f. Victor Lange.) Hrsg. von St. A. Corngold u. a. Göttingen 1977. S. 137 bis 145.

307,35f. *Grandison* usw. Hier werden als gute Romane nur englische Werke genannt. Der Roman war eine Gattung, die in Deutschland noch wenig beachtenswerte Leistungen aufzuweisen hatte. *Werther* konnte nicht genannt werden, denn er war Goethes eigenes Werk und verkörperte die Gattung keineswegs typisch, weil er zu sehr vom Subjekt des Briefschreibers aus schildert. Genannt werden also: Richardson, *Grandison*, 1753–54; *Clarissa*, 1747–48; *Pamela*, 1770; Goldsmith, *Der Landpriester von Wakefield*, 1766; und Fielding, *Tom Jones*, 1749. Alle diese Romane wurden ins Deutsche übersetzt und hatten für die deutsche Bildung und Literatur der Zeit große Bedeutung. Sie waren so bekannt, daß Goethe die Namen der Verfasser nicht zu nennen brauchte. – Bd. 6, S. 23,20f. u. Anm.; Bd. 9 S. 567,39 u. Anm.

308,1 *retardieren* von lat. „retardare", frz. „retarder": verzögern, aufhalten. Das Wort wurde von Goethe und Schiller als Fachausdruck in der Literaturästhetik benutzt und bezeichnet Verzögerung im Entwicklungsgang der Handlung. Im Epos und Roman gibt es mehr retardierende Momente als im Drama. In dem Briefwechsel mit Schiller wurde das Thema mehrfach erörtert, insbes. 23.–29. Dez. 1797; dort benutzt Goethe statt *retardieren* auch das Wort *retrogradieren* („zurückgehen").

308.12f. *pathetische, niemals aber tragische Situationen.* Das Wort *pathetisch* (lat. patheticus) von griech. „páthē" und „páthos" = Mißgeschick, Leid, unglückliches Schicksal, Krankheit, Qual; dann auch: Gemütsbewegung, Affekt, Leidenschaft. Das Eigenschaftswort hat demgemäß die Bedeutungen 1) leidend, 2) leidenschaftlich; in der heutigen Sprache nur noch die letztere. In Goethes Sprache oft auch die erstere. Durch den Zusammenhang wird hier die Bedeutung klar. Zu der *tragischen Situation* gehört, daß sie vom Wesen des Helden her innerlich begründet und vom Schicksal aus todbringend ist, sowie daß dabei etwas Großes zugrunde geht. Der *Zufall* dagegen kommt nicht aus dem Wesen dessen, den er trifft, und er trifft keineswegs immer das Wertvolle. Die so durch *Zufall* geschaffene Situation ist also gegebenenfalls traurig, sie bringt Leid und Qual, d.h. sie ist *pathetisch*, aber nicht tragisch.

308,30. *kollationiert.* Das Wort *kollationieren* bedeutet: vergleichen, insbesondere Abschriften mit dem Original vergleichen oder auch

Handschrift und Druck vergleichen. Wilhelm vergleicht also die ausgeschriebenen *Rollen* mit seinem ursprünglichen Gesamttext. Das Wort (aus dem antiken Latein und dann insbes. dem Neulatein) bedeutete ursprünglich „zusammenstellen" und ging im 18. Jahrhundert als deutsches Fremdwort in die Fachsprache der Drucker und Philologen ein. – Bd. 11, S. 77,15.

309,19. *Märchen*. Das Wort hat im 18. Jahrhundert noch nicht die spezielle Bedeutung, die es seit den Brüdern Grimm und der wissenschaftlichen Volkskunde hat, sondern bedeutet allgemein: etwas, was in aller Munde ist; wundersame Erzählung; Phantasiegeschichte. Es kommt in den *Lehrjahren* oft vor 141,21; 236,1; 309,19; 318,39; 340,3; 359,21; 476,21; 481,38; 486,9; 512,3. Vgl. auch Bd. 9, S. 194,25. – Dt. Wb. 6, Sp. 1618–1620.

310,30. *Garderobenfreunde*: Freunde, denen ausnahmsweise der Zutritt zu den Garderoberäumen des Theaters gestattet ist, die normalerweise für alle, die nicht zum Theater gehören, gesperrt sind. Vgl. 311,12.

311,3. *vor und nach kosteten*: vorher kosteten (bei den Proben) und nachher kosteten (bei Gesprächen über die stattgefundene Aufführung). Man könnte in moderner Schreibweise wohl auch setzen: *vor- und nachkosteten*.

311,31. *Stellung und Aktion*. Die im folgenden geäußerten Grundsätze entsprechen Goethes *Regeln für Schauspieler* Bd. 12, S. 252–261 u. Anm. – Bd. 14, Bibliographie, Abschnitt 39 „Theater".

312,1f. *Stiefel* waren die Mode etwa seit den 70er Jahren – darum in *Werther* Bd. 6, S. 103,39 –, dagegen *Schuhe* die ältere Mode, wie sie seit der Zeit Louis XIV. allgemein gewesen war. Je nachdem, welche Rolle zu spielen war, war die Fußbekleidung verschieden. Die Schauspieler erschienen, modisch gekleidet, von der Straße in *Stiefeln*, mußten also für viele Rollen *Schuhe* anlegen, weil man sich in *Stiefeln* anders bewegt. – Max v. Boehn, Die Mode. Bd. 5: Menschen und Moden im 19. Jahrhundert, 1. Teil: 1790–1817. München 1964. S. 139.

315,3f. *vielleicht künftig die neue Bearbeitung Hamlets* ... Eine solche ist niemals druckfertig gemacht und erschienen. Goethe hat aber eine Bühnenbearbeitung von Shakespeare „Romeo und Julia" geschaffen (unter Mitwirkung Riemers), die in der Weim. Ausg. Bd. 9, S. 169–274 abgedruckt ist.

316,27. *schönsten Gedanken*: Bezieht sich auf den erotischen Satz Hamlets aus dem 3. Akt, 2. Szene; und im Zusammenhang des Romans auf das, was Philine im folgenden singt (317,1ff.) und tut (327,33f.).

317,1ff. *Singet nicht in Trauertönen* ... Schon mehrfach wurde berichtet, daß Philine gelegentlich singt (100,20; 101,12; 123,32; 130,35), doch werden bei ihren anderen Liedern die Texte nicht mitgeteilt, im Gegensatz zu denen Mignons und des Harfners. Nur hier geschieht es. Das Lob der Nacht und der Liebe ist witzig und leicht formuliert, im Wortlaut dezent und durch die Form und Vortragsweise durchaus ein Spiel, so daß Philine das, was sie selbst dabei denkt (327,32ff.), kaum erkennen läßt. – Das Gedicht wurde erstmalig 1795 im 3. Band der

Lehrjahre gedruckt. Man nimmt an, daß es im Zusammenhang der Entstehung des *5. Buches* geschrieben ist, von vornherein als Rollenlied. 1815 nahm Goethe es unverändert in die Gruppe *Aus Wilhelm Meister* in seinen Gedichten auf, als einziges Lied von Philine. – Humboldt an Goethe 15. Juni 1795: „Philine ... die durch das klipp! klapp! und das schöne Lied noch höher, wenigstens bei uns allen, steigt ..." – 317,17 *Knabe*: vgl. 424,28 u. Anm. – Storz S. 121–123.

318,35. *Paradiesvogel*: metaphorisch für etwas Seltenes, Kostbares, Erlesenes. Die spezielle Erklärung gibt Aurelie im Folgenden selbst (318,37ff.). – Briefe Bd. 1, S. 88,18.

319,25 *Märchen*: das, was allgemein erzählt wird. Vgl. 309,19 u. Anm.

320,22. *Symphonie*. Hier: Ouvertüre, Einleitungsmusik.

323,15. *Horatio, als er zum Ankündigen heraustrat.* Es war im 18. Jahrhundert Sitte, daß nach Beendigung des Schauspiels einer der Schauspieler vortrat und mitteilte, was bei der nächsten Aufführung gespielt werde. In diesem Falle ist es der Schauspieler, der die Rolle des Horatio gespielt hat.

326,28. *Mänade*: Bacchantin, Begleiterin des Dionysos (Bacchus). Tanzende Mänaden sind auf antiken Vasenbildern und auf Gemmen (hellenistischer Zeit) dargestellt. Goethe kannte solche Darstellungen von seiner italienischen Reise, ferner durch Abbildungswerke und durch seine Sammlung von Gemmenabgüssen.

326,35. *Maultrommel* oder Brummeisen: primitives Musikinstrument, bei dem ein Metallplättchen durch Blasen in Schwingung gesetzt wird; kam im 19. Jahrhundert ganz außer Gebrauch und wurde durch die Mundharmonika abgelöst. Artikel darüber in jedem großen Lexikon, ausführlich in MGG 8, 1960, Sp. 1828–1831.

330,35. *Rette deinen Felix! Der Alte ist rasend.* Das Geschehen wird später aufgeklärt: 437,34ff.; 590,17ff; 597,34ff. Zu den Worten Mignons: 437,34ff.

333,30. *Lusthaus*: Gartenhaus, Laube; im Gegensatz zum Wohnhaus.

334,18. *mit ihr erklären*: „sich mit jemanden auseinandersetzen, aussprechen, verständigen" (Fischer, Goethe-Wortschatz). *Tasso* 2264. – GWb. 3, Sp. 339.

335,1ff. *An die Türen will ich schleichen ...* Nicht in der *Theatral. Sendung*, also wohl im Zusammenhang der Fertigstellung der *Lehrjahre* entstanden. 1815 in die Gedichtgruppe *Aus Wilhelm Meister* aufgenommen. Eine vereinzelte Strophe mit dem Bilde des Einsamen und derer, die ihm etwas geben, einer den andern nicht verstehend; das innere Schicksal von außen dargestellt, Fortsetzung des Themas der Einsamkeit (137,35ff.), neu das Thema des Bettelns. Im Gegensatz zu den unregelmäßigen Formen der anderen Einsamkeitslieder des Harfners

(135,25ff.; 137,35ff.; 209,22ff.) eine regelmäßige Strophe, sogar eine zu jener Zeit häufige Form („Freude, schöner Götterfunken"; vgl. auch Bd. 8, S. 255,11ff. u. Anm.); vielleicht ähnlich zu deuten wie die Rückkehr des geisteskranken Hölderlin zu regelmäßigen Reimversen. – Kommerell, Essays S. 142. – Storz S. 117–119.

335,3. *Fromme Hand.* Das Wort *fromm* hier in der alten Bedeutung: richtig handelnd, Gutes tuend, wohlwollend, an den nächsten denkend. – Günter Niggl, „Fromm" bei Goethe. Tübingen 1967. Insbes. S. 377f.

335,32. *Geschäft.* Hier: Aufgabe. Vgl. 176,13.

341,27. *Sozietät*: Gesellschaft, Menschenkreis. Vgl. 148,37.

342,24. *Reservation*: Vorbehalt. Wie Bd. 9, S. 247,16.

345,33. *Metier* (frz.): Handwerk; um 1800 als Fremdwort gebräuchlich, und zwar oft zur Bezeichnung des Handwerklichen, Mechanischen, der Übung, der spezifischen Fachkenntnis in einem Beruf. – Wie Bd. 9, S. 32,12.

348,25. *Herrenhuter.* Eine Gruppe „Böhmischer Brüder" aus Böhmen und Mähren hatte um ihres Glaubens willen das durch die Gegenreformation katholisch gewordene Land verlassen und sich 1722 unter den Schutz des Grafen Zinzendorf gestellt. Er siedelte sie auf seinen Gütern in der Oberlausitz östlich Löbau an, gab der Neusiedlung den Namen „Herrnhut" und organisierte die Gemeinde in pietistischem Geiste. Diese kleine Menschengruppe fand wegen ihrer religiösen Innerlichkeit und ihres tatkräftigen Leiters bald Beachtung in ganz Deutschland und darüber hinaus. Goethe ist in seiner Jugend Mitgliedern der Brüdergemeinde begegnet (Bd. 10, S. 42,26ff. u. Anm.). In dem religösem Buche der *Lehrjahre,* dem *6. Buch,* ist es selbstverständlich, daß die *Herrnhuter* erwähnt werden. Sie kommen also im folgenden noch mehrfach vor: 396,36; 398,20; 414,19; 432,10; 528,38. – Allgemein orientierende Artikel in jeder Enzyklopädie, meist unter „Brüdergemeine, Bruderunität, Zinzendorf". – RGG Art. „Brüderunität". – Die Brüderunität in Bildern. Prag 1957. – Heinz Renkewitz, Die Brüder-Unität. Stuttg. 1967.

349,26. *überspringendes Fieber*: „stoßweise einsetzendes Fieber" (Fischer, Goethe-Wortschatz); intermittierendes Fieber.

350,9. *aufgespannt*: erregt, nervös. Wie Bd. 6, S. 55,14f.; 125,29; 166,34f. Ferner Bd. 7, S. 242,18 *Aufspannung.*

351,3. *Oper.* Die Oper war in Deutschland im 18. Jahrhundert sehr beliebt, konnte aber natürlich nur in größeren Städten wie Hamburg, Prag, Wien existieren oder war an Fürstenhöfe gebunden. Die Weimarer Bühne, so klein sie war, hat immer auch Singspiele und Opern aufgeführt. Goethe hatte also auch auf diesem Gebiet Erfahrungen. Vgl. S. 474,27f. – Bd. 10, S. 97,18ff.; 350,32ff.; 433,38ff.; Bd. 11, S. 54,2ff.; 75,4ff.; 434,27–437,33; Bd. 12, S. 68,18ff.; 304,1f.

352,11. *politisch.* Hier in dem alten Sinne „weltklug, geschickt, zielstrebig, berechnend", den das Wort vor allem in der ersten Hälfte des 18. Jahrhunderts gehabt hatte und der um 1790 selten geworden war; so auch noch in *Werther* Bd. 6, S. 103,4. – Dt. Wb. 7, Sp. 1980.

352,18. Lessings *Emilia Galotti* erschien 1772 im Druck. Im gleichen Jahre erfolgte die Uraufführung durch die Döbbelinsche Truppe in Braunschweig, es folgten vorzügliche Aufführungen in Berlin und Hamburg. Als Goethe 1791 die Leitung der Weimarer Bühne übernommen hatte, brachte er 1793 *Emilia Galotti* zur Aufführung. – Bd. 9, S. 569,27ff. – Erich Schmidt, Lessing. 1884–92 u. ö.

355,35f. *übertragen* = ertragen, ausgleichen.

356,36ff. *Heiß mich nicht reden* ... In der *Theatral. Sendung* im 3. Buch, 12. Kap. Das 3. Buch entstand 1782. Dort ist es eine Stelle aus Wilhelms Drama *Die königliche Einsiedlerin,* die Wilhelm für Mignon abgeschrieben hat und die sie *sehr pathetisch* vorträgt. Textlich unverändert 1795 in die *Lehrjahre* übernommen und 1815 in die Gedichtgruppe *Aus Wilhelm Meister.* Im Anfang des *5. Buches* wird gesagt, daß Mignon *Oden und Lieder auswendig lernte* und diese *wie aus dem Stegreif deklamierte* (283,12–16). Diesem Anfang des Buches entspricht nun der Schluß. Mignon *rezitiert* die Verse (356,33). Bisher hat sie Lieder gesungen, doch dies ist nicht liedhaft. Es bleibt offen, wo sie es her hat. Es ist nicht ihre Sprache, aber ihr Geist. Das Thema ist Verschlossenheit und Mitteilung. Dasselbe Motiv gibt es in dem Mondlied *Füllest wieder Busch und Tal,* doch im gegenteiligen Sinne. Dort *löst* sich die *Seele* und der Mensch öffnet sich dem *Freunde.* Hier dagegen wird in mehreren Sätzen die Verschlossenheit ausgesagt, und das Motiv *Ein jeder sucht im Arm des Freundes Ruh* erscheint nur als Gegenmotiv, als das Unmögliche. Es ist eine Verschlossenheit, die sich nicht löst, obgleich Mignon bei Wilhem lebt. Das deutet auf eine Verstörtheit im Innern. Es kündigt sich Tragisches an. Nur die schöne Form täuscht vielleicht im Augenblick darüber hinweg. Die Verse denken nicht zurück, sie sind Gegenwart und sprechen einen Zustand aus. Doch dieser Zustand ist die Folge von Gewesenem. Später, im *8. Buch,* bemerkt der Arzt, daß Mignon *einen Schwur getan hat, keinem lebendigen Menschen ihre Wohnung und Herkunft näher zu bezeichnen* (522,15f.). Dann heißt es: *Wilhelm konnte sich nunmehr manches Lied, manches Wort dieses guten Kindes erklären* (522,34f.). Die Hintergründe werden nur knapp angedeutet: Als das Kind, das sich verirrt hatte, denen, die es fanden, sagte, wo es zu Hause sei, wurde es nicht nach Hause gewiesen, sondern gewaltsam weggeführt (522,16–23), da entstand eine Verwirrung und Verkrampfung des Innern, deren Nachwirkung niemals aufgehört hat. (Der kindliche Geist sah die Zusammenhänge falsch, indem er die Nennung von

Name und Wohnung als Einleitung der Entführung deutete.) Der Erzähler bringt später breit die Geschichte von Mignons Eltern, er rührt (587,27–588,6) aber nicht mehr an diesen Bereich, nachdem er ihn einmal (522,16–23) kurz angedeutet hat. – Kommerell, Essays S. 136f.: Das Gedicht „handelt von der ihr versagten Mitteilung, und indem es einsetzt, verkündet es einen Vorgang: einer, und zwar der, dem sie sich erschließen möchte, hat sie dazu aufgefordert. Dies wäre ja die freundliche Ausnahme ihrer Fremdheit, welche die anderen hinnehmen und die sie selber hinnimmt. Hier herrscht nicht ihr Wille, hier ist über sie verhängt, während alles Seiende durch das Schicksal aufgefordert ist, sich einem anderen Seienden zu eröffnen. Sie verschließt sich nicht, sie ist verschlossen. Von wem? Von einer Macht. Sie heißt *Pflicht*, heißt *Schicksal* in der ersten, heißt *Gott* in der dritten Strophe. Aber das *Schicksal* ist nicht von ihr verschieden, sie ist es selbst: sie hat es in einem *Schwur* über sich selbst verhängt. Und es war ihr *Schicksal*, diesen *Schwur* tun zu müssen. Der *Gott* ist hier kein tröstender Name: wie in alten Mythen, wie in dem Parzenlied (Bd. 5, S. 54f.) tritt das Göttliche ins Rätsel zurück, so wie in Mignon das Menschliche ins Rätsel zurücktritt. Es ist die Größe des Liedes, nichts Gemußtes in Freiheit, nichts Geheimes in Begreiflichkeit aufzulösen." – Storz S. 105–108. – Harold Jantz, Goethe's Wilhelm Meister, Image, Configuration and Meaning. In: Studien zur Goethezeit. Hrsg. von H.-J. Mähl u. E. Mannack. Heidelberg 1981. Insbes. S. 117.

Sechstes Buch

Die *Bekenntnisse einer Schönen Seele* hat der Arzt gebracht. Er berichtet, daß eine *nunmehr abgeschiedene vortreffliche Freundin* (350,4) sie geschrieben habe. Nur den *Titel* (350,6) hat er, der Arzt, hinzugesetzt. Dieser Titel enthält bereits eine Deutung. Während die Aufzeichnungen aus der Sicht des Ich geschrieben sind, stammt der Titel aus der Sicht des Außenstehenden.

Die *Bekenntnisse* unterbrechen scheinbar den Lauf der Erzählung. Doch es gibt Verklammerungen. Der Leser weiß bereits, daß diese Aufzeichnungen einen starken Eindruck auf Wilhelm gemacht haben, einen noch stärkeren auf Aurelie, und zwar in der Zeit vor ihrem Tode (355,6ff.). Bei der Lektüre des folgenden 7. *Buches* merkt er dann, daß er bereits am Ende der *Bekenntnisse* in den Menschenkreis eingeführt ist, der nun dargestellt wird. Tiefer als die Verknüpfung in der Handlung geht die Verbindung im Gehalt. Bei der Pietistin wie bei Wilhelm handelt es sich um *Lehrjahre*, doch in verschiedenem Bereich: eine religiöse Lebensform und eine ästhetische; christliche und säkularisierte Welt; ein vorwiegend nach innen gewandtes Leben und Wechselwirkung von innen und außen. Wilhelm lernt hier eine religiöse Strömung kennen, die dem Gesamtbild seiner Zeit einen besonderen Zug beimischte und die – geschichtlich gesehen – von Spener und Francke bis zu Schleiermacher zur Geschichte des Geistes und der Seele gehört.

Goethe schildert von außen, aber doch aus naher Kenntnis. Er hatte Pietismus und Herrnhutertum in den Jahren 1768–1775 in Frankfurt kennen gelernt und zeitweilig intensiv miterlebt (Bd. 10, S. 41,11–44,25). Seine erst 1922 gefundenen Briefe an Langer sind Zeugnisse dafür, wie tief er sich gefühlsmäßig und auch sprachlich in diese Welt hineingefunden hatte, wenn auch nur für kurze Zeit. (Briefe Bd. 1, S. 66ff. u. die ausführlichen Anm. dazu; ferner S. 78ff., 83ff., 96ff., 101.) Im Hause des Herrn Rat fanden damals pietistische Zusammenkünfte statt, wie Goethe sie in einem Brief an Langer vom 17. Jan. 1769 beschreibt (Briefe Bd. 1, S. 83,27ff.). Besonders nahe kam ihm die pietistische Geisteswelt durch Susanna Katharina v. Klettenberg (1723–1774), eine Base und Freundin seiner Mutter. Ihre Gestalt, ganz von innen her geformt, ihre Art, alle Dinge des Lebens von ihrem geistigen Mittelpunkt her zu sehen, hat auf ihn tiefen Eindruck gemacht. Aus einer angesehenen Frankfurter Familie stammend, lebte sie, auf ihre religiösen Ziele gerichtet, zurückgezogen in ihrer Heimatstadt. Goethe hat 1774 etwas von ihrem Wesen eingefangen in seinen Versen *Sieh in diesem Zauberspiegel* ... (Bd. 1, S. 89). Wir haben einen Brief des 20jährigen an sie (Briefe Bd. 1, S. 115f.), in welchem er bemüht ist, sich auf sie einzustellen. Und vor allem haben wir die Schilderung, die der

62jährige in *Dichtung und Wahrheit* gegeben hat (Bd. 9, S. 338,38–340,24; 341,27ff.; Bd. 10, S. 22,6ff.; 41,11ff.; 43,28ff.; 57,5ff.), ihren *heitern ja seligen Blick über die irdischen Dinge* preisend (Bd. 10, S. 57,9f.), wobei er ihr Bild dem annähert, das er später in der Romangestalt von Makarie gab. Dort, in *Dichtung und Wahrheit*, erinnert Goethe: *Es ist dieselbe, aus deren Unterhaltungen und Briefen die „Bekenntnisse der Schönen Seele" entstanden sind* (Bd. 9, S. 338,39f.). Dann nennt er die *Bekenntnisse* eine *ausführliche, in ihre Seele verfaßte Schilderung* (Bd. 9, S. 338,16). Goethe pflegt in solchen Angaben genau zu sein. Er erinnerte sich also an *Unterhaltungen*, er hatte, als er 1795 das *6. Buch* schrieb, noch *Briefe*. Vermutlich hat er diese 1797 verbrannt, als er vor der Reise nach der Schweiz fast alle an ihn gerichteten Briefe aus früheren Jahren (bis 1792) vernichtete. (Tagebuch 2. und 9. Juli 1797; *Annalen*, Abschnitt *1797*; Gespräch mit Kanzler v. Müller 18. 2. 1830.) Er hielt sich also bei der Ausarbeitung des *6. Buches* zunächst an den Lebenslauf Katharinas v. Klettenberg, doch das letzte Drittel mit der Darstellung des Oheims, seines Schlosses und der Familie der Schwester hat er frei erfunden. Was die Menschen betrifft, denen die Dargestellte in ihrer Jugend begegnet, so konnte er, wenn er wollte, aus Büchern oder Schriftstücken über Frankfurt sein Gedächtnis ergänzen. Doch wenn auch Lebenslinie und Innerlichkeit der Gestalt ein Modell haben, die Darstellungsweise ist ganz und gar sein eigenes Werk. Das zeigt sich, wenn man dieses Buch mit anderen Teilen des Romans vergleicht, das zeigt sich aber besonders dann, wenn man es mit den Schriften von Susanna v. Klettenberg vergleicht, die uns überliefert sind. (Gesammelt in: Die Schöne Seele. Hrsg. von H. Funck. Lpz. 1912.) Wir haben von ihr Aufsätze, Lieder und Briefe. Die Aufsätze sind Abhandlungen über christliche Lebensführung. Die Gedichte sind Ausdruck der Liebe zu Jesus, man spürt das persönliche Erlebnis; im Vergleich zu anderer pietistischer Lyrik sind sie maßvoll in der Sprache; Form und Wortschatz bleiben in den Bahnen der üblichen christlichen Dichtung der Zeit. Die Briefe sind geistlicher Zuspruch an christliche Freunde, auf deren Individualität die Schreibende sich einstellt. Sie versteht ihr Inneres zu beobachten und weiß andere zu beraten. Doch nirgendwo zeigt sich die Fähigkeit zur Komposition einer Erzählung, wie es die *Bekenntnisse* sind. Vergleicht man das Motiv des Todes der Schwester, so ist es bei Goethe (412,13ff.) erzählend dargestellt, bei Susanna v. Klettenberg erbaulich-betrachtend, im Christologischen endend (Brief an Trescho 12. Juli 1765; S. 229). Ihr Stil ist spröder, unpersönlicher, theoretischer. Stellenweise ist Goethe der Schreibweise Katharinas nahe (z. B. 394,28–36), doch dann knüpft er Betrachtungen an, die bei ihr nicht möglich wären, denn er lenkt von der christlichen Religiosität zu einer allgemeinen Religiosität über (395,13–15; vgl. dazu

Bd. 1, S. 357 *Prooemion)*. Themen wie die am Ende der *Bekenntnisse* (401,35 ff.) kommen in dem, was wir von ihr kennen, nicht vor, lagen ihr wohl auch ganz fern. Das *6. Buch* ist im Aufbau genau so sorgfältig abgetönt wie die übrigen Bücher des Romans. Schon allein darin zeigt sich, daß es darstellerisch ganz und gar Goethes Eigentum ist. Der Dialog mit dem Oheim ist an den Schluß gerückt, danach aber folgt noch einmal die Konzentration auf die eigene Innerlichkeit mit den großen Themen *der unsichtbare Freund* (419,35 f.) und *die Leichtigkeit, das zu tun, was ich für recht halte* (420,16), aber auch mit den dunklen Untertönen: die *Ungeheuer in jedem menschlichen Busen* (420,29 f.). Wie hier die Motive, die im Anfang des Buches beginnen und leitmotivisch weiterhin vorkommen, nun gesteigert auftauchen, zum Finale verschlungen werden und dabei in ein rechtes Verhältnis gebracht sind, so daß sich ein Bild des Menschen ergibt – das ist ein Meisterstück Goethescher Prosaerzählung.

An Schiller berichtete Goethe am 18. Februar 1795, er habe *das Schema zum 5. und 6. Buche ausgearbeitet;* und dann am 18. März: *Vorige Woche bin ich von einem sonderbaren Instinkte befallen worden, der glücklicherweise noch fortdauert. Ich bekam Lust, das religiöse Buch meines Romans auszuarbeiten ..., doch wäre eine solche Darstellung nicht möglich gewesen, wenn ich nicht früher Studien nach der Natur dazu gesammelt hätte.* Am 16. Mai schreibt er an Schiller, daß das 6. Buch *fertig ist.* Er hatte also 9 bis 10 Wochen daran geabeitet. Goethe kommt dann in dem Brief vom 18. August noch einmal auf das Buch zu sprechen und betont, daß die religiösen Motive auf andere Art wieder im *8. Buche* aufgenommen werden und daß man das *sechste* und das *achte Buch* im Zusammenhang sehen müsse. Für ihn gehörte dieses Buch zur Gesamtkonzeption des Romans. Doch er kannte seine Freunde und das Publikum genug, um zu ahnen, daß dieses Buch wenig Verständnis und viel Ablehnung finden werde (an Humboldt 27. Mai 1796). Dennoch mußte er es schreiben. Es gehörte für ihn wohl in ähnlicher Weise in diesen Roman hinein wie später in *Dichtung und Wahrheit* die sorgfältig ausgemalte Gestalt von Katharina v. Klettenberg hineingehörte. – Schiller zeigte in dem Brief vom 17. August 1795 sein Verständnis, indem er die christliche Religiosität als Beispiel für Religiosität überhaupt betrachtete; und er betont ein Jahr danach am 28. Juni 1796 noch einmal, „wie trefflich sich dieses achte Buch an das sechste anschließt". Körner dagegen schreibt am 6. Nov. 1795: „Fast überwog doch bei mir das Unangenehme des Stoffs die treffliche Darstellung, bis mir bei dem Oheim wieder wohl ward." Und Humboldt bekennt mehrmals, daß dieses Buch ihm in vielem widerstrebe (an Schiller 31. August 1795; 4. Dez. 1795; an Goethe 9. Febr. 1796). Nur Friedrich Schlegel sprach aus, daß das letzte Drittel des *6. Buches* besonderes Gewicht habe durch die wechselseitige Toleranz der Pietistin und des Oheims und den Ton ihrer Gespräche. Und in der Tat war damit etwas erreicht, was für das ganze Zeitalter einen Höhepunkt bedeutete. In diesem Ton hatten 1792 Amalia v. Gallitzin, die fromme Katholikin, und Goethe, der sie eine *Schöne Seele* nannte (Briefe Bd. 2, S. 163,4), miteinander gesprochen – wissend um die Unterschiede, voll Achtung für die Persönlichkeit des anderen, hoffend und vertrauend auf einen höchsten Bereich, in dem alles sich trifft. (Bd. 10, S. 335,26–346,4.) Solche Gespräche waren für Goethe eins der großen Ergebnisse, die das Leben ihm geschenkt hatte; und indem er sie nun zum Romanmotiv machte, waren sie zugleich die Formulierung eines großen Themas der Zeit. Das 18. Jahrhundert hatte eine neue weltliche Religiosität gebracht, doch die christliche Religiosität war weder innerlich noch äußerlich am Ende. Der Dialog konnte beiden Gruppen nur ein Mittel zur Vervollkommnung sein. Dieses Thema hat der Dichter hier in seinen Roman hineingenommen.

Zur Religionsgeschichte des 18. Jahrhunderts: RGG. – Goethe, Briefe. Bd. 1, hrsg. von K. R. Mandelkow, 1962 u. ö.; Briefe an Goethe Bd. 1. 1965. – Goethes Briefe an E. Th. Langer. Hrsg. von Paul Zimmermann. Wolfenbüttel 1922. – Die Schöne Seele. Bekenntnisse, Schriften und Briefe der Susanna Katharina v. Klettenberg. Hrsg. von Heinrich Funck. Lpz. 1912. (372 S.) – H. v. Schubert, Goethes religiöse Jugendentwicklung. Lpz. 1925. – W. Flitner, Goethe im Spätwerk, Hamburg 1947. S. 19–56. – Alfred Grosser, Le jeune Goethe et le piétisme. Etudes Germaniques 4, 1949, S. 203–212. – August Langen, Der Wortschatz des dt. Pietismus. 2. Aufl. Tüb. 1968. Insbes. S. 464f. – Frederick J. Beharriell, The Hidden Meaning of Goethes „Bekenntnisse einer Schönen Seele". In: Lebendige Form. Festschr. f. Heinrich Henel. München 1970. S. 37–62. – Barbara Becker-Cantarino, Der lange Weg zur Mündigkeit. München 1989. S. 130–147.

358,2. *Schöne Seele* (vgl. auch 518,4; 532,10 und 608,18f.). Der Ausdruck *schöne Seele* war im 18. Jahrhundert verbreitet. Meist bezeichnete man damit einen von der Seele her geformten Menschen, eine harmonische, von Natur aus auf das Gute gerichtete Seele. Ausgangspunkt für den Begriff ist Platon. In seiner „Politeia" („Der Staat") heißt es IV, 444 D: „Tugend ist also ... eine Gesundheit und Schönheit und gute Beschaffenheit ... der Seele": Ἀρετὴ ... ὑγίεια ... καὶ κάλλος καὶ εὐεξία ψυχῆς. Und im „Symposion" („Das Gastmahl") ist davon die Rede, daß jemand, der „göttlicher Begeisterung voll ist", sich danach sehnt, bildend zu wirken, besonders „wenn er eine schöne und edle und wohlbegabte Seele trifft": καὶ ἄν εντύχῃ ψυχῇ καλῇ καὶ γενναίᾳ καὶ εὐφυεῖ (209 B). An dieser Stelle findet sich also die Formulierung „schöne Seele", ψυχὴ καλή. In „Phaidros" sagt Sokrates am Ende: „O lieber Pan und ihr anderen Götter dieses Ortes, verleiht mir, schön zu werden im Innern ..." Die Zusammengehörigkeit des Guten und des Schönen ist ein Grundgedanke der Platonischen Philosophie. Auch bei Plotin gibt es Stellen, welche die Seele mit der Schönheit in Verbindung bringen, z. B. Enneaden I, 6,9: „Nie hätte das Auge die Sonne gesehen, wäre es nicht selbst sonnenhafter Natur; und ebenso könnte die Seele das Schöne nicht sehen, wenn sie nicht selbst schön wäre." Das Motiv der Seelenschönheit geht dann aus der antiken in die christliche Literatur ein. Augustinus sagt in seiner Schrift „Contra Faustum Manichaeum" XII, 13, es leuchte ein, daß jede Seele durch die Teilnahme an dem Licht Gottes, nicht durch sich selbst schön sei: „Unde intellegitur, omnem animam participatione lucis dei, non per se ipsam esse pulchram." (Migne, Patr. lat. 42, 1886, Sp. 261.) Es ergab sich eine Traditionskette in der philosophischen Literatur des Mittelalters, in der spätmittelalterlichen deutschen Mystik und in der spanischen religiösen Literatur des 16. und 17. Jahrhunderts. In Deutschland kommt das Wort „schöne Seele" im 18. Jahrhundert vereinzelt bei Zinzendorf vor (Langen S. 358f.); Klopstock benutzt es in seinem Drama „Der Tod Abels" (I, 3; II, 1; II, 7). Lessing spricht von „Schönheit(en) der Seele" in seinem Drama „Der Freigeist", 1749 (Akt II, 3 und IV, 4). Wieland verwendet das Wort verhältnismäßig häufig, und zwar teils ironisch, teils ernsthaft. Über seinen „Agathon" sagt er, er wünsche, „daß dieses Buch von niemand gelesen werden möchte, der keine schönen Seelen glaubt" (in der Ausgabe Lpz. 1773, Teil 4, S. 111 gesperrt; ebenso in der Ausg. 1794, 13. Buch, 6. Kap.). Rousseau benutzt die Formulierung „belle âme" in der „Nouvelle Héloïse", 1761. Hemsterhuis, der große Platon-Verehrer, tut es in seinem Dialog „Simon", der seit 1780 handschriftlich verbreitet war und 1782 in der Hemsterhuis-Übersetzung von Blankenburg erschien. Goethe benutzt die Bezeichnung *belle âme* am 12. 5. 1776 in einem Brief an Henriette v. Oberkirch. In den Briefen an Frau v. Stein heißt es: *eine große schöne Seele* (6. 9. 1780), *in Deiner schönen Seele* (10. 4. 1781) und *eine Schöne Seele* (15. 9. 1781). In *Iphigenie* sagt Arkas: *Fühlt eine schöne Seele Widerwillen / Für eine Wohltat, die der Edle reicht?* (1493f.) Immer bedeutet das Wort bei Goethe: eine reine, edle Seele, die von sich aus das Gute will und tut. Im Dezember 1792 war Goethe in Münster bei Amalia v. Gallitzin. Diese war ähnlich wie Katharina v. Klettenberg ein aus christlicher Religiosität lebender Mensch, war im Vergleich mit jener aber tätig als Erzieherin ihrer Kinder und in der Sorge für Arme und Notleidende. Sie war in ihrer Jugend zunächst geformt durch ihren Lehrer Hemsterhuis, der den Begriff der Seelenschönheit kannte. Seinen Dialog „Simon", in dem er über die „âmes belles et vertueuses" spricht, sandte sie Goethe am 27. Dez. 1792. Am 1. Februar 1793, also zwei Monate nach dem Besuch in Münster, einen Monat nach Empfang des „Simon", schreibt Goethe an Jacobi: *Ich wünschte, ich käme mir selbst so harmonisch vor wie dieser schönen*

Seele. Er wendet das Wort hier auf eine religiös geformte Frau an, ähnlich wie dann zwei Jahre später, als er die *Bekenntnisse einer schönen Seele* schreibt. Hier handelt es sich um die Formung eines Menschen von innen her, und es wird sogar ausdrücklich gesagt, es sei die *Leichtigkeit, das zu tun, was ich für recht halte* (420,16). Das Motiv der *Seelenschönheit* blieb in Goethe lebendig und kommt noch in *Faust II* vor (Vers 10064), an bedeutsamer Stelle und im Zusammenhang mit dem Denkbild der Steigerung. Goethe hat das Wort also seit seiner Jugend gekannt und seit 1780 im Zusammenhang seiner Begriffswelt benutzt. Als Schiller im Juni 1793 in der „Neuen Thalia" seinen Aufsatz „Über Anmut und Würde" veröffentlichte, in welchem er philosophisch präzisiert, daß in der „Schönen Seele" Pflicht und Neigung zusammenfallen (im Gegensatz zum Kantischen Rigorismus, der an Pflicht dachte, welche die Neigung überwindet), war das Wort Goethe längst geläufig und hatte in seinem Menschenbild seine Stelle.

Vgl. das Stichwort *Schöne Seele* im Sachregister in Bd. 14 und im Sachregister zu den Briefen Bd. 4. – Dt. Wb. 9, 1899, Sp. 1479 (schön) und 2902 (Seele) und 10, 1905, Sp. 30 (Seelenschönheit). – Walter Müller, Das Problem der Seelenschönheit im Mittelalter. Bern 1923. (80 S.) – Max v. Waldberg, Zur Entwicklungsgeschichte der „schönen Seele" bei den spanischen Mystikern. Bln. 1910. – H. F. Müller, Zur Gesch. des Begriffs „Schöne Seele". German.-Roman. Monatsschr. 7, 1915–19, S. 236–249. – August Langen, Der Wortschatz des dt. Pietismus. 2. Aufl. Tübingen 1968. S. 358f., 437. – Hans Schmeer, Der Begriff „Schöne Seele", besonders bei Wieland u. in der dt. Lit. des 18. Jahrhunderts. Bln. 1926. – Georg Büchmann, Geflügelte Worte. 22. Aufl. 1905. S. 190f. – Goethe und der Kreis von Münster. Hrsg. von E. Trunz und W. Loos. Münster 1971. Insbes. S. 318–320.

358,6. *Blutsturz*: „ein heftiger Auswurf vielen Geblütes aus der Lunge, ein heftiges Lungenspeien" (Adelung). Goethe berichtet in *Dichtung und Wahrheit,* daß er selbst in seiner Jugend in Leipzig einen *Blutsturz* gehabt habe (Bd. 9, S. 330,27 u. Anm.). Richard Kühn in seinem Buch: Goethe, eine medizinische Biographie, Stuttg. 1949, S. 19f. deutet diesen *Blutsturz* als Bluthusten infolge einer Tuberkulose, die später von selbst ausheilte, zumal der Patient in Frankfurt und Straßburg instinktiv für viel frische Luft und gesunde Bewegung sorgte.

358,25. *Kabinett*: Naturalienkabinett, Sammlung naturwissenschaftlicher Objekte.

359,34. *Der christliche deutsche Herkules* und 360,5 *Die römische Octavia* sind Barockromane, welche die Verfasserin der Aufzeichnungen in der väterlichen Bibliothek findet, ähnlich wie Wilhelm sich an der „Deutschen Schaubühne" und Koppes Tasso-Übersetzung ergötzt (S. 23,21f. und 26,30). Man merkt, daß die Schreiberin zu einer älteren Generation gehört als Wilhelm und daß sie in einem Hause aufwächst, in dem man die höfische Dichtung des Spätbarock geschätzt hat. –

Andreas Heinrich Bucholtz, Des christlichen Teutschen Großfürsten Herkules und der Böhmischen königlichen Fräulein Valiska Wundergeschichte. Braunschweig 1659–60. Neue Auflagen erschienen 1674, 1693, 1728 und noch 1744. – Anton-Ulrich von Braunschweig-Wolfenbüttel, Octavia Römische Geschichte. Nürnberg 1677–79. Neue Auflagen erschienen 1685 bis 1707 und 1711. Die dann folgende Ausgabe Braunschweig 1712 hatte den Titel *Römische Octavia,* also so, wie Goethe ihn zitiert. – Leo Cholevius, Die bedeutendsten dt. Romane des 17. Jahrhunderts. Lpz. 1866. Neudruck: Darmstadt 1965.

362,18. *kindisch* = kindlich. Ebenso 362,32. *Herm. u. Doroth.* II, 131; *Faust* 8609.

362,19. *Er warnte mich ...* Der Sinn ist: „Er warnte mich gleich, indem er mir riet, vor seinem Bruder geheim zu sein." Der Sprachgebrauch ist hier etwas anders als heute. Dt. Wb. 13, Sp. 2088f.

364,5. *Mentor.* In der „Odyssee" der Lehrer des Telemachos; in der Gestalt des Mentor steht Athene dem Telemachos bei. Die Erzählerin hier als wohlunterrichtete junge Dame kannte Fénelons „Télémaque", in welchem Mentor eine große Rolle spielt. Seither gebräuchliche Bezeichnung für: Berater, Lehrer. – Vgl. Bd. 9, S. 162,29 u. 382,11 u. Anm.; *Faust* 7342 u. Anm.

364,23. *schwärmen:* umherschwirren. Das Wort wird erklärt durch den Kontext 364,19–31. Sie lebt mit dem *Schwarm* (364,19) der anderen. – Vgl. 175,6 und Bd. 9, S. 380,26f.

365,2. *auch die Gesundheit ...* Vgl. 220,1ff.; 267,7.

366,2f. *wartete mir ... auf.* Das zu Goethes Zeit sehr gebräuchliche und speziell den damaligen gesellschaftlichen Verhältnissen angepaßte Wort wird von Adelung folgendermaßen umschrieben: „In eigentlicher Bedeutung: jemanden bedienen; figürlich von allen Pflichten der Höflichkeit und Ehrerbietung, die man einem anderen leistet; *einem aufwarten* = mit Ehrerbietung zu ihm kommen."

366,19. *Kommerz* von lat. „commercium": Verkehr, Verbindung, Umgang.

369,4 *alteriert*: aufgeregt, erregt.

370,21. *dem unsichtbaren Freunde.* Das Motiv taucht zu Beginn auf: *Ich hatte Stunden, in denen ich mich lebhaft mit dem unsichtbaren Wesen unterhielt* (358,6f.), dann: *Mein Hang zu dem Unsichtbaren ... ward vermehrt; denn ein für allemal sollte Gott auch mein Vertrauter sein.* (359,39ff.) Später heißt es: *Die Empfindungen für den Unsichtbaren waren bei mir fast ganz verloschen* (364,17f.). Jetzt erfolgt die Formulierung *unsichtbarer Freund* im Zusammenhang der Abschnitte 370,16–24; 371,1–20. Eine ähnliche Formulierung kommt dann noch mehrfach vor: *unsichtbarer Freund* (376,13), ebenso 390,6; *unsichtbarer Führer* (389,36), ebenso 390,29; *Gott mein Freund* (393,10); *unsichtba-*

rer Freund (393,21); und derselbe Ausdruck gesteigert dann am Ende der Aufzeichnungen: *der unsichtbare, einzige treue Freund* (419,35f.). – A. Langen, Der Wortschatz des dt. Pietismus, Tüb. 1968, weist S. 465 darauf hin, daß diese Formulierung zur Terminologie des Pietismus gehörte. – Susanna v. Klettenberg benutzt sie in ihren Gedichten „Der vermißte Jesus" und „Lieber arm als ohne Jesu" und in Briefen an Trescho (12. 7. 65) und an Lavater (27. 8. 74). Die Schöne Seele. Hrsg. von Heinrich Funck. Lpz. 1912. S. 215, 217, 229, 281.

372,13. *Aufsatz*: Garnitur der Frisur, Kopfputz. Vgl. 198,35 u. Anm.

372,17. *Putzdocke*. Im 18. Jahrhundert war das Wort *Docke* = Puppe noch häufig.

373,20. *Bewahre mich* ... Formuliert in Anlehnung an die Bitte aus dem Vaterunser, Matthäus 6,13.

373,22. *dreist*: zuversichtlich, kühn. Noch ohne die Beimischung von Tadel, die das Wort im 19. Jahrhundert bekam. – Vgl. Bd. 2, S. 16 *Dreistigkeit* und ebd. S. 39 *ein dreistes Wagen.*

374,5. *Ich hatt' ihn* ... Anscheinend ein Zitat. Aber woher? Creizenach in der Jubil.-Ausg. sagt: „vielleicht eine Reminiszenz an Hallers berühmtes Gedicht auf Doris"; doch der Wortlaut dort (Vers 118–120) ist anders. – KDN 41,2 S. 64.

374,24. *Schriften, die alles, was man Zusammenhang mit dem Unsichtbaren heißen kann, ... bestritten.* Gemeint sind die Schriften des Materialismus des 18. Jahrhunderts, die allen Gottesglauben als Selbsttäuschung darstellen, wie die von Lamettrie, Helvetius, Diderot. Goethe erwähnt sie in *Dichtung und Wahrheit,* vor allem Holbachs „Système da la nature" (Bd. 9, S. 490,8ff.).

376,24. *Negoziationen* (von frz. „négociation"): Unterhandlungen, Bemühungen.

377,32. *Schellenkappe*: Zeichen des Narren. *Faust* 549; Bd. 9, S. 316,33. Eine in der Goethezeit häufige Wendung: Dt. Wb. 8, Sp. 2497f.

380,14. *derb*: kräftig, tüchtig; ohne tadelnden Nebensinn. Wie Bd. 2, S. 114, Vers 73. – Boucke, Wort und Bedeutung in Goethes Sprache, 1901, S. 18f.

381,25. *so war ich* ...: so wäre ich die seine gewesen. – Ähnlich: Bd. 1, S. 77, Vers 226; Bd. 2, S. 59 Nr. 54; S. 278, Vers 251; *Reineke Fuchs* IV, 250f.; *Herm. u. Doroth.* III, 77f.; *Faust* 10063 und 11961. – H. Paul, Kurze dt. Grammatik, bearb. von H. Stolte. 1962. § 257,9.

382,8f. *meine Renommée zu menagieren*: auf meinen Ruf Rücksicht zu nehmen. Die Verfasserin, die aus einem Kreise stammt, der gewohnt ist, viel Französisch zu sprechen, drückt gerade Dinge des gesellschaftlichen Lebens dieser Kreise französisch aus.

382,31. *Bedienung*: Stellung, Amt.

383,18. *ruchtbar geworden*: bekannt geworden. Bei Goethe kommt die ältere Form *ruchtbar* (von rucht, mittelhochdt. ruoft = Ruf) neben der neueren Form *ruchbar* vor.

383,20f. *Es war damals überhaupt eine gewisse religiöse Stimmung in Deutschland bemerkbar.* Gedacht ist an die Zeit, in welcher der Pietismus über kleine Kreise hinausdrang und die christlichen Kirchen durch Innerlichkeit belebte. Bezeichnend dafür war, daß pietistische Gesangbücher (wie das Ebersdorfer, das Herrnhuter und das Freylinghausensche) weit über ihre Gemeinden hinaus Verbreitung fanden. Von Gottfried Arnold bis zu Lavater gab es Geistliche, die unkonventionell und den Pietisten nahestehend die religiöse Gestimmtheit des Herzens wichtiger fanden als die kirchlichen Lehrmeinungen und die viel Beachtung fanden. In dieser Zeit fällt eine Welle erbaulicher Literatur, an der Johann Andreas Cramer, Joh. Friedr. Starck, Joh. Jacob Moser, sein Sohn Friedrich Carl Moser und viele andere Anteil haben, in sie gehören Klopstocks vielbewunderte „Messias"-Dichtung, Tersteegens geistliche Lieder, Hamanns religiöse Schriften usw. – Der dt. Pietismus. Eine Auswahl von Zeugnissen. Hrsg. von W. Mahrholz. Bln. 1921. – Emil Ermatinger, Dt. Kultur im Zeitalter der Aufklärung. Potsdam 1935. S. 52–84. – Albrecht Ritschl, Gesch. des Pietismus, 3 Bde. Bonn 1880–86.

384,10. *verkochen* eigentl.: etwas kochen, bis es zerfällt; übertr.: verarbeiten, geistig überwinden. – Dt. Wb. 12,1 Sp. 677f.

385,12f. *Platz einer Stiftsdame.* Die *Schöne Seele* wird hierdurch Mitglied eines der wenigen protestantischen adeligen Damenstifter, die im 18. Jahrhundert ein hohes Ansehen hatten. Die Kanonissinnen legten das Gelübde der Keuschheit ab und das des Gehorsams gegen ihre Oberinnen, konnten sonst aber frei leben, wo sie wollten, und ihre Einkünfte nach eigenem Belieben verwenden. Diese Einkünfte erhielten sie lebenslänglich von dem Stift. Dafür war von der Familie bei ihrem Eintritt dem Stift eine namhafte Summe übereignet. Mitglieder konnten nur Damen von stiftsfähigem Adel, d. h. mit genügend adeligen Ahnen, werden. Eine christlich-religiöse Grundhaltung im Leben der Stiftsdamen war selbstverständlich. Bei feierlichen Gelegenheiten konnten sie eine den katholischen Nonnenorden ähnliche Tracht anlegen. Die gesellschaftliche Stellung einer Stiftsdame, zumal einer Oberin, war sehr hoch, ähnlich wie die der katholischen Kanoniker, die einem adeligen Domkapitel angehörten. – Zedler, Universal-Lexicon, Art. „Canonici", Bd. 5, 1733, Sp. 574.

386,38. *die Schuld der Natur bezahlte.* d. h. starb. Die Wendung ist für die Sprache des *6. Buches* bezeichnend, sie gehört dem kirchlichen Denken an und ist seit dem 16. Jahrhundert häufig belegt (Dt. Wb. 9, Sp. 1878). Der Mensch ist sündig seit Adams Sündenfall, und weil er sündig ist, hat Gott über ihn den Tod verhängt; mit diesem *bezahlt* der Mensch der *Natur* seine *Schuld* körperlich, als Geist aber wartet er auf das Jüngste Gericht. – RGG Art. „Tod" mit Lit.-Angaben.

387,18. *„beloved ones"*. Die englische Bezeichnung ist vermutlich dadurch hineingekommen, daß Beziehungen zu englischen und amerikanischen religiösen Kreisen bestanden. Katharina v. Klettenberg benutzt meist die Bezeichnung „Freunde" oder „Brüder".

387,23 ff. *Verfechter der Religion ... Gebetserhörungen.* Ein Beispiel ist Lavater, der sich u. a. in „Vermischte Schriften" Bd. 1, Winterthur 1774, zu diesem Thema äußerte. Auch im Gespräch mit Fräulein v. Klettenberg und mit Goethe kam er darauf (Goethes Gespräche, hrsg. von Herwig, Bd. 1, 1965, S. 94). Jung-Stilling, den Goethe in *Dichtung und Wahrheit* darstellt, glaubte ebenfalls an *Gebetserhörungen* (Bd. 10, S. 89,15 ff.).

388,7. *in reinem Zusammenhang.* Das Goethesche Wort *rein*, immer bewußt gesetzt und im genauen Sinne gemeint, bedeutet: unmittelbar, mit keiner Beimischung. Die Wendung ist durch das vorhergehnde *ohne fremde Formen* bereits vorbereitet und variiert. Es ist ein Zustand, der nur selten erreicht wird. Oft ist der *reine Zusammenhang* bei Goethe ganz bildhaft empfunden: so wie in reiner Luft (oder hinter reinem Glas), so daß das Licht ungehindert herandringen kann. – Bd. 14, Sachregister: *das Reine, Reinheit.*

388,9. *Hallisches Bekehrungssystem.* Der Pietist August Hermann Francke (1663–1727) erlebte eine innere Entwicklung, die sich in drei Stufen vollzog: Weltleben, dann Aufschreckung und völlige Zerknirschung, schließlich innere Erleuchtung und Beglückung. Er schilderte sie mit der im Pietismus sich entwickelnden Selbstbeobachtung in seiner Autobiographie und glaubte, daß auch für andere Menschen dies der Weg zu Gott sei. Seine Schüler machten daraus geradezu eine Art *Bekehrungssystem,* und da Halle der Hauptort des Franckeschen Pietismus war, kam dafür der Name *Hallisches Bekehrungssystem* auf. Goethe erwähnt in einem Brief an Susanna v. Klettenberg vom 26. August 1770 aus Straßburg, ein Kreis von *frommen Leuten,* den er dort aufgesucht habe, sei *so hällisch* (Briefe Bd. 1, S. 115). – RGG Art. „Pietismus„. – Gesch. d. Pietismus. Hrsg. von Martin Brecht. 1993.

391,5. *die Stillen im Lande.* Zeitgenössische Bezeichnung der pietistischen und herrnhutischen Kreise, im Anschluß an die Formulierung in Psalm 35,20. Das Wort kommt schon 1669 bei Dippel vor, dann 1729 bei Zinzendorf; danach weit verbreitet. – Dt. Wb. 10, 2. Abt., 2. Teil, 1960, Sp. 2953 f. – A. Langen, Wortschatz des Pietismus S. 177.

392,5. *Agathon.* Welcher Art die *Bekenntnisse* (391,39) Philos sind, wird durch die Anspielungen auf *Agathon* und auf *David* (393,8) hinreichend angedeutet. Wielands sofort berühmt gewordener Roman „Agathon" (der mit der Gestalt des antiken Tragikers Agathon nichts zu tun hat), schildert die Entwicklung eines jungen Mannes, der in der sittenstrengen Umgebung des Delphischen Priestertums aufwachsend die Welt der Sinne nicht kennen lernt, später aber, als er bei dem Sophisten Hippias lebt und in die Arme der schönen Hetäre Danae kommt, diese Bereiche des Lebens voll auskostet. Er versucht sich dann wieder daraus zu lösen. Die Anspielung hier bezieht sich auf die 1. Fassung des ,,Agathon" 1766/67 oder die 2. Fassung 1773, nicht auf die umgearbeitete 3. Fassung von 1794, die nur kurz vor den *Lehrjahren* fertig wurde.

392,20f. *Girard,* Jean Baptiste, 1680–1733; galt als Verführer eines Beichtkindes (ob mit Recht, ist nicht sicher). Der Skandalprozeß erregte viel Aufsehen, deswegen berichtet z.B. Zedler Bd. 10, 1735, Sp. 1501 ausführlich darüber. – Nouv. Biographie générale 20, 1876, Sp. 652–654. – Ludw. Koch, Jesuiten-Lexikon. Paderborn 1934, S. 697f. – *Cartouche,* Louis-Dominique, 1693–1721, berüchtigter Anführer einer Diebsbande. Nouvelle Biographie générale 8, 1855, Sp. 912–914. – La grande Encyclopédie (1885–1902), Bd. 9, S. 629. – *Damiens,* Robert-François, 1714–1757, machte 1757 einen Mordversuch auf König Louis XV. – Nouv. Biogr. univ. 12, 1866, Sp. 862–865. – La grande Encyclopédie 13, S. 811.

393,2. *der große Arzt.* Pietistische Metapher für Gott im Anschluß an 2. Moses 15,26 und Matthäus 9,12. – Langen, Wortschatz des Pietismus S. 348.

393,8. *David ... Bathseba*: 2. Samuelis, Kap. 11.

393,24f. *David nach jener ... Katastrophe*: Psalm 51 und Psalm 32.

393,28f. *um ein reines Herz flehte*: Psalm 51,12: ,,Schaffe in mir, Gott, ein reines Herz und gib mir einen neuen gewissen Geist." – Vgl. Bd. 8, S. 118,25ff.

393,31. *symbolischen Büchern.* Die Bezeichnung ,,Symbolum" für ein kirchliches Glaubensbekenntnis wie das Apostolische Bekenntnis ist schon mittelalterlich. Im 16. Jahrhundert kam für die ,,Confessio Augustana" (Augsburger Konfession) und die anderen (im Konkordienbuch zusammengefaßten) kirchlichen ,,Bekenntnisschriften" der Name *symbolische Bücher* auf, der bis ins 19. Jahrhundert erhalten blieb. Dementsprechend bedeutet ,,Symbolik" im 18. Jahrhundert Konfessionskunde. Die *Schöne Seele* meint hier also die grundlegenden Schriften der Orthodoxie mit ihren theologischen Lehren. Katharina v. Klettenberg schreibt einmal, man tadle an dem pietistischen Prediger Claus, es sei bei ihm ,,kein eigentlich symbolisches Glaubensbekenntnis" vorhanden (Die schöne Seele, hrsg. von Funck, 1912, S. 235). – Die Bekenntnisschriften der ev.-luth. Kirche. Hrsg. vom dt. ev. Kirchenausschuß. 6. Aufl. 1967. (1128 S.) – RGG Art. ,,Symbole (Kirchl. Bekenntnisse)" und ,,Konfessionskunde".

393,31ff. *eine Bibelwahrheit, daß das Blut* ... 1. Johannes-Brief 1,7: „... und das Blut Christi, seines Sohnes, macht uns rein von aller Sünde."

393,35. *Was heißt das? Wie soll das zugehen?* Formuliert im Anklang an Lukas 1,34 und an Luthers Erklärung des Vaterunser im „Kleinen Katechismus", aber nicht wörtlich zitiert.

393,38. *Menschwerdung des ewigen Worts*: Johannes 1,1ff. – *Faust* 1224ff. – Art. „Logos" in Lex. f. Theol. u. Kirche; und in RGG, 3. Aufl., Bd. 4, 1960, Sp. 434ff.

395,14f. *Ohne Zweifel ist er das* ... Ein Anklang in Bd. 1, S. 357: *In seinem Namen, der den Glauben schafft, Vertrauen, Liebe, Tätigkeit und Kraft* ...

396,18f. *Die goldnen Äpfel* ... Ein Anklang an die biblische Sprache, wie er für die Pietistin naheliegt. Nach: Sprüche Salomons 25,11. – Vgl. 294,14f.

396,36. *herrnhutischen Gemeinde.* Vgl. 348,25 u. Anm. – Die 1722 neu organisierte Brüdergemeine hattte zunächst ihren Stammsitz in dem kleinen von ihr erbauten Ort Herrnhut in der Oberlausitz. Zinzendorf wurde 1736 aus Sachsen verbannt und lebte dann in der Wetterau in den dortigen Kreisen der Brüderunität. Goethe ist 1769 einmal dort gewesen (Bd. 10, S. 43,19). Von 1755 bis zu seinem Tode 1760 lebte Zinzendorf wieder in Herrnhut. Die Brüdergemeine hatte zeitweilig in Barby eine eigene Druckerei für ihre Schriften. Die *Herrnhuter* sind bereits 348,25 erwähnt, fortan werden sie noch mehrfach genannt: 398,20ff.; 414,19ff.; 432,10ff.; 528,38ff. – Chr. Wilh. Franz Walch, Neueste Religionsgeschichte. Bd. 3. Lemgo 1773. S. 11–74: Nachricht von der gegenwärtigen Verfassung der evangel. Brüderunität.

396,38. *Schriften des Grafen.* Vgl. 397,30ff. Zinzendorf (1700–1760) war der Erneuerer der Brüdergemeine, er drückte das Kirchlich-Dogmatische weitgehend in einer Gefühls- und Bildersprache aus und schrieb Erbauungsschriften und Gemeindelieder; eine von allen Seiten, Freunden wie Gegnern, viel beachtete Gestalt, deren Wirkung auf das deutsche Geistesleben des 18. Jahrhunderts im Zusammenhang der allgemeinen Geschichte des religiösen Lebens Bedeutung hat. Seine *Schriften* sind zahlreich. Goethe hat in seiner Jugend einiges davon gelesen. In einem Brief an Katharina v. Klettenberg vom 26. 8. 1770 nennt er Zinzendorf *meinen Grafen* (Briefe Bd. 1, S. 115,27); und Lavater erwähnt am 7. 1. 74, „daß Goethe Zinzendorf ehrt" (Briefe an Goethe, Bd. 1, S. 22,11). Als 1793/94 der Schreiber Liebholdt ein Verzeichnis der aus den früheren Jahrzehnten erhaltenen Bibliothek im Frankfurter Goethehaus anfertigte, verzeichnete er nur „Herrnhutische Schriften", ohne nähere Bezeichnung. – N. L. v. Zinzendorf, Hauptschriften. 6 Bde. Hrsg. von E. Beyreuther u. G. Meyer. Hildesheim 1962–64. Dazu: Ergänzungsbände 1965 ff. – RGG Art. „Zinzendorf" mit Literaturangaben. – Wilh. Bettermann. Theologie u. Sprache bei Zinzendorf. Gotha 1935. – Bd. 10, S. 42,26 f. u. Anm.

397,4. *Ebersdorfer Gesangbuch.* Ebersdorf, Dorf und Schloß im südlichen Thüringen, nördlich Lobenstein, westlich Plauen (damals: Reußisches Vogtland), war Residenz der Grafen Reuß-Lobenstein. Deswegen hatte das Dorf recht gute Pastoren; 1734–1746 war es der bedeutende pietistische Theologe Maximilian Friedrich Christoph Steinhofer (über ihn: Realenzyklop. f. protest. Theol. 18, 1906, S. 790 f.). Er stellte, unterstützt von dem Grafen Reuß, der ein Schwager des Grafen Zinzendorf war, ein Gesangbuch zusammen: Evangelisches Gesangbuch ... der Gemeine in Ebersdorf ... Ebersdorf 1742. Eine neue Auflage erschien 1745. Es enthält gut ausgewählte, vorwiegend pietistische Lieder. 1746 schloß die Ebersdorfer Gemeinde sich offiziell an die Brüderunität an. Das „Ebersdorfer Gesangbuch" wurde in pietistischen Kreisen weithin bekannt. In Frankfurt wurde es in den Erbauungsstunden des Zirkels, dem Frau Rat und Cornelia Goethe angehörten, benutzt. Goethe erwähnt in den Briefen an Langer vom 8. Sept. 1768 und 17. Jan. 1769, daß in seinem Vaterhaus ein Exemplar vorhanden sei und er selbst es benutzt habe. (Briefe Bd. 1, S. 67,34 und 83,31 f.) Dieses Exemplar hat dann 1793/94 der Schreiber Liebholdt in das Verzeichnis der Bibliothek des Herrn Rat aufgenommen (Nassauische Annalen 64, 1953, S. 38).

398,23. *Beichtvater.* Die Beichte, von Luther keineswegs abgeschafft, blieb bei den Lutheranern bis gegen das Ende des 18. Jahrhunderts vielfach im Brauch als „Privatbeichte". Auch der Pietismus behielt sie z. T. bei. Erst gegen Ende des Jahrhunderts setzte sich überall die sogenannte „allgemeine Beichte" durch, d. h. das Sündenbekenntnis derer, die das Abendmahl empfangen wollen, das als allgemeines Bekenntnis der Sündigkeit, nicht als Einzelaufzählung eigener Sünden gesprochen wird. Daneben blieb die Einzelaussprache mit dem Geistlichen, jedoch als freiwilliges seelsorgerisches Gespräch, nicht als Beichte. – Bd. 9, Anm. zu 288,18 u. 293,28.

399,9. *brouilliert*: entzweit; von frz. „brouiller" durcheinander rühren, trüben, verderben, entzweien.

399,11. *Tändelwerk.* Im Folgenden näher bezeichnet als *Vorstellungs- und Redensarten.* Die Schriften der Herrnhuter, die theologische Gedanken in Bildern aussprechen wollten, entwickelten eine eigenwillige, z. T. geschmacklose Sprache, mit den Übertreibungen, zu denen Gruppensprachen neigen; z. B. wurde die Glaubensgewißheit, daß Christus für die sündigen Menschen gestorben sei, bezeichnet als „Ruhen in seiner Seitenhöhle" (gedacht ist an die Seitenwunde, die ihm durch einen Speer beigebracht wurde und durch welche später Thomas sich von seiner Auferstehung überzeugte) und demgemäß das Empfinden des Gläubigen als „seitenheimwehfühlerlich" usw. – Wilh. Bettermann. Theologie u. Sprache bei Zinzendorf. Gotha 1935. – Zinzendorf, Teutsche Gedichte, Anhang und Zugaben zum Herrnhuter Gesangbuch. Hrsg. von G. Meyer. Hildesheim 1964. = N. L. v. Zinzendorf, Ergänzungsbände zu den Hauptschriften, Bd. 2.

400,6. *kirchlich symbolische Sprache*: die Sprache derjenigen Bücher der Kirche, die nach dem damaligen Gebrauch als „Symbolum", d.h. Bekenntnis bezeichnet wurden. Es ist also die Sprache der lehrhaften seit der Reformation überlieferten Theologie. Vgl. 393,31 u. Anm.

401,32. *auf des Oheims Schloß.* Es ist das Schloß, das der Leser im *8. Buch* näher kennen lernt.

404,5. *das eine, was not tut.* Formulierung im Anschluß an Lukas 10,42 „eines aber ist not" und an die Schrift „Unum necessarium" des Amos Comenius, der zu der Gemeinde der Böhmischen Brüder gehörte.

404,31f. *in dem Begriff des Menschen kein Widerspruch mit dem Begriff der Gottheit* ... An das, was hier und im folgenden von dem Oheim gesagt wird, könnte man eine ganze Darstellung von Goethes religiösen Vorstellungen anknüpfen. Schiller schrieb an Goethe: „Es ist unverkennbar, daß Sie in diesen Charakter am meisten von Ihrer eigenen Natur gelegt haben." (3. Juli 1796) Diesen Charakter entfaltet Goethe nun im Gespräch mit der Christin. So ungefähr muß er in seiner Jugend mit Susanna v. Klettenberg gesprochen haben, und später, gereifter und durchdachter, mit Amalia v. Gallitzin; das war 1792, nicht lange, bevor diese Partie geschrieben wurde. (Bd. 10, S. 336,39ff.; 344,6–21; 345,29–346,4.) Goethe bezeichnet in *Dichtung und Wahrheit* einfach und klar, *was mich von der Brüdergemeine so wie von andern werten Christenseelen absonderte* (Bd. 10, S. 43,34f.). Es war sein Bild des Menschen, in dem nicht die Erbsünde das Wesentliche ist, sondern die Fähigkeit, *durch göttliche Gnade belebt zu einem frohen Baume geistiger Glückseligkeit emporwachsen zu können* (Bd. 10, S. 44,6f.). Der Ausgangspunkt ist dabei *Gott anerkennen, wo und wie er sich offenbare* (Bd. 12, S. 364, Nr. 1), dabei ist an das sittliche Denken wie an die Natur gedacht; *das ist die eigentliche Seligkeit auf Erden* (ebd.); *Seligkeit* bedeutet hier: Gottzugewandtheit, ähnlich wie in dem Gedicht *Selige Sehnsucht* (Bd. 2, S. 18f.). Von Hafis sagt Goethe, daß er *selig* ist, d.h. gottzugewandt, *ohne fromm zu sein,* d.h. ohne die kirchlichen Regeln zu beachten (Bd. 2, S. 24), und dieses Anerkennen Gottes in allen irdischen Bereichen, dieses Erkennen der Gleichnishaftigkeit des Irdischen nennt er hier und anderswo *mystisch.* Diese Goethesche Religiosität, die *das Vergängliche* als *Gleichnis* sieht, steht hinter den Worten des Oheims. Von da her ist des Oheims Hochschätzung der *Schönen*

Seele zu verstehen: er erkennt, in welchem Maße sie ihr *sittliches Wesen* mit dem *höchsten Wesen übereinstimmend* gemacht hat (405,22f.). – E. Trunz, Das Vergängliche als Gleichnis in Goethes Dichtung. Jahrbuch „Goethe" 16, 1954, S. 36–56. Auch in: Trunz, Ein Tag aus Goethes Leben. München 1990 u.ö., S. 167–187.

405,30. *Kondeszendenz:* Nachgiebigkeit, Angleichung an den Standpunkt des anderen. Goethe benutzte das Wort in seiner Jugend, um seine Haltung zum Christentum und Pietismus zu bezeichnen: Briefe Bd. 1, S. 79,12.

406,32. *üble Wirte*: Menschen, die schlecht mit Geld umzugehn verstehn.

407,30. Die *Danaiden.* Töchter des Danaus, ermordeten auf Wunsch ihres Vaters ihre Männer; daraufhin mußten sie in der Unterwelt unaufhörlich Wasser in durchlöcherte Gefäße schöpfen. *Sisyphus* betrog in verschlagener Weise den Pluto und mußte dann in der Unterwelt immer wieder einen Stein auf die Spitze eines Berges wälzen, von wo dieser wieder herunterrollte.

408,6f. *Aufmerksamkeit auf die ... Gemälde.* Hier und im folgenden ist nicht mehr von den unterschiedlichen Meinungen des Oheims und der *Schönen Seele* die Rede, sondern von den psychischen Verschiedenheiten und von Lebensformen. Sie als der religiöse Menschentyp nimmt das Ästhetische wenig wahr und sieht es nur in untergeordneter Funktion. Der Oheim dagegen sieht es als eigenen Wert, der keinem anderen Werte untergeordnet ist, und hat einen angeborenen und sodann auch geschulten Blick für alles Schöne. Das Besondere der Darstellung beruht darin, daß die Welt des Oheims hier zunächst von der Pietistin her geschildert wird. Innerhalb des Gesamtwerks wird hier erst deutlich, wie sehr bisher das Ästhetische vorherrschend war, denn Werner war kein hinreichendes Gegengewicht.

408,16f. *daß eigentlich die Geschichte der Kunst allein uns den Begriff von dem Wert und der Würde eines Kunstwerks geben könne.* Es war im 18. Jahrhundert üblich, Kunstwerke nach bestimmten Normen zu beurteilen, z.B. Gemälde danach, ob man in der Auffassung des Gegenstandes, in Komposition, Farbgebung, Zeichnung keine Fehler fände; entsprechend in der Dichtung, ob das Thema richtig erfaßt sei, ob Versmaß, Aufbau, Sprache, rhetorische Figuren richtig seien. Von da aus wurde viele frühere Kunst nicht verstanden und unbeachtet gelassen. Goethes Sehweise, die immer zugleich historisch und wertend ist, war damals neu. In der *Ital. Reise* sagt er: *jeder, dem es Ernst ist, sieht wohl ein, daß auch in diesem Felde kein Urteil möglich ist, als wenn man es historisch entwickeln kann* (Bd. 11, S. 167,32ff.); er sah sich veranlaßt, *bei jedem Kunstgegenstande nach der Zeit zu fragen* (ebd. 167,17f.). Ähnlich hielt er es bei Werken der Literatur und der Musik (an Zelter

3. 6. 30; Briefe Bd. 4, S. 382,6ff.). Die *Schöne Seele* lernt also hier bei dem Oheim eine für sie ganz neuartige Betrachtungsweise kennen. – Bd. 9, Nachwort, Abschnitt „Die Autobiographie u. das historische Denken".

409,9. *in jedem Sinne*: in allen Richtungen, umfassend vielseitig. Die Wendung *in jedem Sinne* kommt auch sonst bei Goethe vor. Die Bibliothek des Oheims erstreckt sich also auf alle Gebiete, überall aber in durchdachter Auswahl. Es ist dasselbe Prinzip, nach welchem Goethes Vater und Goethe selbst ihre Bibliotheken zusammenstellten. – Franz Götting, Die Bibliothek von Goethes Vater. Nassauische Annalen 64, 1953, S. 23–69. – Goethes Bibliothek. Katalog. Von H. Ruppert. Weimar 1958. – Vgl. „Zur Textgestalt".

409,22. *Penaten*: die Hausgötter der Römer (lat. „penates"); hier etwa im Sinne von: gute Geister des Hauses.

410,31. *das ... Chor.* Goethe benutzt das Wort *Chor* meist als Neutrum, z.B. Bd. 1, S. 281 Vers 39; *Faust* 4331.

411,7. *lateinische geistliche Gesänge.* Goethe kannte die ältere Kirchenmusik vor allem aus Rom. Er berichtet darüber in Briefen (Bd. 2, S. 88,10–14; 93,9–12; 123,9ff.) und später in seiner *Ital. Reise* (Bd. 11, S. 437,34ff.; 519,21ff.; 524,4–525,7; 527,16ff.; 528,22ff.; 530,18–28 u. ö.). Der Musiker Philipp Christoph Kayser war ihm dort behilflich, gute Aufführungen kennen zu lernen und sie geschichtlich und in ihrer musikalischen Struktur zu verstehen. Er hörte Werke von Morales, Palestrina, Allegri, Scarlatti, Jomelli u. a. Er bewahrte diesen Werken zeitlebens eine große Zuneigung, und als er seit 1807 in Weimar allwöchentlich in seinem Hause einen kleinen Chor zum Singen einlud, sorgte er, daß auch die alte Kirchenmusik berücksichtigt wurde. – Paul Winter, Goethe erlebt Kirchenmusik in Italien. Hamburg 1949. (136 S. und 46 S. Noten.)

413,6. *einen Sohn.* Es ist Lothario, den der Leser alsbald im *7. Buch* kennen lernt.

415,6. *Tochter*: Natalie, die bereits als *Amazone* vorgekommen ist.

415,10. *abermals eine Tochter*: es ist die Gräfin, die der Leser bereits aus dem *3. Buch* kennt.

416,9. *Spezereien*: Apothekerwaren, Heilkräuter.

416,12f. *den in der Abendkühle* ... nach 1. Buch Mose 3,8.

416,24. *einen schönen Knaben*: Friedrich, der bereits vom *2. Buch* an in dem Roman eine Rolle spielt.

417,21f. *deutsches Schloß*: das Radschloß, das im 18. Jahrhundert in Deutschland bei Jagdgewehren üblich war. Ein Nürnberger Uhrmacher hatte es Ende des 16. Jahrhunderts erfunden, während in Spanien ungefähr zu gleicher Zeit das Schnapphahnschloß erfunden wurde. – Das Buch der Erfindungen. Bd. 6, 6. Aufl. Bln. u. Lpz. 1874. S. 62ff.

418,8. *angeboren*: verwandt, durch Geburt nahestehend. GWb 1, Sp. 539f.

419,22. *Abbé*: Bezeichnung für die Gestalt, die 419,15 schon kurz charakterisiert ist und (wie der Leser später erfährt) schon 68,12ff. und 119,3ff. aufgetreten ist und von nun an (und auch in den *Wanderjahren)* eine wichtige Rolle spielt, jedoch immer ohne Eigennamen bleibt. Das Wort *Abbé* ist die französische Bezeichnung für einen Kleriker. Obgleich es ursprünglich einen Klostergeistlichen bezeichnete, wurde es im 18. Jahrhundert vorwiegend für Weltgeistliche angewandt, nicht nur solche, welche die Priesterweihe hatten, sondern auch solche, die nur die niederen oder mittleren Weihen hatten. Da es in Frankreich zeitweilig mehr Abbés gab, als man in der Seelsorge brauchen konnte, waren manche derselben bei Adligen als Erzieher, Vermögensverwalter, Bibliothekare usw. tätig. Manche Abbés waren erfüllt von modernen philosophischen Ideen und bildeten eine Gruppe kirchlicher Aufklärer; sie betrachteten das Christliche und Katholische nur als eine symbolische Form, die freilich der primitive Mensch zunächst brauche, bis er einsehen lerne, daß dahinter eine allgemeine Religion stehe, welche den Schöpfer der Natur und der sittlichen Begriffe verehrt. Ein Abbé stand am Anfang der Französischen Revolution, der Abbé Siéyès mit seiner Schrift „Qu'est-ce-que le Tiers État?" Bei manchen Abbés ging das aufklärerische Element so weit, daß sie mit der Kirche in Konflikt kamen. In solchen Fällen wich man gern für eine Zeitlang in andere Gebiete aus, nach England oder in die protestantischen Gegenden Deutschlands. So tat es z. B. Abbé Raynal; 1782 war er in Weimar, wo Goethe ihn kennen lernte. In Deutschland gab es aus Frankreich stammende Abbés als Sekretäre, Sprachlehrer, Erzieher usw. In Wielands Zeitschrift „Der Teutsche Merkur" wird 1781 über eine Gemäldeausstellung berichtet, da heißt es: „Den letzten Tag der Ausstellung kam die alte Gräfin v. R. an und hatte einen Abbé ... in ihrem Gefolge." (3. Vierteljahr, S. 170) Nach der Französischen Revolution kamen nicht die aufklärerischen, sondern die kirchenstrengen und frommen Abbés wie der Abbé Henry, der an der Universität Jena Sprachlehrer wurde. Die *Lehrjahre* spielen noch vor der Revolution. Der *Abbé* trägt die *Tonsur* (421,35); daß er Priester ist, wird erst deutlich bei der Trauerfeier für Mignon, denn da sagt er, daß er *nach den Gebräuchen der Kirche* den Sarg geweiht habe (577,22ff.). Sonst hören wir nichts von solchen Funktionen. Er lebt in einer protestantischen Landschaft bei protestantischen Adligen, hat aufklärerische Grundsätze und ist beschäftigt als Erzieher, anscheinend auch als eine Art Sekretär. Während bei allen anderen Gestalten des Romans bis zu Nebenfiguren wie Laertes ihre Geschichte und ihre Empfindungen mitgeteilt werden, wird über die persönliche Sphäre des Abbés nichts gesagt. Wir sehen ihn immer nur in

Funktion. Er ist mit vielen Menschen verknüpft, aber immer distanziert. Er gehört nicht zum Adel, nicht zu den Bürgerlichen, auch sonst zu keiner Gruppe; er empfindet das anscheinend nicht als Mangel, sondern als Vorteil. Seine kühle überlegene Intelligenz ist mit einer allgemein philanthropischen Haltung verbunden. Dazu paßt seine Tätigkeit in der Turmgesellschaft, die im *7.* und *8. Buch* näher geschildert wird, und erst recht seine Funktion im Auswandererbund der *Wanderjahre*, wo sich ein ganz neuer Menschenkreis bildet, der alle Gruppen- und Standesordnungen der Alten Welt hinter sich läßt.

Über die Stellung eines Abbé allgemein: Lex. f. Theol. u. Kirche, 2. Aufl., Artikel „Abbé", Bd. 1, S. 8. – Enciclopedia Cattolica, Bd. 1, Roma 1949, S. 9–15. – Über den *Abbé* in den *Lehrjahren*: Rosemarie Haas, Die Turmgesellschaft in Wilhelm Meisters Lehrjahren. Bern 1975. Insbes. S. 59ff. – Storz S. 77f. – GWb. 1, Sp. 8.

419,35. *dem unsichtbaren, einzigen treuen Freunde.* Leitmotivische Wiederholung, durch die Adjektive herausgehoben über die früheren Stellen, als Höhepunkt vor dem Schluß. Vgl. 370,21 u. Anm.

420,14–17. *Idee ... Vollkommenheit ... Leichtigkeit, das zu tun ...* Diejenigen Eigenschaften, die dazu führen, daß die Schreiberin eine *Schöne Seele* genannt wird, leuchten hier am Schluß noch einmal auf. Dadurch wird die Entwicklung der Schreiberin verdeutlicht; und zugleich wird noch einmal auf den Kern dessen hingewiesen, was Aurelie und Wilhelm bei der Lektüre so beeindruckt. Aureliens Reaktion im *5. Buch* (355,8ff.) und Wilhelms bedeutsame Worte im *8. Buch* (518,8ff.) verbinden das *6. Buch* mit den übrigen Büchern.

Siebentes Buch

Schiller schreibt am 23. Mai 1796 an Körner: „Goethe habe ich während Eurer Abwesenheit nicht sehr oft gesehen. Vom *Meister* habe ich das siebente Buch im Manuskript gelesen und begreife nun, wie er im achten fertig werden kann und muß. Der Roman ist, was das innere Wesen und den eigentlichen Geist betrifft, schon mit diesem siebenten Buche aufgelöst, welches wieder vortrefflich ist." – Friedrich Schlegel faßt in seiner Rezension das 7. und das *8. Buch* zusammen, die im Erstdruck als 4. Band erschienen, und charakterisiert ihre Besonderheit gegenüber den vorigen 3 Bänden. „Wir sehen nun klar, daß es ... die Kunst aller Künste, die Kunst zu leben, umfassen soll ..."

Den Hauptinhalt bildet Wilhelms beginnendes Hineinwachsen in den Kreis Lotharios und des Abbés. Hier lernt er Lotharios soziale Ideen kennen und erhält von dem Abbé den *Lehrbrief*, nachdem dieser ihn in großen Zügen auf die Ziele der Turmgesellschaft hingewiesen hat (493,4ff.). Lotharios Pläne werden ergänzend im *8. Buche* erörtert (507,17–508,15), im ganzen aber doch ziemlich kurz. Für die zeitgenössischen Leser aber war damit ein bekannter Fragenkreis hinreichend bezeichnet. Frau v. Stein schreibt am 25. Okt. 1796 an ihren Sohn Friedrich: „Goethe hat mir seinen letzten Teil von Wilhelm Meister zugeschickt. Es sind mitunter schöne Gedanken drin, besonders auf politische Verhältnisse des Lebens." (W. Bode, Goethe in vertraul. Briefen seiner Zeitgenossen, Bd. 1, 1918, S. 573.) Sowohl Lotharios Pläne zur Agrarreform wie die pädagogisch-philanthropischen Versuche der Turmgesellschaft gehen über den privaten Bereich hinaus. Hier sind die weltbürgerlichen Ideen des 18. Jahrhunderts in spezialisierter Form lebendig. Für Wilhelm ist dies alles neu, denn es ist ganz anders als auf dem Schlosse des Grafen im *2. Buch*. Die Standesgrenzen sind durchlässig geworden, der Horizont reicht bis nach Amerika, man erkennt den notwendigen Wandel der allgemeinen Verhältnisse – *eine vorrückende Zeit* (430,37) –, man bemüht sich um die Entwicklung junger Menschen. Der Abbé erklärt seine Forderung an einen Menschen, der die Jugend hinter sich hat: ... *wenn seine Bildung auf einem gewissen Grade steht, dann ist es vorteilhaft, wenn er sich in einer größeren Masse verlieren lernt, wenn er lernt, um anderer willen zu leben und seiner selbst in einer pflichtmäßigen Tätigkeit zu vergessen.* (493,9–13) In dieser Umgebung verzichtet Wilhelm auf seine unter anderen Umständen vorbereitete Rede; er begreift, daß er noch einmal umlernen muß; und er sagt: *In dieser Gesellschaft hab' ich, so darf ich wohl sagen, zum ersten Mal ein Gespräch geführt, zum ersten Mal kam mir der geeignete Sinn meiner Worte aus dem Munde eines andern reichhaltiger, voller und in einem größern Umfang wieder entgegen ...* (443,1ff.) Das ist ein bedeutungsschwerer Satz. Insofern hat Schiller Recht, wenn er im *7. Buch* „das innerste Wesen und den eigentlichen Geist" des Romans schon zu einer „Auflösung" gebracht findet; doch das Buch bringt nur den Anfang von Wilhelms Verbindung mit diesem Menschenkreis. Den Vollzug bringt erst das *8. Buch,* denn ohne Natalie würde die Verbindung sich nicht oder nur annähernd vollziehn. Und das Thema der *Vermischung der Stände durch Heiraten* (461,37), hier knapp erörtert, wird erst im *8. Buche* zur Wirklichkeit im Rahmen des großen Zeit- und Gesellschaftswandels. Der Buchschluß verbindet das Allgemeine und das Persönliche, das Gedankliche und das Konkrete zu einem Höhepunkt: der *Lehrbrief* und die Gewißheit von Wilhelms Vaterschaft lassen zurückblicken und vorwärtsblicken. Der Leser aber spürt an der Sprache des Erzählers, daß dieser seinen Helden nun bald da haben wird, wo er ihn hinführen will.

423,20. *Geschäftsleute*: Leute, die mit ihm beruflich zu tun haben.

424,28. *Knabe*: junger Mann, wie oft bei Goethe, z. B. in dem Anfang der Ballade *Es war ein Knabe frech genug* ... oder *Faust* 79, 832, 3019 u. ö. – Fischer, Goethe-Wortschatz.

425,14. *ein unglücklich strandendes Schiff.* Creizenach in der Jubil.-Ausg. macht nähere Angaben darüber, daß Goethe vermutlich an eine damals beliebte Darstellung des Schiffbruchs der „Halsewell" 1786 gedacht habe. Dieses Ereignis wurde sehr bald gemalt und die Bilder wurden in Kupferstichen verbreitet.

425,34. *blieb unverwandt*: „änderte ihre bisherige Stellung nicht" (Dt. Wb. 11,3 Sp. 2114).

428,35 f. *die Instrumententasche des alten Chirurgus* ... vgl. 227,22.

429,14. *Es ist doch sonderbar* ... Die Gesellschaft vom Turm hat seit langem sich um Wilhelm gekümmert, hat aber zugleich alles getan, um ihm unbekannt zu bleiben. Jetzt, durch Aureliens Botschaft, tritt Wilhelm von sich aus mitten in ihren Kreis, und zwar anscheinend gerade in dem Zeitpunkt, als man dort überlegt hat, daß es Zeit sei, ihn an sich zu ziehen. Darum wohl Jarnos erstaunte Worte.

430,9 ff. *Wie manches habe ich mir vorgenommen* ... Im folgenden (430,9–432,25) und im *8. Buch* (507,17–508,15) äußert Lothario seine politischen und sozialen Gedanken. Es ist bezeichnend, daß Jarno dabei zurückhaltend ist (430,19–21) und daß der bürgerliche Kaufmann Werner an diese Dinge *nie gedacht hat* (508,7–10). Lothario handelt *um einer Idee willen* (431,23). Es ist die Zeit nach der amerikanischen Unabhängigkeitserklärung und der Erklärung der Menschenrechte von 1776. In Amerika sah Lothario die Gleichheit aller Bürger vor dem Gesetz. Dort gibt es keine Feudalherren und keine dem Gut zugehörigen Bauern. Jeder Farmer ist selbständig. In Deutschland waren dem gegenüber die Zustände veraltet und vielfach inhuman. Zwar gab es auch freie Bauern – in Dithmarschen, in der Schweiz usw. –, meist aber erbuntertänige Bauern. Sie gehörten zu dem Besitz eines Adligen. Sie durften ihr Land nicht verkaufen, nicht wegziehn. Sie durften nur dann heiraten und nur dann ihr Gut an einen Sohn vererben, wenn der Herr es erlaubte. Sie hatten nicht nur ihr Bauerngut zu bewirtschaften und ihm davon Abgaben an Getreide, Milch usw. abzuliefern, sondern mußten meist auch für den Gutsherren arbeiten (Handdienste) und ihm Pferde zur Verfügung stellen (Spanndienste). Sie unterstanden seiner Patrimonialgerichtsbarkeit. Der Besitzer des Gutes hatte meist nur die Pflicht, seine Leute nicht an Feiertagen zur Arbeit heranzuziehn, für Unterricht in der Religion zu sorgen, ihnen ihre rechtmäßige persönliche Habe nicht zu nehmen und für das lebensnotwendige Minimum an Unterhalt zu sorgen. Die weitgehende Abhängigkeit wurde zwar nicht als Leibeigenschaft bezeichnet, kam einer solchen aber oft nahe. Gegen diese Zustände waren sowohl die Bauern als auch aufgeklärte Schriftsteller und Politiker. Nicht nur philosophisch-humanes Denken verpflichtete dazu, Abhilfe zu schaffen, sondern man sah darin auch das Interesse des Staates, weil man hoffte, daß freie Bauern den Boden besser bewirtschaften würden und also für den Staat nützlicher seien. Friedrich II. von Preußen, Maria Theresia, Joseph II. und eine Reihe von adligen Gutsbesitzern bemühten sich, die Lage der Bauern zu verbessern. Das war nur langsam möglich. Schriftsteller wie Justus Möser und der „philosophische Bauer" Hans Caspar Hirzel in der Schweiz halfen dabei mit. Sehr gute Anfänge hatte in Holstein Graf Hans v. Rantzau gemacht, der seit 1739 nach und nach Teile seines Besitzes zu selbständigen kleinen Gütern machte, die er verpachtete. Alle Hand- und Spanndienste fielen dabei fort, ebenfalls die Heiratsgenehmigung usw. Er konnte aber zunächst die Freizügigkeit noch nicht einführen, weil er selbst Pflichten gegenüber dem Staat hatte. In Baden, wo die Verhältnisse günstig waren, wurde 1783 die Leibeigenschaft aufgehoben, alle früheren Abgaben wurden als nichtig erklärt, und zwar ohne Entschädigung. Auch anderswo wurden ähnliche Versuche gemacht. Man verzichtete auf die Frondienste oder auf die Abgaben, aber nicht überall konnte so wie in Baden alles auf einmal verändert werden, weil sonst die Wirtschaft ins Wanken geraten wäre, und es kam zugleich darauf an, daß notwendige Neuerungen eingeführt wurden: Kartoffelanbau, Verbesserung des Saatguts, Abschaffung der unrentablen Dreifelderwirtschaft und Übergang zu einer der Bodenart angemessenen Fruchtfolgewirtschaft, sodann Vermehrung der Rinderzucht, Verminderung der Schafzucht, Umstellung auf andere Rassen usw. Diese Neuerungen gingen erfahrungsgemäß von den adligen Gutsbesitzern aus. Angestrebt wurde aber von denen, die modern dachten: freie Erblichkeit und Verkäuflichkeit der Bauerngüter, Abschaffung des Verbots der Auswanderung, Abschaffung der Frondienste und der Patrimonialgerichtsbarkeit. Gedacht ist also an Freiheit des Landwirts und Gleichheit vor dem Gesetz, ähnlich wie in den Vereinigten Staaten. Lothario ist aus Amerika gekommen. Er hat seine *Idee* (431,23), er kann sie aber nur schrittweise in die Wirklichkeit umsetzen. Er ist bereit, seinen Besitz anderen zu geben, aus *Überzeugung* (432,18), d.h. freie Bauern zu schaffen, doch sein Gutsbetrieb muß weitergehen und rentabel bleiben, deswegen kann er die *Dienste* (430,26) seiner Bauern zunächst noch nicht entbehren. Die Situation war damals so, daß stellenweise Mangel an Arbeitskräften bestand; da konnte man die Abgaben erlassen, doch – zunächst – nicht die Hand- und Spanndienste; anderswo bestand Mangel an Geld, da konnte man auf die Hand- und Spanndienste verzichten, jedoch – zunächst – nicht auf die Abgaben. Lothario will auf einiges verzichten, was ihm *zwar vorteilhaft* wäre, *aber nicht ganz unentbehrlich* ist (430,29f.). Er spricht verächtlich von dem *Lehns-Hokuspokus* (507,31f.), will Gleichheit aller Landbesitzer gegenüber dem Staat (507,17–27) und Aufhebung der Genehmigungspflicht bei der Ehe (508,1–4). Er ist in seinem Plan begrenzt durch die noch bestehenden staatlichen Verhältnisse (507,30ff.), ist in diesem Rahmen aber zu *Aufopferungen* (432,14) bereit. Der Hinweis auf *Amerika* (431,33) zeigt, wo er seine Ideen her hat. Goethe vermeidet es, als Erzähler darauf hinzuweisen, daß inzwischen in Frankreich durch die Revolution die alten Feudalrechte abgeschafft sind. Sein Bild der deutschen Verhältnisse im Jahre 1793 zeigen die *Unterhaltungen deutscher Ausgewanderten* (Bd. 6, S. 125ff.). Die *Lehrjahre* spielen in der Zeit davor. Die amerikanische Erklärung der Menschenrechte, 1776, wurde das Vorbild für die französische Erklärung der Menschenrechte (1789). Lothario in dem Roman will nicht Revolution, sondern allmählichen Wandel, ebenso wie Graf Rantzau, der die Bauernbefreiung in Holstein begann, und wie später Freiherr vom Stein, der sie in Preußen durchsetzte; in allen diesen Fällen ein Wandel, der von Adligen selbst gewünscht und gefördert wird. In den *Wanderjahren* wird das Thema fortgesetzt: Die Auswanderer bilden in Amerika eine Ansiedlung, in der jeder gleiche Rechte und Pflichten hat, es gibt dort keine ständischen Unterschiede. Während Wilhelm und Natalie, Jarno und Lydie, Friedrich und Philine nach Amerika auswandern, bleibt Lothario zu Hause; denn er hat mit seiner *Idee* (431,23) gerade in der alten Heimat seine Aufgabe. Goethe hat in der Zeit, als er die *Lehrjahre* schrieb, die Fragen der Agrarreform und ihren Zusammenhang mit der Agrarwirtschaft aufmerksam beobachtet. Sein Tagebuch, das er in dieser Zeit nur knapp und flüchtig führte, enthält im Juli 1795 ausführliche Eintragungen über Güter in der Gegend von Schleiz. In Sachsen-Weimar ging die Entwicklung nur sehr langsam vorwärts. 1816 kamen 10 Vertreter der Bauern in den Landtag. Das Abgabesystem wurde erst 1821 offiziell abgeschafft.

Goethes Bibliothek enthält umfangreiche Abteilungen Nationalökonomie und Landwirtschaft. Vgl. Ruppert, Goethes Bibliothek. 1958. – In der Dichtung behandelte Joh. Heinr. Voß den Fragenkreis der Bauernbefreiung in seinen Gedichten „Die Leibeigenen" 1775, „Die Freigelassenen" 1775, „Die Erleichterten" 1800, die er ergänzt durch Prosamitteilungen über Zustand und Abänderung der Gutspflichtigen in Mecklenburg und Holstein abdruckte in seinen „Idyllen", Königsberg 1801, S. 22–98 u. 337–348. (Photomech. Neudr. 1968.) – Körner an Schiller 27. März 1793 über die Agrarreformpläne des Thüringischen Barons Münchhausen; dazu Schiller an Körner 7. April 1793. – Zedler Bd. 16, 1737, Art. „Lehn" Sp. 1430–1495. – Christian Garve, Über den Charakter der Bauern. Breslau 1786. Wieder abgedruckt in: Garve, Popularphilosophische Schriften Stuttg. 1974, Bd. 2, S. 799–1026. – Karl Biedermann, Deutschland im 18. Jahrh. Bd. 1, 2. Aufl., 1880, S. 235–273. – G. N. Knapp, Die Bauernbefreiung u. d. Ursprung der Landarbeiter in den älteren Teilen Preußens. 2 Bde. Lpz. 1887. – Fritz Hartung, Das Großherzogtum Sachsen 1775–1828. Weimar 1923. S. 7, 47, 290, 298, 460ff. – Wilhelm Mommsen, Die polit. Anschauungen Goethes. Stuttg. 1948. – Handwörterbuch der Sozialwissenschaften, Art. „Bauernbefreiung", Bd. 1, 1956, S. 658–664. – Ideengesch. der Agrarwirtschaft u. Agrarpolitik. Bd. 1. Von Sigmund v. Frauendorfer. Bonn u. München 1957. – Gesch. Schleswig-Holsteins, Bd. 6: O. Klose u. Chr. Degn, Die Herzogtümer im Gesamtstaat 1821–1830. Neumünster 1960. S. 216–265 u. 411–415. – Goethe-Handbuch, 2. Aufl., Bd. 1, 1961, Art. „Bauerntum" von Günter Schulz, Sp. 846–852. – Friedrich Lütge, Gesch. d. dt. Agrarverfassung. Stuttg. 1963 = Dt. Agrargesch. 3. – Günther Franz, Gesch. d. dt. Bauernstandes. Stuttg. 1970. = Dt. Agrargesch., 4. Beide mit reichen Lit.-Angaben. – Wolfgang Prange, Die Anfänge der großen Agrarform in Schl.-Holstein. Neumünster 1971. – Histor. Wörterbuch d. Philosophie, hrsg. von J. Ritter. Bd. 2, 1972, Art. „Feudalismus" S. 942–945.

430,28. *strack*: straff. Vgl. Bd. 6, S. 409,11; Bd. 8, S. 150,1; 155,24 u. ö.

431,7. *Interessen*: Zinsen, Erträge.

431,23. *Amerika.* Vgl. Anm. zu 430,9ff. und 563,13f. und Bd. 10, S. 114,4f.

432,8. *So gibt mein Schwager* ... Es ist der dem Leser aus dem *3. Buch* bekannte Graf. Vgl. 348,23ff. Die *Brüdergemeinde* des Grafen Zinzendorf ist bereits im *5. Buch* und dann mehrmals im *6. Buch* erwähnt. Vgl. 348,25 u. Anm.; 396,36 u. Anm.

432,24f. *Hier oder nirgends* ... Der Graf will in Herrnhut Gutes tun, auf andere Weise will es Lothario *hier* – darum dieser Ausruf parallel zu dem Satz 431,32 der an die Worte anknüpft, daß er in *Amerika* ... *glaubte* ... *nützlich und notwendig zu sein* (431,23ff.). Sowohl bei den Herrnhutern wie in Amerika handelt es sich übrigens um Gesellschaftsformen, in denen die alten Standesvorrechte nicht gelten, sondern der einzelne durch Leistung und Ethos.

433,6. *niemand einen Stein* ... nach dem Evangelium Johannes 8,7.

433,13. *Werbesold.* Das Motiv von 196,6f.

435,3. *Schein* wird im folgenden Satz paraphrasiert durch *glänzen.* Das Wort hat also nicht den Sinn „Täuschung", sondern „Leuchten,

Ausstrahlung, Glanz". Vgl. 271,7 *scheinbar* u. Anm.; ferner *scheinen* (291,21 u. Anm.; 454,35).

436,3f. *die Mitteilung des ... Manuskripts.* Das Motiv von S. 347,26ff.; 350,2ff.

444,19. *Freigütchen* (ebenso 461,12f.). Ein Freigut war frei von Lehenspflichten und Abgaben. Darin ähnelte es dem Rittergut, doch besaß es im Unterschied zu diesem keine Herrschaftsrechte. Es gab auch bäuerliche Freigüter. In vieler Beziehung waren die Freigüter agrarrechtlich eine Vorform dessen, was sich mit der Bauernbefreiung allgemein durchsetzte. – Goethe besaß 1798–1803 das Freigut Oberroßla. Bd. 10, S. 457,28.

444,22f. *Podagra*: Gicht, insbesondere Fußgicht.

444,26f. *Therese bedeutete den Verwalter in allem.* Es handelt sich um den *Verwalter,* den sie 444,16 genannt hat und den sie 444,33 verabschiedet, sie gibt ihm *in allem* Deutungen, Hinweise, Erklärungen, Anweisungen; *bedeuten* also in der alten Wortbedeutung, die bei Goethe auch sonst vorkommt. Bd. 1, S. 191 Vers 20 u. Anm.

447,2f. *unter diesem deutschen Baume.* Therese, die sonst ganz unliterarisch ist, scheint hier durch die Sprache der Klopstock-Anhänger beeinflußt. Klopstock hatte immer wieder die Eiche als deutschen Baum bezeichnet, z.B. in den Oden „Hermann und Thusnelda", „Kaiser Heinrich", „Thuiskon", „Weissagung" usw.; seine Ode „Ich bin ein deutsches Mädchen", 1771 in der Sammlung der „Oden" gedruckt, war sehr bekannt geworden. – Art. „Eiche" im Reallex. d. dt. Kunstgesch., Bd. 4, 1958, Sp. 918f.

447,7. *trefflicher Wirt* = jemand, der die Wirtschaft (Landwirtschaft) gut versteht. Im 18. Jahrhundert kommt *Wirt* oft in der Bedeutung „Landwirt, Bauer" vor mit dem Bedeutungselement „Pfleger des Besitzes und des Gesindes, Haushalter". – Dt. Wb. 14,2 Sp. 643ff.

454,26. *Schläge.* Adelung erläutert: „Schlag ist derjenige Teil eines Waldes, in welchem Holz geschlagen wird oder geschlagen werden soll."

461,30. *Mißheiraten.* Verdeutschung des im 18. Jahrhundert häufiger vorkommenden Fremdwortes Mesalliance. Im *3. Buch* war von der *ungeheuren Kluft der Geburt und des Standes* (177,13) die Rede. Schiller wies Goethe in seinem Brief vom 5. Juli 1796 darauf hin, daß der Roman, der als ein Bild des damaligen Lebens im *3. Buch* die Standesunterschiede darstellt, mit drei „Mißheiraten" endige. Goethe hat daraufhin wohl vorbereitend und erklärend diese Partie eingeschoben. So sehr anfangs die Standesgrenzen gelten, im Bereich der Humanität werden sie unwesentlich. Damit ging Goethe seiner Zeit voran. Der Schriftsteller Hermes hatte 1770–72 in seinem Roman „Sophiens Reisen" das Problem der Mesalliance behandelt. Er erklärte, die Gleichheit von

Stand und Konfession sei Grundlage für eine glückliche Ehe, nur dann seien die Beziehungen der Ehegatten zur Gesellschaft ohne Konflikt. Jede Mesalliance sei Quelle von Unglück. Die Szenen, in denen er ein Zusammensein von Adeligen und Bürgerlichen schildert, sind geradezu Gegenbilder zu denen in den letzten Büchern der *Lehrjahre*. Heiraten über die Standesgrenzen waren im 18. Jahrhundert sehr selten. Doch aufklärerisches Denken, Freimaurertum, literarische Bildung und auch pietistisches Christentum wirkten zusammen, diese Grenzen weniger fest zu machen. Gelegentlich gab es Ehen zwischen Adeligen und Bürgerlichen, gerade in literarischen Kreisen. Georg Michael de La Roche und Sophie Gutermann, Gerlach v. Voigts und Jenny Möser, Graf Moritz Brühl (Seifersdorf) und Christine Schleierweber, Bernhard v. Türckheim und Lili Schönemann, Joh. Friedr. Kleuker und Klara Auguste v. Lengerke. Bezeichnend ist, was in Goethes unmittelbarem Bekanntenkreis geschah: Schiller heiratete Charlotte v. Lengefeld, Heinrich Meyer heiratete Amalie Caroline Friedrike v. Koppenfels, und Goethe, 1782 geadelt, heiratete Christiane Vulpius. – Vgl. auch Schiller an Körner 29. Nov. 1802.

463,32f. *Fühlbarkeit*: Empfindsamkeit, Sensibilität. Bd. 6, S. 26,18; ebd. 75,25.

468,12. *ruhe sanft!* Traditioneller Zuruf an Tote (Dt. Wb. 8, Sp. 1428f.), in der Formulierung anschließend an Psalm 4,9; Hiob 3,17; auch Ovid, Tristien III,3,76.

474,29. *Horatio*: der Schauspieler, der den Horatio gespielt hatte (321,4 u. 23; 323,15).

474,33. *Kapitalist.* Goethes Zeitgenosse Adelung widmet diesem damals seltenen Wort nur einen ganz kurzen Artikel: „Capitalist: ein Mann, der viele Capitalien, d. i. viel bares Geld besitzet."

475,6. *ermäkeln* = einhandeln, erwerben. Sprachlich zusammengehörig mit niederdt. „maken" = machen und mit dem Wort „Makler", das bei Goethe in der damals häufigen Form „Mäkler" vorkommt, z. B. Bd. 9, S. 166,6 und 173,19.

476,9. *Sibylle.* Vgl. 75,7f. u. Anm.

476,13. *kränken*: schmerzen, Leid verursachen.

484,37. *einholen*: nachholen, Versäumtes wiedergutmachen.

492,18. *Calculs*: Berechnungen; *Anschläge* „die Berechnung der Kosten und Einkünfte einer Sache, die Schätzung des Wertes oder der Kosten derselben" (Adelung).

493,2. *Turm.* Die Turmgesellschaft, von der im folgenden die Rede ist, ähnelt in einigen Gebräuchen den Freimaurern, doch ist sie ihrem Wesen nach anderer Art, sie umfaßt nur wenige Personen, ist stark pädagogisch interessiert und ist im Begriff, sich selbst – jedenfalls in ihrer bisherigen Art – aufzugeben. Goethe kannte das Logenwesen, da er 1780 der Weimarer Loge beigetreten war. In späteren Jahren nahm er an den Veranstaltungen nicht mehr teil, und am 5. Oktober 1812 bat er, ihn fortan *als Abwesenden* zu betrachten. – Bd. 1, S. 340 *Symbolum* u. Anm.; Bd. 10, S. 112,7ff. u. Anm. – Briefe Bd. 1, S. 294, 353, 422; Bd. 4,

S. 389 und die Anm. zu diesen Stellen. – Hans Wahl, Goethe u. das Logenwesen, Jb. Goethe 1, 1936, S. 234–240. – Franz Carl Endres, Goethe u. die Freimaurerei. Basel 1946. (112 S.) – Pyritz, Goethe-Bibliographie Bd. 1, S. 367. – Rosemarie Haas, Die Turmgesellschaft in Wilhelm Meisters Lehrjahren. Bern 1975.

493,30: *Teppiche*: Vorhänge, Wandbehänge.

496,10ff. *Lehrbrief.* Der *Lehrbrief* enthält allgemeine Wahrheiten, aber alle mit besonderem Bezug auf Wilhelm und in diesem Augenblick für ihn gültig und anwendbar. Es entspricht dem Denken der Turmgesellschaft, aus der Betrachtung des Lebens allgemeine Sätze zu folgern und diese wieder auf das Leben anzuwenden. Fortgeführt wird diese Denkart später in den *Wanderjahren,* wo Jarno-Montan die Lehre vom *Tun und Denken* formuliert, die in steter Wechselwirkung sein müssen (Bd. 8, S. 263, 12ff.), und wo im Kreise um Makarie ähnlich wie in der Turmgesellschaft aus der Betrachtung des Lebens sich Sittensprüche ergeben, die man als *Archiv* zusammenstellt (Bd. 8, S. 123,24ff.; 124,1ff.). Den *Wanderjahren* sind zwei solche Spruchsammlungen beigefügt: *Aus Makariens Archiv* und *Betrachtungen im Sinne der Wanderer.* Als Goethe die *Lehrjahre* schrieb, spielte das Spruchhafte noch nicht so eine Rolle wie in seinem Altersdenken. Deshalb bleibt es bei dem *Lehrbrief.* Wilhelm beginnt ihn zu lesen (496,10ff.), der Abbé unterbricht ihn (497,3); wir lernen den *Lehrbrief* hier also nur soweit kennen, wie Wilhelm ihn liest. Später (550,8ff.) nimmt ihn Jarno zur Hand und liest einzelne Sätze daraus vor: 550,8–12; 551,9–16; 552,11–33; 552,36–39; ob auch der Satz 553,14–16 aus dem *Lehrbrief* stammt oder ob er ein Satz Jarnos ist, bleibt undeutlich. Aus den Handschriften geht hervor, daß Goethe daran gedacht hat, den *Lehrbrief* noch fortzusetzen; er hat dann aber davon Abstand genommen. Was er sich in diesem Zusammenhang notierte, kam später in die Spruchsammlung *Aus Makariens Archiv.* (Über die Handschriften: der Abschnitt „Zur Textgestalt“ in diesem Bande; über *Aus Makariens Archiv* Bd. 8, Anm. zu S. 460ff.) Ungefähr in der Zeit, in der die *Lehrjahre* entstanden, schrieb Goethe auch die ersten derjenigen Sätze auf, die später zu der großen Sammlung der *Maximen und Reflexionen* (Bd. 12) anwuchsen. Es sind Sprüche, die sich ihm aus der Betrachtung der verschiedensten Gebiete des menschlichen Lebens ergaben. Er notierte sich aber auch Sätze von anderen Schriftstellern, die seinem eigenen Denken entsprachen; so gibt es mancherlei, was aus Plotin, Epiktet, Marc Aurel, den französischen Moralisten des 17. Jahrhunderts usw. übersetzt oder abgewandelt ist. Auch die Turmgesellschaft benutzt für ihren *Lehrbrief* antike Anregungen; der Anfang ist wörtlich aus Hippokrates übersetzt:

„Vita brevis, ars longa, occasio praeceps, experientia fallax, iudicium difficile." (Anfang der „Aphorismen")

Karl Deichgräber, Goethe und Hippokrates. Archiv f. Gesch. d. Medizin 29, 1937, S. 27–56. – Hans Baumgarten, Vitam brevem esse ... In: Das Gymnasium 77, 1970, S. 299–323. – Bd. 12, Anm. zu *Maximen u. Reflexionen.*

497,7. *seine eigenen Lehrjahre.* Im Turm-Archiv liegt also eine Darstellung *Wilhelm Meisters Lehrjahre.* Der Dichter liefert ebenfalls eine Darstellung *Wilhelm Meisters Lehrjahre.* Der Romantitel erhält von dieser Stelle her (und deren Wiederholung 549,31f.) eine zusätzliche Perspektive.

Achtes Buch

Im *8. Buch* werden sehr viele Motive aufgegriffen, die in den vorangehenden 7 Büchern vorkamen, und werden zu einem Abschluß gebracht. Wie sehr Wilhelm sich entwickelt hat, wird anfangs dadurch gezeigt, daß wir Werners Verwunderung bei dem Wiedersehen erleben (499,7ff.). Erst hier, im letzten Buch, lernt Wilhelm Natalie kennen (513,20ff.), die bisher für ihn nur die Vision der *Amazone* war. Zu den Motiven, die abgeschlossen werden, gehört die Aufklärung über die Turmgesellschaft, über den Schauspieler des Geists von Hamlets Vater, über Philinens nächtlichen Besuch bei Wilhelm, über Friedrich, über das Haus der Oheims, über Theresens Herkunft, über den Grafen und die Gräfin, über die Schicksale Mignons und des Harfners. Die Fülle dieser rückblickenden Geschichten, die kurz oder lang zu berichten sind, wäre allzu gedrängt, wenn nicht dazwischen Ruhepunkte wären durch den kultivierten Bereich des Schlosses mit seinen Kunstwerken und die nachdenklichen Gespräche mit dem Abbé. Wilhelm ist in den Kreis Lotharios und der Seinen aufgenommen, doch er bleibt in Abstand. Das zeigt sich am deutlichsten bei Mignons Totenfeier. Die würdige aber kühle Feier trägt den Stil des Abbé. Wilhelm vermag nicht an den Sarg zu treten (577,9ff.) wie die anderen: er ist am Rand seiner Kräfte, der Verzweiflung nahe. Der Ort, an dem man zusammengekommen ist, ist das Schloß des Oheims, der eine ästhetische Lebensform hatte und demgemäß seine Umwelt prägte. Es zeigt sich nun, daß alle anderen in diesem Punkte nicht seinesgleichen sind mit Ausnahme von Wilhelm, der aber aus Instinkt und auch mit Bewußtsein sich von seinem einstigen Künstlerleben entfernt hat. Lothario ist tätiger Landwirt mit sozialen Bestrebungen, Therese ist praktisch-wirtschaftlich, der Abbé pädagogisch-weltbürgerlich, Jarno nützlich-organisatorisch. Vor allem ist Natalie keine ästhetische Natur; die *Reize der Kunst* haben *keine Wirkung* auf sie (526,22ff.); sie ist sozial, sie denkt an andere, und zwar in praktischer Art (526,15ff.). Diese Art hat sie von Natur, nicht aus Pflichtbewußtsein. Mit Recht wird deswegen der Begriff der *Schönen Seele* nun auf sie angewandt, erst von Therese (532,10), dann von Lothario (608,18f.), und dieser sein Satz ist mit Absicht in das Finale verwoben. Während in den Berichten des Abbés Schicksale nüchtern-philanthropisch aufgehellt werden, wird über die Gefühle Wilhelms und Nataliens wenig und nur andeutend gesprochen (530,34f.; 606,17f.). Die anderen scheinen sich darüber rascher klar zu werden als diese beiden selbst (600,32ff.; 607,35ff.). Der Erzählstil des Werks mit symbolischen Situationen und knapper direkter Rede setzt noch einmal Akzente, als Natalie und Wilhelm nachts bei Felix wachen (602,33ff.), als die Gräfin keiner Worte mächtig die Hände Nataliens und Wilhelms zusammen drückt (604,32ff.) und als Wilhelm die neue Situation mit einem schlichten knappen Satz bezeichnet, der Innerlichkeit und Weltläufigkeit vereinigt (610,10ff.). Doch das letzte Buch ist nicht nur das Buch von Wilhelms Durchdringen zu einer neuen Lebensform, sondern auch das Buch vom Tode Mignons und des Harfners. Darin spiegelt es die Ganzheit des Lebens.

Für den Lebensbereich des *8. Buches* ist der *Saal der Vergangenheit* (539,6–543,21; 574,18ff.) ein Bildsymbol: ein Schloßsaal, aber kein Gesellschaftsraum; ein Ort der Särge, aber keine Kapelle; eine Stätte von Gemälden und anderen Kunstgegenständen, aber kein Museum – ein weltlicher Raum der Besinnung über Tod und Leben. Der Dichter schildert seine Phantasiearchitektur, und diese hat eine Funktion, die es vorher nicht gab, weil es die neue weltliche Kultur nicht gab. In den *Wanderjahren* hat er dann das Thema des weltlichen Raums der Besinnung, der durch eine Hegung abgetrennt ist vom Alltag und in welchem Kunstwerke ein Weltbild vermitteln, noch weiter fortgesetzt (Bd. 8, S. 154,8ff.; 158,25ff.), ein für beide Romane sinnbildliches Thema, das in den *Lehrjahren* mit der Sachlichkeit eines Berichts vorgetragen wird, als sei dies alles nichts Besonderes.

In dem für den ganzen Roman wichtigen großen Brief im *5. Buch* (289,23–292,30) bezeichnete Wilhelm, daß er bestrebt sei, die gute Haltung, die leichte Umgangsform zu lernen, die es fast nur bei Adligen gäbe. Es ist für ihn selbstverständlich, daß er dabei nichts von seiner Innerlichkeit opfern will, gleichwie er immer treu für seine Schützlinge sorgt. Am Ende des Romans beherrscht er die angestrebte Haltung, die für den bürgerlichen Menschen des 18. Jahrhunderts etwas so Erstrebenswertes, Ungewöhnliches war; und er hat seine Innerlichkeit behalten und bewährt. Das ist es, was ihm vorschwebte, und indem es erreicht ist, hat der Roman ein Ende gefunden. Nicht nur Wilhelm hat etwas erreicht, es ist eine Lebensform gestaltet, in der das Beste aus bürgerlicher und aus adliger Tradition sich in einem Neuen vermischt – das ist der „Humanismus" des Werks. Für Leser einer späteren Epoche ist vielleicht nicht ohne weiteres einzusehn, warum Wilhelm, der äußerlich nichts erreicht hat, der noch keinen „Beruf" hat, zu einem Abschluß gekommen sei. Doch mit den Augen des 18. Jahrhunderts, insbesondere von Wilhelms Brief im *5. Buch* her, gesehen (290,4–292,22), ist eine Synthese von Bildungsmächten gefunden, ist ein neuer Menschentyp geschaffen. (Von da aus wird sich das weitere äußere Schicksal, Wilhelms Wendung zu dem für alle Menschenkreise nützlichen Beruf des Arztes, dann ergeben.) Betrachtet man dieses Ergebnis unter dem Gesichtspunkt, den Goethe später zu Kanzler v. Müller äußerte (22. Jan. 1821), daß *der ganze Roman durchaus symbolisch sei,* so kommt man zu dem Gedanken: Menschsein ist Entwicklung in einer sich wandelnden Umwelt; immer wieder werden wie hier neue Synthesen nötig sein und immer neu muß dabei das „Humanum", das Beste und Wesentlichste des Menschen, gefunden, geschaffen, dargelebt werden. Doch es ist nicht Goethes Art, dergleichen in dem Roman selbst zu sagen. Er schreibt an Schiller, aus der Klarheit seiner Selbstbeurteilung heraus, nicht ohne Humor, daß *die scheinbaren ... ausgesprochenen Resultate viel beschränkter sind als der Inhalt des Werks,* und daß der Autor gleichsam *mutwillig Additionsfehler* gemacht habe (9. Juli 1796). Dieser briefliche Satz gibt einen kleinen Zugang zu dem Schluß. Es entspricht der Haltung, die Wilhelm gewonnen hat, möglichst wenig Aufhebens davon zu machen. Deswegen richtet der Erzähler es am Ende so ein, daß durch Friedrich alles humorvoll durcheinandergeschüttelt wird, wodurch das, was ohnehin zu einander strebte, nur desto rascher zusammenfindet. Doch auch in diesem Schluß, der äußerlich lustspielmäßig-leicht anmutet, der innerlich Wilhelms ganze Entwicklung und eine neue gesellschaftliche Kultur verbirgt, waltet noch genaueste erzählerische Kunst. Denn hätte Friedrich nicht auf dem alten Schloß mit Philine die Barockbücher gelesen (558,4–37), so hätte er nicht alle die alten Historien und Exempla im Kopf, mit diesen aber kann er nun das Bild vom Königssohn deuten (605,36ff.) und darüber hinaus noch das Gleichnis von *Saul* bringen (610,7–9), womit in 3 Zeilen eine ebenso heitere wie tiefsinnige Pointe aufblitzt, die mit einem Satz Wilhelms ganzen Entwicklungsgang deutet. Und was könnte Wilhelms neue Lebenskunst besser zeigen als die Art, wie er rasch, sicher, sanft und tief darauf eine knappe Antwort weiß.

Über das *8. Buch*: Goethe an Schiller 21. Juni 1796; Schiller an Goethe 28. Juni, 2. Juli und der weitere Briefwechsel bis 9. Juli. – Friedrich Schlegel in seiner Rezension. – In der neueren Lit. insbesondere Kommerell über den Tod Mignons und des Harfners S. 164–166.

498,22ff. *anstand*: zögerte.

499,5. *mäßig*: maßvoll, zurückhaltend.

501,3. *trödeln*: Gegenstände zweiter Hand verkaufen, Handel treiben mit gebrauchten Gegenständen.

501,21f. *nur fehlt der Zopf.* Es ist die Zeit, in welcher die Gruppe des Sturm und Drang für sich den Zopf bei jungen Männern abgeschafft hat. Allgemein setzte sich dies erst etwa 20 Jahre später durch (in den neunziger Jahren).

501,24. *Geleite*: Geleitsgeld; ein Betrag, der dem Landesherrn für die Sicherheit der Straßen entrichtet wird. Dt. Wb. 4, 1. Abt., 2. Teil, Sp. 2994f. und 3001.

503,9. *abgeschnitten*: ihnen die Köpfe abgeschnitten, d. h. sie geschlachtet hatte. GWb 1, Sp. 150.

504,39. *schauderhaft*: Schauder erregend, erschütternd, beunruhigend. Vgl. Bd. 1, S. 376 Nr. 7; Bd. 8, S. 317,29.

507,18. *dem Staate seinen schuldigen Teil ...* Lothario hat seine sozialen und politischen Ideen schon früher ausgesprochen (430,9ff. u.

Anm.); jetzt spricht er ergänzend von der *Gleichheit mit allen übrigen Besitzungen.* Er wünscht also das, was dann im 19. Jahrhundert verwirklicht wurde: Aufhören des Lehnswesens und Umwandlung der adligen Landgüter in freien Besitz, verkäuflich, käuflich, teilbar und steuerpflichtig. Es gehört durchaus zur Charakteristik Lotharios, daß er in solcher Weise fortschrittlich denkt.

507,31f. *Lehns-Hokuspokus.* Das Deutsche Reich war bis zu seinem Ende 1806 formell ein Lehensstaat. Doch war das Lehenswesen, das im Mittelalter seinen Sinn gehabt hatte, längst innerlich ausgehöhlt, weil das Verhältnis des Lehensherrn (Kaiser oder Fürst) zum Lehensmann (Landbesitzer) und das Verhältnis zwischen diesem und seinen Untertanen (Bauern) längst nicht mehr so war wie in der Stauferzeit und wie in den damals entstandenen Lehensrechtsbüchern (Sachsenspiegel, Schwabenspiegel). Lothario nennt vom Standpunkt der Aufklärung des 18. Jahrhunderts das Lehenswesen einen *Hokuspokus* und meint damit das Undurchsichtige und das viele Gerede, hinter dem wenig steht. Vgl. 430,9ff. u. Anm.

508,1ff. *Männer und Frauen, wenn sie ...* Die erbuntertänigen Bauern durften nur heiraten, wenn der adlige Rittergutsbesitzer es erlaubte. Wenn Mangel an Arbeitskräften bestand, wurde es ungern gesehen, wenn ein Mädchen sich anderswohin verheiraten wollte, und man versuchte dann eine Art Tausch, indem von dort jemand an den Ort heiratete, woher das Mädchen kam. Lothario ist gegen alle diese Beschränkungen. – 430,9ff. u. Anm. (mit Literaturangaben).

508,9. *Geleite*: Geleitsgeld (wie 501,24) wird hier genannt neben *Abgaben* (Steuern) und *Zöllen.*

508,12. *Patriot.* Das Wort wird durch den folgenden Satz erläutert, es bedeutet einen Staatsbürger, der an das Allgemeine denkt. In diesem Sinne wählte Möser den Titel „Patriotische Phantasien“, 1774–78. Bd. 9, S. 597,29f.

509,13f. *aufbinden*: das Gepäck befestigen. Der „Mantelsack“ wurde beim Reiten dem Pferd hinten am Sattel aufgebunden, beim Fahren oben oder hinten an dem Wagen aufgebunden. Bd. 5, S. 204, 31f. – GWb. 1, Sp. 912.

510,13. *Blick*: das Blitzen, das Leuchten; wie Bd. 1, S. 109, Vers 82; Bd. 6, S. 123,32.

515,24. *bedeutend*: Deutungen gebend, einen tiefern Sinn andeutend.

515,31ff. *So laßt mich scheinen ...* Das Lied fehlt in der *Theatral. Sendung*, ist also wohl erst im Zusammenhang der Entstehung des *8. Buchs* der *Lehrjahre* geschrieben; es hat stilistisch den Charakter der Gedichte nach der Italienreise, nicht den der ersten Weimarer Jahre. 1815 in die Gedichtgruppe *Aus Wilhelms Meister* aufgenommen. Es ist besonders eng mit der Situation verbunden; der vorangegangene Dialog, in welchem Mignon sagt, sie wünsche sich, ein Engel zu werden (515,18), ist die Voraussetzung. Die in der Erzählung genannten Gegenstände kommen in dem Gedicht vor: *weißes Gewand* 515,1 – *weißes Kleid* 515,32; *goldner Gürtel* 515,2 – *Gürtel* 515,38; *Diadem* 515,3 – *Kranz* 515,38; doch sie sind nur Anlaß, auf das Wesentliche zu deuten, und dies sind die christlichen Vorstellungen vom Leben nach dem Tode, wie der kindliche Geist sie aufgenommen hat. Schon im 2. *Buch* war von Mignons katholischer Frömmigkeit die Rede (110,19ff.), später wird sie noch einmal ausdrücklich hervorgehoben (577,16–28). In die Volksseelsorge eingegangene Vorstellungen wie die aus der Offenbarung Johannis 6,11 „Und es ward ihnen einem jeden ein weißes Gewand gegeben und ward zu ihnen gesagt, daß sie ruhen sollten noch eine kleine Zeit" stehen hinter den Sätzen von dem *festen Haus,* dem Grab, aus dem der Mensch aber bald aufersteht. Der Körper, die *Hülle,* mit *Gürtel* und *Kranz,* bleibt im Grabe, der *verklärte Leib* kommt zu den *himmlischen Gestalten.* Die Formulierung *Sie fragen nicht nach Mann und Weib* faßt vieles zusammen, nicht nur die Lehre von den Engeln als geschlechtslosen Geistwesen, sondern auch Mignons Sehnsucht nach dem der irdischen Bedingtheit enthobenen Zustand. Die verklärte Gestalt wird *jung* und ohne *Schmerz* sein. In der Ausmalung des Ersehnten spiegelt sich unbewußt das Leid des Erlebten, und die festumrissenen Glaubensinhalte werden zu lyrischem Klang. Über dieses Gedicht schrieb Schiller an Körner am 27. 6. 1796: „Ein kleines Gedichtchen aus dem 8. Buche Meisters will ich Dir doch geschwind abschreiben. Es ist himmlisch, es geht nichts darüber. Mignon singt's ..." Darauf Körner an Schiller 8. Juli 1796: „Das Gedicht von Goethe ist herrlich ..." Ähnlich Schiller an Goethe 28. Juni 1796 (vgl. die Zusammenstellung „Wilhelm Meisters Lehrjahre im Urteil Goethes und seiner Zeitgenossen") und in dem Brief vom 2. Juli: „Mignons Tod, so vorbereitet er ist, wirkt sehr gewaltig und tief ... Besonders schmelzte das letzte Lied das Herz zu der tiefsten Rührung ..." (Ebd.) – Bettine Brentano berichtet, daß Goethes Mutter dieses Gedicht besonders geliebt habe (an Goethe 14. Nov. 1810; Briefe an Goethe Bd. 2, S. 68,5ff.). – Kommerell, Essays 1969, S. 137–139, 149–152, 171. – Storz S. 112–114.

517,2f. *eine Bibliothek, eine Naturaliensammlung, ein physikalisches Kabinett.* Vorher ist schon von der Kunstsammlung die Rede gewesen, den *Statuen* (516,32), den *Büsten* (516,33) und dem *Bilde vom kranken Königssohn* (516,34), das zu einer ganzen Gruppe von Gemälden gehört, die der Oheim seinerzeit gekauft hat (68,37ff.; 69,30ff.). Somit umfassen die Sammlungen des Oheims die gleichen Gebiete wie Goethes Sammlungen, zu denen nicht nur die Kunstsammlung und die Bibliothek gehörten, sondern die umfangreiche Naturaliensammlung für seine morphologischen und mineralogischen Forschungen und seine

Sammlung von physikalischen Apparaten, zumal für Versuche zur Farbenlehre, die ein umfangreiches *physikalisches Kabinett* ausmachten. Auch auf diesem Gebiet trifft also Schillers in anderer Beziehung gemachte Feststellung zu, daß Goethe in der Gestalt des Oheims viel von sich selbst gegeben habe (1. Juli 1796). – Goethe-Jahrbuch 89, 1972, S. 13–61. Dasselbe: Schr.G.Ges. 61, S. 7–47.

519,23. *Marmorbilder.* Das Motiv von 145,12.

521,1. *unbedingte Freiheit.* Das Wort *unbedingt* gilt bei Goethe im ursprünglichen Sinne „durch nichts bedingt" und mit philosophischer Deutlichkeit. Es ist geradezu eins seiner Lieblingswörter bei Erörterungen über Fragen sittlicher Lebensführung. Es kehrt in dem *5. Kapitel* an prägnanter Stelle wieder (553,14ff.). In Goethes Notizheft von 1788 steht: *Wilhelm, der eine unbedingte Existenz führt, in höchster Freiheit lebt, bedingt sich solche immer mehr, eben weil er frei und ohne Rücksichten handelt.* (Schr. G. Ges. 58, 1965, S. 19). In den *Maximen und Reflexionen* heißt es: *Es ist nichts trauriger anzusehn als das unvermittelte Streben ins Unbedingte in dieser durchaus bedingten Welt* (Bd. 12, S. 399, Nr. 252). Ferner: *Unbedingte Tätigkeit, von welcher Art sie sei, macht zuletzt bankerott.* (Ebd. S. 517, Nr. 1081) In den *Wanderjahren* wird diese Philosophie der Bedingtheit und der Freiheit, die sich einstellt, sofern man die Bedingtheit in den eigenen Willen aufnimmt, zu einem der Hauptthemen. – Sachregister in Bd. 14: das Bedingende, Bedingte, Bedingtheit. – Boucke, Wort u. Bedeutung in Goethes Sprache. 1901. S. 54–57.

522,15. *einen Schwur.* Das Motiv von 357,7.

524,16f. *zu seinen Füßen unter entsetzlichen Zuckungen* ... Dazu Marie Luise Kaschnitz, Zwischen Immer und Nie, 1971, S. 91f.: „... die Unerfüllbarkeit dieser Liebessehnsucht ist es auch endlich, an der dieses reine Herz zerbricht. Ein Herzschlag und eigentlich ein Brechen des Herzens macht dem Leben Mignons ein Ende (544,7ff.). Bei ihr ist das Herz, und nicht nur im organischen Sinn, der Ursprungsort aller Liebes- und Leidenskräfte und nicht erst der tödliche Ausgang enthüllt die tiefere Bedeutung, die dieser Tatsache zuzumessen ist. Mignon, die sich in ihrem kindlichen Liebesdrang dem einzigen Freunde zugesellen wollte und ihn in den Armen einer andern findet, bricht zusammen und, ein Naturwesen noch immer, windet sich auf der Erde wie ein Wurm. Das ist schon der kleine Tod, die erste Verwandlung, und es tritt von nun an die andere Seite ihres Wesens, das Engelhafte und Lichte erst eigentlich hervor."

526,8f. *die Schilderung, die Ihre Tante von Ihnen als Kind macht* ... S. 417,25ff.

528,38. *den abgeschiedenen Grafen.* Zinzendorf war 1760 gestorben.

529,3f. *die verschiedenen Orte, wo die Gemeinde sich niedergelassen hat.* Der Ausgangspunkt war Herrnhut, es folgten die kleinen Gemeinden in der Wetterau 1738, Niesky in der Oberlausitz 1742, Neudietendorf in Thüringen 1743, Ebersdorf 1746, Barby 1747. Zu der Zeit, als Zinzendorf starb, gab es außerdem Gemeinden in Neuwied, Amsterdam, Zeist (bei Utrecht), London und in Nordamerika.

529,6. *Reise nach Amerika.* Graf Zinzendorf reiste 1738/39 nach den kleinen damals in dänischem Besitz befindlichen Inseln in Mittelamerika („Westindien"), 1741–1743 nach Nordamerika, um dort für seine Gemeinde tätig zu sein.

530,17 und 531,13. *übertragen*: ertragen, aushalten; ähnlich 355,35f. – Bd. 6, S. 451, 16; Bd. 11, S. 301,17. – Fischer, Goethe-Wortschatz.

531,10ff. *Stand* ... *Mißverhältnisse* ... Fortsetzung des Themas von 461,30–462,12. – Schillers Brief vom 5. Juli 1796. – Anm. zu 461,30.

532,10. *schönen hohen Seele.* Hier wird – noch nicht genau formuliert – die Bezeichnung *schöne Seele* auf Natalie angewandt. 608,18f. erfolgt die Nennung dann genauer. Dazu Schillers Brief vom 3. Juli 1796 und Goethes Brief vom 9. Juli mit den Notizen *Zum achten Buche.*

532,14. *gutmütig*: freundlich, wohlwollend, gütig, hilfsbereit. Bei Goethe insbesondere in der Bedeutung: aus wohlmeinender Gesinnung hervorgehend. – Dt. Wb. 4, 1. Abt., 6. Teil, Sp. 1471.

532,19. *übersehen*: überblicken als Ganzes, in vollem Umfang. – S. 366,9; Bd. 6, S. 48,34; Bd. 10, S. 446,2.

533,23. *Sagazität*: Spurkraft, Scharfsinn (von lat. „sagax" scharfsinnig).

535,3. *ein unglückliches Mädchen*: Lydie. S. 438,14ff.; 439,3ff.

539,37. *auf ägyptische Weise.* Zu der Tür, die ägyptischen Formen ähnelt, passen die *zwei Sphinxe* davor. Solche Motive kamen in der zweiten Hälfte des 18. Jahrhunderts in der Kunst mehrfach vor, weil neben der allgemeinen Anlehnung an das römische Altertum eine schmalere Linie der Ägyptenmode herging. Sie vermischte sich mit den Gebräuchen der geheimen Gesellschaften, deswegen die ägyptischen Motive in Terrassons Roman „Sethos", im Brauchtum der Freimaurer, in Schikaneders „Zauberflöte". So ist es hier aber nicht, denn Goethe setzt die *Sphinxe* und die ägyptisierende *Türe* nicht vor den Raum der Turmgesellschaft (493,19ff.), sondern vor den *Saal der Vergangenheit.* Er sagt selbst, daß die Türflügel *zu einem ernsthaften, ja schauerlichen Anblick* vorzubereiten scheinen. Tür und Sphinxe haben also die Funktion der Hegung, d.h. der Abtrennung vom Alltäglichen, Begrenzung des Besonderen, sie sind Aufforderung, sich aufnahmebereit zu halten und alles Störende hinter sich zu lassen. Das ist die gleiche Funktion, welche in den *Wanderjahren* vor den *Heiligtümern* (Bd. 8, S. 153,33ff.) durch *Mauern* und *Pforte* (Bd. 8, S. 154,8ff., insbes. 158,24ff.) ausgeübt wird. Dort wird ausführlicher gesagt, daß der Eintretende *vollkommen menschlich* (158,21) sein möge. Kennzeichen der Hegung sind immer

Mauer und Tür, so schon in antiken Tempelbezirken. Wenn hier die *Sphinxe* hinzukommen, haben sie vermutlich eine ähnliche Bedeutung wie in *Faust* 7241 ff., 7580f., wo sie Beständigkeit, lange Tradition andeuten (ebenso Bd. 13, S. 254,6); sie bilden den Eingang zu dem Raum, dessen Bilder die Grundformen des Menschenlebens, das sich immer Wiederholende im Wandelbaren, darstellen. – Bd. 14, Namensregister „Ägypten", Sachregister „Sphinx". – E. Hubala, Art. „Egypten" im Reallex. zur dt. Kunstgesch. 4, 1958, Sp. 750–775. – Goethe-Handbuch 1, 1961. Art. „Aegypten" Sp. 69–72. – L. L. Albertsen, Sphingen in der dt. Lit. In: Euphorion 62, 1968, S. 85–92.

540,5f. *verhältnismäßige Bogen*: den räumlichen Verhältnissen gut entsprechende, eine harmonische räumliche Gliederung bewirkende Bogen. Vgl. 541,39f. und insbesondere 542,7ff.

540,11ff. *heitere und bedeutende Gestalten ...* Der Erzähler berichtet genau über die Dekorationsmalerei, *Einfassungen, Kränze und Zierraten*, und die dazwischen befindlichen Gemälde. Seit Michelangelos Aufteilung der Decke der Sixtinischen Kapelle (Bd. 11, S. 386,1ff.) in Gemälde und Dekoration gab es unzählige Versuche, als Wandmalerei oder Deckenmalerei solche Gliederungen der Flächen vorzunehmen. Im folgenden werden die Bilder näher bezeichnet (541,5ff.). Sie sind *heiter*, d.h. geistvoll, klar, und *bedeutend*, d.h. einen tieferen Sinn enthaltend, auf ihn deutend. Goethes optische Phantasie, die in seinen Zeichnungen nie ganz zum Zuge kam, steht hinter solchen Bilderzyklen, die er auch anderswo in seiner Prosa andeutet, z.B. 8, S. 158,26ff., Bd. 12, S. 210–216. Hier handelt es sich um Grundformen des Lebens: *Mutter* und *Kind, Mann* und *Sohn, Braut* und *Bräutigam;* Das Mädchen am Brunnen (541,20ff.), das Anrufen der Götter am Altar (541,23ff.) usw. Alle diese Motive ließen sich durch Goethes Werk hindurch verfolgen, etwa Braut und Bräutigam (Bd. 1, S. 386; Bd. 10, S. 109,32ff.); das Mädchen am Brunnen, ein Motiv, das auf Homer und das Alte Testament zurückgeht (Bd. 6, S. 9,35ff.; Bd. 2, S. 491f.) usw. – Bd. 14, Sachregister. – Anneliese Domnick, Studien zum Kreis einfacher Seinsformen in Goethes jugendlicher Bildungswelt. Diss. Kiel 1964.

540,14. *hinüberblickt*: hinüberglänzt; *blicken* = Licht oder Farbe ausstrahlen. Vgl. *Blick* = Strahlen 510,13 u. Anm.

540,17. *in einem Gegensatz.* In aller Kürze ein Stückchen Farbenlehre. Der Marmor ist gelb und geht *ins Rötliche* über. Die drei Grundfarben sind gelb, rot, blau. Zu dem Gelbrot hier ist die Komplementärfarbe also blau. Das Besondere ist, daß die physischen Verhältnisse und die menschlichen ästhetischen Empfindungen bei den Komplementärfarben übereinkommen. Bd. 13, *Farbenlehre, § 803–824,* insbes. *§ 810: Blau fordert Rotgelb.*

540,28. *Gedenke zu leben.* Eine Parallel-Bildung zu dem aus christlich-mittelalterlicher Askese stammenden Satz „Memento mori". So unaufdringlich die Goethesche säkularisierte Religiosität immer auftritt, gelegentlich wird doch der Gegensatz zur mittelalterlichen und barocken Geisteswelt pointiert. – Bd. 8, S. 318,1 ff.

542,9. *Einfärbigkeit oder Buntheit.* Die farbigen Gemälde sind umgeben von Grisaille-Malerei, d. h. monochromer Malerei grau in grau, wie an der Decke der Sixtinischen Kapelle.

542,31. *halbrunde Öffnungen.* Im folgenden wird gesagt, daß dort die *Chöre der Sänger verborgen stehen* können, und später (574,28) wird das ausgeführt. Solche Emporen für einen unsichtbar stehenden Chor gab es bereits in älteren Bauwerken, z. B. in der Dresdener Frauenkirche, aus dem Denken des kirchlichen Spätbarocks her; der von oben erklingende Chor symbolisierte dort den Gesang der Engel. Bei dem Oheim ist die Funktion anderer Art (542,37 ff.).

543,5. *eingeschränkt.* Das von Goethe vielfach für Bedingtheiten aller Art gebrauchte Wort meint hier: bedingt durch Eigenschaften, die mit Musik nichts zu tun haben, z. B. das Aussehen, die Bewegung, die Kleidung usw.

543,16. *notdürfig*: notwendig, durch den Bedarf hervorgerufen, unentbehrlich. Dt. Wb. 7, Sp. 929.

545,14. *Was Gott zusammenfügt* ... Nach Matthäus 19,6.

548,35 f. *Die Neigung ... zum Geheimnis* ... Durch die Literatur des 18. Jahrhunderts geht das Motiv des Geheimbunds; einerseits in der Publizistik, wo man über die Freimaurer, die Jesuiten und später über die Illuminaten mehr oder minder Phantastisches behauptete oder vermutete; anderseits in der Romanliteratur: in Frankreich machte Jean Terrasson mit seinem Roman „Sethos" 1731 den Anfang. Eine deutsche Übersetzung erschien 1777–78. Schillers „Geisterseher" 1786–89 traf in eine Zeit starken Interesses an „geheimen Gesellschaften". Gleichzeitig griff Wieland das Motiv auf in „Dschinnistan" 1786–89. Es folgten Fr. W. Meyern „Dya-Na-Sore" 1787–91 und I. A. Feßler „Marc-Aurel" 1789–1792. Sehr rasch drang das Motiv in die Unterhaltungsliteratur, zumal durch die Popularschriftstellerin Benedikte Naubert mit ihrem Roman „Herrmann von Unna" 1789 und durch Karl Grosse „Der Genius" 1791–1794. Gegen diese Werke hebt sich Goethes Behandlung des Themas ab. Was die Turmgesellschaft treibt, sind nur noch *Reliquien eines jugendlichen Unternehmens* (548,10); über das spezifisch Geheimbündlerische *lächeln* die Teilnehmer nur noch (548,12); nehmen dagegen ernst, was Pädagogik, aufklärerisches Denken, weltweite Verbindung betrifft; doch dazu bedarf es keines Geheimbunds mehr. Wilhelm lernt die Turmgesellschaft also im Zustand der Wandlung kennen. Jarno will nach Amerika gehn (563,13 f.), der Abbé nach Rußland

(564,11). Den Erfolg lernen wir in den *Wanderjahren* kennen, als die Auswanderer nach Amerika ziehen. In den *Wanderjahren* gibt es das Geheimbund-Motiv nicht mehr. Für die *Lehrjahre* hat es seine Bedeutung, da Wilhelm mehrfach den Ausgesandten des Bundes begegnet und da er dann in ihrem Kreise förmlich *losgesprochen* wird. Es ist aber für den Geist der Gesellschaft bezeichnend, daß der Abbé nicht sagt „wir haben dich losgesprochen" – wie nach alten Zunftgebräuchen Lehrlinge und Gesellen bei Handwerken „losgesprochen" wurden, und daran anknüpfend bei den Freimaurern –, sondern er sagt: *Die Natur hat dich losgesprochen.* (497,37f.) – Rosemarie Haas, Die Turmgesellschaft in Wilhelm Meisters Lehrjahren. Bern 1975.

549,6. *mit einer Gesellschaft.* Die Nennung ist absichtlich so allgemein gehalten, daß man nicht mit Sicherheit sagen kann, welche Gesellschaft gemeint ist; vermutlich entweder die „Societas Jesu", d. h. die Jesuiten, oder die Freimaurer. Da Katholiken, zumal Theologen, nicht Freimaurer zu werden pflegten, muß man vermuten, daß es die Jesuiten sind, mit denen der Abbé *in Verbindung stand* – und auch dies ist eine Formulierung, die absichtlich unbestimmt gehalten ist.

549,19f. *sich selbst ... nur in der Tätigkeit zu beobachten ... imstande.* Prinzipielle Meinung Goethes zum Thema der Selbsterkenntnis, mehrfach ausgesprochen, z. B. Bd. 8, S. 283 Nr. 2–3; S. 466 Nr. 41; Bd. 13, S. 38,3–20. – Bd. 14, Sachregister „Selbsterkenntnis".

49,30. *Konfessionen*: Bekenntnisse, autobiographische Darstellungen.

549,31f. *Lehrjahre.* Einzelheiten dazu schon am Ende des 7. *Buches* S. 497,6ff.

550,8ff. Jarno flicht in seine Rede Sätze aus dem *Lehrbrief* ein, den er in der Hand hält. In den Drucken der Goethezeit sind diese Zitate in keiner Weise graphisch gekennzeichnet. Die vorliegende Ausgabe versucht, sie heutigem Brauch entsprechend durch einfache Anführungszeichen (‚') herauszuheben. Vgl. die Anm. zu 496,10ff.

550,36f. *daß, ob ich gleich* ... Vgl. „Zur Textgestalt".

551,15. *Pfuscherei.* Goethe schreibt aus Rom 6. Febr. 1788: *Zur bildenden Kunst bin ich zu alt, ob ich also ein bißchen mehr oder weniger pfusche, ist eins.* (Bd. 11, S. 517,3ff.) Das Wort *pfuschen* bezeichnet den Dilettantismus, mit dem er sich oft auseinandergesetzt hat. Briefe Bd. 1, S. 332,34; Bd. 2, S. 243,7f.; 382,28 u. ö. – Sachregister zu den Werken und zu den Briefen unter „Dilettantismus".

553,15. *unbedingtes Streben.* Vgl. 521,1 u. Anm.

554,11. *Schalk.* Zu Goethes Gebrauch des Wortes *Schalk: Faust 339, 4885, 6600; Reineke Fuchs* 7,103; 9,341 u. ö.; Bd. 8, S. 433,27. – Sachregister in Bd. 14 „Schalk". – Momme Mommsen, Der „Schalk" in den „Guten Weibern" und in „Faust". Goethe (Jb.) 14/15, 1952/53, S. 171–202.

555,5. *hasenfüßig.* Adelung: „Figürlich sagt man von einem possierlichen oder auch spaßhaften törichten Menschen im gemeinen Leben, er habe einen Hasenfuß in der Tasche."

555,20. *Vikariatsgraf.* Wenn der Kaiser verhindert war, seine Geschäfte zu führen oder wenn der Thron zeitweilig unbesetzt war (nach dem Tode eines Kaisers), führte ein Reichs-Vikar (Reichsverweser) die Regierung. Solche Vikarien haben auch Grafen und Adlige kreiert, die dann Vikariatsgrafen genannt wurden. (Zedler 30, 1741, Sp. 185 ff. unter „Reichs-Vicarien".) Zu der Zeit, als die *Lehrjahre* erschienen, sprach man darüber, daß der Kurfürst Karl Theodor von Bayern (1733–1799) während seines Reichsvikariats 1792, nach dem Tode Kaiser Leopolds II., vor der Wahl Franz II., seine Finanzen aufbesserte, indem er Adelstitel vergab; angeblich zahlte, wer Graf wurde, 900 bis 1000 Gulden. (Max v. Boehn, Menschen u. Moden im 18. Jahrh., 2. Aufl., München 1919, S. 18.)

556,1f. *mit der Hechel frisiert.* Die *Hechel* ist ein mit Nägeln besetztes Brett, eine Art Drahtbürste zum Durchziehen und Reinigen von Flachs und anderen Fasern; bis zum Beginn der maschinellen Spinnerei ein vielbenutztes, allgemein bekanntes Gerät. Das Wort kam auch metaphorisch vor. Friedrich meint also: beim Frisieren tüchtig gerauft, gezaust. Vgl. 94,4ff.

556,2f. *eine tüchtige Tracht Schläge erspart*: 186,1–187,12.

556,6. *Kohlen aufs Haupt sammelte.* Nach Römerbrief 12,20; meist in der Bedeutung „schamrot machen" benutzt.

556,9f. *ihr Fuß an keinen Stein stoße.* Nach Matthäus 4,6.

556,36. *wie und wo? wer? wann und warum?* Fragen der sogenannten „Chrie", d.h. eines Schemas, das man schulmäßig benutzte, um einen Vortrag oder Aufsatz über einen philosophischen oder literarischen Satz zu machen. Ein Beispiel der neuerworbenen seltsamen *Gelehrsamkeit* (557,39) Friedrichs, mit der er hinfort die anderen neckt.

556,37f. *Philéo, Philoh. griechisch* φιλέω, φιλῶ = ich liebe. Das erste ist die unkontrahierte Form, das zweite die kontrahierte; vermutlich nennt Friedrich sie nebeneinander, weil sie so im Lehrbuch stehn. Er kommt dann sofort auf die *Derivativa,* d.h. die abgeleiteten Wörter, und nun wird klar, warum er griech. „philéo" zitiert und nicht etwa lat. „amo". Zu den *Derivativis* von „philéo" gehört nämlich „Philine"!

557,4. *Pudermesser.* Das Motiv von 94,16ff.

557,22. *roten Offizierchen*: 337,10ff.

557,35ff. *mythologischen Falle … verwandelt …* Anspielung auf die mythologischen Geschichten, die in Ovids „Metamorphosen" erzählt werden, einem im 18. Jahrhundert verhältnismäßig bekannten Werk.

558,9ff. *Bibel in Folio, Gottfrieds Chronik, Theatrum Europaeum, Acerra Philologica, Gryphii Schriften …* Wieder, wie 359,32ff., eine Bibliothek des Barock: Eine Bibel in dem großen Format, das man damals liebte, wie die Goethe von seiner Kindheit her wohlbekannte, mit Kupferstichen geschmückte Merian-Bibel. „Historische Chronica oder Beschreibung der Geschichte vom Anfang der Welt bis auf das Jahr 1619", verfaßt von Joh. Ludwig Gottfried – der 7. Teil stammt von Joh. Philipp Abele –, war eine sehr beliebte, oft gedruckte Darstellung der Weltgeschichte im Sinne des 17. Jahrhunderts. An diese anschließend gab dann Abele, gleichfalls im Auftrage des Frankfurter Verlegers Merian, eine Zeitgeschichte heraus, die später von anderen Verfassern fortgesetzt wurde: „Theatrum Europaeum", 1633 bis 1718 in 21 Foliobänden erschienen und noch 1738 neu aufgelegt. Das Werk von Peter Lauremberg, „Acerra philologica, das ist: 200 auserlesene, nützliche und denkwürdige Historien und Discurse, aus berühmtesten griechischen und lateinischen Skribenten zusammengetragen", Rostock 1633, wurde ebenfalls das ganze 17. Jahrhundert hindurch immer wieder neu gedruckt und ist, wie die vorigen Werke auch, voll von Geschichten, Aussprüchen und Anekdoten, die recht zu Friedrichs Art passen. Daneben wird als bedeutendster Vertreter der deutschen barocken Kunstdichtung Andreas Gryphius genannt; seine gesammelten Werke, vorwiegend Gedichte und Dramen, erschienen seit 1650 in verschiedenen Ausgaben und noch 1698 in einer großen Sammelausgabe. Es ist geistvoller Humor, wenn Goethe hier die Verbindung herstellt zwischen dem „barocken" Witz Friedrichs und der Art des Barock, Weltgeschichte in „Exempla" zu zerlegen und diese lehrhaft und zugleich amüsant vorzuführen. – Die Merianbibel, Gottfrieds „Chronik" und Lauremberg erwähnt Goethe auch in *Dichtung und Wahrheit* liebevoll als Lektüre der eigenen Kindheit. (Bd. 9, S. 35,6f.; 35,9f. u. Anm.)

559,16f. *der verwünschte Besuch*: 327,32ff.

563,14. *Amerika.* Bereits mehrfach ist *Amerika* genannt (263,8–10; 431,23ff.; 529,6). Lothario ist dort gewesen und hat im Freiheitskriege mitgekämpft. Es hat ihn gereizt, diese neue, von keinen Traditionen belastete Welt kennen zu lernen. Er hat von dort den Mut mitgebracht, in seiner alten Heimat großzügig Neues zu schaffen. Jetzt denkt die ganze Turmgesellschaft an Verbindungen dorthin. In den *Wanderjahren* wachsen diese sich zu sozialen Unternehmungen aus. Auch der Graf denkt an Amerika, den Missionsreisen Zinzendorfs nachstrebend. – So knapp das Amerika-Motiv in den *Lehrjahren* bleibt, es steht doch bereits Goethes ganzes Bild des neuen Kontinents dahinter, in dem einige Züge charakteristisch sind: das Tätige, Traditionslos-Frische, Großzügig-Bauende, Demokratische, wodurch alles Geschehen in Europa einen neuen Aspekt erhält.

Bd. 8, S. 82,5ff.; 242,11f.; insbes. 404,5ff. u. Anm. – Bibliographie in Bd. 14, Abschnitt 49. – „Amerika" im Namensregister und im Sachregister in Bd. 14 und im Register der Briefe Bd. 4 – Horst Dippel, Americana-Germanica 1770–1800. Stuttg. 1976.

563,31. *Hören Sie mich aus*: Hören Sie mich zu Ende.

564,11. *Rußland.* In der Zeit der Kaiserin Katharina traten für die gebildeten Kreise der Russen Frankreich und Deutschland stärker als bisher in den Gesichtskreis, und umgekehrt blickte man in Deutschland mehr als bisher nach Rußland. Das zeigt sich in der Publizistik und sogar in der Romanliteratur, obgleich diese solche Tendenzen meist zögernd aufnimmt. J. T. Hermes in seinem Roman „Sophiens Reisen", 1770, stellte einen Deutschen dar, der in Ostpreußen und anderswo in russischem Dienste tätig ist, um Siedler für Rußland anzuwerben. – Goethe interessierte sich seit seinen ersten Weimarer Jahren für Rußland im Zusammenhang der europäischen Politik; als 1803 die Zarentochter Maria Paulowna als Erbherzogin nach Weimar kam, ergaben sich für Goethe Beziehungen zu russischen Politikern, Schriftstellern, Gelehrten. Das war aber nach der Zeit der *Lehrjahre.* – Bd. 14, Namensregister und Bibliographie, Abschnitt 48. – Briefe, Register in Bd. 4.

565,29f. *Maria von Magdala.* Nach Lukas 7,36–48.

569,30. *zwecklos.* Das Dt. Wb. umschreibt „ohne Streben nach realer Nützlichkeit im Sinne von Zweck"; hier im Gegensatz zu dem im vorigen Satze vorkommenden Wort *zweckmäßiger.*

570,22. *Exequien*: Begräbnisfeier, speziell katholische Feier der Totenmesse und Beerdigung. – Bd. 3, *Urfaust* 1311 u. Anm.; Bd. 11, S. 527,16.

573,19. *Menschheit*: Menschsein.

573,28. *entschiedene Werke der Kunst*: Gegensatz zu dem Folgenden, *weicher Ton* usw.; also: Werke, die einen *entschiedenen,* d. h. eindeutigen und deutlichen Charakter haben. Der Gedanke wird noch einmal aufgenommen in dem Wort *der gebildete Marmor,* d. h. der Form gewordene Marmor. Das sind im Munde des Abbé wichtige Worte über das besondere Sosein des bedeutenden Kunstwerks und über die Aufgabe, es entsprechend zu erfassen.

574,17ff. *Exequien Mignons.* Über dieses Kapitel schreibt Schiller an Goethe am 2. Juli 1796. Körner vom Standpunkt seiner ganz säkularisierten philosophischen Religiosität schreibt in dem langen (in unserer Zusammenstellung gekürzten) Brief vom 5. Nov. 1796: „Für einige Dissonanzen gab es keine Auflösung, die jeden Leser befriedigen konnte. Mignon und der Harfenspieler hatten den Keim der Zerstörung in sich. Für den Eindruck von Mignons Tode ist ein Gegengewicht in den Exequien. Der heilige Ernst, zu dem sie begeistern, hebt die Seele in das Gebiet des Unendlichen empor." – Es handelt sich um eine Trauerfeier in einem Schloßsaal, nicht an einem kirchlichen Ort. Es ist der *Saal der Vergangenheit,* der bereits 539,9–543,20 ausführlich geschildert ist. Der aufmerksame Leser sieht also zu Beginn des *8. Kapitels* den aus dem *5. Kapitel* bekannten Raum wieder vor sich. Nur einige Motive werden kurz wiederholt: die Wandbehänge (574,20 entsprechend 542,33ff.), die

Kandelaber (574,22 entspr. 542,14f.), der *Sarkophag* (574,23 entspr. 542,15ff.), die Empore für *unsichtbare Chöre* (574,28f. entspr. 542,31ff.). Fast alle Anwesenden sind protestantisch, so Wilhelm Meister und die Verwandten Lotharios. Katholisch sind der Abbé und der Marchese. Mignon war katholisch, ihre kirchliche Frömmigkeit ist mehrmals ausdrücklich erwähnt (110,19–22; 515,17–516,8; 552,24f.; 577,16–28). Die Feier ist aber nicht das kirchliche Totenoffizium mit Requiem (Lex. f. Theol. u. Kirche, ,,Exequien"). Ein solches hat der Abbé anscheinend schon zu einem früheren Zeitpunkt in aller Stille zelebriert, jedenfalls muß man das aus seinen Worten 577,22–24 schließen. (Das Wort *wir* 577,22 kann sich hier nur auf ihn selbst beziehn.) Die Feier, welche der Abbé jetzt leitet, hat den würdigen, aber etwas kühlen, stilisierten, dem tätigen Leben zugewandten Charakter, der für den Abbé und die Turmgesellschaft bezeichnend ist. Wilhelm, der einzige, welcher Mignon nahe stand, hat hier nichts mitwirken, nichts vorbereiten können. Darum trägt hier nichts seinen Stil, sondern alles einen anderen. Man darf also nicht erwarten, hier Klänge zu vernehmen, die irgendwie Mignons Wesen, ihrem Geheimnis, ihrer Sehnsucht entsprechen. Es ist eine fast tragische Situation, daß bei allem guten Willen die Verschiedenheit der Bereiche schmerzlich deutlich wird. Nichts knüpft an die Sprache an, die zwischen Mignon und Wilhelm sich herausgebildet hatte. Das tritt in den Rhythmen der Trauergesänge zutage, zumal wenn man sie mit den Liedern Mignons vergleicht. Die Lieder in ihrem reinen Klang und der Süße ihrer Melodie sind symbolisch für Mignons Wesen. Dagegen der Wechselgesang in seiner männlichen Strenge der Sprache (die nie zu lyrischem Ausschwingen wird), in seinem Ernst, seinem guten Willen, seiner Weite des Geistes und Kultiviertheit der Form (aber einer Prosa-Form) ist symbolisch für das Wesen der Turmgesellschaft. Diese Verschiedenheit des Klanges verbindet sich mit der verschiedenen Todesauffassung. In Mignons Lied *So laßt mich scheinen* (515f.) ist der Tod ein Hinüberschreiten in einen lichten Bereich, Erfüllung einer Sehnsucht, die weiß, daß sie im Irdischen keine Erfüllung finden kann. Der Abbé spricht antikisierend von der *unerbittlichen Todesgöttin* (576,17) und der *Schere der Parze* (576,22), er spricht von dem Streben, das Individuelle zu erhalten (576,34–577,5) und erst dann von der christlichen Frömmigkeit Mignons. Ähnlich die Chöre. Zu Beginn steht ein christliches Motiv der Jenseitshoffnung (574,32–34), dann aber wird die Schönheit gepriesen (575,9ff.), auf die auch der Abbé später hinweist (576,33ff.). Doch die Betrachtung wandelt sich wieder: Man soll nicht nur mit den körperlichen Augen blikken, sondern *mit den Augen des Geistes,* und zwar *hinan* (575,17). Im Menschen ist eine *bildende Kraft, die das Schönste, das Höchste* erkennt als etwas, was in einem höchsten Bereich gehört. Der Mensch *trägt das*

Leben ... über die Sterne. Mit diesem Satz ist das angedeutet, was 20 Jahre später am Ende von *Symbolum* (Bd. 1, S. 340f.) ausgesprochen wurde sowie in dem Lied *Laßt fahren hin das allzu Flüchtige* (Bd. 1, S. 341) mit dem Schluß *So löst sich jene große Frage/Nach unserm zweiten Vaterland* ... Doch in der Zeit der *Lehrjahre* ist Goethe mit Äußerungen dieser Art zurückhaltend. (Sachregister in Bd. 14, „Tod", „Unsterblichkeit", ebenfalls in Briefe Bd. 4.) Kant hatte dargelegt, daß das Sittengesetz aus der Vernunft stamme und ohne Bedingung gelte. Es darf als göttlich betrachtet werden, weil es notwendiges Vernunftsgesetz ist. Schiller war ihm darin gefolgt und hatte neben den Imperativ des Guten den des Wahren und den des Schönen gestellt. Kant-Ausleger wie Reinhold verbreiteten diese Gedanken. Goethe konnte und wollte in dem Roman nicht ins Philosophische gehn wie Schiller in seinen Gedichten. Später hat er von dem *Vergänglichen* als *Gleichnis* gesprochen (Sachregister „Gleichnischarakter der Welt"). Hier gibt es nur den Hinweis, daß es im irdischen Leben einen *himmlischen Blick* (576,7) gebe, d.h. ein Hereinleuchten aus höchstem Bereich. Er schildert, wie Menschen der neuen säkularisierten Kultur über Tod und Leben denken (wie er es im *6. Buch* bei einer Pietistin gezeigt hatte). Wenn dabei einmal antike, einmal christliche Motive genannt werden, sind beide metaphorisch für eine moderne religiöse Haltung. Es ist wie in Lessings „Erziehung des Menschengeschlechts" und wie in den Bilderreihen der Pädagogischen Provinz (Bd. 8, S. 158,24ff.), wo die alten religiösen Anschauungen durch eine neue Religiosität abgelöst werden, die aber Bilder aus der Tradition gelegentlich benutzt, um sich verständlich zu machen. – Wen verkörpern die Chöre? Der Chor der *vier Kinder* (574,30) verkörpert die *Gespielen* (574,31), ihre Worte sind Trauer um die Tote, die sie vermissen. Der unsichtbare Chor im Gewölbe spricht Mignon an: *Erstling der Jugend in unserm Kreise.* Es ist der *Kreis* des Saals der Vergangenheit. Bisher ist nur der Oheim dort beigesetzt. Jetzt heißt es: *Wen bringt ihr uns zur stillen Gesellschaft?* Es sind also gewissermaßen die guten Geister des Saals der Vergangenheit, die hier sprechen. Der Oheim hat den Saal gebaut (einen weltlichen Ort der Besinnung, wie später das Gebäude im Talwald der Pädagogischen Provinz), er hat dort seine Ruhestatt, er hat eine Bestimmung hinterlassen, wie bei späteren Beisetzungen zu verfahren sei (542,34f.; 576,10ff.). Fast alle Anwesenden gehören zum Kreise seiner Verwandten und Bekannten. Es ist ein Zeichen, wie sehr sie Wilhelm schätzen, daß sie Mignon hier beisetzen lassen. Es ist selbstverständlich, daß die Trauerfeier auf diesen Kreis zugeschnitten ist, dem Mignon fremd war. Wilhelm stand ihr nahe. Das vorige Kapitel hat seine Unruhe, seine innere Einsamkeit gezeigt (570,28–571,13). Auch jetzt ist er innerlich von dem Kreise der Turmgesellschaft getrennt. Als die anderen an den Sarg treten, ist er nicht dazu imstande (577,9f.). – Kommerell S. 173–175. – Storz S. 136–148.

574,28f. *unsichtbare Chöre.* Der *Saal der Vergangenheit* ist vorher S. 540f. geschildert. Dort ist von den Emporen die Rede, von denen aus ein Chor oder ein Orchester sich unsichtbar hören lassen kann (542,30ff.).

574,29ff. *Wen bringt ihr uns* ... Hier beginnt der Wechselgesang zwischen dem unsichtbaren Chor und den vier Knaben am Sarg. Zum Schluß kommen vier Jünglinge hinzu (578,6ff.). Die letzten Worte singen der unsichtbare Chor und die Jünglinge gemeinsam (578,17). Die Texte sind rhythmische Prosa, eine Form, die im 18. Jahrhundert auch sonst mehrfach vorkommt (z. B. Klopstock, „Der Tod Adams" 1757; Geßner, „Idyllen" 1756 u. ö.). Goethe hat für seine Ossian-Übersetzung in *Werther* rhythmische Prosa benutzt (Bd. 6, S. 108,5ff.), dann für die erste Fassung von *Iphigenie,* für *Elpenor* (Bd. 5) und für das Monodrama *Proserpina,* von dem es zwei Handschriften und einen Druck in rhythmischer Prosa gibt, dann Handschriften und Drucke in Verszeilen, d. h. der gleiche Text, in Freie Rhythmen gegliedert (Bd. 4, S. 455ff.). Es ist bezeichnend, daß die Gesänge der vom Abbé geleiteten Feier Prosa sind; Mignon sang in Liedstrophen.

576,7. *Blick*: Glanz, Strahl. Vgl. 510,13 u. Anm. Der *himmlische Blick*: Glanz, der vom Himmel kommt.

578,17. *Das* ... *Chor.* Adelung schreibt: „Der oder das Chor." Vgl. 410,31 u. Anm.

578,15f. *das Leben zur Ewigkeit.* Das Motiv *Der Augenblick ist Ewigkeit* (Bd. 1, S. 370) ist in Goethes Spätwerk ausführlicher als hier entfaltet. Bd. 14, Sachregister „Augenblick", „Ewigkeit"; ebenso im Register zu den Briefen Bd. 4.

578,20ff. *Der Abbé und Natalie führten den Marchese* ... Der Satz ist nach der alten rhetorischen Form des Chiasmus gebaut: vor dem Komma erst zwei Subjekte, dann das Objekt, nach dem Komma erst das Objekt, dann zwei Subjekte; Konvention der Sprache, nicht nur des Inhalts. So in der *Ausg. l. Hd.* Im Erstdruck Parallelismus: *Therese und Lothario Wilhelmen hinaus.* Die Mignon am nächsten Stehenden sind der Marchese und Wilhelm; darum werden sie beim Herausgehen begleitet.

580,4. *Geschäft* = Arbeit, Aufgabe.

580,15f. *enthaltsam zu sein und zu dulden.* In der *Ital. Reise* berichtet Goethe von einer Inschrift, die mit den Worten *sustinet et abstinet* endet, was er mit *dulden und entbehren* übersetzt. Bd. 11, S. 56,17 und 20 u. Anm. – Herman Meyer, Zarte Empirie, 1963, S. 238ff.

583,8. *edle Völker*: die alten Ägypter, die Perser, die Peruaner, Zedler, Univ.-Lex. 3, 1733, Sp. 252f.

583,22. *Kelch*. Das gleiche Bild wie in *Werther* Bd. 6, S. 86,17, wo der Anklang an Matthäus 26,39 deutlich ist.

592,18ff. *der heilige Borromäus*. Carlo Borromeo, 1538–1584, war in der Zeit der Renaissance ein Geistlicher von asketischer Frömmigkeit und aufopfernder Arbeit in der Seelsorge. 1610 wurde er heilig gesprochen. (Lex. f. Theol. u. Kirche 2, 1958, Sp. 611f.) Die Familie der Grafen Borromeo, aus der er stammte, lebte weiter und besaß im 18. Jahrhundert nördlich von Mailand ausgedehnte Besitzungen (592,22). Das von Goethe viel benutzte Werk von J. J. Volkmann, „Historisch-kritische Nachrichten von Italien" schreibt in Bd. 1, Lpz. 1777, S. 320: „Von Seti linker Hand siehet man im Piemontesischen die kleine Stadt *Arona* liegen, welche ... als der Geburtsort des heiligen Carolus Borromäus merkwürdig ist. Unweit derselben nach dem See zu steht die kollossalische Statue dieses Heiligen von Bronze. Sie ist 35 Ellen hoch ohne Piedestal, welches allein 25 Ellen beträgt. Der Kopf kann einige Personen fassen ..." Die Statue wurde 1697 errichtet. Goethe hat die hier geschilderte Gegend nicht gesehen. Bei der Reise 1786 fuhr er von Bozen über Verona nach Venedig; bei der Rückreise 1788 von Mailand über Como nach Chiavenna. Er kannte den Lago Maggiore aus den Schilderungen in Reiseberichten wie dem von Volkmann, der die fruchtbaren Anpflanzungen von Apfelsinen und Zitronenbäumen, die schönen Villen und Statuen rühmt. Und er kannte Abbildungen. Als er in der ersten Hälfte des Jahres 1796 das *8. Buch* schrieb, war vor einiger Zeit Georg Melchior Kraus nach Weimar zurückgekommen und hatte eine ganze Serie Aquarelle und Zeichnungen vom Lago Maggiore mitgebracht. Goethe schreibt am 20. Mai an Heinrich Meyer: *Die Krausischen Landschaften von den Borromäischen Inseln sind sehr gut und glücklich gezeichnet.* Kraus wußte auch sehr anschaulich vom Lago Maggiore zu erzählen. (Goethe-Kalender 33, 1940, S. 342–344 mit Abb.) Am 29. Juni schreibt Goethe dann: *Das 8. Buch des Romans ist endlich fertig* (an Heinrich Meyer). Als Goethe später, im Januar 1821, an den *Wanderjahren* arbeitete und dabei noch einmal die Motive von Mignons Kindheit aufnahm (Bd. 8, S. 226,35ff.), schrieb er für die Bibliothek einen Bestellzettel: *Krause, Borromäische Inseln, 8 Blätter.* Er wollte also die Bilder wiedersehen, die ihn schon 1796 angeregt hatten. Sie waren damals, wie manche anderen Kunstgegenstände, in der Herzoglichen Bibliothek untergebracht. – Bd. 8, S. 226,35ff. u. Anm. – Herman Meyer, Kennst du das Haus? In: Euphorion 47, 1953, S. 281–294. Wiederabgedruckt in: H. Meyer. Zarte Empirie. Stuttg. 1963. S. 225–243, 401f.

599,10. *Furierzettel*: Unterkunftsplan, Verteilung auf die Zimmer.

599,21. *Dislokationsplan*: Umzugsplan.

601,20. *Mandelmilch*: „ein Getränk, welches von geschälten mit frischem Wasser zu einem dünnen Brei gestoßenen Mandeln bereitet wird, da es denn die Farbe und Flüssigkeit der Milch hat“ (Adelung). Ausführlicher: Zedler, Univ.-Lex. 19, 1739, Sp. 895. – Katharina v. Klettenberg empfiehlt Lavater Mandelmilch für seine Gesundheit (27. 8. 1774). „Die schöne Seele“, S. 280.

601,21. *Karaffine*: kleine Flasche, kleine Karaffe (von ital. caraffina), Diminutivum zu Karaffe = bauchige Glasflasche (span., ital., frz.).

606,1 ff. *Wie hieß der König* ... Zum letzten Mal in dem Roman das Motiv des Bildes vom Kranken Königssohn. – 70,3 f. u. Anm.

609,26. *Freiredoute*: öffentlicher Maskenball. Auf einer *Freiredoute* durften Adelige und Bürgerliche miteinander tanzen, es konnten *alle Stände daran teilnehmen*. Das war eine Ausnahme in einer Zeit, in der gewöhnlich der Adel eine geschlossene Gesellschaft bildete und das Bürgertum ebenfalls. – Max v. Boehn, Menschen und Moden im 18. Jahrh. 2. Aufl. München 1919. S. 241–244.

609,39. *als ich Euch den schönen Strauß abforderte*: 91,6–8.

610,8. *Saul, der Sohn Kis* ... Die Geschichte von Saul, dem Sohn des Kis, wird im Alten Testament im 1. Buch Samuelis, Kap. 9 und 10 erzählt. Friedrich kennt sie also aus der *Bibel in Folio* (558,9 f.), aus der er in dem *alten Schloß* (558,6) Philine stückweise vorlas.

NACHTRAG

31,37. *Epoche*: prägnanter Lebensabschnitt. GWb. 3, Sp. 225 f.

70,3 f. *der kranke Königssohn*. Reproduktionen der Gemälde von Belucci und von Zwick in: Egon Bahr, Erläuterungen zu Wilhelm Meisters Lehrjahren. Reclam, Stuttg., 1982, S. 34 f. Und in Bd. 9 der Frankfurter Ausgabe, 1992. – Wilhelm Bode, Goethes Leben, Bd. 4. 1776–1780. Bln. 1925. S. 327 meint, daß Goethe in Genf das Stratonike-Bild des Gerard de Lairesse gesehen habe.

171,5. *Gemmen*. Vgl. Briefe HA, Bd. 4 Register.

255,20. *Jota*: das i im griechischen Alphabet, bildlich für eine Kleinigkeit.

608,22. *rubrizierte:* mit einer Überschrift versah. – Dieses Motiv schon 350,4 f. – Das Wort *rubrizieren* auch Bd. 6, S. 267,10 u. ö.

ZUR TEXTGESTALT

Die *Lehrjahre* sind uns in den Drucken von 1795–96 (N), von 1806 (A), 1816 (B) und in der *Ausg. l. Hd.* 1828 (C, C^1) überliefert. Handschriftlich ist nur das *7. Buch* vorhanden, und zwar einmal in seiner Gesamtheit, sodann noch in Einzelhandschriften des *Lehrbriefs.* Nun gibt es aber außerdem die *Theatralische Sendung* in der Abschrift von Barbara Schultheß. Manches ist aus der *Theatralischen Sendung* in die *Lehrjahre* übernommen, doch in sehr veränderter Form. Die *Theatralische Sendung* ist ein Fragment; die vergleichbaren Stellen reichen nur bis ans Ende des *4. Buches* der *Lehrjahre.* Goethe hat immer die Druckvorlagen sorgfältig hergestellt. Doch von keinem Druck der *Lehrjahre* wurden in Weimar Korrekturen gelesen; daher gab es Druckfehler; z. T. sind es schon Lesefehler, wenn der Setzer die Handschrift von Goethes Schreiber falsch deutete. Die Verleger sandten die Druckvorlagen nicht zurück, das war damals nicht üblich. Bei den Wiederabdrucken von 1806, 1816 und 1828 konnte Goethe also nicht auf die ursprüngliche Handschrift (die Druckvorlage des Erstdrucks) zurückgreifen, sondern es war immer der jeweilig letzte Druck, den er für den Neudruck benutzte. Er konnte, zumal er jedesmal seine umfangreichen gesammelten Werke druckte, unmöglich alle Kleinigkeiten der früheren Drucke selbst überprüfen, er hat aber getan, was er konnte, und er hat vor allem seine Mitarbeiter sachgemäß eingesetzt. Um den Druck von 1816 (B) hat er sich zusammen mit Riemer ziemlich ausführlich gekümmert, das geht aus den Tagebüchern (15. 3.–21. 5. 1814) und Briefen (z.B. 16. 3. 1814) hervor.

Als 1898–1901 die *Lehrjahre*-Bände der „Weimarer Ausgabe“, bearbeitet von Carl Schüddekopf, erschienen, hatte man die *Theatralische Sendung* noch nicht. Schüddekopf fand durch Vergleich mit der Handschrift des *7. Buches,* daß manches falsch gedruckt sei, korrigierte diese Stellen und schloß, daß man in den übrigen Büchern ebenfalls einige Fehler vermuten müsse. Er war aber mit Konjekturen vorsichtig. Seine Textfassung ist im allgemeinen gültig geblieben. 1911 kam die *Theatralische Sendung* ans Licht. In der nächsten wissenschaftlichen Goethe-Ausgabe, der Fest-Ausgabe, 1926, versuchte Julius Wahle nun, möglichst viel von dort her im Text der *Lehrjahre* zu korrigieren, ging dabei aber zu weit; z.B. steht in den *Lehrjahren* S. 59,12–15 *Die Werkzeuge menschlicher Reinlichkeit, als Kämme, Seife, Tücher, werden mit den Spuren ihrer Bestimmung gleichfalls nicht verstreckt.* Die Fest-Ausgabe setzt: *Die Werkzeuge menschlicher Reinlichkeit, als Kämme, Seife, Tücher und Pomade, waren ...,* denn der Zusatz *und Pomade* steht in der *Theatralischen Sendung.* Hier muß man aber zunächst mit der Möglichkeit rechnen, daß Goethe gestrichen hat, wie er es bei der Umarbeitung im Großen und im Kleinen vielfach tat. – Im Jahre 1962 folgte die „Berliner Ausgabe“. – Während die WA, 1901, die Jubiläums-Ausgabe, 1904, und die Fest-Ausgabe, 1926, von der *Ausg.l.Hd.* ausgingen, bildet der Erstdruck von 1795–96 die Grundlage für den Text der „Münchner Ausg.“ 1988 und der „Frankfurter Ausg.“ 1992, die beide textkritisch reich versorgt sind.

Bei der Überlegung, welche Fassung in den Text zu setzen sei, sind mehrere Gesichtspunkte zu berücksichtigen, nicht nur, was jeweils inhaltlich am besten paßt, sondern auch Goethes Stilwille in den neunziger Jahren, ferner Goethes Sprachschatz, der jetzt im Wortarchiv des „Goethe-Wörterbuchs“ in Karteiform vollständig vorliegt, und die Druckgeschichte, über die wir seit 1966 sehr viel besser Bescheid wissen als vorher, denn jetzt findet man sämtliche Quellen dafür in: Quellen und Zeugnisse zur Druckgeschichte von Goethes Werken. Bd. 1. Gesamtausgaben bis 1822. Bearbeitet von Waltraud Hagen unter Mitarbeit von Edith Nahler. Bln. 1966. (Im Register S. 647 sind alle Stellen zu den *Lehrjahren* nachgewiesen.)

Unser Druck beruht im Wesentlichen auf dem Text der Weimarer Ausgabe, führt diesem gegenüber aber einige kleine Veränderungen durch, wobei andere Ausgaben zum Vergleich herangezogen sind. Im folgenden sind einige problematische Stellen genannt. Dabei sind die in der Goethe-Philologie üblichen Abkürzungen benutzt:

N = Goethes Neue Schriften. Bd. 3–6: Wilhelm Meisters Lehrjahre. 1795–1796.
A = Goethes Werke. Tübingen 1806–1810.
B = Goethes Werke. Stuttg. u. Tüb. 1815–1819.
C = Goethes Werke. Ausg. l. Hd. 1827–1830. (Oktav-Ausgabe. Wird neuerdings als C^3 bezeichnet.)
C^1 = Goethes Werke. Ausg. l. Hd. 1827–1830. (Taschen-Ausgabe.)
W = Weimarer Ausgabe.
F = Fest-Ausgabe. Lpz. 1926.

9,14. *im Besitz* NABC^1 *in Besitz* CWF. Die übliche Form bei Goethe ist *im Besitz* (Wortarchiv des GWb).

17,1. *Augenblicke* NA *Augenblick* C^1W

94.20. Die alten Drucke haben *Gedenkt;* neuere seit J und F gleichen die Formulierung an 557,5 an.

122,10. *willkürliches* NF *unwillkürliches* ABCC^1W

141,37. *letzt* BCC^1 *jetzt* NA Inhaltlich paßt *letzt* besser. Anderseits kommt *letzt* in der Bedeutung „in letzter Zeit" besonders in Goethes Jugend vor, z.B. „Urfaust" 1016 und *Götz* Bd. 5, S. 77,36. Nun hat Goethe mit Riemer die *Lehrjahre* für den Druck B verhältnismäßig gründlich durchgesehen. Ich glaube nicht an einen Druckfehler in B, sondern nehme an, daß Goethe und Riemer 1814 bemerkten, daß es an dieser Stelle ursprünglich *letzt* heißen sollte, und diese Form eingesetzt haben.

142,35. *was soll Mignon werden?* So in allen Drucken von der Erstausgabe bis zur *Ausg. l. Hd.* Der Satz bezieht sich auf den Vordersatz *Wenn du unglücklich bist* ... und besagt: was soll dann erst ich werden? noch unglücklicher? völlig verzweifelt? Die *Theatralische Sendung* hat an der entsprechenden Stelle (Buch 4, Kap. 16): *Was soll aus Mignon werden?* Das ist sprachlich geläufiger, kann aber (eben deswegen) auch eine Änderung der Abschreiberin Barbara Schultheß sein, die zu keiner philologischen Genauigkeit verpflichtet war. Im Nachtrag zu den *Lehrjahren* in der WA Bd. 53, S. 534 heißt es: „in N ist *aus* versehentlich ausgefallen". Die Fest-Ausgabe hat das *aus* als selbstverständlich in den Text aufgenommen, die Berliner Ausgabe ebenfalls. Ich halte die Stelle aber immer noch für problematisch. Vielleicht Anklang an das Französische, wo es heißen würde: que deviendra Mignon.

158.12. *hohle Tor* steht in *Theatral. Sendung*, passend zu 158,6f. *langen gewölbten Torwege.* Die alten Drucke haben *hohe Tor.*

160,27. *schönen* Theatr. Sendung, N, A; *schön* C^1 (wohl versehentlich).

216,21. *sein Gefallen* NABC[I] *seinen Gefallen* CW

291,22. *oder abgeschmackt* Erstdruck; *und abgeschmackt* hat ein Doppeldruck des Erstdrucks und alle folgenden Drucke. Die Weimarer Ausgabe hat (im Lesartenapparat) empfohlen, *oder* einzusetzen, die Fest-Ausgabe hat es durchgeführt.

366,11. Die Erstausgabe hat *manch angenehmes und nützliches Buch* ..., alle späteren Drucke haben *manch angenehmes Buch.* Die Festausgabe hat die Form von N wieder eingesetzt, und das ist wohl richtig.

368,2f. Die Erstausgabe schreibt: *Er blutete noch immer heftig, kein Wundarzt kam; der Verwundete erblaßte* ... In den Drucken A, B, C, C[I], W fehlt der Satz *kein Wundarzt kam.* Die Festausgabe hat ihn wieder eingesetzt, meines Erachtens mit Recht. In der verkürzten Fassung ist befremdlich, daß nach dem Subjekt *er* die gleiche Person mit dem neuen Subjekt *der Verwundete* bezeichnet wird. Wenn dagegen der Satz *kein Wundarzt kam* dazwischen steht, ist das neue Subjekt motiviert.

388,10. *auf keine Wege.* So in allen Ausgaben. Vermutlich kein Druckfehler, sondern formelhafte Wendung. Vgl. DtWb. 13, 1922, Sp. 2919/20.

409,9. *in jedem Sinne.* So in allen alten Ausgaben. Die Worte bedeuten: „in jeder Richtung"; es ist eine Bibliothek, die sich auf alle Gebiete erstreckt; eine *Auswahl* (409,8), aber allseitig (wie die Bibliothek von Goethes Vater und die von Goethe selbst). In der Weim. Aus. 53, S. 534f. wird als Konjektur vorgeschlagen *in jenem Sinne.* Die Fest-Ausgabe pflichtet dem bei, setzt *jenem* in den Text und bezieht das Wort auf die früheren Sätze über *sittliche Bildung* und *moralische Kultur* (408,29ff.). – Die Wendung *in jedem Sinne* (= in jeder Hinsicht, in jeder Beziehung) kommt bei Goethe öfters vor, z. B. Bd. 2, S. 237,14; Bd. 6, S. 128,22f; ebd. S. 148,3; Bd. 9, S. 91,5; *Tasso* 398 und 2456. Ebenso bei seinen Zeitgenossen: Dt. Wb. 10,1, Sp. 1150f.

443,38. *ein gleiches Vertrauen* steht in der Handschrift, *ein kleines Vertrauen* in allen alten Drucken.

472,24. *Knie* HNA und der auf Grund von Goethes Druckvorlage hergestellte Wiener Druck von 1816. *Kniee* BCC[I]W

496,13ff. Von dem *7. Buch* ist eine Handschrift erhalten geblieben, die Goethe durch seinen Schreiber Geist schreiben ließ. Außerdem bestehen von dem *Lehrbrief* noch zwei Einzelhandschriften, eine eigenhändige von Goethe und eine durch ihn korrigierte von Schreiberhand. Die Handschriften schreiben 496,13 *nach dem Gedachten handeln* und 496,17 *das Nachzuahmende wird nicht leicht erkannt.* Der Erstdruck hat *das Nachahmende,* was ein Druckfehler ist. Die Drukke seit 1806 haben *der Nachzuahmende,* was ebenfalls einen bemerkenswerten Sinn gibt. Aus den Handschriften geht hervor, daß Goethe daran gedacht hat, den *Lehrbrief* noch fortzusetzen; er hat dann aber davon Abstand genommen. Was er sich in diesem Zusammenhang notiert hatte, kam später in die Spruchsammlung *Aus Makariens Archiv.* – Über die Handschriften: Max Hecker in seiner Ausgabe der *Maximen und Reflexionen,* Schr. G. Ges. 21, 1907, S. 351.

515,10f. *Die Kinder traten alle wie zurück;* So in den Ausgaben A, B, C, C[I] und in den neueren Editionen. Der Erstdruck hat: *Die Kinder traten gleichsam alle zurück.* Zu der späteren Fassung schreibt J. Wahle in der Festausgabe S. 589: „nach *wie* ist offenbar ein Wort ausgefallen, etwa „erstaunt" oder „erschreckt". Das klingt vom heutigen Sprachstand aus sehr einleuchtend. Doch das *gleichsam* der 1. Fassung gibt zu denken, und das Dt. Wb. nennt die Stelle *traten alle wie zurück* als Beispiel für „wie" mit einem Verbum und hält die Stelle keineswegs für fehlerhaft (Bd. 14, 1. Abt., 2. Teil, Sp. 1487). Schon wenn es hieße „irgendwie", klänge es auch heute nicht befremdlich, in diesem Sinne ist es wohl gemeint. Vielleicht hat Wahle Unrecht und das GWb kann für spätere Editionen den Gebrauch des *wie* klären.

528,29. *nicht* BCC¹ dagegen *nichts* NA. Offenbar einer der von Goethe und Riemer 1814 gebesserten Druckfehler.

532,7. *Auch will ich Dir* NF *Auch ich will Dir* ABCW

545,36. *soll mir's gewiß gelingen* NABF *soll mir's gelingen* CC¹W

550,36f. *ich gestehe Ihnen, daß, ob ich gleich ... unfähig erklären.* So in allen Drucken. Der Sinn ist klar, der Satzbau nicht. Vermutlich stand zunächst eine *daß*-Konstruktion da, die dann aber umgewandelt wurde, wobei vergessen ist, die Konjunktion *daß* zu streichen.

561,20. *seines Kindes* BC¹C *ihres Kindes* NA. Auch dies wohl einer der von Goethe und Riemer 1814 getilgten Fehler.

565,33. *als bis einmal irgendwo* So in allen Drucken mit Ausnahme der *Ausg. l. Hd.* Diese hat *als bis irgendwo.* Vermutlich ist das Wort *einmal* versehentlich ausgefallen.

567,10. *Sprüchwörter* in allen alten Drucken. *Sprichwörter* WF. – Vgl. Bd. 10, S. 54,10.

573,22f. *eine gute Statue, ein treffliches Gemälde ...* Das Wort *Statue* ist hier Konjektur, erstmalig in der Jubiläums-Ausgabe, dann auch in anderen Ausgaben. Alle Drucke zu Goethes Zeit haben *Natur.* In der deutschen Schreibschrift der Zeit haben N und St große Ähnlichkeit. Deswegen z. B. auch der Fehler *Natur* statt *Statur* (Bd. 11, S. 492,8).

578,21. *Wilhelmen Therese und Lothario* ABCC¹W *Therese und Lothario Wilhelmen* N.

584,13. *und ihre* ABCC¹W *und ist ihre* NF.

589,16. *kiesichte* NA *kiesige* C¹C

ABKÜRZUNGEN

Adelung = Joh. Chr. Adelung, Versuch eines vollständigen grammatisch-kritischen Wörterbuchs. 5 Bde. Lpz. 1774–1786. (Diese Ausgabe hat Goethe besessen, sie steht noch jetzt in seinem Arbeitszimmer in Weimar. Zitiert ist meist nach der Auflage: Wien 1808.)

Ausg. l. Hd. = Goethes Werke. Ausgabe letzter Hand. 40 Bde. Stuttg. u. Tübingen 1827–1830.

Dt. Vjs. = Deutsche Vierteljahresschrift für Literaturwissenschaft und Geistesgeschichte.

Briefe = Goethes Briefe. Hamburger Ausgabe in 4 Bänden. Hrsg. von K. R. Mandelkow unter Mitwirkung von B. Morawe. Hamburg (seit 1972: München) 1962–1967 u. ö.

Dt. Wb. = Deutsches Wörterbuch. Von Jacob Grimm und Wilhelm Grimm. Lpz. 1852–1960.

Fischer, Goethe-Wortschatz = Paul Fischer, Goethe-Wortschatz. Lpz. 1929. (XII, 905 S.)

GWb. = Goethe-Wörterbuch. Hrsg. von der dt. Akad. d. Wiss. zu Berlin, der Akad. d. Wiss. zu Göttingen u. d. Heidelberger Akad. d. Wiss. Stuttgart 1966 ff.

Jb. G. Ges. = Jahrbuch der Goethe-Gesellschaft.

KDN = Deutsche Nationalliteratur. Hrsg. von Joseph Kürschner, 163 Bde., in 222 Teilen. (1882–1899.)

Keudell = Elise v. Keudell, Goethe als Benutzer der Weimarer Bibliothek. Weimar 1931. (XVI, 392 S.)

Kommerell = Max Kommerell, Essays, Notizen, Poetische Fragmente. Hrsg. von Inge Jens. Olten u. Freiburg 1969. (444 S.)

MGG = Die Musik in Geschichte und Gegenwart. Hrsg. von Friedrich Blume. Kassel 1959 ff.

RGG = Die Religion in Geschichte und Gegenwart. 2. Aufl. 5 Bde. u. 1 Register-Bd. Tübingen 1927–1932. – 3. Aufl. Ebd. 1957–1962.

Ruppert = Goethes Bibliothek. Katalog. Bearbeitet von Hans Ruppert. Weimar 1958. (XVI, 826 S.)

Storz = Gerhard Storz, Goethe-Vigilien. Stuttg. 1953.

Tgb. = Tagebuch. (In der Weimarer Ausgabe bilden Goethes Tagebücher die 3. Abteilung.)

WA. = Goethes Werke. Weimarer Ausgabe. 143 Bde. Weimar 1887–1919. – Wenn keine weitere Bezeichnung dabei steht, ist die 1. Abt., Werke, gemeint. Ins einzelne gehend bibliographiert ist die WA. in unserem Band 14, Bibliographie, Abschnitt 4 b.

BIBLIOGRAPHIE

Die folgenden Angaben sind eine Auswahl-Bibliographie, wie in allen Bänden der Hamburger Ausgabe. Reichhaltigere Angaben findet man in den Bibliographien von Goedeke und von Pyritz, im Jahrbuch der Goethegesellschaft und in anderen Werken, welche in Bd. 14 in der Bibliographie, Abschnitt 1, genannt sind.

Ausgaben und Bibliographien

Goethe, Wilhelm Meisters Lehrjahre. Ein Roman. Berlin, bei F. Unger, 1795–1796. 4 Bde. – Auch als: Goethes Neue Schriften, 3.–6. Bd. Berlin 1795–1796.

Goethes Werke. Tübingen, Cotta. Bd. 2 und 3. 1806. (Sog. Ausgabe A.)

Goethes Werke. Stuttg. u. Tübingen, Cotta. Bd. 3 und 4. 1816. (Ausgabe B.)

Goethes Werke. Vollständige Ausgabe letzter Hand. Stuttg. u. Tübingen, Cotta. Bd. 18–20. 1828. (Ausgabe C.)

Goethes Werke. Weimarer Ausgabe. Bd. 21–23. Hrsg. v. Carl Schüddekopf. Weimar 1898–1901.

Goethes Werke, Jubiläums-Ausgabe. Bd. 17–18. Hrsg. v. W. Creizenach. Stuttg. u. Bln. 1904.

Goethes Werke. Vollständige Ausgabe in 40 Teilen, hrsg. v. K. Alt. Bd. 18. Wilhelm Meisters Lehrjahre. Hrsg. v. K. Alt. Verlag Bong. Bln. (1912).

Goethes Werke, Fest-Ausgabe. Bd. 11. Hrsg. v. O. Walzel u. J. Wahle, Lpz. 1926.

Goethes Werke. Gedenk-Ausgabe. Hrsg. v. E. Beutler. Bd. 7. Wilhelm Meisters Lehrjahre. Hrsg. v. Wolfgang Baumgart. Zürich 1948.

Goethes Werke. Berliner Ausgabe. Bd. 10. Wilhelm Meisters Lehrjahre. Hrsg. von Regine Otto u. Dieter Pilling. Bln. 1962 u. ö.

Goethe, Sämtl. Werke nach Epochen seines Schaffens. Münchner Ausgabe. Bd. 5. Hrsg. v. Hans-Jürgen Schings. 1988.

Goethe, Sämtl. Werke. Bd. 9. Hrsg. v. Wilhelm Voßkamp. Dt. Klassiker-Verlag 1992. (Frankfurter Ausg.)

Goethe über seine Dichtungen. Hrsg. v. H. G. Gräf. 1. Teil: 2. Bd. Frankfurt a. M. 1902.

Goedeke, Karl: Grundriß zur Gesch. der dt. Dichtung. 3. Aufl., Bd. 4, Abt. 3. Dresden 1912. Und: 4. Bd., 5. Abt. Goethe-Bibliographie 1912–1950. Von C. Diesch und P. Schlager. Berlin 1960.

Goethe-Bibliographie. Begründet von H. Pyritz. Fortgeführt von H. Nicolai und G. Burkhardt. Bd. 1, Heidelberg 1965, S. 748–758; Bd. 2, ebd. 1968, S. 230–234.

Hermann, Helmut G.: Goethe-Bibliographie. Stuttg. 1991. = Reclam 8692.

Theatralische Sendung

Goethes Werke. Weimarer Ausgabe. Bd. 51–52. Hrsg. v. H. Maync. Weimar 1911.

Goethes Werke. Festausgabe. Hrsg. v. R. Petsch. Bd. 10. Hrsg. v. O. Walzel u. J. Wahle. Lpz. 1926.

Goethes Werke. Gedenk-Ausgabe. Hrsg. v. E. Beutler. Bd. 8. Hrsg. v. Gerhard Küntzel. Zürich 1949.

Goethe, Wilhelm Meisters theatralische Sendung. Mit Nachwort von Wilhelm Voßkamp. Insel-Taschenbuch 725. Frankf. 1984.
Schmidt, Erich: Der erste Wilhelm Meister. Internationale Monatsschrift für Wissenschaft, Kunst und Technik. 6. Jahrg., Nr. 1, Oktober 1911, S. 45–70.
Köster, Albert: Wilhelm Meisters theatralische Sendung. Zeitschr. f. d. dt. Unterricht 26, 1912, S. 209–233.
Hofmiller, Josef: Der Ur-Meister. Süddeutsche Monatshefte 9, 1912, Nr. 11. Wiederholt in: Hofmiller, Wege zu Goethe. Hambg. 1947. S. 17–24. – 2. Aufl. Hambg. 1949.
Roethe, Gustav: Goethes Helden und der Urmeister. Jb. G. Ges. 1, 1914, S. 157–188. Wiederholt in: G. Roethe, Goethe. Bln. 1932. S. 93–118.
Gundolf, Friedrich: Goethe. Bln. 1916 u. ö. S. 335–362.
Zinkernagel, Franz: Goethes Ur-Meister und der Typusgedanke. Zürich 1922.
Seuffert, Bernhard: Goethes Theaterroman. Festtagsgruß für K. Zwierzina. Graz, Wien, Lpz. 1924.
Orelli, Bertha v.: Barbara Schultheß. In: Schweizer Frauen der Tat. Bd. 1. 1929. S. 48–70.
Herrmann, Max: Wilhelm Meisters theatralische Sendung. Neues Archiv für Theatergeschichte 2, 1930, S. 127–162.
Hofmannsthal, Hugo v.: Wilhelm Meister in der Urform. Corona 1, 1931, S. 633–641. – Vielfach neugedruckt.
Schultz, Franz: Klassik und Romantik. I. Bd. Stuttg. 1935. S. 264–272, 303–304.
Leitzmann, Albert: Studien zum Urmeister. Goethe, Jahrbuch der Goethegesellschaft, 10, 1947, S. 257–267.
Staiger, Emil: Goethe. Bd. 1, 1952. S. 426–475.

Entstehung, literarische Beziehungen

Joachimi-Dege, Marie: Dt. Shakespeare-Probleme im 18. Jahrhundert. Lpz. 1907. = Untersuchungen zur neueren Sprach- und Literaturgesch., 12.
Schneider, Ferdinand Josef: Die Freimaurerei und ihr Einfluß auf die geistige Kultur in Deutschland am Ende des 18. Jahrhunderts. Lpz. 1909.
Gundolf, Friedrich: Shakespeare und der deutsche Geist. Bln. 1911 u. ö. Insbesondere S. 314–320.
Die schöne Seele. Bekenntnisse, Schriften und Briefe der Susanna Katharina v. Klettenberg. Hrsg. v. Heinrich Funck. Lpz. 1911. – 2. Aufl. 1912.
Lehmann, Rudolf: Anton Reiser und die Entstehung des Wilhelm Meister. Jb. G. Ges. 3, 1916, S. 116–134.
Eckert, Heinrich: Goethes Urteile über Shakespeare. Diss. Göttingen 1918.
Diamond, William: Wilhelm Meister's Interpretation of Hamlet. Modern Philology 23, 1926/27, S. 89–101.
Friedrich, Hugo: Abbé Prévost in Deutschland. Heidelberg 1929. = Beitr. zur neueren Literaturgesch., 12. Insbes. S. 129–143.
Böckmann, Paul: Der dramatische Perspektivismus in der dt. Shakespearedeutung des 18. Jahrhunderts. In: Vom Geist der Dichtung. Gedächtnisschrift für R. Petsch. Hrsg. v. F. Martini. Hambg. 1949. S. 65–119.
Oppel, Horst: Das Shakespeare-Bild Goethes. Mainz 1949.
Knudsen, Hans: Goethes Welt des Theaters. Bln. 1949.

Lüthi, Hans Jürg: Das deutsche Hamletbild seit Goethe. Bern 1951. = Sprache u. Dichtung, 74. (193 S.)

Baumgart, Wolfgang: Wachstum und Idee. Schillers Anteil an Goethes „Wilhelm Meister". Ztschr. f. dt. Philol. 71, 1951/52, S. 2–22.

Storz, Gerhard: Schiller als Kritiker. Zu seinen Briefen über Wilhelm Meister. Der Deutschunterricht 1952, Heft 5, S. 76–96.

Wolffheim, Hans: Die Entdeckung Shakespeares. Deutsche Zeugnisse des 18. Jahrhunderts. Hamburg 1959. (88 S. Einleitung, 188 S. Text.)

Boyd, James: Goethe und Shakespeare. Köln 1962. = Arbeitsgemeinschaft f. Forschung, Heft 98. (27 S.)

Huesmann, Heinrich: Shakespeare-Inszenierungen unter Goethe in Weimar. Wien 1968. = Österr. Akad. d. Wiss., Phil.-hist. Kl., Sitzungsberichte Bd. 258, Abh. 2. (264 S.).

Mueller, Dennis M.: Wieland's Hamlet-translation and Wilhelm Meister. Jahrbuch der Dt. Shakespeare-Gesellschaft West 1969, S. 198–212.

Deutung

Riemann, Robert: Goethes Romantechnik. Lpz. 1902.

Fries, Albert: Stilistische Beobachtungen zu Wilhelm Meister. Bln. 1912. = Berliner Beitr. z. german. u. roman. Philol., 44.

Hesse, Hermann: Wilhelm Meisters Lehrjahre. Eckart 8, 1914, S. 297–312. Mehrfach wiederabgedruckt; z. B. in: Hesse, Gesammelte Werke. Bd. 12. Frankf. a. M. 1970. S. 158–183. Und in: Hesse, Dank an Goethe. Frankfurt 1975. = Insel-Taschenbuch 129. S. 81–113.

Wundt, Max: Goethes Wilhelm Meister und die Entwicklung des modernen Lebensideals. Bln. u. Lpz. 1913. – 2. Aufl. Bln. u. Lpz. 1932.

Gundolf, Friedrich: Goethe. Bln. 1916 u. ö. S. 513–521.

Spranger, Eduard: Goethe und die Metamorphose des Menschen. Jb. G. Ges. 10, 1924. Wiederabgedruckt in: Spranger, Goethe. Tübingen 1967. S. 160–191.

Heusler, Andreas: Goethes Verskunst. Dt. Vjs. 3, 1925, S. 75–93. Wiederholt in: Heusler, Kleine Schriften. Bln. 1943. S. 462–482. (Mignon- und Harfner-Lieder.)

Gerhard, Melitta: Der dt. Entwicklungsroman bis zu Goethes Wilhelm Meister. Halle 1926. = Dt. Vjs., Buchreihe, Bd. 9.

May, Kurt: Weltbild und innere Form der Klassik und Romantik im „Wilhelm Meister" und „Heinrich v. Ofterdingen". In: Romantikforschungen. 1929. = Dt. Vjs., Buchreihe, Bd. 16.

Spranger, Eduard: Der psychologische Perspektivismus im Roman. Jahrbuch des freien dt. Hochstifts 1930. S. 70–90. Wiederabgedruckt in: Spranger, Goethe. Tübingen 1967. S. 207–232.

Korff, H. A.: Geist der Goethezeit. Bd. 2. Lpz. 1930. S. 341–361.

Olzien, Otto Heinrich: Der Satzbau in Wilhelm Meisters Lehrjahren. Lpz. 1933. = Von deutscher Poeterey, 14.

Bruford, W. H.: Goethe's Wilhelm Meister as a picture and a criticism of society. Publications of the English Goethe Society 1933. S. 20–45.

Keferstein, Georg: Philine. Goethe. Zeitschr. d. Goethe-Ges., 3, 1938, S. 40–58.

Rausch, Jürgen: Lebensstufen in Goethes Wilhelm Meister. Dt. Vjs. 20, 1942, 65–114.

Lukács, Georg: Wilhelm Meisters Lehrjahre. In: Lukács, Goethe und seine Zeit. Bern 1947. S. 31–47. – Mehrfach wieder abgedruckt.

Viëtor, Karl: Goethe. Bern 1949. S. 129–150.

Müller, Günther: Gestaltung – Umgestaltung in Wilhelm Meisters Lehrjahren. Halle 1949.

Angelloz, J.-F.: Goethe. Paris 1949. S. 207–219.

Meyer, Herman: Mignons Italienlied und das Wesen der Verseinlagen im „Wilhelm Meister". Euphorion 46, 1952, S. 149–169.

Storz, Gerhard: Goethe-Vigilien. Stuttg. 1953. (208 S.) Darin: Wilh. Meisters Lehrjahre; Die Lieder aus Wilh. Meister; Aurelie; Mignons Bestattung.

Lange, Victor: Goethe's Craft of Fiction. Publications of the English Goethe Society 22, 1953, S. 31–63.

Schlechta, Karl: Goethes „Wilhelm Meister". Frankf. a. M. 1953. (250 S.) – Dazu die Rez. von Emil Staiger in: Erasmus 7, 1954, S. 358f. Und die Rez. von A. Henkel in: German.-Roman. Monatsschrift, N. F. 5, Bd. 36, 1955, S. 85–89.

Meyer, Herman: Kennst du das Haus? Euphorion 47, 1953, S. 281–294. Und dazu die Kontroverse ebd. S. 462–477. Wiederabgedruckt in: Herman Meyer, Zarte Empirie. Stuttg. 1963. S. 225–243, 401f.

Staiger, Emil: Goethe. Bd. 2. 1786–1814. Zürich u. Freiburg 1956. S. 128–174.

Jockers, Ernst: Faust und Wilhelm Meister, zwei polare Gestalten. In: Jockers, Mit Goethe. Gesammelte Aufsätze. Heidelberg 1957. S. 148–159. – In demselben Band S. 48–89: Soziale Polarität in Goethes Klassik.

Bruford, W. H.: Culture and Society in classical Weimar 1775–1806. Cambridge 1962.

May, Kurt: Wilhelm Meisters Lehrjahre, ein Bildungsroman? Dt. Vjs. 31, 1957, S. 1–37.

Steiner, Jacob: Sprache und Stilwandel in Goethes „Wilh. Meister". Zürich 1959. = Zürcher Beitr. z. dt. Sprach- u. Stilgesch., 7. (190 S.) – Wiederabgedruckt unter dem Titel: Goethes Wilhelm Meister. Sprache und Stilwandel. Stuttg. 1966. = Sprache u. Lit., 31.

Henkel, Arthur: Versuch über den „Wilhelm Meister". Ruperto-Carola 14. Jahrg., Bd. 31, 1962. S. 59–67. Wieder abgedruckt in: Henkel, Goethe-Erfahrungen. Stuttg. 1982. S. 103–115.

Kaschnitz, Marie Luise: Zwei Frauengestalten. Mignon. Carmen. In: Merkur 16, 1962, S. 523–536. Wieder abgedruckt in: Kaschnitz, Zwischen Immer und Nie. Frankfurt 1971. S. 89–98.

Reiß, Hans: Goethes Romane. Bern u. München 1963. Darin S. 72–142.

Hass, H. E.: Goethe, Wilhelm Meisters Lehrjahre, In: Der dt. Roman, I. 1963. Hrsg. von B. v. Wiese. S. 132–210; 425–426.

Burger, H. O.: Europäisches Adelsideal und deutsche Klassik. In: Burger, Heinz Otto: Dasein heißt eine Rolle spielen. München 1963. S. 211–232; 297–301.

Haas, Rosemarie: Die Turmgesellschaft in Wilhelm Meisters Lehrjahren. Zur Gesch. des dt. Geheimbundromans im 18. Jahrhundert. Bern 1975. (178 S.)

Kahn, Ludwig W.: Literatur und Glaubenskrise. Stuttg. 1964. Darin S. 176–183: Wilhelm Meister und das Religiöse.

Blackall, Eric A.: Sense and Nonsense in Wilhelm Meisters Lehrjahre. In: Deutsche Beiträge zur geistigen Überlieferung, 5. Hrsg. von H. Stefan Schultz. Bern u. München 1965. S. 49–72.

Eichner, Hans: Zur Deutung von Wilhelm Meisters Lehrjahren. Jahrbuch des Freien dt. Hochstifts 1966, S. 165–196.

Baumgart, Wolfgang: Philine. In: Lebende Antike. Symposion für R. Sühnel. Hrsg. von H. Meller und H. J. Zimmermann, Bln. 1967. S. 95–110.

Ammerlahn, Hellmut: Wilhelm Meisters Mignon – ein offenbares Rätsel. Dt. Vjs. 42, 1968, S. 89–116.

Citati, Pietro: Goethe. Milano 1970. Darin S. 11–181: Wilhelm Meisters Lehrjahre. (Und S. 525–543 die Anm. dazu.) Milano 1970.

Kommerell, Max: Essays, Notizen, Poetische Fragmente. Hrsg. von Inge Jens. Olten u. Freiburg 1969. Darin S. 81–186: Wilhelm Meister.

Röder, Gerda: Glück und glückliches Ende im deutschen Bildungsroman. Zu Goethes ,,Wilhelm Meister". München 1968. (235 S.)

Storz, Gerhard: Zur Komposition von Wilhelm Meisters Lehrjahren. In: Das Altertum und jedes neue Gute. Festschr. f. W. Schadewaldt. Stuttg. 1970. S. 157–165.

Ammerlahn, Hellmut: Mignons nachgetragene Vorgeschichte und das Inzestmotiv. Monatshefte (Univ. of Wisconsin Press) 64, 1972, S. 15–24.

Fink, Gonthier-Louis: Die Bildung des Bürgers zum ,,Bürger". Individuum und Gesellschaft in Wilhelm Meisters Lehrjahren. In: Recherches Germaniques 2, 1972, S. 3–37.

Janz, Rolf-Peter: Zum sozialen Gehalt der ,,Lehrjahre". In: Literaturwiss. u. Geschichtsphilosophie. Festschr. f. W. Emrich. Hrsg. von H. Arntzen u. a. Bln. (West) 1975. S. 320–340.

Baioni, Giuliano: ,,Märchen" – ,,Lehrjahre" – ,,Hermann und Dorothea". Zur Gesellschaftslehre der dt. Klassik. GJb. 92, 1975, S. 73–127.

Blackall, Eric A.: Goethe and the novel. Ithaca and London. 1976. (340 S.)

Mannack, Eberhard: Wilhelm Meisters Lehrjahre. In: Dt. Literatur zur Zeit der Klassik. Hrsg. von K. O. Conrady. Stuttg. 1977. S. 211–225.

Reincke, Olaf: ,,Wilhelm Meisters Lehrjahre", ein zentrales Kunstwerk der klassischen Literaturperiode. GJb. 94, 1977, S. 137–187.

Øhrgaard, Per: Die Genesung des Narcissus. Eine Studie zu ,,Wilhelm Meisters Lehrjahre". Kopenhagen 1978. = Kopenhagener Germanist. Studien, 7. (334 S.)

Hahn, Karl-Heinz: Adel und Bürgertum im Spiegel Goethescher Dichtungen zwischen 1790 und 1810. GJb. 95, 1978, S. 150–162.

Blessin, Stefan: Die Romane Goethes. Königstein 1979. Insbes. S. 11–58.

Schottlaender, Rudolf: Das Kindesleid der Mignon und ihre Verwandtschaft mit Gretchen und Klärchen. Jb. d. Fr. dt. Hochstifts 1979, S. 71–89.

Jantz, Harold: Goethe's Wilhelm Meister. Image, Configuration and Meaning. In: Studien zur Goethezeit. Hrsg. von H.-J. Mähl und E. Mannack. Heidelberg 1981. S. 103–120.

Irmscher, Hans Dietrich: Beobachtungen zum Problem der Selbstbestimmung im dt. Bildungsroman am Beispiel von Wilhelm Meisters Lehrjahren. Jahrbuch des Wiener Goethe-Vereins 86–88, 1982–84, S. 135–172.

Bahr, Ehrhard: Erläuterungen und Dokumente zu Wilhelm Meisters Lehrjahren. Stuttg., Reclam, 1982. (398 S.)

Reiss, Hans H.: Das Poetische in Wilhelm Meisters Lehrjahren. Goethe-Jahrbuch 101, 1984, S. 112–128.

Kühl, Hans-Ulrich: Das Poetische in Wilhelm Meisters Lehrjahren. Goethe-Jahrbuch 101, 1984, S. 129–138.

Marahrens, Gerwin: Über die Schicksalskonzeption in Goethes Wilhelm-Meister-Romanen. Goethe-Jahrbuch 102, 1985, S. 144–170.

Koopmann, Helmut: Wilhelm Meisters Lehrjahre. In: Goethes Erzählwerk. Hrsg. von James McLeod. Stuttg., Reclam, 1985. S. 168–191.

Wirkungen

Goethe im Urteil seiner Zeitgenossen. Hrsg. v. J. W. Braun. Bd. 2 (1787–1801). Bln. 1884. – Bd. 3 (1802–1812). Bln. 1885.

Goethe im Urteil seiner Kritiker. Hrsg. von K. R. Mandelkow. Bd. 1: 1773–1832. München 1975. Bd. 2: 1832–1870. München 1977. Bd. 3: 1870–1918. München 1979. Bd. 4: 1918–1982. München 1984.

Mähl, H. J.: Novalis' Wilhelm-Meister-Studien des Jahres 1797. Neophilologus 1963, S. 286–306.

Gille, Klaus F.: Wilhelm Meister im Urteil der Zeitgenossen. Proefschrift, Leiden 1971. Verlag Gorcum, Assen (Niederlande). (373 S.)

Heselhaus, Clemens: Die Wilhelm-Meister-Kritik der Romantiker und die romantische Romantheorie. In: Nachahmung und Illusion. Hrsg. von H. R. Jauß. München 1964. S. 113–127.

Donner, J. O. E.: Der Einfluß Wilhelm Meisters auf den Roman der Romantiker. Helsingfors 1893.

Flashar, Dorothea: Bedeutung, Entwicklung und literarische Nachwirkung von Goethes Mignongestalt. Bln. 1929. = Germanische Studien, 65.

Howe, Susanne: Wilhelm Meister and his kinsmen. New York 1930.

Gottbrath, Konrad: Der Einfluß von Goethes Wilhelm Meister auf die englische Literatur. Diss. Münster 1935.

Baumgart, W.: Goethes Wilhelm Meister und der Roman des 19. Jahrhunderts. Zeitschr. f. dt. Philologie 69, 1944/45, S. 132–148.

Wagner, Hans: Der englische Bildungsroman bis in die Zeit des ersten Weltkrieges. Bern 1951. = Schweizer Anglistische Arbeiten, 27. (105 S.)

Jacobs, Jürgen: Wilhelm Meister und seine Brüder. Untersuchungen zum deutschen Bildungsroman. München 1972. (332 S.)

Köhn, Lothar: Entwicklungs- und Bildungsroman. Ein Forschungsbericht. Dt. Vjs. 42, 1968, S. 427–473 u. 590–632.

Goethes Wilhelm Meister. Zur Rezeptionsgeschichte der Lehr- und Wanderjahre. Hrsg. von Klaus Gille. Königstein/Taunus 1979. (XL, 314 S.)

Ein Teil-Abdruck und eine Inhaltsübersicht von „Wilhelm Meisters theatralische Sendung" befinden sich in Band 8.

INHALTSÜBERSICHT

KOMMENTARTEIL